펠로폰네소스 전쟁사

명화와 함께 읽는 『펠로폰네소스 전쟁사』

트로이아 전쟁 이후,
신과 인간이 뒤엉켜 역사를 움직이던
신화의 시대는 서서히 막을 내린다.
더 이상 신의 계시가 세계를 설명하지 못하고,
영웅의 혈통이 미래를 보증하지 않던 순간,
역사는 인간의 선택과 욕망, 두려움과 계산에 의해 움직이기 시작한다.

투키디데스는 바로 그 전환점을 기록한 최초의 역사가다.
그는 전쟁을 영웅담으로 꾸미지 않았고, 신의 뜻으로 포장하지도 않았다.
대신 인간이 왜 싸우고, 왜 오판하며,
어떻게 공동체를 파괴하는지를 끝까지 추적했다.
그에게 역사는 지나간 이야기가 아니라
언제든 다시 반복될 수 있는 인간 본성의 실험장이었다.

이 책에 앞서 소개하는 명화들은
『펠로폰네소스 전쟁사』가 다루는 시간의 흐름을 따라가며
텍스트 너머에서 인간의 얼굴을 먼저 보여준다.
이 그림들은 사건의 요약이 아니라
투키디데스가 기록하고자 했던 세계의 감정선이다.

〈불타는 트로이아〉(플랑드르 학파, 17세기)
• **사건 연대: 기원전 12세기경**

타오르는 트로이아는 단지 한 도시의 멸망이 아니다. 이 장면은 신화적 세계가 마지막으로 불타오르는 순간이다. 승리와 패배는 여전히 신의 개입처럼 보이지만, 그 폐허 위에서 새로운 질서가 싹튼다.

트로이아 전쟁 이후 헬라스 세계는 약 400년간 '암흑기'라 불리는 침체기를 겪었다. 그러나 이 공백의 시간은 단절이 아니라 준비였다. 도시국가들이 흩어져 형성되고, 각자의 생존 방식을 실험하던 이 시기야말로 훗날 아테나이와 라케다이몬이 충돌하게 되는 토양이었다.

투키디데스의 역사는 이 불탄 도시에서 출발한다. 영웅의 시대가 끝난 자리에서, 이제 인간 스스로가 감당해야 할 역사가 시작된다.

〈라케다이몬의 어린아이 선별〉(장피에르 생투르, 1785년)

• 기원전 7-5세기경(라케다이몬 체제 확립기)

플루타르코스의 기록에 따르면, 라케다이몬에서는 신생아가 태어나면 곧바로 강인한 아이만을 선별하는 의식을 치렀다고 한다.

헬라스는 다양한 도시국가의 느슨한 연합체였다. 그 가운데 전통적 맹주였던 라케다이몬은 소수 지배체제인 과두 정을 유지하며, 엄격한 규율과 철저한 군사 교육을 통해 강력한 지상군을 보유했다. 라케다이몬은 펠로폰네소스반 도의 여러 도시로 이루어진 동맹의 맹주로서, 군사적 보호를 제공하는 대가로 지배권을 행사했다.

이 그림에는 냉정함이 있다. 연민보다 규율이, 개인보다 공동체의 생존이 우선하는 사회. 라케다이몬은 강인함을 미덕으로 삼았고, 그것을 제도로 굳혔다. 이 도시는 자유를 약속하지 않았다. 대신 질서와 안정 그리고 군사적 우위를 선택했다. 투키디데스가 묘사한 라케다이몬은 단순한 군국주의 국가가 아니라 공포와 절제가 정치 원리로 작동하는 공동체다.

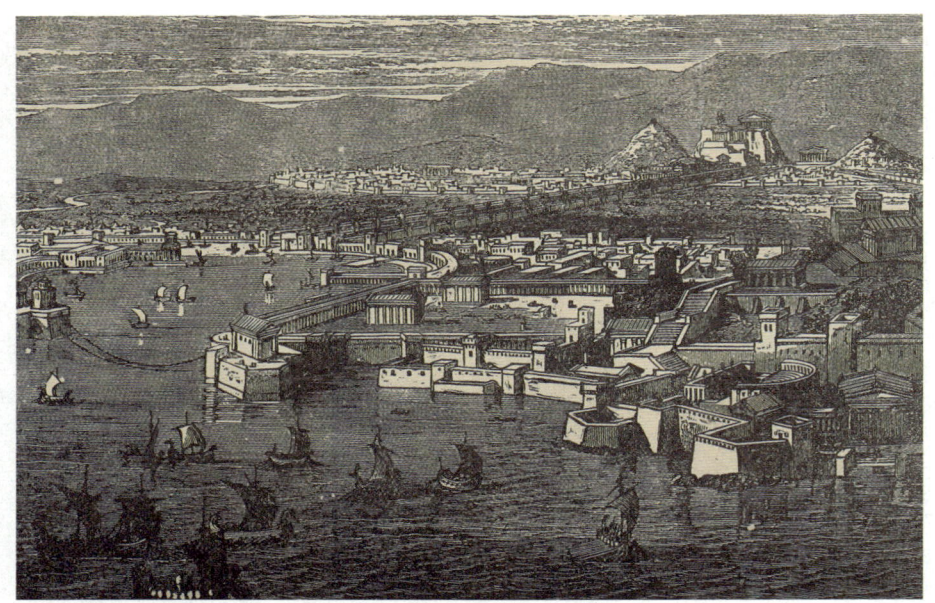

〈고대 아테나이의 항구〉(『성경 입문서』 삽화, 1883년)
● 기원전 5세기 전반(특히 기원전 480년 이후)

열린 항구, 분주한 배, 바다로 이어진 도시. 이 풍경은 아테나이의 정신을 상징한다.

라케다이몬과 함께 헬라스의 패권을 놓고 경쟁한 또 다른 세력은 아테나이였다. 페르시스 전쟁 이전까지 그다지 주목받지 못하던 소도시 아테나이는 전쟁에서 주도적 역할을 하며 급속히 성장했고, 헬라스 본토의 여러 도시를 규합한 델로스 동맹을 이끌며 제국으로 발돋움했다. 민주정을 기반으로 한 자유로운 사회 분위기 속에서 활발한 해상 무역을 펼쳤고, 이를 통해 강력한 해군력을 발전시켰다. 도시와 긴 성벽으로 이어진 이 항구는, 아테나이의 해상 패권과 무역망, 그리고 델로스 동맹의 중심지로서의 위상을 잘 보여준다.

민주정, 해상 무역, 제국. 이 세 단어는 아테나이를 찬란하게 만들었지만 동시에 오만의 씨앗이 되었다. 투키디데스는 아테나이의 번영을 숨기지 않으면서도 그 내부에서 자라나는 팽창의 논리를 냉정하게 기록한다. 이 항구는 자유의 공간이자 훗날 아테나이를 파멸로 이끄는 출발점이다.

〈마라톤 전투〉(조르주 로슈그로스, 1911년)
• 기원전 490년

아테나이 연합군이 마라톤 평원에 상륙한 페르시스군을 향해 용맹하게 돌진하고 있다. 기원전 492–479년, 당시 세계 최강국이던 페르시스는 헬라스를 두 차례 대규모로 침공했으며, 기원전 490년에는 마라톤 평원에 상륙해 전투를 벌였다. 아테나이는 수적 열세에도 불구하고 플라타이아이와 연합해 결정적 승리를 거두었고, 이는 헬라스 전역에 큰 자신감을 안겨주었다. 세계 최강국을 물리쳤다는 경험은 '우리는 해낼 수 있다'는 집단적 확신으로 남았다. 그러나 투키디데스의 시선에서 이 승리는 축복이자 경고다. 마라톤의 기억은 이후 모든 판단의 기준이 되었고, 그 기억은 결국 과신으로 변질된다. 공포가 사라진 자리에는 야심이 들어선다.

〈테르모필라이 전투의 레오니다스〉(자크루이 다비드, 1814년)
● 기원전 480년

페르시스의 침략은 한 번으로 그치지 않았다. 기원전 480년 여름, 라케다이몬의 레오니다스왕은 페르시스의 2차 침공을 저지하기 위해 헬라스 동맹군을 이끌고 테르모필라이 전투를 벌였다. 테르모필라이는 가장 좁은 곳이 전차 한 대가 간신히 지나갈 정도로 협소한 해안 통로로, 대군을 상대하기에 유리한 지형이었다. 페르시스가 협곡을 우회해 포위하려 하자, 레오니다스왕은 동맹군을 철수시키고 라케다이몬 전사 300명과 함께 남아 최후의 항전을 준비했다. 이들은 끝까지 싸웠지만 결국 전멸했다.

영웅적 희생의 상징으로 많이 언급되지만 투키디데스는 이 장면을 숭고함으로만 보지 않는다. 그는 이 죽음이 전략적 계산과 정치적 선택의 결과였음을 알고 있었다. 라케다이몬의 용기는 공동체의 규율에서 나왔고, 그 규율은 개인의 생명을 요구했다. 이 장면은 용기의 극치이자, 체제가 개인을 어떻게 소모하는지를 보여주는 증거다.

〈살라미스 해전〉(빌헬름 폰 카우바흐, 1868년)

• 기원전 480년

아테나이의 테미스토클레스가 지휘한 헬라스 연합 함대는 살라미스 해전에서 페르시스 함대를 격파하며 압도적인
승리를 거두었다. 이 해전은 전쟁의 흐름을 뒤바꾼 결정적 전환점이 되었고, 이 승리로 아테나이는 제국이 된다.
그리고 투키디데스의 진짜 이야기는 바로 여기서 시작된다. 승리 이후의 선택, 힘을 쥔 자의 태도, 그리고 그 힘을
유지하려는 욕망. 전쟁은 끝났지만, 더 큰 전쟁의 씨앗이 뿌려진 순간이다.

〈플라타이아이 전투의 라케다이몬 전사들〉(『캐셀의 그림으로 보는 세계사』, 1882년)
• 기원전 479년

헬라스가 맞이한 승리의 정점을 보여준다. 기원전 479년, 페르시스는 2차 침공 과정에서 벌어진 플라타이아이 전투에서도 참패하며 헬라스 본토에서 완전히 철수했다. 대군을 몰아낸 헬라스는 자유를 되찾았다. 하지만 외부의 적이 사라진 자리에 남은 것은 내부의 균열이었다.

이듬해인 기원전 478년, 아테나이는 페르시스의 재침을 명분으로 델로스 동맹을 결성했으나 동맹국들로부터 모은 자금으로 해군을 확충하고 해상 무역로를 장악하면서 점차 제국주의적 야욕을 드러내기 시작했다.

⟨페르시스 전사와 헬라스 전사의 결투⟩(작자 미상, 기원전 480년경)
• 기원전 446년

라케다이몬은 기원전 6세기부터 펠로폰네소스반도 일대의 도시들을 규합해 펠로폰네소스 동맹을 이끌고 있었다.
라케다이몬을 비롯한 과두정 국가들은 아테나이의 성장과 민주정의 확산에 위협을 느꼈다.
양 진영 사이의 긴장이 점차 고조되던 기원전 446년, 아테나이는 지도자 페리클레스의 주도로 펠로폰네소스 동맹
과 30년 평화조약을 맺어 균형을 모색했다.

〈코린토스 해전〉(마테우스 메리안, 1630년)

• 기원전 435-432년

30년 평화조약은 10년도 채 지나지 않아 위기를 맞았다. 기원전 436년경 에피담노스에서 시작된 작은 분쟁이 거대한 전쟁의 불씨가 되었다. 케르키라의 식민시였던 에피담노스는 민주정 지지 세력이 반란을 일으키자 종주국에 도움을 청했으나 거절당했고, 대신 케르키라의 숙적인 코린토스에 손을 내밀었다.

결국 기원전 435-432에 걸쳐 케르키라와 코린토스 사이에 해전이 벌어졌으며, 아테나이가 케르키라를, 라케다이몬이 코린토스를 지지하며 지역 분쟁은 양대 세력의 전면전 직전 상황으로 치달았다.

〈포테이다이아 전투에서 알키비아데스를 구하는 소크라테스〉(표트르 바실리예비치 바신, 1828년)
• **기원전 432년**

아테나이는 코린토스의 식민시이자 델로스 동맹 소속인 포테이다이아의 충성을 의심하며 압박을 가했다. 이에 반발한 포테이다이아가 코린토스의 지원을 받아 반란을 일으키자 아테나이는 군대를 파견했다. 이 전투에는 철학자 소크라테스가 병사로 참전했으며, 부상당한 제자 알키비아데스를 구했다는 일화가 전해진다. 알키비아데스는 훗날 펠로폰네소스 전쟁의 향방과 아테나이의 운명에 결정적인 영향을 미치게 된다.

〈아르키다모스왕의 궁정에 모인 아테나이와 코린토스 사절단〉(한스 쇼이펠라인, 1533년)
• 기원전 432년

아테나이는 펠로폰네소스 동맹에 속한 도시 메가라를 대상으로 '메가라 법령'을 시행했다. 이는 메가라인이 아테나이의 신성한 영지를 침범하고 사절을 해친 데 대한 보복이자, 델로스 동맹 내 교역을 차단해 메가라를 고립시키려는 조치였다.

이에 코린토스를 비롯한 동맹국들은 아테나이가 평화조약을 위반했다며 강하게 반발했고, 라케다이몬은 두 차례의 동맹 회의를 소집했다. 첫 회의에서 아테나이 사절단은 전쟁을 피하자고 호소했고 라케다이몬은 신중한 입장을 취했지만, 결국 동맹국들은 전쟁을 결의했다. 이 사건은 양 진영의 갈등을 극단으로 몰아넣으며 펠로폰네소스 전쟁의 직접적 도화선이 되었다.

〈페리클레스의 추도 연설〉(필리프 폰 폴츠, 1852년)
● **기원전 431년**

라케다이몬은 끝내 아테나이에 전쟁을 선포했고, 그해 여름 아르키다모스 2세가 아티케를 침공하면서 펠로폰네소스 전쟁이 본격적으로 시작되었다. 아테나이의 페리클레스는 미리 예고한 방침에 따라 지상전을 피하고 해군 중심의 방어 전략을 펼쳤고, 시민들은 성 안으로 대피해 전쟁 초기의 시련을 견뎌야 했다.

페리클레스는 아테나이 민주정의 전성기를 이끈 인물이자 탁월한 연설가로, 전쟁 첫해 겨울 전사자들을 기리는 장례식에서 시민들에게 민주정의 가치와 공동체의 위대함을 강조한 추도 연설을 남겼다.

〈역병에 휩싸인 도시〉(미키엘 스위어츠, 1652-1654년경)

• **기원전 430년**

전쟁 2년 차, 아테나이에 역병이 창궐하여 수많은 시민이 목숨을 잃었다. 성벽 안에 고립되어 지내야 했던 시민들의 원성은 페리클레스를 향했고, 그는 한때 권한을 박탈당했으나 전쟁의 급박한 상황 속에서 곧 복권되었다. 그러나 얼마 지나지 않아 페리클레스 역시 역병에 걸려 생을 마감했다. 그의 죽음과 함께 아테나이 민주정의 황금기는 위기를 맞고, 제국은 통제하기 어려운 격랑 속으로 빠져들었다.

〈라케다이몬의 폭력적 진압〉(작자 미상, 19세기)

• 기원전 427-425년

한편 기원전 427년, 케르키라에서 민주정과 과두정 세력 간의 갈등이 격화되며 내전이 일어났다. 이 사건은 단순한 지역 분쟁을 넘어 헬라스 전역으로 확산되었다. 민주정은 아테나이와 델로스 동맹의, 과두정은 라케다이몬과 펠로폰네소스 동맹의 지원을 받으며 사실상 대리전 양상으로 전개되었다.

결국 기원전 425년, 민주정 세력이 과두정 세력을 일방적으로 숙청하며 내전은 종식되었다. 투키디데스는 이 사건을 단순한 정치적 분쟁이 아닌, 헬라스 사회 전반의 도덕적·정치적 붕괴를 상징하는 비극으로 기록했다.

〈스팍테리아 전투〉(작자 미상)

• 기원전 425년

전쟁이 장기화되면서 새로운 지도자들이 부상했다. 아테나이에서는 클레온과 데모스테네스가 중심이 되어 이전보다 한층 공격적인 전략을 펼쳤다. 이들은 라케다이몬에 동조해 반기를 든 미틸레네를 진압하고, 서부 헬라스 원정으로 영향력을 넓혔다.

기원전 425년, 아테나이는 필로스 인근 스팍테리아섬에서 라케다이몬의 지배층 다수를 생포하며 전례 없는 굴욕을 안겼다. 이 승리를 기점으로 라케다이몬으로 기울던 전쟁의 주도권은 다시금 아테나이로 넘어왔다.

〈라케다이몬의 브라시다스 장군〉(월터 크레인, 1914년)
- **기원전 424년**

라케다이몬의 브라시다스 장군은 아테나이의 동맹을 이탈시키기 위해 마케도니아와 트라케로 향했고, 전략적 요충지 암피폴리스를 점령했다. 아테나이는 도시를 되찾고자 투키디데스를 장군으로 파견했으나, 그는 뒤늦게 도착해 함락을 막지 못한 책임을 지고 추방당했다.

투키디데스는 이 사건에 좌절하지 않고, 도리어 양 진영을 객관적으로 관찰하는 계기로 삼았다. 이후 그는 20년간 헬라스 각지를 누비며 인간 본성과 권력, 전쟁의 실상을 날카롭게 분석한 『펠로폰네소스 전쟁사』를 집필한다.

〈니키아스〉(미카엘 뷔르허르스, 18세기경)

• 기원전 421년

전쟁 10년 차에 접어든 기원전 422년, 아테나이는 암피폴리스를 탈환하기 위해 클레온을 파견했다. 그는 라케다이몬의 브라시다스와 맞붙었으나, 두 장군 모두 이 전투에서 전사했다. 이를 계기로 델로스 동맹과 펠로폰네소스 동맹은 일시적 휴전에 들어갔다.

기원전 421년, 아테나이의 정치가 니키아스가 주도하여 '니키아스 평화조약'을 체결했다. 이 조약은 한동안 양 진영의 무력 충돌을 막는 완충 역할을 했다.

〈소크라테스에게 가르침을 받는 알키비아데스〉(프랑수아앙드레 뱅상, 1776년)
• 기원전 415년

아테나이는 젊은 정치가 알키비아데스의 주도로 시켈리아(시칠리아) 원정에 나섰다. 출정 직후 그는 헤르메스 신상 훼손 등 신성모독 혐의로 소환 명령을 받았으나, 아테나이로 돌아가던 중 탈주해 적국 라케다이몬으로 망명했다. 그는 라케다이몬에 아테나이의 전략적 약점을 폭로하며 조국을 위기로 몰아넣었다. 스승 소크라테스의 가르침을 뒤로하고 가장 위험한 선동가로 변모한 그의 행보는 전쟁의 향방을 완전히 바꾸어놓았다.

〈시라쿠사이에 당도한 아테나이 해군〉(작자 미상, 19세기)
• 기원전 415-413년

알키비아데스의 이탈에도 불구하고, 아테나이군은 대규모 함대를 이끌고 시켈리아의 시라쿠사이에 상륙했다. 그러나 시라쿠사이는 예부터 강력한 군사력을 갖춘 요새였고, 곧 라케다이몬과 동맹국의 지원군까지 가세했다. 결국 아테나이군은 육상과 해상 양쪽에서 포위당한 채 고립되었다. 찬란했던 원정의 꿈은 참혹한 포위전이 되었고, 아테나이는 최대의 위기에 직면했다.

〈시라쿠사이에서의 아테나이군 괴멸〉(헤르만 포겔, 1893년)

• 기원전 413년

아테나이는 데모스테네스가 이끄는 지원군을 보냈지만 전세를 뒤집지 못했다. 마지막 퇴각 시도마저 실패로 끝나면서 지휘관 니키아스와 데모스테네스는 처형당했고, 수천 명의 병사는 학살되거나 노예로 전락했다. 이 참패로 아테나이의 국력은 급격히 약화되었고, 이는 펠로폰네소스 전쟁의 판도를 뒤바꾼 분수령이 되었다.

〈페르시스 제국 총독과 리산드로스의 회담〉(프란체스코 그루에, 1900년)
• 기원전 412-411년

시켈리아 원정에서 대패한 아테나이는 위기에 빠졌다. 라케다이몬은 이 틈을 놓치지 않고 육상 보급로를 차단하는 한편, 페르시스의 지원을 받아 해군력을 강화했다. 한편 알키비아데스는 페르시스와 내통하며 라케다이몬과 아테나이 양 진영을 모두 견제했고, 아테나이가 과두정을 수립하면 페르시스의 원조를 끌어오겠다고 제안하며 복귀를 꾀했다. 기원전 411년, 과두정 쿠데타 세력이 정권을 장악했으나 민주정파의 저항으로 곧 붕괴했다.

이후에도 전쟁은 계속되었지만, 투키디데스의 『펠로폰네소스 전쟁사』는 이 시점에서 멈춘다. 그는 전쟁의 결말을 기록하지 못한 채 생을 마감했다.

〈알키비아데스의 죽음〉(필리프 세리, 1791년)

• **기원전 411-404년**

아테나이는 라케다이몬과 페르시스의 연합을 견제하기 위해 알키비아데스를 다시 받아들였다. 그는 아테나이 해군을 이끌며 여러 차례 승리를 거두었고, 기원전 407년에는 최고 지휘관의 자리에 올랐다. 그러나 이어진 패전으로 실각하자 신변의 위협을 느껴 소아시아 프리기아 지역으로 피신했다.

기원전 404년, 그는 페르시스 태수 파르나바조스에게 망명을 요청했으나 끝내 암살당했다. 그 배후에는 라케다이몬의 리산드로스가 있었다고 전해진다.

〈아이고스포타모이 해전〉(존 브라이언, 1915년)
• 기원전 405년

아테나이는 기원전 406년, 아르기누사이 해전에서 승리하며 마지막 반격에 나섰다. 그러나 이듬해인 기원전 405년, 라케다이몬의 리산드로스가 아이고스포타모이에 정박 중이던 아테나이 함대를 기습해 전멸시켰다. 아테나이의 해군력은 완전히 붕괴되었고, 제국의 젖줄이었던 흑해 보급로가 끊어지면서 전쟁을 지속할 능력을 상실했다. 이로써 전쟁의 주도권은 라케다이몬으로 넘어갔다.

〈리산드로스의 명령에 따른 아테나이 성벽 파괴〉(『그림으로 보는 세계사』 삽화, 1881년)
* **기원전 404년**

극심한 기근과 내부 갈등에 시달리던 아테나이는 마침내 항복을 선언했다. 패전의 대가는 참혹했다. 라케다이몬은 승전 나팔을 울리며 아테나이 시민들이 지켜보는 가운데 아테나이의 자존심이자 보루였던 긴 성벽을 허물었다. 이와 함께 오랜 세월 이끌어온 델로스 동맹도 해체되었다. 27년에 걸친 펠로폰네소스 전쟁은 이렇듯 라케다이몬의 승리와 아테나이 제국의 몰락으로 종결되었다.

⟨파르테논 신전⟩(프레데릭 에드윈 처치, 1871년)
• 기원전 404-31년(펠로폰네소스 전쟁 이후 헬레니즘 시대의 종결)

펠로폰네소스 전쟁에서 승리한 라케다이몬은 잠시 헬라스의 패권을 누렸지만, 전 지역을 온전히 장악하지는 못했다. 뒤를 이은 테바이의 번영도 오래가지 못했고, 아테나이의 부활 시도도 실패로 돌아갔다. 점차 쇠퇴하던 헬라스는 결국 북부에서 부상한 마케도니아의 필리포스 2세에게 주도권을 내주었다. 그의 아들 알렉산드로스 대왕이 페르시스를 정복하고 대제국을 건설하면서 도시국가 중심의 고대 헬라스 세계는 사실상 막을 내렸다. 그러나 이는 헬라스 문화가 전 세계로 뻗어나가는 헬레니즘 시대의 서막이었다. 인류 문명에 깊은 영향을 미친 찬란했던 헬라스의 유산은 오늘날까지 면면히 이어지고 있다.

〈요르단의 투키디데스 모자이크〉(작자 미상, 3세기 초)
• 기원전 460-400년경

호메로스가 서사시를 통해 신과 영웅의 시대를 노래했다면, 투키디데스는 인간이 주역이 된 시대를 치밀하게 기록한 역사 서술의 창시자. 그는 신화와 전설을 철저히 배제한 이성적 서술 방식으로 인간 본성과 권력의 작동 원리를 꿰뚫는 저작 『펠로폰네소스 전쟁사』를 남겼다.

"내가 기록한 역사에는 전설이나 설화가 없어 듣기에 흥미롭지 않을지도 모른다. 그러나 인간의 본성상 과거에 일어난 일들이 미래에도 되풀이될 것임을 알기에, 과거의 사건을 명확히 알고자 하는 이에게는 나의 역사 기술이 충분히 유익할 것이다. 나는 이 책을 순간의 찬사를 얻고자 쓴 것이 아니라, 길이 간직할 유산으로 남기고자 집필했다." — 제1권 22장 중에서

투키디데스(Thucydides, 기원전 460-400년경)
(『그리스의 역사』 삽화, 1890년)

현대지성 클래식 72

펠로폰네소스 전쟁사

HO POLEMOS TON PELOPONNESION KAI ATHENAION

투키디데스 | 박문재 옮김

현대
지성

차례

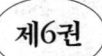

일러두기

1. 이 책의 그리스어 원전 번역 대본으로는 『펠로폰네소스 전쟁사』의 표준 학술 텍스트로 널리 인정받는 Henry Stuart Jones and Johannes Enoch Powell, *Thucydidis Historiae*, I-II, Oxford Classical Texts (Oxford: Oxford University Press, 1942)를 사용했다. 영어 번역본과 주석은 다음의 자료를 주로 참고했다. Steven Lattimore, *The Peloponnesian War* (Indianapolis: Hackett Publishing Company, Inc., 1998), Rex Warner, *History of the Peloponnesian War*, Penguin Classics (London: Penguin Books, 1972), Martin Hammond, *The Peloponnesian War*, Oxford World Classics (Oxford: Oxford University Press, 2009).

2. 본문의 고유명사는 대부분 그리스어 원문 표기를 그대로 따랐다. 예컨대 '헬라스', '페르시스', '아이가이온해', '헬렌인' 등이 이에 해당한다. 단, 표지에서는 현대 독자에게 익숙한 '그리스', '페르시아' 등으로 표기했다.

3. 차례의 제목과 세부 항목 구분은 독자의 이해를 돕기 위해 편집자가 추가한 것이다.

4. 각 장은 본문에 번호를 붙여 표시했으며, 난외주의 번호는 해당 장의 단락을 나타낸다.

5. 본문의 각주와 해설은 모두 옮긴이가 작성했다.

6. 출처를 표기하지 않은 시각 자료는 모두 public domain에서 가져왔다.

제1권

충돌의 씨앗들
(기원전 432년까지)

전쟁의 기원과 아테나이 제국의 확장

I   **1**[*] 아테나이인 투키디데스는 펠로폰네소스[1]인과 아테나이인이 벌인 전쟁을 기록했다. 나는 전쟁이 발발하자마자 집필을 시작했는데, 이 전쟁이 이전의 어떤 전쟁보다도 중대하고 더 오래 기억될 것이라 믿었기 때문이다. 그렇게 판단한 까닭은 양측이 모두 철저히 준비한 채 전쟁에 임했을 뿐 아니라, 다른 헬렌인[2]들 가운데 일부는 즉시 어느 한편에 가

---

* 제1장은 서문이며, 제2-19장은 고대 헬라스의 역사와 펠로폰네소스 전쟁 발발 직전의 정세를 다룬다.
1 "펠로폰네소스"는 '펠롭스의 반도'라는 뜻으로, 헬라스(고대 그리스) 남서부에 위치한 반도다. 펠롭스는 소아시아 리디아의 왕 탄탈로스의 아들로, 신들의 저주를 받은 인물이다. 그는 엘리스 지방 피사의 왕 오이노마오스의 딸 히포다메이아와 결혼하여 왕위를 계승하고 세력을 반도 전역으로 넓혔다.
   펠로폰네소스반도에는 여러 지방이 있다. 남동부에 라코니케 지방(스파르테, 즉 라케다이몬의 중심지), 남서부에 메세니아 지방, 중앙 동부에 아르골리스 지방, 중부에 아르카디아 지방, 북동부에 아카이아 지방, 북서부에 엘리스 지방이 있다.
   펠로폰네소스 전쟁(기원전 431-404년)은 아테나이 동맹과 라케다이몬 동맹 간의 대규모 전쟁으로, 반도 내 도시국가들은 대체로 라케다이몬 동맹에, 헬라스 본토와 섬 지역 도시국가들은 아테나이 동맹에 속했다. 펠로폰네소스반도는 육로로는 코린토스 지협을 통해 본토와 연결된다. 헬라스 본토 남쪽에는 아티케 지방과 중심 도시 아테나이가, 그 북쪽에는 보이오티아 지방이 있으며, 두 지방의 동쪽 바다에는 에우보이아섬이 있다. 본토 중부에는 포키스, 로크리스, 도리스 지방이 있으며, 서쪽에는 아이톨리아, 아카르나니아, 암필로키아 지방이 있고, 북쪽에는 테살리아 지방이 있다.
2 고대 헬렌인은 거주 지역이나 조상을 기준으로 다양한 이름으로 불렸다. "펠로폰네소스인"은 지역 기반, "헬렌인"은 혈통 기반의 명칭이다. '헬렌인'으로 번역한 토 헬레니코스(τὸ Ἑλληνικός)는 '헬렌의 자손'을 뜻한다. 신화에 따르면, 헬렌은 제우스의 대홍수 이후 유일하게 살아남은 인간 데우칼리온과 피라 사이에서 태어난 장남으로, 그의 아들들은 각 부족의 시조가 되었다. 아이올로스는 아이올로스인, 크수토스의 아들 이온과 아카이오스는 각각 이온인과 아카이오스인, 도로스는 도로스인의 시조로 여겨진다. 투키디데스는 헬라스 본토, 그 식민시, 펠로폰네소스에 거주하는 이들을 모두

담하고, 일부는 어느 편에 설지 저울질하는 모습을 내가 직접 지켜보았기 때문이다.

실제로 이 전쟁은 헬렌인뿐 아니라 일부 이민족들,[3] 아니 거의 전 인류가 개입된 최대의 사변이었다. 오래전 일은 물론이고 비교적 최근의 사건조차 시간이 흘러 실상을 파악하기 힘들었지만, 나는 최대한 과거로 거슬러 올라가며 증거를 살펴보았다. 그 결과 이 전쟁이 전무후무한 규모의 사건이었음을 확신하게 되었다. 2 3

2 오늘날 헬라스[4]라 불리는 이 땅에는 예로부터 정착해 살아온 원주민이 없었다. 오히려 부족들의 이동이 빈번했으며, 먼저 이주해온 부족은 수적으로 우세한 새로운 부족이 들어와 압박을 가하면 주저 없이 정착지를 떠났음이 분명해 보인다. 교역이 이루어지지 않았으며, 육로나 해로를 통한 활발한 교류도 없었다. 각자 자신이 가진 것을 지키며 생존에 필요한 만큼만 토지를 경작했기에 내다 팔 만한 잉여생산물도 없었다. 또한 성벽이 없어 늘 약탈의 위협에 노출되었고, 그날그날 필요한 음식은 어디서든 구할 수 있다고 여겨 정착지를 떠나는 데 주저함이 없었다. 그 결과 도시들은 커지지 않았고, 그 힘도 미약했다. 1 2

토지가 비옥한 지역은 주민이 자주 바뀌었다. 현재의 테살리아 지방,[5] 3

"헬렌인"으로 지칭한다.

3 "이민족들"로 번역한 바르바로스(βάρβαρος)는 헬렌인이 이해하지 못하는 말을 사용하는 이들을 묘사할 때 쓴 의성어에서 유래한 표현이다. 일반적으로 '야만인'으로 번역되지만, 이 책에서는 원래의 의미를 살려 '이민족'으로 옮겼다.

4 "헬라스"('Ελλάς)는 원래 헬렌인의 시조 헬렌과 연관된 테살리아 지역의 명칭이었으나, 이후 헬렌인이 거주하는 땅 전체를 가리키는 명칭이 되었다. 고대 헬렌인은 자신들을 '헬렌인'('Έλληνες, '헬레네스'), 자신들의 땅을 '헬라스'라 불렀지만, 로마인은 그라이키아(Graecia)라는 지역명을 헬라스 전체를 지칭하는 데 사용했고, 이 명칭이 영어의 그리스(Greece)로 이어졌다.

5 "테살리아 지방"은 펠로폰네소스반도의 북쪽, 헬라스 본토 북부의 중앙에 위치한다. 북쪽으로는 마케도니아, 서쪽으로는 에피로스, 남쪽으로는 헬라스 본토 중부와 접한다. 비옥한 평야와 말 사육으로 유명하며, 매우 강력한 기병대를 보유했다. 미케네 문명 시대(기원전 1600-1100년)의 중심지 중 하나였으며, 헬렌인의 시조인 헬렌은 테살

보이오티아 지방,[6] 그리고 아르카디아 지방[7]을 제외한 펠로폰네소스 내
4 가장 비옥한 지역들이 그러했다. 비옥한 지역에서는 몇몇 유력자들이
강한 세력을 형성하면서 파벌 싸움이 일어났고, 이는 부족 전체를 파멸
로 이끌었을 뿐 아니라 외부 부족들에 의한 더 많은 위협을 초래했다.
5 반면 토지가 척박한 아티케 지방[8]에서는 파벌 싸움이 벌어지지 않았기
에 동일한 주민들이 대대로 살아왔다.

6 　이는 다른 지역들이 빈번한 이주로 인해 아티케 지방처럼 발전하여
강성해질 수 없었다는 나의 주장을 뒷받침하는 중요한 증거다. 헬라스
의 다른 지역에서 전쟁이나 파벌 싸움으로 쫓겨난 이들 중 가장 유력한
자들이 안전한 피난처를 찾아 아테나이로 망명하여 그곳의 시민이 되었
다. 이러한 이유로 아테나이의 인구는 오래전부터 크게 증가했으며, 아
티케 지방만으로는 이들을 수용하기에 부족해지자, 이오니아 지방[9]에

리아 지방 프티아의 왕이었다.

6 　"보이오티아 지방"은 헬라스 본토 남부의 아티케 지방 북쪽에 위치하며, 헬리콘 산맥
으로 인해 두 개의 평야로 나뉜다. 헬리콘산이 해풍을 막아주어 비옥한 토양을 갖추
었다. 기원전 550년경 주요 도시국가 테바이를 중심으로 보이오티아 동맹이 결성되
었다. 연합정부 형태로 운영된 이 동맹은 펠로폰네소스 전쟁 중 라케다이몬과 연합하
여 아테나이에 맞섰다.

7 　"아르카디아 지방"은 펠로폰네소스반도 중앙의 고원지대로, 사방이 험준한 산으로 둘
러싸여 다른 지방들과 자연적으로 격리되었다.

8 　"아티케 지방"은 도시국가 아테나이의 영토로, 헬라스 본토 남부에 위치한다. 기원전
508년 입법자 클레이스테네스의 개혁 이전까지 약 100개의 자치도시('데모스')로 구
성되었으며, 개혁 이후 139개의 행정구역으로 재편되었다. 각 데모스는 직할도시 체
계로 편입되었으나 상당한 자치권을 유지했으며, 시민권 등록, 세금 징수, 징집 등을
데모스 단위로 시행함으로써 아테나이 민주정의 기초를 놓았다.

9 　"이오니아 지방"은 소아시아 서해안에 위치하며, "이오니아"는 '이온인의 땅'을 뜻한다.
헬라스에서 가장 먼저 펠로폰네소스 아카이아 지방에 정착한 부족은 아카이오스인(아
카이아인)이고, 이어 이온인(이오니아인)이 아티케, 에우보이아, 키클라데스제도에 정
착했다. 기원전 1200-1100년경 도로스인의 남하로 일부 이온인이 밀려나 소아시아 서
해안의 밀레토스, 에페소스, 사모스섬, 키오스섬 등에 정착했다. 이 지역을 "이오니아"라
부르게 되었으며, 이오니아 12개 도시가 '이오니아 동맹'을 결성했다. 아테나이와 아티
케 사람은 원래 이온인으로, 이오니아에 식민시를 세우고 많은 이주민을 보냈다.

식민시를 개척하여 그곳으로 일부 주민을 이주시켰다.

3 옛적에 헬라스에서 살던 사람들의 힘이 미약했다는 나의 확신을 ₁
뒷받침하는 또 하나의 중요한 증거는, 트로이아 전쟁[10] 이전에는 헬라
스가 연합하여 활동했다는 어떤 증거도 찾아볼 수 없다는 점이다. 더욱 ₂
이 내가 보기에 당시에는 이 지역 전체가 헬라스로 불리지도 않았다. 데
우칼리온의 아들 헬렌[11]이 등장하기 전까지 헬라스라는 명칭 자체가 존
재하지 않았으며, 이 지역의 여러 곳은 그곳에 거주하던 부족의 이름으
로 불렸다. 그중에서도 가장 넓은 지역을 차지했던 펠라스고스인[12]의 땅
이라는 명칭이 가장 널리 사용되었다. 이후 헬렌과 그의 아들들이 프티
오티스[13]에서 강성해지면서 다른 도시국가의 요청에 따라 원군을 파병
하는 일이 잦아졌고, 이러한 교류를 통해 다른 도시국가에 사는 사람들
도 점차 헬렌인이라 불리기 시작했다. 그러나 이 명칭이 이 지역에 사는
모든 사람을 아우르는 명칭으로 정착되기까지는 오랜 시간이 걸렸다.

이를 가장 잘 증명해주는 인물이 호메로스[14]다. 그는 트로이아 전쟁 ₃

---

10 "트로이아 전쟁"은 기원전 12세기 소아시아 트로이아에서 헬라스 연합군과 트로이
아 연합군 간에 벌어진 전쟁으로, 호메로스의 대서사시 『일리아스』를 통해 널리 알
려졌다. 전쟁은 스파르테 왕비 헬레네가 트로이아 왕자 파리스(알렉산드로스)에게
납치되며 시작된다. 헬레네의 구혼자였던 여러 도시국가의 왕과 영웅이 헬레네의 배
우자에게 재난이 닥치면 돕기로 했던 이전의 맹세에 따라 연합군을 결성해 원정을
떠났고, 10년 전쟁 끝에 트로이아는 멸망했다. 『일리아스』는 이 전쟁을 배경으로 헬
라스 신화와 영웅들, 그 가문의 흥망을 장엄하게 그려낸다.
11 "데우칼리온"은 제우스로부터 불을 훔쳐 인간에게 전해준 티탄족 프로메테우스의 아
들이다. 그의 아들 "헬렌"은 테살리아 프티아의 왕으로, 헬렌의 세 아들이 네 부족의
시조가 되어 헬렌인 전체의 조상으로 여겨진다.
12 "펠라스고스인"의 시조 펠라스고스는 아르고스의 펠라스고스의 손자이자 포세이돈
의 아들이다. 그는 형제들인 피티오스, 아카이오스와 함께 일부 펠라스고스인을 이
끌고 아르고스에서 테살리아로 이주하여 펠라스기오티스, 프티오티스, 아카이아에
식민시를 세웠다.
13 "프티오티스"는 테살리아 지방 남동부에 위치한 지역으로, 헬렌인의 시조 헬렌이 다
스렸던 프티아가 이곳의 일부였던 것으로 추정된다.
14 "호메로스"는 기원전 약 8세기의 인물로, 『일리아스』와 『오디세이아』의 작가로 알려

이 끝난 뒤 훨씬 후대에 태어났음에도, 그의 글 어디에서도 헬라스 전역에서 모여든 사람들을 헬렌인이라는 명칭으로 통칭하지 않았다. 오직 최초의 헬렌인들이 살았던 프티오티스에서 아킬레우스[15]가 이끌고 온 군사들에 대해서만 헬렌인이라는 명칭을 사용했다. 대신 그는 헬라스 지역에서 모여든 군사들을 가리킬 때 다나오스인,[16] 아르고스인,[17] 아카이오스인[18]이라는 명칭을 사용했다. 또한 이민족이라는 명칭도 사

져 있다. 이 두 작품은 서양에서 가장 오래된 문학으로서 고대 헬라스 문학의 기초를 이루었다고 평가받는다. 단테는 『신곡』에서 그를 "모든 시인의 왕"이라 불렀다. 전승에 따르면 호메로스는 이오니아 출신의 맹인 음유시인이었다. 그러나 그의 생애를 다룬 명확한 역사적 기록은 남아 있지 않으며, 그가 실존 인물인지를 두고 논의가 계속되고 있다.

15 "아킬레우스"는 초기 헬렌인들의 거주지였던 프티오티스 지역 프티아의 왕 펠레우스의 아들로, 트로이아 전쟁의 대표적 영웅이다. 호메로스의 『일리아스』는 아킬레우스와 헬라스 연합군 총사령관이자 미케네의 왕 아가멤논 간의 갈등으로 시작해, 아킬레우스가 트로이아 총사령관 헥토르 왕자를 죽이는 장면으로 끝난다.

16 "다나오스인"은 펠로폰네소스반도 북동부 아르골리스 지방의 아르고스에 거주하던 주민을 가리킨다. 이 지방에는 아르고스를 비롯해 미케네, 티린스 등 주요 왕국이 자리하고 있었다. 이들의 시조 다나오스는 이집트 왕 벨로스와 나일강의 신 나일로스의 딸 안키노에 사이에서 태어난 아이깁토스의 형제다. 그는 벨로스로부터 리비에를 물려받았으나, 아이깁토스의 위협을 피해 조상의 땅 아르고스로 피신했다. 그가 왕 겔라노르와의 다툼에서 승리해 통치권을 얻은 이후로, 이 지역 사람들은 다나오스인이라 불리게 되었다.

17 "아르고스인"은 펠로폰네소스반도 북동부 아르고스의 주민이다. 명칭은 아르고스 왕국의 건설자 아르고스에서 유래했는데, 그는 제우스와 니오베 사이에서 태어난 인물이다. 니오베의 조부 이나코스는 아르골리스 지방 이나코스강의 신이자 아르고스의 초대 왕이었다. 이나코스는 포로네우스를, 포로네우스는 니오베를 낳았으며, 니오베의 아들 아르고스는 외조부 포로네우스로부터 왕국을 물려받아 아르고스 왕국으로 개명했다. 이후 통치권은 다나오스 왕가로 넘어갔다.

18 "아카이오스인"은 헬렌의 손자인 아카이오스를 시조로 삼는 부족이다. 아카이오스의 아버지 크수토스는 테살리아의 이올코스에서 추방된 후 펠로폰네소스 북부의 아이기알로스로 이주했다. 크수토스에게는 두 아들이 있었는데, 형 이온은 아이기알로스 왕 셀리노스의 딸 헬리케와 혼인하여 왕위를 계승했고, 그곳 주민들은 이온의 이름에서 유래한 '이온인'이라 불렀다. 아이기알로스는 훗날 '아카이아'라 불리게 된다. 한편 아우 아카이오스는 아버지의 고향 테살리아로 돌아가 지역을 부흥시켰고, 그곳 주민들은 그의 이름에서 유래한 '아카이오스인'이라 불렀다.

용하지 않았는데, 이는 당시 헬라스 지역에 거주하던 사람들이 아직 헬렌인이라는 공통된 명칭으로 불리지 않아 다른 지역 사람들과 명확히 구분되지 않았기 때문이라고 나는 생각한다.

그러므로 도시국가 간의 교류를 통해 헬렌인이라는 명칭을 얻었든, 4 아니면 후대에 이 명칭이 정착된 후 그렇게 불렸든 간에, 이 지역에서 살던 여러 부족은 트로이아 전쟁 이전에는 강성하지 않았고 서로 교류하지 않았기에 함께 이룩한 성과도 없었다. 그러나 그들이 집단을 이루어 바다를 건너 트로이아 원정에 나설 수 있었던 것은 세월이 흐르면서 항해술이 발전했기 때문이다.

4 전해지는 바에 따르면, 오래전에 미노스[19]가 최초로 함대를 창설 I 했다. 그는 오늘날 헬렌인의 바다[20]로 불리는 해역의 대부분과 키클라데스제도[21]를 장악했다. 이때 대부분의 섬에서 카르인[22]을 축출하고 처

---

19 "미노스"는 크레테섬의 전설적인 왕으로, 제우스와 에우로페 사이에서 태어났으며, 라다만티스와 사르페돈의 형이다. 그는 다이달로스에게 명하여 미궁을 건설했다. 이곳에서 아테나이의 영웅 테세우스가 미노스의 딸 아리아드네의 도움으로 괴물 미노타우로스를 퇴치했다는 이야기가 유명하다. 제우스에게 통치술을 전수받은 미노스는 공정한 군주이자 입법자로 명성을 얻었고, 최초로 해군을 창설했다. 사후에는 라다만티스와 함께 지하세계의 세 재판관 중 한 명이 되었다고 전해진다.

20 "헬렌인의 바다"(Ἐλληνικῆς θάλασσα, '헬레니케스 탈라사')는 아이가이온해를 가리킨다. 신화에 따르면, 아테나이의 왕 아이게우스는 아들 테세우스가 크레테섬의 미노타우로스를 퇴치하는 데 성공하면 돌아올 때 흰 돛을 달기로 약속했으나, 승리하고도 검은 돛을 단 채 귀환하자 절망하여 바다에 투신했다. 이 일화로 인해 이 바다가 아이가이온해로 불리게 되었다는 설이 있다. 이 해역은 북쪽의 발칸반도, 동쪽의 소아시아, 남쪽의 크레테섬과 로도스섬, 서쪽의 헬라스 본토와 펠로폰네소스반도에 둘러싸여 있으며, 트라케해와 크레테해를 포함한다. 헬라스어로는 아이가이온 펠라고스(Αἰγαῖον Πέλαγος)라 한다. 이 책에서는 영어식 표현인 '에게해' 대신 원어 표기를 따라 '아이가이온해'라는 명칭을 사용했다.

21 "키클라데스"는 '원형의', '둥근 고리'라는 뜻이며, 키클라데스제도는 델로스를 중심으로 섬들이 원형으로 배열되어 있는 아테나이 남부 해상의 제도다.

22 "카르인"은 키클라데스제도에 거주했던 비헬렌계 이민족으로, 소아시아 카리아 지방에서 이주했다. 이들은 시조의 이름을 따 '카르인'이라 불렸다. 크레테 왕 미노스에게 축출되기 전까지 이 지역에서 해적 생활을 했던 것으로 전해진다. 호메로스는

음으로 식민시를 건설했으며, 자신의 아들들을 그곳의 통치자로 세웠다. 나아가 식민시들의 세금에서 나오는 수익을 보호하기 위해 바다에서 해적을 몰아내는 데도 최선을 다했다.

5 과거 헬렌인들과 해안이나 섬에 거주하던 이민족들 사이에 배를 이용한 교류가 활발해지면서, 이민족 가운데 가장 유력한 자들이 부를 축적하는 동시에 자신이 거느린 가난한 자들을 부양하기 위해 해적이 되어 약탈을 일삼았기 때문이다. 그들은 성벽이 없는 도시나 마을을 습격하여 약탈을 저질렀으며, 이러한 해적질은 그들의 주된 생계 수단이 되었다. 당시에는 이러한 행위가 부끄러운 일이 아니라 오히려 영예로운 일로 여겨졌다. 오늘날에도 일부 내륙 지역의 사람들은 해적질을 영예롭게 생각한다. 옛 시인들은 배에서 내리는 사람들에게 "당신들은 해적이오?"라고 묻곤 했는데, 이는 그 당시 해적질이 부끄러운 일이 아니었으며, 누구도 이를 비난하지 않았기 때문이다.

이러한 약탈 행위는 육지에서도 벌어졌다. 헬라스의 여러 지역, 예컨대 오졸리아 로크리스,[23] 아이톨리아,[24] 아카르나니아[25]를 비롯한 내륙 지역의 사람들은 오늘날에도 과거의 생활 방식을 유지하고 있다. 그들이 여전히 무기를 휴대하는 것은 오래전부터 이 지역에 전해온 약탈을

이처럼 헬렌어를 쓰지 않는 이들을 가리켜 '이민족'을 뜻하는 '바르바로스'라 불렀다.

23 "로크리스"는 헬라스 본토 중부에 위치한 지방으로, 동서로 나뉘어 있었다. 동쪽의 '오푸스 로크리스'는 도리스 지방과 인접하며 에우보이아만과 접했고, 서쪽의 '오졸리아 로크리스'는 포키스와 경계를 이루며 코린토스만에 면해 있었다.

24 "아이톨리아"는 헬라스 본토의 코린토스만 북쪽 해안에 위치한 산악 지방으로, 동쪽으로는 오졸리아 로크리스, 서쪽으로는 아카르나니아와 접한다. 시조 아이톨로스는 펠로폰네소스 서부의 엘리스 왕 엔디미온의 아들로, 왕위를 계승했으나 장례 경기에서 아르카디아인을 전차로 치어 죽게 한 죄로 엘리스를 떠나야 했다. 이후 그는 코린토스만 너머 헬라스 본토의 아켈로스강 부근 크레테스인의 영토를 정복하고, 자신의 이름을 따 '아이톨리아'로 명명하여 통치했다.

25 "아카르나니아"는 펠로폰네소스반도 바로 맞은편 헬라스 본토에 있는 지방으로, 이오니아해 연안에 위치해 있었다. 동쪽으로는 아이톨리아, 북쪽으로는 암필로키아와 테살리아를 접하고 있었다.

하던 습관이 지금까지도 남아 있기 때문이다.

6 옛날 헬라스 지역에서는 집에 울타리를 두르지 않았고 사람들 사   1
이의 교류도 안전하지 않았기에 이민족들과 마찬가지로 무기를 지니
고 다니는 것이 일반적인 습관이었다. 오늘날에도 여러 지역에서 옛 생   2
활 방식을 유지하는 이들이 있다는 사실은, 과거에는 그러한 생활 방식
이 헬라스 전역에서 보편적이었음을 보여준다.

처음으로 무기를 내려놓고 더욱 편안하고 사치스러운 생활 방식을   3
채택한 사람들은 아테나이인이었다. 아테나이의 부유한 노인들이 아
마포 평상복²⁶을 입고, 머리에 황금 메뚜기 모양의 장식을 두르는 사치
를 버린 것은 그리 오래된 일이 아니다. 이러한 복장과 장식은 아테나
이인의 친족인 이오니아의 노인들 사이에서도 오랫동안 유지되었다.

반면 오늘날과 같은 검소한 복장을 처음으로 도입한 사람들은 라케   4
다이몬인²⁷이었다. 라케다이몬의 귀족들은 다른 일에서 그러하듯 복장
도 일반 대중과 똑같이 하려고 노력했다. 처음으로 사람들 앞에서 옷을   5
다 벗은 채 시합을 하고 몸에 올리브유를 바른 이들도 라케다이몬인이
었다. 과거 올림피아 경기에서는 선수들이 샅타구니에 천을 두르고 출
전했지만, 그 전통이 폐지된 지도 오래되지 않았다. 오늘날에도 이민족
들, 특히 아시아인은 권투나 레슬링 경기를 할 때 여전히 샅타구니에
천을 두른다. 이 외에도 과거 헬렌인들의 생활 방식이 오늘날 이민족들   6

---

26 "아마포 평상복"(χιτών λίνεος, '키톤 리네오스')에서 평상복으로 번역한 '키톤'은
  직사각형 천을 몸에 두르고 핀으로 고정해 입는 헬라스의 기본 복식이다. '아마포'는
  아마 줄기에서 뽑은 섬유로 만든 직물로, 고대에는 고급 소재로 사용되었다.
27 "라케다이몬인"은 오늘날 '스파르테인' 또는 '스파르타인'으로 알려진 사람들이다. 고
  대에는 시조 라케다이몬의 이름을 따라 '라케다이몬인'이라 불렸다. 라케다이몬은
  라코니케의 왕 에우로타스의 딸 스파르테와 혼인해 왕국을 물려받았고, 에우로타스
  강변에 수도를 건설해 이를 '스파르테'라 명명했다. 라케다이몬은 수도 스파르테를
  중심으로 한 도시국가의 명칭이기도 하며, 투키디데스는 이 지역 사람들을 '스파르
  테인'보다는 주로 '라케다이몬인'이라 칭했다.

의 생활 방식이 유사했음을 보여주는 증거는 많다.

7 후대에 항해술이 발달하고 더 큰 부를 축적할 수 있게 되면서, 새롭게 건설된 도시는 주로 교역을 활성화하고 외부의 적으로부터 자신들을 방어하기 위해 해안가의 지협에 자리 잡고 성벽을 둘렀다. 반면 오래된 도시는 해적질이 성행하던 시기에 건설되어 섬이든 내륙이든 해안에서 멀리 떨어진 곳에 위치했는데, 오늘날까지도 여전히 바다에서 먼 곳에 자리하고 있다. 이는 해적들이 바다에서 서로 약탈하는 데 그치지 않고, 항해를 하든 하지 않든 해안 지역의 모든 주민을 대상으로 약탈을 일삼았기 때문이다.

8 섬 사람들, 즉 카르인과 포이닉스인[28]도 해적이었다. 이들은 대부분의 섬에 거주하며 해적질을 자행했다. 아테나이인이 전쟁 중 델로스 섬을 정화하면서 섬 안의 무덤을 모두 발굴한 결과, 그곳에 묻힌 사람의 절반 이상이 카르인이었음이 밝혀졌다. 이는 무덤에서 발견된 무기의 종류와 오늘날까지도 카르인이 따르는 매장 방식으로 확인되었다.

그러나 미노스는 함대를 창설한 이후, 대부분의 섬에서 해적을 몰아내고 식민시를 건설했다. 그 결과 바다를 통한 교류가 한층 더 수월해졌다. 해안 지역에 거주하던 사람들은 부를 축적하는 데 집중하게 되었고, 그들의 정착지는 더욱 견고하고 안전해졌다. 막대한 부를 쌓은 일부는 자신을 보호하기 위해 성벽을 쌓기도 했다. 약자는 자신의 이익을 지키기 위해 강자의 지배를 받아들였고, 강자는 이미 소유한 부를 바탕으로 여러 도시를 복속시켰다. 이러한 과정이 오랜 기간 지속되면서, 마침내 그들은 충분히 준비된 상태로 트로이아 원정을 떠날 수 있었다.

---

28 "포이닉스인"은 포이니케 지역(현재의 레바논, 시리아, 이스라엘 해안 지역)에 거주하던 민족으로, 자주색(φοῖνιξ, '포이닉스') 염료의 생산과 교역을 장악한 데서 유래한 명칭이다. 항해술과 무역에 능했으며, 기원전 539년 키루스 대왕에게 정복된 뒤 자치권을 인정받는 대신 페르시스 제국의 해군 전력으로 편입되었다. 기원전 480년 살라미스 해전에도 참여했다.

9 당시에 아가멤논[29]이 대군을 일으킬 수 있었던 것은, 헬레네의 구혼자들이 틴다레오스에게 한 맹세로 인해 참전하지 않을 수 없었기 때문이라기보다, 그가 당시 헬라스 전역에서 가장 강력한 통치자 중 한 명이었기 때문이라고 나는 생각한다. 펠로폰네소스인들 사이에 전해 내려오는 가장 확실한 이야기에 따르면, 펠롭스[30]는 아시아에서 막대한 재산을 가지고 이곳으로 와 가난한 사람들 사이에 정착하여 큰 세력을 이루었다. 그리하여 그는 이방인이었음에도 불구하고 이 땅 전체가 그의 이름으로 불리게 되었고, 후손들에게는 더 많은 것을 물려줄 수 있었다. 에우리스테우스[31]는 아테나이 원정을 떠나면서 외숙인 아트레우스[32]에게 미케네의 통치권을 맡겼다. 당시 아트레우스는 이복형제인 크리시포스를 살해한 후 아버지를 피해 미케네에 도망쳐 와 있었던 터였다. 에우리스테우스가 원정 중 전사하여 돌아오지 못하자 아트레우스가 왕위를 이어받았다. 이는 미케네인들이 한편으로는 헤라클레스의

---

29 "아가멤논"은 헬레네의 남편 메넬라오스의 형이자 미케네의 왕으로, 헬라스 연합군의 총사령관이 되어 트로이아 원정을 이끌었다. 전통적으로는 헬레네의 아버지이자 스파르테 왕 틴다레오스가 구혼자들에게 헬레네를 지키겠다는 맹세를 시킨 것이 참전의 계기로 알려져 있으나, 투키디데스는 이에 대해 다른 해석을 제시한다.
30 "펠롭스"는 제1권 각주 1을 보라.
31 "에우리스테우스"는 스테넬로스의 아들이자 미케네와 티린스의 왕이다. 제우스와 인간 여성 사이에 잉태된 헤라클레스는 제우스의 가장 위대한 후계자가 될 운명을 타고났지만, 헤라의 계략으로 먼저 태어난 에우리스테우스가 왕이 되었다. 헤라클레스는 헤라의 저주로 광기에 빠져 처자식을 죽였고, 속죄를 위해 에우리스테우스의 명령 아래 12과업을 수행하게 되었다. 헤라클레스 사후, 그의 혈통을 두려워한 에우리스테우스는 트라케의 케익스왕에게 그의 자손들을 넘기라고 요구했으나 거절당했다. 그들이 아테나이 왕 데모폰에게 피신하자 격분하여 아테나이를 공격했지만 패배했다. 후퇴하던 그는 헤라클레스의 조카 이올라오스에게 붙잡혀 죽임을 당했다.
32 "아트레우스"는 펠롭스의 아들로, 어머니 히포다메이아의 사주를 받아 이복형제 크리시포스를 살해한 뒤 피사에서 추방되어 미케네로 도망쳤다. 미케네 왕 에우리스테우스가 원정 중 사망하자 왕위를 이어받았고, 이로써 미케네의 통치권은 페르세우스 왕가에서 탄탈로스 왕가로 넘어갔다. 그의 아들 아가멤논과 메넬라오스는 스파르테 왕 틴다레오스와의 결혼 동맹으로 각각 미케네와 스파르테의 왕이 되었다.

아들들을 두려워했고, 다른 한편으로는 아트레우스의 능력을 인정했기 때문이다. 그리하여 아트레우스는 미케네인을 비롯해 에우리스테우스가 다스리던 모든 이들의 지지를 받아 왕위에 올랐고, 이로써 펠롭스 가문이 페르세우스[33]의 후손들보다 세력이 더 커지게 되었다.

3   아가멤논은 이 막강한 권력 기반을 물려받았을 뿐만 아니라, 당시 최강의 함대도 보유하고 있었다. 따라서 트로이아 원정 연합군을 모으는 데 있어 그에 대한 호의보다는 두려움이 더 큰 역할을 했을 것이다.

4 호메로스의 기록을 증거로 삼기에 충분하다고 본다면, 아가멤논은 최대 규모의 함대를 이끌었고, 아르카디아인에게 함선을 제공하기까지 했다. 게다가 호메로스는 아가멤논이 왕의 홀을 넘겨받는 순간을 노래하면서 그를 "수많은 섬과 아르고스 전체를 다스리는 자"[34]라고 칭했다. 만약 내륙에 살던 그가 함대를 보유하지 않았더라면, 인근의 몇몇 섬을 제외한 다른 섬들을 지배할 수 없었을 것이다. 따라서 우리는 그가 이전 원정에서도 트로이아 원정 때와 비슷한 규모의 함대를 동원했을 것이라 추정할 수 있다.

1   **10** 미케네는 실제로 작은 도시였고, 당시의 도시들은 오늘날의 기준으로 보면 도시라 부르기도 어려울 정도였을 것이다. 그렇다 하더라도 증거를 토대로 말하는 사람이라면, 미케네 함대가 시인들이 묘사한 규

2 모보다 작았다고 단정 짓는 것은 옳지 않다. 만약 라케다이몬인의 도시가 폐허가 되어 신전과 건물들의 기초만 남았다고 가정한다면, 오랜 세월이 흐른 후 후대 사람들은 라케다이몬이 과연 전해오는 명성만큼 강

---

33 "페르세우스"는 아르고스 왕 아크리시오스의 딸 다나에와 제우스 사이에서 태어난 영웅이다. 메두사의 목을 벤 업적으로 유명하며, 훗날 미케네의 초대 왕이 되었다. 아들 엘렉트리온이 뒤를 이었으나, 계승자 암피트리온이 실수로 그를 죽이고 말았다. 이에 페르세우스의 또 다른 아들 스테넬로스가 암피트리온을 추방하고 미케네와 티린스를 다스렸다. 이후 그의 아들 에우리스테우스가 왕위에 올랐으나, 헬라클레스의 후손에게 죽임을 당하며 페르세우스 왕가의 아르고스 통치는 막을 내렸다.

34 이 인용문은 호메로스의 『일리아스』 제2권 108행에 나온다.

력했는지 의심할 것이 분명하기 때문이다. 그러나 실제로 라케다이몬은 펠로폰네소스반도의 5분의 2를 차지하고 있으며, 펠로폰네소스반도 전체는 물론 외부의 수많은 동맹국까지 이끌고 있다. 그럼에도 라케다이몬인은 대도시를 건설하여 함께 모여 살지 않고, 화려한 신전이나 건물도 짓지 않으며, 헬라스의 오랜 관습대로 여러 마을에 흩어져 살기 때문에 그 세력이 보잘것없어 보일 수 있다. 반면 아테나이인의 도시가 같은 상황에 처했다면, 후대 사람들은 폐허가 된 도시의 외형만 보고 이 도시국가의 세력이 실제보다 두 배는 더 강력했다고 추정할 것이다.

따라서 한 도시국가가 실제로 보유했던 국력이 아니라 단지 외관만 ₃ 을 근거로 시인들의 말을 의심하는 것은 옳지 않다. 헬라스의 트로이아 원정군은 그 이전의 모든 원정군 중 가장 규모가 컸다고 보는 것이 타당하다. 다만 오늘날의 규모에는 미치지 못했다는 점도 인정해야 한다. 호메로스가 시인으로서 어느 정도 과장했을 가능성은 있지만 그의 기록을 그대로 받아들인다 해도 트로이아 원정군은 오늘날에 비하면 작은 규모였다.

호메로스는 헬라스의 함선이 1,200척이었으며, 그중 보이오티아인 ₄ 의 함선에는 각각 120명이, 필록테테스[35]의 함선에는 각각 50명이 승선했다고 기록한다. 내 생각에 이는 헬라스 함선들 중 가장 큰 규모와 가장 작은 규모의 예를 든 것으로 보인다. 호메로스는 함선 명단에서 다른 함선들의 크기는 언급하지 않는다. 또한 필록테테스의 함선에 관해 말하면서 노 젓는 사람은 모두 궁수였다고 언급하는데, 이는 함선에 승

---

35 "필록테테스"는 테살리아 지방 마그네시아의 작은 도시국가 멜리보이아의 왕이다. 젊은 시절, 오이테산에서 히드라의 독이 묻은 옷 때문에 극심한 고통을 겪던 헤라클레스를 위해 화장용 장작더미에 불을 붙여주었고, 그 보답으로 헤라클레스의 활과 히드라의 독화살을 물려받았다. 트로이아 원정 도중 테네도스섬에서 제사를 지내다 물뱀에 물린 후 렘노스섬에 버려졌으나, 전쟁이 10년째 되던 해에 예언자 칼카스의 조언으로 다시 전장에 복귀해 헤라클레스의 활로 파리스를 쏘아 죽이는 큰 공을 세운다.

선한 인원이 모두 군사였음을 의미한다. 왕과 일부 고위 관리를 제외하면, 노꾼이자 군사인 자들 외에 승선한 사람은 거의 없었을 것이다. 특히 갑판도 없이 고대 해적선과 유사한 형태의 배에 무구를 가득 싣고 바다를 건너야 했다는 점을 고려하면 더욱 그러하다. 가장 큰 함선과 가장 작은 함선의 평균을 내어 계산해본다면, 트로이아 원정 함대에 승선한 연합군의 수는 헬라스 전체에서 파견된 병력이었다는 점을 감안하면 그리 많아 보이지 않는다.

11 트로이아 원정을 위한 헬라스 연합군의 수가 많지 않았던 이유는, 헬라스에 인력이 부족해서라기보다 군수물자가 부족했기 때문이다. 헬라스 연합군은 식량 조달의 어려움으로 인해 한편으로는 전투를 수행하면서도, 다른 한편으로는 현지에서 식량을 구해야 했기에 전투에 투입할 병력을 줄일 수밖에 없었다. 상륙 직후 전투를 벌인 다음 함대가 정박한 해안에 진지를 구축한 것으로 보아, 그들이 첫 교전에서 승리했음이 분명하다. 그럼에도 불구하고, 그들은 모든 병력을 전투에 투입하지 못하고 부족한 식량을 조달하기 위해 일부 병력을 케르소네소스[36] 지역에 배치하여 농사와 약탈을 병행했던 것으로 보인다. 트로이아군이 10년이나 헬라스군에 저항할 수 있었던 것은, 이처럼 헬라스군의 병력이 분산되어 그들의 일부만 상대하면 되었기 때문이다.

헬라스군이 일부 병력만으로도 트로이아군과 대적할 수 있었던 점을 고려할 때, 만약 그들이 충분한 군수물자를 확보하여 병력을 분산시키지 않았더라면, 트로이아군을 쉽게 제압했을 것이다. 즉 모든 병력을 동원하여 트로이아성을 포위 공격했더라면, 더 적은 시간과 노력으로도 승리할 수 있었다는 뜻이다. 그러나 이전의 원정들이 군수물자 부족으로 무기력했던 것처럼, 이전의 그 어떤 원정보다 유명한 트로이아 원

---

36 "케르소네소스"는 헬레스폰토스 해협 북쪽에 위치한 반도로, 트라케에서 아이가이온 해 방향으로 돌출해 있다.

정 역시 같은 이유로 오늘날 시인들을 통해 전해지는 이야기와 명성에
는 미치지 못했던 것으로 보인다.

12 트로이아 전쟁 이후에도 헬라스는 여전히 불안정한 상태가 지속 1
되어 발전하지 못했다. 이는 주민들이 계속해서 다른 지역으로 이주하
거나 타지에서 이주해 와 정착하는 일이 반복되었기 때문이다. 헬렌인 2
들이 일리온[37]으로부터 귀환하는 일이 늦어지면서 많은 문제가 야기되
었다. 거의 모든 도시국가에서 내란이 일어났고, 그 과정에서 추방된
사람들이 새로운 도시국가를 세웠다. 오늘날의 보이오티아인은 일리 3
온이 함락된 지 60년이 되던 해에 테살리아인에 의해 아르네[38]에서 쫓
겨나, 이전에는 카드메이스[39]라 불리던 현재의 보이오티아에 정착했다.
물론 현재의 보이오티아인 중 일부는 이전부터 그 지역에 정착해 있던
사람들이며, 일리온에 군대를 파견한 것도 바로 이들이었다. 또한 도
로스인[40]은 트로이아가 함락된 지 80년이 되던 해에 헤라클레스의 후
손들과 함께 펠로폰네소스반도를 차지하게 되었다.

---

37 "일리온"은 트로이아의 다른 이름으로, 영웅시대의 강력한 도시국가였다. 건설자 일
로스(트로스의 아들)의 이름에서 유래한 명칭이며, '트로이아'는 일로스의 아버지 트
로스의 이름에서 비롯되었다. 호메로스의 서사시 『일리아스』는 '일리온의 이야기'를
뜻하며, 작품 속에서는 트로이아를 주로 '일리온'이라 부른다.

38 "아르네"는 아이올로스계 보이오티아인이 테살리아 지방에 세운 주요 도시로, 트로
이아 전쟁보다 앞선 세대에 건설된 것으로 전해진다. 도시 이름은 보이오티아인의
시조 아이올로스의 딸 아르네에서 유래했다. 그녀는 포세이돈과의 사이에서 보이오
토스를 낳았는데, '보이오티아'는 그의 이름에서 비롯된 지명이다.

39 "카드메이스"(Καδμηίς)는 '카드모스의 땅'이라는 뜻으로, 주로 테바이와 그 주민을
가리킨다. 테바이는 당시 보이오티아 지방의 중심 도시국가였으며, 건설자는 카드모
스로 전해진다. 카드모스는 지중해 동단의 티로스 또는 시돈 출신으로, 포이닉스 왕
아게노르의 아들이었다. 그는 납치된 누이 에우로페를 찾을 때까지 돌아오지 말라는
아버지의 명을 받고 헬라스로 건너와 이 도시를 세웠다.

40 "도로스인"은 발칸반도 북부에서 기원하여, 기원전 1100년경 남하해 펠로폰네소스반
도와 헬라스 본토 남부에 정착했다. 이들은 라케다이몬, 아르고스, 코린토스, 크레테
섬, 로도스섬 등을 중심지로 삼았으며, 헤라클레스를 조상으로 여겼다. 군사적이고
보수적인 성향을 지녔으며, 과두정 체제를 발전시켰다.

4   오랜 시간이 지나 더 이상 이주가 일어나지 않게 되자 헬라스는 비로소 안정을 되찾았고, 헬렌인들은 여러 식민시를 개척하기 시작했다. 아테나이인은 이오니아 지방과 주변의 많은 섬에 식민시를 세우고 이주민을 정착시켰으며, 이탈리아와 시켈리아에 있는 대부분의 식민시는 펠로폰네소스인과 그 밖의 헬라스 지역 출신들이 건설했다.[41] 이 모든 식민시들은 트로이아 전쟁 이후에 세워졌다.

1   **13** 헬라스 도시국가들의 수입이 증가하고 부강해짐에 따라 많은 곳에서 참주정[42]이 수립되었다(이전에는 일정한 특권이 부여된 세습왕정이 존재했다). 또한 헬라스는 해상 지배권을 확보하기 위해 함대를 증강했다. 2 오늘날의 함선과 가장 유사한 형태의 배를 최초로 제작한 이들은 코린토스인이었으며, 헬라스에서 최초로 삼단노선을 건조한 도시국가도 3 코린토스[43]였다고 전해진다. 사모스인을 위해 4척의 함선을 건조한 아메이노클레스[44] 역시 코린토스 출신의 조선기술자였다. 아메이노클레스가 사모스에 간 것은 펠로폰네소스 전쟁이 종결된 시점으로부터 약 4 300년 전의 일이다. 우리가 알고 있는 가장 오래된 해전은 코린토스인과 케르키라인[45] 사이에서 벌어졌는데, 이는 펠로폰네소스 전쟁이 끝

---

41 고대 헬렌인은 기원전 8-6세기에 이탈리아와 시켈리아에 많은 식민시를 건설했다. 이 도시들은 라틴어로 마그나 그라이키아(Magna Graecia)라 불렸다. 이탈리아에서는 쿠마이, 타라스, 크로톤, 시바리스, 레기온, 엘레아 등이, 시켈리아에서는 시라쿠사이, 메세나(메시나), 아크라가스, 겔라, 히메라 등이 대표적이다.

42 고대 헬라스에서 비합법적으로 정권을 장악한 참주(僭主)에 의한 정치체제를 뜻한다.

43 "코린토스"는 펠로폰네소스반도와 헬라스 본토를 연결하는 코린토스 지협에 위치한 도시국가로, 육상과 해상 교통의 요충지였다. 라케다이몬 동맹 내에서 라케다이몬 다음으로 큰 영향력을 지녔으며, 주민은 라케다이몬과 같은 도로스인이었다. 아티케로 진군하는 라케다이몬 지상군은 반드시 이 지협을 통과해야 했다.

44 "아메이노클레스"는 기원전 704년경 사모스섬으로 건너가 함선을 건조한 인물로, 아테나이에서 최초로 삼단노선을 제작한 것으로 전해진다.

45 "케르키라인"은 이오니아해 케르키라섬의 주민으로, 기원전 5세기 아테나이와 코린토스에 이어 세 번째로 강력한 해군력을 보유했다. 섬 이름은 포세이돈이 납치한 요정 코르키라에서 유래하며, 도리스 방언으로 '케르키라'라 불렸다. 호메로스는 『오디

난 때로부터 약 260년 전의 일이다.

코린토스는 지협에 위치하고 있어 항상 교역의 중심지였다. 고대에 5
는 펠로폰네소스반도 안팎에 거주하던 헬렌인들이 해로보다 육로를
통해 더 많이 교역했는데, 그러자면 반드시 코린토스를 지나야 했기 때
문이다. 이로 인해 코린토스는 옛 시인들이 이곳에 '부유한'이라는 수
식어를 붙인 것만 봐도 잘 알 수 있듯이 부강한 도시가 되었다. 그 덕
에 훗날 해상 교통이 활발해지자 함대를 갖추어 해적을 소탕할 수 있
었다. 또한 육로와 해로 양쪽으로 교역 시장을 제공하면서 세수가 크게
늘어 더욱 부강해졌다.

후일 페르시스의 제1대 왕 키루스와 그의 아들 캄비세스[46] 시기에 6
이르러 이온인[47]도 강력한 함대를 보유하게 되었다. 그들은 페르시스
해군과 싸우며 이오니아해의 해상 지배권을 일시적으로 장악했다. 캄
비세스의 치세 때 사모스의 참주 폴리크라테스도 강력한 함대를 갖추
고 많은 섬을 복속시켰으며, 그중 레네이아섬을 델로스의 아폴론 신에
게 바쳤다.[48] 포카이아인도 식민시 마살리아를 건설하면서 카르케돈인

세이아』에서 이들을 '파이악스인'이라 지칭했으며, 시조 파이악스는 포세이돈과 코르
키라 사이에서 태어난 아들이다. 이 섬은 오디세우스의 고향 이타케에서 약 110킬로
미터 떨어져 있다. 호메로스에 따르면, 파이악스인은 누구든 원하는 목적지에 데려
다줄 수 있는 뛰어난 항해술을 지녔다. 『오디세이아』에서 이들은 밤새 항해해 오디
세우스를 이타케섬에 내려준다.

46 "페르시스"(Περσίς)는 현재의 페르시아(Persia)를 말한다. "페르시스인"(Πέρσης, '페
르세스')은 페르시스 제국의 주민을 가리키는데, 이들은 자신들의 땅을 '파르스'라
불렀다. 헬렌인은 이를 페르시스로 음역했으며, 이것이 이후 로마를 거쳐 페르시아
라는 명칭으로 전해졌다. 창건자 "키루스"(재위 기원전 559-530년)는 메디아, 리디
아, 신바빌로니아를 정복했고, 그 뒤를 이은 "캄비세스"(재위 기원전 530-522년)는
아이깁토스(이집트)를 정복하여 제국의 영토를 아프리카까지 확장했다.

47 "이온인"은 고대 헬라스의 주요 종족으로, 주로 아이가이온해와 소아시아 서부 해안
에 거주했다. 개방적이고 창의적인 성향으로 알려져 있으며, 이들의 중심 도시국가
는 아테나이였다. 여기서는 소아시아 이오니아 지방에 거주한 이온인을 가리킨다.

48 "사모스"는 소아시아 리디아 맞은편에 위치한 섬으로 이온인의 도시국가였다. "폴리크
라테스"(집권 기원전 약 540-522년)의 통치 아래 강력한 함대를 보유하며 전성기를

과 해전을 벌여 승리했다.[49]

1   **14** 지금까지 역사상 가장 강력했던 함대들을 열거했다. 그러나 트로이아 전쟁이 끝나고 여러 세대가 지났음에도 불구하고[50] 앞서 언급한 이 함대들조차 주로 오십노선과 긴 배로 구성되어 있었으며, 그들

2   이 보유한 삼단노선은 많지 않았던 것으로 보인다.[51] 캄비세스의 뒤를 이어 페르시스의 왕이 된 다레이오스[52]가 사망하고, 메디아인과의 전쟁[53]이 발발하기 직전에 이르러서야 시켈리아의 참주들과 케르키라인

누렸다. 그는 대규모 건설 사업을 추진하며 사모스를 주요 해상 세력으로 성장시켰다. 페르시스 전쟁 중 델로스 동맹에 가입했으나, 아테나이의 영향력이 커지자 기원전 440-439년 반란을 일으켰다가 페리클레스 함대에 진압되었다. "레네이아섬"은 델로스 옆에 있는 위성 섬으로 기원전 6세기에 페이시스트라토스가 정화했고, 기원전 426년 아테나이인이 델로스를 정화하면서 이곳으로 무덤을 이장했다.

49 "포카이아"는 소아시아 서해안, 레스보스와 키오스 사이에 위치한 도시로, 뛰어난 항해술과 무역을 통해 광범위한 식민시를 건설했다. "마살리아"는 현재 프랑스 남부 해안의 마르세유에 해당한다. "카르케돈"은 포이닉스인이 오늘날 튀니지 인근에 건설한 식민시로, 로마에서는 '카르타고'라 불렸으며, 이후 로마와 세 차례 포에니 전쟁을 치렀으나 결국 멸망했다.

50 트로이아 전쟁은 기원전 13-12세기경, 펠로폰네소스 전쟁은 기원전 431년에 시작되었으므로, 두 전쟁 사이에는 약 700-800년의 시간차가 있다.

51 "오십노선"(πεντηκόντορος, '펜테콘토포스')은 길이 약 38미터, 폭 4미터의 단층 구조 선박으로, 양쪽에 각각 25명씩 총 50명의 노군이 탑승했다. 상선과 전함으로 사용되었으며, 페르시스 전쟁 당시에도 전투용으로 활용했다. 그러나 크기가 작아 장거리 항해에 불리하고, 삼단노선에 비해 전투력이 떨어졌다. "삼단노선"(τριήρης, '트리에레스')은 길이 약 37미터, 폭 6미터의 삼층 구조 선박으로, 세 층에 걸쳐 총 170명의 노군이 배치되었다. 뱃머리에 충각이 장착된 데다 속도와 기동성이 뛰어나 대규모 해전에 적합했으며, 페르시스 전쟁에서 주력 전함으로 활약했다.

52 다레이오스 1세(재위 기원전 522-486년)는 페르시스 제국의 제3대 왕으로 기원전 490년, 제1차 페르시스 전쟁을 이끌었다. 그의 아들 크세르크세스(재위 기원전 486-465년)는 10년 후 대규모 원정군을 이끌고 또 다시 헬라스를 침공했으나, 플라타이아이 전투와 살라미스 해전에서 패배하며 원정에 실패했다.

53 "메디아인과의 전쟁"은 고대 헬렌인이 페르시스 전쟁을 가리키는 또 다른 표현이다. 메디아의 속국인 페르시스 왕국의 왕자이자 메디아 왕 아스티아게스의 외손자였던 키루스가, 기원전 550년 메디아의 수도 엑바타나를 정복하면서 페르시스 제국이 시작되었다. 메디아인은 페르시스인과 혈연적으로 가까워 제국 내 고위직을 많이 차지했고, 전쟁에서 기병대로 활약했다. 투키디데스는 이 전쟁을 '페르시스 전쟁' 또는

이 많은 삼단노선을 보유하게 되었다. 이는 크세르크세스가 헬라스를 침공할 때까지 앞서 열거한 함대들 외에는 헬라스에 언급할 만한 가치가 있는 다른 함대가 없었기 때문이다. 아이기나[54]와 아테나이를 비롯한 몇몇 도시국가가 보유하고 있던 것은 대부분 오십노선이었다. 아테나이가 아이기나와 전쟁을 벌이고 이민족의 침공이 예상되던 시기에, 테미스토클레스[55]는 아테나이인들을 설득하여 나중에 살라미스 해전에서 사용하게 될 함대를 건조할 수 있었다. 그러나 이 함선들도 아직 갑판을 온전히 갖추고 있지는 않았다.

15 이상이 옛적과 그 이후에 헬렌인들이 보유한 함대의 상황이다. 당시의 함대는 대단한 것이었다고 할 수는 없지만, 그럼에도 불구하고 함대 보유는 도시국가가 세수를 증대시키고 지배력을 강화하는 데 적지 않은 힘이 되었다. 특히 넓지 않은 영토를 지닌 도시국가가 함대를 이끌고 가 섬들을 손쉽게 정복할 수 있었기 때문이다.

육지에서는 적어도 세력 확장을 위한 전쟁은 일어나지 않았다. 국경 분쟁으로 인한 전투가 벌어지기는 했으나, 헬렌인들은 다른 지역을 정복하기 위해 먼 곳으로 원정을 떠나지는 않았다. 그들은 가장 큰 도시국가에 복속되지 않았고, 대등한 국력을 지닌 도시국가들이 자발적으

'메디아인과의 전쟁'이라 지칭했다.

54 "아이기나"는 사론만에 위치한 섬으로, 아테나이 남동쪽 약 27킬로미터 지점에 있다. 사론만은 아르골리스와 아티케 사이의 해역이다. 아이기나는 아테나이와 경쟁하던 도시국가였으며, 기원전 457년 아테나이에 정복되었다. 아이기나인은 기원전 431년 섬에서 추방되었으나, 펠로폰네소스 전쟁에서 라케다이몬이 승리하면서 귀환할 수 있었다.

55 "테미스토클레스"(기원전 약 528-462년)는 페르시스 전쟁의 핵심 인물이다. 기원전 493년 집정관으로 선출된 후 아테나이 외항 페이라이에우스를 군항으로 정비했고, 기원전 483년에는 라우레이온 은광 수익으로 삼단노선 200척을 건조했다. 기원전 480년 살라미스 해전에서 페르시스 함대를 격파하며 승리에 결정적 역할을 했고, 이로써 아테나이는 델로스 동맹의 주도권을 확보했다. 후에 도편추방(민주정을 위협하는 정치인을 도시에서 추방하는 제도)을 당하고 페르시스와의 내통 혐의로 사형을 선고받자 소아시아로 도주해 아르타크세르크세스왕 아래에서 여생을 보냈다.

로 연합군을 만들어 원정을 떠나는 일도 없었다. 단지 경쟁자인 이웃

3 도시국가 간에 국지적인 전투만 벌어졌을 뿐이다. 동맹을 맺어 전쟁을 벌인 예는 오직 하나, 옛적에 칼키스인[56]과 에레트리아인[57] 사이에 전쟁이 일어났을 때,[58] 나머지 헬렌인 도시국가들이 어느 한쪽 편을 들어 싸운 일밖에 없다.

I **16** 도시국가의 발전을 방해한 장애물은 지역마다 달랐다. 이온인[59]이 크게 번영하던 시기에, 키루스왕이 이끄는 페르시스군은 크로이소스왕을 패배시키고[60] 할리스강과 바다[61] 사이에 있는 모든 도시국가를 정복했다. 이후 페르시스군은 계속해서 남하하여 내륙에 위치한 이온인의 도시국가들을 속국으로 만들었다. 뒤이어 다레이오스는 포이닉스 함대의 도움을 받아 인근 섬들까지 복속시켰다.

I **17** 참주가 지배했던 헬렌인의 도시국가들에서 참주들은 오로지 자신의 안전과 가문의 재산 축적에 중점을 두고 나라를 다스렸다. 그들은

---

56 "칼키스"는 에우보이아섬 서부 해안의 도시로, 에우리포스 해협을 사이에 두고 헬라스 본토 중부와 마주한다. 구리 채굴과 청동 제작으로 유명하며, 도시 이름도 '구리', '청동'을 의미하는 칼코스(χαλκός)에서 유래했다. 기원전 8-7세기에 칼키디케반도에 30개의 식민시를 건설했으며, 이탈리아 남부 해안과 시켈리아에도 낙소스, 레기온, 잔클레, 쿠마이 같은 식민시를 세웠다.

57 "에레트리아"는 '노꾼들의 도시'라는 뜻을 가진 도시국가로, 칼키스 남쪽에 위치하며, 키클라데스제도의 안드로스, 테노스, 케오스를 통치했다. 이온인 계통의 도시로, 기원전 499년 이오니아 반란 당시 아테나이와 함께 소아시아의 이온인을 지원했다.

58 기원전 8-7세기 에우보이아섬의 칼키스와 에레트리아가 렐란톤 평야의 소유권을 두고 벌인 '렐란톤 전쟁'을 말한다. 고대 헬라스 최초의 대규모 전쟁으로, 사모스섬과 코린토스가 칼키스 측에, 밀레토스와 메가라 등이 에레트리아 측에 가담했다.

59 여기서 "이온인"은 소아시아 이오니아 지방에 거주하는 주민들을 가리킨다.

60 "크로이소스왕"(재위 기원전 560-546년)은 소아시아 서부의 리디아를 다스린 왕으로, 금광과 팍톨로스강의 사금으로 막대한 부를 축적했으며, 세계 최초로 금화와 은화를 주조한 것으로 전해진다. 기원전 546년 사르데이스 전투에서 키루스왕에게 패하여 리디아가 멸망한 후, 그의 조언자가 되었다고 한다.

61 "할리스강"은 소아시아 중부를 크게 휘돌아 북쪽으로 흘러 흑해로 흘러드는 강으로, 고대에는 리디아와 메디아의 경계로 여겨졌다. 여기서 "바다"는 흑해를 가리킨다.

이웃 도시국가와 갈등이 발생하더라도 이를 원만하게 해결하는 데 주력했으며, 그 이상의 일은 벌이려 하지 않았다. 이로 인해 헬라스의 도시국가들은 모든 면에서 오랜 시간 동안 발전이 억눌려 있었고, 공동으로 어떤 업적을 이루지도 못했으며, 각 국가는 더욱 소극적인 태도를 취하게 되었다.

18 그러다가 시켈리아의 참주들을 제외하고, 아테나이와 다른 헬라스의 참주들은 모두 라케다이몬에 의해 축출되었다. 라케다이몬은 지금 그곳에 거주하는 도로스인이 정착한 후 우리가 알고 있는 한 가장 오랜 내분을 겪었지만, 이후 일찌감치 훌륭한 법치국가를 이루어[62] 단 한 번도 참주의 지배를 받지 않았기 때문이다. 펠로폰네소스 전쟁이 끝난 시점을 기준으로 그들은 400년 이상 동일한 정치체제를 유지했기에, 다른 도시국가의 일에 간섭할 수 있는 힘을 갖추게 되었다. 헬라스에서 참주들이 축출된 후 얼마 지나지 않아 마라톤[63]에서 메디아군과 아테나이군 간의 전투가 벌어졌다.

그리고 그 전투가 일어난 지 10년째 되는 해에 이 이민족은 헬라스를 정복하기 위해 대규모 함대를 이끌고 왔다.[64] 큰 위기에 직면하여 국

---

62 라케다이몬의 전설적 입법자 리쿠르고스는 기원전 9-7세기경 정치·사회·군사 제도를 개혁해 법치국가의 기틀을 마련했다. 그는 이원 군주제를 도입해 두 왕이 대외 업무를 담당하게 했고, 원로원과 민회를 설치해 국정을 운영하게 했으며, 5명의 감독관(에포로스)을 두어 왕권을 견제했다. 또한 7세부터 시작되는 군사교육 체계를 확립하고, 모든 시민이 직업 군인으로 살아갈 수 있도록 국가 노예 제도를 마련했다.
63 "마라톤"은 아티케 지방 북동부 해안에 위치한 평야 지대로, 아테나이에서 약 40킬로미터 떨어져 있다. 기원전 490년, 다레이오스 1세가 보낸 페르시스군과 아테나이·플라타이아이 연합군이 이곳에서 격돌했다. 이는 이오니아 반란을 지원한 것에 대한 보복 원정이었다. 전투에서 연합군은 약 190명이 전사한 반면, 페르시스군은 6,400여 명이 전사하고 패퇴했다.
64 크세르크세스는 선왕의 패배를 설욕하기 위해 제2차 페르시스 전쟁(기원전 480-479년)을 일으켰다. 이에 라케다이몬이 주도하고 30개 도시국가가 참여한 헬라스 연합이 결성되어 라케다이몬이 지상군을, 아테나이가 해군을 지휘했다. 기원전 480년, 헬라스 연합 함대가 살라미스 해전에서 페르시스 대함대를 격파했다.

력이 강한 라케다이몬인이 헬라스 연합군을 이끌었고, 아테나이인은 메디아군이 다가오자 도시를 포기하기로 결심하고 함선에 올라 해군이 되었다. 헬라스가 연합하여 이민족을 물리친 후 얼마 지나지 않아, 헬렌인들은 두 진영으로 나뉘었다. 한 진영은 메디아 왕에게 반기를 든 이들이었고, 다른 한 진영은 협조한 이들이었다. 헬라스는 곧 친아테나이 집단과 친라케다이몬 집단으로 나뉘었는데, 두 도시국가가 헬라스에서 최강대국이었기 때문이다. 아테나이는 바다에서, 라케다이몬은 육지에서 각각 최강이었다.

3   헬렌인들은 이처럼 두 진영으로 나뉘어 있으면서도 한동안은 헬라스 전체를 아우르는 연합을 유지했다. 그러나 라케다이몬인과 아테나이인이 서로 불화하게 되면서 각자의 동맹국들을 이끌고 전쟁을 벌였다. 헬라스의 어느 도시국가 간에 분쟁이 일어나면, 다른 도시국가들도 어느 한 진영에 가담하게 되었다. 이런 식으로 메디아인과의 전쟁이 발발한 때로부터 펠로폰네소스 전쟁에 이르는 전 기간 동안, 아테나이와 라케다이몬은 때로는 전쟁을 벌이고 때로는 휴전하며, 가끔은 각자의 동맹국 중 배신한 도시국가와 전쟁을 치르면서, 위험을 수반한 실전 경험을 통해 전쟁을 철저히 준비하게 되었다.

I   **19** 라케다이몬인은 동맹국에게서 공물을 받지 않고, 다만 라케다이몬의 이해관계에 부합하는 과두정 체제를 유지할 것만을 요구했다. 반면 아테나이인은 점차 키오스와 레스보스[65]를 제외한 모든 동맹국에게서 함선을 징발하고 공물을 할당하여 바치도록 했다. 그 결과 펠로폰네소스 전쟁이 일어났을 때, 아테나이와 라케다이몬이 각각 동원할 수 있

---

65 "키오스"와 "레스보스"는 소아시아 서부 지방 연안의 주요 섬으로, 이온인의 식민시였기에 전쟁 초기에는 아테나이의 동맹에 속했으나 나중에 반기를 들었다. 레스보스의 중심 도시 미틸레네는 기원전 428~427년에 반란을 일으켰다가 진압되었다. 당시 주민 모두가 몰살될 위기에 처했으나 민회의 결의로 주모자만 처형되었고, 미틸레네의 영토는 아테나이 시민들에게 분배되었다.

었던 군수물자의 총량은 헬라스 연합군이 건재했을 당시 두 국가가 함께 동원할 수 있었던 군수물자를 합친 양보다 더 많았다.

20* 이렇게 나는 이전 시대를 탐구하며 발견한 결과들을 제시하기는 했지만, 세세한 내용까지 다 믿기는 어렵다는 점을 인정한다. 그러나 사람들은 전해 내려오는 이야기를 들으면, 그것이 자기 나라에 관한 내용이라 할지라도 아무런 비판 없이 곧이곧대로 받아들이는 경향이 있다. 한 예를 들자면, 아테나이인의 다수는 하르모디오스와 아리스토게이톤에게 살해당한 히파르코스가 참주였다고 생각하고 있다. 실제로는 페이시스트라토스의 장남인 히피아스가 참주였고, 히파르코스와 테살로스는 그의 동생이었다는 사실을 알지 못한다.[66] 또한 하르모디오스와 아리스토게이톤은 암살을 계획한 바로 그날, 그 시각에 동지들 중 누군가가 히피아스에게 계획을 밀고했다고 의심했고, 히피아스가 이미 계획을 알고 있다고 생각하여 원래의 암살 계획을 변경했다. 그들이 체포되기 전에 무엇이라도 하고 싶어, 레오스의 딸들의 신전[67] 옆에서 판아테나이 축제[68] 행렬을 준비하던 히파르코스를 대신 암살했다는 사실

---

* 제20-22장은 투키디데스가 펠로폰네소스 전쟁을 서술하는 데 사용한 방법론을 설명한다.

66 "하르모디오스"와 "아리스토게이톤"은 아테나이의 참주정을 무너뜨리는 계기를 만든 인물들이다. "페이시스트라토스"(기원전 약 600-527년)는 솔론 개혁 이후 평민과 귀족의 대립을 이용해 기원전 561년 참주가 되었다. 그의 사후에는 장남 "히피아스"(기원전 약 550-490년)가 통치를 이어갔다. 기원전 514년, 동성 연인이던 하르모디오스와 아리스토게이톤은 히피아스의 동생 "히파르코스"가 하르모디오스를 유혹하고 모욕한 일에 분노해 그를 암살했다. 이후 히피아스는 강압적 통치를 시작했고, 결국 기원전 510년 라케다이몬의 지원을 받은 민주정파에 의해 축출되었다.

67 "레오스"는 아테나이 제6대 왕 에렉테우스의 아들이자 아테나이의 10개 부족 중 하나인 레오스족의 시조다. 아테나이에 기근이 들었을 때 그의 세 딸은 신탁에 따라 스스로를 제물로 바쳐 기근을 종식시켰고, 이에 감사한 아테나이인들은 아고라 근처에 이들을 기리는 신전을 지었다.

68 "판아테나이 축제"는 아테나이의 시조 에리크토니오스가 창설했다고 전해지며, 기원전 566년 참주 페이시스트라토스가 이를 4년마다 8일간 열리는 대규모 축제로 확대하고 체계화했다.

도 사람들은 알지 못한다.

3 　세월이 오래 지나지 않아 사람들의 기억에 남아 있는 최근 일에 대해서도, 그 일을 직접 겪지 않은 헬렌인은 잘못 알고 있는 경우가 많다. 예컨대 사람들은 라케다이몬 왕들이 투표할 때 각각 두 표를 행사한다고 알고 있지만 사실은 한 표만 행사한다는 것, 그리고 피타네 부락[69]에 이 왕들이 지휘하는 직속 부대가 있다고 생각하지만 실제로는 그런 부대가 존재하지 않는다는 사실도 알지 못한다. 이처럼 대부분의 사람들은 무엇이 진실인지 살피려는 수고는 하지 않고, 전해 들은 이야기를 곧이곧대로 받아들인다.

1 　**21** 그러나 여기에서 내가 확실한 증거를 토대로 제시한 사실을 통해 과거의 일을 생각하고 판단하는 사람은 잘못을 범하지 않을 것이다. 자신의 소재를 과장해서 노래하는 시인들이나, 진실보다는 청중의 이목을 끌기 위해 글을 쓰는 산문 작가들을 그대로 믿어서는 안 된다. 시인이나 산문 작가가 다루는 소재는 대체로 세월이 흘러 역사적 가치를 상실하고 신화의 영역으로 들어가 이미 증명할 수 없게 된 것들이다. 반면 가장 확실한 증거를 토대로 도출해낸 우리의 결론은 이렇게 오래된 일들과 관련해 기대할 수 있는 가장 정확한 사실이라 할 수 있

2 다. 사람들은 언제나 어떤 전쟁이 한창 진행 중일 때는 그것이야말로 가장 큰 전쟁이라 말하다가도, 막상 전쟁이 끝나고 나면 다시 이전의 전쟁을 찬양하는 경향이 있다. 그러나 사실에 근거해 판단하는 이들은 이번 전쟁이 과거의 어떤 전쟁보다 훨씬 더 거대하다는 사실을 분명히 알게 될 것이다.

1 　**22** 이번 전쟁이 일어나기 전에, 또는 전쟁 중에 여러 인물이 한 연

---

69 "피타네 부락"은 라케다이몬의 다섯 부락 중 하나로, 지배층이 가장 많이 거주한 곳으로 알려져 있다. 일반적으로 500-600명 규모의 부대가 주둔했다고 여겨지나, 투키디데스는 이러한 부대가 존재하지 않았다고 말한다.

설은 내가 직접 들은 것도 있고 여러 경로를 통해 전해 들은 것도 있지만, 어느 경우든 정확하게 기억해서 옮기기는 어려웠다. 그래서 나는 한편으로는 연설자가 실제로 행한 연설의 전체적인 취지를 최대한 살리면서, 다른 한편으로는 그들이 처한 다양한 상황 속에서 요구되었을 것으로 생각되는 말을 담아내고자 했다.

전쟁 중에 실제로 일어난 사건과 관련해서는, 우연히 접한 자료를 2 그대로 사용하거나 나의 개인적 견해를 따라 기술하는 것은 적합하지 않다고 판단했다. 그래서 내가 직접 목격한 것이든 현장에서 목격한 다른 사람에게 전해 들은 것이든, 각각의 사건을 최대한 엄밀하게 고증한 후 기술했다. 그러나 같은 사건을 목격한 이들이 불완전한 기억이나 어 3 느 한쪽에 대한 편애로 인해 서로 다른 증언을 했기 때문에 진실을 알아내는 것은 힘든 일이었다.

내가 기록한 역사에는 전설이나 설화가 없어 듣기에 흥미롭지 않을 4 지도 모른다. 그러나 인간의 본성상 과거에 일어난 일들이 미래에도 되풀이될 것임을 알기에, 과거의 사건을 명확히 알고자 하는 이에게는 나의 역사 기술이 충분히 유익할 것이다. 나는 이 책을 순간의 찬사를 얻고자 쓴 것이 아니라, 길이 간직할 유산으로 남기고자 집필했다.

23[*] 이전에 일어난 전쟁 가운데 가장 큰 것은 메디아인과의 전쟁이 1 었다. 이 전쟁은 두 번의 해전과 두 번의 지상전으로 신속하게 종결되었다. 반면 펠로폰네소스 전쟁은 매우 길게 이어졌고, 그 과정에서 헬라스에 엄청난 재앙이 닥쳤다. 헬렌인들은 그만한 기간 내에 이와 같은 재앙을 경험한 적이 단 한 번도 없었다. 수많은 도시가 이민족에 의해, 2 또는 헬렌인들 간의 전쟁으로 초토화되었고, 일부 도시는 점령된 후 주민이 바뀌기까지 했다. 전쟁이나 내란 때문에 그렇게 많은 사람이 난민

---

[*] 제23-66장은 펠로폰네소스 전쟁 직전에 발생한 두 가지 직접적인 원인을 다룬다. 전쟁의 직접적 원인을 먼저 서술한 후, 후속 장에서 간접적 원인을 설명하는 방식으로 구성된다.

이 되거나 도륙당한 적도 없었다.

3   말로만 전해 듣고 사실로는 확인되지 않았던 이전 시대의 이야기들이 눈앞에서 현실이 되어 믿지 않을 수 없게 되었다. 역대 가장 강력한 지진이 헬라스의 여러 지역을 휩쓸었고, 일식도 사람들이 기억하는 이전 시대보다 더 자주 일어났으며, 몇몇 지방에서는 극심한 가뭄이 들어 기근으로 이어졌다. 특히 역병이 헬라스 전역을 강타하여 수많은 이의 목숨을 앗아갔다. 이 모든 일이 전쟁과 함께 일어났다.

4   이 전쟁의 발단은 아테나이인이 에우보이아섬을 함락시키고 펠로폰
5 네소스인과 맺었던 30년 평화조약[70]을 파기한 데 있다. 앞으로 어느 누구도 헬렌인들이 이렇게 큰 전쟁에 휘말리게 된 이유가 무엇이었는지 묻는 일이 없도록, 먼저 나는 이 두 나라가 평화조약을 파기하게 된 원
6 인과 두 나라 간에 불화가 생겨난 이유를 기술하고자 한다. 사람들이 입 밖에는 잘 내지 않지만, 나는 이 전쟁이 일어나게 된 진정한 원인이 아테나이가 점차 강성해지는 것을 보고 라케다이몬이 두려움을 느껴 전쟁을 일으킬 수밖에 없게 된 데 있다고 본다. 그러나 두 나라가 평화조약을 파기하고 전쟁을 시작하게 된 원인으로 널리 알려진 바는 다음과 같다.

1   **24**[*] 이오니아해를 항해하여 북쪽으로 올라가다 보면 오른쪽에 위치한 도시국가가 에피담노스[71]이며, 그 인근에는 일리리아계에 속하는

---

70 "30년 평화조약"은 기원전 446년 페리클레스의 주도로 아테나이와 라케다이몬 사이에 체결된 협약이다. 아테나이는 에우보이아와 메가라의 반란으로 위기에 처해 있었다. 메가라는 독립을 선언하고 펠로폰네소스 동맹에 가입했으며, 라케다이몬의 플레이스토아낙스왕이 아티케를 침공했다. 이에 아테나이는 전면전을 피하고자 조약을 체결했다. 조약의 주요 내용은 아테나이의 메가라·트로이젠·아카이아 포기, 델로스 동맹과 펠로폰네소스 동맹의 상호 인정, 중립 도시국가의 독립 보장 및 동맹 가입 허용 등이었다.

*   제24-55장은 전쟁의 첫 번째 직접적 원인인 에피담노스 사건을 다룬다. 기원전 435년부터 432까지 이어진 이 사건은 케르키라와 코린토스 간의 전쟁으로 확대되었다.

71 "에피담노스"는 이오니아해와 아드리아해가 만나는 일리리아 지방의 만입부 끝에

타울란토스인이라는 이민족이 거주하고 있다. 이 도시국가는 케르키라 2
인에 의해 건설된 식민시다. 건설자는 헤라클레스의 자손인 코린토스
출신 에아토클레이데스의 아들 팔리오스로, 그는 이 도시국가에 정착
하게 된 케르키라인이 오랜 관행에 따라 모국에서 초빙한 인물이었다.
이 식민시에는 코린토스인과 그 밖의 다른 도로스인도 일부 함께 정착
했다. 시간이 지나면서 에피담노스는 강성한 도시국가로 성장했고, 인 3
구도 크게 늘어났다.

그러나 전해지는 바에 따르면, 오랜 세월 내분이 지속된 데다 인근 4
에 거주하는 이민족들과 전쟁을 치르면서 피해를 입은 탓에 국력이 크
게 약화되었다. 펠로폰네소스 전쟁이 일어나기 직전에는 대중이 유력 5
자들을 추방했는데, 추방된 자들이 이민족들과 연합하여 돌아와 육지
와 바다 양쪽에서 이 도시를 공격하고 약탈했다. 도시에 남아 있던 에 6
피담노스인은 이러한 압박을 받자 모국인 케르키라에 사절단을 보내
자신들이 멸망하는 것을 방관하지 말고, 도시에서 추방된 자들과 화해
하고 이민족과의 전쟁을 끝낼 수 있게 도와달라고 요청했다. 에피담노 7
스 사절단은 케르키라에 있는 헤라 신전에서 탄원자로 앉아 이렇게 간
청했지만, 케르키라인은 그들의 탄원을 받아들이지 않았고, 사절단은
아무런 성과 없이 돌아가야 했다.

25 케르키라로부터 아무런 도움도 받을 수 없다는 것을 깨달은 에 1
피담노스인은 위기를 극복할 방안을 찾지 못하게 되자, 델포이로 사절
단을 보내 자신들이 도시를 코린토스에 넘겨야 하는지, 그럴 경우 그들
로부터 어떤 도움을 받을 수 있는지를 신에게 물었다. 신은 코린토스인
에게 도시를 넘기고 그들을 지도자로 삼으라고 대답했다. 신탁에 따라 2

위치한 도시국가로, 기원전 7세기경 코린토스와 케르키라의 이온인들에 의해 건설
되었다. 이곳에 거주하는 일리리아인은 아드리아해 동부 해안과 내륙에 거주한 민족
으로 독자적인 언어와 문화를 가졌으며, 조상은 일리오스로 전해진다. 헬렌인, 트라
케인과 함께 고대 발칸반도의 주요 토착 민족 중 하나였다.

에피담노스인은 코린토스를 찾아가, 자신들의 도시 건설자가 코린토스 출신임을 밝히고 신탁의 내용을 전했다. 그리고 도시를 코린토스에게 넘기겠다고 말하며 자신들의 멸망을 방관하지 말고 도와달라고 요청했다.

3   코린토스인은 그들의 요청을 받아들였다. 그 이유는 한편으로는 에피담노스를 케르키라의 식민시라기보다 자신들의 식민시라고 여겼기 때문이고, 다른 한편으로는 그 도시에 거주하는 케르키라인들이 그동

4 안 모국인 코린토스를 소홀히 한 것에 대한 반감 때문이었다. 다른 식민시들과는 달리 에피담노스의 케르키라인들은 모국인 코린토스에게 관례적으로 부여된 특권을 인정하지 않았고, 신에게 제를 올릴 때도 코린토스를 대표하는 자에게 제를 시작하도록 하지도 않았다. 당시 케르키라의 재력은 헬렌인들 중 가장 부유한 도시국가와 대등했고, 군사력에서도 코린토스를 능가했기 때문에 그들은 모국인 코린토스를 무시했다. 또한 이전에 이 섬에 살았던 파이악스인[72]이 배를 잘 다루는 것으로 명성을 떨쳤기에, 케르키라인은 그 전통을 이어받은 자신들의 해군력이 최강이라 자부하며 이를 더욱 증강시켰다. 실제로 펠로폰네소스 전쟁이 일어났을 당시, 그들이 보유한 삼단노선은 120척이나 될 정도로 해군력이 강력했다.

1   **26** 이러한 모든 불만으로 인해 코린토스는 기꺼이 에피담노스로 원군을 보냈고, 암브라키아인과 레우카스인[73] 및 자신의 시민으로 이루어진 수비대를 파견하면서, 원하는 자는 누구든지 그곳으로 가서 정

---

72 "파이악스인"은 케르키라인을 가리키는 고대 명칭이다. "케르키라인"은 제1권 각주 45를 보라.

73 "암브라키아"와 "레우카스"는 코린토스가 기원전 7세기경 건설한 식민시로, 각각 에피로스 지방 남부 암필로키아와 이오니아제도에 위치했다. 레우카스는 아카르나니아 맞은편, 암브라키아만 입구에 위치하며 아낙토리온에서 매우 가까웠다. 코린토스는 이곳에서 군대를 차출해 에피담노스에 지원군으로 보냈다.

착할 것을 권유했다. 그들은 육로를 통해 코린토스의 식민시인 아폴 2
로니아[74]를 향해 갔다. 이는 바다로 이동하다가 케르키라인의 방해를
받게 될 것을 우려했기 때문이다.

코린토스가 보낸 새로운 이주민과 수비대가 에피담노스에 도착하 3
자, 자신들의 식민시가 코린토스인에게 넘어가게 된 것을 알게 된 케르
키라인은 격분했다. 그들은 즉시 함선 25척을 보내고, 이어서 다른 함
대를 증파하여 에피담노스인에게 코린토스가 보낸 수비대와 새로운
이주민을 돌려보내고, 그들이 추방한 자들을 다시 받아들이라고 요구
했다. 에피담노스에서 추방된 자들이 케르키라를 찾아가 그곳에 있는
자기 조상들의 무덤을 보여주며, 자신들과 케르키라인이 친족 관계임
을 상기시키고, 자신들이 에피담노스로 복귀할 수 있도록 도움을 요청
했기 때문이다.

그러나 에피담노스인은 케르키라인의 요구를 전혀 들어주지 않았 4
다. 이에 케르키라군은 에피담노스를 공격하기 위해 함선 40척을 이끌
고 진격했다. 이때 그들이 복귀를 약속한 추방자들과 일리리아인으로
구성된 군대도 함께 데려갔다. 그들은 도시 앞에 진을 친 후, 이 도시를 5
떠나고자 하는 외국인과 에피담노스인은 안전하게 보내주겠지만, 남기
로 한 자들은 적으로 간주하겠다고 경고했다. 그러나 에피담노스가 이
제안을 받아들이지 않자, 케르키라군은 지협에 위치한 이 도시를 포위
하기 시작했다.

27 에피담노스에서 온 사자로부터 도시가 케르키라군에 의해 포위 1
되었다는 소식을 들은 코린토스인은 원정군을 준비했다. 동시에 에피
담노스로 이주할 사람을 모집한다고 공표했다. 그곳으로 가는 자는 누

---

74 "아폴로니아"는 기원전 588년경 코린토스인과 케르키라인이 공동으로 건설한 식민
시로, 이오니아해와 접한 일리리아 해안의 만입부 초입에 위치했다. 같은 만입부 끝
에는 에피담노스가 있었다.

구든지 평등한 권리를 누리게 될 것이며, 이주단에 참여하기를 원하지만 당장 배를 타고 떠나는 대신 당분간 집에 머물고자 하는 이들은 코린토스 화폐로 50드라크메[75]의 공탁금을 내면 나중에 그곳으로 이주할수 있다는 내용이었다. 그러자 당장 배를 타고 가려는 사람도 많았고, 공탁금을 내는 사람도 상당수 있었다.

2 　코린토스군은 케르키라군이 그들의 항해를 방해할 가능성에 대비해 메가라인에게 여러 척의 함선으로 호송해줄 것을 요청했다. 이에 메가라인은 코린토스를 위해 함선 8척을 준비하여 함께 항해했고, 케팔레니아섬의 팔레인도 함선 4척을 제공했다. 이외에도 에피다우로스는 5척, 헤르미오네는 1척, 트로이젠은 2척, 레우카스는 10척, 암브라키아는 8척의 함선을 준비했다. 테바이와 플리우스에는 자금을, 엘리스에는 자금과 더불어 빈 함선을 요청했다.[76] 코린토스는 자체적으로 함선 30척과 중무장보병 3,000명을 준비했다.

1 　**28** 코린토스인이 이렇게 전쟁을 준비하고 있다는 사실을 알게 된 케르키라인은 라케다이몬 및 시키온[77] 사절단과 함께 코린토스로 갔다. 이 자리에서 그들은 코린토스는 에피담노스와 아무런 관련이 없다고 주장하며, 코린토스군의 수비대와 새로운 이주민을 에피담노스에

2 　서 철수시킬 것을 요구했다. 만약 코린토스가 이 요구를 받아들이지 않

---

75 고대 헬라스의 화폐 단위로는 오볼로스, 드라크메(드라크마), 므나(미나), 탈란톤, 스타테르가 있었다. 기원전 5세기 아테나이에서 1드라크메는 숙련 노동자나 중무장보병의 하루 급여에 해당했다.

76 "메가라"는 아테나이와 코린토스 지협 사이에 위치한 도로스계 도시국가로, 메가리스 지방에 속하며 라케다이몬 동맹의 일원이었다. "케팔레니아"는 이오니아제도의 섬으로 네 개의 도시국가로 나뉘었으며, 그중 하나가 "팔레"였다. 사론만 서안에는 아르골리스의 도시국가 "에피다우로스", "트로이젠", "헤르미오네"가 있었다. "플리우스"는 아르골리스 북부의 독립 도시였으며, "테바이"는 보이오티아의 중심 도시였다. "엘리스"는 같은 이름의 지방에 있었다.

77 "시키온"은 코린토스만 서안에 위치한 도시국가로, 코린토스에서 북서쪽으로 약 30킬로미터 떨어져 있었다.

는다면, 양국의 합의로 펠로폰네소스의 몇몇 국가를 중재단으로 선출하여 이 문제를 중재하게 하고, 중재단이 이 식민시를 어느 쪽의 소유로 결정하든 그 결정을 따를 용의가 있으며, 이 문제를 델포이 신탁[78]에 맡길 의향도 있다고 제안했다. 또한 코린토스에게 전쟁을 일으키지 3
말라고 경고하면서, 그럼에도 그들이 전쟁을 일으켜 무력을 사용한다면, 원치 않지만 자신들도 현재의 우방이 아닌 다른 우방을 찾을 수밖에 없다고 말했다.

이에 코린토스인은 케르키라인이 함선과 이민족 사람들을 에피담 4
노스에서 철수시킨다면 이 문제를 두고 논의할 수 있지만, 도시가 포위된 상태에서는 중재를 논의하는 것이 부적절하다고 대답했다. 케르 5
키라인은 코린토스인이 에피담노스에 주둔하고 있는 수비대와 새로운 이주민을 철수시킨다면 자신들도 철수할 것이며, 중재 결과가 나올 때까지 양측이 휴전하고 현 상태를 유지하는 것도 기꺼이 받아들이겠다고 덧붙였다.

29 하지만 코린토스인은 케르키라인의 이 모든 제안을 완전히 무 1
시했다. 그들은 함선에 선원과 군사를 모두 승선시키고 동맹군이 도착하자 케르키라에 사자를 보내 선전포고를 했다. 그런 다음 에피담노스를 포위하고 있는 케르키라인과 싸우기 위해 함선 75척과 중무장보병 2,000명을 이끌고 에피담노스로 항해했다. 이 함대의 지휘관들은 펠리 2
코스의 아들 아리스테우스, 칼리아스의 아들 칼리크라테스, 티만테스의 아들 티마노르였으며, 보병의 지휘관들은 에우리티모스의 아들 아르케티모스와 이사르코스의 아들 이사르키다스였다.

코린토스 함대가 암브라키아만[79] 입구에 위치한 아낙토리온의 영토 3

---

78 "델포이"는 포키스 지방 파르나소스산 남서쪽 비탈에 위치했으며, 코린토스만에서 북쪽으로 약 15킬로미터 거리에 있었다. 이곳의 아폴론 신전에서는 '피티아'라 불리는 여제관이 신탁을 전하고, 다른 제관들이 이를 해석해 질문자에게 전달했다. 헬라스의 개인과 국가들은 중대사를 결정할 때 반드시 신탁을 구했다.

이자 아폴론 신전이 있는 악티온곶에 이르렀을 때, 케르키라인은 먼저 작은 배에 전령을 태워 보내 코린토스 함대에게 접근하지 말라고 경고했다. 동시에 낡은 함선을 수리하고 보강하여 항해할 수 있도록 준비하는 한편, 나머지 함선에는 군사들을 승선시켰다.

4   전령이 돌아와 코린토스인이 평화 제안을 거부했다고 알리자, 케르키라군은 이미 군사가 모두 승선해 있던 함선 80척을 이끌고 적을 향해 출항했다(나머지 함선 40척은 계속해서 에피담노스를 포위하고 있었다).

5   그들은 진형을 갖추고 코린토스군의 함선들과 해전을 벌였다. 케르키라군은 코린토스군의 함선 15척을 격파하고 대승을 거두었다. 같은 날 에피담노스를 포위하고 있던 케르키라군은 도시 안에 있는 사람들의 항복을 받아냈다. 다른 나라에서 온 이주민들은 노예로 팔겠지만, 코린토스인들은 별도의 결정이 내려질 때까지 억류해두기로 합의하는 조건이었다.

1   **30** 해전이 끝난 후, 케르키라인은 케르키라 영토에 속한 레우킴메곶[80]에 승전비를 세웠다. 그들은 생포한 포로 중에서 코린토스인들만

2   억류하고, 다른 포로는 모두 처형했다. 코린토스와 그 동맹군이 해전에서 패배하고 본국으로 귀환한 후, 케르키라는 그 지역의 바다 전체를 지배하게 되었다. 그들은 코린토스의 식민시인 레우카스로 항해하여 그 땅을 약탈했으며, 코린토스인에게 함선과 자금을 제공했다는 이유로 엘리스의 항구인 킬레네를 불태웠다.[81]

3   해전에서 승리한 이후 케르키라는 상당 기간 동안 해상 지배권을 장

---

79 "암브라키아만"은 에피로스와 아카르나니아 지방 사이에 있는 만으로, 이오니아해와 연결되어 있다. 만 입구에는 코린토스의 식민시 아낙토리온 영토에 속한 악티온곶이 있었다.

80 "레우킴메곶"은 에피로스 지방 맞은편, 케르키라섬의 남단에 있었다.

81 "엘리스"는 펠로폰네소스 북서부 엘리스 지방의 도시국가이며, 킬레네는 엘리스의 외항이었다.

악하면서 함선을 보내 코린토스의 동맹국을 공격했다. 이를 지켜보던 코린토스인은 곤경에 처한 레우카스를 비롯한 우방들을 보호하기 위해 여름이 시작될 무렵 함선과 군대를 파견했다. 그들은 악티온곶과 테스프로티스 땅의 케이메리온곶 근처에 진을 쳤다.[82] 이에 케르키라인도 그 맞은편에 있는 레우킴메곶에 함선과 보병을 보내 진을 구축했다. 양측은 어느 쪽도 상대방을 공격하지 않고 여름 내내 대치 상태를 유지하다가 겨울이 되자 각각 본국으로 돌아갔다.

31 케르키라인과의 해전에서 패배한 것에 분노한 코린토스인은 최강의 함대를 갖추기 위해 온 힘을 쏟았다. 그들은 해전이 벌어졌던 그해와 그다음 해 내내 함선 건조에 매진했고, 펠로폰네소스반도는 물론이고 헬라스 전역에서 높은 보수를 약속하며 노꾼을 모집했다. 코린토스인이 전쟁 준비에 총력을 기울이고 있다는 소식을 들은 케르키라인은 두려움을 느꼈다(지금까지 아테나이나 라케다이몬이 주도하는 어떤 동맹에도 가입하지 않아 헬렌인들 가운데 우방이 전혀 없었기 때문이다). 그들은 아테나이를 찾아가 그들의 동맹국이 되어 도움을 요청하기로 결정했다. 이 사실을 알게 된 코린토스인도 즉시 아테나이로 사절단을 보냈다. 아테나이 함대와 케르키라 함대가 연합하여 자신들의 전쟁 수행에 새로운 걸림돌이 되는 것을 막기 위해서였다. 아테나이에서 민회가 소집되자, 양국의 사절단은 서로 상반된 연설을 했다. 케르키라 사절단은 이렇게 말했다.

32 "아테나이인 여러분, 우리처럼 과거에 도움을 준 적도 없고 동맹관계도 아닌 자들이 이렇게 도움을 요청할 때는 두 가지를 증명해야겠지요. 하나는 그 요청이 여러분에게 이익이 되거나 적어도 손해가 되지 않는다는 점이고, 다른 하나는 끝까지 은혜를 저버리지 않을 것이라는

---

82 "테스프로티스"는 암브라키아만 북쪽의 에피로스 지방에 있으며, "케이메리온곶"은 케르키라섬 맞은편에 위치했다. 두 곳은 케르키라섬과 매우 가까웠다.

확신을 주는 일입니다. 이 두 가지를 분명히 보여주지 못한다면, 요청

2 을 거절하더라도 분노해서는 안 되겠지요. 케르키라인은 이 두 가지를
확신하기에, 여러분에게 강력한 도움이 되리라 믿고 동맹을 청하고자
우리를 보냈습니다.

3 물론 이제까지 우리가 추구해온 정책에 비추어보면 지금의 이 요청
은 앞뒤가 맞지 않는 것처럼 보일 게 틀림없고, 그 정책은 현재 상황에

4 서 우리 자신에게 불리해 보입니다. 지난날 의도적으로 어떤 동맹도 맺
지 않았던 우리가 지금은 이곳에 와서 여러분에게 동맹을 청하고 있기
때문입니다. 게다가 우리가 지금 코린토스인과의 전쟁에서 고립된 처
지가 된 것도 그런 정책의 결과이기 때문입니다. 이전에 우리는 다른
나라와 동맹을 맺어 그 나라의 일방적인 정책으로 인해 전쟁의 위험에
휘말리는 일을 피하는 것이 현명하다고 생각했습니다. 그러나 지금 처
지에서 그런 정책을 고수하는 것은 어리석고 무력해 보입니다.

5 지난번 해전에서 우리는 단독으로 코린토스군을 물리쳤습니다. 그
러나 이제 코린토스인은 펠로폰네소스반도를 비롯한 헬라스 전역에서
더 많은 대군을 모아 우리를 다시 공격하려 하고 있습니다. 이번에는
우리의 힘만으로는 그들을 이길 수 없음을 잘 알고 있습니다. 패배할
경우 감당해야 할 위험이 너무나 크기에, 여러분을 비롯한 다른 이들의
도움이 필요합니다. 지난날 우리가 다른 나라와 동맹을 맺지 않은 것은
나쁜 의도가 아니라 잘못된 판단 때문이었으므로, 지금에 와서 정반대
의 행동을 하더라도 용서하시기 바랍니다.

1 **33** 여러분이 우리의 요청을 들어주신다면, 여러 면에서 여러분에게
도 좋은 결과가 따를 것입니다. 먼저 여러분은 다른 사람들에게 해를
끼치는 자들이 아니라, 부당한 대우를 받는 자들을 돕게 됩니다. 또한
여러분이 가장 절박한 위기에 처한 자들을 받아들인 행위는 영원히 기
억될 것입니다. 이보다 더 호의를 쌓는 일도 없지 않겠습니까? 마지막
으로 우리가 보유하고 있는 함대의 규모는 헬라스에서 여러분 다음으

로 가장 큽니다.

　생각해보십시오. 여러분이 어떤 위험을 감수하거나 비용을 들이지 　2
않았는데도, 많은 돈과 호의를 베풀어서라도 자기편으로 삼고 싶었던
세력이 자진해서 여러분에게 의탁해올 뿐 아니라, 여러분의 도움에 깊
이 감사하며 그 미덕을 널리 알리고 나아가 힘을 보태기까지 한다면,
이보다 더 큰 행운이 어디 있겠습니까? 또한 여러분의 적들에게는 이
보다 더 고통스러운 일이 어디 있겠습니까? 역사를 통틀어 도움을 준
자가 이 모든 이점을 한꺼번에 얻은 경우는 극히 드뭅니다. 도움을 요
청한 자가 자신이 받게 될 것과 대등한 정도의 안전과 명예를 제공한
사례도 거의 없습니다.

　혹시 장차 감히 여러분에게 전쟁을 걸어올 나라는 없을 테니 우리가 　3
전쟁을 도울 일도 없을 것이라고 생각하는 분이 계신다면, 그것은 잘
못된 판단입니다. 그러한 생각은 라케다이몬인이 여러분을 두려워하여
전쟁을 원하고 있다는 사실, 그리고 라케다이몬인에게 큰 영향력을 행
사하는 코린토스인 또한 엄연히 여러분의 적이라는 현실을 간과하는
것입니다. 코린토스인이 지금 우리를 공격하는 이유는, 다음으로 여러
분을 공격하기 위함입니다. 한편으로는 우리가 공동의 적을 상대로 연
합하여 그들에게 대적하지 못하도록 막고, 다른 한편으로는 우리가 연
합하기 전에 우리의 힘을 약화시키며 자신의 힘을 강화하려는 것, 이
두 가지 목적을 동시에 달성하려는 계략입니다.

　그러나 그들이 이를 실행에 옮기기 전에 우리가 먼저 여러분에게 동 　4
맹을 제안하고, 여러분이 제안을 받아들여 동맹이 성사된다면, 우리는
코린토스인의 계략이 실현된 뒤에 뒤늦게 대처하는 것이 아니라 선제
적으로 그들의 계략을 무산시키게 될 것입니다. 이것이 바로 우리가 원
하는 바입니다.

　34 코린토스인은 여러분이 자신들의 식민시를 받아들여 동맹을 맺 　1
는 일은 옳지 않다고 주장할지도 모릅니다. 하지만 어느 식민시든 모국

으로부터 정당한 대우를 받는다면 모국을 존중하지만, 부당한 대우를 받는다면 아무리 모국일지라도 외면하게 된다는 사실을 알아야 합니다. 모국에서 식민시로 이주한 사람은 모국에 남아 있는 이들의 노예가 아니라, 비록 다른 곳으로 이주했더라도 여전히 모든 면에서 동등한 권

2 리를 지닌 시민이기 때문입니다. 코린토스인은 분명 우리를 부당하게 대우했습니다. 우리가 에피담노스 문제를 중재를 통해 해결하자고 요청했음에도, 그들은 공정한 해결을 거부하고 전쟁을 선택했기 때문입니다.

3 　코린토스인이 친족인 우리를 어떤 식으로 대했는지 증거로 제시하는 이유는, 여러분이 그들의 속임수에 넘어가지 않도록 하기 위해서입니다. 또한 그들이 여러분에게 직접 도움을 요청하더라도 그들을 돕지 않도록 하기 위해서입니다. 적에게 호의를 베풀었다가 낭패를 보고 후회하는 일이 적을수록, 그만큼 더 안전하기 때문입니다.

1 　**35** 우리는 두 동맹 중 어느 쪽에도 가입되어 있지 않으므로, 여러분이 우리를 동맹국으로 받아들인다 해도 라케다이몬과의 평화조약을

2 깨뜨리는 것이 아닙니다. 평화조약에 명시된 바와 같이, 헬라스의 독립 도시국가는 어느 동맹에도 가입하지 않은 경우 자유롭게 원하는 쪽

3 을 선택할 수 있기 때문입니다. 그리고 코린토스인에게는 자신들의 동맹국은 물론 헬라스의 나머지 국가들, 특히 여러분의 속국으로부터 사람을 모집해 함선을 채우는 것이 허용되는 반면, 우리의 경우에는 다른 국가와 동맹을 맺거나 도움을 받는 일조차 차단되고 있습니다. 더욱이 여러분이 우리의 요청을 들어주는 것까지 코린토스인이 불법으로 간주한다면, 그것은 부당한 일입니다.

4 　여러분이 우리의 요청을 거절한다면, 훨씬 더 큰 비난을 받게 될 것입니다. 적이 아닌 우리가 위험에 처해 있는 것을 보고도 외면하고, 장차 여러분을 공격하게 될 적을 저지하기는커녕 그들이 여러분의 통치 지역에서 더 큰 힘을 키우도록 방관하는 셈이 되기 때문입니다. 이는

결코 옳지 않습니다. 따라서 여러분은 그들이 여러분의 통치 지역에서 용병을 모집하는 것을 막거나, 최소한 여러분이 허용할 수 있는 범위 내에서 우리를 도와야 합니다. 가장 바람직한 일은 우리를 공식 동맹국으로 받아들여 돕는 것입니다.

서두에서 이미 밝혔듯이 우리가 여러분에게 제공할 수 있는 유익은 5
많습니다. 가장 중요한 것은 그들이 우리의 공동의 적이라는 사실, 그리고 그 적은 결코 약하지 않아 자신에게 등을 돌린 자에게 해를 끼칠 수 있다는 점입니다. 게다가 해군을 보유한 국가와 동맹 맺기를 거절하는 것은 육군을 보유한 국가와의 동맹을 거절하는 것과는 차원이 다른 문제입니다. 여러분은 가능한 한 다른 국가의 해군 보유를 막아야 하고, 그것이 불가능하다면 강력한 해군을 보유한 국가를 우방으로 삼아야 하기 때문입니다.

36 여러분 중에는 우리와 동맹을 맺는 것이 국익에 도움이 되기는 1
하지만, 그렇게 하면 라케다이몬과의 평화조약을 깨뜨리게 되지는 않을지 우려하는 분도 계실 것입니다. 하지만 이러한 우려와는 별개로, 여러분이 우리와 동맹을 맺으면 적이 여러분을 더욱 두려워하게 될 것입니다. 반대로 여러분이 용기를 내지 못해 더 강해질 기회를 놓친다면, 강력한 적은 여러분을 두려워하지 않게 될 것입니다. 아울러 지금 여러분은 케르키라의 국익이 아니라 아테나이의 국익을 주로 고려해야 합니다. 앞으로 여러분에게도 곧 닥칠 전쟁을 눈앞에 두고, 우방이 되든 적이 되든 중요한 결과를 초래할 국가를 여러분의 편으로 삼기를 망설이는 것은 아테나이의 국익을 극대화하는 태도가 아닙니다. 케르 2
키라는 이탈리아와 시켈리아로 가는 항로의 요충지에 자리 잡고 있습니다. 그 밖에도 다른 이점이 있지만, 이는 그 지역의 함대가 펠로폰네소스로 가서 합류하거나, 펠로폰네소스의 함대가 그 지역으로 가서 합류하는 것을 막을 수 있다는 뜻입니다.

간단히 말해, 이 각각의 사실은 모두 여러분이 우리를 포기해서는 3

안 되는 이유를 보여줍니다. 헬렌인 중에서 주목할 만한 해군력을 보유한 국가는 여러분과 우리, 그리고 코린토스뿐입니다. 만약 코린토스가 우리를 먼저 점령해 이 셋 중에서 두 해군력이 통합되도록 내버려둔다면, 여러분은 케르키라와 펠로폰네소스의 연합 함대와 맞서 싸워야 할 것입니다. 그러나 우리를 동맹으로 받아들인다면, 코린토스와의 전투에서 여러분의 함대는 우리의 함대가 더해져 더욱 강력해진 해군력으로 싸울 수 있게 될 것입니다."

4   케르키라 사절단이 이렇게 말하자, 이어서 코린토스 사절단이 다음과 같이 말했다.

1   37 "이 케르키라인들은 여러분이 그들을 동맹으로 받아들이는 문제에 논의를 국한하지 않고, 마치 우리가 부당한 침략자이고 자신들은 무고한 피해자인 양 이야기하는군요. 그러니 다른 논의에 앞서 이 두 가지 주장에 대해 언급하지 않을 수 없습니다. 이를 분명히 해야만 여러분이 우리의 요청이 정당하다는 사실을 더욱 확신하고, 타당한 근거를 바탕으로 케르키라인의 요구를 거절할 수 있을 테니 말입니다.

2   그들은 자신들이 지금까지 어느 국가와도 동맹을 맺지 않은 것은, 그 편이 현명하다고 생각했기 때문이라고 주장합니다. 하지만 실상은 자신들이 저지르는 악행의 목격자가 될 동맹국을 원치 않았고, 그들이
3 현장에 함께 있는 것을 수치스럽게 여겼기 때문입니다. 케르키라인의 도시국가가 스스로의 힘으로 존립할 수 있었던 이유는, 그들이 요충지에 자리 잡고 있었던 덕분입니다. 그들의 배는 다른 국가의 항구에 정박할 필요가 거의 없는 반면, 다른 국가의 배는 그들의 항구에 정박해야만 하는 경우가 많지요. 그러다 보니 케르키라인은 다른 국가 사람에게 불법을 저질러도 상호 합의에 따라 임명된 재판관에게 재판을 받는 것이 아니라 그들 자신이 재판관이 됩니다.

4   따라서 그들이 다른 국가와 동맹을 맺지 않은 것은 동맹국의 악행에 가담하지 않기 위해서가 아닙니다. 오히려 단독으로 불법을 저지르고,

자신들의 지배하에 있는 이들을 억압하며, 자신들의 행위가 들킬 염려가 없는 곳에서는 더 많이 가지려고 이익을 선점하는 등 후안무치하게 행동하기 위해서였습니다. 그들은 마치 자신들이 정직하고 훌륭한 사람인 것처럼 말하지만, 정말 그렇다면 유리한 지정학적 위치를 악용하는 대신, 오히려 정의로운 태도를 통해 그 미덕을 더욱 분명히 드러내야 했습니다. 5

38 하지만 실제로 그들은 우리에게도 다른 이들에게도 정의롭게 행동하지 않았습니다. 본래 우리나라에서 이주해 간 자들이면서도 그동안 우리를 멀리하다가, 이제 와서야 자신들이 모국으로부터 부당한 대우를 받기 위해 이주한 것이 아니라고 주장하며 우리와 전쟁을 벌이고 있습니다. 우리가 그들을 그곳으로 이주시킨 것은 그들에게 모욕을 당하기 위해서가 아니라, 그들의 지도자로서 합당한 존경을 받기 위해서였습니다. 2

실제로 다른 식민시들은 우리를 존경하고, 우리는 그들로부터 사랑을 받고 있습니다. 대부분의 식민시가 우리에게 만족하고 있다는 사실을 감안할 때, 우리가 유독 케르키라인에게만 잘못을 저질러 그들이 불만을 품게 되었다고 보기는 어렵습니다. 그들이 큰 잘못을 범하지 않았는데도 우리가 이유 없이 전쟁을 벌인 것이 아니라는 점도 분명합니다. 설령 우리가 잘못한 부분이 있었다 해도, 그들이 한 걸음 물러나 우리의 분노를 너그럽게 이해하려 했다면 좋았을 것입니다. 만약 그들이 그런 태도를 취했는데도 우리가 계속 분노를 품었다면, 책임은 오히려 우리에게 있을 것입니다. 하지만 그들은 자신들의 부를 믿고 오만하게 행동하며 우리에게 많은 잘못을 저질렀습니다. 특히 이번에 우리의 식민시인 에피담노스가 위기에 처했을 때는 방관하다가, 우리가 응징을 위해 출정하자 오히려 무력으로 그곳을 점령했고, 지금까지도 점유하고 있습니다. 3 4 5

39 그들은 자신들이 먼저 이 문제에 대한 중재를 요청하려 했다고 1

주장합니다. 그러나 어느 한쪽이 이미 우월한 위치를 확보한 상태에서 제안하는 중재는 명분이 없습니다. 중재는 양측이 말뿐만 아니라 실제

2 로도 대등한 입장에 있을 때 이루어져야 합니다. 하지만 그들은 에피담노스를 포위하기 전이 아니라, 이미 포위한 뒤 우리가 가만있지 않을 것을 알고 나서야 허울 좋은 제안을 해왔습니다. 게다가 에피담노스에서 단독으로 잘못을 저지르는 데 만족하지 않고, 이제는 이곳까지 와서 여러분에게 동맹이 아닌 공범이 되어줄 것을 요구하고 있습니다. 여러분과 우리의 사이가 소원한 점을 이용하여 자신들을 동맹으로 받아주기를 요구하는 것입니다.

3 그들은 지금처럼 잘못을 저지르고 위험에 처한 때가 아니라 가장 안전했을 때 여러분을 찾아와 동맹을 요청했어야 했습니다. 만약 여러분이 지금 이 상황에서 그들을 도와준다면, 과거에 여러분을 도운 적 없는 자들에게 손을 내미는 것이며, 그들이 지금까지 저질러온 잘못들과 무관하다 해도 그 책임을 함께 져야 하는 처지가 될 것입니다. 오래전부터 그들과 힘을 공유해왔다면 그들이 저질러온 잘못의 결과도 함께 감당하는 것이 당연하겠지만, 실제로 여러분은 지금까지 그들과 그런 관계를 맺은 적이 없습니다.

1 **40** 이처럼 우리는 정당한 명분을 가지고 이 자리에 온 반면, 그들은 폭력적이고 탐욕스러운 자들이라는 사실이 드러났습니다. 따라서 그들을 동맹으로 받아들이는 것은 결코 옳지 않습니다. 이 점을 명심해야 합니다.

2 평화조약에는 어느 동맹에도 속하지 않은 국가는 원하는 동맹에 가입할 수 있다는 조항이 포함되어 있습니다. 그러나 이 조항은 특정 국가에 피해를 주기 위한 의도로 동맹에 가입하려는 경우에는 적용되지 않습니다. 오직 자신들이 다른 국가를 배신하거나 속이지 않은 상태에서 위험에 처했을 때 안전을 구하는 경우, 또는 신중한 검토 끝에 특정한 국가와의 동맹이 평화를 보장한다고 판단되는 경우에만 적용됩니

다. 그런데도 여러분이 우리의 조언을 듣지 않는다면 결국 전쟁에 휘말리게 될 것입니다. 그들과 동맹을 맺고 그들을 돕는다면, 우리와 맺은 평화조약은 파기되고 여러분은 우리의 적이 될 것입니다. 그들과 손을 잡는다면, 우리는 어쩔 수 없이 그들뿐만 아니라 여러분도 막아내야 하기 때문입니다. 3

그러므로 양측에서 물러나 중립을 지키십시오. 만약 그렇게 하고 싶지 않다면, 오히려 우리와 손을 잡고 그들과 싸워야 합니다. 여러분은 코린토스인과는 평화조약을 맺고 있지만, 케르키라인과는 휴전협정조차 맺은 적이 없기 때문입니다. 다른 국가를 배신한 자들을 동맹으로 받아들이는 선례를 만들어서는 안 됩니다. 이전에 사모스인이 여러분 5 에게 반기를 들었을 때,[83] 펠로폰네소스의 여러 국가는 그들을 도울 것인지에 대해 논의하며 의견이 엇갈렸습니다. 그때 우리는 여러분에게 반대하는 표를 행사하지 않았을 뿐 아니라, 오히려 모든 국가가 자신의 동맹국을 응징할 권리가 있음을 공개적으로 선언하며 사모스 지원을 반대했습니다. 여러분이 이번에 잘못을 저지른 자들을 받아들이고 도 6 와준다면, 여러분의 동맹국 중 다수가 우리 편으로 돌아설 것이고, 이는 우리보다 여러분에게 더 해로운 선례를 남길 것입니다.

41 지금까지 우리는 헬렌인의 관습에 따른 정당한 권리에 근거하여 1 여러분에게 요청을 드렸습니다. 이제는 과거 우리가 여러분에게 베푼 호의를 근거로 조언을 드리고자 합니다. 우리는 여러분에게 해를 끼칠 정도로 적대적이지도 않고 선심을 쓸 정도의 친구도 아닌 까닭에, 이 기회에 우리가 이전에 베푼 호의에 상응하는 보답을 받는 것이 마땅하다고 생각합니다.

메디아인과의 전쟁이 일어나기 전, 여러분은 아이기나인과 전쟁을 2

---

[83] "사모스"는 제1권 각주 48을 보라. 여기서는 펠로폰네소스 전쟁 이전에 사모스인이 일으킨 반란을 가리킨다.

벌일 때 함선이 부족하자 우리 코린토스로부터 함선 20척을 빌렸습니다. 이후 여러분이 사모스인과 전쟁을 벌였을 때는 펠로폰네소스인들이 그들을 돕지 않도록 우리가 막았습니다. 우리가 베푼 이 두 번의 호의 덕분에, 여러분은 아이기나인과의 전쟁에서 승리하고 사모스인을 응징할 수 있었습니다. 일반적으로 적과 전쟁 중일 때는 승리 외에 아무것도 고려하지 않는 법이지만, 우리는 여러분이 우리의 적이었던 시

3　기에 그렇게 했습니다. 당시 사람들은 눈앞의 승리에 눈이 멀어 장기적인 이해관계마저 저버렸습니다. 과거의 적이라도 당장 도움이 되면 친구로 여기고, 이전의 친구라도 현재 방해가 되면 적으로 간주했습니다.

1　　**42** 여러분 중에서 우리가 과거에 베푼 호의를 기억하는 분들은 이를 깊이 숙고하고, 젊은이들은 연장자로부터 그 사실을 전해 들어 우리가 베푼 만큼 보답하는 것이 여러분 모두의 의무임을 깨달아야 합니다. 우리가 제시한 방안이 옳고 정의로움을 인정하면서도, 전시라는 이유로 다른 방식이 국익에 더 부합할 것이라고 생각해서는 안 됩니다.

2　　누구든지 잘못된 판단을 최소화하는 것이 유익한데, 케르키라는 전쟁이 곧 일어날 것처럼 위기감을 조성하며 여러분을 잘못된 길로 끌어들이려 하고 있습니다. 하지만 실제로 전쟁이 임박했는지는 불확실합니다. 그러나 여러분이 그들의 말에 넘어가면, 즉시 코린토스인의 적대감을 사게 될 것은 자명하므로 그들의 말을 경청하는 것은 적절치 않습니다. 오히려 메가라인과 관련한 우리의 불신[84]을 해소하려고 노력

3　하는 편이 더 현명합니다. 작은 호의라도 시의적절하다면, 과거의 큰 잘못도 덮을 수 있지 않겠습니까?

84　"메가라"는 라케다이몬 동맹 소속으로, 아테나이와는 살라미스섬 소유권과 사론만 통제권을 두고 오랜 갈등을 빚었다. 기원전 432년경, 아테나이 장군 페리클레스는 메가라인의 아테나이 제국 내 항구와 시장 출입을 전면 금지하고 메가라 상품 거래를 차단하는 메가라 법령을 시행했다. 코린토스는 이 사건을 언급하며, 라케다이몬 동맹 소속인 자신들에게도 언제든 유사한 조치가 적용될 수 있다는 의심을 표한 것이다.

케르키라를 동맹으로 받아들이면 그들의 강력한 해군력을 얻게 될 4
것이라는 말에 휘둘리지 마십시오. 대등한 국력을 가진 국가를 부당하
게 대하지 않는 것이, 불확실한 미래의 이득을 취하려고 지금 당장의
명백한 위험을 감수하는 것보다 더 확실한 힘이 될 것입니다.

43 과거에 여러분이 동맹국인 사모스를 응징하고자 했을 때, 우리 1
는 라케다이몬에 모인 우리의 동맹국들 앞에서 '모든 국가는 자국의
동맹을 응징할 권리가 있다'는 원칙을 천명한 바 있습니다. 이번에는
우리가 그때의 여러분과 동일한 상황에 처했으므로, 여러분이 이 원칙
을 지켜주기를 요청합니다. 당시 우리가 투표를 통해 여러분을 지지했
으니, 여러분이 투표로 우리를 해치는 일이 없기를 바랍니다. 지금이야 2
말로 돕는 자는 최고의 친구가 되고 반대하는 자는 최악의 적이 되는
순간임을 명심하고, 받은 만큼 되돌려주기 바랍니다. 우리의 요청을 거 3
스르며 케르키라를 동맹으로 받아들이지 말고, 그들의 부당한 행동을
두둔하지 마십시오. 그렇게 한다면 도리를 지킬 뿐 아니라 여러분 자신 4
을 위해서도 최선의 결정을 내리게 되는 것입니다."

44 코린토스 사절단은 그렇게 말했다. 아테나이인들은 양측의 주장 1
을 들은 후 민회를 두 번이나 소집했다. 첫 번째 민회에서는 코린토스
의 입장을 지지하는 쪽으로 다소 기울었지만, 두 번째 민회에서는 결국
케르키라와 부분 동맹을 맺기로 의결했다. 이는 두 나라가 완전히 동
일한 적과 친구를 갖지 않도록 조정한 절충안이었다. 즉 공격과 방어
를 모두 포함하는 완전한 동맹을 맺는다면, 케르키라가 코린토스를 공
격할 경우 아테나이 역시 참전해야 하는 상황이 발생하는데, 이로 인해
펠로폰네소스인과의 평화조약이 깨질 것을 우려한 것이다. 그래서 아
테나이는 방위 동맹만을 체결하여, 케르키라와 아테나이 및 그 동맹국
이 제3국의 공격을 받을 경우에만 상호 지원하기로 합의했다. 아테나 2
이는 펠로폰네소스인과의 전쟁이 불가피하다고 판단했기 때문에, 강력
한 해군력을 지닌 케르키라를 코린토스에게 넘겨주고 싶지 않았다. 또

한 케르키라와 코린토스가 서로 싸워서, 언젠가 자신들이 코린토스와 그 동맹국들을 상대로 전쟁을 해야 할 때 그들의 힘이 약해져 있기를

3 바랐다. 게다가 케르키라섬은 이탈리아와 시켈리아로 항해할 때 중요한 최적의 위치에 자리 잡고 있어 아테나이인에게 활용 가치가 커 보이기도 했다.

1   **45** 이런 점들을 두루 고려해 아테나이는 케르키라를 동맹으로 받아들이기로 결정하고, 코린토스인들이 떠난 후 즉시 함선 10척을 케르키

2 라에 원군으로 보냈다. 이 함선을 지휘한 인물들은 키몬의 아들 라케다이모니오스, 스트롬비코스의 아들 디오티모스, 그리고 에피클레스의

3 아들 프로테아스였다. 그들에게는 코린토스군이 케르키라를 공격하기 위해 항해하거나 케르키라 영토에 상륙하고자 하는 경우에는 가능한 한 막되, 그 외의 경우에는 코린토스와의 해전을 피하라는 지시가 주어졌다. 이는 펠로폰네소스인과의 평화조약을 깨뜨리지 않기 위한 조치였다.

1   **46** 아테나이가 보낸 함선이 케르키라에 도착한 가운데, 코린토스군도 전쟁 준비를 모두 마치고 함선 150척을 이끌고 케르키라로 출항했다. 이 함대 중 10척은 엘리스에서, 12척은 메가라에서, 10척은 레우카스에서, 27척은 암브라키아에서, 1척은 아낙토리온에서 왔으며, 나머

2 지 90척은 코린토스군의 함선이었다. 각 도시국가에서 보낸 함선은 해당 국가 출신의 지휘관이 지휘했고, 코린토스군의 함선은 에우티클레

3 스의 아들 크레노클레이데스와 다른 4명의 지휘관이 이끌었다. 레우카스를 출발한 이 함대는 케르키라 맞은편 내륙으로 접근해 테스프로티

4 스 지방의 케이메리온곶에 정박했다. 케이메리온곶에는 항구가 있었으며, 그 위 내륙으로는 테스프로티스 지방의 엘라이아 지역에 에피레라는 도시국가가 자리했다. 에피레 근처에 있는 아케루시아 호수가 바다로 흘러들어가며, 테스프로티스 지방을 가로지르는 아케론강이 이 호수로 유입되는데, 아케루시아 호수라는 이름도 이 강에서 유래했다. 이

지역에는 테스프로티스와 케스트리네 지방의 경계를 이루는 티아미스 강도 흐르고 있으며, 케이메리온곶은 두 강의 하구 사이에서 바다로 돌출되어 있다.[85] 코린토스군은 이 내륙 지역에 함선을 정박시킨 후 진을 쳤다. 5

47 코린토스군의 함선이 접근한다는 소식을 들은 케르키라인은 함 1 선 110척에 병력을 채워 미키아데스, 아이시메데스, 에우리바토스의 지휘 아래 시보타[86]의 여러 섬에 진을 쳤으며, 아티케에서 보내온 함선 10척도 함께했다. 케르키라군의 보병과 이들을 돕기 위해 온 자킨토스[87] 2 출신 중무장보병 1,000명은 레우킴메곶에 배치되었다. 내륙에 진을 친 3 코린토스군에게는 인근에 거주하는 이민족들이 원군으로 왔다. 이는 이 지역의 이민족들과 코린토스인이 오랫동안 우호적인 관계였기 때문이다.

48 모든 준비를 마친 코린토스군은 해전을 벌이기 위해 3일분의 군 1 량을 싣고, 밤에 케이메리온곶에서 출항했다. 그들은 밤새 항해했고, 2 새벽이 되자 바다 위에서 자신들을 향해 다가오는 케르키라 함대를 발견했다. 서로의 존재를 확인한 양측은 즉시 전열을 정비하며 대치했다. 3 아티케 함선들은 케르키라군 전선에서 우익에 포진했고, 다른 부분을 맡은 케르키라 함대는 3개의 선단으로 나뉘어 3명의 장군이 각각의 선

---

85 "에피레"는 테스프로티스 지방의 수도였으며, "엘라이아 지역"(Ἐλαιᾶτις, '엘라이아티스')에는 에피레와 엘라이아라는 두 도시국가가 있었다. "케스트리네 지방"의 주요 도시인 케스트리아는 트로이아 왕자 헬레노스가 포로로 끌려와 세운 왕국으로, 일리움 또는 일리온이라 불리기도 했다. 이 지역의 "아케론강"은 죽은 자의 망령이 하데스로 가는 길에 건너야 하는 강이며, 이 강이 흘러드는 "아케루시아 호수"는 하데스와 연결되어 있다고 여겨졌다. 아케론강과 "티아미스강"은 모두 이오니아해로 흘러든다.
86 "시보타"는 케르키라섬 맞은편 에피로스 앞바다에 위치한 여러 작은 섬으로 이루어진 만이다.
87 "자킨토스"는 엘리스 맞은편, 케팔레니아 남쪽에 위치한 이오니아제도의 섬으로, 아르카디아 왕 다르다노스의 아들 자킨토스가 건설한 도시국가다. 후에 이타케 왕 오디세우스에게 정복되었으며, 펠로폰네소스 전쟁 때는 아테나이와 동맹을 맺었다.

4 단을 지휘했다. 케르키라군은 이러한 방식으로 전열을 갖추었다. 코린토스군에서는 메가라와 암브라키아의 함선이 전선의 우익에 배치되었고, 중앙에는 나머지 동맹군의 함선이 자리했으며, 좌익에는 코린토스군이 최정예 함선을 이끌고 케르키라군의 우익을 맡은 아테나이군을 향해 포진했다.

1 **49** 양측이 모두 공격 신호를 보내자, 갑판 위의 많은 중무장보병과 궁수, 투창병이 서로 맞붙어 싸웠다. 양측 모두 해전에 익숙하지 않아
2 여전히 옛 방식으로 싸웠다. 해전은 치열했으나, 이는 전술에 노련했기
3 때문이 아니었다. 전투 양상은 오히려 지상전에 더 가까웠다. 함선이 서로를 향해 돌진하여 충돌한 후에는 쉽게 떨어지지 않았다. 이는 함선 수가 많고 서로 밀집해 있었기 때문이기도 했고, 해전의 승패가 배가 정지한 상태에서 맞서는 갑판 위 중무장보병들의 싸움에 달려 있다고 믿었기 때문이기도 했다. 전선을 돌파하는 전술은 사용되지 않았고, 전략보다는 용기와 힘에 의존한 전투가 벌어졌다.

4 전장 곳곳에서 큰 소란과 혼란이 일어났다. 아티케 함선은 케르키라군이 고전하는 곳으로 다가가 적군을 위협하기는 했으나, 실제로 공격하지는 않았다. 지휘관들이 아테나이 본국의 지시를 의식했기 때문이
5 다. 코린토스군의 전선 중 우익이 가장 큰 타격을 입었다. 케르키라군 함선 20척이 그들을 패주시켰고, 흩어져 도망치는 적을 해안까지 추격한 후 그들의 진영으로 곧장 항해하여 상륙한 뒤 빈 막사에 불을 지르
6 고 군수품을 약탈했다. 이처럼 전선의 우익에서는 케르키라군이 승리하며 코린토스군과 그 동맹군을 물리쳤다. 반면 코린토스군의 최정예 함선이 배치된 좌익에서는 상황이 반대였다. 이곳에서는 케르키라군이 병력에서 열세인 데다 추격에 나선 함선 20척이 아직 복귀하지 않은 상태였기 때문에, 코린토스군이 압도적인 승리를 거두었다.

7 케르키라군이 밀리는 모습을 본 아테나이군은 더욱 적극적으로 그들을 돕기 시작했다. 처음에는 적의 함선을 직접 공격하지 않았지만,

전세가 바뀌어 코린토스군이 밀어붙이는 상황이 되자 결국 케르키라군과 아테나이군이 서로 구별 없이 뒤섞여 코린토스군과 싸우기 시작했다. 이로써 코린토스군과 아테나이군은 서로를 공격하지 않을 수 없게 되었다.

50 전세가 바뀌어 승기를 잡은 코린토스군은 격파한 적의 함선을 끌고 가는 대신, 그 배에 타고 있던 적군에게 눈을 돌려 그들을 생포하지 않고 함선 위를 누비고 다니며 살육을 벌였다. 그 과정에서 자신들의 우익이 이미 패배했다는 사실을 몰랐기에 포로로 잡혀 있던 자국 군사들까지 적으로 오인해 죽이고 말았다. 전장은 수많은 함선이 널리 흩어져 있어, 전투가 한창인 동안 어느 쪽이 우세한지 쉽게 파악할 수 없는 혼전 상태였다. 함선의 규모로만 보면, 이번 해전은 지금까지 헬렌인들 사이에서 벌어진 전투 중 가장 컸다.

코린토스군은 케르키라군을 해안까지 몰아붙인 후, 이제 자신들의 파손된 함선과 전사자에게 눈을 돌렸다. 그들은 대부분의 시신을 수습하여 이민족 원군이 주둔하고 있는 시보타로 보냈다. 시보타는 테스프로티스 지방의 버려진 항구였다. 전사자 수습을 마친 코린토스군은 다시 집결하여 케르키라군을 공격하기 위해 또 다시 바다로 나갔다. 케르키라군도 남아 있는 함선을 포함해 아직 운항이 가능한 함선을 모두 동원하고, 아테나이군 함선 10척과 함께 대응에 나섰다. 이는 코린토스군이 케르키라 영토에 상륙할 것을 우려했기 때문이다.

날은 저물고 있었고, 양측은 공격 개시를 위한 파이안[88]을 이미 부른 후였다. 이때 코린토스군이 갑자기 노를 뒤로 저어 후퇴하기 시작했다. 아테나이군 함선 20척이 접근하는 것을 보았기 때문이다. 아테나이인은 케르키라군이 패할 경우 기존의 10척만으로는 그들을 충분히 지원

---

88 "파이안"(παιάν)은 고대 헬라스에서 전투 시작이나 제사 전에 부르던 찬가다. 주로 아폴론에게 바쳐졌으며, 군사적 사기를 북돋기 위한 노래이자 전투 신호였다.

하기 어렵다고 판단해 추가로 함선을 증파한 것이었다.

1 **51** 코린토스군은 케르키라군보다 먼저 증파된 함선들을 발견했다. 그들은 이 함선들이 아테나이에서 증파된 지원군이며, 보이는 것보다

2 더 많은 함선이 올 것이라고 판단해 후퇴하기 시작했다. 그러나 증파된 아테나이 함선은 케르키라군의 시야 밖에 있었기 때문에, 케르키라군은 코린토스군이 뒤로 노를 저어 후퇴하는 것을 이상하게 여겼다. 얼마 후 몇몇 군사가 다가오는 함선들을 발견하고 "저기 함선들이 온다"라고 외쳤다. 그제야 케르키라군도 상황을 파악하고 물러났다. 이미 날이 어두워진 데다 코린토스군이 배를 돌려 돌아갔기 때문이다.

3, 4 이렇게 양측이 철수하고 밤이 되면서 해전은 끝났다. 케르키라군은 레우킴메의 진영으로 돌아갔고, 증파된 아테나이 함선 20척도 레아그로스의 아들 글라우콘과 레오고라스의 아들 안도키데스의 지휘 아래, 바다에 떠 있는 시신과 좌초된 함선 사이를 항해하며 케르키라군의 시

5 야에 들어온 지 얼마 지나지 않아 진영에 도착했다. 이미 밤이 깊어 케르키라군은 다가오는 함선들의 정체를 정확히 식별할 수 없어 적의 함선일까 두려워했지만, 이내 알아보고 정박하게 했다.

1 **52** 다음날 아티케의 함선 30척과 운항 가능한 모든 케르키라 함선이 코린토스군의 전투 의지를 알아보기 위해 그들이 정박해 있는 시보

2 타 항구로 항해해 갔다. 코린토스군은 함선을 육지에서 끌어내어 바다 위에 정렬해놓은 채 조용히 대기했지만 먼저 해전을 시작할 생각은 없었다. 아테나이 함선이 추가로 증파된 것을 확인했을 뿐 아니라, 억류한 포로들을 감시해야 했고, 시보타 항구가 버려진 곳이어서 파손된 함

3 선을 수리할 수도 없는 등 많은 난관에 봉착했기 때문이다. 그들은 본국으로 돌아갈 방법을 모색하고 있었다. 아테나이 측이 이번 교전을 이유로 평화조약이 파기되었다고 간주하고 출항을 저지할 것을 우려했기 때문이다.

1 **53** 코린토스군은 몇몇 인원을 작은 배에 태우고 전령의 지팡이[89] 없

이 아테나이군에게 보내 그들의 의중을 떠보기로 했다. 그리고 전령에게는 다음과 같이 말하도록 지시했다. "아테나이인들이여, 당신들이 먼 2 저 싸움을 시작해 평화조약을 어긴 것은 명백한 잘못입니다. 우리는 단지 적을 응징하려 했을 뿐인데, 당신들이 무기를 들어 이를 방해하고 있기 때문입니다. 만약 우리가 케르키라나 다른 지역으로 가는 것을 막아 평화조약을 파기하는 것이 당신들의 의도라면, 지금 여기에 있는 우리를 적으로 간주하고 포로로 잡으십시오."

코린토스군의 전언이 전해지자 케르키라 군사들은 그들을 즉시 죽 3 이라고 외쳤다. 그러나 아테나이군은 이렇게 응답했다. "펠로폰네소스 4 인들이여, 우리는 전쟁을 시작하지 않았고, 평화조약도 깨뜨리지 않았습니다. 단지 동맹국인 케르키라를 돕기 위해 이곳에 왔을 뿐입니다. 당신들이 다른 지역으로 가고자 한다면 막지 않겠습니다. 그러나 케르키라나 그 영토에 속한 곳을 공격하려 한다면, 우리는 결코 방관하지 않을 것입니다."

54 아테나이군이 이렇게 응답하자, 코린토스군은 귀환을 준비하며 1 시보타에 승전비를 세웠다. 한편 케르키라군도 밤중에 분 바람으로 사방에 흩어졌다가 조류에 밀려 자신들 쪽으로 떠밀려온 파손된 함선의 잔해와 전사자의 시신을 수습한 후, 자신들의 승리를 주장하며 시보타 섬에 승전비를 세웠다.

양측이 모두 자신들의 승리를 주장한 근거는 다음과 같다. 코린토스 2 군은 밤까지 이어진 해전에서 우위를 점했으며, 파손된 함선과 전사자의 시신을 대부분 수습했고, 1,000명 이상의 포로를 붙잡았으며, 적의

---

89 "전령의 지팡이"(κηρύκειον, '케뤼케이온')는 고대 헬라스에서 전령이나 사절의 공식 상징으로, 신성한 지위와 불가침성을 나타냈다. 날개 달린 지팡이에 두 마리 뱀이 감긴 형태로 전령의 신 헤르메스의 상징이자 신의 보호를 의미했다. 이를 든 전령은 적대 관계 속에서도 안전하게 임무를 수행할 수 있었다. 여기서 "전령의 지팡이 없이"라는 표현은 비공식적 메시지 전달을 의미한다.

함선 70척을 침몰시켰다는 점에서 자신들이 승리했다고 주장했다. 반면 케르키라군은 적의 함선 30여 척을 파괴했고, 아테나이의 증원 함대가 도착한 후에는 파손된 함선과 전사자의 시신을 수습했다. 그날 밤 코린토스군이 아티케 함선을 보고 노를 뒤로 저어 후퇴했으며, 이후에도 시보타에서 나와 다시 싸우려 하지 않았다는 점에서 케르키라군은 자신들의 승리를 주장했다.

1   **55** 코린토스군은 귀향길에 케르키라와 공동으로 소유하고 있던 암브라키아만 입구의 아낙토리온을 속임수로 점령한 후, 그곳에 코린토스인을 이주시킨 다음 본국으로 돌아갔다. 이때 포로로 잡은 케르키라인 중에서 이전에 노예 신분이었던 800명은 노예로 팔아버렸으나, 250명은 억류하되 우호적으로 대해주었다. 이는 그들 중 다수가 케르키라의 유력자들이어서 케르키라를 자신들의 편으로 만드는 데 도움이 되기를 바랐기 때문이다.

2   이로써 케르키라는 코린토스와의 전쟁에서 살아남았고, 아테나이군의 함선은 케르키라에서 철수했다. 그러나 평화조약이 유효한 상황에서도 아테나이가 이 해전에서 케르키라를 도와 코린토스와 싸운 것이, 이후 코린토스가 아테나이와 전쟁을 시작하게 된 첫 번째 원인이 되었다.

1   **56**[*] 이 일이 있은 직후, 아테나이인과 펠로폰네소스인 간의 전쟁으
2   로 이어지는 일들이 발생했다. 코린토스인이 아테나이인에게 보복할 궁리를 하는 동안, 아테나이인은 이들의 적개심을 예상하고 선제적으로 대응했다. 코린토스의 식민시이면서도 자신들에게 조공을 바치는 동맹국인 팔레네 지협의 포테이다이아[90]에, 팔레네반도 쪽에 세워진

---

[*] 제56-66장은 전쟁의 두 번째 직접적 원인인 포테이다이아 사건을 다룬다. 이 사건은 기원전 433년부터 430년까지 전개되었고, 사건 진행 도중에 펠로폰네소스 전쟁이 일어났다.

[90] "포테이다이아"는 기원전 600년경 코린토스가 건설한 식민시로, 칼키디케반도에서 세 갈래로 뻗어 나간 반도 중 첫 번째인 팔레네의 지협에 위치했다. 칼키디케는 마케도니아의 믹도니아 지방에 있는 큰 반도다.

성벽을 허물고 볼모들을 아테나이로 보낼 것과, 코린토스에서 해마다 파견하는 대리 통치자[91]를 추방하고 앞으로도 받지 말 것을 요구한 것이다. 이러한 조치는 포테이다이아인이 페르디카스[92]와 코린토스인의 설득에 넘어가, 트라케 지방의 다른 동맹국들[93]과 함께 아테나이에 반기를 들 가능성을 우려한 데서 비롯되었다.

57 케르키라 해전 직후, 아테나이는 포테이다이아에 대해 이러한 조치를 취했다. 이번 해전을 통해 코린토스는 이미 아테나이에 대한 적대감을 명백히 드러냈고, 마케도니아 왕 알렉산드로스의 아들이자 왕위에 오른 페르디카스도 한때 아테나이의 동맹이자 친구였으나 이제는 적으로 돌아섰기 때문이다.

페르디카스가 아테나이에 등을 돌린 이유는, 그들이 페르디카스와 맞서고 있던 그의 동생 필리포스와 데르다스[94]와 동맹을 맺었기 때문이다. 이에 놀란 페르디카스는 한편으로는 아테나이와 펠로폰네소스 간의 전쟁을 부추길 심산으로 라케다이몬에 계속해서 사절단을 보냈고, 다른 한편으로는 포테이다이아가 반기를 들 때를 대비해 코린토스를 자신의 편으로 끌어들이려 했다. 또한 이웃 나라인 트라케의 칼키디케인과 보티아이아인[95]과도 동맹을 맺어 그들의 지원을 받으면 아테나

---

91 "대리 통치자"로 번역한 에피데미우르고스(ἐπιδημιουργός)는 본국의 통치자를 보좌하며 식민시를 관리하는 자를 의미한다. 한편 '공공을 위해 일하는 자'라는 뜻의 데미우르고스(δημιουργός)는 코린토스, 아르고스, 메가라, 만티네이아 등에서 통치자를 지칭하는 공식 직함이었다.

92 "페르디카스"(재위 기원전 454-413년)는 당시 소국이었던 마케도니아의 왕으로, 펠로폰네소스 전쟁 초기 라케다이몬과 아테나이 사이에서 줄타기 외교를 했다.

93 트라케 지방에는 암피폴리스, 타소스섬 등이 있었고 이들과 인접한 칼키디케 지방에는 올린토스, 토로네 등이 있었다.

94 "필리포스"는 페르디카스의 넷째 동생으로, 왕위 계승과 영토 분배에 불만을 품고 자신이 받은 영토를 기반으로 형에게 반기를 들었다. "데르다스"는 서부 마케도니아 엘리메이아의 통치자였다. 아테나이는 이들을 지원하며 마케도니아 내정에 개입하려 했고, 라케다이몬은 페르디카스와 동맹을 맺었다.

95 "보티아이아"는 마케도니아 중앙에 위치한 지역으로, 원래 트라케계 또는 일리리아계

이와의 전쟁에서 더욱 유리해질 것이라 판단하고, 이들에게도 반란에 가담하라고 부추겼다.

6   아테나이는 이러한 움직임을 간파하고, 반란이 확산되는 것을 사전에 차단하고자 조치를 취했다. 마침 마케도니아를 공격하기 위해 함선 30척과 중무장보병 1,000명을 이끌고 출병하려던 리코메데스의 아들 아르케스트라토스[96]와 다른 10명의 장군에게 먼저 포테이다이아로 가서 볼모를 확보하고, 성벽을 허물고, 인근의 도시국가들이 반란을 일으키지 못하도록 감시하라는 명령을 내렸다.

I   **58** 포테이다이아는 아테나이에 사절단을 보내 자신들에 대한 새로운 조치를 철회하도록 설득할 수 있을지를 타진했고, 동시에 필요할 경우 도움을 얻고자 코린토스인과 함께 라케다이몬에도 사절단을 보냈다. 그러나 아테나이인과의 긴 협상에도 불구하고 아무런 성과를 얻지 못했으며, 설상가상으로 마케도니아로 향하던 아테나이 함대가 점점 그들 쪽으로 다가오고 있었다. 반면 라케다이몬의 고위 관리들은 아테나이가 포테이다이아를 공격하면 자신들이 아티케로 진격하겠다고 약속했다. 그러자 포테이다이아인은 칼키디케인, 보티아이아인과 동맹을 맺고 함께 아테나이 동맹에서 이탈했다.

2   이와 동시에, 페르디카스는 칼키디케인에게 해안에 위치한 그들의 도시를 스스로 허물고 올린토스[97]로 이주하여 강력한 도시국가를 세우

보티아이아인의 거주지였으나 기원전 7세기경 마케도니아인에게 점령되었다. 이때 일부 보티아이아인이 칼키디케 접경지로 이주해 형성된 지역을 '보티케'라 한다. 보티아이아 지역의 주요 도시 펠라는 마케도니아의 수도로, 알렉산드로스 대왕과 그의 부친 필리포스 2세의 출생지로 알려져 있다.

96 "아르케스트라토스"는 기원전 424년 델리온 전투에서 히포크라테스와 함께 아테나이군을 이끈 장군이다. 아테나이는 데모스테네스의 해군과 히포크라테스의 지상군으로 보이오티아의 델리온을 점령하고 요새화했으나, 전투에서 패해 히포크라테스를 포함한 약 1,000명이 전사했다. 소크라테스도 이 전투에 참전했다고 전해진다.

97 "올린토스"는 칼키디케 지방 팔레네반도 지협 북쪽 고지(해발 30~40미터)에 세워진 도시국가로, 도시 앞으로는 토로네만과 비옥한 평야가 펼쳐져 있었다. 포테이다이아

라고 설득했다. 그는 칼키디케인이 지금의 도시를 버리고 올린토스로 이주하면, 아테나이인과의 전쟁 기간 동안 경작할 수 있도록 볼베 호수 주변 믹도니아[98] 지역의 일부 영토를 제공하겠다고 약속했다. 이에 칼키디케인은 자신들의 도시를 허물고 올린토스로 이주하여 전쟁을 준비했다.

59 아테나이군의 함선 30척이 트라케에 도착한 후에야 그들은 포 [1] 테이다이아와 여러 도시국가가 아테나이 동맹에서 이탈했다는 사실을 알게 되었다. 장군들은 현재 보유한 병력만으로는 페르디카스와 동 [2] 맹에서 이탈한 도시국가들을 상대로 전쟁을 수행하기 어렵다고 판단했다. 이에 항로를 바꾸어 원래 목적지였던 마케도니아로 향했고, 이미 내륙에서 군대를 이끌고 들어와 있던 필리포스와 데르다스 형제와 연합하여 전쟁을 벌였다.

60 포테이다이아가 아테나이 동맹에서 이탈하고, 아티케 함대가 마 [1] 케도니아 해안에 정박해 있다는 소식을 접한 코린토스인은 사태의 긴박함에 위기를 느꼈다. 그들은 해당 지역이 위험에 처하면 자신들 역시 위협을 받을 것이라 판단하여, 자국의 지원병과 펠로폰네소스의 다른 지역에서 모집한 용병으로 구성된 중무장보병 1,600명과 경무장보병 400명을 그곳으로 보냈다. 이 군대의 지휘는 아데이만토스의 아들 아 [2] 리스테우스가 맡았다. 그는 포테이다이아인과 오랜 우호 관계를 유지해왔으며, 그를 신뢰하고 따르는 많은 코린토스 지원병이 자발적으로 원정에 합류했다. 이 군대는 포테이다이아가 동맹에서 이탈한 지 40일 [3] 째 되는 날 트라케에 도착했다.

61 이 도시국가들이 동맹에서 이탈했다는 소식은 아테나이에도 즉 [1]

와는 약 10킬로미터 거리였다.
98 "믹도니아"는 마케도니아의 한 지방으로, 두 호수를 사이에 두고 칼키디케반도와 마주하고 있었다. 반도에서 바라볼 때 서쪽에는 코로네이아 호수가, 동쪽에는 볼베 호수가 있다.

시 전해졌다. 아리스테우스가 지휘하는 코린토스군이 이들을 돕기 위해 진군 중이라는 사실을 알게 되자, 아테나이는 칼리아데스의 아들 칼리아스와 4명의 장군이 이끄는 중무장보병 2,000명과 함선 40척을 파

2 견했다. 이들이 마케도니아에 도착했을 때, 먼저 파견된 중무장보병

3 1,000명은 테르메를 점령한 후 당시 피드나를 포위하고 있었다.[99] 증원군 역시 이들과 함께 피드나 공략에 참여했다. 그러나 포테이다이아 문제를 해결하는 일이 급선무인 데다 아리스테우스가 이끄는 코린토스군도 도착함에 따라, 아테나이군은 페르디카스와 합의하여 동맹을 맺고 마케도니아에서 철수했다.

4   아테나이군은 베로이아로 이동한 후 다시 스트렙사로 진군했다. 그러나 스트렙사 함락에 실패하자, 아테나이 중무장보병 3,000명과 다수의 동맹군 병력, 그리고 필리포스와 파우사니아스가 이끄는 마케도니아 기병 600명이 육로를 따라 포테이다이아로 향했다. 이와 동시에 함선 70척이 해안을 따라 항해했다. 이들은 천천히 행군하여 3일째 되는 날 기고노스에 도착하여 진을 쳤다.[100]

1   **62** 포테이다이아인과 아리스테우스가 이끄는 펠로폰네소스군은 펠레네 지협의 올린토스 쪽에 진을 치고 있었고, 도시 밖에 시장도 열

2 어두었다. 이 동맹군은 아리스테우스를 보병 전체의 지휘관으로, 페르디카스를 기병대의 지휘관으로 선출했다. 그러나 페르디카스는 직접

---

99 "테르메"는 마케도니아의 믹도니아 지방과 칼키디케의 접경지대에 위치한 무역 중심지로, 테르마이코스만 북안에 있었다. 테르마이코스만은 칼키디케반도 서쪽에 위치하며, 그 맞은편 피에리아 지방의 도시 "피드나"와 마주하고 있었다. 두 도시는 원래 헬라스의 식민시였으나, 펠로폰네소스 전쟁 이전에 마케도니아에 병합되었다.

100 "베로이아"는 마케도니아 피에리아 지방의 작은 도시로, 올림포스산 북쪽 베르미오 산맥 동쪽 사면에 위치했다. "스트렙사"는 마케도니아 믹도니아 지방의 도시로, 테르메로 가는 길목에 있었다. "기고노스"는 칼키디케 지방의 도시국가로, 포테이다이아에서 테르메만으로 이어지는 크루시스 지역 중간에 위치했다. 여기에 나오는 "파우사니아스"에 대해서는 알려진 바가 없다.

기병대를 이끌지 않고, 대신 이올라오스를 지휘관으로 임명했다. 그는 아테나이와 맺은 동맹을 깨고 포테이다이아와 새로 동맹을 맺은 상태였다.

아리스테우스의 전략은 자신이 지협에 머물며 아테나이군을 정면에 3 서 막아내고, 칼키디케인들과 지협 밖에서 온 다른 동맹군, 그리고 페르디카스의 기병 200명은 올린토스에 대기하다가 후방에서 기습하여 양쪽에서 협공하는 것이었다. 이에 대응하여 아테나이군의 지휘관인 4 칼리아스와 동료 장군들은 올린토스로부터 오는 지원군을 차단하기 위해 필리포스와 파우사니아스가 이끄는 마케도니아군 기병대와 동맹군 일부를 그곳으로 보냈고, 아테나이군은 진영을 철수하고 포테이다이아로 이동했다.

지협에 도착한 아테나이군은 적군이 전투 준비에 들어간 것을 보고 5 자신들도 전투 대형을 갖추었다. 얼마 후 양측은 전투를 벌였다. 코린 6 토스군과 그 밖의 부대로 구성된 아리스테우스의 군대는 전선의 한쪽 날개를 맡아 싸우면서 적군을 패주시킨 후 멀리까지 추격했다. 그러나 포테이다이아인과 펠로폰네소스인으로 구성된 나머지 군대는 아테나이군에 패해 포테이다이아의 성벽 안으로 도망쳤다.

63 아리스테우스는 추격을 마친 후 돌아오면서 아군의 다른 부대가 1 패주하는 상황을 목격했다. 그는 올린토스와 포테이다이아 중 어느 쪽으로 가야 안전할지 몰라 고민했으나, 결국 부대를 최대한 밀집대형으로 유지한 채 최단거리를 달려 포테이다이아 성 안으로 들어가기로 결정했다. 그는 적의 화살과 창이 쏟아지는 가운데 바닷가 곶 옆을 지나 성 안으로 들어가는 데 성공했으며, 몇 명의 군사를 잃었지만 대부분을 구할 수 있었다.

올린토스는 포테이다이아에서 불과 70스타디온[101] 떨어져 있어 서로 2

---

101 "스타디온"은 고대 헬라스의 길이 단위로, 1스타디온은 아티케 지방 기준으로 약

를 볼 수 있었다. 깃발이 올라가고 전투가 시작되자 올린토스에 주둔해 있던 지원군은 포테이다이아인을 돕기 위해 얼마쯤 진군해 나갔다. 마케도니아 기병대가 그들을 막기 위해 맞은편에서 전투 대형을 갖추었다. 그러나 아테나이군이 승리하고 깃발이 내려지자 지원군은 올린토스의 성 안으로 후퇴했고, 마케도니아군도 다시 아테나이군과 합류했다. 결과적으로 양측의 기병대는 이 전투에 참여하지 않았다.

3   전투가 끝난 후 아테나이군은 승전비를 세웠고, 임시 휴전하에 포테이다이아인에게 전사자들의 시신을 내어주었다. 포테이다이아군과 그 동맹군에서는 300명 조금 안 되는 전사자가 났고, 아테나이군에서는 150명이 전사했으며, 그중에는 장군 칼리아스도 포함되었다.

1   **64** 아테나이군은 전략적으로 지협 쪽에 방벽을 구축하고 부대를 배치했지만, 팔레네반도 쪽에는 방벽을 세우지 않았다. 지협에 부대를 배치하면서 동시에 팔레네반도에도 방벽을 세우고 부대를 배치할 충분한 병력이 없다고 판단했기 때문이다. 또한 군대를 둘로 나누어 배치할 경우, 포테이다이아군과 그 동맹군이 공격해올 가능성을 우려했다.

2   본국의 아테나이인은 팔레네반도 쪽에 방벽이 없다는 사실을 알고, 얼마 후 아소피오스의 아들 포르미온이 지휘하는 중무장보병 1,000명을 파견했다. 포르미온은 팔레네반도에 도착한 후, 아피티스[102]를 전진기지로 삼아 그 지역을 약탈하며 포테이다이아를 향해 천천히 이동했다. 그럼에도 그를 맞아 싸우러 나오는 적군이 아무도 없자, 그는 팔레네반

3   도 쪽으로 방벽을 구축했다. 결국 포테이다이아는 육지에서는 양쪽의 방벽으로, 바다에서는 함대로 완전히 봉쇄되었다.

1   **65** 도시가 봉쇄되자 아리스테우스는 펠로폰네소스에서 원군이 오

185미터였다. "70스타디온"은 약 13킬로미터에 해당한다.

102 "아피티스"는 팔레네반도 지협에서 약간 떨어진 토로네만 연안의 도시국가로, 기원전 8세기 중엽 에우보이아에서 건너온 이주민들이 건설했다. 아테나이 동맹에 속해 있었다.

거나 예상을 뛰어넘는 일이 일어나지 않는 한, 이 도시를 구할 희망이 없다고 판단했다. 이에 그는 포테이다이아인에게 현재 남은 식량으로 더 오래 버티기 위해서는 500명을 제외한 나머지 사람들은 순풍을 기다렸다가 배를 타고 이곳을 떠나야 한다고 제안하며 자신은 남겠다고 말했다. 그러나 이 제안이 받아들여지지 않자, 그는 차선책으로 외부에서 해결책을 모색하고자 아테나이군의 경계를 피해 몰래 출항했다.

아리스테우스는 칼키디케인 가운데 머물며 그들과 함께 전투에 참 2
여했다. 특히 세르밀레[103] 근처에 군사를 매복시켜 많은 세르밀레인을 도륙했으며, 펠로폰네소스로부터 추가 원군이 올 수 있도록 애썼다. 한편 포르미온은 포테이다이아를 봉쇄한 후, 중무장보병 1,600명을 이끌고 가 칼키디케와 보티케를 약탈했고, 그 지역의 몇몇 작은 도시를 함락시켰다.

66 이러한 상황에서 아테나이인과 펠로폰네소스인 간의 불만은 점 1
점 쌓여갔고, 이는 훗날 전쟁으로 이어졌다. 코린토스인은 아테나이인이 자신들의 식민시인 포테이다이아와 그곳에 거주하는 코린토스인과 펠로폰네소스인을 포위하고 공격했다며 불만을 드러냈다. 한편 아테나이인은 펠로폰네소스인이 자신들의 동맹국이자 조공을 바치는 포테이다이아를 동맹에서 이탈하도록 부추기고, 나아가 자신들을 적대하는 일부 포테이다이아인을 공공연히 지원했다고 비난했다. 그럼에도 전쟁은 아직 공식적으로 발발하지 않았고 평화조약은 여전히 유효했다. 코린토스가 독자적으로 이런 일들을 벌였기 때문이다.

67* 포테이다이아가 포위되고 공격을 받자 코린토스는 가만히 있을 1
수 없었다. 그 도시에는 코린토스인들이 거주하고 있었고, 그곳을 잃을

---

103 "세르밀레"는 칼키디케반도의 한 갈래인 시토니아반도의 북부, 토로네만 연안에 위치한 도시국가다. 칼키디케는 마케도니아의 믹도니아 지방에서 아이가이온해로 돌출된 대반도로, 원래 에우보이아의 칼키스가 개척한 식민지였다. 칼키디케 북쪽은 마케도니아 중심부인 믹도니아 지방, 서쪽은 보티아이아 지방과 맞닿아 있었다.

지도 모른다는 두려움이 그들을 움직이게 만들었다. 코린토스는 동맹국들을 라케다이몬으로 소집했으며, 직접 그곳으로 가 아테나이가 평화조약을 어기고 펠로폰네소스인들을 부당하게 대하고 있다고 규탄했

2 다. 아이기나인은 아테나이를 두려워해 공개적으로는 대표단을 보내지 못했지만, 은밀히 사람을 보내 아테나이가 평화조약에서 정한 자신들의 자치권을 보장하지 않고 있다고 호소하며 코린토스인과 함께 전쟁을 부추겼다.

3 이에 라케다이몬은 관례대로 사자를 보내, 아테나이로부터 부당한 대우를 받았다고 주장하는 모든 동맹국을 소집하여 회의를 열고 발언

4 하게 했다. 회의에서 여러 나라의 대표들이 각자의 불만을 제기했다. 특히 메가라인이 이런저런 불만을 제기하며 그중에서도 자신들이 아테나이의 통치 아래 있는 모든 항구와 시장에서 배제된 것은 조약 위

5 반이라고 강조했다.[104] 코린토스인은 다른 동맹국들이 라케다이몬을 부추기게 한 후, 마지막으로 발언에 나서서 다음과 같이 말했다.

1 **68**[*] "라케다이몬인들이여, 여러분은 상호 간의 신뢰를 중시하는 정치체제와 사회질서 덕분에 우리가 다른 나라에 대해 어떤 말을 해도 쉽게 믿으려 하지 않습니다. 이런 태도는 때로는 여러분을 신중하게 만들지만, 다른 한편으로는 미흡한 외교적 대응을 초래할 수 있습니다.

2 우리는 아테나이가 우리에게 어떤 위해를 가하려 하는지 수차례 경고했으나, 여러분은 이를 사사로운 불화로 치부하여 귀담아듣지 않았습니다. 그 결과 우리가 실제로 피해를 보고 나서야 여러분이 이렇게 동맹국들을 소집하게 된 것입니다. 우리 코린토스인이 이 문제에 대해 발언하는 것이 적절한 이유는, 아테나이인이 우리에게 큰 모욕을 가해왔

---

[*] 제67-88장은 라케다이몬에서 열린 펠로폰네소스 동맹국 회의를 다룬다. 포테이다이아 사건이 이 회의의 주된 배경이 된다.

104 이와 관련한 자세한 내용은 제1권 각주 84를 보라.

[*] 제68-71장은 코린토스 대표단의 연설이 수록되어 있다.

고, 여러분 또한 이를 무시해왔기 때문입니다.

만약 아테나이가 은밀하게 헬라스에 부당한 짓을 하고 있다면, 여러 3
분이 알지 못할 수도 있으니 우리가 알려줘야 할 필요가 있을 것입니다. 하지만 아테나이가 우리의 동맹국 중 몇몇 나라를 이미 속국으로 만들었고, 다른 나라들에 대해서도 그런 시도를 하고 있으며, 특히 우리의 동맹국을 공격하기 위해 오랫동안 전쟁을 준비해온 사실을 여러분이 이미 알고 있는데, 이제 와서 무슨 긴 말이 필요하겠습니까? 만약 4
아테나이가 부당한 행동을 하지 않았다면 그들이 케르키라를 우리에게서 빼앗아 자신들의 동맹국으로 삼을 이유가 없었을 것이며, 지금처럼 포테이다이아를 포위 공격하는 일도 없었을 것입니다. 만약 그렇지 않았다면 포테이다이아는 트라케 지방의 여러 도시국가를 통제하는 핵심 요충지로서 우리를 도왔을 것이고, 케르키라는 펠로폰네소스에게 막강한 해군력을 제공했을 것입니다.

69 이 모든 것은 여러분의 책임입니다. 먼저, 여러분은 메디아인과 1
의 전쟁 이후 아테나이인이 자신들의 도시국가를 강력한 나라로 성장시키고 긴 성벽을 쌓는 행위를 용인했습니다. 또한 지금까지 그들이 속국뿐만 아니라 여러분 동맹국들의 자유를 빼앗는 것도 묵인하고 있습니다. 어떤 나라가 다른 나라를 속국으로 삼았다면, 헬라스의 자유를 위해 싸우는 명예로운 지위를 자처하고 그런 일을 막을 수 있는 힘이 있는데도 방관하는 나라의 책임은 더 크다고 할 수 있습니다.

우리는 이제야 겨우 모였지만, 무엇을 위해 모였는지조차 분명치 않 2
습니다. 더 이상 아테나이인이 우리의 동맹국들을 부당하게 대했는지 여부를 살필 필요는 없습니다. 이제는 우리가 어떻게 우리 자신을 보호할지를 고민해야 할 때입니다. 우리가 결정을 미루는 동안, 적은 이미 세워놓은 계획에 따라 다가오고 있기 때문입니다. 우리는 아테나이인 3
이 어떻게 이웃 나라를 조금씩 잠식해가고 있는지도 알고 있습니다. 그들은 여러분이 무관심해 자신들의 계획을 눈치채지 못했다고 생각할 때는 조심스럽게 행동하지만, 알면서도 아무런 조치를 취하지 않으면 대담하게 밀어붙이고 압박을 가합니다.

4 라케다이몬인들이여, 헬라스에서 오직 여러분만이 실력 행사가 아닌 지연하고 방관하는 방식으로 자신을 방어하며, 적의 세력을 초기에
5 분쇄하지 않고 두 배로 커질 때까지 방치하고 있습니다. 그럼에도 여러분이 신중하고 믿음직스럽다는 평판을 듣는 것은 그저 과대평가일 뿐입니다. 우리가 보았듯이, 과거 메디아인이 대지 끝에서부터 진격해 펠로폰네소스에 들이닥치고 나서야 여러분은 비로소 그들을 막으려 대응에 나섰습니다.[105] 그런데 지금의 아테나이는 메디아인과 달리 가까이 있는데도, 여러분은 여전히 무관심으로 일관하며 적이 공격해오길 기다렸다가 방어하려 합니다. 결국 이는 훨씬 강해진 적과 싸우게 되는 결과를 초래할 것입니다.

여러분도 알다시피 이민족[106]이 자기 주변의 많은 것을 잃게 된 더 큰 이유는 스스로의 실책에 있었습니다. 마찬가지로 우리가 아테나이인과의 싸움에서 지금까지 많은 것을 지켜낸 것도 여러분의 도움이 아니라 아테나이인들의 실수 덕분이었습니다. 여러분을 믿고 여러분에게 희망을 걸며 전쟁 준비를 게을리 했다가 이미 망한 나라가 한둘이 아
6 닙니다. 부디 우리가 하는 이 말을 적대적인 비난으로 생각하지 말아주십시오. 친구가 잘못하고 있을 때 바로잡으려는 것은 우호적인 충고인 반면, 적이 부당한 행동을 했을 때 제기하는 것은 적대감에서 비롯된 비난이기 때문입니다.

1 **70** 게다가 누군가 이웃 나라를 질책할 자격이 있다면 바로 우리일

---

105 제1차 페르시스 전쟁이 진행되던 기원전 490년에 마라톤 전투가 벌어졌을 당시, 라케다이몬은 아폴론을 기리는 카르네이아 축제 기간이었다. 라케다이몬은 자국의 법과 관습에 따라 이 기간 동안 군사 활동을 금지했기 때문에 참전을 미루었고, 그들이 도착했을 때는 이미 아테나이군이 페르시스군을 격퇴한 뒤였다.
106 여기서 "이민족"은 페르시스 전쟁을 일으켜 헬라스를 침공한 메디아인을 가리킨다.

것입니다. 특히 여러분과 아테나이인은 기질이 매우 다릅니다. 그럼에도 불구하고 여러분은 아테나이인이 어떤 사람들인지, 그들이 여러분보다 얼마나 더 뛰어난지를 알지 못하고 알려고도 하지 않습니다.

아테나이인은 혁신적이고, 예리하게 사고하며, 아는 바를 실행에 옮 2 기는 사람들입니다. 반면 여러분은 이미 가지고 있는 것만 지키려 하고, 새로운 것을 배우려 하지 않으며, 반드시 해야 할 일조차 실행에 옮기지 않습니다. 그들은 능력 이상으로 대담하고, 상식적인 판단을 넘어 3 위험을 감수하며, 어려운 상황에서도 희망을 잃지 않습니다. 반면 여러분은 능력 이하로 행동하며, 확실한 판단도 믿지 않고, 어려움에 직면하면 벗어날 수 없다고 생각합니다.

그들은 부지런히 움직이는 반면, 여러분은 미루고 주저합니다. 그들 4 은 밖으로 나가면 무언가 얻을 수 있다고 믿는 반면, 여러분은 집을 떠나면 이미 가지고 있는 것조차 위태로워진다고 생각합니다. 그들은 승 5 리할 때는 적을 끝까지 추격하고, 패배하더라도 쉽게 물러서지 않습니다. 나라를 위해서라면 자신의 몸을 남의 몸처럼 아끼지 않고, 지성은 6 나라를 위한 일에 온전히 바치기 위해 키웁니다.

그들은 계획한 바를 이루지 못하면 가진 것을 잃은 셈치고, 무언가 7 얻었을 때도 그것을 미래의 더 큰 성취를 위한 작은 걸음에 불과하다고 여깁니다. 실패로 인한 상실은 새로운 기대감으로 채우고, 항상 원하는 것을 얻기 위해 계획을 세워 빠르게 실행합니다.

그들은 노고와 위험을 무릅쓰고 목표를 향해 일생을 살아갑니다. 언 8 제나 더 많은 것을 추구하기 때문에 이미 가진 것을 즐기기보다는 해야 할 일을 하는 것이 진정한 축제라고 생각합니다. 오히려 아무 일도 하지 않고 편안하게 지내는 것을 더 큰 고통으로 여깁니다. 그래서 누 9 군가는 아테나이인을 가리켜 '자신들도 가만히 있지 않으며, 다른 사람도 가만두지 않는 사람들'이라고 말했는데, 그 말이 맞습니다.

71 라케다이몬인들이여, 여러분은 이런 도시국가와 대치하면서도 1

행동을 주저하며, 지금 누리가 평화가 오래 지속될 것이라 믿고 있습니다. 하지만 그러자면 오직 정의를 위해 힘을 사용하되 부당한 대우를 받을 경우 결코 용납하지 않겠다는 태도를 분명히 해야 합니다. 그런데도 여러분은 그저 다른 이들을 괴롭히지 않고, 자신 또한 다른 이들로부터 해를 입지 않도록 방어하는 것만으로 충분하다고 여기는 듯합니다.

2   이러한 태도로는 여러분과 비슷한 방식으로 행동하는 이웃 나라를 상대할 때조차 성공을 기대하기 어렵습니다. 하물며 앞서 말했듯이 여
3 러분의 방식은 아테나이인의 방식보다 훨씬 낡았습니다. 기예에서 그러하듯 새로운 것은 언제나 낡은 것보다 낫기 마련입니다. 평화로운 나라에서는 기존의 관습을 유지하는 것이 최선일 수 있지만, 수많은 문제에 직면한 나라에서는 지속적인 혁신이 필요합니다. 바로 이러한 이유로 아테나이인은 더 많은 경험을 쌓으며 여러분보다 앞서 나가고 있습니다.

4   그러므로 더 이상 주저하거나 지체해서는 안 됩니다. 약속한 대로 지금 당장 동맹국들, 특히 포테이다이아를 돕고, 신속히 아티케로 진격하십시오. 여러분의 친구와 친족이 가장 적대적인 자들의 손에 넘어가지 않도록 지켜주십시오. 또한 우리가 실망하여 다른 동맹을 찾는 일이
5 없도록 해주십시오. 설령 우리가 다른 동맹을 구한다 해도, 이전에 동맹을 맺을 때 그 이름으로 맹세한 신들과 우리의 처지를 아는 사람들은 우리를 비난하지 않을 것입니다. 동맹을 깬 책임은 도움을 구한 자가 아니라 맹세하고도 돕지 않은 자에게 있기 때문입니다.

6   여러분이 적극적으로 나선다면, 우리는 기꺼이 여러분 곁에 남겠습니다. 여러분이 결단을 내렸음에도 우리가 다른 친구를 찾는다면 이는 신을 거스르는 불경한 행위가 될 것이며, 여러분보다 더 친숙한 친구를
7 찾을 수도 없을 것입니다. 이 모든 것을 심사숙고하여, 여러분이 이끄는 펠로폰네소스가 조상들이 이끌었던 펠로폰네소스보다 못하다는 평가를 듣지 않도록 힘써주십시오."

72 코린토스인은 그렇게 말했다. 마침 이때, 아테나이 사절단이 다 ₁
른 용무로 라케다이몬에 와 있었다. 그들은 코린토스인이 어떤 발언을
했는지를 전해 듣고, 자신들도 라케다이몬인 앞에서 발언할 필요가 있
다고 판단했다. 이는 자신들을 향한 여러 나라의 비난에 변명하려는 것
이 아니라, 이 사안을 전체적으로 분명히 해명하여 라케다이몬인이 성
급하게 결정을 내리지 않고, 충분한 시간을 들여 판단하도록 하기 위함
이었다. 또한 그들은 아테나이의 막강한 국력을 이미 알고 있는 장년층
에게는 이를 다시 상기시키고 잘 알지 못하는 젊은이들에게는 새롭게
인식시킴으로써, 라케다이몬이 전쟁보다는 평화를 선택하도록 설득하
고자 했다.

그리하여 아테나이 사절단은 라케다이몬 측을 찾아가, 방해가 되지 ₂
않는다면 자신들도 회의에 참석해 발언하고 싶다는 뜻을 전했다. 라케
다이몬인은 그들의 참석을 허락했고, 아테나이 사절들은 회의장에 들
어가 다음과 같이 말했다.

73* "우리 사절단은 여러분의 동맹국들과 논쟁하기 위해서가 아니 ₁
라, 본래 맡은 다른 임무를 수행하기 위해 이곳에 왔습니다. 그러나 우
리를 향한 거센 비난이 제기되고 있음을 알게 되어 이 자리에 서게 되
었습니다. 우리는 여러분의 동맹국들이 제기하는 비난에 반박하려는
것이 아닙니다. 여러분은 우리의 말과 그들의 말을 듣고 판결을 내리는
재판관이 아니기 때문입니다. 우리가 이 자리에 선 이유는, 여러분이
동맹국들의 주장만 듣고 성급하게 잘못된 결정을 내리는 일이 없도록
하기 위함입니다. 또한 우리가 현재 소유하고 있는 것들은 정당하게 얻
은 것이며, 따라서 우리 아테나이가 충분히 존중받을 자격이 있음을 분
명히 하고자 합니다.

아주 먼 과거의 일들은 여러분이 직접 경험한 것이 아니며, 단지 입 ₂

---

* 제73-78장은 아테나이 사절단의 연설이 수록되어 있다.

에서 입으로 전해진 이야기만이 유일한 증거이므로 여기서 굳이 언급하지 않겠습니다. 그러나 메디아인과의 전쟁을 비롯해 여러분이 직접 겪은 일들은 아무리 자주 들었다 해도 다시 언급할 필요가 있습니다. 그 전쟁에서 우리는 공동의 이익을 위해 목숨을 걸었고, 그 결과 여러분 또한 그 이익을 함께 누릴 수 있었기 때문입니다. 그 기억이 조금이

3 라도 판단에 도움이 된다면, 그 기회를 마다해서는 안 되겠지요. 우리의 목적은 변명이 아닙니다. 다만 여러 사실을 제시함으로써, 여러분이 만약 잘못된 결정을 내린다면 과연 어떤 나라와 맞서 싸우게 될지를 분명한 증거를 통해 보여드리고자 합니다.

4 우리는 마라톤 전투에서 오직 우리 힘으로 이민족인 메디아군과 맞서 싸웠습니다. 이후 그들이 다시 침공했을 때는 육지에서 방어할 힘이 부족했기에, 모든 시민이 함선에 올라 살라미스에서 해전을 벌였습니다.[107] 이 해전 덕분에 적의 함대가 여러분의 도시들까지 진격해 함락시키고, 펠로폰네소스를 정복하는 것을 막을 수 있었습니다. 당시 펠로폰네소스 전체가 힘을 합쳤다 해도 메디아인의 대규모 함대를 당해낼

5 수는 없었을 것입니다. 우리의 힘을 가장 확실하게 증명해준 것은 다름 아닌 메디아 왕 자신이었습니다. 그의 함대가 패하자 그는 자신의 대군이 더 이상 우리의 적수가 될 수 없음을 깨닫고 신속히 철수했기 때문입니다.

1 **74** 메디아인과의 전쟁은 헬렌인의 운명이 함대에 달려 있음을 분명히 보여주었습니다. 우리가 승리하는 데 결정적인 기여를 한 것은 세 가지, 즉 가장 많은 함선, 가장 유능한 지휘관, 그리고 끝까지 굴하지 않는 용기였습니다. 전체 400여 척의 함선 중 약 3분의 2가 우리 아

---

107 크세르크세스는 부왕 다레이오스 1세가 헬라스 침공을 준비하던 중 사망하자, 제국의 국력을 총동원해 제2차 페르시스 전쟁을 일으켰다. 이에 아테나이 시민들은 도시를 포기하고 전원이 함선에 승선했으며, 기원전 480년 테미스토클레스가 이끄는 헬라스 연합 함대는 살라미스 해전에서 페르시스 해군을 격파했다.

테나이의 것이었으며, 지휘관은 테미스토클레스였습니다. 그는 해협에서 싸우는 전략을 주도하여 전투를 승리로 이끌었고, 덕분에 우리는 결정적으로 이민족의 위협에서 벗어날 수 있었습니다. 이런 이유로 여러분도 그를 지금까지 방문한 그 어떤 외국인보다 극진히 환대한 것으로 압니다. 우리가 보여준 용기는 실로 대담했습니다. 육로로 우리를 도우러 올 자가 아무도 없는 상황에서, 우리 국경에 이르는 모든 나라가 이미 메디아인의 노예가 된 것을 알게 된 우리는 도시를 버리고 전 재산을 포기하기로 결단했습니다. 그런 상황에서도 우리는 아직 남아 있는 동맹국의 공동 이익을 저버리지 않았고, 사방으로 흩어져 쓸모없는 자들이 되지도 않았습니다. 대신 모두가 배에 올라 메디아인과 싸우는 길을 택했고, 여러분이 우리를 일찍 도우러 오지 않았다는 사실에도 분노하지 않았습니다. 2

우리는 여러분에게 받은 것 이상을 베풀었다고 자부합니다. 여러분은 아직 전쟁의 피해를 입지 않은 여러분의 도시를 지키기 위해 파병했을 뿐이며, 그것은 우리를 걱정해서가 아니라 여러분 자신을 보호하기 위한 조치였습니다. 어쨌든 여러분은 우리의 도시가 폐허가 되기 전에 원군을 보내 우리를 구했어야 했지만 그러지 않았습니다. 반면 우리는 멸망이 확실한 도시를 떠나 생존 가능성이 거의 없는 싸움에 목숨을 걸었으며, 그 결과 여러분과 우리 자신을 구하는 데 제 몫을 다했습니다. 3

만일 우리가 다른 도시국가들처럼 영토를 잃을까 염려해 일찌감치 메디아 편에 섰거나, 멸망을 확신하고 함선에 오를 용기를 내지 않았더라면 어찌 되었겠습니까? 함선을 충분히 보유하지 않은 여러분이 적과 해전을 치러보아야 아무 소용없었을 테니, 메디아 왕은 자신이 원하는 목적을 손쉽게 이루었을 것입니다. 4

75 라케다이몬인들이여, 우리가 당시 보여준 용기와 지혜, 결단력을 통해 많은 나라 중 으뜸이 되어 제국을 이루었음에도, 헬렌인들이 이를 1

2 이토록 시기하는 것이 과연 온당한 일입니까? 우리가 제국을 세운 것은 무력을 통해서가 아닙니다. 여러분이 이민족 메디아인의 잔존하는 군대와 끝까지 싸우려 하지 않았을 때, 동맹국들이 우리를 찾아와 스스로 우리를 맹주로 삼아 이끌어 달라고 요청한 까닭입니다.

3   그렇게 동맹국들의 맹주가 된 이후, 우리는 처음에는 두려움 때문에, 다음으로는 명예를 위해, 마지막으로는 우리 자신의 이익을 위해 4 어쩔 수 없이 제국을 현재의 규모로 확장하게 되었습니다. 그 과정에서 많은 이들이 우리를 미워하게 되었고, 몇몇은 반기를 들었다가 다시 예속되었습니다. 또한 여러분도 이전처럼 우호적이지 않고 의심을 품게 되었습니다. 그런 가운데 우리에게 반기를 든 동맹국들이 모두 여러분 편으로 돌아서자, 우리는 제국을 유지하지 않으면 위험이 닥칠 수 있다 5 고 여기게 되었습니다. 누구든지 중대한 위기에 처했을 때 자신의 이익을 최대한 보호하는 길을 선택하는 것은 비난받을 일이 아닙니다.

1   **76** 라케다이몬인들이여, 여러분도 맹주로서 펠로폰네소스의 여러 국가를 규율하고 다스리며 자국에 도움이 되도록 이끌고 있습니다. 만약 메디아인과의 전쟁 당시, 여러분이 맹주로서 끝까지 적과 맞서 싸웠더라면 틀림없이 우리 못지않게 동맹국들의 미움을 샀을 테지요. 그 결과 여러분도 우리와 마찬가지로 그들을 엄격히 통제하거나, 아니면 맹주의 지위를 잃을 위험을 감수하거나, 둘 중 하나를 선택해야 했을 것입니다.

2   우리가 처음에 우리에게 주어진 제국을 받아들이고, 이후 명예와 두려움, 이익이라는 강력한 동기에 이끌려 제국을 포기하지 않으려 한 것은 결코 이상한 일도, 인간 본성에 어긋나는 일도 아닙니다. 이는 우리만의 일이 아니며, 언제나 약자는 강자에게 예속되는 것이 불변의 법칙입니다. 우리는 그럴 자격이 있다고 믿었고, 여러분 또한 그렇게 인정해왔습니다. 그런데 이제 와서 여러분은 자신들의 이익을 저울질하며 정의를 내세우고 있습니다. 그러나 힘으로 이익을 얻을 수 있는데도,

정의의 이름으로 이를 포기한 사람은 아무도 없습니다.

남을 지배하려는 인간의 본성을 따르면서도, 힘을 가진 자에게 요구 3
되는 수준 이상으로 정의로운 사람들은 진정으로 칭찬받아 마땅합니
다. 우리 생각으로는, 만약 다른 이들이 지금 우리가 가진 힘을 손에 쥐 4
었을 때 어떻게 행동하는지를 보여줄 수 있다면, 여러분은 우리가 얼마
나 절제하며 이 힘을 사용해왔는지를 분명히 깨닫게 될 것입니다. 우리
는 공정하게 행동했음에도 불구하고 칭찬보다는 비난을 더 많이 받아
왔습니다.

77 예를 들어 우리가 동맹국과의 분쟁에서 그들 간의 민사 협약에 1
따른 재판이 불리하다고 판단하여 모든 사람에게 동일한 법률이 적용
되는 아테나이 법정에서 소송을 제기하면,[108] 동맹국들은 우리가 소송
을 남발한다고 여깁니다. 그러나 그들은 우리보다 더 가혹하게 속국을 2
대하는 다른 나라들이 왜 비난받지 않는지는 깊이 생각해보지 않습니
다. 그런 나라들이 비난받지 않는 이유는 간단합니다. 모든 일을 힘으
로 해결하는 나라는 애초에 속국을 상대로 소송을 벌일 필요가 없기
때문입니다.

그러나 속국들은 우리를 대등한 지위에서 상대하는 데 익숙해졌습 3
니다. 그래서 우리의 결정이나 통치가 그들이 옳다고 믿는 기준에 조금
이라도 못 미치거나 약간의 불이익이라도 초래한다고 생각되면, 우리
에게 더 많은 것을 빼앗기지 않았다는 점은 간과한 채 약간의 불공평
조차 받아들이기 힘들어합니다. 만약 우리가 처음부터 법을 무시하고
노골적으로 우리의 이익만을 추구했다면, 그들은 약자가 강자에게 양

---

108 아테나이에는 다양한 성격의 법정이 있었다. 가장 중요한 법정은 매년 추첨으로 선
발된 6,000명의 시민 배심원단으로 구성된 '헬리아이아'로, 주요 공적 사건과 사적
분쟁을 다루었다. 다음으로 중요한 법정은 전직 집정관들로 구성된 최고(最古) 법
정 '아레오파고스'로, 주로 살인 사건을 담당했다. 이 외에도 해상 분쟁을 다룬 '나
우토디카이', 6명의 집정관이 공적 소송을 처리한 '테스모테타이'가 있었다.

보해야 한다는 사실을 부정하지 않았을 것입니다.

4   사람들은 억압받을 때보다 부당한 대우를 받을 때 더욱 분노합니다. 억압은 상대가 강하기 때문에 어쩔 수 없이 받아들이지만, 부당함은 자신과 대등한 존재가 더 많은 것을 차지할 때 생기는 감정이기 때문입

5 니다. 우리의 동맹국들은 과거 메디아인이 훨씬 더 가혹하게 그들을 다루었을 때는 묵묵히 견뎠으면서, 오히려 지금 우리의 지배가 가혹해 견디기 힘들다고 느낍니다. 그러나 속국의 입장에서는 언제나 현재의 처지가 가장 고통스럽게 느껴지기 마련이므로 그들의 반응이 그리 놀라운 일은 아닙니다.

6   따라서 만약 여러분이 우리를 무너뜨리고 맹주가 된 후 메디아인과의 전쟁 당시 잠시 맹주가 되었을 때 보였던 태도를 다시 보인다면, 동맹국들이 우리를 두려워하며 여러분에게 보였던 호의는 금세 사라질 것입니다. 여러분의 나라에서 통용되는 규범은 다른 나라들의 규범과 양립하기 어려울 뿐만 아니라, 여러분 중 누군가 외국에 나간다면 자기 나라의 규범도, 헬라스에 속한 다른 나라의 규범도 지키지 않을 테니 말입니다.

1   **78** 따라서 이 문제는 결코 가벼이 넘길 사안이 아니므로, 다른 나라들의 견해와 비난에 이끌려 성급한 결정을 내리지 말고 심사숙고하기

2 바랍니다. 전쟁이 시작되면, 그 결과는 결코 예측할 수 없습니다. 전쟁이 길어질수록 대부분의 상황이 우연에 좌우되며, 어느 쪽도 통제할 수 없게 됩니다. 그렇게 되면 누구도 예상치 못한 위험을 감수해야 합니

3 다. 사람들은 무턱대고 전쟁을 벌이고 곤경에 빠진 후에야 숙고하고 논의하려 하는데, 이는 문제 해결의 순서가 뒤바뀐 것입니다.

4   다행히 우리는 아직 그런 실수를 범하지 않았으며, 우리가 아는 한 여러분 또한 그러합니다. 그렇기에 아직도 현명한 결정을 내릴 기회가 양측 모두에게 남아 있습니다. 조약을 파기하거나 맹세를 저버리는 대신, 우리는 조약에 명시된 절차에 따라 중재를 통해 분쟁을 해결해야 합

니다. 만약 여러분이 이를 거부한다면, 우리는 조약을 맺을 때 맹세한 신들을 증인으로 삼아, 전쟁을 먼저 일으킨 자들에 대해 방어하는 입장에서 여러분이 어떤 식으로 공격해오든 그대로 되갚아줄 작정입니다."

79 아테나이 사절단은 그렇게 말을 마쳤다. 라케다이몬인은 동맹국 1 들이 아테나이인을 비난한 내용과 이에 대한 아테나이인의 반론을 모두 들은 후, 다른 나라 사람들을 모두 내보내고 자신들끼리 당면한 문제를 논의했다. 대다수의 의견은 한 방향으로 기울었다. 아테나이가 이 2 미 부당한 행동을 하고 있으므로 신속히 전쟁을 시작해야 한다는 것이었다. 그러나 지혜롭고 현명하다는 평판을 가진 그들의 왕 아르키다모스[109]가 앞으로 나와 다음과 같이 말했다.

80*"라케다이몬인들이여, 나는 이미 수많은 전쟁을 경험했습니다. 1 그리고 이곳에 나와 같은 연배인 사람들이 앉아 있는 것도 보입니다. 그런 분들은 전쟁을 직접 겪어보았기에 대다수 사람들과 달리 전쟁이 결코 좋지도 안전하지도 않다는 사실을 잘 알고, 전쟁에 열광하지도 않습니다. 게다가 여러분이 지금 논의 중인 이 전쟁은 신중하게 검토해보 2 면 알겠지만 결코 사소한 문제가 아닙니다.

만약 우리가 싸워야 할 상대가 펠로폰네소스 내의 국가나 이웃 나라 3 라면, 서로 비슷한 힘을 가졌기에 신속하게 공격할 수 있을 것입니다. 하지만 우리의 상대는 아테나이입니다. 그들은 우리와 멀리 떨어져 있을 뿐만 아니라 바다에 능통하며, 모든 전쟁 준비를 철저히 갖춘 국가입니다. 그들은 개인적으로도 국가적으로도 부유하고, 함선과 기병, 중

---

109 "아르키다모스"(재위 기원전 469-427년)는 펠로폰네소스 전쟁 초기 10년간 라케다이몬을 이끈 왕이다. 라케다이몬의 정치체제는 두 계통의 세습 왕, 이들을 견제하는 5명의 감독관('에포로이'), 28명의 원로와 두 왕으로 구성된 원로원('게루시아'), 그리고 최종 결정권을 가진 시민 민회('아펠라')로 이루어져 있었다. 왕은 주로 외교와 전쟁 같은 대외 업무를 담당했다.

* 제80-85장은 라케다이몬 왕 아르키다모스의 연설을 담고 있다.

무장보병의 수가 압도적이며, 인구도 헬라스의 어느 나라보다 많고, 공물을 바치는 동맹국도 다수 거느리고 있습니다. 그런데 어떻게 우리가 이런 나라와 쉽게 전쟁을 시작할 수 있겠습니까? 무엇을 믿고 아무런 준비 없이 갑자기 그들을 공격할 수 있겠습니까?

4   우리의 함선들을 믿습니까? 우리의 함선은 그들에 비해 열세입니다. 해군을 훈련시켜 그들과 상대할 정도가 되게 하려면 시간이 걸립니다. 우리의 재력을 믿습니까? 우리의 재력은 그들에 비해 훨씬 더 열악합니다. 국고는 바닥났고, 개인들이 자신의 재산을 내놓는 일 또한 쉽지 않습니다.

1   **81** 혹시 여러분 중에 우리가 무기와 병력에서 우세하므로 그들의 땅을 마음대로 다니며 약탈할 수 있으리라 생각하는 분들이 있을지 모
2 르겠습니다. 하지만 그들은 다른 많은 지역을 지배하고 있어 필요한 물
3 자를 바다를 통해 들여올 것입니다. 우리가 그들의 동맹국을 이탈시키려 한다면, 그 나라들 대부분이 섬이기 때문에 우리의 함선으로 지원해야 합니다.

4   그렇다면 이 전쟁은 우리에게 어떤 전쟁이 될 것 같습니까? 우리가 바다를 장악하지 못하고 아테나이 해군을 유지시키는 재원을 차단하
5 지 못한다면, 이 전쟁으로 우리는 막대한 피해를 입게 될 것입니다. 그렇게 되었을 경우, 전쟁을 시작한 쪽은 우리이기 때문에 명예롭게 평화
6 조약을 맺을 수도 없습니다. 그들의 영토를 초토화시키면 전쟁이 쉽게 끝날 것이라 기대해서는 안 됩니다. 오히려 나는 우리가 전쟁을 시작할 경우, 이 전쟁이 우리의 자식들에게까지 대물림될까 두렵습니다. 아테나이인은 기질적으로 영토에 연연해하지 않고, 전쟁 경험이 없는 신병들처럼 겁먹지도 않을 테니 말입니다.

1   **82** 하지만 나는 여러분이 무관심으로 일관하며, 아테나이인이 우리의 동맹국들에게 해를 끼쳐도 내버려두고 어떤 음모를 꾸미든 상관하지 말아야 한다고 말하는 것이 아닙니다. 우리는 아직 무기를 들어서는

안 되지만, 한편으로는 사절단을 보내 그들에게 항의하되, 전쟁도 불사하겠다고 위협하거나 그들의 행위를 묵인하겠다는 식으로 우리의 입장을 지나치게 명확히 드러내지 말아야 합니다. 다른 한편으로는 헬렌인들뿐 아니라 이민족 가운데서도 우리의 해군력과 재정을 보강할 동맹국을 찾아야 하며 국내의 자원도 더 많이 발굴해야 합니다. 우리처럼 아테나이의 표적이 된 나라들이 생존을 위해 헬렌인뿐 아니라 이민족의 도움을 받는 것은 비난받을 일이 아닙니다.

아테나이인이 우리의 요구를 받아들인다면 가장 좋겠지만, 그렇지 2 않더라도 지금부터 2-3년 후에 우리가 그들을 상대로 전쟁을 벌이는 것이 적절하다고 판단된다면, 그때는 지금보다 훨씬 더 준비된 상태가 되어 있을 테지요. 그리고 그 시점이 되면 아테나이인은 우리가 전쟁을 3 대비해온 과정을 보면서 우리의 말이 허언이 아님을 알고, 아직 그들의 영토가 파괴되지 않고 재산도 온전히 남아 있을 때 이를 지키기 위해 좀 더 쉽게 양보하게 될 것입니다.

아테나이인의 땅을 우리가 확보한 볼모로 여기고 잘 돌볼수록 더욱 4 유리한 협상 수단이 된다는 사실을 명심하십시오. 따라서 그 땅을 최대한 아껴야 하며, 그들을 절망으로 몰아넣어 다루기 어렵게 만들어서는 안 됩니다. 만약 우리가 동맹국들의 불만과 비난에 떠밀려 아무런 준비 5 없이 아테나이를 공격한다면, 그러한 행동이 오히려 펠로폰네소스 전체에 치욕과 재앙을 초래하지 않을지 잘 살펴야 합니다. 국가 간 또는 6 개인 간의 불만과 비난은 얼마든지 해결할 수 있지만, 일부 동맹국들의 이해관계로 인해 동맹 전체가 전쟁에 휘말리게 되면 그 결과를 예측할 수 없고 전쟁을 명예롭게 끝내기도 어렵습니다.

83 우리 동맹국의 수가 많은데도 아테나이 하나를 상대로 공격을 1 주저한다고 해서 비겁하다고 여겨서는 안 됩니다. 아테나이 역시 우리 2 못지않게 많은 동맹국을 거느리고 있고, 이들은 아테나이에 공물을 바치고 있기 때문입니다. 전쟁에서는 무기 자체보다 그 무기를 효과적으

로 활용할 수 있게 하는 재원이 더 중요합니다. 특히 내륙 세력이 해양

3 세력과 맞설 때 더욱 그러합니다. 그러므로 동맹국들의 말에 흥분하지

말고, 먼저 재원부터 마련해야 합니다. 전쟁의 결과가 좋든 나쁘든 더

큰 책임을 져야 할 쪽은 우리일 테니, 이에 대해서도 차분히 예견해봐

야 합니다.

1 **84** 사람들은 우리의 느리고 신중한 태도를 가장 많이 비난하지만,

이는 부끄러워할 일이 아닙니다. 준비 없이 서둘러 일을 시작하면 오히

려 장기화될 뿐이라는 점을 고려할 때, 우리는 이러한 기질 덕분에 예

로부터 자유롭고 명예로운 나라를 지켜올 수 있었습니다. 이러한 성향

2 은 진정한 의미에서 현명한 자제력이라 할 수 있습니다. 우리만이 성공

했을 때 자만하지 않고, 역경에 처했을 때 굴복하지 않습니다. 주변의

감언이설에 넘어가 더 나은 판단을 저버리고 위험한 일에 뛰어들지 않

습니다. 누군가 우리를 비난하며 부추길지라도 분노에 휘둘려 그 유혹

에 넘어가지 않습니다.

3 우리가 전쟁에서 용감하고 일처리에 현명한 것은 규율 덕분입니다.

용기의 대부분은 수치심을 아는 데서 비롯되고, 수치심은 자제력에서

나오기 때문입니다. 또한 현명함은 법을 무시하는 행위에 부정적인 태

도를 갖도록 교육받고 자제력을 길러 법에 복종하는 법을 배우는 데서

나오기 때문입니다. 우리는 쓸데없는 일에 지나치게 영리해져 적의 전

쟁 준비를 말로는 깎아내리면서 실제 행동에서는 그와 다르게 행동해

서는 안 됩니다. 우리의 생각과 다른 사람들의 생각은 큰 차이가 없으

니, 우연에 좌우되는 일들을 단순히 말로 통제할 수 있는 것처럼 착각

해서도 안 됩니다.

4 따라서 항상 적의 계획이 뛰어날 것이라 전제하고 행동으로 대비해

야 합니다. 적의 실수에 희망을 걸지 말고, 스스로 안전을 확보할 수 있

는 대책을 마련해야 합니다. 사람들의 능력 차이가 크지 않다는 점을

인식하고, 전쟁에 필수적인 기술을 배우고 익힌 이가 가장 강하고 뛰어

난 사람임을 명심해야 합니다.

85 우리가 항상 지켜오며 유익을 얻어온 이러한 규율을 버려서는 1
안 됩니다. 지금 논의하고 있는 문제는 수많은 생명과 재산, 국가와 명
성이 걸린 사안이므로, 짧은 시간 안에 서둘러 결정해서는 안 됩니다.
우리는 그 어느 나라보다도 힘이 있기에 이러한 여유를 가질 수 있습
니다.

포테이다이아 문제와 우리 동맹국들이 당했다고 주장하는 부당한 2
일에 관해서는 아테나이에 사절단을 보내 협상해야 합니다. 그들이 이
문제에 대해 기꺼이 보상하려 한다면, 그런 이들을 범법자로 규정하고
곧바로 공격하는 것은 정당치 않습니다. 우리는 한편으로는 사절단을
보내고, 다른 한편으로는 전쟁을 준비해야 합니다. 이는 우리에게 최선
의 전략이고, 적들에게는 가장 두려운 결정이 될 것입니다."

아르키다모스는 그렇게 말했다. 마지막으로 당시 감독관[110] 중 한 명 3
이었던 스테넬라이다스가 앞으로 나와 라케다이몬인들에게 다음과 같
이 연설했다.

86 * "아테나이인들이 왜 그렇게 장황하게 말했는지 이해할 수 없습 1
니다. 그들은 자화자찬만 늘어놓았을 뿐, 우리 동맹국들과 펠로폰네소
스에 부당하게 행동했다는 사실에 대해서는 전혀 반박하지 않았습니
다. 만약 그들이 과거에 메디아인과 싸울 때는 훌륭하게 행동했으나 지
금 우리에게는 악하게 행동하고 있다면, 그들은 훌륭했다가 악해진 것
이므로 두 배의 처벌을 받아 마땅합니다. 반면 우리는 그때나 지금이나 2
변함이 없습니다. 따라서 우리가 현명하다면, 부당한 대우를 받는 동맹

---

110 라케다이몬의 "감독관"(ἔφορος, '에포로스')은 민회에서 가장 큰 함성을 받은 순서
　　대로 선출된 5인으로, 임기는 1년이며 재선이 불가능했다. 이들은 두 왕을 견제하고,
　　전시에는 군대를 지휘했으며, 시민 감시와 처벌, 공공질서 유지를 담당했다. 주요
　　결정을 할 때는 만장일치제를 따랐다.
* 　제86-88장은 라케다이몬의 감독관 스테넬라이다스의 연설과 회의 결과를 다룬다.

국의 처지를 외면하거나 아테나이에 대한 응징을 미루지 않고, 우리 동맹국의 고통을 더 이상 방관하지 않을 것입니다.

3   어떤 나라들은 재물과 함선과 말을 가졌지만 우리에게는 훌륭한 동맹국들이 있으니, 이들을 아테나이에 넘겨주어서는 안 됩니다. 이 문제는 소송이나 말로 해결할 수 없습니다. 우리 동맹국들은 말이 아니라 현실에서 피해를 보고 있기 때문입니다. 그러므로 우리는 신속하게 온

4   힘을 다해 아테나이인을 응징해야 합니다. 누구도 부당한 일을 당하고 있는 우리에게 신중하라고 가르치려 들어서는 안 됩니다. 오히려 신중히 숙고해야 할 이들은 우리 동맹국들에게 부당한 짓을 저지르는 자들입니다.

5   라케다이몬인들이여, 스파르테에 걸맞게 전쟁을 찬성하는 쪽에 투표하십시오. 아테나이가 더 강대해지도록 내버려두지 말고, 우리의 동맹국들을 배신하지도 말며, 신들과 함께 범법자들을 향해 나아갑시다."

1   **87** 스테넬라이다스는 그렇게 말한 후, 감독관의 자격으로 라케다이

2   몬 민회에서 이 안건에 대한 투표를 실시했다. 원래 민회에서 표결은 찬반을 표시하는 돌을 던지는 방식이 아니라 함성을 지르는 방식으로 이루어졌다.[111] 그러나 스테넬라이다스는 각자의 의견을 더 명확히 드러내기 위해 어느 쪽 함성이 더 컸는지 알 수 없다고 선언한 뒤 이렇게 말했다. "라케다이몬인들이여, 평화조약이 파기되었고 아테나이인이 부당하다고 생각하는 분들은 저쪽으로 가서 서고(그는 특정 지점을 가리켰다), 그렇지 않다고 생각하는 분들은 맞은편에 서십시오."

3   그러자 사람들은 일어나 두 곳 중 하나에 가서 섰는데, 평화조약이

4   파기되었다고 생각하는 이들의 수가 훨씬 많았다. 이에 민회는 동맹국

---

111 아테나이의 민회(ἐκκλησία, '에클레시아')는 거수, 조개껍질, 돌 등을 이용한 투표 방식을 사용했다. 반면 라케다이몬의 민회(ἀπέλλα, '아펠라')는 먼저 함성으로 투표를 실시하고, 판별이 어려울 경우 찬반 양측이 서로 다른 위치로 이동해 의사를 표시하는 방식으로 투표를 진행했다.

대표들을 다시 불러들여, 자신들은 아테나이인이 부당하다고 판단했으나 전쟁을 결정하게 된다면 라케다이몬과 동맹국들이 함께 논의하고, 모든 동맹국이 표결에 참여하는 방식으로 하고 싶다고 전했다. 동맹국 5 대표들은 이와 같이 사안을 처리한 후 돌아갔고, 이후 아테나이 사절단도 임무를 마치고 떠났다. 라케다이몬 민회는 에우보이아 전쟁 종결 후 6 체결된 30년 평화조약이 14년째 되던 해에 파기되었음을 공식적으로 결정했다.

88 평화조약 파기와 전쟁 불가피성을 결정한 것은 동맹국들의 설득 1 때문이라기보다, 아테나이가 이미 헬라스의 상당 부분을 지배하고 있다는 현실과 그들이 더욱 강성해질 것에 대한 두려움 때문이었다.

89[*] 아테나이가 강성해진 과정은 다음과 같다. 메디아인이 육지와 1, 2 바다에서 헬렌인에게 패하며 에우로페[112]에서 철수했고, 함선을 타고 미칼레로 도주한 메디아인들마저 그곳에서 전멸했다. 그러자 미칼레에서 헬렌인들을 지휘했던 라케다이몬 왕 레오티키데스는 펠로폰네소스에서 이끌고 온 동맹군과 함께 본국으로 돌아갔다. 반면 아테나이인은 이오니아 지방과 헬레스폰토스 지역에서 메디아 왕에게 반기를 들고 출정한 동맹군과 함께 남아 메디아인이 점령하고 있던 세스토스를 포위했고, 겨울이 지나 이 이민족이 도시를 버리고 떠나자 그곳을 점령했다. 그런 후 동맹군들은 각자 헬레스폰토스에서 함선을 타고 본국으로

---

[*] 제89장-117장은 펠로폰네소스 전쟁의 간접적 원인, 즉 메디아인과의 전쟁이 끝나고 펠로폰네소스 전쟁이 시작될 때까지의 상황을 다룬다. 아테나이의 성벽 재건 및 제국 형성, 동맹국 반란, 제3차 메세니아 전쟁, 아이깁토스 원정, 에우보이아 진압 후 라케다이몬과 체결한 30년 평화조약 등이 주요 사건으로 거론된다.

112 "에우로페"는 지중해 북쪽의 대륙, 즉 헬라스 본토를 말한다. "미칼레"는 소아시아 리디아 지방의 사모스섬 맞은편 해안에 위치한 도시국가였다. 이곳에서 벌어진 전투에서 헬라스 연합군이 페르시스군을 격파한 것은 제2차 페르시스 전쟁의 주요 전환점이 되었다. "세스토스"는 트라케의 케르소네소스반도, 헬레스폰토스 해협 연안에 있던 도시국가이며, "헬레스폰토스"는 아이가이온해와 프로폰티스해(마르마라해)를 잇는 좁은 해협으로, 기원전 480년 크세르크세스가 부교를 설치해 건넌 곳이다.

돌아갔다.

3 그사이 아테나이인은 이민족이 철수하자 피신시켜둔 처자식들을 다시 데려오고 남아 있는 재산을 회수했으며, 도시와 성벽을 재건하기 시작했다. 성벽은 일부 구간만 짧게 남아 있었고, 집은 대부분 무너져 있었으며, 메디아의 고위 관리들이 사용했던 몇몇 집만이 온전히 남아 있었다.

1 **90** 라케다이몬인은 장차 무슨 일이 벌어질지를 알아차리고 사절단 을 보냈다. 이는 어떤 도시든 성벽을 갖는 것을 원치 않았기 때문이기 도 했지만, 무엇보다 아테나이인이 이전과 비교할 수 없을 정도로 강력 한 해군력을 갖추게 되었고, 메디아인과의 전쟁에서 보여준 놀라운 용 맹함에 두려움을 느낀 라케다이몬 동맹국들이 그렇게 하라고 재촉했 기 때문이다.

2 라케다이몬인은 아테나이인에게 성벽을 쌓지 말라고 요구했을 뿐 아니라 펠로폰네소스 밖에 세운 성벽도 허물 것을 요구했다. 이러한 요 구를 하면서 그들은 본심을 드러내지 않고, 단지 이민족이 테바이를 전 진기지로 삼았던 것처럼, 다시 침략할 경우 성벽이 있는 요새가 적의 거 점이 되는 것을 막기 위한 조치라고만 설명했다. 펠로폰네소스만으로도 헬라스 전체의 피난처이자 전진기지로 충분하다는 말도 덧붙였다.

3 라케다이몬의 전언을 듣고 아테나이인은 테미스토클레스의 제안에 따라 이 문제를 논의하기 위한 사절단을 보내겠다고 대답한 후 즉시 그들을 돌려보냈다. 그런 후 테미스토클레스는 자신을 가능한 한 빨리 라케다이몬으로 먼저 보내고, 사절단으로 갈 사람들은 성벽이 방어에 충분한 높이가 될 때까지 기다렸다가 보내라고 말했다. 그리고 그 기 간 동안 남자, 여자, 아이를 불문하고 아테나이의 모든 주민은 성벽 쌓 기에 참여하고, 성벽 건설에 도움이 된다면 개인 집이든 공공 건물이든 아끼지 말고 모두 허물라고 지시했다.

4 테미스토클레스는 이렇게 지시한 후, 나머지 일은 자신이 라케다이

몬에 가서 처리하겠다고 말하고 출발했다. 라케다이몬에 도착한 그는 5
혼자 시간을 보내며 고위 관리들과의 만남을 이런저런 핑계로 미루었
다. 누군가 왜 공적인 일을 수행하러 가지 않느냐고 물을 때마다, 그는
급한 일이 생겨 함께 오지 못한 사절단의 동료들을 기다리고 있으며,
그들이 곧 도착할 때가 되었는데 아직 오지 않은 것이 이상하다고 대
답했다.

91 사람들은 테미스토클레스에게 호감을 가지고 있었기에 그의 말 1
을 믿었다.[113] 그러나 아테나이에서 온 다른 이들이 성벽이 현재도 계속
축조되고 있으며 이미 상당한 높이가 되었다고 말하자, 고위 관리들은
그들의 말을 무시할 수 없었다. 이 사실을 전해 들은 테미스토클레스는 2
관리들에게 다른 이들의 말만 믿지 말고, 직접 신뢰할 만한 사람들을
보내 사실 여부를 확인해보라고 권했다.

라케다이몬의 고위 관리들은 그의 제안을 따랐다. 이에 테미스토클 3
레스는 아테나이에 남몰래 사람을 보내, 라케다이몬 사절단을 은근슬
쩍 붙잡아두고 자신과 일행이 귀국할 때까지 돌려보내지 말라고 요청
했다. 이는 그의 사절단 동료인 리시클레스의 아들 하브로니코스와 리
시마코스의 아들 아리스테이데스가 마침내 라케다이몬에 도착하여, 성
벽이 방어에 충분한 높이까지 축조되었다는 소식을 전해주었기 때문
이다. 그는 이 사실을 라케다이몬인들이 알게 되면 자신들이 억류될까
우려한 것이다.

아테나이인은 그의 요청대로 라케다이몬 사절단을 붙잡아두었고, 4
테미스토클레스는 마침내 라케다이몬인들 앞에 나섰다. 그는 이제 아
테나이가 성벽으로 둘러싸여 시민들을 충분히 보호할 수 있게 되었음
을 밝히며, 앞으로 라케다이몬이나 그 동맹국이 무언가를 원할 경우,

---

113 "테미스토클레스"는 제2차 페르시스 전쟁 중 살라미스 해전에서 페르시스 함대를
　　격파함으로써 헬라스를 구한 영웅이다. 자세한 내용은 제1권 각주55를 보라.

헬라스 전체와 자신들의 이익을 잘 이해하는 아테나이인에게 사절단을 보내 상의해야 한다고 분명히 말했다.

5 　또한 그는 아테나이인들이 도시를 포기하고 함선으로 옮겨가는 것이 더 낫다고 판단했을 때, 라케다이몬의 도움 없이 스스로 결정을 내렸음을 상기시켰다. 이후로 두 나라가 함께 논의한 모든 사안에서도 아테나

6 이의 판단이 라케다이몬의 판단에 결코 뒤지지 않았음을 강조했다. 이 번에도 아테나이는 도시에 성벽을 구축하는 것이 더 나은 선택이라 판단했으며, 개인적으로도 그것이 아테나이와 모든 동맹국에게 더 큰 이

7 익이 될 것으로 본다고 말했다. 그는 대등하거나 비슷한 군사력을 갖추지 않은 상태에서는 공동의 이익을 논의할 수 없다고 덧붙였다. 그러므로 모든 나라가 성벽을 갖지 않기로 합의하지 않는 한, 아테나이의 이번 조치는 정당하며 인정받아야 한다고 주장했다.

1 　**92** 라케다이몬인들은 테미스토클레스의 말을 듣고도 아테나이에 대한 분노를 공개적으로 드러내지 않았다. 그들이 이번에 아테나이에 사절단을 보낸 표면적 목적이 성벽 축조를 저지하는 것이 아니라 공동의 이익에 관해 조언하는 것이었기 때문이다. 게다가 당시 그들은 메디아인과의 전쟁에서 용기를 보여준 아테나이인에게 매우 우호적인 감정을 가지고 있었다. 그러나 계획이 실패로 돌아가면서 그들은 내심 불쾌함을 느꼈다. 그럼에도 양측의 사절단은 어떠한 비난도 받지 않고 무사히 귀국했다.

1 　**93** 아테나이인이 단기간에 도시를 성벽으로 두르기 위해 사용한 방

2 법은 다음과 같다. 당시 축조된 성벽은 지금 보아도 급조되었음을 알 수 있다. 여러 종류의 돌들이 초석으로 사용되었는데, 다듬지 않은 돌들은 물론 비석이나 다른 용도로 가공된 돌까지 동원되었다. 서둘러 도시를 둘러싸는 긴 성벽을 완공해야 했기에, 어떤 돌이든 구할 수 있는 대로 사용했기 때문이다.

3 　또한 테미스토클레스는 전에 자신이 집정관으로 재직하던 시기에

착공한 페이라이에우스[114]의 성벽 나머지 구간을 완성하도록 아테나이인들을 설득했다. 세 개의 자연항을 가진 페이라이에우스는 좋은 위치에 자리 잡고 있어 아테나이가 해양 국가로 성장하는 데 크게 기여할 것이라고 생각했기 때문이다. 아테나이가 바다를 잘 활용해야 발전할 수 있다고 처음으로 말한 사람이 테미스토클레스였다. 그는 즉시 페이라이에우스에 성벽 쌓는 일을 시작함으로써 이 계획의 첫걸음을 떼었다. 4

아테나이인은 테미스토클레스가 제안한 두께로 페이라이에우스의 성벽을 쌓았다. 오늘날에도 볼 수 있듯이, 그 너비는 돌을 실은 짐수레 두 대가 서로 교차하여 지나갈 수 있을 정도였다. 성벽 내부는 자갈이나 진흙이 아닌 사각형으로 깎은 큰 돌로 채워졌으며, 이 돌들은 무쇠와 납으로 만든 꺾쇠로 단단히 연결되었다. 그러나 완성된 성벽의 높이는 테미스토클레스가 원래 계획했던 것의 절반밖에 되지 않았다. 테미스토클레스는 애초에 자신이 구상한 높이와 두께대로 성벽을 건설하면, 적은 수의 약한 병력만으로도 충분히 수비할 수 있어 나머지 군사를 모두 함선에 태울 수 있을 것이라 생각했다. 5

6

그가 해군력에 집착한 이유는, 메디아 왕의 군대가 육로보다 해로를 통해 더 쉽게 접근하는 것을 보았기 때문인 듯하다. 그는 페이라이에우스가 위쪽에 있는 도시 아테나이보다 전략적으로 더 유용하다고 여겼다. 그래서 아테나이인에게 육지에서 공격받으면 모두 페이라이에우스로 이동하여 함선에 올라 적에게 대항하라고 자주 조언했다. 아테나이인은 메디아인이 철수하자마자 즉시 이와 같이 성벽을 쌓았고, 그 밖의 다른 준비도 갖추었다. 7

8

---

114 "페이라이에우스"는 아테나이의 외항으로 사론만 안에 있으며, 살라미스섬과 마주하고 있다. 아테나이에서 약 8킬로미터 떨어져 있으며, 기원전 5세기 테미스토클레스에 의해 요새화되었고, 페리클레스 시대에는 해군과 무역의 중심지로 성장했다. "세 개의 자연항" 중 가장 큰 칸타로스항은 상선용, 제아항은 군함 정박지, 무니키아항은 군사·상업용으로 쓰였으며, 인근 무니키아 언덕은 방어에 유리한 지형이었다.

1   **94** 얼마 후 클레옴브로토스의 아들 파우사니아스[115]가 헬라스 연합
군의 지휘관이 되어, 펠로폰네소스의 함선 20척을 이끌고 라케다이몬
에서 파견되었다. 여기에 아테나이인도 함선 30척을 이끌고 합류했으
2   며, 다른 많은 동맹국도 참여했다. 그들은 키프로스섬[116]으로 원정을 떠
나 섬의 대부분을 복속시켰고, 이어서 파우사니아스의 지휘 아래 메디아
인이 점령하고 있던 비잔티온[117]을 포위 공격한 끝에 함락시켰다.

1   **95** 그러나 파우사니아스는 이때부터 이미 독단적이고 고압적인 태
도를 보였기에, 다른 헬렌인들은 물론이고 특히 이온인과 최근 메디아
왕으로부터 해방된 사람들이 그를 싫어했다. 그들은 아테나이인을 찾
아가 친족 관계임을 내세우며 자신들의 지도자가 되어 파우사니아스
2   를 견제해달라고 요청했다. 아테나이인은 그들의 요청을 받아들여 파
우사니아스의 독단적인 태도를 더 이상 용납하지 않았을 뿐만 아니라,
다른 사안들에서도 자신들의 이익에 가장 부합하는 방식으로 신중히
대처했다.

3   한편 라케다이몬인은 보고받은 사안을 바탕으로 파우사니아스를 신
문하기 위해 본국으로 소환했다. 라케다이몬을 방문한 여러 헬렌인이
그가 많은 부정을 저질렀다고 고발했기 때문이다. 파우사니아스는 장
4   군이 아니라 참주처럼 행동한 것으로 보였다. 파우사니아스가 소환되
자, 펠로폰네소스 출신의 군사들을 제외한 모든 동맹군은 그에 대한 반

---

115 "파우사니아스"(기원전 약 510-467년)는 아기아드 왕가 출신으로 플레이스타르코
스왕의 섭정이었다. 제2차 페르시스 전쟁 중 플라타이아이 전투(기원전 479년)에서
페르시스군을 대파해 전쟁을 종결시켰고, 기원전 478년경에는 헬라스 연합군을 이
끌고 키프로스와 비잔티온을 해방시켰다. 이후 크세르크세스와 내통한 혐의로 기
원전 477년 소환되어, 추적을 피해 아테나 신전에 피신했다가 그곳에서 굶어 죽었다.
116 "키프로스섬"은 지중해 동부에 위치한 섬으로, 북쪽은 소아시아, 남쪽은 아이깁토
스, 동쪽은 레바논과 시리아에 접한다.
117 "비잔티온"은 보스포로스 해협 서쪽 해안, 흑해 입구에 위치한 도시국가로, 기원전 7세
기 메가라인이 건설한 식민시였다. 훗날 '콘스탄티노폴리스'로 불렸으며 오늘날의
이스탄불에 해당한다.

감 때문에 아테나이 편으로 돌아섰다.

파우사니아스에 대한 가장 중대한 혐의는 메디아인과의 내통이었 5
고, 이를 입증할 명백한 증거도 있는 것으로 보였다. 그러나 그는 개인
적으로 저지른 부정에 대해서는 유죄 판결을 받았으나, 다른 중대한 혐
의들에 대해서는 무죄 판결을 받았다. 재판 후 라케다이몬인은 파우사 6
니아스를 다시 지휘관으로 복귀시키지 않고, 대신 도르키스와 몇몇 다
른 장군을 소규모 부대와 함께 파견했다. 그러나 동맹군은 그들에게 더
이상 전군의 지휘권을 맡기지 않았다.

이에 라케다이몬에서 파견된 장군들은 상황을 파악한 후 본국으로 7
돌아갔고, 그 후로 라케다이몬인은 더 이상 다른 지휘관을 보내지 않았
다. 한편으로는 파우사니아스의 경우처럼 장군들이 해외에 파견되면
타락할 수 있다는 우려 때문이었다. 다른 한편으로는 아테나이인이 연
합군을 지휘할 충분한 능력을 갖추고 있으며 당시에는 아테나이인이
자신들에게 우호적이라 여겨, 그들에게 모든 것을 맡기고 자신들은 메
디아인과의 전쟁에서 벗어나고 싶었기 때문이다.

96 동맹군은 파우사니아스에 대한 반감으로 인해 아테나이인에게 1
연합군의 지휘권을 넘겨주는 데 자발적으로 동의했다. 이렇게 지휘권
을 넘겨받은 아테나이인은 자신들이 메디아 왕의 영토를 초토화하는
과정에서 입은 피해를 보상받아야 한다는 명목으로, 이민족과의 전쟁
을 위한 군비와 함선을 제공할 나라들을 구분하여 각국이 내야 할 군
비의 액수와 함선의 수량을 결정했다.

이때 아테나이인은 헬렌인의 재무관[118]이라는 직책을 처음으로 신 2
설했다. 이들의 임무는 동맹국들로부터 각국에 책정된 공물을 받아 관

---

[118] "헬렌인의 재무관"(Ελληνοταμία, '헬레노타미아')은 기원전 478년경 델로스 동맹
창설과 함께 신설된 직책으로, 아테나이의 유력 가문 출신의 시민 10명으로 구성되
었다.

리하는 것이었다. 이때 동맹국들이 내는 군비를 공물이라 불렀다. 처음에 책정된 공물의 총액은 460탈란톤[119]이었고, 연합군의 금고는 델로스섬에 두었으며,[120] 연합군의 회합도 그곳의 신전에서 열렸다.

97 아테나이인은 처음에는 동맹국들의 자치권을 존중하고, 모든 동맹국이 함께 참여하는 회의에서 사안을 공동으로 논의했다. 그러나 메디아인과의 전쟁이 끝난 후부터 펠로폰네소스 전쟁이 발발하기까지, 아테나이인은 점차 이민족과의 전쟁뿐만 아니라 동맹국의 반란이나 펠로폰네소스인과 관련된 모든 문제에 개입하기 시작했다.

2 　내가 이러한 사건들을 기술하고 이와 같이 서두를 여는 이유는 이전의 모든 역사가들이 이 시기를 생략하고, 메디아인과의 전쟁 이전의 헬라스 세계나 그 전쟁 자체만을 다루었기 때문이다. 아티케의 역사를 서술한 헬라니코스[121]는 이 시기를 다룬 유일한 역사가이긴 하지만, 그의 기술은 간략하고 연대도 정확하지 않다. 아울러 내가 여기서 기술한 내용은 아테나이 제국이 어떻게 건설되었는지도 보여준다.

98 먼저, 아테나이군은 밀티아데스의 아들 키몬의 지휘 아래 메디아군이 점령한 스트리몬 강변의 에이온[122]을 포위하여 함락시킨 후, 그

---

119 1탈란톤은 약 26킬로그램의 은 또는 6,000드라크메에 해당한다. 즉 "460탈란톤"은, 은 10톤이 넘는 양이다. 당시 아테나이의 연간 세입은 약 1,000탈란톤에 달했다.

120 헬라스의 도시국가들은 페르시스의 추가 침공에 대비해 기원전 478년 델로스 동맹을 결성했다. 약 150-330개 도시국가가 참여했으며, 아테나이가 맹주 역할을 맡았다. 동맹 기금은 델로스섬 아폴론 신전에 보관되었는데, 델로스와 델포이의 신전은 고대 헬라스에서 가장 중요한 금고로 여겨졌다. 회원국은 돈이나 함선을 분담했으며, 델로스섬에서 회의를 열었다. 그러나 동맹은 점차 아테나이 제국의 기반으로 변질되었고, 이에 대한 반발이 펠로폰네소스 전쟁의 한 원인이 되었다.

121 "헬라니코스"(기원전 약 480-395년)는 레스보스섬 미틸레네 출신의 역사가이자 지리학자다. 헤로도토스가 『역사』에서 페르시스 전쟁사를 중점적으로 다룬 반면, 헬라니코스는 헬라스 각 지역과 소아시아, 페르시스의 역사를 기록한 다양한 저작을 남겼다. 주요 저작으로는 『아티스』(아테나이사), 『포로니스』(아르고스사), 『트로이카』(트로이아 전쟁사), 『페르시카』(페르시스사) 등이 있다.

122 "스트리몬강"은 불가리아 남서부에서 발원하여 아이가이온해로 흘러드는 강으로,

곳의 주민들을 노예로 삼았다. 그다음 아이가이온해에 있는 스키로스 2
섬으로 진격하여, 그곳의 주민인 돌로피아인을 노예로 삼고 자국민들
을 이주시켰다.[123] 또한 아테나이인은 다른 에우보이아인이 전쟁에 개 3
입하지 않는 상황에서 크리스토스인과 전쟁을 벌여 얼마 후 그들의 항
복을 받아냈다. 이후 낙소스인이 반기를 들자 그들과도 전쟁을 벌여 도 4
시를 포위하고 항복을 받아냈다.[124] 이는 아테나이의 동맹국이 속국으
로 전락한 최초의 사례였으며, 그 후로도 각기 다른 이유로 여러 동맹
국들이 아테나이의 속국이 되었다.

  99 아테나이의 동맹국들이 반기를 들게 된 원인은 여러 가지였다. 1
가장 큰 이유는 각 동맹국에 할당된 공물이나 함선을 제공할 여력이
없었기 때문이고, 일부는 파병의 의무를 거부한 것도 원인이 되었다.
공물 징수에 엄격했던 아테나이인은 희생을 감수하는 데 익숙하지 않
고 그럴 의향도 없던 동맹국들에게 공물이나 함선을 강제로 부담시켜
고통을 안겨주었다. 다른 측면에서도 아테나이는 동맹국들을 이끄는 2
맹주로서 더 이상 환영받지 못했다. 그들은 다른 동맹국들과 대등한 지
위에서 전쟁에 참여하기보다 그들을 지휘하려 했고, 그 결과 반기를 든
국가들을 쉽게 제압할 수 있었다.

  이러한 상황이 발생하게 된 원인 제공자는 동맹국들 자신이었다. 대 3

트라케 지방과 마케도니아의 경계를 이루었다. "에이온"은 그 하구에 있던 도시국가
로, 원래 트라케인의 거주지였다. 아테나이 장군 "키몬"은 기원전 476년 또는 475년
에 이곳을 함락시켰다.
123 "스키로스섬"은 에우보이아섬의 동쪽에 위치한 섬으로, 아티케 지방과 흑해를 잇는
중요한 교역로에 있었다. 흑해 지역에서 수송된 곡물은 아테나이에 매우 중요한 자
원이었다. "돌로피아인"은 원래 테살리아와 에피로스 사이 돌로피아 지방에 거주하
던 부족이었다. 이들은 호메로스의 『일리아스』에도 언급되며, 기원전 6세기경 스키
로스섬으로 이주해 목축과 해적 활동으로 생계를 이어갔다. 그러나 기원전 475년
또는 474년에 아테나이인이 해적 활동을 문제 삼아 이들을 정복했다.
124 "크리스토스"는 에우보이아섬 남부의 도시국가였고, "낙소스"는 키클라데스제도에서
가장 큰 섬으로, 기원전 470년경 아테나이에 반기를 들었으나 결국 속국이 되었다.

부분의 동맹국이 원정에 나서기를 꺼려 자신들에게 할당된 함선 대신 필요한 비용만 지불했고, 아테나이인은 이 자금으로 함대를 증강시킨 반면, 동맹국들은 전쟁 준비와 실전 경험 없이 아테나이에 반기를 들었기 때문이다.

1   **100** 그 후 아테나이군과 그 동맹국들은 팜필리아 지방의 에우리메돈강[125]에서 메디아군을 상대로 지상전과 해전을 벌였다. 아테나이군은 밀티아데스의 아들 키몬의 지휘 아래, 같은 날 벌어진 지상전과 해전에서 모두 승리를 거두었고, 삼단노선 200척으로 구성된 포이닉스인[126]의

2 함대를 전부 나포하거나 파괴했다. 이로부터 얼마 후 타소스인[127]이 아테나이에 반기를 들었다. 타소스인이 관리하며 이익을 챙기던 트라케 맞은편 해안의 교역지들과 광산을 두고 아테나이인과 분쟁이 발생했기 때문이다. 아테나이군은 함대를 이끌고 타소스섬으로 가 해전에서 승리한 후 섬에 상륙했다.

3   거의 같은 시기에 아테나이인은 자국과 동맹국 시민들 중에서 선발한 1만 명의 이주민을 스트리몬 강변으로 보내 정착하게 했다. 이곳은 당시 '아홉 개의 길'이라 불렸으며, 오늘날의 암피폴리스[128]에 해당한

---

125 "팜필리아 지방"은 소아시아 남부, 리키아와 킬리키아 사이에 있었고, 이곳을 흐르는 "에우리메돈강" 근처에서 기원전 466년경 아테나이 장군 키몬이 이끄는 헬라스 연합군이 페르시스군을 격파했다.

126 "포이닉스인"은 제1권 각주 28을 보라. 기원전 539년경 페르시스의 키루스 2세에게 정복된 후, 페르시스 해군의 주요 구성원이 되었다. 에우리메돈 전투는 기원전 466년에 일어났다.

127 "타소스인"이 거주하는 "타소스"는 아이가이온해 북부에 위치한 섬으로, 트라케 해안에서 약 8킬로미터 떨어져 있다. 기원전 7세기경 파로스섬의 헬렌인이 식민시를 건설했고, 기원전 465년에 아테나이에 반기를 들었다가 패했다.

128 "암피폴리스"는 기원전 437년, 아테나이인이 마케도니아의 스트리몬강 하구에 건설한 식민시다. 도시 이름은 스트리몬강이 거의 도시 전체를 감싸고 있어 '양쪽으로 둘러싸인 도시'라는 뜻에서 유래했다. 아테나이는 트라케 지방의 풍부한 금·은광과 삼림 자원을 확보하고, 스키티아에서 들여오는 곡물 수송로를 장악하기 위해 이 지역에 대한 지배권을 강화하려 했다. 기원전 465년경, "아홉 개의 길"(Έννέα Όδοί,

다. 이 이주민들은 에도노스인이 거주하던 '아홉 개의 길'을 점령하는
데 성공했으나, 트라케 내륙으로 진군하던 중 에도노스인의 도시국가
인 드라베스코스[129] 근방에서 아테나이의 식민시 건설에 위협을 느낀
트라케 연합군에게 대패했다.

101 한편 타소스인은 해전에서 패하고 포위당하자, 라케다이몬인 ₁
에게 아티케를 공격하여 자신들을 도와달라고 요청했다. 라케다이몬 ₂
인은 아테나이인 몰래 타소스인에게 그렇게 하겠다고 약속했고, 실제
로 그 약속을 지키려 했다. 그러나 마침 지진이 발생한 틈을 타, 국가 노
예들[130]과 페리오이코이[131] 중에서 투리아인과 아이타이아인[132]이 반란
을 일으켜 이토메 산성으로 들어가 농성을 벌였기 때문에 약속을 지키지

'엔네아 호도이')에 식민시를 세우고 이주민 1만 명을 보냈으나, 트라케인의 공격으
로 대부분이 학살당했다. 여기서 언급된 사건은 이 실패를 말한다.

129 "에도노스인"은 고대 트라케의 유력 부족으로, 스트리몬강 하류 지역에 거주했다.
신화에 따르면, 이들의 시조 에도노스는 군신 아레스와 무사 칼리오페 사이에서 태
어난 인물로 전해진다. 트라케는 디오니소스 숭배의 중심지 중 하나였다. "드라베스
코스"는 스트리몬강에서 북동쪽으로 약 24킬로미터 떨어진 비옥한 평야에 위치한
도시국가로, 70미터 높이의 고지대에 세워졌다.

130 라케다이몬 사회는 시민, 페리오이코이, 국가 노예 세 계층으로 구성되었다. "국가 노
예"(εἵλως, '헤일로스', 복수형은 εἵλωτες, '헤일로테스')는 메세니아와 라코니케 지
방에서 전쟁 포로로 잡힌 이들로, 농업에 종사하며 식량을 생산했다. 전시에는 군사
로 동원되기도 했으며, 수는 시민보다 7-10배 많아 반란의 위험이 상존했다. 이를
억제하기 위해 젊은 시민들이 '크립테이아'라는 암행 순찰 제도를 통해 이들의 거
주지를 비밀리에 감시했다.

131 "페리오이코이"(περίοικοι, 단수형은 περίοικος, '페리오이코스')는 '주변에 사는
자들'이란 뜻으로, 라케다이몬의 지배 아래 라코니케와 메세니아의 100여 마을에
거주하던 자유민이다. 이들은 투표권은 없었지만 상업과 수공업에 종사하며 세금
을 납부하고 군복무도 이행했다. 라케다이몬 시민이 오직 군사에 전념했기 때문에
페리오이코이는 경제 활동을 담당했고, 군대에서는 주로 경무장보병이나 기병으로
복무했다.

132 "투리아"는 메세니아 지방의 도시국가다. "아이타이아"는 메세니아 또는 라코니케에
있었던 것으로 추정된다. 여기서 언급된 투리아인과 아이타이아인은 이들 도시에서
살다가 전쟁 포로가 되어 국가 노예가 된 이들이다. "이토메 산성"은 해발 800미터
의 이토메산에 구축된 요새로, 메세니아 전쟁에서 전략적 요충지 역할을 했다.

못했다. 대부분의 국가 노예들은 메세니아 전쟁[133] 때 노예가 된 옛 메세니아인의 후손이었기에 이들을 통틀어 메세니아인이라 불렀다.

3   이렇게 라케다이몬인은 이토메 산성에서 농성 중이던 반란군과 싸워야 했고, 이로 인해 타소스인은 포위된 지 3년째 되던 해에 어쩔 수 없이 아테나이인이 제시한 항복 조건을 받아들여야 했다. 아테나이인의 조건은 성벽을 허물고 함선들을 넘겨주며, 정해진 배상금을 일부는 즉시 지불하고 나머지는 이후에 계속 납부하는 것, 내륙에 있는 그들의 땅과 광산을 포기하는 것이었다.

1   **102** 이토메 산성에서 농성 중이던 반란군과의 전쟁이 길어지자, 라케다이몬인은 아테나이를 포함한 모든 동맹국에 도움을 요청했다. 이
2 에 아테나이인은 키몬의 지휘 아래 상당한 규모의 군대를 파견했다. 라케다이몬인이 아테나이인에게 도움을 요청한 이유는 아테나이인이 공성전에 탁월하다고 알려진 반면, 라케다이몬인은 장기간의 포위전에도 불구하고 이토메 산성을 함락하지 못할 정도로 공성전에 서툴렀기 때문이다.

3   이 원정으로 인해 라케다이몬인과 아테나이인 간의 갈등이 처음으로 표면화되었다. 라케다이몬인은 자신들의 힘으로 이토메 산성 함락에 실패하자, 아테나이인의 대담하고 혁신적인 기질을 경계하게 되었다. 그들은 아테나이인을 자신들과는 이질적인 존재로 여겨, 아테나이군이 계속 그곳에 머물 경우 이토메 산성의 반란군에 설득당해 그들 편으로 돌아설지도 모른다고 우려했다. 이에 라케다이몬인은 의심을

---

133 메세니아 지방은 비옥한 평야 지대였고, 라케다이몬은 인구 증가와 식량 부족 문제를 해결하기 위해 국경 분쟁과 가축 절도를 구실로 "메세니아 전쟁"을 일으켰다. 제1차 전쟁(기원전 743-724년)에서 메세니아인은 이토메 산성으로 피신해 20년간 저항했지만 끝내 함락되었고, 많은 이들이 국가 노예가 되었다. 이후 독립을 도모하며 일어난 제2차 전쟁(기원전 685-668년)에서도 에이라 요새에서 11년간 항전했으나 패배했고, 더 많은 이들이 노예로 전락했다.

드러내지 않은 채 아테나이군의 도움이 더 이상 필요하지 않다고만 말한 후 그들을 돌려보냈고, 다른 동맹군들은 남겨두었다.

아테나이군은 라케다이몬인이 타당한 이유 없이 단지 의심 때문에 4 자신들을 돌려보내는 것임을 간파했고, 이러한 대우를 받은 것에 분개했다. 그래서 본국으로 돌아가자마자 이전에 메디아인에게 공동으로 대항하기 위해 라케다이몬인과 맺었던 동맹을 파기하고, 그들의 숙적인 아르고스와 동맹을 맺었다. 이어서 아테나이인과 아르고스인은 같은 시기에 동일한 조건으로 테살리아인과도 맹세로 동맹을 맺었다.[134]

103 이토메 산성에서 농성하던 반란군은 더 이상 버틸 수 없게 되 1 자, 포위 10년째 되던 해에 라케다이몬인과 합의를 맺었다. 반란군은 펠로폰네소스를 떠나 다시는 돌아오지 않겠다고 맹세하고 산성을 떠나기로 약속했으며, 만약 그들 가운데 누군가 붙잡히면 그를 잡은 자의 노예가 된다는 조건에도 동의했다. 라케다이몬인이 이러한 합의를 2 하게 된 이유는 이전에 "이토메의 제우스에게 탄원하는 자를 놓아주어라"는 피토의 신탁을 받았기 때문이다.[135] 이렇게 반란군은 처자식을 데 3 리고 산성을 떠났고, 라케다이몬인에게 반감을 품고 있던 아테나이인은 그들을 받아들여 최근에 오졸리아 로크리스인에게서 빼앗은 나우팍토스[136]에 정착시켰다.

---

134 "아르고스"는 펠로폰네소스반도 아르골리스 지방의 도시국가로, 미케네와 티린스에 비해 영향력이 작았으나, 도로스인의 침입 이후 세력을 키워 펠로폰네소스의 주도권을 놓고 라케다이몬과 경쟁했다. 양측은 접경지인 티레아티스와 키누리아를 두고 자주 충돌했으며, 기원전 451년경 30년 평화조약을 맺었다. 아르고스는 전쟁 초기에는 중립을 유지하다가 이후 아테나이와 협력했다. "테살리아"는 헬라스 중부의 넓은 평야 지대로 이 지역의 도시들은 강력한 기병대로 유명하며, 대체로 과두정 체제를 유지했다. 펠로폰네소스 전쟁 당시 "테살리아인"은 라케다이몬과 우호적 관계를 맺었고, 때로는 동맹국으로 참전하기도 했다.
135 "이토메산" 정상에는 메세니아의 수호신 제우스를 모신 신전이 있었다. "피토"는 델포이를 가리키며, 고대 헬라스에서는 중대한 결정을 앞두고 델포이의 아폴론 신전에서 여제관 피티아를 통해 신탁을 구했다.

4   이 무렵 메가라인도 국경 문제로 코린토스인이 전쟁을 일으켜 압박해오자, 라케다이몬이 주도하는 동맹에서 이탈하여 아테나이와 동맹을 맺었다. 이렇게 메가라와 페가이를 확보한 아테나이인은 메가라인을 막기 위해 메가라에서 니사이아[137]에 이르는 긴 성벽을 쌓고, 그곳에 수비대를 주둔시켰다. 이것이 코린토스인이 아테나이인에게 극심한 증오심을 갖게 된 첫 계기였다.

1   **104** 프삼메티코스의 아들 이나로스는 리비에인으로서, 아이깁토스와 국경을 접한 리비에의 왕이었다.[138] 그는 아이깁토스의 대부분을 선동하여 파로스섬 정남쪽에 위치한 마레이아[139]를 거점으로 메디아 왕 아르타크세르크세스에게 반기를 들게 했다. 이후 그는 아이깁토스의 통치자가 되고 나서 아테나이인을 불러들였다.

2   당시 아테나이인은 자신들과 동맹국들의 함선 200척을 이끌고 키프로스섬을 공략하고 있었으나, 이나로스의 요청을 받고 키프로스를 떠나 아이깁토스로 향했다. 그들은 바다로부터 네일로스강[140]을 거슬러

---

136 "나우팍토스"는 오졸리아 로크리스 인근 코린토스만 북쪽 해안의 항구 도시로, 아테나이인이 제3차 메세니아 전쟁 이후 기원전 454년경 메세니아인을 이곳에 정착시켰다.

137 "페가이"는 코린토스만을 향한 메가라 지방의 북쪽 항구였고, "니사이아"는 사론만을 향한 남쪽 항구였다.

138 "아이깁토스"(이집트)는 네일로스강(나일강) 중심 지역을 가리키며, 고대 헬렌인들은 서쪽의 북아프리카 해안 지대 전체를 "리비에"라 불렀다. 아이깁토스는 페르시스 제국의 제4대 왕 크세르크세스와 제5대 왕 아르타크세르크세스 통치기에 지배를 받았다(기원전 486-424년). "이나로스"는 기원전 460년경 반란을 일으켰다.

139 "파로스섬"은 아티케 남쪽, 아이가이온해의 키클라데스제도에 속한 섬으로, 낙소스의 서쪽에 있으며, 아테나이 외항 페이라이에우스에서 남동쪽으로 약 150킬로미터 떨어져 있다. "마레이아"는 고대 아이깁토스 북부 해안에 위치했으며, 알렉산드리아에서 남서쪽으로 약 45킬로미터 떨어져 있는 도시국가로, 나일강과 리비아 사막 사이의 전략적 요충지이자 아이깁토스와 리비에를 잇는 교역 중심지였다.

140 "키프로스"는 지중해 동부에 있는 섬으로, 북쪽으로는 소아시아의 킬리키아 지방, 남쪽으로는 아이깁토스 북부 해안과 마주하고 있었다. "네일로스강"은 남에서 북으로 흐르며 지중해로 유입되고, 하류 삼각주에서 고대 아이깁토스의 첫 수도였던

올라가, 네일로스강과 멤피스의 3분의 2를 장악한 후, '흰 요새'[141]라 불리는 나머지 3분의 1을 공략하기 시작했다. 이 요새에는 그곳으로 피신한 페르시스인과 메디아인, 그리고 반란에 가담하지 않은 아이깁토스인이 있었다.

105 또한 아테나이인은 함대를 이끌고 할리아이에 상륙하여 코린토스인과 에피다우로스인을 상대로 전투를 벌였는데, 이 전투에서는 코린토스인이 승리했다. 그러나 얼마 후 케크리팔레이아섬[142] 앞바다에서 아테나이 함대와 펠로폰네소스 함대가 벌인 해전에서는 아테나이군이 승리했다. 이후 아테나이인과 아이기나인 사이에 전쟁이 시작되어,[143] 두 나라가 각자의 동맹국들과 함께 아이기나섬 앞바다에서 대규모 해전을 벌였다. 이 해전에서 스트로이보스의 아들 레오크라테스가 지휘한 아테나이군이 승리하여, 적군의 함선 70척을 나포한 후 아이기나의 영토에 상륙하여 도시를 포위하고 공격했다.

그러자 펠로폰네소스인은 아이기나인을 돕기 위해, 이전에 코린토스인과 에피다우로스인을 도왔던 중무장보병 300명을 아이기나로 보냈다. 동시에 코린토스인은 동맹국들과 함께 게라네이아 고원[144]을 점

멤피스까지는 약 30-35킬로미터 거리였다.

141 "흰 요새"(Ineb-hedj)는 멤피스 중심부에 있던 석회암으로 지어진 백색 성벽으로, 햇빛에 반사되어 희게 보였다고 한다. 이는 멤피스의 초기 명칭이기도 하다.

142 "할리아이"와 "에피다우로스"는 아르골리스 지방, 사론만 서쪽 연안에 위치한 도시국가였다. "케크리팔레이아섬"은 사론만, 아이기나섬 인근에 있었던 것으로 추정된다.

143 "아이기나"는 제1권 각주 54를 보라. 이들과 아테나이는 기원전 6세기 이전부터 해상 무역과 패권을 둘러싸고 경쟁 관계에 있었다. 아이기나는 먼저 무역 중심지로 성장하고 화폐를 주조했으나, 기원전 6세기 후반 아테나이가 부상하면서 양국 간 갈등이 격화되었다. 기원전 459년 아이기나가 델로스 동맹에서 이탈하려 하자 아테나이가 전쟁을 선포했고, 2년간의 포위 끝에 항복을 받아냈다.

144 "게라네이아 고원"은 헬라스 본토 남부 중앙, 코린토스 지협 북쪽에 위치한 동서로 길게 뻗은 산지로, 서쪽은 코린토스만, 동쪽은 사론만과 접한다. 펠로폰네소스와 아테나이를 잇는 전략적 요충지로 여겨졌다. 메가라는 이 산맥의 동쪽 기슭에, 코린토

령한 후 메가라 영토로 진격했다. 아테나이인이 아이기나와 아이깁토
스에 많은 군대를 파병해서 메가라인을 돕기 어렵고, 메가라를 돕기 위
4 해서는 아이기나에서 철군할 수밖에 없다고 판단했기 때문이다. 그러
나 아테나이인은 아이기나를 포위하고 있던 군대를 그대로 두고, 아테
나이에 남아 있던 노인과 소년으로 군대를 편성하여 피로니데스의 지
휘 아래 메가라로 출병시켰다.

5   메가라에서 벌어진 아테나이군과 코린토스군 간의 전투는 승패를
가리지 못한 채 양측이 서로 물러났다. 전투 후 양측은 각각 자신들이
6 우세했다고 여겼다. 아테나이군은 코린토스인이 물러가자 그곳에 승전
비를 세웠는데, 실제로 그들은 이 전투에서 우위를 점했다. 한편 전투
에서 돌아온 코린토스인은 자국의 원로들에게 비난을 받자, 다시 출정
준비를 하여 약 12일 후 다시 그곳으로 돌아와 마치 자신들이 승리한
것처럼 승전비를 세웠다. 이에 아테나이군이 메가라에서 출동하여 승
전비를 세우고 있던 자들을 죽이고, 나머지 적들과도 싸워 승리했다.

1   **106** 이렇게 패배하여 달아나던 상당수의 코린토스군이 궁지에 몰
려 허둥대다 길을 잃고, 깊은 도랑으로 둘러싸인 출구 없는 사유지로
2 뛰어들었다. 이를 본 아테나이군은 중무장보병으로 입구를 봉쇄하고
나머지 그 둘레에는 경무장보병을 배치한 후, 사유지 안에 갇힌 코린토
스군을 모두 돌로 쳐서 죽였다. 이 사건은 코린토스인에게는 큰 재앙이
었으나, 코린토스군의 대부분은 무사히 본국으로 돌아갔다.

1   **107** 이 무렵 아테나이인은 바다 쪽으로 긴 성벽을 쌓기 시작했는
데, 하나는 팔레론항[145]으로, 다른 하나는 페이라이에우스항으로 이어
2 지는 것이었다. 그리고 포키스인이 라케다이몬인의 어머니 땅, 즉 도로

스는 남쪽에 자리 잡고 있었다.

145 "팔레론항"은 아테나이의 외항으로, 페이라이에우스항에서 해안을 따라 북쪽으로
   약 10킬로미터 떨어진 곳에 있었다. 테미스토클레스가 페이라이에우스를 개발하기
   전까지, 기원전 5세기 이전에는 아테나이의 해상 무역과 해군 활동의 중심지였다.

스인의 땅인 도리스 지방의 도시 보이온, 키티니온, 에리네온[146]을 공격하여 그중 한 도시를 점령했다. 이에 라케다이몬인은 도로스인을 돕기 위해 자국의 중무장보병 1,500명과 동맹국들의 중무장보병 1만 명을 파병했다. 당시 파우사니아스의 아들이자 라케다이몬 왕 플레이스토아낙스는 아직 미성년자였기에, 클레옴브로토스의 아들 니코메데스가 왕을 대신해 이 군대를 지휘했다. 그들이 원군을 파견한 목적은 포키스인을 압박하여 점령한 도시를 도로스인에게 돌려주게 한 후 본국으로 귀환시키기 위함이었다.

라케다이몬군은 크리사만[147]을 지나는 해로를 이용하려 했으나, 바 3
다를 순찰하는 아테나이 함대에 저지당할 것이 분명해 보였다. 게라네이아 고원을 넘는 육로를 이용할 경우에도 아테나이인이 메가라와 페가이를 장악하고 있어 안전하지 않을 것이라 판단했다. 게라네이아 고원의 길이 험난할 뿐 아니라, 항상 감시하고 있는 아테나이군에게 저지당할 것으로 예상했기 때문이다. 라케다이몬군은 일단 보이오티아 지 4
방에 머물며 가장 안전한 이동 방법을 모색하기로 결정했다. 또한 일부 아테나이인이 은밀히 접촉해왔기에, 아테나이의 민주정과 그들이 쌓고 있는 긴 성벽을 무너뜨릴 수 있다는 희망을 품게 된 것도 그러한 결정을 하게 된 이유 중 하나였다.

그러나 아테나이군은 자신들의 군대 전부와 아르고스군 1,000명, 그 5

---

146 "포키스" 지방은 헬라스 본토 중부, 보이오티아 북쪽에 위치한 산악 지대로, 파르나소스산 중턱에 델포이가 있었다. 그 북쪽의 도리스 지방에는 오이테산과 파르나소스산 사이 계곡에 자리한 "보이온", "키티니온", "에리네온"이 있었고, 여기에 핀두스를 더해 '도리스 4대 도시국가'라 불렸다. 도리스 지방은 도로스인이 펠로폰네소스로 이주하기 전에 거주했던 곳으로, 라케다이몬을 비롯한 도로스인의 고향('어머니 땅')으로 여겨졌다.
147 "크리사만"은 코린토스만 북쪽 해안에 위치한 만으로, 내륙으로 15킬로미터 지점의 파르나소스산 중턱에 델포이가 있었다. 만 안의 크리사 항구는 순례자들에게 과도한 세금을 부과하다가 파괴되었고, 그 영토는 델포이에 헌납되었다. 크리사만은 코린토스만 해로를 통해 포키스 지방으로 가는 지름길이었다.

리고 몇몇 동맹국의 군대를 모두 합쳐 14,000명의 병력을 이끌고, 보이오티아 지방에 머물고 있는 라케다이몬군을 공격하기 위해 출정했다. 한편으로는 라케다이몬군에게 퇴로가 없다고 생각했기 때문이고, 다른 한편으로는 그들이 자신들의 민주정을 전복시키려 획책하고 있다고 의심했기 때문이다. 동맹조약에 따라 테살리아군의 기병대도 일부 아테나이 연합군에 합류했지만, 전투 중에 아테나이군을 배신하고 라케다이몬군 쪽으로 넘어가버렸다.

6

7

108 이 전투는 보이오티아 지방의 타나그라[148]에서 벌어졌다. 이 전투에서 양측 모두 많은 전사자가 발생했지만, 결국 라케다이몬군과 그 동맹군들이 승리했다. 이에 라케다이몬군은 메가라인의 영토로 진입하여 나무들을 베어내며 게라네이아 고원을 통과해 코린토스 지협을 거쳐 본국으로 돌아갔다. 그러나 아테나이군은 이 전투가 있은 지 62일째 되는 날, 미로니데스의 지휘 아래 다시 보이오티아 지방으로 진격하여 오이노피타 전투[149]에서 보이오티아군을 물리치고 보이오티아와 포키스를 장악했다. 그리고 타나그라의 성벽을 허물고, 오푸스 로크리스인들 중 가장 부유한 100명을 볼모로 잡아갔다. 그러는 사이에 아테나이인이 건설 중이던 긴 성벽도 완공되었다.

1

2

3

이 사건 이후 아이기나인도 자신들의 성벽을 허물고, 함선을 양도하며, 앞으로 공물을 바치겠다는 조건으로 아테나이인에게 항복했다. 또한 아테나이인은 톨마이오스의 아들 톨미데스의 지휘 아래 펠로폰네소스반도를 따라 항해하면서 라케다이몬인의 조선소를 불태웠고, 코린

4

5

---

148 "타나그라"는 보이오티아 지방 동부, 아소포스강 유역에 있던 도시국가다. 아소포스강은 고대에 테바이와 플라타이아이 사이의 경계를 형성했다.

149 "오이노피타"는 타나그라 근처에 있던 소도시로, 기원전 457년 "오이노피타 전투"에서 아테나이가 테바이 중심의 보이오티아 연맹군을 격파하면서 보이오티아에 대한 통제권을 확보했다. 이 승리로 로크리스와 포키스 지방도 아테나이의 영향권에 들어갔다.

토스의 식민시인 칼키스를 함락시켰으며, 시키온인의 영토에 상륙하여 그들과 싸워 승리했다.

109 그동안 아테나이군과 그 동맹군들은 아이깁토스에 주둔하며 다 1 양한 형태의 전투를 수행했다. 처음에는 아테나이군이 아이깁토스를 장 2 악했다. 그러자 메디아 왕은 라케다이몬인을 금전으로 매수하여 아티케 를 공격하게 함으로써 아테나이군이 아이깁토스에서 철군하지 않을 수 없게 만들려 했다. 이를 위해 메가바조스라는 페르시스인을 라케다이 몬으로 보냈다. 그러나 메가바조스가 자금만 허비하고 상황이 진전되 3 지 않자, 메디아 왕은 메가바조스를 아시아로 돌아가게 하고, 대신 조피 로스의 아들 메가비조스[150]라는 다른 페르시스인을 대군과 함께 아이 깁토스로 보냈다. 육로를 통해 아이깁토스에 도착한 메가비조스는 아 4 이깁토스군과 그 동맹군들을 상대로 싸워 승리했다. 이어서 헬렌인들 을 멤피스에서 몰아내고, 그들을 프로소피티스섬[151]에 가두어 1년 6개 월 동안 포위한 채 공격을 지속했다. 결국에는 물길을 바꾸어 섬 주변 의 물을 말려버림으로써 헬렌인들의 함선이 좌초되게 하고, 섬의 대부 분을 육지로 만든 뒤 그곳으로 보병들을 진격시켜 섬을 함락했다.

110 이렇게 해서 아이깁토스를 차지하려던 헬렌인의 야망은 6년간 1 의 전쟁 끝에 실패로 돌아갔다. 수많은 군사들 중 소수만이 리비에를 거쳐 키레네[152]로 도망쳐 목숨을 구했고, 대부분은 전사했다. 아이깁토 2

---

150 "메가비조스"는 다레이오스 1세의 즉위를 도운 7인의 귀족 중 메가비조스 1세의 손 자이자 바빌로니아 태수 조피로스의 아들로, 페르시스 제국의 장군이었다. 제2차 페르시스 전쟁에 참전했으며, 이후 시리아 총독으로 임명되어 기원전 456년 아이깁 토스에 도착해 반란 주모자 이나로스와 그를 지원한 아테나이군을 생포하고 2년 만 에 반란을 진압했다.

151 "프로소피티스섬"은 나일강 서쪽 삼각주에 위치한다.

152 "키레네"는 북아프리카 리비에 해안의 도시국가로, 기원전 631년경 키클라데스제 도의 테라섬 주민들이 세운 식민시다. 테라섬에서 키레네까지는 약 600킬로미터로, 당시 항해 기술로는 약 일주일이 소요되었을 것으로 보인다.

스의 영토는 모두 다시 메디아 왕의 지배 아래에 놓이게 되었다. 다만 늪지대의 왕 아미르타이오스[153]가 다스리는 지역은 예외였다. 이는 늪지대가 너무 광활해 그를 생포할 수 없었고, 그곳 주민들이 아이깁토스에서 가장 뛰어난 전사들이었기 때문이다. 아이깁토스인의 반란을 주도한 리비에 왕 이나로스는 부하에게 배신당해 붙잡혔고, 십자가에 못 박혀 처형되었다.

4 그동안 아테나이와 그 동맹국들이 증원군으로 보낸 삼단노선 50척이 상황을 전혀 알지 못한 채 아이깁토스로 항해하던 중 멘데스[154]에 도착했다. 그러나 이 함선들은 육지에서는 페르시스군의 공격을, 바다에서는 포이닉스 함대의 공격을 받아 대부분 파괴되었고, 소수만이 탈출했다. 이로써 아테나이군과 그 동맹군들이 감행한 대규모의 아이깁토스 원정은 실패로 막을 내렸다.

1 **111** 이 무렵 에케크라티데스의 아들이자 테살리아 왕이었던 오레스테스가 테살리아에서 쫓겨나 아테나이로 와서 자신의 복위를 도와달라고 요청했다. 이에 아테나이군은 새롭게 동맹을 맺은 보이오티아군과 포키스군을 이끌고 테살리아의 파르살로스로 원정을 떠났다.[155] 그들은 진지를 구축했으나, 테살리아 기병대의 저지로 진지에서 멀리 나갈 수 없어 도시를 점령하지 못했고, 다른 원정 목적도 이루지 못했다. 결국 아테나이군은 아무 성과 없이 오레스테스를 데리고 철수했다.

---

153 "늪지대"는 나일강 삼각주에 형성된 지역으로, 외부인의 접근이 어렵고 갈대('파피루스')가 울창하여 은신처로 적합했으며, 식량과 물자 조달이 용이한 자연환경을 갖추고 있었다. "아미르타이오스"는 이 늪지대를 근거지로 페르시스에 저항하여 독립을 쟁취했고, 기원전 404년부터 399년까지 약 6년간 아이깁토스를 통치했다.

154 "멘데스"는 나일강 삼각주 동부에 위치한 도시로, 아이깁토스의 초기 왕조부터 프톨레마이오스 왕조에 이르기까지 요충지였다. 아미르타이오스(제28왕조의 유일한 왕) 사후 수립된 제29왕조의 수도였다.

155 "오레스테스"에 대해서는 알려진 바가 없다. "파르살로스"는 테살리아 지방 남부에 위치한 도시국가였다.

그 후 얼마 지나지 않아 1,000명의 아테나이군이 이제 아테나이의 2
소유가 된 페가이에서 함선에 올라 크산티포스의 아들 페리클레스[156]
의 지휘 아래 해안을 따라 시키온으로 항해하여 상륙한 후, 시키온인들
과 싸워 승리했다. 곧이어 그들은 아카이아군을 대동하고 원정을 떠나 3
코린토스만을 건너 아카르나니아에 있는 오이니아다이[157]를 포위 공격
했으나, 함락시키지 못한 채 본국으로 돌아왔다.

112 그로부터 3년 후 펠로폰네소스인과 아테나이인 사이에 5년 기 1
간의 휴전협정이 체결되었다. 헬렌인들과의 전쟁에서 벗어나게 된 아테 2
나이군은 키몬의 지휘 아래 자국과 동맹국의 함선 200척을 이끌고 키
프로스 원정을 떠났다. 이 함선들 중 60척은 늪지대의 왕 아미르타이오 3
스의 요청에 따라 아이깁토스로 파견되었고, 나머지 함선은 키티온[158]을
포위하여 공격했다. 그러나 지휘관 키몬이 죽고 군량이 떨어지자, 그들 4
은 키티온에서 철수했다. 귀국길에 오른 그들은 키프로스섬의 살라미
스 앞바다를 지나던 중 포이닉스군, 키프로스군, 킬리키아군으로 구성
된 연합군과 마주쳤다. 아테나이군은 해전과 지상전을 동시에 벌여 두
전투에서 모두 승리한 후, 아이깁토스에서 온 함선들과 함께 본국으로
돌아갔다.

---

156 "페리클레스"(기원전 약 495-429년)는 귀족 출신 정치가로, 페르시스 전쟁 이후 델
로스 동맹을 강화하고 아테나이 민주주의의 황금기를 이끌어 '아테나이 민주주의의
아버지'로 불렸다. 펠로폰네소스 전쟁 초기에 아테나이를 휩쓴 역병으로 사망했다.
157 "오이니아다이"는 아카르나니아 지방, 아켈로오스강 하구의 늪지대에 자리 잡은 도
시였다. "아카이아"는 펠로폰네소스반도 북부 해안 지방으로, 남쪽은 아르카디아,
서쪽은 엘리스와 접하고 있었다.
158 "키티온"은 키프로스섬 남동부 해안에 위치한 전략적 요충지로, 천혜의 항구를 갖
춘 도시였다. 아테나이는 헬라스 세계에서의 전쟁이 제한되자 제국주의적 야망을
아이깁토스와 키프로스로 돌렸다. 특히 키프로스는 동부 지중해의 주요 무역로에
위치하며, 풍부한 구리 광산을 보유하고 있었다. 일부 헬렌인의 도시들이 페르시스
의 지배에서 벗어나려는 움직임을 보이자, 아테나이는 이에 대응해 키프로스를 직
접 공략하려 했다. 한편 아이깁토스에서는 "늪지대의 왕 아미르타이오스"를 지원하
며 간접적으로 개입했다.

5   이 사건 이후, 라케다이몬군은 이른바 '신성 전쟁'[159]을 일으켜 델포이 신전을 점령하고 델포이인에게 넘겨주었다. 그러나 라케다이몬군이 철수하자, 아테나이인은 군대를 파견하여 신전을 다시 점령한 후 포키스인에게 넘겨주었다.

1   **113** 얼마간의 시간이 흐른 후, 아테나이인은 톨마이오스의 아들 톨미데스의 지휘 아래 자신들의 중무장보병 1,000명과 동맹국들이 보낸 군대를 오르코메노스와 카이로네이아를 비롯한 보이오티아 지방의 여러 도시로 보냈다. 추방된 보이오티아인들이 점거한 이 도시들이 아테나이인에게 적대적이었기 때문이다. 아테나이군은 카이로네이아를 함락시킨 후 그 도시의 주민들을 노예로 삼고, 수비대를 배치한 뒤 철수

2   했다. 그러나 철수하던 아테나이군은 코로네이아를 지날 때, 오르코메노스에서 온 추방된 보이오티아인, 로크리스인, 추방된 에우보이아인, 그리고 이들과 같은 정치적 견해를 가진 다른 세력에게 공격을 받았다. 이 전투에서 아테나이군은 패배하여 일부 군사가 전사하고 일부는

3   생포되었다. 결국 아테나이군은 포로들을 돌려받는 조건으로 협약을

4   맺어 보이오티아 전역에서 철수했다. 그리하여 추방되었던 보이오티아인들이 자신들의 땅으로 돌아갔고, 다른 모든 보이오티아인들도 독립을 되찾았다.[160]

---

159 "신성 전쟁"은 델포이의 아폴론 신전과 신탁소 통제권을 두고 델포이인과 포키스인 간에 벌어진 일련의 분쟁이다. 여기서 언급된 제2차 신성 전쟁(기원전 449~448년)은 포키스인이 델포이의 신전을 점령하면서 시작되었다. 이에 라케다이몬이 개입해 포키스인을 몰아내고 델포이인에게 신전 통제권을 돌려주었으나, 라케다이몬군이 철수한 직후 페리클레스가 이끄는 아테나이군이 델포이를 다시 점령하고 포키스인에게 신전 관리를 맡겼다.

160 "오르코메노스"는 보이오티아 지방 북서부 코파이스 호수 근처에 있었고, "카이로네이아"는 북서부 케피소스강 근처에, "코로네이아"는 중서부 헬리콘산 근처에 있었다. 기원전 457년 아테나이가 보이오티아를 정복했으나, 기원전 447년 보이오티아인이 반발하며 여러 도시를 점거했다. 이에 아테나이의 톨미데스 장군이 출정했으나 제1차 코로네이아 전투에서 보이오티아 연맹군에 패배해 전사했고, 아테나이

114 이 사건 후 얼마 지나지 않아 에우보이아가 동맹에서 이탈했 1
다. 페리클레스가 아테나이군을 이끌고 에우보이아로 출정했을 때는
메가라도 이미 동맹에서 이탈하고 펠로폰네소스 연합군이 아티케를
침공하려는 상황이었다. 게다가 아테나이 수비대가 니사이아항으로 피
신한 자들을 제외하고 메가라인에 의해 전멸당했다는 소식도 전해졌
다. 메가라인은 코린토스인, 시키온인, 에피다우로스인을 끌어들여 동
맹에서 이탈한 터였다. 이에 페리클레스는 서둘러 군대를 이끌고 에우
보이아에서 돌아왔다.

펠로폰네소스군은 파우사니아스의 아들이자 라케다이몬 왕인 플레 2
이스토아낙스의 지휘 아래 아티케 지방의 엘레우시스와 트리아[161]에
침입하여 그 지역을 약탈했다. 그러나 더 이상 진격하지 않고 본국으로
돌아갔다. 그러자 아테나이군은 페리클레스의 지휘 아래 다시 에우보 3
이아로 건너가 그곳 전체를 복속시키고, 모든 도시와 평화조약을 맺었
다. 다만 헤스티아이아인만은 그들의 거주지에서 추방하고, 아테나이
인이 그 땅을 차지했다.[162]

115 아테나이인은 군대를 보내 에우보이아섬 전체를 복속시키고 돌 1
아온 지 얼마 지나지 않아, 라케다이몬과 그 동맹국들을 상대로 30년
평화조약을 맺었다. 이 조약에 따라 원래 펠로폰네소스인의 영토였으
나 자신들이 빼앗아 점령하고 있던 니사이아, 페가이, 트로이젠,[163] 아카

는 지방에 대한 통제권을 상실했다. 본문에서 묘사한 사건 이후, 아테나이는 기원전
424년 델리온 전투에서도 대패했다.
161 "엘레우시스"는 아티케 지방 북서부에 위치한 데모스(행정구역)로, 아테나이에서 약
20킬로미터 떨어져 있으며, 엘레우시스 비의(秘儀, 이에 대해서는 제6권 각주 19를
보라)의 중심지였다. "트리아"는 아티케 서부의 구역으로, 아테나이에서 엘레우시
스로 이어지는 신성한 길가에 있었다.
162 "헤스티아이아"는 에우보이아섬 북부의 도시국가로, 기원전 446년 아테나이에 반기
를 들었다가 주민들이 추방되고 아테나이 이주민이 정착하여 도시 이름을 오레오
스로 바꾸었다.
163 "트로이젠"은 펠로폰네소스반도 아르골리스 지방, 사론만 남서쪽 해안에 위치한

이아[164]를 반환했다.

2   평화조약을 맺은 지 6년째 되던 해, 프리에네의 소유권을 두고 사모스인과 밀레토스인 간에 전쟁이 일어났다. 이 전쟁에서 패한 밀레토스인 중 일부가 체제 전복을 꾀하는 일부 사모스인의 사주를 받고 아테나이

3   로 가서 사모스인을 규탄했다. 이에 아테나이군은 함선 40척을 이끌고 사모스로 가서 민주정을 수립하고, 사모스인들 중 소년 50명과 성인 남자 50명을 볼모로 잡아 렘노스섬[165]에 억류한 후, 수비대를 주둔시키고 본국으로 돌아갔다.

4   그런데 사모스섬에 머물지 않고 내륙으로 도망친 일부 사모스인들은 도시에 있던 유력자들과 함께 히스타스페스의 아들이자 사르데이스의 총독인 피수트네스[166]와 연합하여 700여 명의 용병을 모집한 후 야

5   간에 사모스로 건너갔다. 그들은 먼저 민주정의 지도자들을 공격하여

도시국가였다. 사론만(헬라스어로 '사로니코스 콜포스')이라는 명칭은 트로이젠의 왕이자 사냥꾼이었던 사론이 사슴을 쫓다 만에 빠져 죽은 일화에서 유래했다.

164 "아카이아"는 펠로폰네소스반도 북부 해안에 위치한 지역으로, 여러 도시국가로 이루어져 있었다. 이 지역은 본래 '아이기알로스'로 불렸으나, 헬렌의 아들 크수토스가 테살리아의 프티아에서 이주해 와 아테나이의 에레크테우스왕의 딸 크레우사와 결혼해 낳은 아카이오스의 이름을 따 '아카이아'로 불리게 되었다. 아카이오스는 그의 형제 이온과 함께 각각 아카이오스인과 이온인의 시조가 되었다.

165 "프리에네"는 소아시아 서남부 리디아 지방, 마이안드로스강 삼각주 근처에 위치한 이오니아 12개 도시국가 중 하나였다. 그 앞바다의 "사모스"는 이오니아 지방의 헬라스 식민시로, 참주 폴리크라테스(집권 기원전 약 538-522년) 시기에 강력한 해군력을 바탕으로 아이가이온해의 주요 해상 세력으로 성장했다. 프리에네 남쪽의 "밀레토스"는 4개의 항구를 보유한 반도 도시로, 탈레스, 아낙시만드로스, 아낙시메네스와 같은 자연철학자들이 활동한 과학과 철학의 중심지였다. "렘노스섬"은 헬레스폰토스 해협 인근에 위치한 도시국가였다.

166 "사르데이스"는 소아시아 고대 리디아 왕국의 수도였다. 크로이소스왕(재위 기원전 560-546년) 시기에 전성기를 누렸으나, 기원전 546년 사르데이스 전투에서 키루스왕에게 패배한 후 페르시스 제국의 리디아 속주로 편입되어 총독의 통치를 받았다. "피수트네스"는 페르시스 제국의 제5대 왕 아르타크세르크세스와 제6대 왕 다레이오스 2세의 통치기의 리디아 태수로, 사르데이스에서 아이올리스와 이오니아 지방을 관할했다.

대부분 제압한 다음, 렘노스섬에 억류되어 있던 볼모들을 은밀하게 구출하여 자신들의 편으로 만들었다. 그리고 사모스에 주둔하던 아테나이 수비대와 관리들을 피수트네스에게 넘기고, 즉시 밀레토스를 공격할 준비를 했다. 이에 비잔티온인도 그들과 함께 아테나이에 반기를 들었다.

116 이 소식을 접한 아테나이군은 함선 60척을 이끌고 사모스로 항 1 해했다. 그러나 이 중 16척은 다른 임무로 파견되어 이 작전에서 제외되었는데, 일부는 포이닉스 함대를 감시하기 위해 카리아로 보내졌고, 일부는 도움을 요청하기 위해 키오스와 레스보스로 향했다. 페리클레스와 다른 9명의 장군들은 나머지 44척을 이끌고 트라기에섬 앞바다에서 사모스 함선 70척과 해전을 벌였다. 사모스 함대는 밀레토스에서 돌아오는 중이었고, 그중 20척은 수송선이었다. 이 해전에서는 아테나이군이 승리했다.[167]

그 후 아테나이에서 40척, 키오스와 레스보스에서 25척이 추가로 2 파견되었다. 이 함선들은 사모스섬에 상륙하여 지상전에서 승리한 후 세 방면으로 방벽을 쌓아 도시를 봉쇄하고, 마찬가지로 바다도 함선들로 차단했다. 페리클레스는 사모스섬 앞바다에 정박해 있던 함선들 중 3 60척을 이끌고 서둘러 카리아 지방의 카우노스로 향했다. 포이닉스 함대가 접근하고 있다는 보고를 받았기 때문이다. 사모스에서 스테사고라스 등이 함선 5척을 타고 포이닉스인에게 지원을 요청했기에 포이닉스 함대가 움직이게 된 것이다.[168]

---

167 "카리아"는 소아시아 서부 해안의 최남단 지방으로, 기원전 6세기 리디아 왕국에 복속되었다가 기원전 547년 페르시스 제국에 편입되었다. "레스보스"는 소아시아 트로아스 지방 남쪽 해상에 위치한 섬이었으며, "키오스"는 그 아래쪽에 자리했다. "트라기에섬"은 밀레토스와 사모스섬 사이에 있었던 것으로 추정되지만 정확한 위치는 알려져 있지 않다.
168 "카우노스"는 소아시아 남서부 카리아와 리키아 지방의 경계에 위치한 도시로, 로도스섬과 마주하고 있었다. "스테사고라스"는 사모스의 고위 관리로 추정되나 구체적으로 알려진 바가 없다.

1   **117** 그러자 사모스군이 갑자기 함선들을 몰고 나와 방벽이 없는 아테나이군의 진영을 기습했다. 그들은 정찰 중이던 아테나이 함선들을 파괴하고, 접근해오는 다른 함선들과도 해전을 벌여 물리쳤다. 사모스군은 섬 주변의 바다를 14일 동안 장악하며, 필요한 물자를 자유롭게 반입하고 반출했다.

2   그러나 페리클레스가 함대를 이끌고 돌아오자 사모스는 다시 봉쇄되었다. 그 후 아테나이에서 투키디데스, 하그논, 포르미온이 지휘하는 함선 40척과 틀레폴레모스, 안티클레스가 지휘하는 함선 20척이 추가

3   로 파견되었고, 키오스와 레스보스에서 보낸 함선 30척이 합류했다. 사모스인은 잠시 해전을 벌이며 저항했으나 결국 견디지 못하고 포위된 지 9개월 만에 성벽을 허물고, 볼모를 보내며, 함대를 넘겨주고, 배상금을 분할 지불하는 조건으로 항복했다. 비잔틴인도 이전처럼 속국이 되는 것에 동의하는 협정을 아테나이인과 맺었다.

1   **118** 앞서 언급한 사건들, 즉 펠로폰네소스 전쟁의 원인이 되었던 케르키라 사건, 포테이다이아 사건을 비롯한 여러 일들은 이 시기로부

2   터 수년 후에 일어났다. 헬렌인들 사이에서, 또는 헬렌인과 이민족 사이에서 일어난 이 모든 일은 크세르크세스가 철군한 이후부터 펠로폰네소스 전쟁이 발발하기까지 약 50년 동안 이어졌다. 이 기간 동안 아테나이는 제국을 더욱 공고히 했고, 국력은 현저히 강성해졌다. 라케다이몬은 이를 인지하고도 일시적으로만 저지하려 했을 뿐, 대체로 방관하는 태도를 취했다. 라케다이몬인은 불가피한 경우가 아니면 전쟁에 쉽게 나서지 않는 성향이었고, 당시에는 자국 내 분쟁으로 인해 아테나이에 맞설 처지도 아니었기 때문이다. 그러나 아테나이의 국력이 현저히 강해지고 마침내 라케다이몬의 동맹국들까지 침범하자, 더 이상 좌시할 수 없다고 판단했다. 결국 라케다이몬은 전쟁을 일으켜 아테나이의 세력을 무너뜨리기로 결심했다.

3   라케다이몬인은 이미 평화조약이 파기되었고 그 책임이 아테나이인

에게 있다고 내부적으로 결의했으나, 델포이에 사절을 보내 전쟁을 하는 것이 과연 바람직한지 신탁을 구했다. 신은 그들이 온 힘을 다해 싸운다면 승리할 것이며, 자신은 그들이 도움을 청하든 그렇지 않든 돕겠다고 응답했다고 전해진다.

119 라케다이몬은 전쟁 여부를 투표로 결정하기 위해 동맹국들을 1 다시 소집했다. 동맹국 대표들이 도착하고 회의가 열리자, 그들 중 다수는 아테나이를 비난하며 전쟁을 원한다고 표명했다. 코린토스는 포테이다이아가 완전히 패망할 것을 우려하여, 미리 모든 동맹국에 사신을 보내 전쟁 찬성에 투표하도록 요청해두었다. 그리고 회의가 열리자 마지막으로 앞으로 나가 다음과 같이 말했다.

120 "동맹국 대표단 여러분, 우리는 이제 더 이상 라케다이몬을 비 1 난하지 않을 것입니다. 그들은 이미 전쟁에 찬성했고, 지금 전쟁을 결의하기 위해 우리 동맹국들을 이곳에 소집했기 때문입니다. 동맹의 맹주인 라케다이몬으로서는 그렇게 하는 것이 마땅합니다. 맹주는 자국의 이익을 추구할 때도 공정해야 하고, 모든 면에서 다른 동맹국들보다 더 우대받는 만큼 공동의 이익을 돌봐야 하기 때문입니다.

우리 모두는 이미 아테나이인을 상대해봤기에 더 이상의 경고가 필 2 요치 않습니다. 항구에서 멀리 떨어진 내륙 국가는 해안 가까이에 있는 국가를 보호하지 않으면, 생산품을 수출하거나 바다가 육지에 내어주는 것을 수입하기 어려워진다는 점을 알아야 합니다. 내륙 국가는 잘못된 판단으로 이 문제를 자신과 무관한 일로 여겨서는 안 됩니다. 해안 가까이 있는 국가를 포기한다면, 그 위험이 결국 내륙 국가에게도 미칠 것임을 예상해야 합니다. 따라서 이 회의에서 논의되는 사안은 해안 가까이 있는 국가만이 아니라 내륙 국가에게도 중요하다는 점을 인식하고 숙고해야 합니다.

---

* 제119~125장까지는 라케다이몬에서 열린 제2차 동맹국 회의를 다룬다.

3   또한 그런 이유로 해안 가까이 있는 국가도 평화 대신 전쟁을 선택하는 것을 두려워해서는 안 됩니다. 부당한 대우를 받지 않는 한 현명한 사람은 평화로운 삶을 선택합니다. 그러나 부당한 대우를 받을 때 훌륭한 사람은 평화를 버리고 전쟁을 선택합니다. 그리고 적절한 때에 전쟁을 그치고 다시 화해합니다. 그런 사람은 전쟁에서 승리했다고 자만하지 않고, 부당한 대우를 감수하며 평화로운 삶에 안주하지 않습니

4   다. 자신이 누리던 것을 잃지 않기 위해 전쟁을 피하고 평화를 유지하려는 자는, 오히려 그로 인해 가장 먼저 그 즐거움을 잃게 될 것입니다. 또한, 전쟁에서 승리했다고 자만하는 자는 그 자만이 얼마나 헛된 것인지 깨닫지 못하고 있을 뿐입니다.

5   잘못된 작전을 세웠는데도 적이 더 큰 실수를 범한 덕분에 승리한 경우도 많았고, 반대로 뛰어난 작전을 세웠다고 확신했음에도 불구하고 패배의 수모를 겪는 경우는 더욱 많았습니다. 누구인들 생각과 행동이 항상 일치하겠습니까? 작전을 세울 때는 두려움 없이 안전한 상태에서 사고하지만, 막상 이를 실행할 때는 두려움 가운데서 행해야 하기 때문입니다.

1   **121** 그러나 지금 우리는 아테나이로부터 부당한 대우를 받아 전쟁을 시작하는 것이므로 명분이 충분합니다. 우리는 그들을 응징하고 안

2   전을 확보한 후, 적절한 시기에 전쟁을 끝낼 것입니다. 이번 전쟁에서 우리의 승리를 뒷받침하는 여러 요소가 있습니다. 먼저, 우리는 병력과 전투 경험에서 우세하며, 명령에 따라 일사 분란하게 움직인다는 강

3   점이 있습니다. 또한 우리는 동맹국 각자의 자산과 델포이와 올림피아에 있는 기금[169]을 활용하여 아테나이만큼 강한 해군력을 갖출 수 있습

---

169 "델포이"는 헬라스 중부 포키스 지방의 도시로, 아폴론 신전의 신탁으로 유명했다. "올림피아"는 펠로폰네소스반도 북서부 엘리스 지방에 있는 제우스의 성역으로, 대지신 가이아의 신탁소가 있었고 올림피아 제전이 열렸다. 이 두 곳은 고대 헬라스의 신탁 및 문화 중심지로서, 헬라스 도시국가들이 신에게 바친 공물과 전리품을

니다. 아테나이의 군사력은 시민보다 용병에 의존하고 있으므로, 우리가 이 기금을 빌려 더 높은 보수를 제시하면 아테나이 해군에서 일하는 외국인들을 데려올 수 있습니다. 반면, 우리의 힘은 돈이 아닌 사람에 있기에 설령 아테나이가 더 높은 보수를 준다 해도 우리 사람들을 빼내기는 어려울 것입니다.

아테나이는 해전에서 단 한 번의 패배로도 정복될 가능성이 높습니다. 그들이 더 오래 버틴다 해도, 그동안 우리는 해군을 훈련시킬 더 많은 시간을 확보하게 될 것입니다. 우리 해군의 해전 지식을 아테나이의 해군과 대등한 수준으로 훈련시킨다면, 우리는 타고난 용기로 그들을 이길 수 있습니다. 우리의 타고난 자질은 훈련으로 습득할 수 없는 반면, 그들의 해전 지식은 훈련을 통해 얼마든지 따라잡을 수 있습니다. 이를 위한 자금은 동맹국이 부담하면 됩니다. 아테나이의 동맹국은 속국으로라도 생존하기 위해 기꺼이 돈을 내고 있습니다. 그런데 우리가 적을 응징하고 스스로를 지키는 일에 돈을 아낀다면, 결국 그 자금은 아테나이인의 손에 들어가 우리를 해치는 데 사용될 것입니다. 이는 참으로 끔찍한 일이 아닐 수 없습니다.

122 그리고 우리는 아테나이를 상대로 전쟁을 수행할 다른 전략도 있습니다. 그중 하나는 아테나이의 동맹국들이 반기를 들도록 하는 것입니다. 특히 동맹국으로부터 거둬들이는 돈이 아테나이 힘의 원천인데, 바로 그 수입원을 차단하는 것입니다. 아테나이인의 영토에 요새를 구축할 수도 있고, 지금으로서는 예측할 수 없는 여러 방법이 있습니다. 전쟁은 계획대로 진행되는 경우가 드물고, 많은 일이 우연히 발생하여 그때마다 해결책을 찾아야 하기 때문입니다. 따라서 전쟁에서는 차분하게 대처하는 측이 더 안전하며, 흥분한 측은 더 많은 실수로 해

보관하는 금고를 설치했다. 특히 아테나이 같은 강대국은 이를 통해 국력을 과시하고 동맹국과의 관계를 강화했다.

를 입게 됩니다.

2   만약 이것이 이웃 국가 간의 국경 분쟁이었다면 우리 동맹국들은 각자 쉽게 해결할 수 있었을 것입니다. 그러나 아테나이는 우리 동맹국 중 어느 한 국가가 단독으로 상대할 수 없을 만큼 강하고, 우리 모두가 힘을 합쳐야만 맞설 수 있다는 점을 명심해야 합니다. 따라서 우리 동맹국들이 한마음으로 단결하지 않고 분열된다면 그들은 우리를 쉽게 정복할 것입니다. 듣기에도 끔찍한 일이지만, 패배는 곧 완전한 노예가 되는 것을 의미합니다.

3   노예가 된다는 말을 입에 올리는 것조차 펠로폰네소스인에게는 치욕입니다. 이토록 많은 국가가 단 하나의 국가에 의해 노예로 전락하는 것도 치욕입니다. 실제로 그런 일이 일어난다면, 사람들은 우리가 노예가 된 것은 당연하고, 우리의 비겁함이 그런 운명을 자초했으며, 우리가 스스로 조상들보다 못한 자임을 입증했다고 말할 것입니다. 우리의 조상들은 헬라스에 자유를 가져다주었지만, 우리는 우리 자신의 자유조차 지키지 못했기 때문입니다. 우리는 참주를 무너뜨리는 것을 가치 있게 여기면서도, 한 국가가 다른 국가 위에 참주로 군림하는 것은 용납해 왔습니다.

4   우리는 그런 상황을 용납하는 것이 어리석음, 나약함, 무책임이라는 세 가지 중대한 잘못을 저지르는 것임을 깨닫지 못하고 있습니다. 우리는 이러한 잘못을 피했어야 했지만, 실제로는 오만하여 적을 경시했기에 많은 이들에게 해를 끼쳤습니다. 적을 경시하는 오만함은 실패로 직결된다는 사실이 이미 많은 사례를 통해 증명되었으며, 그러한 태도는 어리석음이라는 이름으로 불립니다.

1   **123** 그러나 지난날의 일을 오늘날 사람들에게 유익이 될 정도를 넘어 길게 비난할 필요가 있겠습니까? 중요한 것은 미래를 위해 현재의 고난을 견뎌내는 것입니다. 고난을 통해 탁월함을 얻는 것이야말로 우리가 조상들으로부터 물려받은 전통입니다. 부와 힘이 조금 나아졌다

고 해서 그 전통을 버려서는 안 됩니다. 궁핍 속에서 고난을 통해 얻은 것을 풍요로워졌다고 해서 잃는 것은 옳지 않습니다. 우리가 용기를 갖고 이 전쟁에 임해야 하는 이유는 많습니다. 신이 전쟁을 하라는 신탁을 내려주었고, 우리를 돕겠다고 약속했습니다. 또한 헬라스의 여러 국가들 중 일부는 두려움 때문에, 또 일부는 국익을 위해 우리와 함께 아테나이인과 싸울 것입니다.

신이 우리에게 전쟁을 명령한 이유는 아테나이인이 평화조약을 파 2 기했기 때문입니다. 따라서 우리가 전쟁을 시작한다 해도 먼저 평화조약을 파기하는 것이 아닙니다. 공격을 받고 반격하는 쪽이 아니라 먼저 공격한 쪽이 조약을 파기한 것입니다.

124 그러므로 여러분의 전쟁 준비는 모든 면에서 정당합니다. 동일 1 한 이해관계는 국가 간이든 개인 간이든 연대를 위한 가장 확실한 보증이 됩니다. 따라서 우리는 이러한 공동의 이해관계를 토대로 다음과 같이 권고합니다. 우리는 지금까지 우리와 같은 도로스인이면서도 이온인들에게 포위되어 공격받고 있는 포테이다이아인들을 돕기를 주저했지만, 이제는 주저하지 말고 도와야 하며, 더 나아가 다른 국가들의 자유도 회복시켜줘야 합니다. 더 이상은 기다릴 수 없습니다. 여기서 또 지체한다면 동맹국들 중 일부는 곧 해를 입게 될 것이고, 우리가 회의를 한 후에도 조치를 망설인다면, 결국 다른 동맹국들도 머지않아 동일한 고통을 겪게 될 것입니다.

동맹국 대표단 여러분, 이제 우리는 전쟁을 피할 수 없는 상황에 놓 2 였습니다. 그러므로 전쟁이 우리에게 최선의 선택이라 믿습니다. 눈앞의 위험을 두려워하지 말고, 승리했을 때 얻게 될 더 오랜 평화를 열망하는 마음으로 전쟁을 하자는 쪽에 투표해주십시오. 전쟁을 통해 더 확고한 평화를 얻을 수 있는 반면, 평화롭게 살고자 전쟁을 회피하는 것은 결코 안전한 길이 아닙니다. 헬라스에서 참주로 군림해온 도시는 우 3 리 모두 위에 군림하려 하고, 우리 중 일부를 이미 지배하고 있으며, 나머지도 지배할 계획을 세우고 있습니다. 그러므로 우리가 앞으로 안전하게 살아가고, 이미 노예가 되어버린 헬렌인들을 해방시키려면, 그 도시를 공격하여 맞서 싸워야 합니다."

1   **125** 코린토스 대표가 그렇게 말한 뒤, 라케다이몬인들은 모든 동맹국 대표들의 의견을 듣고 나서, 큰 나라든 작은 나라든 회의에 참석한 모든 국가가 차례로 투표하게 했다. 대다수는 전쟁을 지지하는 쪽에 표 2 를 던졌다. 그들은 전쟁을 결의하긴 했으나, 당장 준비가 되어 있지 않아 즉시 전쟁을 개시하기는 불가능했다. 그러나 전쟁에 필요한 물자를 각자 준비하기로 했다. 그들이 아티케에 진격하여 전쟁을 공식적으로 시작하기까지는 1년이 걸렸으나, 그조차도 오히려 짧은 시간이었다.

1   **126*** 이 기간 동안 라케다이몬인은 아테나이인에게 사절단을 보내 항의했다. 이는 아테나이인이 그들의 요구를 받아들이지 않을 경우, 전 2 쟁을 시작할 정당한 명분을 확보하기 위함이었다. 먼저 라케다이몬인은 사절단을 보내 아테나이인에게 '신의 저주'를 제거할 것을 요구했다. 3   신의 저주란 다음과 같은 것이었다. 과거에 킬론[170]이라는 아테나이인이 있었다. 그는 오래전 올림피아 경기에서 우승한 인물이자 명문가 4 출신으로, 당시 메가라의 참주였던 테아게네스의 딸과 결혼했다. 킬론이 델포이에서 신탁을 받았을 때, 신은 그에게 제우스 대제전 기간에 5 아테나이의 아크로폴리스[171]를 점령하라고 했다. 이에 그는 테아게네스에게서 군대를 빌리고 친구들을 설득하여, 펠로폰네소스에서 올림피아

---

*   제126-139장은 라케다이몬이 아테나이와의 전쟁을 준비하며 시간을 확보하기 위해 전개한 외교적 노력과 그 과정에서 발생한 주요 사건들을 설명한다.

170   "킬론"은 아테나이의 귀족 출신으로, 기원전 640년경 올림피아 경기 200미터 달리기에서 우승했으며 메가라의 참주 테아게네스의 사위였다. 여기에 언급된 사건은 기원전 632년경에 일어났다.

171   "아크로폴리스"(ἀκρόπολις)는 '높은'을 뜻하는 '아크로스'와 '도시국가'를 뜻하는 '폴리스'의 합성어로, 도시의 가장 높은 지점을 가리킨다. 초기에는 방어용 요새였으나, 주요 신전들이 들어서며 종교와 문화의 중심지로 발전했다.

제전이 열리자 아크로폴리스를 점령했다. 제우스 대제전이란 올림피아 제전을 가리키며, 이 기간이 올림피아 경기 우승자인 자신이 거사를 일으킬 적절한 기회라고 생각한 것이다.

그는 제우스 대제전이 아티케나 다른 지역에서도 열리는 축제일 가능성을 전혀 고려하지 않았고, 신탁도 이 점에 대해 명확히 알려주지 않았다. 그러나 실제로 아테나이에서도 제우스 대제전이라 불리는 디아시아 축제[172]가 열렸다. 도시 외곽에서 열리는 이 축제에서 사람들은 살아 있는 동물이 아닌 동물 모양으로 만든 이 지역 특유의 케이크를 제물로 바쳤다. 그럼에도 킬론은 자신이 신탁을 올바르게 해석했다고 믿고 거사를 시도한 것이다. 6

아테나이인들은 이 거사를 알아차리고 모두 아크로폴리스로 몰려가 그곳을 포위했다. 그러나 시간이 흐르면서 봉쇄에 지친 그들은 대부분 자리를 떠났고, 9명의 집정관들에게 그곳을 지키며 모든 문제를 최선이라 생각되는 방식으로 처리하도록 맡겼다. 당시에는 9명의 집정관이 대부분의 국정을 담당했다. 그동안 포위된 킬론과 그의 무리는 식량과 식수 부족으로 고통을 겪었다. 킬론과 그의 동생은 탈출했지만, 나머지 사람들은 극한 상황에 처했고 일부는 굶어 죽기도 했다. 결국 그들은 아크로폴리스의 제단 앞에 탄원자로 앉아 도움을 청했다. 아크로폴리스를 지키던 아테나이인들은 이를 보고 해치지 않겠다고 약속하며 그들을 자리에서 일으켜 제단 밖으로 데리고 나갔지만, 곧 모두 죽여버렸다. 존귀한 여신들[173]의 제단으로 피신한 자들도 그 자리에서 살해당했 7 8 9 10 11

---

172 "디아시아 축제"는 아테나이에서 매년 안테스테리온 달(현대 달력 기준 2월 말-3월 초) 23일에 열리는 축제로, '자비로운 제우스'를 기리고 그의 분노를 달래며 자비를 구하기 위한 의식이었다. 주로 가족 단위로 참여하여 개인과 가족의 안녕을 기원했다.
173 "존귀한 여신들"은 주로 엘레우시스 비의에서 숭배되는 곡물의 여신 데메테르와 그의 딸 페르세포네를 지칭하지만, 아테나이에서는 아테나, 아르테미스, 페르세포네를 가리키기도 했다. 여기서는 아레이오스 파고스 북동쪽 바위 틈에 있던 복수의 여신들의 제단을 가리키는 것으로 보인다.

다. 이 일로 인해 그들을 죽인 자들과 그 후손은 신에게 범죄하여 저주 받은 자들이라 불렸다.

12   이후 아테나이인은 이 저주받은 자들을 추방했고, 후에 라케다이몬 인 클레오메네스[174]도 자신을 추종하는 아테나이인들과 함께 다시 그 들을 추방했다. 살아 있는 자들은 쫓겨나고, 죽은 자들의 뼈는 무덤에 서 파내어졌다. 그럼에도 그들은 다시 돌아왔고, 그들의 후손은 여전히 아테나이에서 살고 있었다.

1   **127** 라케다이몬인은 이 저주받은 자들의 후손을 다시 추방하여 신 의 저주를 제거하라고 요구했다. 표면적으로는 신들의 명예를 높이기 위해서라고 주장했지만, 실제로는 크산티포스의 아들 페리클레스가 외 가 쪽으로 이 저주에 연루되어 있음을 알고 그를 제거하려는 의도였 다. 페리클레스가 추방되면 아테나이인을 상대로 한 자신들의 계획이
2 더 순조롭게 진행될 것이라 여겼기 때문이다. 그들은 페리클레스가 실 제로 추방당해 큰 고통을 겪게 되리라고 기대하지는 않았다. 다만 아테 나이인들로부터 비난을 받게 하고, 그가 저주 사건에 연루된 것이 전쟁
3 의 원인 중 하나라고 인식되게 하고자 했다. 당시 가장 영향력 있는 지 도자였던 페리클레스가 모든 일에서 라케다이몬에 맞서 조금도 양보 하지 않음으로써, 아테나이를 전쟁으로 내몰고 있었기 때문이다.

1   **128** 그러자 아테나이인은 라케다이몬인에게 타이나론[175]의 저주를 제거하라고 요구했다. 왜냐하면 라케다이몬인도 전에 타이나론의 포세

---

174 "클레오메네스"(재위 기원전 약 520-490년)는 라케다이몬의 왕으로, 기원전 510년 아테나이 귀족 알크메오니다이 가문의 요청으로 참주 히피아스를 축출하고 이사고 라스와 함께 과두정을 수립했다. 그러나 아테나이 시민들의 저항으로 군대를 철수 했고, 이사고라스와 그의 지지자들은 처형되거나 추방되었다. 이후 민주정 지도자 클레이스테네스가 집권하여 아테나이 민주정의 기틀을 마련했다.

175 "타이나론"은 펠로폰네소스반도 남부, 라코니케만 서안 끝에 있는 곳이다. 기원전 465년경 국가 노예들이 반란을 일으켜 이곳의 포세이돈 신전으로 피신했으며, 이듬 해인 기원전 464년경 스파르테에서 큰 지진이 일어났다.

이돈 신전에서 탄원자로 앉아 있던 몇몇 국가 노예를 데리고 나가 죽인 일이 있었기 때문이다. 라케다이몬인들은 이 일로 인해 스파르테에서 대지진이 일어났다고 믿었다.

또한 아테나이인은 라케다이몬인에게 청동 신전의 여신[176]과 관련된 저주를 제거하라는 요구도 했는데, 그 내막은 다음과 같다. 헬라스 연합군 총사령관으로 헬레스폰토스 해협에 파견되었다가 스파르테로 처음 소환된 라케다이몬인 파우사니아스는 재판을 받았으나 무죄로 방면되었다. 라케다이몬은 그를 다시 원래 직위로 복귀시키지 않았으나, 그는 개인적으로 삼단노선을 타고 헤르미오네항[177]에서 헬레스폰토스로 갔다. 표면적인 명분은 페르시스인에 맞서는 헬렌인의 전쟁을 돕기 위한 것이었으나, 실제로는 자신이 헬라스를 지배하기 위해 페르시스 왕과 이미 시작한 비밀 협상을 계속 이어가기 위함이었다.

파우사니아스가 처음에 페르시스 왕과 비밀 협상을 시작하게 된 경위는 다음과 같다. 즉 파우사니아스가 전에 키프로스에서 철수해 비잔티온으로 가 메디아인이 점령하고 있던 그곳을 함락시켰을 때, 그곳에 있던 페르시스 왕의 친척들과 그 가족도 포로가 되었다. 그는 이 포로들을 빼돌려 페르시스 왕에게 넘겨준 후, 동맹군에게는 포로들이 도주했다고 둘러댔다. 파우사니아스는 비잔티온과 포로들을 에레트리아인 공길로스[178]에게 맡겼는데, 이 일을 그와 함께 처리했다. 그는 공길로스를 통해 페르시스 왕에게 서신을 보냈는데, 나중에 밝혀지기를 그 서신에는 다음과 같이 적혀 있었다.

---

176 스파르테에는 내부가 청동으로 장식되어 "청동 신전"이라 불린 아테나 신전이 있었다.
177 "헤르미오네항"은 펠로폰네소스반도 아르골리스 지방, 사론만을 마주보는 해인에 위치한 항구였다.
178 "에레트리아"는 헬라스 본토 에우보이아섬의 서쪽 해안의 도시국가로, 칼키스 남쪽에 위치했으며 칼키스와는 숙적 관계였다. "공길로스"는 에레트리아 출신의 귀족으로, 추방된 후 페르시스로 망명하여 제4대 왕 크세르크세스의 신임을 얻고 소아시아의 일부 도시를 통치했다. 헬라스 침공 때 조언자 역할을 한 것으로 추정된다.

7 "스파르테군 총사령관 파우사니아스가 당신께 호의를 보이고자 전쟁포로들을 보내드립니다. 당신이 동의하신다면, 나는 당신의 따님과 혼인하여 스파르테를 비롯한 헬라스 전체를 당신께 귀속시키고자 합니다. 우리가 함께한다면 이 일을 이룰 수 있다고 믿습니다. 나의 제안이 마음에 드신다면, 믿을 만한 사람을 해안가로 보내주십시오. 앞으로는 그를 통해 연락하겠습니다."

1 **129** 이것이 서신에 담긴 내용이었다. 크세르크세스는 이 서신을 받고 기뻐하며, 파르나케스의 아들 아르타바조스[179]를 해안가로 보내, 다스킬리온[180]의 태수로 있는 메가바테스로부터 태수직을 넘겨받으라고 지시했다. 그리고 파우사니아스에게 보낼 답신을 건네며, 가능한 한 신속히 비잔티온으로 가서 왕의 인장을 보여주고, 파우사니아스가 페르시스 왕과 관련된 어떤 일을 지시하든 최대한 충실하게 수행하라고 2 말했다. 아르타바조스는 다스킬리온에 도착하자 지시받은 대로 왕의 3 답신을 파우사니아스에게 전달했다. 왕의 답신에는 다음과 같은 내용이 담겨 있었다. "크세르크세스왕이 파우사니아스에게 전한다. 그대가 비잔티온에서 나의 사람들을 구해 바다 너머로 보내준 은혜는 우리 왕실의 기록에 영원히 남을 것이다. 그리고 나는 그대의 제안이 마음에 든다. 그대가 약속한 일을 이행하는 데 밤낮의 제약이나 금은이나 군대의 부족으로 방해받는 일이 없게 하라. 아르타바조스라는 출중한 인물을 그대에게 보내노니, 그대는 그와 함께 과감하게 그대와 나의 이익을 위해 가장 아름답고 훌륭한 방향으로 이 일을 실행하라."

---

179 "아르타바조스"는 페르시스의 명문 귀족으로, 크세르크세스의 헬라스 원정에 참여해 기원전 479년 플라타이아이 전투에서 중요한 역할을 수행했다. 패전 후 약 4만 명의 군대를 무사히 철수시킨 그는, 군사적 재능과 정치적 수완을 인정받아 다스킬리온의 태수로 임명되었다.

180 "다스킬리온"은 소아시아 프리기아와 미시아 지방의 경계, 프로폰티스해 남쪽 해안에 위치한 도시로, 페르시스 제국의 소아시아 지배의 주요 거점 중 하나였다.

130 이전에 플라타이아이 전투[181]에서 헬라스 연합군을 지휘하여 1
승리를 거두며 헬렌인 사이에서 명성을 얻은 파우사니아스는, 페르시
스 왕으로부터 이런 답신을 받은 후 더욱 기고만장해져 더 이상 기존
의 방식대로 살아갈 수 없었다. 그래서 그는 비잔티온에서 나와 트라케
를 순시할 때 메디아인의 옷을 입었고, 메디아인과 아이깁토스인으로
구성된 호위대의 경호를 받았으며, 페르시스식 식탁을 차리게 하는 등,
속내를 감추지 못하고 장차 어떤 큰일을 벌이려는지 자잘한 행실을 통
해 드러냈다. 그는 누구든 자신에게 쉽게 접근하지 못하게 했고, 접근 2
하려는 자가 있으면 격노했기에 아무도 그에게 다가갈 수 없었다. 이러
한 처신 때문에 동맹국들은 그를 떠나 아테나이인에게로 갔다.

131 라케다이몬인이 파우사니아스를 처음 소환한 것도 이러한 처 1
신 때문이었다. 그들은 그를 복귀시키지 않았으나, 그는 이번에는 개인
신분으로 헤르미오네항에서 배를 타고 두 번째로 출항하여 다시 비잔
티온으로 갔고, 그곳에서도 마찬가지로 처신했다. 아테나이군이 비잔
티온을 포위했지만 그는 스파르테로 돌아가지 않았다. 그가 트로아스
에 있는 콜로나이[182]에 머물면서, 이민족 사람들과 어울려 좋지 않은 일
을 하고 있다는 소문이 퍼졌다. 결국 참다못한 라케다이몬의 감독관들
은 전령에게 전령의 지팡이를 들려 보내 파우사니아스에게 전령과 함
께 스파르테로 돌아오라고 명령했고, 만일 따르지 않으면 공공의 적으
로 간주하겠다고 선언했다. 파우사니아스는 가능한 한 의심을 피하기 2
위해, 그리고 뇌물을 써서 혐의를 벗을 수 있다고 확신하며 두 번째로

---

181 "플라타이아이 전투"는 기원전 479년 제2차 페르시스 전쟁 중 벌어진 결정적 지상
　　전투로, 파우사니아스가 지휘한 헬라스 연합군이 페르시스군에 대승을 거두었다.
　　플라타이아이는 보이오티아와 아티케의 접경에 위치한 도시국가로, 이후 펠로폰네
　　소스 전쟁에서는 아테나이 동맹에 속했으나, 기원전 427년 라케다이몬군과 테바이
　　군에게 함락되어 멸망했다.
182 "트로아스"는 헬레스폰토스 해협 부근, 소아시아 북서부 지역으로, 고대 트로이아가
　　있던 곳이다. "콜로나이"는 트로아스 남서쪽, 아이가이온해 연안에 위치한 도시였다.

스파르테로 돌아왔다. 감독관들은 왕조차 구금할 수 있는 권한을 가졌기에, 돌아온 그를 즉시 감옥에 가두었다. 그러나 그는 이내 석방되었고, 모든 혐의에 대한 심문을 받기 위해 법정에 섰다.

1   **132** 스파르테인들, 즉 파우사니아스의 정적이나 국가 당국은 왕실의 일원으로 당시 고위직에 있는 인물을 처벌하는 데 필요한 명백한 증거를 갖고 있지 않았다. 당시 레오니다스의 아들이자 라케다이몬 왕인 플레이스타르코스가 아직 미성년자여서, 왕의 사촌인 그가 섭정으로 있었기 때문이다. 2 그러나 파우사니아스는 불법을 저지르고 이민족을 동경함으로써, 많은 사람으로부터 현 체제에 불만을 품고 있는 것이 아니냐는 의심을 받았다. 감독관들은 그의 행적을 조사하면서 다른 불법을 저질렀는지도 살폈다. 무엇보다 헬렌인이 메디아인에게서 가장 먼저 노획한 전리품인 세발솥을 델포이에 바칠 때, 파우사니아스가 거기에 다음과 같은 두 구절을 새기게 했다는 사실이 밝혀졌다. "헬렌인의 지도자 파우사니아스가 메디아인과 싸워 승리한 것을 기념하여 이것을 포이보스 신[183]에게 바친다."

3   라케다이몬인들은 즉시 이 문구를 지우고, 함께 이민족을 무찌르고 이 전리품을 봉헌한 모든 국가들의 이름을 새겨 넣었다. 파우사니아스의 그러한 행동은 당시에도 분명히 문제되었지만, 이후 그의 행태와 비교해보면 매우 일관된 양상을 보였다.

4   또한 감독관들은 파우사니아스가 국가 노예들과 음모를 꾸미고 있다는 것도 알아냈다. 그는 국가 노예들에게 반란에 가담하여 그의 계획이 이루어질 수 있게 도와주면 자유와 시민권을 주기로 약속했고, 이 5 는 실제 사실로 밝혀졌다. 그러나 감독관들은 일부 국가 노예들로부터 직접 그러한 고발을 받고도 믿지 못해 파우사니아스에 대해 아무런 조

---

183 "포이보스"(Φοῖβος)는 '빛나는', '밝은'을 뜻하는 형용사로, 주로 태양신 아폴론의 별칭으로 사용되었다.

치도 취하지 않았다. 감독관들의 이러한 태도는 스파르테 시민이 관련된 문제에서는 명백한 증거 없이는 한번 내리면 돌이킬 수 없는 결정을 성급하게 내리지 않는다는 라케다이몬의 관습을 따른 것이었다. 그러나 전해지는 바로는, 결국 파우사니아스의 동성애 상대이자 충복이었던 아그길로스 출신의 한 노예가, 페르시스 왕에게 보내는 파우사니아스의 마지막 서신을 아르타바조스에게 전달하지 않고 마음을 바꿔 그를 밀고했다. 이전에 파우사니아스의 서신을 전달하러 갔던 이들은 아무도 살아 돌아오지 못했다는 사실을 깨닫고 두려움을 느꼈기 때문이다. 그는 자신의 의심이 사실인지 확인하기 위해, 파우사니아스가 서신의 내용을 변경하고자 다시 가져오라고 지시할 경우를 대비하여 이미 개봉한 사실이 발각되지 않도록 인장을 위조한 후 서신을 열어보았다. 그 안에는 예상대로 이것을 전달한 자를 죽이라는 지시가 담겨 있었다.

133 감독관들은 이 서신을 보고 확신이 더욱 굳어졌지만, 파우사니아스의 말을 직접 들어보고 싶었다. 그래서 그 노예를 타이나론의 신전에 탄원자로 보내고, 그곳에 두 칸으로 된 막사를 지어 한쪽 칸에는 그가 있게 하고, 다른 칸에는 감독관 몇 명을 숨겨두었다. 파우사니아스가 노예를 찾아와 탄원의 이유를 물었고, 감독관들은 모든 사실을 명확히 알게 되었다. 그 노예는 서신에 담긴 자신에 관한 내용에 대해 항의하고, 다른 세부 사항도 하나하나 지적했다. 자신은 그동안 파우사니아스를 위해 페르시스 왕에게 서신을 전하면서 단 한 번도 그를 배신한 적이 없는데, 왜 자신도 다른 사람들처럼 죽이려 했냐고 따졌다. 파우사니아스는 그의 말을 모두 인정하고, 이번 일에 대해 화내지 말라고 달랬다. 이어 그가 무사히 신전을 떠날 수 있게 해주겠다며, 이 일에 지장이 없도록 가능한 한 빨리 출발하라고 일렀다.

134 감독관들은 이 대화를 주의 깊게 듣고 나서 그 자리를 떠났지만, 이제 확신을 갖게 되었기에 파우사니아스를 시내에서 체포할 준비

를 했다. 감독관들이 거리에서 자신을 체포하려고 다가왔을 때, 파우사니아스는 한 감독관의 표정에서 자신에게 곧 무슨 일이 벌어질지를 알아차렸다. 그에게 호의를 품고 있던 또 다른 감독관이 눈짓으로 은밀히 신호를 보내자, 그는 가까이에 있는 청동 신전 여신의 제단으로 달려 도망쳤다. 그는 신전의 작은 방으로 들어간 후 그 안에서 꼼짝도 하지 않았다.

2 　파우사니아스를 추격하던 감독관들은 그를 놓쳤지만, 곧 신전에 있는 방의 지붕을 뜯어내고 그가 안에 있는 것을 확인했다. 그런 다음 문
3 을 봉쇄해 그를 가두고 감시하여 결국 굶어 죽게 만들었다. 그가 방 안에서 거의 죽어갈 때 감독관들이 그를 밖으로 끌어냈으나, 그는 곧 숨을 거두었다.

4 　감독관들은 그의 시신을 다른 범죄자들처럼 카이아다스[184]에 던져버리려 했지만, 생각을 바꾸어 그 근방 어딘가에 묻어주었다. 그러나 나중에 델포이의 신이 라케다이몬인에게 그의 무덤을 그가 죽은 곳으로 옮기라고 명령하여, 그의 무덤 비석에서 분명히 볼 수 있듯이 그는 성역 안에 묻히게 되었다. 또한 신은 그들이 파우사니아스를 죽인 행위로 성역이 저주를 받았으니, 청동 신전의 여신에게 시신 하나를 대신할 다른 시신 둘을 바치라고 명령했다. 그래서 라케다이몬인은 청동상 두 개를 만들어 여신에게 바쳤다.

1 　**135** 아테나이인이 라케다이몬인에게 신이 직접 저주라고 선언한
2 바를 제거하라고 요구한 것은 이 때문이었다. 라케다이몬인은 파우사니아스가 메디아인과 음모를 꾸민 사건을 조사하던 중, 테미스토클레스도 이 일에 연루되었다는 사실을 밝혀냈다. 이에 그들은 아테나이에 사절단을 보내 테미스토클레스에게도 동일한 처벌을 내릴 것을 요구

---

184 "카이아다스"는 라케다이몬 근처의 깊은 협곡으로, 범죄자나 전쟁 포로를 처형하거나 허약한 신생아를 유기하는 장소로 사용되었다.

했고, 아테나이인은 이에 동의했다. 그러나 테미스토클레스는 이미 도 3
편추방[185]을 당하여 아르고스에 거주하면서 펠로폰네소스의 다른 지역
을 자주 방문하며 살고 있었다. 그래서 아테나이인은 라케다이몬 사절
단이 본국으로 돌아갈 때 사람들을 함께 보내, 어디서든 그를 발견하는
즉시 체포해 데려오라고 지시했다.

136 테미스토클레스는 이를 눈치채고 펠로폰네소스를 떠나 자신에 1
게 신세를 진 적이 있는 케르키라로 도망갔다. 그러나 케르키라인은 아
테나이인과 라케다이몬인의 미움을 사면서까지 숨겨줄 수는 없다며
그를 자신들의 섬 맞은편에 있는 내륙으로 호송해주었다. 그는 가는 곳 2
마다 추격대에 쫓기자 자신의 친구가 아닌 몰로시아[186] 왕 아드메토스
에게로 피신해야 했다.

아드메토스가 부재중이었기에 테미스토클레스는 왕비에게 신변 보 3
호를 요청했고, 왕비는 그에게 아이들을 안고 화로 옆에 앉아 있으라고
일렀다. 잠시 후 아드메토스가 돌아오자 테미스토클레스는 신분을 밝 4
히며, 이전에 왕이 아테나이인에게 도움을 요청했을 때 자신이 반대했
다고 해서 지금 추방자가 된 자신에게 복수한다면 강자가 약자에게 행
하는 부당한 일이 될 것이라고 말했다. 그는 복수란 대등한 사이에서
이루어질 때 비로소 고귀한 행동이 된다고도 덧붙였다. 이어서 자신이
누구에게 어떤 이유로 추격당하고 있는지를 설명하며, 예전에 자신이

---

185 "도편추방"은 민주정을 위협할 가능성이 있는 정치인을 10년간 도시에서 추방하는
   제도로, 참주의 출현을 방지하고 정치적 균형을 유지하는 것이 목적이었다. 매년 민
   회에서 시행 여부를 결정했으며, 6,000명 이상이 투표에 참여해 최다 득표자가 추
   방되었다. 도자기 조각(도편)에 이름을 적어 투표하는 방식이었으며, 기원전 487년
   경 클레이스테네스가 도입한 것으로 전해진다.
186 "몰로시아"는 헬라스 본토 북서부, 에피로스 지방에 위치한 왕국으로, 기원전 7세기
   경부터 존재했다. 시조는 아킬레우스의 손자 몰로소스로, 그의 아버지 네오프톨레
   모스가 트로이아 전쟁 이후 에피로스로 이주해 왕국을 세운 것으로 전해진다. 일반
   주민은 주로 일리리아인이었으나 지배층은 헬렌인이었던 것으로 보인다.

아드메토스의 목숨을 거절한 것이 아니라, 단지 요청을 받아들이지 않았을 뿐임을 강조했다. 그렇다고 지금 그가 자신을 추격대에 넘긴다면, 그것은 다름아닌 자신의 목숨을 끊는 것과 같다고 호소했다.

137 그의 말을 들은 아드메토스는 자기 아들을 품에 안고 앉아 있던 테미스토클레스를 아들과 함께 일으켜 세웠다. 테미스토클레스가 아들을 안고 있는 모습이 그의 탄원을 들어주는 데 결정적인 역할을 했다. 얼마 지나지 않아 라케다이몬인과 아테나이인이 찾아와 많은 말로 설득했지만, 아드메토스는 그를 넘겨주지 않았다. 대신 페르시스 왕에게 가고자 하는 그를 알렉산드로스의 영토인 피드나항[187]으로 육로를 통해 보내주었다.

거기에서 테미스토클레스는 이오니아 지방으로 향하는 무역선에 올랐다. 그러나 배는 폭풍을 만나 낙소스[188]를 포위 공격 중이던 아테나이 함대 쪽으로 떠밀려 갔다. 다행히 그 배에 탄 사람들 중에는 그의 신원을 아는 이는 없었다. 하지만 겁이 난 그는 선장에게 자신이 누구이며 왜 도주하고 있는지 설명하고, 만약 자신을 구해주지 않으면 선장이 뇌물을 받고 자신을 배에 태운 것이라 말하겠다고 협박했다. 그리고 자신과 선장의 안전을 위해서는 배가 다시 항해할 수 있을 때까지 아무도 배에서 내리지 못하게 해야 한다고 했다. 그는 요구를 들어주면 적절한 보답을 하겠다고도 약속했다. 선장은 그가 말한 대로 했고, 배는 아테나이 함대에서 조금 떨어진 바다에서 하루 밤낮을 머물다가 항해를 계속하여 에페소스[189]에 도착했다.

---

187 "피드나항"은 마케도니아 남부, 피에리아 지방의 아이가이온해 연안에 위치한 항구로, 테살리아와 마케도니아의 접경지대에 있었다. 서쪽에는 올림포스 산맥이, 동쪽에는 아이가이온해가 접해 있었으며, 알렉산드로스 대왕의 출생지 펠라와 가까웠다.
188 "낙소스"는 키클라데스제도에 속한 섬으로, 델로스 남쪽에 위치하며, 피드나항에서 약 400킬로미터 떨어져 있었다.
189 "에페소스"는 소아시아의 이오니아와 리디아 지방 경계에 위치한 헬렌인 식민시로, 기원전 10세기경 건설되었고 사모스섬과 마주보고 있었다. 이오니아의 12개 도시

테미스토클레스는 아테나이에 있는 친구들과 아르고스에 보관해둔 ₃
돈을 받아 선장에게 사례금을 주었다. 그는 해안 지역에 살고 있던 한
페르시스인을 데리고 내륙으로 들어가, 최근 왕위에 오른 크세르크세
스의 아들 아르타크세르크세스[190]에게 서신을 보냈다.

그 서신에는 이런 내용이 담겨 있었다. "나 테미스토클레스가 당신 ₄
을 찾아왔습니다. 과거 당신의 부왕이 헬라스를 침공했을 당시, 나는
이를 막으며 어느 헬렌인보다 당신의 왕실에 큰 피해를 입혔습니다. 하
지만 부왕이 퇴각하던 때, 나는 아무런 위험도 없었지만 큰 위험에 처
한 부왕에게 은혜를 베풀었고, 그 은혜는 과거에 입혔던 피해보다 훨씬
컸습니다. 그러므로 당신은 이에 보답하는 것이 마땅합니다." (이 대목
에서 테미스토클레스는 크세르크세스에게 살라미스에서 철군하도록 경고했던
일을 언급했고, 또한 교량들을 끊지 않은 것도 마치 자신의 공인 것처럼 거짓말
을 했다.) "현재 나는 당신과의 친분으로 인해 헬렌인들에게 쫓겨 이곳에
왔지만, 당신에게 큰 도움이 될 수 있습니다. 다만 1년의 말미를 주시길
청합니다. 그때 가서 당신을 직접 찾아뵙고, 내가 온 이유를 설명드리
겠습니다."

138 페르시스 왕은 테미스토클레스의 계획에 감탄하며 그의 요청 ₁
을 허락했다고 전해진다. 1년 동안 테미스토클레스는 페르시스인의 언
어와 관습을 익혔다. 1년 후 그는 페르시스 왕궁에 도착하여 그 이전과 ₂
이후에 어떤 헬렌인도 누리지 못했던 최고의 대우를 받았다. 이는 그의
명성 덕분이기도 했고, 페르시스 왕에게 헬라스를 정복할 수 있다는 희
망을 주었기 때문이기도 했지만, 무엇보다 그곳에서 자신의 현명함을
입증했기 때문이다.

국가 중 하나이며, 이곳의 '아르테미스 신전'은 고대 세계 7대 불가사의로 꼽힌다.
190 "아르타크세르크세스"(재위 기원전 465-424년)는 페르시스 제국의 제5대 왕으로,
　　이집트의 반란을 진압하고 헬라스와 칼리아스 평화조약을 맺었다.

3   테미스토클레스는 타고난 재능을 명확히 드러냈으며, 그의 재능은
그 누가 지닌 재능보다도 더욱 놀라웠다. 그는 사전에 준비하거나 연
구하지 않고도 타고난 능력만으로 문제를 해결했다. 특히 시급하고 중
요한 상황에서 빠르고 탁월한 결정을 내렸으며, 먼 미래의 일까지 예측
해냈다. 그는 경험하지 못한 일도 명확히 이해하고 올바른 판단을 내릴
수 있었으며, 보이지 않는 미래의 위험과 기회를 정확히 예견했다. 요
컨대, 그는 배우지 않고도 타고난 재능만으로 즉석에서 필요한 모든 일
을 가장 잘 처리했다.

4   그는 병에 걸려 삶을 마감했다. 그러나 어떤 사람들은 그가 페르시
스 왕에게 했던 약속을 실현할 수 없다고 생각해 스스로 독약을 먹고
5 죽었다고도 말한다. 그가 다스리던 아시아의 마그네시아[191] 광장에 그
를 추모하는 기념비가 세워졌다. 페르시스 왕이 그에게 빵을 위해서는
1년에 50탈란톤[192]을 거둬들이는 마그네시아를, 포도주를 위해서는 최
고의 포도주 산지인 람프사코스를, 요리를 위해서는 미우스[193]를 하사
했기 때문이다.

6   테미스토클레스의 유골은 그의 소원대로 친척들이 아티케로 가져가
아테나이인들이 알지 못하게 묻었다고 전해진다. 반역죄로 추방당한
자의 유골을 아티케에 묻는 것은 불법이었기 때문이다. 당시에 헬라스
에서 가장 뛰어났던 두 인물, 라케다이몬의 파우사니아스와 아테나이

---

191 "마그네시아"는 소아시아 리디아 지방, 에페소스 남동쪽 마이안드로스강 유역에 위
치한 헬라스 식민시로, 테살리아 지방의 마그네시아에서 온 마그네스인과 크레테
인이 정착하면서 이 이름을 갖게 되었다.

192 1탈란톤은 약 26킬로그램의 은 또는 6,000드라크메에 해당한다. 숙련된 일용노동자
의 하루 임금이 1드라크메였으므로, 50탈란톤은 약 820년치 임금에 해당한다.

193 "람프사코스"는 트로아스 지방 북부 헬레스폰토스 해협 동쪽 끝 남안에 위치한 밀
레토스의 식민시였다. "미우스"는 소아시아 남부 카리아 지방의 있던 도시국가로,
밀레토스, 프리에네와 함께 마이안드로스강 하류에 위치했고, 이오니아 12개 도시
국가 중 하나였다.

의 테미스토클레스는 이렇게 생을 마감했다.

139 라케다이몬인은 첫 번째 사절단을 통해 저주받은 자들의 추방 ₁
을 요구했으나, 오히려 아테나이인으로부터 라케다이몬인의 저주받은
자들을 추방하라는 요구를 받았다. 그 후 라케다이몬인은 다시 사절단
을 보내, 아테나이인에게 포테이다이아에서 철수하고 아이기나에 자치
권을 돌려주라고 요구했다. 특히 그들은 메가라인이 아테나이의 모든
항구와 아티케 지방의 교역지를 이용할 수 없게 한 결의안을 철회하지
않으면 전쟁이 불가피하다는 점을 분명히 했다.

그러나 아테나이인은 라케다이몬인의 다른 요구들도 받아들이지 않 ₂
았고, 메가라와 관련된 결의안도 철회하지 않았다. 그들은 도리어 메가
라인이 신성한 땅과 국경의 중립지대에 있는 땅을 경작하고 있고, 아
테나이에서 도망친 노예들을 받아들여 비호하고 있다고 비난했다. 결 ₃
국 라케다이몬의 마지막 사절단이 도착했는데, 이때 사절로 온 사람들
은 람피아스, 멜레시포스, 아게산드로스였다. 그들은 이전에 제기했던
안건들에 대해서는 일체 언급하지 않은 채, 단지 "라케다이몬은 평화를
원하고, 그것은 여러분이 헬렌인들에게 자치권을 돌려줄 때 가능하다"
라고만 말했다.

이에 아테나이인은 민회를 열어 그들의 모든 요구를 일괄적으로 논
의해 답변을 주기로 결정했다. 여러 사람이 앞으로 나와 발언했는데, ₄
그들의 견해는 전쟁이 불가피하다는 쪽과 평화를 가로막는 메가라와
관련된 결의안을 철회하자는 쪽으로 나뉘었다. 발언자들 중에는 크산
티포스의 아들 페리클레스도 있었다. 당시 아테나이에서 가장 영향력
있고 말과 행동에서 유능한 그는 다음과 같이 조언했다.

140 "아테나이인들이여, 나는 펠로폰네소스인에게 어떤 양보도 해 ₁
서는 안 된다는 입장을 일관되게 지켜왔습니다. 물론 전쟁을 하기로 결
심할 때 가졌던 분노를 실제로 전쟁을 수행할 때도 끝까지 유지하기가
어렵다는 것은 나도 잘 압니다. 상황이 바뀌면 생각도 달라지기 때문입

니다. 그럼에도 불구하고 나는 여전히 같은 조언을 드릴 수밖에 없습니다. 내 말에 동의하는 사람들이라도 민회가 자신의 생각과 다른 결정을 내렸다면, 그 결정이 설령 실패로 돌아갈 것 같더라도 지지해야 합니다. 그렇지 않으면 만약 그 결정이 성공했을 때 그것을 자신의 공이라 주장할 수 없게 될 것입니다. 어떤 일의 결과는 인간의 생각 못지않게 변덕스럽기에, 우리는 기대한 바와 다른 결과가 나오면 이를 운명의 탓으로 돌리곤 합니다.

2   라케다이몬인은 전부터 우리를 해칠 음모를 꾸며왔음이 분명하고 지금도 마찬가지입니다. 그들과 맺은 평화조약에서는 양측 간의 분쟁은 중재로 해결하고, 중재가 진행되는 동안에는 현 상황을 그대로 유지한다고 명시하고 있습니다. 그런데도 그들은 중재를 제안한 적도 없었고, 우리가 중재를 제안해도 받아들이지 않았습니다. 그들은 대화보다 전쟁으로 분쟁을 해결하려 하고, 사절단을 보내 항의가 아닌 요구를 하고

3   있습니다. 그들은 우리에게 포테이다이아에서 철군하고, 아이기나에 자치권을 돌려주며, 메가라와 관련된 결의안을 철회하라고 요구했습니다. 그뿐만 아니라 최근에 온 사절단을 통해서는 모든 헬렌인에게 자치권을 허용해야 한다고 선언했습니다.

4   그들은 우리가 메가라와 관련된 결의안을 철회하면 전쟁이 일어나지 않을 것이라고 주장합니다. 하지만 여러분 중 누구도 우리가 이 결의안을 철회하지 않는다고 해서, 이 사소한 문제로 전쟁이 일어날 것이라 생각해서는 안 됩니다. 설령 전쟁이 일어난다 해도 우리가 이 문제

5   를 고집한 탓이라고 자책하지 마십시오. 지금 그들은 이 사소한 문제를 핑계 삼아 여러분의 결심이 얼마나 굳건한지를 떠보고 있습니다. 만약 이 문제에서 여러분이 양보한다면, 그들은 여러분이 두려워서 양보한 줄 알고 즉시 더 큰 요구를 해올 것입니다. 그러나 그들의 요구를 단호히 거절하면, 그들은 여러분을 대등하게 대해야 한다는 사실을 명확히 알게 될 것입니다.

141 그러므로 전쟁으로 피해를 입기 전에 그들에게 굴복하든지, 아 ₁
니면 전쟁을 결심하든지 지금 당장 선택해야 합니다. 내 판단으로는 후
자가 더 나은 선택입니다. 그렇다면 우리는 크든 작든 어떤 문제에서도
양보하지 말고, 우리가 가진 것을 두려움 없이 지켜야 합니다. 어떤 나
라가 중재를 거치지도 않고 자신과 대등한 국가에게 무언가를 요구했
을 때, 그 요구가 크든 작든 들어주는 것은 속국이 되기를 자처하는 것
과 같습니다.

양측의 군비 상황을 살펴보면, 우리는 결코 열세에 있지 않습니다. ₂
펠로폰네소스인은 자작농들이어서 개인이든 국가든 돈이 없습니다. 그 ₃
들은 가난해서 단기전만 치르기 때문에 장기전이나 해전에는 경험이
없습니다. 그런 국가는 사람들을 동원해 지속적으로 함선에 채우거나, ₄
보병으로 징집해 멀리 보낼 수도 없습니다. 그럴 경우 각자의 일터에서
멀리 떨어져 생업을 이어가지 못하고, 군역의 비용도 스스로 부담해야
하며, 해로마저 봉쇄되기 때문입니다.

또한 전쟁을 수행하려면 강제로 돈을 걷는 것만으로는 부족하며, 충 ₅
분한 재원이 비축되어 있어야 합니다. 그러나 자작농들은 전쟁 비용을
부담하기보다 차라리 직접 전쟁에 참여하는 편을 선호합니다. 그들은
전쟁터에서 살아남을 자신은 있지만, 전쟁이 예상보다 길어질 경우 자
신이 가진 얼마 안 되는 재산이 바닥나지 않을 것이라는 확신은 없기
때문입니다.

펠로폰네소스인과 그 동맹국들은 한 번의 전투로 승부가 결정되는 ₆
전쟁이라면 헬라스 전체와도 맞서 싸울 수 있지만, 대등한 적과 장기적
으로 전쟁을 치를 능력은 없습니다. 그들에게는 단일한 의결기구가 없
고, 모든 부족이 평등한 투표권을 갖고 있어 각자의 이익만을 추구하기
때문입니다. 그러한 체제로는 어떤 일도 효과적으로 이루어낼 수 없습
니다. 어떤 나라는 적을 최대한 응징하는 데 집중하고, 어떤 도시는 자 ₇
신의 피해를 최소화하는 데만 관심을 둡니다. 그들은 한자리에 모여 회

합을 열더라도 공동의 문제를 논의하는 시간은 짧고, 대부분의 시간을 각자의 이익을 챙기는 데 할애합니다. 또한 누구도 자신의 무관심이 전체의 이익에 해를 끼친다고 생각하지 않으며, 전체의 미래는 다른 사람이 고민할 문제라고 여깁니다. 이렇듯 각자 자기만 생각하기 때문에 자신도 모르게 공동의 이익을 해치게 됩니다.

1   **142** 그들에게 가장 큰 문제는 자금 부족으로 계획에 차질이 생길 것이라는 점입니다. 자금을 마련하려면 시간이 걸리기 때문에 그들의 계획은 지체될 것입니다. 하지만 전쟁에서 좋은 기회는 기다려주지 않 2 습니다. 그들의 해군력은 우리가 두려워할 필요가 없는 수준이고, 그들 3 이 우리 영토에 요새를 구축하지는 않을까 염려할 필요도 없습니다. 평화로운 시기에도 대등한 적의 영토에 요새를 구축하기가 어려운데, 하물며 전시 상황에서 강력한 우리 요새에 맞서 우리 땅에 들어와 요새를 세우기는 더더욱 어렵지 않겠습니까?

4   설령 그들이 요새를 세운다 하더라도 일시적인 약탈의 근거지나 도망친 노예의 은신처로 사용하며 부분적인 피해만 줄 수 있을 뿐, 우리의 해상 활동을 막을 수 없습니다. 우리는 함선을 몰고 그들의 영토로 가 요새를 구축할 수 있고, 강력한 함대로 우리 스스로를 지키고 그들 5 을 공격할 수 있습니다. 그들이 보병을 이용해 바다에서 작전을 수행하는 능력보다, 우리가 해군력을 이용해 지상에서 작전을 수행하는 능력 6 이 더 뛰어나기 때문입니다. 그들이 항해술을 익히기도 쉽지 않을 것입 7 니다. 여러분도 메디아인과의 전쟁 직후부터 항해술을 훈련했지만 아직도 완전히 익히지 못했는데, 항해해보지 않은 농부들로 이루어진 그들의 군대가 어떻게 항해술을 익히겠습니까? 게다가 우리는 많은 함선으로 계속해서 그들을 봉쇄하여 훈련할 기회조차 주지 않을 것입니다.

8   봉쇄에 동원된 함선이 적다면 무지한 그들일지라도 자신들의 수적 우위를 믿고 과감하게 훈련을 시도할 수 있겠지만, 우리가 충분히 많은 함선으로 봉쇄하면 그들은 조용히 있을 것입니다. 그리고 훈련하지 못

해 항해술에 더욱 무지해지고, 점점 더 겁을 낼 것입니다. 항해술은 다 9
른 기술들과 마찬가지로 하나의 전문 기술입니다. 틈틈이 부수적으로
익히기가 불가능하고, 오로지 그 기술을 배우는 데 전념해야 익힐 수
있습니다.

143 그들이 올림피아나 델포이 신전의 금고에 손을 대어 그 돈으로 1
우리보다 더 높은 보수를 주고 우리 해군에 속한 외국인들을 빼가려 한
다면, 이는 우리에게 큰 위협이 될 수 있습니다. 만약 우리의 시민과 거
류민이 그 외국인들을 상대할 수 없다면 더욱 그렇겠지요. 그러나 우리
의 시민과 거류민은 충분히 그들과 맞설 수 있습니다. 무엇보다 우리
아테나이인들 중에는 뛰어난 실력을 갖춘 조타수와 해군이 있으며, 그
수는 헬라스 전체를 합친 것보다 많습니다. 게다가 불과 며칠 동안 더 2
높은 보수를 받기 위해 조국에서 추방당하거나 전투에서 패배할 위험
을 감수하면서까지 그들 편으로 넘어갈 외국인 해군은 없을 것입니다.

나는 지금까지 말한 것이 펠로폰네소스인의 처지라고 생각합니다. 3
반면 우리는 내가 지적한 그들의 약점이 전혀 없을 뿐만 아니라, 그들
이 갖지 못한 여러 강점까지 갖추고 있습니다. 그들이 육로를 통해 우 4
리나라로 쳐들어온다면, 우리는 함선을 타고 그들의 나라로 향할 것입
니다. 그렇게 되면 아티케 전체가 초토화되는 위험을 감수해야 하는 우
리보다, 펠로폰네소스의 일부가 초토화되는 위험을 감수해야 하는 그
들이 더 큰 타격을 입을 것입니다. 그들은 전쟁을 통해 영토를 확보해
야 하지만, 우리는 이미 섬들과 내륙에 많은 영토를 가지고 있기 때문
입니다.

바다를 지배하는 것은 정말로 중대한 문제입니다. 잠시 생각해보십 5
시오. 우리가 섬에 사는 사람들이라고 가정한다면, 이보다 더 난공불락
의 위치가 또 있겠습니까? 앞으로는 우리가 이런 입장에 있다는 사실
을 항상 염두에 두어야 합니다. 내륙에 있는 우리의 땅과 집은 포기하
더라도 바다와 국가는 지켜내야 합니다. 내륙의 땅과 집을 잃었다고 해

서 분노하여 수적으로 훨씬 우세한 펠로폰네소스인과 지상전으로 맞서 싸워서는 안 됩니다. 설령 그 전투에서 이긴다 해도 우리는 이후에 더 많은 적들과 싸워야 하고, 지는 경우에는 우리 힘의 원천인 동맹국들이라는 자원도 잃게 될 것입니다. 우리에게 동맹국들을 강제할 힘이 없으면 그들은 즉시 우리와 맞서 싸우려 할 테니 말입니다. 따라서 땅과 집을 잃었다고 슬퍼해서는 안 되고, 오직 사람들의 목숨을 잃었을 때 슬퍼해야 합니다. 땅과 집이 사람을 만들어내는 것이 아니라 사람이 땅과 집을 만들어내기 때문입니다. 여러분을 설득할 수만 있다면, 나는 여러분에게 각자의 재산을 스스로 파괴함으로써 그 재산 때문에 펠로폰네소스인에게 굴복하는 일은 결코 없을 것임을 보여달라고 말하고 싶습니다.

1   **144** 여러분이 펠로폰네소스인과 전쟁을 수행하면서 다른 한편으로는 우리 제국의 확장을 꾀하여 새로운 위험에 뛰어들지만 않는다면, 나는 우리의 승리를 확신하는 다른 이유들도 제시할 수 있습니다. 내가 염려하는 것은 적의 계략이 아니라 우리의 실수입니다.

2   그러나 이러한 문제들은 나중에 기회가 있을 때 논의하기로 하고, 지금은 우리가 다음과 같은 답변을 주어 라케다이몬 사절단을 돌려보내야 합니다. 먼저 라케다이몬인이 우리와 우리의 동맹국들을 그들의 영토에서 추방하지 않는다면, 우리도 메가라인이 우리의 교역지와 항구를 이용하는 것을 허용하겠다고 말해야 합니다. 이는 우리와 그들 간의 평화조약에 위배되지 않기 때문입니다. 다음으로는 라케다이몬인이 자신들의 동맹국들에게 자치권을 돌려주고, 각 동맹국이 라케다이몬인의 이익에 부합하는 정치체제가 아니라 각자 원하는 정치체제를 채택할 수 있도록 한다면, 우리도 동맹을 맺을 당시 자치권을 갖고 있던 우리의 동맹국들에게 자치권을 돌려주겠다고 대답해야 합니다. 또한 우리는 평화조약에 따라 중재를 받아들일 의사가 있고, 우리가 먼저 전쟁을 일으키지는 않겠지만, 만약 공격을 당한다면 맞서 싸울 것임을 분명

히 해야 합니다. 이것이 정의롭고 적절한 대응이기 때문입니다.

여러분은 이 전쟁이 불가피하다는 사실을 알아야 합니다. 우리가 전 3
쟁을 기꺼이 받아들일수록 적은 오히려 덜 공격적으로 행동할 것입니다.
국가든 개인이든 가장 큰 위험을 극복하는 과정에서 가장 큰 명예를 얻
기 마련입니다. 우리의 조상들이 메디아인과 싸울 때는 지금 우리가 가 4
진 것과 같은 군비를 갖추지 못했습니다. 하지만 그들은 가진 것을 포
기한 채 운보다는 결단력으로, 힘보다는 담대함으로 이민족을 물리치
고 우리나라를 지금의 위치로 끌어올렸습니다. 우리는 조상들보다 못
해서는 안 됩니다. 따라서 모든 방법을 동원해 적을 물리치고, 지금보
다 뒤떨어진 나라를 후손들에게 물려주지 않고자 애써야 합니다.”

145 페리클레스는 그렇게 말했다. 아테나이인들은 그의 조언이 가 1
장 훌륭하다고 판단하여 투표를 통해 그의 제안을 채택했고, 라케다이
몬 사절단에게도 전체적인 취지와 세부사항에 대해 그가 말한 대로 답
변했다. 즉 아테나이인은 라케다이몬인의 요구를 따를 의향은 없지만,
평화조약에 의거하여 공정하고 대등한 지위에서 분쟁을 해결할 준비
가 되어 있다고 밝혔다. 이에 라케다이몬 사절단은 본국으로 돌아갔고,
그 후로 라케다이몬은 사절단을 보내지 않았다.

146 지금까지 말한 내용이 에피담노스 사건과 케르키라 사건 직후 1
부터 펠로폰네소스 전쟁이 발발할 때까지 라케다이몬인과 아테나이인
간의 갈등과 불화를 촉발시킨 원인들이다. 이 기간 동안 양측은 공식적
인 사절단을 주고받지는 않았지만 비공식적으로는 계속 교류를 이어
갔다. 그러나 그 가운데서도 사실상 평화조약을 깨뜨리는 사건들이 계
속해서 일어났고, 이로 인해 양측 간의 불화가 심화되며 결국 전쟁으로
이어졌다.

제2권

영광 아래 드리운 역병
(기원전 431-428년)

전쟁 발발과 페리클레스의 시대, 민주정의 시련

I   **1*** 이때부터 아테나이인과 펠로폰네소스인은 각자의 동맹국과 함께 서로를 상대로 전쟁을 벌이기 시작했다. 양측의 교류는 단절되었다. 일단 전쟁이 발발하자 휴전 없이 지속적인 대치 상태가 이어졌다. 나는 이 전쟁 동안 여름과 겨울에 어떤 일이 일어났는지를 순서대로 기록했다.

I   **2** 아테나이인이 에우보이아를 함락시킨 후 양측 간에 체결된 30년 평화조약은 14년간 유지되었다. 그러나 15년째 되던 해 봄이 시작될 무렵, 밤 1경에 보이오티아 연맹[1]의 지도자 필레이다스의 아들 피탕겔로스, 오네토리다스의 아들 디엠포로스가 이끄는 테바이군 300명이 보이오티아 지방에 있는 아테나이의 동맹국 플라타이아이를 침입했다. 당시 아르고스에서는 여제관 크리시스[2]가 48년째 직무를 수행 중이었고, 스파르테에서는 아이네시아스가 감독관으로 있었으며, 아테나이에서는 집정관 피토도로스의 임기가 4개월 남아 있었다. 포테이다이아 전투[3]가 일어난 지 16개월이 지난 시점이기도 했다.

---

* 제1-6장은 아테나이에 적대적이던 보이오티아 연맹의 맹주 테바이가 군사 300명을 이끌고 아테나이의 동맹국 플라타이아이에 잠입한 사건을 다룬다. 이는 펠로폰네소스 전쟁의 발발을 알리는 첫 무력 충돌이었다.

1 "보이오티아 연맹"은 기원전 519년경 테바이를 중심으로 결성된 연방제 정치체다. 테바이, 오르코메노스, 테스피아이 등 보이오티아 지방 도시국가들이 참여했고, 11개 행정구역에서 각 한 명씩 선출된 보이오타르케스(βοιωτάρχης)가 최고 집행기관을 구성했다.

2 "크리시스"는 펠로폰네소스반도 아르골리스 지방 아르고스의 헤라 신전에서 복무한 여제관의 명칭으로, 델포이 아폴론 신전의 피티아와 유사한 역할을 했다. 헤라 여신과 관련된 주요 제례와 의식을 주관하고 신전의 성스러운 불을 관리했다.

3 "포테이다이아 전투"는 아테나이가 델로스 동맹 회원국이자 코린토스 식민시였던

플라타이아이인 나우클레이데스와 그의 추종자들이 테바이군에게 2
성문을 열어주었다. 이는 자신들이 권력을 장악하기 위해 반대파를 제
거하고, 도시를 테바이인에게 넘기려는 의도로 벌인 일이었다. 그들은 3
테바이인 중 가장 영향력 있는 인물인 레온티아데스의 아들 에우리마
코스와 접촉하여 이 일을 계획했다. 테바이인은 아테나이인과의 전쟁
이 임박했음을 예상하고, 전쟁이 공식적으로 발발하기 전 평화 시기에
오랫동안 적대적이던 플라타이아이를 선제적으로 점령하려 했다. 당시
플라타이아이에는 수비대가 없었기에 테바이군은 쉽게 성 안으로 진
입할 수 있었다.

테바이군을 끌어들인 자들은 즉시 정적들의 거처를 습격해달라고 4
요청했으나, 테바이군은 이를 거부하고 광장으로 향했다. 그들은 광장
에 무기를 내려놓은 채 평화적 해결을 모색함으로써 시민들의 지지를
얻으면 이 도시의 항복을 쉽게 받아낼 수 있으리라 생각했다. 이에 전
령을 보내 조상들의 전통에 따라 보이오티아 연맹을 지지하려는 자는
광장으로 나와 무기를 내려놓으라는 포고령을 발표했다.

3 플라타이아이인은 테바이군이 이미 성 안에 들어왔고 도시가 순 1
식간에 점령된 것을 알아차리자 두려움에 사로잡혔다. 게다가 어둠 속
에서 제대로 볼 수 없었던 탓에 그들의 수가 매우 많을 것이라고 생각
했다. 또한 테바이군이 포고령 외에는 다른 조치를 취하지 않았기에 그
들의 요구를 받아들이고 조용히 대기했다.

그러나 시간이 흐르면서 플라타이아이인은 성 안에 들어온 테바이 2

포테이다이아에 대한 통제를 강화하면서 벌어졌다. 이 지역은 칼키디케반도의 팔레
네 지협에 위치한 전략적 요충지였다. 아테나이는 코린토스가 파견한 통치자 추방, 마
케도니아 왕 페르디카스와의 동맹 파기, 볼모 제공을 요구했으나, 포테이다이아는 이
에 반발해 라케다이몬과 코린토스에 지원을 요청했다. 코린토스와 마케도니아가 원
군을 보냈으나, 아테나이군이 도시를 약 2년간 포위한 끝에 기원전 430년 또는 429년
겨울에 항복을 받아냈다.

군의 수가 생각보다 적다는 것을 깨닫고, 공격하면 쉽게 이길 수 있으리라 판단했다. 이는 대다수의 시민이 아테나이와의 동맹을 포기하고 싶어 하지 않았기 때문이다. 그들은 테바이군을 공격하기로 결정하고, 집과 집 사이의 담을 허물어 통로를 만들고 한곳에 모였다. 또한 길거리에서 테바이군에게 발각되지 않도록 빈 짐수레를 도로변에 배치해 장벽으로 활용하는 등 공격에 필요한 준비를 갖추었다.

4   가능한 모든 준비를 마친 플라타이아이인은 아직 어두운 새벽녘에 집에서 나와 테바이군을 기습했다. 대낮에 공격할 경우 적이 용기를 내어 대등하게 맞설 것이라 판단했기에, 도시의 지리에 익숙하지 않은 적이 혼란에 빠지도록 어둠 속에서 기습하기로 한 것이다. 그들은 즉시 테바이군에 돌진하여 신속하게 접전을 벌였다.

1   **4** 테바이군은 자신들이 속았음을 알아차리고 즉시 밀집대형을 갖추
2 어 두세 차례 공격을 막아냈다. 그러나 플라타이아이인이 함성을 지르며 끊임없이 공격해오고, 여자들과 노예들까지 지붕 위에서 돌과 벽돌을 던지는 데다, 밤새 폭우까지 쏟아지자 테바이군은 공포에 질려 시내로 도망쳤다. 그러나 그들이 어둠과 진흙탕 속에서 탈출로를 찾지 못한 반면, 추격하는 플라타이아이인은 지형을 잘 알고 있었기에 테바이군 대부분이 도주하지 못하고 죽음을 맞았다.

3   그들이 들어왔던 성문만이 유일하게 열려 있었으나, 한 플라타이아
4 이인이 창대를 빗장 삼아 그마저 닫아버려 출구가 사라졌다. 성 안에서 쫓기던 테바이군 일부는 성벽으로 올라가 성 밖으로 몸을 던졌으나 대부분이 떨어져 죽고 말았다. 또 다른 이들은 지키는 군사가 없는 성문을 발견하고 한 여인이 건네준 도끼로 빗장을 부수고 도망치려 했지만, 곧 발각되어 살아서 나간 이는 많지 않았다. 나머지 테바이군도 시내로 흩어졌다가 곳곳에서 목숨을 잃었다.

5   테바이군 중 가장 많은 수가 몰려 있던 군사들은 성벽에 붙어 있는 큰 건물의 문이 열려 있는 것을 보고, 바깥으로 나가는 통로로 착각하

여 그 안으로 뛰어들었다. 그들이 건물 안에 갇힌 것을 목격한 플라타 6
이아이인은 불을 질러 그대로 태워 죽일지, 아니면 다른 방법을 사용할
지 논의했다. 결국 건물 안에 갇힌 테바이군과 시내를 배회하던 군사들 7
은 무기를 포함한 자신들의 신변을 플라타이아이인에게 넘기고 그들
의 처분을 따르기로 합의했다. 플라타이아이에 진입한 테바이군의 상 8
황은 이러했다.

5 한편, 만약의 사태에 대비해 이날 밤 도착하기로 예정되어 있던 1
테바이 증원군은 도중에 이 소식을 전해 듣고 서둘러 구출에 나섰다.
그러나 플라타이아이는 테바이에서 70스타디온[4]이나 떨어져 있었고, 2
밤새 내린 비로 아소포스강[5]이 크게 불어나 건너기 어려웠다. 그들은 3
빗속에서 행군했고, 강을 건너는 데도 많은 시간이 소요되어 플라타이
아이에 너무 늦게 도착했다. 이때는 이미 성에 침입했던 테바이군이 모
두 사망하거나 포로가 된 후였다.

테바이군은 성 안의 상황을 파악한 후, 성 밖에 있던 플라타이아이 4
인을 공격할 계획을 세웠다. 평화 시기에 예고 없이 공격을 받았기에
주민들이 농장과 건물에 흩어져 있었기 때문이다. 그들의 목표는 플라
타이아이인을 몇 명이라도 생포해 포로로 잡힌 테바이군과 교환하는
것이었다. 테바이군이 이러한 계획을 논의하는 동안, 플라타이아이인 5
은 성 밖 시민들의 안전을 우려해 테바이군에게 사절을 보냈다. 그들은
평화조약이 유효한 상황에서 도시를 점령하려 한 것은 부당한 행위라
고 항의하며, 성 밖의 자국민을 해치지 말라고 요구했다. 또한 만약 테
바이군이 성 밖의 주민들을 공격한다면 포로들을 처형하겠지만, 영토
에서 물러나면 포로들을 넘겨주겠다고 전했다.

---

4 70스타디온은 약 13킬로미터로, 도보로 약 3시간이 소요되는 거리였다.
5 "아소포스강"은 키타이론 산맥에서 발원하여 보이오티아 지방을 관통해 에우보이아
  해협으로 흘렀다. 이 강은 테바이와 플라타이아이의 경계선 역할을 했다.

6 테바이 측은 플라타이아이인이 이 약속을 두고 맹세까지 했다고 주장했다. 반면 플라타이아이인은 단지 협상을 통해 합의가 이루어진 후에 포로를 넘겨주겠다고 했을 뿐이며, 맹세는 하지 않았다고 반박했다.

7 결국 테바이군은 아무런 피해를 입히지 않고 플라타이아이 영토에서 물러갔다. 그러나 플라타이아이인은 성 밖에 있던 주민들과 재산을 모두 신속히 성 안으로 들인 다음, 즉시 포로들을 처형했다. 테바이군 포로는 총 180명이었으며, 그중에는 플라타이아이의 반역자들과 함께 음모를 주도했던 에우리마코스도 포함되어 있었다.

1 **6** 플라타이아이인은 이러한 일을 마친 후 아테나이에 사자를 보냈으며, 테바이인과는 휴전협정을 맺고 시신을 돌려주었다. 도시 안에서

2 벌어진 상황에 대해서는 자국의 판단에 따라 처리했다. 아테나이인은 플라타이아이에서 일어난 사건을 즉시 보고받고, 아티케 지방에 거주하던 모든 보이오티아인을 체포했다. 그들은 플라타이아이로 사자를 보내 테바이군 포로의 처리 방안에 대해 지시를 내릴 때까지 어떤 조치도 취하지 말고 현 상태를 유지하라고 전했다.

3 아테나이인이 이런 지시를 내린 것은 테바이군 포로들이 이미 처형된 사실을 알지 못했기 때문이다. 플라타이아이인이 보낸 첫 번째 사자는 테바이군이 성 안으로 진입했을 때 파견되었고, 두 번째 사자는 테바이군이 패하여 포로로 잡힌 직후에 파견되었다. 아테나이의 사자가 플라타이아이에 도착했을 때, 테바이군 포로들은 이미 처형된 후였다.

4 이 사건 이후 아테나이인은 플라타이아이에 군대를 보내 식량을 공급하고 수비대를 주둔시켰다. 그러고는 여자들과 아이들, 그리고 전투 능력이 없는 남자들을 데리고 그곳을 떠났다.

1 **7*** 플라타이아이에서 이런 사건이 발생하고 평화조약이 파기된 것

---

* 제7-9장은 전쟁 발발 직전의 긴장된 정세와 아테나이 및 라케다이몬 양측 동맹국들의 상황을 다룬다.

이 분명해지자 아테나이인은 전쟁 준비에 돌입했고, 라케다이몬인과 그 동맹국들도 마찬가지였다. 양측 모두 도움을 기대하며 메디아 왕과 그 밖의 이민족들에게 사절단을 보내려 했으며, 자신들의 영향력 밖에 있는 도시국가들과도 동맹을 맺고자 했다.

라케다이몬인은 이미 보유한 함선 외에 이탈리아와 시켈리아의 여 2 러 도시국가들에 각자의 국력에 맞는 수의 함선을 건조하도록 지시했다. 이들은 총 500척의 함선을 마련할 계획이었다. 이와 함께 일정량의 군자금을 준비하라는 명령도 내렸다. 모든 준비가 완료되기 전까지는 평온을 유지하면서, 아테나이 함선이 개별적으로 항구에 입항하는 것을 허용하라는 지시도 덧붙였다.

아테나이인은 기존 동맹국들의 상태를 점검했고, 펠로폰네소스 주 3 변에 위치한 케르키라, 케팔레니아, 아카르나니아, 자킨토스[6]에 사절단을 보냈다. 이들 도시국가가 여전히 자신들과 우호적인 관계를 유지하고 있는지 확인함으로써, 펠로폰네소스를 사방으로 포위해 공격하려는 전략의 일환이었다.

8 양측은 전쟁 외에는 아무것도 생각하지 않고 전쟁 준비에 몰두했 1 다. 이는 자연스러운 일이었다. 어떤 일이든 시작할 때는 열의가 넘치기 마련이며, 당시 펠로폰네소스와 아테나이에는 실제로 전쟁을 경험한 적이 없어 전쟁에 대한 열망을 품은 젊은이들이 많았기 때문이다. 한편, 헬라스의 다른 도시국가들도 두 강대국과 연합하면서 전쟁 분위기에 휩싸여 흥분하고 있었다. 전쟁의 주역이 될 두 강대국뿐만 아니라 2 다른 나라들에서도 예언과 신탁이 성행했다. 또한 이런 사건이 발생하 3 기 얼마 전 델로스에 지진이 일어났는데, 이는 헬렌인들이 기억하는 한

---

6 "케르키라", "케팔레니아", "자킨토스"는 헬라스 서부 이오니아해에 속한 섬이었다. 케르키라는 에피로스 지방, 케팔레니아는 아카르나니아 지방, 자킨토스는 엘리스 지방과 각각 마주하고 있었다. "아카르나니아"는 헬라스 본토 서쪽 지방으로 펠로폰네소스반도 맞은편 이오니아해 연안에 위치했다.

전례가 없는 일이었다. 사람들은 이를 다가올 사건들의 전조로 여겼으며, 비슷한 일이 일어날 때마다 그 의미를 해석하려 했다.

4   헬렌인들은 라케다이몬인에게 훨씬 더 호의적인 태도를 보였다. 이는 특히 라케다이몬인이 헬라스를 해방시키겠다고 공언했기 때문이다. 모든 개인과 국가가 말과 행동으로 그들을 돕고자 했고, 누구나 자신이 나서지 않으면 이 일이 성공하지 못할 것이라 생각했다. 이처럼 대다수가 아테나이의 지배에서 벗어나기를 바라거나, 그 지배하에 놓이게 될 것을 두려워해 아테나이인에 대해 분노하고 있었다.

1   **9** 이상이 전쟁 직전의 준비 상황과 분위기였다. 두 나라는 각각의
2   동맹국들과 함께 전쟁에 임했다. 라케다이몬의 동맹국은 다음과 같았다. 코린토스 지협 내의 펠로폰네소스인은 아르고스인과 아카이아인을 제외하고 모두 라케다이몬 측에 섰고(아르고스인과 아카이아인은 두 진영 모두에게 우호적이었고, 아카이아인 중에서는 초기에 펠레네[7]만이 라케다이몬 편에 가담했으나, 나중에는 모든 아카이아 도시국가가 그 진영에 합류했다), 펠로폰네소스 밖에서는 메가라인, 보이오티아인, 로크리스인, 포키스인,
3   암브라키아인, 레우카스인, 아낙토리온인이 있었다. 이들 중 함선을 제공한 도시국가로는 코린토스인, 메가라인, 시키온인, 펠레네인, 엘리스인, 암브라키아인, 레우카스인이 있었고, 기병대를 지원한 곳은 보이오티아인, 포키스인, 로크리스인이었으며, 나머지 모든 도시국가는 보병을 제공했다. 이상이 라케다이몬 진영의 동맹국들이었다.

4   아테나이의 동맹국으로는 키오스인, 레스보스인, 플라타이아이인, 나우팍토스의 메세니아인, 대부분의 아카르나니아인, 케르키라인, 자킨토스인을 비롯해 카리아 지방 해안의 도시국가들, 그 인근의 도로스인과 카르인, 이오니아, 헬레스폰토스, 트라케, 그리고 펠로폰네소스와

---

7 "펠레네"는 펠로폰네소스반도 북동부, 아카이아 지방 최동단에 위치한 도시로, 코린토스만에서 내륙으로 약 11킬로미터 떨어져 있으며 시키온과 국경을 맞대고 있었다.

크레테를 경계로 동쪽에 위치한 섬들 중 멜로스와 테라[8]를 제외한 모
든 섬이 있었다. 이 중 키오스인, 레스보스인, 케르키라인이 함선을 제 5
공했고, 다른 동맹국들은 보병과 자금을 지원했다. 이상이 라케다이몬 6
과 아테나이 양측의 동맹국이며, 그들의 전쟁 준비 상황이었다.

10[*] 플라타이아이 사건 직후, 라케다이몬은 펠로폰네소스의 동맹국 1
들과 그 외 다른 동맹국들에게 아티케 원정에 필요한 군대와 군수품을
준비하라는 지시를 내렸다. 각 동맹국들이 준비를 마치자, 원정군의 3분 2
의 2가 정해진 시기에 코린토스 지협에 집결했다. 모든 군대가 모인 뒤 3
원정군의 총사령관인 라케다이몬의 왕 아르키다모스는 동맹국의 장군
들과 주요 인사들을 소집해 다음과 같이 말했다.

11 "펠로폰네소스인과 동맹군 여러분, 우리 조상들은 펠로폰네소스 1
안팎에서 수많은 전쟁을 수행했으며, 우리 중 연장자들도 전쟁에 익숙
합니다. 그러나 이번처럼 대규모로 준비해 출정한 적은 없었습니다. 우
리는 지금 강력한 대군을 이끌고 있지만, 상대 역시 매우 강합니다.

우리는 조상들보다 못한 모습을 보여서도, 우리 자신의 명성에 미치 2
지 못해서도 안 됩니다. 헬라스 전체가 이 원정을 주시하고 있으며, 아
테나이에 대한 적개심으로 인해 우리의 계획이 성공하기를 바라고 있
기 때문입니다. 그러므로 우리는 수적 우세를 믿고 적이 우리와 맞서 3
싸우지 않을 것이라 안일하게 생각해서는 안 됩니다. 각국의 지휘관과
군사들은 언제든 위험에 처할 수 있음을 인식하고 대비해야 합니다.

전쟁은 예측할 수 없으며, 많은 일이 사소한 계기와 분노에서 비롯 4
됩니다. 대군이라 해서 적을 얕보면, 준비 부족과 두려움으로 인해 잘
준비된 소수의 군대에게 패하는 일도 종종 벌어집니다. 따라서 전쟁에 5

---

8 "멜로스"와 "테라"는 키클라데스제도의 변방에 위치한 스파르테의 식민시였다. 멜로
스는 기원전 1000년경 스파르테의 영웅 멜로스가 이끈 도로스인이, 테라는 기원전
900-800년경 스파르테 왕족 테라스가 이끈 도로스인이 각각 건설했다.

* 제10-22장은 펠로폰네소스군의 제1차 아티케 침공과 이에 대한 아테나이의 대응을 다룬다.

서는 공격하는 측이 자신감을 가지고 출정하되, 행동은 신중하고 준비는 철저해야 합니다. 그래야 공격할 때는 가장 용맹하게, 방어할 때는 가장 안전하게 대응할 수 있습니다.

6   우리가 공격하려는 아테나이는 방비가 허술한 나라가 아니라, 모든 면에서 최상의 준비를 갖춘 국가입니다. 그들이 맞서 싸울 것이라 예상해야 합니다. 아직은 우리가 그들의 영토에 들어가지 않아 출정하지 않았지만, 우리가 땅을 약탈하고 재산을 파괴하는 모습을 보면 그들은 반
7 드시 나설 것입니다. 누구든 평소 겪지 못했던 피해가 눈앞에서 벌어지면 분노하게 마련입니다. 특히 이성적 사고에 익숙하지 않은 이들일수록 감정에 휘둘려 행동하는 경우가 많습니다.

8   아테나이인은 어느 민족보다 그렇게 행동할 가능성이 높습니다. 그들은 스스로 다른 이들을 지배할 자격이 있다고 여기며, 자신들의 영토가 침략당하는 것보다 남의 땅을 파괴하는 데 더 익숙하기 때문입니
9 다. 따라서 우리가 이 강대국을 공격해 승리한다면, 그것은 우리 조상들과 우리 자신에게 큰 명예가 될 것입니다. 이 점을 명심하고, 각자 지휘관의 인도를 따르며 모든 면에서 규율과 경계를 유지하고 신속히 복종하십시오. 다수의 군대가 움직일 때는 일사불란함이 최선이고 가장 안전한 방법입니다."

1   **12** 아르키다모스는 이렇게 말한 뒤 회합을 해산했다. 그런 다음 먼저 스파르테인 디아크리토스의 아들 멜레시포스를 아테나이로 보냈다. 펠로폰네소스군이 진격 중이라는 사실을 알게 되면, 아테나이인이
2 양보할 여지가 있다고 판단했기 때문이다. 그러나 아테나이인은 그를 성 안이나 공공 장소로 들이지 않았다. 페리클레스의 제안이 이미 수락되어, 라케다이몬인이 출정한 경우에는 그들이 보낸 어떤 사자나 사절단도 받아들이지 않기로 결정했기 때문이다. 따라서 아테나이인은 멜레시포스의 말을 듣지 않고 그를 돌려보내며 그날로 국경 밖으로 나가라고 명령했다. 또한 앞으로 할 말이 있다면 군대를 철수시킨 후 사절

단을 보내라고 전했다. 그리고 그가 누구와도 접촉하지 못하도록 호위병을 붙여 보냈다.

국경에 도착한 멜레시포스는 호송자들과 작별하면서 이렇게 말했 3
다. "오늘이 헬렌인들에게 대재앙이 시작되는 날이다." 멜레시포스가 4
펠로폰네소스 군영에 복귀한 후, 아테나이인이 끝내 조금도 양보하지 않을 것임을 확인한 아르키다모스는 군대를 이끌고 아테나이의 영토로 진격했다. 보이오티아인은 자신들의 군대 일부와 기병대를 펠로폰 5
네소스 원정군에 합류시키고, 나머지 군대로는 플라타이아이의 영토를 약탈했다.

13 펠로폰네소스군이 코린토스 지협에 집결해 아티케를 향해 진격 1
중이었으나 아직 진입하기 전, 크산티포스의 아들이자 아테나이군 10명의 장군 중 한 사람인 페리클레스는 이들의 침공을 예상하고 있었다. 그는 아르키다모스가 자신의 친구라는 이유로, 혹은 라케다이몬인이 이전에 자신을 겨냥해 저주받은 자들의 추방을 요구했던 것처럼, 이번에도 적군이 자신의 재산만 약탈하지 않고 지나가 자신이 아테나이인들의 의심을 사게 될 것을 우려했다. 그래서 그는 민회에서 다음과 같이 입장을 밝혔다. 즉 아르키다모스가 자신의 친구이기는 하지만 그것이 국익을 해치는 이유가 되어서는 안 되며, 만약 자신의 토지와 집이 다른 이들과 달리 적에게 약탈당하지 않는다면 이를 공공재산으로 헌납할 테니, 그런 일로 자신을 의심하지 말아달라는 것이었다.

이어서 그는 아테나이인들에게 현 상황과 관련해 전과 동일한 조언 2
을 했다. 즉 전쟁에 대비하고 각자의 재산을 성 안으로 옮기며, 밖으로 나가 싸우기보다 성 안에서 도시를 방어해야 한다는 것이었다. 또한 주력인 해군을 정비하며, 아테나이 힘의 원천인 동맹국들의 공물을 잘 관리해야 한다고 강조했다. 전쟁에서는 많은 일들이 현명한 판단과 풍부한 자금에 달려 있기 때문이었다.

페리클레스는 다른 수입을 제외하더라도 동맹국들이 매년 바치는 3

공물이 약 600탈란톤이며, 아크로폴리스에는 여전히 은화 6,000탈란톤이 남아 있다고 언급하며 아테나이인들을 안심시켰다. 이 자금은 원래 1만 탈란톤에서 300탈란톤이 모자란 금액이었는데, 일부는 아크로폴리스 입구와 기타 건물의 건축 및 포테이다이아 전쟁에 사용되었다. 개인과 국가가 봉헌한 금은 덩어리, 축제 행렬과 경연용 기구들, 메디아인에게서 노획한 전리품 등이 적어도 500탈란톤은 되었다.

5   또한 그는 아테나이인이 사용할 수 있는 상당한 금액이 다른 신전에도 보관되어 있으며, 상황이 매우 위급할 경우에는 아테나 여신상에 입힌 금박도 사용할 수 있다고 말했다. 이 여신상에 입힌 순금은 40탈란톤으로, 모두 분리 가능하게 되어 있었다. 그는 아테나이인이 안전을 위해 이 자금을 사용할 수는 있지만, 나중에 최소한 동일한 금액으로 다시 채워 넣어야 한다고 덧붙였다.

6   페리클레스는 이처럼 자금 상황을 설명하며 아테나이인들을 격려했다. 병력과 관련해서는 요새와 성벽에 배치된 16,000명 외에도 13,000명

7 의 중무장보병이 있었다. 노약자와 무장 가능한 거류민으로 구성된 16,000명의 군대는 침입해오는 적을 최전선에서 방어하는 임무를 맡았다. 바다에서 팔레론항을 거쳐 아테나이 주변까지 이어지는 성벽의 길이는 35스타디온이었다. 아테나이를 둘러싼 성벽 중 수비대가 배치된 구간은 43스타디온이었으며, 긴 성벽과 팔레론 성벽 사이의 일부 구간에는 수비대가 없었다. 페이라이에우스에 이르는 긴 성벽은 40스타디온으로, 가장 바깥쪽 성벽에만 수비대가 있었다. 무니키아항과 페이라이에우스항을 둘러싼 성벽은 60스타디온이며, 그중 절반만 수비대가 있

8 었다. 페리클레스는 또한 기마 궁수를 포함한 기병이 1,200명, 일반 궁수가 1,600명, 그리고 항시 출항이 가능한 삼단노선이 300척이라고 말했다.

9   펠로폰네소스인의 침공이 처음으로 가시화되어 전쟁이 시작되었을 때, 아테나이의 군사력은 최소한 이러했다. 페리클레스가 이러한 설명

을 한 것은 늘 그래왔듯이, 이 전쟁의 최종 승자가 아테나이인이 될 것이라는 확신을 심어주기 위해서였다.

14 아테나이인들은 페리클레스의 조언을 믿고, 성 밖에 있던 처자 ı
식과 가재도구를 성 안으로 들이고 집을 해체해 목재까지 가져왔다. 양
과 짐을 나르는 가축은 에우보이아와 인근의 섬들로 보냈다. 그러나 대 2
부분의 아테나이인들은 항상 성 밖 농촌 지역에서 살아왔기 때문에, 이
러한 이주는 그들에게 힘겹고 어려운 일이었다.

15 성 밖의 농촌에서 살아가는 것은 아주 먼 옛날부터 모든 헬렌인, ı
그중에서도 특히 아테나이인에게 익숙한 생활 방식이었다. 케크롭스와
초기 왕들의 시대부터 테세우스 시대에 이르기까지,[9] 아티케 주민들은
각각 독자적인 의회와 통치자를 두고 자치권을 행사하는 성 밖의 도시
들에 거주했다. 그들은 위급한 상황이 아니면 왕과 협의하기 위해 아테
나이로 모이지 않았으며, 모든 자치 도시들이 독립적으로 자신들의 도
시를 다스리고 의사결정을 했다. 심지어 일부 자치 도시들은 아테나이
와 전쟁을 벌이기도 했다. 예를 들어 에우몰포스가 이끄는 엘레우시스
인이 아테나이의 왕 에렉테우스와 맞서 싸운 적도 있었다.[10]

그러나 지혜와 능력을 겸비한 테세우스가 왕위에 오르자 여러 면에 2

---

9 "케크롭스"는 아테나이의 초대 왕이자 도시의 건설자로, 아테나이의 초기 명칭인 '케크로피아'는 그의 이름에서 유래했다. 그는 결혼 제도, 문자, 장례 의식, 재산권 개념을 도입하며 아테나이 문명의 기초를 세웠다. 또한 아테나와 포세이돈이 도시의 수호신 자리를 놓고 경쟁했을 때, 아테나의 올리브나무를 선택한 것으로 알려져 있다. "테세우스"는 아테나이의 제10대 왕이자 아티케 지방 이온인의 대표적 영웅이다. 신화에 따르면 크레테의 미노타우로스를 비롯한 여러 괴물과 악당을 물리쳤으며, 아티케의 소도시들을 통합하여 아테나이를 강력한 중앙집권 도시국가로 발전시켰다.

10 "에렉테우스"는 아테나이의 제7대 왕으로, 엘레우시스 왕이자 제관이었던 "에우몰포스"가 이끄는 엘레우시스인과의 전쟁으로 유명하다. 이 전쟁은 아티케 지방의 지배권과 엘레우시스 비의의 종교적 권위를 둘러싼 갈등에서 비롯되었다. 에우몰포스가 포세이돈의 아들로 여겨졌기 때문에, 이 전쟁은 아테나와 포세이돈 간 수호신 경쟁을 반영한 대리전 성격을 띠기도 했다.

서 국정을 정비했다. 그뿐만 아니라 자치 도시들의 의회와 정부를 폐지하고 이를 하나로 통합하여, 모든 사람이 현재의 아테나이에서 함께 살아가게 했다. 이전처럼 개인의 사유재산은 인정하되 모든 사람이 단일 도시에 정착하도록 강제함으로써, 이전보다 커진 도시를 후손들에게 물려줄 수 있게 되었다. 그때부터 지금까지 아테나이인은 국가 비용으로 아테나 여신을 기리는 시노이키아[11] 축제를 거행해왔다.

3 과거의 아테나이는 현재의 아크로폴리스와 그 아래 남쪽 지역으로
4 구성되어 있었다. 아테나 여신의 신전 외에도 올림포스의 제우스 신전, 피토의 아폴론 신전, 대지의 여신의 신전, 림나이에 위치한 디오니소스 신전 등 주요 신전들이 모두 아크로폴리스나 그 남쪽 지역에 세워져 있는 것이 그 증거다. 또한 가장 오래된 디오니소스 축제가 이곳에서 안테스테리온 달 12일에 열리고, 아테나이 출신의 이온인이 지금도 이 전통을 유지하고 있으며, 그 밖의 다른 오래된 신전들이 더 있다는 점도 이를 뒷받침한다.[12]

5 이 남쪽 지역에는 한때 대지에서 솟아올라 맨눈으로도 볼 수 있어 칼리로에[13]라 불리는 샘이 있었다. 참주들이 이 샘을 정비한 후로는 '아홉 개의 분수'로 불리게 되었다. 당시 아테나이인은 이 샘을 가까이 두

---

11 "시노이키아"(συνοίκια)는 '함께 살게 함'을 뜻하는 명사로, 테세우스가 아티케의 여러 소도시를 하나의 도시국가로 통합한 것을 기념하는 축제다. 시노이키아는 기원전 8-6세기 헬라스 도시국가 형성 과정에서 중요한 개념이었으며, 테세우스의 시노이키아가 가장 유명해 이를 기념하는 축제가 매년 열렸다.
12 "대지의 여신"은 가이아를 가리킨다. 가이아는 최초의 신 카오스 다음으로 스스로 태어난 신으로, 제1대 주신 우라노스와 제2대 주신 크로노스(제우스의 부친)를 낳았다. "림나이"(λίμναι)는 '늪지대'를 뜻하며, 아테나이 아크로폴리스 근처의 한 구역을 가리킨다. "안테스테리온 달"은 고대 아테나이 달력의 여덟 번째 달로, 오늘날의 2월 중순-3월 중순에 해당한다.
13 "칼리로에"(καλλιρρόη)는 '아름답게 흐르는'이라는 뜻으로, 아테나이의 아크로폴리스 남동쪽에 위치했던 자연 샘이다. 기원전 561년, 참주 페이시스트라토스가 이 샘을 9개의 분수구를 가진 분수 시설로 개조했다.

고 여러 중요한 일에 활용했으며, 오늘날에도 옛 관습에 따라 혼례 전
이나 다른 종교 의식에 이 물을 사용한다. 아테나이인은 아크로폴리스 6
를 지금도 여전히 '도시'라고 부른다. 예전에 이곳이 바로 도시의 중심
이었기 때문이다.

16 이렇게 아테나이인은 오랜 세월 아티케 지방의 농촌 지역에서 1
자치 공동체를 이루며 살아왔다. 그리고 옛적에 아테나이에 모여 함께
살게 된 시기는 물론, 이번 전쟁이 일어나기 전까지도 옛 관습을 따라
대부분 농촌 지역에 거주했다. 게다가 메디아인과의 전쟁이 끝나고 집
을 복구한 지 얼마 되지 않은 시점이어서, 온 가족을 데리고 거처를 옮
기기란 쉬운 일이 아니었다. 그들은 자신의 집과 아티케가 통일되기 이 2
전 먼 옛날부터 가족들이 대대로 참배해온 신전을 떠나야 했기에 마음
이 무겁고 괴로웠다. 이주는 생활 방식의 변화를 의미했으며, 이는 그
들에게 조국을 떠나는 것과 다름없었다.

17 성 밖의 주거지를 떠나 아테나이 성 안으로 이주한 사람들 중 자 1
기 집이 있거나 친구 또는 친척 집에 머물 수 있는 이는 소수에 불과했
다. 대부분은 아크로폴리스, 엘레우시스 여신들의 신전, 출입이 통제
된 일부 장소를 제외한 다른 신들과 영웅들의 신전, 성 안의 공터 등에
서 지내야 했다. 아크로폴리스 아래에는 펠라르기콘이라 불리는 구역
이 있었는데, 그곳에 거주하는 자는 저주받는다는 말이 있어 원래는 거
주가 금지되어 있었다. 이는 "펠라르기콘 지역은 비어 있는 것이 더 낫
다"는 피토의 신탁 마지막 구절 때문이었다. 그러나 전쟁이라는 비상
상황에서 사람들은 어쩔 수 없이 그곳에도 거주하게 되었다.

내 생각에 이 신탁은 사람들이 해석한 것과는 정반대의 의미를 담고 2
있는 듯하다. 펠라르기콘에 사람이 거주해 재앙이 닥친 것이 아니라,
재앙이 닥쳤기 때문에 사람이 그곳에서 살게 되었기 때문이다. 이 신탁
은 전쟁을 직접 언급하지는 않았으나, 언젠가 아테나이에 재앙이 닥쳐
사람들이 이 지역에 거주하게 될 날이 올 것임을 예언한 셈이다. 많은 3

사람들이 성탑을 비롯해 거주할 만한 공간이 있으면 어디든지 임시 거처를 마련해 머물렀다. 도시가 한꺼번에 몰려든 인구를 감당할 수 없었기 때문이다. 나중에 그들은 긴 성벽을 따라, 그리고 페이라이에우스항 대부분의 지역에서 거주 공간을 배정받아 각자 거처를 마련했다.

4 이와 동시에 아테나이인은 전쟁 준비에 착수해 동맹군을 소집하고,
5 함선 100척을 펠로폰네소스 주변으로 파견할 채비를 갖추었다. 아테나이인은 이처럼 전쟁을 준비하고 있었다.

1 **18** 펠로폰네소스 군대는 진격하여 가장 먼저 아티케 지방의 오이노에[14]에 도착했다. 그들은 그곳에 진을 치고 공성 무기와 그 밖의 방법
2 을 동원해 이 성을 공격할 준비를 했다. 아티케와 보이오티아 지방의 경계에 위치한 오이노에는 요새화된 곳으로, 아테나이는 전쟁이 날 때마다 이곳을 방어 거점으로 활용했다. 이에 펠로폰네소스군은 이 성을 공격할 준비를 갖추었으며, 다른 목적을 위해서도 그곳에 오랫동안 머물렀다.
3 이 때문에 아르키다모스는 적지 않은 비난을 받았다. 아테나이와 전쟁을 해야 한다는 여론이 거세게 일어났을 때도 그는 즉시 전쟁을 시작하는 것에 미온적인 태도를 보여 나약할 뿐만 아니라 친아테나이적인 인물로 여겨졌다. 게다가 군대가 집결한 뒤에도 코린토스 지협에서 시간을 끌다가 더디게 행군했고, 무엇보다 오이노에성 앞에서 오래 지
4 체했기 때문에 비난은 더욱 커졌다. 펠로폰네소스군이 이렇게 지체하는 동안 아테나이인은 각자의 재산을 성 안으로 옮길 수 있었다. 아르키다모스가 신속하게 진격했더라면 성 밖에 있던 아테나이인의 재산을 모조리 약탈할 수 있었을 것이라며 많은 이들이 아쉬워했다.
5 펠로폰네소스 군사들은 오이노에에 머무는 동안 아르키다모스에게

---

14 "오이노에"는 아테나이 북서쪽 약 40킬로미터 지점, 보이오티아와의 접경지대에 있던 아티케 지방의 중요한 데모스(행정 구역)였다.

분노했다. 그러나 아르키다모스는 아테나이인이 자신들의 땅이 파괴되는 것을 방관할 수 없어, 그 땅이 아직 온전할 때 어떤 양보를 해오기를 기다렸다고 전해진다.

19 한편 펠로폰네소스군은 온갖 방법을 동원해 오이노에를 공격했 1 지만 끝내 함락시키지 못했다. 아테나이 또한 협상을 제안하지 않자, 그들은 결국 오이노에에서 철수했다. 이후 플라타이아이 사건이 일어난 지 80여 일이 지난 때, 즉 곡식이 익어가는 여름철에 그들은 아티케 지방으로 진격했다. 총사령관은 제욱시다모스의 아들이자 라케다이몬의 왕 아르키다모스였다.

그들은 먼저 엘레우시스 근방에 진을 치고, 그 일대와 트리아 평원 2 을 약탈했다. 레이토이라 불리는 곳 근처에서는 아테나이군의 기병대를 격퇴했다. 이후 아이갈레오스 산맥을 오른쪽에 두고 크로페이아 구역을 지나 아티케의 여러 구역 중 가장 큰 아카르나이로 진격했다.[15] 그들은 그곳에 진을 치고 한동안 머물며 주변을 약탈했다.

20 아르키다모스가 전투 대형을 갖춘 채 아카르나이에 한동안 머물 1 며 주변을 약탈하기만 하고 평원으로 진격하지 않은 데는 나름의 이유가 있었다고 전해진다. 그는 아테나이에 젊은이들이 많고 어느 때보다 2 전쟁 준비가 잘 되어 있기에, 아테나이가 자신들의 영토가 초토화되는 상황을 방관하지 않고 싸우러 나올 것이라 예상했다. 그러나 예상과 달 3 리 엘레우시스와 트리아 평원으로 출정하지 않자, 아르키다모스는 아카르나이에 진을 치고 주변을 약탈함으로써 그들을 유인하고자 했던 것이다.

더욱이 아르키다모스가 보기에 아카르나이는 군대가 주둔하기에 적 4 합한 장소였고, 중무장보병을 3,000명이나 보유한 아테나이의 중요한

---

15 "아이갈레오스 산맥"은 아테나이와 엘레우시스 사이에 위치했으며, 페르시스의 왕 크세르크세스가 이곳에서 살라미스 해전을 관전한 것으로 전해진다.

지역이었다. 따라서 그들이 약탈당하는 상황을 좌시하지 않을 것이며, 다른 아테나이인들도 모두 전투에 나설 것이라 판단했다. 또한 펠로폰 네소스군의 이러한 침공에도 아테나이가 끝내 출정하지 않는다면, 앞으로는 더욱 과감하게 그들의 땅을 짓밟으며 아테나이까지 진격할 수 있으리라 생각했다. 손실이 커지면 아카르나이인들 간에 의견이 분열되어, 다른 지역 사람들의 재산을 지키기 위해 감수해야 할 위험을 더

5 이상 받아들이지 않을 것이라는 계산도 있었다. 이러한 판단 아래 아르키다모스는 아카르나이 인근에 한동안 머물렀다.

1   **21** 아테나이인은 적군이 엘레우시스와 트리아 평원 근처에 머물러 있을 때까지만 해도 더 이상 진격하지 않을 것이라는 희망을 품고 있었다. 14년 전 파우사니아스의 아들이자 라케다이몬의 왕인 플레이스토아낙스[16]가 펠로폰네소스 군대를 이끌고 아티케로 침공했을 때, 엘레우시스와 트리아 평원까지 왔다가 더 진격하지 않고 철수했던 사실을 그들은 기억하고 있었다. 이 일로 인해 플레이스토아낙스는 뇌물을 받고 철군했다는 혐의로 스파르테에서 추방되었다.

2   그러나 이번에는 적군이 아테나이에서 불과 60스타디온 떨어진 아카르나이까지 진격하자, 아테나이인은 더 이상 참을 수 없었다. 젊은이들은 눈앞에서 자신들의 땅이 짓밟히는 광경을 처음 보았고, 나이 든 이들도 메디아인과의 전쟁 이래로 처음 겪는 일이었다. 그만큼 충격은 컸다. 특히 젊은이들은 더는 지켜볼 수 없다며 당장 나가 적과 싸워야한다고 생각했다.

3   아테나이인들은 회합을 열고 격론을 벌였다. 어떤 사람들은 출정을 요구했고, 또 어떤 사람들은 이에 반대했다. 예언자들이 다양한 예언을

---

16 "플레이스토아낙스"(재위 기원전 458-445년, 426-409년)는 라케다이몬 아기스 왕가 출신의 왕으로, 기원전 445년 아티케 침공 시 전투 없이 철수한 일로 추방되었다. 약 19년간 추방 생활을 한 뒤, 기원전 426년 델포이 신탁에 따라 왕위에 복귀했다.

내놓자 사람들은 자신의 뜻에 맞는 예언에만 귀를 기울였다. 특히 아카르나이 주민들은 아테나이의 중요한 구성원인 자신들의 땅이 짓밟히고 있기에 출정을 강력히 주장했다. 도시는 온통 들끓었다. 사람들은 이전의 조언을 모두 잊은 채, 페리클레스가 아테나이군의 총사령관으로서 자신들을 전장으로 이끌지 않는다고 비난했다. 그들은 현재 겪고 있는 모든 재앙이 전적으로 그의 책임이라 여겼다.

22 페리클레스는 지금 출정해서는 안 된다는 자신의 판단이 옳다고 1 확신했다. 그러나 시민들이 분노에 휩싸여 최선의 판단을 내릴 수 없다고 보았기에 민회를 비롯한 어떤 회의도 소집하지 않았다. 사람들이 감정에 이끌려 잘못된 결정을 내리지 않도록 하기 위한 조치였다. 그는 묵묵히 도시를 방어하며 최대한 조용히 상황을 관리했다.

그러면서도 기병대를 지속적으로 성 밖으로 보내 적군의 정찰대가 2 도시 근처의 농촌을 약탈하지 못하게 했다. 이때 프리기아[17]에서 아테나이와 테살리아의 연합 기병대가 보이오티아 기병대와 짧게 전투를 벌였다. 초반에는 아테나이-테살리아 측이 우세했으나, 펠로폰네소스군의 중무장보병대가 보이오티아 기병대를 지원하면서 전세가 역전되었다. 이 전투에서 아테나이와 테살리아의 전사자는 많지 않았으며, 적군과 휴전협정을 맺지 않고도 당일에 시신을 수습할 수 있었다. 다음날 3 펠로폰네소스군은 승전비를 세웠다. 한편 테살리아 기병대는 아테나이와의 오랜 동맹조약에 따라 파병된 병력이었다. 라리사, 파르살로스, 페이라시아, 크란논, 피라소스, 기르토네, 페라이[18] 같은 도시국가가 기

---

17 여기서 "프리기아"는 소아시아의 프리기아 왕국이 아니라, 보이오티아 또는 아티케 접경 지역으로 추정되는 헬라스 본토의 지명이다. 정확한 위치는 전해지지 않는다.

18 테살리아 지방의 도시 중 "라리사"는 최대 도시국가로, 북동부 테살리아 평원 중심부, 페네이오스강 남안에 위치했다. 라리사를 중심으로 북서쪽에 "기르토네", 남서쪽에 "크란논", 남동쪽에 "페라이"가 있었고, 동쪽으로 60킬로미터 떨어진 곳에 항구도시 "피라소스"가 있었다. "파르살로스"는 테살리아 남부에 있었으며, "페이라시아"의 정확한 위치는 알려지지 않았다.

병대를 파병했으며, 각국에서 임명한 지휘관이 이들을 이끌었다. 특히 라리사 기병대는 서로 다른 정파에 속한 폴리메데스와 아리스토누스가 지휘했고, 파르살로스 기병대는 메논이 이끌었다.

1 **23**[*] 아테나이가 출정하지 않자, 펠로폰네소스군은 아카르나이에서 철수해 파르네스산과 브릴레소스산[19] 사이에 있는 몇몇 구역을 약탈하기 시작했다. 그들이 아티케 지방에서 이렇게 하는 동안, 아테나이는

2 준비해둔 함선 100척을 펠로폰네소스 해안으로 파견했다. 이 함선에는 중무장보병 1,000명과 궁수 400명이 타고 있었으며, 크세노티모스의 아들 카르키노스, 에피클레스의 아들 프로테아스, 안티게네스의 아들 소크라테스가 지휘를 맡았다.

3 아테나이 함대는 이러한 전력을 갖추고 항해에 나섰다. 한편 펠로폰네소스군은 보급이 지속되는 동안 아티케 지방에 머물다가, 철군할 때는 침공 때와 달리 보이오티아 지방을 경유해 돌아갔다. 그들은 오로포스[20]를 지나면서 그라이아 땅이라 불리는 곳을 약탈했는데, 그곳에 거주하는 오로포스인이 아테나이의 예속민이었기 때문이다. 펠로폰네소스로 돌아온 군대는 해산하여 각자 본국으로 귀환했다.

1 **24** 펠로폰네소스군이 철수한 후, 아테나이는 육지와 바다에 수비대를 배치했고, 전쟁 기간 내내 이 전력을 유지할 계획이었다. 또한 아크로폴리스에 비축된 기금 중 1,000탈란톤을 따로 보관하고, 전쟁은 다른

---

[*] 제23-33장은 펠로폰네소스군이 아티케에서 철수한 뒤, 그해 남은 기간에 일어난 사건을 다룬다. 아테나이는 함대를 파견해 펠로폰네소스의 해안 지역을 약탈하고 케팔레니아섬을 점령했으며, 트라케 왕 시탈케스, 마케도니아 왕 페르디카스와 동맹을 맺었다.

19 "파르네스산"은 아테나이 북쪽 30킬로미터 지점에 위치한 해발 1,413미터의 산으로 아티케 지방에서 가장 높다. "브릴레소스산"은 아테나이 북동쪽 20킬로미터 거리에 있으며, 해발 1,109미터다.

20 "오로포스"는 아티케와 보이오티아 지방의 경계에 있던 해안 도시로, 아소포스강 하구의 평야에 자리했다. 지리적으로 보이오티아에 있었으나, 전쟁 이전부터 오랫동안 아테나이의 지배를 받았다. 아리스토텔레스는 이곳을 '그라이아'로 불렀다고 전하며, 이는 판디오니스 부족의 데모스 가운데 하나였다.

재원으로 수행하기로 했다. 그리고 적의 해군이 도시를 공격해 방어가
필요한 경우를 제외하고는, 이 기금을 다른 용도로 사용하자고 제안하
거나 발의하는 자는 사형에 처하기로 결정했다. 아테나이인은 그해 최 2
고의 삼단노선 100척을 특별히 건조하고 함장을 배정했다. 이 함선들
은 예비 전력으로 유지되며, 비축한 기금과 함께 위급 상황에서 꼭 필
요한 경우에만 투입하기로 했다.

　25 한편 아테나이가 펠로폰네소스 해안으로 보낸 함선 100척과 여 1
기에 합류한 케르키라 함선 50척, 그리고 몇몇 동맹국이 보낸 함선들
은 해안을 따라 항해하며 여러 지역을 약탈한 후, 라코니케 지방의 메
토네[21]에 상륙했다. 그들은 성벽이 허술하고 수비대도 없는 이 도시를
공격했다.

　그런데 마침 수비대를 이끌고 근처에 와 있던 스파르테인 텔리스의 2
아들 브라시다스[22]가 상황을 파악하고, 중무장보병 100명을 이끌고 도
성 사람들을 구하러 갔다. 그는 아테나이 병력이 성 밖 곳곳에 흩어져
공격하는 틈을 타, 그들의 진영을 돌파해 메토네 성 안으로 들어가 도
시를 구했다. 비록 부하 몇 명을 잃었지만, 그는 이 용맹한 행동으로 전
쟁이 시작된 이래 처음으로 스파르테에서 찬사를 받았다.

　아테나이군은 그곳을 떠나 계속해서 펠로폰네소스 해안을 따라 항 3
해하다가 엘리스 지방의 페이아[23]에 상륙하여 이틀간 그 땅을 약탈했

21 "라코니케 지방"은 펠로폰네소스반도 남동부에 위치하며, 라케다이몬이 이 지방에
　　있었다. "메토네"는 메세니아 지방의 남서쪽 끝 해안에 위치한 도시였다.
22 "브라시다스"(기원전 약 460-422년)는 라케다이몬 출신 장군으로, 펠로폰네소스 전
　　쟁 중 가장 뛰어난 활약을 보였다. 기원전 424년 메가라 전투에서 아테나이군을 막
　　아냈고, 기원전 424-422년에는 칼키디케와 트라케 지방에서 아테나이 동맹국들을
　　설득해 라케다이몬 편으로 끌어들여, 암피폴리스를 비롯한 여러 도시를 아테나이로
　　부터 빼앗았다. 군사력뿐만 아니라 외교력도 뛰어나 라케다이몬이 대외적으로 신뢰
　　를 얻는 데 크게 기여했다.
23 "페이아"는 펠로폰네소스반도 엘리스 지방 서해안의 항구로, 올림피아로 향하는 주
　　요 항구 중 하나였다. 올림피아에서 서쪽으로 약 35킬로미터 떨어져 있었다. 기원전

다. 이어 엘리스 지방의 분지와 그 주변에서 이 도시를 구하러 온 정예

4 병 300명과 전투를 벌여 승리했다. 그러나 큰 바람이 불어 폭풍이 일
자, 다시 함선에 오른 아테나이군은 물고기곶을 돌아 페이아항으로 향
했다. 메세니아군과 함선에 승선하지 못한 일부 병력은 육로로 진군하

5 여 페이아를 함락시켰다. 그러나 엘리스의 주력 부대가 페이아를 구하
러 오자, 해안을 따라 페이아항으로 돌아온 아테나이 함선들은 메세니
아군과 남은 병력을 태우고 다시 출항했다. 이후 해안을 따라 항해를
계속하며 다른 지역들을 약탈했다.

1 **26** 같은 시기에 아테나이인은 클레이니아스의 아들 클레오폼포스
가 지휘하는 함선 30척을 로크리스와 에우보이아 인근 해역으로 파견

2 해 감시하도록 했다. 그는 해안에 상륙해 약탈을 벌였고, 트로니온을
함락시켜 주민들을 볼모로 삼았다. 그곳을 구하러 온 로크리스군과는
알로페[24]에서 전투를 벌여 격퇴했다.

1 **27** 같은 해 여름, 아테나이인은 이번 전쟁의 원인이 아이기나인에
게 있다고 비난하며 그들과 처자식을 아이기나섬에서 추방했다. 아이
기나는 펠로폰네소스 앞바다에 있어, 그곳에 이주민을 보내 점령하는
편이 더 안전해 보였기 때문이다. 얼마 후 아테나이인은 그 섬에 이주
민을 보내 정착하게 했다.

2 아이기나인이 추방되자, 라케다이몬인은 그들에게 티레아[25]를 거주

431년 아테나이 함대의 공격을 받았다.

24 여기서 언급된 "로크리스"는 오푸스 로크리스를 가리킨다. "트로니온"은 오푸스 로크
리스의 주요 도시로, 해안에서 약 4킬로미터 떨어진 보아그리오스 강변에 위치했다.
『일리아스』의 함선 명단에서도 보아그리오스 강변의 도시로 언급된다. "알로페"의
정확한 위치는 알려지지 않았지만, 트로니온 인근으로 추정된다.

25 "티레아"는 아르골리스 지방과 라코니케 지방의 접경지대에 위치한 도시로, 라케다
이몬과 아르고스 간 오랜 분쟁지였다. 기원전 546년경 양측이 각각 300명의 전사를
뽑아 티레아의 소유권을 두고 벌인 '300인의 전투'가 유명하다. 이 전투에서 승리한
라케다이몬이 티레아를 차지했다.

지로 제공하고 그 땅을 경작하도록 했다. 이는 아테나이인과의 대립 때문이기도 했지만, 이전에 스파르테에 지진이 일어나고 국가 노예가 반란을 일으켰을 때 아이기나인이 도움을 주었던 것에 대한 보답이기도 했다. 티레아는 아르고스와 라코니케의 경계에 있었으며 바다와 접한 지역이었다. 아이기나인 중 일부는 그곳에 정착했고, 나머지는 헬라스의 다른 지역으로 흩어졌다.

28 같은 해 여름, 음력으로 새로운 달의 초하루 정오가 지난 후 해 1
가 사라졌다가 다시 채워졌다.[26] 이런 현상은 이 시기에만 발생할 수 있는 것이었다. 해가 초승달 모양이 되었고, 하늘에 몇몇 별도 나타났다.

29 같은 해 여름, 아테나이인은 압데라인 피테스의 아들 니포도로 1
스를 현지인 영사[27]로 임명하고 아테나이로 초청했다. 본래 니포도로스를 적으로 간주했으나, 그의 누이가 트라케 왕 테레스의 아들 시탈케스[28]와 결혼하면서 그가 막강한 영향력을 갖게 되자, 그를 통해 시탈케스와 동맹을 맺기를 희망했기 때문이다.

시탈케스의 아버지 테레스는 오드리사이인[29]의 왕국을 세운 인물로, 2
트라케 대부분을 지배하는 강력한 세력을 형성했다. 트라케의 일부 지역이 여전히 독립을 유지하고 있었지만, 그의 영향력은 지대했다. 테레 3
스는 아테나이 왕 판디온의 딸 프로크네와 결혼한 테레우스[30]와는 아

---

26 기원전 431년 8월 3일, 헬라스 전역에서 관측된 일식이 발생했다.
27 "현지인 영사"(πρόξενος, '프로크세노스')는 외국 사절과 시민을 보호하고 접대하는 고대 헬라스의 공적 역할이었다. 개인 간의 우호 관계인 크세노스(ξένος)와 유사했으나, 이는 특정 도시를 대표하는 제도적 역할을 수행했다. "압데라"는 트라케 북동부, 아이가이온해의 타소스섬 맞은편에 위치한 헬라스 식민시였다.
28 "시탈케스"는 오드리사이 왕 테레스의 아들로, 아버지가 기원전 480년경 여러 트라케 부족을 통합해 세운 왕국의 영토를 최대한으로 확장했다.
29 "오드리사이인"은 트라케의 강력한 부족으로, 기원전 5세기 중반 오드리시아 왕국을 세웠다. 이 왕국은 북으로 다뉴브강 하류, 남으로 아이가이온해, 동으로 흑해, 서로 스트리몬강에 이르는 평야와 해안 지대를 포함했다.
30 "판디온"은 아테나이 에렉테우스 왕가의 왕으로, 메가라와의 전쟁에서 트라케 왕 테레

무런 관련이 없는 인물이다. 두 사람은 모두 트라케인이긴 하지만 출신 지역이 달랐다. 테레우스는 오늘날 포키스로 알려진 지역에 살았으며, 그곳은 당시 다울리아³¹라 불렸고 트라케인이 거주했다. 여자들이 이티스에게 범행을 저지른 곳도 바로 이곳이다. 많은 시인이 밤꾀꼬리를 다울리아 새라고 부른 것도 이 때문이다. 판디온이 멀리 떨어져 왕래하는 데 여러 날이 걸리는 오드리사이가 아닌 다울리아처럼 가까이에 위치해 상호 지원이 가능한 나라를 선택한 것으로 보아, 그가 자기 딸을 테레우스와 결혼시킨 것은 상호 이익을 위한 결정이었다. 테레스는 테레우스와는 이름만 비슷할 뿐, 오드리사이인의 초대 왕이었다.

4   아테나이가 시탈케스와 동맹을 맺으려 한 이유는, 그와 손잡고 트라
케 지방의 여러 지역과 페르디카스를 철저히 파괴하여 제거하기 위해
5 서였다. 아테나이에 도착한 니포도로스는 시탈케스와의 동맹을 성사시키고, 자신의 아들 사도코스를 아테나이 시민으로 귀화시켰다. 그는 시탈케스를 설득해 트라케 기병대와 경보병 부대를 보내 트라케에서
6 의 전쟁을 종결짓겠다고 아테나이에게 약속했다. 니포도로스는 페르디카스를 아테나이인과 화해시켰고, 아테나이인도 설득하여 페르디카스에게 테르메를 돌려주게 했다. 얼마 후 페르디카스는 포르미온이 지휘
7 하는 아테나이군과 함께 칼키디케를 공격하기 위해 출정했다. 이로써 테레스의 아들이자 트라케 왕인 시탈케스와 알렉산드로스의 아들이자 마케도니아 왕인 페르디카스는 모두 아테나이의 동맹군이 되었다.

1   **30** 그 무렵 함선 100척을 이끌고 펠로폰네소스 앞바다를 항해하던 아테나이군은 코린토스인의 소도시 솔리온을 함락시키고, 이 땅과 도

우스의 도움을 받아 승리한 뒤, 딸 프로크네를 그와 결혼시켰다. 신화에 따르면, 테레우스는 프로크네의 여동생 필로멜라를 강간하고 혀를 잘라 감금했으며, 이에 분노한 프로크네는 필로멜라와 함께 아들 이티스를 죽여 그 살을 테레우스에게 먹였다.

31 "다울리아"는 포키스 지방의 도시로, 델포이 북동쪽에 위치했다. 헬라스 신화에서 테레우스와 연관된 지역으로 전해진다.

시를 팔라이로스에 거주하는 아카르나니아인에게 넘겨 독점적으로 통치하게 했다. 그런 다음 참주 에우아르코스가 통치하던 아스타코스[32]를 점령하고 그를 추방한 후, 그곳을 아테나이 동맹에 편입시켰다.

이어서 그들은 케팔레니아섬으로 항해하여 단 한 번의 전투 없이 항 2 복을 받아냈다. 아카르나니아 지방과 레우카스섬 맞은편에 위치한 이 섬은 팔레, 크라니오이, 사모스, 프론노이 4개의 도시국가로 구성되어 있었다.[33] 얼마 후 아테나이 함대는 아테나이로 돌아갔다.

31 같은 해 가을, 시민과 거류민을 포함한 아테나이 전군이 크산 1 티포스의 아들 페리클레스의 지휘하에 메가라 영토를 침공했다. 함선 100척에 승선하여 케팔레니아섬을 항복시킨 후 귀환 중이던 아테나이 군은 이때 아이기나에 머무르고 있다가, 전군이 아테나이를 떠나 메가 라에 와 있다는 소식을 듣고 그곳으로 이동해 합류했다.

이렇게 아테나이 군대가 모두 한곳에 집결하게 되었는데, 이는 아테 2 나이 역사상 가장 큰 규모의 군대였다. 이 무렵 아테나이는 전성기를 누리고 있었고, 아직은 역병이 돌지 않았기 때문이다. 아테나이 시민으 로 구성된 중무장보병만 해도 포테이다이아에 파병된 3,000명을 제외 하고도 1만 명이 넘었으며, 이번 메가라 원정에 참여한 거류민 중무장 보병도 3,000명이 넘었다. 이 외에도 수많은 경무장보병이 동원되었다. 아테나이군은 메가라 영토 대부분을 약탈한 후 철수했다. 그 후에도 전 3 쟁 기간 내내 아테나이는 매년 기병대 또는 전군을 동원해 메가라를 침공했다. 이러한 공격은 니사이아항이 함락될 때까지 계속되었다.

---

32 "솔리온"은 아카르나니아 지방 서부 해안의 코린토스 식민시이자 항구 도시였다. "팔 라이로스"는 솔리온 북쪽의 아카르나니아 내륙에 위치한 도시였고, "아스타코스"는 남동쪽 약 30킬로미터 거리의 아스타코스만에 있었다.

33 "케팔레니아섬"은 이오니아해에서 아카르나니아 지방 맞은편에 위치했고, 그 북쪽으 로 "레우카스섬"이 있었다. 케팔레니아에는 팔레(서쪽), 크라니오이(남서쪽), 사모스 (동쪽), 프론노이(남동쪽) 등 4개의 도시섬('테트라폴리스')이 있었고, 이들은 각자 독립된 정부와 화폐를 지닌 자치 도시국가였다.

I   **32** 같은 해 여름이 끝날 무렵, 아테나이인은 해적들이 오푸스를 비롯한 로크리스의 여러 지역을 근거지로 삼아 에우보이아섬을 약탈하는 것을 막기 위해, 오푸스 로크리스 앞바다에 위치한 무인도 아탈란테섬을 요새화했다.[34] 이상의 사건들은 같은 해 여름 펠로폰네소스군이 아티케에서 철수한 후 일어난 일들이다.

I   **33** 겨울이 되자, 아스타코스의 참주였으나 아테나이군에 의해 추방되어 코린토스에 체류 중이던 아카르나니아인 에우아르코스[35]는 아스타코스로 돌아가고 싶었다. 그는 코린토스인을 설득해 함선 40척과 중무장보병 1,500명을 지원받았고, 소수의 용병도 직접 고용했다. 이 군대의 지휘관은 아리스토니모스의 아들 에우파미다스, 티모크라테스의

2   아들 티목세노스, 크리시스의 아들 에우마코스였다. 이 원정군은 아스타코스로 항해하여 에우아르코스를 복위시킨 후 아카르나니아 지방의

3   몇몇 해안 지역을 장악하려 했으나 실패하자 본국으로 돌아갔다. 돌아가는 길에 그들은 케팔레니아섬에 들러 크라니오이의 영토에 상륙했다. 처음에는 그곳 주민들이 싸우지 않을 것처럼 협약을 맺었다가 갑자기 기습하는 바람에 원정군의 일부가 희생되었다. 그들은 서둘러 철수하여 본국으로 돌아갔다.

I   **34**[*] 같은 해 겨울, 아테나이인은 조상들의 관습에 따라 이번 전쟁에

2   서 최초로 전사한 자들을 위해 다음과 같이 국장을 치렀다. 장례를 치르기 3일 전에 천막이 세워지고, 그곳에 전사자의 유골이 안치되었다.

---

34 "오푸스 로크리스"는 헬라스의 에우보이아 해협을 따라 위치한 지방으로, 수도 "오푸스"는 해협에서 내륙으로 약 3킬로미터 거리에 있었다. "아탈란테섬"은 원래 본토와 연결되어 있었으나, 기원전 426년의 지진으로 분리되었다고 전해진다.

35 "에우아르코스"는 아카르나니아 지방 아스타코스의 참주였으나, 아테나이군이 도시를 점령한 후 코린토스로 도피한 것으로 보인다.

*   제34-46장은 아테나이군의 첫 전사자들을 위한 국장과, 특히 페리클레스가 전한 장문의 추도 연설을 다룬다. 이는 아테나이 민주주의의 가치와 이상을 웅변적으로 표현한 연설로 평가된다.

사람들은 각자 원하는 예물을 그곳에 가져다 놓았다. 그런 다음 운구 3
행렬이 이어졌고, 각 부족마다 삼나무 관 하나에 자기 부족에 속한 전
사자들의 유골을 담아 수레에 실었다. 시신이 발견되지 않은 이들을 위
한 빈 관 하나도 함께 운반했다.

시민이든 외국인이든 누구나 운구 행렬에 참여할 수 있었고, 여자 4
친척들도 무덤에 와서 애도했다. 유골이 담긴 관들은 아테나이의 가장 5
아름다운 교외에 위치한 공동묘지에 안치되었다. 아테나이인들은 전사
자를 언제나 그곳에 매장했다. 단, 마라톤 전투에서 전사한 자들은 예 6
외였는데, 그들의 뛰어난 용맹을 인정하여 전사한 현장에 무덤을 만들
어 예우했다. 매장 후, 도시가 선출한 명망 있는 인사가 전사자들을 기
리는 헌사를 낭독했고, 그 후 모두 그곳을 떠났다.

국장은 이러한 방식으로 치러졌으며, 아테나이인은 이후 전쟁 기간 7
동안 국장을 치를 때마다 이 관습을 따랐다. 이번 전쟁에서 처음 전사 8
한 자들을 위한 국장에서는 크산티포스의 아들 페리클레스가 헌사자로
선출되었다. 그는 무덤 앞에 서 있다가 시간이 되자, 최대한 많은 청중
이 들을 수 있도록 높이 세워진 연단에 올라 다음과 같이 말했다.

35 "이전에 이 연단에 올라 헌사한 사람은 대부분 전사자들의 장례 1
식에서 추모사를 전하는 것을 아름다운 의식으로 여기며 이러한 관습
을 칭찬했습니다. 하지만 국장으로 치러진 이번 장례식에서 여러분도
보셨듯이, 나는 행동으로 용기를 증명한 이들에게는 행동으로 명예를
드높이는 것으로 충분하다고 생각합니다. 그들의 용기가 한 사람의 언
변에 따라 평가되어서는 안 될 것입니다.

전사자들에 대해 적절히 말하기도 어려울뿐더러, 헌사자가 진실을 2
알고 있다고 보기도 어렵기 때문입니다. 그들과 가까웠던 친구들은 헌
사가 자신이 알고 기대한 바에 미치지 못한다고 느낄 것이고, 반대로
잘 알지 못하는 이들은 자신의 힘으로는 이룰 수 없는 업적에 대해 시
기심을 품거나 과장되었다고 느낄 수 있습니다. 사람들은 자신도 해낼

수 있다고 생각되는 일에 대해서는 기꺼이 칭찬하지만, 그 이상이 되면

3 시기하거나 불신하게 마련입니다. 하지만 우리 조상들은 전사자에게 헌사를 바치는 것을 아름다운 일로 여겼으므로, 나는 그러한 관습과 전통을 따라 여러분 각자의 뜻과 기대에 부응하는 헌사를 드릴 수 있도록 최선을 다하겠습니다.

1 **36** 먼저 우리 조상들을 기리고자 합니다. 이런 기회에 조상들을 기억하고 회고함으로써 그 명예를 드높이는 것이 마땅하기 때문입니다. 오늘날 우리가 자유로운 국가에서 살아가고 있는 것은, 이 땅에서 대

2 대로 살아오며 우리에게 이 땅을 물려준 그들의 용기 덕분입니다. 먼 조상들도 청송받아 마땅하지만, 우리의 아버지들은 더 큰 찬사를 받을 자격이 있습니다. 그들은 고난을 헤치며 물려받은 유산 위에 지금 우

3 리가 다스리는 제국 전체를 더해 우리에게 물려주었기 때문입니다. 그리고 지금 이 시대를 살아가는 우리는 거의 모든 면에서 이 제국을 더욱 발전시켰고, 나라가 전시에나 평시에나 부족함이 없도록 준비해놓았습니다.

4 우리의 아버지들이 전공을 세워 재산을 늘리고, 헬렌인이나 이민족의 침략에 맞서 우리의 영토를 지켜낸 것은 여러분 모두가 잘 알고 있기에 따로 길게 언급하지 않겠습니다. 대신 우리가 어떻게 현재에 이르렀으며, 어떤 정치체제와 생활 방식으로 그런 위대한 업적을 이루어낼 수 있었는지를 설명한 후, 전사자들을 기리는 찬사로 넘어가겠습니다. 현재 우리가 처한 상황에서 이러한 언급은 결코 부적절하지 않으며, 시민이든 외국인이든 듣는 이들 모두에게 유익할 것입니다.

1 **37** 우리의 정치체제는 이웃 나라의 체제를 부러워하여 모방한 것이 아니며, 도리어 다른 나라에 모범이 되고 있습니다. 이 체제는 소수가 아닌 다수가 참여하기 때문에 민주정이라 불립니다. 개인 간의 분쟁에서는 모든 사람이 법 앞에서 평등합니다. 그러나 공직을 맡는 데 있어서는 단순히 계급이나 신분이 아니라 각자의 분야에서 쌓아온 명성과

능력이 중요합니다. 따라서 비록 가난하거나 사회적 신분이 낮더라도, 나라를 위해 훌륭한 일을 해낼 수 있는 사람이라면 공직을 맡는 데 아무런 문제가 없습니다.

우리는 공적인 일에서만 자유로운 정치를 하는 것이 아닙니다. 일상 ₂ 생활에서도 서로를 의심하거나 불신하지 않기에, 이웃이 하고 싶어 하는 일을 했을 때 화내거나 불쾌해하지 않습니다. 해를 끼치는 일은 더더욱 없습니다. 우리는 개인의 사생활에 대해서는 자유롭고 너그럽지 ₃ 만, 공적인 일에서는 법을 준수합니다. 법에 대한 경외심을 가지고 있기 때문입니다. 그래서 관리들의 명령을 따르고, 특히 억압받는 자를 보호하기 위한 법을 지키며, 나아가 수치심을 불러일으키는 행위를 금지하는 불문법도 준수합니다.

38 우리에게는 힘든 일을 하고 난 후 정신적 휴식을 취할 수 있는 ₁ 여러 방법이 있습니다. 1년 내내 경기와 경연대회와 축제가 정기적으로 열리고, 각 가정은 아름답게 장식되어 있어 날마다 우리를 즐겁게 하고 근심을 덜어줍니다. 우리의 도시는 규모가 커 온 세계에서 온갖 ₂ 물품이 들어오므로, 외국산을 사용하는 것이 국내 생산품을 사용하는 것만큼이나 자연스럽습니다.

39 군사 정책에서도 우리는 적들과 다릅니다. 우리는 도시를 개방 ₁ 하여 누구나 와서 배우고 구경할 수 있게 하며, 군사 기밀을 이유로 외국인을 추방하지도 않습니다. 은밀한 준비와 속임수보다 우리 자신의 용기를 더 믿기 때문입니다. 교육에서도 마찬가지로 라케다이몬인은 어릴 때부터 혹독한 훈련을 받지만, 우리는 편안히 생활하면서도 그들 못지않게 어떤 위험에도 맞설 준비가 되어 있습니다. 예를 들어 라케다 ₂ 이몬인은 우리의 땅을 침공할 때 동맹군 전체를 동원하지만, 우리는 다른 나라의 땅을 공격할 때 단독으로 나서며, 그곳에서 자기 집을 지키기 위해 싸우는 적들을 대개는 어렵지 않게 제압합니다.

우리는 아직 군대 전체를 동원해 싸운 적이 없습니다. 해군 작전도 ₃

수행하고, 여러 전장에서 빈번하게 벌어지는 지상전에도 군대를 보내야 하기 때문입니다. 적들은 어디서든 우리의 군대 일부와 맞서 싸울 뿐입니다. 그런데도 그들은 승리하면 우리 군대 전체와 싸워 이겼다고 자랑하고, 패하면 우리 군대 전체와 싸우다 졌다고 변명합니다.

4 우리는 혹독한 훈련이나 법으로 강제된 용기가 아니라, 편안한 마음과 타고난 용기로 위기에 맞섭니다. 미래의 고통을 예상해 지레 지치지 않으며, 실제 고난이 닥치면 혹독한 훈련을 받은 이들 못지않게 용감하게 나섭니다. 이 점에서 우리나라는 마땅히 존경받아야 합니다. 다른 점에서도 마찬가지입니다.

1 **40** 우리는 검소하면서도 아름다움을 사랑하고, 지혜를 추구하면서도 나약하지 않습니다. 부는 자랑거리가 아니라 행동을 위한 수단으로 여깁니다. 우리는 가난 자체를 부끄러워하지 않지만, 가난에서 벗어나려는 노력을 하지 않는 것은 부끄러운 일로 여깁니다.

2 우리는 사적인 일과 공적인 일을 함께 관리하기 때문에 생업에 종사하는 사람도 국가 일에 무지하지 않습니다. 헬렌인들 중 우리만이 공적인 일에 참여하지 않는 사람을 단순한 비정치인이 아니라 쓸모없는 자로 여깁니다. 오직 우리만이 국정 사안을 직접 올바르게 판단하고 숙고합니다. 우리는 논의가 행동을 방해한다고 보지 않고, 오히려 충분한 논의 없이 행동하는 것이 해롭다고 여깁니다.

3 다른 나라 사람들과의 또 다른 차이는, 우리가 가장 용감하게 행동할 뿐만 아니라 행동하기 전에 숙고하는 반면, 그들은 무지해서 용감하다는 것입니다. 그들에게 숙고는 주저함을 의미합니다. 하지만 고통과 즐거움을 모두 인식하면서도 위험 앞에서 물러서지 않는 이가 진정 용감한 자라 하는 것이 옳습니다.

4 우리는 호의에 있어서도 대부분의 다른 나라와 반대됩니다. 우리는 호의를 받아 친구가 되는 것이 아니라, 먼저 호의를 베풀어 친구를 만듭니다. 호의를 베푸는 사람은 받는 이가 고마워하는 마음을 오래 간직

하도록 더욱 적극적으로 행동하지만, 받는 쪽은 보답하더라도 베푼다기보다 빚을 갚는 것으로 여겨 상대적으로 소극적입니다. 헬렌인들 중 5 우리만이 이해타산을 따지지 않고, 자유와 신뢰를 바탕으로 누구든 기꺼이 돕습니다.

41 요약하자면, 나는 우리 도시 전체를 헬라스의 학교라고 생각합 1 니다. 이곳의 시민들은 다양한 상황에서 품위 있고 유연하게 대처하는 능력을 익힙니다. 이 말이 단순한 자랑이 아니라 진실임은, 우리가 그 2 러한 방식으로 이루어낸 이 도시의 힘이 증명합니다. 헬라스의 모든 도 3 시국가 중 오직 아테나이만이 그 실제가 명성을 능가합니다. 그래서 우리에게 패한 적군은 자신들보다 못한 이들에게 진 것이 아니라며 분노를 다독이고, 우리의 속국들도 자격 없는 자들의 지배를 받고 있다고 불평하지 않습니다.

우리는 대단한 증거로 스스로의 힘을 증명해왔으며, 지금뿐 아니라 4 앞으로도 사람들은 우리를 보고 경탄할 것입니다. 우리에게는 진실에 미치지 못하는 허구적 미사여구로 잠시 우리를 즐겁게 해주는 호메로스 같은 시인의 찬사는 필요하지 않습니다. 우리는 우리의 용기로 모든 바다와 땅을 개척했고, 곳곳에 좋은 일과 고통스러운 일의 영원한 기념비를 함께 세웠기 때문입니다.

오늘 이곳에 묻힌 이들은 바로 그런 나라를 지키기 위해 용감하게 5 싸우다 전사한 분들입니다. 살아남은 우리도 이 나라를 위해 기꺼이 노고를 감내해야 마땅합니다.

42 내가 우리나라에 대해 길게 이야기한 이유는, 이번 싸움이 우리 1 에게는 다른 나라에 비할 수 없을 만큼 특별한 의미가 있음을 보여주고, 오늘 이곳에 묻힌 분들에 대한 찬사가 정당함을 증명하기 위해서입니다. 사실 나는 이들에 대한 주요한 찬사를 이미 다 말했습니다. 나는 2 우리나라를 찬양했을 뿐이지만, 오늘 이곳에 묻힌 분들 및 함께 싸운 이들의 용기가 이 나라를 위대한 국가로 만들었기 때문입니다. 헬렌인

1 들 중 이들처럼 찬사와 실제 공로가 일치하는 경우는 드뭅니다. 이들의 죽음은 인간의 가치를 처음으로 드러내고, 최종적으로 확증해주었습니다.

3 다. 이들도 다른 면에서 결점이 없지는 않겠지만, 우리가 먼저 기억해야 할 것은 조국을 지키는 전쟁에서 보여준 용기입니다. 이들은 결점을 훌륭한 행위로 상쇄시켰고, 개인적으로 끼친 해악보다 더 큰 유익을 공동체에 가져다주었습니다.

4 이들 중 누구도 재산을 더 오래 누리고 싶어 나약해지지 않았고, 언젠가 빈곤에서 벗어나 부자로 살 수 있으리라 기대하며 죽음 앞에서 몸을 사리지도 않았습니다. 이들은 적을 응징하는 것을 목숨보다 더 소중히 생각하고, 그것을 가장 영광스러운 일로 여겼기에 다른 모든 것을 포기하고 그 길을 택했습니다. 이들은 불확실한 승패는 희망에 맡긴 채 자신만을 믿고 눈앞의 현실에 맞섰습니다. 항복하여 목숨을 건지기보다 끝까지 싸우다 죽는 편이 낫다고 믿었습니다. 그래서 비겁하게 행동하여 수치 당하기를 거부하고, 온몸으로 위험에 맞서다 이내 운명에 따라 두려움이 아닌 영광의 정점에서 세상을 떠났습니다.

1 **43** 이렇게 이들은 이 나라에 걸맞은 사람이 되었습니다. 남아 있는 우리는 더 안전하기를 기원해야 하겠지만, 적을 상대할 때는 비겁함을 미덕으로 여겨서는 안 됩니다. 그럴 경우 얻게 될 이익은 굳이 말로 설명할 필요가 없습니다. 나도 길게 말할 수 있지만, 여러분 역시 이미 잘 알고 있기 때문입니다. 여러분이 해야 할 일은, 우리나라가 지닌 힘을 실제로 보며 이 나라를 사랑하는 것입니다. 동시에 우리나라가 위대해 보일 때마다 그 위대함을 만든 이들이 용기 있고, 자신이 해야 할 일을 알며, 그 임무를 저버렸을 때의 수치를 아는 사람들임을 기억하는 것입니다. 이들은 임무를 수행하다 실패하는 한이 있더라도, 적어도 용기가 없어 이 나라를 빼앗길 수는 없다는 생각으로 가장 고귀한 헌신을 했습니다.

2 이들은 공공의 이익을 위해 자신의 몸을 바쳤고, 그 대가로 불멸의

명성과 가장 명예로운 무덤을 받았습니다. 이들은 이 무덤이 아니라, 기회가 있을 때마다 사람들이 말과 행동으로 이들의 명성을 영원히 기억하는 곳에 있습니다. 훌륭한 위인들의 무덤은 온 땅입니다. 이들의 ³ 이름은 고향에 세워진 비문뿐만 아니라 타향에서도 비문이 아닌 사람들의 기억 속에 오래도록 남아 있기 때문입니다.

이제 여러분은 이들을 본받아 행복은 자유에 있고 자유는 용기에 있 ⁴ 다는 사실을 마음에 새기며, 전쟁의 위험 앞에서 주저하지 말아야 합니다. 전쟁에서 죽음도 불사해야 할 사람은 인생을 더 살아도 나아질 가 ⁵ 망이 없는 비참하고 불운한 자가 아니라, 미래에 대한 희망이 있거나 전사했을 때 잃을 것이 많은 자입니다. 자긍심을 지닌 사람에게는 희망 ⁶ 을 품고 용기 있게 싸우다 자신도 모르게 죽는 것보다, 비겁하게 행동해 치욕을 겪는 편이 더 큰 고통이기 때문입니다.

44 그래서 나는 이 자리에 계신 전사자의 부모들에게 연민이 아닌 ¹ 위로를 전합니다. 인생에는 다양한 일이 생기지만, 이곳에 묻힌 이들처럼 명예롭게 삶을 마칠 수 있고 여러분처럼 명예롭게 애도할 수 있는 것은 행운입니다. 그런 점에서 불운과 행운을 함께 맛본 이들의 삶은 행복했다고 할 수 있습니다. 물론 내 말이 쉽게 와닿지 않으리라는 ² 것을 압니다. 자녀를 통해 누렸던 행복을 다른 사람들이 누리는 모습을 보면, 그리움이 더욱 깊어질 것입니다. 알지 못하는 것을 잃는 것보다 익숙한 것을 빼앗겼을 때 더 괴로운 법입니다.

하지만 아직 자녀를 낳을 수 있는 나이인 분들은 새 생명을 얻을 희 ³ 망으로 견뎌야 합니다. 새로운 자녀가 태어나면 한편으로는 떠나간 자녀를 잊을 수 있고, 다른 한편으로는 인구가 감소하는 것을 막아 이 나라의 안보도 유지될 것입니다. 누구나 자신의 자녀만은 위험에 빠지지 않기를 바란다면, 그 사회에서는 공정한 국정 운영을 기대할 수 없기 때문입니다.

반면 자녀를 낳을 연령이 지난 분들은 지금까지 행복하게 살아온 많 ⁴

은 시간을 행운이라 여기고, 남은 생이 길지 않다는 사실과 함께 고인이 된 아들의 명예를 위안으로 삼기를 바랍니다. 모든 욕망 중 명예욕만이 늙지 않는 까닭에, 어떤 이들이 말했듯이 나이가 들수록 재산보다 명예가 더 큰 기쁨이 됩니다.

1   **45** 여러분이 여기에 묻힌 이들의 자녀나 형제라면, 앞으로 어디를 가든 이들과 비교되는 부담을 안고 살아가게 될 것입니다. 세상은 죽은 이를 칭송하는 경향이 있어 여러분이 아무리 큰 공을 세워도 이들과 대등하기보다 부족하다고 여겨질 것입니다. 살아 있는 사람은 경쟁자로 여겨 시기하지만, 죽은 이에게는 경쟁심 없이 호의와 존중을 보이는 것이 세상의 이치입니다.

2   여러분 가운데 이제 미망인이 된 부인들의 미덕에 대해서도 무언가를 말해야 한다면, 다만 짧은 조언으로 갈음하고자 합니다. 여러분의 타고난 본성을 지키며 살아가는 것이 가장 큰 명예입니다. 칭찬이든 비난이든 남자들의 입에 오르내리지 않는 것이 여러분에게 명성을 가져다줄 것입니다.

1   **46** 이제 나는 관습과 전통에 따른 헌사를 마쳤습니다. 우리는 이곳에 묻힌 이들을 이미 영예롭게 기렸으며, 앞으로 이들의 자녀가 성인이 될 때까지 국가가 부양할 것입니다. 이는 고인의 희생에 대한 보답으로 국가가 고인과 그 자녀들에게 바치는 영광의 월계관입니다. 가장 훌륭

2   한 이들이 다스리는 나라에서는 용기에 최고의 상을 주는 법이지요. 이제 각자 고인들을 애도한 후 돌아가십시오."

1   **47**[*] 이렇게 같은 해 겨울, 아테나이에서 이번 전쟁의 첫 전사자들을 위한 장례식이 치러졌고, 겨울이 지나면서 이 전쟁의 첫 번째 해[36]도

2   끝났다. 여름이 되자마자 펠로폰네소스군과 그 동맹군은 지난번처럼

---

[*] 제47-54장은 기원전 430년에 발생해 4-5년간 지속된 아테나이의 역병 창궐을 다룬다.
36 "이 전쟁의 첫 번째 해"는 기원전 431년을 가리킨다.

전체 군대의 3분의 2만 이끌고 아티케로 쳐들어왔다. 이번에도 총사령관은 제욱시다모스의 아들이자 라케다이몬의 왕 아르키다모스였다. 그들은 진을 치고 아테나이인의 영토를 약탈하기 시작했다.

그들이 아티케에 진을 친 지 며칠 지나지 않아 아테나이인 사이에서 3 처음으로 역병이 발생했다. 이전에도 렘노스를 비롯한 여러 지역에 역병이 돌았다는 소문은 있었으나, 이처럼 창궐하여 수많은 희생자를 낸 적은 없었다. 초기에는 의원들조차 무슨 병인지를 몰라 제대로 치료하 4 지 못했고, 환자와 접촉이 많았던 의원들이 가장 많이 죽었다. 인간의 어떤 기술도 전혀 도움이 되지 못했다. 신전에 가서 기도하거나 신탁을 구하는 등 온갖 방법이 동원되었으나 허사였다. 결국 사람들은 이 재앙 앞에 무릎을 꿇고 어떤 시도도 포기하고 말았다.

48 처음에 이 역병은 아이깁토스 남쪽, 아이티오피아[37]에서 시작되 1 어 아이깁토스, 리비에, 그리고 페르시스 왕의 영토 대부분으로 퍼져나갔다고 전해진다. 그러다 갑작스레 아테나이인의 도시에 들이닥쳤다. 2 가장 먼저 페이라이에우스 주민들이 역병에 감염되었다. 당시 그곳에는 샘이 없고 우물만 있었기에, 사람들은 펠로폰네소스인이 우물에 독을 탔다고 의심했다. 그 후 역병이 아테나이로 퍼지면서 훨씬 더 많은 이들이 목숨을 잃었다.

이 역병이 어디서 발생했으며, 이토록 큰 재앙을 초래한 이유가 무 3 엇인지 연구하는 일은 의원이든 일반인이든 다른 사람들에게 맡기겠다. 나는 이 역병이 다시 발생할 경우 누군가 식별하고 대처할 수 있도록, 내가 직접 앓았고 다른 이들의 고통을 지켜본 바를 바탕으로 이 병의 진행 양상과 증상을 설명하고자 한다.

---

37 "아이티오피아"(Αἰθιοπία)는 '얼굴이 검게 그을린 사람들의 땅'이라는 의미로, 고대 헬렌인은 아이깁토스 남부 나일강 상류 지역과 그 이남 아프리카 전역을 이 이름으로 지칭했다. 또한 아이깁토스 서쪽 북아프리카는 '리비에'라 불렀다.

1 **49** 모든 사람의 증언이 일치하듯, 그해에는 다른 질병에 걸린 사람이 현저히 적었다. 설령 다른 병을 앓고 있었더라도, 결국에는 이 역병

2 에 감염되었다. 평소에 건강하던 사람도 아무런 징후 없이 갑자기 역병에 걸렸다. 처음에는 고열에 시달렸으며 눈이 붉게 충혈되고 염증이 생겼다. 이어 목구멍과 혀에서 출혈이 시작되어 입안이 순식간에 피로 물

3 들었고, 숨을 내쉴 때마다 비정상적인 악취가 풍겼다. 뒤이어 재채기가 나고 목이 쉬었다. 기침이 심해지고 통증이 가슴으로 내려오면 심장이 뒤틀리는 듯 극심한 고통과 함께 의원들이 이름 붙인 온갖 종류의 담

4 즙을 토해냈다. 환자 대부분은 격렬한 경련과 더불어 헛구역질을 했는데, 어떤 이는 헛구역질을 한 직후 경련이 멎었지만, 어떤 이는 한참이 지나서야 가라앉았다.

5 환자들의 몸을 만져보면 피부는 그다지 뜨겁지 않았으나 창백하기보다는 불그스레한 빛을 띠었으며 작은 물집과 종기가 잔뜩 돋아났다. 하지만 체내의 열은 무척 심해서 얇은 세마포 옷조차 견디지 못해 벌거벗은 채로 지내야만 했다. 그들은 차가운 물에 몸을 담그고 싶어 했으며, 끊임없는 갈증에 시달리며 방치되던 많은 이가 실제로 우물에 뛰어들기도 했다. 그러나 물을 얼마나 마시든 그 타는 듯한 갈증은 가라앉지 않았다.

6 또한 불면증에 시달려 제대로 잠을 자거나 쉬지 못했다. 병세가 절정에 이르러도 몸은 쉽게 쇠약해지지 않아 오히려 고통을 고스란히 견뎌야 했다. 대부분의 환자는 몸속의 열 때문에 발병 후 7일에서 9일 내에 사망했는데, 그때까지도 체력은 어느 정도 남아 있었다. 설령 살아남더라도 병이 복부로 내려가 심한 궤양과 멈추지 않는 설사를 일으키는 바람에 많은 이가 결국 목숨을 잃었다.

7 이처럼 역병은 처음 머리에서 시작되어 온몸으로 퍼져나갔다. 가장 심한 증상을 겪고 살아남았다 해도, 몸의 말단 부위에 손상이 나타났

8 다. 이 병은 생식기와 손가락, 발가락에도 침범했고, 그 결과 살아남았

다 해도 이 부위의 기능을 잃은 사람이 많았고, 시력을 상실한 사람도 있었다. 그리고 이 병에 걸렸다 회복된 사람은 한결같이 기억을 잃어 자신이 누구인지 몰랐고, 친지도 알아보지 못했다.

50 역병의 위력은 이루 형언할 수 없을 정도로 강력했다. 환자들에 게 인간이 감내하기 힘든 고통을 안겼을 뿐 아니라, 이 병이 일반적인 질병과는 확연히 다르다는 사실을 증명해주는 증거도 나타났다. 역병 으로 죽은 시신이 거리 곳곳에 그대로 방치되었음에도 인육을 먹는 새 나 짐승조차 접근하지 않았고, 어쩌다 시신을 먹은 짐승은 그 자리에서 죽었다. 평소 흔하던 새들은 자취를 감추었으며, 반면 사람과 함께 살 아가는 동물인 개들은 시신을 먹은 짐승이 어떻게 되는지를 분명히 보 여주었다.

51 환자마다 보인 기이한 증상에 차이는 있었지만, 특이 사례를 제 외하면 전반적으로 지금까지 설명한 증상이 이 역병의 주요 양상이었 다. 이 시기에 다른 질병은 거의 유행하지 않았고, 설령 다른 병에 걸렸 더라도 끝내 이 역병으로 귀결되었다. 역병에 걸린 이들 중 누군가는 방치된 채 죽어갔고, 누군가는 최선의 치료를 받았지만 결국 죽음에 이 르기도 했다. 어떤 이에게는 치료제가 되었던 약이 다른 이에게는 독이 되어 죽음을 초래하기도 했기에, 보편적인 효과가 있는 하나의 치료법 은 존재하지 않았다.

몸이 튼튼하냐 허약하냐는 이 역병에 걸리는 것과 아무 상관이 없었 다. 운동과 식이요법으로 몸을 단련했든, 그렇지 않아 허약했든 누구나 이 역병에 걸렸기 때문이다. 역병과 관련해 가장 무서운 것은 감염 사 실을 깨닫고 절망에 빠지는 일이었다. 절망하여 자포자기에 빠진 이들 은 병마를 견뎌낼 의지를 잃었기 때문이다. 또한 병자를 돌보던 이들이 잇달아 감염되어 양 떼처럼 죽어나가는 광경은 극심한 공포를 자아냈 다. 실제로 이를 알게 된 사람들이 병자를 방치하여 더 많은 죽음이 초 래되었다. 사람들은 병자를 찾아가 돌보기를 두려워했고, 병자들은 홀로 방치된 채 죽어갔다. 돌봐주는 사람이 없어 한 가족 전체가 죽어간 경우도 많았다. 병자를 돌보다가는 자신도 목숨을 잃을 것이 분명했기 때문이다. 특히 어떤 상황에서도 미덕을 실천하려 했던 이들 가운데 그런 일을 겪는 경우가 많았다. 그들은 극도의 고통과 혼란 속에서 가족의 죽음조차 제대로 애도할 수 없는 상황이었음에도, 자신의 안전만을 우선시하는 것을 부끄럽게 여겨 감염의 위험을 무릅쓰고 병든 친지들을 찾아가 돌보았기 때문이다.

6   그런데 역병에 걸려 사경을 헤매는 이들을 가엽게 여겨 적극적으로 찾아다니며 보살핀 사람은, 도리어 역병에서 살아남은 자들이었다. 그들은 직접 이 병을 겪어보았기에 증상을 잘 알고 있었고, 한번 회복되면 다시 감염되어도 치명적이지 않다는 사실이 알려져 자신들이 비교적 안전하다는 사실을 깨달았기 때문이다. 사람들은 역병에서 회복된 이들을 축복받은 자라 여겼다. 그들 스스로도 말로 표현할 수 없는 기쁨을 느꼈으며 앞으로 다른 질병에 걸려도 죽지 않으리라는 희망까지 품게 되었다.

1   **52** 이처럼 역병이 창궐한 데다 수많은 사람들이 농촌에서 도시로 이주해온 탓에 고통은 더 가중되었다. 특히 이주민들의 고통이 더 심했 2 다. 그들은 집이 없어 여름날 숨막히는 더위 속에서 임시 거처에 기거하다가 역병에 걸려 걷잡을 수 없이 죽어나갔다. 시신이 겹겹이 쌓였고, 죽어가는 사람들이 거리에서 뒹굴었으며, 우물가마다 물을 마시려 3 고 온 병자들로 넘쳐났다. 사람들은 신전에도 임시 거처를 마련해 기거했는데, 그곳에서도 역병에 걸려 죽는 바람에 신전마저 시신으로 가득 찼다. 사람들은 극심한 고통에 짓눌려 자신의 처지를 가늠할 수 없게 되자, 신전이든 신성한 것들이든 아랑곳하지 않게 되었다.

4   예로부터 지켜오던 장례 관련 규범도 모두 무너져 이제는 각자가 알아서 장례를 치렀다. 죽어나가는 사람들이 워낙 많고 장례에 필요한 물품은 부족했기에, 다른 사람이 쌓아놓은 화장용 장작더미에 가져온 시

신을 던져놓고 먼저 불을 붙이거나, 이미 타고 있는 장작더미 위에 시신을 올려놓고 가는 후안무치한 행동도 서슴지 않았다.

53 역병은 도시의 삶 전반에도 전례 없는 무질서를 가져왔다. 행복 [1] 하게 살아가던 부자들이 갑자기 죽고 전에는 가진 것 하나 없던 이들이 그 재산을 물려받는 상황이 벌어지자, 사람들은 이전에는 은밀히 즐기던 향락을 이제는 공공연하게 탐닉했다. 육신도 재물도 덧없다고 생 [2] 각해 가진 재물을 향락을 추구하는 데 빨리 써버리는 것이 상책이라 여겼기 때문이다. 사람들은 더 이상 명예로운 목표를 정해놓고 고통을 [3] 감수하려 하지 않았다. 목표를 이룰 때까지 살아 있을지 확신할 수 없었기 때문이다. 대신 당장의 쾌락을 가져다주거나 그렇게 하는 데 도움이 되는 것만을 가치 있고 쓸모 있게 여겼다.

신에 대한 경외심이나 인간의 법으로도 사람들을 제어할 수 없었다. [4] 사람들이 신을 두려워하지 않게 된 것은, 신을 경외하는 사람이든 그렇지 않은 사람이든 모두 똑같이 죽는 것을 보고 신에 대한 태도가 무의미하다고 믿게 되었기 때문이다. 또한 인간의 법을 아랑곳하지 않게 된 것은, 죄를 지어도 재판을 받고 처벌받을 때까지 자기가 살아 있을 것이라고 기대하는 사람이 아무도 없었기 때문이다. 역병이라는 더 무거운 선고를 받았다고 생각했기에, 형벌이 집행되기 전에 조금이라도 더 인생을 즐기고자 했다.

54 이처럼 아테나이인은 도시 안에서는 역병으로 죽어나가고, 도시 [1] 밖에서는 영토를 약탈당하며 안팎으로 고통을 겪고 있었다. 이러한 재 [2] 앙 속에서 사람들은 오래전부터 노인들이 언급했던 신탁의 한 구절을 떠올렸다. "도로스인과의 전쟁이 이르면 역병도 함께 찾아올 것이다." 사람들 사이에 옛 사람들이 받은 신탁에서 말한 것은 '역병'이 아니라 [3] '기근'이었다는 주장이 제기되어 논쟁이 벌어지기도 했으나, 이제는 '역병'이라고 말한 쪽이 맞았다고 생각했다. 기억 속의 말은 현재 겪고 있는 일에 비추어 해석되는 경향이 있기 때문이다. 그래서 이번 전쟁이 끝

난 후 도로스인과의 전쟁이 다시 한번 일어나 기근이 찾아온다면, 그때는 이 구절이 기근을 뜻했다고 해석할 것이 틀림없다.

4   이 신탁을 알고 있던 사람들은 라케다이몬인이 받은 신탁도 떠올렸다. 라케다이몬인이 전쟁을 시작해도 되는지 신에게 묻자, 신은 그들이 온 힘을 다해 싸우면 승리할 것이고, 신도 그들과 함께하겠다고 응답했다는 내용이다. 5 그들은 지금 실제로 일어나고 있는 일이 신탁과 맞아떨어진다고 생각했다. 펠로폰네소스인이 쳐들어온 직후 역병이 시작되었지만, 펠로폰네소스에는 역병이 돌지 않거나 돌더라도 언급할 가치가 없을 만큼 미미했고, 아테나이에서 가장 극심하게 창궐했다가 이후 인구가 밀집된 다른 지역으로 옮겨갔기 때문이다. 이상이 역병과 관련된 사건들이다.

1   **55**[*] 아테나이에서 역병이 창궐하는 동안, 펠로폰네소스군은 아티케 평원을 약탈한 후 해안 지대라 불리는 곳으로 진입했다. 그들은 아테나이인의 은광이 있는 라우레이온산[38]까지 진격하여, 먼저 펠로폰네소스를 마주 보고 있는 지역을 약탈했고, 다음으로는 에우보이아섬과 안드로스섬을 마주 보는 지역을 약탈했다. 2 그러나 아테나이의 총사령관 페리클레스는 여전히 지난 침공 때와 똑같은 판단을 고수했다. 즉 아테나이인은 출정해서 싸워서는 안 된다는 입장이었다.

1   **56** 펠로폰네소스군이 아직 해안 지대로 진입하지 않고 평원에 머물

---

[*] 제55-70장은 아테나이에서 역병이 지속되는 가운데, 펠로폰네소스군의 제2차 아티케 침공, 아테나이 함대의 펠로폰네소스 해안 공격, 포테이다이아에 대한 증원 시도 실패 등이 서술된다. 이어 페리클레스의 위로 연설과 트라케 및 북동 지역에서의 충돌, 포테이다이아 함락 소식을 전한다.

38 "해안 지대"는 아티케 지방의 남부와 동부 해안을 가리키며, 사론만 연안부터 에우보이아섬과 안드로스섬을 마주한 구역까지 포함한다. "라우레이온산"은 아티케 남단의 수니온곶 북쪽 12킬로미터, 아테나이 남동쪽 60킬로미터 지점에 위치했다. 테미스토클레스는 이곳의 은광 수입으로 200척의 삼단노선을 건조해 아테나이를 해상 강국으로 발전시켰다.

러 있을 때, 페리클레스는 펠로폰네소스로 원정을 떠날 함선 100척을
마련했고, 준비가 끝나는 대로 출항시켰다. 아테나이군은 중무장보병 2
4,000명을 함선에 승선시켰고, 처음으로 낡은 함선을 군마 수송선으로
개조해 기병 300명도 함께 태웠다. 키오스와 레스보스에서 보낸 함선
50척도 원정에 합류했다. 아테나이 함대가 출항했을 때, 펠로폰네소스 3
군은 아직 해안 지대에 있었다. 아테나이군은 펠로폰네소스의 에피다 4
우로스에 상륙하여 그 땅의 대부분을 약탈했고, 도시도 공격하여 함락
직전까지 갔으나 성공하지는 못했다.

이후 아테나이 함대는 에피다우로스를 떠나 펠로폰네소스반도 해안 5
에 위치한 트로이젠, 할리아이, 헤르미오네[39]의 땅을 약탈했다. 이어서 6
그들은 라코니케 지방의 해안에 있는 소도시 프라시아이로 가서 그 땅
을 약탈한 후, 도시를 함락시키고 파괴했다. 이러한 일련의 원정을 마
친 아테나이 함대는 본국으로 귀환했는데, 이때는 펠로폰네소스군도
이미 철수하여 아티케에 있지 않았다.

57 펠로폰네소스군이 아테나이인의 영토에 머물러 있고 아테나이 1
함대가 원정을 떠난 동안에도, 아테나이인은 군대와 도시 내에서 계속
해서 역병으로 죽어나갔다. 펠로폰네소스군이 예정보다 더 일찍 아테
나이 땅에서 철수한 이유도 도시에서 탈출한 이들로부터 역병이 창궐
하고 있다는 소식을 들은 데다, 끊임없이 장례 행렬이 이어지는 것을
보면서 자신들도 감염될 것을 두려워했기 때문이라고 한다. 그럼에도 2
그들은 40여 일 동안 아티케에 머물며 그 땅 전체를 지속적으로 약탈
했기에, 이번 침공은 가장 오랜 기간 동안 이어졌다.

---

39 "트로이젠", "할리아이", "헤르미오네"는 모두 아르골리스 지방에 속한 도시였다. 트
로이젠은 사론만 서안, 할리아이는 아르고스만 동안 끝자락에 위치했고, 헤르미오네
는 사론만과 아르고스만 사이 아르고스반도 남단에 위치했으며 할리아이에서 북동
쪽으로 12킬로미터 떨어져 있었다. "프라시아이"는 라코니케 지방 동쪽 해안에 있던
도시로, 라케다이몬군의 주요 군항이었다.

1   **58** 그해 여름, 페리클레스의 동료 장군들인 니키아스의 아들 하그논과 클레이니아스의 아들 클레오폼포스는 이전에 페리클레스가 지휘했던 군대를 이끌고 트라케로 출정했다. 그들의 목표는 트라케의 칼키디케인과 아테나이군에 의해 여전히 포위되어 있던 포테이다이아를 공략하는 것이었다. 그들은 도착하자마자 공성 무기를 비롯한 모든 수단을 동원해 포테이다이아를 함락시키고자 했다.

2   그러나 그들은 도시를 함락시키지 못했고, 준비한 것에 비해 별다른 성과도 거두지 못했다. 새롭게 파견된 아테나이군 가운데서도 역병이 돌아 군대가 와해되었기 때문이다. 더욱이 그곳에 이미 주둔해 있던 아테나이군은 그때까지만 해도 건강했으나, 하그논이 이끌고 온 군대로 인해 역병에 감염되었다. 한편, 포르미온과 그가 이끄는 1,600명의 군

3   사들은 당시 칼키디케 지역에 있지 않았다. 결국 하그논은 40여 일 만에 4,000명의 중무장보병 중 1,050명을 역병으로 잃은 후, 함대를 이끌고 아테나이로 귀환했다. 반면 이전부터 그곳에 주둔해 있던 아테나이군은 그대로 남아 포테이다이아 포위를 유지했다.

1   **59** 아테나이인은 자신들의 영토가 두 차례나 침탈당하고, 전쟁과

2   역병이 동시에 닥치자 입장을 바꾸었다. 그들은 페리클레스가 전쟁을 선동했기 때문에 이러한 재난이 초래되었다고 여기며 라케다이몬인과 평화협상을 시도했다. 그러나 파견된 사절단은 아무런 성과도 거두지 못했다. 모든 상황이 막막해지자 그들은 페리클레스를 비난하기 시작했다.

3   아테나이군 총사령관직을 유지하고 있던 페리클레스는 아테나이인이 현 상황에 분노하며 자신이 예상했던 대로 행동하는 것을 지켜보았다. 그는 민회를 소집했는데, 이는 시민들의 사기를 진작시키고, 분노를 가라앉히며, 두려움을 덜어주기 위해서였다. 그는 앞으로 나가 다음과 같이 말했다.

1   **60** "여러분이 이처럼 분노하리라는 것을 나는 이미 예상했습니다.

여러분이 분노하는 이유를 잘 알고 있기 때문입니다. 그래서 이 민회를 소집했습니다. 내가 이전에 당부했던 바를 상기시키고, 여러분의 분노와 현재의 재난 앞에서 좌절하는 것이 옳지 않다는 점을 지적하기 위해서입니다.

나는 시민 개개인이 잘사는 것보다 국가 전체가 바로 서는 것이 개 2인에게 더 큰 이익이 된다고 생각합니다. 개인이 아무리 잘살아도 조국 3이 멸망하면 함께 몰락할 수밖에 없지만, 조국이 번영한다면 가난한 개인도 얼마든지 부유해질 수 있기 때문입니다. 국가는 개인의 불행을 감 4당할 수 있지만, 개인은 국가의 불행을 감당할 수 없습니다. 그렇다면 우리 모두가 나서서 국가를 지켜야 하지 않겠습니까? 지금 여러분처럼 자신의 집에 불행이 닥쳤다고 놀라 우리 모두를 보호하는 임무를 포기하고, 전쟁을 권고했다는 이유로 나를 비난하거나 이에 동의했다고 해서 스스로를 자책해서는 안 되지 않겠습니까?

여러분은 내게 분노하지만 나는 자부합니다. 나는 상황에 따라 무 5엇이 필요한지를 누구보다 잘 알고, 그 이유를 설명할 수 있으며, 조국을 사랑하고 재물에 얽매이지 않는 사람입니다. 무엇이 필요한지는 알 6지만 그 이유를 설명하지 못하는 사람은 아예 모르는 것과 다름없습니다. 이 두 가지 능력이 있어도 애국심이 없다면, 그의 조언이 아무리 적절해도 소용없습니다. 게다가 이 모든 자질을 갖추고 있더라도 재물 앞에서 굴복한다면, 그는 결국 모든 것을 재물과 맞바꾸게 될 것입니다. 따라서 여러분이 이런 점에서 내가 다른 사람들보다 뛰어나다고 판단 7하여 나의 전쟁 제안을 받아들였다면, 지금 와서 나를 잘못했다고 비난하는 것은 부당합니다.

61 만일 평화와 전쟁을 자유롭게 선택할 수 있고 평화를 택해도 잘 1살아갈 수 있다면, 전쟁을 선택하는 것은 매우 어리석은 일입니다. 그러나 즉시 굴복하여 예속되거나 위험을 감수하며 저항하거나, 이 둘 중하나를 선택해야 한다면, 위험에 맞서는 자보다 위험을 회피하려는 자

가 더 큰 비난을 받아 마땅합니다.

2   나는 그때나 지금이나 변함없으며 생각을 바꿀 의사도 없습니다. 변한 것은 여러분입니다. 아무런 피해도 없을 때는 나의 제안을 받아들였지만, 이제 막상 고통을 겪게 되자 후회하며 판단력이 흐려져 내 조언이 잘못된 것처럼 보이는 것입니다. 당장의 고통은 각자가 직접 느끼는 반면, 내가 말한 대로 했을 때 모두가 얻게 될 이익은 아직 멀리 있어 분명히 보이지 않기 때문입니다. 갑작스러운 큰 변화로 의기소침해

3   진 상태에서 이전의 결정을 지키기란 쉽지 않습니다. 특히 이성으로는 이해하기 힘든 엄청난 재앙을 예기치 않게 겪으면 인간의 마음은 극도로 위축되기 마련인데, 여러분에게는 역병이 바로 그러한 시련이었습니다.

4   하지만 여러분은 위대한 국가의 시민이며, 그에 걸맞은 교육을 받고 자란 사람들입니다. 따라서 최악의 재난도 견뎌내고 우리의 명성을 지켜내야 합니다(사람들은 주제넘게 과분한 명성을 얻으려 하는 이들을 미워하듯이, 나약해서 기존의 명성을 잃어버리는 자들도 마찬가지로 비난합니다). 그러므로 개개인의 고통에서 벗어나 우리 모두가 함께 살 길을 찾아야 합니다.

1   **62** 여러분은 전쟁의 고통은 더해가는데 승리의 기미가 보이지 않는다고 걱정합니다. 나는 이미 여러 차례 그러한 의구심이 옳지 않음을 설명했지만, 이 자리에서는 특별히 우리 제국이 얼마나 막강한지를 밝히고자 합니다. 사실 여러분은 우리 제국이 얼마나 큰지 생각해본 적 없고, 나 역시 이전의 연설에서 언급한 적이 없습니다. 지금도 여러분이 내가 예상한 것보다 더 겁을 먹지 않았다면, 자칫 과시로 보일까 우려되어 말하지 않았을 것입니다.

2   여러분은 우리가 단지 동맹국들만 지배한다고 생각하겠지요. 하지만 분명히 밝혀두고 싶은 사실이 있습니다. 이 세계에서 인간이 활동하는 육지와 바다, 두 영역 중에서 우리는 바다를 완전히 지배하고 있으

며, 현재 장악하고 있는 해역뿐만 아니라 우리가 원하는 어떤 바다에도 지배력을 미칠 수 있다는 것입니다. 우리는 현재의 해군력으로 어디든 자유롭게 항해할 수 있으며, 메디아의 왕이든 어떤 종족이든 우리의 이러한 행보를 막을 수 없습니다.

여러분은 집과 토지를 잃는 것을 큰 손실로 여기겠지만, 우리의 힘 은 결코 그런 것에 있지 않습니다. 우리의 힘과 부는 해군력에 있으며, 집과 토지는 그저 그 힘에 속한 작은 정원이나 장식물에 불과합니다. 우리가 지닌 엄청난 부에 비하면, 이는 미미한 손실일 뿐입니다. 또한 자유를 지켜낸다면 잃은 것을 쉽게 되찾을 수 있지만, 굴복한다면 현재 가지고 있는 것마저 잃게 될 것입니다. 3

우리 조상들은 현재 우리가 누리고 있는 것들을 물려받은 것이 아닙 니다. 그들은 스스로의 노력으로 이를 일궈냈을 뿐만 아니라, 무언가를 얻지 못하는 것보다 이미 가진 것을 잃는 것이 더 큰 수치임을 알기에 자신들이 획득한 것을 끝까지 지켜내어 후손들에게 물려주었습니다. 이러한 점에서 여러분 모두는 조상들에게 결코 뒤지지 않음을 보여주 어야 합니다.

여러분은 단순한 용기를 넘어 적을 하찮게 여기는 자신감으로 싸 워야 합니다. 무지한 자가 우연히 성공하면 우쭐해져 자신만만해하는 마음[40]이 생겨나는데, 그런 마음은 겁쟁이도 가질 수 있습니다. 반면 적 을 하찮게 여기는 자신감은 우리처럼 적을 능가한다고 확신하는 자만 이 가질 수 있습니다. 운이 양측에 동일하게 작용할 때는, 앎[41]이 담대 4

5

---

40 "우쭐해져 자신만만해하는 마음"으로 번역한 아우케마(αὔχημα)는 부정적인 뉘앙스를 지니는 반면, "적을 하찮게 여기는 자신감"으로 번역한 카타프로네시스(καταφρόνησις) 는 '아래로 생각하다'라는 어원을 가진 단어로, 일반적으로는 '경멸, 멸시, 무시'로 번 역되지만 실력에 기반한 자신감에서 비롯된 것이므로 본문에서는 부정적 의미를 갖 지 않는다.

41 "앎"으로 번역한 크쉬네시스(ξύνεσις)는 단순한 지식('에피스테메')을 넘어선 깊은 이해와 통찰을 뜻한다. 실천적 지혜('프로네시스')에 속하지만, 보다 이론적이고 종합

함을 가져다줍니다. 현실을 정확히 알면 자신감이 생겨 적을 하찮게 여길 수 있게 됩니다. 그런 사람은 불확실한 희망에 의존하지 않고, 현실에 대한 판단을 바탕으로 더욱 확실하게 미래를 예측할 수 있기 때문입니다.

1 **63** 여러분은 모두 제국으로서 많은 나라를 다스리며 존경받는 조국의 영예를 자랑스러워하는 시민들입니다. 따라서 이 나라를 지켜내는 것이 마땅하며, 이를 위해서는 어떤 노고도 감내해야 합니다. 만약 노고를 피하고자 한다면 영예 또한 포기해야 할 것입니다. 우리의 싸움은 단순히 자유나 예속의 문제를 넘어섭니다. 우리가 제국의 지위를 잃는다면, 그동안 제국으로서 다른 나라들을 통치하는 과정에서 불가피하게 쌓아온 원한 때문에 위험에 처할 수 있습니다. 그러므로 우리는 이러한 위험을 피하기 위해서라도 싸워야 합니다.

2 어떤 이들은 현재 상황이 두려워 다른 나라의 일에 간섭하지 말고 조용히 살아가자고 주장할지도 모릅니다. 하지만 우리나라는 이미 참주정과 같은 제국이 되었습니다. 비록 제국의 길을 선택한 것이 잘못되었다 하더라도, 이제 와서 제국을 포기하는 것은 위험한 일입니다.

3 만약 그런 생각을 가진 이들이 다른 사람들을 설득해 제국을 포기하고 자신들만의 국가를 세운다면, 그 나라는 가장 먼저 멸망할 것입니다. 정치에 관여하지 않고 조용히 살아가는 삶은, 정치에 적극적으로 참여하는 사람들의 도움 없이는 지속될 수 없기 때문입니다. 이러한 생활 방식은 제국으로서 다른 나라를 다스리는 국가에서는 무용하며, 다른 나라에 예속되어 안전을 보장받으려는 속국에서나 쓸모가 있습니다.

1 **64** 여러분은 나와 함께 이 전쟁을 하기로 결정한 장본인들입니다. 그러므로 그런 이들의 선동에 휘둘려 내게 분노해서는 안 됩니다. 적에

적인 이해를 바탕으로 한 행동 지향적 지혜를 가리킨다. 일반적 지혜('소피아')보다 구체적이고 상황에 밀착된 이해를 의미하며, 현실적이고 실천적인 성격을 띤다.

게 굴복하지 않기로 결정했을 때, 우리는 이미 집과 토지가 약탈당하고 파괴될 것을 예상했습니다. 다만 역병의 발생은 전혀 예상치 못했던 유일한 일이었고, 여러분이 이 역병 때문에 나를 더욱 미워한다는 사실을 잘 압니다. 하지만 예상치 못한 모든 행운을 나의 공으로 돌리지 않을 것이라면, 이 역병만 나의 탓으로 돌리는 것은 부당합니다.

신들로부터 오는 불가항력적인 시련은 견뎌내야 하고, 적으로부터 2 오는 위협은 용감히 맞서야 합니다. 이것이 우리나라의 전통이며, 이 전통이 여러분 세대에서 끊어져서는 안 됩니다. 우리나라가 세상에서 3 가장 위대한 명성을 얻게 된 것은, 어떤 역경에도 굴하지 않고 수많은 목숨과 극한의 노고를 바쳐 전쟁에서 승리했기 때문입니다. 이로써 우리는 후세가 영원히 기억할 최강의 힘을 갖게 되었습니다. 모든 것이 쇠퇴하듯 우리도 언젠가는 쇠락하겠지만, 후세 사람들은 우리가 헬렌인 중에서 가장 많은 이들을 지배했고, 가장 큰 전쟁에서 개별 국가나 연합군에 맞서 결코 물러서지 않았으며, 가장 풍요로운 나라에서 살았다는 사실을 기억할 것입니다.

정치에 무관심하고 평온한 삶을 추구하는 이들은 우리의 방식을 비 4 난할 것입니다. 하지만 우리처럼 되고자 하는 이들은 우리를 동경할 것이며, 우리가 가진 것을 얻으려다 실패한 이들은 우리를 시기할 것입니다. 타인을 지배하려는 자는 미움을 사고 고통받기 마련입니다. 하지만 5 위대한 일을 이루기 위해 겪는 미움과 시기는 정당한 것입니다. 미움은 일시적이지만, 위대한 업적으로 얻은 현재의 영광과 미래의 명성은 영원합니다.

따라서 여러분이 지닌 열정으로 미래의 영광을 얻고 현재의 치욕을 6 피하기 위해 힘쓰십시오. 라케다이몬인에게 더 이상 사절단을 보내지 말고, 현재의 어려움에 짓눌려 있음을 드러내지 마십시오. 역경 앞에서 마음의 평정을 유지하면서도 행동으로는 가장 강력하게 맞서는 이야 말로 국가든 개인이든 진정 힘 있는 자입니다."

1   **65** 페리클레스는 이런 말로 자신에 대한 아테나이인의 분노를 달래
2 고, 그들의 관심을 현재의 곤경에서 돌리고자 했다. 아테나이인은 공식
   적으로는 그의 의견을 받아들여 라케다이몬인에게 더 이상 사절단을
   보내지 않고 전쟁에 집중하기로 했다. 그러나 개인적으로는 여전히 자
   신들이 겪고 있는 고난에 분노했다. 대중은 얼마 되지 않는 재산마저
   잃었고, 부유층은 농촌의 많은 재산과 호화로운 저택을 잃었기 때문이
   다. 무엇보다 그들은 평화로운 삶 대신 전쟁을 해야 하는 상황에 가장
3 큰 분노를 느꼈다. 결국 그들은 페리클레스에게 벌금을 부과하기 전까
   지는 분노를 거두지 않았다.

4   그러나 군중이 흔히 그러하듯, 얼마 지나지 않아 그들은 페리클레스
   를 다시 총사령관으로 선출하고 모든 일을 그에게 맡겼다. 이는 개인적
   인 고통에 둔감해졌기 때문이기도 하지만, 무엇보다 국가가 가장 어려
5 울 때 그가 가장 적합한 인물이라 여겼기 때문이다. 페리클레스는 평화
   로운 시기에 나라를 이끌며 그의 재임 기간 동안 아테나이를 가장 안
   전하고 강력한 나라로 만들었다. 전쟁이 시작되었을 때도 그는 아테나
   이의 힘이 어디에 있는지 미리 알고 있었던 것으로 보인다.

6   전쟁이 시작되고 나서 페리클레스는 2년 6개월을 더 살았으며, 그가
7 전쟁에 대해 예견했던 바가 옳았음은 그의 사후에 더욱 분명해졌다. 그
   는 아테나이인이 정면 대결을 피하고 도시 안에 머물며 해군력 강화에
   힘쓰고, 전쟁 중에는 영토 확장을 꾀하지 않으며, 나라를 위험에 빠뜨
   릴 모험을 하지 않는다면 승리할 것이라고 말했다. 그러나 그의 사후
   에 아테나이인은 이 모든 조언과 정반대로 행동했다. 전쟁과 무관한 사
   안에서도 개인의 야망과 사리사욕을 채우기 위해 자국과 동맹국에 해
   로운 정책을 추진했다. 이러한 정책은 성공하면 개인에게 더 큰 명예와
   이익을 가져다주지만, 실패하면 국가의 전쟁 수행에 타격을 주는 것들
   이었다.

8   아테나이인이 페리클레스를 재신임한 이유는, 그가 명성과 실력을

갖추었을 뿐만 아니라 청렴하여 대중을 자유롭게 통솔할 수 있었기 때문이다. 그는 대중에게 휘둘리지 않고 오히려 대중을 자신의 뜻대로 이끌었다. 또한 부정한 방법으로 권력을 얻지 않았기에 대중에게 아부할 필요가 없었으며, 오히려 권위 있게 대중을 꾸짖거나 그들의 의견에 반박할 수 있었다. 대중이 갑자기 오만해질 때면 경고로 그들을 일깨웠 9 고, 반대로 근거 없이 두려워할 때면 자신감을 북돋아주었다. 그 결과 아테나이는 명목상으로는 민주정이었으나, 실제로는 일인자인 한 사람에 의한 통치가 이루어졌다.

그러나 페리클레스 이후 등장한 인물들은 모두 비슷비슷했으며, 각 10 자 최고의 권력을 쥐기 위해 대중에게 아부하고 국정을 대중의 손에 맡겨버렸다. 제국을 다스리는 큰 나라에서 그런 식으로 국정을 운영하 11 면 잘못된 결정을 내리기 쉬운데, 그 대표적인 사례가 바로 시켈리아 원정이었다. 이 원정에서 그들의 가장 큰 실책은 원정 대상의 선정 자체보다, 원정군에 필요한 자원을 파악하고 제때 지원하지 못한 데 있었다. 그들은 대중의 지지를 얻기 위해 서로를 비방하는 데 열중한 나머지, 원정군에 대한 지원을 소홀히 했다. 그 결과 원정군은 비효율적으로 운영되었으며, 국가에는 처음으로 내분이 발생하게 되었다.

아테나이인들은 시켈리아에서 함대 대부분을 포함한 전력을 잃고 12 내분까지 겪으면서도, 원래의 적인 펠로폰네소스인과 그들과 연합한 시켈리아인, 아테나이에서 이탈한 대부분의 동맹국, 그리고 나중에는 펠로폰네소스 측에 가담해 그들의 함대 유지 비용을 지원한 메디아 왕의 아들 키루스에 맞서 10년을 버텼으며, 내분에 휩싸여 자멸하기 전까지는 항복하지 않았다. 이처럼 페리클레스는 당시 상황을 정확히 파 13 악하고 있었기에, 아테나이인이 펠로폰네소스인과의 전쟁에만 집중한다면 충분히 승리할 수 있으리라 예견했던 것이다.

66 그해 여름, 라케다이몬군과 동맹군은 함선 100척을 이끌고 엘리 1 스 지방 맞은편의 자킨토스섬으로 원정을 나섰다. 자킨토스인은 펠로

폰네소스반도의 아카이아에서 이주한 사람들로서 아테나이의 동맹국

2 이었다. 이 함선들에는 라케다이몬군의 중무장보병 1,000명이 탑승했고, 스파르테인 크레모스가 그들을 지휘했다. 그들은 섬에 상륙하여 영토의 대부분을 약탈했으나, 자킨토스인이 항복하지 않자 본국으로 돌아갔다.

1 **67** 그해 여름이 끝나갈 즈음, 코린토스인 아리스테우스, 라케다이몬인 아네리스토스, 니콜라오스, 프라토다모스, 테게아인[42] 티마고라스, 그리고 개인 자격으로 참여한 아르고스인 폴리스로 구성된 사절단이 아시아로 향했다. 그들의 목적은 메디아 왕을 설득하여 군자금을 지원받고 동맹을 맺는 것이었다. 그들은 우선 테레스의 아들 시탈케스를 만나기 위해 트라케로 갔다. 한편으로는 그가 아테나이와의 동맹을 파기하고, 여전히 아테나이군에 의해 포위되어 있는 포테이다이아로 그의 군대를 보내도록 설득할 수 있을지 타진하기 위해서였다. 다른 한편으로는 그의 도움을 받아 헬레스폰토스 해협을 건너 파르나바조스의 아들 파르나케스에게 가고자 했다. 파르나케스가 그들을 메디아 왕에게 호송해주기로 되어 있었기 때문이다.

2 이때 아테나이 사절단으로 시탈케스를 방문 중이던 칼리마코스의 아들 레아르코스와 필레몬의 아들 아메이니아데스가 이 사실을 알게 되었다. 그들은 이미 아테나이 시민권을 얻은 시탈케스의 아들 사도코스를 찾아가, 펠로폰네소스 사절단이 그의 나라이기도 한 아테나이에 해를 끼치지 못하도록 그들의 신병을 넘겨달라고 요청했다.

3 이를 들은 사도코스는 부하들을 보내 펠로폰네소스 사절단이 트라케를 지나 헬레스폰토스 해협을 건너는 배에 오르기 직전에 체포하게

---

42 "테게아"는 펠로폰네소스반도 중앙 아르카디아 지방 남동부에 위치하며 기원전 7-6세기경 라케다이몬의 지배에 저항했던 소수 도시 중 하나였다. 그러나 기원전 560년경 자치권을 일부 인정받는 조건으로 동맹을 맺었고, 펠로폰네소스 전쟁에서는 충실한 동맹국으로 참전했다.

했다. 사도코스는 체포한 사절단을 레아르코스와 아메이니아데스에게 인계하라고 부하들에게 지시했다. 이에 따라 그들은 사절단을 아테나이로 압송했다.

펠로폰네소스 사절단이 아테나이에 도착하자, 아테나이인은 특히 4 코린토스인 아리스테우스를 포테이다이아와 트라케 지방의 모든 문제를 일으킨 장본인으로 여겼다. 그들은 아리스테우스를 살려두면 더 큰 해를 끼칠 것을 우려하여, 재판이나 변론의 기회도 주지 않고 사절단 전원을 처형하여 협곡[43]에 던져버렸다. 이는 전쟁이 시작되면서 라케다이몬인이 해상에서 나포한 모든 이를 아테나이의 동맹군이든 아니든 모두 적으로 간주하여 처형한 것에 대한 보복이었다. 라케다이몬인은 펠로폰네소스 해안을 따라 항해하던 아테나이인과 그 동맹국 상인들을 모두 처형하여 협곡에 던졌었고, 아테나이인은 이번 처형을 정당한 대응으로 여겼다.

68 그해 여름이 저물 무렵, 거의 같은 시기에 암브라키아인과 그들 1 의 사주를 받은 다수의 이민족으로 구성된 연합군이 암필로키아[44] 지방의 아르고스를 비롯한 여러 지역을 침공했다. 암브라키아인과 암필 2 로키아 지방의 아르고스인 간의 적대 관계가 처음 시작된 경위는 다음과 같다.

트로이아 전쟁이 끝난 후, 암피아라오스의 아들 암필로코스[45]는 펠 3

---

43 여기서 "협곡"은 아테나이 서쪽 아크로폴리스 인근의 바라트론 협곡을 가리킨다. 주로 처형된 범죄자의 시신을 처리하는 장소였으며, 때로는 사람을 이곳에 던져 처형하기도 했다.

44 "암필로키아"는 헬라스 서북부 에피로스 지방 남부에 위치했고, 서쪽으로는 암브라키아만이 있었다.

45 "암피아라오스의 아들"이라는 표현은 원문에는 없지만 "암필로코스"가 어떤 가문 출신인지 나타내기 위해 덧붙였다. 암피아라오스는 예언자 멜람푸스의 후손으로, 아르고스 출신의 유명한 예언자였다. 그는 칼리돈의 멧돼지 사냥과 아르고호 원정에 참여했고, 트로이아 전쟁에도 연관된다. 그의 아들 암필로코스는 트로이아 전쟁에 늦게 참전했고, 전쟁 후 이복형제 모프소스와 함께 소아시아 킬리키아 지방에 신탁소

로폰네소스반도의 아르고스로 돌아갔으나 그곳의 상황에 만족하지 못했다. 그래서 그는 암브라키아만으로 이주하여 암필로키아의 아르고스를 건설하고, 암필로키아의 나머지 지역을 식민지로 삼아 조국의 이름

4 을 따라 이 나라를 아르고스라고 불렀다(이 아르고스는 암필로키아 지방에서 가장 큰 도시였으며, 가장 부유하고 힘 있는 시민들이 이곳에 거주했다).

5 　수 세대가 지난 후, 어려움에 처한 암필로키아의 아르고스 주민들은 인근의 암브라키아인들을 도시로 초청했다. 그들은 이때 처음으로 함께 살게 된 암브라키아인에게서 헬렌인의 언어를 배워 지금까지 사용하고 있다. 당시 암브라키아인을 제외한 암필로키아 지방의 주민들은

6 모두 이민족이었다. 그러나 시간이 흐르면서 암브라키아인은 기존의 아르고스인들을 몰아내고 도시를 장악했다.

7 　이에 암필로코스인은 아카르나니아인에게 도움을 요청했고,[46] 이들은 함께 아테나이에 지원을 요청했다. 아테나이인은 포르미온이 이끄는 함선 30척을 보내주었다. 포르미온이 도착하자 그들은 무력으로 아르고스를 함락시킨 후 도시에 있던 암브라키아인을 노예로 팔아버리

8 고, 암필로코스인과 아카르나니아인이 함께 이 도시에 정착했다. 이 사건을 계기로 아테나이인과 아카르나니아인은 처음으로 동맹을 맺게 되었다.

9 　암브라키아인은 동족이 노예로 팔리는 것을 목격한 후 암필로키아의 아르고스인에게 증오심을 품게 되었다. 그들은 자신들의 군대와 카오니아인[47]을 비롯한 주변 이민족 부족들로 연합군을 구성하여 암필로

를 세웠다가 에피로스로 건너가 암필로키아 지역에 아르고스를 건설했다.

46 "암필로코스인"('Ἀμφίλοχοι, '암필로코이')는 '암필로코스의 자손들'이라는 뜻으로, 아르고스에서 이주한 자들을 가리킨다. 암필로키아 지방의 원주민은 이 이름으로 지칭되지 않는다. "아카르나니아"는 암필로키아의 남쪽에 인접했다.

47 "카오니아인"은 에피로스 지방 북서부에 거주하던 부족으로, 몰로시아인, 테스프로티아인과 함께 에피로스를 구성한 주요 집단 중 하나였다. 이 지역은 남쪽 해안에 테스프로티아, 북쪽 해안에 카오니아, 그 사이 내륙에 몰로시아가 자리했다.

키아의 아르고스를 공격했다. 이 연합군은 도시의 인근 지역을 장악했으나, 도시 자체는 함락시키지 못한 채 각자의 거주지로 돌아갔다. 이 상이 그해 여름에 일어난 사건들이다.

69 그해 겨울, 아테나이인은 포르미온이 지휘하는 함선 20척을 펠 1 로폰네소스 해안으로 보냈다. 포르미온은 나우팍토스항에 정박한 뒤, 아무도 코린토스와 크리사만을 출입하지 못하게 감시했다. 또한 아테나이인은 멜레산드로스 장군이 이끄는 함선 6척을 카리아 지방과 리키아 지방에 보냈다. 이는 두 지역에서 공물을 징수하고, 동시에 펠로폰네소스의 해적들이 이 지역을 거점으로 파셀리스와 포이니케[48]를 비롯한 아시아 해안에서 출항하는 상선들을 약탈하는 것을 막기 위함이었다. 그러나 멜레산드로스는 함선에 탔던 아테나이군과 동맹군을 이끌 2 고 리키아 지방에 상륙하여 내륙으로 진격했다가 전투에서 패배해, 군사의 일부를 잃고 자신도 전사했다.

70 그해 겨울, 포테이다이아인은 아테나이군의 포위 속에서 더 이 1 상 버틸 수 없었다. 펠로폰네소스군의 아티케 침공으로도 포위는 풀리지 않았고, 성 안의 식량이 바닥나 인육을 먹는 자들까지 나타났다. 결국 포테이다이아인은 주둔 중이던 아테나이 장군 에우리피데스의 아들 크세노폰, 아리스토클레이데스의 아들 헤스티오도로스, 칼리마코스의 아들 파노마코스에게 항복 협상을 제안했다.

장군들은 이 제안을 받아들였다. 자국의 군사들이 겨울 추위로 고생 2 하고 있었고, 이 포위 작전에 이미 2,000탈란톤이 지출되었다는 사실

---

48 "카리아 지방"은 소아시아 서남부, 아이가이온해 동쪽 해안에 있었고, "리키아 지방" 은 그 동쪽에 위치해 동지중해와 아이가이온해를 잇는 관문이었다. 두 지역 사이에는 로도스섬이 있으며, 이 섬에서 남동쪽으로 약 300킬로미터 거리에 크레테섬이 있어, 두 섬이 아이가이온해의 남쪽 경계를 이루었다. "파셀리스"는 리키아와 팜필리아 경계에 있던 항구 도시였고, "포이니케"는 티로스, 시돈, 비블로스를 중심으로 한 포이닉스인의 근거지로, 지중해 동부 해안 지역을 가리킨다.

3   도 알고 있었기 때문이다. 양측은 포테이다이아인과 그들의 처자식, 동맹군들이 남자는 옷 한 벌씩, 여자는 두 벌씩, 그리고 정해진 약간의 여비만 지니고 도시를 떠난다는 조건에 합의했다.

4   이 조약에 따라 포테이다이아인은 칼키디케반도를 비롯한 각자의 거처로 흩어졌다. 그러나 아테나이인들은 장군들이 독단적으로 조약을 체결했다며 비난했다. 무조건 항복을 받아낼 수도 있었다고 여겼기 때문이다. 그 후 아테나이는 자국민들을 포테이다이아로 이주시켜 정착하게 했다. 이상이 그해 겨울에 일어난 사건들이며, 투키디데스가 기록한 이 전쟁의 두 번째 해[49]는 이렇게 저물었다.

I   **71**[*] 다음 해 여름, 펠로폰네소스군과 그 동맹군은 아티케 지방을 침공하지 않고 플라타이아이로 진격했다. 총사령관은 라케다이몬의 왕이자 제욱시다모스의 아들인 아르키다모스였다. 그는 플라타이아이 성 앞에 진을 치고 그 땅을 초토화할 계획이었다. 이에 플라타이아이인이 즉시 사절단을 보내 다음과 같이 말했다.

2   "아르키다모스와 라케다이몬인들이여, 여러분이 우리 플라타이아이의 영토를 침공한 것은 여러분 자신과 조상들의 명예에 어긋나는 부당한 처사입니다. 라케다이몬인 클레옴브로토스의 아들 파우사니아스는 우리 영토에서 벌어진 전투에서, 자발적으로 위험을 무릅쓴 모든 헬렌인과 함께 메디아인으로부터 헬라스를 해방시켰습니다. 그는 모든 동맹국을 플라타이아이 광장에 소집하여 해방자 제우스에게 제물을 바치고, 플라타이아이인에게 독립국으로서의 영토와 자치권을 보장했습니다. 또한 어느 누구도 우리를 부당하게 침략하거나 노예로 삼지 못하게 했으며, 만약 우리가 공격받으면 그 자리에 있던 모든 동맹국이 온

---

49 "이 전쟁의 두 번째 해"는 기원전 430년이다.
*   제71-78장은 펠로폰네소스군의 플라타이아이 포위 작전을 다룬다. 이후 제3권 52-68장에서는 항복한 플라타이아이가 맞이한 비극적 최후가 서술된다.

힘을 다해 우리를 지켜주어야 한다고 선언했습니다.

여러분의 조상들은 위기의 순간에 우리가 보여준 용기와 열정에 보 ₃ 답하여 그런 약속을 했습니다. 그러나 지금 여러분은 조상들과 정반대 되는 행동을 하고 있습니다. 우리의 철천지원수인 테바이인과 함께 이 곳에 와서 우리를 노예로 만들려 하고 있지 않습니까? 우리는 당시 맹 ₄ 세할 때 증인으로 불렀던 신들, 즉 여러분의 조상이 섬기던 신들과 우 리 도시의 신들 이름으로 호소합니다. 부당하게 이 땅을 침범하여 그때 의 맹세를 어기지 마십시오. 파우사니아스가 정당하다고 인정한 대로, 우리가 독립국가로 살아갈 수 있도록 해주십시오."

72 플라타이아이인의 말을 들은 아르키다모스는 이렇게 답했다. ₁ "플라타이아이인들이여, 여러분이 지금까지 말과 행동을 일치시켜왔다 면, 지금 여러분의 주장은 정당합니다. 파우사니아스의 맹세대로 독립 국가로 살고자 한다면, 당시 여러분과 함께 위험을 무릅쓰고 맹세에 참 여했으나 지금은 아테나이의 지배 아래 있는 다른 헬렌인들을 해방하 는 일에 여러분도 협력했어야 한다는 뜻입니다. 우리가 모든 전력을 동 원하여 전쟁에 나선 이유는 바로 그런 헬렌인들과 그 밖에 예속된 이 들을 해방하기 위해서입니다. 헬렌인들을 해방하고자 하는 이 일에 참 여하는 것이야말로 여러분이 맹세를 지키는 길입니다. 그러나 그럴 수 없다면, 우리가 이미 제안한 대로 여러분의 소유를 지키며 조용히 지내 십시오. 어느 쪽에도 가담하지 말고 양측을 모두 친구로 받아들이되 전 쟁에는 참여하지 마십시오. 우리는 그것으로 만족할 것입니다."

아르키다모스의 말을 들은 플라타이아이 사절단은 도시로 돌아가 ₂ 시민들에게 이를 전달했다. 이후 그들은 아르키다모스에게 돌아와, 그 들의 처자식이 아테나이에 있기 때문에 아테나이인의 허락 없이 중립 을 지키는 것은 불가능하다고 답했다. 또한 그들은 도시 전체의 앞날을 걱정하며, 펠로폰네소스군이 철수하면 아테나이인이 와서 중립을 철회 하라고 요구하거나, 양측 모두를 받아들이겠다는 조약을 테바이인이 악용하여 또 다시 도시를 점령하려 들 것이라고 말했다.

3   그러자 아르키다모스는 그들을 안심시키며 이렇게 제안했다. "그렇다면 여러분의 도시와 집을 우리 라케다이몬인에게 맡기십시오. 영토의 경계를 보여주고, 과실수를 비롯해 측정 가능한 모든 재산의 수량을 알려주십시오. 그런 다음 전쟁이 끝날 때까지 여러분이 원하는 곳 어디로든 가 있으십시오. 전쟁이 끝나면 우리가 맡았던 것을 모두 돌려주겠습니다. 그때까지 우리가 여러분의 재산을 관리하여 필요한 만큼의 수익을 만들어주겠습니다."

1   **73** 아르키다모스의 대답을 들은 플라타이아이 사절단은 도시로 돌아가 시민들과 상의한 후 다시 찾아와 답했다. 그러한 제안을 먼저 아테나이인에게 알리고, 그들이 찬성하면 따르겠다는 것이었다. 그때까지만이라도 라케다이몬군이 휴전하고 자신들의 땅을 약탈하지 말아달라고 요청했다. 아르키다모스는 이를 받아들여 그때까지 휴전을 유지하고, 그들의 땅을 약탈하지 않았다.

2
3   플라타이아이 사절단은 아테나이로 가서 논의한 후 돌아와 시민들에게 다음과 같이 전했다. "플라타이아이인들이여, 아테나이인은 동맹 체결 이후 지금까지 우리가 부당한 대우를 받는 것을 좌시하지 않았고, 앞으로도 그럴 것이며, 전력을 다해 우리를 돕겠다고 약속했습니다. 또한 그들은 우리 조상들이 맹세로 맺은 동맹 관계를 변함없이 지켜줄 것을 요청했습니다."

1   **74** 사절단의 보고를 들은 플라타이아이인은 아테나이인을 배신하지 않기로 결정했다. 비록 자신들의 땅이 약탈당하고, 그 밖의 고통을 겪게 되더라도 감내하기로 했다. 이후 그들은 더 이상 사절단을 보내지 않고, 라케다이몬의 요구를 따를 수 없다는 뜻을 성벽 위에서 전했다.

2   이에 아르키다모스 왕은 먼저 그 지역의 신들과 영웅들을 증인으로 부르며 다음과 같이 호소했다. "플라타이아이 땅의 신들과 영웅들이시여, 우리의 침공이 부당하지 않음을 증언해주소서. 우리가 이 나라를

공격하는 것은 처음부터 침략을 도모했기 때문이 아니라, 그들이 조상들의 맹세를 저버렸기 때문입니다. 이곳은 우리 조상들이 메디아인을 물리치기 전에 당신들께 기도를 올린 곳이며, 헬렌인들이 당신들의 가호로 메디아인을 무찌른 곳입니다. 이제 우리가 플라타이아이인에게 행하는 모든 조치는 정당합니다. 우리는 수차례 정당한 제안을 했으나 그들은 모두 거부했기 때문입니다. 부디 부당한 짓을 한 자들을 벌하시고, 정당하게 처벌하는 우리에게 자비를 베풀어주소서."

75 아르키다모스는 신들과 영웅들에게 기원한 후 전쟁 준비에 돌입 1 했다. 라케다이몬군은 우선 플라타이아이성에서 아무도 빠져나가지 못하도록 나무를 베어 성벽 주위에 목책을 두른 다음, 성벽 맞은편에 흙더미를 쌓기 시작했다. 그들은 대규모 병력을 동원한 이 작업으로 플라타이아이를 신속히 함락시킬 수 있으리라 기대했다.

또한 흙더미가 사방으로 퍼지지 않도록 외벽을 쌓는 대신, 키타이 2 론산[50]에서 베어온 나무들을 교차해 쌓는 방식으로[51] 흙더미 양쪽을 받쳤다. 그리고 그 사이에 나무, 돌, 흙 등 쌓을 수 있는 모든 재료를 투입해 흙더미를 높여갔다. 이 작업은 70일 동안 밤낮 없이 진행되었다. 군 3 사들은 교대로 작업을 이어갔고, 한 조가 취침하거나 식사를 할 때는 다른 조가 작업을 계속했다. 라케다이몬 장군들은 동맹군을 독려하며 작업을 진행했다.

플라타이아이인은 흙더미가 높아지는 것을 보고, 이에 맞서 성벽 꼭 4 대기에 나무 틀로 된 벽을 세우고 인근의 집에서 떼어낸 벽돌로 그 안을 채웠다. 나무 틀은 벽돌을 단단히 결합시켜 구조물이 높아져도 견 5

---

50 "키타이론산"은 아티케, 보이오티아, 메가라 지방의 경계에 위치한 해발 약 1,400미터의 산이다.

51 "교차해 쌓는 방식으로"로 번역한 포르메돈(φορμηδὸν)은 돌이나 나무 등을 교차 배치해 바구니 또는 매트를 짜듯 엇갈리게 쌓는 방식이다. 주로 벽체나 기초를 견고하게 만들기 위해 사용되었다.

고함을 유지시켜주었다. 또한 작업자들과 나무 구조물을 불화살로부

6 터 보호하기 위해 짐승 가죽으로 덮었다. 이렇게 성벽이 높아지자, 이에 맞서 맞은편의 흙더미도 빠르게 쌓여갔다. 플라타이아이인은 이에 대응하여 한 가지 계책을 세웠다. 그들은 흙더미와 맞닿은 성벽 부분을 허물고, 흙더미 아래의 흙을 퍼서 도시 안으로 날랐다.

1 **76** 그러자 펠로폰네소스군은 더 이상 흙을 퍼 나르지 못하도록 갈

2 대 바구니에 진흙을 다져 넣어 흙더미의 빈틈을 메웠다. 첫 번째 계책이 실패하자, 플라타이아이인은 새로운 전술을 시도했다. 그들은 도시 안에서 흙더미 아래로 땅굴을 파고 들어가 흙을 성 안으로 나르기 시작했다. 성 밖에 있던 펠로폰네소스군은 오랫동안 이를 눈치채지 못했고, 흙더미를 쌓는 작업은 좀처럼 진척되지 않았다. 위에서 계속 흙을 부어도 아래에 비어 있는 공간으로 흙이 내려앉았기 때문이다.

3 그러나 플라타이아이인은 자신들의 소수 병력만으로 대군에 맞서기 어렵다고 판단하여 또 다른 계책을 고안했다. 그들은 흙더미 맞은편에 거대한 나무 구조물을 세우는 작업을 중단하고, 대신 외성 좌우의 낮은 성벽에서 시작해 도시 쪽으로 반달 모양의 내성을 쌓았다. 이로써 높은 성벽이 함락되더라도 내성에 의지해 저항할 수 있을 것이고, 적군이 외성에 진입하더라도 양면에서 공격받는 위험을 감수하며 다시 흙더미를 쌓아야 하는 이중의 수고를 겪도록 만들었다.

4 펠로폰네소스인은 계속해서 흙더미를 쌓는 한편, 도시를 공략하기 위해 다양한 공성 무기를 가져왔다. 그중 하나가 흙더미 위에서 미끄러지듯 떨어지면서 맞은편 성벽의 구조물이 크게 흔들리자, 플라타이아이인은 두려움에 휩싸였다. 다른 공성 무기들도 맞은편 성벽의 여러 지점으로 운반되었으나, 플라타이아이인이 올가미를 던져 일부 무기를 낚아챘다. 또한 양끝에 긴 쇠사슬을 연결한 굵은 통나무들을 성벽 꼭대기에 수평으로 매달아두었다가, 공성 무기가 성문에 접근할 때마다 쇠사슬을 풀어 무기의 돌출부를 부러뜨렸다.

77 공성 무기가 기대한 효과를 내지 못하고 흙더미에 맞서 성벽 위 ₁
에 방어 구조물이 올라가자, 펠로폰네소스군은 현재 방식으로는 도시
를 함락시키기 어렵다고 판단했다. 이에 도시를 완전히 봉쇄하는 방벽
을 세울 준비를 하기 시작했다. 그러나 그에 앞서 바람을 이용한 화공 ₂
으로 이 작은 도시를 불태울 수 있을지 시험해보기로 했다. 그들은 큰
비용이 드는 포위와 봉쇄 대신 도시를 빠르게 함락시킬 수 있는 모든
방법을 강구했다.

펠로폰네소스군은 나뭇단을 들고 흙더미 꼭대기로 올라가 흙더미와 ₃
성벽 사이의 공간에 던져 넣었다. 많은 병력이 동원되어 그 공간이 금
세 채워지자, 이번에는 흙더미 꼭대기에서 던지면 닿을 수 있는 도시의
나머지 구역에도 계속해서 나뭇단을 던졌다. 그런 다음 유황과 역청과
함께 횃불을 던져 불을 질렀다. 불길이 하늘 높이 치솟았다. 물론 산속 ₄
숲에서 바람에 나뭇가지들이 서로 마찰해 자연적으로 큰 불이 나기도
하지만, 지금까지 사람이 지른 불 중에 이처럼 높이 치솟은 불길은 다
시 없었다.

이 불은 매우 거대해 그동안 모든 위험을 잘 피해온 플라타이아이인 ₅
을 거의 전멸시킬 뻔했다. 적의 기대대로 바람이 도시 쪽으로 불었더라
면, 도시 대부분의 지역에서 불길을 피할 수 없었을 것이다. 그러나 때 ₆
마침 천둥이 치며 큰 비가 쏟아져 불길이 꺼졌고, 덕분에 그들은 위험
에서 벗어날 수 있었다고 한다.

78 화공이 실패로 끝나자, 펠로폰네소스군은 군대 일부만 남겨두고 ₁
철수한 후 도시를 에워싸는 방벽을 쌓기로 했다. 동맹군이 나라별로 각
구간을 나누어 맡았다. 그들은 방벽 안팎에 해자를 파고, 거기서 나온
흙으로 벽돌을 구웠다. 목동자리의 별 아르크투로스가 뜰 무렵[52] 작업 ₂

---

[52] "목동자리의 별 아르크투로스(Ἀρκτοῦρος)"는 목동자리에서 가장 밝은 별로, 9월
16-26일경에 뜬다. 이 시기는 포도와 올리브 수확이 시작되는 가을 농번기였다.

이 완료되자, 펠로폰네소스군은 방벽의 절반을 지킬 수비대만 남기고 (나머지 절반은 보이오티아군이 지켰다) 모두 철수했다. 이렇게 철수한 군대는 각자의 나라로 돌아갔다.

3 　플라타이아이인은 이미 처자식과 노인들, 전투 능력이 없는 이들을 아테나이로 대피시켜놓은 상태였다. 포위된 도시에는 플라타이아이인 400명, 아테나이인 80명, 그리고 그들의 식사를 준비할 여자 100명만

4 남아 있었다. 이것이 봉쇄가 시작되었을 때 성 안에 있던 전체 인원이었다. 성 안에는 노예든 자유민이든 이들 외에는 아무도 남아 있지 않았다. 플라타이아이 봉쇄는 이렇게 시작되었다.

1 　**79** 그해 여름 펠로폰네소스군이 플라타이아이를 공격한 것과 같은 시기에, 아테나이인은 에우리피데스의 아들 크세노폰과 다른 장군 2명이 이끄는 원정군을 파견했다. 중무장보병 2,000명과 기병 200명으로 구성된 이 원정군은 트라케 지방의 칼키디케인과 보티아이아인을 공격했다. 이때는 마침 곡식이 익어가는 시기였다.

2 　아테나이군은 보티케 지방의 스파르톨로스[53]로 진격하여 농작물을 짓밟았고, 도시 안에 있는 몇몇 친아테나이파의 협조로 항복이 임박한 듯 보였다. 그러나 반아테나이파가 올린토스에 도움을 요청했고, 이에 올린토스는 중무장보병을 포함한 원군을 보냈다. 아테나이군은 도시

3 바로 앞에서 성에서 나온 이 원군과 전투를 벌였다. 칼키디케인의 중무장보병대와 용병들은 아테나이군에 패해 스파르톨로스로 퇴각했으나, 그들의 기병대와 경무장보병대는 아테나이군의 기병대 및 경무장보병대를 상대로 승리했다.

4 　칼키디케인에게는 크루시스[54]라 불리는 지역에서 온 소수의 경무장

---

53 "스파르톨로스"는 보티아이아인이 칼키디케반도로 이주해 형성한 보티케 지역의 주요 도시다. 펠로폰네소스 전쟁 전까지는 델로스 동맹 소속이었으나, 기원전 429년 칼키디케 연맹과 함께 아테나이에 반기를 들었다.

54 "크루시스"는 테르메만 북동 해안에 위치한 작은 지방으로, 칼키디케반도의 북서쪽

보병만 있었으나, 전투가 시작되자 올린토스에서 더 많은 경무장보병이 지원하러 왔다. 스파르톨로스인의 경무장보병대는 증원군 도착과 이전 5 의 승전에 고무되어 칼키디케인의 기병대 및 새로 도착한 증원군과 합세하여 다시 아테나이군을 공격했다. 이에 아테나이군은 수송대 옆에 남겨둔 두 부대 쪽으로 퇴각했다. 칼키디케군은 아테나이군이 공격하면 물 6 러나고, 아테나이군이 물러나면 쫓아가 창을 던졌다. 기병대도 계속 말을 달리며 기회가 날 때마다 공격했다. 이에 아테나이군은 크게 두려워하며 도망쳤고, 칼키디케군은 먼 거리까지 그들을 추격했다.

　결국 아테나이군은 포테이다이아로 피신했다가, 나중에 휴전협정을 7 맺고 전사자들의 시신을 수습한 후 남은 군대를 이끌고 아테나이로 철수했다. 이 전투에서 아테나이군은 430명의 전사자를 냈고, 장군들도 모두 전사했다. 칼키디케군과 보티아이아군은 승전비를 세우고, 전사자들을 수습한 후 각자의 나라로 돌아갔다.

　80[*] 그해 여름, 이런 일이 있은 지 얼마 지나지 않아 암브라키아인 1 과 카오니아인은 아카르나니아 지방 전체를 정복하고 그곳을 아테나이 동맹에서 이탈시키기 위해, 연합 함대를 준비하여 중무장보병 1,000명과 함께 아카르나니아 지방으로 보내달라고 라케다이몬인을 설득했다. 그들은 라케다이몬군이 자신들과 함께 육지와 바다에서 협공한다면, 해안 지역의 아카르나니아인이 내륙 지역의 동포들을 지원하지 못하게 되어 아카르나니아뿐만 아니라 자킨토스섬과 케팔레니아섬까지 쉽게 점령할 수 있을 것이라고 주장했다. 그렇게만 된다면 아테나이 함대는 더 이상 펠로폰네소스 해안을 따라 항해할 수 없게 되고, 나아가 아테나이 함대가 주둔한 나우팍토스항을 점령할 가능성도 열릴 것이라고

---

[*] 제80-92장은 펠로폰네소스군이 아카르나니아를 정복하려다, 지상전과 해전 모두 아테나이군에게 패배한 사건을 다룬다.

덧붙였다.

2   라케다이몬인은 이 제안을 받아들여 여전히 함대 사령관으로 있던 크네모스가 이끄는 중무장보병을 태운 함선 몇 척을 즉시 그곳으로 보냈다. 동맹국들에게는[55] 가능한 한 빨리 함선을 준비해 레우카스섬으

3 로 보내라고 명령했다. 암브라키아는 원래 코린토스의 식민시였기에, 코린토스인은 이 일에 특히 열의를 보였다. 코린토스와 시키온, 그리고 다른 여러 도시국가들은 함선을 보낼 준비를 하고 있었고, 레우카스, 아낙토리온, 암브라키아의 함선은 이미 레우카스에 도착해 기다리고 있었다.

4   크네모스가 이끄는 중무장보병 1,000명은 아테나이군 함선 20척을 이끌고 나우팍토스항을 지키고 있던 포르미온에게 발각되지 않게

5 건너가 즉시 지상전을 준비했다. 크네모스가 지휘하는 헬렌인들의 군대는 암브라키아인, 레우카스인, 아낙토리온인, 그리고 함께 도착한 1,000명의 펠로폰네소스인으로 구성되어 있었다. 이민족으로는 왕이 아니라 매년 교대로 선출되는 지도자의 통치를 받는 1,000명의 카오니아인이 있었으며, 그해 지도자로 선출된 명문가 출신의 포티오스와 니카노르가 그들을 지휘했다. 카오니아인과 함께 테스프로티아인도 원정에 참여했는데, 그들도 왕의 통치를 받지 않는 부족이었다.

6   몰로시아인과 아틴타니아인은 아직 어린 왕 타립스를 대신해 섭정 사빌린토스가 지휘했고, 파라우아이아인은 오로이도스왕이 직접 지휘했다. 이들과 함께 1,000명의 오레스타이인[56]도 참전했는데, 그들의 왕

---

55 원문의 토 나우티코(τῷ ναυτικῷ)는 '해군에게'라는 의미지만, 문맥상 라케다이몬 해군이 아닌 동맹국의 함선 파견을 가리키므로 "동맹국들에게는"으로 번역했다.

56 "아틴타니아인"은 에피로스와 일리리아의 접경 지역인 아틴타니아에 거주한 부족으로, 에피로스의 몰로시아인에게 자주 복속되었다. "파라우아이아인"은 몰로시아 북쪽 파라우아이아 지역의 트레스프로티아 부족이었다. "오레스타이인"은 파라우아이아 북동쪽, 서부 마케도니아의 오레스티스 지역에 거주하던 부족이었다.

안티오코스는 지휘권을 오로이도스에게 맡겼다. 페르디카스도 아테나 7
이인 모르게 1,000명의 마케도니아군을 보냈지만, 그들은 전투가 시작
된 뒤에야 도착했다.

크네모스는 코린토스 함대가 도착하기를 기다리지 않고, 이 군대만 8
을 이끌고 출정했다. 그는 암필로코스인의 아르고스 땅을 지나면서 성
벽이 없는 소도시 림나이아를 약탈했다. 그런 후 아카르나니아 지방에
서 가장 큰 도시인 스트라토스[57]에 도착했는데, 먼저 이 도시를 점령하
면 나머지 도시들도 쉽게 항복할 것이라 생각했기 때문이다.

81 육지에서는 적의 대군이 진격해오고 바다에서는 적의 함대가 접 1
근하고 있다는 소식을 들은 아카르나니아인은 서로 도우러 가기보다
는 각자의 도시를 지키면서, 포르미온에게 사자를 보내 원군을 요청했
다. 그러나 포르미온은 코린토스에서 적의 함대가 출항을 준비하고 있
어 나우팍토스항을 비울 수 없다고 답했다.

펠로폰네소스군과 그 동맹군은 세 부대로 나뉘어 스트라토스로 진 2
격했다. 그들은 도시 앞에 진을 치고 협상을 시도한 후, 실패하면 공격
할 계획이었다. 행군 대열의 중앙에는 카오니아인과 다른 이민족 부대 3
들이 포진했고, 우익에는 레우카스인과 아낙토리온인 및 그들과 함께
한 병력이, 좌익에는 크네모스가 이끄는 펠로폰네소스군과 암브라키아
군이 배치되었다. 세 부대는 멀리 떨어져 있어 때로는 서로 보이지도
않았다.

헬렌인 부대는 대오를 갖추고 경계하며 진격하다가 적절한 곳에 이 4
르면 진을 쳤다. 그러나 이 지방의 내륙인 중 가장 호전적인 부족으로
알려진 카오니아인은 자신감에 넘쳐 진을 칠 생각도 하지 않고, 다른
이민족 부대들과 함께 무작정 돌진했다. 일격에 도시를 함락해 전공을

---

57 "림나이아"는 아카르나니아 북부, 암브라키아만 근처의 소도시였다. "스트라토스"는
아켈로오스 강변에 위치한 아카르나니아의 주요 도시였다.

독차지하려 한 것이다.

5   그들이 돌진해오는 것을 본 스트라토스인은 이 부대가 본진에서 이탈해 고립된 상태임을 파악했다. 그들은 이 부대를 격파하면 헬렌인 본군이 더 이상 공격을 감행하지 못할 것이라 판단하고, 성 주변에 군대를 매복해두었다. 그리고 카오니아인이 성 가까이 다가왔을 때, 성 안

6 팎에서 동시에 돌격하여 공격했다. 그러자 두려움에 사로잡힌 카오니아인 중 많은 이들이 전사했고, 이를 본 다른 이민족 부대들도 더 이상 버티지 못하고 도망쳤다.

7   이 부대들은 헬렌인 본진보다 훨씬 앞서 진격했기 때문에, 본진에서는 전투가 벌어진 사실조차 몰랐다. 그저 이 부대들이 진을 칠 장소를

8 찾기 위해 서두르는 것이라고 생각했다. 그러나 이민족 부대들이 도망쳐오자, 그제야 상황을 파악한 헬렌인들은 그들을 받아들여 전열을 재정비하고, 그날 하루 동안은 그곳에 머물렀다. 아카르나니아의 다른 지역에서 원군이 도착하지 않아 스트라토스인도 더 이상 싸움을 걸어오지 않았기 때문이다. 그러나 그들은 멀리서 투석기로 돌을 던져 헬렌인들을 곤경에 빠뜨렸다. 갑옷을 입지 않고는 움직일 수 없었기 때문이다. 아카르나니아인은 이런 전투 방식에 능했다.

1   **82** 밤이 되자 크네모스는 스트라토스에서 80스타디온 떨어진 아나포스강[58]으로 군대를 급히 퇴각시켰다. 다음날 그는 휴전조약을 맺고 전사자들의 시신을 수습했다. 아카르나니아인의 우방인 오이니아다이인이 합류하자, 더 많은 증원군이 도착하기 전에 크네모스의 군대는 본국으로 돌아갔고, 군사들은 각자의 고향으로 해산했다. 스트라토스인은 이민족들과의 전투에서 승리한 것을 기념해 승전비를 세웠다.

---

58 "80스타디온"은 대략 15킬로미터다. "아나포스강"은 아켈로오스강의 지류로, 시켈리아에도 같은 이름의 강이 있어 구별을 위해 '아카르나니아의 아나포스'로 불리기도 했다.

83 코린토스 함대와 크리스만에 집결한 동맹군 함대는 해안 지대의
아카르나니아인이 내륙의 동포를 도우러 가지 못하도록 크네모스를
지원하기 위해 출항할 계획이었으나 가지 못했다. 스트라토스에서 전
투가 벌어진 그날, 그들도 나우팍토스항을 지키던 포르미온이 이끄는
아테나이군 함선 20척과 해전을 치러야 했다. 포르미온은 먼 바다에서
공격하기 위해, 그들이 해안을 따라 크리스만을 벗어나 출항하는 모습
을 지켜보기만 했다.

코린토스군과 그 동맹군의 목적은 병력을 아카르나니아로 수송하는
것이었기에 애초에 해전을 치를 생각이 없었다. 게다가 20척에 불과한
아테나이 함선이 48척이나 되는 자신들의 함대와 맞서 싸울 것이라고
예상치 못했다. 그러나 그들은 자신들이 코린토스만의 남안을 따라 항
해하는 동안 아테나이 함대가 자신들과 보조를 맞춰 북안을 따라 항해
하는 것을 포착했다. 이후 그들이 아카르나니아로 가기 위해 아카이아
지방의 파트라이항에서 맞은편 육지 쪽으로 이동하려 하자, 아테나이
함대가 또 다시 칼키스와 에우에노스강[59] 방면에서 자신들을 향해 항
해해 오는 것을 보았다. 그들은 밤중에 정박지를 몰래 빠져나가려 했으
나, 만을 건너다 발각되어 결국 해전을 피할 수 없게 되었다. 동맹군 함
대에는 각각의 지휘관이 있었으며, 코린토스 함대는 마카온, 이소크라
테스, 아가타르키다스가 지휘를 맡았다.

펠로폰네소스군은 선수를 바깥쪽으로, 선미를 안쪽으로 향하게 하
여 최대한 큰 원을 이루도록 정렬했다. 이때 적의 함선이 아군 함선들
사이를 뚫고 들어오지 못하게 하기 위해 간격도 최대한 좁혔다. 원 내
부에는 함께 항해 중이던 작은 배들을 배치하고, 적이 공격하면 신속히

---

[59] "파트라이항"은 펠로폰네소스반도 북부 아카이아 지방의 항구 도시로, 코린토스만
북부 해안에 있던 나우팍토스에서 약 15킬로미터 떨어져 있었다. "에우에노스강"은
· 핀도스 산맥에서 발원하여 파트라이만으로 흘러들었다.

출격할 수 있도록 쾌속선 5척도 따로 준비해두었다.

1   **84** 아테나이 함대는 일렬로 정렬한 채 적의 함선들에 바짝 붙어, 당장이라도 공격할 것처럼 원형으로 배치된 펠로폰네소스 함대 주위를 빙빙 돌았다. 그러나 포르미온은 신호가 있기 전까지 절대 공격하지 말
2 라고 미리 지시해두었다. 포르미온은 펠로폰네소스 함대가 지상의 보병과는 달리 이런 대형을 오래 유지하지 못해 서로 충돌하고, 원 안에 있는 작은 배들도 그러한 혼란을 가중시키기를 기다렸다. 또한 적의 함선 주위를 빙빙 돌면서, 새벽이면 늘 그렇듯 만 안쪽에서 바람이 불어와 함선들이 잠시도 제자리를 유지할 수 없을 때를 기다렸다. 자신의 함선들이 더 빠르기 때문에 언제든지 원하는 시점에 공격할 수 있으며, 만 안쪽에서 바람이 불어올 때가 최적기라고 판단했다.
3   이윽고 만 안쪽에서 바람이 불어오자, 펠로폰네소스 함선들은 이미 좁은 공간에 밀집한 상태에서 한쪽으로는 바람에 휘둘리고, 다른 쪽으로는 원 안에 있는 작은 배들과 뒤엉켜 이내 걷잡을 수 없는 혼란에 빠졌다. 함선끼리 충돌하며 군사들은 삿대로 상대 배를 밀어냈다. 곳곳에서 고함과 경고, 욕설이 뒤섞이면서 함장과 갑판장의 지시도 전달되지 못했다. 또한 경험 부족으로 노꾼들은 풍랑 이는 바다에서 노를 제대로 젓지 못했고, 조타수들도 함선을 제어할 수 없게 되었다. 바로 그때 포르미온이 공격 신호를 보냈다. 그러자 아테나이 함대가 공격을 개시했고, 먼저 적장이 타고 있던 함선을 침몰시킨 후 나머지 함선들도 닥치는 대로 격파했다. 혼란에 빠진 펠로폰네소스군은 저항 한번 해보지 못하고 아카이아 지방의 파트라이와 디메[60]로 도망쳤다.
4   아테나이군은 적을 추격해 함선 12척을 나포하고, 그 안에 타고 있던 적군 대부분을 사살한 후 몰리크레이온으로 항해했다. 그들은 리온

---

60 "디메"는 "파트라이"에서 서쪽으로 약 30킬로미터 거리에 있었다. 두 도시 모두 코린토스만 남쪽 해안에 있었고, 아카이아 연맹 12개 도시에 속했다.

곳[61]에 승전비를 세우고, 바다의 신 포세이돈에게 나포한 함선 1척을 바친 다음 나우팍토스로 돌아갔다.

한편, 펠로폰네소스군은 즉시 남은 함선들을 이끌고 디메와 파트라 이를 거쳐 해안을 따라 엘리스 지방의 킬레네항[62]으로 이동했다. 크네모스와 그의 함선들도 스트라토스 전투가 끝난 후, 원래 합류하기로 했던 레우카스를 출항하여 킬레네항에 도착했다.

85 라케다이몬인은 크네모스에게 조언할 작전 참모로 티모크라테스, 브라시다스, 리코프론을 파견하며, 다음 해전에서는 소수의 함선에 의해 바다에서 차단당하는 일이 다시는 일어나지 않도록 철저히 대비하라고 지시했다. 그들은 첫 해전임에도 그 패배를 도저히 받아들일 수 없었다. 아테나이 해군의 오랜 경험과 자신들의 짧은 훈련 기간을 객관적으로 비교하지 않은 채, 해군력의 열세를 인정하지 않았다. 그래서 패배의 원인을 정신력 부족으로 보았고, 이에 분노해 크네모스에게 작전 참모들을 파견한 것이다.

작전 참모들은 킬레네항에 도착하자마자 크네모스와 함께 각 도시국가에 사자를 보내 추가 함선을 요청했고, 기존의 함선들도 다음 해전을 대비해 정비했다. 포르미온도 아테나이로 사자를 보내 해전에서 승리했다는 소식을 전하고, 적의 동향을 보고하면서 언제든지 다시 해전이 벌어질 수 있으므로 가능한 많은 함선을 신속히 보내달라고 요청했다.

아테나이인은 포르미온에게 함선 20척을 추가로 보냈다. 그러나 이 함대 지휘관에게는 포르미온에게 합류하기 전에 먼저 크레테로 가라는 지시가 내려졌다. 크레테 고르티스 출신의 아테나이 현지 영사 니

---

61 "리온곶"은 코린토스만과 파트라이만 사이의 좁은 해협 끝에 있었고, "몰리크레이온"은 코린토스만 북부 해안과 접한 오졸리아 로크리스 지방의 도시로, 리온곶 근처에 위치해 있었다.

62 "킬레네항"은 펠로폰네소스 북서부 엘리스 지방에 위치한 항구 도시로, 자킨토스섬과 마주한 해안에 자리했다.

키아스가 적대적인 도시 키도니아를 아테나이 편으로 끌어들이겠다고 약속하면서, 키도니아[63]를 공격할 함선들을 보내달라고 아테나이인들을 설득했기 때문이다. 그러나 실제 목적은 키도니아의 이웃 도시 폴리크나를 돕기 위함이었다. 이 함대는 크레테로 가서 폴리크나인과 함께 키도니아인의 땅을 약탈했다. 그러나 역풍과 풍랑으로 적지 않은 시간이 지체되었다.

86 아테나이 함선 20척이 크레테 근처에서 지체하고 있는 동안, 킬레네항에 주둔해 있던 펠로폰네소스 함대는 해전 준비를 마친 후, 자신들을 지원하기 위해 펠로폰네소스에서 온 보병이 집결해 있는 아카이아 지방의 파노르모스항[64]으로 향했다. 포르미온도 해안을 따라 항해하여 몰리크레이온의 리온곶으로 가서, 지난번 해전에 참가했던 함선 20척과 함께 바깥 바다에 정박했다. 리온은 아테나이인에게 우호적인 곳이었고, 맞은편 펠로폰네소스 해안에도 같은 이름의 곳이 있었다. 두 곳 사이는 약 7스타디온 거리였으며, 이 해역은 크리사만의 입구를 이룬다. 파노르모스에서 멀지 않은 아카이아 지방의 리온에는 펠로폰네소스군 보병이 집결해 있었다. 아테나이 함대가 맞은편 해안에 정박하자, 펠로폰네소스 함대 77척도 파노르모스항에 정박했다.

양측은 6일 내지 7일 동안 해전을 준비하며 대치 상태를 유지했다. 펠로폰네소스군은 지난번과 같은 패배를 다시 겪을까 두려워 리온을 벗어나 서쪽 먼 바다로 나가려 하지 않았다. 반면, 아테나이군은 좁은 해역에서 싸우면 적에게 유리할 것이라 판단해 그곳으로 들어가기를 꺼렸다. 크네모스와 브라시다스를 비롯한 펠로폰네소스 장군들은 아테

---

63 "고르티스"는 크레테섬 중남부에, "키도니아"는 북서부 해안에 자리한 도시국가였다. "폴리크나"는 서부 내륙 산악지대에 있던 요새화된 도시국가로, 도로스인이 정착한 도시로 전해진다. 인근의 키도니아와는 사이가 좋지 않았다.

64 "파노르모스"는 아카이아 지방의 코린토스만 남쪽 해안에 위치한 도시로, 파트라이항에서 동쪽으로 약 40킬로미터 떨어져 있었다.

나이에서 증원군이 도착하기 전에 신속히 해전을 벌이고 싶었다. 그러나 지난 패배의 여파로 대부분의 군사들이 싸우기를 두려워하는 모습을 보이자, 장군들은 군사들을 집합시킨 후 다음과 같이 말했다.

87 "펠로폰네소스인들이여, 지난 해전 때문에 이번 해전을 두려워 ₁ 하는 이가 있다면, 그 두려움은 기우에 불과합니다. 여러분도 알다시 ₂ 피, 그때 우리는 제대로 준비되어 있지 않았습니다. 당시 우리 함선의 목적은 해전이 아니라 지상군 수송이었기 때문입니다. 게다가 운도 몹시 좋지 않았으며, 첫 해전이라 경험도 부족했습니다.

우리는 실력이 부족해서 진 것이 아닙니다. 제대로 싸워서 패한 것 ₃ 도 아니고, 그들을 이길 수 있는 역량이 여전히 있습니다. 단지 불운했을 뿐인데 그 때문에 싸울 의지를 잃어버린다면 온당치 않습니다. 누구든지 불운으로 패할 수 있지만, 진정한 용기는 변하지 않습니다. 참된 용기를 지닌 자는 어떤 상황에서도 경험 부족을 핑계 삼아 비겁하게 행동하지 않는다는 점을 명심하십시오.

사실 여러분은 적에 비해 경험은 부족하지만 용기만큼은 뒤지지 않 ₄ 습니다. 여러분이 가장 두려워하는 적군의 해전 전문 지식도 용기가 뒷받침될 때만 쓸모가 있습니다. 용기가 있어야 위기 속에서 배운 지식을 기억해낼 수 있기 때문입니다. 용기가 없으면 어떤 전문 지식으로도 위기에 대처할 수 없습니다. 두려움은 기억을 흐리게 하는 까닭에, 용기 없는 지식이나 기술은 아무런 도움이 되지 않습니다. 그러므로 적 ₅ 의 풍부한 경험에 용기로 맞서십시오. 지난번의 패전으로 두려움이 생겼다면, 그때는 여러분이 아직 준비되어 있지 않아 패배했음을 기억하십시오.

이번 해전은 우리에게 유리합니다. 우리는 적보다 더 많은 함선을 ₆ 보유하고 있고, 중무장보병들도 우리를 돕기 위해 이곳에 와 있습니다. 게다가 우리는 우리 영토의 앞바다에서 싸우고 있습니다. 전쟁에서는 더 많은 병력과 철저한 준비를 갖춘 쪽이 승리하기 마련입니다. 이번 ₇

전투에서 우리가 패할 이유는 전혀 없습니다. 지난번 패배조차 우리에게는 귀중한 교훈이 되었습니다.

8 그러므로 조타수로서, 해군으로서 각자의 자리를 지키고, 담대하게
9 임무를 수행하십시오. 우리는 지난 해전에서 여러분을 지휘했던 장군들보다 더 철저하게 전투 준비를 할 것이고, 누구에게도 비겁하게 행동할 여지를 주지 않을 것입니다. 비겁한 자는 그에 상응한 벌을 받고, 용감한 자는 그에 걸맞은 상을 받게 될 것입니다."

1 **88** 펠로폰네소스군의 지휘관들은 이렇게 군사들을 격려했다. 한편, 포르미온도 적의 함선이 압도적으로 많아 아테나이 군사들이 두려워하고 있음을 알고, 그들에게 용기를 불어넣고, 현재 필요한 조언을 해주기 위해 군사들을 집합시켰다.

2 포르미온은 평소 군사들에게 적의 함선이 아무리 많이 몰려와도 맞서 싸울 수 있다고 강조하며 전의를 다져왔다. 덕분에 군사들은 아테나이인으로서 자부심을 가지고 펠로폰네소스의 수적 우세에도 결코 물러서지 않을 자신감을 갖추고 있었다. 그러나 그들이 눈앞의 상황에 낙담하자, 포르미온은 그들에게 자신감을 되찾아주고자 했다. 그래서 그들을 모아놓고 이렇게 말했다.

1 **89** "군사들이여, 내가 여러분을 불러 모은 이유는 적의 수가 많다
2 고 해서 두려워할 필요가 없음을 알리기 위해서입니다. 그 첫 번째 이유는, 적은 이미 우리에게 패배한 경험이 있어 자신들이 우리의 상대가 되지 못한다는 사실을 잘 알고 있기 때문입니다. 그래서 우리보다 더 많은 함선을 동원한 것입니다. 두 번째 이유는, 적이 우리와 맞설 때 가장 믿을 만한 것은 그들의 용기라지만, 그 용기는 실상 지상전에서 거둔 승리에 기반하기 때문입니다. 그런데도 그들은 해전에서도 같은 원칙이 적용될 것이라는 착각에 빠져 있습니다.

3 그러나 적이 지상전에서 더 유리하다면, 해전에서는 당연히 우리가 우세할 것입니다. 적은 우리보다 용감한 것이 아니라, 단지 자신들에게

익숙한 전장에서 더 대담할 뿐입니다. 게다가 라케다이몬인은 자신들 4
의 명예를 지키기 위해 다른 펠로폰네소스인들을 억지로 위험에 몰아
넣고 있습니다. 그렇지 않다면 지난 해전에서 참패를 당한 그들이 다시
바다로 나서려 하지 않았을 것입니다.

적들이 대담하게 나온다고 해서 두려워하지 마십시오. 오히려 여러 5
분이 그들에게 더 큰 두려움을 주고 있습니다. 그들은 이미 여러분에게
패배한 적이 있는 데다, 여러분이 수적 열세에도 담대히 맞서고자 하는
것을 보고 틀림없이 자신들이 알지 못하는 무언가가 있다고 생각할 것
입니다. 수적으로 우세한 쪽은 지략보다는 힘을 믿고 공격하지만, 적은 6
병력으로도 물러나지 않고 맞서려는 쪽은 지략에 대한 강한 확신이 있
기 때문입니다. 적들도 이 사실을 알기에, 수적으로 열세인 우리가 그
들의 예상과 달리 담대하게 대응한다면, 대등한 병력으로 맞설 때보다
더 두려워할 것이 분명합니다. 역사적으로도 병력이 많은 쪽이 오히려 7
경험 부족이나 비겁함으로 인해 소수에게 무너진 사례가 많습니다. 그
런데 우리는 경험이 부족하지도, 비겁하지도 않습니다.

나는 만 안에서 전투를 벌이지도, 그 안으로 들어가지도 않을 것입 8
니다. 경험 많은 소수의 빠른 함선이 경험이 부족한 다수의 함선과 좁은
공간에서 싸우면 불리하기 때문입니다. 좁은 곳에서는 적의 함선을 발
견하자마자 돌진해 들이받기 어렵고, 압박을 받는 경우 적시에 빠져나
오기도 쉽지 않습니다. 빠른 함선의 장점은 돌파와 되돌아서는 것[65]에
있는데, 그런 기동성이 제한되면 해전은 지상전처럼 바뀌고, 그런 경우
함선 수가 더 많은 쪽이 유리해집니다.

나는 그런 일이 일어나지 않도록 최선을 다할 것입니다. 여러분은 9

---

65 원문에서는 디에크플로오스(διέκπλοος, '돌파')와 아나스트로페(ἀναστροφή, '되돌
아서는 것')라는 두 단어가 사용되었다. 이는 빠른 함선의 기동 전술을 가리키며, 적
함선의 대열 사이를 돌파한 뒤 방향을 틀어 적의 선미를 충각으로 공격하는 방식이
다. "충각"은 적의 배를 파괴하기 위해 뱃머리에 설치한 뾰족한 쇠붙이를 가리킨다.

각자의 위치를 이탈하지 말고 대오를 갖추고 있다가 내 명령을 신속히 따르십시오. 지금처럼 적과 가까이 대치하고 있을 때, 그런 태도가 더욱 중요합니다. 전투가 개시되면 침묵 가운데 규율을 지키십시오. 규율과 침묵은 모든 전투에서 중요하지만, 해전에서는 더욱 필수적입니다. 이런 자세로 지난번처럼 적을 물리치십시오.

10 　이번 해전은 매우 중요합니다. 그 결과에 따라 펠로폰네소스인의 해군력에 대한 희망을 완전히 무너뜨릴 수 있고, 반대로 우리 아테나이인에게는 해상 지배권을 잃을지도 모른다는 두려움을 심어줄 수도 있습니다. 11 다시 한번 강조하지만, 여러분은 이미 적을 상대로 승리를 거둔 바 있습니다. 한번 패한 자는 다시 싸운다 해도 이전과 같은 자신감을 가질 수 없습니다."

1 　**90** 포르미온은 이렇게 군사들을 격려했다. 한편, 아테나이 함선들이 좁은 만 안으로 들어오지 않자, 펠로폰네소스군은 그들이 어쩔 수 없이 그 안으로 들어오도록 유도하는 전략을 세웠다. 날이 밝자 펠로폰네소스 함선들은 정박할 때와 마찬가지로 네 줄로 정렬한 후, 우익을 앞세워 해안을 따라 만에서 나오기 시작했다. 2 우익에는 가장 빠른 함선 20척을 배치했다. 포르미온이 그들의 움직임을 나우팍토스항을 향한 진격으로 오인하리라 예상하고, 아테나이 함선들이 항구를 방어하기 위해 해안을 따라 이동할 때를 노렸다. 이 과정에서 아테나이 함선들이 펠로폰네소스 우익을 추월해 공격을 피하고자 할 때, 20척의 빠른 함선으로 퇴로를 차단할 계획이었다.

3 　펠로폰네소스 함선들이 출항하자, 예상대로 포르미온은 수비대가 없는 나우팍토스항의 안전을 염려하여, 서둘러 군사들에게 승선 명령을 내리고 해안을 따라 항해하기 시작했다. 육지에서는 메세니아 보병대가 그들을 지원하기 위해 나란히 움직였다. 4 펠로폰네소스군은 의도대로 아테나이 함선들이 일렬종대로 만 안으로 들어와 육지 가까이 접근한 것을 확인하자, 미리 정한 지점에서 일제히 방향을 틀었다. 그리

고 적의 함선을 모두 나포하기를 바라며 전속력으로 돌진했다.

선두에 있던 아테나이 함선 11척은 펠로폰네소스 함대의 우익 포위 ⁵
를 뚫고 먼 바다로 도망쳤다. 그러나 나머지 9척은 적의 공격을 받고 파
괴되어 항해가 불가능한 상태가 되었고, 승선한 군사들 중 일부는 육지
로 도망쳤다. 헤엄쳐서 해안가로 도망치지 못한 이들은 모두 도륙당했
다. 펠로폰네소스군은 아테나이 함선 몇 척을 빈 채로 예인해 갔고, 1척 ⁶
은 선원들과 함께 나포했다. 그러나 일부는 예인 중에 메세니아군에 의
해 구출되었다. 그들은 무장한 채 바다로 뛰어들어 함선에 올라 갑판전
을 벌이고 함선을 탈환했다.

91 이 해전에서 펠로폰네소스군은 이처럼 아테나이 함선을 나포하 ¹
고 파괴했다. 한편, 펠로폰네소스 함대 우익에 배치되었던 함선 20척
은 그들이 방향을 돌리자 먼 바다로 도망친 아테나이 함선 11척을 추
격했다. 이 11척은 1척만 제외하고는 추격을 뿌리치고 나우팍토스항에
도착했다. 그들은 항구로 접근하는 적의 공격에 대비해 선수를 바깥쪽
으로 향한 채 아폴론 신전 옆에 포진했다.

얼마 후 펠로폰네소스 함선이 파이안을 부르며 도착했다. 그중 훨씬 ²
앞서 달리던 레우카스 함선 1척은 뒤처진 아테나이 함선 1척을 쫓고
있었다. 마침 앞바다에는 상선 1척이 정박해 있었는데, 아테나이 함선 ³
은 상선 옆에 먼저 도착해 있다가 돌진하여, 추격해오는 레우카스 함선
의 선체 정중앙을 충각으로 들이받아 침몰시켰다.

펠로폰네소스군은 이 예기치 않은 일로 두려움에 사로잡혔다. 승리 ⁴
에 도취되어 대오를 갖추지 않고 추격하던 몇몇 함선은 주력 함대를
기다리며 노를 내리고 항해를 멈추었다. 이는 근처에 있는 적의 함선이
반격할 수도 있는 상황에서 매우 위험한 행동이었다. 다른 몇몇 함선은
그곳의 물길을 잘 알지 못해 좌초되었다.

92 이 광경을 보고 자신감을 되찾은 아테나이 함선은 돌격 명령이 ¹
떨어지자 함성을 지르며 펠로폰네소스 함선을 향해 돌진했다. 이미 실

수를 범한 데다 대오까지 무너진 펠로폰네소스 함선은 잠시 저항했지만, 결국 원래 출항했던 파노르모스로 도망쳤다.

2 아테나이 함선은 그들을 추격해 뒤처진 함선 6척을 나포했고, 앞선 전투에서 육지 쪽으로 도망쳐 항해 불능이 된 후 적들에게 예인되었던 자국의 함선들도 되찾았다. 또한 펠로폰네소스군 일부는 사살하고, 일 3 부는 생포했다. 라케다이몬인 티모크라테스는 상선 옆에서 침몰한 레우카스 함선에 타고 있다가 함선이 파괴되자 스스로 목숨을 끊었다. 그 4 의 시신은 파도를 타고 나우팍토스항으로 밀려왔다. 추격을 마치고 돌아온 아테나이군은 출항했던 해안에 승전비를 세우고, 아군 전사자들의 시신과 난파선의 잔해를 수습했다. 이후 휴전조약을 맺고 적군의 시신을 돌려주었다.

5 펠로폰네소스군도 육지 근처에서 아테나이 함선을 항해할 수 없는 상태로 만든 것을 근거로 승리를 주장했다. 그들은 아카이아 지방의 리온에 승전비를 세우고, 나포해온 적의 함선 1척을 승전비 옆에서 바다 6 의 신 포세이돈에게 바쳤다. 그런 후, 그들은 아테나이인이 추가로 파견한 함대가 올 것을 두려워하여, 밤이 되자 레우카스인을 제외하고 모 7 두 크리사만과 코린토스로 항해했다. 펠로폰네소스 함대가 철수하고 얼마 지나지 않아, 원래 해전이 벌어지기 전에 포르미온의 함대와 합류하기로 했던 아테나이 함선 20척이 나우팍토스항에 도착했다. 그리고 여름이 끝났다.

1 **93**[*] 코린토스와 크리사만으로 철수한 펠로폰네소스 함대가 해산하기 전, 크네모스와 브라시다스와 펠로폰네소스군의 다른 지휘관은 메가라인의 조언에 따라 겨울이 시작되면 아테나이의 항구인 페이라이에우스를 공격하기로 결정했다. 페이라이에우스항은 수비대 없이 개방

---

[*] 제93-94장은 해전에서 패한 펠로폰네소스 함대가 아테나이의 외항 페이라이에우스항을 기습한 사건을 다룬다.

되어 있었기 때문이다. 이는 당시 아테나이의 해군력이 크게 우세했기에 어쩌면 당연한 일이었다.

그들이 세운 계획은 다음과 같았다. 각 선원은 노와 방석, 노를 거는 2 가죽끈을 지참한 채 코린토스에서 아테나이 쪽 바다로 걸어간 후, 신속하게 메가라로 가서 니사이아항 조선소에 있는 함선 40척을 바다에 띄우고 페이라이에우스항으로 곧장 항해한다는 것이었다. 당시 페이라이 3 에우스항에는 수비하는 함선도 없었다. 적이 공공연히 공격해오리라 생각하지 않았고, 설령 은밀히 공격을 시도하더라도 이를 알아차리지 못할 리 없다고 여겨 적의 기습을 전혀 고려하지 않았기 때문이다.

펠로폰네소스군은 그렇게 결정하자마자 실행에 들어갔다. 그들은 4 밤에 니사이아항에 도착해 함선을 바다에 띄웠다. 그러나 위험을 느끼고 두려운 나머지(일설에 따르면 바람이 진군을 막았다고도 한다), 처음 계획과 달리 페이라이에우스항으로 곧장 항해하지 않고, 그 대신 메가라 맞은편에 위치한 살라미스섬의 한 곳으로 향했다. 그곳에는 작은 요새가 하나 있었고, 메가라인의 출입을 막기 위해 아테나이 함선 3척이 경비를 서고 있었다. 펠로폰네소스군은 요새를 공격하여 함락시키고, 아무도 타고 있지 않은 삼단노선을 끌어낸 후 살라미스의 나머지 지역도 습격하여 약탈했다.

94 적군의 출현을 알리는 봉화가 오르자, 아테나이인은 이번 전쟁 1 중 가장 극심한 공포에 사로잡혔다. 도시 안에 있는 사람들은 이미 적이 페이라이에우스항에 들어왔다고 생각했고, 항구 주민들은 적이 살라미스를 함락한 후 자신들을 향해 진격해온다고 믿었기 때문이다. 만약 펠로폰네소스군이 페이라이에우스항 공격을 주저하지 않았더라면, 바람에 방해받을 일도 없었을 것이므로 손쉽게 그곳을 함락시켰을 것 2 이다.

날이 밝자 아테나이인은 모두 페이라이에우스로 몰려갔다. 그들은 함선을 바다에 띄우고, 큰 소동을 벌이며 서둘러 함선에 승선한 후 살라미스로 항해했고, 동시에 보병대를 주둔시켜 페이라이에우스항을 지키게 했다.

3   살라미스의 대부분을 약탈한 펠로폰네소스군은 아테나이인이 보낸 원병이 오는 것을 알고, 포로와 전리품을 싣고 부도론 요새[66]에서 함선 3척을 나포한 후 니사이아항으로 서둘러 출발했다. 이렇게 서둘러 철수한 이유는, 그들이 타고 온 함선이 바닷물에 띄운 지 오래되어 물이 새지는 않을지 염려되었기 때문이기도 했다. 그들은 메가라에 도착해 육로를

4 따라 코린토스로 철수했다. 펠로폰네소스군이 이미 살라미스를 떠났다는 소식을 들은 아테나이인도 함선을 타고 다시 페이라이에우스항으로 돌아갔다. 이런 일이 있은 후, 아테나이인은 항만 입구를 봉쇄하는 등 여러 조치를 취하며 페이라이에우스항의 경비를 강화했다.

1   **95**[*] 같은 시기, 즉 겨울이 시작될 무렵 트라케의 오드리사이인으로, 트라케 왕인 테레스의 아들 시탈케스는 마케도니아 왕 알렉산드로스의 아들 페르디카스와 함께 트라케 지방의 칼키디케인을 공략하기 위해 출정했다. 이는 두 가지 약속 때문이었는데, 하나는 페르디카스가 자신에게 한 약속을 이행하도록 압박하기 위해서였고, 다른 하나는 자신이 아테나이인에게 한 약속을 지키기 위해서였다.

2   페르디카스는 이번 전쟁이 시작되었을 때 곤경에 처하자, 시탈케스가 자신과 아테나이인 간의 화해를 중재하고, 자신의 형제이자 정적인 필리포스가 왕위에 복위하지 않게 해주는 대가로 한 가지 약속을 했었다. 그러나 그는 아직도 그 약속을 이행하지 않았다. 시탈케스도 아테나이인과 동맹을 맺을 때, 그들에게 트라케 지방의 칼키디케인과의 전

---

66 "부도론 요새"는 아티케반도 남동부 라우레이온 근방의 해안에 위치한 요새였다. 사론만과 아이가이온해 방면에서 접근하는 적함을 감시하고, 라우레이온 은광을 보호하는 역할을 했으며, 봉화로 아테나이에 신호를 보냈다.

* 제95-101장은 트라케의 왕 시탈케스의 마케도니아 및 칼키디케 원정을 다루며, 트라케와 마케도니아 왕국의 정치·지리적 상황을 자세히 서술한다.

쟁을 끝내겠다고 약속했었다. 시탈케스는 이 두 가지 이유로 이번 원정 3
에 나섰던 것이다. 그는 마케도니아의 왕위에 앉히기 위해 필리포스의
아들 아민타스와 동행했고, 마침 이 일로 그의 왕궁을 방문 중이던 아
테나이 사절단과 장군 하그논도 동행했다. 아테나이인도 가능한 한 많
은 함선과 군사를 보내 시탈케스와 함께 칼키디케인을 공략하기로 되
어 있었기 때문이다.

96 시탈케스는 오드리사이인을 비롯해 하이모스산[67]과 로도페산 이 1
남에서 흑해와 헬레스폰토스까지 이어지는 해안 지대에 살면서 그의
지배를 받고 있던 트라케인들을 동원했다. 그런 후 하이모스산 너머의
게타이인과 이스트로스강 이남의 다른 지역, 주로 흑해 근방에서 살아
가는 다른 부족들도 동원했다. 스키티아인과 이웃해 살아가는 게타이
인과 그 지역 다른 부족들의 무구는 스키티아인의 것과 비슷했고, 그들
은 모두 기마 궁수였다. 또한 그는 트라케 지방의 산악 지대에서 살아 2
가는 부족도 많이 불러 모았다. 디오이인[68]이라 불리는 이 독립 부족은
단검으로 무장하고, 주로 로도페산에서 살아가고 있었다. 그들 중 일부
는 용병으로 고용되었고, 일부는 자원하여 참전했다.

그뿐만 아니라 시탈케스는 아그리아네스인과 라이아이오이인[69]을 3
비롯해 그의 지배를 받는 다른 모든 파이오니아 부족들도 동원했다. 이
부족들은 그의 왕국에서 가장 먼 변경에 거주하고 있었다. 그의 왕국은

---

67 "하이모스산"은 오늘날 발칸 산맥에 해당하는 산맥으로, 발칸반도 중앙을 동서로 가
로지른다. 남쪽 100-150킬로미터 지점에 로도페산이 있으며, 두 산 사이에는 해안까
지 이어지는 평야와 구릉 지대가 펼쳐진다.

68 "스키티아인"(Σκυθης, '스키테스')은 고대 헬렌인이 흑해 북부 초원 지대에 거주하
던 유목민 집단을 일컫는 이름으로, 기원전 8세기부터 기원후 2세기까지 활동했다.
트라케계 부족 중 "게타이인"은 이스트로스강 하류 지역에, "디오이인"은 로도페산
기슭에 정착해 살았다.

69 "아그리아네스인"과 "라이아이오이인"은 스트리몬강 상류에 거주했던 파이오니아의
부족으로, 오드리사이 왕국이나 파이오니아 왕국의 국경 밖에 살며 어느 왕국에도
속하지 않았다.

라이아이오이인이 사는 파이오니아 지방[70]에서 스트리몬강까지 이어
졌다. 스트리몬강은 스콤브로스산[71]에서 발원하여 아그리아네스인과
라이아이오이인의 땅을 가로질렀고, 그 너머에는 그의 통치를 받지 않
고 독립적으로 살아가는 파이오니아인이 거주하고 있었다.

4   마찬가지로 트리발로이인이 독립적으로 살아가는 지역 방면으로 그
의 왕국은 트레레스인 및 틸라타이오이인[72]의 땅과 경계를 이루었다.
스콤브로스산 북쪽에서 살아가는 이 부족들의 땅은 서쪽으로 오스키
오스강까지 이어졌다. 이 강과 네스토스강, 헤브로스강[73]의 발원지는
모두 동일한 산에서 비롯되며, 로도페산과 인접한 이 큰 산은 사람이
살지 않는 불모지였다.

1   **97** 오드리사이인의 왕국은 압데라[74]에서 흑해 서안의 이스트로스
강 하구까지 해안선이 이어졌다. 이는 상선[75]이 순풍을 타고 최단거리
로 쉬지 않고 항해해도 4일 밤낮이 걸리는 거리였다. 육로로는 발 빠른
남자가 최단거리로 걸어도 압데라에서 이스트로스강까지 꼬박 11일이

---

70 "파이오니아 지방"은 일리리아와 마케도니아 사이 내륙에 위치한 지역으로, 기원전
5세기경부터 독립 왕국으로 존재했다. 파이오니아인은 트라케·일리리아계 혼합 민
족으로 추정된다. 서쪽은 아드리아해와 접한 일리리아, 남쪽은 아이가이온해와 접한
마케도니아와 맞닿아 있었다.

71 "스콤브로스산"(현재의 비토샤산)은 오늘날 불가리아 소피아 분지에 위치한다.

72 "트리발로이인"은 불가리아 북서부의 모라바강과 이스카르강 유역, "트레레스인"은
불가리아 동부의 헤브로스강 유역, "틸라타이오이인"은 마케도니아 북동부에 거주하
던 부족이었다.

73 "오스키오스강"(현재의 이스카르강)은 이스트로스강(다뉴브강)으로 흘러들며, "네스
토스강"(현재의 메스타강)은 아이가이온해로 유입된다. "헤브로스강"(현재의 마리차
강) 또한 아이가이온해로 흐르며, 이 세 강은 모두 릴라 산맥에서 발원해 로도페 산
맥 인근을 따라 흐른다.

74 "압데라"는 트라케 지방에 위치한 헬라스 식민시로, 아이가이온해의 타소스섬 맞은
편에 있었다.

75 "상선"으로 번역한 나우스 스트롱귈로스(ναῦς "στρογγύλος)는 '둥근 배'라는 뜻이
다. 고대 헬라스에서 전함(주로 삼단노선)은 길고 날렵한 반면, 상선이나 화물선은
둥글고 폭이 넓었다.

걸렸다. 이 왕국의 해안선은 그 정도로 길었다. 내륙으로는 비잔티온에 ~~2~~
서 라이아이오이인의 땅까지, 즉 스트리몬강의 내륙 쪽 가장 먼 곳에서
흑해까지는 발 빠른 남자가 걸어도 13일이 걸렸다.

시탈케스의 후계자인 세우테스[76]가 통치할 당시, 그는 왕국 내 모든 ~~3~~
이민족 부족과 헬라스 도시로부터 막대한 공물을 징수했다. 그가 금과
은으로 거둬들인 세금은 은 400탈란톤에 해당하는 금액이었으며, 그
외에도 은 400탈란톤의 가치에 달하는 금과 은이 선물로 들어왔다. 직
물과 부드럽게 직조된 천과 그 밖의 다른 공예품도 들어왔는데, 이 선물
은 왕뿐만 아니라 오드리사이인의 세도가와 귀족에게도 주어졌다.

오드리사이인 사이에서는 페르시스 왕국과 달리 주는 것보다 받는 ~~4~~
것이 관행이어서, 선물을 요구했는데도 받지 못한 것보다 요구받았는
데도 주지 않는 것을 더 큰 수치로 여겼다. 이런 관행은 다른 트라케인
들 사이에서도 통용되었지만, 오드리사이인의 세력이 가장 강했기 때
문에 그들 사이에서 특히 두드러졌다. 선물 없이는 어떤 일도 성사되지
않았고, 그런 식으로 시탈케스의 왕국은 강성해졌다.

이오니아해와 흑해 사이의 모든 에우로페 왕국[77] 중에서 시탈케스 ~~5~~
의 왕국은 세수와 번영의 측면에서 으뜸이었다. 다만 전투력과 병력에

---

76 "시탈케스"(재위 기원전 431-424년)는 오드리사이 왕국의 제2대 왕으로, 기원전 431년
아테나이와 동맹을 맺었고, 기원전 424년 트리발로이인과의 전투 중 전사했다. 이후
조카 "세우테스"(재위 기원전 424-410년)가 제3대 왕으로 즉위해, 트라케에서 가장
강력한 부족 연맹을 이끌었다.

77 고대 헬렌인에게 "에우로페"는 지중해 북쪽의 대륙을, 아시아는 원래 소아시아를 가
리키는 말이었으나 점차 페르시아 제국과 그 너머 지역까지 확장된 개념이 되었다.
"이오니아해"는 이탈리아반도 남동쪽과 발칸반도 서쪽 사이에 위치하며, 북쪽으로
아드리아해와 연결된다. 따라서 "이오니아해와 흑해 사이의 모든 에우로페 왕국"은
고대 발칸반도와 그 인근 지역의 여러 왕국을 통칭하는 표현이다. 이 지역의 주요 왕
국으로는 마케도니아, 에피로스, 오드리사이(트라케), 일리리아(여러 부족 연합), 콜
키스, 폰토스(흑해 남부), 아르메니아(현 아르메니아와 튀르키예 동부), 보스포로스
(크림반도와 흑해 연안), 스키티아(흑해 북부) 등이 있었다.

6 서는 스키티아인의 왕국이 더 앞섰다. 따라서 에우로페뿐만 아니라 아시아의 어떤 부족이나 민족도 스키티아인이 일치단결하기만 한다면, 그들과 맞설 수 있는 나라는 없었을 것이다. 그러나 스키티아인은 자원을 지혜롭게 계획하고 활용하는 면에서 다른 민족들에 비해 한참 부족했다.

1   **98** 이처럼 드넓은 지역을 다스리던 시탈케스는 원정을 준비했고, 준비가 끝나자 마케도니아를 향해 출발했다. 처음에는 자신의 영토를 가로질렀고, 이어 신토이인의 땅과 파이오니아인의 땅의 경계를 이루는, 사람이 살지 않는 케르키네 산맥을 넘었다. 그는 과거에 파이오니아인을 공격하러 갈 때 나무를 베어내고 숲속에 길을 닦아놓았는데, 이

2 번에는 그 길을 이용해 산맥을 넘었다. 그들은 오드리사이인의 왕국에서 시작해 이 산맥을 넘었다. 오른쪽에는 파이오니아인이, 왼쪽에는 신티케인과 마이도이인이 살고 있었다. 그들은 산맥을 넘어 마침내 파이오니아 지방의 도베로스에 도착했다.[78]

3   시탈케스의 군사들은 행군하는 동안 병으로 죽은 자들 외에는 아무도 군대에서 이탈하지 않았다. 오히려 약탈을 기대하며 자발적으로 합류한 독립 부족의 트라케인들이 합류해 병력이 늘어났다. 전체 병력은

4 15만 명보다 적지 않았다고 전해진다. 그중 대부분은 보병이었고, 3분의 1가량이 기병이었다. 기병의 대부분은 오드리사이인이었고, 다음으로는 게타이인이 많았다. 보병 중 가장 전투력이 뛰어난 자들은 로도페 산에서 내려온 독립 부족 출신이었다. 나머지 부대들은 기병과 보병이

---

78 "케르키네 산맥"(오늘날의 벨라시차 산맥)은 헬라스, 북마케도니아, 불가리아의 접경 지대에서 동서로 뻗어 있으며, 마케도니아와 트라케의 경계를 이루었다. 그 동쪽 10-30킬로미터 지점에는 스트리몬강이 북에서 남으로 흐른다. "신토이인"은 스트리몬강 중류의 신티케 지역(오늘날의 불가리아 남서부와 헬라스 북동부)에, "마이도이인"은 그 북서쪽, 트라케와 일리리아 경계 지역에 거주한 트라케계 부족이다. 마케도니아, 트라케, 파이오니아의 접경지대에 위치한 "도베로스"는 파이오니아에 속한 도시였다.

뒤섞인 형태였으며, 사람들의 수로 위세를 과시했다.

99 도베로스에 집결한 군대는 상부 마케도니아를 지나, 페르디카스 1
의 지배 아래 있는 하부 마케도니아로 진격할 준비를 했다. 상부 마케 2
도니아에는 링코스인과 엘리미오타이인을 비롯한 부족들이 있었다.[79]
이들은 마케도니아 왕과 동맹을 맺고 그에게 복종하면서도 각자 독립
된 왕국을 이루고 있었다. 현재의 마케도니아 해안 지대는 페르디카스 3
의 아버지 알렉산드로스와 원래 아르고스의 테메니다이 가문 출신인
그의 조상[80]들이 처음 정복하여 다스렸던 곳이다. 이들은 전투를 통해
피에리아에서는 피에리아인을 축출하고(나중에 피에리아인은 파그레스와
스트리몬강 너머 팡가이온산 아래에 정착했다. 이로 인해 팡가이온산 기슭의 해
안 지대는 지금도 피에리아만이라 불린다),[81] 보티아이아[82] 지역에서는 보티
아이아인을 축출한 후 그곳에 왕국을 세웠다. 보티아이아인은 현재 칼

---

79 "상부 마케도니아"로 번역한 코리페(κορυφή)는 '가장 높은 곳'을, "하부 마케도니아"
로 번역한 카토 마케도니아(κάτω Μακεδονία)는 '아래의 마케도니아'를 의미한다.
산악 지대였던 상부 마케도니아에는 북서부에 "링코스인", 남서부에 "엘리미오타이
인"이 거주했으며, 하부 마케도니아는 아이가이온해로 이어진 평야 지대로, 마케도
니아 왕조가 시작되고 발전한 중심지였다.

80 "아르고스"는 펠로폰네소스반도 중동부 아르골리스 지방에 위치한 도시로, 헬라스에
서 가장 오래된 정착지 중 하나다. 청동기 시대부터 사람이 거주해왔으며, 미케네 문
명의 주요 도시 중 하나였다. 미케네 문명 시기에는 미케네와 티린스가, 고대 헬라스
시기에는 아르고스가 중심 도시로 부상했다. "테메니다이 가문"은 헤라클레스의 자
손 테메노스의 후손으로 여겨진다. 마케도니아 왕국은 이 가문의 후손인 페르디카스
1세가 건국한 것으로 전해지며, 페르디카스 2세(재위 기원전 454-413년) 시기에는
아직 변방의 약소국이었으나, 이후 필리포스 2세(재위 기원전 359-336년)와 알렉산
드로스 대왕(재위 기원전 336-323년)에 이르러 대제국으로 발전했다.

81 "피에리아"는 마케도니아 남동부 올림포스산 북쪽 기슭의 지방으로, 비옥한 해안 평
야와 산악 지대를 아우르며 아이가이온해와 접해 있었다. "파그레스"(오늘날의 카발
라)는 마케도니아와 트라케 접경지에 있는 도시로, 타소스섬 맞은편의 스트리몬만에
위치했다. 인근의 "팡가이온산"은 남서쪽으로 20-30킬로미터 떨어진 내륙에 위치한
해발 약 2,000미터의 산이다.

82 "보티아이아"는 제1권 각주 95를 보라. 마케도니아 중앙 내륙 지역으로, 아르켈라오
스 1세 때 마케도니아의 수도를 이 지역의 펠라로 옮겼다.

키디케인과 접경하여 살고 있다.

4   페르디카스의 조상들은 산악 지대에서 펠라와 바다에 이르는 악시오스 강변의 좁은 지대를 파이오니아인에게서 빼앗았다. 이어서 에도노스인을 축출한 후, 악시오스강과 스트리몬강 사이의 믹도니아 지역

5   을 차지했다. 현재도 에오르다이아라 불리는 지역에서는 에오르다이아 인(그들은 대부분 도륙당하고 소수가 살아남아 피스카 주변에서 살고 있다)을, 알모피아 지역에서는 알모피아인을 축출했다.[83]

6   이 마케도니아인은 다른 부족들도 계속 정복해, 안테무스, 그레스토니아, 비살티아[84]를 비롯한 상부 마케도니아의 상당 부분을 점령하여 현재까지 지배하고 있다. 이 지방 전체가 이제는 마케도니아라 불리고, 시탈케스의 침공 당시에는 알렉산드로스의 아들 페르디카스가 마케도니아인의 왕이었다.

1   **100** 대군이 침공해오자 마케도니아인은 대항할 힘이 없어 그 지역

2   내 요새와 성채로 피신했다. 당시에 요새와 성채의 수는 많지 않았다. 현재 있는 시설들은 나중에 페르디카스의 아들 아르켈라오스[85]가 왕위에 오른 후 건설한 것들이다. 아르켈라오스는 그 밖에도 도로를 직선으로 정비했고, 기병대와 중무장보병을 비롯해 전쟁에 필요한 체제를

---

83 "펠라"는 보티아이아 지방의 북서쪽에서 남동쪽으로 흐르는 악시오스강(현재의 바르다르강) 서쪽에 위치한 도시로, 고대 마케도니아 왕국의 수도였다. 펠라의 서쪽에는 에오르다이아가, 북쪽에는 알모피아가 자리하고 있었다. 한편 "믹도니아"는 악시오스강의 동쪽 연안에 있는 지역으로 스트리몬강까지 펼쳐져 있었으며, 그 동부에는 소도시 피스카가 있었다.

84 "안테무스"는 믹도니아 지방 인근에 위치했고, "그레스토니아"는 악시오스강 상류의 트라케 접경지에, "비살티아"는 스트리몬강 하류 서안의 평야 지대(오늘날 세레스 지역)에 위치했다.

85 "아르켈라오스"(재위 기원전 413-399년)는 마케도니아의 제3대 왕으로, 노예 출신의 어머니에게서 태어나 이복형제를 제거하고 즉위했다. 그는 군사 개혁과 도로·성곽 건설을 통해 국력을 강화했고, 남부 헬라스와의 활발한 문화, 예술, 체육 교류를 통해 마케도니아를 강대국으로 발전시켰다.

개선했다. 그 결과 그가 다스리는 동안 마케도니아는 선대 여덟 왕[86]의 시대를 모두 합한 것보다 더 강력한 군사력을 갖추게 되었다.

트라케군은 도베로스를 출발해 먼저 필리포스의 옛 영토로 진격하 3 여 에이도메네를 무력으로 함락시켰다. 고르티니아와 아탈란테를 비롯한 몇몇 지역은 시탈케스와 동행한 필리포스의 아들 아민타스를 호의적으로 받아들여 그들에게 투항했다. 트라케군은 에우로포스도 포위하여 공격했으나 함락시키지는 못했다. 그런 후 그들은 펠라와 키르로 4 스의 동쪽에 위치한 마케도니아의 다른 지역으로 진격했다. 그러나 보티아이아와 피에리아로는 가지 않고, 대신 믹도니아와 그레스토니아와 안테무스를 약탈했다.[87]

마케도니아인은 보병으로는 트라케군에 대항할 엄두도 내지 못했지 5 만, 상부 지역의 동맹국들로부터 기병대를 추가로 받아 이들 소수의 기병을 활용해 기회가 날 때마다 수시로 다수의 트라케군을 공격했다. 이 기병대가 공격하는 곳에서는 트라케군이 적수가 되지 못했다. 이들은 뛰어난 정예 기병인 데다 흉갑을 입고 있었기 때문이다. 그러나 소수의 기병으로 다수의 적을 상대하는 전술은 위험했기에, 이 기병대는 여러 차례 엄청난 수의 적에게 포위될 위기를 겪었다. 결국 그들은 이런 방

---

86 "선대 여덟 왕"은 마케도니아 왕국의 테메노스 왕조 초기 통치자들을 가리킨다. 마케도니아 왕국은 전설적인 건국자 페르디카스 1세(재위 기원전 약 700-678년)에 의해 건국되었으며, 이후 아르가이오스 1세, 필리포스 1세, 아에로포스 1세, 알케타스 1세, 아민타스 1세, 알렉산드로스 1세(재위 기원전 약 498-454년), 페르디카스 2세(재위 기원전 약 454-413년)로 이어진다. 투키디데스는 본문에서 이들을 모두 언급하지는 않지만, 마케도니아 왕국의 기원이 이 왕들로부터 이어졌음을 암시한다.

87 "도베로스"는 스트리몬강 유역에 위치한 파이오니아의 도시였다. 악시오스강 유역 마케도니아 북동부 암파크시티스 지방에는 "에이도메네", "고르티니아", "아탈란테", "에우포로스"가 있었다. 그 남쪽 보티아이아 지방에는 "펠라", 그 북동쪽 30-40킬로미터 거리에는 "키르로스"가 있었다. "믹도니아"는 보티아이아 동쪽의 악시오스강과 스트리몬강 사이에 위치했으며, 그 북서쪽 악시오스강 상류에는 "그레스토니아"가, 남쪽 테르메만의 동쪽에는 "안테무스"가 있었다.

식으로 더 이상 싸울 수 없다고 판단하고 조용히 물러났다.

1   **101** 이제 시탈케스는 페르디카스에게 자신이 원정을 단행한 이유를 설명했다. 그리고 아테나이인이 그의 진의를 의심해 함대 대신 선물과 사절단만 보낸 것에 대응하여, 자신의 군대 일부를 칼키디케인과 보티아이아인의 땅에 보내 요새를 세우고 그 지역을 약탈하게 했다.

2   시탈케스가 칼키디케인과 보티아이아인의 땅에 머물러 있는 동안, 그 남쪽에 거주하는 테살리아인, 마그네시아인, 테살리아에 예속된 부족들, 테르모필라이[88]에 이르는 지역의 헬렌인들은, 그의 군대가 자기

3   들 쪽으로 진격해올 것을 우려하며 전투 태세를 갖추었다. 스트리몬강 너머 북부 트라케 평원의 파나이오이인, 오도만토이인, 드로오이인, 데르사이오이인[89] 같은 독립 부족들도 불안에 휩싸였다.

4   아테나이와 적대 관계에 있던 헬렌인들 사이에서도 시탈케스의 군대가 아테나이와의 동맹조약을 이행하기 위해 자신들의 나라에도 쳐

5   들어올 것이라는 소문이 돌았다. 그러나 시탈케스는 칼키디케, 보티케, 마케도니아 지방을 동시에 점령하고 약탈했을 뿐, 원정의 원래 목적은 이루지 못했다. 게다가 식량이 떨어지고 겨울의 추위까지 몰려와 군대는 어려움을 겪게 되었다. 이에 그는 스파라도코스의 아들이자 자신의 조카이며 왕국에서 두 번째 권력자인 세우테스의 조언을 받아들여 신속하게 철군했다. 세우테스가 이러한 조언을 하게 된 배경에는, 페르디카스가 그에게 자신의 여동생을 아내로 주고 지참금을 제공하겠다는

---

88 "테살리아"는 헬라스 중부의 넓은 평야 지대로, 북쪽의 올림포스산과 남쪽의 오트리스 산맥 사이에 있었다. "마그네시아"는 테살리아 동부의 반도이며, "테르모필라이"는 테살리아 남동쪽, 마그네시아 남단에 있는 좁은 해안 통로로, 기원전 480년 제2차 페르시스 전쟁 당시 레오니다스가 이끄는 헬라스 연합군과 페르시스군 사이에 전투가 벌어진 곳으로 유명하다.

89 "오도만토이인"은 스트리몬강 동쪽과 팡가이온산 북쪽에, "드로오이인"은 그 서쪽에, "데르사이오이인"은 북쪽 스트리몬 상류에 살았으며, "파나이오이인"도 스트리몬 평원 전역에 분포했던 여러 부족 중 하나였다.

비밀 약속이 있었다. 결국 시탈케스는 세우테스의 조언에 따라 30일간 6
의 원정을 마치고 본국으로 철군했고, 그중 8일을 칼키디케에서 보냈
다. 나중에 페르디카스는 약속대로 누이 스트라토니케를 세우테스에게
아내로 보냈다. 이로써 시탈케스의 원정은 끝났다.

102 그해 겨울, 나우팍토스항에 주둔해 있던 아테나이군은 펠로폰 1
네소스 함대가 해산한 후, 포르미온의 지휘 아래 출정했다. 그들은 해안
을 따라 항해하여 아스타코스를 지나 아카르나니아의 내륙에 상륙했다.
포르미온은 함선에서 내린 아테나이군 중무장보병 400명과 메세니아
군 400명을 이끌고 진격해, 스트라토스와 코론타 등지에서 신뢰할 수
없다고 생각되는 자들을 추방하고, 테올리토스의 아들 키네스를 코론
타로 복귀시킨 후 다시 함대로 돌아갔다. 당시가 겨울이어서 아카르나 2
니아 지방에서 유일하게 아테나이인에게 항상 적대적이었던 오이니아
다이를 공격하기가 불가능해 보였기 때문이다. 핀도스산에서 발원한
아켈로오스강은 돌로피아와 아그라이오이인의 땅, 암필로키아인의 땅
을 거쳐 스트라토스 옆을 지나 아카르나니아 평원을 관통해 바다로 흘
러간다.[90] 겨울이 되면 이 강은 오이니아다이 인근에서 범람해 도시 주
변을 늪지대로 만들었고, 이런 지형적 특성으로 공격은 불가능했다.

에키나데스 섬들[91] 대부분은 오이니아다이 맞은편, 아켈로오스강 하 3
구 근처에 위치해 있었다. 강의 거센 물살은 지속적으로 섬들 쪽으로
퇴적물을 쌓아올려 일부 섬은 이미 육지와 이어졌고, 나머지 섬들도 머
지않아 그렇게 될 것으로 보였다. 강폭이 넓고 수량이 많으며 강물에는 4

---

90 "돌로피아"는 핀도스 산맥 바로 아래, 헬라스 본토 중부에 위치한 산악 지역이었다.
"아그라이오이인의 땅"은 그 남서쪽에 있었다. "스트라토스"는 아카르나니아 지방 중
심부의 아켈로오스 강변에 있었고, 이오니아해 연안의 "아스타코스"와는 약 40킬로미
터 떨어져 있었다. "코론타"는 스트라토스에서 북동쪽으로 수십 킬로미터 떨어진 내
륙 지역에 있었다.
91 "에키나데스 섬들"은 아켈로오스강 하구 인근에 위치한 작은 섬 무리로, 현재는 대부분
의 섬이 본토와 연결되어 있다.

진흙이 많이 섞여 탁할 뿐만 아니라 섬들이 조밀하게 분포해 있어 퇴적물이 흩어지지 못했기 때문이다. 더욱이 섬들이 일직선상에 배열되지 않고 비스듬히 어긋나 있어 강물이 바다로 곧바로 흘러들어가지 못하는 것도 그 원인 중 하나였다.

5 　이 섬들은 작은 무인도였다. 전해오는 이야기에 따르면, 암피아라오스의 아들 알크메온[92]이 어머니 에리필레를 살해한 후 정처 없이 떠돌다 아폴론의 신탁을 받아 이곳에 정착했다고 한다. 그가 어머니를 살해했을 때 다른 모든 곳은 그의 죄로 오염되어, 그가 고통에서 벗어나기 위해서는 햇빛이 비친 적 없고 육지로 존재한 적도 없는 곳을 찾아 정 6 착해야 한다는 신탁이었다. 알크메온은 처음에는 그런 곳이 과연 있을까 난감해했지만, 아켈로오스강의 퇴적지를 떠올리고는 자신이 떠돌던 시간 동안 그곳에 사람이 살 수 있을 만큼 땅이 충분히 생겼을 것이라 생각했다. 그리하여 그는 오이니아다이 지방에 정착하여 그곳의 지배자가 되었다. 그가 다스리던 지역은 그의 아들 아카르난의 이름으로 불리게 되었다. 이것이 전해져 내려오는 알크메온의 이야기다.

I 　**103** 포르미온과 아테나이군은 아카르나니아를 떠나 나우팍토스항으로 돌아갔다. 그리고 봄이 되자 아테나이로 귀환했다. 그들은 나포한 적의 함선들을 가져갔으며, 해전 중 생포한 자유민도 모두 끌고 가 아 2 테나이군 중에서 포로가 된 자들과 일대일로 교환했다. 그렇게 겨울이 지나갔고, 투키디데스가 기록한 이 전쟁의 세 번째 해[93]가 끝났다.

---

92 "암피아라오스"는 제2권 각주 45를 보라. 그는 아내 에리필레의 배신으로 테바이 공략에 나서기 전, 두 아들에게 어머니를 죽여 복수해달라고 당부한다. 아들 "알크메온"은 그 약속을 지켜 어머니를 죽인 뒤 아카르나니아로 와서 나라를 세우고, 자신의 아들 아카르난의 이름을 따라 '아카르나니아'라 불렀다. 또 다른 아들 암필로코스는 에피로스로 가서 암필로키아의 아르고스를 건설했다고 전해진다.
93 "이 전쟁의 세 번째 해"는 기원전 429년이다.

제3권

제국의 균열
(기원전 428-425년)

반란과 내전, 전쟁의 얼굴이 바뀌다

I   **1** 다음 해 여름, 곡식이 익어갈 무렵 펠로폰네소스군과 그 동맹군
은 제욱시다모스의 아들이자 라케다이몬 왕 아르키다모스의 지휘 아
2 래 아티케 지방을 침공했다. 그들은 진을 치고 그 땅을 약탈했다. 아테
나이군 기병대는 늘 그렇듯 수시로 적을 공격하며, 펠로폰네소스군의
경무장보병대가 중무장보병대와 떨어져 아테나이 근방에 해를 끼치지
3 못하게 했다. 펠로폰네소스군은 식량이 있는 동안만 머물다가 철수하
여 각자 본국으로 돌아갔다.

I   **2*** 펠로폰네소스군이 아티케를 침공한 직후, 메팀나[1]를 제외한 레스
보스섬 전체가 아테나이로부터 이탈했다. 원래도 전쟁 전에 아테나이
에서 벗어나려 했으나, 라케다이몬인이 동맹 가입을 허락하지 않아 계
획을 포기한 적이 있었다. 사실 이번에도 어쩔 수 없는 사정으로 예정
2 보다 더 일찍 이탈하게 되었다. 그동안 레스보스인은 항구에 방파제를
건설하고 성벽을 쌓으며 함대를 조직하는 한편, 궁수와 식량을 확보하
고, 사람을 보내 구해오게 한 그 밖의 물자가 흑해에서 도착하기만을
기다리고 있었다.
3 미틸레네인은 한편으로는 레스보스 전체를 강제로 통합하여 연맹을
결성하고, 다른 한편으로는 라케다이몬인과 자신들의 동족인 보이오티
아인의 지원을 받아 아테나이로부터 벗어나기 위해 서둘렀다. 그런데

---

* 제2-50장은 소아시아 인근 레스보스섬의 최대 도시국가 미틸레네가 아테나이에 반기를 든
사건을 다룬다.
1 "메팀나"는 레스보스섬에서 두 번째로 큰 도시로, 북부 해안에 위치했으며 주요 항구
기능도 수행했다.

이들과 적대적이던 테네도스인[2]과 메팀나인, 그리고 아테나이의 이익을 대변하며 미틸레네 내부에서 반대 입장을 가진 일부 미틸레네인이 이를 눈치채고, 아테나이인에게 알렸다. 그들은 신속하게 대응하지 않으면 레스보스를 잃게 될 것이라고 경고했다.

3 당시 아테나이인은 역병은 물론, 이제 막 시작되어 절정으로 치닫 ｜ 고 있던 전쟁으로 인해 지쳐 있었다. 그들은 함대와 국력을 온전히 보유한 레스보스를 공격하는 것은 위험하다고 판단했기에, 처음에는 고발을 무시하고 허위일 가능성에 더 큰 비중을 두었다. 그러나 사절단을 파견해 설득해도 미틸레네인이 레스보스 연맹을 구축해 전쟁 준비를 포기하지 않자, 두려워진 아테나이인은 늦기 전에 조치를 취하기로 결정했다.

결국 아테나이인은 펠로폰네소스 해안을 따라 항해하기 위해 준비 ｜ 2 중이던 함선 40척을 데이니아스의 아들 클레이피데스를 비롯한 세 명의 장군이 이끄는 군대와 함께 레스보스로 급히 보냈다. 아테나이인은 ｜ 3 이제 곧 도시 밖의 말레아[3]에서 아폴론을 위한 축제가 열려 미틸레네 주민 전체가 축제에 참가할 것이라는 소식을 듣고, 기습을 감행하기에 좋은 기회라고 판단했다. 기습이 성공하면 미틸레네를 쉽게 장악할 수 있고, 실패하더라도 함대를 넘기고 성벽을 허물도록 요구한 후 이를 거부할 경우 전쟁을 벌일 계획이었다. 아테나이 함대는 이런 계획을 가지 ｜ 4 고 미틸레네를 향해 출항했다. 그리고 동맹 규약에 따라 마침 지원하러 아테나이에 와 있던 미틸레네의 삼단노선 10척을 압류하고 선원들을 억류했다.

---

2 "테네도스"는 헬레스폰토스 해협 남쪽, 소아시아의 트로아스 지방 맞은편에 있는 작은 섬이다.
3 "말레아"는 미틸레네 북쪽 해안에 있던 아폴론 신전이 있는 장소로, 이후 4장에 나오는 "도시 북쪽 말레아에 정박 중이던 아테나이 함대"라는 표현을 통해 그 위치를 유추할 수 있다.

5   이때 한 아테나이인이 에우보이아섬으로 건너가 육로로 게라이스토스곶[4]으로 이동한 뒤, 막 출항하려던 상선을 잡아 탔다. 그는 아테나이를 출발한 지 이틀 만에 미틸레네에 도착해 아테나이군의 기습 소식을 알렸다. 소식을 들은 미틸레네인은 축제를 위해 말레아 성역에 있는 아폴론 신전으로 가지 않고, 그 대신 성벽과 항구의 미완성 구역을 보강하며 방어 태세를 갖추었다.

1   **4** 그 후 얼마 지나지 않아 아테나이 함대가 도착했다. 아테나이 장군들은 상황을 파악한 후, 아테나이로부터 받은 지시를 그대로 전달했

2   다. 그러나 미틸레네인이 이를 거부하자 바로 전투를 개시했다. 미틸레네인은 전쟁 준비가 미비한 상태에서 갑작스럽게 전투에 휘말렸다. 이들은 해전을 벌일 것처럼 함선을 항구 앞으로 조금 내보냈으나, 곧 아테나이 함선에 쫓겨 돌아왔다. 당장의 공격을 피하기 위해 그들은 아테나이 장군들에게 대화를 제안했다.

3   아테나이 장군들은 자신들의 전력으로는 레스보스 전체를 상대하기

4   어렵다고 판단해 이 제안을 받아들였다. 휴전협정을 맺은 후, 미틸레네인은 반기를 들 의도가 없음을 밝히며 함대를 철수시켜달라고 설득하기 위해 아테나이에 사절단을 보냈다. 이 사절단에는 과거에 아테나이의 밀정이었지만, 지금은 후회하며 입장을 바꾼 인물도 한 명 포함되어

5   있었다. 그러는 동안 미틸레네인은 도시 북쪽 말레아에 정박 중이던 아테나이 함대의 감시를 피해 삼단노선 1척에 사절단을 태워 라케다이몬으로도 보냈다. 아테나이와의 협상이 성공할 것이라 믿지 않았기 때문

6   이다. 이 사절단은 험난한 항해 끝에 라케다이몬에 도착하여 원군을 요청했다.

1   **5** 아테나이에 보낸 사절단이 아무런 성과 없이 돌아오자, 미틸레네

---

4 "게라이스토스곶"은 에우보이아섬의 남단에 위치해 있으며, 아이가이온해를 항해하는 선박들의 주요 정박지였다.

인을 중심으로 메팀나를 제외한 레스보스인은 아테나이군과 전쟁을 벌였다. 오직 메팀나인만이 아테나이 편에 섰고, 임브로스인과 렘노스인[5]을 비롯한 여러 아테나이 동맹국도 반격에 가세했다.

미틸레네인은 전군을 동원하여 아테나이군 진영을 향해 출정했으 2나, 전투에서 패배하지 않았음에도 그곳에 진을 치고 주둔할 자신이 없어 성 안으로 후퇴했다. 이후 그들은 펠로폰네소스에서 지원군이 도착하기 전까지 준비가 미흡한 상태로 위험을 감수하지 않기 위해 조용히 대기했다. 라케다이몬인 멜레아스와 테바이인 헤르마이온다스가 라케다이몬에서 오는 데는 시간이 걸렸다. 라케다이몬인은 미틸레네인의 반란 전에 이 두 사람을 파견했으나, 이들은 아테나이 원정군보다 늦게 도착했기에 전투 후에야 삼단노선을 타고 몰래 들어올 수밖에 없었다. 그들은 사절단을 태운 또 다른 삼단노선 1척을 자신들과 함께 라케다이몬에 보내줄 것을 권유했고, 미틸레네인은 이를 수락했다.

6 아테나이군은 미틸레네인이 조용히 있는 모습을 보고 크게 고무 1되어 동맹군을 소집했다. 동맹군도 레스보스인의 강력한 저항이 없다는 사실을 확인하고 더욱 신속히 소집에 응했다. 아테나이군은 함대를 정박시킨 후 도시 남쪽을 요새화하고, 도시 양쪽에 각각 하나씩 두 개의 진영을 구축하여 도시의 두 항구를 모두 봉쇄했다. 이로써 아테나이 2군은 미틸레네인이 바다를 이용할 수 없게 만들었다. 그러나 육지는 여전히 미틸레네인과 그들을 지원하러 온 다른 레스보스인이 장악하고 있었다. 아테나이군이 통제한 지역은 자신들의 진영 주변뿐이었으며, 말레아는 아테나이 함선의 정박지와 집결지로 활용되었다.

7 그해 여름, 같은 시기에 아테나이인은 포르미온의 아들 아소피오 1

---

5 "렘노스"는 레스보스섬에서 북서쪽으로 약 130킬로미터 떨어진 섬이며, "임브로스"는 렘노스에서 북동쪽으로 60-65킬로미터 지점에 위치해 있다. 이들 세 섬은 모두 아이가이온해 북동부에서 트로아스 지방과 마주 보고 있다.

스를 지휘관으로 임명하여 함선 30척을 펠로폰네소스 주변으로 파견
했다. 아카르나니아인이 포르미온의 아들이나 친척을 지휘관으로 삼아
2 함대를 보내달라고 요청했기 때문이다. 아테나이 함대는 라코니케 지
3 방의 해안을 따라 항해하며 여러 지역을 약탈했다. 그런 후, 아소피오
스는 대부분의 함선을 본국으로 돌려보내고, 12척만 이끌고 나우팍토
스항으로 향했다.

4   이후 그는 아카르나니아 전역에서 군대를 모집하여 오이니아다이로
출정했다. 함대가 아켈로오스강을 거슬러 올라가는 동안, 보병은 그 지
5 역을 약탈했다. 그러나 오이니아다이인이 항복하지 않자, 그는 보병을
돌려보내고 아테나이 함선을 이끌고 레우카스섬으로 항해하여 네리
코스[6]에 상륙했다. 그러나 상륙 후 후퇴하는 과정에서 현지에서 지원
하러 온 주민들과 소수의 수비대에 의해 그와 군사의 일부가 전멸하고
5 말았다. 이 사건 이후 아테나이군은 레우카스인과 휴전조약을 맺고 전
사자의 시신을 찾아갔다.

1   **8** 그 사이에 첫 배로 파견된 미틸레네 사절단은 라케다이몬인으로
부터 다른 동맹국들도 이 문제를 듣고 논의할 수 있도록 올림피아로
가보라는 지시를 받았다. 사절단은 올림피아로 향했으며, 마침 그때는
로도스 출신 도리에우스가 올림피아 제전[7]에서 두 번째 우승을 차지한
2 시기였다. 제전이 끝난 후 동맹국 회의가 시작되자, 미틸레네 사절단은
다음과 같이 말했다.

1   **9** "라케다이몬인과 동맹국 여러분, 우리는 헬렌인들 사이에 확립된
관행을 잘 알고 있습니다. 전시에 동맹국을 배신하고 이탈한 국가를 받
아들이는 측은 그들이 유용할 때는 환영하겠지만, 그럼에도 이전의 친

---

6 "네리코스"는 레우카스섬 북동쪽에 자리한 도시였다.
7 "올림피아 제전"은 기원전 776년에 시작되어 4년마다 열리는 경기였다. "도리에우스"
   는 기원전 432년, 428년, 424년에 연속으로 격투기 종목에서 우승을 차지한 인물이다.

구를 배신한 국가를 좋게 여기지 않을 것입니다. 만약 배신한 국가와 2
배신당한 국가가 평소 생각이 같고 우호적이며, 군사력과 국력에서 대
등하고, 배신할 만한 합당한 이유가 없는 경우라면, 그러한 판단은 부
당하지 않습니다. 하지만 우리와 아테나이의 동맹은 그런 경우가 아닙
니다. 따라서 우리는 비난받을 이유가 없습니다. 우리는 평소 아테나이
에게 존중받다가 그들이 어려워지자 배신한 것이 아닙니다.

  10 우리는 무엇보다 여러분과의 동맹이 필요해서 이곳에 왔기에, 1
먼저 정의와 미덕에 관해 말하지 않을 수 없습니다. 서로가 미덕으로
대하지 않고 성향도 다르다면, 생각이 다를 때 행동도 달라지기에 개인
간의 우정이든 국가 간의 동맹이든 결코 굳건할 수 없음을 알기 때문
입니다.

  우리가 아테나이인과 처음 동맹을 맺은 것은 메디아 전쟁이 끝난 2
후, 여러분은 떠난 반면 그들은 남아 나머지 일을 처리해주었기 때문
입니다. 하지만 우리의 동맹 목적은 헬렌인들을 아테나이의 노예로 만 3
들기 위함이 아니라 메디아로부터 해방시키기 위함이었습니다. 그래 4
서 아테나이인이 우리를 대등한 국가로 대우하며 이끄는 동안에는 기
꺼이 따랐던 것입니다. 하지만 그들이 메디아에 대한 적대감은 버린 채
동맹국들을 노예로 만들고자 서두르는 모습을 보면서 우리는 두려움을
느꼈습니다. 그러나 동맹국은 다수결에 따라 움직여야 했고, 어느 동맹 5
국도 개별적으로 자신을 지킬 수 없었기에, 결국 우리와 키오스인[8]을
제외한 모든 동맹국이 그들의 노예가 되었습니다. 우리는 명목상으로
만 자유를 누리는 독립국가였기에, 지금까지 아테나이인이 벌인 전쟁
에 우리의 군대를 보내 함께 싸울 수밖에 없었습니다.

---

8 키오스는 이오니아 12개 도시국가 중 하나로 기원전 1000년경 이온인이 정착하기 시
  작했으며, 이후 아테나이 계통 이온인도 유입되었다. 미틸레네와 키오스는 함대와 병
  력을 제공하는 조건으로 동맹에 참여해 일정한 자치권과 군사력 유지가 허용되었다.

6   우리는 이러한 선례를 보며 아테나이를 신뢰할 수 있는 맹주로 여기지 않았습니다. 그들은 동맹국들을 하나둘 속국으로 삼았고, 언젠가 기회가 된다면 우리처럼 아직 독립을 유지한 국가들에게도 그렇게 하지 않으리라 믿을 수 없었기 때문입니다.

1   **11** 만약 아테나이인의 모든 동맹국이 여전히 독립국가로 남아 있었다면, 우리는 그들이 우리를 속국으로 삼을 리 없다고 확신했을 것입니다. 그러나 대다수 동맹국이 이미 지배를 받고 있는 상황에서, 우리만 독립국가로 남아 그들과 대등하게 맞선다면, 이는 그들에게 용납하기 어려운 일일 테지요. 그들은 점점 강성해지고, 우리는 점점 고립되어가

2   는 현실을 고려하면 더욱 그렇습니다. 동맹이란 동맹국들이 서로 대등하여 서로를 두려워할 때만 유지될 수 있습니다. 그래야 한쪽이 협정을 어기고 침략하고 싶어도 승산이 없다고 판단하여 자제할 테니 말입니다.

3   사실 우리가 지금까지 독립국가로 남을 수 있었던 유일한 이유는, 아테나이인이 우리에게 무력보다는 품위 있는 언변과 책략을 사용하

4   는 편이 더 효과적이라고 판단했기 때문입니다. 아울러 그들은 자신들이 어느 동맹국을 공격한 것이 부당했다면, 동등한 투표권을 가진 다른 국가가 그 공격에 참여하지 않았을 것이라 주장하며 자신들의 행동을 정당화하는 데 우리를 이용했습니다. 처음에는 가장 강력한 동맹국을 앞세워 상대적으로 약한 동맹국을 공격했고, 결국 다른 동맹국이 속국

5   이 되면서 끝까지 독립을 유지한 국가마저 더욱 약화되었습니다. 만약 다른 동맹국들이 여전히 저항할 힘을 갖추고 있는 상황에서 아테나이인이 우리부터 먼저 속국으로 만들려 했다면, 그들도 그렇게 쉽게 아테나이의 지배에 굴복하지 않았을 것입니다.

6   게다가 아테나이인은 우리의 함대를 두려워했습니다. 우리 함대가 여러분이나 다른 국가와 연합한다면 그들에게 위협이 되었을 테니 말

7   입니다. 아테나이의 대중과 유력 정치인들과의 관계를 잘 유지한 것도

우리가 독립국가로 남는 데 도움이 되었습니다. 그러나 다른 동맹국들 8
의 선례로 볼 때, 이번 전쟁이 일어나지 않았다면 우리 역시 머지않아
독립을 유지하기 어려웠을 것입니다.

12 아테나이인과 우리가 동맹을 맺긴 했어도 서로 생각이 다른데, 1
이런 우호 관계와 자유를 어떻게 신뢰할 수 있겠습니까? 전시에는 그
들이 우리를 두려워하여 좋은 관계를 유지하려 애쓰고, 평시에는 우리
가 그렇게 합니다. 다른 나라들의 경우 우호적인 관계가 서로 간의 신
뢰를 굳건하게 해주지만, 아테나이인과 우리의 경우 서로에 대한 두려
움이 강력한 유대를 만들어줍니다. 우리의 동맹은 우호적인 관계보다
두려움으로 유지되기 때문입니다. 따라서 어느 쪽이든 동맹 관계를 파
기해도 안전할 것이라는 자신이 있는 나라가 먼저 동맹을 파기하려 할
것입니다.

그러므로 아테나이인이 우리를 속국으로 만들려는 의도가 명확해질 2
때까지 기다리지 않고 먼저 동맹에서 이탈한 것이 잘못이라 여긴다면,
그 판단은 올바르지 않습니다. 그들이 어떤 행동을 하든 우리가 대등한 3
위치에서 즉각 대응할 수 있는 힘을 가졌다면, 당연히 그래야 했을 테
지요. 그러나 현실적으로 그들은 언제든 우리를 공격할 수 있는 우위에
있었기에, 우리는 좋은 기회가 왔을 때 미리 스스로를 방어해야 했습
니다.

13 라케다이몬인과 동맹국 여러분, 우리는 이러한 동기와 이유로 1
아테나이에서 이탈했습니다. 이 말을 듣는다면 누구라도 우리의 행동
이 정당했으며, 우리가 두려움 속에서 안전책을 찾을 수밖에 없었음을
이해할 것입니다. 사실 우리는 이 전쟁이 일어나기 훨씬 전부터 아테나
이로부터 벗어나기를 원했습니다. 여러분에게 사절단을 보내 동맹으
로 받아달라고 요청했지만, 당시 여러분이 받아들이지 않아 뜻을 이루
지 못했습니다. 그러나 이번에 보이오티아인이 우리를 부르자 우리는
즉시 응했습니다. 이는 지난날의 두 가지 태도를 바로잡기 위함입니다.

첫째, 지금까지 아테나이인과 손잡고 헬렌인들에게 피해를 입혔던 과오에서 벗어나 이제는 헬렌인들의 해방을 위해 협력하기 위해서입니다. 둘째, 지금까지 아테나이인의 지배 아래서 멸망을 기다리는 처지였으나, 이제는 먼저 조치를 취하여 그런 운명을 피하기 위해서입니다.

2 하지만 우리는 준비가 부족한 상태에서 예정보다 일찍 아테나이로부터 이탈했습니다. 그러므로 여러분은 우리를 동맹국으로 받아들이고 신속히 원군을 보내, 우리를 지원하는 동시에 적에게 타격을 가해야 합

3 니다. 지금까지 이런 기회는 없었습니다. 현재 아테나이인은 역병과 막대한 전비 지출로 타격을 입은 데다, 그들의 함대 일부는 여러분의 영

4 토 주위를 감시하고 있고 일부는 우리 땅에 배치되어 있어 전력이 분산된 상태입니다. 그들에게는 더 이상 투입할 함선이 남아 있을 가능성이 낮습니다. 그러니 여러분이 이번 여름에 함대와 보병을 이끌고 다시 그들의 영토로 진격한다면, 그들은 그 공격을 막아내지 못할 것입니다. 적어도 여러분의 해안과 우리의 해안에서 함대를 철수시킬 수밖에 없을 것입니다.

5 자신과 무관한 나라를 위해 위험을 무릅쓴다고 생각하지 말아주십시오. 레스보스가 지리적으로 멀게 느껴질 수 있지만, 우리 섬이 여러분에게 줄 수 있는 이익은 가까이 있습니다. 일부 사람들의 생각과 달리 이 전쟁은 아티케 땅에서 벌어지는 전투가 아니며, 아티케가 동맹국

6 들로부터 거둬들이는 재원으로 그 승패가 결정될 것입니다. 아테나이인의 재정 기반은 동맹국들의 조공입니다. 만약 그들이 우리까지 속국으로 만든다면, 그들의 재정은 더욱 늘어나게 될 것입니다. 그러면 그어떤 국가도 감히 그들에게서 이탈할 수 없게 됩니다. 그들은 우리의 자원까지 확보하게 될 것이고, 그 결과 우리는 이미 속국이 된 다른 국가들보다 더 큰 고통을 겪게 될 것입니다.

7 반면 여러분이 우리를 도와준다면 강력한 해군을 보유한 동맹을 얻게 될 것이며, 이는 지금 여러분에게 가장 필요한 일입니다. 또한, 우리

의 이탈이 다른 아테나이 동맹국들에게 용기를 불어넣어, 그들 역시 차례로 아테나이로부터 이탈하게 될 것입니다. 그러면 아테나이는 더욱 쉽게 무너질 것입니다. 아울러 여러분은 아테나이에서 이탈한 국가들을 돕지 않는다는 비난에서 벗어날 수 있으며, 헬라스의 해방자로 인정받고 더욱 강력한 전력을 구축하게 될 것입니다.

14 그러므로 헬렌인들이 여러분에게 거는 기대 앞에서, 그리고 우 1
리가 탄원을 드리는 이 신전의 주인이신 올림포스의 제우스 앞에서 부끄럽지 않도록, 미틸레네와 동맹을 맺고 우리를 도와주십시오. 우리가 홀로 목숨 걸고 싸우는 위험을 감수하게 하지 말아주십시오. 우리가 성공하면 모든 헬렌인에게 그 이득이 돌아가지만, 여러분이 우리의 요청을 거절하여 우리가 실패한다면, 그 피해 또한 모든 헬렌인의 몫이 될 것입니다. 부디 헬렌인들의 기대에 부응하는 사람, 곤경에 빠져 두려움 2
가운데 있는 우리가 절실히 원하는 그런 사람이 되어주십시오."

15 미틸레네인은 그렇게 말했다. 라케다이몬인과 동맹국 대표들은 1
미틸레네의 요청을 받아들여 레스보스인들과 동맹을 맺었다. 라케다이몬은 그 자리에 모인 동맹국들에게 아티케를 공격하기 위해 전체 병력의 3분의 2를 이끌고 신속히 코린토스 지협에 집결하라고 지시했다. 그리고 자신들이 가장 먼저 지협에 도착하여, 육로를 이용해 함선들을 코린토스에서 아테나이 쪽 바다로 견인할 준비를 했다. 이는 육지와 바다에서 동시에 공격하기 위함이었다. 이처럼 라케다이몬인은 적극적으 2
로 아티케 침공을 준비했으나, 다른 동맹국들은 곡식 수확으로 바빴고, 매번 전쟁에 동원되는 데 대한 피로와 불만으로 느리게 집결했다.

16 아테나이인은 펠로폰네소스인이 자신들의 전력이 약해졌다고 1
판단하고, 이를 기회로 삼아 다시 아티케를 침공하려 한다는 정보를 입수했다. 그들은 그런 판단이 잘못되었고, 레스보스에 주둔한 함대를 철수하지 않고도 펠로폰네소스군의 침공을 쉽게 막아낼 수 있음을 보여주고 싶었다. 그래서 아테나이는 자국의 다섯 계급[9] 중 상위 두 계급인

'기사'와 '펜타코시오메딤노이'를 제외한 모든 시민과 거류민을 동원하여 함선 100척에 태우고 지협으로 출정시켰다. 이는 무력시위이자, 필요할 경우 펠로폰네소스의 어느 해안에든 상륙할 수 있도록 하기 위한 조치였다.

2 이를 본 라케다이몬인은 레스보스인의 말이 사실이 아니며 큰 오판이었다는 결론을 내렸다. 게다가 동맹국들의 군대가 집결하지 않고, 아테나이 함선 30척이 펠로폰네소스 해안을 따라 약탈하고 있다는 소식

3 까지 들리자 본국으로 철수했다. 나중에 라케다이몬은 레스보스에 보낼 함대를 준비하기 위해 동맹국들에게 총 40척의 함선을 요청했고,

4 알키다스를 함대 사령관으로 임명했다. 라케다이몬군이 떠나는 것을 본 아테나이군도 함선 100척을 이끌고 철수했다.

1 **17** 아테나이인이 함선을 보내 펠로폰네소스 해안을 돌며 무력시위를 벌이던 당시, 그들이 보유한 함선의 수는 전쟁이 시작될 때와 같거나

2 더 많았고, 그 위용 또한 가장 대단했다. 이 시기에는 함선 100척이 아티케와 에우보이아, 살라미스를 지키고 있었고, 또 다른 100척은 펠로폰네소스 해안을 따라 항해하며 시위를 벌였다. 포테이다이아와 그 밖의 지역에도 함선이 배치되어 있었으므로, 그해 여름 아테나이인이 보유한 함선은 총 250척에 달했다.

---

9 아테나이는 시민이 생산하는 곡물량(μέδιμνοι, '메딤노이')에 따라 계급을 구분했다. 최상위 계급인 펜타코시오메딤노이(πεντακοσιομέδιμνοι)는 연간 500메딤노이 이상을 생산하는 부유층으로, 최고 관직에 취임할 수 있었다. 두 번째 계급인 히페이스(ἱππεῖς, '기사')는 300-500메딤노이를 생산하며 말을 소유하여 기병으로 복무할 수 있는 계층이었다. 세 번째 계급인 제우기타이(ζευγῖται, '멍에를 맨 자들')는 연간 200-300메딤노이를 생산하는 중산층 농민으로, 주로 중무장보병으로 복무했다. 최하위 계급인 테테스(θῆτες, '노동자들')는 연간 200메딤노이 미만을 생산하는 자유민으로, 노동력을 제공하며 경무장보병이나 해군으로 복무했다. 한편 메토이코이(μέτοικοι, '거류민')는 아테나이에 거주하는 외국인으로 시민권은 없었으나 세금 납부와 군복무 의무가 있었다. 이들은 주로 상업과 수공업에 종사했으며, 군대에서는 경무장보병이나 해군으로 복무하기도 했다.

이처럼 대규모 함대를 운영하는 비용과 포테이다이아 전쟁에 들어 3
간 비용으로 인해 아테나이의 재원은 소진되었다. 포테이다이아 수비 4
대의 중무장보병은 1인당 하루 2드라크메[10]의 급여를 받았는데, 1드라
크메는 군사 자신의 몫이고, 나머지 1드라크메는 시종의 몫이었다. 처
음 포테이다이아에 주둔한 중무장보병은 3,000명이었으며, 봉쇄가 끝
날 때까지 그 수는 유지되었다. 이후에 포르미온이 지휘하는 1,600명
의 중무장보병이 추가로 파견되었으며, 함선에 승선한 선원과 다른 군
사도 모두 동일한 액수의 급여를 받았다. 이처럼 아테나이는 역대 최대
규모의 함선과 병력을 운용하며 초기부터 막대한 비용을 지출했다.

  18 라케다이몬군이 코린토스 지협에서 아티케 침공을 준비하고 있 1
을 때, 미틸레네군은 메팀나의 배신을 우려하여 육로로 동맹군과 함께
그곳으로 진격했다. 그러나 기대와 달리 메팀나를 공격하는 동안 별다
른 성과를 거두지 못하자, 그들은 안티사, 피라, 에레소스[11]로 이동하여
이 도시들의 방어를 강화하고 성벽을 보강한 뒤 신속히 본국으로 돌아
갔다. 미틸레네군이 철수한 후 메팀나군이 안티사를 공격했으나, 성 밖 2
으로 출격한 안티사군과 그들의 동맹군에게 패배해 많은 군사를 잃고,
나머지는 급히 철수했다.

  이 소식을 들은 아테나이인은 미틸레네군이 육지를 장악하고 있어 3
기존에 파견한 병력만으로는 제압이 어렵다고 판단했다. 이에 가을이
시작될 무렵, 에피쿠로스의 아들 파케스를 지휘관으로 삼아 중무장보
병 1,000명을 추가로 파견했다. 그들은 직접 노를 저어 미틸레네에 도 4
착한 후, 하나의 긴 방벽을 쌓아 도시를 봉쇄했고, 주요 지점에는 요새
를 세웠다. 이로써 미틸레네는 육지와 바다 양쪽에서 철저히 봉쇄되었 5

---

10 당시 양 한 마리는 8-10드라크메, 노예 한 명은 150-500드라크메, 작은 집은 500-
   2,000드라크메 정도의 가치를 지녔다.
11 "안티사"는 레스보스섬의 북서부, "피라"는 북동부, "에레소스"는 남서부에 위치한 도
   시국가들이었다.

고, 겨울이 시작되고 있었다.

1   **19** 아테나이인은 미틸레네 봉쇄를 지속하기 위해 자금이 필요했기에, 먼저 시민들에게 200탈란톤을 징수하고, 리시클레스와 다른 네 명의 장군이 지휘하는 함선 12척을 동맹국들에게 보내 군자금을 걷게 했

2 다. 리시클레스는 여러 동맹국을 돌며 군자금을 거둔 후, 카리아 지방의 미우스를 지나 마이안드로스 평원을 거쳐 산디오스 언덕까지 들어갔다. 그러나 그곳에서 카리아인과 아나이아인[12]의 공격을 받아 많은 군사와 함께 전사했다.

1   **20** 그해 겨울, 여전히 펠로폰네소스군과 테바이군에 의해 포위되어 있던 플라타이아이인은 식량 부족에 시달리고 있었다. 아테나이에서 원군이 올 가망도 없어 살길이 도무지 보이지 않자, 그들은 함께 포위된 아테나이인들과 더불어 도시를 탈출할 계획을 세웠다. 처음에는 예언자 톨미데스의 아들 테아이네토스와 여러 장군 중 한 명이자 다이마코스의 아들인 에우폼피다스의 제안에 따라, 성 안의 모든 사람이 도시

2 밖으로 나가 적이 쌓은 방벽을 넘어 탈출할 계획을 세웠다. 그러나 논의가 진행되면서 절반은 위험 부담이 너무 크다는 이유로 포기했고, 결국 자원한 220여 명만 이 탈출 계획에 참여하기로 했다.

3   그들은 가장 먼저 적이 쌓은 방벽과 같은 높이의 사다리를 제작하기 시작했다. 이를 위해 맞은편에 회반죽을 바르지 않은 벽돌담의 층수를 기준으로 방벽의 높이를 측정했다. 여러 사람이 동시에 층수를 세었기 때문에, 일부 오차가 있더라도 다수의 계산을 통해 방벽의 정확한 높이를 추정할 수 있었다. 그들은 여러 차례 층수를 확인했고, 방벽과의 거

4 리가 멀지 않아 충분한 시야를 확보할 수 있었다. 이렇게 그들은 벽돌

---

12 "미우스"는 이오니아 12개 도시의 하나로, 라트미아만 북쪽 마이안드로스강 하구에 있었고, 밀레토스는 이 만의 남쪽에 위치했다. "마이안드로스 평원"은 이 강 유역에 형성된 넓은 평야였다. "산디오스 언덕"은 이 평원의 동쪽 구릉 지대로 추정된다. "아나이아"는 리디아 지방, 에페소스 남쪽 해안에 있었으며, 사모스섬과 마주 보았다.

한 장의 두께와 전체 층수를 기준으로 사다리의 길이를 정밀하게 계산해냈다.

21 펠로폰네소스군이 쌓은 방벽은 나란히 배열된 두 겹의 구조였 1
다. 하나는 플라타이아이 쪽을 향하고, 다른 하나는 아테나이군의 공격
에 대비해 바깥쪽을 향하고 있었다. 두 방벽 사이의 거리는 16푸스[13] 정
도였다. 그 사이 공간에는 수비대가 주둔하는 막사들이 빼곡히 들어서 2
있었다. 그 때문에 두 개의 방벽은 양쪽에 성가퀴[14]가 달린 하나의 두
꺼운 방벽처럼 보였다. 성가퀴 10개마다 성탑이 하나씩 세워졌으며, 이 3
성탑들은 방벽의 안쪽에서 바깥쪽까지 이어져 있어 방벽과 동일한 너
비로 설계되었다. 따라서 성탑 옆으로는 통로가 없어 초병들은 성탑 가
운데를 지나다녀야 했다. 겨울 폭풍이 부는 밤에는 초병들이 성가퀴가 4
아닌 성탑 안에서 보초를 섰다. 성탑들이 서로 멀리 떨어져 있지 않았
고, 지붕이 있었기 때문이다. 플라타이아이인을 봉쇄한 방벽의 구조는
이와 같았다.

22 모든 준비를 마친 플라타이아이인은 비바람이 불고 달이 뜨지 1
않는 밤을 기다렸다가 탈출을 감행했다. 계획을 제안한 이들이 앞장섰
다. 먼저 그들은 도시 외곽의 해자를 건넌 후 적의 초병들에게 들키지 않
도록 방벽에 접근했다. 그들의 모습은 어둠에 가려 드러나지 않았고, 움
직이며 나는 소리도 바람 소리에 묻혀 들리지 않았다. 그들은 서로 충 2
분한 거리를 두어 각자 소지한 무기가 서로 부딪히지 않게 했다. 그들
은 가볍게 무장했고, 진흙에 빠지지 않기 위해 왼발에만 신을 신었다.

성가퀴에는 초병이 없다는 사실을 알고 있었기에, 그들은 두 성탑 사 3
이 중간 지점에 있는 성가퀴로 접근했다. 사다리를 운반하는 이들이 먼

---

13 "푸스"(πούς, '발')는 고대 헬라스의 길이 단위로, 성인 남성의 발 길이를 기준으로
했다. 1푸스는 약 29.6센티미터이며, 16푸스는 약 4.7미터에 해당한다.
14 "성가퀴"는 성벽 위에 낮게 쌓은 담으로, 군사들이 몸을 숨기면서 적을 감시하고 공
격하는 데 사용되었다.

저 사다리를 방벽에 세웠고, 단검과 흉갑으로 가볍게 무장한 12명이 사다리를 타고 올라갔다. 가장 먼저 올라간 코로이보스의 아들 암메아스가 그들을 이끌었다. 그를 따르는 자들은 6명씩 2조로 나뉘어 각각 양쪽의 성탑으로 다가갔다. 작은 창으로 무장한 이들이 그 뒤를 따랐다. 전진하는 데 방해되지 않도록 방패는 다른 이들이 들고 뒤따라가다가 적과 마주치면 건네주기로 되어 있었다.

4   꽤 많은 이들이 방벽을 넘어선 뒤, 플라타이아이인 중 한 사람이 성 가퀴를 잡는 과정에서 기왓장이 떨어져 소음을 내는 바람에 성탑에 있
5 던 초병들에게 발각되고 말았다. 즉시 소란이 일었다. 초병들이 방벽으로 달려왔지만, 어두운 밤인 데다 비바람이 불어 어떤 위험이 발생했는지 알 수 없었다. 한편, 성 안에 남아 있던 플라타이아이인은 펠로폰네소스군의 시선을 돌리기 위해 탈출 지점 반대편 방벽에서 일부러 공격
6 을 감행했다. 이에 펠로폰네소스군은 무슨 일이 벌어지고 있는지 파악하지 못한 채, 각자의 위치에서 벗어나 동료들을 돕지 못하고 우왕좌왕했다.

7   그러나 비상시 지원 임무를 부여받은 특수부대 300인은 방벽 밖으로 나와 고함 소리가 들리는 곳으로 이동했고, 적의 공격을 테바이에 알리기 위해 봉화를 올렸다. 그러자 성 안에 있던 플라타이아이인도 사전에 준비해둔 많은 봉화를 성벽 위에서 피워 올렸다. 이는 적의 신호를 혼란스럽게 만들어 테바이인이 상황을 오인하도록 유도하고, 탈출하는 동료들이 안전하게 빠져나갈 시간을 벌어주기 위한 전략이었다.

1   **23** 그런 일이 벌어지는 동안, 방벽에 가장 먼저 오른 플라타이아이인들은 초병을 제거하고 두 개의 성탑을 장악했다. 그런 다음 성탑 간의 통로를 막아 적이 반격하지 못하게 한 뒤, 사다리를 세워 여러 동료들을 성탑 위로 올려 보냈다. 이들은 성탑 꼭대기와 아래쪽에서 화살과 창으로 다가오는 적을 막았다. 그 사이 많은 이들이 바깥쪽 방벽에 세운 다수의 사다리를 타고 올라가 성가퀴를 부수고 성탑 사이로 넘어갔

다. 일단 방벽을 넘은 이들은 해자 가장자리에 서서, 방벽을 넘는 동료 2
들을 저지하려는 적을 향해 화살과 창을 퍼부었다.

성탑에 남아 있던 사람들은 나머지 동료들이 모두 방벽을 넘은 것을 3
확인한 다음, 마지막으로 힘겹게 방벽을 넘어 해자로 향했다. 바로 그
때 적군 300명이 횃불을 들고 그들에게 다가왔다. 어둠 속에서 해자 가 4
장자리에 서 있던 플라타이아이인들은 횃불에 비친 적의 모습을 뚜렷
이 볼 수 있었기에 무구로 가려지지 않은 부위를 겨냥해 화살을 쏘고
창을 던졌다. 반면 적은 횃불의 불빛 때문에 어둠 속 플라타이아이인들
을 잘 볼 수 없었다. 덕분에 플라타이아이인들은 비록 힘겹고 위험한
여정이었지만, 마지막 한 사람까지 해자를 건너는 데 성공했다. 해자에 5
는 얼음이 얼어 있었으나, 걸을 수 있을 정도로 단단하지는 않았다. 북
풍보다는 동풍으로 인해 생기는 물기 섞인 살얼음이었다. 게다가 밤사
이 내린 눈으로 물이 불어나 해자를 건너기가 더욱 어려웠다. 그러나
그들이 이 도시를 탈출할 수 있었던 것은 역설적으로, 그날 밤의 폭풍
덕분이었다.

24 해자를 건넌 플라타이아이인들은 한 무리를 이루어 영웅 안드로 1
크라테스[15]의 사당을 오른쪽에 끼고 테바이로 이어지는 길을 따라 나
아갔다. 그들은 자신들이 적국으로 향하는 이 길을 택하리라고는 적이
예상하지 못할 것이라 판단했다. 실제로 그들은 이동 도중, 펠로폰네소
스군이 아테나이로 가는 길인 키타이론산과 드리오스 케팔라이 언덕
쪽에서 횃불을 들고 자신들을 추격하는 것을 보았다. 플라타이아이인 2
들은 테바이 방면으로 6-7스타디온 정도 가다가 방향을 틀어 에리트
라이와 히시아이[16]로 이어지는 산길 쪽으로 접어들었고, 산길에 도착해
서는 아테나이로 탈출했다. 처음에는 더 많은 인원이 있었으나, 탈출에

---

15 "안드로크라테스"는 플루타르코스의 『영웅전』(아리스티데스 편)에서 7명의 영웅 중
   한 명으로 언급되지만, 그의 구체적인 행적은 전해지지 않는다.

성공한 사람은 212명이었다. 일부는 방벽을 넘기 전에 성 안으로 돌아갔으며, 궁수 한 명은 바깥쪽 해자에서 붙잡혔다.

3   결국 펠로폰네소스군은 추격을 포기하고 막사로 돌아갔다. 한편 성 안에 남아 있던 플라타이아이인은 바깥 상황을 전혀 알지 못했다. 그러다 되돌아온 자들로부터 탈출한 이들 중 생존자는 아무도 없다는 이야기를 전해 듣고, 날이 밝자마자 전령을 보내 휴전을 요청하며 전사자의 시신을 수습하려 했다. 그러나 진상을 알게 되자 즉시 휴전 제안을 철회했다. 플라타이아이인들은 이와 같이 방벽을 넘어 살아남았다.

1   **25** 그해 겨울이 끝나갈 무렵, 라케다이몬인은 살라이토스를 삼단노선에 태워 미틸레네로 파견했다. 그는 먼저 피라[17]로 항해한 후, 거기서부터는 도시를 에워싼 방벽을 넘기 쉬운 지점을 찾아 마른 하천 바닥[18]을 따라 육로로 걸어 미틸레네에 들어갔다. 그는 미틸레네의 지도자들을 만나 라케다이몬군이 곧 아티케를 침공할 것이며, 그들을 지원할 함선 40척도 도착할 예정이라고 전했다. 또한 그는 이 소식을 알리고, 다
2   른 임무도 수행하기 위해 파견되었다고 덧붙였다. 그러자 미틸레네인은 용기를 얻었고, 아테나이군과 협상하고자 하는 생각이 줄어들었다. 그해 겨울은 그렇게 지나갔고, 투키디데스가 기록한 이 전쟁의 네 번째 해[19]도 끝났다.

1   **26** 다음 해 여름, 펠로폰네소스인은 함대 사령관 알키다스가 지휘

---

16 "키타이론산"은 플라타이아이에서 남쪽 5-10킬로미터 지점에 위치했고, "드리오스 케팔라이 언덕"은 남동쪽 40-50킬로미터 떨어진 곳에 있었다. "히시아이"는 동쪽 10-15킬로미터 지점에 있었으며, "에리트라이"는 정확한 위치는 불분명하나 플라타이아이 동쪽에 있었던 것으로 추정된다.

17 "피라"는 레스보스섬의 북동부, "미틸레네"는 남동부에 위치한 도시였다.

18 "마른 하천 바닥"으로 번역한 카라드라(χαράδρα)는 주로 물이나 빙하에 의해 형성된 깊은 계곡이나 협곡을 뜻하지만, 경우에 따라 계절성 하천의 마른 바닥을 가리키기도 한다.

19 "이 전쟁의 네 번째 해"는 기원전 428년이다.

하는 함선 42척을 미틸레네로 보내는 동시에, 동맹군과 함께 아티케를 침공했다. 이 양동작전은 아테나이인을 곤경에 빠뜨려 그들이 미틸레네로 항해 중인 펠로폰네소스 함대를 공격하기 어렵게 만들기 위한 것이었다. 아티케를 침공한 원정군은 아직 미성년이던 플레이스토아낙스 2의 아들 파우사니아스왕을 대신하여, 그의 삼촌이자 섭정인 클레오메네스가 지휘했다.[20] 펠로폰네소스군은 이전에 초토화한 지역에서 다시 3자라난 것은 무엇이든 파괴했고, 앞서 몇 차례 침공했을 때 남겨둔 것들마저 모조리 파괴했다. 이번 침공은 아테나이인에게 두 번째 침공 다음으로 큰 피해를 안겨주었다. 펠로폰네소스군은 바다를 건너간 자신 4들의 함대가 레스보스에서 임무를 완수했다는 소식을 들을 때까지 아티케에 계속 진을 치고 그 땅의 대부분을 초토화시켰다. 그러나 기대했던 결과는 얻지 못하고 식량마저 떨어지자, 결국 철수하여 각자 본국으로 흩어졌다.

27 한편 미틸레네인은 아무리 기다려도 펠로폰네소스 함대가 오지 1않고 지체되는 데다 식량마저 떨어지자, 아테나이군과 협상을 시작할 수밖에 없었다. 그 과정은 다음과 같았다. 미틸레네에 미리 도착해 있 2던 라케다이몬인 살라이토스도 결국 펠로폰네소스 함대가 도착할 것이라는 희망을 포기하고, 아테나이군과 싸우기 위해 그동안 무장하지 않았던 대중을 무장시켰다. 그러나 무기를 손에 넣은 대중은 더 이상 3통치자들의 말을 따르지 않았다. 그들은 집결하여 부자들에게 식량을 모두 내놓고 평등하게 나눌 것을 요구했고, 이를 거부한다면 아테나이군과 협정을 맺어 도시를 넘기겠다고 위협했다.

28 미틸레네의 통치자들은 대중이 아테나이군과 협정을 맺는 것을 1

---

20 "플레이스토아낙스"(재위 기원전 458-409년)는 라케다이몬의 아기스 왕가 출신으로, 기원전 446년 아테나이와 30년 평화조약을 체결했다. 그의 동생인 "클레오메네스"와 뒤를 이은 "파우사니아스"(재위 기원전 409-395년)는 후에 아테나이의 30인 참주정에 개입했다.

막을 힘이 없었고, 자신들이 협상에서 배제될 경우 위험에 처할 것임을 깨달았다. 이에 그들은 대중과 함께 파케스 및 그의 군대와 협정을 맺었다. 협정의 내용은 다음과 같았다. 아테나이인은 미틸레네인에 대해 원하는 대로 결정할 권한을 가지며, 미틸레네인은 아테나이군의 성내 진입을 허용한다. 미틸레네인은 사절단을 아테나이로 파견할 수 있으며, 파케스는 사절단이 돌아올 때까지 미틸레네인 중 누구도 구금하거나 노예로 팔거나 처형하지 않는다.

2   협정의 내용은 그러했지만, 미틸레네인 중 라케다이몬인과 협상을 주도한 자들은 엄청난 두려움에 사로잡혔다. 아테나이군이 성 안으로 들어오자, 그들은 두려움을 참지 못하고 신전의 제단 앞으로 가 탄원자로 앉았다. 파케스는 해치지 않겠다고 약속하고 그들을 일으킨 후, 아테나이에서 최종 결정이 내려올 때까지 그들을 테네도스섬에 두었다.

3 또한 그는 삼단노선을 안티사로 보내 그곳을 점령했으며, 자신의 판단에 따라 이런저런 군사적 조치를 취했다.

1   **29** 그러는 동안 함선 40척에 승선한 펠로폰네소스군은 서둘러 미틸레네에 도착해야 했지만, 처음에는 펠로폰네소스 해안을 따라 항해하며 시간을 지체했다. 그 후에도 느리게 항해하여 아테나이인들에게 들키지 않고 마침내 델로스섬에 도착했다. 그리고 델로스에서 출발하여 이카로스섬과 미코노스섬에 가 수소문한 결과, 미틸레네가 이미 아테

2 나이군에게 함락되었다는 사실을 처음 알게 되었다. 그들은 더 확실한 정보를 얻기 위해 에리트라이 영토에 있는 엠바톤[21]으로 항해했고, 미틸레네가 함락된 지 7일째 되는 날에야 그곳에 도착해 사실을 확인했다. 그곳에서 그들은 향후 대책을 논의했다. 이때 엘리스 출신의 테우

---

21 "이카로스섬"은 소아시아 리디아 지방 앞바다, 사모스섬 서쪽 약 19킬로미터 지점에 있는 반면, "미코노스섬"은 키클라데스제도에 속한 섬으로, 델로스섬 근처에 있다. 그러나 원문에서는 이카로스섬을 먼저 언급한다. "에리트라이"는 키오스섬 맞은편 에리트라이반도에 있던 도시이며, "엠바톤"은 그 인근의 항구로 추정된다.

티아플로스가 그들에게 다음과 같이 말했다.

30 "알키다스와 펠로폰네소스군 지휘관 여러분, 나는 소문이 퍼져 1
아테나이군이 우리 함대의 접근을 알아차리기 전에 곧바로 미틸레네
로 진격해야 한다고 생각합니다. 아테나이군은 미틸레네를 점령한 지 2
얼마 되지 않아 방비가 소홀한 곳이 많을 것입니다. 특히 바다 쪽 방비
가 허술할 텐데, 바다 쪽에서 공격을 받을 것이라고는 전혀 예상치 못
할 것이기 때문입니다. 마침 우리의 전력은 해상에서 강력합니다. 그
들의 보병들도 이미 승리했다고 생각하며 방심한 채 성 안의 여러 집
에 흩어져 있을 것입니다. 따라서 우리가 야간 기습을 감행한다면, 아 3
직 미틸레네성 안에 남아 있는 우리 측 동조자들의 도움을 받아 도시
를 탈환할 수 있을 것입니다. 위험을 회피해서는 안 됩니다. 위험을 어 4
떻게 관리하고 활용하느냐에 따라 전쟁의 승패가 결정됩니다. 아군에
게는 일말의 위험도 허용하지 않는 반면, 적이 처한 위험을 잘 활용하
는 지휘관이 가장 큰 성공을 거둘 것입니다."

31 테우티아플로스는 그렇게 말했지만, 알키다스를 설득하지는 못 1
했다. 그러자 이오니아 지방에서 망명해온 자들과 함선에 동승한 레스
보스 출신 동맹군들은, 알키다스가 미틸레네에 기습 작전을 감행하기
에는 위험하다고 주저하는 모습을 보고, 대신 그 작전을 이오니아 지방
의 한 도시나 아이올리스 지방의 키메를 점령하는 데 사용해보자고 제
안했다. 그들은 이렇게 점령한 도시를 거점으로 이오니아 전역의 아테
나이 동맹국들을 선동해 이탈시키는 것도 가능하다고 주장했다. 자신들
은 어디를 가도 환영받을 것이므로 성공 가능성도 높다고 보았다. 또한,
이 작전이 성공하면 아테나이인은 최대의 수입원을 잃게 될 뿐만 아니
라, 함대를 동원하여 해당 도시를 봉쇄하느라 더 많은 전비를 지출하게
될 것이라고 설명했다. 나아가 피수트네스를 설득하여 자신들과 함께
싸우도록 만들 수도 있다고 덧붙였다. 그러나 알키다스는 이 제안도 받 2
아들이지 않았다. 그는 미틸레네로 가기에는 때가 너무 늦었고, 가능한

한 빨리 펠로폰네소스로 돌아가야 한다는 생각에 사로잡혀 있었다.

1   **32** 알키다스는 엠바톤에서 돛을 올리고 해안을 따라 항해하다 테오
스의 미온네스곶에 정박한 후, 항해 중에 포로로 잡은 자들 대부분을
2 처형했다. 그 후 에페소스에 정박해 있을 때 아나이아[22]에서 온 사모스
사절단이 그를 찾아와, 무기를 들지 않았고 적도 아니며 어쩔 수 없이
아테나이 편에 서게 된 사람들을 죽이는 것은 헬라스를 해방하는 올바
른 방식이 아니라고 항의했다. 또한 이런 행위를 멈추지 않는다면, 친
구가 될 수 있는 이들을 적으로 밀어내고, 친구였던 자들이 오히려 적
3 으로 돌아서는 일이 더 많을 것이라고 경고했다. 알키다스는 그들의 말
이 타당하다고 인정하고, 아직 붙들려 있던 키오스인 포로 전원과 다른
지역에서 잡아온 일부 포로들을 풀어주었다. 이들이 포로가 된 이유는
알키다스의 함대를 보고도 도망치지 않고, 아테나이 함선인 줄 알고 접
근했기 때문이다. 당시 아테나이가 제해권을 장악하고 있는 상황에서
펠로폰네소스 함대가 이오니아 지방으로 올 리 없다고 생각한 것이다.

1   **33** 알키다스는 에페소스를 출항하여 급히 도주했다. 그의 함대가
아직 클라로스[23] 앞바다에 정박해 있는 동안, 마침 아테나이를 떠나 항
해해오던 살라미니아호와 파랄로스호[24]에 승선한 사람들에게 발각되
었기 때문이다. 그는 추격당할 것을 우려하여 펠로폰네소스에 도착할
때까지 도중에 정박하지 않고 먼 바다로 나가 항해했다.
2   이 소식은 에리트라이를 비롯한 여러 경로를 통해 파케스와 아테나

---

22 "테오스"는 이오니아 12개 도시국가 중 하나로, 에리트라이 남동쪽 45-50킬로미터
지점에 위치했으며, 테오스반도 서쪽 끝에는 "미온네스곶"이 있었다. "아나이아"는
사모스섬 맞은편 리디아 해안, 에페소스 남쪽에 위치했다.
23 "클라로스"는 에페소스 북서쪽 20-25킬로미터 지점에 있었고, 아폴론의 신탁소로 알
려졌다.
24 "살라미니아호"와 "파랄로스호"는 아테나이인들에게 신성한 배로 여겨졌으며, 국가가
직접 소유하고 관리했다. 이 두 배는 종교·외교·정치 임무에 사용되었다. 살라미니아
호는 델로스 신전으로, 파랄로스호는 델포이 신전으로 파견되는 것이 통례였다.

이군에게 전해졌다. 이오니아 지방의 도시들은 성벽이 없어, 그곳 주민들은 펠로폰네소스군이 해안을 따라 항해하다 상륙하여 주둔하지 않더라도 도시들을 공격해 약탈할까 두려워했다. 이때 파랄로스호와 살라미니아호가 도착해, 클라로스에서 적의 함대를 직접 목격했다는 소식을 전했다. 파케스는 즉시 추격에 나섰다. 그러나 파트모스섬[25] 근처까지 쫓아가다 더 이상 따라잡을 수 없다고 판단하여 되돌아갔다. 그는 먼 바다에서 적들을 만나길 기대했으나 그렇게 되지 않자, 어느 한 곳에 진을 치고 있는 그들과 마주치지 않은 것을 다행으로 여겼다. 만약 그랬더라면, 아테나이군은 그들을 봉쇄하고 감시해야 했을 것이다. 3

34 파케스는 돌아오는 항해 중 콜로폰인의 노티온항[26]에 정박했다. 1 이곳에는 본래 항구 위쪽 도시에 살던 콜로폰인이 정착해 살고 있었다. 펠로폰네소스군이 두 번째로 아티케에 침공했을 무렵, 콜로폰 내에서 정쟁을 벌이던 정파 중 하나가 끌어들인 이타메네스인[27]과 이민족이 그 도시를 장악했기 때문이다.

그러나 콜로폰인은 노티온에 정착한 후에도 두 정파로 나뉘어 정쟁 2 을 일삼았다. 그중 한 정파는 피수트네스가 지원한 아르카디아인[28]과 이민족 용병을 불러들여 항구 내 요새에 주둔시키고, 위쪽 도시에서 내려온 친메디아 성향의 콜로폰인과 연합하여 또 다른 도시국가를 세웠다. 그러자 노티온에서 쫓겨나 망명 중이던 반대파가 파케스를 불러들

---

25 "파트모스섬"은 도데카네스제도에서 가장 북쪽에 위치하며, 클라로스에서 남서쪽으로 약 120킬로미터, 사모스섬에서 남서쪽으로 약 50킬로미터, 코스섬에서 북서쪽으로 약 80킬로미터 떨어져 있었다. 이 제도에는 로도스섬, 코스섬, 그리고 로도스와 크레테 사이의 카르파토스섬 등이 포함된다.

26 "콜로폰"은 이오니아 12개 도시 중 하나로, 클라로스 북동쪽 2킬로미터 내륙에 위치한 도시국가였다. 외항인 "노티온항"은 콜로폰 남쪽 약 15킬로미터 지점에 위치했다.

27 "이타메네스인"에 대해서는 알려진 바가 없다.

28 "아르카디아인"은 고대 헬라스에서 용맹한 전사로 유명했으며, 많은 도시국가에서 용병으로 활동했다.

인 것이다.

3　　파케스는 요새 안에 있는 아르카디아 용병의 지도자 히피아스를 대화에 초대하면서, 만약 합의에 이르지 못하더라도 안전하게 요새로 돌려보내겠다고 약속했다. 히피아스가 이에 응하여 요새에서 나와 만나러 오자, 파케스는 그를 포박하지 않은 채 구금한 후 기습적으로 요새를 공격하여 함락시켰다. 그는 요새에 있던 아르카디아인과 이민족 용병들을 모두 죽인 후, 약속대로 히피아스를 풀어주어 요새로 돌아가게 했다. 그러나 히피아스가 요새로 들어서자마자 그를 붙잡아 화살을 쏘

4　아 죽였다. 이후 파케스는 노티온항을 콜로폰인에게 넘겨주었지만, 친메디아 세력은 배제했다. 나중에 아테나이인은 자신들의 이주민을 노티온으로 보내고, 여러 도시에 흩어져 살던 콜로폰인을 모아 아테나이와 동일한 법을 시행하는 식민시를 그곳에 건설했다.

1　　**35** 그런 후 파케스는 미틸레네로 돌아가 피라와 에레소스를 점령하고, 성 안에 숨어 있던 라케다이몬인 살라이토스를 붙잡아, 테네도스섬에 억류해두었던 미틸레네인들과 반란에 책임이 있다고 여겨지는 자

2　들과 함께 아테나이로 보냈다. 또한 자신의 군사들도 대부분 귀환시키고, 남은 군사들을 데리고 미틸레네와 그 밖의 레스보스 지역을 자신이 적절하다고 생각하는 대로 처리했다.

1　　**36** 미틸레네인들과 라케다이몬인 살라이토스가 아테나이에 도착하자, 살라이토스는 아직 포위되어 있는 플라타이아이에서 펠로폰네소스군을 철수시키겠다는 등 여러 제안을 했지만 아테나이인은 즉시 그를

2　처형했다. 그리고 포로 처리 방안을 두고 논의하다가 분노하여, 아테나이에 잡혀 와 있는 미틸레네인들뿐 아니라 미틸레네에 있는 모든 성인 남자를 죽이고, 아이와 여자들은 노예로 삼기로 결정했다. 이는 미틸레네인이 다른 국가들과 달리 속국이 아닌데도 반기를 들었고, 펠로폰네소스 함대가 이오니아 지방으로 와서 그들을 돕자 더욱 담대해져 오래

3　전부터 계획해온 일을 실행에 옮겼다고 판단했기 때문이다. 아테나이

인은 자신들이 내린 결정을 파케스에게 신속히 전달하고, 미틸레네인들을 즉시 처형하기 위해 삼단노선 1척에 사자를 태워 급파했다.

그러나 다음날, 아테나이인은 책임자들뿐만 아니라 한 나라의 모든 4 주민을 처형하는 것은 지나치게 가혹한 조치임을 깨닫고 후회했다. 아 5 테나이에 와 있던 미틸레네 사절단과 그들을 돕던 아테나이인들은 이러한 기류를 감지하고, 정부 관계자들에게 접근하여 이 문제를 다시 논의할 수 있도록 설득했다. 정부 관계자들도 대부분의 시민들이 이를 다시 논의하고 싶어 한다는 사실을 잘 알고 있었다. 곧바로 민회가 소집 6 되었고, 다양한 의견이 제시되었다. 특히 전날 미틸레네인 전원을 처형하자고 주장하며 여론을 주도했던 인물이자, 아테나이 시민 중 가장 포악하고 대중에 영향력이 큰 클레아이네토스의 아들 클레온이 다시 나와 다음과 같이 말했다.

37 "나는 민주주의로는 제국을 다스릴 수 없음을 전에도 여러 번 깨 1 달았지만, 이번에 여러분이 미틸레네인에 관한 결정을 후회하는 모습을 보며 다시 한번 확신하게 되었습니다. 여러분은 일상생활에서 서로 2 를 두려워하거나 음모를 꾸미는 일이 없기에 동맹국들에게도 같은 태도를 보입니다. 그 결과 그들의 설득에 넘어가 잘못된 결정을 내리거나 동정심에 휘둘려 양보하지만, 이러한 태도는 여러분을 위험에 빠뜨릴 뿐입니다. 더욱이 동맹국들은 이러한 관용에 고마워하지도 않습니다. 여러분은 우리 제국이 우리에게 마지못해 복종하며 우리를 상대로 늘 음모를 꾸미는 속국들을 지배하는 참주정이라는 사실을 잊고 있습니다. 그들이 복종하는 것은 우리가 손해를 감수하며 호의를 베풀었기 때문이 아니라, 단지 우리 힘이 그들보다 강하기 때문입니다.

가장 우려되는 점은 여러분이 스스로의 결정을 확신하지 못하는 것 3 입니다. 좋은 법이 있어도 그 법을 지키지 않는 국가보다, 비록 나쁜 법일지라도 엄격히 시행하는 국가가 더 강력하다는 사실을 이해해야 합니다. 또한 영리하지만 무절제한 것보다 무지하더라도 절제하는 편이 더 이롭다는 점, 그리고 일반적으로 평범한 사람들이 영리한 사람들보다 국가를 더 잘 다스린다는 사실을 깨닫지 못하는 점도 우려스럽습니다.

4 　영리한 사람들은 마치 더 중요한 분야에서 지혜를 보여줄 기회가 없었다는 듯, 공적인 자리에서 법보다 자신이 더 똑똑하다는 것을 증명하려 합니다. 공공의 이익과 관련해 오래전부터 받아들여져온 원칙보다 자신의 생각이 더 우월함을 강조하려다 국익을 해치는 경우도 많습니다. 반면 평범한 사람들은 법보다 자신이 현명하지 않다는 사실을 인정하며, 뛰어난 웅변가를 비판할 능력이 자신에게 없다고 생각합니다. 그래서 지적 우월감을 과시하며 경쟁하기보다 공정한 판단을 내리는 데
5 집중하며, 그 결과 올바른 결론에 이르는 경우가 많지요. 그러므로 우리는 이처럼 평범한 사람들을 본받아야 합니다. 똑똑하다는 평판에서 밀릴까 두려워하거나 지성을 과시하고자 경쟁하는 데 몰두한 나머지, 대중에게 자신의 신념에 어긋나는 조언을 해서는 안 됩니다.

1 　**38** 나는 지금도 같은 생각입니다. 그런데도 미틸레네인에 대한 처분을 다시 논의하자며 시간을 낭비하는 이들에게 놀라움을 금할 수 없습니다. 이런 시간 낭비는 부당한 짓을 한 가해자에게만 유리합니다. 시간이 지나면 피해자의 분노가 잦아드는 까닭에, 피해를 당했을 때 바로 응징해야 가장 적절한 처벌을 할 수 있습니다. 나는 또한 누가 감히 미틸레네인이 우리에게 끼친 피해가 실은 우리에게 유익했으며, 우리가 화를 당하면 도리어 동맹국들에게 손해라고 주장할지 궁금합니다.
2 그런 사람은 틀림없이 둘 중 하나입니다. 자신의 말솜씨를 믿고 이미 만인이 다 아는 사실을 부정하려는 자이거나, 뇌물을 받고 그럴 듯한 말로 여러분을 현혹하려는 자입니다.
3 　우리가 이처럼 서로 경쟁하면 결국 보상은 다른 사람들이 차지하고
4 모든 위험은 여러분이 떠안게 됩니다. 더욱이 이처럼 잘못된 경쟁을 유발하는 제도를 채택한 책임은 바로 여러분에게 있습니다. 여러분은 민

회에 와서 대중연설가들의 경쟁을 구경하며 그들의 연설을 듣는 데 익숙해져 있습니다. 어떤 일을 결정할 때도 말 잘하는 대중연설가들의 주장만 듣고 판단하며, 과거의 사건을 평가할 때조차 자신의 경험보다 비판자의 말을 더 신뢰합니다. 여러분은 새롭고 신기한 말에 쉽게 속아 넘어가면서도 이미 검증된 바는 따르려 하지 않습니다. 또한 통념을 벗어나 기발한 것을 추종하고, 평범하고 익숙한 것은 경멸하지요.

여러분은 스스로 대중연설가가 되기를 갈망하거나, 그럴 수 없다면 적어도 판단력에서는 그들에게 뒤지고 싶어 하지 않습니다. 그래서 그들의 입에서 멋진 말이 나오기도 전에 먼저 알아차리고 박수를 치지만, 정작 그렇게 함으로써 어떤 일이 벌어질지 예측하는 데는 느리고 둔합니다. 여러분은 현실과 동떨어진 세계를 추구합니다. 그래서 현재의 일에 대해 충분히 생각하지 않고, 단지 듣는 재미에 빠져 있어 국사를 논의하는 자들이라기보다 궤변론자의 발앞에 앉아 있는 청중 같습니다.

39 나는 여러분의 이러한 태도를 바로잡기 위해, 특히 미틸레네가 우리에게 가장 극심한 해를 끼친 국가임을 밝히고자 합니다.

어떤 국가가 우리의 통치를 도저히 감내할 수 없거나 적의 부추김에 넘어가 충동적으로 동맹에서 이탈한 것이라면, 나는 그들을 용서할 수 있다고 봅니다. 그러나 미틸레네인은 섬에서 살고 성벽도 있어, 적이 바다에서 공격해오지 않는 한 두려워할 필요가 없었습니다. 설령 해상으로 공격을 받더라도 삼단노선을 보유하고 있어 무방비 상태도 아니었습니다. 더욱이 그들은 독립국가로 살아왔고, 우리는 그들을 최상의 예우로 존중해주었습니다. 그런데도 그들은 이런 일을 저질렀습니다. 이는 무엇을 의미합니까? 이는 억압받던 자들의 봉기가 아니라, 명백한 음모이며 반역입니다. 나아가 그들은 우리의 숙적과 결탁하여 우리를 멸망시키려 했습니다. 이는 스스로 힘을 키워 우리와 맞서려 한 것보다 더 끔찍한 배신입니다.

3   미틸레네인은 이웃 국가들이 반기를 들었다가 결국 속국이 되어 고통받는 모습을 보면서도 교훈을 얻지 못했습니다. 그들은 지금 번영을 누리고 있으면서도 스스로 위험 속으로 뛰어들기를 주저하지 않았습니다. 미래를 지나치게 믿은 나머지, 자신들의 능력은 고려하지 않은 채 헛된 희망을 품었습니다. 그들은 정의보다 힘을 앞세워 전쟁을 일으켰습니다. 우리로부터 부당한 대우를 받았기 때문이 아니라, 자신들이 우리를 이길 수 있다고 믿었기에 공격한 것입니다.

4   한 국가가 예기치 않게 단기간에 번영하면 오만해지기 마련입니다. 따라서 한 국가의 시민들에게는 정상적인 과정을 거쳐 번영에 이르는 것이 갑작스러운 번영을 얻는 것보다 더 안전합니다. 번영을 지키기가

5   힘든 과정을 헤쳐 나가기보다 더 어렵기 때문입니다. 애초에 미틸레네인을 더 우대하지 말았어야 했습니다. 그랬다면 그들이 지금처럼 오만하게 굴지 않았을 것입니다. 사람은 누구나 만만한 상대를 경멸하고, 강한 상대는 존중하는 법입니다.

6   그러므로 이제라도 그들의 잘못에 합당한 처벌을 내려야 합니다. 반란을 주도한 소수에게만 책임을 묻고 대중은 용서하고 넘어가는 일은 있을 수 없습니다. 만약 대중이 우리 편이었다면 도시를 쉽게 장악할 수 있었겠지만, 실제로는 대중도 똑같이 우리를 공격했기 때문입니다. 그저 소수를 앞세우는 것이 더 안전하다고 여겼을 뿐입니다.

7   그리고 우리는 다른 동맹국들도 고려해야 합니다. 만약 여러분이 적의 강요로 반기를 든 동맹국과 자발적으로 반기를 든 동맹국을 동일하게 처벌한다면, 동맹국들은 성공하면 자유를 얻고 실패해도 치명적인 일을 겪지는 않을 것이라 생각해 걸핏하면 반기를 들지 않겠습니까?

8   그렇게 되면 우리는 막대한 비용과 목숨을 걸고 모든 동맹국과 맞서 싸워야 합니다. 우리가 승리하더라도 이미 파괴되어버린 도시만 남을 뿐, 우리 국력의 원천인 재정은 심각한 타격을 입을 것입니다. 만약 패배한다면 기존의 적들에 새로운 적까지 더해져, 우리가 현재의 적과 맞

서 싸우는 데 들여야 할 시간을 동맹국과의 전쟁에 쏟아 붓는 상황이
될 것입니다.

40 따라서 미틸레네인들이 '누구나 실수할 수 있다'는 그럴 듯한 말 ₁
로 변명하거나, 거액의 뇌물을 바치면 용서받을 수 있다는 희망을 품게
내버려두어서는 안 됩니다. 그들은 원치 않았는데 우연히 우리에게 해
를 끼친 것이 아니라, 모든 것을 알면서도 우리를 해칠 음모를 꾸민 자
들입니다. 용서란 고의가 아닌 경우에만 주어져야 합니다. 나는 여러분 ₂
이 민회를 통해 이미 내린 결정을 번복하지 않기를 강력히 촉구합니다.
국익을 해치는 가장 위험한 요소는 지나친 온정주의, 감언이설에 쉽게
현혹되는 태도, 그리고 무분별한 관용입니다.[29] 이러한 함정에 빠져 그
릇된 판단을 내리지 않도록 경계하십시오.

비슷한 처지에 있는 이들이 서로에게 온정을 베푸는 것은 적절하지 ₃
만, 우리에게 결코 온정을 베풀지 않을 영원한 적에게까지 온정을 베푸
는 것은 옳지 않습니다. 감언이설로 대중의 귀를 즐겁게 하는 연설가들
은 사소한 문제에서는 얼마든지 경쟁해도 됩니다. 그러나 지금과 같은
중대한 문제에서는 그래서는 안 됩니다. 그들은 그럴 듯한 말을 늘어놓
고 보수를 받아 가면 그만이지만, 국가는 그 말을 잠시 즐긴 대가로 막
대한 손실을 입게 됩니다. 여러분이 관용을 베풀어야 할 대상은, 이전
과 다름없이, 혹은 이전보다 더 적대적인 태도를 보일 이들이 아니라
앞으로 우리의 친구가 되어줄 사람들입니다.

요컨대 여러분이 나의 조언을 따른다면 미틸레네 사태를 적절히 처 ₄
리할 수 있으며, 이는 국익에도 도움이 될 것입니다. 그러나 만약 나의
조언과 다른 결정을 내린다면, 그것은 단순히 그들에게 은혜를 베푸는

---

29 "온정"(οἶκτος, '오이크토스')은 타인의 고통이나 불행에 대해 느끼는 감정적 연민을
의미한다. 반면, "관용"(ἐπιείκεια, '에피에이케이아')은 법적·도덕적 판단에서 비롯
된 이성적 관대함으로, 엄격한 처벌 대신 상황에 따른 합리적 처분을 뜻한다.

것이 아니라 여러분 자신에게 유죄 판결을 내리는 것과 다름없습니다. 그들의 반란이 정당한 일이었다면, 지금까지 여러분이 그들을 지배해 온 것은 부당한 일이 되기 때문입니다. 그러나 정당하지 않다고 생각하면서도 여전히 제국의 이익을 위해 그 지배를 유지하고자 한다면, 반드시 그들을 처벌해야 합니다. 그렇지 않겠다면, 제국의 통치를 포기하고 아무런 위험도 없는 곳으로 가 여러분이 정당하다고 믿는 방식대로 살아가는 편이 낫습니다.

5   그러므로 미틸레네인이 여러분에게 가하려 했던 그대로 그들을 응징해야 합니다. 음모에서 벗어났다고 해서, 그들이 무슨 짓을 하려 했는지 잊어서는 안 됩니다. 만약 그들의 계획이 성공했다면, 그들이 여

6 러분을 어떻게 부당하게 대했을지를 생각해야 합니다. 아무런 이유 없이 해를 끼치려는 자는 상대가 살아 있는 한 자신에게 위협이 될 것을 알기에 완전히 제거할 때까지 공격을 멈추지 않습니다. 또한 이유 없이 공격당했다가 간신히 살아남은 자는, 대등한 위치에서 공개적으로 싸워 살아남은 적보다 더욱 위험한 존재가 됩니다.

7   그러므로 스스로를 배신하지 마십시오. 미틸레네인이 반기를 들어 여러분이 고통 속에서 그들을 제압하는 데 온 힘을 기울였던 때의 결연한 마음으로 돌아가, 지금 즉시 그들을 응징하십시오. 현재의 상황에 굴복하지 말고, 그때 여러분에게 닥쳤던 위험을 잊지 마십시오. 그들에게 합당한 벌을 내리고, 동맹에서 이탈하는 자는 죽음으로 처벌받는다는 분명한 본보기를 세워야 합니다. 동맹국들이 이를 알게 되면, 여러분은 더 이상 동맹국과 싸우느라 진정한 적들과의 전쟁을 소홀히 하는 일은 없게 될 것입니다."

1   **41** 클레온은 그렇게 말했다. 그러자 지난 민회에서 미틸레네인의 전원 처형에 가장 강력하게 반대했던 에우크라테스의 아들 디오도토스가 앞으로 나와 다음과 같이 말했다.

1   **42** "나는 미틸레네인에 관한 결정을 다시 심의하자고 제안한 사람

을 비난하지 않으며, 중대한 안건을 다시 심의하는 데 반대하는 사람을 칭찬하지도 않습니다. 나는 신중한 판단과 현명한 결정에 가장 반대되는 두 가지가 졸속과 분노라고 생각합니다. 분노는 어리석음을 수반하고, 졸속은 무지와 경솔함을 초래하기 때문입니다.

어떤 사안에 대해 토론을 통해 배움을 얻으려 하지 않는 사람은 두 2 부류입니다. 하나는 어리석은 자이고, 다른 하나는 개인적 이익을 추구하는 자입니다. 불확실한 미래를 판단하는 데 있어 토론 말고 다른 방법이 있다고 생각한다면, 그는 어리석은 자입니다. 한편, 부끄러운 행동을 권하고 싶지만 말로는 자신이 옳다고 설명할 수 없어 반대자와 청중을 겁박하고 놀라게 하여 목적을 이루려 한다면, 그는 개인적 이익을 추구하는 자입니다.

대중연설가는 돈을 받고 말솜씨를 과시한다는 비난을 받을 때 가장 3 난감합니다. 단순히 무지하다는 비난을 들으면, 설득에 실패한 대중연설가라도 비록 현명하지는 못하나 정직한 사람이라는 평가를 받고 물러날 수 있습니다. 그러나 정직하지 않다는 비난을 들으면, 설득에 성공할 경우 영리하지만 부정직한 사람으로 의심받고, 설득에 실패할 경우 어리석은 데다 정직하지도 않은 사람으로 여겨지기 때문입니다. 이 4 런 식의 비난은 국익에 아무런 도움이 되지 않습니다. 대중연설가들이 이런 비난을 두려워한다면, 결국 국가를 위해 올바른 조언을 해야 할 때 침묵하고 말 것입니다. 이런 논리라면, 차라리 말재주 없는 이들이 정치를 맡는 것이 낫다고 해야 할지도 모릅니다. 그들은 적어도 잘못된 행동을 하라고 우리를 설득하지 않을 테니 말입니다.

훌륭한 시민이라면 반대자들을 겁박해서는 안 되고, 공정한 토론을 5 통해 자신의 주장이 더 낫다는 것을 보여주어야 합니다. 현명한 국가는 훌륭한 조언자들에게 과도한 특권을 주어서도 안 되지만, 그들이 이미 갖고 있는 명예를 빼앗아서도 안 됩니다. 어떤 대중연설가의 조언이 받아들여지지 않았다는 이유만으로 그를 처벌하거나 불명예를 안겨서는

6 안 됩니다. 그런 풍토가 조성되면, 유능한 연설가는 더 큰 명예나 인기를 위해 자신의 신념에 어긋나는 연설을 하지 않을 것이고, 평범한 연설가도 대중의 환심을 사기 위한 아부성 발언을 삼가게 될 것입니다.

1 **43** 그러나 우리의 현실은 이와는 정반대입니다. 누군가 아무리 최선의 조언을 해도 그가 사적인 이익을 바라고 그런 말을 한다는 의심이 조금이라도 들면, 설령 그것이 근거 없는 추측일지라도 기정사실
2 로 받아들입니다. 이처럼 정직하고 훌륭한 조언조차 나쁜 조언 못지않게 의심을 받게 되니, 이제는 악의적인 자가 교묘한 말로 대중을 속이듯이, 참된 조언자도 대중의 신임을 얻기 위해서는 거짓을 섞을 수밖에
3 없는 상황에 이르렀습니다. 이처럼 우리는 대중연설가들이 어떤 속임수도 없이 오직 명확하고 현명한 조언만으로 국익에 기여하는 것이 불가능한 유일한 나라가 되었습니다. 누구든 국익에 유익한 제안을 하면, 사사로운 이득을 얻기 위해 그런 제안을 한다고 은연중에 의심을 받기 때문입니다.

4 우리 대중연설가들은 현재 직면한 중대 사안에 대해 여러분보다 더 멀리 내다보아야 합니다. 우리는 제안에 책임을 져야 하지만, 제안을
5 듣는 여러분은 그렇지 않기 때문입니다. 만약 제안한 사람과 그 제안을 받아들인 사람이 똑같은 책임을 진다면, 여러분은 좀더 신중하게 결정할 것입니다. 그런데 실제로 그 제안이 실패하면 여러분은 제안한 사람에게만 분노하고, 자신들 다수가 지지했음에도 스스로에게는 아무 책임도 묻지 않습니다.

1 **44** 내가 이 자리에 선 이유는 미틸레네인들을 변호하거나 비난하기 위해서가 아닙니다. 현명한 사람들이라면, 그들의 행위가 부당했는지
2 를 따지기보다는 어떤 대응이 국익에 부합한지를 논의해야 합니다. 나는 그들이 말할 수 없이 중대한 잘못을 저질렀다는 것이 입증되더라도 국익에 도움이 되지 않는다면, 그들을 처형하자고 주장하지 않을 것입니다. 반대로 그들의 잘못이 용서할 만한 것이라 해도 국익에 해가 된

다면, 가만히 놔두지 않을 것입니다.

우리는 현재보다 미래를 더 고민해야 합니다. 클레온도 미틸레네인 3
의 전원 처형이 다른 동맹국들의 반란을 억제할 수 있다고 특히 강조
했습니다. 나 역시 이 문제를 처리하는 데 있어 미래의 이익을 가장 우
선시하지만, 결론은 정반대입니다. 나는 여러분이 그의 매력적인 말솜 4
씨에 현혹되어 나의 유용한 제안을 물리치지 않기를 바랍니다. 지금 분
노에 휩싸인 여러분에게는 그의 연설이 더 옳게 들릴 수 있습니다. 하
지만 우리는 지금 법정에서 그들의 죄를 따지는 것이 아니라, 그들을
어떻게 처분해야 국익에 도움이 될지를 논의하고 있습니다.

45 이번 사건과 같은 중죄뿐만 아니라 더 가벼운 죄에 대해서도 사 1
형을 선고하는 국가가 많습니다. 그럼에도 사람은 성공할 희망이 있으
면 위험을 감수합니다. 그러나 성공할 가능성이 없고 살아남을 수 없다
고 확신하는 상황에서 감히 그런 일을 하는 사람은 없습니다. 국가도 2
마찬가지입니다. 자기 힘으로든, 외부의 도움을 받아서든 준비가 덜 되
어 있다고 생각한다면, 어느 국가가 반기를 들겠습니까? 개인이든 국 3
가든 실수는 누구나 하게 마련이고, 법으로도 이를 막을 수는 없습니
다. 범죄자로부터 사회를 보호하기 위해 새로운 형벌을 계속 도입하는
데도 범죄가 끊이지 않는 것이 그 증거입니다. 과거에는 중대한 범죄에
도 극형 대신 온건한 처벌을 가했으나, 범죄가 줄어들지 않자 점차 사
형이 보편화되었습니다. 그럼에도 범죄는 여전히 계속되고 있습니다.

결국 우리는 사형보다 더 무시무시한 형벌을 찾아내거나, 아니면 어 4
떤 형벌로도 범죄를 완전히 억제할 수 없다는 사실을 인정해야 합니
다. 사람은 가난에 내몰리면 자포자기 상태가 되어 대담하게 범죄를 저
지르고, 부유해지면 오만과 탐욕에 빠져 범죄를 일삼게 됩니다. 또한
처한 상황과 무관하게, 정념에 사로잡히면 자제력을 잃고 위험을 무릅
쓰게 됩니다.

희망과 정념은 모든 일에 작용합니다. 희망이 앞장서고 정념이 뒤 5

따르며, 희망이 계획하면 정념은 그 계획이 성공할 것이라고 부추깁니다. 이 둘은 눈에 보이지 않지만 눈에 보이는 위험보다 더 강력하며, 때
6 로는 가장 큰 해악을 초래합니다. 여기에 행운이라는 변수까지 가세합니다. 사람들은 종종 뜻밖의 순간에 행운이 찾아오리라는 믿음에 사로잡혀 아무 준비 없이 위험을 감수하려 듭니다. 이런 경향은 시민의 자유나 다른 나라에 대한 지배와 같은 국가의 중대한 사안에도 동일하게 적용됩니다. 이 세 가지, 즉 희망, 정념, 행운이 국가를 이루는 개개인을 부추기면, 국가와 개인은 자신들의 능력을 비합리적으로 높이 평가
7 하게 됩니다. 간단히 말해, 어떤 일을 하기로 결심한 사람을 법이나 형벌로 만류할 수 있다고 생각하는 것은 매우 어리석은 일입니다.

1 **46** 그러므로 극형의 효과를 과신하여 잘못된 결정을 내려서는 안됩니다. 반기를 든 자들에게 잘못을 뉘우치고 신속하게 보상할 기회도 주지 않음으로써 그들을 절망으로 내몰아서도 안 됩니다.

2 생각해보십시오. 어느 국가가 반기를 들긴 했지만 성공할 가망이 없음을 알게 되면, 아직 배상금을 지불할 여력이 있고, 이후에도 계속 공물을 바칠 능력이 있을 때 항복하려 할 것입니다. 하지만 그들 입장에서 일찍 항복하든 나중에 항복하든 그 결과가 마찬가지라면, 더 철저히
3 준비해서 포위 공격에 끝까지 저항하려 하지 않겠습니까? 또한 반기를 든 국가가 끝까지 항복하지 않아 우리가 큰 비용을 들여 그들을 포위하고 함락시킨다면, 결국 폐허가 된 국가를 넘겨받게 되어 공물을 거둘 수도 없게 될 것입니다. 이는 우리에게 큰 손해가 되지 않겠습니까? 공물은 우리가 적과 맞서 싸울 수 있는 힘의 원천이니 말입니다.

4 따라서 재판관처럼 행동하는 것은 범죄자들이 아니라 우리 자신을 더 해롭게 하는 일입니다. 그들을 적절하게 처벌하여 계속해서 공물을 바칠 수 있게 함으로써, 우리의 재정을 강건히 유지해야 합니다. 우리의 안전은 법에 의한 준엄한 처벌이 아닌 훌륭한 통치를 통해 확보되어야 합니다.

그런데 지금 우리는 정반대로 행동하고 있습니다. 강압적인 지배를 5
받는 국가가 독립을 위해 반기를 드는 것은 당연한데, 실제로 그런 일
이 벌어져 진압한 후 엄하게 처벌해야 한다고 생각하니 말입니다. 우리 6
가 해야 할 일은 엄한 처벌이 아닙니다. 그들이 반기를 들기 전에 세심
하게 보살펴 그러한 생각 자체를 막고, 설령 반란이 일어나 그들을 진
압하게 되더라도 최소한의 책임만 물어야 합니다.

47 만약 여러분이 클레온의 제안을 받아들인다면, 그것이 얼마나 1
큰 실수가 될지 숙고해보십시오. 지금은 모든 동맹국의 대중이 여러분 2
에게 호의적입니다. 그들은 소수가 반기를 들어도 동조하지 않으며, 어
쩔 수 없이 동조하더라도 반기를 든 자들에게 적대적입니다. 따라서 우
리가 반란 세력과 싸울 때, 대중은 우리 편에 설 것입니다.

그러나 지금처럼 반란에 가담하지 않았고, 무기를 받자마자 자발적 3
으로 도시를 우리에게 넘겨준 미틸레네의 대중을 모두 처형한다면, 먼
저는 은인을 죽이는 부당한 짓을 저지르는 셈이 되고, 다음으로는 미틸
레네의 권력자들이 가장 바라던 일을 대신 해주는 꼴이 됩니다. 반란을
주도한 자들이나 따르지 않은 자들이나 똑같이 처벌받는다면, 앞으로
권력자들이 반기를 들면 대중은 즉시 그들의 편이 될 테니 말입니다.
설령 대중에게 잘못이 있더라도, 마치 그들에게는 죄가 없는 것처럼 대 4
해야 합니다. 그렇게 해야 대중은 계속 우리 편에 남아 있을 것입니다.
죽이면 우리에게 손해가 될 사람들을 정당한 이유로 죽이기보다는, 그 5
들의 잘못을 참아 넘기는 것이 제국을 유지하는 데 훨씬 이롭습니다.
클레온의 주장과는 달리, 이번 사안에서는 정당한 처벌과 이익 추구가
양립할 수 없습니다.

48 그러므로 클레온의 제안보다 나의 제안이 더 낫다는 사실을 깨 1
닫기를 바랍니다. 나는 결코 온정에 이끌려 관용을 주장하는 것이 아닙
니다. 나도 클레온만큼이나 여러분이 그런 감정에 휘둘리는 것을 원치
않습니다. 다만 내가 제시한 근거에 따라, 파케스가 죄인이라고 생각해

아테나이로 보낸 미틸레네인들에 대해서는 충분한 시간을 두고 차분하게 판단하고, 나머지 미틸레네인들은 그들의 나라에서 살아가게 두
2 십시오. 그래야 우리의 미래에 유익하고, 현재의 적들에게도 두려움을 불러일으킬 것입니다. 반대 세력을 현명하게 다루는 자가 무모하게 힘으로 제압하려는 자보다 더 강하기 때문입니다."

1 **49** 디오도토스는 그렇게 말했다. 상반되는 두 가지 제안을 놓고, 아테나이인들은 표결에 들어갔다. 득표 수는 거의 같았지만, 디오도토스
2 의 제안이 채택되었다. 이에 아테나이인은 즉시 다른 1척의 삼단노선을 급히 출항시켰다. 먼저 출발한 삼단노선보다 늦게 도착해 미틸레네가 파괴되는 사태를 막기 위해서였다. 첫 번째 배는 하루 밤낮을 앞서
3 가고 있었다. 미틸레네 사절단은 두 번째 배에 포도주와 보릿가루를 제공하며, 먼저 출발한 배를 따라잡으면 후하게 보답하겠다고 약속했다. 선원들은 항해를 서둘렀다. 그들은 항해 중 포도주와 올리브유를 섞어 반죽한 보릿가루를 먹으면서 노를 저었고, 교대로 잠을 자며 쉬지 않고 항해했다.

4 다행히 역풍은 불지 않았다. 먼저 출발한 배는 내키지 않는 임무를 띠고 가는 만큼 서두르지 않은 반면, 나중에 출발한 배는 그렇게 항해를 서둘렀다. 덕분에 첫 번째 배가 한 발 먼저 도착하여 파케스에게 민회의 결정문을 전달하고, 파케스가 결정문을 읽고 집행하려는 순간 두 번째 배가 도착하여 파국을 막을 수 있었다. 이로써 미틸레네인은 간신히 위기를 모면했다.

1 **50** 아테나이인은 파케스가 반란의 주모자로 여겨 아테나이로 보낸 미틸레네인들(약 1,000명이 조금 넘는 인원)을 클레온의 제안에 따라 처형했다. 또한 미틸레네의 성벽을 허물었으며, 그들의 함대를 접수했다.
2 이후 아테나이인은 레스보스인에게 공물을 바치게 하지는 않았지만, 메팀나를 제외한 레스보스섬의 땅 전체를 3,000필지로 분할했다. 그중 300필지는 신을 위한 성역으로 할애하고, 나머지 필지는 제비뽑기로

선발된 아테나이 이주민에게 분배했다. 레스보스인은 이 아테나이인 지주들에게 필지당 연간 2므나[30]의 소작료를 지불하기로 합의하고 그 땅을 경작했다. 아테나이인은 미틸레네가 지배하던 내륙의 소도시들도 3 점령했으며, 이후 이 도시들은 아테나이에 복속되었다. 이상이 레스보스에서 일어난 사건의 전말이다.

51 그해 여름, 레스보스를 정복한 아테나이인은 니케라토스의 아들 1 니키아스가 지휘하는 원정군을 파견하여 메가라 맞은편의 미노아섬[31]을 공격했다. 메가라인은 이 섬에 성탑을 세우고 요새로 사용하고 있었다. 니키아스는 부도론곶이나 살라미스섬보다 더 가까운 미노아섬에 2 기지를 설치하여 메가라를 감시하고자 했다. 아울러 펠로폰네소스인이 이전처럼 삼단노선을 타고 은밀히 미노아섬에서 출항하거나 메가라인이 배를 띄우는 것을 통제하고자 했다.

이를 위해 니키아스는 먼저 해상에서 공성 무기를 동원하여 니사이 3 아항의 바다 쪽으로 돌출된 두 성탑을 함락시키고, 섬과 본토 사이의 통로를 확보했다. 미노아섬과 본토 사이에는 얕은 수역 위로 다리가 놓여 있어, 본토에서 섬으로 원군이 진입할 수 있었는데, 니키아스는 이곳에 방벽을 세워 원군의 접근을 차단했다. 며칠에 걸쳐 이 작업을 마 4 친 그는, 섬에 방벽을 지킬 수비대만 남겨두고 군대를 철수시켰다.

52[*] 그해 여름, 같은 시기에 플라타이아이인은 식량이 고갈되어 더 1 이상 포위 공격을 견딜 수 없게 되자 펠로폰네소스군에 항복했다. 그 과정은 다음과 같다.

---

30 "므나"는 바빌로니아와 페르시아에서 유래한 화폐 단위로, 헬렌인도 이를 받아들여 사용했다. 아테나이에서 1므나는 100드라크메에 해당했으며, 이는 숙련 노동자의 100일치 임금에 해당한다.
31 "미노아섬"은 면적 약 1헥타르의 무인도로, 메가라의 외항 니사이아에서 남서쪽으로 15-18킬로미터 떨어져 있었다.
* 제52-68장은 펠로폰네소스군과 테바이군에 포위된 플라타이아이의 항복과 그 비참한 최후를 다룬다.

2   펠로폰네소스군이 도시의 성벽을 공격했으나, 플라타이아이인은 이를 방어할 힘이 없었다. 라케다이몬인 지휘관은 그들이 저항할 힘을 모두 소진했음을 파악하고도 도시를 무력으로 점령하기를 원하지 않았다. 이는 라케다이몬으로부터 향후 아테나이인과의 평화조약이 체결되어 전시에 각자 점령한 지역을 상호 반환하기로 합의할 가능성에 대비하라는 지시를 받았기 때문이다. 그는 플라타이아이인의 자발적인 항복을 유도하여 플라타이아이를 반환 대상에서 제외시키려 했다. 그리하여 플라타이아이인에게 전령을 보내, 그들이 자발적으로 도시를 넘기고 라케다이몬인 재판관의 심판을 받아들인다면, 유죄 판결을 받은 자만 처벌받을 뿐 누구도 법에 위배되는 처벌을 받지 않을 것이라고 전했다.

3   극도로 지쳐 있던 플라타이아이인은 전령의 말을 듣고 도시를 넘겼다. 라케다이몬에서 5명의 재판관이 도착할 때까지 펠로폰네소스군은
4 며칠간 그들에게 식량을 제공했다. 현장에 도착한 재판관들은 플라타이아이인을 정식 재판에 회부하지 않고, 단지 이번 전쟁에서 라케다이
5 몬군과 그 동맹군에게 도움을 준 적이 있는지만을 물었다. 그러자 플라타이아이인은 보다 충분한 발언 기회를 요청한 후, 아소폴라오스의 아들 아스티마코스와 라케다이몬의 현지 영사인 아이에임네스토스의 아들 라콘을 대변인으로 내세웠다. 두 사람은 앞으로 나와 다음과 같이 말했다.

1   **53** "라케다이몬인들이여, 우리는 여러분을 신뢰하여 도시를 넘기면서 지금과 같은 재판을 받으리라 생각하지 않았고, 보다 적법하고 공정한 절차를 기대했습니다. 우리가 여러분을 재판관으로 받아들인 것은 더 공정한 심판을 받을 수 있으리라 믿었기 때문입니다.

2   그러나 지금 우리는 두 가지 기대가 모두 빗나간 것은 아닌지 우려하고 있습니다. 여러분의 재판이 공정하지 않아 결국 우리가 사형에 처해질 것 같기 때문입니다. 정식 기소도 없이, 충분히 답변할 기회도 주

지 않은 채(그래서 발언 기회를 요청한 것입니다), 단지 사실을 말하면 불리하고 거짓을 말하면 즉시 발각될 간단한 질문만 하고 있다는 것이 그 증거입니다. 이러한 곤경 속에서 우리는 가장 안전하다고 여겨지는 3 선택을 할 수밖에 없습니다. 그것은 위험을 감수하고서라도 하고 싶은 말을 하는 것입니다. 지금 침묵한다면, 훗날 누군가가 그때 우리가 발언했더라면 목숨을 구할 수 있었을 것이라고 말할 테니 말입니다.

더구나 여러분을 설득하기는 어려운 상황입니다. 서로를 잘 알지 못 4 하는 상태에서, 우리가 여러분이 모르는 증거를 제시할 수 있다면 유리하겠지만, 지금 우리가 말하려는 것은 여러분도 이미 알고 있는 내용입니다. 우리는 여러분이 이미 유죄 판결을 내리고 재판을 진행하고 있을 뿐만 아니라, 다른 나라의 환심을 사기 위해 결과가 정해진 재판을 형식적으로 하고 있는 것은 아닌지 우려됩니다.

54 그럼에도 우리는 테바이인과의 분쟁에 관해, 그리고 여러분과 1 다른 헬렌인들과의 관계 속에서 우리의 정당함을 말하고, 우리의 과거 공적을 상기시켜 여러분을 설득하고자 합니다.

이번 전쟁에서 라케다이몬군과 그 동맹군에게 도움을 제공한 적이 2 있느냐는 여러분의 간단한 질문에 답하자면 이렇습니다. 만약 여러분이 우리를 적으로 간주하고 묻는 것이라면, 우리가 여러분에게 도움을 주지 못한 것은 우리의 잘못이 아닙니다. 또 여러분이 우리를 친구로 여기고 묻는 것이라면, 잘못은 오히려 우리를 공격하기 위해 군대를 파견한 여러분에게 있습니다.

이 전쟁이 일어나기 전 평화로운 시기에도, 그리고 메디아인과의 전 3 쟁 당시에도 우리의 처신은 떳떳했습니다. 최근의 평화를 먼저 깨뜨린 것도 우리가 아니며, 메디아인과의 전쟁 때도 보이오티아인들 중 오직 우리만이 헬라스의 자유를 위해 싸웠습니다. 우리는 내륙에 거주하 4 면서도 아르테미시온곶[32] 해전에 참전했으며, 우리의 영토에서 전투가 벌어졌을 때는 여러분과 파우사니아스를 도왔습니다. 당시 헬렌인들이 위기에 처한 곳이라면 어디서든, 우리는 우리의 역량이 부족함을 알면서도 최선을 다해 참전했습니다.

5   라케다이몬인들이여, 스파르테에 지진이 일어난 후 반란을 일으킨 국가 노예들이 이토메산으로 들어가 저항했을 때 여러분은 극심한 두려움에 휩싸였습니다. 그때 우리는 시민의 3분의 1을 원군으로 보내 여러분을 도왔습니다. 이 사실을 결코 잊어서는 안 됩니다.

1   **55** 지난날 중대한 시기에 우리는 그렇게 행동하는 것이 옳다고 여겼습니다. 그러나 이후 우리는 적대 관계가 되었으며, 그 책임은 여러분에게 있습니다. 테바이의 압박을 받을 때 우리는 여러분에게 동맹을 요청했으나 여러분은 거리가 멀다는 이유로 거절하고, 가까이 있는 아
2   테나이인을 찾아가라고 조언했습니다. 이러한 과정을 통해 우리는 아테나이인과 동맹을 맺게 되었으나, 이번 전쟁에서 여러분에게 특별한 해를 끼친 적도, 그럴 의도도 없었습니다.

3   우리가 아테나이인에게 반기를 들라는 여러분의 명령을 따르지 않은 것은 우리의 과오가 아닙니다. 테바이인의 공격 당시 여러분은 우리를 도와주기를 꺼렸지만, 아테나이인은 기꺼이 나서서 우리를 보호해 주었습니다. 그런 상황에서 우리가 여러분의 명령에 따라 아테나이인을 배신했다면, 그야말로 불의한 행동이 되었을 것입니다. 특히 아테나이인은 우리를 후대했고, 우리의 요청을 받아들여 동맹국으로 받아주었으며, 심지어 아테나이 시민권까지 부여했습니다. 그러니 우리가 그
4   들의 명령을 기꺼이 따르는 것은 당연합니다. 만약 여러분이 동맹국들을 어떤 행동으로 이끌었다면, 설령 그 행동이 잘못되었더라도 그 책임

---

32 "아르테미시온곶"은 에우보이아섬의 북단에 위치하여 헬라스 본토와 에우보이아섬 사이 해협을 조망할 수 있는 곳이다. 기원전 480년, 제2차 페르시스 전쟁 중 이곳에서 헬라스 연합 함대는 페르시스 함대의 남하를 저지하려 했으나 양측 모두 큰 피해를 입었고, 헬라스 해군은 살라미스로 철수했다. 이 해전과 동시에 육지에서는 테르모필라이 전투가 벌어졌다.

은 명령을 따른 자가 아니라 명령한 자, 즉 여러분에게 있습니다.

56 테바이인은 그동안 우리에게 수많은 불의를 저질러왔습니다. 가 ₁
장 최근의 사건은 여러분도 잘 아실 텐데, 바로 그 일로 지금 우리는 이
런 곤욕을 치르고 있습니다. 그들은 휴전 기간 중, 더구나 신성한 축제 ₂
기간에 우리 도시를 점령하고자 했습니다. 따라서 우리가 적의 공격에
맞서 스스로를 방어하고 보편적 법에 따라 그들을 응징한 것은 정당한
행위였습니다. 그러므로 지금 우리가 그들 때문에 피해를 입는 것은 부
당합니다. 만약 여러분이 자신들의 이익과 우리의 적인 테바이인의 이 ₃
익을 정의의 기준으로 삼는다면, 여러분은 공정한 재판관이 아니라 단
지 이익만을 따르는 자들에 불과하다는 사실이 드러날 것입니다.

지금은 테바이인이 여러분에게 유용해 보일 수 있습니다. 그러나 과 ₄
거 여러분이 더 큰 위험에 직면했을 때, 우리를 비롯한 다른 헬렌인들
이 여러분에게 훨씬 더 큰 도움이 되었습니다. 지금 여러분은 모두가
두려워하는 강대국이 되었지만, 이민족인 메디아 왕이 우리 헬렌인들
을 모두 노예로 삼으려 했을 당시 테바이인은 그의 편에 섰습니다.

지금 우리가 어떤 잘못을 저질렀더라도, 과거 헬라스를 구하기 위해 ₅
보여준 우리의 열의가 그것을 상쇄해야 마땅합니다. 우리의 공적이 과
오보다 크다는 사실은 분명합니다. 당시 크세르크세스의 군대에 용감
하게 맞서려는 헬렌인들을 찾기 어려웠고, 자신의 이익을 좇지 않고 위
험을 무릅쓴 사람들이 칭송을 받았습니다. 그런 선택을 한 우리 역시 ₆
최고의 존경을 받았습니다. 그런데 이제는 당시와 같은 태도로 인해,
즉 이익이 아니라 신의를 좇아 아테나이인을 선택했다는 이유로 오히
려 목숨의 위협을 받고 있습니다.

여러분은 동일한 성격의 사안에 대해 일관된 판단을 내려야 하며, ₇
당장의 이익을 챙길 뿐만 아니라 신의를 지킨 동맹국의 미덕에도 감사
할 줄 알아야 진정한 강국이라 할 수 있습니다.

57 현재 대다수의 헬렌인은 여러분을 도덕적 모범으로 여기고 있습 ₁

니다. 여러분이 존경받고 있고 우리 역시 비난받을 일을 하지 않았기에, 이번 재판을 모든 헬렌인이 주시하고 있습니다. 만약 여러분이 우리에게 부당한 판결을 내리고 헬렌인들의 은인인 우리에게서 얻은 전리품을 신전에 바친다면, 헬렌인들은 여러분을 자신보다 못한 존재로 여길 것입니다.

2   라케다이몬인들이여, 여러분의 조상들은 우리 도시가 보여준 용기를 인정하여 그 이름을 델포이의 세발솥에 새겨 넣었습니다. 그런데 여러분이 테바이의 편을 들어 플라타이아이를 멸망시켜 헬라스의 지도에서
3 완전히 지워버린다면, 헬렌인들은 이를 끔찍한 일로 여길 것입니다. 우리는 메디아인의 지배하에 멸망당했을 때, 그러한 끔찍한 일을 겪은 적이 있습니다. 그런데 지금은 한때 우리와 가장 친했던 여러분이 우리를 테바이인보다 못하게 대하고 있습니다. 그로 인해 우리는 두 가지 큰 시련에 직면했습니다. 하나는 얼마 전 우리가 도시를 넘기지 않았더라면 굶어 죽을 뻔했다는 것이고, 다른 하나는 지금 사형을 앞두고 있는 것입니다.

4   우리 플라타이아이인은 헬렌인들을 위해 온 힘을 다해 헌신했지만, 이제는 버려져 우리의 억울한 처지를 바로잡아주려는 이가 아무도 없습니다. 동맹국들 중 누구도 우리를 도와주지 않습니다. 라케다이몬인들이여, 여러분만이 우리의 유일한 희망입니다. 그러나 과연 여러분을 믿어도 될지 두렵기만 합니다.

1   58 지난날 우리가 동맹을 맺을 때 증인이 되었던 신들을 떠올리시고, 우리가 헬렌인들을 위해 세운 공적을 기억하여 마음을 돌려주십시오. 혹여 테바이인의 요구를 들어주기로 결정했다면, 그 생각을 바꿔주십시오. 그들의 요구에 따라 우리를 처형한다면, 여러분에게 불명예가 돌아갈 것이니 우리를 죽이지 마십시오. 여러분의 품격에 맞지 않는 수치스러운 행동을 하는 대신 은혜를 베풀어 현명하다는 평판을 얻으시고, 타인을 기쁘게 하려다 여러분의 명예를 잃지 마십시오.

우리를 죽이는 것은 순간이지만, 그로 인해 생긴 불명예는 지우기 2
어렵습니다. 우리가 적이라면 처벌받는 것이 당연하지만, 우리는 불가
피하게 대립하게 된 여러분의 친구입니다. 여러분은 탄원자로서 손을 3
내민 우리를 받아들였고, 그러한 자들을 죽이지 않는 것이 헬렌인들의
법입니다. 또한 우리는 언제나 여러분의 은인이었다는 점을 고려한다
면, 우리의 목숨을 살려주는 것이 올바른 판결일 것입니다.

메디아인과 싸우다 우리 땅에 묻힌 여러분 조상들의 무덤을 보십시 4
오. 우리는 매년 국가적으로 그분들을 기리며 관례에 따라 의복과 예물
을 바치고, 우리 땅에서 수확한 오곡백과의 첫 열매를 헌정해왔습니다.
그분들을 우방의 친구이자 함께 싸운 전우로 여겼기 때문입니다. 그런
데 지금 여러분이 올바른 판결을 내리지 않는다면, 조상들과 정반대로
행동하게 됩니다.

생각해보십시오. 파우사니아스가 그분들을 이곳에 안장한 것은 우 5
방의 땅, 우호적인 이들 곁에 모신다고 믿었기 때문입니다. 만약 여러
분이 우리를 처형하고 플라타이아이를 테바이의 영토로 만든다면, 조
상들과 친척들이 누려온 명예를 박탈하고, 그분들을 적국의 땅, 적대적
인 자들 곁에 두게 되는 것이 아니겠습니까? 헬렌인들의 자유를 위해
싸운 도시가 노예가 되고, 헬렌인들이 메디아인에게 승리하기 전에 기
도했던 신전이 버려지고, 여러분의 조상들에게 제사를 지내온 우리가
더 이상 제사를 지내지 못하게 될 것입니다.

59 라케다이몬인들이여, 헬렌인들의 보편적 법을 위반하거나, 조상 1
들에게 죄를 짓거나, 해를 끼친 적 없는 은인인 우리를 타인의 증오 때
문에 죽이는 것은 여러분의 명예를 훼손하는 일입니다. 반면 지혜로운
판단으로 우리를 불쌍히 여기고 마음을 누그러뜨려 구해준다면, 이는
여러분의 명예를 드높이는 일이 될 것입니다. 우리가 겪을 고통만 보지
마시고, 우리가 과연 그런 고통을 받아 마땅한 자들인지도 고려해주십
시오. 미래는 누구도 예측할 수 없기에 죄가 있든 없든 그러한 재앙은

누구에게나 닥칠 수 있다는 점도 헤아려주십시오.

2   우리는 이것이 정당하며 또한 이렇게 할 수밖에 없는 상황이기에 모든 헬렌인이 섬기는 신들의 이름으로 호소합니다. 여러분의 조상들이 엄숙히 맹세한 서약을 잊지 마시고 우리의 부탁을 들어주십시오. 우리는 여러분 조상들의 무덤 앞에서 탄원자로서, 그분들과 가장 가까웠던 우리가 철천지원수의 손에 넘겨져 그들의 지배를 받지 않도록 고인들에게 애원하고 있습니다. 이처럼 참혹한 위기에 처한 지금, 우리는 여러분이 부디 그분들과 함께 영광스럽게 싸웠던 그날을 떠올려주시기를 바랍니다.

3   우리는 이제 이 연설을 마쳐야 합니다. 그러나 그 일은 이 자리에 있는 우리에게 가장 어려운 일입니다. 연설을 마치면 곧바로 죽음을 맞이할지도 모르기 때문입니다. 이제 마지막으로 여러분께 말씀드립니다. 우리는 이 도시를 테바이인에게 넘기기 위해 항복한 것이 아닙니다. 그럴 의도였다면, 차라리 가장 비참하게 굶어 죽는 길을 택했을 것입니다. 우리는 여러분을 믿고 여러분께 다가갔습니다. 그러니 우리의 탄원을 들어줄 수 없다면, 최소한 우리를 원래의 상황으로 되돌려주십시오. 그래야 우리 스스로 운명을 선택할 수 있고, 그것이 공정합니다.

4   라케다이몬인들이여, 우리 플라타이아이인은 여러분을 믿고 간청합니다. 헬렌인들을 위해 헌신을 아끼지 않은 우리를 철천지원수인 테바이인에게 넘기지 말아주십시오. 오히려 여러분이 우리의 구원자가 되어주십시오. 다른 헬렌인들은 해방시키면서 우리만 멸망시키는 일은 하지 말아주십시오."

1   **60** 플라타이아이인은 그렇게 말했다. 그러자 테바이인은 라케다이몬인이 플라타이아이인의 말을 듣고 그들의 간청을 받아들일까 우려하여, 자신들에게도 앞으로 나가 발언할 기회를 달라고 요청했다. 플라타이아이인이 단순히 질문에 답변하는 수준을 넘어 장문의 연설을 했기 때문이다. 발언 기회가 주어지자 테바이인은 다음과 같이 말했다.

61 "플라타이아이인이 질문에 간략히 답변했더라면, 우리는 굳이 발 1
언 기회를 요청하지 않았을 것입니다. 하지만 그들은 우리를 비난하는
데 그치지 않고, 이 사안과 무관한 일까지 끌어들여 장황한 변명과 자화
자찬을 늘어놓았습니다. 따라서 우리는 그들의 비난에 반박하고, 변명
과 자찬을 논박하지 않을 수 없습니다. 이는 그들이 우리를 폄하하고 자
신들을 미화하여 판결에 영향을 미치는 것을 막고, 여러분이 양측의 입
장을 공정하게 듣고 사실에 기초해 판결할 수 있도록 하기 위함입니다.

우리와 그들 사이에 불화가 처음 생긴 경위는 다음과 같습니다. 우 2
리는 보이오티아에 먼저 거주하고 있던 여러 부족을 몰아내고, 몇몇 지
역과 연합하여 이 지방의 나머지 지역보다 후대에 플라타이아이를 건
설했습니다. 그러나 플라타이아이인은 처음의 약속과 달리 우리 테바
이의 통치권을 인정하지 않았고, 대대로 내려온 보이오티아인의 전통
을 어기면서 다른 지역들과도 단절하려 했습니다. 우리가 이를 바로잡
고자 압력을 가하자, 그들은 아테나이인과 손잡고 우리에게 수많은 해
악을 끼쳤습니다. 그래서 우리는 그들이 이에 합당한 대가를 치러야 한
다고 주장하는 것입니다.

62 또한 그들은 이민족인 메디아인이 헬라스를 침략했을 때, 보이 1
오티아인들 중 오직 자신들만이 메디아인에게 부역하지 않았다고 자
랑하며 우리를 비난합니다. 그러나 그들이 부역하지 않은 것은 단순히 2
아테나이인이 부역하지 않았기 때문입니다. 그래서 나중에 아테나이인
이 헬렌인들을 공격했을 때도, 보이오티아인들 중 오직 그들만이 여전
히 아테나이인을 추종하며 그 편에 섰습니다.

그리고 우리 테바이인이 어떤 경위로 친메디아 정책을 택하게 되었 3
는지도 고려해주십시오. 당시 우리 도시의 정치체제는 법률에 기반한
과두정이나 민주정이 아니었습니다. 모든 권력이 소수 지배층에 집중
되어 법이나 질서와는 거리가 먼 참주정에 가까웠습니다. 이 소수 지배 4
층이 메디아인의 승리가 자신들의 권력을 강화해줄 것이라 믿고 대중

을 힘으로 누른 채 그들을 받아들였을 뿐, 도시 전체가 그렇게 한 것이 아닙니다. 대중에게는 그 문제를 결정할 권한이 없었습니다. 그러니 법치가 부재했던 시기에 지배층이 저지른 과오로 도시 전체를 비난해서는 안 됩니다.

5   메디아인이 떠나고 테바이에 법치가 자리를 잡자, 아테나이인이 헬라스와 우리 영토를 지배하려 하고 각 도시의 내분을 이용해 다수의 도시를 통제하에 두었을 때, 우리는 코로네이아 전투[33]에서 아테나이를 물리치고 보이오티아를 해방시켰습니다. 현재도 우리는 어느 동맹국보다 많은 기병대와 병력, 군수물자를 파견하여 헬렌인들을 해방하

6 는 일이 기꺼이 동참하고 있습니다. 우리가 메디아에 부역했다는 비난에 대해서는 이 정도로 답변하겠습니다.

1   **63** 다음으로 우리는 플라타이아이인이 헬렌인들에게 많은 해를 끼

2 쳤으며, 엄중한 처벌을 받아 마땅한 이유를 밝히고자 합니다. 당신들 플라타이아이인은 우리에게 복수하기 위해 아테나이와 동맹을 맺고 시민권까지 얻었다고 주장합니다. 만약 그 말이 사실이라면 당신들은 우리와 관련된 사안에 한해 아테나이에 도움을 요청했어야 하고, 그들과 연합하여 다른 나라를 공격하는 행위는 삼갔어야 합니다. 특히 당신들이 강조하듯이, 메디아에 대항하기 위해 라케다이몬인과 이미 동맹을 맺었다는 이유로 아테나이인의 요구를 거부할 수도 있었습니다. 그렇게 했다면 우리는 당신들을 공격하지 않았을 것이고, 무엇보다 두려움 없이 스스로 진로를 선택할 기회를 주었을 것입니다. 그러니 당신들은 불가피하게 아테나이인의 편에 선 것이 아니라 자발적으로 그렇게 한 것입니다.

3   당신들은 은혜를 베푼 이를 배신하는 것이 부끄러운 일이라고 말합니다. 그러나 헬라스의 해방을 위해 함께 맹세했던 헬렌인 전체를 배신

---

33 "코로네이아 전투"는 제1권 각주 160을 보라.

하는 것은, 헬라스를 예속시키려 한 아테나이인을 배신하는 것보다 훨씬 더 부끄럽고 불의한 일입니다. 게다가 아테나이인이 당신들에게 베푼 호의는 정당했을지 모르나, 당신들이 아테나이인에게 베푼 호의는 정당치 못했습니다. 당신들은 우리의 억압을 견딜 수 없어 아테나이인을 불러들였다고 주장하면서도, 이후에는 아테나이인이 다른 나라들을 억압하는 데 동조했기 때문입니다. 정당한 호의에 부당한 방식으로 보답하는 것은 애초에 호의를 갖지 않는 것보다 더 부끄러운 일입니다.

64 당시에 당신들이 우리 중 유일하게 메디아인에게 부역하지 않은 이유는, 아테나이인이 그들에게 부역하지 않아 그대로 따를 수밖에 없었기 때문임이 분명합니다. 반면 우리는 메디아인에게 부역하고 싶지 않았으나, 그럴 만한 힘이 부족해 본심과는 반대로 행동할 수밖에 없었습니다.

따라서 오직 아테나이인을 위해 메디아인에게 부역하지 않았을 뿐인데, 이제 와서 그것을 공적으로 내세워 이익을 얻고자 하는 것은 사리에 맞지 않습니다. 더욱이 당신들은 지금까지 아테나이 편에 서서 그들과 함께해놓고는, 이제 와서 지난날 라케다이몬과의 동맹 관계를 내세워 목숨을 보전하려 하고 있습니다. 당신들은 아테나이인이 아이기나인을 비롯한 다른 동맹국들을 정복하는 것을 저지하기는커녕 오히려 그들의 조력자가 되었습니다. 그때 이미 당신들은 라케다이몬과의 동맹을 저버린 셈입니다. 당신들은 아테나이인의 요구를 얼마든지 거부할 수 있었는데도 자발적으로 그들의 편에 섰습니다. 우리가 지배층의 강요로 메디아인에게 협력한 것과는 달리, 당신들은 어떠한 강압도 없는데 그렇게 했습니다. 게다가 우리는 포위 공격 전에 중립을 지키고 조용히 있으면 평화를 보장하겠다는 최후통첩을 보냈지만, 당신들은 그 제안을 거절했습니다.

당신들은 자신의 행동이 고귀했다고 주장하지만, 그것이 헬렌인들에게 해를 끼쳤다면 과연 당신들보다 더 미움을 받을 자가 어디 있겠습니까? 당신들이 주장하듯 과거에는 훌륭한 자질을 지니고 있었는지는 알 수 없으나, 현재 보이는 태도는 그러한 자질이 당신들의 본성이 아니었음을 증명하고 있습니다. 아테나이인이 그릇된 길을 택했을 때, 당신들은 주저 없이 그들을 따라가며 본성에 내재된 욕망을 적나라하게 드러냈습니다.

5   이로써 우리는 우리가 메디아인에게 협력한 것은 불가피한 선택이었던 반면, 당신들이 아테나이인에게 협력한 것은 자발적인 행위였음을 입증했습니다.

1   **65** 당신들이 최근 우리의 잘못이라고 지적한 점, 즉 우리가 휴전 중 신성한 축제 기간에 불법적으로 당신들의 도시를 공격했다는 주장에 관해 말하자면, 이 문제에서도 우리는 우리가 더 큰 잘못을 범했다고 2   생각하지 않습니다. 만약 우리가 적군으로 당신들의 도시에 쳐들어가 전투를 벌이고 영토를 약탈했다면, 그 책임은 분명 우리에게 있을 테지요. 그러나 실상은 당신들 가운데 많은 재산을 지니고 유력한 가문에 속한 자들이 다른 나라 사람인 아테나이인과의 동맹을 끝내고, 보이오티아 연맹의 일원으로서 플라타이아이인의 전통을 회복하고자 자발적으로 우리를 초청한 것입니다. 그런데 우리가 무엇을 잘못했습니까? 그런 상황에서 불법 행위의 책임은 그 일을 주도한 자들에게 있지, 다만 초청에 응한 자들에게 있지 않습니다.

3   하지만 이번 사안에서는 이 일을 주도한 플라타이아이인들이나 우리 모두에게 잘못이 없다고 판단합니다. 그들은 여러분과 동등한 시민권을 가졌으나, 실패할 경우 큰 대가를 치를 각오로 성문을 열어주고, 우리를 적이 아닌 친구로 받아주었습니다. 그들은 타락한 자들의 악행을 막고, 선한 자들의 정당한 권리를 회복시켜주고자 했습니다. 또한 이 나라의 정신과 공동체를 지키는 현명한 수호자가 되어, 이웃 국가 사이에서 고립되지 않고 연맹의 일원으로 긴밀한 관계를 유지하며 모든 나라와 동등하게 평화조약을 맺어 아무도 적으로 돌리지 않도록 했

을 뿐입니다.

66 우리가 휴전 기간 중 플라타이아이인에게 적대 행위를 하지 않 1
았다는 증거는 분명합니다. 우리는 보이오티아 연맹의 전통에 부합하
는 정부를 원하는 자들은 누구든 우리에게 오라는 포고문만 발표했을
뿐, 누구에게도 해를 입히지 않았습니다.

당신들은 처음에는 우리의 포고에 흔쾌히 동의하며 평온하게 협정 2
을 맺었습니다. 하지만 나중에 우리의 병력이 소수임을 파악하자 태도
를 바꾸었습니다. 비록 우리가 플라타이아이인 다수의 동의 없이 도시
에 들어간 것은 부적절한 면이 있으나, 우리의 병력이 소수임을 알고
나서 당신들이 취한 행동은 전적으로 부당했습니다. 당신들은 우리가
그리했던 것처럼 무력을 사용하지 않고 물러나도록 설득하는 대신,
휴전협정을 어기고 우리를 공격했습니다. 우리는 전투 중 일부 병력
을 잃었으나, 이는 법적으로 문제되지 않습니다. 전투 중에 적을 살상
하는 것은 법에 어긋나지 않기 때문입니다. 그러나 두 손을 들고 항복
의사를 표시한 우리 군사들을 생포한 후, 죽이지 않겠다고 약속해놓고
선 결국 처형한 것은 법에 위배되는 명백한 악행이 아니면 무엇이겠습
니까?

이렇게 당신들은 단시간 내에 세 가지 범죄를 저질렀습니다. 협정을 3
파기했고, 포로가 된 우리 군사들을 죽였으며, 우리가 교외에 있는 당신
들의 재산을 약탈하지 않는다면 그들을 살려두겠다는 약속을 어겼습니
다. 그럼에도 당신들은 불법을 저지른 것은 우리이므로 자신들을 처벌
하지 말라고 요구합니다. 하지만 여기 계신 재판관들이 바른 판결을 내
린다면, 당신들은 이 모든 범죄로 인해 처벌받게 될 것입니다.

67 라케다이몬인들이여, 우리는 이 자리에 서서 여러분과 우리 자 1
신을 위해 말합니다. 여러분은 플라타이아이인이 유죄라는 확신을 가
져야 하고, 우리는 이들의 부당한 행위에 정당한 복수를 해야 합니다.
그들이 과거의 공적을 앞세워 말하더라도 거기에 감동해서는 안 됩니 2

다. 설령 그런 공적이 있다 하더라도, 그것은 그들이 부당한 일을 당한 경우에만 참작되어야 합니다. 오히려 한때 공적을 세웠던 자들이 불의한 짓을 저질렀다면 두 배의 처벌을 받아야 합니다. 그들이 여러분 조상들의 무덤에 호소하며 동정을 구하더라도, 감정에 휩쓸려 그들에게 이득을 주어서는 안 됩니다.

3   플라타이아이인은 과거의 영광을 말하지만, 우리 세대는 그들 때문에 더 큰 고통을 당했습니다. 우리 세대의 아버지들은 보이오티아를 여러분의 편으로 만든 코로네이아 전투에서 전사했고, 살아남은 이들은 노인이 되어 홀로 집에 남아 있습니다. 그분들이야말로 플라타이아이인의 처벌을 여러분께 요청할 더 큰 권리를 가진 이들입니다.

4   부당하게 고통받는 이들은 불쌍히 여기고 온정을 베풀어야 하지만, 플라타이아이인처럼 자신들의 범죄로 인해 고통당하는 경우라면 도리
5 어 기뻐해야 합니다. 그들이 현재 고립무원의 처지가 된 것은 자초한 일입니다. 그들은 얼마든지 더 나은 동맹국을 선택할 수 있었음에도 스스로 거부했기 때문입니다. 그들은 우리가 먼저 해를 끼치지 않았는데도 우리에게 위해를 가하는 죄를 범했습니다. 그런 결정은 정의가 아니라 증오심에서 나온 것입니다. 지금 그들이 받는 벌은 그들의 죄에 비하면 가볍다고 할 수 있습니다. 그들의 주장과 달리 그들은 전투 중에 항복을 청한 자들이 아니라, 협정을 맺고 재판받는 자들로서 합법적인 재판을 받게 될 테니 말입니다.

6   그러므로 라케다이몬인들이여, 부디 플라타이아이인에 의해 훼손된 헬렌인들의 법을 바로 세워주십시오. 또한 그들의 범죄로 인해 고통당한 우리가 여러분을 위해 헌신해온 바에 상응하는 정당한 보상을 받게 해주십시오. 그들의 말에 현혹되지 말고, 말이 아닌 행동이 중요하다는 사실을 헬렌인들에게 본보기로 보여주십시오. 훌륭한 자는 간략한 말로 충분하지만, 잘못한 자는 언제나 미사여구로 자신을 치장하는 법입
7 니다. 이제 여러분 같은 지도자들이 그러한 본보기를 보여준다면, 앞으

로는 미사여구로 악행을 은폐하려는 이들이 줄어들 것입니다."

68 테바이인은 그렇게 말했다. 라케다이몬인 재판관들은 플라타이 1
아이인에게 이번 전쟁 중에 자신들을 도운 적이 있는지 묻는 것이 적
절하다고 판단했다. 왜냐하면 라케다이몬인은 메디아인과의 전쟁 이후
파우사니아스가 체결한 동맹조약에 따라, 플라타이아이인에게 중립을
유지할 것을 지속적으로 요구했고, 포위 공격 직전에도 동일한 조건으
로 어느 편에도 가담하지 말라고 제안했기 때문이다. 그러나 플라타이
아이인이 이를 거부했기에, 라케다이몬인은 자신들이 충심을 다한 만
큼 더 이상 조약에 얽매일 필요가 없으며, 오히려 플라타이아이인에게
해를 입었다고 판단한 것이다. 그리하여 재판관들은 그들을 다시 한 명 2
씩 불러내, 이번 전쟁 중에 라케다이몬군과 그 동맹군에게 도움을 준
적이 있는지 동일하게 물었고, 그런 적이 없다고 대답하는 자는 예외
없이 끌어내 처형했다. 라케다이몬인은 플라타이아이인 200여 명과 함
께 포위되었다가 생포된 아테나이인 25명을 그렇게 처형했고, 여자들
은 노예로 삼았다.

라케다이몬인은 내분으로 조국에서 추방된 메가라인과 플라타이아 3
이인 중 살아남은 친라케다이몬파에게 도시를 넘겨 약 1년간 사용할 수
있게 해주었다. 이후 그들은 도시를 기초부터 완전히 허물고, 헤라 신
전 인근의 사방 200푸스[34] 공간에 숙소를 지었다. 이 숙소는 1층과 2층
이 모두 방으로 구성된 원형 건물이었다. 지붕과 문은 플라타이아이에
있던 것을 그대로 사용했고, 도시 내에서 발견된 청동과 무쇠로 된 다
른 가구들로는 침상을 만들어 헤라 여신에게 바쳤다. 헤라를 위한 사방
100푸스의 석조 신전도 지었다. 토지는 몰수하여 10년 동안 테바이인
에게 임대하고 경작하게 했다. 라케다이몬인이 플라타이아이인을 이렇 4
게 처리한 이유는 전적으로 테바이인 때문이었다. 테바이인이 이번 전

---

34 "200푸스"는 약 60미터에 해당한다.

5 쟁의 현 국면에서 쓸모 있는 동맹국이라 판단했던 것이다. 이로써 플라타이아이는 아테나이의 동맹국이 된 지 93년 만에 완전히 멸망했다.

1 **69**[*] 한편 레스보스를 지원하러 갔다가 아테나이군에게 추격당해 먼바다로 도주했던 펠로폰네소스 함선 40척은 크레테섬 앞바다에서 폭풍을 만나 흩어진 채 펠로폰네소스로 표류했다. 그들은 킬레네항[35]에 도착하여, 레우카스와 암브라키아에서 파견된 삼단노선 13척과 알키다스의 참모로 파견된 텔리스의 아들 브라시다스를 만났다.

2 레스보스에서 임무 수행에 실패한 라케다이몬군은 함대를 보강하여 내전이 발생한 케르키라섬으로 가고자 했다. 나우팍토스항에는 아테나이 함선이 12척밖에 없었기에, 아테나이에서 더 많은 함선이 증파되기 전에 케르키라에 도착할 계획이었다. 이를 위해 브라시다스와 알키다스가 준비를 하고 있었다.

1 **70** 케르키라에서는 에피담노스 해전에서 코린토스인에게 포로로 잡혔던 자들이 돌아오면서 내전이 일어났다. 이들은 코린토스 주재 영사들이 800탈란톤의 몸값을 지불하여 풀려났다고 주장했다. 그러나 실제로는 케르키라를 다시 코린토스 편으로 만들겠다는 약속을 하고 석방된 것이었다. 이들은 그 약속을 이행하기 위해 시민들을 개별적으로 접촉하며 도시가 아테나이인에게 반기를 들도록 설득했다. 아티케와 코린토스에서 각각 사절단을 태운 배가 도착한 후, 케르키라인은 논의 끝에 투표를 실시하여 기존 조약에 따라 아테나이와 동맹을 유지하되, 펠로폰네소스와는 종전과 같이 우호 관계를 유지하기로 결정했다.

3 귀환한 포로들이 다음으로 한 일은, 자발적으로 아테나이의 현지 영

---

[*] 제69-85장은 케르키라섬에서 일어난 내전을 다룬다.

35 "크레테섬"은 아이가이온해 남단에 위치해 리비아해와의 경계를 이룬다. 클라로스에서 남서쪽으로 300-350킬로미터 떨어져 있다. "킬레네"는 엘리스 지방 서해안의 항구로 올림피아 북서쪽 50-60킬로미터 지점에 위치했으며, 그 남쪽에는 올림피아로 가는 관문인 페이아항이 있었다.

사가 된 민중 지도자 페이티아스를 고발하여 재판에 회부한 것이었다. 케르키라를 아테나이의 속국으로 만들려 했다는 혐의였다. 그러나 무 ⁴ 죄 선고를 받은 페이티아스는 자신을 고발한 자들 중 가장 부유한 5명을 역으로 고발했다. 제우스와 알키노오스왕³⁶의 성역에서 포도덩굴 받침대를 상습적으로 절취했다는 죄목이었다. 그들에게는 받침대 하나당 1스타테르³⁷의 벌금이 부과되었다. 거액의 벌금을 물게 된 그들은 ⁵ 신전에 가서 탄원자로 앉아 벌금을 분할 납부하게 해달라고 요청했다. 그러나 의회 의원이었던 페이티아스는 의회를 설득하여 법을 그대로 집행하도록 했다. 이에 5명은 법에 따라 벌금을 일시불로 납부해야 했 ⁶ 을 뿐만 아니라, 페이티아스가 의원으로 재직하는 동안 아테나이와 공수동맹을 체결하도록 대중을 설득하려 한다는 사실을 알게 되었다. 그들은 동료들과 함께 단검을 들고 의사당을 급습하여 페이티아스와 의회 의원들, 시민 60여 명을 살해했다. 페이티아스를 지지하던 자들 중 극소수만이 아직 항구에 정박 중이던 아티케의 삼단노선을 타고 도망쳤다.

71 이렇게 내란을 일으킨 자들은 케르키라 시민들을 소집하여 이러 ¹ 한 행동이 국가를 위한 최선책이며, 케르키라인이 아테나이인의 노예가 되는 것을 막을 수 있는 길이라고 주장했다. 그들은 앞으로는 라케다이몬이든 아테나이든 오직 함선 1척만 입항을 허용하고, 그 이상의 함선이 들어오는 경우 적으로 간주하겠다고 선언했다. 그 후 의회에서 이 제안을 비준하도록 강요했다. 그들은 즉시 아테나이로 사절단을 보 ² 냈다. 한편으로는 현 상황을 설명하고, 다른 한편으로는 아테나이로 도

---

36 "알키노오스"는 호메로스의 『오디세이아』에서 등장하는 파이아키아(당시의 케르키라섬)의 왕이다. 그는 표류하던 오디세우스를 환대하고 그의 고향 이타케섬(약 100킬로미터 거리)까지 호송해주었다.
37 "1스타테르"는 2드라크메에 해당한다. 드라크메는 대중적으로 사용된 화폐였던 반면, 스타테르는 부와 권력의 상징으로 여겨졌다.

피한 케르키라인들이 부적절한 행동을 하지 못하도록 단속해, 향후 어떤 문제도 일어나지 않게 하기 위해서였다.

1   **72** 그러나 아테나이이인은 아테나이에 도착한 케르키라 사절단과 그들에게 설득된 자들까지 모두 반역 혐의로 체포하여 아이기나섬에 구 2 금했다. 그 사이, 라케다이몬 사절단을 태운 코린토스의 삼단노선이 케르키라에 도착했고, 케르키라에서 권력을 장악한 자들은 대중을 공격 3 하여 승리를 거두었다. 밤이 되자 대중은 아크로폴리스와 도시의 고지대로 피신하여 집결했고 힐라이코스항도 장악했다. 반면 대부분 광장[38] 주변에 거주하던 반란 세력은 광장을 점령하고, 본토와 마주한 인근의 항구까지 장악했다.

1   **73** 다음날 양측은 몇 차례 국지전을 벌였다. 이후 각 진영은 농촌으로 사람들을 보내 노예들에게 자유를 약속하며 그들의 지지를 얻고자 했다. 대다수의 노예가 대중 측에 합류했고, 반란 세력은 본토에서 도착한 800명의 용병을 지원받았다.

1   **74** 하루가 지나 다시 전투가 벌어졌다. 이번에는 대중 측이 유리한 고지를 선점한 데다 수적으로도 우세하여 승리를 거두었다. 여성들도 지붕에서 기와를 던지는 등 맹렬하게 싸우며 뜻밖의 용맹함을 보였다. 2 저녁 무렵 전세가 대중 쪽으로 기울자 소수의 반란군은 대중이 곧바로 조선소로 몰려와 자신들을 죽일 것을 두려워했다. 그들은 대중의 진격을 막기 위해 자기 것이든 남의 것이든 가리지 않고 광장 주변의 집과 건물에 불을 질렀다. 이로 인해 상인들의 막대한 재산이 소실되었으며, 만약 바람이 불어 불길이 번졌다면 도시 전체가 화마에 휩싸일 뻔했 3 다. 마침내 전투가 끝나자, 양측은 초병을 배치한 채 조용히 밤을 보냈

---

38 "광장"(ἀγορά, '아고라')는 아크로폴리스 아래쪽에 위치해 정치 집회, 사교, 시장 기능을 담당했다. "힐라이코스항"은 케르키라섬에 있었던 것으로 보이나, 정확한 위치나 정보는 알려져 있지 않다.

다. 대중이 승리하자 코린토스 함선은 항구를 떠났으며, 용병들도 대부분 몰래 본토로 도망쳤다.

75 다음날 디에이트레포스의 아들이자 아테나이 장군인 니코스트 1 라토스가 함선 12척과 메세니아군 중무장보병 300명을 이끌고 나우팍토스에서 도착했다. 그는 사태를 평화적으로 수습하고자 양측을 불러 세 가지 사항에 합의하도록 설득했다. 첫째, 이번 사태의 주모자로 이미 도주한 10명을 재판에 회부할 것, 둘째, 나머지 사람들은 상호 협약을 맺고 함께 살 것, 셋째, 아테나이와 공수동맹을 체결할 것이었다.

니코스트라토스는 이러한 합의를 성사시킨 후 떠나려 했으나, 대 2 중 측 지도자들은 그를 붙잡고 정적들이 다시는 문제를 일으키지 못하도록 조치를 취하고자 했다. 그들은 니코스트라토스에게 그가 이끌고 온 함선 중 5척을 남겨두고, 대신 케르키라인 선원들이 승선한 자신들의 함선 5척을 데려가 달라고 설득했다. 니코스트라토스가 이를 수락 3 하자, 대중 측 지도자들은 정적들을 그 배에 태우려 했다. 그러나 정적들은 아테나이로 이송될 것을 두려워하여 디오스쿠로이[39] 신전에 가서 탄원자로 앉았다.

니코스트라토스가 그들을 안심시키며 신전 밖으로 나오도록 설득했 4 으나, 그들은 응하지 않았다. 그러자 대중은 그들이 니코스트라토스를 불신하고 동행을 거부하는 것은 불순한 의도를 가진 증거라고 주장하며, 이를 구실로 무장한 채 정적들의 집으로 가서 무구를 압수했다. 니코스트라토스가 저지하지 않았다면, 그 과정에서 몇몇이 목숨을 잃었을 것이다. 이러한 상황을 목격한 나머지 정적들은 헤라 신전으로 피신 5 하여 탄원자로 앉았는데, 그 수가 400명이 넘었다. 대중은 그들이 다시 반란을 일으킬 것을 우려하여 설득 끝에 그들을 신전 앞의 섬으로 이

---

39 "디오스쿠로이"는 제우스의 쌍둥이 아들 카스토르와 폴룩스를 가리키며, 항해자들의 수호신으로 숭배되었다.

동시키고, 그곳에 식량과 생필품을 보내주었다.

76 내전이 일어난 지 4일 또는 5일째 되던 날, 이오니아 지방에서 돌아와 킬레네항에 정박해 있던 펠로폰네소스 함대가 케르키라 인근에 도착했다. 53척의 함선으로 이루어진 이 함대는 여전히 알키다스가 지휘했으며, 브라시다스가 참모로 동행했다. 그들은 본토 쪽의 시보타항에 정박했다가 날이 밝자 케르키라로 항해했다.

77 내란을 겪은 데다 적의 함대까지 출현하자, 케르키라인은 두려움에 사로잡혀 큰 혼란에 빠졌다. 아테나이군은 자신들의 함선을 먼저 출항시키고 나중에 모든 함선을 총동원해 뒤따르라고 조언했지만, 케르키라인은 함선 60척을 준비한 후 선원이 충원되는 대로 즉시 1척씩 적의 함선을 향해 출항시켰다. 그중 2척은 출항하자마자 도망쳤고, 다른 함선에서도 선원들끼리 싸움이 벌어지는 등 질서가 전혀 없었다. 케르키라군의 혼란상을 목격한 펠로폰네소스군은 케르키라 함선 쪽에는 함선 20척을 배치하고, 살라미니아호와 파랄로스호를 포함한 아테나이군의 12척 쪽에는 나머지 함선을 배치했다.

78 케르키라 함선들은 여러 곳에 분산되어 있어 적을 효과적으로 공격하기 어려운 처지에 놓였다. 아테나이군은 적의 많은 함선에 포위되는 것을 경계하여 무리를 지어 적의 함대 중앙을 공격하는 대신, 날개 부분을 공격하여 1척을 침몰시켰다. 그러자 펠로폰네소스군은 원형으로 포진했고, 아테나이 함선들은 적의 함선 주위를 돌며 전열을 흐트러뜨리려 했다. 이때 케르키라군과 대치하던 펠로폰네소스 함선들도 나우팍토스에서 당한 일이 재현될 것을 우려하며 지원에 나섰다. 이로써 펠로폰네소스군의 모든 함선이 아테나이 함선들을 집중 공격했다. 아테나이 함선들은 적과 대치하는 가운데 서서히 후퇴하기 시작했다. 이는 케르키라군의 함선들이 재빨리 도주할 수 있도록 시간을 벌기 위한 유인 전략이었다. 이날 해전은 해 질 무렵 종료되었다.

79 케르키라인은 해전에서 승리한 적이 도시로 진격하거나, 섬에

억류한 정적들을 탈취해 가거나, 새로운 도발을 감행하지 않을까 우려
했다. 이에 정적들을 다시 섬에서 헤라 신전으로 이동시키고, 도시 방
어를 강화했다. 그러나 펠로폰네소스군은 해전에서 승리했음에도 도시 2
를 공격할 엄두를 내지 못한 채, 나포한 케르키라 함선 13척을 예인하
여 자신들이 출발했던 본토의 기지로 돌아갔다.

다음날도 도시는 공포와 혼란에 휩싸여 있었으나, 펠로폰네소스군 3
은 더 이상 도시를 공격하지 않았다. 전해지는 바에 따르면, 브라시다
스는 알키다스에게 도시를 공격해야 한다고 조언했으나, 알키다스와
달리 브라시다스에게는 그러한 결정을 내릴 권한이 없었다. 결국 펠로
폰네소스군은 도시를 공격하는 대신 레우킴메곶에 상륙하여 그 지역
을 약탈하는 데 그쳤다.

80 한편, 케르키라의 대중은 적의 함대가 공격해올 것을 우려하여 1
도시를 구할 방안을 모색하기 위해 탄원자들을 포함한 시민들과 협의
했다. 그들은 일부를 설득하여 함선 30척의 승선 인원을 충원했다. 펠 2
로폰네소스군은 정오까지 레우킴메곶 일대를 약탈한 후 함선을 타고
돌아갔다. 그런데 밤이 되기 전, 그들은 아테나이 함선 60척이 레우카
스 방면에서 접근하고 있다는 봉화 신호를 받았다. 투클레스의 아들 에
우리메돈이 지휘하는 이 함대는, 케르키라에 내전이 발생하고 알키다
스의 함대가 케르키라로 항해한다는 정보를 입수한 아테나이 측에서
파견한 것이었다.

81 펠로폰네소스군은 그날 밤 즉시 귀국길에 올라 해안을 따라 항 1
해하다가, 아테나이이인에게 발각되지 않기 위해 레우카스 지협에서 육
로로 함선을 운반하여 퇴각했다. 증파된 아테나이 함대가 접근 중이며, 2
적의 함대가 철수했다는 사실을 알게 된 케르키라인은 성 밖에 주둔해
있던 메세니아군을 성 안으로 은밀히 불러들였다. 그리고 자신들이 새
로 모집하여 승선시킨 자들에게는 함선을 타고 섬 주위를 한 바퀴 돌
아 힐라이코스항으로 입항하도록 했다. 혹시 남아 있는 적을 발견하면

3 붙잡아 사살하기 위해서였다. 함선들이 재입항하자, 케르키라인들은 자신들이 설득하여 해군이 된 자들을 함선에서 끌어내어 죽였다. 다음 날에는 헤라 신전으로 가서 그곳에 피신해 있던 50여 명의 탄원자들을 설득해 재판을 받게 한 후, 그들 모두에게 사형을 선고했다.

4 재판받기를 거부했던 탄원자들은 상황을 파악하자 대부분 신전 안에서 서로를 죽이고, 일부는 나무에 목을 매거나 다른 방식으로 자결했

5 다. 에우리메돈이 함선 60척을 이끌고 도착해 7일간 케르키라에 머무는 동안, 케르키라 대중은 정적이라고 간주한 시민들을 계속해서 처형했다. 이들에게는 민주정을 전복하려 했다는 죄명이 씌워졌다. 그러나 그중 일부는 개인적인 원한 때문에, 일부는 채무를 상환하지 않으려는

6 채무자의 손에 살해되었다. 도시는 말 그대로 살육의 현장이었고, 내전 중 흔히 일어나는 일들, 아니 그보다 더 끔찍한 일들이 벌어졌다. 아버지가 아들을 죽이기도 했고, 신전에서 끌려 나와 그 인근에서 처형되거나, 디오니소스 신전에 갇혀 그 안에서 죽어간 자들도 있었다.

1 **82** 내전은 이처럼 잔혹하게 전개되었고, 이번 전쟁 중 처음 발생한 사례였기에 그 참혹함이 더욱 두드러져 보였다. 이후 헬라스 전역이 내전에 휘말렸다. 각 나라에서 정파가 갈라졌고, 대중을 기반으로 한 지도자들은 아테나이를, 소수 지배층은 라케다이몬을 외부 지원군으로 끌어들였다. 평화로운 시기였다면 그럴 명분도 필요도 없었겠지만, 전시에는 각 정파가 반대파를 축출하고 정권을 장악하기 위해 외부 세력을 빈번히 활용했다.

2 이러한 내전은 헬라스 국가들에게 큰 고통을 안겨주었다. 양상과 격렬함의 정도는 차이가 있었지만, 인간의 본성이 변하지 않는 한 상황이 바뀔 때마다 이런 사태는 반복될 수밖에 없었고, 앞으로도 계속될 것이다. 번영을 누리는 평시에는 국가든 개인이든 원치 않는 고통을 강요받지 않기에 더 높은 도덕 수준을 유지할 수 있다. 그러나 일상의 것마저 앗아가는 전쟁은 난폭한 선생과도 같아, 대부분의 사람들을 자신이 처

한 환경과 동일한 수준으로 행동하게 만든다.

　많은 도시국가에서 내전이 일어났고, 뒤늦게 내전이 일어난 국가들 　3
은 선행 사례에서 배운 권모술수와 반대파 숙청 방법을 더욱 교묘하게
발전시키며 극단으로 치달았다. 사람들의 행동을 평가하는 데 사용되 　4
던 전통적인 용어의 의미마저 변질되었다. 만용은 충성스러운 용기로,
신중함은 품위를 가장한 비겁함으로 여겨졌다. 절제는 남자답지 못함
에 대한 핑계로 치부되었고, 문제를 포괄적으로 보는 통찰력은 행동하
지 않음으로 간주되었다. 난폭함과 성급함은 남성적 미덕으로, 정치적
음모는 정당방위 수단으로 인식되었다.

　언제나 과격파가 신임을 얻었고, 그 반대자들은 의심의 눈초리를 받 　5
았다. 음모를 꾸미는 것은 지혜로운 행위로, 음모를 의심하고 미리 간
파하는 것은 더욱 큰 지혜로 평가되었다. 반면 이러한 음모와 불신의
필요성을 부정하는 자는 적을 두려워해 당을 무너뜨리려는 자로 여겨
졌다. 요컨대, 직접 타인을 해치거나 남을 선동하여 공격하게 만든 자
가 칭송받는 시대가 되었다.

　당원들 간의 유대는 혈연 관계보다 더 끈끈했다. 그들은 망설임 없 　6
이 대담하게 행동할 준비가 되어 있었다. 이러한 결속은 법의 테두리
안에서 이익을 추구하는 것이 아니라, 기존의 법을 무시하고 탐욕을 충
족시키기 위한 것이었다. 당원들 간의 신뢰는 신의 법을 함께 추구하는
데 있지 않고, 공범 관계에서 비롯되었다.

　권력을 장악한 정파는 반대파가 아무리 좋은 정책을 제안해도, 그 　7
것을 고귀한 의도가 아니라 자신들을 견제하려는 술책으로 받아들였
다. 사전 방어보다 보복이 더 중시되었다. 양측이 협약을 맺고 화해했
더라도 이는 당면한 위기를 모면하기 위한 것일 뿐, 어느 한쪽이 외부
의 지원을 받으면 즉시 파기되었다. 기회가 주어지고 반대파가 방어할
수 없는 상황이 오면, 공개적인 대결보다 기습 공격을 통한 복수를 선
호했다. 이는 자신의 안전을 위한 것이기도 했지만, 속임수로 이기면

영리하다는 평판도 얻을 수 있었기 때문이다. 대부분의 사람들은 선량하지만 무지한 자보다 악행을 저지르는 자를 더 영리하다고 여겼기에, 전자로 불리는 것을 수치스럽게 여기고 후자로 불리는 것을 자랑스러워했다.

8   이 모든 악의 근원은 탐욕과 야심이었으며, 여기서 권력 투쟁이 생겨났다. 각국의 정파 지도자들은 그럴듯한 명분을 내세웠다. 대중 지도자들은 대중의 정치적 평등을, 소수 지배층은 절제된 귀족 정치를 주장했다. 그러나 그들은 겉으로는 공공의 이익을 주장하면서도, 실제로는 온갖 수단으로 서로를 무너뜨리기 위해 경쟁했다. 그 결과 정파 간의 대립은 극도로 잔혹해졌고, 정의나 국익이 아닌 복수심에서 비롯된 무자비한 처벌이 횡행했다. 권력을 장악하기 위해 불법적인 판결과 폭력이 난무했으며, 어느 정파도 경건함을 중시하지 않았다. 오히려 교묘한 술책으로 목적을 달성한 자들이 더 찬사를 받았다. 중립을 지키려 한 시민들은 어느 한 정파의 지지를 거부했다는 이유로, 혹은 분쟁 속에서 그들만이 무사할 것이라는 질투심 때문에 양측 모두에게 살해당했다.

1   **83** 이처럼 헬라스 사회에는 온갖 형태의 악이 뿌리내렸고, 가장 고귀한 자질인 정직함은 조롱의 대상이 되어 사라졌다. 서로 적대적인 두

2 이념이 헬라스 전체를 지배했으며, 불신 풍조가 만연했다. 이전까지 불신을 해소하기 위한 최후 수단이었던 강력한 언약이나 엄중한 맹세로도 더 이상 불신을 해결할 수 없게 되었다. 각 정파는 자신들만이 옳다고 믿었고, 불확실하고 절망적인 상황 속에서 반대파를 철저히 의심하며 오직 자신들의 안전만을 도모했다.

3   일반적으로 지능이 높지 않은 자들이 오히려 살아남을 가능성이 더 컸다. 그들은 자신의 약점을 알고, 상대가 자신보다 영리하다는 사실을 인식하기에 논쟁을 피했다. 논쟁해봐야 이길 가능성이 없다고 판단했기 때문이다. 또한 음모를 꾸밀 때도 영리한 적에게 발각될 것을 두려

4 워하여 즉시 실행에 옮겼다. 반면 지능이 높은 자들은 그렇지 못한 자

를 경시했고, 행동의 필요성을 인지했음에도 자신이 어떤 상황이든 해결할 수 있다는 자만감에 준비를 소홀히 하거나 방심했다. 그 결과 오히려 지능이 낮은 자에게 당했다.

84 이러한 폐해는 실제로 케르키라에서 처음 발생했다. 대중은 지 ₁ 배층에게 보복할 기회를 얻자 절제력을 잃고 무차별적으로 보복에 나섰다. 가난한 자들은 빈곤에서 벗어나기 위해 이웃의 재산을 빼앗는 정의롭지 못한 결정을 내렸고, 지배층 못지않게 부유한 자들은 탐욕 때문이 아니라 걷잡을 수 없는 분노에 사로잡혀 지배층을 잔혹하고 무자비하게 공격했다.

국가가 혼란에 빠지자 법 위반을 즐기는 인간 본성이 법의 질서를 ₂ 압도했다. 이로써 인간은 분노를 제어하지 못하고, 정의를 경멸하며, 자신보다 우월한 모든 것에 적대적인 존재임이 드러났다. 파괴적인 시기심이 그들을 부추기지 않았다면, 사람들이 이처럼 보복을 경건보다, 이익을 정의보다 우선시하지는 않았을 것이다. 사람들은 자신이 곤경 ₃ 에 처하면 보편적 법에 따라 보호받기를 바란다. 그러나 타인에게 보복할 때는 자신도 그런 위험에 처할 수 있음을 망각한 채 법을 존중하지 않는다. 미래를 위해 법을 지켜야 한다는 것을 알면서도, 누구보다 앞장서서 법을 무시하고 파괴적인 행동을 서슴지 않는다.

85 케르키라인이 도시에서 이러한 분노를 표출하는 동안, 에우리메 ₁ 돈과 아테나이군은 함선을 타고 케르키라를 떠났다. 지배층 가운데 도주하여 살아남은 500여 명은 나중에 본토의 요새를 점령했다. 그들은 ₂ 섬 맞은편에 위치한 케르키라인의 땅을 장악하고, 그곳을 거점으로 삼아 섬의 주민들을 지속적으로 습격했다. 이로 인해 도시는 큰 피해를 입었으며, 심각한 기근이 발생했다.

또한 그들은 라케다이몬과 코린토스로 사절단을 보내 귀환 문제를 ₃ 협상하려 했다. 그러나 협상이 결렬되자 얼마 후 함선과 용병을 모집하여 총 600여 명의 병력을 이끌고 섬으로 건너갔다. 그들은 섬을 정복하 ₄

지 못하면 모두 죽을 각오로 자신들이 타고 온 함선들을 불태웠다. 그리고 이스토네산[40]으로 올라가 요새를 구축한 뒤, 도시 내 주민들을 살해하고 농촌 지역을 장악했다.

I   **86**[*] 그해 여름이 끝나갈 무렵, 아테나이인은 멜라노포스의 아들 라케스와 에우필레토스의 아들 카로이아데스가 지휘하는 함선 20척을

2 시켈리아로 파견했다. 이는 시라쿠사이인과 레온티노이인 간의 전쟁 때문이었다. 도로스인의 도시들은 카마리나[41]를 제외하고 모두 시라쿠사이인의 동맹국이었으며, 펠로폰네소스 전쟁이 발발한 후 라케다이몬과 동맹을 맺었으나 직접 참전하지는 않았다. 반면, 칼키스인의 도시들과 카마리나는 레온티노이인과 동맹을 맺고 있었다. 이탈리아에서는 로크리스인이 시라쿠사이인의 편에 섰고, 레기온인[42]은 친족 관계인 레온티노이인을 지지했다.

3   레온티노이인과 그 동맹국들은 아테나이에 사절단을 보내, 오랜 동맹 관계와 자신들이 이온인이라는 점을 강조하며 함대 지원을 요청했다. 시라쿠사이인에 의해 육로와 해로가 모두 봉쇄되어 고립된 상황이

---

40 "이스토네산"은 케르키라섬 북부에 위치한 해발 917미터의 산으로, 섬에서 가장 높은 봉우리였다. 이곳에서는 케르키라섬 전체와 주변 바다, 헬라스 본토까지 조망할 수 있었다.

* 제86-116장은 아테나이의 시켈리아 원정, 아이톨리아 원정, 암브라키아 원정을 중심으로, 이 시기에 일어난 여러 자연현상(빈번한 지진과 해일, 아이트네산의 용암 분출)도 기록하고 있다. 또한 라케다이몬의 헤라클레이아 건설, 아테나이의 델로스 정화 작업 등 주요 사건들도 간략히 다룬다.

41 "시라쿠사이"는 기원전 734년경 코린토스인이 세운 시켈리아섬 동부 해안의 도시국가다. "레온티노이"는 기원전 729년경 낙소스인(칼키스인의 분파)이 건설한 도시로, 시라쿠사이 북쪽 약 50킬로미터 지점에 위치하며 비옥한 평야를 끼고 있어 시라쿠사이로 가는 요충지였다. "카마리나"는 기원전 599년 시라쿠사이가 건설한 도시이며, 시켈리아 남부에 있었다.

42 헬라스의 "로크리스인"은 이탈리아 남부 브루티 지방의 해안에 에피제피리오이 로크로이, 히포니온, 메드마 등의 식민시를 건설했다. "레기온"은 메세네 해협을 사이에 두고 시켈리아와 마주한 이탈리아 브루티움 지방의 칼키스인 식민시였다.

었기 때문이다. 이에 아테나이인은 함대를 파견했다. 표면적으로는 레 4
온티노이인과의 친족 관계를 명분으로 내세웠지만, 실제로는 시켈리아
에서 펠로폰네소스로의 식량 유입을 차단하고, 시켈리아를 자신들의
통제 아래 둘 수 있을지 탐색하려는 목적이 있었다. 이처럼 아테나이인 5
은 이탈리아의 레기온에 거점을 마련하고, 동맹국들과 함께 시라쿠사
이인과의 전쟁을 시작했다. 그리고 여름이 끝났다.

87 겨울이 다가오면서 역병이 두 번째로 아테나이를 강타했다. 첫 1
번째 역병은 완전히 사라진 적은 없었으나, 한동안 기세가 약해졌었다.
첫 번째 역병은 2년간 지속되었고, 두 번째 역병도 1년 이상 계속되었 2
다. 이번 전쟁에서 아테나이인을 가장 압박하고 전력을 크게 약화시킨 것
은 바로 이 역병이었다. 군대에서는 중무장보병 4,400명과 기병 300명 3
이상이 사망했으며, 역병으로 희생된 일반 시민들의 수는 헤아릴 수 없
을 정도였다. 같은 시기에 아테나이와 에우보이아섬, 보이오티아 지방 4
에서 수차례 지진이 발생했는데, 특히 보이오티아의 오르코메노스[43]에
서 빈번하게 일어났다.

88 그해 겨울, 시켈리아에 주둔 중이던 아테나이군과 레기온군은 1
함선 30척을 이끌고 이른바 아이올로스 섬들이라 불리는 지역을 공략
하기 위해 출항했다. 이 섬들은 여름철에는 식수 부족으로 공격이 불가
능한 지역이었다. 이곳에는 크니도스[44]에서 이주해온 리파라인이 거주 2
하고 있었다. 그들은 리파라라는 비교적 작은 섬에 정착하여 살면서 디

---

43 보이오티아는 사방이 산맥으로 둘러싸인 분지 지역이었다. 분지 중앙에는 코파이스
호가 있었고, 남부를 흐르는 아소포스강은 아티케와의 경계를 이루었다. 주요 도시
인 테바이는 호수 남쪽에, "오르코메노스"는 북서쪽 케피소스강 유역에 위치했다.
44 "아이올로스 섬들"(리파라제도)은 시켈리아 북동쪽 티레니아해에 있는 7개의 화산섬
군도다. 가장 큰 섬은 "리파라", 두 개의 화산으로 구성된 "디디메"는 '쌍둥이'란 뜻에
서 이름이 유래했다. 북동쪽에는 활화산 "스트롱길레", 남쪽에는 "히에라"가 있었다.
"크니도스"는 소아시아 서남부 카리아 지방의 반도 끝에 있는 도시로, 기원전 7세기
경 도로스인이 건설했다.

디메, 스트롱길레, 히에라와 같은 다른 섬들로 건너가 농사를 지었다.

3 그 지역 주민들은 히에라섬에 헤파이스토스[45]의 대장간이 있다고 믿었다. 그 섬에서 밤이면 거대한 불길이 치솟고, 낮에는 연기가 피어올랐기 때문이다. 이 섬들은 시켈로스인과 메세니아인의 땅[46] 앞바다에 위

4 치했으며, 시라쿠사이인의 동맹국이었다. 아테나이군은 그들의 땅을 약탈한 뒤, 주민들이 자신들의 편에 서기를 거부하자 레기온으로 돌아갔다. 그렇게 겨울이 지나고, 투키디데스가 기록한 이 전쟁의 다섯 번째 해[47]가 끝났다.

1   **89** 다음 해 여름, 펠로폰네소스군과 그 동맹군은 아르키다모스의 아들이자 라케다이몬의 왕 아기스의 지휘 아래 아티케를 침공하기 위해 코린토스 지협까지 진군했다. 그러나 지진이 빈번하게 일어나자 침공을 포기하고 귀환했다.

2   그 시기에는 지진이 계속되었다. 에우보이아섬의 오로비아이[48]에서는 바닷물이 해안선에서 물러났다가 다시 파도를 일으키며 내륙 깊숙이 밀려들며 도시의 일부를 덮쳤다. 일부 지역은 바닷물이 빠졌으나, 다른 지역은 침수되었다. 그 결과, 이전에 육지였던 곳이 바다가 되었

3 다. 고지대로 대피하지 못한 주민들은 모두 목숨을 잃었다. 로크리스 지방의 오푸스 앞바다에 위치한 아탈란테섬에서도 유사한 해일이 일어나, 아테나이인이 설치한 요새 일부가 파괴되었고, 해안에 끌어 올려

4 둔 함선 2척 중 1척이 파손되었다. 페파레토스섬[49]에서도 바닷물이 약

---

45 "헤파이스토스"는 올림포스 12신 중 하나로, 대장장이 신이다.
46 "시켈로스인"은 기원전 2000년경부터 시켈리아섬에 거주한 토착민이었다. 메세니아는 펠로폰네소스 서부에 있어 라케다이몬과 접경했다. "메세니아인의 땅"은 이들이 세운 식민시를 가리키며, 여기에는 시켈리아 북동부의 잔클레(후의 메세네), 훗날 메세니아 난민이 이주한 칼라브리아 지방의 레기온이 포함된다.
47 "이 전쟁의 다섯 번째 해"는 기원전 427년이다.
48 "오로비아이"는 에우보이아섬의 북서 해안에 위치한 도시였다.
49 "페파레토스섬"은 스포라데스제도에 속한 섬으로, 포도주 생산지로 유명했다. 전설

간 물러나기는 했으나 해일로 이어지지는 않았다. 그러나 지진으로 성벽의 일부와 시청사, 그리고 몇몇 가옥이 붕괴되었다.

내 생각에, 이러한 현상은 지진이 특히 격렬했던 지역에서 바닷물이 $_5$ 일시적으로 물러났다가 더욱 강력하게 밀려들면서 발생한 해일 때문이다. 지진이 없었다면 이러한 현상도 일어나지 않았을 것이다.

90 그해 여름, 시켈리아에서는 교전 중인 세력들이 각자의 상황에 $_1$ 따라 다양한 작전을 전개했다. 시켈리아인들은 각자 군대를 이끌고 서로 맞서 싸웠으며, 아테나이군과 그 동맹군도 함께 전투를 치렀다. 이 가운데 나는 아테나이인이 직접 관여한 전투 가운데 언급할 가치가 있는 것을 서술하고자 한다.

아테나이의 장군 카로이아데스가 시라쿠사이인과의 전투에서 전사 $_2$ 하자, 단독으로 함대 전체를 지휘하게 된 라케스는 동맹군과 함께 메세네의 거점인 밀라이항^{50}을 공격했다. 당시 메세네군의 두 부대가 아테나이군의 상륙을 기다리며 항구 주변에 매복해 있었다. 그러나 아테나 $_3$ 이군과 그 동맹군은 매복했다가 공격을 감행한 메세네군 다수를 물리치고 요새를 공격했다. 그들은 요새를 넘기고 자신들과 함께 메세네 공략에 나선다는 조건으로 항복을 요구했다. 이후 메세네인들은 아테나 $_4$ 이군에 볼모를 보내고 자신들의 충성을 보증할 담보를 제공한 후, 아테나이군과 그 동맹군에 합류했다.

91 그해 여름, 아테나이인은 알키스테네스의 아들 데모스테네스와 $_1$ 테오도로스의 아들 프로클레스가 지휘하는 함선 30척을 펠로폰네소스

에 따르면, 이 섬의 도시는 포도주의 신 디오니소스의 아들 페파레토스가 세운 것으로 전해진다. 스포라데스제도는 테살리아 지방과 에우보이아섬 동쪽 해역에 분포하며, 가장 큰 섬은 남단의 스키로스섬이다.

50 "밀라이항"은 시켈리아섬 북동부 연안에 자리 잡은 항구 도시였다. 메세네 해협의 서쪽 해안에 위치했으며, 이곳에서 동쪽으로 약 20-30킬로미터 거리에 이 지역의 가장 중요한 도시 메세네가 있었다.

주변으로 보냈다. 또한 니케라토스의 아들 니키아스가 지휘하는 함선

2 60척과 중무장보병 2,000명을 멜로스섬[51]으로 보냈다. 이는 멜로스가 섬인데도 아테나이의 지배를 받지 않고 동맹도 맺지 않아 그들을 굴복시키고자 했기 때문이다.

3   그러나 아테나이군이 멜로스인의 땅을 초토화했음에도 그들이 끝내 항복하지 않자, 아테나이 함대는 멜로스를 떠나 그라이아의 땅에 있는 오로포스로 항해했다. 밤이 되자 중무장보병들은 상륙하여 보이오티

4 아 지방의 타나그라[52]를 향해 육로로 진격했다. 칼리아스의 아들 히포니코스와 투클레스의 아들 에우리메돈이 지휘하는 아테나이군도 그들

5 과 합류하기 위해 아테나이를 출발하여 타나그라로 진격했다. 그날 그들은 타나그라에 진지를 구축하고 그 지역을 약탈한 후 야영했다. 다음 날에는 테바이에서 온 소규모 증원군과 함께 출격한 타나그라군과 전투를 벌여 승리한 후 무기를 노획하고 승전비를 세웠다. 이후 한 부대는

6 아테나이로, 다른 부대는 함대가 대기 중인 곳으로 돌아갔다. 니키아스는 60척의 함선을 이끌고 로크리스 지방의 해안을 따라 항해하며 약탈한 후 본국으로 돌아갔다.

1   **92** 그 무렵 라케다이몬인은 트라키스 인근에 식민시 헤라클레이아[53]

2 를 건설했는데, 그 배경은 다음과 같다. 멜리스 지방의 주민은 파랄리오이인, 이리에스인, 트라키스인[54] 세 부족으로 구성되어 있었다. 이 가

---

51 "멜로스섬"은 키클라데스제도에서 가장 서쪽에 위치한 섬이다.

52 "그라이아"와 "오로포스"는 보이오티아 남동부에 위치해 있으며, 아티케 지방과 접경한 도시들이었다. 보이오티아 동부에는 아티케와 경계를 이루는 아소포스강을 따라 "타나그라"가 자리하고 있었다. 아소포스강 서쪽 하류 지역에는 플라타이아이가, 북쪽 중류 지역에는 코파이스 호수 남쪽에 테바이가 있었다.

53 "트라키스"는 헬라스 중부의 멜리스 지방 남쪽, 오이테 산맥 기슭에 자리한 고대 도시였다. 오이테산은 신화에서 헤라클레스가 생애를 마친 곳으로 전해지며, 라케다이몬인은 이 일대에 식민시를 세우고 "헤라클레이아"(헤라클레스의 땅)라 불렀다.

54 "멜리스 지방"은 멜리스만을 따라 형성된 해안 지역으로, 남쪽으로 테살리아, 동쪽으로 도리스와 맞닿아 있었다. "파랄리오이인"('해안 거주민')은 멜리스만 해안가에,

운데 트라키스인이 인접한 오이테인[55]과의 전쟁으로 피해를 입었다. 처음에는 아테나이에 도움을 청하려 했으나 그들을 신뢰하지 못해 테이사메노스를 사절로 삼아 라케다이몬으로 보냈다. 마침 라케다이몬의 모국인 도리스의 주민들도 오이테인에게 피해를 입었기에 함께 사절단을 꾸려 지원을 요청했다.

라케다이몬인은 두 사절단의 요청을 듣고, 그곳에 식민시를 건설하기로 결정했다. 트라키스인과 도로스인을 돕는 동시에 그곳에 도시를 세운다면 아테나이인과의 전쟁에도 유리할 것이라 판단했기 때문이다. 이곳을 해군 기지로 활용하여 인접한 에우보이아로 함대를 파견할 수 있고, 트라케 지방으로 진출하기도 용이할 것이었다.

라케다이몬인은 먼저 델포이의 신탁을 구했고, 승인을 받자 자국민과 페리오이코이를 이주민으로 보냈다. 이온인과 아카이아인 및 일부 부족을 제외한 헬렌인들 중 희망자에게도 이주를 허용했다. 라케다이몬인 세 사람, 레온, 알키다스, 다마곤이 식민시 건설자로 임명되어 이주민들을 인솔했다. 그들은 현재 헤라클레이아라 불리는 도시를 새롭게 신설하고 성벽을 구축했다. 이 도시는 테르모필라이에서 40스타디온[56], 해안에서 20스타디온 정도 떨어져 있었다. 그들은 조선소를 건설하고, 방어에 유리하도록 테르모필라이의 협로를 요새화했다.

93 이 도시가 건설되자 아테나이인은 처음에는 에우보이아를 겨냥한 것이라 여겨 우려했다. 이 도시에서 에우보이아의 케나이온곶[57]에 이르는 바닷길이 짧았기 때문이다. 그러나 예상과 달리 이 새로운 도시

"이리에스인"은 그 내륙 중심부에, "트라키스인"은 트라키스 지역에 거주했다.
55 "오이테인"은 오이테 산맥 부근에 거주했다.
56 "40스타디온"은 약 7.4킬로미터다.
57 "케나이온곶"은 에우보이아섬 북서단에 있는 곶으로, 멜리스만 입구에 위치한다. 전설에 따르면 헤라클레스가 이곳에 제우스 신전을 세웠으며, 이 신전은 그 위치로 인해 항해자에게 중요한 이정표가 되었을 것이다.

는 아테나이인에게 전혀 위협이 되지 않았다.

2   이 지역을 지배하고 있던 테살리아인이 자신들의 영토 인근에 새로
정착한 세력이 강성해지는 것을 우려하며 연이어 전쟁을 일으켜 도시
를 파괴하고 주민들을 죽였기 때문이다. 초기에는 많은 이가 라케다이
몬이 건설한 도시니 안전할 것이라 믿고 이주해왔으나, 결국 도시는 쇠

3 퇴의 길을 걸었다. 더욱이 라케다이몬에서 파견된 통치자들이 문제를
일으킨 것도 인구 감소에 한몫을 했다. 그들이 도시를 잘못 다스려 주
민들을 힘들게 하자 다수가 두려움에 도주했고, 이웃 국가들은 손쉽게
그들을 제압할 수 있었다.

1   **94** 그해 여름, 아테나이군이 멜로스섬에 주둔하는 동안, 함선 30척
을 펠로폰네소스 해안 쪽으로 보내 레우카스 영토의 엘로메논[58]에 상
륙시켰다. 그들은 매복하여 현지 수비대 일부를 죽인 후, 오이니아다이
를 제외한 아카르나니아 전역의 동맹국들이 보낸 자킨토스군, 케팔레니
아군, 케르키라에서 파견된 함선 15척과 함께 레우카스를 공격했다.

2   아테나이군이 지협 바깥쪽은 물론이고 레우카스와 아폴론 신전이 있
는 지협 안쪽까지 약탈했지만, 수적으로 열세였던 레우카스인은 대응하
지 못했다. 아카르나니아군은 아테나이 장군 데모스테네스에게 방벽을
쌓아 도시를 봉쇄하자고 제안했다. 그렇게 하면 도시를 쉽게 함락시키
고, 숙적으로부터 영원히 해방될 수 있을 것이라 기대했기 때문이다.

3   그러나 데모스테네스는 아카르나니아인의 제안을 거절하고, 대군이
집결한 이 기회를 이용해 아이톨리아인을 공략하는 것이 유리하다는
메세니아인의 제안을 받아들였다. 메세니아인은 나우팍토스항을 위협
하는 아이톨리아인을 정복하면, 그 지역의 다른 부족들도 아테나이에

4 쉽게 복속시킬 수 있을 것이라고 주장했다. 아이톨리아인은 큰 부족이
고 호전적이기는 하나, 성벽 없는 마을들에 흩어져 살고 무구도 빈약해

---

58 "엘로메논"은 레우카스섬의 남동부에 위치했다.

외부에서 원군이 도착하기 전에 그들을 격파하기가 어렵지 않을 것이   5
라고도 설명했다. 메세니아군은 이러한 근거를 들어 데모스테네스에게
순차적 공격을 제안했다. 먼저 아포도토이인을, 다음으로는 오피오네
이스인을, 마지막으로 아이톨리아 최대 부족이자 알아듣기 힘든 방언
을 쓰고 날고기를 먹는다고 알려진 에우리타네스인을 공격하자는 것이
었다.[59] 이들을 제압하면 나머지 부족들은 쉽게 항복할 것이라 보았다.

95 데모스테네스는 이 제안을 받아들였다. 이는 메세니아인의 환심   1
을 사기 위함이기도 했지만, 특히 본토의 동맹군에 아이톨리아인까지
합류하면 아테나이에서 증원군을 보내주지 않아도 자신이 육로로 보
이오티아를 공격할 수 있으리라 생각했기 때문이다. 그는 오졸리아 로
크리스 지방[60]을 지나 도리스 지방의 키티니온으로 진군한 후, 오른쪽
으로 파르나소스산을 끼고 포키스 지방으로 내려갈 계획이었다. 포키
스인은 아테나이인과의 오랜 우호 관계 때문에 기꺼이 원정에 동참하
겠지만, 만약 그러지 않는다면 무력으로 압박하여 참여시킬 구상이었
다(포키스 지방은 보이오티아 지방과 접경해 있었다). 그래서 그는 아카르나
니아군의 반대에도 불구하고 전군을 이끌고 레우카스를 출발하여 솔
리온으로 해안을 따라 항해했다.

솔리온에서 데모스테네스는 자신의 계획을 설명했으나, 아카르나   2
니아군은 그가 레우카스 봉쇄 제안을 거절한 것에 대한 반발로 참여를
거부했다. 이에 그는 케팔레니아군, 메세니아군, 자킨토스군, 그리고

---

59 "아이톨리아"는 코린토스만 북쪽에 위치한 산악 지방으로, 서쪽은 아켈로오스강을
   경계로 아카르나니아 지방과 접한다. 북부에는 "아포도토이인"이, 북동부에는 "오피
   오네이스인"이, 북서부에는 "에우리타네스인"이 거주했다. 이 지역은 험준한 지형 덕
   분에 각 부족이 독립을 유지할 수 있었다.
60 "키티니온"은 도리스 지방의 4대 도시 중 하나로, 파르나소스 산맥 인근에 있었다.
   "파르나소스산"은 포키스 지방에 속하며, 델포이 신전이 그 산기슭에 있었다. "솔리
   온"은 아카르나니아 지방의 이오니아해 연안 도시로 남쪽에는 아스타코스, 오이니아
   다이가 있었다.

그의 함대에서 복무 중인 아테나이 해군 300명으로 구성된 나머지 군대를 이끌고 아이톨리아 원정을 시작했다(케르키라에서 보낸 함선 15척은

3 이미 철수한 후였다). 그는 로크리스 지방의 오이네온항[61]을 전진기지로 삼았다. 동맹국인 오졸리아 로크리스인이 모든 병력을 육로로 파견하여 아테나이군과 합류하기로 했기 때문이다. 그들은 아이톨리아 인접 지역에 거주하며 유사한 무구를 사용할 뿐 아니라, 아이톨리아인의 전투 방식과 지형에도 밝아 원정군에 큰 도움이 될 것으로 기대되었다.

1 **96** 밤이 되자 데모스테네스는 자신의 군대와 함께 네메아[62]의 제우스 성역에서 야영했다. 이곳은 시인 헤시오도스가 그곳에서 죽을 것이라는 신탁을 받은 후, 그 지역 주민의 손에 살해된 장소로 알려져 있다.

2 날이 밝자 그는 군대를 이끌고 아이톨리아로 진군했다. 진격 첫날에는 포티다니아를, 둘째 날에는 크로킬레이온을, 셋째 날에는 테이키온을 점령했다. 그는 테이키온에 주둔하며 로크리스 지방의 에우팔리온으로 전리품을 보냈다. 이처럼 여러 지역을 정복한 후 오피오네이스인[63]을 공격하여, 그들이 항복하지 않으면 나우팍토스항으로 철수했다가 다시 원정을 재개할 계획이었다.

3 아이톨리아인은 데모스테네스가 이번 원정을 구상하고 준비하는 단계부터 이미 그 소식을 파악하고 있었기에, 그의 군대가 진격해오자 즉시 각지에서 결집하여 대규모 병력으로 방어에 나섰다. 멜리스만 인근에 위치하여 가장 원거리에 있던 오피오네이스인과 보미에스인, 칼리

---

61 "오이네온항"은 오졸리아 로크리스 지방 서부, 코린토스만 연안에 위치한 항구였다.

62 "네메아"는 코린토스와 아르고스 사이에 위치한 도시로, 신화에 따르면 헤라클레스가 네메아의 사자를 퇴치한 장소다. 고대 헬라스의 4대 제전 중 하나인 네메아 제전이 이곳에서 열렸다.

63 "포티다니아"와 "테이키온"은 아이톨리아 지방과 오졸리아 로크리스 지방의 접경 지대에, "크로킬레이온"은 아이톨리아 북부에 있었다. "에우팔리온"은 오졸리아 로크리스의 중심 도시로, 나우팍토스항 인근에 자리 잡고 있었다. "오피오네이스인"은 아이톨리아 북동부에 거주했다.

에스인[64]도 지원군으로 도우러 왔다.

97 그럼에도 메세니아군은 데모스테네스에게 처음 제안했던 조언 1
을 동일하게 반복했다. 아이톨리아인을 정복하는 것은 어렵지 않으니
가능한 한 빠르게 마을을 점령하여 아이톨리아인이 연합할 시간을 주
지 말라고 권고했다. 데모스테네스는 지금까지 별다른 문제가 없었기 2
에 자신의 행운을 믿고 그들의 제안을 따르기로 했다. 그는 특히 경무
장 투창병이 부족한데도, 로크리스 지원군을 기다리지 않은 채 곧바로
아이기티온[65]으로 진격하여 그곳을 무력으로 점령했다. 마을을 떠난
주민들은 해안에서 80스타디온 떨어진, 도시가 내려다보이는 구릉 지
대로 옮겨갔다.

이때 아이기티온을 구원하러 온 아이톨리아인이 도망친 주민들과 3
합세하여 아테나이군과 그 동맹군을 공격하기 시작했다. 그들은 언덕
곳곳에서 기습적으로 달려 내려오며 끊임없이 창을 던졌다. 아테나이
군이 반격하면 후퇴했다가 다시 공격하는 전술을 반복하며 교전을 이
어갔다. 전투는 추격과 후퇴가 반복되는 양상으로 전개되었고, 아테나
이군은 진격할 때나 후퇴할 때나 불리한 상황에 처했다.

98 처음에는 아테나이군 궁수들에게 화살이 남아 있어 적이 창을 1
던질 때 어느 정도 대응이 가능했다. 아테나이군 궁수들이 화살을 집중
적으로 쏘면, 경무장한 아이톨리아인은 물러설 수밖에 없었다. 그러나
궁수대장이 전사하고 궁수들이 흩어지자, 장시간의 전투에서 추격과
후퇴를 반복하며 지친 아테나이군은 지속적으로 창을 던지며 압박해
오는 아이톨리아인을 더 이상 감당하지 못하고 결국 뒤돌아서 도망쳤
다. 일부는 지형에 익숙하지 않아 막다른 협곡으로 들어갔다가 목숨을
잃었다. 그들의 길잡이였던 메세니아인 크로몬이 전사했기 때문이다.

---

64 "보미에스인"과 "칼리에스인"의 정확한 거주지는 알려지지 않았다.
65 "아이기티온"은 아이톨리아 지방 북부, 오이테 산맥 인근에 위치한 도시였다.

2   경무장 상태로 빠르게 이동하는 아이톨리아인은 도주하는 아테나이
군을 추격했고, 창을 던져 많은 아테나이 군사를 살해했다. 그러나 더
많은 아테나이군은 길을 잃고 숲속으로 도망쳤다가, 아이톨리아인이
3   숲에 불을 질러 탈출하지 못한 채 화염에 휩싸여 죽었다. 아테나이 군
사들은 갖은 방법으로 도주하다가 죽음을 맞았고, 간신히 살아남은 자
들은 해안으로 빠져나가 처음 출발지였던 로크리스의 오이네온항으로
도피했다.

4   동맹군 상당수가 죽었고, 아테나이군의 중무장보병도 약 120명이
전사했다. 모두 같은 연령대인 그들은 아테나이 군사들 중 최정예 부대
로, 이번 전투에서 가장 큰 피해를 입었다. 데모스테네스의 동료 장군
5   프로클레스도 전사했다. 아테나이군은 휴전협정을 맺고, 아이톨리아인
으로부터 전사자의 시신을 인도받아 나우팍토스로 철수했다가, 나중에
함선을 타고 아테나이로 돌아갔다. 그러나 데모스테네스는 이번 패전
으로 아테나이인에게 문책당할 것이 두려워 나우팍토스와 그 인근 지
역에 머물렀다.

1   **99** 그 무렵 시켈리아에 주둔하던 아테나이군은 함선을 타고 로크리
스 땅으로 건너갔다. 그들은 상륙 직후 맞서 싸우러 나온 로크리스인들
을 격퇴하고, 이어서 알렉스강[66] 연안에 위치한 요새까지 점령했다.

1   **100** 그해 여름, 아이톨리아인은 아테나이군의 침공에 앞서 오피오
네이스인 톨로포스, 에우리타네스인 보리아데스, 아포도토이인[67] 테이
산드로스로 구성된 사절단을 코린토스와 라케다이몬에 파견하여 나우
2   팍토스를 공격할 군대를 요청했다. 가을 무렵, 라케다이몬은 동맹국에
서 소집한 중무장보병 3,000명을 보냈다. 그중 500명은 트라키스 지역

---

66 여기서 "로크리스 땅"은 헬라스의 로크리스인이 이탈리아에 건설한 식민시 에피제피
리오이 로크로이를 가리킨다. "알렉스강"은 그 영토 내에 위치한 강으로, 강가에 전
초 요새가 있었다.
67 "오피오네이스인", "에우리타네스인", "아포도토이인"은 아이톨리아의 주요 부족이다.

에 새롭게 건설된 식민시 헤라클레이아에서 차출된 군사들이었다. 이 군대는 스파르테인 에우릴로코스가 지휘했으며, 역시 스파르테인인 마카리요스와 메네다이오스가 그를 보좌했다.

101 에우릴로코스는 연합군이 델포이에 집결하자 그곳에서 오졸리아 로크리스인에게 전령을 보냈다. 나우팍토스로 가기 위해서는 그들의 영토를 지나야 했기 때문이기도 하지만, 그들을 아테나이 동맹에서 이탈시키려는 의도도 있었다. 로크리스인들 중에서는 특히 암피사인이 라케다이몬에 협조적이었다. 그렇게 하지 않을 경우 라케다이몬 동맹국인 포키스인의 미움을 살 것을 우려했기 때문이다. 그래서 에우릴로코스의 군대가 다가오자 암피사인은 가장 먼저 볼모를 보냈고, 로크리스 지방의 다른 도시에도 동참을 권유했다. 그들의 인접 도시이자 로크리스 지방으로 침입할 때 가장 큰 장애물인 미오니아인이 가장 먼저 따랐고, 이어서 이프노스인, 메사피아인, 트리테아인, 칼라이온항의 주민들, 톨로폰인, 헤소스인, 오이안테이아인이 뒤를 이었다. 이들 모두가 원정에 참여했다. 올페인은 볼모를 보내기는 했지만 원정에는 불참했으며, 히아이아인은 영토 내 폴리스라는 소도시가 점령된 후에야 볼모를 보냈다.[68]

102 원정 준비가 완료되자 에우릴로코스는 볼모들을 도리스 지방의 키티니온에 유치한 후, 군대를 이끌고 로크리스 지방을 지나 나우팍토스로 향했다. 그는 진군 도중 항복을 거부한 오이네온과 에우팔리온을 점령했다. 나우팍토스에 도착한 뒤에는 아이톨리아군과 합류하여 그 지역을 약탈하고, 성벽이 없는 도시 외곽 지역을 점령했다. 이어서

---

68 "암피사"는 오졸리아 로크리스의 중심 도시로, 포키스 지방의 델포이와 인접해 있었다. 오졸리아 로크리스의 내륙에는 "미오니아", "이프노스", "메사피아", "트리테아", "톨로폰", "헤소스", "올페", "히아이아"가 있었다. "칼라이온"은 포키스와 맞닿은 코린토스만의 항구 도시였으며, "오이안테이아"는 크리사만 서쪽 입구에 위치했다. 다만 이들 도시의 정확한 위치는 분명히 밝혀지지 않았다.

아테나이에 예속된 코린토스 식민시 몰리크레이온[69]으로 진격하여 그곳도 장악했다.

3 한편 아이톨리아에서 참패한 후에도 나우팍토스 인근에 머물고 있던 아테나이인 데모스테네스는 적군의 공격이 임박했음을 예상하고 두려움에 휩싸였다. 그는 아카르나니아인에게 지원군을 요청했으나,

4 과거 레우카스에서 철수한 전력 때문에 설득이 쉽지 않았다. 그럼에도 아카르나니아인은 그의 함선에 중무장보병 1,000명을 태워 보냈고, 나우팍토스에 도착한 그들은 도시 방어에 성공했다. 그들의 지원이 없었더라면, 성벽은 길고 수비할 군사는 적어 나우팍토스를 지켜내기 어려웠을 것이다.

5 에우릴로코스와 그의 동맹군은 아카르나니아 군대가 나우팍토스에 입성하여 주둔한 상황에서 그곳을 무력으로 점령하기 불가능하다고 판단하고 철수했다. 그러나 펠로폰네소스로 곧장 돌아가지 않고, 현재 아이올리스라 불리는 칼리돈과 플레우론, 그 주변 지역 및 아이톨리아

6 의 프로스키온으로 이동했다.[70] 이는 암브라키아인이 그들을 찾아와 암필로키아의 아르고스[71]와 그 밖의 지역 및 아카르나니아를 함께 공격하자고 설득했기 때문이다. 이 지역을 장악하면 본토의 나머지도 라케

7 다이몬의 동맹이 될 것이라는 주장이었다. 에우릴로코스는 이 제안을 받아들여 아이톨리아인을 돌려보내고, 암브라키아인이 먼저 아르고스

---

69 "몰리크레이온"은 오졸리아 로크리스 지방 남부의 코린토스만 연안에 위치한 항구 도시였다.

70 아이톨리아 지방은 북쪽과 동쪽이 산악 지대이고, 서쪽은 이오니아해와 접한 평야 지대로 이루어져 있었다. 중앙에는 트리코니스 호수가 있었고, 호수의 서쪽으로는 에우에노스강이 흘렀다. 이 강 하류에는 "플레우론"이, 그 위로는 "칼리돈"이, 더 위쪽에는 "프로스키온"이 있었다. 이 지역이 "아이올리스"(아이올로스의 땅)로 불렸다는 기록은 다른 문헌에서는 확인되지 않는다.

71 "암필로키아의 아르고스"는 아르고스의 왕족 암필로코스가 이 지역에 건설한 도시국가를 가리킨다.

로 진격하여 지원을 요청할 때까지 남은 군대와 함께 그곳에 조용히 머물렀다. 그렇게 여름이 끝났다.

103 겨울이 되자 시켈리아에 주둔 중이던 아테나이군은 동맹국에서 온 헬렌인 군대, 시라쿠사이의 압제에 저항해 반란을 일으키고 이제는 아테나이 편에 선 시켈로스 군대와 함께 시켈로스인의 도시 이네사[72]를 공격했다. 이네사의 아크로폴리스에는 시라쿠사이인군이 주둔하고 있었으나, 아테나이군은 끝내 그곳을 함락시키지 못하고 철수했다. 그들이 퇴각하는 동안, 성채에서 출격한 시라쿠사이인군이 후미에 있던 아테나이 동맹군을 공격했다. 이에 일부는 도망쳤으나 상당수가 전사했다.

그 후 라케스는 아테나이 함선들을 이끌고 여러 차례 로크로이에 상륙했다. 그는 카이키노스 강변[73]에서 카파톤의 아들 프록세노스가 지휘하는 로크리스군 300여 명과 교전하여 승리를 거두었으며, 무구를 노획한 뒤 철수했다.

104 그해 겨울, 아테나이인은 신탁에 따라 델로스섬을 정화했다. 과거에 아테나이의 참주 페이시스트라토스[74]도 이 섬을 정화한 적이 있었으나, 당시에는 신전에서 조망되는 지역까지만 정화했었다. 이번에는 섬 전체를 정화하는 조치가 취해졌다.

---

72 "시켈로스인"은 기원전 2000년경부터 시켈리아섬에 정착해 살았던 토착민이다. "이네사"는 시켈리아섬 동부의 아이트나산 남서쪽 기슭에 위치한 도로스인의 식민시로, 시라쿠사이의 영향권에 있었다.

73 여기서 "로크로이"는 이탈리아의 에피제피리오이 로크로이를 가리킨다. "카이키노스 강"은 이 도시와 카울로니아 사이의 경계를 이루었다.

74 "페이시스트라토스"(기원전 약 600-527년)는 솔론의 개혁 이후 아테나이에서 귀족과 평민 간의 갈등을 이용해 권력을 장악하고, 기원전 561년에 최초로 참주가 되었다. 그는 농민과 대중을 위한 정책을 추진하고, 대외적으로는 평화를 지향하여 아테나이의 산업과 통상을 크게 발전시켰다. 아크로폴리스에 아테나 신전을 세우고, 구전되던 호메로스의 서사시를 문자로 기록하게 하는 등 문화적 업적도 남겼다. 그의 통치 아래 아테나이는 눈에 띄는 번영을 누렸고, 이는 훗날 아테나이가 헬라스 세계의 중심 도시로 성장하는 기반이 되었다.

2   그들은 델로스의 모든 무덤을 철거하고, 앞으로 누구도 이 섬에서 사망하거나 출생해서는 안 된다는 포고령을 발표했다. 이에 따라 임종이 가까운 자나 출산을 앞둔 자는 인근의 레네이아섬으로 이동해야 했다. 레네이아는 델로스와 매우 가까운 섬으로, 한때 사모스의 참주 폴리크라테스가 해상권을 장악하며 다른 섬들을 지배하던 시기에 점령하여 쇠사슬로 델로스와 연결한 후, 델로스의 아폴론에게 헌정한 바 있다. 정화를 마친 아테나이인은 이후 4년 주기의 델로스 축제[75]를 최초로 열었다.

3   옛날에도 이온인과 주변 섬 주민들은 델로스에 모여 대규모 축제를 열었다. 오늘날 에페소스 축제[76]처럼 당시 이온인은 처자식과 함께 델로스에 와서 육상 경기와 음악 경연을 즐겼으며, 각 도시에서 합창가무단을 보내기도 했다. 이러한 축제의 존재는 호메로스가 『아폴론 찬가』[77]의 서문에서 인용한 다음 시에서도 확인할 수 있다.

4

그러나 포이보스시여,

당신의 마음이 델로스에서 가장 크게 기쁨을 누리실 때,

그곳에서 긴 옷자락을 끌며 걷는 이온인들이

자녀와 아내를 데리고 당신의 성스러운 거리에 모여

권투와 춤과 노래로 당신을 즐겁게 해드리며,

경기를 베풀 때마다 언제나 당신을 기억하나이다.

---

75 "델로스 축제"는 아폴론과 아르테미스를 기리는 범헬라스 제전으로, 아테나이가 주관했으며 4년마다 델로스섬에서 열렸다.
76 "에페소스 축제"는 소아시아 이오니아의 도시 에페소스에서 해마다 열린 아르테미스 숭배 축제였다.
77 『아폴론 찬가』는 기원전 7-5세기 사이에 지어진 작품으로, 예언과 음악, 의술, 태양의 신인 아폴론을 찬양하는 작품이다. 11-78행의 델로스 편은 아폴론의 탄생을, 179-546행의 델포이 편은 델포이 신전의 설립을 다룬다.

호메로스의 서문에는 델로스에서 음악 경연이 열렸으며, 이온인이 5
이에 참가했음을 보여주는 내용도 있다. 그는 델로스의 여성 합창가무
단을 칭찬한 후, 자신에 관한 다음의 시구로 마무리한다.

그대들 모두 평안하시길! 아폴론께서 아르테미스[78]와 함께
그대들에게 호의를 베푸시기를!
그리고 그대들은 나를 기억하고 있다가,
훗날 이 땅의 인간 가운데 고난 많은 누군가가
이곳에 와서 묻기를, "소녀들이여, 이곳에 온 음유시인 중에서
그대들을 가장 즐겁게 해준 이는 누구요,
누구의 노래가 가장 감미로웠소?" 한다면,
그대들은 모두 한마음으로 이렇게 잘 대답해주시오.
"눈먼 사나이, 바위 많은 키오스섬에 사는 이지요."

이처럼 호메로스의 기록은 델로스에서 많은 사람이 모여 축제를 열 6
었던 역사를 증명하고 있다. 이후에도 섬 주민과 아테나이인은 합창단
과 제물을 보내며 축제의 명맥을 유지했지만, 재정난으로 경연을 포함
한 대부분의 행사가 중단되었다. 그러나 이번에 아테나이인은 델로스
축제를 부활시키면서 과거에는 없던 경마 종목을 새롭게 추가했다.

105 그해 겨울, 암브라키아인은 이전에 에우릴로코스에게 그의 군 1
대와 함께 머물러줄 것을 요청하며 약속했던 대로, 중무장보병 3,000명
을 이끌고 암필로키아의 아르고스로 출정했다. 그들은 아르고스 영토
에 침입하여 해안 언덕에 위치한 요새 올파이를 점령했다. 이는 과거
아카르나니아인이 성벽을 세워 암필로키아인과 공동 법정으로 사용하

---

78 태양의 신 "아폴론"과 미의 여신 "아르테미스"는 제우스와 티탄신족 레토 사이에서
   태어난 쌍둥이 신이다.

던 곳으로, 해안에 위치한 아르고스에서 약 25스타디온 떨어져 있었다.

2   그러자 아카르나니아인은 대응에 나섰다. 일부 병력은 아르고스를 지원하러 갔고, 나머지는 암필로키아 지방의 크레나이[79]에 진지를 구축하고, 에우릴로코스가 지휘하는 펠로폰네소스군이 몰래 크레나이를

3 지나 암브라키아인과 합류하지 못하도록 감시했다. 또한 아카르나니아인은 아이톨리아 원정 당시 아테나이군을 이끌었던 데모스테네스에게도 전령을 보내 지휘를 요청했다. 동시에 펠로폰네소스 해안에서 아테나이 함선 20척을 지휘하던 티모크라테스의 아들 아리스토텔레스와 안티므네스토스의 아들 히에로폰에게도 전령을 보내 지원을 요청했다.

4   한편 올파이에 주둔한 암브라키아군도 자국에 전령을 보내 전군 동원을 요청했다. 그들은 에우릴로코스의 군대가 아카르나니아인에게 저지당해 크레나이를 통과하지 못할 경우, 자신들만 전투를 치르거나 철수하려 해도 위험을 감수해야 하는 상황에 놓일 것을 우려했다.

I   **106** 에우릴로코스가 지휘하는 펠로폰네소스군은 암브라키아인이 올파이에 도착했다는 소식을 듣고, 서둘러 프로스키온을 출발하여 그들을 도우러 갔다. 그들은 아켈로오스강을 건넌 후, 아카르나니아의 주민들이 아르고스를 돕기 위해 떠나 그 지역이 비어 있는 것을 확인했다. 이에 오른쪽으로는 스트라토스와 그 수비대를, 왼쪽으로는 아카르

2 나니아의 다른 지역을 끼고 그 사이를 통과했다. 그리고 스트라토스 영토를 지나 피티아 지역과 메데온의 변방, 림나이아 소도시를 지났다. 이후 그들은 우호적인 아그라이오이인의 땅에 도착했다. 이곳부터는 더 이상 아카르나니아 지방이 아니었다. 아그라이오이인의 영토 내 티아모스산에 이르러 그곳을 넘은 후,[80] 그들은 밤이 되기를 기다렸다가

---

79 "올파이"는 암필로키아 지방의 암브라키아만에, "크레나이"는 암필로키아 지방 남쪽의 아카르나니아 지방에 속한 작은 도시였다.

80 "피티아 지역"은 테살리아 지방 남동부로, 아킬레우스와 미르미돈인이 거주한 지역이었다. "메데온"은 포키스 지방, "림나이아"는 아카르나니아 북동부의 암브라키아만

어둠이 깔린 뒤 아르고스 영토로 내려갔다. 그리고 크레나이에서 길목을 지키던 아카르나니아와 아르고스 사이를 들키지 않고 지나, 올파이에 주둔 중이던 암브라키아군과 합류했다.

107 이렇게 합류한 두 군대는 날이 밝자 메트로폴리스[81]에 진을 구축했다. 얼마 지나지 않아 아테나이군이 아르고스를 지원하기 위해 함선 20척을 이끌고 암브라키아만에 도착했다. 데모스테네스도 메세니아의 중무장보병 200명과 아테나이의 궁수 60명을 이끌고 합류했다. 그는 아테나이 함선을 올파이 언덕 앞바다에 정박시켰다. 대다수의 암필로코스인들은 암브라키아인의 저지로 이동이 가로막혔고, 아카르나니아인과 소수의 암필로코스인만이 아르고스에 도착할 수 있었다. 이들은 전투를 준비하며 데모스테네스를 동맹군의 총사령관으로 선출하고, 각국 장군들과 함께 군대를 지휘하도록 했다.

데모스테네스는 군대를 이끌고 올파이 근처에 진을 쳤다. 양측은 깊은 협곡을 사이에 두고 5일간 대치하다가, 6일째 되는 날 마침내 전투 태세에 돌입했다. 데모스테네스는 수적으로 우세한 펠로폰네소스군에게 포위될 위험을 우려하여, 중무장보병과 경무장보병 약 400명을 수풀이 우거진 함몰 지대에 매복시켰다. 전투가 시작되면 이 병력이 출격하여 적이 아군을 향해 진격하는 순간 배후를 기습하도록 계획했다.

전투 준비가 완료되자 양측은 근접전을 벌였다. 데모스테네스는 메세니아군과 일부 아테나이군을 이끌고 우익을 담당했고, 나머지 전투 대형은 아카르나니아군의 여러 부대와 암필로코스군의 투창병이 맡았다. 한편 펠로폰네소스군과 암브라키아군은 혼합 대형으로 배치되었으며, 만티네이아군[82]은 좌익에 집중 배치되었으나 끝자리는 아니었다.

근처에 위치한 도시였다. "아그라이오이인의 땅"은 핀도스산 남쪽, 돌로피아 지방의 남서쪽에 있었고, "티아모스산"은 에피로스에 있었다.

81 "메트로폴리스"는 암브라키아만 내륙 쪽에 자리 잡고 있었다.

메세니아군과 데모스테네스와 마주한 그 끝자리는 에우릴로코스가 이
끄는 정예병이 지켰다.

I   **108** 근접전이 시작되고 좌익에 있던 펠로폰네소스군이 적의 우익
을 포위하기 위해 에워싸기 시작하자, 매복해 있던 아카르나니아군이
배후에서 기습하여 적을 격퇴시켰다. 펠로폰네소스군의 좌익이 저항
도 못해보고 도망치자, 다른 부대도 대부분 두려워하며 도망쳤다. 에우
릴로코스의 정예병이 무너지면서 공포감이 확산되었기 때문이다. 이번
전투의 승리는 주로 데모스테네스와 함께 우익에 있었던 메세니아군
의 공이었다.

2   한편 이 지방의 부족들 중 가장 뛰어난 전투력을 지닌 암브라키아인
과 우익에 배치되었던 군사들은 자신들과 마주한 적군을 격파하고 아
3 르고스까지 쫓아갔다. 그러나 추격에서 돌아온 후 주력 부대가 패한 것
을 목격하고 다른 아카르나니아군이 공세를 취하자, 그들은 간신히 올
파이로 도망쳤다. 그러나 전열이 무너진 채 퇴각하다가 많은 병력을 잃
었다. 펠로폰네소스 연합군 중 만티네이아군만이 질서를 유지하며 철
수했다. 전투는 그날 늦게 끝났다.

I   **109** 에우릴로코스와 마카리오스가 전사하자, 다음날 메네다이오스
가 지휘권을 넘겨받았다. 그러나 참패 후 그는 적절한 대응책을 찾지
못해 난감한 상황에 놓였다. 육로는 차단되었고, 해로도 아테나이 함대
에 봉쇄되어 이대로 머물면 적에게 포위될 위험이 컸다. 철수를 시도한
다 해도 무사히 빠져나갈 수 있을지 불확실했다. 결국 그는 데모스테네
스와 아카르나니아 장군들에게 전사자 수습과 철군을 위한 휴전을 제
안했다.

2   데모스테네스와 아카르나니아 장군들은 협상에 응하여 펠로폰네소
스군의 전사자들을 돌려주고 승전비를 세웠으며, 약 300명의 아군 전

---

82 "만티네이아"는 펠로폰네소스반도 중부 아르카디아 지방의 중심 도시였다.

사자의 시신도 수습했다. 그러나 펠로폰네소스군 전체의 철군을 허용하는 공식 휴전협정은 거부했다. 대신 만티네이아군과 메네다이오스를 비롯한 펠로폰네소스군의 지휘관들과 주요 인사들이 신속히 철수할 수 있도록 비밀 협정을 제안했다. 데모스테네스의 의도는 암브라키아인과 용병 부대를 고립시켜 전력을 약화시키는 동시에, 특히 라케다이몬인과 펠로폰네소스인이 이 지방의 헬렌인들에게 공동의 이익을 저버리고 자기만의 이익을 추구하는 배신자로 비치게 하여 그들의 명성을 실추시키려는 것이었다. 이에 따라 철군이 허락된 펠로폰네소스군은 전 3 사자의 시신을 서둘러 매장한 후, 비밀리에 철수할 계획을 세웠다.

110 한편 데모스테네스와 아카르나니아군은 암브라키아인 군대 전 1 체가 올파이에 주둔 중인 암브라키아인 부대에서 보낸 첫 번째 사자의 요청에 따라, 도시에서 나와 암필로키아를 지나 진군 중이라는 보고를 받았다. 이들은 올파이에 있는 부대와 합류할 계획이었으나, 그곳에서 무슨 일이 벌어졌는지를 전혀 몰랐다. 데모스테네스는 즉시 군대의 일 2 부를 파견하여 길목에 매복시키고 유리한 거점을 미리 차지한 후, 그들을 공격하기 위해 나머지 군대를 이끌고 출정 준비를 했다.

111 그러는 동안, 아테나이군 및 아카르나니아군과 맺은 비밀 협정 1 을 통해 철수를 허가받은 만티네이아군과 그 밖의 인원은 채소와 땔감을 구하러 간다는 핑계를 대고 삼삼오오 몰래 군영에서 빠져나왔다. 이들은 처음에는 채소와 땔감을 모으는 척하다가 올파이에서 멀어지자 곧바로 달아나기 시작했다. 그러나 암브라키아군을 비롯한 다른 군사 2 들도 함께 밖으로 나왔다가, 그들이 갑자기 도망치는 모습을 보고 그들을 잡으려고 뒤따라 달리기 시작했다.

처음에 아카르나니아군은 그들이 모두 비밀 협정을 위반하고 도망 3 치는 줄 알고 추격하기 시작했다. 이때 펠로폰네소스군의 장군 몇 명이 휴전협정에 따라 철수 중이라고 해명하며 그들을 가로막으려 했으나, 아카르나니아군의 한 군사가 배신당한 줄 알고 분노하여 그들에게 투

창을 던졌다. 이후 아카르나니아군은 만티네이아군과 펠로폰네소스군
4 은 도망치게 내버려두고, 암브라키아군만을 도륙하기 시작했다. 이 과
정에서 암브라키아군과 펠로폰네소스군을 구별하기 어려워 큰 혼란이
빚어졌고, 전투 끝에 약 200명이 사망했다. 살아남은 자들은 국경을 넘
어 아그라이오이인의 땅으로 도망쳤고, 다행히 그들의 친구였던 아그
라이오이인 왕 살린티오스가 그들을 받아주었다.

1   **112** 이런 일이 벌어지는 동안, 도시를 떠나 올파이로 진군하던 암
브라키아군은 이도메네산[83]에 도착했다. 이도메네산은 두 개의 높은
언덕으로 이루어져 있었는데, 그중 더 큰 언덕에는 데모스테네스가 보
낸 선발대가 밤사이 은밀히 도착해 먼저 진을 치고 있었고, 작은 언덕
2 에는 암브라키아군이 도착해 진을 쳤다. 데모스테네스는 저녁 식사를
마친 뒤 즉시 나머지 군대를 이끌고 출발했다. 그는 군대의 절반을 인
솔하여 고갯길로 향했고, 나머지 절반은 암필로키아의 산악 지대를 통
과했다.

3   날이 밝을 무렵, 그는 아직 잠들어 있던 암브라키아군을 급습했다.
암브라키아군은 상황을 파악하지 못한 채 아테나이군을 아군으로 오
4 인했다. 이는 데모스테네스가 의도적으로 메세니아군을 전면에 배치하
고, 어둠 속에서 초병들이 눈으로 식별할 수 없을 때 의심을 사지 않도
5 록 도로스인의 방언으로 대화하라고 지시했기 때문이다. 데모스테네스
의 기습에 암브라키아인의 군대는 무너졌다. 많은 병력이 현장에서 전
사했고, 살아남은 자들은 산속으로 도망쳤으나 이미 모든 길은 점령된
상태였다.

6   암필로코스군은 자국의 영토라 지형에 익숙하고, 경무장을 하고 있
어 중무장한 적들에 비해 유리했다. 반면, 지리에 어두운 암브라키아
군은 어디로 도망쳐야 할지를 몰라 협곡이나 미리 설치한 함정에 빠져

---

83 "이도메네산"은 암필로키아의 아르고스 인근에 위치한 산이다.

목숨을 잃었다. 흩어져 도망치던 일부 암브라키아 군사들은 인근의 해 7
안으로 향했다. 그들은 해안을 따라 항해하던 아테나이 함선을 발견하
고 두려움을 느꼈지만, 이민족이자 철천지원수인 암필로코스군의 손에
죽느니 차라리 함선에 탄 자들에게 죽는 편이 낫다고 판단하여 함선을
향해 헤엄쳐 갔다. 이처럼 연이은 재앙으로 암브라키아인 중 소수만이 8
도시로 돌아올 수 있었다. 아카르나니아군은 적의 시신에서 무구를 벗
기고 승전비를 세운 후, 아르고스로 돌아갔다.

113 다음날 올파이에서 아그라이오이인의 나라로 도망친 암브라키 1
아군 군사 중 한 전령이 아카르나니아군을 찾아왔다. 그는 만티네이아
군을 비롯한 다른 군사들과 함께 군영을 빠져나왔다가 휴전협정의 보
호를 받지 못하고 전사한 동료들의 시신을 수습할 수 있게 해달라고
요청했다. 이 전령은 아카르나니아군이 암브라키아군에게서 빼앗은 무 2
구가 많은 것을 보고 놀랐다. 그는 전날 벌어진 참사를 전혀 알지 못했
기에, 그 무구들이 올파이에 주둔했던 동료들의 것이라고 생각했다.

이를 본 아카르나니아군의 군사 중 한 명이 그를 이도메네산의 암브 3
라키아군에서 온 전령으로 오해하고는 왜 놀라는지, 그리고 얼마나 많
은 사상자가 발생했는지 물었다. 전령은 200명 정도라고 대답했다. 그
러자 아카르나니아군 군사는 "이 무구는 200명이 아니라 1,000명 이상
의 것이오"라고 말했다. 전령은 당황하며 "그렇다면 이것은 우리와 함 4
께 싸운 자들의 무구가 아니오"라고 대답했다. 이에 아카르나니아군 군
사는 "당신들이 어제 이도메네산에서 싸웠다면, 이 무구는 분명 그들의
것이오"라고 말했다. 그러나 전령은 "우리는 엊그제 후퇴하면서 약간
의 전투를 치르기는 했으나, 어제는 누구와도 싸우지 않았소"라고 부인
했다. 이에 아카르나니아군 군사는 단호하게 "어쨌든 우리는 어제 암브
라키아에서 온 지원군들과 싸웠소"라고 대답했다. 이 말은 들은 전령은 5
암브라키아에서 보낸 지원군이 전멸했음을 깨닫고 엄청난 충격에 빠
졌다. 그는 절망 속에 통곡하며, 결국 자신의 임무도 완수하지 못한 채

떠났다. 이후 암브라키아군은 더 이상 시신 반환을 요청하지 않았다.

6   실제로 이 참사는 펠로폰네소스 전쟁 전체를 통틀어, 단 며칠 만에 하나의 헬라스 도시가 겪은 재앙 중 가장 규모가 컸다. 내가 전사자 수를 기록하지 않은 이유는, 그 수가 도시의 규모에 비해 믿기 어려울 정도로 많았기 때문이다. 아카르나니아군과 암필로코스군은 아테나이군과 데모스테네스의 조언을 따라 암브라키아를 점령하고자 했다면 손쉽게 뜻을 이룰 수 있었다. 그러나 그들은 아테나이군이 암브라키아를 차지하면, 기존의 이웃들보다 더 위협적인 새로운 세력이 될 것을 두려워했다.

1   **114** 그 후 전리품의 3분의 1이 아테나이군에 할당되었고, 나머지는 각 도시가 나누어 가졌다. 당시 아테나이군이 받은 몫은 귀환 도중 적에게 빼앗기고 말았다.[84] 현재 아티케의 신전에 봉헌된 전리품은 데모스테네스의 몫으로 구분해둔 중무장 무구 300벌로, 그는 이것을 함선에 싣고 귀국했다. 그는 이전에 아이톨리아에서 참패했으나, 이번 승전 덕분에 당당히 귀환할 수 있었다.

2   함선 20척에 나누어 탄 아테나이군도 나우팍토스로 돌아갔다. 데모스테네스와 아테나이군이 떠난 후, 아카르나니아군과 암필로코스군은 살린티오스[85]와 아그라이오이인에게 피신해 있던 암브라키아군 및 펠로폰네소스군과 휴전조약을 맺었다. 그들은 살린티오스의 왕국을 거쳐 오이니아다이로 이동한 상태였으며, 이제 무사 귀환이 허용되었다.

3   아카르나니아인과 암필로코스인은 암브라키아인과 향후 100년 동안 유효한 동맹조약을 맺었다. 조약의 내용은 다음과 같다. 양측은 각각 자국을 방어할 수 있도록 상호 지원한다. 다만 암브라키아인은 아카르나니아인이 펠로폰네소스인과 벌이는 전투에 참여하지 않고, 아카르나

---

84 전리품을 어떤 경로로 빼앗겼는지는 투키디데스가 구체적으로 서술하지 않는다.
85 "살린티오스"는 아그라이오이인의 왕이었다.

니아인도 암브라키아인이 아테나이인과 싸울 때 개입하지 않는다. 또한 암브라키아인은 현재 점유 중인 암필로코스인의 영토와 볼모들을 반환하고, 아카르나니아인과 전쟁 중인 아낙토리온[86]을 지원하지 않는다.

양측은 이러한 조건에 합의하며 전쟁을 종결지었다. 그 후 코린토 4 스는 에우티클레스의 아들 크세노클레이데스가 지휘하는 중무장보병 300명의 수비대를 암브라키아에 파견했는데, 이들은 육로를 따라 힘겹게 도착했다. 이상이 암브라키아와 관련된 사건의 전말이다.

115 그해 겨울, 시켈리아에 주둔 중이던 아테나이군은 히메라[87]에 1 상륙했고, 내륙에서 히메라의 변방으로 침입한 시켈로스인의 지원을 받았다. 또한 아테나이군은 함선을 타고 아이올로스 섬들을 공격하기 위해 출정했다. 아테나이군이 레기온으로 돌아오자, 아테나이군의 신 2 임 장군으로 임명된 이솔로코스의 아들 피토도로스가 라케스의 후임으로 함대 지휘권을 넘겨받기 위해 도착해 있었다.

이는 시켈리아의 아테나이 동맹국들이 아테나이에 병력 증원을 요 3 청했기 때문이다. 그들은 시라쿠사이인이 자신들의 영토를 이미 장악하고 있으며, 현재는 비록 소수의 적 함선이 해로를 봉쇄하고 있지만 사태 해결을 위해 함선들을 집결시키고 있다고 주장했다. 아테나이인 4 은 그들에게 파견하기 위해 함선 40척을 준비하기 시작했다. 이로써 시켈리아 전쟁을 조기에 종결하고, 아테나이 해군을 훈련시키는 실전 기회로 삼으려 했기 때문이다. 아테나이인은 피토도로스 장군이 이끄 5 는 소수의 함선을 먼저 보내고, 이어서 소스트라티데스의 아들 소포클레스와 투클레스의 아들 에우리메돈이 이끄는 더 많은 함선을 보낼 계획이었다.

---

86 "아낙토리온"은 암브라키아만 입구 남쪽 악티온곶 일대에 위치한 코린토스의 식민시였다.
87 "히메라"는 시켈리아섬 북부 히메라강 하구 근처에 위치한 도시국가로, 시켈리아섬 최북단의 헬렌인 식민시 잔클레의 이주민들이 기원전 648년경에 세웠다.

6   라케스로부터 함대 지휘권을 넘겨받은 피토도로스는 겨울이 끝나갈 무렵, 함대를 지휘하여 로크로이의 요새를 공격했으나 로크리스인과의 전투에서 패배하고 물러났다.

1   **116** 다음 해 초봄, 아이트네산[88]에서 다시 용암이 분출하여 시켈리아에서 가장 큰 그 산기슭에 거주하는 카타네인의 땅 일부가 폐허가

2   되었다. 이번 용암 분출은 지난 분출 이후 50년 만에 발생한 것으로, 헬렌인이 시켈리아로 이주한 이래 세 번째로 일어난 화산 폭발이라고 전

3   해진다. 이러한 사건들이 벌어진 겨울이 지나고, 투키디데스가 기록한 이 전쟁의 여섯 번째 해[89]가 끝났다.

---

88 "아이트네산"은 시켈리아섬 동부에 위치한 해발 약 3,350미터의 화산이다. 이 화산 기슭에는 기원전 729년경 칼리스인이 건설한 "카타네"가 있었다.

89 "이 전쟁의 여섯 번째 해"는 기원전 426년이다.

제4권

_____

전쟁의 추가 기울다
(기원전 425-423년)

전세의 역전과 새로운 영웅들의 부상

1   **1** 다음 해 여름 곡식이 이삭을 맺을 무렵, 시라쿠사이인의 함선 10척
과 로크리스인의 함선 10척이 시켈리아섬의 메세네¹로 향했다. 그들은
메세네 내부의 협력 세력과 연합하여 도시를 점령했고, 이로써 메세네
2 는 아테나이에 반기를 들었다. 시라쿠사이인이 그렇게 행동한 주된 이
유는 메세네가 시켈리아 공격의 거점으로 쓰일 수 있기 때문이었다. 아
테나이군이 언젠가 메세네를 기지로 삼아 더 큰 군대로 자신들을 공격
해올 것을 두려워했다. 한편, 로크리스인은 레기온인에 대한 적개심 때
문에 이 작전에 참여했다. 그들은 육로와 해로 양쪽에서 레기온을 제압
하고자 했다.

3   로크리스인은 메세네를 장악한 직후 전군을 이끌고 레기온인의 영
토를 침략했다. 이는 레기온인이 메세네인을 돕지 못하도록 차단하기
위함이었으며, 동시에 로크리스군과 함께 있던 레기온 출신의 망명자
들이 이를 부추겼기 때문이다. 당시 레기온은 오랜 내분 상태에 있었기
에 로크리스인의 공격을 막아낼 힘이 없었다. 이에 로크리스인은 더욱
대담하게 공격을 감행했다. 로크리스군의 보병 부대는 레기온의 땅을
초토화시킨 후 철수했지만, 함선은 메세네에 주둔하며 도시를 방어했
다. 한편, 나머지 함선은 선원과 해군을 모집한 후 메세네 항구로 이동
해 정박하며 전쟁을 지속할 계획을 세웠다.

---

1 "로크리스인"은 이탈리아의 에피제피리오이 로크로이 주민을 가리킨다. "메세네"는
시켈리아섬 북동단의 메세네 해협에 위치한 도시로, 이탈리아 본토와 가장 가까운 곳
에 있었다. 기원전 8세기경 헬라스 에우보이아섬의 칼키스인이 건설했으며, 초기에는
'잔클레'로 불렸다. 티레니아해와 이오니아해를 잇는 해상 교통의 요충지였다.

2[*] 그해 봄 비슷한 시기, 곡식이 무르익기 전에 펠로폰네소스군과 1
그 동맹군이 아르키다모스의 아들이자 라케다이몬 왕 아기스의 지휘
아래 아티케 지방으로 침공했다. 그들은 그곳에 진을 치고 그 땅을 초
토화시켰다. 한편 아테나이인은 출정 준비를 마친 후, 함선 40척을 시 2
켈리아로 파견하면서 나머지 두 장군 에우리메돈과 소포클레스도 함
께 보냈다. 세 번째 장군인 피토도로스는 이미 시켈리아에 도착해 있었
다. 아테나이인은 에우리메돈과 소포클레스에게 항해 도중 케르키라성 3
안에 있는 주민들을 보호하라고 지시했다. 이들은 산속에 숨어 지내는
망명자들의 약탈에 시달리고 있었다. 게다가 펠로폰네소스군의 함선
60척이 이미 케르키라로 항해를 시작했는데, 이는 산속에 있는 망명자
들을 지원하기 위함이었다. 펠로폰네소스군은 도시에 심한 기근이 들
어 상황을 쉽게 통제할 수 있을 것이라 판단했다.

한편 데모스테네스는 아카르나니아에서 돌아온 후 공직에서 물러나 4
있었다. 그러나 아테나이인은 그가 원할 경우, 펠로폰네소스 인근에서
는 다른 장군들과 함께 함선을 지휘할 수 있게 해주었다.

3 아테나이 함대는 라코니케 해안을 따라 항해하던 중, 펠로폰네소 1
스 함대가 이미 케르키라에 도착했다는 소식을 들었다. 이에 에우리메
돈과 소포클레스는 서둘러 케르키라로 가려 했다. 그러나 데모스테네
스는 먼저 필로스²에 들러 반드시 해야 할 일이 있다며 그 일을 마친
후 케르키라로 가자고 제안했다. 다른 두 장군은 이에 반대했지만, 우
연히 바다에 폭풍이 일어 함선들이 필로스로 떠밀려갔다.

---

[*] 제2-41장은 라케다이몬에 결정적 타격을 입힌 '필로스 사건'을 다룬다. 펠로폰네소스반도
서남단의 필로스를 아테나이군이 점령하고 요새를 구축하면서 라케다이몬군과 전투가 벌
어졌고, 이 과정에서 라케다이몬 유력 인사들의 가족과 친지가 포로로 잡혔다.
2 "필로스"는 펠로폰네소스반도 남서부 메세니아 지방의 이오니아해 연안에 있던 도시
국가다. 미케네 문명의 중심지 중 하나였으며, 트로이아 전쟁 당시 현명한 왕 네스토
르가 다스렸던 곳이다.

2   필로스에 도착한 데모스테네스는 즉시 그곳에 요새를 구축해야 한다고 주장했다. 사실 그가 이 항해에 동참한 이유도 바로 여기에 있었다. 그는 필로스가 목재와 석재가 풍부하고 천연의 요새로서 방어에 유리하며, 그곳과 그 주변의 상당한 지역에 사람이 살지 않는다는 점을 강조했다. 필로스는 스파르테에서 400스타디온 정도 떨어진 곳으로, 과거 메세니아의 영토였으나 라케다이몬인은 코리파시온[3]이라 부르는 지역이었다.

3   그러나 에우리메돈과 소포클레스는 필로스 점령은 아테나이의 자원을 낭비하는 일이라며 반대했다. 그들은 사람이 살지 않는 곳이 많으니, 점령할 곳을 찾는다면 굳이 필로스가 아니어도 된다고 말했다. 그러나 데모스테네스는 필로스가 다른 지역과 달리 여러 가지 이점이 있다고 주장했다. 항구가 가까이 있는 데다 옛 토착민이자 라케다이몬인과 같은 방언을 쓰는 메세니아인을 이곳에 정착시키면, 그들이 이곳을 기지로 삼아 라케다이몬인에게 큰 타격을 입히면서 요새를 잘 지켜줄 수 있으리라 판단했다.

1   4 데모스테네스는 두 장군을 설득하는 데 실패하자 군대 지휘관들과도 상의해보았지만 소용없었다. 일반 군사들마저 그의 의견에 동의하지 않았다. 그러는 사이, 항해하기 어려운 날씨가 계속되면서 아테나이군은 별다른 활동 없이 시간을 보내야 했다. 오랜 시간 아무 일도 하지 않던 군사들은 차츰 자발적으로 성벽을 쌓고 요새를 구축하려는 의
2   지를 보이기 시작했다. 마침내 그들은 일에 착수했고, 성벽을 쌓아 나갔다. 돌을 다듬을 무쇠 도구가 없었지만 군사들은 돌을 캐내 서로 맞물리도록 쌓아 올렸다. 진흙이 필요한 곳에는 운반할 그릇이 없어 등을 구부려 직접 진흙을 짊어지고 날랐다. 진흙이 미끄러져 떨어지지 않도

---

3 "코리파시온"은 필로스 인근의 곳으로, 이오니아해를 향한 전략적 요충지였으며 스팍테리아섬과 마주하고 있었다.

록 두 손을 뒤로 모아 깍지를 끼기도 했다. 그들은 라케다이몬인이 공 3
격해오기 전에 작업을 마치려고 총력을 다했다. 특히 방어가 취약한 부
분부터 성벽을 쌓는 데 집중했다. 나머지 지역은 지세가 험해 성벽을
쌓을 필요가 없었다.

5 그때 라케다이몬인은 축제 중에 아테나이인이 필로스에 요새를 1
쌓고 있다는 소식을 들었으나 대수롭지 않게 여겼다. 언제든 자신들이
쳐들어가면 적이 스스로 물러갈 것이고, 저항한다 해도 무력으로 쉽게
탈환할 수 있다고 생각했기 때문이다. 자신들의 군대가 아직 아테나이
영토에 주둔 중인 것도 조치를 미룬 이유 중 하나였다. 아테나이군은 2
6일 만에 내륙을 포함한 주요 지점에 성벽을 쌓아 그곳을 요새로 만들
었다. 그런 후 데모스테네스와 함선 5척을 수비대로 남겨두고, 대부분
의 함선을 이끌고 케르키라와 시켈리아로 서둘러 항해했다.

6 한편, 아티케 지방에 주둔 중이던 펠로폰네소스군은 필로스가 아 1
테나이군에 점령되었다는 소식을 듣고 신속히 본국으로 돌아갔다. 라
케다이몬군과 아기스왕이 서둘러 귀국한 것은, 필로스 함락이 라케다
이몬인에게 매우 중요한 문제라고 판단했기 때문이다. 또한 아티케 지
방에 너무 일찍 쳐들어온 까닭에 곡식이 아직 덜 익어 수많은 군사를
부양하기에는 식량이 부족했다. 게다가 이 계절에 보기 드문 폭풍이 불
어 군대를 괴롭힌 것도 철군을 서두른 이유였다. 결국 여러 이유로 펠 2
로폰네소스군은 예정보다 일찍 철수했다. 이번 침공은 역대 최단 기간
으로, 그들은 아티케 지방에 단 15일만 머물렀다.

7 그 무렵 아테나이 장군 시모니데스는 트라케 지방 해안에 있는 멘 1
데인의 식민시이자 아테나이에 적대적인 에이온[4]을 함락시켰다. 그는

---

4 "멘데"는 칼키디케 지방 팔레네반도 서쪽 해안에 있던 도시로, 기원전 8~7세기경 에
우보이아섬 에레트리아인이 세운 식민시였다. "에이온"은 스트리몬강 하구에 위치한
항구 도시로, 트라케로 향하는 관문 역할을 했다.

수비대에서 소수의 아테나이군을 차출하고 현지에서 다수의 동맹군을 모은 후, 내부 반란을 유도해 그곳을 함락시켰다. 그러나 얼마 지나지 않아 칼키디케군과 보티아이아군이 원군으로 도착했고, 시모니데스는 많은 군사를 잃고 그곳에서 쫓겨났다.

1   **8** 펠로폰네소스군이 아티케 원정에서 돌아온 후, 스파르테 시민들과 그 주변 가장 가까이서 사는 페리오이코이들이 즉시 필로스를 탈환하기 위해 출정했다. 그러나 아티케에서 이제 막 돌아온 라케다이몬군은 좀 더 시간을 두고 출발했다.

2   라케다이몬인은 펠로폰네소스 전역에 신속한 필로스 탈환 명령을 내렸고, 케르키라에 있던 함선 60척에도 전령을 보냈다. 이에 케르키라의 펠로폰네소스군은 함선들을 레우카스 지협을 가로질러 육로로 운반하면서, 자킨토스섬에 있는 아티케 함선에게 발각되지 않고 필로스에 도착했다. 육군 부대는 이미 그곳에 도착해 있었다.

3   펠로폰네소스군이 항해 중일 때, 데모스테네스는 그들이 도착하기 전에 몰래 자킨토스의 아테나이 함대와 에우리메돈에게 함선 2척을 보

4   내 필로스가 위험에 처해 있으니 구하러 오라고 전했다. 이 함선들은 데모스테네스의 요청에 따라 신속하게 필로스로 출항했다. 그 사이 라케다이몬군은 육지와 바다 양쪽에서 요새를 공격할 준비를 하고 있었다. 급조된 성벽이고 지키는 군사가 적어 쉽게 함락시킬 수 있다고 판단한 것이다.

5   또한 자킨토스의 아테나이 함대가 구하러 올 것을 염두에 두고, 그들이 오기 전에 그곳을 함락시키지 못할 경우, 아테나이 함선들이 입

6   항하지 못하도록 항구의 두 입구를 봉쇄할 작정이었다. 스팍테리아[5]라

---

5 "스팍테리아섬"은 펠로폰네소스반도 서해안 남쪽 끝, 필로스만 입구를 가로지르며 위치한 길이 약 4.5킬로미터, 폭 1킬로미터의 좁고 긴 섬이다. 필로스 근처의 전략적 요충지인 코리파시온곶 맞은편에 자리 잡고 있었다.

불리는 섬이 항구 바로 앞에 길게 뻗어 있어, 항구는 안전했고 양쪽 입구가 좁았기 때문이다. 아테나이군의 요새와 필로스 방면의 입구는 함선 2척이 나란히 지날 수 있을 정도의 너비였고, 내륙에 가까운 다른 입구는 함선 8척 내지 9척이 나란히 통과할 수 있었다. 스곽테리아섬 전체는 수목이 울창한 무인도로, 그 너비는 15스타디온 정도였다.

라케다이몬군은 뱃머리를 바깥쪽으로 향한 채 함선을 밀집시켜 항 7
구의 두 입구를 봉쇄하고자 했다. 또한 아테나이군이 섬을 거점으로 삼아 공격할 것을 우려하여 중무장보병을 섬으로 보냈고, 내륙에도 중무장보병을 배치했다. 그렇게 하면 아테나이군에게 섬과 내륙이 모두 적 8
진이 되어 함대가 어느 쪽으로도 상륙할 수 없게 된다. 게다가 필로스 앞 먼 바다 쪽에는 항구가 없어 요새 내 아테나이군을 지원할 전진기지도 세울 수도 없다. 이러한 상황에서 군이 해전을 감행하지 않더라도, 식량이 부족하고 전투 준비가 미흡한 필로스 요새를 포위하면 손쉽게 함락시킬 수 있다고 판단했다.

라케다이몬인은 이 계획이 효과적이라 보고, 각 부대에서 제비뽑기 9
로 중무장보병을 선발하여 섬으로 보냈다. 처음에는 교대로 건너갔다 돌아왔지만, 마지막에는 몰로브로스의 아들 에피타다스가 지휘하는 420명이 국가 노예들과 함께 섬에 주둔했다.

9 한편 데모스테네스는 라케다이몬군이 함대와 보병을 동원해 동시 1
에 공격해올 것이라는 정보를 입수하고 즉시 대비에 나섰다. 그는 보유한 삼단노선 5척 중 2척을 급히 보내 이 소식을 전하게 하고, 남은 3척은 요새 아래 해안으로 끌어 올린 뒤 방어막을 쳤다. 선원들에게는 방패를 지급하여 무장시켰는데, 대부분 버들가지로 엮은 조악한 것이었다. 이는 사람이 살지 않는 지역에서 무구를 구하기가 불가능했기 때문이다. 이 방패조차 마침 그곳을 지나던 메세니아인의 삼십노선 해적선 1척과 쾌속선 1척에서 가져온 것이었다. 데모스테네스는 이 메세니아인들 중 40여 명의 중무장보병도 전투에 투입시켰다.

2   그는 무장이 미흡한 군사와 충분히 무장한 군사 대부분을 가장 견고하게 성벽을 쌓은 내륙 쪽에 배치한 후, 적의 보병이 공격해오면 막으라고 지시했다. 그런 후 자신은 중무장보병 60명과 소수의 궁수를 선발하여 성벽 밖 해안으로 이동했다. 그가 향한 곳은 적이 상륙을 시도할 가능성이 가장 큰 지점으로, 험준한 바위투성이 지형의 먼 바다를 마주한 해안이었다. 데모스테네스는 그곳의 성벽이 가장 취약해 적이 그쪽

3 으로 밀고 들어올 것이라 예상했다. 그는 적이 일단 이곳에 상륙하면 요새가 함락될 위험이 크다고 보았다. 아테나이군이 적의 함선에 제압당하는 일은 없을 것이라 믿고 이 지역의 성벽을 충분히 보강하지 않

4 았기 때문이다. 그는 적의 상륙을 막기 위해 직접 해안으로 내려가 중무장보병을 배치한 후, 그들을 다음과 같이 격려했다.

1   **10** "이번 위험을 나와 함께 감당하게 된 여러분, 이 절박한 상황에서 우리를 둘러싼 모든 위험을 하나하나 계산하며 영리함을 과시하지 마십시오. 도리어 무모할 정도로 과감하게 승리를 믿고 적에게 돌진해야 이길 수 있습니다. 위기 상황에서는 지나친 계산보다 신속하고 과감한 행동이 승패를 가르는 열쇠입니다.

2   적의 수가 많다고 겁먹지 마십시오. 우리의 이점을 끝까지 지켜낸다

3 면 승리는 우리의 것입니다. 지금 우리가 있는 이곳은 바다에서 접근하기 어려운 지형이지만, 이것이 이점이 되려면 끝까지 버텨야 합니다. 후퇴한다면 아무리 접근이 어려운 지형이라도 무방비 상태에서 적이 쉽게 상륙할 것입니다. 그러면 다시 적을 몰아내기 어려워지고 오히려 적이 우리를 위협하게 됩니다. 그들이 함선에 있는 동안에는 우리가 유

4 리하지만, 상륙을 허용하면 상황은 대등해지고 맙니다. 적의 수가 많다고 해서 지나치게 두려워할 필요는 없습니다. 적이 수적으로 우세하더라도 이 좁은 해안에는 여러 척의 함선이 동시에 정박할 수 없어 우리는 한 번에 소수의 적만 상대하게 됩니다. 또한 그들은 상륙하기 어려운 상황에서 싸워야 하므로, 우리가 지상에서 전력을 다하는 적과 맞서

는 것이 아닙니다. 적은 함선에 머물며 전투를 벌여야 하는데, 해상에서 승리하려면 여러 유리한 조건이 갖추어져야 하며, 그것은 결코 쉬운 일이 아닙니다.

그래서 나는 적이 직면한 여러 난관이 우리의 수적 열세를 상쇄해줄 5 것이라 확신합니다. 여러분은 아테나이 해군으로서, 함선을 타고 적의 해안에 상륙하기가 얼마나 어려운 일인지 잘 알 것입니다. 방어하는 쪽이 부서지는 파도와 적의 함선 출현에 겁먹지 않고 꿋꿋이 버틴다면, 상륙 자체가 거의 불가능하다는 점을 누구보다 잘 이해하고 있지 않습니까? 그러므로 여러분은 굳건히 서서 이곳을 방어하여 우리 자신과 이 해안을 구해내야 합니다."

11 데모스테네스가 이런 말로 격려하자, 아테나이군은 더욱 용기를 1 내어 해안으로 내려가 즉시 전투 태세를 갖추었다. 마침내 라케다이몬 2 군이 출격하여 보병과 함선으로 요새를 공격하기 시작했다. 그들의 함선은 43척이었고, 함대를 지휘하는 해군 사령관은 스파르테인 크라테시클레스의 아들 트라시멜리다스였다. 그는 데모스테네스가 예상한 지점을 공격했다. 아테나이군도 육지와 바다에서 동시에 방어에 나섰다. 3 라케다이몬군은 좁은 해안 때문에 많은 함선을 한꺼번에 접근시킬 수 없어, 함대를 여러 조로 나누어 일부는 공격하고 일부는 휴식하는 방식으로 교대로 전투를 벌였다. 그들은 어떻게든 적군을 밀어붙여 요새를 함락시키자고 서로 격려하며 결의를 다졌다.

그들 중 가장 눈에 띄는 인물은 브라시다스였다. 삼단노선의 함장이 4 었던 그는 상륙 가능한 지점이 있는데도, 지형이 너무 험해 다른 함장과 조타수들이 함선이 부서질까 두려워 상륙을 주저하는 모습을 보자 그들을 향해 크게 외쳤다. 그는 함선을 아낀다고 해서 적군이 자신들의 영토에 요새를 짓도록 허용할 리 없다며, 배가 부서지더라도 상륙하라고 명령했다. 또한 동맹군에게는 그동안 라케다이몬이 베푼 은혜를 생각해 지금이야말로 그들의 배를 희생해서라도 상륙하여 적과 요새를 장악하라고 촉구했다.

1 **12** 브라시다스는 이렇게 외치며 다른 사람들을 독려한 후, 자신이 타고 있는 함선의 조타수에게 상륙을 명령하고 상륙용 널판으로 향했다. 그러나 상륙하려는 순간 아테나이군에게 저지당해 여러 군데 부상을 입고 기절하여 노 젓는 자리 옆으로 쓰러졌다. 그의 방패는 바다로 떨어졌고, 파도에 떠밀려 해안으로 밀려왔다. 이를 발견한 아테나이군

2 이 방패를 건져 올려 나중에 이 전투의 승전비로 삼았다. 다른 라케다이몬 군사들도 굳은 결의로 상륙을 시도했지만 끝내 성공하지 못했다. 지형이 험난한 데다 아테나이군이 꿋꿋이 버티며 한 치도 물러서지 않았기 때문이다.

3 이렇게 서로의 처지가 역전되어, 아테나이군은 적의 본거지인 라코니케 땅에 자리 잡고 바다에서 공격해오는 라케다이몬군을 방어하게 되었다. 반면 라케다이몬군은 함선에 승선하여 원래 자신들의 땅이었으나 이제는 적의 점령지가 된 곳에 상륙하기 위해 함선 위에서 안간힘을 썼다. 당시 라케다이몬군은 지상군이 주력 부대였고 최강의 보병으로 유명했고, 아테나이군은 함선과 해군력에서 가장 뛰어났다.

1 **13** 라케다이몬군은 첫날에는 하루 종일, 다음날에는 몇 시간 동안 공격을 감행했으나 결국 포기하고 철수했다. 3일째 되던 날, 몇 척의 함선을 아시네[6]로 보내 공성 무기를 만들 목재를 가져오게 했다. 그들은 항구 옆의 성벽이 높기는 해도 상륙하기에 가장 적합해 공성 무기

2 를 사용하면 함락시킬 수 있다고 판단했다. 그러는 동안, 자킨토스를 출항한 아테나이 함선 50척이 도착했다. 나우팍토스의 경비함 몇 척과 키오스 함선 4척이 그들을 돕기 위해 합류한 것이다.

3 아테나이군은 내륙과 섬이 중무장보병으로 가득 찼고, 항구에 정박

---

6 "아시네"는 아르골리스만 동쪽 연안에 위치한 도시로, 청동기 시대부터 해상 무역의 중요한 거점이었으며, 미케네 시대에 특히 번성한 항구 도시였다. 펠로폰네소스 전쟁 당시에는 펠로폰네소스군의 해군 기지 역할을 했다.

한 적의 함선이 움직이지 않는 것을 보고 어디에 정박해야 할지 고민했다. 결국 그들은 적지에서 멀지 않은 무인도 프로테[7]로 가서 진을 쳤다. 다음날 그들은 해전을 준비하고 바다로 나갔다. 적이 싸우러 나오면 먼 바다에서 싸우고, 나오지 않으면 직접 항구로 쳐들어갈 계획이었다. 그러나 라케다이몬 함선은 바다로 나오지 않았고, 원래 계획과 달리 항구의 두 입구를 봉쇄하지도 않았다. 대신 해안에 조용히 머물며 선원을 승선시키는 등 전투 준비에 몰두했다. 아테나이 함선이 항구로 들어오면, 그리 좁지 않은 항구 안에서 해전을 벌일 계획이었다.

14 아테나이 함선들은 항구의 양쪽 입구로 돌진하며 이미 바다에 나와 있던 라케다이몬 함선 대부분을 정면 공격해 패퇴시켰다. 그들은 가까운 거리까지 추격하여 적의 함선 다수를 손상시키고 5척을 나포했는데, 그중 1척은 선원과 함께 포획했다. 이어서 해안으로 도망친 함선도 공격해 파괴하고, 아직 선원이 승선 중이라 출항하지 못한 함선도 격파했다. 또한 선원들이 버리고 달아난 함선은 밧줄을 걸어 예인해 갔다.

이 처참한 광경을 목격한 라케다이몬군은 섬에 고립될 위기에 처한 동료들을 돕기 위해 무장한 채 바다로 뛰어들어 함선을 붙잡아 뒤로 끌어당겼다. 이 순간만큼은 자신들이 직접 나서야 한다고 믿었던 것 같다. 이로 인해 큰 혼란이 벌어졌다. 이번 해전에서는 기존의 역할이 뒤바뀌었다. 절망에 빠진 라케다이몬군이 육지에서 필사적으로 해전을 벌인 반면, 우세한 아테나이군은 이 기회를 최대한 활용하기 위해 함선 위에서 지상전을 벌였다.

양측은 치열한 격전을 벌이며 서로에게 큰 피해를 입힌 후에야 분리되었다. 라케다이몬군은 처음에 나포된 함선을 제외하고, 버려진 빈 함선만 회수할 수 있었다. 전투를 마친 양측 군대는 각자의 진영으로 돌아갔다. 아테나이군은 승전비를 세우고, 적군의 시신을 돌려준 후 난파

---

7 "프로테"는 필로스 북쪽에 위치한 섬이다.

선을 차지했다. 그리고 지체 없이 섬 주위를 계속 항해하며 고립된 적군을 감시했다. 내륙의 펠로폰네소스군과 각지에서 파견된 원군은 여전히 필로스에 머물렀다.

1   **15** 필로스 사태가 스파르테에 보고되자, 스파르테인은 큰 재앙에 직면했다고 판단하여 고위 관리들을 군영으로 파견했다. 그들은 현장에서 상황을 파악하고, 최선의 방안을 논의하여 결정하라는 명령을 받
2 았다. 고위 관리들은 섬에 고립된 군사들을 구하는 것이 불가능하다고 판단했다. 그들은 자국의 군사들이 굶주리거나 수적으로 우세한 적에게 제압되어 포로가 되는 상황을 원치 않았다. 따라서 아테나이 장군들이 원한다면 일단 휴전조약을 맺고, 아테나이에 사절단을 보내 필로스 사태와 관련된 평화협상을 진행하여 고립된 군사들을 구출할 방안을 모색하기로 결정을 내렸다.

1   **16** 아테나이 장군들은 그들의 제안을 받아들였고, 다음과 같은 조건으로 휴전조약이 체결되었다. 라케다이몬군은 이번 전투에 참가한 모든 함선과 라코니케 지방에 있는 모든 함선을 필로스로 가져와 아테나이군에 넘긴다. 이후로 라케다이몬군은 육지와 바다에서 요새를 공격하지 않는다. 아테나이군은 내륙에 있는 라케다이몬군이 섬에 고립된 군사들에게 1인당 보릿가루 2아티케 코이닉스, 포도주 2코틸레,[8] 약간의 고기 등 일정량의 식량을 보내고, 시종들에게도 그 절반을 보내는 것을 허용한다. 식량은 아테나이군의 감독 아래 전달되어야 하며, 라케다이몬인의 배는 몰래 섬에 들어갈 수 없다. 아테나이군은 이전처럼 섬을 순찰할 수 있으나 상륙해서는 안 되며, 육지와 바다에서 펠로폰네소스군을 공격해서도 안 된다.
2   어느 쪽이든 조건을 조금이라도 위반하면 휴전조약은 즉시 종료된

---

8 "아티케 코이닉스"는 곡물의 용량 단위로 약 1.1리터에 해당했다. "코틸레"는 주로 액체 측정에 쓰인 측정에 쓰인 용량 단위로, 약 0.27리터에 해당했다.

다. 휴전조약은 라케다이몬 사절단이 아테나이에서 돌아올 때까지 유효하다. 사절단은 아테나이군의 삼단노선에 태우고 갔다가 다시 태우고 돌아온다. 사절단이 돌아오면 휴전조약은 끝나고, 아테나이군은 라케다이몬 함선을 인수했을 때와 동일한 상태로 반환해야 한다. 이러한 3 조건으로 휴전조약이 체결되자 라케다이몬군은 함선 60여 척을 아테나이군에 넘겼고, 사절단이 파견되었다. 아테나이에 도착한 사절단은 다음과 같이 말했다.

17 "아테나이인들이여, 라케다이몬인이 우리를 이곳으로 보내 섬에 1 있는 우리 군사들을 두고 협상하게 한 이유는, 여러분에게 이익이 되고 우리에게도 가장 명예로운 방식으로 이 문제를 해결할 수 있으리라 기대했기 때문입니다. 관례를 벗어날 정도로 길게 말하지 않겠습니다. 간 2 단한 말로 충분한 곳에서는 많은 말을 하지 않는 것이 우리의 관습이지만, 중요한 점을 짚어야 할 때는 더 많은 말로 설명하는 것 또한 우리의 관습입니다. 부디 우리가 하는 말을 적대적으로 받아들이지 마십 3 시오. 여러분을 무지하다고 여겨 가르치려는 것이 아닙니다. 오히려 이 상황을 어떻게 처리해야 할지 아는 분들에게 그 지식을 상기시키는 것이라 생각해주십시오.

여러분이 이미 손에 쥔 것을 지키면서도 명예와 영광을 더할 수 있 4 는 기회는 지금입니다. 여러분은 행운을 경험해본 적 없는 사람들이 저지르는 실수를 피해야 합니다. 행운을 만나 뜻밖의 성공을 거두면 언제나 더 큰 욕심이 생기기 때문입니다. 반면 행운과 불운을 모두 겪으며 5 인생의 부침을 경험한 사람들은 행운과 성공이야말로 가장 믿지 못할 것임을 압니다. 이는 여러분의 국가나 우리 국가나 경험을 통해 잘 알고 있습니다.

18 여러분은 헬렌인들 가운데서 가장 큰 명성을 누리던 우리가, 한 1 때는 우리 자신이 다른 나라에 베풀 수 있다고 여겼던 도움을 이제는 불운으로 인해 여러분에게 구하러 왔다는 사실을 아셔야 합니다. 하지 2

만 이렇게 된 것은 우리가 힘이 부족했기 때문도, 더 큰 힘을 가져 오만
해졌기 때문도 아닙니다. 단지 당시 상황을 잘못 판단했을 뿐이며, 이

3 런 실수는 누구나 저지를 수 있습니다. 따라서 여러분의 나라가 지금
강대하고, 거기에 성공과 행운까지 더해졌다고 해서 그 행운이 영원하
리라 믿는다면 그것은 큰 착각입니다.

4 　현명한 사람들은 행운을 믿지 않는 것이 안전하다는 사실을 압니다.
그런 사람들은 불운을 맞더라도 더 현명하게 대처하지요. 전쟁이 언제
나 어느 한쪽의 뜻대로 흘러가는 것이 아니라 운에 따라 좌우된다는
사실도 이해하고 있습니다. 승리했다고 자만하지 않으며, 그렇기 때문
에 가장 적게 실수하고, 행운이 따를 때 상대와 화해할 줄도 압니다.

5 　아테나이인들이여, 지금이야말로 우리에게 그런 태도를 보여줄 때
입니다. 그렇게 한다면, 여러분은 강대국이면서도 지혜로운 나라라는
명성을 후대에 남길 수 있습니다. 하지만 우리의 제안을 거절하고 훗날
낭패를 겪게 된다면(그럴 가능성은 충분히 있습니다), 그때 사람들은 여러
분이 현재 거둔 성공조차 단지 운 때문이었다고 평가할 것입니다.

1 　**19** 라케다이몬인은 여러분에게 휴전협정을 맺고 필로스를 둘러싼
이번 전쟁을 끝낼 것을 요청합니다. 또한 평화와 동맹, 그리고 상호 간
의 깊은 우의와 친밀함의 관계를 제안합니다. 그 대가로 섬에 고립된
우리 군사들의 송환을 요청합니다. 그들은 언젠가 기회를 틈타 탈출하
든지, 아니면 봉쇄당한 채 결국 항복할 수밖에 없을 것입니다. 그렇다
면 굳이 그런 위험을 감수하기보다, 지금 합의를 통해 더 나은 해결책
을 모색하는 것이 서로에게 더 이롭지 않겠습니까?

2 　우리 생각으로는 양측 간의 깊은 적대감을 가장 확실하게 해소하는
길은, 승자가 보복하려는 마음으로 패자에게 불평등한 조약을 강요하는
것이 아닙니다. 그렇게 할 수 있는데도 불구하고 관용을 베풀어 미덕으

3 로 상대를 감동시키고, 예상보다 온건한 조건으로 화해해야 합니다. 그
렇게 했을 때 패배한 측은 불평등한 조약을 강요당했을 때와는 달리

복수심을 품지 않고, 스스로 부끄러움을 느끼며 미덕을 베풀어준 것에 보답하려는 마음을 품게 됩니다. 그 결과 양측 간에 합의된 사항을 더욱 기꺼이 지킬 것입니다. 사람들은 사소한 일보다는 중대한 문제로 다 투었던 적에게서 미덕을 경험했을 때 더욱 그러한 태도를 취하는 법입니다. 자발적으로 양보하는 이에게는 기꺼이 고개를 숙이지만, 오만하고 고압적인 이에게는 옳고 그름을 떠나 모든 것을 걸고 끝까지 저항하는 것이 인간의 본성이기 때문입니다. 4

20 지금이야말로 우리 양국이 화해할 적기입니다. 돌이킬 수 없는 불행한 사태가 벌어지기 전에 해결해야 합니다. 만약 사태가 악화된다면, 우리는 공적으로나 사적으로나 여러분에게 영원한 적대감을 품게 될 테지요. 여러분 또한 지금 우리가 제안하는 모든 기회를 잃게 될 것입니다. 1

사태가 아직 결정되지 않은 지금, 여러분은 명성과 함께 우리의 우정을 얻을 수 있습니다. 서로가 치욕을 겪기 전에 원만한 해결책을 모색해야 합니다. 양국이 전쟁이 아닌 평화를 선택함으로써, 다른 헬렌인들도 이 전쟁의 고통에서 벗어나 숨을 돌릴 수 있어야 합니다. 그들은 이 평화가 우리가 아닌 여러분 덕분이라고 여길 것입니다. 그들은 어느 쪽이 먼저 전쟁을 시작했는지 확실치 않을 때 전쟁에 휘말렸지만, 이제 화해가 여러분에게 더 많이 달려 있기에 평화가 찾아오면 그 공을 여러분에게 돌릴 것입니다. 2

여러분이 우리의 제안을 받아들인다면 라케다이몬인의 확실한 친구가 될 것입니다. 지금 우리는 강요가 아닌 부탁을 하고 있으며, 여러분은 부탁을 들어줌으로써 호의를 베푸는 자리에 서게 됩니다. 이 제안을 수락했을 때 얼마나 많은 이점이 있을지 고려해보십시오. 우리 두 나라가 한 목소리를 낸다면, 헬라스의 어떤 국가도 감히 우리에게 맞설 수 없고, 모두가 우리를 더욱 존중하게 될 것입니다." 3 4

21 라케다이몬인은 그렇게 제안했다. 그들은 이전에 아테나이인이 1

먼저 휴전을 제안했으나 자신들이 거부하여 무산된 전례가 있었기에, 이번에 자신들이 손을 내밀면 기꺼이 받아들이고 섬에 고립된 군사들

2 도 돌려보낼 것이라 기대했다. 그러나 아테나이인은 스팍테리아섬에 있는 라케다이몬 군사들이 사실상 자신들의 수중에 들어왔다고 판단했다. 따라서 언제든 원하는 시기에 휴전조약을 맺을 수 있는 유리한 입장이었으며, 이를 이용해 더 많은 양보를 얻어내려 했다.

3 　특히 클레아이네토스의 아들 클레온이 강하게 이를 밀어붙였다. 당시 아테나이에서 가장 영향력 있는 대중선동가였던 그는 다음과 같이 대답하도록 대중을 설득했다. 우선, 섬에 고립된 라케다이몬 군사들이 무구를 내려놓고 항복한 뒤, 아테나이로 압송되어야 한다. 그 다음으로, 라케다이몬은 니사이아, 페가이, 트로이젠, 아카이아를 반환해야 한다. 이들 지역은 라케다이몬이 군사력으로 획득한 것이 아니라, 과거 아테나이가 국난을 맞아 휴전이 절박했던 시기에 체결된 조약에 따라 넘긴 곳이었다. 이 조건이 모두 이행된 후에야 라케다이몬은 군사들을 되찾고, 양측은 상호 합의에 따라 일정 기간 동안 휴전조약을 맺을 수 있다.

1 　**22** 라케다이몬 사절단은 아테나이인의 대답에 즉각적인 반응을 보이지 않았다. 대신 각 사안을 차분히 논의하여 합의를 도출할 별도의

2 대표자 위원회 구성을 요청했다. 그러자 클레온은 강하게 반발했다. 그는 이전부터 라케다이몬인의 의도가 순수하지 않다고 생각해왔는데, 이번에도 그들이 대중 앞에서 발언하기를 꺼리고 소수 대표자와만 협상하려는 태도를 보니 그 의심이 더욱 확실해졌다고 말했다. 그러면서 의도가 순수하다면 모든 시민 앞에서 공개적으로 말하라고 요구했다.

3 그러나 라케다이몬인은 불리한 상황에서 어쩔 수 없이 양보하기로 결정했더라도, 그 내용을 대중 앞에서 공개할 수 없다고 판단했다. 어떤 조건을 제안했다가 원하는 결과를 얻지 못하면, 동맹국들로부터 비난받을 위험이 있었기 때문이다. 온건한 조건을 제시해도 아테나이인이

받아들이지 않을 것이라 예상했다. 결국 라케다이몬 사절단은 협상에서 아무런 성과를 거두지 못한 채 아테나이를 떠났다.

23 라케다이몬 사절단이 돌아가자 필로스를 둘러싼 휴전조약은 즉 1
시 종료되었다. 라케다이몬군은 조약에 따라 함선의 반환을 요구했다. 그러나 아테나이군은 라케다이몬군이 조약을 위반하고 요새를 공격했다는 주장과 함께, 언급할 가치도 없는 여러 핑계를 대며 함선 반환을 거부했다. 아테나이군은 휴전조약의 조항에 어느 한쪽이라도 조약을 위반할 경우 즉시 협정이 종료된다고 명시되어 있으며, 라케다이몬군이 이미 조약을 어겼으므로 휴전이 끝났다고 주장했다. 이에 라케다이몬군은 반박하며, 함선을 돌려주지 않는 행위를 불법이라 규정한 후, 귀환하여 전쟁 재개를 준비했다.

이로써 양측은 필로스 일대에서 치열한 전투를 벌이게 되었다. 아테 2
나이군은 낮에는 함선 2척을 띄워 서로 반대 방향으로 섬 주위를 끊임없이 순찰했고, 밤에는 전체 함대가 섬 주변에 정박했다. 다만 바람이 불 때는 먼 바다에서 정박하는 것을 피했다. 감시를 강화하기 위해 아테나이에서 함선 20척이 추가로 파견되면서 아테나이군의 함선은 총 70척으로 늘어났다. 한편 펠로폰네소스군은 내륙에 진을 치고 필로스 요새를 공격하며, 섬에 고립된 군사들을 구할 기회를 노렸다.

24 그러는 동안 시켈리아에서는 시라쿠사이인과 그 동맹군이 나머 1
지 함선의 출전 준비를 마친 뒤, 메세네를 지키던 함대와 합류하여 이곳을 거점으로 전쟁을 벌이고 있었다. 특히 로크리스인이 레기온인에 2
대한 적대감으로 이 전쟁을 부추겼는데, 그들은 이전에도 전 군대를 동원하여 레기온의 영토를 침략한 적이 있었다.

시라쿠사이인은 해전을 시도해보고자 했다. 현재 아테나이군의 함 3
선이 많지 않아 보였고, 원래 시켈리아로 파견될 예정이었던 아테나이 함대의 대부분이 스팍테리아섬 포위전에 투입되었다는 사실을 알고 있었기 때문이다. 시라쿠사이인은 해상에서 우위를 점하면 레기온을 4

바다와 육지에서 동시에 봉쇄하여 손쉽게 정복할 수 있을 것이라 판단했다. 또한 이로써 자신들의 입지가 강화될 것이라 기대했다. 이탈리아의 레기온곶과 시켈리아의 메세네는 매우 가까워, 두 지점을 확보하면 아테나이군의 함선이 레기온 앞바다에 정박하거나 해협을 통제하기가 사실상 불가능해질 것이기 때문이었다.

5   이 해협은 레기온과 메세네 사이의 바다로, 시켈리아섬과 이탈리아 본토와 가장 가까워지는 지점이다. 이곳이 바로 오디세우스가 배를 타고 지나갔다는, 이른바 카리브디스 해협이다. 이 해협은 폭이 좁을 뿐만 아니라, 양쪽의 티레니아해와 시켈리아해에서 밀려오는 거센 물살이 강한 조류를 형성한다.[9] 이 때문에 예로부터 위험한 바닷길로 알려져 있었다.

1   **25** 이 좁은 해협에서 시라쿠사이군과 그 동맹군은 오후 늦게 지나가던 함선 1척의 통행 문제로 해전을 벌이게 되었다. 그들은 아테나이군의 함선 16척과 레기온군의 함선 8척에 맞서기 위해 총 30여 척의
2 함선을 동원했다. 그러나 전투에서 패배하여 함선 1척을 잃었고, 결국 메세네와 레기온에 있는 각자의 군영으로 급히 퇴각했다. 해전이 끝나고 밤이 찾아왔다.

3   이 사건 이후 로크리스군은 레기온 영토에서 철수했고, 시라쿠사이군과 그 동맹군의 함선은 메세네 영토의 펠로리스곶[10] 앞바다에 집결

---

9 "오디세우스"는 호메로스의 서사시 『오디세이아』의 주인공으로, 이타케의 왕이다. 트로이아 전쟁 후 귀향길에 10년간 방랑하며 고난을 겪은 끝에, 고국으로 돌아와 왕비를 괴롭히던 구혼자들을 처단하고 왕위를 되찾는다. "카리브디스 해협"은 이탈리아 본토와 시켈리아섬 사이의 해협으로, 괴물 카리브디스가 살던 곳이라 전해진다. "티레니아해"는 이탈리아 서쪽 해역이고, "시켈리아해"는 시켈리아섬 남부와 북아프리카 사이에 위치한다.

10 "펠로리스곶"은 시켈리아섬 최북단에 위치하며, 메세네에서 북동쪽으로 약 12킬로미터 떨어져 있다. 이탈리아 본토의 레기온곶과 마주하는 이 지점은 메세네 해협에서 가장 폭이 좁은 곳이다.

하여 정박했으며, 보병도 그곳에 주둔했다. 이를 확인한 아테나이군과 4
레기온군은 즉시 항해하여 적의 함선이 비어 있는 틈을 타 공격했으
나, 적이 던진 갈고랑쇠에 걸려 함선 1척을 잃고 말았다. 선원들은 헤
엄쳐 탈출했지만 배는 적의 손에 넘어갔다. 이후 시라쿠사이군이 밧줄 5
로 함선을 끌어 해안을 따라 메세네 쪽으로 예인하자 아테나이군은 다
시 공격을 시도했다. 그러나 시라쿠사이군이 방향을 전환하여 먼저 반
격하면서 아테나이군은 또 다시 함선 1척을 잃었다. 시라쿠사이군 함 6
선은 이처럼 해안을 따라 이동하며 전투를 이어갔고, 별다른 손실 없이
메세네항으로 귀환했다.

　한편 아테나이군은 아르키아스[11]와 그의 일당이 카마리나를 시라쿠 7
사이인에게 넘기려 한다는 정보를 입수하고 즉시 그곳으로 항해했다.
같은 시기, 메세네군은 육로와 해로를 통해 동시에 인접 도시이자 칼키
스의 식민시인 낙소스를 향해 진군했다. 첫날, 그들은 낙소스인을 성벽 8
안에 가둔 채 그들의 땅을 초토화시켰다. 다음날에는 함선으로 아케시
네스강[12]을 따라 항해하며 주변 지역을 약탈하는 한편, 보병들이 직접
도시를 공격했다.

　그러나 그 사이, 많은 시켈로스인이 낙소스를 돕기 위해 고지대에서 9
내려왔다. 이를 본 낙소스인은 사기가 올라, 레온티노이인과 다른 헬라
스 동맹군이 원군으로 오고 있다는 소식으로 서로를 격려했다. 그리고
갑자기 성문을 열고 메세네군에게 돌격하여 1,000명 이상을 죽이며 대
승을 거두었다. 나머지 메세네군은 간신히 퇴각했으나, 후퇴 도중 이민
족의 습격을 받아 대부분이 목숨을 잃었다.

　메세네 함대는 가까스로 메세네로 귀환했고, 이후 군사들은 각자의 10

---

11 가장 유명한 "아르키아스"는 기원전 734년경 시라쿠사이를 건설한 코린토스 출신의
　　전설적 인물이다. 여기에 언급된 아르키아스는 그 가문의 출신으로 추정된다.
12 "아케시네스강"은 아이트나산 북쪽 기슭에서 발원하여 시켈리아 동부 해안의 이오니
　　아해로 흘러들었다.

고향으로 돌아갔다. 한편 레온티노이군과 그 동맹군은 메세네가 약화된 것을 확인하고, 아테나이군과 함께 즉시 메세네를 공격했다. 아테나

11 이 함대는 항구를 공격했고, 보병은 도시를 포위했다. 그러나 메세네군과, 낙소스 전투에서 살아남아 수비대에 합류한 데모텔레스 휘하의 로크리스군이 기습적으로 출격해 레온티노이군의 다수를 살상했다. 이를 본 아테나이군은 즉시 함선에서 내려 지원에 나섰고, 전열이 흐트러진 메세네군을 몰아붙여 다시 성 안으로 밀어 넣었다. 이후 아테나이군은

12 승전비를 세우고, 레기온으로 철수했다. 이 사건 이후 시켈리아의 헬렌인들은 서로 간에 지상전을 지속했으나, 아테나이군은 더 이상 개입하지 않았다.

1 **26** 이 무렵 필로스에서는 아테나이군이 여전히 섬에 고립된 라케다이몬군을 포위하고 있었고, 펠로폰네소스군은 내륙에 진을 치고 머

2 물러 있었다. 아테나이군은 식량과 물이 부족하여 섬을 감시하는 데 어려움을 겪었다. 필로스의 아크로폴리스에 작은 샘이 하나 있었지만 그 양이 충분하지 않았다. 대부분의 군사들은 바닷가 근처의 자갈을

3 파내 스며 나오는 물을 마실 수밖에 없었다. 또한 좁은 공간에 진을 치고 있어 협소했을 뿐 아니라 함선을 정박시킬 시설도 없어, 일부 함선은 교대로 육지에 올라와 식사를 하고, 나머지는 바다에 정박한 채 머물러야 했다.

4 무엇보다 그들의 사기를 떨어뜨린 것은, 무인도에는 소금기 있는 물밖에 없어 고립된 군사들이 며칠 내로 항복할 것이라 예상했던 것과

5 달리 포위 기간이 계속 길어지고 있다는 사실이었다. 섬에 고립된 군사들이 이처럼 버틸 수 있었던 이유는, 라케다이몬군이 빻은 곡식, 포도주, 치즈 등의 식량을 전달할 자원자들을 모집했기 때문이다. 특히 이 임무를 성공적으로 수행한 국가 노예에게는 막대한 은과 자유를 약속했다.

6 실제로 많은 사람들이 특히 국가 노예들이 위험을 무릅쓰고 섬에 있

는 군사들에게 식량을 전달했다. 그들은 펠로폰네소스 각지에서 배를 타고 출발해 밤중에 섬의 먼 바다 쪽으로 접근했다. 특히 뒤에서 바람이 불어오는 때를 노렸다. 먼 바다에서 바람이 불면 아테나이군의 삼단노선이 그쪽에 정박하기가 어려워져 감시를 피하기 더 쉬웠기 때문이다. 국가 노예들은 배가 파손되더라도 보상받기로 약속되어 있어 배의 손상을 개의치 않고 해안에 접근했으며, 섬 안의 중무장보병이 상륙 지점을 지켜주었다. 그러나 바다가 잔잔한 날에 무리하게 섬으로 들어가려 한 자들은 붙잡혔다. 7

항구에서 출발해 바닷속으로 잠수한 뒤 헤엄쳐 섬으로 들어가는 자들도 있었다. 그들은 꿀을 섞은 양귀비 씨와 으깬 아마 씨가 든 가죽부대를 노끈으로 몸에 매달고 조용히 물속을 지나 섬으로 접근했다. 처음에는 이 방법이 발각되지 않았으나, 나중에는 아테나이군이 눈치를 채고 초병을 세웠다. 이처럼 한쪽은 어떻게든 식량을 전달하기 위해, 다른 한쪽은 그들이 감시망을 피하지 못하게 하기 위해 모든 방법을 강구했다. 8 9

27 아테나이에서는 자신들의 군대가 어려운 상황에 처해 있고, 섬에 고립된 적군에게 배를 통해 식량이 전달되고 있다는 소식을 듣고 당혹스러워했다. 특히 다가오는 겨울을 우려했다. 그 지역은 사람이 살지 않는 곳이라 여름에도 보급이 쉽지 않았는데, 겨울이 되면 펠로폰네소스반도를 우회하여 보급품을 수송하기가 사실상 불가능해질 것이었다. 항구도, 정박 시설도 없는 지역에서 섬을 계속 감시하고 봉쇄하는 일은 점점 더 어려워질 터였다. 만약 감시를 늦추거나 봉쇄를 포기하면, 섬에 고립된 자들은 살아남아 겨울 폭풍이 잠잠해질 때까지 버틴 후, 식량을 전달하러 온 배를 타고 빠져나가게 될 것이었다. 1

아테나이인은 이 상황이 라케다이몬인에게 알려지는 것을 가장 두려워했다. 그들이 더 이상 불리한 처지가 아니라고 판단하면 협상에 응하지 않을 가능성이 높았다. 그제야 아테나이인은 이전에 제안받은 휴 2

3   전조약을 거부한 것을 후회했다. 한편, 클레온은 휴전조약 체결을 방해
    했던 자신을 사람들이 불신하고 있음을 깨닫고, 필로스에서 온 전령들
    의 보고가 사실이 아니라고 주장했다. 이에 전령들은 자신들의 말을 믿
    지 못하겠다면 직접 감찰관을 파견해 확인해보라고 제안했다. 아테나
    이인은 클레온과 테아게네스를 감찰관으로 선출했다.

4   클레온은 이제 자신이 거짓말이라고 비난했던 전령들과 같은 보고
    를 하거나, 아니면 그들의 보고와 상반되는 거짓 보고를 해야 하는 상
    황에 처했다. 그는 아테나이인이 이 전쟁을 확실히 매듭짓기를 열망하
    고 있음을 간파하고, 감찰관을 파견해 시간을 낭비하는 대신 즉각 행동
    해야 한다고 주장했다. 전령들의 보고가 사실이라면 마땅히 함선을 더
5   보내 섬에 고립된 적군을 공격해야 한다는 것이었다. 그러고는 정적인
    니케라토스의 아들 니키아스 장군을 지목하며, 진정한 대장부라면 함
    선을 출정시켜 섬에 있는 적들을 손쉽게 포획해야 한다고 비난했다. 그
    리고 자신이 군대를 지휘했다면 그렇게 해냈을 것이라고 장담했다.

1   **28** 아테나이인들이 그렇게 쉬운 일이라면 왜 지금이라도 함선을 이
    끌고 출정하지 않느냐고 클레온에게 야유를 보내자, 클레온이 대중 앞
    에서 자신을 모욕했다고 느낀 니키아스는 클레온에게 원하는 만큼 군
2   대를 이끌고 가서 섬에 있는 적들을 생포해 오라고 촉구했다. 처음에
    클레온은 니키아스가 빈말로 자신을 몰아세운다고 여기고 수락하려
    했으나, 그가 실제로 지휘권을 넘기려 한다는 것을 깨닫자 장군은 자
    신이 아니라 저 사람이라며 물러섰다. 니키아스가 정말로 지휘권을 넘
3   길 줄 몰랐기에 당황했던 것이다. 그러나 니키아스는 아테나이인들을
    증인으로 삼아 필로스 원정군의 지휘권을 포기할 테니 지휘를 맡으라
    고 클레온에게 재차 촉구했다. 군중은 클레온이 필로스 출정을 회피하
    고 발언을 철회하려 할수록 니키아스에게는 지휘권을 넘기라고 재촉
    했고, 클레온에게는 함대를 이끌고 출정하라고 소리쳤다.

4   결국 클레온은 자신이 뱉은 말에서 빠져나갈 길이 없게 되자 직접

출정하기로 결심했다. 그는 앞으로 나서서 자신은 라케다이몬군이 두렵지 않다며, 아테나이에서는 아무도 데려가지 않고, 당시 아테나이에 와 있던 렘노스인과 임브로스인, 그리고 아이노스[13]에서 도우러 온 경방패병과 다른 지역에서 온 궁수 400명만 데리고 가겠다고 선언했다. 그는 필로스에 있는 군대와 합류하여, 20일 안에 섬에 고립된 라케다이몬군을 생포해 아테나이로 압송하거나 그 자리에서 죽이겠다고 장담했다. 클레온의 경솔한 발언에 아테나이인들은 실소를 금치 못했지만, 분별력 있는 사람들은 기뻐했다. 두 가지 좋은 결과 중 하나는 얻을 수 있다고 생각했기 때문이다. 즉, 클레온이 실패하면 대중은 그의 영향력에서 벗어나게 될 것이고(그들은 이것을 더 바랐다), 예상과 달리 클레온이 라케다이몬군을 생포해 온다면 이 또한 아테나이에 유익한 일이라고 여겼다.

29 아테나이인이 클레온의 지휘 아래 필로스에 증원군을 보내기로 결정하자, 클레온은 민회에서 모든 절차를 마친 후 필로스 원정군의 장군들 중 데모스테네스를 동료로 선택하고 서둘러 출발했다. 클레온이 데모스테네스를 동료 장군으로 지명한 이유는, 그가 이미 아테나이군을 섬에 상륙시킬 계획을 세우고 있다는 사실을 알았기 때문이다. 데모스테네스는 자국의 군사들이 필로스에서 물자 부족으로 고통받고 있으며, 아군이 적을 봉쇄한다기보다 오히려 봉쇄당하고 있다는 느낌을 받았다. 이에 전투의 위험을 감수하고자 한 것이다. 얼마 전 그 섬에서 발생한 화재로 그는 더욱 자신감을 갖게 되었다.

화재 이전에 섬의 대부분은 숲이 우거져 있었고, 사람의 발길이 닿지 않아 길도 없었다. 데모스테네스는 이런 지형이 적에게 유리하게 작용할 것을 우려했다. 대규모 병력이 상륙하더라도 적들이 보이지 않는

---

13 "아이노스"는 트라케 지방의 헤브로스강 하구 근처에 위치한 헬라스 식민 항구 도시로, 임브로스에서 북동쪽으로 90~95킬로미터 거리에 있었다.

곳에서 아테나이군을 공격해 피해를 입힐 수 있었기 때문이다. 적군의
약점과 준비 상태는 숲에 가려 보이지 않는 반면, 아군의 취약점은 모
두 드러나 공격의 주도권이 적에게 넘어가고, 그들이 원하는 장소에서
불시에 기습할 가능성이 있었다. 그리고 아테나이군이 섬 안의 적에게
접근하려면 울창한 숲을 통과할 수밖에 없는데, 그런 환경에서는 지형
에 익숙한 소규모 병력이 지형에 어두운 대규모 병력보다 유리하다고
판단했다. 아군이 대규모라 할지라도 시야가 확보되지 않으면 어느 쪽
을 지원해야 할지 알 수 없게 되어 궤멸할 위험이 있었다.

30 데모스테네스가 울창한 숲을 그토록 우려했던 이유는, 과거 아
이톨리아 원정에서 숲 때문에 참패한 쓰라린 경험이 있었기 때문이다.
그런데 최근 섬의 공간이 협소해 함선을 섬 끝자락에 정박시키고 군사
들이 가장자리에서 식사를 하던 어느 날, 보초를 서던 군사 중 한 명이
별 생각 없이 숲 한쪽에 불을 붙였다가, 그 불이 바람을 타고 번져 순식
간에 숲의 대부분이 소실되고 말았다.

이 뜻밖의 화재로 데모스테네스는 새로운 사실을 알게 되었다. 그는
그동안 라케다이몬인이 섬에 고립된 소수의 군사들에게 식량을 보내
고 있다고 생각했으나, 실제로는 그 수가 예상보다 많았던 것이다. 또
한 숲이 사라져 섬에 상륙하기가 더 쉬워졌다. 그는 지금이야말로 아테
나이군이 중요한 공세를 취해야 할 시점이라고 판단하여, 인근 동맹국
들에게 병력을 요청하는 등 공격에 필요한 모든 준비를 갖추었다.

클레온은 미리 데모스테네스에게 전령을 보내 자신이 그곳으로 향
하고 있음을 알린 후, 얼마 지나지 않아 요청한 군대를 이끌고 필로스
에 도착했다. 두 장군은 회합을 가진 후, 우선 내륙에 주둔한 라케다이
몬군의 진영으로 전령을 보내 무기를 내려놓고 항복하라고 요구했다.
좀 더 포괄적인 합의가 이루어질 때까지 섬에 있는 군사들을 포로로
잡아두겠지만, 안전을 보장하고 잘 대우하겠다는 조건이었다.

31 내륙에 주둔한 라케다이몬군이 이 제안을 거부하자, 아테나이군

은 하루를 기다렸다가 다음날 밤 작전을 실행했다. 그들은 중무장보병 800여 명을 여러 척의 함선에 나누어 태운 뒤, 날이 밝기 직전에 섬의 양쪽, 즉 먼 바다 쪽과 항구 쪽에 상륙시켰다. 상륙한 중무장보병은 즉시 섬의 첫 번째 초소를 향해 돌진했다.

이는 적군이 다음과 같이 배치되어 있었기 때문이다. 섬의 첫 번째 2 초소에는 중무장보병 약 30명이 있었고, 주력 라케다이몬군과 지휘관 에피타다스는 급수원이 있는 섬 중앙의 평탄한 지역을 지키고 있었다. 필로스 맞은편 섬의 최남단은 바다에서 보면 절벽이었고, 섬 안에서도 접근하기 가장 어려운 지형이어서 소수의 군사들만이 지키고 있었다. 또한 그곳에는 돌로 축조된 오래된 요새가 있어, 라케다이몬군은 후퇴가 불가피할 경우 이 요새가 유용할 것이라 여겼다. 라케다이몬군은 이와 같이 배치되어 있었다.

32 아테나이군은 즉시 첫 번째 초소를 기습하여 아직 자고 있거나 1 무장 중이던 적군을 처치했다. 라케다이몬군은 아테나이 함선들이 평소처럼 밤에 정박지로 나가는 것이라 여겼기에 섬에 상륙한 사실을 알아채지 못했다. 새벽이 되자 아테나이군의 나머지 부대도 상륙했다. 70여 2 척의 함선을 타고 섬에 도착한 아테나이군은 각자의 방식으로 무장한 모든 선원(삼단노선 가장 아랫단의 노꾼은 제외)과 궁수 800명, 경방패병 800명, 메세니아 원군, 그리고 성벽 경비병을 제외한 필로스 주변의 모든 부대로 구성되어 있었다.

데모스테네스는 군대를 약 200명씩 나누어 배치해, 섬의 고지들을 3 점령하고자 했다. 이렇게 하면 사방으로 포위된 적들은 어느 방향으로 대응해야 할지 몰라 극도의 혼란에 빠질 것이라 생각했다. 앞쪽을 공격하면 뒤에서 공격받고, 측면을 공격하면 앞뒤에서 공격받을 것이므로, 어느 방향으로 움직이든 수적으로 우세한 적에게 협공을 당할 수밖에 없는 구조였다. 라케다이몬군이 어디로 이동하든 배후에는 경무장보병 4 들이 있도록 배치했다. 화살, 투창, 돌, 투석기로 원거리에서 공격하는 경무장보병은 상대하기 가장 어려울 뿐만 아니라 접근하기도 힘든 상대였다. 추격하기 어렵고, 물러나면 다시 압박해 오기 때문이다. 데모스테네스는 처음부터 이러한 전술을 구상하고 섬에 상륙했으며, 지금 그 계획을 실행에 옮기고 있었다.

1   **33** 섬에 있는 라케다이몬군의 주력 부대, 즉 에피타다스 휘하의 병력은 첫 번째 초소가 궤멸되고 아테나이군이 진격해 오는 것을 보자, 전투 대열을 갖추고 근접전을 벌이기 위해 앞으로 나아갔다. 아테나이 중무장보병은 정면에, 경무장보병은 그들의 측면과 후방에 배치되어 2   있었다. 그러나 라케다이몬군은 전투를 제대로 벌일 수 없었고, 자신들의 전투 경험을 활용할 수도 없었다. 경무장보병이 측면에서 끊임없이 투창과 화살을 퍼부으며 라케다이몬군을 저지했기 때문이다. 반면 아테나이 중무장보병은 움직이지 않고 제자리를 지켰다. 라케다이몬군은 달려드는 적의 경무장보병을 물리쳤지만, 이들은 곧 다시 돌아와 그들을 괴롭혔다. 이들은 가볍게 무장하고 있어 험한 지형에서도 쉽게 도망칠 수 있었다. 스팍테리아섬은 이제까지 사람이 살지 않아 제대로 된 길이 없고 지형이 험해, 중무장한 라케다이몬군은 이들을 추격할 수 없었다.

1   **34** 양측 군대는 한동안 소규모 전투를 벌였다. 그러나 라케다이몬군이 공격받은 지점에서 신속하게 반격하지 못하자, 아테나이군의 경무장보병은 적의 방어가 둔화된 것을 알아차리고 더욱 자신감을 얻었다. 그들은 자신들이 수적으로 라케다이몬군을 훨씬 압도한다는 사실을 깨달았으며, 여러 차례의 교전을 통해 라케다이몬군에 대한 두려움을 떨쳐버렸다. 처음 섬에 상륙할 때만 해도 명성 높은 라케다이몬군과 맞선다는 사실에 위축되었으나, 예상과 달리 큰 피해를 입지 않았기 때문이다. 이제 그들은 라케다이몬군을 두려워하지 않고 함성을 지르며 돌격했고, 돌과 화살, 투창 등 손에 잡히는 모든 것을 던지며 맹공을 퍼부었다.

이런 형태의 전투에 익숙하지 않은 라케다이몬군은 아테나이군의 2
경무장보병이 함성을 지르며 돌격해오자 공포에 휩싸였다. 게다가 최
근의 화재로 숲에서 먼지가 자욱이 피어올랐고, 수많은 화살과 돌이 먼
지 속을 날아다녔다. 이로 인해 라케다이몬군은 주변 상황을 제대로 파
악할 수 없었다. 라케다이몬군의 상황은 점점 악화되었다. 그들의 모전 3
투구는 화살을 막아내지 못했고, 그들이 던진 창은 날아오는 적군의 무
기에 맞아 부러져 쓸 수 없게 되었다. 시야는 먼지로 흐려졌고, 지휘관
의 명령은 적군의 함성에 묻혀 들리지 않았다. 사방에서 위험이 좁혀와
살아남을 희망은 점점 사라졌다.

35 같은 자리를 맴돌며 전투를 벌이던 라케다이몬군은 사상자가 늘 1
어나자, 결국 대열을 밀착시킨 채 후퇴하기로 했다. 그들은 마지막 거
점이자 섬 끝자락에 위치한 요새로 물러났다. 그들이 후퇴하자, 아테나 2
이군의 경무장보병은 더욱 자신감을 얻어 함성을 높이며 추격했다. 후
퇴 중에 붙잡힌 라케다이몬 군사들은 도륙당했지만, 대부분은 가까스
로 요새에 도착해 수비대와 합류했다. 그들은 적이 공격해올 만한 모든
지점을 지키기 위해 대열을 갖추었다.

아테나이군은 계속해서 추격했지만, 요새로 후퇴한 적군을 완전히 3
포위하기는 불가능했다. 이에 정면 돌파를 시도했다. 아테나이군은 고 4
지를 장악하려 했고, 라케다이몬군은 한 발짝도 물러서지 않겠다는 각
오로 맞섰다. 전투는 하루종일 이어졌다. 양측은 극심한 갈증과 뙤약볕
속에서도 끝까지 버텼다. 그러나 요새에 도달한 라케다이몬군은 처음
처럼 완전히 포위되지 않아 방어하기가 수월해졌다.

36 전투가 좀처럼 끝나지 않자, 메세니아군의 장군이 클레온과 데 1
모스테네스를 찾아와 제안했다. 정면 대결을 하느라 헛수고할 필요 없
이 자신에게 약간의 궁수와 경무장보병을 맡겨준다면, 다른 길을 찾아
적의 배후로 돌아가 요새로 들어가는 길을 열겠다는 것이었다. 두 장군 2
이 그의 요청을 받아들이자, 그는 소수의 부대를 이끌고 라케다이몬군

의 눈에 띄지 않는 곳에서 출발했다. 그는 발을 디딜 만한 곳을 찾아 섬의 가파른 절벽을 타고 올라갔다. 이곳은 라케다이몬군이 험준한 지형을 믿고 초병을 배치하지 않은 곳이었다. 그는 부대와 함께 험준한 절벽을 올라 적의 배후로 돌아갔고, 마침내 라케다이몬군의 뒤쪽 고지에서 불쑥 모습을 드러냈다. 예상치 못한 기습에 라케다이몬군은 당황했고, 아테나이군은 계획이 성공하자 사기가 크게 올랐다.

3   라케다이몬군은 이제 양쪽에서 공격을 받게 되었다. 규모의 차이를 제외하면, 이는 테르모필라이 전투에서 겪었던 상황과 유사했다.[14] 당시에도 페르시스군이 산길을 통해 배후로 돌아오면서 라케다이몬군은 양측에서 협공을 당했고, 결국 끝까지 버티지 못하고 패배한 바 있었다. 이번에도 라케다이몬군은 소수의 병력으로 다수의 적과 싸워야 했으며, 오랜 전투와 식량 부족으로 체력마저 소진된 상태였다. 결국 그들은 밀리기 시작했고, 아테나이군은 요새로 들어가는 길목까지 장악했다.

1   37 클레온과 데모스테네스는 라케다이몬군이 조금만 더 밀리면 궤멸될 것임을 간파했다. 두 장군은 군사들에게 더 이상 공격하지 말라고 지시했다. 그들은 라케다이몬군이 절체절명의 위기 속에서 결국 굴복하고 자신들의 제안을 받아들인다면, 포로로 생포해 아테나이로 데려

2 가기를 원했다. 이에 두 장군은 전령을 보내, 라케다이몬군에게 무구를 내려놓고 스스로 아테나이군의 처분에 따르라고 통보했다.

1   38 이에 라케다이몬군은 대부분 방패를 내리고 두 손을 들어 그 제안을 수용하겠다는 뜻을 전했다. 휴전이 성립되자 아테나이군에서는 클레온과 데모스테네스가, 라케다이몬군에서는 지휘관이자 파락스의

---

14 이는 기원전 480년에 벌어진 "테르모필라이 전투"를 가리킨다. 헬라스 연합군은 험준한 협곡 테르모필라이에서 페르시아 대군을 저지했으나, 현지 헬렌인의 배신으로 우회로가 노출되면서 전후방 협공을 당했다. 이로 인해 레오니다스왕이 이끈 스파르테 정예병 300명을 포함한 약 1,000명의 헬라스 연합군이 전멸했다

아들인 스티폰이 협상에 나섰다. 처음 라케다이몬군을 지휘했던 에피타다스는 이미 전사했고, 그의 뒤를 이은 히파그레타스는 아직 살아 있지만 시신들 사이에 쓰러져 있었기 때문이다. 스티폰은 라케다이몬군의 규정에 따라 세 번째로 지휘권을 넘겨 받았다.

스티폰과 그의 참모들은 내륙에 있는 라케다이몬군에 전령을 보내 2 자신들이 어떻게 대응해야 할지 논의하고 싶다고 요청했다. 그러나 아 3 테나이군은 그들 중 누구도 내륙으로 건너가는 것을 허용하지 않고, 대신 내륙에서 전령이 섬으로 건너오게 했다. 두세 차례의 질문과 답변이 오간 후, 내륙의 라케다이몬군에서 온 마지막 전령이 이렇게 전했다. "라케다이몬은 여러분에게 결정 권한을 위임하되, 다만 불명예스러운 행동은 하지 말라고 지시했다." 그러자 스티폰은 참모들과 의논한 끝에 무구를 넘기고 항복하기로 결정했다.

아테나이군은 그날 낮과 밤에는 포로들을 직접 감시했으나, 다음날 4 부터는 삼단노선의 함장들에게 나누어 맡겨 감시하게 했다. 그들은 섬에 승전비를 세운 뒤, 출항할 준비를 했다. 한편, 내륙의 라케다이몬군은 전령을 보내 전사자들의 시신을 수습해 갔다. 섬에서 전사하거나 생 5 포된 자들의 수는 다음과 같다. 처음 섬으로 건너간 중무장보병은 총 420명이었으며, 이 가운데 292명이 생포되고 나머지는 전사했다. 생존자 중 약 120명은 스파르테인이었다. 아테나이군은 서로 맞붙어 싸운 것이 아니었기에 전사자가 많지 않았다.

39 라케다이몬군이 섬에서 포위된 기간은 해전이 시작된 때부터 섬 1 에서의 전투가 끝날 때까지 총 72일이었다. 이 기간 중 라케다이몬 사 2 절단이 평화조약을 맺기 위해 아테나이에 머물렀던 약 20일 동안은 그들에게 식량이 공급되었지만, 나머지 기간에는 라케다이몬인이 몰래 배를 타고 섬으로 와 식량을 전달했다. 섬에는 약간의 식량과 보급품이 남아 있었는데, 이는 지휘관 에피타다스가 군사들에게 정량보다 적은 배급을 유지하며 최대한 절약했기 때문이다. 전투가 끝난 후, 아테나 3

이군과 펠로폰네소스군은 각각 필로스에서 철수하여 본국으로 돌아갔다. 그리고 결국 정신 나간 소리처럼 들렸던 클레온의 약속은 이루어졌다. 그는 공언했던 대로 20일 안에 섬에 있던 적들을 포로로 잡아 아테나이로 압송했다.

1 **40** 이 사건은 이번 전쟁이 시작된 이래 헬렌인들의 예상에서 가장 크게 벗어난 일이었다. 헬렌인들은 라케다이몬인이 굶주림이나 어떤 곤경에 처해도 결코 무구를 적에게 넘기지 않으며, 힘이 남아 있는 한
2 끝까지 싸우다 죽는다고 믿었기 때문이다. 그래서 섬에서 생포된 군사들이 과거 수많은 전장에서 목숨을 걸고 싸웠던 라케다이몬인과 동일한 사람들이라는 사실을 믿을 수 없었다. 얼마 후 아테나이 동맹군 중한 사람이 섬에서 잡혀온 한 포로에게, 전사한 이들이야말로 고귀하고 훌륭한 자들이 아니냐고 조롱했다. 그러자 그 포로는 이렇게 응수했다. "고귀한 자를 알아보는 화살이 있다면, 그게 바로 보물이 아니겠소." 이는 돌이나 화살이 무차별적으로 날아드는 전장의 현실을 일깨우는 대답이었다.

1 **41** 라케다이몬인 포로들이 압송되어오자, 아테나이인은 합의가 이루어질 때까지 그들을 사슬로 묶어 감금해두기로 결정했다. 만약 그 전에 펠로폰네소스군이 아테나이 영토를 침략한다면 포로를 끌어내 처
2 형하기로 했다. 아테나이인은 필로스에 수비대를 배치했고, 나우팍토스의 메세니아인은 그곳을 조국의 땅이라고 여겼기에(필로스는 예전에 메세니아의 영토였다) 자신들 중에서 이 임무에 가장 적합한 자들을 보냈다. 이렇게 파견된 메세니아인은 라코니케 지방을 지속적으로 약탈했고, 특히 그 지역 주민과 동일한 방언을 사용했기 때문에 더욱 큰 피해를 입혔다.

3 라케다이몬인은 이런 게릴라전을 경험한 적이 없어 대처하는 데 미숙할 수밖에 없었다. 게다가 그러한 혼란을 틈타 국가 노예들이 도주하기 시작하자, 머지않아 자신들의 나라에 반란이 일어나지 않을까 두려

위하며 전전긍긍했다. 그들은 아테나이인에게 취약한 모습을 드러내고 싶지 않았지만, 계속해서 아테나이로 사절단을 보내 필로스와 포로들을 되찾으려 노력했다. 그러나 아테나이인은 더 큰 양보를 얻어내기 위 4 해 사절단이 수시로 찾아와도 일부러 빈손으로 돌아가게 했다. 이상이 필로스를 둘러싸고 일어난 일들이다.

42[*] 그해 여름 필로스에서 그런 일이 일어난 직후, 아테나이군은 코 1 린토스로 원정을 떠났다. 이 원정군은 함선 80척, 아테나이군 중무장보병 2,000명, 군마 수송선에 승선한 기병 200명으로 구성되었으며, 밀레토스인, 안드로스인, 카리스토스인[15]으로 이루어진 동맹군도 함께했다. 니케라토스의 아들 니키아스는 2명의 동료 장군과 함께 원정군을 지휘했다. 원정군은 새벽에 출항하여 솔리게이오스 언덕 아래 케르소네소 2 스곶과 레이토스[16] 사이의 해안에 상륙했다. 이 언덕은 옛날 도로스인이 정착하여 아이올로스계인 성 안의 코린토스인과 전쟁을 벌였던 곳으로, 현재는 솔리게이아라는 마을이 자리 잡고 있다. 아테나이 함대가 정박한 해안은 마을에서 12스타디온, 코린토스에서는 60스타디온, 코린토스 지협에서는 20스타디온 떨어져 있었다.[17]

코린토스인은 아테나이군이 진격해온다는 소식을 아르고스를 통해 3 미리 전해 듣고, 모든 병력을 일찌감치 지협에 집결시켜놓고 있었다. 지협 북쪽에 거주하는 자들만 제외되었는데, 그들 중 500명이 멀리 암

---

[*] 제42-45장은 아테나이군의 코린토스 공격을 다룬다. 이 시기는 델리온 전투에서 패배하기 전까지 아테나이군이 전방위로 공세를 펼치는 반면, 라케다이몬군은 곤경에 처해 있던 때로, 코린토스 원정도 그 일환이었다.

15 "밀레토스"는 소아시아 이오니아 지방의 도시이고, "안드로스"는 키클라데스제도의 섬이며, "카리스토스"는 에우보이아섬 남부의 도시였다.

16 "솔리게이오스 언덕"은 코린토스에서 남동쪽으로 약 15킬로미터 떨어져 있었다. "레이토스"의 위치는 알려져 있지 않다.

17 "12스타디온"은 약 2.2킬로미터, "60스타디온"은 약 11킬로미터, "20스타디온"은 약 3.7킬로미터다.

브라키아와 레우카스로 파견되어 수비 임무를 수행하고 있었기 때문이다. 이들을 제외한 나머지 병력은 아테나이군이 어디로 상륙할지를

4 지켜보고 있었다. 아테나이군은 발각되지 않기 위해 밤에 몰래 항해하여 상륙했다. 그러나 봉화 신호가 올랐고, 코린토스군은 아테나이군이 크로미온으로 진격할 것을 대비해 군대의 절반을 켄크레이아항[18]에 남겨두고, 나머지 절반은 상륙한 아테나이군을 저지하기 위해 서둘러 출정했다.

1 **43** 이 전투에서 코린토스군을 이끈 두 장군 중 한 명인 바토스는 성벽이 없는 솔리게이아 마을을 방어하기 위해 한 부대를 지휘했고, 다른 장군인 리코프론은 나머지 부대를 이끌고 아테나이군을 공격했다.

2 처음에 코린토스군은 케르소네소스곶 앞에 상륙한 아테나이군의 우익을 맹렬히 공격했고, 이후 나머지 아테나이군을 상대로 격렬한 근접전

3 을 벌였다. 아테나이군의 우익과 그 옆 오른쪽 끝자리에 배치된 카리스토스군은 가까스로 코린토스군을 밀어냈다. 코린토스군은 석벽 쪽으로 물러났고, 그 지역 전체가 가파른 오르막인 점을 활용해 위에서 돌을 던지며 방어에 나섰다. 이어서 그들은 승전가를 부른 후 다시 공격을 재개했다.

4 아테나이군도 이에 맞서며 또 다시 근접전이 벌어졌다. 이때 코린토스군의 좌익을 지원하기 위해 온 다른 부대가 아테나이군의 우익을 격퇴한 후 바다 쪽으로 추격했다. 그러나 퇴각하던 아테나이군과 카리스토스군은 함선이 대기하고 있던 해안에서 재정비한 뒤 다시 반격에 나

5 섰다. 양측의 다른 부대들도 계속해서 전투를 벌였다. 특히 코린토스군의 우익을 담당한 리코프론 휘하의 부대가 아테나이군의 좌익을 막아

---

18 "크로미온"은 코린토스에서 동쪽으로 약 20킬로미터 떨어진 촌락으로, 코린토스 지협을 따라 아테나이로 가는 길목에 있었다. "켄크레이아항"은 코린토스의 동쪽 항구로, 사론만에 접해 있어 아이가이온해로 향하는 동방 항로의 관문 역할을 했다.

냈다. 코린토스군의 우익이 무너지면 아테나이군이 솔리게이아 마을까지 진격할 수 있기 때문이었다.

44 양측은 서로 굴복하지 않은 채 오랫동안 대치했다. 아테나이군 1 은 기병대의 지원을 받았지만, 코린토스군은 기병 없이 전투를 치렀다. 결국 코린토스군은 언덕 쪽으로 퇴각해 전열을 정비한 뒤, 다시 아래로 내려오지 않고 그 자리에 머물렀다. 그러나 퇴각 과정에서 리코프론 장 2 군을 비롯해 우익을 맡고 있던 군사들이 대부분 전사했다. 나머지 병력도 후퇴하기는 했으나 허둥대며 도망친 것은 아니었으며, 아테나이 군이 멀리까지 추격하지 않았다. 코린토스군은 고지대에서 전열을 정비하며 방어 태세를 갖추었다. 코린토스군이 더 이상 공격해오지 않자, 3 아테나이군은 적군 전사자들의 무구를 거두고 아군의 시신을 수습한 후, 현장에서 승전비를 세웠다.

한편 아테나이군이 크로미온으로 진격할 경우를 대비해 켄크레이 4 아항을 지키고 있던 코린토스군의 나머지 절반은 오네이온산[19] 때문에 전투 상황을 명확히 볼 수 없었지만, 먼지가 피어오르는 것을 보고 사태의 심각성을 감지하고 즉시 도우러 출동했다. 코린토스의 나이 든 시민들까지 무슨 일이 벌어졌는지 알아차리고 돕기 위해 나섰다. 이들이 5 모두 한꺼번에 접근하자, 아테나이군은 근처에 있던 펠로폰네소스인 원군이 오는 줄로 오인하고 전리품과 아군의 시신을 수습한 뒤 신속히 함선이 있는 해안으로 퇴각했다. 그러나 아테나이군 전사자 중 두 구의 시신은 찾지 못해 남겨두고 떠났다.

이후 아테나이군은 함선을 타고 근처 섬들로 이동한 뒤 전령을 보내 6 휴전조약을 맺고, 남겨진 아군의 시신을 수습했다. 이번 전투에서 코린토스군은 212명, 아테나이군은 50명 미만의 전사자를 냈다.

---

19 "오네이온산"은 코린토스 지협 남동쪽에 위치한 해발 약 600미터의 산으로, 코린토스에서 남동쪽으로 약 10-15킬로미터 떨어져 있다.

1   **45** 그 후 아테나이군은 섬에서 출항하여 그날 안에 코린토스에서 120스타디온 떨어진 크로미온에 도착했다. 그들은 그곳에 정박한 후
2   주변 지역을 약탈하고 야영지를 설치했다. 다음날 아테나이군은 해안을 따라 에피다우로스로 항해하여 상륙한 후, 에피다우로스와 트로이젠 사이에 위치한 메타나[20]로 이동했다. 그들은 그곳에서 반도의 지협을 가로지르는 성벽을 쌓아 요새를 건설하고 수비대를 남겨 이를 지키게 했다. 이후 트로이젠, 할리아이, 에피다우로스의 땅을 약탈한 뒤, 요새 구축이 완료되자 함대와 함께 본국으로 돌아갔다.

1   **46**[*] 이런 일들이 벌어지는 동안, 에우리메돈과 소포클레스는 아테나이 함대를 이끌고 필로스를 출항하여 시켈리아로 항해하던 중 케르키라에 들렀다. 그들은 성 안의 케르키라인과 합세하여, 이스토네산에 거점을 마련하고 저항하던 케르키라인을 토벌하기 위한 작전에 돌입했다. 이 반란군은 케르키라에 내전이 일어난 후 본토에서 건너와 그
2   지역을 장악하고 큰 피해를 입히던 자들이었다. 아테나이군은 그들의 요새를 공격하여 점령했다. 그러자 무리를 지어 고지대로 도망친 반란
3   군은 용병과 무구를 넘기고 아테나이군의 처분에 따르기로 했다. 아테나이 장군들은 그들을 아테나이로 압송하기 전, 프티키아섬[21]으로 이송하여 구금했다. 만약 한 명이라도 도망치다 붙잡힐 경우 휴전조약 전체의 효력이 상실된다는 조건으로 협정을 맺었다.
4   그러나 케르키라 내 대중 지도자들은 포로들이 아테나이에 도착하면 처형되지 않고 살아남을지도 모른다는 우려 때문에 음모를 꾸몄다.
5   그들은 섬에 구금된 포로 몇 명에게 은밀히 측근을 보내, 아테나이 장군들이 곧 포로를 케르키라 대중에게 넘길 예정이므로 가능한 한 빨리

---

20 "메타나"는 아르골리스반도 북동단에 위치한 도시로, 에피다우로스에서 북동쪽으로 약 35-40킬로미터 떨어져 있었다.
* 제46-48장은 케르키라인 가운데서 반란을 일으킨 자들의 최후를 다룬다.
21 "프티키아섬"은 케르키라섬 북동쪽에 위치한 작은 무인도였다.

탈출하는 것이 최선이라고 설득했다. 그리고 호의를 베풀 듯이 탈출을 위해 배를 준비해두었다고 알렸다.

47 포로들은 설득에 넘어가 그들이 마련한 배를 타고 탈출하려다 ₁ 붙잡혔다. 이로써 휴전조약은 무효화되었고, 포로들은 모두 케르키라 대중에게 넘겨졌다. 이러한 상황이 초래된 데는 아테나이 장군들의 책 ₂ 임이 컸다. 그들은 시켈리아로 서둘러 가야 했음에도, 포로들을 아테나 이로 압송하는 영예를 그 누구에게도 넘기려 하지 않았다. 이러한 태도 는 음모를 꾸민 자들이 대담하게 행동할 빌미를 제공했다.

케르키라 대중은 포로들을 큰 건물에 가두었다. 이후 그들을 20명씩 ₃ 묶어 끌어낸 뒤 양쪽으로 도열한 중무장보병 사이를 지나가게 했다. 중 무장보병들은 개인적 원한이 있는 자가 지나갈 때마다 구타하고 창으 로 찔렀다. 채찍을 든 자들은 걸음을 재촉하며 뒤처지는 포로들을 채찍 질했다.

48 이렇게 해서 60명의 포로가 건물 밖으로 끌려나가 처형되었으 ₁ 나, 건물 안에 남아 있던 포로들은 그 사실을 알지 못하고 단순히 다른 장소로 이송되는 것이라 여겼다. 그러나 진상을 전해 들은 포로들은 아 테나이군에게 자신들을 죽이려 한다면, 차라리 그들의 손으로 직접 죽 여달라고 요청했다. 그들은 건물 밖으로 나가지 않을 것이며, 누구든 들어오려 하면 온 힘을 다해 막겠다고 선언했다. 케르키라인들은 문을 ₂ 통해 강제로 건물 안으로 진입하지 않았다. 대신 건물 지붕으로 올라가 천장을 뚫고 아래로 벽돌을 던지고 화살을 쏘았다. 건물 안의 포로들은 ₃ 필사적으로 저항했으나, 많은 이들이 바닥에 떨어진 화살을 자신의 목 에 찔러 자결하거나, 침대에서 뜯어낸 끈이나 입고 있던 옷을 찢어 만 든 노끈으로 목을 맸다. 극심한 혼란 속에서 밤이 찾아왔고, 거의 밤새 도록 다양한 방식으로 스스로 목숨을 끊는 이들이 이어졌다. 지붕 위에 서 공격하는 자들에게 죽은 이들도 있었다.

날이 밝자 케르키라인들은 여러 대의 짐수레에 포로들의 시신을 층 ₄

층이 쌓아 성 밖으로 운반했다. 요새 내에서 생포된 여자들은 모두 노
5 예로 삼았다. 산속으로 피신했던 케르키라인들은 이처럼 케르키라 대
중에 의해 몰살당했고, 그토록 격렬했던 내전도 적어도 이번 전쟁 기간
동안에는 종결되었다. 반대파에 속한 사람들 중 살아남은 자들이 거의
6 없었기 때문이다. 한편 아테나이군은 원래 목적지였던 시켈리아로 항
해하여 그곳의 동맹군과 함께 전쟁을 수행했다.

1 **49** 여름이 끝나갈 무렵, 나우팍토스에 주둔하고 있던 아테나이군과
아카르나니아인은 암브라키아만 입구에 위치한 코린토스의 식민시 아
낙토리온[22]으로 원정을 떠났다. 그들은 계략을 써서 도시를 점령한 뒤,
아카르나니아인은 코린토스인을 추방하고 자국의 전역에서 모집한 이
주민을 보내 그곳에 정착시켰다. 이로써 여름이 끝났다.

1 **50** 겨울이 되자, 동맹국으로부터 세금을 거두기 위해 파견된 아테
나이 함선 지휘관 중 한 명인 아르킴포스의 아들 아리스테이데스가 스
트리몬 강변의 에이온에서 페르시스 왕의 명을 받아 라케다이몬으로
2 향하던 페르시스인 아르타페르네스를 붙잡았다. 그는 아테나이로 압송
되었고, 아테나이인은 그가 소지한 아시리아어[23] 서신을 번역하여 검토
했다. 서신에는 여러 내용이 담겨 있었지만, 핵심은 라케다이몬에서 수
차례 사절단이 왔으나 각기 다른 주장을 펼치는 바람에 페르시스 왕이
라케다이몬인의 진정한 의도를 파악하지 못하고 있다는 것이었다. 따
라서 라케다이몬인이 명확한 입장을 전달하고자 한다면, 이 페르시스
3 인과 함께 새로운 사절단을 파견하라는 요청이 담겨 있었다. 이에 아테

---

22 "아낙토리온"은 아카르나니아 지방의 북부, 암브라키아만 초입에 위치한 코린토스의
식민시였다.

23 "아시리아어"는 기원전 2000년경부터 아시리아 제국이 멸망한 기원전 612년까지 메
소포타미아 북서부에서 사용되었다. 이후 바빌로니아 제국에서는 이와 유사한 바빌
로니아어가 쓰였다. 기원전 550년경 키루스 대왕이 페르시스 제국을 세운 뒤로 왕실
에서는 페르시스어를, 행정 실무에서는 아람어를 사용하면서 아시리아어의 사용은
점차 감소했다.

나이인은 아르타페르네스를 삼단노선에 태워 에페소스로 보내면서 자국의 사절단도 동행시켰다. 그러나 그곳에 도착한 사절단은 크세르크세스의 아들 아르타크세르크세스왕이 최근에 사망했다는 소식을 접했고(실제로 그는 이 시기에 사망했다), 결국 본국으로 돌아갔다.

51 그해 겨울, 키오스인은 최근에 쌓은 성벽을 아테나이인의 명령 ı 에 따라 철거했다. 이는 그들이 반기를 들려 한다는 의심을 샀기 때문이다. 그러나 키오스인은 성벽을 철거하기에 앞서, 아테나이로부터 키오스에 대한 정책을 조금도 변경하지 않겠다는 맹세와 보증을 받아두었다. 이로써 그해 겨울이 끝났고, 투키디데스가 기록한 이 전쟁의 일곱 번째 해[24]가 마무리되었다.

52 여름이 되고 새로운 달이 시작되자마자 부분 일식이 발생했으 ı 며, 그달 초에는 지진이 일어났다. 이 시기에 미틸레네와 그 밖의 레스 2 보스섬 다른 지역에서 추방된 자들이 주로 내륙을 근거지로 삼아, 펠로폰네소스와 현지에서 고용한 용병을 이끌고 로이테이온곶을 점령했다. 그러나 2,000포카이아 스타테르를 받고, 어떤 피해도 입히지 않은 채 그곳을 반환했다.[25]

그 후 그들은 안탄드로스[26]로 진격하여 도시 내부의 협조자들을 이 3 용해 그곳을 장악했다. 그들의 목표는 예전에 미틸레네인이 소유했지만 현재 아테나이인이 지배하고 있는, 이른바 해안 도시들을 해방하는 것이었다. 이를 위해 안탄드로스를 가장 먼저 점령했다. 안탄드로스는 근처에 이데산이 있어 목재가 풍부했기 때문에 함선 건조와 기타 장비

---

24 "이 전쟁의 일곱 번째 해"는 기원전 425년이다.
25 "로이테이온곶"은 헬레스폰토스 해협의 입구에 있으며, 트로이아에서 북서쪽으로 약 5-7킬로미터 떨어져 있었다. "포카이아 스타테르"는 이오니아의 도시 포카이아에서 주조한 고순도의 금화로, 1스타테르는 2드라크메의 가치를 지녔다.
26 "안탄드로스"는 트로이아 남동쪽 약 50-55킬로미터 지점에 있는 헬라스 식민시로, 북동쪽으로 20-25킬로미터 거리에 이데산이 있었다.

마련에 용이했다. 이곳을 거점으로 삼으면 인근의 레스보스섬을 공격

4 하고, 내륙의 아이올로스인[27]의 도시들을 정복하기에도 유리했다. 이것
이 망명자들의 계획이었다.

I   **53**[*] 그러나 그해 여름, 아테나이군은 함선 60척, 중무장보병 2,000명,
약간의 기병, 밀레토스 및 그 밖의 동맹군을 이끌고 키테라 원정에 나
섰다. 그들을 지휘한 장군은 니케라토스의 아들 니키아스, 디에이트레
페스의 아들 니코스트라토스, 톨마이오스의 아들 아우토클레스였다.

2 키테라는 라코니케 지방 앞바다 말레아곶[28] 맞은편에 위치한 섬으로,
이곳의 주민들은 라케다이몬인 중 페리오이코이 계층에 속했다. 스파
르테는 매년 키테라에 판관을 파견하고, 중무장보병 수비대를 주둔시

3 키는 등 이곳에 각별한 관심을 기울였다. 이러한 조치는 키테라가 아이
깁토스와 리비에에서 오는 상선의 중요한 기항지였기 때문이다. 그뿐
만 아니라 라코니케 지방 전체가 시켈리아해와 크레테해를 향해 돌출
되어 있어 바다 쪽에서만 공격할 수 있었는데, 키테라섬이 있어 해적이
바다 쪽에서 라코니케 지방을 침략하는 일이 훨씬 감소했다.

I   **54** 아테나이군은 키테라섬에 상륙하여 함선 10척과 밀레토스군 중
무장보병 2,000명을 동원해 스칸데이아[29]라는 해안 도시를 점령했다.
나머지 군대는 섬 중에서 말레아곶 맞은편 지점에 상륙시킨 후 키테라

---

27 "아이올로스인"은 원래 헬라스 본토 테살리아 지방에 거주했으나, 기원전 2천년대
말 도로스인의 침입으로 고향에서 쫓겨났다. 이들 중 일부는 보이오티아 지방에, 일
부는 소아시아 북서부 해안과 레스보스섬에 정착했다. 소아시아에 정착한 아이올로
스인은 헬레스폰토스 해협에서 헤르모스강 하구까지의 지역을 차지했으며, 이곳은
후에 '아이올리스'라 불렸다.

* 제53-57장은 아테나이군이 키테라섬과 티레아를 점령하는 등 적극적인 공세를 펼치면서
라케다이몬이 수세에 몰린 상황을 다룬다.

28 "키테라"는 라코니케 지방 해안에서 약 15킬로미터 떨어진 섬으로, 미의 여신 아프로
디테의 탄생지로 여겨졌다. "말레아곶"은 펠로폰네소스반도 남동단에 위치하며, 고대
부터 해상 교통의 주요 경유지였으나 위험한 해류와 강한 바람으로 악명이 높았다.

29 "스칸데이아"는 키테라섬 동쪽 해안에 있었다.

인의 내륙 도시로 진격했다. 그들이 도착했을 때는 이미 섬 주민 전체가 전투 태세를 갖추고 있었다. 전투가 시작되자 키테라군은 잠시 저항 ²하다가 뒤돌아서서 도시의 고지대로 도주했다. 이후 그들은 생명을 보장받는다는 조건으로 아테나이군의 처분을 따르기로 하고, 니키아스를 비롯한 아테나이 장군들과 협정을 체결했다.

사실 협상 전부터 니키아스와 일부 키테라인들 사이에 이미 대화가 ³오갔고, 이로 인해 협상이 빠르게 진전되었다. 그 덕분에 협정은 키테라인에게 유리한 조건으로 체결될 수 있었다. 이러한 사전 협의가 없었다면, 아테나이군은 키테라 주민들이 라케다이몬과 연관된 데다 섬이 라코니케 지방에 인접해 있다는 이유로 그들을 모두 추방했을 것이다. 협정이 체결된 후, 아테나이군은 항구 옆의 소도시 스칸데이아를 접수 ⁴하고 키테라에 수비대를 배치했다. 그리고 아시네와 헬로스[30]를 비롯한 대부분의 해안 도시로 건너가 상륙한 뒤, 편리한 장소에 진을 친 후약 7일간 그 땅을 약탈했다.

55 아테나이군의 키테라섬 점령을 목격한 라케다이몬인은 자신들 ¹의 영토 역시 같은 방식으로 공격받을 것이라고 예상했다. 이에 모든 군대를 한곳에 집결시키는 대신, 영토 전역에 필요한 만큼의 중무장보병으로 이루어진 수비대를 배치했다. 라케다이몬인은 모든 면에서 극도의 긴장 상태에 놓였다. 스팍테리아섬에서의 참사, 필로스와 키테라의 함락 등 예상치 못한 사건이 연이어 발생하며 사방에서 전쟁의 위협이 빠르게 조여들었다. 혼란을 틈타 내부에서 체제 전복을 노리는 혁명이 일어날지도 모른다는 두려움도 들었다.

이러한 위기 속에서 라케다이몬인은 전례를 깨고 기병 400명으로 ²

---

30 "아시네"는 말레아곶에서 북쪽으로 약 100킬로미터 떨어진 아르골리스만 입구에 있었다. "헬로스"는 말레아곶에서 라코니케만을 따라 북서쪽으로 약 60킬로미터 떨어진 지점의 에우로타스강 하구 근처에 있던 도시다.

구성된 기병대와 궁수 부대를 창설했고, 그 어느 때보다 신중하게 군사 작전을 펼쳤다. 보병 중심의 군대 편제와 맞지 않는 해전을 앞두고 있었고, 더욱이 시도하지 않는 것은 곧 실패라고 여기는 아테나이군과 해전을 치러야 했기 때문이다. 게다가 짧은 기간 동안 연달아 예상치 못한 불운을 겪으며 극도의 두려움에 빠진 라케다이몬인은, 스팍테리아섬에서의 비극이 또다시 반복되지는 않을까 전전긍긍했다. 그들은 전투에 겁을 냈다. 지금까지 이런 불운을 겪어본 적 없어 익숙하지 않기에, 그들은 자신들의 판단을 신뢰하지 못하게 되었고, 그래서 모든 시도가 수포로 돌아갈 것이라는 생각에 사로잡혔다.

56 이제 아테나이군이 펠로폰네소스반도의 해안 지대를 약탈해도, 라케다이몬군은 대체로 대응하지 않았다. 아테나이군이 어느 지역에 상륙하든 그 지역의 라케다이몬군 수비대는 자신들이 수적으로 열세여서 전투가 불가능하다고 판단했기 때문이다. 다만 코티르타와 아프로디티아[31] 일대를 지키던 수비대만 방어에 나섰다. 그러나 아테나이군이 먼저 산개 대형으로 배치된 라케다이몬군 경무장보병 수비대를 기습해 겁을 준 후 중무장보병을 투입해 전투를 벌이자, 수비대 일부가 전사하고 몇 명은 무구를 빼앗긴 채 퇴각했다. 아테나이군은 승전비를 세운 후 키테라섬으로 돌아갔다.

아테나이군은 키테라섬에서 출항하여 에피다우로스 리메라 인근으로 항해한 뒤, 그 지역의 일부를 약탈했다. 그리고 아르골리스와 라코니케 지방의 접경에 위치한 키누리아라 불리는 지역의 티레아[32]에 도

---

31 "코티르타"는 말레아곶에서 라코니케만 쪽으로 약 40킬로미터 거리에 있는 해안 도시이고, "아프로디티아"는 그곳에서 약 20킬로미터 거리의 내륙에 있었다.

32 "에피다우로스 리메라"는 말레아곶에서 북서쪽으로 약 50킬로미터 거리에 있던 해안 도시다. "키누리아"는 말레아곶에서 북쪽으로 약 100킬로미터 떨어진 라코니케와 아르골리스 사이의 접경지대이며, "티레아"는 이 지역의 주요 도시로, 말레아곶에서 북쪽으로 약 130킬로미터 거리에 있었다.

착했다. 라케다이몬인은 이전에 그 땅을 점령한 후, 아이기나에서 망명한 자들에게 거주지로 주었다. 지진이 일어나고 국가 노예들이 반란을 일으켰을 때, 아이기나인이 라케다이몬인을 도왔을 뿐만 아니라, 아테나이에 예속되어 있으면서도 항상 라케다이몬 편에 서왔기 때문이다.

57 아테나이 함대가 접근하자, 아이기나인은 해안에 건설 중이던   1
성벽을 포기하고 바다에서 10스타디온 떨어진 자신들의 거주지인 위
쪽 도시로 후퇴했다. 그들은 성벽 건설을 지원하러 온 라케다이몬 수비   2
대에게도 함께 성 안으로 들어가자고 청했다. 그러나 라케다이몬 수비
대는 성 안에 갇히게 될까 우려하여 이를 거부했다. 대신 아테나이군에
맞설 수 없다고 판단하여 고지대로 물러나 그곳에 머물렀다.

그 사이 상륙한 아테나이군은 즉시 전군을 동원해 티레아를 점령했   3
다. 그들은 도시를 불태우고 재물을 약탈한 후, 근접전에서 살아남은
아이기나인과 부상을 입고 생포된 라케다이몬 통치자이자 파트로클
레스의 아들 탄탈로스를 아테나이로 압송했다. 한편 아테나이군은 키   4
테라에서도 안보상 이주가 필요하다고 판단되는 일부 주민들을 여러
섬에 분산해 정착시키고, 나머지 키테라인에게는 본래 땅에 거주하되
400탈란톤의 공물을 바치게 했다. 생포된 아이기나인들은 양국의 오랜
적대 관계로 인해 모두 처형되었다. 통치자 탄탈로스는 이전에 스팍테
리아섬에서 생포된 다른 라케다이몬인 포로들과 함께 구금되었다.

58[*] 그해 여름, 시켈리아에서는 먼저 카마리나인과 겔라인[33] 사이에   1
휴전조약이 체결되었다. 그런 후 시켈리아의 다른 헬렌인 이주민의 식

---

* 제58-65장은 시켈리아의 도시들이 겔라에서 평화조약을 맺음으로써, 시켈리아를 공략하려던 아테나이의 계획이 좌절되는 과정을 다룬다.

33 "겔라"는 시켈리아섬 남부 해안 중앙에 위치한 도시로, 기원전 688년경 로도스인과 크레테인이 건설한 식민시다. "카마리나"는 겔라에서 서쪽으로 약 90킬로미터 떨어진 남부 해안의 도시로, 기원전 599년 시라쿠사이인이 건설했으나 후에 겔라의 식민시가 되었다.

민시에서 파견된 대표들이 겔라에 모여 화해 방안을 논의했다. 각 도시의 대표들이 자국에 불리해 보이는 제안에 반론을 제기하며 다른 방안을 내놓아, 찬성 측과 반대 측 모두의 다양한 의견이 오갔다. 그중에서도 시라쿠사이인 헤르몬의 아들 헤르모크라테스의 연설이 가장 설득력이 있었다. 그는 회의에 참석한 각 도시의 대표들에게 다음과 같이 말했다.

1   **59** "시켈리아인들이여, 나는 한 도시국가의 시민이기 이전에 시켈리아 전체의 이익을 위해 이 자리에 섰습니다. 내가 속한 나라가 가장 작거나, 전쟁으로 가장 고통받는 곳이어서가 아닙니다. 오직 시켈리아 전체를 위한 최선의 의견을 제안하고자 합니다.

2   전쟁의 고달픔을 이미 알고 있는 분들에게 그 고통을 일일이 열거하며 장황하게 말할 필요가 있겠습니까? 세상에 전쟁이 힘들다는 사실을 몰라서 전쟁을 벌이는 나라는 없습니다. 이익을 얻을 수 있는데 전쟁이 두려워서 피하는 나라도 없습니다. 어떤 나라는 전쟁을 통해 얻을 이익이 위험보다 크다고 판단해 전쟁을 시작합니다. 또 어떤 나라는 침략당해 손실을 입으니 차라리 싸우는 편이 낫다고 판단해 전쟁에 나섭니다.

3   하지만 침략한 쪽도, 침략당한 쪽도 결국 목적을 달성하지 못한다면,
4   화해를 모색하는 편이 양측 모두에게 유익합니다. 따라서 열린 마음으로 경청한다면 지금 이 순간은 우리에게 매우 소중한 기회가 될 것입니다. 처음에 우리는 각자의 이익을 위해 전쟁을 시작했지만, 이제는 협상을 통해 평화를 모색하고 있습니다. 그러나 각자가 정당한 몫을 얻지 못한 채 이 자리를 떠난다면 우리는 다시 전쟁터에서 마주하게 될 테지요.

1   **60** 우리가 현명하다면, 지금 이 자리에 모인 이유가 단순히 각국의 이익을 위한 것이 아니라 아테나이인이 꾸미고 있을 음모로부터 시켈리아 전체를 어떻게 구할지 논의하기 위한 것임을 알아야 합니다. 따라서 우리에게 화해를 강요하는 중재자는 내 말이 아니라 바로 아테나이인입니다. 헬렌인들 중 가장 강력한 세력인 아테나이인은 소수의 함선

만으로 이곳에 와서 우리의 실수를 기다리고 있습니다. 그들은 동맹이 라는 합법적 명분을 내세우지만, 그 이면에는 오직 자신들의 이익을 위한 적대적 의도가 숨겨져 있습니다. 아테나이인은 초대받지 않아도 스 스로 찾아와 전쟁을 일으키는 자들입니다. 그런데 우리가 서로 싸우면 서 그들을 이 땅으로 불러들이고 우리의 자원으로 서로를 해친다면, 이 는 그들에게 제국 확장의 기회를 주는 것과 다름없습니다. 아테나이인 은 우리가 내분 때문에 힘이 소진된 순간을 놓치지 않을 것입니다. 그 들은 언젠가 더 강력한 함대를 이끌고 돌아와, 시켈리아 전체를 자신들 의 지배 아래 두려 할 것입니다. 2

61 우리가 현명하다면, 이미 가지고 있는 것을 위태롭게 하기 위해 서가 아니라 우리에게 없는 것을 획득하는 데 꼭 필요한 경우에만 동 맹군을 불러들이는 위험을 감수해야 합니다. 내분이야말로 도시국가 들과 시켈리아를 파멸로 이끄는 가장 큰 적임을 명심해야 합니다. 지금 아테나이인의 음모로 시켈리아 전체가 위협받고 있음에도, 우리는 같 은 시켈리아 주민으로서 서로 분열되어 있습니다. 1

우리는 이러한 현실을 깨닫고, 개인과 개인, 국가와 국가 간에 서로 화해하여 시켈리아 전체를 구하기 위해 힘을 모아야 합니다. 우리 중에 도로스인은 아테나이인의 적이지만, 칼키스 출신의 이온인은 아테나이 인과 혈연관계여서 안전할 것이라 착각해서도 안 됩니다. 아테나이인 이 시켈리아를 공격하는 이유는 두 종족 중 어느 한쪽을 증오하기 때 문이 아닙니다. 그들은 우리가 공동으로 소유하고 있는 시켈리아의 풍 요로운 자원을 차지하기 위해 이곳에 왔습니다. 2 3

최근 아테나이인은 칼키스인의 지원 요청에 보인 반응을 통해 그들 의 속셈을 분명히 드러냈습니다. 칼키스인의 도시들은 이전에 맺은 동 맹조약에 따라 아테나이인을 도운 적이 단 한 번도 없었습니다. 그럼에 도 아테나이인은 조약에 명시된 의무를 훨씬 넘어서는 지원을 아낌없 이 제공했습니다. 아테나이인이 그런 식으로 미리 계획을 세워 자국의 4 5

이익을 추구하는 것은 충분히 이해할 수 있는 일입니다. 나는 지배하려는 자들을 탓하지 않습니다. 문제는 기꺼이 굴종하려는 자들입니다. 굴종하는 자를 지배하고, 공격하는 자에게 대항하는 것이 인간의 본성이기 때문입니다.

6 　이처럼 뻔히 드러난 위험을 무시하거나 모두가 우려하는 사안을 우
7 선시하지 않는다면, 그것은 큰 실수입니다. 하지만 우리가 지금 여기서 합의에 이른다면 이 위기에서 신속하게 벗어날 수 있습니다. 아테나이인은 지금 그들의 땅이 아니라 우리가 초대한 이곳, 바로 시켈리아에서
8 싸우고 있습니다. 그러므로 우리 사이에 합의만 이루어진다면, 전쟁으로 전쟁을 끝내지 않고, 우리 사이의 불화를 평화롭게 해결할 수 있습니다. 그럴듯한 명분으로 이곳에 와 있는 불의한 침략자는 결국 아무것도 이루지 못한 채 떠나게 될 것입니다.

1 　**62** 잘 생각해보면 아테나이인에게 그렇게 대응하는 것이 분명 최선
2 일 듯합니다. 모든 사람이 평화가 최선이라는 데 동의하는데, 우리가 평화롭게 살지 못할 이유가 어디 있겠습니까? 어떤 국가는 번영하고, 어떤 국가는 어려움을 겪는 상황에서, 전쟁은 모두에게 피해를 주는 반면, 평화는 모두에게 이익을 가져다주지 않겠습니까? 명예와 영광을 더 안전하게 확보할 수 있게 해주는 것도 평화입니다. 평화가 주는 이익에 관해 말하자면 전쟁의 고달픔을 열거하는 것만큼이나 길어질 것입니다. 부디 내 말을 가볍게 여기지 마시고, 각자의 안전을 도모하는 길이 무엇인지 내다보시기 바랍니다.

3 　어떤 일을 추진할 때, 그것이 정의로운 명분에 근거했든 아니면 자신의 힘을 믿고 시작한 일이든, 예상치 못한 실패가 찾아온다고 해도 너무 낙담하지 마십시오. 불의한 자들에게 복수하려다 도리어 자신조차 지키지 못하고 목숨을 잃은 이도 많습니다. 자신의 힘을 믿고 이익
4 을 얻으려다 도리어 원래 가진 것마저 잃은 이도 적지 않습니다. 정의로운 복수라 할지라도 실수할 수 있기에 반드시 성공하는 것도 아니

며, 아무리 힘이 있어도 지나친 자신감과 방심은 실패로 이어질 수 있습니다. 미래는 누구에게나 불확실하기에, 십중팔구 실패할 것이라 확신했던 일에서 오히려 큰 성공을 거두기도 합니다. 실패를 두려워하는 자는 그만큼 더 신중하게 접근하기 때문입니다.

63 지금 우리는 두 가지 요인으로 행동에 제약받고 있습니다. 하나 는 눈에 보이지 않는 불확실한 위험과 이미 두려운 존재로 이곳에 와 있는 아테나이군으로 인한 공포이며, 다른 하나는 우리가 이룰 수 있다고 생각했던 일들에 대한 판단 착오입니다. 그러므로 우리는 우리의 영토를 위협하는 적을 몰아내는 한편, 우리 사이에 영구적인 평화조약을 맺을 수 있다면 그렇게 해야 합니다. 그것이 당장은 불가능하다면, 최대한 장기간의 휴전조약을 맺고, 우리 사이의 분쟁은 나중으로 미루어야 합니다.

우리는 지금 이 상황을 총체적으로 인식해야 합니다. 여러분이 내 제안을 받아들인다면, 우리는 각자 자유로운 도시의 주권자로 남게 될 것이며, 우리를 호의적으로 대하는 자든, 적대적으로 대하는 자든 스스로의 판단에 따라 용기 있게 대응할 수 있게 될 것입니다. 그러나 우리가 서로를 불신하고 결국 아테나이인에게 굴복하게 된다면, 우리는 더이상 누구도 응징할 수 없을뿐더러, 아무리 운이 좋다 해도 가장 경계해야 할 자들과 친구가 되고, 적대해서는 안 될 이들과는 불가피하게 적이 되는 일도 생길 것입니다.

64 서두에서 밝혔듯이, 나는 시켈리아의 큰 도시를 대표하는 입장 이며, 지금도 방어보다는 공격의 위치에 있습니다. 그러나 나는 방금 언급한 상황을 예견하고, 우리가 서로 양보하는 것이 올바르다고 생각합니다. 다른 나라에 피해를 입히려다 오히려 자국이 더 큰 손실을 입는 것, 혹은 승리에 대한 어리석은 집착으로 마치 우리가 운명과 계획을 통제할 수 있는 듯 착각하는 것은 옳지 않습니다. 그렇기에 나는 합리적인 수준에서 양보하고자 합니다. 여러분도 훗날 적의 강요에 의해

서가 아니라, 지금 자발적으로 나와 같은 생각을 가지고 행동해주기를
3 요청합니다. 도로스인이 도로스인에게, 칼키스인이 그 친족에게, 친족
이 친족에게 양보하는 것은 결코 수치스러운 일이 아닙니다. 우리는 바
다로 둘러싸인 이 땅에서 함께 살아가는 이웃이며, 시켈리아인이라는
하나의 이름으로 불리는 동포입니다. 불가피할 때는 전쟁도 하겠지만,
끝내는 대화를 통해 다시 화해하는 것이 우리가 살아가는 방식입니다.

4   우리가 현명하다면, 시켈리아에서 어느 한 도시가 쓰러지면 결국 모
든 도시가 위험해진다는 사실을 인식해야 합니다. 따라서 외부의 침입
자에 대해서는 항상 단결하여 맞설 것이며, 앞으로는 절대 외부의 동맹
5 군이나 중재자를 이 땅에 불러들이지 않을 것입니다. 그렇게 할 수만
있다면, 우리는 당장 아테나이인으로부터 해방되고 내전 또한 종식시
킬 수 있으며, 앞으로도 외부의 간섭 없이 시켈리아에서 자유롭게 살아
갈 것입니다.”

1   **65** 헤르모크라테스가 이렇게 말한 후, 시켈리아의 각 도시는 그의
제안을 받아들였다. 각자 점유하고 있는 영토는 그대로 유지한 채, 서
로 간의 전쟁을 끝내기로 합의한 것이다. 또한 카마리나인은 일정 금액
을 지불하고, 시라쿠사이인으로부터 모르간티네[34] 지배권을 얻기로 했
2 다. 한편, 아테나이 동맹국들은 아테나이의 장군들을 불러 다음과 같이
통보했다. “우리는 시켈리아의 모든 나라와 평화조약을 맺고자 한다.
이 조약은 아테나이인에게도 동일하게 적용될 것이다.” 아테나이 장군
들이 이에 동의하자 평화조약이 체결되었고, 아테나이 함대는 시켈리
아를 떠났다.

3   아테나이 장군들이 귀국하자 본국의 아테나이인들은 그들을 처벌했
다. 피토도로스와 소포클레스는 추방형을, 세 번째 장군인 에우리메돈

---

34 “모르간티네”는 시켈리아섬 중앙부에 위치한 도시로, 시라쿠사이에서 북서쪽으로 약
80킬로미터, 겔라에서 북쪽으로 약 70킬로미터 떨어져 있었다.

은 벌금형을 선고받았다. 이는 시켈리아를 정복할 기회가 있었음에도 장군들이 뇌물을 받고 철수한 것이라 여겼기 때문이다. 아테나이인은 자신들에게 맞설 세력은 없으며, 가능한 일이든 어려운 일이든 대군이나 소수 병력을 동원하면 이루어낼 수 있다고 확신했다. 그들이 그렇게 생각한 이유는, 그동안 거의 모든 일에서 기대 이상의 성공을 거두며 자신들의 희망에 강력한 힘이 있다고 믿게 되었기 때문이다.

66[*] 그해 여름, 메가라 시민들은 두 가지 전쟁에 시달리고 있었다. 하나는 매년 두 차례씩 전군을 동원해 침략해오는 아테나이군과의 전쟁이었고, 다른 하나는 대중에게 추방된 후 페가이를 거점으로 약탈을 일삼는 망명자들과의 내전이었다. 메가라인은 이 두 갈래의 전쟁으로 인해 도시가 파멸될 것을 우려해, 망명자들을 다시 받아들이는 방안을 논의하기 시작했다. 이러한 소문이 퍼지자 망명자들의 동조 세력이 이전보다 더욱 공개적으로 그들의 복귀를 지지하고 나섰다.

그러나 대중 지도자들은 위기 상황에서 대중이 끝까지 자신들을 지켜주지 않을 수도 있음을 깨달았다. 이에 두려움을 느낀 그들은 차라리 도시를 아테나이에 넘기는 편이 망명자들을 받아들이는 편보다 자신들에게 덜 위험할 것이라 판단했다. 그래서 아테나이 장군인 아리프론의 아들 히포크라테스와 알키스테네스의 아들 데모스테네스와 협상을 시작했다. 우선, 양측은 아테나이군이 메가라에서 외항인 니사이아 항구에 이르는 8스타디온 길이의 긴 성벽을 점령하는 데 합의했다. 이런 조치는 펠로폰네소스인이 니사이아항에 남겨둔 수비대가 메가라로 진격해오지 못하도록 하기 위함이었다. 그 후 대중 지도자들은 항구 위쪽의 도시도 아테나이인에게 넘길 계획을 세웠다. 일단 아테나이군이 긴 성벽을 장악하고 나면, 아테나이에 항복하고 도시를 넘기라고 메가라인을 설득하기가 더 쉬울 것이라 생각했기 때문이다.

---

* 제66-74장은 아테나이군의 메가라 침공을 다룬다.

1   **67** 이 계획에 관한 양측의 협의가 완료되자, 아테나이군은 한밤중에 히포크라테스가 이끄는 중무장보병 600명과 함께 메가라인의 섬 미노아로 항해했다. 그들은 성벽용 벽돌을 만들던 채석장에 자리를 잡았

2   는데, 이곳은 그들의 공격 목표인 성벽에서 그리 멀지 않았다. 한편 아테나이의 또 다른 장군 데모스테네스는 플라타이아이군의 경무장보병과 순찰대를 이끌고 목표물에 더 가까운 에니알리오스[35] 신전에 매복했다. 이 작전은 철저히 비밀리에 진행되었으며, 작전에 투입된 병력 외에는 누구도 알지 못했다.

3   날이 밝아올 무렵, 메가라의 반역자들은 예정대로 행동에 나섰다. 얼마 전부터 이미 성문을 열어두기 위한 준비를 마친 상태였다. 그들은 매일 밤 수비대장의 허가를 받아 약탈을 나가는 척하며, 양쪽에 노가 달린 작은 배 1척을 마차에 싣고 성문을 통과했다. 해자를 건너 해안으로 나간 후, 날이 밝기 전에 다시 돌아오곤 했다. 돌아올 때도 마차에 배를 실은 채 성문을 통해 들어오는 방식이었다. 반역자들은 자신들이 그런 식으로 밤에 활동하고 낮에는 항구에 배가 1척도 보이지 않게 하면, 미노아섬에 주둔한 아테나이군이 메가라군의 수비대가 밤에만 움직인다고 착각해 낮 동안 경계를 소홀히 할 것이라는 명분을 내세워 수비대장의 허가를 받아냈다.

4   그날 밤에도 반역자들은 평소처럼 마차에 작은 배를 실어 성문 앞으로 갔다. 성문이 열리자, 매복해 있던 아테나이군이 뛰쳐나와 성문이 닫히기 전에 안으로 돌격했다. 마차가 성문을 막아 닫히는 것을 지연시

5   키는 동안, 반역자들은 성문을 지키던 경비병들을 급습해 제거했다. 가장 먼저 성 안으로 돌격한 병력은 데모스테네스가 이끄는 플라타이아이군과 순찰대였다. 가까이에 있던 펠로폰네소스군이 급히 달려왔지

---

35 "에니알리오스"는 일반적으로 군신 아레스의 아들을 가리키지만, 아레스의 별칭으로도 사용되었다.

만, 플라타이아이군이 그들을 격퇴했다. 이어서 아테나이군의 중무장 보병이 성문을 통해 안전하게 들어올 수 있도록 진입로를 확보했다.

68 성 안으로 들어온 아테나이군은 성벽을 향해 전진했다. 처음에 [1, 2] 펠로폰네소스군 수비대가 저항하며 방어했으나, 수적으로 열세였기에 몇 명이 전사하자 대다수가 도망쳤다. 한밤중의 갑작스러운 기습에 겁을 먹은 데다, 메가라인 반역자들까지 자신들과 싸우는 모습을 보고 메가라인 전체가 배신했다고 오해했기 때문이다. 더욱이 아테나이군의 [3] 한 전령이 자신의 판단에 따라 메가라인들 중 원하는 자는 누구든 무기를 들고 아테나이군과 함께 싸우라고 외쳤다. 이 말을 들은 펠로폰네소스군은 메가라인 전체가 아테나이군과 연합한 줄 알고, 결국 니사이아항으로 퇴각했다.

동이 틀 무렵 성벽은 아테나이군의 손에 넘어갔고, 도시는 혼란에 [4] 빠졌다. 이때 아테나이군과 내통했던 자들과 작전을 미리 알고 있던 협력자들이 메가라 시민들을 선동하며, 성문을 열고 나가 아테나이군에 맞서 싸워야 한다고 주장했다. 성문이 열리는 즉시 아테나이군이 진입 [5] 하기로 약속되어 있었기 때문이다. 협력자들은 아테나이군의 편이라는 표시로 몸에 올리브유를 바르기로 되어 있었고, 성문을 여는 편이 그들에게 더 안전했다. 게다가 약속대로 엘레우시스[36]에서 밤새 행군해온 아테나이군의 중무장보병 4,000명과 기병 600명이 이미 성문 앞에 도착해 있었다.

그러나 협력자들이 성문 근처에서 기회를 엿보고 있을 때, 음모를 [6] 미리 알고 있던 한 사람이 이를 메가라인들에게 폭로했다. 그러자 메가라인들이 몰려와, 과거 국력이 더 강했을 때도 아테나이군에 맞설 엄두를 내지 못했는데 지금 성문을 열고 나가 싸우는 것은 도시를 명백한 위험에 빠뜨리는 행위라고 주장했다. 그들은 자신들의 말을 따르지 않

---

36 "엘레우시스"에서 서쪽으로 약 20킬로미터 거리에 메가라성이 있었다.

는 자가 있다면 당장이라도 싸울 기세였다. 그러나 음모를 눈치챘다는 사실은 전혀 내색하지 않은 채 그저 최선의 방안이라고 주장하며 성문 옆을 지킬 뿐이었다. 이로 인해 아테나이군의 협력자들은 결국 계획을 실행에 옮길 수 없었다.

1 **69** 아테나이 장군들은 성 안에서 저항이 일어나고 있으며, 무력만으로는 도시를 완전히 점령하기 어렵다고 판단했다. 이에 즉시 니사이아항을 봉쇄하기 위한 방벽을 쌓기 시작했다. 원군이 도착하기 전에 항구를 점령하면, 메가라인이 더 빨리 항복하리라고 본 것이다(그리고 아
2 테나이에서 철재와 석공, 그 밖에 필요한 물자들이 신속하게 도착했다). 아테나이군은 확보한 성벽을 기점으로 니사이아항 양쪽 해안까지 방벽을 연결해 항구를 완전히 차단했다. 해자를 파고 방벽을 쌓는 작업은 각 부대가 맡아 진행했으며, 돌과 벽돌은 교외에서 가져와 사용했다. 또한 주변의 나무를 베어 필요한 곳마다 목책을 세웠고, 교외의 집에는 흉벽을 설치해 집 자체가 요새 역할을 하도록 했다. 이 작업은 하루 종일 이어졌다.
3 다음날 늦은 오후, 방벽이 거의 완성되자 니사이아항에 주둔한 펠로폰네소스군은 두려움에 휩싸였다. 위쪽 도시에서 하루치 식량만 공급받고 있었기에 식량이 부족해졌고, 펠로폰네소스의 원군이 신속하게 도착하지 않을 것 같았기 때문이다. 메가라인마저 자신들에게 적대적이라 오해하고 있었다. 이런 상황에서 그들은 결국 항복하기로 결정했다. 펠로폰네소스군은 무구를 넘기고, 개별적으로 몸값을 지불하는 조건 아래 방면되기로 했다. 다만 그곳에 와 있던 라케다이몬군의 장군이나 그 외 특정 인물들은 아테나이군이 원하는 대로 처분할 수 있도록
4 했다. 펠로폰네소스군 수비대는 조건부 항복 후 니사이아항에서 철수했고, 아테나이군은 메가라인의 도시와 항구를 연결하던 긴 성벽을 허물었다. 이후 니사이아항을 접수한 아테나이군은 다른 군사 준비에 착수했다.

70 그 무렵 라케다이몬인 텔리스의 아들 브라시다스는 트라케 원정 1
을 준비하기 위해 시키온과 코린토스 인근에 머물고 있었다. 니사이아
항의 성벽이 아테나이군에게 점령되었다는 소식을 듣자, 그는 니사이
아항에 남아 있는 펠로폰네소스군 수비대가 걱정되었고, 메가라가 함
락될 것도 우려되었다. 이에 즉시 보이오티아인들에게 전령을 보내 신
속히 군대를 이끌고 트리포디스코스(메가라 영토의 게라네이아 고원 아래
에 위치한 소도시)에서 집결할 것을 지시했다. 브라시다스 자신은 코린
토스군 중무장보병 2,700명, 플레이우스군 400명, 시키온군 600명, 그
리고 이미 모여 있던 부대를 이끌고 출발했다. 그는 니사이아항이 함락
되기 전에 도착할 수 있을 것이라고 판단했다.[37]

브라시다스는 밤에 행군을 시작해 트리포디스코스로 향했으나, 가 2
는 도중에 니사이아항의 함락 소식을 들었다. 이에 그는 아테나이군이
자신의 도착을 알아차리기 전에 자신의 부대에서 300명을 선발하여 먼
저 이끌고, 해안에 있는 아테나이군 몰래 메가라인의 도시 앞에 도달했
다. 그는 협상이나 무력으로 니사이아를 되찾을 계획이었지만, 지금 더
시급할 일은 메가라인의 도시를 확보하는 것이었다. 그래서 그는 메가
라인에게 니사이아항을 되찾을 방책이 있다고 말하며, 자신들을 성 안
으로 들여보내달라고 요청했다.

71 메가라 내 정파들은 두려움에 사로잡혔다. 한 정파는 브라시다 1
스가 망명자들을 데리고 들어와 자신들을 추방할까 염려했고, 다른 정
파는 대중이 그런 일이 발생할 것을 우려한 나머지 자신들을 공격할까
두려워했다. 양측 모두 도시가 내전 상태에 빠진 채 근처에 매복한 아
테나이군에 의해 무너질 것을 걱정했다. 결국 그들은 브라시다스를 성

---

37 "트리포디스코스"는 메가라와 코린토스 사이에 있던 작은 마을이었다. "플레이우스"
는 코린토스에서 남서쪽으로 약 25킬로미터 떨어진 곳에 위치한 도시로, 코린토스와
아르고스 사이에 위치했다.

안으로 들이지 않고, 서로 침묵을 지키며 앞으로의 상황을 지켜보기로

2 했다. 두 정파는 아테나이군과 펠로폰네소스 원군 간에 전투가 벌어질
것이라 예상했고, 그 결과에 따라 승리한 쪽에 협력하는 편이 더 안전
하다고 판단했다. 결국 브라시다스는 메가라인을 설득하지 못하고, 자
신의 나머지 군대가 있는 곳으로 물러나야 했다.

1 **72** 새벽이 밝자 보이오티아군이 도착했다. 그들은 메가라의 위기가
자신들과 무관하지 않다고 판단하고, 브라시다스가 전령을 보내기 전
부터 플라타이아이[38]에 전군을 집결시켜둔 상태였다. 브라시다스가 보
낸 전령이 도착하자, 보이오티아군은 더욱 고무되어 먼저 중무장보병
2,200명과 기병 600명을 보낸 후, 나머지 대다수의 병력을 이끌고 출
정했다.

2 브라시다스의 군대까지 합류하자 중무장보병만 6,000명이 넘었다.
아테나이군의 중무장보병은 니사이아항 주변과 해안에 배치되었고,
경무장보병은 들판 곳곳에 흩어져 있었다. 보이오티아군 기병대가 아
테나이군 경무장보병을 기습하여 해안 쪽으로 밀어냈다. 이는 지금까
지 메가라를 돕기 위해 외부에서 온 원군이 없었기에 아테나이군에게

3 는 예기치 못한 상황이었다. 그러자 아테나이군 기병대가 반격을 시작
하며 근접전이 벌어졌다. 양측은 팽팽한 접전을 벌였고, 서로 자신들이
패배하지 않았다고 주장했다.

4 아테나이군은 니사이아항 바로 앞까지 돌진해온 보이오티아군의 기
병대장과 몇몇 기병을 죽이고 무구를 탈취했다. 그들은 적군의 시신을
확보한 후 휴전조약을 맺고 시신을 반환하며 승전비를 세웠다. 그러나
전투의 전체적인 결과는 어느 쪽도 확실한 승리를 거두지 못한 채, 보이

---

38 "플라타이아이"는 보이오티아 지방, 아소포스강 하류에서 34킬로미터 떨어진 지점
에 있었다. 동쪽으로 약 40킬로미터 거리에 메가라가 있었으나, 그 사이에는 해발
1,000-1,400미터에 이르는 키타이론 산맥이 가로막고 있어 우회가 필요했다.

오티아군은 군영으로, 아테나이군은 니사이아로 각각 돌아갔다.

73 이 일이 있은 후, 브라시다스와 그의 군대는 해안과 메가라인의 ₁
도시 쪽으로 더 가까이 행군하여 적절한 위치에 진을 친 후 침묵을 지
켰다. 그들은 아테나이군이 공격해올 것으로 예상했으며, 동시에 메가
라인이 어느 쪽이 승리할지를 주시하고 있다는 사실도 알고 있었다. 그 ₂
들은 자신들에게 두 가지 이점이 있다고 확신했다. 첫째는 먼저 공격하
거나 위험을 감수할 필요가 없다는 점, 둘째는 방어 태세를 명백히 취
했기 때문에 실질적인 전투 없이도 승리를 주장할 수 있다는 점이었
다. 이는 메가라인의 이해관계와도 일치했다. 만약 브라시다스의 군대 ₃
가 나타나지 않았다면, 상황은 메가라인에게 불리하게 전개되어 그들
은 결국 함락되었을 것이다. 그리고 아테나이군이 교전을 원치 않는다
면, 브라시다스는 전투를 치르지 않고도 목적을 달성할 수 있었다. 실제
로 그런 결과가 일어났다.

아테나이군이 긴 성벽을 따라 성벽 밖으로 나와 진을 치고 있었으나 ₄
공격하지 않자, 메가라인은 가만히 있었다. 아테나이 장군들은 주요 목
표를 이미 달성한 데다 수적으로 우세한 적과 전투를 벌이는 것이 부담
스러웠다. 더욱이 아군과 적군의 위험 부담이 대등하지 않다고 판단했
다. 즉 자신들이 승리할 경우 메가라를 얻게 되겠지만, 패배할 경우 정
예군인 중무장보병을 잃게 될 것이었다. 반면, 적군은 여러 동맹국에서
파견된 부대로 구성되어 있어 패배하더라도 각국은 전체 병력의 일부
만을 잃게 될 뿐이었다.

양측은 한동안 대치하다가 어느 쪽도 선제 공격을 하지 않자, 아테
나이군이 먼저 니사이아로 철수했고, 그 뒤를 이어 펠로폰네소스군도
출발지로 돌아갔다. 그러자 메가라 내 망명자 지지자들은 브라시다스
가 승리했고, 아테나이군은 더 이상 전투를 원하지 않을 것이라 생각했
다. 그리하여 브라시다스와 여러 도시에서 온 동맹군 지휘관들에게 성
문을 열어 그들을 받아들인 후 협상에 들어갔다. 한편, 아테나이군에

협력했던 자들은 이미 공포에 사로잡혀 있었다.

1   74 그 후 동맹군은 각자의 나라로 흩어졌고, 브라시다스도 코린토
스로 돌아가 처음에 의도했던 대로 트라케 원정을 위한 준비를 계속했
2 다. 아테나이군이 본국으로 철수한 후, 도시에 있던 메가라인 중 아테
나이군에 가장 적극적으로 협력했던 자들은 정체가 발각된 것을 깨닫
고 즉시 도시를 빠져나갔다. 그러자 남은 메가라인은 망명자들을 지지
하는 세력과 협의하여, 보복하지 않고 나라를 위해 최선을 다하겠다고
엄숙히 맹세하게 한 후, 페가이에 있던 망명자들을 데려왔다.

3   그러나 망명자들은 공직에 취임하자 군대를 사열하며, 정적과 아테
나이군에 가장 적극적으로 협력한 것으로 의심되는 자 가운데 100명을
선별했다. 그리고 대중에게 그들에 대한 공개 투표와 유죄 판결을 강요
4 한 뒤, 그들을 처형하고 도시를 철저한 과두정으로 전환시켰다. 내전의
결과로 이루어진 이러한 정치체제의 변혁은 소수에 의해 주도되었음
에도 가장 오랫동안 지속되었다.

1   75 그해 여름, 미틸레네인은 계획대로 안탄드로스를 요새화하고자
했다. 이때 헬레스폰토스 해협 일대에 있던 아테나이 징세선의 지휘관
데모도코스와 아리스테이데스는(징세선의 세 번째 지휘관인 라마코스는 함
선 10척을 이끌고 흑해로 항해 중이었다) 미틸레네인의 이러한 준비 상황
을 감지했다. 그들은 과거 아나이아가 사모스섬에 위협이 되었듯이, 안
탄드로스가 렘노스섬에 위협이 될 것을 우려했다.[39] 사모스섬의 망명자
들이 아나이아에 거점을 마련한 후, 펠로폰네소스 함대에 조타수를 제
공하며 그들을 지원했을 뿐만 아니라, 사모스섬 주민들을 끊임없이 선
동하여 망명자를 받아들이게 했기 때문이다. 이에 두 장군은 동맹국들

---

39 "아나이아"는 사모스섬 맞은편의 리디아 지방 해안에 있던 도시로, 사모스섬과 20-
   30킬로미터 떨어진 곳에 있었다. "렘노스섬"은 안탄드로스에서 북서쪽으로 140킬로
   미터 정도 떨어져 있었다.

로부터 군대를 소집하여 안탄드로스로 출정했고, 맞서 싸우러 나온 미 틸레네인과의 전투에서 승리한 후 그곳을 다시 장악했다.

얼마 후 흑해로 항해 중이던 징세선의 장군 라마코스는 헤라클레이 2 아 영토 내 칼렉스 강변에 정박했는데, 상류 지역의 폭우로 갑작스러운 홍수가 발생하여 함선을 잃었다. 이에 라마코스와 그의 군대는 육로로 해협을 건넜고, 아시아의 비티니아 지방에 거주하는 트라케인의 땅을 지나 흑해 입구에 위치한 메가라인의 식민시 칼케돈[40]에 도착했다.

76[*] 그해 여름, 아테나이 장군 데모스테네스는 메가라의 영토에서 1 철수한 직후 함선 40척을 이끌고 나우팍토스에 도착했다. 그와 히포크 2 라테스 장군은 보이오티아 지방 내 여러 도시의 인사들과 접촉하며 그 지역의 정세에 대해 교섭 중이었다. 이들은 테바이에서 망명한 프토이 오도로스의 주도 아래 해당 지역의 정치체제를 아테나이처럼 민주정 으로 전환하고자 했다. 이들 중 몇몇은 크리사만에 접한 테스피아이 영 3 토의 해안 도시 시파이[41]를 부추겨 반기를 들도록 했고, 오르코메노스 출신인 몇몇은 과거 미니아스인의 오르코메노스라 불리다 현재는 보

---

[40] "헤라클레이아"는 북쪽으로 흑해, 남쪽으로 비티니아의 산악 지대가 있었으며, 동쪽 으로 약 100킬로미터 떨어진 곳에 칼렉스강이 있었다. "칼케돈"은 프로폰티스해에서 보스포로스 해협으로 들어가는 입구 오른쪽에 위치했으며, 해협 건너편에는 비잔티 온(현재의 이스탄불)이 있었다. "비티니아 지방"은 프로폰티스해와 흑해 남쪽에 걸 쳐 있던 소아시아의 지방이다.

[*] 제76-132장은 두 가지 주요 사건을 교차하여 다룬다. 하나는 아테나이군이 보이오티아의 델리온에서 요새를 구축하려다 참패한 사건(제76장, 제89-101장)이고, 다른 하나는 라케다 이몬의 장군 브라시다스가 트라케 지방에서 거둔 군사적 성과(제78-88장, 제102-128장) 다. 브라시다스는 이 지역에서 아테나이의 동맹국들을 회유하여 이탈시켰고, 암피폴리스를 함락시키는 등 큰 성과를 거두었다. 이 시기에 아테나이와 라케다이몬 사이에 1년간의 휴전 조약이 체결되었고(제117-118장), 아테나이군은 반란을 일으킨 트라케 지방의 멘데와 스키 오네를 다시 점령한다(제129-132장).

[41] "테스피아이"는 크리사만에서 북동쪽으로 약 20-25킬로미터 떨어진 보이오티아의 도시였다. "시파이"는 크리사만 북쪽 해안을 따라 약 70킬로미터 떨어진 곳에 위치한 항구 도시였다.

이오티아의 오르코메노스로 알려진 곳의 속국인 카이로네이아를 선동했다. 특히 오르코메노스의 망명자들이 이 일에 가장 적극적으로 참여했다. 그들은 펠로폰네소스인 중에서 용병을 고용했고(카이로네이아는 보이오티아 지방의 북단 변경에 위치한 도시로, 포키스 지방의 파노테우스와 인접해 있었다), 일부 포키스인도 가담했다.

4 　　또한 아테나이군은 에우보이아섬 맞은편, 타나그라의 영토 내 아폴론 신의 성역인 델리온[42]을 점령하기로 했다. 이 모든 작전은 동일한 날 동시에 실행되도록 계획되었다. 이는 보이오티아인이 각 지역의 소요 사태에 정신이 팔려 델리온으로 집결하지 못하게 하려는 전략이었

5 다. 아테나이군은 이 계획이 성공해 델리온을 요새화한다면, 설령 보이오티아 지방의 도시들에서 당장 정치체제의 변혁이 이루어지지 않더라도, 델리온을 거점으로 인근의 도시들을 공격하고 약탈할 수 있으리라 기대했다. 또한 각 나라에서 반기를 드는 자들에게 델리온과 같은 피난처가 가까이 있다면, 보이오티아 각 도시의 현 상황은 지속될 수 없을 것이며, 아테나이인의 지속적인 반군 지원 속에서 보이오티아인이 군대를 한데 모을 수 없게 되어, 결국 모든 상황이 아테나이에 유리하게 전개될 것이라고 판단했다.

1 　　**77** 아테나이군은 이런 작전을 준비하고 있었다. 적절한 시기가 되면 히포크라테스는 아테나이 본국에서 군대를 이끌고 보이오티아인을 공격할 계획이었다. 그는 데모스테네스를 함선 40척과 함께 나우팍토스로 보내 현지에서 아카르나니아군과 그 밖의 동맹군을 모집한 후, 반기를 들기로 되어 있는 시파이로 진격하라고 지시했다. 이 모든 작전을 동시에 실행할 날이 정해졌다.

---

42 "델리온"은 보이오티아 지방과 아티케 지방의 접경지대에 위치한 작은 항구 도시로, 에우보이아 해협을 바라보는 전략적 요충지였다. 기원전 424년 아테나이군은 이곳을 점령하려 했으나 테바이가 이끄는 보이오티아 연맹에게 대패했다. 이곳에는 델로스의 신전을 본떠 지은 아폴론 신전이 있었다.

데모스테네스가 나우팍토스에 도착했을 때, 오이니아다이는 이미 2
아카르나니아 전체에 의해 강제로 아테나이 동맹에 편입되어 있었다.
그는 현지에서 동맹군을 소집한 후, 우선 살린티오스왕과 아그라이오
이인을 상대로 원정을 벌이고, 그 밖의 일을 처리한 다음, 약속된 날에
시파이에 도착하기 위한 준비를 했다.

78 한편 그해 여름 이 시기에, 브라시다스는 중무장보병 1,700명을 1
이끌고 트라케 지방을 향해 행군 중이었다. 트라키스 지역의 헤라클레
이아에 도달했을 때, 그는 잠시 행군을 멈추고, 파르살로스에 있는 지
인들에게 전령을 보내 이후 여정에서 호위를 요청했다. 이에 파나이로
스인, 도로스인, 히폴로키다스인, 토릴라오스인, 칼키디케인의 현지인
영사 스트로파코스가 아카이아 프티오티스 지역의 멜리테이아[43]로 와
서 그와 합류했다. 그제야 브라시다스와 그의 군대는 이들의 호위를 받
으며 행군을 재개했다. 이 외에도 여러 테살리아인이 그를 호위했는데, 2
그중에는 페르디카스의 친구인 라리사의 니코니다스도 있었다. 호위
없이 테살리아 지방을 통과하기란 어려운 일이었으며, 무장한 군대는
더욱 그러했다. 모든 헬렌인은 외국군이 허가 없이 자국을 통과하는 것
을 위협으로 간주했기 때문이다. 게다가 테살리아인 대다수는 전통적
으로 아테나이인에게 우호적인 태도를 가지고 있었다.

따라서 만약 테살리아가 조상 대대로 내려온 그들만의 고유한 과 3
두정이라는 독재 권력 아래 있지 않고, 법 앞의 평등을 표방하는 민주
정 체제 아래 있었다면, 브라시다스는 결코 그 지역을 지나갈 수 없었
을 것이다. 실제로 행군 도중 에니페우스 강변에서 호위자들과 반대 입
장을 지닌 사람들과 마주쳤다.[44] 이들은 그를 저지하며 주민 전체의 동

---

43 "파르살로스"는 아카이아 프티오티스 지방의 도시로, 헤라클레이아에서 북서쪽으로
약 70-80킬로미터 떨어져 있었다. "아카이아 프티오티스"는 멜리스 지방 북쪽에 인접
한 테살리아 남동부의 지역으로, 멜리스만 북안과 접해 있었다. "멜리테이아"는 파르
살로스에서 남서쪽으로 약 30킬로미터 떨어진 멜리스 지방의 도시였다.

4 의 없이 이 땅을 통과하는 것은 불법이라고 항의했다. 그러자 호위자들은 주민들이 반대한다면 그를 안내하지 않겠으며, 단지 갑자기 찾아온 손님을 접대한 것뿐이라고 해명했다. 브라시다스 역시 자신은 테살리아와 테살리아 주민의 친구로서 지나가는 것이며, 무장한 이유도 적군인 아테나이군을 만났을 때 대응하기 위함이라고 설명했다. 또한 그는 테살리아인과 라케다이몬인이 서로의 영토 통과를 금지할 만큼 적대 관계에 있다는 사실을 알지 못했으며, 그들이 원치 않는다면 앞으로 나아가지 않겠고 실제로 그럴 수도 없겠지만, 그럼에도 자신들의 통과를 저지하는 것이 정당하다고는 생각하지 않는다고 말했다.

5 브라시다스의 해명에 반대자들은 물러났으며, 호위자들은 더 많은 사람들이 몰려들기 전에 즉시 출발하자고 재촉했다. 브라시다스와 그의 군대는 그날 곧장 멜리테이아에서 파르살로스로 이동해 아피다노스 강변에 진을 쳤고, 이어서 파키온을 지나 페라이비아 지역에 도달했

6 다. 그곳에서 지금까지 그를 호송해온 테살리아인들은 돌아갔고, 테살리아의 예속민인 페라이비아인이 페르디카스의 영토에 속한 디온으로 그를 안내했다.[45] 디온은 올림포스 산자락에 위치한 마케도니아의 소도

---

44 고대 테살리아는 상당한 자치권을 지닌 네 지역의 연맹으로 구성되었으며, 최고 지도자인 '타고스'는 주로 알레우아다이 가문과 스코파다이 가문에서 선출되었다. 대지주인 귀족들은 넓은 토지와 '페네스타이'라 불리는 농노를 소유하고 있었고, 그 부를 바탕으로 강력한 기병대를 조직해 정치적 영향력을 행사했다. "에니페우스강"은 오트리스산에서 발원하여 남쪽에서 북쪽으로 약 40-50킬로미터 흘러 파르살로스에 이르렀다.

45 "아피다노스강"은 테살리아 평원을 남북으로 흐르며, 에니페우스강에서 동쪽으로 약 30킬로미터 떨어져 있다. 두 강은 모두 페네이오스강으로 합류한다. "파키온"은 테살리아 남부 오트리스산 기슭에 있었으며, 그 북쪽으로 약 100-150킬로미터 지점에는 페라이비아 지역이 있었다. "페르디카스의 영토"는 기원전 454-413년에 마케도니아 왕 페르디카스 2세가 통치한 지역을 가리킨다. 페라이비아에서 북동쪽으로 약 30-50킬로미터 떨어진 올림포스산 북동 기슭에는 마케도니아 피에리아 지방의 도시 "디온"이 있었다. 디온은 아이가이온해에서 약 15킬로미터 내륙에 위치했으며, 올림포스 12신을 위한 신전이 있었고, 마케도니아 왕들이 주요 결정을 내리고 축제를 열던 장소였다.

시로, 테살리아 지방 맞은편에 자리하고 있었다.

79 이렇게 브라시다스는 누군가가 그를 저지할 틈을 주지 않기 위 ₁
해 신속히 테살리아 지방을 통과하여 페르디카스의 영토와 칼키디케
에 도착했다. 트라케 지방에서 아테나이인에게 반기를 든 여러 도시와 ₂
페르디카스가 아테나이의 세력 확장을 우려하여 펠로폰네소스에 원군
을 요청한 것이었다. 칼키디케인은 아테나이인이 자신들을 우선 공격
대상으로 삼을 것이라고 예상했다(아테나이인에게 반기를 들지 않은 인근
도시들도 펠로폰네소스로부터 군대를 불러들이는 데 은밀히 동조했다). 페르디
카스는 표면상으로는 아테나이인과 적대 관계에 있지 않았으나, 오랜
갈등으로 인해 불안감을 느끼고 있었다. 또한 링코스[46]의 왕 아라바이
오스를 굴복시키려는 의도도 있었다. 그들이 이토록 쉽게 펠로폰네소 ₃
스 군대를 소환할 수 있었던 배경에는, 당시 라케다이몬군이 아테나이
군과의 전투에서 연이은 패배로 고전하고 있었기 때문이다.

80 아테나이군이 펠로폰네소스반도, 특히 라케다이몬인의 영토를 ₁
압박하자, 라케다이몬인은 아테나이인의 관심을 분산시키고자 했다.
아테나이 동맹국들이 반기를 들도록 유도하는 것이 가장 효과적인 전
략이라 판단한 것이다. 이에 따라, 해당 동맹국들이 모든 군비를 부담
하는 조건으로 라케다이몬군을 불러들이려 할 때 이를 적극 수락하고,
원군을 파견하여 아테나이에 대항할 수 있도록 지원하는 전략을 세웠
다. 아울러 필로스가 적의 점령 아래 놓인 상황에서 국가 노예들의 반 ₂
란을 방지하기 위해 그들을 국외로 내보내고자 했는데, 마침 그들을 군
사로 차출할 명분도 생기게 되었다.

실제로 라케다이몬의 제도는 대부분 국가 노예를 감시하는 체계로 ₃

---

46 "링코스"는 상부 마케도니아 최북단에 위치한 도시로, 파이오니아의 남서쪽과 일리
리아의 동쪽 경계에 있었다. 이 지역은 당시 코린토스 출신 귀족 아라바이오스의 통
치 아래 상부 마케도니아에서 가장 강력한 부족 국가로 성장해 있었다.

구축되어 있었고, 그들은 젊고 건장한 국가 노예들의 수가 늘어나는 것을 두려워했다. 이에 전투에서 가장 뛰어난 공을 세운 자에게 자유를 준다는 미명하에 자진 신고하라는 포고령을 내렸다. 그러나 이는 교묘한 계략이었다. 자신이 자유를 얻을 자격이 있다고 믿는 이들이야말로

4 반란을 주도할 가능성이 크다고 판단했기 때문이다. 이러한 방식으로 약 2,000명의 국가 노예가 선발되었고, 그들은 해방된 자처럼 머리에 화관을 쓰고 신전 주위를 돌았다. 그러나 얼마 지나지 않아 이들은 모두 제거되었고, 그 최후에 관해서는 아무도 정확히 알지 못했다.

5 이와 함께 라케다이몬인은 700명의 국가 노예를 중무장보병으로 차출하여 브라시다스의 지휘 아래 원정에 나서게 했다. 나머지 군사는 브라시다스가 펠로폰네소스에서 직접 모집한 용병으로 보강했다.

1 **81** 브라시다스가 이번 원정에 선발된 것은 그가 적극적으로 희망했을 뿐만 아니라 칼키디케인 또한 그의 파견을 원했기 때문이다. 그는 스파르테 내에서도 유능한 인물로 평판이 높았지만, 이번 원정을 통해 라케다이몬인이 가장 신뢰하는 인물로 자리매김하게 된다.

2 실제로 그는 원정에서 각 도시를 대할 때 공정하고 절제된 태도를 견지하며 대다수의 도시가 아테나이에 반기를 들도록 이끌었다. 일부 도시는 계략을 써서 점령했다. 이러한 성과 덕분에 라케다이몬인은 의도대로 아테나이인과 평화협정을 체결하여, 양측이 점령하거나 상실한 영토를 상호 교환할 수 있게 되었다. 이로써 펠로폰네소스에서의 전쟁을 잠시 멈추고 숨을 돌릴 수 있었다. 시켈리아 사건 이후 전쟁 후반기에 브라시다스가 보여준 덕망과 지혜는 아테나이 동맹국들 사이에 라케다이몬 진영으로 전향하려는 열망을 불러일으켰다. 어떤 이들은 그를 직접 경험하며, 또 어떤 이들은 소문을 통해 그의 평판을 접했다.

3 이처럼 브라시다스는 첫 번째 원정부터 탁월한 지도자로서 명성을 확립했고, 그로 인해 다른 라케다이몬인도 그러한 자질을 지녔을 것이라는 기대감이 확산되었다.

82 브라시다스가 트라케 지방에 도착했다는 소식을 접한 아테나이 ₁
인은, 이 원정이 페르디카스의 기획이라 판단하여 그를 적으로 선포했
다. 동시에 트라케 지방 내 자국 동맹국들의 방어 태세를 더욱 강화했다.

83 페르디카스는 지체 없이 자신의 군대를 이끌고 브라시다스 및 ₁
그의 병력과 함께 출정하여, 이웃 지역의 마브로메로스의 아들이자 링
코스 마케도니아인의 왕인 아라바이오스를 공격하고자 했다. 자신과
분쟁이 있던 그를 굴복시키고 싶었기 때문이다.

링코스 경계에 도달했을 때, 브라시다스는 전투에 앞서 외교적 협상 ₂
을 통해 아라바이오스를 라케다이몬 동맹에 끌어들이고 싶다고 말했
다. 이는 아라바이오스가 전령을 보내 이 문제를 브라시다스의 중재에 ₃
맡길 용의가 있다는 의사를 전해왔기 때문이다. 또한 브라시다스와 동
행한 칼키디케 사절단도 페르디카스가 칼키디케인의 이익을 위해 더
열성적으로 협조하도록 만들기 위해, 그에게 위협이 되는 적을 완전히
제거하지 말아달라고 조언했기 때문이다. 더욱이 페르디카스가 라케다 ₄
이몬에 보낸 사절단을 통해 주변 지역의 상당수를 라케다이몬의 동맹
국으로 만들겠다고 약속한 바 있었기에, 브라시다스는 아라바이오스
문제를 보다 협력적인 방식으로 해결하는 것이 적절하다고 판단했다.

그러나 페르디카스는 브라시다스를 분쟁의 중재자가 아니라 자신이 ₅
지목한 적을 제거할 인물로 초빙했으며, 자신이 브라시다스군의 군비
절반을 부담하고 있는 상황에서 이러한 협상 시도는 부당하다고 항의
했다. 브라시다스는 본의 아니게 페르디카스와 갈등을 빚게 되었고, 결 ₆
국 아라바이오스와 협상한 후, 그의 제안에 따라 링코스 영토로 진입하
기 전에 군대를 철수시켰다. 이 사건 이후, 페르디카스는 자신이 부당
한 대우를 받았다고 여겨 이전까지 부담하던 군비의 절반을 3분의 1로
줄였다.

84 그해 여름 포도 수확기가 임박했을 무렵, 브라시다스는 칼키디 ₁
케인과 함께 안드로스인의 식민시인 아칸토스[47]를 향해 진군했다. 아칸 ₂

토스인은 그의 입성을 두고 의견이 둘로 나뉘었다. 한쪽은 칼키디케인과 공모하여 그를 불러들인 세력이었고, 다른 한쪽은 대중이었다. 그러나 대중은 성 밖에 있는 곡식이 피해를 입을 것을 우려하여, 우선 브라시다스를 단독으로 입성시킨 후 그의 연설을 듣고 이 사안을 심의하기로 결정했다. 브라시다스는 대중 앞에 서서 다음과 같이 말했다(그는 라케다이몬인으로는 드물게 말솜씨가 있었다).

1 **85** "아칸토스인들이여, 라케다이몬이 나와 군대를 이곳에 파견한 이유는, 전쟁이 시작될 때 선언한 바와 같이 헬라스를 해방시키기 위해
2 아테나이와 싸우려는 우리의 진심을 입증하기 위함입니다. 우리의 도착이 늦어진 것은 여러분을 전쟁의 위험에 끌어들이지 않고도 아테나이를 신속히 제압할 수 있으리라 예상했기 때문입니다. 그러나 그 기대가 빗나갔고, 이제야 이곳에 오게 되었습니다. 누구도 우리가 늦게 도착했다고 비난하지 않기를 바랍니다. 이제 직접 이곳에 왔으니, 여러분과 함께 우리가 선언했던 목표를 이루기 위해 최선을 다할 것입니다.

3 그런데도 여러분이 성문을 닫고 나를 환영하지 않은 것에 적잖이 놀
4 랐습니다. 우리는 여러분이 진심으로 맞이해줄 것이라 기대하며, 수일 동안 타국의 영토를 행군하는 큰 위험을 감수하면서 이곳에 도착했습니다.

5 만약 여러분이 다른 생각을 품고 헬렌인들의 자유와 해방을 반대한
6 다면 유감스러운 일이 아닐 수 없습니다. 그렇게 되면 여러분만 반대하는 데서 그치지 않고, 앞으로 우리가 만날 다른 헬렌인들까지 우리 편에 서려 하지 않을 것입니다. 사람들은 내가 가장 먼저 찾아간 여러분, 신뢰할 만하고 존경받는 국가를 이루며 현명하다는 평판을 지닌 여러

---

47 "안드로스"는 키클라데스제도에 속한 섬이자 도시국가였다. "아칸토스"는 기원전 7세기경 안드로스인이 세운 식민지로, 칼키디케반도 중 동쪽 끝에 있는 악테반도 입구의 해안에 위치했다.

분이 나를 받아들이지 않은 것을 이상하게 여길 것이고, 나는 그들에게 만족스러운 해명을 제시하지 못할 테니 말입니다. 그들은 내가 약속하는 자유가 불순하다고 여기거나, 내가 이끄는 군대가 아테나이에 맞서 싸울 힘이 없다고 생각할 것입니다.

그러나 내가 이끄는 군대는, 니사이아항을 구하러 갔을 때 아테나이 7 군이 수적 우위에도 불구하고 교전하기 꺼렸던 바로 그 군대입니다. 게 다가 아테나이군이 그때와 같은 규모의 병력을 바다 건너 이곳으로 보 낼 가능성도 희박합니다.

86 나는 헬렌인들에게 해를 끼치려 온 것이 아닙니다. 오히려 그들 1 을 해방시키기 위해 왔습니다. 라케다이몬의 최고 공직자들은 내가 동 맹으로 삼는 국가들이 자치권을 지닌 동맹국이 될 것이라고 엄숙히 맹 세했습니다. 우리는 무력이나 기만으로 여러분을 우리의 동맹으로 만 들려는 것이 아닙니다. 반대로 우리가 여러분의 동맹이 되어 아테나이 의 지배로부터 여러분을 해방시키고자 합니다. 나는 여러분에게 가장 2 강력한 보증을 제공합니다. 그러므로 우리를 의심하거나, 아테나이에 보복할 힘이 없는 존재로 여겨서는 안 됩니다. 오히려 확신을 가지고 우리 편에 서야 합니다.

혹시 여러분 중에 개인적인 이해관계 때문에 내가 이 도시를 특정 3 정파에 넘겨줄까 우려하는 분이 있다면, 나를 전적으로 신뢰해도 좋습 니다. 나는 정쟁이나 내분을 일으키려는 것이 아닙니다. 조상들이 물려 4 준 정치체제를 무시한 채 다수를 소수에 예속시키거나 소수를 전체에 예속시키는 것이 진정한 자유를 구현하는 방식이라 생각하지 않습니 다. 그러한 억압은 외세의 지배보다 더 고통스러운 것입니다. 만약 그 5 런 길을 간다면, 우리 라케다이몬인은 감사와 명예와 명성을 얻기는커 녕 비난을 받게 될 것입니다. 우리는 아테나이인의 그런 악행을 비판하 며, 그것을 이유로 전쟁을 벌이고 있습니다. 그런데 우리가 그들과 같 은 행동을 한다면, 한 번도 미덕을 보인 적 없는 아테나이인보다 더 큰

6 비난을 받게 될 것입니다. 명망 있는 사람에게는 공공연한 무력보다 위선적인 기만으로 취한 이득이 더 수치스럽습니다. 전자는 운명이 부여한 정당한 힘에 기반하지만, 후자는 부당한 음모에서 비롯되기 때문입니다.

1 **87** 이처럼 우리는 중요한 이해관계가 달려 있는 이 문제에 세심한 주의를 기울이고 있습니다. 우리의 맹세뿐만 아니라 말과 행동을 모두 살펴봐주십시오. 나의 제안이 결국 여러분에게 가장 이롭다는 사실을 확신하게 될 것입니다.

2 물론 여러분은 나의 제안을 받아들이지 않으면서도 우리에게 우호적이니, 내가 여러분에게 해를 끼쳐서는 안 된다고 주장할 수 있습니다. 또한 내가 제안하는 자유가 위험하니, 그것을 받아들이려는 자들에게만 실행하고 원치 않는 이들에게 강요하는 것은 옳지 않다고 말할 수도 있습니다. 그렇다면 나는 신들과 이 땅의 영웅들을 증인으로 삼아 선언하겠습니다. 나는 여러분의 이익을 위해 이곳에 왔으나 설득에 실패했으므로 이 땅을 초토화해서라도 여러분을 해방시킬 것입니다.

3 그렇게 되더라도 나는 나의 행동이 잘못되었다고 여기지 않습니다. 두 가지 정당한 이유가 있기 때문입니다. 첫째, 여러분이 우리의 동맹국이 되기를 거부한다면 아무리 우리에게 우호적이라 할지라도 아테나이에 공물을 바침으로써 라케다이몬에 끼치는 피해를 방지해야 하기 때문입니다. 둘째, 여러분의 방해로 헬렌인들이 해방되지 못하는 사

4 태를 막아야 하기 때문입니다. 우리는 정당한 명분 없이 이러한 행동을 하려는 것이 아닙니다. 헬라스 전체의 이익이 아니라면, 우리 라케다이몬인이 원치 않는 자들을 해방시킬 이유도 없습니다.

5 우리는 제국주의적 패권을 추구하는 것이 아닙니다. 오히려 아테나이의 제국주의적 지배를 끝내기 위해 서두르고 있습니다. 우리가 모두에게 독립을 가져다주겠다고 공언해놓고선 정작 그것을 방해하는 이

6 들을 내버려둔다면, 그것이야말로 불의입니다. 이 모든 점을 숙고하고

헬라스 해방의 출발점이 되어 영원한 명성을 얻으십시오. 동시에 여러 분의 이익을 지키면서도, 아칸토스에 가장 아름다운 이름을 안겨주시 기를 바랍니다."

88 브라시다스는 그렇게 말했다. 아칸토스인은 양측 정파의 많은 ₁ 의견을 듣고 비밀투표를 실시했다. 결국 브라시다스의 설득력 있는 연 설과 성 밖에 있는 곡식에 대한 염려로, 다수가 아테나이에 반기를 들 기로 결정했다. 그들은 라케다이몬의 최고 공직자들이 브라시다스를 파견하면서, 그가 동맹으로 삼는 나라의 독립을 보장하겠다고 엄숙히 맹세했다는 그의 말을 신뢰했다. 이에 따라 브라시다스를 받아들이고, 그의 군대를 성 안으로 들였다. 그로부터 얼마 지나지 않아, 안드로스 ₂ 인의 식민시 스타기로스[48]도 아테나이에 반기를 들었다. 이것이 그해 여름에 일어난 일들이다.

89 그해 겨울이 막 시작될 무렵, 아테나이 장군 히포크라테스와 데 ₁ 모스테네스는 보이오티아 지방에서 군사 작전을 수행할 예정이었다. 계획에 따라 데모스테네스는 함대를 이끌고 시파이로 향하고, 히포크 라테스는 델리온으로 진군하기로 했다.[49] 그러나 일정에 차질이 생겼 다. 데모스테네스가 시파이로 항해하여 아카르나니아군과 여러 동맹군 을 함선에 태우고 있을 때, 파노테우스 출신의 포키스인 니코마코스가 이 작전 계획을 알게 된 것이다. 그는 이 정보를 라케다이몬인에게 알 렸고, 라케다이몬인은 다시 보이오티아인에게 이를 전달했다. 이로 인 ₂ 해 히포크라테스가 보이오티아를 침공하기도 전에 모든 보이오티아인 이 시파이와 카이로네이아로 집결하여 이 지역을 먼저 확보했다. 한편, 도시 내부에서 아테나이군과 협력하기로 했던 이들은 작전이 실패했

---

48 "스타기로스"는 기원전 655년경 안드로스인이 건설한 식민시로, 칼키디케반도 동쪽 해안에 위치했다. 아칸토스에서 해안선을 따라 북동쪽으로 약 30킬로미터 떨어져 있 었으며, 이는 고대인에게 비교적 짧은 거리로 여겨졌다.
49 델리온은 시파이에서 북동쪽으로 약 70킬로미터 떨어진 곳에 있었다.

음을 깨닫고 아무런 움직임도 보이지 않았다.

1   **90** 히포크라테스는 아테나이 시민, 거류민, 그리고 현지 체류 외국인들까지 총동원해 출병했다. 그는 보이오티아인이 이미 시파이에 집결했다가 철수한 후에야 델리온에 도착했다. 그리고 그곳에 군대를 주둔시키고 요새화 작업을 시작했다.

2   그들은 우선 성역과 신전 주위에 해자를 파고, 파낸 흙으로 방벽을 쌓아올린 다음 그 주위에 말뚝을 박았다. 성역 주변의 포도나무와 가옥들을 허물어 가져온 돌과 벽돌로 요새를 보강하는 등 모든 방법을 동원해 방벽을 높이 쌓았다. 또한 성역 안에서 예전에 주랑이 있었으나 무너져 건물이 남아 있지 않은 구간 등 방어에 꼭 필요한 곳마다 목탑을 세웠다.

3   아테나이군은 아테나이에서 출발한 지 3일째 되는 날 작업을 시작했다. 그들은 그날과 4일째 되는 날, 그리고 5일째 되는 날 아침 식사

4   전까지 작업을 계속했다. 대부분의 작업이 완료되자 아테나이군은 델리온에서 본국 방향으로 약 10스타디온 정도 물러났다. 이때 경무장보병은 대부분 즉시 철수했지만, 중무장보병은 무구를 내려놓고 휴식을 취했다. 히포크라테스는 요새 수비대를 배치하고, 남은 작업을 마무리하기 위해 델리온에 남았다.

1   **91** 이 기간 동안 보이오티아인은 타나그라[50]에 집결하고 있었다. 모든 도시에서 군대가 완전히 모인 후, 보이오티아인은 아테나이군이 본국으로 철수하고 있음을 알게 되었다. 그러자 보이오티아 연맹 11명의 지도자 중 10명은, 아테나이군이 이미 보이오티아의 영토를 떠났으므로 전투를 벌이지 말자고 주장했다(그들이 무구를 내려놓았을 때, 대부분

---

50 "타나그라"에서 아소포스강을 건너 북동쪽으로 약 25킬로미터 떨어진 곳에 항구 도시 델리온이 있었으며, 두 도시 사이에는 아소포스강 계곡과 낮은 구릉 지대가 펼쳐져 있었다.

의 아테나이군은 이미 오로포스 접경 지역까지 이동한 상태였다). 그러나 테바이 출신의 두 장군 중 한 명이자 수석 지도자인 아이올라다스의 아들 파곤다스(다른 한 명은 리시마키다스의 아들 아리안티다스였다)는 전투를 주장했다. 그는 위험을 감수하고 싸우는 것이 더 나은 선택이라고 판단했다. 그는 군사들이 한꺼번에 군영을 비우지 않도록 부대별로 불러내어, 보이오티아 군사들에게 아테나이군을 향해 진격하여 싸우자고 설득했다.

92 "보이오티아인들이여, 우리의 지도자들이 보이오티아인의 영토 1
내에서 아테나이군을 붙잡을 수 없는데 그들과 싸우는 것은 부적절하다는 생각을 갖고 있다면, 이는 잘못된 판단입니다. 아테나이군은 보이오티아를 유린하기 위해 이웃 나라에서 건너와 우리 땅에 요새를 쌓았습니다. 그들이 어디서 잡히든, 어디서 와서 우리에게 적대 행위를 하려 했든, 우리의 적이라는 사실은 분명합니다. 지금 여러분 중 그들과 2
전투를 벌이지 않는 것이 더 안전하다고 생각하는 사람이 있다면, 그 생각을 바꿔야 합니다. 적의 공격을 받고 방어에 나선 자와 자기 나라가 안전한 상태에서 이익을 탐해 남의 나라를 침공하는 자는, 영토와 관련한 입장이 다르고 신중함도 다를 수밖에 없습니다. 우리의 조상들 3
은 외국의 군대가 공격해오면, 그들이 우리 영토에 있든 그들의 영토에 있든 맞서 싸워 몰아냈습니다. 특히 이웃 나라인 아테나이에 대해서는 반드시 그렇게 해야 합니다.

모든 나라는 이웃 나라와 대등한 관계를 맺고 자유를 지키고자 합니 4
다. 그런데 이웃 나라뿐 아니라 멀리 떨어진 나라들까지 노예로 삼으려는 아테나이인과 어떻게 끝까지 싸우지 않을 수 있겠습니까? 그들의 본성은 해협 너머 에우보이아와 헬라스의 대다수 국가와 맺어온 관계를 보면 알 수 있습니다. 다른 나라들은 국경 문제로 이웃 나라와 다투지만, 우리는 이 싸움에서 지면 그런 문제 자체가 사라질 것입니다. 아테나이가 무력으로 우리의 영토를 차지할 테니 말입니다.

5   우리는 다른 나라들보다 훨씬 위험한 이웃을 두고 있습니다. 현재의 아테나이인처럼 자신의 힘에 자신감을 갖고 있는 자들은, 조용히 자국의 영토 내에서만 방어하는 자들에게는 거리낌 없이 공격을 가합니다. 반면, 국경을 넘나들며 맞서 싸우거나 선제공격을 하는 자들에게는 함
6   부로 덤비지 못합니다. 우리는 아테나이군을 상대로 그러한 경험을 한 적이 있습니다. 과거 그들이 우리의 내분을 틈타 우리 땅을 점령했을 때, 우리는 코로네이아에서 그들을 격퇴함으로써 지금까지 보이오티아의 안전을 확실히 지킬 수 있었습니다.[51]

7   이러한 사실을 기억하며, 연장자들은 지난날 코로네이아에서 보여준 업적에 걸맞은 책임을 다하고, 젊은이들은 용감했던 아버지들의 아들로서 물려받은 덕목을 욕되게 하지 않도록 노력해야 합니다. 지금 아테나이군은 성역을 불법적으로 요새화하여 점령하고 있습니다. 우리는 이 전투에서 신께서 우리 편이 되어주실 것이라 믿습니다. 우리가 바친 제물도 길조를 보여주고 있습니다. 그러니 지금 나아갑시다. 그들이 스스로를 방어하지 않는 자들을 공격하여 원하는 것을 얻는 데 능할지라도, 우리는 언제나 적과 맞서 싸워 우리의 땅과 자유를 지키고, 남을 부당하게 노예로 삼지 않는 고귀한 정신을 지닌 사람들임을 보여줍시다. 그리고 누구든 우리를 공격하면, 우리와 싸우지 않고는 돌아가지 못한다는 것을 보여줍시다."

1   **93** 파곤다스는 이렇게 보이오티아군을 격려하며 아테나이군을 향해 진군하도록 설득한 후, 군대를 이끌고 신속히 출정했다. 아테나이군에 가까이 이르렀을 때, 이미 날은 저물고 있었다. 그는 언덕을 사이에 두고 서로를 볼 수 없는 지점에서 군대를 멈춰 세운 후 전열을 갖추며

---

51 기원전 457년 아테나이는 보이오티아 지방을 정복했으나, 기원전 447년 보이오티아인이 반발하며 여러 도시를 점령했다. 아테나이는 톨미데스 장군을 보내 진압을 시도했지만, 코로네이아 전투에서 패배하며 보이오티아에 대한 통제권을 잃었다.

전투를 준비했다. 델리온에 남아 있던 히포크라테스는 보이오티아군이 ₂
접근하고 있다는 보고를 받고, 자신의 군대에 전령을 보내 전투 대형을
갖추도록 명령했다. 그는 적군이 델리온으로도 공격해올 것을 대비하고
기습 기회를 노리기 위해 기병 300여 명을 남겨두고, 얼마 후 직접 현
장에 도착했다.

　언덕을 사이에 두고 아테나이군에 맞서 진을 치고 있던 보이오티아 ₃
군은 계획대로 각 부대를 배치한 후, 전투 준비가 완료되자 언덕 위로
모습을 드러냈다. 그들의 병력은 중무장보병 약 7,000명, 경무장보병
1만 명 이상, 기병 1,000명, 경방패병 500명이었다. 테바이군과 동맹군 ₄
은 우익을 담당하고, 할리아르토스군과 코로네이아군과 코파이군과 코
파이스 호수 주변 지역에서 온 군사들은 중앙을 맡았다. 테스피아이군
과 타나그라군과 오르코메노스군이 좌익을 담당했다.[52] 기병대와 경무
장보병은 좌익과 우익에 배치되었다. 테바이군은 25열로 대오를 갖추
었고, 다른 부대들의 대오는 각기 달랐다. 이상이 보이오티아군의 병력 ₅
규모와 배치 상황이었다.

94 아테나이군의 중무장보병은 전선 전체에 걸쳐 8열로 배치되었 ₁
으며, 그 수는 보이오티아군의 중무장보병과 대등했다. 기병대는 좌익
과 우익에 배치되었다. 제대로 된 경무장보병은 이번에도 없었는데, 아
테나이군에는 그런 부대가 아예 존재하지 않았기 때문이다. 보이오티
아 침공에 참여한 아테나이군의 병력은 적군보다 훨씬 더 많았지만, 대
부분이 비무장 상태로 동행했다. 아테나이에 있던 외국인, 거류민, 시

---

52 보이오티아 지방에는 중심부에 "코파이스 호수"가 있고, 주요 수계로는 서쪽에서 동
　쪽으로 흐르는 아소포스강, 북쪽에서 남쪽으로 흘러 코파이스 호수로 유입되는 케
　피소스강이 있다. 남서부에는 헬리콘산, 남동부에는 아티케 지방과의 경계를 이루
　는 키타이론산, 서쪽 접경지대에는 파르나소스산이 있다. 코파이스 호수를 기준으로
　"할리아르토스"는 남쪽에, "코로네이아"는 호수 남서쪽에 위치한 헬리콘산 기슭에,
　"코파이"는 북쪽에, "테스피아이"는 헬리콘산 동쪽 기슭에 있었다. "타나그라"는 보이
　오티아 동부에, "오르코메노스"는 코파이스 호수 북서쪽에 자리했다.

민에게 총동원령이 내려져 갑작스럽게 징집되었기 때문이다. 게다가 이들은 가장 먼저 본국으로 출발했기에 현장에는 소수만이 남아 있었

2 다. 전투 대형이 갖춰지고 전투가 임박하자, 히포크라테스 장군은 아테나이군의 대열을 따라 걸으며 다음과 같이 군사들을 격려했다.

1 **95** "아테나이 군사 여러분, 용맹한 사람에게는 짧은 말도 긴 연설과 동일한 힘을 지니기에, 나는 간략하게 여러분을 격려하고자 합니다. 또

2 한 지시를 내리는 것이 아니라, 단지 사실을 상기시키려 합니다. 여러분 중에 우리가 다른 나라의 영토에서 이런 위험을 감수하는 것은 부적절하다고 생각하는 사람이 있어서는 안 됩니다. 이 싸움은 바로 우리의 영토를 위한 전투가 될 것입니다. 우리가 승리하면 펠로폰네소스인은 보이오티아 기병대의 지원을 받지 못해 다시는 우리 땅을 침략하지 못할 것입니다. 단 한 번의 전투로 우리는 이 나라를 얻고, 우리의 조국

3 을 더욱 자유롭게 만들 수 있습니다. 그러므로 헬라스 제일의 도시라고 자부하는 도시의 시민답게, 그리고 예전에 오이노피타에서 미로니데스 장군[53]의 지휘 아래 보이오티아인을 격파하고 그 땅을 차지했던 아버지들의 아들답게 적을 향해 진격합시다!"

1 **96** 히포크라테스는 이런 말로 군사들을 격려하면서 대열 중앙까지는 갔지만, 끝까지는 미처 가지 못했다. 파곤다스의 신속한 공격 명령에 따라 보이오티아군이 파이안을 부르며 언덕에서 내려와 아테나이군에게 돌진했기 때문이다. 이에 맞서 아테나이군도 대열을 정비하고

2 돌격해 접전을 시작했다. 양군의 가장자리에서는 계곡의 급류가 그들을 가로막아 근접전을 벌이지 못했지만, 다른 곳에서는 서로를 방패로

---

53 "오이노피타"는 보이오티아 지방의 타나그라 인근에 있던 마을이다. 기원전 457년, "미로니데스 장군"이 지휘하는 아테나이 연합군이 아소포스강 유역에서 테바이 중심의 보이오티아 연맹군과 전투를 벌여 승리한 장소다. 이후 약 10년간 아테나이는 보이오티아를 지배했으나, 기원전 447년 코로네이아 전투에서 패배하며 지배권을 잃었다.

밀치며 치열한 접전을 벌였다.

보이오티아군의 좌익부터 중앙까지는 아테나이군에게 패했다. 아테 3
나이군은 이 지점을 중심으로 적진을 강하게 밀어붙였으며, 특히 테스
피아이군을 집중 공격했다. 테스피아이군은 좌우에 있던 아군이 뒤로
물러나자 좁은 공간에 고립되어 근접전을 벌이며 대항하다 도륙되었
다. 아테나이군 일부는 테스피아이군을 포위하는 과정에서 전열이 흐
트러져 아군과 적군이 식별되지 않는 상황에서 아군끼리 서로를 죽이
기도 했다.

좌익과 중앙에 배치된 보이오티아군 병력은 패한 뒤, 아직 접전 중 4
인 다른 곳으로 도망쳤다. 반면 테바이군이 배치된 우익은 아테나이군
보다 우세하여, 처음에는 조금씩 밀어붙이다 나중에는 도망치는 아테
나이군을 추격했다. 이때 파곤다스는 좌익이 고전하는 것을 보고, 2개 5
의 기병 부대로 하여금 몰래 언덕을 돌아 좌익으로 가게 했다. 보이오
티아군의 기병 부대가 언덕 위에 갑자기 나타나자, 그때까지 우세했던
아테나이군의 우익은 적의 또 다른 증원군이 와서 공격하는 줄 알고
공포에 휩싸였다.

좌익에서 펼쳐진 파곤다스의 전략적 움직임과 우익에서 몰아친 테 6
바이군의 추격과 돌파가 결합되면서, 아테나이군의 좌익과 우익이 모
두 무너졌다. 전열이 무너진 아테나이군은 전체가 도망치기 시작했다.
아테나이군 일부는 델리온과 해안 쪽으로, 일부는 오로포스 쪽으로, 7
일부는 파르네스산 쪽으로, 나머지는 각자 안전하다고 생각되는 쪽으
로 도망쳤다. 보이오티아군, 특히 그들의 기병대와 아테나이군의 패주 8
가 시작될 때쯤 지원하러 온 로크리스군의 기병대가 아테나이군을 추
격하여 도륙했다. 그러나 밤이 되자 전장이 어두워졌고, 많은 아테나이
군사들이 좀 더 쉽게 탈출할 수 있었다. 다음날, 오로포스와 델리온에 9
남아 있던 아테나이군은 여전히 점령하고 있는 델리온에 수비대를 남
겨두고 바닷길을 통해 본국으로 돌아갔다.

1   **97** 보이오티아군은 승전비를 세운 후, 아군의 시신을 수습하고 적군의 무구를 벗긴 다음, 수비대를 남겨두고 타나그라로 철수하여 델리
2   온을 공격할 계획을 세우기 시작했다. 아테나이군의 전령이 전사자의 시신을 돌려받기 위해 보이오티아군을 향해 가던 중, 보이오티아군의 전령을 만났다. 그는 자신이 아테나이에 가서 임무를 완수하고 돌아올 때까지는 아무것도 이루지 못할 것이라며 아테나이군의 전령을 돌려보냈다. 아테나이에 도착한 보이오티아군의 전령은 아테나이인 앞에서 보이오티아인의 말을 전했다. 전언의 요지는 아테나이인이 헬렌인들의 관습을 어기고 부당한 행동을 했다는 것이었다.

3   즉 헬렌인들은 설사 서로의 영토를 침범하더라도 신전과 성역은 침범하지 않는 것이 관행인데, 아테나이군은 델리온에 요새를 쌓고 그곳에 거주하면서 세속적인 행동을 일삼았고, 보이오티아인이 신성한 용
4   도로만 사용하는 물까지 끌어다 쓰고 있다는 것이었다. 이에 보이오티아인은 신들과 자신들을 위해, 아폴론 신을 비롯한 성역의 수호신들을 증인으로 부르며, 아테나이군이 성역에서 철수해야 전사자의 시신을 돌려받을 수 있을 것이라고 통보했다.

1   **98** 이에 아테나이인도 전령을 보내 다음과 같이 응답했다. 자신들은 성역에서 불경한 짓을 한 적이 없고, 앞으로도 고의로 그런 행위를 할 생각이 없다는 것이었다. 애초에 성역에 들어간 것은 신전을 모독하거나 훼손하려는 의도가 아니라 자위적 방어를 위한 불가피한 조치였
2   다고 밝혔다. 헬렌인의 관습에 따르면 크든 작든 어떤 땅을 점령하면 그곳의 신전과 성역도 함께 점유하게 되며, 이를 이전과 다름없이 보호
3   하고 관리해야 한다고도 했다. 실제로 보이오티아인과 다른 여러 부족들도 본래 다른 부족이 소유했던 신전과 성역을 지금은 자신들의 것으
4   로 삼아 돌보고 있지 않느냐는 반박도 했다. 마찬가지로 아테나이인도 보이오티아인의 영토를 더 많이 점유할 수 있었다면 당연히 그렇게 했을 것이며, 따라서 현재 점유한 지역은 자신들의 정당한 영토이기에 결

코 자발적으로 떠날 수 없다고 주장했다.

신성한 물을 끌어다 쓴 것 또한 오만한 마음으로 불경하게 행동하 5
려 했던 것이 아니라, 자신들의 땅에 침입한 보이오티아인을 막기 위한
절박한 조치였을 뿐이라고 했다. 게다가 사람들이 전쟁이나 위급한 상 6
황에서 어쩔 수 없이 취한 행동은 신들조차 용서해줄 것이라고 주장했
다. 신들의 제단은 본의 아니게 죄를 지은 자들에게 피난처가 되어주
며, 범법자란 불가피한 상황이 아닌데도 악행을 저지른 자를 뜻하지 불
운 때문에 어쩔 수 없이 그런 행동을 한 사람에게는 적용될 수 없다는
논리를 폈다.

그리고 전사자의 시신 반환을 성역에서의 철수와 맞바꾸려는 보이 7
오티아인의 태도야말로 부당하며, 신성한 전사자의 시신 반환을 거부
하는 것이 오히려 더 큰 불경이라고 지적했다. 마지막으로, 아테나이인 8
은 현재 보이오티아 영토에 머물고 있는 것이 아니라 전투를 통해 정
당하게 획득한 땅을 점유하고 있으므로, 보이오티아인은 아테나이군의
철수를 조건으로 삼지 말고, 조상들의 관습에 따라 휴전조약을 맺고 전
사자의 시신을 돌려주어야 한다고 강하게 요구했다.

99 그러자 보이오티아인은 다음과 같이 응수했다. 만약 아테나이군 1
이 보이오티아 영토에 있다면 전사자의 시신을 돌려받기 위해서는 그
땅에서 떠나는 것이 마땅하고, 반대로 전사자의 시신이 아테나이 영토
에 있다면 그것을 어떻게 할지는 아테나이인 스스로 결정하라는 것이
었다. 보이오티아인이 이러한 입장을 밝힌 것은 전투가 국경 지대에서
벌어졌기 때문이다. 실제로 전사자의 시신이 놓여 있는 오로포스 지역
은 명목상 아테나이의 영토였지만, 보이오티아인은 아테나이군이 무력
을 동원하지 않는 한 시신을 회수할 방법이 없을 것임을 암시하고 있
었다. 또한 아테나이 영토인 만큼, 그곳에 누워 있는 아테나이군 전사
자의 시신과 관련해 굳이 휴전조약을 맺을 이유가 없다고 보았다. 그
래서 그들은 "보이오티아 영토에 있는 아테나이군이 이 땅을 떠나면서

전사자의 시신도 가져가라"고 요구하는 것이 가장 적절한 대응이라 여겼다. 이러한 답변을 들은 아테나이 전령은 아무런 성과 없이 돌아갈 수밖에 없었다.

1   **100** 보이오티아군은 즉시 멜리스만에 주둔하고 있던 투창병과 투석병을 불러들였다. 여기에 전투가 끝난 후 합류한 코린토스군 중무장 보병 2,000명, 니사이아항에서 도착한 펠로폰네소스군 수비대, 그리고 메가라군의 지원을 받아 델리온으로 진격하여 요새를 공격했다. 그들은 다양한 방법으로 공략을 시도하다가, 결국 기계장치를 동원하여 요새를 함락시키는 데 성공했다. 그 방법은 다음과 같았다.

2   보이오티아군은 먼저 대들보를 가져와 톱으로 두 토막을 낸 뒤, 양쪽 모두 속을 완전히 파내고 다시 정교하게 이어 붙여 마치 피리처럼 속이 빈 형태로 만들었다. 그런 다음 한쪽 끝에는 쇠사슬로 가마솥을 매달고, 내부에는 무쇠관을 삽입하여 가마솥과 연결했다. 표면의 대부

3   분은 철판으로 감쌌다. 그들은 이 기계장치를 사륜마차에 실어 상당한 거리에서 가져와, 아테나이군이 포도나무와 목재로 구축한 방벽 앞에 배치했다. 그런 다음 대들보 안쪽 끝에 대형 풀무를 장착하고 강한 바

4   람을 불어넣었다. 풀무에서 나온 바람은 대들보 내부의 무쇠관을 따라 흐르며 불타는 숯과 유황과 역청으로 가득 찬 가마솥으로 빽빽이 들어갔다. 이로 인해 거대한 불길이 치솟으며 방벽에 옮겨 붙었다. 불길이 번지자 아테나이군 수비대는 더 이상 방벽 위에 머물지 못하고 모두

5   도망쳤고, 결국 요새는 함락되었다. 아테나이군 수비대 중 일부는 전사했고, 200명은 포로로 잡혔다. 나머지 대부분은 정박해 있던 함선으로 도망쳐 본국으로 돌아갔다.

1   **101** 델리온은 전투가 시작된 지 17일째 되는 날에 함락되었다. 얼마 후 아테나이 전령이 그동안 벌어진 상황을 전혀 알지 못한 채 다시 찾아와 전사자의 시신 반환을 요구했다. 이번에는 보이오티아인이 이

2   전과 달리 순순히 시신을 내주었다. 이 전투에서 보이오티아군의 전사

자는 500명이 조금 못 미쳤던 반면, 아테나이군은 거의 1,000명에 달하는 전사자가 발생했다. 아테나이 장군 히포크라테스 역시 전사했으며, 경무장보병과 짐꾼도 다수가 목숨을 잃었다.

이 전투가 끝나고 얼마 지나지 않아, 데모스테네스는 다시 군사 작 3 전을 시도했다. 그는 이전에 시파이인을 선동하려다 실패한 바 있었다. 이번에는 아카르나니아군, 아그라이오이군, 아테나이군 중무장보병 400명과 함께 함선을 타고 시키온 땅에 상륙을 시도했다. 그러나 모 4 든 병력이 해안에 상륙하기도 전에, 시키온인이 급습하여 이미 상륙한 군사들을 격퇴하고, 함선 쪽으로 도망치는 군사들을 추격하여 일부는 죽이고 일부는 포로로 잡았다. 승리를 거둔 시키온인은 승전비를 세운 후, 휴전조약을 맺고 전사자의 시신을 돌려주었다.

델리온 전투와 거의 같은 시기에, 오드리사이인의 왕 시탈케스는 트 5 리발로이인[54]을 공격하는 원정 중 전투에서 패배하여 전사했다. 그의 뒤를 이어, 조카이자 로스파라도코스의 아들인 세우테스가 오드리사이와 시탈케스가 다스렸던 나머지 트라케 지역의 왕으로 즉위했다.

102 그해 겨울, 브라시다스는 트라케 지방의 동맹군을 이끌고 스트 1 리몬 강변에 위치한 아테나이인의 식민시 암피폴리스를 향해 진격했다. 이 도시가 자리한 지역은 과거에 밀레토스 출신의 아리스타고라스 2 가 다레이오스왕[55]을 피해 도피하던 중 식민시를 건설해 정착하려다 에도노이인에게 쫓겨난 곳이었다. 그로부터 32년 후, 아테나이인은 시민들과 그 외 지원자들 총 1만 명을 이주시켜 정착을 시도했으나, 이들은 드라베스코스에서 트라케인에게 전멸당하고 말았다. 다시 29년이 3

---

54 "트리발로이인"의 영역은 마케도니아 북부에서 다뉴브강 중류까지 이어지는 산악과 계곡 지대였다.

55 "다레이오스왕"은 페르시아 제국 제3대 왕 다리우스 1세(재위 기원전 522-486년)를 일컫는 헬라스식 표기다. 그는 제1차 페르시아 전쟁을 시작하며 제국의 전성기를 이끌었다.

흐른 뒤, 아테나이인은 니키아스의 아들 하그논을 식민시 건설 책임자로 파견했다. 그는 에도노이인을 몰아내고, 과거 '아홉 개의 길'이라 불리던 이곳에 새로운 식민시를 세웠다. 당시 아테나이인은 현재의 도시에서 약 25스타디온 떨어진 강어귀에 위치한 무역 거점 에이온에서 출발했다. 하그논은 스트리몬강이 도시를 양쪽에서 감싸며 흐른다는 점에서 이 도시를 암피폴리스라 명명했다.[56] 그는 강 두 갈래 사이에 긴 성벽을 쌓아 도시를 요새화했으며, 이로써 암피폴리스는 바다와 내륙을 모두 관측할 수 있는 전략 요충지가 되었다.

1   **103** 브라시다스는 군대를 이끌고 칼키디케반도의 아르나이에서 출발하여 암피폴리스로 진격했다. 그는 아울론을 지나 저녁 무렵 볼베 호수 물이 바다로 흘러드는 지점인 보르미스코스에 도착했다. 그곳에서
2 저녁 식사를 마친 후에도 밤새 행군을 계속했다. 당시 계절은 겨울이었으며, 눈도 조금씩 내리고 있었다. 브라시다스는 이런 날씨를 이용하여 성 안의 협력자들 외에는 아무도 모르게 암피폴리스를 기습하고자 행
3 군을 서둘렀다. 암피폴리스 성 안에는 아르길로스인(안드로스섬의 식민시 주민)과 그 밖의 협력자들이 있었다.[57] 일부는 페르디카스의 추종자였고, 나머지는 칼키디케인의 지지자였다.

4   특히 암피폴리스 인근에 거주하며 항상 아테나이인의 의심을 받아온 아르길로스인은 암피폴리스를 공격할 기회를 노리고 있었다. 브라시다스가 암피폴리스를 공격하기로 결정하자, 그들은 때가 왔다고 판단했다. 이에 성 안에 거주하는 동족 아르길로스인과 오래전부터 모의

---

56 "암피폴리스"는 제1권 각주 128을 보라.
57 "아르나이"는 칼키디케반도 중앙에 위치한 도시로, 북동쪽으로 60킬로미터 떨어진 곳에 "아울론"이 있다. 아울론에서 남동쪽으로 40킬로미터 떨어진 지점에 볼베 호수의 물이 바다와 만나는 "보르미스코스"가 있으며, 보르미스코스에서 해안을 따라 북서쪽으로 20킬로미터 가면 "아르길로스", 거기서 다시 북동쪽 내륙으로 15킬로미터 들어가면 "암피폴리스"가 있다. 아르나이에서 암피폴리스까지는 약 135킬로미터 거리다.

해온 계획을 실행에 옮겼다. 그날 밤, 그들은 브라시다스를 아르길로스 성 안으로 받아들이며 아테나이인에게 반기를 들었다. 그리고 날이 밝기 전, 브라시다스의 군대를 강 위의 다리로 안내했다. 암피폴리스는 이 강 건너편에서 상당히 떨어진 곳에 위치해 있었다. 당시 암피폴리스의 성벽은 현재와 달리 강을 건너는 지점까지 연결되어 있지 않았으며, 다리에는 소수의 수비대만 배치되어 있었다. 브라시다스와 그의 군대는 이 수비대를 쉽게 제압했다. 수비대 내부에도 내응자들이 있었고, 그들은 궂은 겨울 날씨에 기습을 당하리라고 예상치 못해 제대로 대응하지 못했다. 그리하여 브라시다스는 다리를 건너 암피폴리스인이 거주하는 성 외곽 지역 전체를 즉시 장악했다.

104 브라시다스가 다리를 건넜다는 소식이 갑작스럽게 성 안의 암피폴리스인에게 전해지자 혼란이 일어났다. 성 밖에 있던 많은 주민들이 포로로 붙잡혔지만, 일부는 성 안으로 도망쳤다. 이로 인해 암피폴리스인은 서로를 의심하게 되었고 더 큰 혼란에 빠져들었다. 이러한 상황에서 만약 브라시다스가 자신의 군사들이 성 밖에서 약탈하도록 내버려두지 않고 즉시 성 안으로 진격했다면, 도시를 함락할 수도 있었다. 그러나 그는 성 밖에 군대를 주둔시키고 외곽 지역을 약탈하는 데 그쳤다. 예상과 달리 성 안에서 협력하기로 했던 자들이 아무런 움직임도 보이지 않자, 그는 도시를 공격하지 않고 상황을 지켜보기로 했다.

실제로 아테나이인에게 반기를 드는 데 반대하는 세력이 수적으로 훨씬 우세했기 때문에, 브라시다스와 내통한 이들은 성문을 열 엄두를 내지 못했다. 이에 암피폴리스인은 아테나이에서 파견된 수비대장 에우클레스 장군과 협력하여, 트라케 지방에 주둔 중이던 또 다른 장군이자 이 책의 저자인 올로로스의 아들 투키디데스에게 전령을 보내 지원을 요청했다. 투키디데스는 당시 암피폴리스에서 바닷길로 반나절 거리에 있는 파로스섬의 식민시 타소스[58]에 있었다. 투키디데스는 전령으로부터 이 소식을 듣자마자 그곳에 정박 중이던 함선 7척을 이끌고 서둘러 출항했다. 그는 무엇보다 암피폴리스가 항복하기 전에 그곳에 도착하기를 바랐고, 그것이 안 되면 최소한 에이온이라도 미리 확보하고자 했다.

105 이러한 상황에서 브라시다스는 타소스에 주둔한 아테나이 함대가 지원군으로 도착할 가능성을 우려했다. 또한 그는 투키디데스가 트라케 지역에서 금광을 소유한 영향력 있는 인물임을 알고 있기에 서둘러 도시를 점령하고자 했다. 투키디데스의 원군이 도착하면, 암피폴리스인이 타소스에서 온 아테나이군과 트라케 지방에서 모집한 군대의 지원에 희망을 갖게 되어, 더 이상 자신에게 협력하지 않을 것이라 예상했기 때문이다. 그래서 브라시다스는 온건한 항복 조건을 명시한 포고령을 발표했다. 포고에 따르면, 암피폴리스인이든 아테나이인이든 성 안에 있는 자들은 원한다면 현재처럼 자신의 재산을 그대로 소유하고 모든 권리를 보장받으며 성 안에 계속 거주할 수 있고, 반대로 성 안에 남기를 원치 않는 자들은 자신의 재산을 소지한 채 5일 이내에 성을 떠나도 되었다.

106 이러한 포고령이 발표되자, 대다수의 암피폴리스인은 태도가 바뀌었다. 무엇보다 시민권을 가진 아테나이인은 소수에 불과했고, 대다수는 각지에서 모여든 사람들이었다. 또한 성 밖에서 포로로 잡힌 이들 중 상당수가 성 안에 친족을 두고 있었기에, 암피폴리스인은 처음에 우려했던 상황과 비교해 이 포고령을 공정한 제안으로 받아들였다. 아테나이인들은 자신들이 가장 큰 위험에 처해 있다고 느꼈고, 원군이 신속히 도착하지 못할 것이라 여기고 서둘러 도시를 떠나기를 원했다. 반면, 다른 주민들은 예상과 달리 생명의 위협에서 벗어나 기존의 권리를 유지한 채 도시에 계속 거주할 수 있게 된 것을 환영했다.

브라시다스에 협력하던 세력은 많은 시민들이 태도가 바뀌어 더 이

---

58 "타소스"에서 암피폴리스까지의 직선거리는 약 60킬로미터다.

상 성 안에 주둔한 아테나이군 장군의 말에 귀 기울이지 않는 것을 확인하자, 이제는 공개적으로 브라시다스의 포고령을 옹호하고 나섰다. 결국 암피폴리스인은 브라시다스가 제시한 조건을 받아들였고, 이에 따라 합의가 이루어졌다. 이로써 암피폴리스는 브라시다스의 손에 넘 3 어갔으며, 투키디데스와 그의 함대는 그날 늦게야 에이온에 도착했다. 그날 낮에 암피폴리스를 점령한 브라시다스는 밤이 되자 에이온까지 4 장악하려 했다. 만약 투키디데스와 그의 함대가 신속히 도착하지 않았다면, 에이온 역시 다음날 새벽에는 함락되었을 것이다.

107 에이온에 도착한 투키디데스는 브라시다스의 공격에 대비하 1 고, 향후에도 에이온을 안전하게 지키기 위해 방어시설을 정비했다. 또한 평화조약에 따라 위쪽의 암피폴리스를 떠나 에이온으로 이주하려는 이들을 모두 받아들였다. 브라시다스는 여러 척의 함선을 이끌고 강 2 을 따라 에이온에 도착한 후, 항구 입구를 통제하기 위해 성벽에서 돌출된 곳을 점령하고자 강과 육지 양쪽에서 에이온 공격을 감행했다. 그러나 두 방향에서 모두 격퇴당하자 암피폴리스 주변 지역을 정비하는데 힘을 쏟았다.

에도노스인의 왕 피타코스가 고악시스의 아들들과 왕비 브라우로에 3 의해 살해되면서, 에도노스인의 도시 미르키노스도 브라시다스의 통제 하에 들어갔다. 얼마 지나지 않아 타소스섬의 식민시인 갈렙소스와 오이시메도 그의 영향 아래 편입되었다.[59] 암피폴리스 함락 직후 도착한 페르디카스는 브라시다스와 함께 이 지역들을 차례로 정비해나갔다.

108 암피폴리스가 점령되자 아테나이인은 경악했다. 특히 암피폴 1 리스는 조선용 목재 공급과 세수 측면에서 아테나이인에게 막대한 이익을 가져다주는 요충지였기 때문이다. 이전에 라케다이몬인은 테살리

---

59 "갈렙소스"와 "오이시메"는 스트리몬강 동쪽 약 30-40킬로미터 지점에, "미르키노스"는 이들보다 암피폴리스와 가까운 동쪽 내륙에 있었다.

아를 거쳐 스트리몬 강변의 아테나이 동맹국에 접근할 수 있었으나, 암피폴리스 위쪽 지역은 강이 거대한 호수를 이루고 있고, 에이온 방향으로는 아테나이군의 삼단노선이 감시하고 있어 다리를 점령하지 않는 한 진군이 불가능했다. 그런데 이제 그들은 암피폴리스 위쪽으로도 자유롭게 이동할 수 있게 되었다. 이에 아테나이인은 동맹국들마저 반기를 2 들게 될 것을 우려했다. 무엇보다 브라시다스가 온건하게 처신하며, 어디서 연설을 하든 자신이 헬라스를 해방하기 위해 파견되었음을 강조했기 때문이다.

3   실제로 아테나이에 예속된 도시들은 암피폴리스가 함락되었다는 소식과 브라시다스가 제시한 조건들, 그리고 그의 온건한 태도를 접하면서 반란의 욕구가 더욱 강해졌다. 그들은 브라시다스에게 은밀히 지원을 4 요청했으며, 서로 앞다투어 반기를 들고자 했다. 이들 도시는 자유가 눈앞에 있다고 여겼는데, 이는 나중에 명백히 드러난 아테나이의 힘을 과소평가한 결과였다. 그들은 명확한 근거를 바탕으로 신중하게 사고하고 안전하게 예측하지 않고 욕망에 따라 판단했다. 인간은 본래 원하는 것에 대해서는 지나치게 낙관적이고 무모한 희망을 품는 반면, 받아들이고 싶지 않은 현실은 독단적 논리로 거부하는 경향이 있기 때문 5 이다. 아울러 아테나이군이 보이오티아군과의 전투에서 패배한 직후인데다, 브라시다스가 자신이 니사이아항을 공격할 당시 아테나이군이 원군의 지원을 받지 못했던 자신의 군대와도 싸우기를 주저했다는 과장된 소문을 퍼뜨려 이 도시들은 자신감을 얻었으며, 아테나이인이 군대를 보내 자신들을 응징하지 못할 것이라 믿었다.

6   무엇보다도 이 도시들은 현재 상황에서 즉각적인 만족감과 희열을 느꼈으며, 처음으로 라케다이몬인이 분노하여 떨쳐 일어나 아테나이인을 제대로 공격할 것이라 예상했기에 모든 위험을 기꺼이 감수할 준비가 되어 있었다. 이러한 상황을 인지한 아테나이인은 겨울임에도 불구하고 서둘러 반란 가능성이 있는 도시들에 수비대를 파견했다. 한편,

브라시다스는 라케다이몬으로 전령을 보내 증원군을 요청하며, 스트리 7
몬 강변에서 삼단노선들을 건조할 준비를 했다. 그러나 라케다이몬인
은 그에게 증원군을 보내주지 않았다. 이는 라케다이몬 유력 인사들의
시기심 때문이기도 했지만, 특히 섬에서 포로로 잡힌 자국민[60]을 아테
나이로부터 되찾고 전쟁을 종결짓고 싶었기 때문이다.

109 그해 겨울, 메가라인은 아테나이군이 점령하고 있던 긴 성벽을 1
탈환하여 완전히 허물어버렸다. 브라시다스는 암피폴리스를 함락시킨
후 동맹군을 이끌고 악테라 불리는 반도로 진격했다. 이 반도는 페르시 2
스 왕이 파놓은 운하에서 바다 쪽으로 뻗어 있으며, 반도 끝에는 아이
가이온해와 마주한 아토스산[61]이 우뚝 솟아 있다. 이 반도에는 운하 바 3
로 옆에 에우보이아 쪽 바다를 향해 위치한 안드로스섬의 식민시 사네
가 있었고, 그 밖에도 티소스, 클레오나이, 아크로토오이, 올로픽소스,
디온[62]과 같은 여러 도시들이 자리하고 있었다.

이 도시들에는 헬렌인의 언어와 자신들의 고유 언어를 혼용하는 이 4
민족 부족들이 거주하고 있었다. 일부 칼키디케인도 있었으나, 주민들
대다수는 한때 렘노스와 아테나이에 거주했던 티르세노이인의 일파인

---

60 기원전 425년, 아테나이군은 필로스의 한 곳을 점령하고 요새를 구축했다. 라케다이
   몬군이 이를 탈환하려다 420여 명이 스팍테리아섬에 고립되었고, 이 중 120명은 라
   케다이몬 시민이었다. 아테나이는 72일간 포위 끝에 292명을 항복시켜 포로로 잡아
   아테나이로 압송했다. "포로로 잡힌 자국민"은 이들을 말한다.

61 "악테"는 칼키디케의 세 반도 중 가장 동쪽에 있으며, 기원전 480년경 페르시스의 크
   세르크세스 1세가 헬라스 원정을 위해 이 반도의 좁은 지협 부분에 운하를 건설했
   다. 이는 페르시스 함대가 위험한 아토스산 앞바다를 우회하지 않고 직접 싱기티코
   스만으로 진입시키기 위한 것이었다. "아토스산"은 악테반도 남단에 위치한 해발 약
   2,033미터의 고산이다.

62 "사네"는 악테반도의 서쪽 해안에 위치하며, 칼키디케 본토와 연결된 지점에 있었다.
   "티소스"는 사네에서 남쪽으로 약 15킬로미터, "클레오나이"는 티소스에서 다시 남쪽
   으로 약 10킬로미터 거리였다. 동해안에는 남동쪽 아토스산 인근의 "아크로토오이",
   그 북쪽 해안선을 따라 20킬로미터 지점의 "올로픽소스", 다시 북쪽으로 10-15킬로미
   터 거리에 "디온"이 있었다.

펠라스고이인, 비살티아인, 크레스토니아인, 에도노스인으로 구성되어
5 있었다.[63] 이들은 주로 소규모 도시에서 생활했다. 이 도시들 대부분이
브라시다스에게 항복했으나 사네와 디온은 저항했다. 브라시다스는 군
대를 주둔시키며 이 두 도시의 땅을 약탈했다.

1   **110** 사네와 디온이 끝내 항복하지 않자, 브라시다스는 즉시 아테나
이인이 점령하고 있던 칼키디케반도의 토로네[64]로 진격했다. 그 도시
에 사는 일부 주민들이 도시를 넘겨줄 준비를 하고 그를 불렀기 때문
이다. 그는 아직 밤이 깊을 무렵 도시에 도착하여, 약 3스타디온 떨어
진 디오스쿠로이 신전 근처에서 새벽까지 군대를 대기시켰다.

2   당시 토로네 주민 대부분과 아테나이 수비대는 그의 접근을 전혀 알
지 못했으나, 내부 협력자들은 그가 오고 있다는 사실을 알고 있었고,
일부는 몰래 성 밖으로 나가 망을 보았다. 브라시다스의 도착을 확인한
그들은 단검으로 무장한 7명의 경무장보병을 데리고 성 안으로 잠입했
다(원래 20명을 선발했으나, 이들 중 7명만이 성 안으로 잠입하는 것을 두려워
하지 않았다. 이들의 지휘관은 올린토스 출신 리시스트라토스였다). 그들은 바
다 쪽 성벽을 통해 잠입한 후, 언덕 꼭대기에 위치한 초소로 조심스럽
게 올라갔다(이 도시는 언덕 위에 세워져 있었다). 그들은 초병들을 제거한
다음, 카나스트라이온곶[65] 방향의 작은 성문을 열었다.

1   **111** 브라시다스는 나머지 군대를 도시 가까이 전진시킨 후 조용히

---

63 "펠라스고이인"은 헬렌인이 등장하기 이전, 약 기원전 3000-1100년에 헬라스 본토,
크레테, 아이가이온해의 섬들, 소아시아 서해안에 살던 민족이다. "티르세노이인"은
라틴어로 에트루리아인 또는 티레니아인을 뜻하며, 투키디데스는 펠라스고이인이
그들의 일부라 했지만, 현재는 티르세노이인이 펠라스고이인의 분파라는 설이 유력
하다. "비살티아인"은 스트리몬강 서쪽에, "크레스토니아인"은 마케도니아와 트라케
사이 지역에 거주했으며 "에도노스인"은 본래 믹도니아에 살다가 마케도니아인에게
쫓겨나 스트리몬강 하류 서쪽으로 옮겨간 트라케 부족이다.
64 "토로네"는 칼키디케의 세 반도 중 가운데인 시토니아반도 서쪽 해안, 토로네만에 있
던 도시로, 기원전 8세기경 에우보이아섬 칼키스인이 건설한 식민시였다.
65 "카나스트라이온곶"은 팔레네반도 남단에 위치했다.

대기하도록 했다. 동시에 경방패병 100명을 전방으로 보내, 성문이 열리고 약속된 신호가 오면 가장 먼저 성 안으로 돌진하라고 지시했다. 그 2 러나 시간이 지나도록 아무런 신호가 없자, 브라시다스는 계획이 지체되는 것을 의아해하며 군대를 이끌고 서서히 도시로 접근했다. 한편 토로네성 안에서 브라시다스에게 협력하기로 한 자들은 이미 잠입한 동료들과 함께 후문의 빗장을 부수고 문을 열었다. 그리고 후문을 통해 경방패병 일부를 비밀리에 성 안으로 들였다. 이후 시장 쪽 성문도 열고, 약속대로 불빛으로 신호를 보내 대기 중이던 나머지 경방패병도 성 안으로 진입하도록 했다. 이는 성 안의 토로네인이 후방과 측면에서 갑자기 나타난 적군을 보고 공포에 휩싸이도록 하기 위해서였다.

112 신호를 본 브라시다스는 즉시 공격 명령을 내리며 앞으로 나갔 1 고, 그의 군대도 일제히 큰 함성을 지르며 그를 따라 돌격했다. 갑작스러운 공격에 토로네인은 극심한 공포에 휩싸였다. 브라시다스의 군대 2 중 일부는 곧바로 성문을 통과해 성 안으로 진입했고, 다른 군사들은 무너진 성벽을 수리하기 위해 설치되어 있던 네모난 들보를 타고 성벽을 기어올라 성 안으로 들어갔다. 브라시다스와 주력 부대는 도시를 완 3 전히 장악하기 위해 즉시 고지대로 향했으며, 나머지 병력은 도시 곳곳으로 흩어졌다.

113 토로네가 함락되는 동안, 대부분의 토로네인은 상황을 전혀 파 1 악하지 못하고 혼란에 빠졌으나, 브라시다스와 내통한 자와 그 동조자들은 즉시 침략군과 합류했다. 시장에서 숙영하던 50여 명의 아테나이 2 군 중무장보병은 상황을 파악한 후 일부는 근접전을 벌이다 전사했고, 나머지는 육로로 도망치거나 순찰 중이던 함선 2척이 정박한 곳으로 달아나, 이전부터 점령하고 있던 레키토스[66] 요새로 피신했다. 이 요새는 바다로 돌출된 곳 위에 세워져 있었으며, 좁은 지협을 통해 도시와

---

66 "레키토스"는 토로네에서 남쪽으로 약 1.5킬로미터 떨어진 지점에 있었다.

3 연결되어 있었다. 아테나이에 우호적이었던 토로네인도 아테나이군과 함께 그 요새로 피신했다.

1 **114** 날이 밝고 도시가 완전히 장악되자, 브라시다스는 아테나이군과 함께 피신한 토로네인들에게 전령을 보내, 원하는 자는 누구든 각자의 재산이 있는 곳으로 돌아와 아무 두려움 없이 시민으로 살 수 있게 하겠다는 포고령을 전했다. 또한 아테나이군에게도 전령을 보내, 레키토스는 칼키디케인의 영토이므로 휴전조약을 맺은 후 각자의 소지품

2 을 가지고 떠날 것을 요구했다. 아테나이군은 레키토스 요새를 포기하지 않겠다고 했지만, 전사자의 시신을 수습하기 위해 하루 동안의 휴전을 요청했다. 브라시다스는 이틀간의 휴전에 동의하고, 그 사이 레키토스 인근의 건물을 요새화했으며, 아테나이군도 자신들의 요새를 더 강화했다.

3 브라시다스는 토로네인을 모아놓고 아칸토스에서 했던 것과 비슷한 연설을 했다. 그는 도시 함락에 협력한 이들을 매국노나 배신자로 여겨서는 안 된다며, 그들은 도시를 노예화하거나 돈에 매수된 것이 아니라 도시의 이익과 자유를 위해 행동한 것이라고 강조했다. 또한 협력하지 않은 이들도 동등한 대우를 받을 것이므로 두려워할 필요가 없으며, 자

4 신은 이 도시나 어떤 개인도 해치러 온 것이 아니라고 설명했다. 그는 요새로 도망친 토로네인들에게도 전령을 보내 동일한 포고령을 전했다. 그들이 아테나이에 우호적이었다고 해서 탓할 생각은 없으며, 라케다이몬인을 직접 경험해보면 아테나이인에게 가졌던 것 이상의 호의를 갖게 될 것이라고 했다. 오히려 라케다이몬인이 더 정의롭다는 사실을 깨닫고 더욱 신뢰하게 될 것이며, 다만 지금은 라케다이몬인을 경험해 본 적이 없어 두려워할 뿐이라고 덧붙였다.

5 마지막으로, 브라시다스는 모든 토로네인에게 새로운 마음으로 라케다이몬의 믿음직한 동맹국이 되어줄 것을 촉구했다. 그는 지금까지의 잘못은 더 강한 자들의 강요에 의한 것이었기에 책임을 묻지 않겠지

만, 앞으로의 잘못에 대해서는 책임을 지게 될 것이라고 경고했다.

115 브라시다스는 이와 같이 토로네인을 격려했고, 아테나이군과 ₁
의 휴전 기간이 끝나자 레키토스 공격을 시작했다. 아테나이군은 빈약
한 성벽과 흉벽이 있는 건물에 의지해 방어하며 그날 하루는 적의 공
격을 막아냈다. 다음날, 적군은 목조 흉벽에 불을 지르기 위해 공성 장 ₂
비를 가져와 성벽의 취약 지점 가까이에 끌어다 놓았다. 이에 아테나이
군은 방어용 건물 위에 목탑을 세운 후 수많은 물항아리와 큰 돌을 운
반해 올렸고, 다수의 군사들도 목탑으로 올라갔다. 그러나 건물은 과도 ₃
한 무게를 견디지 못하고 갑자기 꿍음을 내며 무너졌다. 가까이서 이를
목격한 아테나이군은 놀라기보다는 허탈해했다. 멀리 떨어져 있던 이
들, 특히 맨 뒤쪽에 있던 군사들은 이미 해당 지점이 함락된 것으로 판
단하고, 해안가에 정박한 함선을 향해 도망치기 시작했다.

116 아테나이군이 흉벽을 포기하는 것을 보고 상황을 파악한 브라 ₁
시다스는 즉시 총공세를 명령했다. 그는 요새를 점령한 후, 그곳에서
붙잡힌 자들을 모두 처형했다. 결국 아테나이군은 레키토스를 포기하 ₂
고 함선과 수송선에 올라 팔레네반도로 철수했다. 브라시다스는 성벽
에 가장 먼저 오른 자에게 은화 30므나[67]의 상금을 약속했었다. 레키토
스에는 아테나 여신의 신전이 있었는데, 그는 레키토스 함락이 인간의
힘만으로 이루어진 것이 아니라는 믿음으로, 그 상금을 여신의 신전에
바쳤다. 이후 그는 레키토스를 허물고 정비한 뒤, 그 지역 전체를 아테
나 여신의 성역으로 봉헌했다. 그 겨울의 남은 기간 동안 브라시다스는 ₃
점령한 도시들의 질서를 안정시키고, 추가적인 도시 점령 계획을 세웠
다. 그해 겨울이 지나가고, 이 전쟁의 여덟 번째 해[68]가 끝났다.

117 다음 해 봄이 시작되자마자 라케다이몬인과 아테나이인은 1년 ₁

---

67 "30므나"는 아테나이에서 약 8년치 임금에 해당했다.
68 "이 전쟁의 여덟 번째 해"는 기원전 424년이다.

기한의 휴전조약을 맺었다. 아테나이인은 브라시다스가 더 이상 동맹국들을 이탈시키는 것을 막고, 전략적으로 대응할 시간을 벌기 위해 휴전을 선택했다. 향후 본격적이고 포괄적인 평화조약을 체결할 수 있는 유리한 상황이 조성될 경우 이를 추진할 계획이었다. 한편, 라케다이몬인은 아테나이인 또한 자신들과 마찬가지로 전쟁을 두려워하고 있다고 판단했다. 그들은 아테나이인이 1년간 재난과 고통 없이 지내다 보면 더욱 평화를 갈망하게 되어, 결국 포로들을 돌려주고 장기간의 평화

2 조약을 맺으려 할 것이라고 기대했다. 특히 라케다이몬인은 브라시다스가 아직 성공을 거두고 있을 때 속히 자국의 포로들을 돌려받고 싶어 했다. 브라시다스가 더 많은 전과를 올려 양국의 힘이 대등해지면, 포로들을 돌려받지 못한 채 전쟁을 지속해야 할 가능성이 커지기 때문이었다. 그러면 설령 전쟁에서 승리하더라도 큰 손실을 감수하게 될 것

3 이라고 생각했다. 그래서 라케다이몬인과 그 동맹국들은 아테나이인과 다음과 같은 조건으로 휴전조약을 맺었다.

1 **118** "피토의 아폴론 신전 및 신탁과 관련해, 원하는 사람은 누구나 조상들의 관례에 따라 어떠한 속임수나 위협 없이 이용할 수 있도

2 록 한다. 이는 라케다이몬인과 이 자리에 참석한 동맹국들의 의견이며, 우리는 이를 실현하기 위해 보이오티아인과 포키스인에게 전령을

3 보내 최선을 다해 그들을 설득할 것이다. 신에게 바치는 재물과 관련된 범죄를 저지른 자를 찾아내는 데 있어, 우리는 조상들의 관례를 따르며 공정하고 정의롭게 처리하도록 유념할 것이다. 이 원칙은 아테나이인과 우리뿐만 아니라 이를 원하는 모든 이들에게도 동일하게 적용될 수 있다.

4 다음과 같은 문제들에 대해 라케다이몬인과 동맹국들이 내린 결정은 이러하다. 즉 아테나이인이 조약을 체결한다면, 양측은 현재 점유하고 있는 지역을 유지한 채 각자의 영토에 머물러야 한다. 코리파시온곶에 주둔한 아테나이군은 부프라스와 토메우스산을 넘어서는 안 된다.

키테라섬에 있는 아테나이군은 펠로폰네소스의 동맹국들과 어떠한 교류도 해서는 안 되며, 라케다이몬인도 키테라섬의 아테나이군과 교류하지 않는다. 니사이아항과 미노아섬에 주둔한 아테나이군은 니소스의 신전[69]문에서 포세이돈 신전에 이르는 도로와, 포세이돈 신전에서 미노아로 이어지는 다리를 넘어서는 안 된다(마찬가지로 메가라인과 그들의 동맹국도 이 길을 넘어서는 안 된다). 아테나이인은 미노아섬을 계속 점유할 수 있지만 그 섬과 교류해서는 안 되고, 그 섬도 아테나이인과 교류해서는 안 된다. 트로이젠에서 아테나이인은 트로이젠인과 맺은 협정에 따라 현재 점령한 곳을 그대로 유지한다.

해상 이용과 관련해, 라케다이몬인과 그 동맹국은 자국과 동맹국의 5 영토 앞바다를 항해할 때 500탈란톤 미만의 화물을 실은 노 젓는 배만 사용할 수 있으며, 전함 이용은 금지된다. 전쟁 종식과 분쟁 해결을 위 6 해 파견되는 전령, 사절단, 적정 수의 수행원은 육로나 해로를 통해 펠로폰네소스와 아테나이를 안전하게 왕래할 수 있는 통행권을 보장해야 한다. 휴전 기간 동안 양측은 자유민이든 노예든 도망자를 받아들이 7 지 않으며, 양측 간의 분쟁은 전쟁이 아닌 법적 절차로 해결하고, 양측 8 은 모두 조상들의 관례에 따라 재판해야 한다.

이상이 라케다이몬인과 동맹국들의 견해다. 만약 이보다 더 훌륭하 9 거나 공정한 제안이 있다고 생각한다면 라케다이몬에 와서 설명하라. 제안이 정의롭다면 라케다이몬인과 동맹국은 어떤 제안도 거부하지 않을 것이다. 단, 우리에게 오는 사람은 당신들이 요구하는 것처럼 전 10 권을 위임받은 자여야 한다. 휴전은 1년 동안 지속된다."

아테나이의 민회는 다음과 같이 의결했다. "아카만티스 부족[70]이 사 11

---

69 "부프라스"의 정확한 위치는 알려지지 않았다. "토메우스산"은 메세니아와 라코니케의 경계에 위치했다. "니소스의 신전"은 메가라의 전설적 왕 니소스를 기리는 신전이다.
70 "아카만티스 부족"은 고대 아테나이의 10개 부족 중 하나였고, 각 부족에는 여러 '데모스'(행정구역)가 할당되었다.

회를 맡고, 파이니포스가 서기를, 니키아데스가 의장을 맡은 가운데, 라케스는 아테나이인의 행운을 기원하며 라케다이몬인과 그 동맹국들이 아테나이인의 동의를 전제로 의결한 휴전조약 체결을 발의했고, 민회

12 는 1년 기한의 휴전에 동의했다. 휴전조약은 엘라페볼리온 달[71]의 14일

13 부터 효력을 가지며 1년간 유효하다. 이 기간 동안 양측은 사절단과 전

14 령을 교환하여 전쟁 종식 방안을 논의할 수 있다. 장군이나 의원이 평화 논의를 위한 민회를 소집하면, 아테나이인은 사절단이 전쟁 종식을 위해 제시하는 어떤 조건이든 우선 심의해야 한다. 민회는 지금 이 자리에 와 있는 라케다이몬 사절단과 즉시 휴전조약을 맺고, 이를 1년간 준수할 것을 맹세한다.”

1 **119** 라케다이몬과 아테나이 및 양측의 동맹국들은 라케다이몬 역법으로 게라스티오스 달[72] 12일에 위와 같은 조건으로 맹세를 통해 휴

2 전조약을 체결했다. 이 조약에 맹세한 자는 라케다이몬 측에서는 에케티미다스의 아들 타우로스, 페리클레이다스의 아들 아테나이오스, 에릭실라이다스의 아들 필로카리다스였다. 코린토스 측에서는 오키토스의 아들 아이네아스, 아리스토니모스의 아들 에우파미다스였으며, 시키온 측에서는 나우크라테스의 아들 다모티모스, 메가클레스의 아들 오나시모스였고, 메가라 측에서는 케칼로스의 아들 니카소스, 암피도로스의 아들 메네크라테스였다. 에피다우로스 측에서는 에우파이다스의 아들 암피아스였고, 아테나이 측에서는 디에이트레페스의 아들 니코스트라토스 장군, 니케라토스의 아들 니키아스 장군, 톨마이오스의 아들 아우토클레스 장군이었다.

3 이로써 휴전조약이 발효되었고, 이 기간 동안 더 포괄적인 조약을

---

71 “엘라페볼리온 달”(사슴을 사냥하는 달)은 아테나이 역법상 아홉 번째 달로, 오늘날의 3월 중순-4월 중순에 해당한다.

72 “게라스티오스 달”(명예의 달)은 고대 라케다이몬 역법에서 가장 중요한 달로, 오늘날의 3월 말에서 4월 초에 해당한다. 주요 축제와 의식이 이 시기에 열렸다.

위한 협상이 이어졌다.

120 휴전조약을 위한 협상이 진행되는 동안, 팔레네반도에 있는 스 ₁
키오네[73]가 아테나이에 반기를 들고 브라시다스 편으로 돌아섰다. 스
키오네인은 자신들이 펠로폰네소스반도의 펠레네 출신이며, 그들의 선
조들이 트로이아에서 귀향하던 중 아카이아인들이 겪었던 폭풍에 휩
쓸려 현재 지역으로 떠밀려와 정착하게 되었다고 주장한다. 그들이 아 ₂
테나이에 반기를 든 후, 브라시다스는 밤에 작은 배를 타고 스키오네로
건너갔다. 이때 그는 우호적인 삼단노선을 앞세우고 자신은 약간 거리
를 두고 작은 배로 뒤따랐다. 이는 만약 큰 배를 만나면 삼단노선이 그
를 보호할 수 있도록 하기 위함이고, 적의 삼단노선이 나타나더라도 그
들은 자신의 작은 배보다 큰 배를 먼저 공격할 테니 그 사이에 안전하
게 빠져나가려는 계산이었다.

스키오네에 도착한 브라시다스는 주민들을 불러 모아, 아칸토스와 ₃
토로네에서 했던 것과 같은 연설을 했다. 그는 아테나이가 포테이다
이아를 점령하여 팔레네반도의 지협이 차단되면서 스키오네가 사실
상 섬처럼 고립된 상황에서도, 주민들이 유리한 기회를 기다리며 비겁
하게 머물지 않고 적극적으로 자유를 향해 나아간 것은 최고의 찬사를
받을 만한 일이라고 격려했다. 이는 그들이 어떤 시련도 용감하게 견
뎌낼 수 있음을 보여주는 증거이므로, 일이 그들의 뜻대로 전개된다면,
진심으로 그들을 라케다이몬인의 가장 신뢰할 만한 친구로 여기고 모
든 면에서 예우할 것이라고 약속했다.

121 스키오네인은 그의 말에 고무되어, 그동안 반기 드는 것을 탐 ₁
탁지 않게 여겼던 자들까지 포함해 모두가 아테나이에 맞서 싸울 결심
을 굳혔다. 그들은 브라시다스를 극진히 환대하며, 공식적으로는 그를

---

73 "스키오네"는 팔레네반도 서해안에 있던 도시로, 트로이아 전쟁 이후 펠레네에서 이
    주한 아카이아인이 건설했다.

헬라스의 해방자로 칭하고 황금관을 수여했다. 개인적으로는 경기 우

2 승자를 대하듯 축하 인사를 건네며 머리에 띠를 둘러주었다. 브라시다

스는 그들을 위해 약간의 수비대를 남겨두고 떠났다가, 얼마 지나지 않

아 더 많은 군대를 보냈다. 이는 스키오네인과 함께 멘데와 포테이다

이아를 공략하기 위함이었다. 그는 아테나이인이 섬처럼 고립된 스키

오네에 증원군을 보낼 것이라 예상하고, 먼저 기선을 제압하고 싶어 했

다. 또한 이 도시들의 이탈을 유도하기 위해 협상을 시작했다.

1 **122** 브라시다스가 이들 도시를 공략하는 동안, 휴전을 알리는 사절

단이 삼단노선을 타고 도착했다. 아테나이 측에서는 아리스토니모스,

2 라케다이몬 측에서는 아테나이오스가 왔다. 이에 브라시다스의 군대는

토로네로 귀환했고, 사절단은 브라시다스에게 휴전 조건을 통보했다.

트라케 지방의 모든 라케다이몬 동맹국들이 휴전조약의 합의 사항을

3 받아들였다. 아리스토니모스는 대부분의 사항에 동의했으나, 날짜를

검토한 결과 스키오네인이 휴전조약 체결 후에 반기를 들었음을 확인

하고, 따라서 그들은 조약 보호 대상이 아니라고 주장했다. 그러나 브

라시다스는 반란이 조약 체결 이전에 일어났다고 강력히 반박하며 스

키오네를 포기하지 않았다.

4 아리스토니모스가 이 상황을 아테나이에 보고하자, 아테나이인은

즉시 스키오네 공격을 위한 원정을 준비했다. 이에 라케다이몬인은 사

절단을 보내 스키오네 공격이 휴전조약 위반이라고 항의하면서, 브라

시다스의 주장을 지지하여 그 도시에 대한 권리를 주장했다. 이 문제를

5 중재를 통해 해결하겠다는 뜻도 밝혔다. 그러나 아테나이인은 중재로

인해 위험을 감수하기보다는 가능한 한 신속한 군사적 대응을 원했다.

섬처럼 고립된 도시조차 자신들을 배반하고, 그들에게 소용없는 라케

다이몬 지상군의 힘을 믿고 아테나이에 반기를 든 것에 분노했기 때문

6 이다. 실제로 반기를 든 날짜에 관해서도 진실은 아테나이인의 주장에

더 가까웠다. 스키오네인은 휴전조약이 체결된 지 이틀 후 반기를 들었

던 것이다. 이에 따라 아테나이인은 클레온의 제안과 설득에 따라 스키오네를 점령한 뒤, 주민들을 처형하기로 의결했다. 이후 아테나이인은 다른 모든 업무를 일시 중단하고 스키오네 원정 준비에 전념했다.

123 이러한 상황이 전개되는 동안, 팔레네반도에 위치한 에레트리아인의 식민시 멘데가 아테나이에 반기를 들었다. 브라시다스는 비록 멘데인이 휴전 기간 중에 투항했음에도 그들을 받아들였는데, 이는 아테나이인 역시 여러 면에서 휴전조약을 위반한 만큼 자신의 행동이 정당하다고 여겼기 때문이다. 멘데인이 반기를 든 것은 브라시다스가 아테나이 지배에 저항하는 여러 도시들을 적극적으로 지원했고, 특히 스키오네를 변함없이 지지하는 모습을 보면서 더욱 대담해졌기 때문이다. 그러나 실제로 브라시다스와 협력한 자들은 소수에 불과했다. 이들은 반란이 실패할 경우 정체가 드러나 모든 책임을 지게 될까 두려움에 사로잡혔고, 결국 반대하는 다수의 시민들을 강압적으로 협박하여 이 일을 밀어붙였다.

이 사태를 즉각 감지한 아테나이인은 더욱 분노하며 두 도시를 공격할 준비에 착수했다. 브라시다스는 아테나이군이 함대를 이끌고 공격해올 것이라 예상하고, 폴리다미다스의 지휘 아래 펠로폰네소스군 중무장보병 500명과 칼키디케군 경방패병 300명을 배치하여 방어를 강화했다. 또한 스키오네와 멘데의 여자들과 아이들을 칼키디케반도의 올린토스로 대피시켰다. 이후 브라시다스와 두 도시의 주민들은 임박한 아테나이군의 도착에 대비해 함께 방어 태세를 갖추었다.

124 이러한 상황에서 브라시다스와 페르디카스는 아라바이오스를 공격하기 위해 함께 링코스로 두 번째 원정을 떠났다. 페르디카스는 마케도니아인과 마케도니아에 거주하는 헬렌인으로 구성된 중무장보병을 이끌었고, 브라시다스는 올린토스로 보낸 병력을 제외한 자기 휘하의 펠로폰네소스군과 더불어 칼키디케군, 아칸토스군, 그리고 기타 동맹국들이 각자의 능력에 따라 보낸 부대를 이끌었다. 헬렌인 중무장보

병은 총 3,000여 명이었고, 그들과 함께한 마케도니아와 칼키디케 출신 기병대는 약 1,000명에 달했다. 이외에도 다수의 이민족 병력이 원정에 동참했다.

2 아라바이오스의 영토에 진입한 그들은 링코스인이 이미 진영을 구축하고 방어 태세를 갖춘 것을 발견하고, 이에 맞서 진지를 구축했다.

3 양측의 보병대는 각각 언덕 위에 자리 잡았고, 그 사이에는 들판이 펼쳐져 있었다. 먼저 양측의 기병대가 들판으로 달려 내려가 전투를 벌였다. 이후 링코스군의 중무장보병이 언덕에서 내려와 기병대와 합세하려 하자, 브라시다스와 페르디카스도 군대를 이끌고 내려와 그들과 접전을 벌였다. 결국 링코스군은 패했고 다수가 전사했으며, 나머지는 고지대로 후퇴하여 더 이상 행동을 취하지 않았다.

4 전투 후 브라시다스와 페르디카스는 승전비를 세우고, 페르디카스와 합류하기로 예정된 일리리아 용병대의 도착을 기다리며 2-3일간 그곳에 머물렀다. 페르디카스는 마냥 기다리고 싶지 않아 아라바이오스의 마을로 진격하고자 했다. 반면, 브라시다스는 아테나이군이 자신보다 먼저 도착하여 멘데가 위험에 처할 것을 우려했고, 일리리아 용병대도 아직 도착하지 않았으므로 진격하기보다 철수하는 편이 낫다고 판단했다.

1 **125** 두 사람이 의견 차이로 논쟁하는 동안, 일리리아인이 페르디카스를 배신하고 아라바이오스 편으로 넘어갔다는 소식이 전해졌다. 일리리아인은 전사 부족이었기에, 두 사람은 그들을 두려워하며 이제는 철수해야 한다는 데 의견을 같이했다. 그러나 철수 시기에 대해서는 합의하지 못했다. 밤이 되자 마케도니아군과 이민족 병력의 상당수가 갑자기 공포에 사로잡혔다(이처럼 대군이 뚜렷한 이유 없이 혼란에 빠지는 일은 종종 일어난다). 그들은 훨씬 더 많은 적이 접근하고 있으며 곧 도착할 것이라 여겨 허겁지겁 도주해 본국으로 귀환했다. 페르디카스는 처음에는 상황을 파악하지 못했지만, 나중에야 깨닫고 브라시다스를 만나보지도

못한 채(두 진영은 멀리 떨어져 있었다) 먼저 철수할 수밖에 없었다.

날이 밝자 브라시다스는 마케도니아군이 이미 철수했고, 일리리아군 2
과 아라바이오스군의 공격이 임박했음을 알아차렸다. 그는 중무장보병
을 밀집 방진으로 배치한 후, 경무장보병을 그 가운데 두는 형태로 진을
짜고 철수 계획을 세웠다. 어느 방향에서 적이 공격해오든 대응할 수 3
있도록 가장 젊은 군사를 선봉에 세우고, 자신은 정예병 300명을 지휘
하고 후미를 맡아 추격해오는 적군의 선두 대열과 맞설 계획이었다. 적 4
이 다가오기 전, 그는 서둘러 다음과 같은 말로 군사들을 격려했다.

126 "펠로폰네소스인들이여, 우리는 고립되어 있고, 다가오는 적들 1
이 수많은 이민족이라는 사실에 적잖이 놀라고 충격을 받았을 것입니
다. 그렇지 않다면 내가 이렇게 말할 필요도 없었을 테지요. 하지만 지
금 우리는 동맹군이 없고 적의 수는 많기에, 여러분이 기억해야 할 몇
가지를 짧게 일깨워 사기를 북돋우고자 합니다.

여러분의 용맹은 본래 타고난 것이지 동맹군이 곁에 있기 때문이 아 2
닙니다. 적의 수가 많다고 두려워할 필요는 없습니다. 여러분의 조국에
서는 다수가 소수를 지배하는 것이 아니라, 소수가 다수를 지배해왔습
니다. 그 소수는 오직 뛰어난 전투 능력으로 다수를 지배하는데, 여러
분은 바로 그런 국가의 시민이기 때문입니다.

여러분은 지금 이민족을 두려워하고 있지만, 마케도니아군과 싸웠 3
던 지난 전투를 떠올려보십시오. 내가 들은 바에 따르면, 그들은 결코
여러분이 두려워할 만큼 강하지 않습니다. 실제로는 약한 적이 겉보기 4
에 강해 보일 때, 그 실체를 정확히 파악하면 맞서 싸우는 이들은 오히
려 자신감을 갖게 됩니다. 반대로, 진짜 강한 적이라 해도 그 실력을 제
대로 알지 못하면 오히려 무모하게 공격하게 됩니다.

경험이 없는 이들에게 이민족 전사들은 위협적으로 보일 수 있습니 5
다. 그들은 수가 많아 무시무시해 보이고, 함성 소리는 요란하며, 마구
잡이로 무기를 휘두르며 달려들기 때문입니다. 하지만 이 모든 것에 주

눅들지 않고 결연히 맞서 싸운다면, 그들은 완전히 다른 모습을 드러낼 것입니다. 그들은 전투 대형을 갖추거나 대오를 유지하며 싸우지 않고, 자기 위치에서 이탈하는 것을 수치로 여기지 않습니다. 돌격과 후퇴를 모두 명예로운 일로 여깁니다(그러므로 전면전은 오히려 그들에게 도주할 명분을 제공합니다). 그래서 그들은 직접 맞붙어 목숨이 위험한 상황을 감수하기보다는, 멀리서 겁주는 방식으로 승리하는 것이 더 확실하고 안전하다고 여깁니다. 만약 그렇지 않다면 기꺼이 근접전을 선택할 테지만, 실제로는 그렇지 않을 것입니다.

6   결국 그들이 무시무시해 보이는 것은 외양 때문이고, 실제는 다릅니다. 겉모습과 소문이 과장되어 있을 뿐입니다. 여러분이 침착하게 적을 막아내고, 기회가 왔을 때 질서 정연하게 대오를 갖추어 퇴각한다면, 더 신속하게 안전한 곳에 도달할 수 있습니다. 이런 이민족은 멀리서 안전할 때는 용맹함을 과시하며 위협하지만, 가까이 다가가 단호히 맞서면 즉시 용기를 잃어버립니다. 반면 물러서는 상대 앞에서는 다시 재빠르게 용맹함을 뽐내는 자들임을 여러분은 곧 깨닫게 될 것입니다."

1   **127** 브라시다스가 군사들에게 이렇게 조언하며 격려한 후 철수하기 시작하자, 이를 본 이민족 전사들은 큰 함성을 지르며 추격해왔다. 그들은 브라시다스가 도주한다고 여겼고, 그를 붙잡아 죽일 수 있으리
2 라 생각했다. 그러나 이민족 전사들이 어느 방향에서 공격해오든 브라시다스의 군대는 즉각 돌격대를 내보내 맞섰다. 브라시다스 역시 직접 정예군을 이끌고 그들과 대적했다. 그의 군대는 예상과 달리 이민족 전사들의 첫 공격을 효과적으로 막아냈고, 이어지는 공격을 저지하며 적의 공세가 꺾일 때마다 퇴각하기를 반복했다. 마침내 브라시다스와 그가 이끄는 헬렌인 군대가 넓은 평지에 이르자, 대다수의 이민족 전사가 물러났다. 그러나 일부는 여전히 따라붙으며 추격했고, 나머지는 다른 방향으로 달려가 도주하는 마케도니아군을 마주칠 때마다 무차별적으로 살해했다. 이민족 전사들은 브라시다스보다 먼저 아라바이오스

의 영토로 통하는 두 언덕 사이의 좁은 길목에 도달해 그곳을 점령했다. 그들은 이 길 외에는 후퇴할 다른 길이 없음을 알고 있었다. 브라시다스와 그의 군대가 그곳에 이르자, 이민족 전사들은 즉시 포위를 좁혀오기 시작했다.

128 브라시다스는 군사 300명에게 비교적 쉽게 점령할 수 있을 것 1 으로 보이는 언덕을 가리키며, 대오를 짜지 말고 각자 신속히 달려가 더 많은 이민족 전사가 포위에 가담하기 전에 그곳의 적을 몰아내라고 명령했다. 300명의 군사는 언덕 위에 있던 이민족을 급습해 제압했고, 2 그 덕분에 헬렌인의 주력 부대는 더욱 안전하게 언덕으로 이동할 수 있었다. 이민족 전사들은 동료들이 언덕에서 패주하는 모습을 보고 겁을 먹었으며, 헬렌인들이 이미 탈출해 국경을 넘어갔다고 여겨 더 이상 추격하지 않았다.

언덕을 장악한 브라시다스는 안전하게 행군하여 그날 페르디카스의 3 영토에 있는 첫 도시 아르니사[74]에 도착했다. 그의 군사들은 마케도니 4 아군이 먼저 철수한 것에 분개하여, 마케도니아군이 겁에 질려 밤중에 후퇴하면서 길에 남긴 짐수레나 물품을 발견할 때마다, 어떤 것은 부수고, 어떤 것은 자신들의 소유로 삼았다. 이때부터 페르디카스는 처음으 5 로 브라시다스를 적으로 여기게 되었고, 이후 아테나이인에 대한 적대 감과는 별개로 펠로폰네소스인 전체에 반감을 품기 시작했다. 그는 이 해관계를 떠나 가능한 한 빨리 아테나이인과는 평화조약을 맺어 화해하고, 펠로폰네소스인과는 관계를 끊는 방안을 궁리했다.

129 마케도니아에서 토로네로 돌아온 브라시다스는 아테나이군이 1 이미 멘데를 장악한 사실을 알고, 팔레네반도로 건너가 지원하기에는

---

74 "아르니사"는 마케도니아 북서부에 있던 도시로, 링코스 왕국과 그 인접 지역인 에오르다이아의 접경지대에 있었다. 에오르다이아의 북동쪽에는 알모피아가, 동쪽에는 보티아이아가 있었다.

2 때를 놓쳤다고 판단했다. 그리고 토로네에 머물며 그곳을 지켰다. 이러한 상황이 전개된 것은 브라시다스가 링코스 원정을 떠날 무렵 이미 아테나이군이 출정 준비를 마치고, 키오스군 함선 10척을 포함한 함선 50척, 자국의 시민으로 구성된 중무장보병 1,000명, 궁수 600명, 트라케인 용병 1,000명, 그리고 트라케 동맹국에서 파견된 경방패병을 이끌고 멘데와 스키오네를 향해 출발했기 때문이다. 이 원정군의 지휘관은 니케라토스의 아들 니키아스와 디에이트레페스의 아들 니코스트라토스였다.

3 아테나이군은 포테이다이아에서 출항하여 포세이돈 신전 근처에 정박한 후 멘데를 향해 진격했다. 멘데인은 자신들을 도우러 온 300명의 스키오네인과 총 700명에 달하는 펠로폰네소스군 중무장보병과 함께 폴리다미다스의 지휘 아래 방어에 유리한 성 밖 언덕에 진을 치고 있었다.

4 니키아스는 메토네에서 파견된 경무장보병 120명과 아테나이군 중무장보병 중 선발된 60명, 그리고 모든 궁수를 이끌고 오솔길을 통해 언덕에 오르려 했으나, 적의 공격으로 부상을 입어 뜻을 이루지 못했다. 한편 니코스트라토스는 나머지 군대를 이끌고 더 먼 우회로를 통해 접근이 어려운 언덕을 공략하려 했으나, 군대가 완전히 혼란에 빠지면

5 서 아테나이군 전체가 패배 직전의 위기에 처했다. 그날은 멘데군과 그들의 동맹군이 물러서지 않았기에 아테나이군은 후퇴하여 진을 쳤고, 밤이 되자 멘데의 병력은 성 안으로 돌아갔다.

1 **130** 다음날 아테나이군은 배를 돌려 스키오네로 항해하여 성 외곽 지역을 점령한 후, 종일 그 지역을 약탈했으나 성 안에서는 아무도 대항하러 나오지 않았다(성 안에서 내분이 벌어졌기 때문이다). 그날 밤 스키

2 오네군 300명이 멘데에서 고향으로 돌아왔다. 다음날 니키아스는 군대의 절반을 이끌고 멘데와 스키오네의 접경 지역으로 출정하여 그 땅을 약탈했고, 동시에 니코스트라토스는 나머지 병력을 이끌고 포테이다이

아 방면의 위쪽 성문 옆에서 멘데를 포위했다.

당시 멘데성에는 멘데군과 펠로폰네소스 원군이 사용하던 무구가 3
보관되어 있었기에, 폴리다미다스는 이곳에 병력을 배치하고 멘데군
에게 출정을 촉구했다. 그런데 대중 가운데 반기를 드는 것에 반대하 4
는 정파에 속한 한 사람이 출정에 반대하며 전쟁은 불필요하다고 주장
했다. 이에 격분한 폴리다미다스가 그의 먹살을 잡자 소요가 일어났다.
분노한 대중은 즉시 무기를 들고 펠로폰네소스군과 그 협력자들을 공
격했다.

그와 동시에 아테나이군이 성 안으로 들어올 수 있도록 성문이 열리 5
는 것을 본 펠로폰네소스군과 그 협력자들은 겁에 질려 도망쳤다. 대중
의 공격이 아테나이군과 사전에 모의된 것이라 여겼기 때문이다. 그 자 6
리에서 죽지 않은 자들은 이전부터 점령하고 있던 아크로폴리스로 도
망쳤다. 이때 니키아스도 돌아와 도시 근처에 도착해 있어 아테나이군
이 멘데성 안으로 물밀듯이 들이닥쳤다. 양측 간의 평화조약에 따라 성
문이 열린 것이 아니었기에, 아테나이군은 무력 점령이라 여기고 약탈
을 저질렀다. 장군들은 간신히 주민 학살만은 막을 수 있었다.

그 후 아테나이군은 멘데인에게 기존의 정치체제를 유지하되, 이번 7
반란의 주모자들을 스스로 색출하라고 명령했다. 그리고 해안까지 양
쪽으로 방벽을 쌓아 아크로폴리스를 포위한 후 수비대를 배치했다. 아
테나이군은 이렇게 멘데를 장악한 다음 스키오네를 향해 진격했다.

131 스키오네인과 펠로폰네소스군은 아테나이군을 막기 위해 성 1
밖의 요충지인 언덕에 진을 쳤다. 적이 이 언덕을 점령하지 않고는 방
벽을 쌓아 도시를 포위하기가 불가능했기 때문이다. 그러나 아테나이 2
군은 전력을 다해 언덕을 지키던 자들을 몰아낸 후, 그곳에 진을 치고
승전비를 세운 다음 방벽을 쌓아 도시를 봉쇄할 준비를 했다. 얼마 지 3
나지 않아 멘데의 아크로폴리스에 봉쇄되어 있던 펠로폰네소스군이
밤중에 해안 수비대를 뚫고 스키오네에 도착했다. 그들 대부분은 아테

나이군에게 발각되지 않고 성 안으로 들어갔다.

1   **132** 스키오네를 봉쇄하기 위한 방벽 공사가 진행되는 동안, 페르디카스는 아테나이 장군들에게 전령을 보내 아테나이와 평화조약을 맺었다. 이는 그가 링코스에서 퇴각할 때 브라시다스에게 품게 된 적개심 때문이었다. 그는 그 사건 직후 즉시 아테나이군과 협상을 시작했다.

2   그때 마침 라케다이몬인 이스카고라스가 브라시다스와 합류하기 위해 육로로 군대를 이끌고 오고 있었다. 니키아스는 페르디카스에게 이제 평화조약을 맺었으니 그 진정성을 보여줄 것을 요구했고, 페르디카스 자신도 더 이상 펠로폰네소스군이 자신의 영토에 들어오는 것을 원치 않았다. 그는 테살리아인 친구들에게 영향력을 행사하여(그는 테살리아의 최고 유력자들과 늘 우호적인 관계를 유지했다), 라케다이몬 증원군의 이동과 군사 준비를 방해함으로써 그들이 테살리아 지방을 통과하지 못하게 하려 했다.

3   그럼에도 이스카고라스는 아메이니아스, 아리스테우스와 함께 끝내 브라시다스에게 도착했다. 라케다이몬인은 이들을 파견해 브라시다스가 점령한 각 도시의 상황을 점검하게 했으며, 전례를 깨고 스파르테의 젊은이들을 데려와 그곳을 다스리게 했다. 자신들에게 넘어온 동맹국들을 아무에게나 맡기고 싶지 않았기 때문이다. 그리하여 클레오니모스의 아들 클레아리다스가 암피폴리스의 통치자로, 헤게산드로스의 아들 파시텔리다스가 토로네의 통치자로 임명되었다.

1   **133** 그해 여름, 테바이인은 아테나이에 우호적인 테스피아이를 비난하며 그 도시의 성벽을 허물었다. 테바이인은 예전부터 이를 원했으나, 아테나이군과의 전투에서 테스피아이의 꽃다운 젊은이들이 희생

2   된 지금이 실행의 적기라고 판단했다. 같은 해 여름, 아르고스의 헤라 신전이 화재로 소실되었다. 여제관 크리시스가 잠든 사이, 그녀가 화환

3   곁에 둔 등불에서 불이 옮겨 붙은 것이었다. 크리시스는 아르고스인의 분노가 두려워 그날 밤 즉시 플레이우스로 도망쳤다. 이에 아르고스인

은 관례에 따라 파에이니스를 새 여제관으로 임명했다. 전임 크리시스 는 이 전쟁 기간 중 8년 동안 여제관으로 봉직하다 9년째 되는 해 중도 에 도주한 셈이다. 여름이 끝날 무렵, 스키오네가 완전히 봉쇄되자 아 테나이군은 수비대만 남겨 두고 철수했다. ⁴

134 그해 겨울, 아테나이인과 라케다이몬인 사이에는 휴전조약 덕 ¹ 분에 평온이 유지되었다. 그러나 만티네이아인과 테게아인은 각자의 동맹군을 이끌고 오레스테이온[75]의 영토인 라오도케이온에서 전투를 벌였다. 어느 쪽이 승리했는지는 의견이 엇갈렸다. 양측 모두 상대의 한쪽 날개를 꺾고 승전비를 세운 후, 델포이에 전리품을 봉헌했기 때 문이다.[76] 양측 모두 큰 피해를 입었으나 승패는 가려지지 않았고, 밤이 ² 되어 전투가 중단되었다. 테게아군은 전장에 머물며 승전비를 세웠고, 만티네이아군은 부콜리온[77]으로 철수했다가 나중에 승전비를 세웠다.

135 그해 겨울이 끝나고 봄이 시작될 무렵, 브라시다스는 포테이다 ¹ 이아를 함락시키고자 했다. 그는 밤중에 군대를 이끌고 성벽으로 접근 해 사다리를 설치했는데, 이때까지는 발각되지 않았다. 종을 치는 초병 이 지나가고 다시 돌아오기 전 짧은 틈을 이용했기 때문이다. 그러나 군사들이 사다리를 타고 오르기 전에 발각되어 브라시다스는 날이 밝 기 전 신속하게 군대를 철수시켰다. 이로써 겨울이 지나고, 투키디데스 ² 가 기록한 이 전쟁의 아홉 번째 해[78]가 끝났다.

---

75 "만티네이아", "테게아", "오레스테이온"은 모두 펠로폰네소스반도 중앙의 아르카디
  아 지방에 속한 도시였다. 만티네이아는 중심부에, 테게아는 남동부에, 오레스테이
  온은 남부에 위치했다.
76 델포이의 아폴론 신전에는 헬라스 각 도시국가가 세수나 전리품을 보관하던 공동 금
  고가 있었다.
77 "부콜리온"은 아르카디아 지방의 오레스테이온에 속한 마을로, 이름은 '소 치는 사
  람'을 뜻한다.
78 "이 전쟁의 아홉 번째 해"는 기원전 423년이다.

제5권

불완전한 평화
(기원전 422-415년)

위장된 평화와 멜로스 대화가 남긴 질문

I **1*** 다음 해 여름 피티아 제전[1]이 열릴 무렵, 1년간의 휴전조약이 만료되었다. 휴전 기간 동안 아테나이인은 델로스인을 섬에서 추방했다. 델로스인은 오래전에 저지른 죄로 인해 부정하여 신성한 의식을 수행하기에 부족하다고 판단했기 때문이다. 이전의 정화의식[2]에서 아테나이인은 단순히 묘지를 옮기는 것으로 충분하다고 여겼으나, 그때는 델로스인의 오래된 죄를 간과했던 것이다. 파르나케스로부터 아시아의 아트라미테이온[3]을 새 거처로 제공받은 델로스인은 각자 그곳으로 이주해 정착했다.

I **2** 휴전이 종료되자, 클레온은 아테나이인을 설득하여 중무장보병 1,200명과 기병 300명, 그리고 더 많은 수의 동맹군을 30척의 함선에 태우고 트라케 지방으로 출항했다. 그는 우선 여전히 포위 중인 스키오네에 들러 현지 수비대에서 일부 중무장보병을 추가로 징발한 후, 토로

---

* 제1-13장은 아테나이 장군 클레온과 라케다이몬 장군 브라시다스가 트라케 지방에서 전투를 벌이다 두 사람 모두 전사한 사건을 다루고 있다.
1 "피티아 제전"은 헬라스 중부 파르나소스산 기슭에 있는 델포이에서 4년마다 열린 제전으로, 아폴론 신에게 바치는 종교적 행사였다. 체육, 음악, 예술 경기가 함께 열렸으며, 특히 음악과 예술 부문이 중시되었다. 이 제전은 아폴론이 괴물 피톤을 퇴치한 것을 기념하여 시작되었다.
2 "정화의식"은 델로스섬에서 두 차례 시행되었다. 첫 번째는 기원전 540년경 아테나이의 참주 페이시스트라토스가 일부 무덤을 정리한 것이고, 두 번째는 기원전 426년에 아테나이인이 모든 시신을 파내 레노스섬으로 옮기고, 출산과 사망을 금지한 철저한 조치였다. 델로스는 델로스 동맹의 중심지이자 중요한 종교적 장소였다.
3 고대 헬렌인에게 "아시아"는 소아시아와 페르시스 제국을 의미했다. "아트라미테이온"은 소아시아 서부 최북단 미시아 지방의 도시로, 이데산 인근에 있었다.

네인의 도시에서 멀지 않은 코포스항[4]으로 항해했다. 클레온은 그곳에 3
서 탈영병들로부터 브라시다스가 토로네에 없으며, 현지 수비대는 자
신에게 상대가 되지 못한다는 정보를 입수했다. 이에 그는 중무장보병
을 이끌고 도시로 진격하는 한편, 함선 10척을 보내 해안을 따라 토로
네항으로 가서 주변을 항해하도록 했다. 클레온은 먼저 성벽으로 향했 4
다. 이 성벽은 브라시다스가 교외 지역을 도시에 편입시킬 목적으로 기
존의 성벽을 일부 허물고 도시 전방에 새로 쌓은 것이었다.

3 그러자 라케다이몬인 통치자 파시텔리다스가 지원군 수비대와 함 1
께 달려나와 아테나이군에 맞서 싸웠다. 파시텔리다스는 자신의 군대
가 고전하는 데다, 아테나이 함선들이 해안을 따라 주변을 항해하는 모
습을 보고 두려움을 느꼈다. 그는 함선들이 들어와 무방비 상태인 도시
를 점령하면, 자신들이 성벽과 도시 사이에 갇힐까 우려하여 성벽을 포
기하고 도시로 향했다.

그 사이 아테나이군은 상륙하여 토로네를 점령했고, 보병도 곧장 뒤 2
따라와 옛 성벽의 일부를 허문 자리를 지나 성 안으로 돌진했다. 펠로
폰네소스군 일부와 토로네인은 전투 중 전사했고, 통치자 파시텔리다
스를 포함한 나머지는 생포되었다. 브라시다스는 토로네로 향하던 중, 3
40스타디온[5] 떨어진 지점에서 토로네가 함락되었다는 소식을 듣고 철
수했다.

클레온과 아테나이군은 승전비를 두 개 세웠는데, 하나는 항구 근처 4
에, 다른 하나는 성벽 앞에 세웠다. 그들은 토로네 여자와 아이들을 노
예로 삼았고, 토로네 남자와 펠로폰네소스인들, 그리고 그곳에 있던 다
른 칼키디케인들은 아테나이로 이송했다. 그들은 총 700여 명으로, 그

---

4 "코포스항"은 '조용한 항구'라는 뜻으로, 토로네의 남쪽에 위치한 한적한 곳으로 추정
된다.
5 "40스타디온"은 약 7.4킬로미터다.

중 펠로폰네소스인들은 나중에 평화조약이 체결되자 본국으로 돌아갔고, 나머지는 일대일로 포로 교환을 할 때 올린토스인이 본국으로 데려
5 갔다. 이 시기에 보이오티아인은 계략을 써서 아테나이 국경에 위치한
6 요새 파낙톤[6]을 함락시켰다. 한편, 클레온은 토로네에 수비대를 배치한 후 출항하여 아토스산 앞바다를 돌아 암피폴리스로 향했다.

1 **4** 그즈음 에라시스트라토스의 아들 파이악스는 아테나이 사절단의 일원으로, 두 명의 동료와 함께 함선 2척을 이끌고 이탈리아와 시켈리
2 아로 출항했다. 아테나이가 사절단을 보낸 배경은 다음과 같다. 휴전조약이 체결되고 아테나이인이 시켈리아에서 철수한 후, 레온티노이에서는 새로운 시민이 다수 등록되자 민주파가 토지 재분배를 시도했다.
3 이를 알아차린 유력자들은 시라쿠사이인을 불러들여 민주파를 추방했다. 결국 민주파는 흩어졌고, 유력자들은 시라쿠사이인과 협약을 맺어 자신들의 도시를 비워둔 채 시라쿠사이로 이주하여 시민권을 받아 정
4 착했다. 그러나 이후 일부는 불만을 품고 시라쿠사이를 떠나 레온티노이 도시의 일부인 포카이아라 불리는 곳과 외곽의 브리킨니아이 요새를 점령했다. 이전에 추방되었던 민주파 대부분도 그들과 합류했다. 이들은 그곳을 거점으로 전쟁을 시작했다.

5 이 소식을 들은 아테나이인은 파이악스를 파견했다. 시라쿠사이인의 세력 확장을 문제 삼아 현지의 동맹국들과 그 밖의 시켈리아인들을 설득하고, 가능하면 연합하여 시라쿠사이인과 전쟁을 벌여 레온티노이
6 의 민주파를 구해내려는 의도였다. 시켈리아에 도착한 파이악스는 카마리나인과 아크라가스인을 설득하는 데 성공했으나, 겔라에서 불리한 상황이 전개되자 다른 도시들도 기대하기 어렵다고 판단해 더 이상의 방문을 중단했다. 대신 시켈리아인의 땅을 지나 카타네로 물러났고, 그

---

6 "파낙톤"은 아티케와 보이오티아 접경지대에 있는 성채로, 아테나이에서 북서쪽으로 약 40킬로미터 떨어진 키타이론산 동쪽 끝자락에 있었다.

과정에서 브리킨니아이에 들러 그곳을 지키고 있던 수비대를 격려한 후 아테나이로 돌아갔다.[7]

5 파이악스는 시켈리아로 향하는 길과 돌아오는 여정에서 이탈리 1 아의 여러 도시와 아테나이의 우호 조약 체결을 위한 협상을 진행했으 며, 메세네에서 추방된 로크리스 이주민들과도 만났다.[8] 시켈리아인들 사이에 협정이 체결된 이후 메세네에서 정쟁이 발생했을 때 한 파벌이 불러들인 자들이었다. 이에 그들은 이주민 신분으로 메세네로 건너갔 으며, 메세네는 한동안 로크리스의 지배 아래 있었다.

이 이주민들은 로크리스로 돌아가는 길에 파이악스와 만났는데, 로 2 크리스가 이미 아테나이와 조약을 맺기로 합의했기 때문에 그는 그들 을 해치지 않았다. 시켈리아인들이 화해하고 평화조약을 맺었을 때, 모 3 든 동맹국 중 로크리스만이 아테나이와 평화조약을 비준하지 않았다. 당시에도 그들은 인접국이자 식민시인 히포니온과 메드마이오이[9]와의 전쟁에 시달리지 않았더라면, 끝내 조약을 거부했을 것이다. 얼마 후 파이악스는 아테나이로 돌아갔다.

6 이때 클레온은 토로네에서 출항하여 해안을 따라 암피폴리스로 1 항해했다. 그는 에이온을 거점으로 삼아 안드로스인의 식민시인 스타 기로스를 공격했으나 함락시키지 못했고, 타소스인의 식민시인 갈렙소 스는 무력으로 점령했다. 한편으로 그는 페르디카스에게 사절단을 보 2

---

7 "카마리나", "아크라가스", "겔라", "카타네"는 모두 시켈리아섬에 있던 도시이다.

8 "메세네"는 기원전 8세기경 에우보이아의 칼키스인이 건설했으며, "로크리스 이주민 들"이 이곳에 정착한 것은 기원전 7세기경의 일이다. 이들은 정쟁 과정에서 유입된 세력으로 일정 기간 메세네에 영향력을 행사했다. 그러나 이후 정세가 변하며 일부 로크리스계 이주민이 추방되었는데, 파이악스가 만난 이들이 바로 그들이다.

9 "히포니온"과 "메드마이오이"는 이탈리아 남동부 해안의 로크리스에서 북서쪽으로 10-15킬로미터 거리에 있었다. "시켈리아인들"은 헬렌인 이주민 이전의 원주민이나 헬렌인 이주민이 정착한 이후의 전체 시켈리아 거주민을 뜻하기도 하는데, 일반적으 로는 후자를 의미한다.

내 동맹조약에 따라 군대를 이끌고 와줄 것을 요청했고, 다른 한편으로는 트라케 지방 오도만토이인의 왕 폴레스에게도 사절단을 보내 최대한 많은 트라케인 용병을 모집해달라고 요청했다. 그리고 자신은 에이온에서 병력이 도착하기를 기다리며 휴식을 취했다.

3   이 소식을 들은 브라시다스는 클레온에 대항하기 위해 케르딜리온에 진을 쳤다. 아르길리오스[10]의 영토에 속한 이곳은 강 건너편 고지대에 위치하여 암피폴리스에서 가깝고 주변을 전망할 수 있어, 클레온의 군대 이동을 감시하기에 적합했다. 브라시다스는 클레온이 적군의 수가 적은 것을 얕잡아 보고, 현재의 병력만으로 암피폴리스를 공격해올 것이라 예상했다.

4   아울러 브라시다스는 트라케인 용병 1,500명과 에도노스인의 경방패병과 기병대 전원을 동원했고, 암피폴리스에 주둔한 경무장보병 외에도 미르키노스인[11]과 칼키디케인 경무장보병 1,000명을 이미 확보해
5 두었다. 중무장보병은 약 2,000명, 헬렌인 기병대는 300명이었다. 브라시다스는 이 병력 중 1,500명 정도를 이끌고 케르딜리온에 진을 쳤고, 나머지는 클레아리다스의 지휘 아래 암피폴리스에 배치되었다.

1   **7** 클레온은 처음에는 움직이지 않았지만, 결국 브라시다스의 예상
2 대로 행동할 수밖에 없었다. 군사들은 계속된 대기 상태에 지쳐갔고, 브라시다스의 노련함과 용기를 자신들의 지휘관 클레온의 무지와 비겁함과 비교하며 점점 더 큰 불만을 품었다. 그를 따라 마지못해 집을

---

10 "아르길리오스"는 마케도니아에 있던 도시로, 에이온에서 북서쪽으로 약 30킬로미터, "케르딜리온"은 에이온에서 약 20킬로미터 거리에 있었다.

11 "미르키노스인"은 트라케 지방 에도니아 지역의 도시 미르키노스에 거주하던 이들로, 이 도시는 기원전 497년 밀레토스인이 건설했다. 미르키노스는 마케도니아와 트라케의 자연 경계인 스트리몬강 유역, 암피폴리스에서 북쪽으로 약 30킬로미터 떨어진 곳에 있었으며, 팡가이온산 근처에 자리해 목재와 은광이 풍부했다. 또한 스트리몬강을 통제하며 아이가이온해로 향하는 육로의 요충지에 있어 군사적으로도 중요한 위치였다.

떠나오기는 했지만, 이 원정이 잘못된 결정이었다고 생각하기 시작했다. 이러한 군사들의 동향을 알게 된 클레온은 군사들의 사기 저하를 염려하여 출정을 결정했다.

클레온은 필로스에서 거둔 성공으로 자신의 판단력을 과신하게 되 3
었고, 이번에도 같은 마음가짐으로 출정했다. 그는 적군이 자신에게 정면으로 맞설 리 없다고 여겼다. 이번 원정은 단순한 정찰이고, 증원군을 기다리는 것은 안전한 전투를 위해서가 아니라 도시를 포위하고 무력으로 점령하기 위해서라고 주장했다.

클레온은 행군하여 암피폴리스 앞에 있는 방어에 유리한 고지에 진 4
을 치고, 스트리몬강의 늪지대와 트라케 지방 쪽에서 이 도시의 위치를 살펴보았다. 그는 원할 때 언제든 전투 없이 철수할 수 있을 것이라 확 5
신했다. 성벽 위에는 아무도 보이지 않았고, 성문 밖으로 나오는 사람도 없었으며, 모든 성문이 닫혀 있었기 때문이다. 그는 도시가 비어 있어 쉽게 점령할 수 있을 것 같았기에 공성 장비를 가져오지 않은 것을 실수라고 생각했다.

8 브라시다스는 아테나이군의 움직임을 포착하자마자 자신도 케르 1
딜리온에서 내려와 암피폴리스로 들어갔다. 그러나 즉시 전열을 갖추 2
거나 출정하지는 않았다. 자신의 군대가 수적으로 열세가 아니라(수는 비슷했다) 질적으로 상대에게 뒤진다고 판단했기 때문이다. 이번 원정에 나선 아테나이군은 정예부대인 데다, 렘노스인과 임브로스인으로 구성된 매우 강력한 군대와 함께하고 있었다. 그래서 브라시다스는 전략적으로 적을 상대하기로 결정했다. 그는 병력과 장비를 미리 드러내 3
적이 실상을 확인하고 과신하게 하는 것보다, 불시에 기습하는 편이 승산이 더 크다고 판단했다.

그래서 브라시다스는 직접 중무장보병 150명을 선발하고 나머지는 4
클레아리다스의 지휘 아래 두면서, 아테나이군이 철수하기 전에 기습공격을 감행하기로 했다. 증원군이 도착하면 지금과 같이 적을 고립시킬 기회가 다시 오지 않을 것이라 생각했기 때문이다. 그는 전군을 불러 모아놓고 격려하며 자신의 전략을 다음과 같이 설명했다.

1 **9** "펠로폰네소스인들이여, 우리는 언제나 용기로 자유를 지켜온 나라에서 왔습니다. 여러분은 도로스인이며 이온인과 싸우게 될 것이고, 역사적으로 항상 그들보다 우월했음을 기억하십시오. 이 점은 더 말할
2 필요도 없습니다. 하지만 일부 병력만으로 적을 공격하는 것이 위험하게 여겨질 수 있으므로 우리의 공격 계획을 설명하고자 합니다.

3 지금 적은 우리를 얕잡아보며 누구도 감히 싸우러 나오리라 예상하지 못하고, 저 언덕 위에서 대오도 갖추지 않은 채 방심하고 있습니다.
4 정면 대결하기보다는 적의 실수를 정확히 파악하고, 현재 상황에 가장
5 유리한 전략을 선택하는 지휘관이 승리합니다. 특히 적을 효과적으로 속이고 아군에게 최대한 유리한 전술을 구사하는 지휘관은 큰 명성을 얻습니다.

6 현재 적군은 아무런 대비 없이 자만에 빠져 있으며, 맞서 싸우기보다는 언제든 철수할 생각을 하고 있습니다. 그들의 정신 상태는 해이해져 있습니다. 따라서 그들이 전열을 가다듬기 전에 내가 직접 군대를
7 이끌고 그들의 중앙을 공격할 것입니다. 클레아리다스여, 내가 계획대로 적을 공격하여 그들이 겁에 질린 것이 확인되면, 즉시 성문을 열고 암피폴리스인과 그대 휘하의 동맹군을 이끌고 나와 최대한 신속히 합
8 류해주시오. 그러면 적은 완전히 공황 상태에 빠질 것입니다. 이미 마주한 적보다 뒤늦게 나타난 적이 더 무서운 법입니다.

9 클레아리다스여, 스파르테인답게 용맹한 모습을 보여주시오. 그리고 동맹군 여러분, 이번 전투에서 승리하려면 세 가지를 명심하십시오. 의지, 명예, 그리고 지휘관에 대한 복종입니다. 오늘 여러분 앞에는 두 갈래 길이 있습니다. 용맹하게 싸워 자유를 지키고 라케다이몬의 동맹국으로 불리는 것, 아니면 아테나이의 노예가 되는 것입니다. 패배한다고 모두 처형당하거나 노예로 팔리는 것은 아닙니다. 그러나 이전보다

더 가혹한 노예의 삶을 살게 되고, 다른 헬렌인들의 자유를 억압하는 자가 될 것입니다. 이번 전투가 얼마나 중요한지를 아는 만큼 나약해지 10 지 마십시오. 나 역시 말로만 조언하지 않고, 그 말을 직접 실천하는 사람임을 보여주겠습니다."

10 브라시다스는 이 말을 한 뒤 출정 준비를 마쳤고, 클레아리다스 1 가 지휘하는 나머지 군대는 트라케문이라 불리는 성문에 배치되어 앞서 말한 대로 출정할 수 있도록 했다. 이 무렵 아테나이군은 브라시다스 2 가 케르딜리온에서 내려와 성 안으로 들어가는 모습을 목격했다(도시는 시야가 트여 있어 바깥에서도 잘 보였다). 그들은 브라시다스가 아테나 여신의 신전 근처에서 제물을 바치고 전투 준비를 하는 장면도 지켜볼 수 있었다. 클레온은 정찰을 위해 더 앞으로 나아갔고, 척후병은 적군이 모두 성 안에 집결해 있으며, 성문 아래로 많은 말과 사람들의 다리가 보이는 것으로 봐서 출정을 준비하는 것 같다고 보고했다.

이 보고를 받고 직접 상황을 살펴본 클레온은 증원군이 도착하기 전 3 에는 결전을 벌이고 싶지 않았고, 지금 철수하면 적이 공격하기 전에 벗어날 수 있다고 판단해 즉시 철수 명령을 내렸다. 군대가 철수 준비를 마치자, 그는 좌익부터 유일한 퇴로인 에이온 방면으로 이동하라고 지시했다. 그러나 철수가 더디게 진행된다고 본 그는 우익을 돌려세워 4 적군에게 측면을 노출한 채 군대를 철수시켰다.

이때 브라시다스는 아테나이군의 움직임을 포착하고 기회가 왔다고 5 생각해 자신의 군사와 다른 군사들에게 말했다. "적은 우리에게 대항하지 못할 것입니다. 창과 머리의 움직임을 보면 알 수 있습니다. 저 상태라면 우리의 공격에 버틸 수 없습니다. 내가 지시한 성문을 열고, 다들 용기를 내어 최대한 빨리 공격합시다." 그는 군사들을 이끌고 목책으로 6 연결된 옛 성벽의 첫 번째 문으로 나와 큰 길을 따라 돌격했다. 그 길의 가장 높은 지점에는 오늘날까지도 승전비가 서 있다. 브라시다스는 아테나이군의 중심부를 공격했다. 이미 대열이 흐트러져 불안해하던 아테나이군은 그 기세에 놀라 패주하기 시작했다.

7   그러자 클레아리다스도 앞서 명령받은 대로 트라케문을 통해 군대를 이끌고 나와 공격에 나섰다. 양면에서 예상치 못한 기습을 당한 아
8 테나이군은 혼란에 빠졌다. 에이온 방향으로 향하던 좌익은 이미 상당히 전진한 상태여서 즉시 대열에서 이탈하여 도망쳤다. 브라시다스는 이들을 추격하다 부상을 입었지만, 적은 그의 부상을 알아채지 못했다. 그의 주변에 있던 군사들이 그를 들어 전장 밖으로 옮겼기 때문이다.

9   아테나이군의 우익은 보다 더 강하게 버텼다. 클레온은 처음부터 전투할 의사가 없었기에 즉시 도주했으나, 미르키노스 출신의 경방패병에게 붙잡혀 죽었다. 그와 함께하던 중무장보병들은 언덕 위에서 재집결하여 클레아리다스의 공격을 두세 차례 막아냈다. 그러나 미르키노스인과 칼키디케인으로 구성된 기병대와 경방패병이 그들을 에워싸고
10 멀리서 투창을 던지자 결국 흩어져 달아났다. 이로써 아테나이군 전체가 도망치게 되었다. 다수의 군사가 교전 중 전사하거나, 이후 칼키디케인 기병대와 경방패병들에게 쫓기다가 목숨을 잃었다. 일부 생존자
11 는 여러 경로로 산을 넘어 에이온에 도착했다. 브라시다스는 성 안으로 옮겨졌고, 자신의 군대가 승리했다는 소식을 듣고 얼마 후 숨을 거두었
12 다. 클레아리다스와 함께 아테나이군을 추격했던 나머지 군사들은 돌아와 적군 전사자들의 무구를 벗기고 승전비를 세웠다.

1   **11** 이런 일이 있은 후, 모든 동맹군은 무장한 채 브라시다스의 시신을 호위하여 현재 광장이 있는 장소 앞에 안장했다. 이후 암피폴리스인은 그의 묘소를 담장으로 둘러싸고 영웅으로 추앙하여 제물을 바쳤으며, 그를 기리는 제전을 창설해 매년 제례를 올렸다. 또한 그에게 식민시 건설자라는 칭호를 부여하고, 하그논을 위해 세워진 건물들을 허물었으며, 하그논이 이 도시를 건설했다는 모든 흔적을 제거했다. 이는 브라시다스를 구원자라고 여겼을 뿐만 아니라, 아테나이에 대한 두려움으로 라케다이몬과의 동맹을 강화할 필요성을 느꼈기 때문이다. 아

테나이와 적대 중인 현재 상황에서는 하그논에게 예전처럼 경의를 표하는 것이 더 이상 유익하거나 기쁜 일이 아니라고 판단했다.

암피폴리스인은 아테나이군에게 전사자의 시신을 반환했다. 이 전 2 투에서 아테나이군은 600여 명이 전사한 반면, 브라시다스의 군대는 단 7명만이 목숨을 잃었다. 이는 정식으로 전투 대열을 갖추고 치른 정규전이 아니라, 한쪽이 불시에 기습을 당해 전열을 갖추기도 전에 벌어진 전투였기 때문이다. 전사자의 시신을 수습한 후, 아테나이군의 일부 3 는 함선을 타고 귀환했고, 나머지는 클레아리다스와 함께 암피폴리스 주변의 사안을 정리했다.

12 같은 해 여름이 끝나갈 무렵, 라케다이몬인 람피아스, 아우토카 1 리다스, 에피키디다스가 중무장보병 900명으로 구성된 증원군을 이끌고 트라케 지방의 도시들로 향했다. 도중에 트라키스에 위치한 헤라클레이아에 도착한 그들은 그 도시의 제도 중 문제가 있다고 판단되는 부분을 바로잡았다. 그들이 그곳에 머무는 동안 암피폴리스 전투가 벌 2 어졌고, 여름이 그렇게 지나갔다.

13 겨울이 시작되자, 람피아스 등이 이끄는 증원군은 테살리아 지 1 방의 피에리온산[12]까지 진격했다. 그러나 테살리아인이 그들을 막아선데다, 증원군을 요청했던 브라시다스가 전사했다는 소식을 듣고는 본국으로 돌아가기로 결정했다. 아테나이군이 이미 패하여 철수한 상황에서 더 이상 개입할 시기가 아니라고 판단했으며, 브라시다스가 구상했던 계획을 자신들이 이어갈 가치가 없다고 여겼기 때문이다. 그러나 2 그들이 귀환을 결정한 근본적인 이유는 라케다이몬 본국의 분위기가 평화 쪽으로 기울고 있음을 알아차렸기 때문이다.

14[*] 암피폴리스 전투가 끝나고 람피아스가 테살리아에서 철수한 1

---

12 "피에리온산"은 마케도니아와 테살리아의 경계로 올림포스 산맥에 속한다. 동쪽은 아이가이온해와 접하며, 인근에는 도시 디온이 있었다.

후, 양측 모두 전투를 재개하지 않았으며 평화를 원하고 있었다. 아테나이인은 델리온에서 패한 데 이어 암피폴리스에서도 큰 타격을 입었다. 이전에 행운이 따랐을 때는 최후의 승리를 확신하며 평화협정을 거부했지만, 이제는 더 이상 자신들의 힘을 믿을 수 없었다. 연이은 패배로 동맹국들이 반란을 일으킬 것을 두려워했고, 필로스 전투 이후 평화협정을 맺을 기회를 놓쳐서 후회하고 있었다.

3 한편, 라케다이몬인 입장에서도 전쟁은 예상대로 진행되지 않았다. 처음에는 아테나이 영토를 침공하면 몇 년 안에 그들의 힘을 약화시킬 수 있으리라 믿었으나 현실은 달랐다. 오히려 스팍테리아에서 전례 없는 참패를 당했고, 필로스와 키테라를 거점으로 한 아테나이군의 약탈이 계속되었다. 국가 노예들은 계속해서 도망쳤다. 해외로 도주한 노예들이 남아 있는 노예들을 선동해 과거에 그랬듯이 현재의 상황을 이용해 반란을 일으킬 가능성도 상존했다.

4 게다가 아르고스와 맺은 30년 휴전조약이 곧 만료될 예정이었으며, 아르고스인은 키누리아[13] 땅을 반환하지 않으면 조약을 갱신하지 않겠다고 압박했다. 그렇게 되면 라케다이몬인은 아르고스인과 아테나이인을 상대로 동시에 전쟁을 해야 하는데, 이는 그들에게 불가능한 일이었다. 펠로폰네소스 내 일부 동맹국이 이탈하여 아르고스 편에 설 가능성도 있었는데, 결국 그 우려는 현실이 되었다.

1 **15** 양측은 각자의 사정을 고려했을 때 평화조약이 필요하다고 판단했다. 특히 라케다이몬인은 섬에서 포로로 잡힌 자국민들의 송환을 강력히 원했기에 평화조약이 더욱 절실했다. 포로 중 상당수가 스파르테의 정부 요인이거나 그들의 친족이었기 때문이다. 라케다이몬인은

---

* 제14-26장은 라케다이몬과 아테나이가 체결한 니키아스 평화조약에 관한 내용을 다룬다.
13 "키누리아"는 아르골리스 지방과 라코니케 지방의 접경지대에 위치해, 아르고스와 라케다이몬 간의 오랜 국경 분쟁 지역이었다.

포로들이 잡힌 직후부터 협상을 시도했으나, 당시 아테나이인은 유리한 상황에 있었기에 동등한 조건으로 평화조약을 맺고 전쟁을 끝내기를 원하지 않았다. 그러나 델리온 전투 이후, 라케다이몬인은 이제 아테나이인이 협상에 응할 것이라고 보았다. 양측은 우선 1년간의 평화조약을 맺었고, 그 기간 동안 더 장기적인 평화 방안을 논의하기로 합의했다.

16 그 후 아테나이인은 암피폴리스에서 다시 한번 패배를 당했으며, 양측에서 평화조약을 가장 반대하던 두 사람 브라시다스와 클레온이 전사했다. 브라시다스는 전쟁 덕분에 명성을 얻고 성공했기에 평화를 원하지 않았고, 클레온은 평화로운 시기에는 자신의 비리가 드러나기 쉬우며 모함이 통하지 않을 것이라 생각했기에 평화를 반대했다. 이때 양국에서 가장 영향력 있던 인물은 라케다이몬의 왕이자 파우사니아스의 아들인 플레이스토아낙스와, 아테나이에서 가장 승승장구하던 장군 니케라토스의 아들 니키아스였다. 두 사람은 종전에 훨씬 더 열의를 보였다. 1

니키아스가 평화를 원한 이유는 아직 패배를 경험하지 않았고, 대중의 존경을 받고 있었기 때문이다. 그는 이러한 명성을 유지한 채 시민들의 지지를 받으며 물러나고 싶어 했다. 자신이 한 번도 국가에 패전을 안긴 적 없는 장군으로 후세에 기억되기를 원했다. 이를 위해서는 위험을 피하고 운에 맡기는 일을 가능한 한 줄여야 했는데, 그는 평화만이 이를 실현할 수 있다고 믿었다. 한편, 플레이스토아낙스는 정적들의 지속적인 비난 때문에 종전을 원했다. 그의 정적들은 국가에 불행이 닥칠 때마다 그의 불법적 복권이 원인이라고 주장하며 라케다이몬인들을 설득하려 했다.

정적들은 플레이스토아낙스와 그의 동생 아리스토클레스가 델포이의 여제관을 매수하여, 라케다이몬 사절단이 방문할 때마다 "제우스의 아들의 자손을 고국으로 데려오지 않으면, 너희는 은으로 된 쟁깃날로 2

3 발을 갈게 될 것이다"라는 예언을 하게 했다고 비난했다. 이러한 의혹은 과거 플레이스토아낙스가 뇌물을 받고 아티케에서 철군했다는 혐의를 받은 사건에서 비롯되었다. 그는 처벌을 피하기 위해 리카이온산으로 도망쳐, 제우스의 성역에 절반이 포함된 집에서 망명생활을 했다. 그리고 19년 후, 라케다이몬인은 그를 복권시키기로 하고, 과거 건국과 왕의 추대를 기념하는 전통 의식을 치르듯이 춤을 추고 제물을 바치며 그를 모셔갔던 것이다.

I **17** 이런 비난에 괴로워하던 플레이스토아낙스는 평화조약 체결을 적극적으로 추진했다. 평화가 유지되면 패전의 위험이 사라지고, 일단 라케다이몬인이 포로들을 돌려받으면 정적들이 자신을 공격할 명분도 없어질 것이라 생각했기 때문이다. 반면 전쟁이 지속되면 불행한 일이 생길 때마다 최고 지도자가 비난의 표적이 된다고 보았다.

2 양측은 그해 겨울 내내 평화조약 체결을 위한 협상을 진행했다. 봄이 다가올 무렵, 라케다이몬인은 주변 동맹국들에 사절을 보내 아티케 땅에 요새를 건설할 준비를 하라고 명령했다. 이는 아테나이인을 압박하기 위한 조치였다. 여러 차례 만나 협상한 끝에, 양측은 전쟁 기간 동안 획득한 영토는 상호 반환하되, 니사이아항은 아테나이인이 계속 보유한다는 조건으로 평화조약을 맺기로 합의했다(아테나이인이 플라타이아이의 반환을 요구하자, 테바이인은 "우리가 무력으로 점령한 것이 아니라, 그곳 시민들이 자발적으로 우리를 받아들였다"라고 주장했다. 이에 아테나이인은 자신들도 같은 방식으로 니사이아를 보유하게 되었다고 응수했다). 협상이 타결되자 라케다이몬인은 동맹국 회의를 소집했다. 보이오티아인, 코린토스인, 엘리스인, 메가라인은 협상 결과에 불만을 품고 반대했지만, 나머지 동맹국들은 종전에 찬성표를 던졌다. 결국 라케다이몬인과 아테나이인은 평화조약을 맺고, 이를 준수하겠다고 맹세했다. 평화조약의 전문은 다음과 같다.

I **18** "아테나이와 라케다이몬, 그리고 양측의 동맹국들은 다음과 같

이 평화조약을 맺고, 각 나라별로 맹세한다. 공동의 성소에 관해서는   2
누구든지 육로나 해로를 통해 찾아가서 조상들의 관습에 따라 제물을
바치거나 신전을 방문하거나 신탁을 구할 수 있다. 델포이의 아폴론 성
역과 신전, 그리고 델포이인은 자치권과 독립을 보장받으며, 그 땅과
주민에 대해 조상들의 관습에 따라 자체적인 재판권을 갖는다. 이 조약   3
은 아테나이와 그 동맹국, 라케다이몬과 그 동맹국 사이에 50년간 유
효하며, 어느 쪽도 상대를 기만하거나 육지와 바다에서 이 조약을 위반
해서는 안 된다.

　　라케다이몬과 그 동맹국은 아테나이와 그 동맹국에 대해, 그리고 아   4
테나이와 그 동맹국은 라케다이몬과 그 동맹국에 대해 어떤 계략이나
책략으로도 상대에게 해를 끼칠 목적으로 무기를 들어 공격해서는 안
된다. 서로 간에 분쟁이 발생할 경우 서로 합의한 법적 절차와 맹세로
해결한다.

　　라케다이몬과 그 동맹국은 아테나이에 암피폴리스를 반환한다. 반   5
환 도시의 주민은 각자의 재산을 가지고 원하는 곳으로 이주할 수 있
다. 아리스테이데스[14]가 정한 공물을 바치는 도시는 자치권을 유지한
다. 평화조약이 체결된 후, 이 도시들이 공물을 바치는 한 아테나이와
그 동맹국은 이들을 해칠 목적으로 무기를 들어 공격해서는 안 된다. 아
르길로스, 스타기로스, 아칸토스, 스톨로스, 올린토스, 스파르톨로스[15]가
이에 해당한다. 이 도시들은 중립을 지켜야 하며, 라케다이몬이나 아테
나이 어느 쪽의 편도 들지 않는다. 단, 아테나이가 이들을 설득해 동의
를 받는다면, 이들을 동맹국으로 삼을 수 있다. 메키베르나인, 사네인,   6

---

14 "아리스테이데스"(기원전 약 530~468년)는 아테나이의 정치가이자 장군으로, 델로
　　스 동맹 결성 당시 공정한 분담금 산정으로 유명했다.
15 "아르길로스", "스타기로스", "아칸토스", "스톨로스", "올린토스", "스파르톨로스"는 모
　　두 칼키디케반도에 있던 도시로, 전략적·문화적으로 중요한 역할을 했으며, 이 가운
　　데 아르길로스, 스타기로스, 아칸토스는 안드로스인이 건설한 식민시였다.

싱고스인[16]은 올린토스인과 아칸토스인과 마찬가지로 각각 자기 도시에 거주해야 한다.

7   라케다이몬과 그 동맹국은 아테나이에 파낙톤을 반환한다. 아테나이는 라케다이몬에게 코리파시온, 키테라, 메타나, 프텔레온,[17] 아탈란테를 반환하고, 아테나이의 감옥이나 아테나이인이 통치하는 다른 곳의 감옥에 억류되어 있는 라케다이몬인을 모두 석방한다. 또한, 스키오네에 포위되어 있는 펠로폰네소스인, 스키오네에 남아 있는 라케다이몬의 모든 동맹군, 브라시다스가 파견한 모든 이들, 아테나이의 감옥이나 아테나이인이 통치하는 다른 곳의 감옥에 억류되어 있는 라케다이몬의 모든 동맹군도 석방한다. 마찬가지로 라케다이몬과 그 동맹국도

8   억류 중인 아테나이인과 그 동맹군을 모두 송환한다. 스키오네, 토로네, 세르밀레,[18] 그 밖에 현재 아테나이가 점유한 다른 도시와 그 주민에 대해서는 아테나이가 적절하다고 판단하여 처리한다.

9   아테나이는 라케다이몬과 그 동맹국에게 나라별로 맹세한다. 양측을 대표하여 각각 17명이 각 나라에서 가장 엄숙한 맹세를 해야 한다. 그 맹세는 다음과 같다. '나는 이 평화조약에서 합의된 사항들을 공정하고 정직하게 준수하겠다.' 라케다이몬과 그 동맹국도 아테나이에게 동일한 방식으로 맹세한다. 양측은 매년 이 맹세를 갱신한다.

10   이 평화조약의 전문을 새긴 비석을 올림피아, 델포이, 코린토스 지협, 아테나이의 아크로폴리스, 라케다이몬의 아미클라이[19]에 세운다.

---

16 "메키베르나"는 칼키디케에서 팔레네반도와 시토니아반도 사이에 있는 토로네만 가장 안쪽에 위치한 도시로, 올린토스의 항구 역할을 했다. "사네"는 칼키디케 동쪽 끝에 있는 악테반도의 목 지점에 있었으며, 안드로스인이 건설한 식민시였다. "싱고스"는 칼키디케 중앙의 시토니아반도 목 부분에 있던 작은 도시다.

17 "프텔레온"은 테살리아 지방 피가사이만 근처에 있던 도시로, 남쪽으로 에우보이아 섬과 마주했다.

18 "스키오네", "토로네", "세르밀레"는 모두 칼키디케반도에 속한 도시다.

19 "라케다이몬의 아미클라이"는 수도 라케다이몬에서 남쪽으로 약 5킬로미터 떨어진

아테나이와 라케다이몬 중 어느 한쪽이 조약 내용을 잊었을 경우, 상호 ^{II} 맹세를 유지하는 범위 내에서 협의와 합의를 거쳐 수정할 수 있다.

19 이 평화조약은 라케다이몬에서는 감독관 플레이스톨라스가 재 ^I 임 중인 해 아르테미시온 달 27일부터, 아테나이에서는 집정관 알카이오스가 재임 중인 해 엘라페볼리온 달 25일부터 발효된다.[20] 맹세하고 평화조약에 서명한 이들은 다음과 같다. 라케다이몬 측에서는 플레이 ² 스토아낙스, 아기스, 플레이스톨라스, 다마게토스, 키오니스, 메타게네스, 아칸토스, 다이토스, 이스카고라스, 필로카리다스, 제욱시다스, 안티포스, 텔리스, 알키나다스, 엠페디아스, 메나스, 라필로스. 아테나이 측에서는 람폰, 이스트미오니코스, 니키아스, 라케스, 에우티데모스, 프로클레스, 피토도로스, 하그논, 미르틸로스, 트라시클레스, 테아게네스, 아리스토크라테스, 이올키오스, 티모크라테스, 레온, 라마코스, 데모스테네스.”

20 평화조약은 겨울이 끝나고 봄이 시작되는 시기, 도시의 디오니 ^I 소스제[21]가 끝난 직후에 체결되었다. 이는 라케다이몬인이 처음 아티케를 침공하여 전쟁이 시작된 지 만 10년에 며칠을 더한 시점이었다.

유서 깊은 도시로, 라케다이몬이 건설되기 전 이 지역의 주요 중심지 중 하나였다. 기원전 8세기경 라케다이몬인에 의해 정복되기 전까지 큰 영향력을 지녔으며, 역사적으로 중요한 의미를 가진다. 영웅시대에는 스파르테 왕 틴다레오스의 왕궁이 있었으며, 트로이아 전쟁의 발단이 된 헬레네의 출생지이기도 하다. 특히 높이 약 13미터에 달하는 거대한 청동 아폴론 신상이 있는 아폴론 신전과 히아킨토스 축제로 유명했다.

20 고대 헬라스 달력에서 3월 말에 시작되는 “아르테미시온 달”은 사냥과 야생동물, 달, 출산의 여신 아르테미스를 기리는 달로, 이 시기에 관련 축제와 의례가 열렸다. “엘라페볼리온 달”은 고대 아테나이력의 아홉 번째 달로, 현대 달력으로는 3월 중순부터 4월 중순에 해당한다. 명칭은 아르테미스의 별칭인 ‘사슴 사냥꾼’(엘라페볼로스)에서 유래했다.

21 “도시의 디오니소스제”는 ‘대디오니소스제’라고도 불렸으며, 엘라페볼리온 달에 아테나이에서 6일간 열렸다. 아테나이에서 가장 중요한 연극 축제로, 이 기간 동안 3일에 걸쳐 매일 3편의 비극과 1편의 사티로스극이 공연되었다.

2 과거의 사건은 국가 집권자의 이름이나 특정 인물의 공직 임기를 기준으로 기록해서는 안 되며, 계절에 따라 계산해야 한다. 공직 임기를 기준으로 할 경우, 사건이 임기의 초반, 중반, 어느 때라도 일어날 수 있
3 어 정확한 발생 시점을 파악할 수 없기 때문이다. 반면 이 책에서 채택한 방식처럼 여름과 겨울로 나누어 계산하면, 각각이 1년의 절반에 해당하므로 첫 번째 전쟁 기간에 열 번의 여름과 열 번의 겨울이 지났음을 알 수 있다.

1 **21** 라케다이몬인은 제비뽑기를 통해 먼저 획득한 영토를 반환하기로 결정되자, 즉시 아테나이인과 그 동맹국의 포로를 석방했다. 또한 이스카고라스, 메나스, 필로카리다스를 사절로 임명하여 트라케 지방으로 보내 클레아리다스에게 암피폴리스를 아테나이에게 인도하라고 지시하고, 동맹국에게는 각자의 상황에 맞게 평화조약의 조항을 받아
2 들이라고 명령했다. 그러나 동맹국들은 조약의 내용이 적절치 않다고 생각해 받아들이기를 거부했고, 클레아리다스도 칼키디케인의 환심을 사기 위해 그들의 반대를 무릅쓰고 암피폴리스를 넘겨줄 수는 없다고 밝혔다.

3 이후 클레아리다스는 사절들과 함께 라케다이몬으로 향했다. 이는 이스카고라스와 그의 동료들에게 명령 불복종 혐의로 고발당할 경우 자신을 변호하고, 동시에 평화조약을 수정할 여지가 있는지 알아보기 위해서였다. 그러나 조약 수정은 불가능하다는 사실을 깨닫게 되었다. 결국 라케다이몬인은 그에게 암피폴리스를 넘겨주되, 그것이 어렵다면 그곳에 주둔한 펠로폰네소스 병력이라도 철수시키라는 지시를 내렸고, 그는 이를 수행하기 위해 서둘러 돌아갔다.

1 **22** 동맹국 대표들이 여전히 라케다이몬에 머물고 있었기에, 라케다이몬인은 평화조약을 거부하는 이들에게 받아들일 것을 다시 한번 명령했다. 그러나 대표들은 처음 거부했을 때와 같은 이유를 들며, 보다 공정한 조약으로 수정되지 않는 한 받아들일 수 없다고 주장했다.

동맹국 대표들이 요구에 응하지 않자, 라케다이몬인은 그들을 돌려 2
보낸 후 아테나이인과 독자적으로 동맹을 맺기로 하고 협상을 시작했
다. 이전에 라케다이몬인은 암펠리다스와 리카스를 사절로 보내 아르
고스인과 평화조약을 갱신하려 했으나, 아르고스인이 이를 거부한 바
있었기 때문이다. 라케다이몬인이 아테나이인과 동맹을 맺으면 아르고
스인은 아테나이인의 지원을 받을 수 없게 되어 더 이상 라케다이몬에
위협이 되지 못하고, 이전까지 펠로폰네소스의 여러 나라가 기회를 봐
서 아테나이 편에 서려 했지만, 이제는 그러한 선택이 어려워질 것이라
고 판단했기 때문이다. 이에 라케다이몬에 와 있던 아테나이 사절단과 3
몇 차례 논의한 끝에 합의에 도달하자, 양측은 다음과 같이 동맹을 맺
었다.

23 "아테나이와 라케다이몬은 다음과 같은 조건으로 50년간 동맹을 1
맺는다. 누구든 라케다이몬의 영토에 침입하여 라케다이몬인에게 해
를 끼친다면, 아테나이는 최대한 강력한 방법으로 라케다이몬을 지원
한다. 침입자가 라케다이몬의 영토를 약탈하고 떠난 경우, 해당 국가는
양국의 공동의 적으로 간주되어 응징의 대상이 된다. 이 조치는 정의롭
고 열정적이며 속임수 없이 수행된다.

마찬가지로 누구든 아테나이의 영토에 침입하여 아테나이인에게 해 2
를 끼친다면, 라케다이몬은 최대한 강력한 방법으로 아테나이를 지원
한다. 침입자가 아테나이의 영토를 약탈하고 떠난 경우, 해당 국가는
양국의 공동의 적으로 간주되어 응징의 대상이 된다. 이 조치는 정의롭
고 열정적이며 속임수 없이 수행된다. 국가 노예들이 반란을 일으킬 경 3
우, 아테나이는 최대한 전력을 다해 라케다이몬을 지원한다.

평화조약 체결 시 맹세했던 동일 인사가 본 동맹조약에서 서약하며, 4
양측은 매년 이 맹세를 갱신한다. 라케다이몬인은 디오니소스제 개최
시 아테나이를 방문하고, 아테나이인은 히아킨토스제[22] 개최 시 라케
다이몬을 방문하여 조약을 갱신한다. 양측은 동맹조약의 전문을 새긴 5

비석을 세운다. 라케다이몬은 아미클라이의 아폴론 신전 옆에, 아테나
6 이는 아크로폴리스의 아테나 신전 옆에 비석을 세운다. 라케다이몬과
아테나이가 본 동맹조약에 조항을 추가하거나 삭제하고자 할 경우, 상
호 맹세의 취지에 부합하는 선에서 공동 합의하여 결정한다.

1   **24** 라케다이몬 측 서약자는 다음과 같다. 플레이스토아낙스, 아기
스, 플레이스톨라스, 다마게토스, 키오니스, 메타게네스, 아칸토스, 다
이토스, 이스카고라스, 필로카리다스, 제욱시다스, 안티포스, 텔리스,
알키나다스, 엠페디아스, 메나스, 라필로스. 아테나이 측 서약자는 다
음과 같다. 람폰, 이스트미오니코스, 라케스, 니키아스, 에우티데모스,
프로클레스, 피토도로스, 하그논, 미르틸로스, 트라시클레스, 테아게네
스, 아리스토크라테스, 이올키오스, 티모크라테스, 레온, 라마코스, 데
모스테네스."

2   이 동맹조약은 평화조약이 체결된 직후 체결되었다. 아테나이인은
스팍테리아섬에서 포로로 붙잡은 라케다이몬 군사들을 송환했다. 이로
써 열한 번째 여름이 시작되었으며, 10년간 지속된 첫 번째 전쟁에 관
한 기록을 마친다.

1   **25** 10년간의 전쟁이 끝난 후, 라케다이몬에서는 플레이스톨라스가
감독관으로, 아테나이에서는 알카이오스가 집정관으로 재임 중인 해에
양국은 평화조약과 동맹조약을 맺었고, 이 조약을 받아들인 자들은 평
화를 누렸다. 그러나 코린토스인과 펠로폰네소스의 일부 국가들은 합
의 사항을 준수하려 하지 않았다. 이로 인해 라케다이몬과 그 동맹국들
2 사이에 새로운 분쟁이 발생했다. 시간이 지나면서 아테나이인도 일부
3 합의 사항을 이행하지 않는 라케다이몬인을 의심하기 시작했다. 6년

---

22 "히아킨토스제"는 아폴론 신이 사랑한 아름다운 청년 히아킨토스를 기리는 축제로,
    라케다이몬의 아미클라이에 있는 아폴론 신전에서 매년 헤카톰베우스 달(오늘날의
    7월경)에 3일 동안 열렸다.

10개월 동안 양측은 서로의 영토에 침입하는 것을 삼갔으나, 영토 외 지역에서는 불안정한 휴전 기간 중에도 상대에게 최대한의 피해를 입히려 했다. 결국 양측은 10년 전쟁 끝에 체결한 평화조약을 파기하고, 다시 본격적으로 전쟁에 돌입하게 되었다.

26 아테나이인 투키디데스는 이후 라케다이몬인과 그 동맹군이 아 1 테나이 제국을 무너뜨리고, 긴 성벽과 페이라이에우스항을 점령하기까지의 과정을 시간 순으로, 여름과 겨울로 구분하여 기록했다. 이 전쟁의 전체 기간은 27년에 이른다. 누군가 그 사이 평화조약이 체결된 시 2 기를 전쟁 기간에서 제외하려 한다면, 그것은 올바른 판단이 아니다. 사실상 그 시기를 '평화'라고 부르기 어렵기 때문이다. 어느 쪽도 합의된 사항을 이행하지 않았으며, 만티네이아 전쟁과 에피다우로스 전쟁[23]에서 양측 모두 조약을 위반했다. 트라케 지방의 동맹국들은 여전히 아테나이인에게 적대적이었으며, 보이오티아인조차 10일밖에 휴전조약을 지키지 않았다.

따라서 처음 10년간의 전쟁, 이후의 불안정한 휴전 기간, 그리고 다 3 시 이어진 전쟁을 계절별로 나누어 합산해보면, 전체 전쟁 기간은 정확히 내가 말한 햇수에서 며칠을 넘기지 않는다. 신탁을 믿는 사람들도 이러한 주장이 사실과 일치한다고 여길 것이다. 내가 기억하기로, 이 4 전쟁이 시작해서 끝날 때까지 27년간 지속될 것이라고 예언한 이들이 많았기 때문이다.

나는 전쟁 기간 전체를 살아왔으며, 나이가 들어갈수록 정확한 사 5

---

23 "만티네이아 전쟁"은 기원전 418년, 아르고스·만티네이아·아테나이·엘리스로 구성된 아르고스 연합군과 라케다이몬·테게아 중심의 라케다이몬 연합군 사이에 벌어진 전쟁이다. 아르고스 연합군이 동맹 도시 에피다우로스를 공격하자, 라케다이몬군이 만티네이아로 진격해 약 16,000명의 중무장보병이 참여한 전투가 벌어졌다. 라케다이몬의 승리로 아르고스 연합은 해체되었으며, 만티네이아와 엘리스는 평화조약을 맺었다. "에피다우로스 전쟁"은 이 전쟁의 발단이 된 사건으로, 아르고스 연합군의 에피다우로스 침공이 라케다이몬의 개입을 불러왔다.

실을 파악하는 데 더욱 힘썼다. 또한 암피폴리스에서 군대를 지휘하던 중 20년 동안 조국에서 추방되기도 했다. 덕분에 양측의 사정, 특히 펠로폰네소스 측의 상황을 객관적으로 살피고, 목격한 사건을 냉철하게 고찰할 여유를 갖게 되었다. 이제 나는 초기 10년 전쟁 이후 평화조약이 체결되는 과정, 그 기간 동안 지속된 불화와 조약의 파기, 그리고 재개된 전쟁 과정을 기술하고자 한다.

1   **27*** 50년간의 평화조약이 맺어지고 이어서 동맹조약까지 체결되자, 이 일을 위해 라케다이몬에 모였던 펠로폰네소스 각국의 대표단은 귀

2 국길에 올랐다. 대부분은 바로 귀국했지만, 코린토스 대표들은 아르고스에 들러 몇몇 고위 인사와 대화를 나누었다. 코린토스인은 라케다이몬인이 펠로폰네소스를 이롭게 하기 위해서가 아니라 오히려 노예화하기 위해, 과거 철천지원수였던 아테나이인과 평화조약과 동맹조약을 맺었다고 주장했다. 따라서 아르고스인은 펠로폰네소스를 구할 방안을 모색해야 하며, 헬라스의 모든 국가 중에서 주권을 행사하며 다른 국가와 대등한 조건으로 협상할 권한을 가진 국가는, 원하는 경우 아르고스인과 상호 방위동맹을 체결할 수 있도록 하는 결의안을 통과시켜야 한다고 촉구했다. 또한, 이러한 결의안을 민회에 회부했다가 대중을 설득하는 데 실패하면 계획이 새어나갈 위험이 있으므로, 몇몇 사람을 임명하여 전권을 위임하는 방식이 더 안전하다고 조언했다. 코린토스인은 라케다이몬인을 달갑게 여기지 않는 많은 국가들이, 그들에 대한 반감으로라도 아르고스인과의 상호 방위동맹에 참여할 것이라고 덧붙였

3 다. 그들은 이렇게 제안을 한 후, 본국으로 돌아갔다.

1   **28** 코린토스 대표단과 대화를 나눈 아르고스인은 그들의 제안을 고위 관리들과 대중에게 전했다. 이에 아르고스인은 제안을 수용하는 결의안을 통과시키고, 12명의 대표를 선출하여 아테나이와 라케다이몬

---

* 제27-81장은 아르고스 동맹과 라케다이몬의 충돌 과정을 다룬다.

을 제외한 모든 헬라스 국가들과 상호 방위동맹을 맺을 수 있는 권한을 위임했다. 단, 아테나이나 라케다이몬과의 조약은 아르고스 대중의 동의 없이는 체결할 수 없도록 제한했다.

아르고스인이 코린토스 대표단의 제안을 기꺼이 받아들인 이유는 2 두 가지였다. 하나는 라케다이몬인과의 평화조약이 만료되어가고 있어, 머지않아 전쟁이 벌어질 것이라 예상했기 때문이다. 다른 하나는 펠로폰네소스의 패권을 장악하려는 야심 때문이었다. 당시 라케다이몬은 여러 불운한 사건으로 명성이 떨어진 반면, 아르고스는 아티케 전쟁에 참여하지 않고도 양측과 동맹관계를 유지해 모든 면에서 가장 유리한 위치를 차지하고 있었다. 이러한 배경 속에서 아르고스인은 헬라 5 스의 어느 국가든 원한다면 자신들과 상호 방위동맹을 맺을 수 있도록 결정했다.

29 만티네이아인과 그 동맹국들은 라케다이몬인을 두려워하여 가 1 장 먼저 아르고스 편으로 돌아섰다. 그들은 라케다이몬인이 아테나이인과 전쟁을 치르는 동안 아르카디아 지방의 상당 부분을 점령했지만, 전쟁이 끝나고 여유를 찾게 된 라케다이몬이 자신들의 점유를 더 이상 용납하지 않을 것이라 예상했기 때문이다. 만티네이아인은 아르고스가 강대국이며, 라케다이몬인과 지속적으로 대립해왔고, 자신들과 같은 민주정 체제를 유지하고 있다는 점에서 아르고스와 손잡는 것이 유리하다고 판단했다.

만티네이아가 라케다이몬 동맹에서 이탈하자, 펠로폰네소스 곳곳에 2 서 이를 따라야 한다는 목소리가 커졌다. 그들은 만티네이아인이 모종의 중요한 정보를 알고 있기 때문에 동맹을 바꾼 것이라 생각했다. 또한, 동맹국들은 라케다이몬인에게 분개했는데, 특히 라케다이몬과 아테나이가 조약에 무언가를 추가하거나 삭제할 때, 두 나라 간의 맹세를 유지하는 선에서 합의하여 결정할 수 있다는 조항이 문제가 되었다.

이 조항은 펠로폰네소스 전체에 동요를 일으켰고, 라케다이몬인이 3

아테나이인과 힘을 합쳐 자신들을 노예로 삼으려 한다는 의심을 불러
일으켰다. 펠로폰네소스의 국가들은 조약 수정을 위해서는 반드시 모
4 든 동맹국의 동의를 받아야 한다고 생각했기 때문이다. 이러한 불안감
속에서 여러 국가가 아르고스인에게 관심을 돌렸고 그들과 새로운 동
맹을 맺으려 했다.

1   **30** 라케다이몬인은 펠로폰네소스 전체가 동요하고 있으며 주동자
인 코린토스인마저 아르고스인과 동맹을 맺으려 한다는 사실을 알아
차리고, 이를 사전에 차단하기 위해 코린토스로 사절단을 보냈다. 사절
단은 코린토스인을 향해 모든 음모의 주동자라고 질책하며, 만약 그들
이 라케다이몬을 버리고 아르고스와 동맹을 맺는다면 이는 명백한 맹
세 위반이라고 경고했다. 또한 동맹국들이 다수결로 결의한 사항은 신
들과 영웅들이 막지 않는 한 모든 동맹국에 구속력을 갖는다고 조약에
명시되어 있으므로, 코린토스인이 아테나이인과의 조약을 받아들이지
않는 것은 그 자체로 이미 불의한 행위라고 주장했다.

2   코린토스인은 아테나이인과의 조약 수용을 거부한 다른 동맹국 대
표단을 사전에 소집해놓고, 이들 앞에서 라케다이몬인의 질책에 반론
을 제기했다. 코린토스인은 솔리온과 아낙토리온을 아테나이로부터 돌
려받지 못한 실질적 불만이나 기타 부당하다고 여기는 대우에 관해서
는 직접 언급하지 않았다. 대신 자신들은 트라케 지방의 동맹국들을 배
신할 수 없다고 주장하며, 포테이다이아가 최초로 반기를 들었을 때뿐
만 아니라 이후에도 어떤 불이익이 있더라도 이들을 배신하지 않겠다
고 맹세했음을 명분으로 내세웠다.

3   따라서 아테나이인과의 조약 거부가 동맹의 맹세를 위반한 것이 아
니라고 주장했다. 그들은 트라케 지방 동맹국들에 신들의 이름으로 맹
세했기 때문에, 이들을 배신하면 거짓 맹세를 하게 된다는 이유로 아테
나이인과의 조약을 받아들일 수 없다고 설명했다. 또한 아테나이인과
의 조약에 포함된 '신들과 영웅들이 막지 않는다면'이라는 문구를 언급

하며, 현 상황이 바로 신들이 막는 경우라고 해석했다.

코린토스인은 이전 맹세에 관해서는 위와 같이 설명하고, 아르고스 4
인과의 동맹 문제는 우방들과 협의하여 적절하다고 판단되는 대로 결
정하겠다고 언급했다. 이후 라케다이몬 사절단은 본국으로 돌아갔다. 5
이때 아르고스 사절단도 코린토스에 도착하여 코린토스인에게 더 이
상 주저하지 말고 상호 방위동맹에 가입할 것을 촉구했다. 그러나 코린
토스인은 이들에게 코린토스에서 개최될 다음 회의 때 보자고 통보했다.

31 그 후 얼마 지나지 않아 엘리스 사절단이 도착하여 먼저 코린토 1
스인과 동맹을 맺고, 계획된 일정에 따라서 아르고스로 건너가 아르고
스인과도 동맹을 맺었다. 마침 레프레온²⁴을 둘러싸고 엘리스인과 라케
다이몬인 간에 분쟁이 발생했기 때문이다.

이전에 레프레온인과 일부 아르카디아인 간에 전쟁이 일어났을 때, 2
레프레온인은 자신들의 영토 절반을 주기로 약속하고 엘리스인을 동
맹군으로 끌어들였다. 전쟁이 끝난 후 엘리스인은 레프레온인에게 모
든 영토를 경작할 권리를 부여하는 대가로 올림피아의 제우스에게 1탈
란톤의 소작료를 바치도록 했다. 아티케 전쟁이 일어날 때까지 레프레 3
온인은 소작료를 지불했으나, 이후에는 전쟁을 핑계 삼아 소작료 지불
을 중단했다. 이에 엘리스인이 압력을 가하자, 레프레온인은 라케다이
몬인에게 호소했다. 이 사안이 라케다이몬인의 중재에 맡겨지자, 엘리
스인은 공정한 판결을 기대하기 어렵다고 생각하여 중재를 거부하고,
레프레온인의 영토를 약탈했다. 그럼에도 라케다이몬인은 레프레온을 4
독립국으로, 엘리스를 침략자로 판결한 후, 엘리스인이 중재를 따르지
않는다는 이유로 레프레온에 중무장한 수비대를 보냈다.

---

24 "레프레온"은 엘리스 지방의 도시 엘리스에서 남쪽으로 약 60킬로미터 지점에 있던
도시로, 알페이오스강과 낮은 산악 지대가 엘리스와 경계를 이루었다. 기원전 421년
라케다이몬 동맹에 가입하면서 엘리스와의 갈등이 격화되었고, 라케다이몬의 지원
을 받아 엘리스의 지배에서 벗어났다.

5 　엘리스인은 자신들의 속국이 반기를 들고 라케다이몬인을 받아들였다고 간주했다. 그들은 조약에 아티케 전쟁에 참전한 동맹국은 전쟁 발발 시 소유한 영토를 전쟁 후에도 계속 소유한다고 명시되어 있음에도 부당한 대우를 받았다고 주장하며, 아르고스 측으로 전향하여 앞서 언급한 대로 동맹을 체결한 것이다.

6 　엘리스인에 이어 코린토스인과 트라케 지방의 칼키디케인도 아르고스의 동맹국이 되었다. 그러나 보이오티아인과 메가라인은 아르고스와 동맹을 맺지 않고 현상태를 유지했다. 이는 라케다이몬인의 감시를 받고 있다는 이유도 있었지만, 그들이 채택하고 있는 과두정 체제에서는 아르고스의 민주정이 라케다이몬의 과두정보다 더 나을 것이 없다고 판단했기 때문이다.

1 　**32** 그해 여름 동일한 시기, 아테나이는 스키오네를 함락시켰다. 그들은 성인 남자들은 죽이고 여자와 아이들은 노예로 삼았으며, 스키오네의 영토는 플라타이아이에서 추방된 이들에게 분배했다.[25] 또한 델로스인을 그들의 본거지 델로스로 귀환시켰는데, 이는 거듭된 패전과 델포이의 신탁이 마음에 걸려 행한 조치였다. 이 무렵 포키스인과 로크리스인 간에 전쟁이 시작되었다.

2

3 　한편 새로운 동맹을 맺은 코린토스인과 아르고스인은 라케다이몬인에게 반기를 들도록 테게아를 설득하기 위해 그곳을 방문했다. 테게아처럼 중요한 나라가 자신들의 편에 선다면 펠로폰네소스 전역을 통제할 수 있으리라 기대했기 때문이다. 그러나 테게아인은 라케다이몬인에게 어떠한 적대행위도 하지 않겠다고 선언했다. 그러자 지금까지 동맹을 모으는 데 적극적이었던 코린토스인은 더 이상 다른 도시들이 자

4

---

25 "플라타이아이"는 보이오티아에 속했지만, 보이오티아 연맹과 달리 아테나이와의 동맹을 유지했다. 기원전 427년 라케다이몬과 테바이 연합군에 함락되어 파괴되었고, 주민들은 추방되었다. 이후 아테나이인은 반란을 일으킨 "스키오네"를 점령한 뒤, 이같은 조치를 취했다.

신들의 편에 서지 않을 것이라는 두려움에 열의가 크게 줄어들었다. 그 5
럼에도 코린토스인은 보이오티아를 찾아가 그들에게 코린토스와 아르
고스의 동맹국이 되어 함께 행동해줄 것을 요청했다. 또한 함께 아테나
이로 가서, 50년 평화조약 직후 아테나이인과 보이오티아인 간에 체결
된 것과 유사한 10일 휴전조약을 자신들도 맺을 수 있도록 중재해달라
고 요청했다. 만약 아테나이인이 이를 거부한다면, 보이오티아가 직접
휴전조약의 파기를 통보하고, 앞으로 코린토스인을 배제한 어떤 조약
도 맺지 말 것을 주문했다.

보이오티아인은 아르고스와의 동맹 문제에 관해서는 시간이 필요하 6
다고 답변했으나, 코린토스인과 함께 아테나이를 방문했다. 그러나 코
린토스인을 위한 10일간의 휴전조약 체결에 실패했다. 아테나이인은
코린토스가 라케다이몬 동맹국이라면 이미 휴전 상태에 있다고 주장
했다. 코린토스인이 보이오티아인에게 호소하며 약속 준수를 촉구했음 7
에도 불구하고, 보이오티아인은 10일 휴전조약의 파기를 아테나이인
에게 통보하지 않았다. 결국 코린토스와 아테나이 간의 휴전조약은 체
결되지 못했다.

33 그해 여름, 라케다이몬은 라케다이몬의 왕이자 파우사니아스의 1
아들 플레이스토아낙스를 지휘관으로 삼아, 전군을 아르카디아 지방의
파라시아로 출정시켰다. 파라시아는 만티네이아의 속국이었는데, 내분
이 발생하여 한 정파가 라케다이몬인의 도움을 요청했기 때문이다. 마
침 라케다이몬인은 만티네이아인이 건설하고 수비대를 주둔시킨 킵셀
라 요새를 허물고 싶어 했다. 파라시아의 영토에 위치한 이 요새가 라
코니케 지방의 스키리티스[26]에 위협이 되고 있었기 때문이다. 라케다이 2

---

26 "파라시아"는 펠로폰네소스 중앙 아르카디아 지방 서부에 있던 도시다. 아르카디아
  에서 가장 오래된 정착지 중 하나로서 호메로스의 『일리아스』에도 언급된다. "킵셀
  라 요새"에 대해서는 자료가 거의 없다. "스키리티스"는 라코니케와 아르카디아의 접
  경에 있는 산악 지대로, 라케다이몬과 테게아 사이의 완충지 역할을 했다.

몬인이 파라시아의 영토를 약탈하기 시작하자, 만티네이아인은 도시 방어를 아르고스 수비대에 맡기고 직접 동맹국의 영토를 지키기 위해 출정했다. 그러나 그들은 킵셀라 요새와 파라시아의 도시들을 구하지 못하고 결국 본국으로 돌아갔다. 그러자 라케다이몬인도 파라시아인을 독립시키고 요새를 허문 후 본국으로 돌아갔다.

3

1 **34** 그해 여름, 브라시다스를 따라 트라케 지방으로 출정했던 군사들은 평화조약이 체결된 후, 클레아리다스의 지휘 아래 본국으로 돌아왔다. 라케다이몬인은 브라시다스의 지휘 아래 전투에 참여한 국가 노예들을 해방하고, 각자가 원하는 곳에서 거주할 수 있도록 하는 결의안을 통과시켰다. 얼마 지나지 않아 그들을 이전에 해방된 국가 노예들과 함께 라코니케와 엘리스 지방 사이에 위치한 레프레온에 정착시켰다. 이미 엘리스인과의 불화가 시작되었기에 마련된 조치였다.

2 한편 스팍테리아섬에서 투항하고 무기를 넘겨준 라케다이몬 시민들의 처우 문제도 논의되었다. 만약 그들이 시민권을 그대로 유지한다면, 적에게 항복했다는 이유로 불이익을 받는다고 여기며 반란을 일으킬 우려가 있다고 판단되었다. 이에 따라 당시 관직에 있던 자들을 포함해 항복한 모든 이의 시민권을 박탈했다. 이는 공직 취임과 거래 행위에 관한 모든 권리의 상실을 의미했다. 그러나 시간이 흐른 후 그들은 모두 복권되었다.

1 **35** 그해 여름, 디온인이 악테반도의 아토스산 근처에 있는 티소스를 점령했다. 이 도시는 아테나이의 동맹국이었다.

2 여름 내내 아테나이인과 펠로폰네소스인 사이에 교류가 있었으나, 평화조약 직후 반환하기로 약속한 지역을 서로 돌려주지 않아 불신이 깊어졌다.

3 제비뽑기로 정한 순서에 따라 라케다이몬인이 먼저 암피폴리스를 비롯한 여러 도시들을 반환해야 했으나 이를 이행하지 않았다. 트라케 지방의 동맹국들과 보이오티아인, 코린토스인에게 평화조약을 받아들이도록 설득하는 데도 실패했다. 라케다이몬인은 동맹국들이 계

속해서 평화조약을 거부할 경우, 아테나이인과 연합하여 강제로라도 조약을 받아들이게 할 것이라고 거듭 주장했다. 공식 문서에는 명시하지 않았으나, 일정 시점까지 조약에 가입하지 않는 국가는 라케다이몬과 아테나이의 공동의 적으로 간주하겠다고 선언했다.

그러나 두 가지 약속이 모두 실현되지 않자, 아테나이인은 라케다이 4 몬인의 의도를 의심하기 시작했다. 이에 필로스 반환 요구를 거부했고, 섬에 있던 라케다이몬 포로들을 섣불리 돌려준 것을 후회했다. 아테나이인은 라케다이몬인이 약속을 이행하기를 기다리며, 자신들이 반환하기로 한 지역들을 그대로 보유했다.

라케다이몬인은 자신들이 할 수 있는 조치는 모두 취했다고 주장했 5 다. 억류 중이던 포로들을 석방했고, 트라케 지방에서 군대를 철수시켰으며, 그 밖에 가능한 모든 일을 다했다고 강조했다. 암피폴리스 반환은 능력 밖의 일이지만, 아테나이인에게 파낙톤을 반환하고, 보이오티아에 억류되어 있는 아테나이인 포로들을 모두 송환하기 위해 보이오티아인과 코린토스인을 평화조약에 참여시키도록 노력하겠다고 말했다. 라케다이몬인은 계속해서 필로스의 반환을 요구했다. 완전한 반환 6 이 어렵다면, 그곳에 아테나이 수비대를 유지해도 좋으니 자신들이 트라케 지방에서 군대를 철수했듯이 메세니아인과 국가 노예들만이라도 철수시켜달라고 요청했다.

그해 여름, 여러 차례의 협상 끝에 라케다이몬인은 필로스에서 메세 7 니아인과 국가 노예들, 그리고 라코니케 지방에서 도주한 자들을 철수시키도록 아테나이인을 설득하는 데 성공했다. 아테나이인은 철수시킨 이들을 케팔레니아섬의 크라니오이[27]에 정착시켰다. 이로써 여름 동안 8 은 평화가 유지되었고, 아테나이인과 라케다이몬인 간에 왕래도 있었다.

---

27 케팔레니아섬에는 4개의 주요한 도시국가가 있었으며, 그중 하나인 "크라니오이"는 남서쪽에 자리했다.

ι   **36** 겨울이 되자 라케다이몬에서는 평화조약 체결 당시와는 다른 감독관들이 취임했다. 이들 중 일부는 이미 체결된 평화조약에 반대하는 입장이었다. 그해 겨울, 라케다이몬 동맹국들에서 대표단이 도착했고, 아테나이와 보이오티아, 코린토스 대표단도 참석하여 많은 논의가 오갔으나 아무런 합의도 이루어지지 않았다. 대표단들이 귀국길에 오를 때, 평화조약 폐기를 가장 원했던 감독관 클레오불로스와 크세나레스는 보이오티아 및 코린토스 대표단과 개인적으로 회담을 가졌다. 그들은 가능한 한 공동 정책을 추진하여 보이오티아가 먼저 아르고스와 동맹을 맺고, 이후 보이오티아의 도움으로 아르고스가 라케다이몬의 동맹국이 되도록 설득하는 방안을 제안했다. 그렇게 되면 보이오티아인은 굳이 아테나이인과의 조약을 받아들일 필요가 없고, 라케다이몬인도 아르고스인과 동맹을 맺으며 친구가 되기 위해 아테나이인의 적대감과 평화조약의 파기도 감수할 것이라고 설명했다. 두 감독관은 펠로폰네소스 밖에서의 전쟁 수행을 좀 더 수월하게 하기 위해 라케다이몬인이 항상 아르고스인과의 우호적 관계를 열망한다는 사실을 알고 있

2   었다. 또한 그들은 파낙톤을 라케다이몬인에게 넘겨달라고 요청했다. 파낙톤을 확보하여 필로스와 교환할 수 있다면, 아테나이와 전쟁을 재개하기가 유리해지기 때문이었다.

ι   **37** 보이오티아와 코린토스 대표단은 크세나레스와 클레오불로스, 그리고 그 밖의 지지자들의 제안을 각자의 본국에 보고하기 위해 돌아

2   갔다. 귀국 도중, 그들은 길목에서 기다리고 있던 두 명의 아르고스 고위 관리를 만나 대화를 나누었다. 이들은 보이오티아도 코린토스, 엘리스, 만티네이아처럼 아르고스의 동맹국이 되어줄 것을 요청했다. 그들은 이렇게 힘을 합친다면 필요에 따라 라케다이몬은 물론이고 다른 어떤 세력과도 전쟁을 벌이거나 평화를 유지할 수 있을 것이라고 강조했다.

3   보이오티아 사절단은 이 제안을 듣고 기뻐했다. 아르고스 고위 관리

들의 제안이 라케다이몬의 두 감독관이 했던 제안과 일치했기 때문이
다. 아르고스 관리들은 그들의 제안이 호의적으로 받아들여졌음을 확
인하고, 곧 보이오티아에 사절단을 파견하겠다고 약속한 후 떠났다. 본 4
국에 돌아온 보이오티아 대표단은 두 곳에서 받은 제안을 보이오티아
연맹 지도자들에게 보고했다. 연맹의 지도자들은 이 소식을 듣고 기뻐
하며, 특히 라케다이몬의 제안이 아르고스의 요구와 정확히 일치한다
는 사실에 더욱 고무되었다. 얼마 지나지 않아 아르고스 사절단이 보이 5
오티아에 도착하여 공식 제안을 전했다. 보이오티아 연맹 지도자들은
이 제안에 감사를 표하고, 동맹 체결과 관련된 협상을 위해 대표단을
아르고스에 파견하겠다고 약속한 후 그들을 돌려보냈다.

38 이 무렵 보이오티아 연맹 지도자들과 코린토스, 메가라, 그리고 1
트라케 지방에서 온 사절단이 회합을 가졌다. 그들은 필요할 경우 언제
든 상호 지원하며, 전체 동의 없이 개별적으로 전쟁을 시작하거나 평화
조약을 체결하지 않기로 맹세했다. 또한 공동보조를 취하고 있던 보이
오티아인과 메가라인은 아르고스와 동시에 동맹을 맺기로 합의했다.
그러나 보이오티아 연맹 지도자들은 맹세에 앞서 이 계획을 보이오티 2
아의 네 의회에 알리고자 했다. 이 의회들은 각 도시에서 전권을 가지
고 있었으며, 연맹 지도자들은 보이오티아와 상호 방위동맹을 희망하
는 모든 국가와 함께 맹세하자고 권고했다.

그러나 보이오티아 연방 의회[28]는 이 제안을 거부했다. 그들은 라케 3
다이몬 동맹에서 이탈한 코린토스가 참여하는 새로운 동맹에 가입함
으로써 라케다이몬에 대해 적대 행위를 하게 될까 우려했다. 이러한 결
과는 보이오티아 연맹 지도자들이 연방 의회의 의원들에게 라케다이

---

28 보이오티아 연맹은 최고 집행기관인 '보이오타르케스'(제2권 각주 1을 보라) 외에
   도, 주요 정책을 논의·결정하는 연방 의회와 사법 기능을 담당하는 연방 법원을 운
   영했다.

몬의 내부 상황과 두 감독관 클레오불로스와 크세나레스, 그리고 그 지지자들의 제안을 미리 알리지 않았기 때문에 초래되었다. 이 감독관들은 먼저 아르고스 및 코린토스와 동맹을 맺은 뒤, 라케다이몬과도 동맹을 맺자고 제안했었다. 그러나 보이오티아 연맹 지도자들은 굳이 이 사실을 밝히지 않아도 연방 의회가 자신들의 권고를 그대로 승인할 것이라 생각했다. 결국 계획이 무산되자, 코린토스와 트라케 지방의 사절단은 아무 성과 없이 돌아갔다. 보이오티아 연맹 지도자들은 이전에는 아르고스와의 동맹을 적극 추진했으나, 이제는 이 문제를 연방 의회에 상정하는 것을 포기하고, 아르고스에 약속했던 사절단도 파견하지 않았다. 이 모든 계획은 방치되고 지연되었다.

39 그해 겨울, 올린토스인이 아테나이군 수비대가 지키던 메키베르나를 급습하여 점령했다. 이런 상황에서도 아테나이인과 라케다이몬인은 서로 점령하고 있는 상대방 영토와 관련된 협상을 계속 이어갔다. 라케다이몬인은 아테나이인이 보이오티아인에게서 파낙톤을 되찾으면 자신들도 필로스를 되찾을 수 있으리라 판단했다. 이에 그들은 보이오티아인에게 사절단을 보내, 필로스와 교환할 목적으로 파낙톤과 아테나이인 포로들을 넘겨달라고 요청했다.

그러나 보이오티아인은 라케다이몬인이 아테나이인과 맺은 것과 같은 방식의 개별 동맹을 자신들과도 맺지 않으면 이에 응할 수 없다고 답했다. 라케다이몬인은 평화조약에 양측 어느 쪽도 상대방의 동의 없이는 평화협정을 맺거나 전쟁을 할 수 없다고 명시되어 있어, 보이오티아인의 요구를 들어주는 것이 아테나이인과의 조약 위반임을 알고 있었다. 그럼에도 그들은 한편으로는 파낙톤을 넘겨받아 필로스와 교환하기를 원했고, 다른 한편으로는 평화조약 파기를 주장하는 정파가 보이오티아와의 관계 개선을 촉구했기 때문에, 겨울이 끝나고 봄이 시작될 무렵 보이오티아인과 동맹을 맺었다. 그러자 보이오티아인은 파낙톤의 요새를 즉시 허물었다. 이로써 이 전쟁의 열한 번째 해[29]가 끝났다.

40 여름이 시작될 무렵, 아르고스인은 여러 불안한 소식을 접했다. 1
보이오티아인이 약속했던 사절단을 파견하지 않았고, 파낙톤 요새가
파괴되었으며, 보이오티아와 라케다이몬 사이에 개별 동맹이 체결되었
다는 사실을 알게 된 것이다. 아르고스인은 동맹국들이 모두 라케다이
몬 편으로 넘어가고 자신들만 고립될 것을 우려했다. 그들은 보이오티 2
아인이 라케다이몬인의 권유로 파낙톤을 파괴하고 아테나이인과의 평
화조약을 받아들였으며, 아테나이인도 이 모든 사실을 알고 있으리라
고 보았다. 그들은 이전까지 아테나이인과 라케다이몬인이 서로 반목
하는 한, 라케다이몬과의 평화조약을 갱신하지 않더라도 언제든 아테
나이와 동맹을 맺을 수 있다고 여겼다. 그러나 이제는 아테나이와의 동
맹도 기대할 수 없게 되었다고 판단했다.

결국 아르고스인은 큰 결단을 내려야 했다. 지금까지는 라케다이몬 3
과의 평화조약 갱신을 거부하며 펠로폰네소스에서 패권을 장악하겠다
는 야심을 품어왔으나, 이제는 라케다이몬, 테게아, 보이오티아, 아테
나이를 동시에 상대해야 하는 전쟁의 위험에 직면했다. 이에 라케다이
몬인이 가장 신뢰하는 에우스트로포스와 아이손을 사절로 선발하여
급히 라케다이몬으로 파견했다. 현 상황에서는 라케다이몬과 조약을
체결하고 평화를 유지하는 것이 최선의 선택이라고 판단했기 때문이다.

41 라케다이몬에 도착한 아르고스 사절단은 라케다이몬인과 평화 1
조약 체결을 위한 협상을 시작했다. 아르고스인은 중재자가 국가이든 2
개인이든 관계없이, 특히 키누리아 지역 문제를 중재에 부칠 것을 요구

---

29 "이 전쟁의 열한 번째 해"는 기원전 421년이다. 기원전 422년에 아테나이의 클레온
과 라케다이몬의 브라시다스가 전사한 후, 같은 해 3월 또는 4월경, 라케다이몬과 아
테나이 사이에 50년간의 평화를 보장하는 '니키아스 평화조약'이 체결되었다. 조약
은 포로 교환과 점령지 반환을 규정했으나, 코린토스, 엘리스, 메가라, 보이오티아 등
라케다이몬의 동맹국들이 이 조약에 반대했고, 이는 이후 아르고스 동맹이 결성되는
배경이 되었다.

했다. 티레아와 안테네를 포함한 이 지역은 라케다이몬인이 점유하고 있었으나, 양국의 접경지대로 항상 분쟁의 대상이었다. 라케다이몬인은 처음에 키누리아에 관한 논의 자체를 거부하며, 기존의 평화조약과 동일한 조건으로만 조약을 체결할 의향이 있다고 밝혔다. 그럼에도 아르고스 사절단은 키누리아와 관련해 다음과 같은 조건을 끌어내는 데 성공했다. 50년 평화조약을 체결하더라도 양국에 전염병이나 전쟁이 없는 한, 예전처럼 각자 자신들의 승리를 주장하며 이 지역의 영유권을 두고 싸울 수 있으나, 어느 쪽도 상대의 국경을 넘어 추격하는 행위는 금지한다는 것이었다.

3   처음에 라케다이몬인은 이 조건에 동의하는 것이 어리석은 결정이라고 생각했지만, 시간이 지나면서 아르고스인과의 우호 관계를 유지해야 할 필요성을 절감하게 되었다. 결국 그들은 아르고스인의 요구에 동의하고, 그 조건을 문서로 남기기로 했다. 다만, 아르고스 사절단에게 최종 결정을 내리기 전에 먼저 아르고스로 돌아가 이 안건을 민회에 제출하고, 민회의 승인을 받은 후 히아킨토스제 기간에 다시 라케다이몬으로 돌아와 평화조약을 체결하고 맹세할 것을 요청했다. 이에 아르고스 사절단은 본국으로 돌아갔다.

1   **42** 아르고스인이 협상을 진행하는 동안, 라케다이몬은 안드로메네스, 파이디모스, 안티메니다스로 구성된 사절단을 보이오티아에 파견했다. 이들의 임무는 파낙톤과 포로들을 인수받아 아테나이에 반환하는 것이었다. 그러나 보이오티아에 도착한 사절단은 파낙톤이 이미 보이오티아인에 의해 파괴된 것을 발견했다. 보이오티아인은 오래전 아테나이인과 보이오티아인 간에 이 요새를 둘러싸고 분쟁이 일어났을 때, 양측 모두 그곳에 거주하지 않되 공동으로 사용하기로 합의하고 맹세했다는 점을 파괴 행위의 근거로 들었다. 비록 요새는 파괴되었지만, 보이오티아인이 억류하고 있던 아테나이인 포로들은 안드로메네스와 그의 동료들에게 인계되었고, 사절단은 이들을 아테나이로 송환했다.

사절단은 아테나이인에게 파낙톤이 파괴된 사실을 알리면서, 요새가 파괴됨으로써 앞으로 아테나이에 적대적인 세력이 그곳에 거주할 수 없게 되었으므로, 이는 실질적으로 요새를 온전히 넘겨준 것과 같은 효과가 있다고 주장했다.

파낙톤이 파괴되었다는 소식에 아테나이인은 격분했다. 그들은 라 2 케다이몬인이 온전한 상태로 반환하기로 약속한 파낙톤을 보이오티아인이 파괴한 것은, 곧 라케다이몬인이 자신들을 모욕한 것이라고 여겼다. 더욱이 평화조약을 거부하는 국가에 대해 라케다이몬과 아테나이가 공동으로 압력을 행사하기로 약속했음에도 불구하고, 라케다이몬인이 파낙톤 문제를 해결하는 과정에서 보이오티아인과 개별적으로 동맹을 맺었다는 사실이 드러나면서 분노는 더욱 커졌다. 아테나이인은 라케다이몬인이 위반한 평화조약의 다른 조항도 검토한 후, 자신들이 기만당했다고 결론 짓고, 라케다이몬 사절단에 거친 발언을 퍼부은 뒤 그들을 돌려보냈다.

43 아테나이인과 라케다이몬인 사이에 불화가 발생하자, 아테나이 1 내에서 평화조약 파기를 바라던 세력이 즉시 행동에 나섰다. 이들 중 2 에는 클레이니아스의 아들 알키비아데스가 있었다. 그는 헬라스의 다른 도시국가들에서는 아직 어리다고 여겨질 나이였으나, 명문가 출신으로 아테나이인들의 존경을 받는 인물이었다. 알키비아데스가 라케다이몬인과의 평화조약에 반대한 것은 단순히 아르고스인과 가까워지는 것이 더 유리하다고 판단했기 때문만이 아니라, 개인적 야심에서 비롯된 경쟁의식 때문이었다. 그는 라케다이몬인이 평화조약 협상 과정에서 니키아스나 라케스와는 대화하면서 자신은 젊다는 이유로 무시한 것을 못마땅해했다. 그의 가문은 오래전부터 아테나이에서 라케다이몬인의 이익을 대변하는 현지 영사직을 맡아왔음에도, 라케다이몬이 그에 상응하는 대접을 해주지 않았다는 것도 불만이었다. 비록 그의 조부가 해당 직책을 사임했지만, 알키비아데스는 다시 그 자리에 오르기 위

해 섬에서 포로로 잡힌 라케다이몬인들을 각별히 보살펴주었다.

3 　이처럼 자신이 소외되고 무시당했다고 생각한 알키비아데스는 처음부터 평화조약을 반대해왔다. 그는 라케다이몬인을 신뢰할 수 없으며, 그들이 평화조약을 추진하는 진정한 목적은 먼저 아르고스를 제압한 후 다시 아테나이를 공격하기 위한 것이라고 주장했다. 그리하여 아테나이인과 라케다이몬인 사이에 불화가 생기자 그는 즉시 개인적으로 아르고스에 사자를 보내, 만티네이아인과 엘리스인을 동반하여 가능한 한 신속히 아테나이로 와서 동맹을 제안할 것을 권고했다. 지금이 적절한 기회라며 자신도 최선을 다해 협력하겠다고 약속했다.

1 　**44** 알키비아데스의 말을 전해 들은 아르고스인은 라케다이몬인과 보이오티아인의 동맹이 실제로는 아테나이인을 배제한 채 이루어졌음을 깨달았다. 이로 인해 아테나이인과 라케다이몬인 사이에 심각한 불화가 생겼다는 사실을 알게 된 아르고스인은 라케다이몬에 평화조약 협상을 위해 파견한 자국의 사절단을 무시하고, 아테나이에 더 많은 관심을 기울이기 시작했다. 그들이 이처럼 태도를 바꾼 이유는 아테나이가 오랜 우방이었을 뿐만 아니라, 민주정이라는 공통된 체제를 가지고 있으며, 강력한 해군력을 보유하고 있어 전쟁이 일어날 경우 큰 도움이 될 것이라 판단했기 때문이다. 이에 아르고스인은 지체 없이 아테나이
2 인과의 동맹 협상을 위한 사절단을 파견했으며, 이 사절단에는 엘리스와 만티네이아의 대표들도 함께 갔다.

3 　이러한 상황을 인지한 라케다이몬에서도 아테나이인의 호감을 얻고 있던 필로카리다스, 레온, 엔디오스로 구성된 사절단을 서둘러 아테나이로 보냈다. 아테나이인이 자신들에 대한 분노로 아르고스인과 동맹을 맺게 될까 우려했기 때문이다. 또한 라케다이몬 사절단은 아테나이인에게 파낙톤이 반환되었으니 필로스를 돌려달라고 요구하고, 보이오티아와의 동맹은 결코 아테나이를 해치기 위한 것이 아니었다고 해명하고자 했다.

45 라케다이몬 사절단이 의회에서 다른 모든 쟁점에 대해서도 전권 ₁
을 위임받았다고 밝히자, 알키비아데스는 그들이 민회에서 그런 말을
하면 대중이 그들의 편을 들어 아르고스와의 동맹을 거부하게 될 것을
우려했다. 그는 라케다이몬 사절단을 대상으로 계략을 꾸몄다. 그는 사 ₂
절단에게 민회에서 전권을 위임받았다는 말을 하지 않는다면, 필로스
를 돌려주겠다고 약속했다. 자신이 현재는 필로스 반환에 반대하고 있
지만, 라케다이몬 측이 그의 제안을 받아들인다면 아테나이인을 설득
하여 필로스를 넘겨줄 수 있도록 힘쓰며, 그 외 다른 문제들도 원만히
해결되도록 주선하겠다고 약속했다.

알키비아데스의 의도는 라케다이몬 사절단을 니키아스에게서 떼어 ₃
놓은 후, 민회에서 이들의 행태를 들어 라케다이몬이 진정성 없이 계속
말을 바꾼다고 비난함으로써, 아테나이가 아르고스, 엘리스, 만티네이
아와 동맹을 맺도록 유도하는 것이었다.

사태는 정확히 알키비아데스의 계략대로 전개되었다. 민회에 출석 ₄
한 라케다이몬 사절단은 전권을 위임받았느냐는 질문을 받자, 그렇지
않다고 대답했다. 이는 이전에 의회에서 했던 발언과 상반되었고, 이를
알아차린 아테나이인들은 분노했다. 이어서 알키비아데스가 더욱 격렬
하게 라케다이몬인을 비난하자, 아테나이인은 아르고스 사절단을 비롯
해 엘리스와 만티네이아의 사절단을 즉시 불러들여 새로운 동맹을 맺
으려 했다. 그러나 동맹이 체결되기 직전에 지진이 일어나 이날의 민회
는 연기되었다.

46 다음날 열린 민회에서 니키아스는 라케다이몬 사절단이 의회에 ₁
서는 전권을 위임받았다고 말했다가 민회에서는 부인하며 자신을 속
였음에도, 여전히 라케다이몬인과 더욱 친밀한 관계를 유지해야 한다
고 주장했다. 그는 아르고스인과의 협상을 중단하고, 대신 라케다이몬
에 사절단을 파견하여 그들의 진의를 알아보자고 제안했다. 니키아스
는 전쟁을 피하는 것이 아테나이에는 유리하고 라케다이몬에는 불리

하다고 지적했다. 모든 일이 순조롭게 진행되고 있는 아테나이인에게 는 이러한 행운을 가능한 한 오래 유지하는 것이 최선인 반면, 운이 따 르지 않는 라케다이몬인에게는 위험을 감수하더라도 빨리 전쟁을 시 작하는 것이 유리하기 때문이라고 그는 설명했다.

2 또한 자신을 포함한 사절단을 라케다이몬에 파견하여, 그들이 평화 조약에 진심이라면 파낙톤과 암피폴리스를 현재 상태 그대로 아테나 이에 반환하고, 보이오티아인이 기존의 평화조약에 서명하지 않을 경 우, 양측이 다른 쪽의 동의 없이 제3국과 조약을 맺지 않는다는 원칙에 따라 보이오티아와의 동맹을 폐기하도록 요구해야 한다고 아테나이인

3 을 설득했다. 사절단은 아테나이인이 라케다이몬인에게 불의를 행하 려 했다면, 이미 아테나이에 와 있는 아르고스인과 동맹을 맺었을 것이 라고 전달하라는 지시도 받았다. 그 밖의 다른 쟁점에 대해서도 충분한 지침을 받은 후, 니키아스와 그의 동료들은 사절단으로 파견되었다.

4 라케다이몬에 도착한 아테나이 사절단은 여러 사안을 전달한 후, 마 지막으로 보이오티아인이 기존의 평화조약에 가입하지 않는 한 라케 다이몬은 보이오티아와의 동맹을 폐기해야 하며, 그렇지 않을 경우 아 테나이도 아르고스 및 그 동맹국들과 동맹을 맺겠다고 통보했다. 감독 관 크세나레스와 그 지지자들의 주도 아래 라케다이몬인은 보이오티 아와의 동맹을 포기하지 않겠다고 밝혔으나, 니키아스의 요구에 따라 기존의 약속을 준수하겠다고 재차 맹세했다. 니키아스가 이러한 요구 를 한 것은 아무런 성과 없이 본국으로 돌아가면 자신이 라케다이몬과 의 평화조약을 주도한 인물로서 비난받을까 우려했기 때문이었는데, 실제로 그런 일이 벌어졌다.

5 니키아스가 성과 없이 돌아왔다고 보고하자 아테나이인은 즉시 그 에게 분노를 표출했고, 라케다이몬인에게 부당한 대우를 받았다고 생 각했다. 이에 알키비아데스가 여전히 아테나이에 머물고 있던 아르고 스인과 그 동맹국들을 민회로 부르자, 아테나이인은 그들과 다음과 같

은 평화조약 및 동맹조약을 맺게 되었다.

47 "아테나이, 아르고스, 만티네이아, 엘리스는 자국과 각자가 지배 1
하는 동맹국들의 이익을 위해 100년간의 평화조약을 맺고, 육지와 바
다에서 서로를 해치거나 기만하지 않는다. 아르고스, 엘리스, 만티네이 2
아와 그 동맹국들은 아테나이와 아테나이가 지배하는 동맹국들에 대
해, 그리고 아테나이와 아테나이가 지배하는 동맹국들은 아르고스, 엘
리스, 만티네이아와 그 동맹국들에 대해 해를 끼칠 목적으로 어떤 수단
이나 계략으로든 무기를 들지 않는다.

아테나이, 아르고스, 만티네이아, 엘리스는 다음과 같은 조건으로 3
100년간의 동맹조약을 맺는다. 적군이 아테나이의 영토를 침입할 경
우, 아르고스, 만티네이아, 엘리스는 아테나이의 요청에 따라 국력을
총동원하여 아테나이를 구하러 가야 한다. 적군이 영토를 약탈한 후 철
수할 경우, 해당 적국은 아테나이뿐 아니라 아르고스, 만티네이아, 엘
리스의 적국으로 선포되어 모두에게 응징되어야 한다. 이 동맹조약을
맺은 어떤 국가도 전체 동맹국의 동의 없이 해당 적국과 전쟁을 종결
할 수 없다.

마찬가지로 아테나이도 적군이 아르고스, 만티네이아, 엘리스의 영 4
토를 침입할 경우, 그들의 요청에 따라 국력을 총동원하여 아르고스,
만티네이아, 엘리스를 구하러 가야 한다. 적군이 그들의 영토를 약탈한
후 철수할 경우, 해당 적국은 아르고스, 만티네이아, 엘리스뿐만 아니
라 아테나이의 적국으로 선포되어 모두에게 응징되어야 한다. 이 동맹
조약을 맺은 어떤 국가도 전체 동맹국의 동의 없이 해당 적국과 전쟁
을 종결할 수 없다.

모든 동맹국, 즉 아테나이와 아르고스, 만티네이아, 엘리스가 공동 5
으로 결의하지 않는 한, 어떤 군대도 전쟁을 목적으로 자국의 육로나
해로, 또는 자국이 지배하는 동맹국들의 육로나 해로를 통과하도록 허
용해서는 안 된다.

6   원군을 파견한 국가는 원군이 요청국에 도착한 후 30일간 식량을
제공하며, 이는 귀환 시에도 동일하게 적용된다. 원군이 더 오래 머물
기를 요청국이 원할 경우, 요청국이 원군에게 식량을 제공한다. 중무장
보병, 경무장보병, 궁수에게는 1인당 3아이기나 오볼로스[30]의 일당을,
기병에게는 1인당 1아이기나 드라크메의 일당을 지급한다.

7   요청국의 영토 내에서 전쟁이 발생할 경우, 지휘권은 요청국에 있
다. 그러나 모든 국가가 공동 출병한 경우 지휘권을 모든 국가가 대등
하게 분담한다.

8   아테나이인은 자국과 동맹국들을 대표하여 조약 준수를 맹세하고,
아르고스, 만티네이아, 엘리스와 그 동맹국들은 각국별로 맹세한다. 각
국은 완전한 희생 제물을 바치며 각국의 관습에 따라 가장 엄숙한 맹
세를 하되, 다음과 같이 한다. '나는 동맹에 충실할 것이며, 합의된 바
에 따라 정의롭고 해를 끼치지 않으며 속임수 없이 행동하고, 어떤 수
단이나 계략으로도 조약을 위반하지 않는다.'

9   아테나이에서는 평의회와 관리들이 맹세하고, 평의회 의장단[31]이 맹
세를 집행한다. 아르고스에서는 의회와 80인 위원회와 아르티나스[32]들
이 맹세하고, 80인 위원회가 맹세를 집행한다. 만티네이아에서는 데미
우르고스들과 의회와 그 밖의 관리들이 맹세하고, 축제 사절단[33]과 폴

---

30 고대 헬라스에서 1드라크메는 6오볼로스에 해당했으며, "아이기나 오볼로스"는 아
   티케 오볼로스보다 약 1.4배 높은 가치를 지녔다. 아이기나 화폐는 해상 무역을 통해
   널리 유통되었다.
31 아테나이에서는 30세 이상 시민 가운데 추첨으로 선출된 500명으로 구성된 평의회
   (βουλή, '불레')가 있었으며, 10개의 부족에서 각 5명씩 선출된 50명으로 의장단
   (πρυτάνεις, '프리타네이스')을 구성했다. 이 의장단이 평의회의 업무를 집행했다.
32 아르고스에서는 최고 행정관을 '조직하는 자'라는 뜻의 아르티나스(άρτύνας), 만티
   네이아에서는 '대중을 위해 일하는 자'를 뜻하는 데미우르고스(δημιουργός)라 불렀
   다. "80인 위원회"는 기원전 5세기 중반 민주정으로 이행하면서 도입된 기구로, 아테
   나이의 500인 평의회와 유사한 역할을 했다.
33 "축제 사절단"으로 번역한 테오로스(θεωρός)는 국가를 대표해 종교 축제에 참석하

레마르코스들이 맹세를 집행한다. 엘리스에서는 데미우르고스들과 장
관들과 600인 평의회가 맹세하고, 데미우르고스들과 테스모필락스[34]들
이 맹세를 집행한다.

아테나이인은 올림피아 제전[35]이 열리기 30일 전에 엘리스, 만티네 10
이아, 아르고스로 가서 맹세를 갱신하고, 아르고스, 엘리스, 만티네이
아는 판아테나이제가 열리기 10일 전에 아테나이로 가서 맹세를 갱신
한다. 평화조약과 동맹조약의 조문과 맹세문은 아테나이인은 아크로폴 11
리스에, 아르고스인은 아고라에 있는 아폴론 신전에, 만티네이아인은
아고라에 있는 제우스 신전에 비석을 세워 새겨야 한다. 그리고 서명국
들은 다가오는 올림피아 축제 때 청동 비석을 올림피아에 공동으로 세
워야 한다. 추후 어떤 조항을 추가하고자 할 때, 동맹국 전체가 협의하 12
여 공동으로 결정한 사항은 무엇이든 유효하다."

48 아테나이, 아르고스, 엘리스, 만티네이아 간의 평화조약과 동맹 1
조약은 이와 같이 체결되었다. 그러나 라케다이몬과 아테나이 간의 평
화조약과 동맹조약은 어느 쪽에서도 폐기하지 않았다. 코린토스는 아 2
르고스의 동맹국이었음에도 이 새로운 조약에 참여하지 않았다. 그들
은 이전에 엘리스, 아르고스, 만티네이아 간에 체결된 공수동맹에도 가
입하지 않았으며, 공격받을 경우에만 서로 지원하되 타국을 공격하는
데는 가담하지 않는 방어적 성격의 첫 번째 동맹만으로 충분하다고 주
장했다. 이처럼 코린토스는 기존의 동맹국들과 거리를 두면서 다시 라 3
케다이몬 쪽으로 관심을 기울이기 시작했다.

49 그해 여름에 올림피아 제전이 열렸고, 아르카디아인 안드로스테 1

고 제물을 봉헌하거나 신탁을 받는 임무를 맡은 공식 사절단이었다.

34 "폴레마르코스"(πολέμαρχος)는 '전쟁을 지휘하는 자'라는 뜻으로 군사 지휘관을, "테
   스모필락스"(θεσμοφύλαξ)는 '법과 관습의 수호자'를 의미했다.

35 "올림피아 제전"은 4년 주기로 아폴로니오스 월(오늘날의 8월 중순–9월 중순)에 열
   렸다.

네스가 처음으로 종합 격투기[36]에서 우승했다. 라케다이몬인은 엘리스가 올림피아법에 따라 그들에게 부과한 벌금을 내지 않았다는 이유로, 성역에 접근하지 못했고 제물을 바치거나 경기에 참가하지도 못했다. 엘리스인의 주장에 따르면, 라케다이몬인이 올림피아 제전을 위한 휴전 기간 동안 피르코스 요새[37]를 공격하고, 엘리스 영토인 레프레온으로 중무장보병을 파견했다는 것이다. 이에 엘리스인은 라케다이몬인에게 올림피아법이 규정한 대로 중무장보병 1명당 2므나씩, 총 2,000므나의 벌금을 부과했다. 라케다이몬인은 사절단을 보내, 자신들이 중무장보병을 파견했을 당시 아직 휴전을 통보받지 못했기에 벌금 부과는 부당하다고 항의했다.

3   엘리스인은 자신들이 가장 먼저 휴전을 선포했기 때문에 이미 휴전이 발효 중이었으며, 평시와 같이 타국의 공격을 예상하지 않고 평온하게 지내다 라케다이몬인의 예상치 못한 부당한 행동으로 피해를 입었다고 반박했다. 이러한 주장에 대해 라케다이몬인은, 만약 엘리스인이 진정으로 그들의 행동이 부당하다고 여겼다면 애초에 휴전을 통보하지 않았을 것이라고 반박했다. 휴전을 통보한 사실 자체가 라케다이몬인의 행동을 문제 삼지 않았다는 증거이며, 자신들은 휴전이 통보되자마자 공격을 중단했다고 주장했다. 그럼에도 엘리스인은 같은 주장을 반복하며 부당한 행동을 하지 않았다는 라케다이몬의 변명은 납득할 수 없다고 강조했다. 그러면서도 라케다이몬인이 레프레온을 반환한다면, 벌금 중 그들의 몫은 면제해주고, 신에게 바칠 몫은 자신들이 대신 지불하겠다고 제안했다.

I   **50** 라케다이몬인이 이 제안마저 받아들이지 않자, 엘리스인은 또

---

36 "종합 격투기"(παγκράτιον, '팡크라티온')는 '모든 힘'을 뜻하며, 레슬링과 복싱을 결합한 경기였다. 전설에 따르면, 헤라클레스와 테세우스가 창안했다고 전해진다.
37 "피르코스 요새"에 대해서는 알려진 바가 없다.

다른 제안을 했다. 레프레온을 반환하지 않더라도 성역에 접근하기를 원한다면, 올림피아의 제우스 신전 제단 앞으로 올라와 헬렌인들 앞에서 추후에 반드시 벌금을 내겠다고 맹세하라는 것이었다. 라케다이몬인은 이 제안도 받아들이지 않았고, 결국 신전 출입과 제물, 경기 참가가 금지되어 자국에서 제물을 바쳤다. 반면 레프레온인을 제외한 모든 헬렌인들은 제전에 참가했다. [2]

엘리스인은 라케다이몬인이 무력을 동원해서라도 제물을 바치려 할 것을 우려하여 젊은이들을 무장시켜 경계를 서게 했다. 엘리스인은 1,000명의 아르고스인, 1,000명의 만티네이아인, 그리고 약간의 아테나이군 기병의 지원을 받았다. 아테나이군 기병대는 엘리스 지방의 도시 하르피네[38]에 주둔하며 제전이 열리기를 기다렸다. 그러나 제전 참가자들 사이에 라케다이몬인이 무장한 채 나타날지도 모른다는 불안이 퍼졌다. 특히 라케다이몬인 아르케실라오스의 아들 리카스가 경기장에서 곤봉을 든 관리들에게 구타당하는 사건이 발생하자 그 두려움은 더욱 커졌다. 리카스가 구타당한 이유는, 그의 전차와 말이 경주에서 우승했으나 라케다이몬인인 그에게 출전 자격이 없어 우승이 보이오티아인에게 돌아가자, 해당 전차가 자신의 소유임을 보여주기 위해 경주로로 내려가 마부에게 월계관을 씌워주었기 때문이다. 이 사건으로 사람들은 무슨 일인가 벌어질 것 같은 불길한 예감에 사로잡혔다. 그러나 라케다이몬인은 평온을 유지했고, 제전은 별다른 사건 없이 마무리되었다. [3] [4]

올림피아 제전이 끝난 후, 아르고스인과 그 동맹국들은 코린토스를 찾아가 자신들의 편에 합류해줄 것을 요청했다. 마침 그 자리에는 라케다이몬 사절단도 와 있었다. 많은 논의가 오갔으나 결국 아무런 성과도 [5]

---

38 "하르피네"는 올림피아 동쪽 약 10킬로미터 지점, 알페이오스강 근처에 위치했다. 알페이오스강은 아르카디아 지방 산악 지대에서 발원해 서쪽으로 흐르며 올림피아를 지나 이오니아해로 유입된다.

이루지 못한 채 지진까지 일어나자 각자 본국으로 흩어졌다. 그리고 여름이 끝났다.

1   **51** 겨울이 되자 아이니아인[39]과 돌로피아인, 멜리스인, 그리고 일부
2 테살리아인이 트라키스 지역의 헤라클레이아인을 공격했다. 헤라클레이아 인근에 거주하는 이 부족들은 모두 헤라클레이아에 적대적이었는데, 이 요새가 그들의 땅에 지어졌기 때문이다. 도시가 건설될 때부터 반대 입장을 취해온 이 부족들은 각종 수단을 동원하여 도시를 파괴하려 했고, 마침내 이번 공격에서 승리를 거두었다. 이 전투에서 라케다이몬 지휘관 크니디스의 아들 크세나레스가 전사했고, 많은 헤라클레이아인도 목숨을 잃었다. 그렇게 겨울이 지나고, 이 전쟁의 열두 번째 해가 끝났다.[40]

1   **52** 여름이 시작되자마자 보이오티아인은 전투로 심하게 파괴된 헤라클레이아를 접수하고, 제대로 통치하지 못했다는 이유로 라케다이몬인 아게시피다스를 추방했다. 보이오티아인이 이 지역을 접수한 이유는, 펠로폰네소스의 혼란스러운 상황을 틈타 아테나이인이 이곳을 점령할 것을 우려했기 때문이다. 그럼에도 라케다이몬인은 보이오티아인의 이러한 행동에 분노했다.

2   그해 여름, 클레이니아스의 아들 알키비아데스는 아테나이 장군 중 한 사람으로, 아르고스인과 여러 동맹군의 지원을 받아 펠로폰네소스로 진군했다. 그는 소수의 아테나이인 중무장보병과 궁수만을 직접 이끌고, 나머지 병력은 현지 동맹국들의 지원을 받았다. 그는 펠로폰네소스를 횡단하면서 여러 도시와의 관계를 강화했고, 파트라이인에게는 성벽을 해안까지 연장하도록 설득했다. 또한 아카이아 지방의 리온곶

---

39 "아이니아인"은 테살리아 남부, 오이타 산맥 인근 스페르케이오스강 상류에 정착한 민족으로, 트로이아 전쟁 이후 이주했다고 전해진다. 히파타를 중심으로 소도시들이 연맹을 이루었다.
40 "이 전쟁의 열두 번째 해"는 기원전 420년이다.

에 또 다른 요새를 건설하려 했다. 그러나 코린토스, 시키온, 그리고 이 요새 건설로 불리해질 것이라 생각한 다른 도시들이 군대를 이끌고 몰려와 이를 막았다.

53 그해 여름, 에피다우로스인과 아르고스인 사이에 전쟁이 일어났 ı 다. 표면적인 이유는 에피다우로스인이 해당 지역의 목초지를 사용하는 대가로 아폴론 피타에우스(이 성소의 주된 관리자는 아르고스인이었다)에게 제물을 바치기로 약속해놓고 이를 이행하지 않았기 때문이다. 그러나 이러한 명분과는 별개로, 알키비아데스와 아르고스인은 실제로 에피다우로스를 차지하고 싶어 했다. 이는 코린토스인의 움직임을 제한하는 동시에, 아테나이군이 스킬라이온곶⁴¹을 우회할 필요 없이 더 짧은 항로를 통해 아이기나섬에서 아르고스에 원군을 파견할 수 있게 하기 위함이었다. 이에 아르고스인은 에피다우로스인에게 제물 봉헌을 요구한다는 구실을 앞세워 침공을 준비했다.

54 그 무렵 라케다이몬인은 아르키다모스의 아들 아기스왕의 지휘 ı 아래 전군을 이끌고 리카이온과 반대 방향에 있는 국경도시 레욱트라⁴² 로 출정했다. 원정의 목적지를 아는 사람은 아무도 없었으며, 병력이 차출된 국가들조차 알지 못했다. 그러나 국경을 넘기 전에 바친 제물에 2 서 길조가 나타나지 않자, 라케다이몬인은 회군하면서 다음달, 즉 도로스인에게 신성한 카르네이오스 달⁴³이 지난 후 다시 출정을 준비하라

---

41 "아폴론 피타에우스"는 '피톤을 죽인 자 아폴론'이라는 뜻으로, 아폴론이 델포이의 뱀 피톤을 죽인 후 신전과 신탁소가 세워졌다. 에피다우로스에도 이를 위한 신전이 있었다. "스킬라이온곶"은 사론만과 아르골리스만의 경계 지점에 있었다.

42 "리카이온"은 펠로폰네소스반도 중앙부 아르카디아 지방에 있던 도시다. "레욱트라" 는 라코니케, 아르카디아, 메세니아의 접경지대에 위치한 도시로 라케다이몬 군대가 이동할 때 반드시 거쳐야 할 요충지였다.

43 "카르네이오스 달"은 라케다이몬 달력에서 오늘날의 8월 중순-9월 중순에 해당하며, 이 시기에는 가축의 수호신 아폴론 카르네이오스를 기리는 카르네이아 축제가 9일 간 열렸다. 축제 기간 동안에는 군사 활동이 금지되었다.

고 동맹국들에게 지시했다.

3   라케다이몬인이 철수하자, 아르고스인은 카르네이오스 달이 시작되기 4일 전에 출정했다. 그들은 원정 기간 내내 그날이 계속 유지되고 있

4 다고 주장하며, 에피다우로스 영토로 들어가 약탈을 벌였다. 에피다우로스인이 동맹국들에 지원을 요청하자, 동맹국들 중 일부는 지금은 신성한 달이라는 핑계를 대며 출병하지 않았고, 일부는 에피다우로스인의 국경까지 진출했으나 그곳에서 더 이상 진격하지 않고 머물렀다.

1   **55** 아르고스인이 에피다우로스에 머무르고 있는 동안, 아테나이인의 요청으로 여러 국가의 사절단이 만티네이아에 모였다. 회의가 시작되자 코린토스인 에우파미다스는 이 회의에 참석한 국가들의 말과 행동이 일치하지 않는다고 지적했다. 자신들은 평화를 논의하기 위해 이곳에 와 있지만, 에피다우로스인과 그 동맹군, 그리고 아르고스인은 무장한 채 서로 대치하고 있다는 사실을 언급하며, 먼저 양 진영을 찾아가 군대를 해산시킨 후 다시 평화에 관해 논의해야 한다고 주장했다.

2   사절단들은 그의 제안을 수용하여 아르고스인을 찾아가 군대를 에피다우로스 영토에서 철수하게 했다. 그 후 만티네이아에서 다시 모였으나 끝내 합의에 도달하지 못했고, 아르고스인은 다시 에피다우로스

3 영토로 처들어가 약탈했다. 라케다이몬인도 카리아이[44]로 출정했으나, 이번에도 국경을 넘기 전에 바친 제물에서 길조가 나타나지 않자 귀환했

4 다. 아르고스인은 에피다우로스 영토의 3분의 1을 약탈한 후 본국으로 돌아갔다. 알키비아데스가 지휘하는 아테나이군 중무장보병 1,000명이 지원하러 갔지만, 라케다이몬 원정대가 이미 회군했다는 소식을 듣고 더 이상 필요 없다고 판단하여 철수했다. 그렇게 여름이 지나갔다.

---

44 "카리아이"는 라코니케와 아르카디아 접경지대에 위치한 국경도시로, 군사적·정치적으로 중요한 요충지였다. 이곳에서는 매년 아르테미스를 기리는 축제가 열렸으며, 젊은 여성들이 추는 전통 춤 '카리아티데스'로도 유명했다.

56 겨울이 되자, 라케다이몬인은 아게시피다스 휘하의 수비대 300명 ₁
을 아테나이인이 알아채지 못하도록 바닷길을 통해 에피다우로스로
보냈다. 그러자 아르고스인이 아테나이인을 찾아가 항의하며, 조약에 ₂
타국 군대가 조약국의 영토를 통과해서는 안 된다고 명시되어 있음에
도 적군이 아테나이 해역을 지나 에피다우로스로 진입하는 것을 허용
했다고 비난했다. 아르고스인은 만약 아테나이인이 메세니아인과 국
가 노예들로 구성된 부대를 필로스에 투입해 라케다이몬인을 공격하
지 않는다면, 자신들이 부당한 대우를 받은 것으로 간주하겠다고 경고
했다. 아테나이인은 알키비아데스의 설득으로 라케다이몬과의 조약문 ₃
이 새겨진 비석의 하단에 라케다이몬인이 맹세를 위반했다는 내용을
추가로 새기고, 크라니오이에 있던 국가 노예들을 필로스로 보내 약탈
하게 했으나, 그 이상의 조치는 취하지 않았다.

그해 겨울, 아르고스인과 에피다우로스인 간의 전투는 계속되었다. ₄
이는 정규전이 아닌 매복과 유격전 형태로 진행되면서 양측 모두 소수
의 사상자를 냈다. 겨울이 끝나고 봄이 다가올 무렵, 아르고스인은 사 ₅
다리를 준비하여 에피다우로스로 향했다. 그들은 전쟁으로 인해 도시
가 비어 있을 것이라 판단해 무력으로 점령하려 했으나, 아무런 성과
없이 본국으로 돌아갔다. 겨울이 지나며 이 전쟁의 열세 번째 해[45]도
끝났다.

57 다음 해 여름 중반, 라케다이몬인은 국가 노예까지 포함한 전군 ₁
을 라케다이몬의 왕이자 아르키다모스의 아들 아기스의 지휘 아래 아
르고스로 출정시켰다. 이는 동맹국인 에피다우로스인이 고통받고 있을
뿐만 아니라, 펠로폰네소스의 일부 국가가 이미 반기를 들었고 나머지
동맹국의 분위기도 불안정한 상황에서 신속한 선제 조치를 취하지 않
으면 사태가 악화될 것이라 판단했기 때문이다.

---

45 "이 전쟁의 열세 번째 해"는 기원전 419년이다.

2   테게아인과 라케다이몬인의 동맹국인 다른 아르카디아의 도시들
도 함께 원정에 참여했다. 펠로폰네소스 안팎에서 온 동맹군은 플레이
우스에에 집결했다. 보이오티아인은 중무장보병 5,000명, 경무장보병
5,000명, 기병 500명을 파병했는데, 각 기병마다 보병 1명을 시종으로
대동했다. 코린토스인은 중무장보병 2,000명을 보냈다. 그 밖의 동맹국
들도 각자의 국력에 맞게 군대를 파견했다. 플레이우스인은 자국에 동
맹군이 집결해 있었기 때문에 전군을 동원했다.

1   **58** 아르고스인은 라케다이몬인이 전쟁을 준비하고 있다는 사실을
처음부터 알고 있었지만, 라케다이몬군이 다른 동맹군과 합류하기 위
해 플레이우스로 이동하는 것을 확인한 후에야 군대를 출정시켰다. 아
르고스인은 동맹국들로부터 지원을 받았는데, 만티네이아인이 병력을
2   파견했고, 엘리스인도 중무장보병 3,000명을 보냈다. 아르고스군과 그
동맹군은 전진하던 중 아르카디아 지방의 메티드리온[46]에서 라케다이
몬군과 조우했다. 양측은 언덕에 진을 쳤고, 아르고스군은 라케다이몬
군이 동맹군과 떨어져 고립된 상태임을 알아차리고 전투를 준비했다.
그러나 라케다이몬의 아기스왕은 밤을 틈타 은밀히 군대를 이동시켜
3   동맹군이 있는 플레이우스로 향했다. 새벽이 되어서야 이 사실을 알게
된 아르고스군은 처음에는 본국으로 철수하려 했으나, 이후 라케다이
몬군과 그 동맹군이 내려올 것으로 예상되는 네메아 방면으로 진로를
틀었다.

4   그러나 아기스왕은 그들이 예상한 길로 가지 않았다. 그는 라케다
이몬군, 아르카디아군, 에피다우로스군에게 출정 명령을 내린 후, 다른
험한 길을 택하여 아르고스 평원으로 진입했다. 한편 코린토스군, 펠레
네군, 플레이우스군은 또 다른 가파른 길을 통해 이동하고, 보이오티아

---

46 "메티드리온"은 펠로폰네소스반도 중앙부, 아르카디아 지방의 산악 지대에 위치한
소도시였다.

군, 메가라군, 시키온군은 아르고스군이 주둔해 있는 네메아 방면으로 행군하라는 명령이 내려졌다. 이는 아르고스군이 아기스와 그의 군대에 맞서기 위해 평원으로 내려올 경우, 기병대를 동원해 그들의 후미를 기습하기 위함이었다. 아기스는 이러한 명령을 내린 후, 평원으로 진격 5 하여 사민토스[47]를 비롯한 여러 지역을 약탈하기 시작했다.

59 날이 밝은 후에야 이 사실을 알게 된 아르고스군은 네메아를 떠 1 나 지원군을 구하러 가던 중, 플레이우스군과 코린토스군을 마주쳤다. 교전 끝에 플레이우스군 몇 명을 죽였지만, 코린토스군에 의해 그들보다 좀 더 많은 병력을 잃었다. 한편 보이오티아군, 메가라군, 시키온군 2 은 명령대로 네메아로 진군했으나, 그들이 도착했을 때 아르고스군은 이미 떠나고 없었다. 평원으로 내려간 아르고스군은 자신들의 재산이 약탈당하는 모습을 목격하고 전열을 갖추었다. 라케다이몬군도 이에 맞춰 전투 준비를 했다.

아르고스군은 사방이 적에게 포위되어 중앙에 고립된 상황이었다. 3 평원에는 라케다이몬군과 그 동맹군이 진을 치고 있어 아르고스군은 도시로 접근할 수 없었다. 배후 언덕에는 코린토스군, 플레이우스군, 펠레네군이 포진해 있었으며, 네메아 방향으로는 보이오티아군, 시키온군, 메가라군이 진로를 차단하고 있었다. 더욱이 아르고스군에는 기병대가 없었다. 아르고스인의 동맹군 중에서 아테나이군만 아직 도착하지 않았기 때문이었다.

그럼에도 불구하고 아르고스군과 그 동맹군 대부분은 이 상황을 심 4 각하게 여기지 않았다. 오히려 라케다이몬군이 아르고스 영토 한복판에서 포위된 것이나 다름없어 자신들이 유리하다고 여겼다. 그러나 아 5 르고스군의 두 사람, 즉 다섯 장군 중 한 명인 트라실로스와 라케다이

---

47 "사민토스"는 아르골리스 지방 아르고스 평원에 있었던 소도시로 추정되지만, 정확한 위치나 유적에 대해서는 알려진 바가 없다.

몬의 아르고스 현지 영사 알키프론의 생각은 달랐다. 양측이 전투를 시작하려 하자 두 사람은 아기스왕에게 나아가, 라케다이몬에게 불만이 있다면 공정한 중재를 받아들여 평화롭게 공존할 의사가 있음을 밝히며 전투를 중단해줄 것을 촉구했다.

1   **60** 두 아르고스인은 다수 시민들의 동의 없이 순전히 개인의 판단으로 그런 제안을 했다. 아기스왕 역시 이 제안을 독단적으로 받아들여, 군대와 동행한 고위 관리들과 충분히 논의하지 않고 단 한 명과 상의한 채, 아르고스인이 약속한 바를 실행할 시간을 주기 위해 4개월 간의 휴전조약을 맺었다. 이후 아기스왕은 다른 동맹군에게 알리지 않은 채 즉시 자신의 군대를 철수시켰다.

2   라케다이몬군과 그 동맹군은 법적 의무에 따라 아기스왕의 명령을 따랐으나, 사적으로는 그를 강하게 비난했다. 아르고스군이 적의 기병과 보병에 사방으로 포위된 불리한 상황에서, 자신들에게 유리한 기회가 있었음에도 준비에 걸맞은 성과 없이 철수하게 되었다고 생각했기

3   때문이다. 실제로 이번에 집결한 군대는 헬라스 역사상 가장 강력한 군대였다. 이는 전군이 해산하기 전 네메아에 집결했을 때 명백히 드러났다. 라케다이몬군 전체와 보이오티아인, 코린토스인, 시키온인, 펠레네인, 플레이우스인, 메가라인에게서 차출된 정예군으로, 아르고스인의 동맹군뿐만 아니라 그 어떤 지원군과도 충분히 맞설 수 있는 규

4   모로 평가되었다. 라케다이몬군과 그 동맹군은 아기스왕에 대한 불만을 표출하며 철수했고, 각 동맹국들이 파병한 군대도 각자 본국으로 돌아갔다.

5   아르고스인도 대중의 동의 없이 휴전조약을 맺은 이들을 더욱 격렬히 비난했다. 강력한 동맹군의 지원을 받으며 도시 근처에서 전투할 절호의 기회가 왔는데도, 라케다이몬군을 놓쳐 다시는 그들을 물리칠 좋

6   은 기회가 오지 않을 것이라 여겼기 때문이다. 그래서 아르고스군은 귀환 중 도시로 들어가기 전, 카라드로스[48]에서 트라실로스를 재판에 회

부하고 그에게 돌을 던졌다. 그는 가까스로 제단으로 피신해 목숨을 건졌으나 재산은 몰수당했다.

61 이후 라케스와 니코스트라토스가 지휘하는 중무장보병 1,000명과 기병 300명이 아르고스군을 지원하기 위해 도착했다. 그러나 아르고스인은 라케다이몬인과의 휴전조약을 파기하기를 꺼려 아테나이군에게 철수를 요청했고, 민회를 소집하자는 요구도 거절했다. 하지만 여전히 아르고스에 주둔하고 있던 만티네이아인과 엘리스인이 아테나이인의 요구를 들어주라고 아르고스인에게 압력을 행사했다.

이에 사절로 파견된 알키비아데스가 아테나이인을 대표하여 아르고스인과 그 동맹군 앞에서 연설했다. 그는 동맹국의 동의 없이 아르고스인이 라케다이몬인과 독자적으로 조약을 맺은 것은 불법이며, 아테나이군이 도착한 지금이야말로 라케다이몬인과 전투를 시작할 적기라고 주장했다. 모든 동맹군이 그의 제안을 받아들여 즉시 아르카디아 지방의 오르코메노스를 공격하기 위해 출발했다. 아르고스인은 이 제안에 반대하지 않았으나, 처음에는 지체하다가 나중에서야 원정군에 합류했다. 아르고스군과 동맹군 전체는 오르코메노스 앞에 진을 치고 포위 공격을 이어갔다. 그들이 오르코메노스 점령을 원한 이유는 여러 가지였지만, 특히 라케다이몬인이 아르카디아에서 보낸 볼모들을 억류하고 있었기 때문이다.

오르코메노스인은 성벽이 취약하고 적의 수가 많아, 지원군이 도착하기도 전에 자신들이 전멸할 것을 두려워했다. 결국 그들은 아르고스의 동맹국이 된다는 조건으로 항복하고, 억류하던 볼모들을 만티네이아에 넘겼으며, 라케다이몬인이 붙잡아두었던 볼모들도 함께 인도했다.

---

48 "카라드로스"(χάραδρος)는 '산간 계곡' 또는 '급류'를 뜻하며, 겨울철이나 우기에만 물이 흐르고 여름에는 마르는 하천을 가리킨다. 아르고스 평원을 가로지르는 '카라드로스'가 있었다.

62 오르코메노스를 점령한 아르고스군과 그 동맹군은 다음 목표를 의논했다. 엘리스인은 레프레온을, 만티네이아인은 테게아를 공격하자고 제안했다. 아르고스인과 아테나이인이 만티네이아인의 편을 들자, 엘리스인은 자신들의 제안이 채택되지 않은 것에 분노하여 본국으로 돌아갔다. 남은 동맹군은 만티네이아에서 테게아로 진격할 준비를 했다. 한편 테게아성 안에는 이미 동맹군에게 도시를 넘기려는 세력이 일부 나타났다.

63 4개월간의 휴전조약을 맺고 아르고스에서 철수한 라케다이몬군은, 좋은 기회가 왔는데도 아르고스를 정복하지 못했다고 아기스왕을 맹비난했다. 이번처럼 훌륭한 군대를 한꺼번에 소집하기가 쉽지 않다고 생각했기 때문이다. 게다가 오르코메노스의 함락 소식이 전해지자, 분노한 라케다이몬인은 평소와 달리 격정에 휩싸여 아기스왕의 집을 부수고, 그에게 10만 드라크메의 벌금을 부과하려 했다. 그러자 아기스왕은 처벌을 유예해달라고 간청하며, 다음 출정에서 뛰어난 성과를 거두어 자신의 과오를 씻겠다고 약속했다. 만약 그렇게 하지 못한다면 그때는 원하는 대로 처벌해도 좋다고 말했다. 라케다이몬인은 벌금 부과와 집 철거를 중단하는 대신 전례 없는 법을 새로 제정했다. 앞으로 그가 출정할 때 10명의 스파르테인을 참모로 임명하고, 이들의 동의 없이는 적국에서 철수할 수 없도록 한 것이다.

64 이러한 상황에서 테게아의 친라케다이몬파로부터 전갈이 도착했다. 그들은 라케다이몬이 신속히 행동하지 않으면 테게아가 그들을 배반하고 아르고스인과 그 동맹군 편으로 완전히 넘어갈 것이며, 이미 그러한 상황이 임박했다고 경고했다. 그러자 라케다이몬인은 시민과 국가 노예로 구성된 전군을 이끌고 이례적으로 신속하게 출정했다.

라케다이몬군은 마이날리아⁴⁹ 지역에 있는 오레스테이온으로 진군

---

49 "마이날리아"는 아르카디아 지방 중부 마이날로스 산맥 주변에 있던 지역으로, 산악

하여, 동맹 관계에 있는 아르카디아인에게 군대를 소집해 테게아로 즉시 뒤따라오라고 명령했다. 그들은 전군을 오레스테이온까지 이끈 후, 군대의 6분의 1에 해당하는 최고령자와 최연소자를 그곳에서 돌려보내 본국을 지키게 했다. 이후 라케다이몬인은 나머지 병력을 이끌고 테게아에 도착했으며, 얼마 지나지 않아 아르카디아 동맹군도 합류했다.

라케다이몬인은 코린토스, 보이오티아, 포키스, 로크리스에도 사절 4 을 보내 최대한 빨리 만티네이아로 원군을 보내달라고 요청했다. 동맹국들은 급작스러운 통보에도 불구하고 서둘러 움직였으나, 만티네이아까지 가는 길 중간에 적의 점령지가 있어, 서로 기다려 전군이 합류하지 않으면 진격하기 어려운 상황이었다. 그 사이 라케다이몬군은 아르 5 카디아 동맹군과 연합하여 만티네이아의 영토로 들어가, 헤라클레스 신전 근처에 진을 치고 주변 지역을 약탈했다.

65 아르고스군과 그 동맹군은 적군을 발견하자 접근하기 어렵고 방 1 어에 유리한 언덕 위에 진지를 구축하고 전투 대형을 갖추었다. 라케다 2 이몬군은 즉시 그들을 향해 진격하여 돌이나 창을 던지면 닿을 거리에 이르렀다. 이때 라케다이몬군이 공격하기 어려운 지점을 공격하려는 것을 보고, 한 노병이 아기스왕에게 악을 악으로 고치려 한다고 외쳤다. 이는 아기스왕이 지난번 아그로스에서 철수하여 비난받은 것을 무모한 열정으로 만회하려 한다는 뜻이었다.

노병의 외침 때문인지, 아니면 갑자기 생각이 바뀌었는지 알 수 없 3 지만, 아기스왕은 교전 직전에 군대를 신속히 철수시켰다. 그는 테게아 4 의 영토로 이동하여 강의 물길을 만티네이아 쪽으로 돌리는 작업을 시작했다. 이 강물은 흐르는 방향에 따라 해당 지역에 큰 피해를 주었고, 테게아인과 만티네이아인 사이에 끊임없는 분쟁의 원인이 되어왔다. 아기스왕의 전략은 아르고스군과 그 동맹군이 상황을 파악하고, 물길

지대와 고원으로 이루어져 있어 숲과 사냥과 목축의 신 판의 고향으로 여겨졌다.

이 자신들에게 돌려지는 것을 막기 위해 언덕에서 내려와 평지에서 싸우도록 유인하는 것이었다.

5   아기스왕은 하루 종일 그곳에 머물며 물길을 돌리는 데 몰두했다. 한편 아르고스군과 그 동맹군은 적군이 아주 가까이 접근했다가 갑자기 철수한 것에 놀라고 의아해하며, 처음에는 이러한 행동을 어떻게 해석해야 할지 알지 못했다. 적군이 철수하며 시야에서 사라져도 추격 명령이 떨어지지 않자, 군사들은 또다시 지휘관들을 비난했다. 그들은 이전에 아르고스 근처에서 라케다이몬군을 포위했으면서도 놓아준 것처럼, 이번에도 도주하는 라케다이몬인을 추격하지 않는 것은 배신이나 다

6   름없다고 주장했다. 장군들은 이러한 비난에 처음에는 당황했으나, 결국 군대를 이끌고 언덕에서 내려와 평지에 진을 치고 교전을 준비했다.

I   **66** 다음날 아르고스군과 그 동맹군은 적군을 만나면 즉시 전투를 개시할 수 있도록 대형을 갖추었다. 라케다이몬인은 물길을 돌리는 작업을 마치고 헤라클레스 신전 근처의 군영으로 돌아오던 중, 아르고스군이 이미 언덕에서 내려와 가까운 거리에서 전투 대형을 갖추고 있는

2   것을 발견했다. 라케다이몬 역사상 이처럼 군 전체가 당황한 적은 없었다. 시간이 촉박했으나 라케다이몬군은 신속하게 전투 준비를 했다. 그들은 지체 없이 각자의 위치로 돌아갔고, 아기스왕은 법규에 따라 필요

3   한 명령을 하달했다. 왕이 군대를 통솔할 때 모든 명령은 왕으로부터 시작된다. 왕이 필요한 명령을 직접 결정하여 장군들에게 하달하면, 장군은 연대장에게, 연대장은 중대장에게, 중대장은 소대장에게, 소대장

4   은 소대원에게 순차적으로 그 명령을 하달한다. 이러한 체계를 통해 모든 명령은 신속하게 예하 부대에 하달된다. 실제로 라케다이몬군의 조직은 장교들 간의 엄격한 수직적 위계로 구성되어, 명령 이행의 책임을 여러 명이 분담하게 되어 있었다.

I   **67** 이번 전투에서 라케다이몬 진영의 좌익은 전통에 따라 스키리티스군이 담당했다. 그 옆으로는 트라케 지방에서 돌아온 브라시다스

의 군사들과 해방된 국가 노예들이 위치했고, 그 다음은 라케다이몬군이 부대별로 배치되었다. 계속해서 헤라이아[50] 출신의 아르카디아군과 마이날리아군이 차례로 자리했다. 우익에는 테게아군이 배치되었으며, 가장 끝자리에는 소수의 라케다이몬군이 위치했다. 기병대는 좌익과 우익 모두에 배치되었다.

라케다이몬군은 이렇게 전투 대형을 갖추었다. 한편 적의 진영에서 2 는 만티네이아군이 우익을 담당했는데, 이는 전투가 그들의 영토에서 벌어졌기 때문이다. 그 옆으로 아르카디아 동맹군, 이어서 국가 비용으로 장기간 군사훈련을 받은 아르고스인 정예병 1,000명, 그 다음으로 나머지 아르고스군, 그 옆에는 동맹군인 클레오나이군과 오르네아이군,[51] 마지막으로 아테나이군이 자국의 기병대와 함께 좌익의 맨 끝자리를 맡았다.

68 이러한 진형 속에서 라케다이몬군의 병력이 상대적으로 더 많아 1 보였다. 그러나 나는 양측의 총 병력 수나 각 부대별 규모를 정확히 말 2 할 수 없다. 라케다이몬군은 국정 운영이 비밀에 붙여져 있어 정확한 수치를 파악하기 어렵고, 다른 군대들의 주장은 인간의 본성상 병력을 과장하는 경향이 있어 신뢰하기가 어렵다. 그럼에도 다음과 같이 계산하면, 이번 전투에 참가한 라케다이몬군의 규모를 대략 추산할 수 있다. 총 600명의 스키리티스인을 제외하고, 이 전투에는 7개 연대가 참 3 전했다. 각 연대는 4개 중대로 구성되어 있고, 각 중대는 다시 4개 소대로 이루어져 있다. 각 소대의 선두 대열에는 4명이 배치된다. 종대의 횡렬 수는 일정한 규정이 없고 연대장의 재량에 달려 있기는 하지만,

---

50 "헤라이아"는 아르카디아 지방 알페이오스강 중류의 평야 지대에 위치한 도시로, 메갈로폴리스와 올림피아 사이에 있었다.

51 "클레오나이"는 아르골리스 지방에 있던 도시로, 코린토스와 아르고스 사이 중간 지점에 위치했으며 네메아와 가까웠다. "오르네아이"는 아르고스 북서쪽 약 20킬로미터 지점에 있었던 도시다.

일반적으로 8열 횡대로 편성된다. 따라서 스키리티스인을 제외한 전선의 선두 대열에는 총 448명이 배치되었을 것으로 추정된다.

I **69** 전투 직전, 양 진영의 지휘관들은 군사들에게 격려의 말을 전했다. 만티네이아군에게는 이번 전투가 단순히 조국 수호를 넘어 그들의 자유와 주권을 결정짓는 중대한 싸움이라는 점이 강조되었다. 그들은 다시 찾은 주권을 맛보기도 전에 빼앗기지 않기 위해, 다시 노예 상태로 돌아가지 않기 위해 싸우라는 격려의 말을 들었다. 아르고스군에게는 과거 펠로폰네소스에서 누렸던 대등한 지위와 패권을 영원히 빼앗기는 사태를 용납하지 말고, 국경을 맞댄 적국으로부터 받은 모든 수모를 되갚을 기회라는 점이 강조되었다. 아테나이군은 뛰어난 다수의 동맹군과 함께 싸우며 누구 못지않게 용맹함을 보여주는 것이 영광임을 상기했다. 더불어 펠로폰네소스에서 라케다이몬인을 물리친다면 아테나이 제국이 더욱 확고해지고 확장될 것이며, 어떤 세력도 더 이상 그들의 영토를 침범하지 못하게 될 것이라는 말도 들었다.

2 아르고스군과 그 동맹군에게는 이러한 격려가 주어졌다. 반면, 라케다이몬군은 그들이 이미 뛰어난 전사이므로 이전에 배운 전술과 기술을 기억하는 것만으로 충분하다는 독려를 받았다. 라케다이몬인은 오랜 훈련이 짧은 연설보다 전장에서 더 효과적임을 잘 알고 있었다.

I **70** 그런 후 전투가 시작되었다. 아르고스군과 그 동맹군은 흥분과 분노에 휩싸인 채 돌진했으나, 라케다이몬군은 대열 내 다수의 피리 연주자들의 연주 리듬에 맞추어 천천히 전진했다. 이러한 관행은 종교 의식과는 무관했으며, 오히려 전진할 때 보조를 일정하게 유지함으로써 대규모 군대가 이동할 때 흔히 그러하듯 대열이 흐트러지는 것을 막기 위함이었다.

I **71** 양측이 아직 서로를 향해 전진하는 동안, 아기스왕은 한 가지 전략적 결정을 내렸다. 군대가 교전을 위해 진군할 때는 일반적으로 우익이 지나치게 늘어나, 양측 모두 자신의 우익으로 적군의 좌익을 에워싸

는 현상이 일어난다. 이는 군사들이 두려움에 사로잡혀 각자 자신의 무방비한 부분을 오른쪽 전우의 방패로 최대한 가리려 하고, 최대한 밀착하여 밀집대형을 이루는 것이 더 안전하다고 믿기 때문이다. 이러한 움직임은 우익 최전방에 위치한 군사로부터 시작된다. 그는 자신의 취약한 부분을 늘 적군으로부터 멀리하려 하며, 이에 다른 군사들도 같은 두려움으로 인해 그의 행동을 따라하게 된다. 이번 전투에서도 같은 현 2 상이 나타났다. 우익을 맡은 만티네이아군은 라케다이몬군의 좌익에 배치된 스키리티스인을 상당히 포위했고, 라케다이몬군과 테게아군은 적군의 좌익을 담당한 아테나이군을 더 크게 포위했다. 이는 라케다이몬군의 병력이 더 많았기 때문이다.

아기스왕은 아군의 좌익이 포위될 것을 우려했다. 그는 만티네이아 3 군이 아군의 좌익을 지나치게 포위하고 있다고 판단하고, 스키리티스 군과 브라시다스 휘하의 군사들에게 좌측으로 이동하여 만티네이아군과 맞서도록 명령했다. 이로 인해 생긴 공백은 우익에 배치된 히포노이다스와 아리스토클레스가 지휘하는 2개 연대로 메우게 했다. 그러면 만티네이아군에 맞서는 전선을 더욱 견고히 하고, 동시에 아군의 우익도 여전히 우위를 유지할 수 있을 것이라고 판단했다.

72 그러나 공격 중에 갑작스럽게 하달된 명령에 아리스토클레스와 1 히포노이다스는 따르기를 거부했다. 이로 인해 두 장군은 후에 비겁한 행동을 했다는 이유로 스파르테에서 추방당했다. 그 사이 적군이 진격해왔고, 아기스왕은 두 연대가 이동하지 않는 것을 보고 스키리티스군에게 주력 부대와 합류하라고 명령했다. 그러나 그들에게 전선의 공백을 메울 시간이 부족했다. 이 전투에서 라케다이몬군은 전술적으로는 실패 2 했지만, 용기는 누구에게도 뒤지지 않음을 보여주며 승리를 거두었다.

전투가 시작되어 근접전이 벌어지자, 우익에 있던 만티네이아군이 3 스키리티스군과 브라시다스 휘하의 군사들을 격퇴했다. 이어 만티네이아군과 그 동맹군, 그리고 1,000명의 아르고스 정예부대가 메워지지

않은 적군의 빈틈으로 돌격해 라케다이몬군을 포위하고 일부를 죽였
다. 그들은 라케다이몬군의 사륜 마차가 있는 후방까지 추격하여, 그곳
4 을 지키던 노병들도 일부 죽였다. 이처럼 그 지역에서는 라케다이몬군
이 패했다. 그러나 라케다이몬군의 나머지 병력, 특히 아기스왕이 이끈
300명의 기사와 함께한 중앙 부대는 아르고스 노병 5개 중대, 클레오
나이군, 오르네아이군, 그리고 그 옆에 배치된 아테나이군을 공격하여
모두 격퇴했다. 그들은 대부분 라케다이몬군이 공격하자 근접전조차
벌이지 못한 채 항복했으며, 일부는 붙잡히지 않으려고 도망치는 중에
밟혀 죽기도 했다.

1   **73** 중앙에서 아르고스군과 그 동맹군이 후퇴하자, 전열이 양쪽에서
무너지기 시작했다. 우익을 맡은 라케다이몬군과 테게아군이 포위 기
동으로 아테나이군을 에워쌌다. 아테나이군은 좌익에서 포위당하는 동
시에 중앙의 패배로 인해 양면에서 위협을 받았다. 만약 함께한 기병대
의 지원이 없었다면, 동맹군 중에서 가장 큰 타격을 받았을 것이다.

2   한편, 아기스왕은 좌익에 배치된 아군이 만티네이아군과 1,000명의
아르고스 정예군을 맞아 고전하는 상황을 보고, 이들을 지원하라는 명
3 령을 전군에 내렸다. 이 혼란 속에서 아테나이군은 적군이 방향을 바
꾸어 옆을 지나가자, 패주하던 아르고스군과 함께 수월하게 퇴각할 수
있었다. 만티네이아군과 그 동맹군, 그리고 아르고스 정예군은 더 이상
적군을 추격하지 않았고, 아군의 패배와 라케다이몬의 공세를 목격하
4 고는 퇴각하기 시작했다. 이 과정에서 만티네이아군은 상당수가 전사
했지만, 아르고스 정예군은 대부분 생존했다. 그러나 도주와 퇴각은 급
박하거나 장시간 지속되지는 않았다. 라케다이몬군은 전투 중에는 굳
건히 버티면서 오랫동안 싸우지만, 일단 승리하고 나면 멀리까지 추격
하지 않는 전통이 있었기 때문이다.

1   **74** 전투는 이처럼 진행되었으며, 오랫동안 헬라스 주요 국가들 간
2 에 벌어진 최대 규모의 전투였다. 라케다이몬군은 전사한 적군들 앞에

무기를 내려놓고 승전비를 세운 뒤, 그들의 무구를 벗겼다. 또한 아군의 전사자들을 수습하여 테게아로 운반해 매장했고, 적군의 전사자들은 휴전협정을 맺은 후 돌려주었다. 전사자 수는 아르고스군, 오르네아이군, 클레오나이군이 700명, 만티네이아군이 200명, 아테나이군과 아이기나군이 2명의 장군을 포함해 200명이었다. 라케다이몬 동맹군은 그다지 고전하지 않아 인명 피해가 미미했다. 라케다이몬군 자체의 정확한 인명 피해는 정확히 파악하기 어렵지만, 약 300명 정도로 추정된다.

75 이 전투가 벌어지기 직전, 라케다이몬의 또 다른 왕인 플레이스토아낙스가 최고령자와 최연소자로 구성된 증원군을 이끌고 테게아까지 진출했으나, 승전 소식을 전해 듣고 돌아갔다. 또한 라케다이몬군은 사절을 보내 코린토스와 지협 밖에서 파견된 동맹군을 돌려보냈다. 그런 후 귀국하여 동맹군을 해산시키고, 마침 카르네이아 축제 기간[52]을 맞아 축제를 열었다. 라케다이몬인은 그동안 섬에서 겪은 참패로 인해 비겁하다는 비난을 듣고, 우유부단하고 행동이 느리다는 평을 들어왔으나, 이번 전투로 그러한 오명을 씻어냈다. 이제 동맹국들은 라케다이몬인이 그동안 단지 불운했을 뿐, 용맹함은 여전하다고 생각하게 되었다.

이 전투가 있기 바로 전날, 에피다우로스인은 아르고스의 영토가 비어 있다고 판단하여 전군을 이끌고 침입했다. 이들은 남아 있던 수비대의 상당수를 살해했다. 전투가 끝난 후, 엘리스인 중무장보병 3,000명이 만티네이아인을 도우러 왔고, 아테나이인 증원군 1,000명도 앞서 파견된 군대를 지원하기 위해 합류했다. 이들 동맹군은 라케다이몬인

---

52 "카르네이아 축제"는 라케다이몬의 주요 종교 행사로, 아폴론 카르네이오스를 기리기 위해 카르네이오스 달 7일부터 15일까지, 오늘날의 8월 말-9월 초에 9일간 열렸다. 전설에 따르면, 도로스인이 펠로폰네소스로 이주할 때 아폴론이 예언자 카르노스를 보냈으나, 그가 정탐꾼으로 오인되어 살해되자 분노하여 역병을 내렸다. 이를 달래기 위해 축제가 시작되었다고 전해진다.

이 카르네이아 축제에 참여하는 동안 에피다우로스로 곧장 진격하여
6 도시를 포위하고 구역을 분담하여 방벽을 쌓기 시작했다. 다른 동맹군
은 중도에 방벽 쌓기를 포기했으나, 아테나이군만은 자신들에게 할당
된 헤라이온곶[53]의 요새화 작업을 신속히 완료했다. 아테나이군과 그
동맹군은 일부 병력을 남겨 요새를 지키게 하고, 각자 본국으로 돌아갔
다. 이로써 여름이 끝났다.

1   **76** 겨울이 시작되자마자 라케다이몬군은 다시 출정하여 테게아에
2 도착한 후, 아르고스에 평화조약을 제안했다. 아르고스에는 전에도 민
주정을 무너뜨리려는 친라케다이몬파가 있었지만, 이번 전투 후 그들
은 대중을 더욱 쉽게 설득할 수 있었다. 결국 아르고스는 라케다이몬인
과 평화조약을 맺게 되었다. 이 정파는 아르고스인이 먼저 라케다이몬
인과 평화조약을 맺게 한 다음, 이어서 동맹을 체결하게 하고, 마지막
으로 민주정을 무너뜨릴 계획이었다.

3   아르고스에 주재하는 라케다이몬의 영사 아르케실라오스의 아들 리
카스는 라케다이몬에서 두 가지 제안을 가지고 아르고스에 도착했다.
하나는 아르고스인이 전쟁을 계속하기를 원할 경우 어떻게 대응할 것
인가, 다른 하나는 평화를 유지하고 싶다면 어떤 방식으로 진행할 것인
가에 관한 내용이었다. 마침 알키비아데스도 아르고스에 와 있었기 때
문에 이 문제를 두고 많은 논쟁이 벌어졌다. 그러나 친라케다이몬파가
더욱 대담하게 행동하며 아르고스인을 설득했고, 결국 아르고스는 라
케다이몬의 평화조약을 받아들이게 되었다. 평화조약의 내용은 다음과
같다.

1   **77** "라케다이몬 민회는 아르고스와 다음과 같이 평화조약을 체결한
다. 아르고스는 오르코메노스에는 아이들을, 마이날리아에는 남자들

---

53 "헤라이온곶"은 코린토스만과 사론만 사이의 지협에 자리한 곳으로, 헤라 여신의 성
소가 있었다. 양쪽 해역의 상황을 통제할 수 있는 전략적으로 중요한 위치였다.

을, 라케다이몬에는 만티네이아에 억류되어 있는 자들을 돌려보낸다. 또한 에피다우로스에서 철수하고, 그곳에 세운 방벽을 철거한다.

아테나이인이 에피다우로스에서 철수하지 않을 경우 그들은 아르고 2 스, 라케다이몬, 라케다이몬의 동맹국, 아르고스의 동맹국의 적으로 간 주된다. 라케다이몬이 아이들을 볼모로 억류하고 있다면 모두 각자의 3 국가로 돌려보낸다. 신에게 바치는 제물과 관련해, 아르고스는 원할 경 4 우 에피다우로스인으로 하여금 맹세하게 할 수 있으며, 원치 않을 경우 직접 맹세한다. 펠로폰네소스의 각 국가는 규모와 무관하게 조상들의 5 관습에 따라 주권을 온전히 행사한다. 외부 세력이 해를 끼칠 목적으로 6 펠로폰네소스 땅에 들어온다면 함께 신중히 논의한 후 펠로폰네소스 인의 정의관에 가장 부합하는 방식으로 대응한다.

펠로폰네소스 외부에 위치한 라케다이몬의 동맹국은 라케다이몬과 7 동일한 조건으로, 아르고스의 동맹국도 아르고스인과 동일한 조건으로 이 조약의 구속을 받는다. 모든 국가는 현재의 영토를 그대로 유지한 다. 이 조약은 동맹국들에게 공개된 후 동의를 얻어 발효된다. 이견이 8 있을 경우 그 의견을 라케다이몬에 전달해야 한다.”

78 아르고스인이 먼저 이 제안을 받아들이자, 라케다이몬군은 테게 1 아에서 철수하여 본국으로 돌아갔다. 그 후 양측 간에 교섭이 있었기 에, 얼마 지나지 않아 앞서 언급한 친라케다이몬파의 주도로 아르고스 는 만티네이아, 아테나이, 엘리스와 맺은 동맹을 폐기하고, 라케다이몬 과 평화조약 및 동맹조약을 맺었다.

79 “라케다이몬과 아르고스는 50년간 지속될 평화조약과 동맹조약 1 을 체결하기로 한다. 모든 분쟁은 조상들의 관습에 따라 공정하고 공평 한 중재를 통해 해결한다. 이 평화조약과 동맹조약에 참여한 펠로폰네 소스의 다른 국가들은 자주독립국으로서 현재의 영토를 유지한다. 모 든 분쟁은 조상들의 관습에 따라 공정하고 공평한 중재로 해결할 권리 를 갖는다. 펠로폰네소스 외부에 위치한 라케다이몬의 동맹국은 라케 2

다이몬과 동일한 조건으로, 아르고스의 동맹국도 아르고스와 동일한 조건으로 이 조약의 구속을 받는다. 이들 국가 역시 현재의 영토를 그대로 유지한다.

3
4　　연합 원정군을 파견해야 할 경우, 라케다이몬과 아르고스는 동맹국들과 상의하여 가장 공정한 방안을 결정한다. 펠로폰네소스 안팎을 막론하고 국가 간 국경 문제나 그 밖의 분쟁이 발생할 경우, 당사국이 직접 해결한다. 동맹국들 간에 분쟁이 발생할 경우, 양측이 공정하다고 인정하는 다른 국가의 중재를 통해 해결한다. 개인 간의 분쟁은 관습법에 따른다."

1　　**80** 평화조약과 동맹조약이 체결되자, 양국은 전쟁이나 다른 수단으로 획득한 모든 것을 서로 돌려주었다. 양국은 정책적으로 협력하기로 했으며, 만약 아테나이인이 요새를 비우지 않고 펠로폰네소스를 떠나지 않는다면 그들로부터 전령이나 사절단을 받지 않기로 결정했다. 또
2한 평화조약 체결과 전쟁을 모두 함께하기로 결의했다. 양국은 다른 사안에서도 정책적으로 협력했으며, 트라케 지방의 국가들과 페르디카스에게 사절단을 보내 그들과 동맹을 맺도록 설득하는 데 성공했다. 페르디카스는 즉시 아테나이인과의 관계를 단절하지는 않았으나, 아르고스의 행보를 지켜본 후 곧 결단을 내릴 의향이 있었다. 그의 가문이 본래 아르고스 출신이었기 때문이다. 또한 양국은 이전에 칼키디케인과 맺었던 동맹을 갱신했다.

3　　한편 아르고스인은 아테나이인에게 사절단을 보내 에피다우로스 요새에서 떠날 것을 요구했다. 아테나이인은 자국의 군사가 이 수비대의 동맹군보다 적다는 사실을 알고, 데모스테네스를 보내 자국의 군사들을 철수시켰다. 데모스테네스는 에피다우로스 요새에 도착하자, 요새 밖에서 육상경기를 하자고 제안했으나 이는 구실에 불과했다. 다른 수비대 군사들이 경기에 참가하기 위해 요새 밖으로 나오는 순간, 그는 뒤에서 성문을 닫아버렸다. 이후 아테나이인은 에피다우로스인과의 조

약을 갱신하고 요새를 돌려주었다.

81 아르고스가 동맹을 이탈한 후, 만티네이아는 처음에는 버텼지만, 1
결국 아르고스의 지원 없이는 무력함을 깨달았다. 그들은 라케다이몬
과 평화조약을 맺고, 아르카디아 지방의 국가들에 대한 지배권을 포기
했다. 라케다이몬과 아르고스는 각각 1,000명씩 군사들을 선발하여 연 2
합 원정군을 파견했다. 라케다이몬군은 먼저 단독으로 시키온에 진군
하여 그곳의 정부를 더 강력한 과두정 체제로 개편했다. 이후 양군이
합류하여 아르고스의 민주정을 무너뜨리고, 라케다이몬에 우호적인 과
두정 체제를 수립했다. 이러한 일들이 그해 겨울이 끝나고 봄이 시작되
기 직전에 일어났으며, 이 전쟁의 열네 번째 해[54]도 끝나가고 있었다.

82 여름이 되자, 아토스반도[55]의 디온이 아테나이와의 동맹을 이탈 1
하고 칼키디케 동맹에 가입했다. 라케다이몬은 아카이아 지방의 정치
구도를 자국에 더욱 유리하게 재편하는 작업에 착수했다.

그동안 다시 세력을 결집하여 자신감을 회복한 아르고스의 민주정 2
파는, 라케다이몬에서 김노파이디아이 축제[56]가 열리는 시기를 노려
과두정파를 공격했다. 도시 내 충돌에서 민주정파가 승리하여, 과두정
파는 일부가 사망하고 나머지는 추방되었다. 라케다이몬은 처음에는 3
아르고스 과두정파의 지원 요청에 응하지 않다가, 결국 축제를 연기하
고 그들을 도우러 원정을 떠났다. 그러나 도중에 테게아에서 과두정파
의 패배 소식을 듣고, 도망쳐 나온 과두정파의 간청에도 불구하고 더
이상 진군하지 않고 본국으로 돌아가 축제를 진행했다.

---

54 "이 전쟁의 열네 번째 해"는 기원전 418년이다.
55 "아토스반도"는 칼키디케반도의 세 갈래 중 가장 동쪽에 위치한 악테반도의 다른 이
　름으로, 반도 끝에 아토스산이 있었다.
56 "김노파이디아이 축제"(벌거벗은 소년들의 축제)는 라케다이몬에서 7-8월경 열린
　아폴론 신 기념 행사로, 젊은이들의 체력과 군사 기량을 선보이는 신체 활동 중심의
　축제였다. 아고라에서 춤, 체조, 합창, 운동 경연이 열렸으며, 군가와 찬가가 불렸다.
　기원전 7세기경 시작된 것으로 추정된다.

4　　그 뒤 아르고스 도시 내 세력과 추방된 아르고스인이 각각 사절단을 라케다이몬에 파견하여 동맹국들이 모인 자리에서 논쟁을 벌였다. 라케다이몬은 도시 내 세력이 잘못했다는 결론을 내리고 아르고스 원

5 정을 결의했으나, 실제로 출병은 지연되었다. 이 기간 동안 아르고스의 민주정파는 라케다이몬에 대한 두려움으로 아테나이와의 동맹을 추진했다. 이것이 자신들에게 가장 유리하다고 판단했기 때문이다. 그들은 도시에서 해안까지 연결되는 긴 성벽을 쌓기 시작했다. 이는 육로가 차단될 경우 바닷길을 통해 아테나이로부터 보급을 받기 위한 조치였다.

6 펠로폰네소스의 몇몇 국가는 아르고스인이 성벽을 쌓는 것을 알고도 묵인했다. 아르고스에서는 남자나 여자나 자유민과 노예를 가리지 않고 모두가 동원되어 성벽을 쌓았으며, 아테나이에서 파견된 목수와 석공들이 그들을 도왔다. 이렇게 여름이 끝났다.

1　　**83** 겨울이 시작되자, 라케다이몬인은 아르고스인이 성벽을 쌓고 있다는 소식을 듣고, 코린토스를 제외한 모든 동맹군과 함께 아르고스로 출정했다. 아르고스 도시 내에도 그들에게 협력하는 세력이 있었다. 이 원정군은 아르키다모스의 아들이자 라케다이몬 왕인 아기스가 지휘했

2 다. 라케다이몬인이 기대한 도시 내 세력의 협력은 실현되지 않았으나, 그들은 축조 중이던 성벽을 점령하여 파괴했다. 또한 아르고스 영토 내의 소도시 히시아이[57]를 점령하고, 붙잡은 아르고스 자유민들을 모두

3 도륙했다. 그런 후 원정군은 각자의 나라로 돌아갔다. 이어서 아르고스인도 플레이우스 영토로 출정하여 약탈한 후 철군했다. 이는 플레이우스가 아르고스에서 추방당한 이들을 받아들여, 대부분의 망명자들이 그곳에 정착해 있었기 때문이다.

4　　그해 겨울, 아테나이는 마케도니아를 봉쇄했다. 그들은 페르디카스

---

57 "히시아이"는 아르고스와 테게아 사이의 산악 지대에 위치한 소도시로, 아르골리스 지방의 방어에 중요한 전략적 요충지였다.

가 아르고스 및 라케다이몬과 동맹을 맺은 것을 비난했다. 또한 아테나이인이 니케라토스의 아들 니키아스의 지휘 아래 트라케 지방의 칼키디케와 암피폴리스를 공격하기 위해 원정군을 준비할 때, 페르디카스가 동맹을 배신하고 떠남으로써 이 원정이 무산된 일도 비난했다. 이로 인해 페르디카스는 아테나이인의 적이 되었다. 그해 겨울이 끝나면서, 이 전쟁의 열다섯 번째 해[58]도 마무리되었다.

84[*] 여름이 시작되자, 알키비아데스는 함선 20척을 이끌고 아르고스로 항해하여, 친라케다이몬 성향이 의심되는 아르고스인 300명을 체포했다. 이들은 아테나이가 통치하는 인근의 섬들에 억류되었다. 또한 아테나이는 멜로스섬으로도 병력을 파견했다. 이 원정군은 아테나이 함선 30척, 키오스 함선 6척, 레스보스 함선 2척에, 아테나이군 중무장보병 1,200명, 궁수 300명, 기마사수 20명, 동맹국 섬에서 파견된 중무장보병 1,500여 명으로 구성되었다.

멜로스인은 라케다이몬에서 이주해온 사람들이었다. 그들은 다른 섬 주민들과 달리 아테나이에 예속되기를 원치 않아 처음에는 중립을 유지했으나, 아테나이군이 그들의 영토를 약탈하고 압력을 가하자 공개적인 적대 관계로 돌입했다. 이에 아테나이의 장군 리코메데스의 아들 클레오메데스와 테이시마코스의 아들 테이시아스가 앞서 언급한 병력을 이끌고 멜로스섬에 진을 쳤다. 그러나 공격에 앞서 대화를 나누기 위해 사절단을 보냈다. 멜로스인은 아테나이 사절단을 대중 앞에 세우지 않고, 대신 관리와 소수의 유력자가 참석한 자리에서 그들의 방문 목적을 들었다. 이에 아테나이 사절단은 다음과 같이 말했다.

85 "여러분은 우리가 반박하기 어려운 매력적인 언변과 그럴 듯한 논리로 대중을 현혹하지 못하도록(이것이 우리를 소수의 인사들 앞에 세운

---

58 "이 전쟁의 열다섯 번째 해"는 기원전 417년이다.
* 제84-116장은 아테나이군의 멜로스섬 정복을 다룬다.

이유임을 잘 압니다) 대중 앞에서 연설할 기회를 주지 않았습니다. 따라서 이 자리에 계신 여러분은 더욱 신중히 우리의 말을 들어주기 바랍니다. 우리는 처음부터 끝까지 일방적으로 말하기를 원하지 않으니, 우리의 제안이 마음에 들지 않으면 즉시 반론을 제기해주십시오. 먼저, 우리의 이 제안에 대한 여러분의 생각을 듣고 싶습니다."

I **86** 멜로스 대표단: "차분하게 의견을 나누자는 여러분의 합리적인 제안에 이의는 없습니다. 그러나 여러분이 군대를 이끌고 온 행위는 그러한 제안과 상충되어 보입니다. 우리가 보기에 여러분은 재판관으로 이곳에 온 듯합니다. 우리가 정당함을 입증하며 굴복을 거부하면 전쟁이 일어날 것이고, 굴복한다면 여러분에게 예속될 테니 말입니다."

I **87** 아테나이 사절단: "여러분이 이 자리에 나온 목적이 눈앞의 현실을 바탕으로 자국을 구할 방안을 강구하는 것이 아니라, 미래에 대한 자의적 억측을 늘어놓는 것이라면 우리는 회담을 중단하겠습니다. 그러나 우리의 권고를 따를 의향이 있다면, 우리도 대화를 이어가겠습니다."

I **88** 멜로스 대표단: "우리처럼 곤경에 처한 상황에서는 무슨 말이든, 어떤 생각이든 할 수 있지 않습니까? 이는 당연한 반응이며 충분히 이해받을 수 있는 일입니다. 하지만 우리 역시 여러분의 말처럼 조국을 구하기 위해 이 자리에 왔으니, 회담을 계속하는 데 동의합니다."

I **89** 아테나이 사절단: "우리가 메디아인을 물리쳤다는 이유로 여러분을 지배할 권리가 있다거나, 여러분이 우리에게 불의한 행동을 했기에 응징하러 왔다는 등의 말은 늘어놓지 않겠습니다. 마찬가지로 여러분 또한 이곳으로 이주해온 라케다이몬인인데도 이 전쟁에서 라케다이몬의 편에 서지 않았다거나, 우리에게 해를 끼친 적이 없다는 주장으로 우리를 설득할 수 있으리라 기대하지 마십시오. 대신 양측의 진정한 의도와 실질적인 이익이 무엇인지 생각해보기 바랍니다. 인간관계에서 정의란 힘이 대등할 때나 의미를 가질 뿐입니다. 현실에서는 강자가 원하는 바를 관철하고, 약자는 그저 받아들일 수밖에 없다는 사실을 우리

모두 잘 알고 있지 않습니까?"

90 멜로스 대표단: "여러분이 정의를 배제하고 이해관계만 논하고 I
자 한다면 이렇게 이야기해야겠군요. 우리는 공동의 이익을 훼손하지
않는 것이 여러분에게도 유리하다고 생각합니다. 위기에 처한 모든 이
가 공정한 대우를 받아야 하며, 엄격한 기준에 미치지 못하는 경우에도
도움을 받을 수 있어야 합니다. 이러한 원칙을 지키는 것은 결국 여러
분에게도 이익이 될 것입니다. 그렇지 않으면 언젠가 여러분의 나라가
패배하여 가장 가혹한 처벌을 받을 때, 다른 나라들이 여러분을 본보
기로 삼을 테니 말입니다."

91 아테나이인 사절단: "설령 우리 제국이 언젠가 몰락하더라도, 우 I
리는 그 종말을 두려워하지 않습니다. 라케다이몬인처럼 다른 나라를
지배하는 자들에게 패배하는 일은 그리 두렵지 않습니다(게다가 지금 우
리의 상대는 라케다이몬인이 아니지요). 우리가 진정으로 두려워하는 것은
피지배자들이 반란을 일으켜 지배자를 제압하는 상황입니다. 하지만 2
그러한 위험이라면 우리에게 맡겨두십시오. 지금 우리가 이곳에 온 목
적은 우리 제국의 이익을 위한 것이고, 우리의 발언은 여러분의 나라를
구하기 위한 것임을 분명히 밝혀둡니다. 우리는 무력 충돌 없이 여러분
을 우리 제국에 편입시키기를 원합니다. 양측 모두의 이익을 위해 여러
분이 살아남기를 바랍니다."

92 멜로스 대표단: "여러분이 우리의 주인이 되는 것은 여러분에게 I
이익이 될 수 있겠지만, 우리가 여러분의 노예가 되는 것이 어떻게 우
리에게 이익이 됩니까?"

93 아테나이 사절단: "여러분은 항복함으로써 끔찍한 재앙을 피하 I
는 것이 이익이고, 우리는 여러분을 몰살하지 않고 살려두는 것이 이익
입니다."

94 멜로스 대표단: "우리가 중립을 유지하고 누구의 적도, 친구도 I
되지 않는 것을 용납할 수 없다는 말입니까?"

I   **95** 아테나이 사절단: "용납할 수 없습니다. 여러분의 적대는 우리의 힘을 드러내는 증거가 되지만, 여러분의 호의는 오히려 우리의 약함을 드러낸다는 인식을 우리의 속국들이 갖게 될 것이기 때문입니다."

I   **96** 멜로스 대표단: "여러분과 전혀 무관한 우리를 여러분의 이주민이나 반란자들과 다르지 않게 지배하는 것을 과연 여러분의 속국들이 공정하다고 생각하겠습니까?"

I   **97** 아테나이 사절단: "옳고 그름의 관점에서 보면, 별 차이가 없다고 생각할 것입니다. 독립을 유지하는 나라가 있다면 그들이 강하기 때문이라 생각할 것이고, 우리가 그 나라를 공격하지 않는다면 우리가 두려워해서 그렇다고 여길 것입니다. 따라서 우리가 여러분을 정복하는 것은 단순한 영토 확장이 아니라 제국의 안전을 확보하는 일입니다. 우리는 해양 강국이며, 여러분은 섬 주민이고, 그중에서도 더 약한 부류에 속합니다. 그러므로 여러분이 우리의 지배에서 벗어나지 못하게 하는 것이 우리에게 무엇보다 중요합니다."

I   **98** 멜로스 대표단: "여러분은 정말로 안전을 보장할 다른 방법이 없다고 생각합니까? 우리에게 정의를 논하지 말고 오직 여러분에게 이익이 되는 것만을 말하라고 요구한다면, 우리도 무엇이 우리에게 이익인지 다시 말하고, 그것이 여러분의 이익에도 부합한다는 점을 설득할 수밖에 없습니다. 여러분은 지금 어느 쪽과도 동맹을 맺지 않은 나라를 모두 적으로 돌릴 작정입니까? 그들은 이 사태를 지켜보며 머지않아 자신도 공격받을 것이라 생각할 것입니다. 그렇게 된다면 여러분은 스스로 적국의 수를 늘리고, 본래는 적국이 될 의도가 없던 나라들마저 여러분의 적이 되도록 강요하는 셈이 아닙니까?"

I   **99** 아테나이 사절단: "우리는 내륙 국가들은 별로 두렵지 않습니다. 자유를 누리고 있는 그들이 우리를 경계하기까지는 오랜 시간이 걸리겠지요. 우리에게 위협이 되는 것은, 여러분처럼 아직 굴복하지 않은 섬 주민들 또는 우리 제국의 지배에 불만을 품고 있는 자들입니다. 그

런 자들이야말로 무모한 행동으로 그들 자신과 우리를 모두 위험에 빠뜨릴 가능성이 높습니다."

100 멜로스 대표단: "여러분은 제국을 유지하기 위해, 속국들은 예속에서 벗어나기 위해 극단적인 모험을 감수하고 있습니다. 그런데 아직 자유를 누리고 있는 우리가 노예로 전락하기 전에 가능한 모든 수단과 방법을 강구하지 않는다면, 그것이야말로 진정 비겁한 행동이 될 것입니다."

101 아테나이 사절단: "잘 생각해보면 꼭 그렇지만도 않습니다. 여러분은 대등한 상대와 싸우는 것이 아닙니다. 이는 용기나 수치의 문제가 아니라 생존에 관한 문제입니다. 살아남기 위해서는 여러분보다 훨씬 강한 자들에게 저항해서는 안 됩니다."

102 멜로스 대표단: "하지만 승패는 꼭 수의 많고 적음에 달린 것이 아니라, 운에 좌우되기도 한다고 알고 있습니다. 항복하면 모든 희망이 사라지지만, 저항하는 한 다시 바로 설 가능성은 남아 있습니다."

103 아테나이 사절단: "희망은 위기의 순간에는 위안이 됩니다. 자원이 충분한 자는 희망에 기대더라도 망하지는 않지만, 가진 것이 별로 없는 자가 전부를 걸고 희망에 의지한다면 파멸하고 맙니다(희망은 낭비벽이 심하기 때문입니다). 희망의 정체를 알아차리고 나서야 조심하려 할 때는 이미 남은 것이 아무것도 없게 됩니다. 여러분이 가진 것은 미미하고, 생존의 기회는 단 한 번뿐이라는 점을 명심하십시오. 또한 다급해진 자들의 행동을 따라하지 마십시오. 그런 이들은 인간적인 수단으로 아직 살 길이 있는데도, 눈에 보이는 희망이 사라지면 눈에 보이지 않는 것들, 이를테면 예언이나 신탁처럼 헛된 희망을 품게 하는 온갖 것에 매달리기 때문입니다."

104 멜로스 대표단: "물론 우리도 여러분의 강력한 힘과 운에 맞서 싸우기 어렵다는 점을 잘 압니다. 하지만 우리는 정의의 편에 서 있기에, 신들께서 우리에게도 호의를 베푸시리라 확신합니다. 또한 우리의

미미한 힘은 라케다이몬과의 동맹으로 보완될 것입니다. 그들은 우리의 친족이며, 명예를 중시하므로 우리를 외면하지 않을 것입니다. 우리의 자신감은 여러분의 생각과 달리 결코 근거가 없지 않습니다."

1 **105** 아테나이 사절단: "신들의 호의에 관해서라면, 우리도 여러분 못지않게 그에 걸맞은 자격이 있다고 생각합니다. 우리의 목표와 행동은 신들에 대한 인간의 믿음이나 인간 상호 간의 행동 원칙에 조금도 2 위배되지 않기 때문입니다. 우리가 알기로, 신들의 세계든 인간 세계든 힘을 가진 자가 지배하는 것은 자연불변의 법칙입니다. 이 법칙은 우리가 정한 것도 아니고, 우리가 처음 따르는 것도 아닙니다. 우리는 이를 기정사실로 물려받았고, 후세에도 영원히 존속하도록 물려줄 것입니다. 우리는 단지 이 법칙에 따라 행동할 뿐이며, 누구든 권력을 갖게 된다면 우리처럼 행동할 것입니다.

3 따라서 우리가 신들에게 벌을 받을 일은 전혀 없습니다. 또한 라케다이몬인이 명예를 위해서라도 여러분을 도우러 올 것이라는 기대에 관해서는, 여러분의 순진함에 감탄하면서도 어리석음에 동정을 금할 4 수 없군요. 라케다이몬인은 자국의 일이나 정치체제에는 아주 탁월합니다. 그러나 타인을 대하는 그들의 태도는 완전히 다릅니다. 간단히 말해, 그들은 우리가 아는 그 누구보다 자기 마음에 드는 것만 고상하게 여기고, 자신에게 이익이 되는 것만 옳다고 판단하는 경향이 강한 사람들입니다. 그들의 그런 태도는 지금 근거 없이 구원을 기대하는 여러분에게 별 도움이 되지 못할 것입니다."

1 **106** 멜로스 대표단: "우리가 그들을 신뢰하는 이유는, 바로 그런 실리를 추구하는 성향 때문입니다. 그들은 식민시인 멜로스를 포기하지 않을 것입니다. 만약 우리를 버린다면, 헬라스 내 동맹국들에게 신뢰를 잃고, 적에게 오히려 이익을 안겨주게 될 것이기 때문입니다."

1 **107** 아테나이 사절단: "여러분도 알다시피, 이익은 안전하게 취할 수 있지만, 정의롭고 명예로운 일은 반드시 위험을 무릅써야 합니다.

그런데 라케다이몬인은 대체로 이런 위험을 감수하지 않으려 합니다."

108 멜로스 대표단: "하지만 라케다이몬인은 우리를 위해서라면 다 1
른 경우보다 더 기꺼이 위험을 감수할 것입니다. 우리는 펠로폰네소스
가까이에 있어 군사 작전을 수행하기가 쉽고, 같은 동족이기에 더 신뢰
받을 수 있습니다."

109 아테나이 사절단: "원군을 보내는 국가는 상대에 대한 호의보 1
다 자신들의 군사력을 더 신뢰합니다. 라케다이몬인은 특히 이 점을 중
시합니다. 그들은 심지어 자국의 군사력조차 불신하여 이웃 나라를 공
격할 때면 수많은 동맹군을 대동합니다. 따라서 우리가 바다를 장악하
고 있는 한, 그들이 섬으로 건너올 가능성은 거의 없습니다."

110 멜로스 대표단: "그렇다면 그들은 다른 병력을 보낼 것입니다. 1
크레테해는 드넓어 도주자들이 은밀히 빠져나가기 쉽고, 설령 해상을
장악하고 있더라도 그들을 붙잡기는 어렵습니다. 라케다이몬인이 직접 2
오지 못한다 해도, 그들은 여러분의 영토나 아직 브라시다스의 발길이
닿지 않은 여러분의 동맹국을 칠 것입니다. 그렇게 되면 여러분은 여러
분과 아무 상관없는 나라가 아니라, 자신과 동맹국의 영토를 지키기 위
해 싸워야 할 것입니다."

111 아테나이 사절단: "그럴 수도 있겠지요. 실제로 과거에도 그런 1
일이 있었습니다. 그러나 여러분도 알다시피 아테나이인은 다른 나라
가 두려워 포위 공격을 포기한 적이 한 번도 없습니다. 그런데 여러분은 2
생존을 위해 협상을 한다면서도, 이렇게 오랜 대화를 나누는 동안 정작
생존을 보장할 만한 말은 한마디도 하지 않다니 놀라움을 금할 수 없군
요. 지금까지 여러분이 제시한 근거는 막연한 희망에 불과하고, 현재의
힘은 우리에게 대항하기에는 너무나 미약합니다. 우리에게 나가달라고
요청한 후에도 더 현명한 결론을 내리지 못한다면, 그것은 여러분의 판
단이 얼마나 어리석은지 증명할 뿐입니다.

사람들은 명백하고 수치스러운 위험 앞에서조차 체면을 중시하는 3

데, 여러분은 그러한 체면에 얽매이지 않기를 바랍니다. 그 길은 거의 언제나 파멸로 이어집니다. 많은 이들이 위험을 내다볼 수 있으면서도 체면이라는 허울에 끌려 무모한 말을 내뱉고, 돌이킬 수 없는 화를 자초합니다. 그들의 수치는 불운보다는 어리석음에서 비롯된 것이기에 더욱 참담합니다.

4   신중히 숙고한다면, 여러분은 그러한 어리석음을 피하고, 헬라스 최강국이 제시한 조건, 즉 여러분의 땅을 그대로 보전하면서 공물을 바치는 동맹이 되라는 온건한 제안을 수치스럽게 여길 이유가 없습니다. 전쟁과 안전 중 선택할 수 있는 상황에서 굳이 불리한 쪽을 택하지는 않으리라 믿습니다. 대등한 자에게는 양보하지 않고, 강자에게는 존중을,

5 약자에게는 온건함을 보이는 이들이 대체로 성공하는 법입니다. 우리가 밖에 나가 있는 동안 이 점을 숙고하십시오. 여러분은 조국의 운명을 논의하고 있고, 조국은 하나뿐이며, 조국의 존망이 단 한 번의 결정에 달려 있음을 명심하십시오."

1   **112** 아테나이 사절단은 회담장을 떠났다. 멜로스인은 자리에 남아

2 앞서 항변했던 것과 동일한 결론을 내리고 이렇게 답변했다. "아테나이인들이여, 우리의 결정은 처음과 동일합니다. 700년 동안 지켜온 이 나라의 자유를 이토록 짧은 순간에 포기할 수는 없습니다. 지금까지 우리를 보호해주신 신들의 호의와 인간, 즉 라케다이몬인의 도움을 믿습니

3 다. 우리는 이 나라를 구할 것입니다. 그러나 우리도 조건을 제시하겠습니다. 우리는 여러분이 우리를 우방이자 중립국으로 받아들이고, 양국의 이해에 가장 부합하는 조약을 맺은 후 떠나주기를 요청합니다."

1   **113** 멜로스인은 그렇게 답변했다. 아테나이 사절단은 회담장을 떠나며 다음과 같이 말했다. "여러분의 결정을 보니, 현실보다 미래의 불확실한 기대를 더 믿는 것 같군요. 그런 기대가 현실이 되기를 바란다는 이유만으로 그것이 곧 현실인 양 착각하는 자들은 여러분밖에 없을 것입니다. 하지만 라케다이몬, 운, 희망, 이 세 가지를 믿고 여기에 더

많은 것을 걸수록 여러분은 더 깊이 추락할 것입니다."

114 이렇게 말한 후 아테나이 사절단은 자신들의 진영으로 돌아갔 ₁
다. 아테나이 장군들은 멜로스인이 항복하지 않으리라 판단하고 즉시
전시 상태로 돌입했으며, 국가별로 작업을 분담시켜 멜로스를 원형으로
둘러싸는 방벽을 구축했다. 이후 아테나이는 자국 군대와 동맹군으로 ₂
구성된 수비대를 남겨 그곳을 바다와 육지 양면으로 봉쇄한 뒤, 주력
부대는 철수시켰다. 남은 병력은 계속 주둔하며 포위를 이어갔다.

115 이 무렵 아르고스인은 플레이우스인의 영토에 침입했지만, 플 ₁
레이우스인과 아르고스에서 망명한 자들로 구성된 복병에게 기습을
당해 약 80명이 전사했다. 필로스에 주둔한 아테나이군도 라케다이몬 ₂
인의 영토에서 많은 전리품을 약탈해 갔다. 라케다이몬인은 조약을 파
기하거나 아테나이군과 교전하지는 않았지만, 자기편 중 원하는 사람
은 누구든지 아테나이인을 약탈해도 좋다고 선포했다. 코린토스인도 ₃
개별적인 분쟁으로 인해 아테나이인과 전투를 벌였다. 그러나 그 밖의
펠로폰네소스 국가들은 평화를 유지했다.

한편 멜로스인은 야간 기습을 감행하여 장터 맞은편의 아테나이군 ₄
방벽을 점령하고 수비대 군사 몇 명을 죽인 후, 곡식 등 생필품을 최대
한 확보하여 성 안으로 철수했으나 그 이상의 행동은 취하지 않았다.
이에 아테나이군은 포위를 더욱 강화했다. 그렇게 여름이 끝났다.

116 겨울이 되자 라케다이몬인이 아르고스인의 영토를 침공하려 ₁
했지만, 국경을 넘기 전에 바친 제물에서 흉조가 나타나자 군대를 철수
시켰다. 이러한 침공 시도 때문에 아르고스인은 자국의 시민들 일부를
의심하여 체포했고, 몇몇은 도주했다. 이 무렵, 멜로스인은 아테나이군 ₂
의 방벽 중 초병이 많지 않은 구역을 골라 다시 점령했다.

이 일로 인해 나중에 데메아스의 아들 필로크라테스가 지휘하는 증 ₃
원군이 아테나이에서 파견되었다. 아테나이군의 포위가 강화되고 멜로
스 내부에 배신자가 생기면서, 멜로스는 결국 아테나이에 무조건 항복

4   했다. 아테나이군은 멜로스의 주민들 중 성인 남자는 붙잡는 즉시 모두
     처형하고, 여자와 아이들은 노예로 삼았다. 아테나이인은 그 땅에 정착
     했고, 나중에 500명의 이주민을 보내 그곳을 식민시로 만들었다.

제6권

오만의 출정
(기원전 415-414년)

시켈리아 원정, 파멸로 향하는 길

1 **1** 그해 겨울, 아테나이인은 라케스와 에우리메돈이 이끌었던 이전 원정보다 더 많은 병력을 다시 시켈리아로 보내, 가능하다면 그곳을 정복하고자 했다. 그러나 대부분의 아테나이인은 그 섬의 크기와 그곳에 거주하는 헬렌인과 이민족을 포함한 인구의 규모를 알지 못했고, 자신들이 펠로폰네소스와의 전쟁에 거의 맞먹는 대규모 전쟁을 시작하려

2 한다는 사실도 인식하지 못했다. 상선으로 시켈리아를 일주하는 데만 약 8일이 소요된다. 이처럼 시켈리아는 꽤 큰 섬이지만, 불과 20스타디온 너비의 해협[1]으로 본토와 분리되어 있다.

1 **2*** 시켈리아섬에 사람들이 정착하게 된 경위와 섬 전체에 정착한 부족들은 다음과 같다. 이 섬에 최초로 정착한 이들은 키클롭스인과 라이스트리곤인이라고 전해진다. 그러나 나는 그들이 어떤 종족이며, 어디서 왔고 어디로 갔는지 알지 못한다. 따라서 이에 관해서는 시인들의

2 노래나 각자 전해 들은 이야기에 만족할 수밖에 없다. 그 다음으로는 시카노스인이 정착한 것으로 보인다. 그들은 자신들이 이 섬에 가장 먼저 정착한 원주민이라고 주장한다. 그러나 실제로 그들은 이베리아 지

---

* 제6권과 제7권은 아테나이군의 시켈리아 원정 참패를 다룬다. 결정적 타격을 입은 아테나이는 국력이 급격히 쇠퇴했으며, 이는 결국 라케다이몬에 패하는 결정적 원인이 되었다.

1 "20스타디온"은 약 3.6킬로미터에 해당한다. 시켈리아섬에서 이 해협과 가장 가까운 도시인 메세네의 이름을 따 '메세네 해협'이라 불린다. 티레니아해와 이오니아해를 잇는 약 32킬로미터 길이의 수로로, 하루에 네 번 방향이 바뀌는 강한 조류 때문에 항해하기 위험한 곳이다. 헬라스 신화에서는 스킬라와 카리브디스라는 두 괴물이 이곳에 살았다고 전해진다.

* 제2-6장은 시켈리아의 초기 역사에 대해 서술한다.

방의 시카노스강 유역에서 리기스인에게 쫓겨난 이베리아인이다. 당시
이 섬은 이 부족의 이름을 따서 시카니아라 불렸으나, 그 전에는 트리
나크리아로 알려졌다.[2] 시카노스인은 현재도 시켈리아의 서부 지역에
살고 있다.

일리온이 함락된 후, 일부 트로이아인이 아카이오스인을 피해 함선   3
을 타고 시켈리아에 도착하여 시카노스인과 인접한 지역에 정착했다.
그들은 엘리모스인으로 통칭되었고, 그들이 거주하는 도시는 에릭스와
에게스타였다. 일부 포키스인도 함께 정착했는데, 이들은 트로이아에
서 귀향하던 중 폭풍을 만나 먼저 리비에로 표류했다가 그곳에서 시켈
리아로 밀려온 사람들이었다. 시켈로스인은 이탈리아 본토에서 살다가   4
오피코스인을 피해 시켈리아로 건너왔다.[3] 전설에 따르면, 그들은 본토
쪽에서 순풍이 불어오기를 기다려 뗏목을 타고 바다를 건너왔다고 하
지만, 실제로는 다른 방식이었을 수도 있다. 현재 이탈리아에도 여전히
시켈로스인이 살고 있다. 이탈리아라는 지명은 시켈로스의 왕 이탈로
스에서 유래했다.

시켈로스인은 대군을 이끌고 이 섬에 진입하여 시카노스인과 전투   5

---

2 "키클롭스인"은 헬라스 신화에 나오는 거인족으로, 이마에 하나의 큰 눈을 가진 존재
   다. 『오디세이아』에서 오디세우스가 만난 폴리페모스가 대표적이다. "라이스트리곤
   인"은 오디세우스 일행을 습격한 식인 거인족으로, 시켈리아 또는 사르돈(사르디니아)
   에 살았다고 전해진다. "시카노스인"은 고대 시켈리아의 원주민으로, 기원전 2000년
   경 이 섬에 정착한 것으로 보인다. "이베리아 지방"은 오늘날의 이베리아반도를 가리
   키며, "리기스인"은 고대 이탈리아 북서부와 남프랑스 일부 지역에 거주한 민족이다.
   "시카니아"는 시카노스인의 땅을 뜻하며, "트리나크리아"는 '세 개의 곶'이라는 의미
   로, 고대 헬렌인이 시켈리아섬의 삼각형 형태를 가리켜 사용한 명칭이다.
3 "일리온"은 제1권 각주 37을 보라. "엘리모스인"은 시켈리아섬 서북부에 정착한 민족
   으로, "에릭스"와 "에게스타"는 그들이 거주한 지역의 도시였다. 특히 에릭스산의 아
   프로디테 신전은 이들의 중요한 종교 중심지였다. "시켈로스인"은 시조 시켈로스를
   따라 이탈리아에서 시켈리아로 이주해 섬의 중부와 동부에 정착했으며, 헨나, 카타네,
   레온티노이 등의 도시를 건설했다. "오피코스인"은 고대 이탈리아반도 중남부에 거주
   한 이탈리아계 민족이다.

끝에 승리한 후, 그들을 섬의 남부와 서부 지역으로 밀어냈다. 이로써 이 섬은 시카니아가 아닌 시켈리아⁴로 불리게 되었다. 시켈로스인은 섬으로 건너왔을 때부터 헬렌인이 시켈리아에 도착한 시기까지 약 300년간 이 섬의 가장 비옥한 지역을 점유했다. 현재도 섬의 중부와 북부 지역에 살고 있다.

6   포이닉스인도 한때 시켈리아섬 주변의 해안 곶들과 인접한 작은 섬들에 정착했다. 이는 시켈로스인과의 무역 거점을 확보하기 위함이었다. 그러나 이후 수많은 헬렌인들이 바다를 통해 들어오기 시작하자, 포이닉스인은 대부분의 정착지를 포기하고 엘리모스와 가까운 모티에, 솔로에이스, 파노르모스⁵에 모여 살았다. 엘리모스와의 동맹을 신뢰하기도 했지만, 주된 이유는 그 지역들이 시켈리아와 카르케돈을 잇는 최단 항로였기 때문이다. 이상이 시켈리아에 정착한 이민족과 그들의 정착 지역이다.

I   3 헬렌인들 중에서는 에우보이아섬의 칼키스인이 식민시 건설자 투클레스와 함께 최초로 바다를 건너 이 섬에 도착했다. 그들은 낙소스를 건설하고 도시 밖에 아폴론 아르케게테스⁶의 제단을 세웠는데, 현재도 제전에 파견되는 사절단은 시켈리아를 출발하기 전에 이 제단에서 제
2   물을 바친다. 그다음 해 헤라클레스의 후손인 아르키아스가 코린토스에서 와서 시라쿠사이를 건설했다. 그는 먼저 시켈로스인을 오르티기

---

4 "시켈리아"는 '시켈로스인의 땅'이라는 뜻이다.
5 "모티에", "솔로에이스", "파노르모스"는 모두 기원전 8세기경 포이닉스인이 건설한 식민시로, 각각 시켈리아섬의 서부 해안, 북부 해안, 북서부 해안에 위치했다. 모티에는 작은 섬 위에 세워졌다.
6 "칼키스인"은 이탈리아의 키메와 레기온, 시켈리아섬의 낙소스, 레온티노이, 카타네, 잔클레(후일의 메세네), 칼키디케반도의 토로네 등 여러 식민시를 건설했다. 칼키디케는 '칼키스인의 땅'이라는 뜻에서 이름 붙여졌다. "아폴론 아르케게테스"는 '창시자 아폴론'을 뜻하며, 식민 활동의 수호신으로 숭배되었다. 칼키스인이 기원전 734년경 세운 낙소스는 그 숭배의 중심지였다.

아섬[7]에서 몰아냈는데, 현재 이 섬에는 더 이상 바닷물로 둘러싸이지 않은 도시가 자리 잡고 있다. 이후 시간이 흐르면서 교외 지역도 성벽으로 둘러싸여 도시로 편입되면서 인구가 증가했다. 시라쿠사이가 건설된 지 5년째 되던 해에 투클레스와 칼키스인은 낙소스를 떠나 전쟁을 통해 시켈로스인을 추방하고 레온티노이를 세웠으며, 그 후에는 카타네도 건설했다. 그러나 카타네인은 에우아르코스[8]를 식민시 건설자로 추대했다.

4 이 무렵에 라미스도 메가라에서 이주민들을 이끌고 시켈리아에 도착하여 판타키아스강 상류에 위치한 트로틸로스에 정착했다. 그러나 나중에 그곳을 떠나 레온티노이의 칼키스인과 잠시 함께 살다가 쫓겨나자, 탑소스를 건설한 후 그곳에서 생을 마감했다. 그가 이끌고 온 이주민들은 탑소스에서 쫓겨난 뒤 메가라 히블라를 건설했다. 시켈로스인의 왕 히블론이 그들에게 그 땅을 주고 정착하도록 했기 때문이다. 메가라 이주민들은 그곳에서 245년간 거주하다가 시라쿠사이의 참주 겔론에 의해 도시와 영토에서 추방되었다. 그러나 그런 일이 일어나기 전, 즉 그들이 정착한 지 100년째 되는 해에 파밀로스를 파견하여 셀리누스[9]를 건설했다. 그는 메가라 이주민들이 이 새로운 식민시를 건설

---

7 "오르티기아섬"은 시라쿠사이의 역사적 중심지로, 시켈리아섬 동부 해안에 있는 약 1평방킬로미터 크기의 작은 섬이다.

8 "에우아르코스"는 헬라스 본토의 칼키스인이며, 기원전 729년경 카타네와 레온티노이를 건설했다.

9 "판타키아스강"은 시켈리아섬 중동부의 에레이 산맥에서 발원해 북동쪽으로 흐르며 카타니아 평원을 지나 이오니아해로 흘러든다. "트로틸로스"는 기원전 8세기 말 메가라인이 세운 임시 정착지였다. "탑소스"는 시라쿠사이 북서쪽 약 10킬로미터 지점에 있었고, "메가라 히블라"는 탑소스에서 북서쪽으로 약 20킬로미터 떨어진 곳에 위치했다. 메가라 히블라는 기원전 728년경 메가라인이 "시켈로스인의 왕 히블론"이 준 땅에 건설한 식민시다. "시라쿠사이의 참주 겔론"은 기원전 485-478년에 시라쿠사이를 통치했으며, 기원전 483년에 메가라 히블라를 점령했다. "셀리누스"는 기원전 628년경 메가라 히블라의 식민시로 시켈리아섬 남서 해안에 세워졌으며, 이 지역에 자생한 파슬리(헬라스어 '셀리논')에서 이름이 유래했다.

하는 일을 돕기 위해 그들의 모국인 메가라에서 와서 함께 정착한 인물이었다.

3   겔라는 시라쿠사이가 건설된 지 45년째 되던 해 로도스 출신의 안티페모스가 건설했으며, 크레테 출신의 엔티모스도 이주민들을 이끌고 와서 함께 그 도시를 건설했다. 이 도시의 이름은 겔라스강에서 유래한다. 그러나 도시 내에서 성벽이 세워지고 가장 먼저 요새화된 지역은

4   린디오이라고 불린다. 그들은 로도스인의 정치체제를 채택했다. 겔라인은 자신들의 도시가 건설된 지 108년째 되는 해에 아크라가스[10]를 건설했는데, 이 도시의 이름은 아크라가스강에서 가져왔다. 그들은 아리스토누스와 피스틸로스를 건설자로 지명했고, 겔라와 동일한 정치체제를 채택했다.

5   잔클레는 처음에 칼키스인이 오피키아 지방에 세운 식민시 키메에서 온 해적들이 정착했으나, 나중에 칼키스와 에우보이아섬의 다른 지역에서 온 무리들이 그 땅을 분할하여 정착했다. 이 도시의 건설자는 키메 출신의 페리에레스와 칼키스 출신의 크라타이메네스였다. 초기에 시켈로스인은 이곳이 낫 모양을 하고 있다고 해서 잔클레라 불렀다(시켈로스인은 낫을 '잔클론'이라 부른다). 그러나 초기 정착민들은 나중에 메디아인을 피해 시켈리아로 이주한 사모스인과 그 밖의 이온인에게 쫓

6   겨났다. 얼마 지나지 않아 레기온의 참주 아낙실라스가 이 사모스인들을 추방한 후, 여러 부족의 주민을 혼합하여 도시를 재건하고 자신의 옛 조국의 이름을 따서 메세네로 개명했다.[11]

---

10 "린디오이"는 '린도스인'을 뜻하며, 린도스는 로도스섬의 주요 도시 중 하나였다. "아크라가스"는 시켈리아섬 남해안 중앙에 위치한 도시로, 기원전 582년경 건설되었으며 신전의 계곡에 있는 웅장한 신전들로 유명하다. 테바이 출신 합창시 작가 핀다로스(기원전 약 518-438년)는 이 도시를 '인간의 도시 중 가장 아름다운 곳'이라 찬양했다.

11 "오피키아"는 '오피코스인의 땅'을 뜻하며, 이탈리아반도 남서부를 가리킨다. 시켈리아섬과 이탈리아 서해안 사이의 바다는 티레니아해라 불렸고, 그 아래의 큰 만은

5 히메라는 잔클레 출신인 에우클레이데스, 시모스, 사콘이 건설했 1
다. 이주민의 대부분은 칼키스인이었지만, 밀레티다이[12]라 불리는 시라
쿠사이의 망명자들도 정파 싸움에서 패배한 후, 이 도시로 와서 함께
정착했다. 히메라에서는 칼키스어와 도로스인의 언어가 혼합된 형태로
사용되었으며, 법률도 대체로 칼키스의 법을 따랐다.

아크라이와 카스메나이[13]는 시라쿠사이인이 세운 도시다. 아크라이 2
는 시라쿠사이가 건설된 지 70년째 되는 해에, 카스메나이는 그로부터
약 20년 뒤에 세워졌다.

카마리나는 시라쿠사이가 건설된 지 약 135년이 지나 시라쿠사이인 3
에 의해 최초로 건설되었다. 건설자는 다스콘과 메네콜로스였다. 그러
나 카마리나인이 반란을 일으켜 시라쿠사이인과 전쟁을 벌인 후 자신
들의 도시에서 추방되었다. 얼마 후 겔라의 참주 히포크라테스가 시라
쿠사이인 전쟁 포로들의 몸값으로 카마리나인의 영토를 넘겨받아, 자
신이 도시의 건설자가 되어 카마리나를 재건했다. 그 후 이 도시가 다
시 겔론에 의해 파괴되었다가, 겔라인이 세 번째로 재건했다.

6 이처럼 시켈리아에는 헬렌인과 이민족을 포함해 많은 사람이 거 1
주하고 있었음에도 아테나이인은 이 큰 섬을 침공하고자 했다. 표면적
으로는 이 섬에 있는 동족과 최근에 맺은 동맹국들을 위해 원군을 파

크라테르만(오늘날의 나폴리만)이라 불렸다. "키메"는 이 만의 최북단에 위치한 도
시로, 네아폴리스 북서쪽 약 30킬로미터 지점에 있었으며, 키메인은 기원전 6세기
후반 네아폴리스를 건설했다. "레기온의 참주 아낙실라스"는 기원전 494-476년경 통
치했으며, 레기온에 정착한 메세니아인의 후손으로 기원전 490년경 시켈리아 동해
안 북단의 잔클레를 정복해 '메세네'로 개명했다.

12 "밀레티다이"는 시라쿠사이의 초기 정착민 가문 중 하나로, 기원전 5세기 초반까지
정계에서 중요한 역할을 했으나, 겔론이 참주로 집권하는 과정에서 기원전 485년경
추방되었다.

13 "아크라이"와 "카스메나이"는 시라쿠사이가 내륙으로 영향력을 확장하기 위해 건설한
식민시이다. 아크라이는 기원전 664년경 시라쿠사이에서 남서쪽으로 50킬로미터 떨
어진 곳에, 카스메나이는 기원전 643년경 북서쪽 약 60킬로미터 지점에 세워졌다.

견한다는 명분을 내세웠으나, 실제로는 시켈리아 전체를 정복하려는 야심이 있었다.

2   특히 아테나이에 와서 간절히 도움을 호소한 에게스타 사절단이 이 야심을 자극했다. 에게스타인은 국경을 접한 셀리누스인과 혼인 문제 및 영토 분쟁으로 전쟁 중이었는데, 셀리누스인이 시라쿠사이인을 동맹군으로 끌어들여 육로와 해로 양면에서 에게스타를 압박하고 있었다. 이에 에게스타 사절단은 라케스 시절에 레온티노이와 맺었던 동맹을 상기시키며, 함대를 파견해 자신들을 지켜달라고 아테나이인에게 간청했다.[14] 그들은 여러 논리를 펼쳤는데, 요지는 이러했다. 만약 시라쿠사이인이 레온티노이인을 추방하고도 응징당하지 않은 채 아테나이의 나머지 동맹국들마저 붕괴시키고 결국 시켈리아를 완전히 장악하게 된다면, 언젠가 도로스인들은 친족을 돕고, 이주민들은 모국을 돕는다는 명분으로 대군을 이끌고 와서 펠로폰네소스인과 연합해 아테나이 제국을 무너뜨릴 수 있다는 것이었다. 따라서 지금처럼 에게스타가 충분한 준비를 마련해놓은 시점에, 아테나이인이 다른 동맹국들과 함께 시라쿠사이인에게 맞서는 편이 현명하다는 주장이었다.

3   이러한 말이 여러 차례 반복되자, 아테나이인은 우선 에게스타인에게 사절단을 파견해 그들의 주장대로 충분한 군비가 금고와 신전에 마련되어 있는지 조사하는 동시에, 셀리누스인과의 전쟁 상황이 어떠한지 파악하기로 결의했다.

1   7 그리하여 아테나이 사절단이 시켈리아로 파견되었다. 그해 겨울, 라케다이몬과 코린토스를 제외한 동맹군은 아르고스 영토로 진격하여 일부 지역을 약탈하고 탈취한 곡식을 수레로 운반해 갔다. 또한 아르고스에서 망명한 자들을 오르네아이에 정착시키고 소수의 군사를 그들

---

14 시라쿠사이는 기원전 422년경 레온티노이를 점령하고 그곳의 귀족들을 시라쿠사이로 이주시켰으며, 추방된 시민들은 인근 도시로 망명해 아테나이에 도움을 요청했다.

과 함께 남겨두었다. 그런 후 오르네아이인과 아르고스인 사이에 상호 적대 행위를 중단한다는 일정 기간의 휴전조약을 맺게 한 뒤, 군대를 이끌고 본국으로 돌아갔다.

이 일이 있은 지 얼마 지나지 않아 아테나이군이 함선 30척과 중무 2 장보병 600명을 이끌고 아르고스에 도착했다. 아르고스인은 전군을 동원하여 아테나이군과 함께 진격해 오르네아이를 하루 동안 포위했다. 그러나 밤이 되자 오르네아이에 있는 자들은 포위군이 도시에서 먼 곳에 진을 친 것을 보고 도시를 탈출하는 데 성공했다. 다음날 이 사실을 알게 된 아르고스군은 오르네아이를 철저히 파괴한 후 본국으로 철수했고, 이후 아테나이군도 함대를 이끌고 본국으로 돌아갔다.

또한 아테나이인은 자국의 기병대와 아테나이에 체류 중이던 마케 3 도니아 망명자들을 함선에 태워 마케도니아 변경 지역인 메토네로 보내 페르디카스의 영토를 약탈했다. 이에 라케다이몬인은 아테나이인과 4 10일간의 휴전조약을 맺은 트라케 지방의 칼키디케인에게 사자를 보내 페르디카스를 지원하도록 지시했으나, 그들은 이를 원치 않았다. 이로써 겨울이 지나고, 투키디데스가 기록한 이 전쟁의 열여섯 번째 해[15]가 끝났다.

8[*] 다음 해 여름이 가까운 늦봄, 아테나이 사절단이 시켈리아에서 1 돌아왔다. 에게스타 사절단도 함께 왔으며, 그들은 자신들이 아테나이인에게 파견을 요청한 함선 60척의 한 달 치 비용으로 주조되지 않은 은 60탈란톤[16]을 가져왔다. 아테나이인은 민회를 열고 에게스타 사절 2

---

15 "이 전쟁의 열여섯 번째 해"는 기원전 416년이다.
* 제8-26장은 아테나이의 민회에서 시켈리아 원정을 두고 벌어진 니키아스와 알키비아데스의 논쟁을 다룬다.
16 고대 아테나이에서 삼단노선 1척의 건조 비용은 약 1탈란톤이었으며, 숙련 노동자의 1년 임금도 약 1탈란톤에 해당했다. 기원전 5세기 후반 아테나이의 연간 국고 수입은 약 1,000탈란톤으로 추정된다.

단과 자국의 사절단이 전하는 보고를 경청했다. 그들의 말은 설득력이 있었으나 진실은 아니었다. 특히 금고와 신전에 군비가 충분히 비축되어 있다는 주장은 거짓이었다. 그럼에도 아테나이인은 함선 60척을 시켈리아로 파견하기로 의결하고, 클레이니아스의 아들 알키비아데스, 니케라토스의 아들 니키아스, 크세노파네스의 아들 라마코스를 전권을 위임받은 장군으로 임명했다.[17] 그들은 셀리누스인에 대항해 에게스타인을 돕고, 전투에서 여유가 생기면 레온티노이를 재건하는 등 시켈리아에서 아테나이의 이익에 가장 부합하는 조치를 취할 임무를 부여받

3 았다. 그로부터 5일 뒤, 다시 민회가 열렸다. 함대를 준비할 가장 빠른 방법을 논의하고, 출정을 위해 장군들에게 추가로 필요한 사항을 의결하기 위함이었다.

4 니키아스는 자신이 지휘관으로 선출되어 심기가 불편했다. 그는 아테나이인의 결정이 올바르지 않다고 생각했다. 아테나이인이 그럴듯해 보이지만 실제로는 하찮은 명분을 앞세워 시켈리아 전체를 정복하려는 거대한 계획을 추진한다고 보고, 그들을 만류하고자 다음과 같이 조언했다.

1 9 "이번 민회는 우리가 시켈리아로 출정하기 위해 어떤 준비가 필요한지를 논의하고자 소집되었습니다. 하지만 나는 함대 파견이 과연 바람직한 일인지, 그리고 이 중대한 문제를 깊이 숙고해보지도 않은 채 외국인의 말만 믿고 우리와 무관한 전쟁에 발을 들이는 것이 적절한지를 계속해서 논의해볼 필요가 있다고 봅니다.

---

17 "알키비아데스"는 시켈리아 원정의 주전 장군으로 임명되었으나, 출정 직후 종교 훼손 사건에 연루되어 소환 명령을 받고 귀국 도중 라케다이몬으로 망명했다. 이후 페르시스를 전전하며 아테나이의 정세에 개입했고, 자신의 본국 귀환을 위해 아테나이 민주정을 무너뜨리고 과두정 수립을 유도했다. "니키아스"는 알키비아데스가 망명한 후 원정군의 총사령관이 되어 끝까지 전투를 지휘했으나 끝내 참패하고 포로로 잡혀 처형되었다. "라마코스"는 적극적인 공세를 주장했으나, 원정 초기에 전사했다.

개인적으로 나에게 전쟁은 명예를 얻는 길입니다. 나는 어느 누구 2
못지않게 일신의 안전은 염려하지 않습니다. 그렇다고 해서 생명과 재
산을 염려하는 자는 훌륭한 시민이 아니라는 뜻은 아닙니다. 그런 사람
은 자신을 위해서라도 국익을 가장 바랄 테니 말입니다. 지금까지 나는
개인의 명예를 위해 신념과 반대되는 발언을 한 적이 없으며, 오늘 이
자리에서도 신념을 따라 최선이라고 여기는 바를 말하고자 합니다. 나 3
의 말솜씨는 뛰어나지 못합니다. 그래서 내가 여러분에게 이미 가지고
있는 것을 지키고, 불확실한 미래를 위해 위험을 감수하지 말라고 조언
해도, 여러분의 성향으로 볼 때 소용없을 것입니다. 그래서 지금은 그
런 모험을 하기에 적절한 때가 아니며, 여러분이 원하는 것은 쉽게 얻
을 수 있는 것이 아니라는 점만을 지적하고자 합니다.

　　10 우리는 시켈리아 출정이 이곳에 많은 적을 남겨두고 가는 것일 1
뿐만 아니라, 새로운 적을 불러들이는 일임을 알아야 합니다. 여러분 2
은 라케다이몬과 맺은 평화조약이 우리를 지켜줄 것이라 생각하겠지
만, 그 조약은 우리가 평화를 유지하는 동안만 효력을 발휘합니다(우리
측과 라케다이몬 측의 일부 인사들이 그렇게 되도록 주선했기 때문입니다). 우
리가 파견한 대군이 어디서든 패한다면, 그들은 즉시 우리를 공격할 것
입니다. 그들은 재난으로 인해 어쩔 수 없이 우리보다 더 불명예스러운
조건으로 평화조약을 맺었고, 그렇게 체결된 조약 내에는 여전히 많은
쟁점이 해결되지 않은 채 남아 있기 때문입니다.

　　더욱이 몇몇 국가는 이 평화조약을 아직 받아들이지 않고 있는데, 이 3
들은 결코 약소국이 아닙니다. 그중 일부는 우리와 공개적으로 전쟁 중
이며, 일부는 라케다이몬인이 아직은 평화를 유지하고 있기에 마지못
해 조약을 받아들이고 있을 뿐입니다. 그러나 여러분이 서두르고 있는 4
이 원정을 감행한다면, 이들 국가는 예전부터 다른 어떤 동맹국보다 더
높이 평가해온 시켈리아인과 손잡고 우리를 공격하려 할 것입니다. 우 5
리는 이런 점을 주의 깊게 살펴야 합니다. 지금은 우리가 구축한 제국

을 공고히 할 때이므로, 제국을 확장하려는 모험으로 국가를 위험에 빠뜨려서는 안 됩니다. 실제로 트라케 지방의 칼키디케인은 수년 전에 우리에게 반기를 들었으나 여전히 복속되지 않았으며, 본토에도 우리에게 충성하기를 주저하는 국가들이 있습니다. 우리는 동맹국 중 하나인 에게스타가 부당한 피해를 입었다고 신속히 지원하려 하면서도, 정작 우리를 오랫동안 배신해온 자들에 대한 응징은 계속 미루고 있습니다.

1   **11** 이 배신자들은 우리가 일단 제압하면 통제할 수 있지만, 시켈리아처럼 인구가 많고 멀리 떨어져 있는 섬은 설령 정복한다 해도 지배하기가 어렵습니다. 정복해도 지배할 수 없고, 실패할 경우 공격하기 전보다 우리를 더욱 곤혹스럽게 만들 이들을 공격하는 것은 무의미합니다.

2   내 생각에, 지금 시켈리아인은 설령 에게스타인이 계속해서 우리에게 겁을 주고 있듯이 시라쿠사이의 지배를 받게 된다 해도 우리에게

3   별 위협이 되지 않습니다. 현재 그들은 라케다이몬에 대한 호의 때문에 개별적으로 우리를 공격할 수는 있어도, 시라쿠사이 전체가 우리 제국을 공격하는 일은 없을 것입니다. 그들이 펠로폰네소스인과 합세하여 우리 제국을 파괴할 경우, 자신들의 제국도 펠로폰네소스인에 의해 같은 방식으로 무너질 수 있음을 알기 때문입니다.

4   시켈리아인에게 겁을 주려면, 그곳에 아예 가지 않는 것이 최선입니다. 간다 해도 힘을 과시한 후 즉시 철수하는 것이 차선입니다. 모두가 알다시피, 사람들은 멀리 떨어져 있어 그 위력을 실제로 겪어보지 못하고 소문으로 들은 명성이 과연 사실인지 확인할 수 없을 때 가장 큰 두려움을 느끼기 때문입니다. 그런데 우리가 직접 침공했다가 실패하면, 그들은 우리를 얕잡아 보고 즉시 이곳의 적들과 합세하여 공격에 나설

5   것입니다. 아테나이인들이여, 이것은 여러분이 이미 라케다이몬과 그 동맹군으로부터 경험한 일입니다. 처음에 우리는 그들을 두려워했습니다. 그러나 막상 그들과 맞서 싸워 이기자, 이제 우리는 그들을 얕잡아

보고 시켈리아까지 탐내고 있습니다.

하지만 적의 불운에 지나치게 고무되어서는 안 되며, 우리 자신이 6
구사한 전략으로 승리했을 때만 자신감을 가져야 합니다. 라케다이몬
인은 우리에게 당한 수모를 어떻게 해서든 되갚고 명예를 회복하려 들
것입니다. 특히 그들은 오랜 세월 용맹하다는 평판을 들어와 그러한 명
성을 잃지 않으려 집요하게 나올 것입니다. 따라서 우리가 현명하다면, 7
이민족인 시켈리아의 에게스타인을 위해 싸울 것이 아니라, 항상 우리
에게 해를 끼치기 위해 음모를 꾸미고 있는 라케다이몬의 과두정에 대
한 경각심을 신속히 회복해야 합니다.

12 우리는 큰 전염병과 전쟁의 휴지기를 지나며 재산과 인구가 모 1
두 증가했습니다. 이렇게 축적된 자원을 우리 자신의 이익을 위해 사용
해야지, 그때그때 그럴듯한 거짓말로 도움을 요청하는 망명자들을 위
해 사용해서는 안 됩니다. 그들은 입으로는 많은 말을 하지만, 실제로
는 아무것도 기여하지 않으며 위험만 떠넘깁니다. 성공하면 은혜를 잊
고, 실패하면 오히려 도움을 준 이들에게 재앙을 안기는 자들입니다.

이번 원정에서 지휘관으로 선출된 것을 기뻐하고, 나이가 너무 어려 2
지휘관이 되기에는 미숙한데도 이기적인 이유로 원정을 부추기는 자
들이 있습니다. 그들은 경주마를 기르며 사람들에게 찬사를 듣고 싶어
하지만, 그 유지 비용이 막대하기에 장군직을 맡아 이익을 챙기려 합니
다. 이런 자들이 개인의 영달을 위해 국가를 위험에 빠뜨리도록 내버려
두어서는 안 됩니다. 이들은 공적 자원에 손해를 입히고 사적 재산을
낭비하는 자들입니다. 이번 사안은 그 중대성을 고려할 때, 젊은이들
의 판단이나 성급한 결정으로 처리하기에 적합하지 않음을 명심해주
십시오.

13 나는 지금 그 사람의 선동으로 그의 지지자들이 이 회의장에 자 1
리하고 있는 모습을 보며 깊은 우려를 느낍니다. 그래서 여러분 가운데
연장자들에게 간곡히 권고합니다. 그의 지지자들이 옆에 앉아 있다고

해서, 전쟁에 찬성표를 던지지 않으면 나약해 보일까 염려하지 말고 당당히 반대표를 던지십시오. 그들처럼 실체 없는 것에 대한 과도한 욕망에 사로잡히지 마십시오. 여러분도 알다시피 욕망은 아주 미미한 것만 이룰 수 있는 반면, 신중함은 가장 큰 성취를 가능케 합니다. 그러므로 이전의 어떤 위기보다 더 큰 위험을 무릅쓰려는 조국의 앞날을 걱정한다면, 이 안건에 반대표를 던져주십시오. 그리고 시켈리아인이 우리와의 경계선, 즉 해안을 따라 항해하는 경우에는 이오니아만을, 바다를 가로질러 항해하는 경우에는 시켈리아 해협을 존중하는 한, 그들이 자율적으로 일을 처리하며 우리와 협력하는 방향으로 의결해주십시오.

2   에게스타인에게는 무엇보다 그들이 아테나이인과 상의 없이 셀리누스인과 전쟁을 시작했으니, 전쟁을 끝내는 것도 그들의 책임이라고 전하십시오. 지금까지 우리는 평소에는 아무런 도움도 주지 않다가 위급할 때만 우리를 찾는 국가들과 동맹을 맺어왔습니다. 이제 더 이상 그런 동맹을 맺어서는 안 됩니다.

1   **14** 그러니 의장님, 국익 수호가 당신의 소임이라 생각하고, 진정한 애국자의 면모를 보이고자 한다면, 이 안건을 다시 표결에 부쳐주십시오. 절차상 번거롭게 느껴지더라도, 이 자리에 이처럼 많은 증인이 있기에 당신이 규정을 어겼다는 비난은 받지 않을 것입니다. 당신은 지금 잘못된 길로 가고 있는 조국을 바로잡는 의사 역할을 하고 있음을 기억하십시오. 훌륭한 공직자의 소임은 조국에 최대한의 이익을 가져다주거나, 최소한 조국에 해가 된다는 사실을 분명히 알면서도 묵인하지 않는 데 있습니다."

1   **15** 니키아스는 그렇게 말했다. 그러나 이어서 연단에 오른 대부분의 아테나이인들은 원정을 권고하며, 이미 의결한 바를 번복하지 말자고 주장했다. 소수만이 원정에 반대하는 목소리를 냈다.

2   원정을 가장 열렬하게 지지한 인물은 클레이니아스의 아들 알키비아데스였다. 그는 평소 정치적 사안에서 니키아스와 대립했으며, 방금

전 연설에서 자신을 비방한 니키아스에게 반박하고 싶은 마음도 있었다. 그러나 그가 원정을 지지한 이유는 무엇보다도 장군이 되기를 열망했기 때문이다. 그는 장군이 되어 시켈리아와 카르케돈을 정복하면 부와 명성을 한꺼번에 얻을 수 있으리라 기대했다. 알키비아데스는 시민 3 들 사이에서 명망이 높았지만, 경주마를 키우는 데 드는 비용과 기타 여러 지출이 그의 재력을 초과할 정도로 방대했다. 실제로 그의 이러한 행실이 훗날 아테나이 몰락의 주요 요인 중 하나가 되었다.

대중은 그의 비정상적인 생활 방식과 지나친 야심에 두려움을 느끼 4 고 그가 참주가 되려 한다고 의심했다. 비록 그는 전쟁에 관한 한 누구보다 유능했으나, 시민들은 그의 사생활에 대한 반감으로 결국 그가 아닌 다른 이들에게 권력을 맡겼다. 이 선택이 아테나이의 몰락을 앞당기는 결과를 낳았다. 이제 알키비아데스가 앞으로 나와 아테나이인에게 5 다음과 같이 권고했다.

16 "아테나이인들이여, 나는 누구보다도 지휘관이 될 자격이 있으 1 며, 그에 걸맞은 능력을 갖추고 있다고 자부합니다. 내가 이 말을 꺼낼 수밖에 없는 이유는, 니키아스가 앞서 내게 가한 비난이 나와 내 가문에는 명예를, 조국에는 이익을 가져다주는 것이기 때문입니다. 헬렌인 2 들은 우리 아테나이가 전쟁으로 피폐해졌다고 생각했지만, 올림피아 제전에 내가 사절로 가서 훌륭한 연출을 한 덕분에 우리의 국력이 그들의 생각보다 훨씬 더 강하다는 인상을 주었습니다. 나는 당시 한 개인으로서는 전례 없이 전차 7대를 출전시켜 1등, 2등, 4등을 차지했고, 그 밖의 일도 성적에 걸맞게 철저히 준비했습니다. 그러한 성공은 단순히 개인의 영광이 아니라, 우리 아테나이가 그러한 일을 해낼 힘이 있다는 인상을 주기도 합니다.

또한 나는 아테나이에서 합창단을 후원하는 등 공적 의무를 수행했 3 고, 그 때문에 동료 시민들의 시기를 받았지만, 이러한 행위 역시 외국인들에게는 우리의 국력을 과시하는 효과가 있습니다. 자신의 비용을 들여 자신뿐만 아니라 국가에도 이익을 가져다준다면, 그것은 결코 헛된 어리석음이 아닙니다.

4   자부심을 가질 만한 사람이 다른 이들을 자신과 대등한 존재로 대하지 않는 것은 결코 부당하지 않습니다. 이는 마치 불운한 사람이 그 불운을 다른 이들과 나누길 기대할 수 없는 것과 같습니다. 오히려 우리가 불운한 자에게 다가가지 않는 것과 같이, 성공한 사람이 우리를 멸시하더라도 감내해야 합니다. 아니면 다른 이에게 대등한 대우를 요구하기 전에, 스스로가 먼저 다른 이를 대등하게 대할 준비가 되어 있어야 합니다.

5   내가 알기로 이런 사람들, 아니 어떤 식으로든 뛰어난 업적을 이룬 사람은 생전에는 자신과 동등한 이들, 그리고 그들과 교류하는 이들에게 인기가 없습니다. 하지만 그들이 세상을 떠나고 나면 후세 사람들은 아무런 근거 없이 그들과의 혈연을 주장하고, 조국은 마치 그들이 이방인이나 잘못을 저지른 자가 아니라 자랑스러운 조국의 아들이었던 것

6 처럼 자랑합니다. 나는 그런 일을 추구하고 있으며, 그 때문에 사생활에서 비난을 받고 있습니다. 하지만 여러분, 공적 업무를 나보다 더 훌륭히 수행하는 사람이 있는지 한번 살펴보십시오. 나는 여러분을 큰 위험에 빠뜨리거나 비용을 부담시키지 않았습니다. 펠로폰네소스의 강대국들을 하나로 규합하여 라케다이몬인이 만티네이아 전투 하루에 모든 것을 걸도록 만들었습니다. 비록 그들은 전투에서 승리했지만, 그 이후로 자신감을 완전히 회복하지 못하고 있습니다.

1   **17** 그러한 성과는 내가 젊음과 이른바 무모함을 앞세워 펠로폰네소스인의 세력을 상대로 성공적인 외교를 펼친 덕분입니다. 그들은 내가 보여준 열정을 믿고 나의 조언을 따랐습니다. 그러므로 지금 내가 비교적 젊다고 해서 불안해하지 마십시오. 내게 아직 젊음의 활력이 남아 있고 니키아스에게 행운이 따르는 동안, 우리 두 사람이 각자 지닌 장점을 충분히 활용하십시오.

그리고 시켈리아에서 강대국과 맞서게 될 것이 두려워 결정을 번복 　2
해서는 안 됩니다. 시켈리아에는 규모가 큰 나라가 여럿 있지만, 그곳
에는 온갖 잡다한 인구가 섞여 있고 주민이 끊임없이 바뀌거나 새롭게
유입됩니다. 그래서 그들은 조국을 위해 싸운다는 의식이 결여되어 있 　3
고, 자신의 안전을 위해 무장하거나 영구적인 시설을 갖추려 하지 않습
니다. 대신 그럴듯한 말재주나 정쟁을 통해 국고를 축내려 하다 여의치
않으면 다른 나라로 이주할 궁리를 합니다.

　　그런 대중은 제각각이어서 하나의 의견에 귀 기울이지 못하고, 일치 　4
단결해 행동하지도 못합니다. 우리가 매력적인 제안을 내놓으면 각자
개별적으로 우리와 조약을 맺으려 들 것입니다. 특히 보고된 바와 같
이 내분에 휘말려 있다면 더욱 그러할 것입니다. 게다가 중무장보병도 　5
그들이 자랑하는 것과 달리 그리 많지 않습니다. 헬라스 국가들이 실제
병력을 과장한 탓에 이번 전쟁에 필요한 병력을 간신히 충당한 것처럼
시켈리아도 예외가 아닙니다.

　　내가 들은 바로는 이것이 그곳의 실정입니다. 아니, 실제로는 전쟁 　6
을 치르기 더 수월할 것입니다. 우리가 시라쿠사이인을 공격하면, 그들
을 증오하는 수많은 이민족이 우리 편에 가담할 것입니다. 헬라스의 상
황도 잘 생각해보면 우리의 원정에 방해가 되지 않습니다.

　　일각에서는 우리가 출정하면 적을 뒤에 남겨두는 셈이라고 우려하 　7
지만, 우리 조상들도 똑같이 적을 뒤에 둔 채 메디아인과 맞서 싸웠으
며 오직 해군력의 우위를 바탕으로 현재의 제국을 건설했습니다. 더욱 　8
이 펠로폰네소스인이 우리 앞에서 지금처럼 의기소침한 적은 없었습
니다. 설령 그들이 자신감을 회복한다 해도 우리에게 육로로만 침입할
수 있는데, 이는 우리가 시켈리아로 출정하지 않더라도 그들이 언제든
시도할 수 있는 일입니다. 그러나 해상으로는 우리에게 해를 끼칠 수
없습니다. 우리는 그들에게 대적할 함대를 남겨둘 것이기 때문입니다.

　　18 상황이 이러한데 우리가 무슨 명분으로 원정을 주저할 수 있단 　1

말입니까? 또한 위기에 처한 동맹국을 돕지 않는 것을 시켈리아의 다른 동맹국들에게 어떻게 설명하겠습니까? 우리는 그들과 동맹을 맺었습니다. 그러니 그들이 우리를 돕지 않았다고 불평할 것이 아니라, 우리가 먼저 그들을 도와야 마땅합니다. 우리가 그들과 동맹을 맺은 이유는, 그들이 이곳으로 원군을 보내주기를 기대해서가 아닙니다. 그들이 그곳에서 우리의 적들을 견제하여 우리를 공격하러 이곳으로 오지 못하게 하기 위함이었습니다

2   다른 제국도 마찬가지겠지만, 우리 제국이 이만큼 성장할 수 있었던 것은 헬렌인이든 이민족이든 구별하지 않고 동맹국의 요청에 적극적으로 응했기 때문입니다. 만약 이러한 요청을 외면했거나, 헬렌인과 이민족을 차별하여 도움을 주었다면, 제국을 확장하기는커녕 현재의 영토조차 지켜내지 못했을 것입니다. 우리는 강대국의 공격을 기다렸다 방어할 것이 아니라, 아예 그런 생각조차 못하게 미리 조치를 취해야 합니다.

3   또한, 우리 제국이 어디까지 확장되기를 원하는지 정확히 알 수 없기에, 현재로서는 우리에게 예속된 국가들을 통제하면서, 아직 예속되지 않은 국가들에 대해서는 그에 맞는 정복 계획을 세워야 합니다. 우리가 다른 나라를 지배하지 않으면, 그들이 우리를 지배할 위험이 있습니다. 아무것도 하지 않고 가만히 있는 것은 여러분에게 주어진 선택지가 아닙니다. 다른 나라들은 그렇게 할지라도, 여러분은 그럴 수 없습니다. 만약 그 길을 택하고자 한다면, 우선 삶의 방식부터 완전히 바꾸어야 할 것입니다.

4   그러니 시켈리아 원정이 여기 우리 아테나이의 힘을 키워줄 것이라 확신하고 출정합시다. 우리가 현재의 평화에 안주하지 않고 원정을 감행한다면, 펠로폰네소스인의 기세가 꺾일 것입니다. 아울러 우리는 시켈리아에서의 성공으로 헬라스의 패권을 쥐거나, 최소한 시라쿠사이의

5   세력을 약화시켜 우리와 동맹국들의 이익을 도모하게 될 것입니다. 우

리의 함대가 안전을 보장하기에 상황이 유리하면 시켈리아에 주둔할 수 있고, 불리하면 철수할 수도 있습니다. 우리는 해군력에서 시켈리아의 모든 국가들을 합친 것보다 우위에 있기 때문입니다.

니키아스는 이 전쟁이 우리와 무관하다고 주장하며 청년층과 장년 6 층을 가르려 하지만, 그런 이간책에 넘어가지 마십시오. 우리 조상들은 젊었을 때부터 나이 든 이들과 함께 의사 결정에 참여하는 검증된 체제를 유지함으로써, 아테나이를 지금처럼 위대한 국가로 만들어놓았습니다. 이제 여러분도 같은 방식으로 이 나라를 더욱 위대하게 만들어야 합니다. 젊음과 노년은 함께하지 않으면 아무것도 이룰 수 없으며, 가장 효과적인 정책은 열등한 의견, 평범한 의견, 예리한 의견이 고루 뒤섞일 때 나오는 것임을 명심하십시오. 또한 국가는 평화에 안주하면 자연히 쇠퇴하고 기술도 낙후되지만, 끊임없이 경쟁하고 도전하면 경험이 축적되어 말이 아닌 행동으로 자신을 지키는 데 익숙해집니다. 결론 7 적으로 나는 이렇게 생각합니다. 본래 진취적인 국가가 갑자기 그 본성을 버리고 소극적인 정책으로 돌아선다면, 그보다 더 빨리 자멸에 이르는 길은 없습니다. 가장 안전한 길은, 비록 완벽하지 않더라도 자신에게 주어진 성격과 제도를 받아들이고, 그에 최대한 걸맞게 살아가는 것입니다."

19 알키비아데스는 그렇게 말했다. 이어서 에게스타인과 레온티노 1 이의 망명자들도 앞으로 나와 상호 간의 맹약을 상기시키며 도움을 호소했다. 모두의 발언을 들은 아테나이인은 원정에 대해 이전보다 훨씬 더 큰 열의를 보였다. 니키아스는 앞서 자신이 펼친 논리만으로는 아테 2 나이인을 설득할 수 없음을 깨달았다. 그는 원정에 필요한 준비의 규모를 구체적으로 제시하면, 그들의 마음이 바뀌지 않을까 기대하며 앞으로 나와 다음과 같이 말했다.

20 "아테나이인들이여, 여러분은 이미 원정을 결행하기로 마음을 1 정한 것 같으니 모든 일이 뜻대로 이루어지길 바랍니다. 하지만 현재

2 상황에 대해 내가 알고 있는 바를 말하고자 합니다. 내가 들은 바로는, 우리가 공격하려는 시켈리아의 국가들은 강력할 뿐만 아니라 서로 예속되어 있지 않으며, 억압 속에서 해방되기를 기다리는 상태도 아닙니다. 따라서 그들은 자유를 포기하고 우리의 통치를 받아들이려 하지 않을 것입니다. 게다가 시켈리아는 하나의 섬이지만, 그 안에 수많은 헬

3 렌인 국가들이 있습니다. 레온티노이인과 동족이라 우리 편에 설 것으로 예상되는 낙소스와 카타네 외에도 7개의 국가가 더 있습니다. 그들의 군대는 모든 면에서 우리와 비슷한 수준으로 무장하고 있으며, 특히 우리 원정의 주요 표적인 시라쿠사이와 셀리누스가 그러합니다.

4 이들 국가는 다수의 중무장보병과 궁수, 투창병은 물론, 많은 삼단노선과 그에 탑승할 병력까지 보유하고 있습니다. 개인들의 사유재산도 풍부하며, 셀리누스에는 신전에 축적된 재물이 많고, 시라쿠사이는 여러 이민족 국가들로부터 세금을 거둬들이고 있습니다. 이들이 우리보다 특히 우위에 있는 점은, 많은 말을 소유하고 있으며 식량을 자급자족하여 외부 수입에 의존하지 않는다는 것입니다.

I **21** 이러한 국가들과 대적하려면 함대와 소수의 군대만으로는 충분치 않고 대규모의 보병도 함께 가야 합니다. 우리가 실제로 계획에 걸맞은 성과를 거두고 그들의 강력한 기병대에 의해 진입로가 차단당하지 않으려면 많은 보병이 필요합니다. 특히 이들 국가가 우리에 대한 두려움으로 단결하여, 우리가 에게스타 외에는 우리 편에 설 기병대를 제공해줄 우군을 찾을 수 없을 경우에 더욱 그러합니다.

2 처음부터 신중하게 결정하지 못해 철군할 수밖에 없거나, 뒤늦게 증원군을 요청하는 것은 부끄러운 일입니다. 먼 타지로 함선을 타고 출정하는 것인 만큼, 이곳에서 속국들의 지원을 받으며 싸울 때와는 상황이 다릅니다. 그때는 필요한 물자를 우방국으로부터 쉽게 보급받을 수 있었지만, 이번에는 낯선 땅에서 싸워야 하며, 겨울철 4개월 동안은 전령이 오가는 것조차 쉽지 않을 것입니다. 그러므로 이곳에서 준비를 충분

히 한 후 원정을 떠나야 합니다.

22 따라서 내 생각에는 가능한 모든 경로를 통해 다수의 중무장보 1
병을 모집해야 합니다. 아테나이 시민뿐만 아니라 속국들, 설득하거나
비용을 지급하고 합류시킬 수 있는 펠로폰네소스 국가들, 그리고 동맹
국들까지 동원해야 합니다. 적의 강력한 기병대에 대응하기 위해서는
많은 궁수와 투석병도 확보해야 합니다. 이와 함께 필요한 물자의 원활
한 운송을 위해 강력한 해군력을 갖추어야 합니다. 밀과 볶은 보리 같
은 곡식을 본토에서 화물선을 이용해 운반하고, 제분소에서 일할 다수
의 제빵사를 징발해야 합니다. 이는 예상치 못한 상황으로 항해가 불가
능해져 한곳에 머물러야 하는 경우를 대비하기 위함입니다. 또한 군대
에 필요한 물자는 항상 준비되어 있어야 합니다. 대군을 수용할 수 있
는 나라가 많지 않기 때문에, 가능하면 모든 물자를 자체적으로 조달할
수 있도록 철저히 준비해야 합니다. 특히 군비를 최대한 확보해야 합니
다. 에게스타인이 우리를 위해 준비했다는 자금은 말뿐일 가능성이 높
기 때문입니다.

23 우리는 시켈리아 국가들의 강점인 중무장보병의 수만 감안해 그 1
들과 대등한 병력을 갖추는 데 그쳐서는 안 됩니다. 모든 면에서 그들
을 압도해야 합니다. 그렇게 해도 시켈리아의 일부만을 정복하거나 방
어할 수 있을 것입니다. 우리는 적대적인 외국인들 가운데 새로운 도시 2
를 건설하러 간다는 각오로 임해야 합니다. 그렇게 하려면, 도착한 첫
날부터 즉시 그곳을 장악해야 합니다. 그렇지 못하면 사방에서 적에게
포위당할 수 있다는 점을 잊지 마십시오.

나는 그런 일이 실제로 벌어질까 두렵습니다. 우리에게는 훌륭한 계 3
획과 행운이 절실하지만, 인간의 힘으로는 이를 온전히 갖추기가 쉽지
않습니다. 그래서 나는 이번 원정에서 운에 맡기는 부분을 최소화하고,
합리적인 준비를 통해 안전을 확보하고자 합니다. 그것이 국가 전체의
이익과 우리 원정군의 안전을 보장하는 길이라 확신합니다. 만약 나와

다른 생각을 가진 이가 있다면, 나는 기꺼이 그에게 지휘관직을 양보하겠습니다."

24 니키아스가 이렇게 막대한 규모의 병력과 무장이 필요하다고 강조한 것은, 아테나이인이 부담을 느껴 원정을 단념하기를 기대했기 때문이다. 또한 자신이 원정군을 이끌게 되더라도 충분히 준비하여 최대한 안전하게 출정하고 싶었기 때문이다. 그러나 원정 준비가 힘들다는 말을 듣자, 아테나이인의 원정에 대한 열기는 식기는커녕 더욱 고조되었다. 니키아스의 기대와는 정반대의 상황이 벌어진 것이다. 아테나이인은 니키아스의 조언이 훌륭하다고 평가하며, 그가 말한 대로 준비한다면 매우 안전한 원정이 될 것이라 확신했다.

아테나이인은 앞다투어 출정을 열망했다. 장년층은 공격 목표인 도시들을 정복할 수 있다고 믿었고, 이만한 대군이라면 적어도 패배하지는 않을 것이라 생각했다. 청년층은 먼 나라들을 직접 보고 경험하고 싶어 했으며, 무사히 돌아올 것이라는 희망에 부풀었다. 대다수의 대중과 군사들은 당장 일당을 벌 수 있고, 앞으로도 지속적인 수입원이 될 것이라 기대했다. 이처럼 많은 이들이 원정에 열광하자, 원정에 반대하던 사람들은 반대표를 던지면 국익을 해치는 자로 낙인찍힐 것이 두려워 침묵을 지켰다.

25 이윽고 한 시민이 나서서 니키아스에게 더 이상 평계를 대거나 머뭇거리지 말고, 도대체 원정에 필요한 병력이 얼마나 되는지 모든 사람 앞에서 즉시 밝히라고 요구했다. 니키아스는 어쩔 수 없이 이 문제는 동료 장군들과 더 신중히 논의해야 하겠지만, 현재 자신의 생각으로는 100척 이상의 삼단노선이 필요하다고 답했다. 그중 일부는 아테나이인의 결정에 따라 중무장보병을 수송하는 데 쓰이고, 동맹국들에도 사절을 보내 함선 지원을 요청해야 한다고 말했다. 또한 중무장보병은 아테나이군과 동맹군을 합쳐 5,000명 이상이 필요하며, 아테나이군과 크레테군의 궁수와 투석병 및 그 외 병력은 장군들이 논의해 적절

히 편성할 것이라고 설명했다.

26 니키아스의 말을 들은 아테나이인은 즉시 병력 규모를 비롯한 1
원정 전반에 관해 자신들의 이익에 가장 부합하도록 처리할 전권을 장
군들에게 위임하기로 결의했다. 그런 후 원정 준비가 시작되었다. 동맹 2
국들에는 사절이 파견되었고, 아테나이에서는 징집 명부가 작성되었
다. 마침 아테나이에서는 전염병과 오랜 전쟁에서 벗어나 국력이 회복
되어 청년들의 수가 증가했고, 휴전 덕분에 재정도 축적되어 있었기에
모든 원정 준비가 순조롭게 진행되었다.

27 시켈리아 원정 준비가 한창이던 어느 날 밤, 아테나이 시내에 세 1
워진 거의 모든 헤르메스 석주상[18](이 지역의 전통에 따라 네모난 형태로 제
작되어 개인 집이나 신전 입구에 주로 설치되었다)이 훼손되는 사건이 벌어
졌다. 누가 이런 짓을 저질렀는지 아는 사람은 아무도 없었다. 국가에 2
서는 범인을 잡기 위해 거액의 현상금을 내걸었고, 그 밖의 신성모독
사건을 목격하면 시민이든 외국인이든 노예든 막론하고 고발하게 했
다. 아테나이인이 이 사건을 심각하게 여긴 이유는, 이 일이 원정을 앞
두고 벌어진 불길한 전조이자 혁명을 통해 민주정을 전복시키려는 음
모의 일환으로 보았기 때문이다.

28 그러자 몇몇 거류민과 노예들이 제보를 해왔다. 그러나 그들은 1
헤르메스 석주상 훼손 사건에 관해서는 아는 바가 없었고, 대신 이전에
젊은이들이 술에 취해 장난삼아 다른 석상을 훼손한 사건을 제보하거
나, 특정인들이 개인 집에서 모욕적으로 비의[19]를 흉내 냈다고 고발했

---

18 "헤르메스 석주상"은 사각 기둥 위에 헤르메스 신의 머리를 조각한 석상으로, 주로
대리석이나 청동으로 제작되었다. 상업과 여행자의 수호신인 헤르메스를 형상화한
것으로, 경계 표시와 수호의 상징으로 길목, 집 앞, 공공장소 등에 세워졌다.

19 "비의"는 고대 아테나이에서 비밀리에 거행된 종교 의식으로, 데메테르와 페르세포
네 여신을 숭배하는 엘레우시스 비의가 가장 중요했다. 이 외에도 디오니소스 비의,
오르페우스 비의 등이 있었으며, 비의를 모욕하는 행위는 신성모독으로 간주되었다.

2 다. 그들은 이 일과 관련해 알키비아데스도 고발했다. 그러자 평소 알키비아데스를 자신들이 대중 지도자가 되는 데 걸림돌이 된다고 여겨 특히 미워하던 자들이 이 사안을 문제 삼기 시작했다. 그들은 알키비아데스만 제거하면, 자신들이 권력을 잡을 수 있다고 생각했기 때문이다. 그들은 사건을 과장하여 이번 헤르메스 석주상 훼손과 비의 모욕 사건 모두가 민주정을 전복하려는 음모의 일환이며, 알키비아데스가 이에 관여했다고 주장했다. 그리고 그의 평소 생활 방식이 비민주적이고 불법적이라는 점을 증거로 제시했다.

1 **29** 알키비아데스는 즉시 이러한 고발에 반박하며, 출정 전에(출정 준비는 이미 완료되어 있었다) 유무죄를 가리는 재판을 받을 용의가 있다고 밝혔다. 만약 유죄로 판명되면 응분의 처벌을 받겠지만, 무죄 판결 2 을 받는다면 지휘관직을 수행하겠다고 주장했다. 또한 아테나이인에게 자신이 출정한 뒤에는 모함하는 자들의 말에 현혹되지 말고, 혹여 자신에게 잘못이 있다면 지금 당장 처벌하라고 요구했다. 그는 이처럼 중대한 혐의로 고발된 사람이 대군을 지휘하는 것은 부적절하니 차라리 지금 재판을 받는 편이 낫다고 지적했다.

3 그러나 그의 정적들은 즉각 재판이 열리면 군대가 그를 지지하고, 그가 아르고스인과 일부 만티네이아인을 원정에 참여시킨 공로로 대중이 그에게 관대한 판결을 내릴 것을 우려했다. 그래서 그들은 재판을 지연시키기 위해 온갖 수단과 방법을 동원했으며, 몇몇 연설가를 내세워 지금은 원정군의 출발을 미루지 말고 알키비아데스를 일단 출정시킨 후, 정해진 기간 내에 귀국하여 재판을 받게 하자고 말하게 했다. 그들의 의도는 그에게 더 중대한 죄를 덮어씌운 다음(부재중에 조작하기는 더욱 쉬운 일이었다), 그를 소환해 재판에 회부하는 것이었다. 이렇게 해서 알키비아데스의 출정이 결정되었다.

1 **30** 그 후 한여름이 되어서야 아테나이군은 시켈리아로 출정했다. 대부분의 동맹군과 군량 수송선, 소형 선박 및 그 밖의 장비는 케르키

라에 집결하라는 명령을 받았다. 그곳에서 다 함께 이오니아해를 건너 이아피기아곶[20]으로 항해하기 위함이었다. 그러나 아테나이군과 아테나이에 와 있던 일부 동맹군은 정해진 날 새벽에 페이라이에우스항으로 내려가 출정을 위한 승선을 시작했다. 이때 시민과 거류민을 막론하고, 아테나이의 모든 주민들이 그들을 배웅하기 위해 페이라이에우스로 내려갔다. 토박이 시민들은 착잡한 심정으로 친구나 친척, 아들들을 배웅했다. 그들은 아테나이군이 시켈리아를 정복할 것이라 기대하면서도, 가족이나 친지가 머나먼 전장으로 떠나 다시는 만나지 못하게 될 것을 걱정했다.

31 먼 나라로의 원정이라는 위험을 앞두고 서로 헤어질 때가 되자, 아테나이인은 원정을 결의했을 때보다 더 큰 두려움에 휩싸였다. 하지만 그들은 자신들의 병력과 엄청난 물량의 장비를 보고 다시 안심했다. 거류민을 비롯한 나머지 사람들이 페이라이에우스항에 모여든 이유는, 사상 유례 없는 광경을 구경하기 위해서였다. 이번 원정군은 당시 헬라스 내 어떤 국가의 파병보다 호화롭고 화려했다. 함선과 중무장 보병의 수만 놓고 본다면, 이번 원정군은 페리클레스가 에피다우로스로 이끌고 간 원정군이나 하그논이 포테이다이아로 이끌고 간 원정군보다 규모가 더 크지는 않았다.[21] 당시 원정군은 아테나이군 중무장보병 4,000명, 기병 300명, 삼단노선 100척, 레스보스인과 키오스인이 보낸 함선 50척, 그리고 많은 동맹군으로 구성되어 있었다.

그러나 당시 원정군은 항해 거리가 짧았고 장비도 간소했다. 반면

---

20 "이아피기아곶"은 아드리아해 서쪽 끝, 이탈리아반도의 남동단 '발꿈치'에 해당하는 지역으로, 이탈리아에서 시켈리아섬으로 향하는 해상 관문의 역할을 했다.

21 "페리클레스"는 기원전 454년경 아테나이의 해상 패권 강화를 위해 에피다우로스를 침공했으나, 일부 지역만 점령하는 데 그쳤다. "하그논"은 펠로폰네소스 전쟁 발발 1년 전, 칼키디케반도의 포테이다이아 반란을 진압하기 위해 원정에 나서, 2년간의 포위 끝에 도시를 항복시켰다.

이번 원정군은 장기전을 염두에 두고, 필요에 따라 해전과 지상전을 모두 치를 수 있는 장비를 갖추었다. 해군력은 삼단노선 함장과 국가가 댄 막대한 비용으로 준비되었다. 국가에서는 선원 1명당 1드라크메의 일당을 지급하고 빈 함선을 제공했다. 그중 60척은 전함이었고 40척은 중무장보병 수송선으로, 이 함선들에는 가장 우수한 승무원이 배치되었다. 삼단노선 함장들은 국가가 지급하는 일당 외에도 최상단에서 노 젓는 자들과 나머지 승무원들에게 상여금을 지급했다.[22] 함선의 앞머리 장식을 비롯한 장비에도 많은 비용을 들였다. 함장들은 서로 경쟁하듯이 자신의 함선이 가장 빠르고 아름답게 보이도록 꾸몄다. 보병 역시 징집 명부에서 선발된 이들이 우수한 무구와 개인 장비를 갖추기 위해 4 서로 경쟁했다. 이처럼 아테나이인은 원정과 관련된 여러 분야에서 경쟁했지만, 다른 헬렌인들에게 그것은 원정 준비라기보다 힘과 부의 과시로 비쳤다.

5   공적 지출로는 국가가 이미 지출한 비용과 장군들에게 지급한 군비가 있었다. 사적 지출 또한 막대했는데, 개인이 장비를 마련하는 데 들인 돈, 삼단노선 함장이 함선에 지출했거나 앞으로 들여야 할 비용도 포함되었다. 여기에 원정 참가자들이 국가 지급 수당 외에 오랜 원정기간 동안 쓰려고 챙긴 여비, 군사와 상인들이 교역을 목적으로 가져간 자금까지 합치면, 원정에 투입된 총 비용은 실로 엄청난 규모였다.

6   이번 원정이 널리 회자된 이유는 단순히 그 경이로운 대담성과 외관의 화려함 때문만이 아니었다. 공격 대상에 대한 압도적인 군사적 우

---

22 "삼단노선 함장"(τριήραρχος, '트리에르아르코스')은 함선을 지휘하고 전투 시 전략적 결정을 내리는 인물로, 주로 부유한 시민이 맡았으며, 함선 장비와 유지비를 부담하는 공적 의무를 수행했다. "선원"(ναύτης, '나우테스')은 노 젓기와 돛 조작 등 기본 업무를 담당했고, "승무원"(ὑπηρεσία, '휘페레시아')은 항해사, 신호수 등 전문 인력이었다. 트라니테스(θρανίτης)는 "최상단에서 노 젓는 자"로서 가장 긴 노를 젓는 숙련된 노꾼으로, 노꾼 중 가장 중요한 역할을 맡았다.

위, 아테나이가 지금까지 시도한 원정 중에서 가장 먼 항해라는 점, 그리고 아테나이의 현재 처지와 맞물린 야심찬 시도였기에 사람들의 주목이 쏠렸던 것이다.

32 군사들과 선원들이 모두 승선하고, 물자가 배에 실리자 나팔 소리가 울려 퍼지며 침묵이 명해졌다. 그들은 출정 전 기도를 함선별로 하지 않고 전령의 구령에 따라 다함께 올렸다. 이어 희석용 동이에 포도주를 물과 섞어 붓자, 군대 전체와 지휘관들이 금잔과 은잔으로 헌주를 올렸다. 해변에 모인 시민들과 원정군의 무운을 기원하는 이들도 함께 기도를 올렸다. 그리고 다함께 파이안을 부르며 헌주를 마친 뒤, 닻을 올리고 출항했다. 처음에는 함선들이 일렬로 나아갔으나, 이내 서로 앞서기 위해 경주를 벌이며 아이기나섬을 향해 항해했다. 그들은 그곳에서 집결 중인 나머지 동맹군과 합류하기 위해 서둘러 케르키라로 향했다.

그러는 사이 아테나이 함대가 공격해온다는 소문이 사방에서 시라쿠사이로 전해졌다. 그러나 한동안 아무도 그 소문을 믿지 않았다. 결국 민회가 열렸고, 아테나이군의 침공을 믿는 이들과 그렇지 않다고 주장하는 이들 사이에 논쟁이 벌어졌다. 헤르몬의 아들 헤르모크라테스도 논쟁에 뛰어든 이들 중 한 명이었다. 그는 자신이 이 일에 대해 확실히 알고 있다고 믿으며 앞으로 나와 다음과 같이 조언했다.

33 "아테나이 함대가 공격해온다는 소문이 사실이라고 말하면, 여러분은 내가 다른 사람들처럼 믿기 어려운 이야기를 하고 있다고 생각할지도 모릅니다. 터무니없는 말을 하거나 전하는 자는 설득력을 잃고 어리석게 보인다는 것은 저도 잘 압니다. 그러나 지금 나라가 위기에 처한 상황에서, 나는 누구보다 이 소식이 사실임을 확신하기에 그런 평판 따위는 개의치 않습니다. 여러분은 의외라고 생각하겠지만, 아테나이인은 우리를 공격하기 위해 이미 해군과 보병을 갖춘 대군을 파견했습니다. 그들은 동맹국인 에게스타를 돕고 레온티노이를 재건한다는

명분을 내세우고 있지만, 진짜 목적은 시켈리아, 그중에서도 우리 시라쿠사이를 정복하는 것입니다. 그들은 시라쿠사이만 차지하면 시켈리아의 다른 국가들도 쉽게 손에 넣을 수 있다고 믿고 있습니다.

3   그러므로 여러분은 아테나이군이 곧 이곳에 도착할 것이라 생각하고, 가용 자원을 총동원하여 어떻게 그들을 가장 잘 막아낼 수 있을지 살펴보아야 합니다. 적을 얕잡아보고 방비를 소홀히 하다 허를 찔리거나, 침공 자체를 믿지 않고 아무런 대책도 세우지 않아서는 안 됩니다.

4   내 말을 믿는 사람들이 있다면, 아테나이인의 대담함과 힘에 놀라지 마십시오. 아테나이군은 우리에게 피해를 입히겠지만, 우리는 그들에게 더 많은 피해를 입힐 것입니다. 대군을 이끌고 온다는 것은 우리에게 오히려 훨씬 유리합니다. 시켈리아인들이 놀라서 더 기꺼이 우리의 동맹군이 될 테니 말입니다. 또한 우리가 아테나이군을 물리치거나, 그들이 원하는 바를 이루지 못하게 만든다면(나는 그들이 뜻을 이룰 수 없음을 확신하기에 이 점은 조금도 걱정하지 않습니다), 그것은 우리에게 더할 나위 없이 영광스러운 업적이 될 것이고, 내가 보기에 가능성이 전혀 없는 일도 아닙니다.

5   헬렌인이든 이민족이든 본국에서 멀리 떨어진 지역으로 파병된 대군이 성공한 사례는 거의 없습니다. 침략군이 현지 주민이나 이웃 주민보다 더 많은 경우는 없고(위기 앞에서는 모두가 단결하기 때문입니다), 침략군은 낯선 땅에서 군수품을 제대로 조달할 수 없기 때문입니다. 그런 이유로 침략군은 자멸하고, 승리의 영광은 방어하는 이들에게 돌아갑니다. 아테나이인 자신이 이러한 사례를 직접 보여주었습니다. 메디아

6   침략군이 뜻밖에 대패한 후 아테나이인이 강국으로 부상한 이유는, 메디아군이 아테나이를 목표로 삼고 출정했다는 믿음이 있었기 때문입니다. 우리에게도 그런 일이 일어날 희망이 충분히 있습니다.

1   **34** 그러니 우리는 용기를 내어 대비해야 합니다. 시켈리아인들에게 사절을 보내 기존의 동맹을 공고히 하고, 새로운 우호조약이나 동맹도

맺어야 합니다. 또한 시켈리아의 다른 지역들에도 사절을 보내 이 일이 우리 모두의 위험임을 알리고, 이탈리아 국가들에도 사절을 보내 그들과 동맹을 맺거나, 적어도 아테나이군의 상륙을 거부하도록 만들어야 합니다.

카르케돈에도 사절을 보내는 것이 좋겠습니다. 아테나이인의 위협 2 은 그들이 예상치 못한 바가 아닙니다. 오히려 그들은 언젠가 아테나이인이 침공해올 것을 항상 두려워했습니다. 따라서 이 사태를 방관하면 나중에 자신들도 곤경에 처할 것이라 여겨, 비밀리에 또는 공개적으로 우리를 도우려 할 것입니다. 그들은 원한다면 현재 누구보다 우리에게 큰 도움을 줄 수 있습니다. 그들은 엄청난 양의 금과 은을 보유하고 있는데, 전쟁의 승패는 결국 재원에 달려 있기 때문입니다. 또한 우리는 3 라케다이몬인과 코린토스인에게도 사절을 보내, 이곳으로 신속히 원군을 파견하고 그곳 헬라스에서 전쟁을 재개해달라고 요청해야 합니다.

내가 현재 최선이라고 생각하는 방안을 말하겠습니다. 평소 조심스 4 럽고 신중한 여러분은 이 방안을 선뜻 받아들이기 어렵겠지만, 그럼에도 불구하고 말하겠습니다. 우선, 시켈리아인이 보유한 함선을 모두 또는 최대한 많이 바다에 띄우고, 2개월분의 군량을 실은 뒤, 타라스[23]와 이아피기아곶 앞바다에서 아테나이군을 맞을 준비를 하며 기다려야 합니다. 이렇게 하면 아테나이군은 시켈리아에 도착하기 전에 먼저 이오니아해를 건너기 위해 싸워야 한다는 사실을 깨닫게 될 것입니다. 우리의 전방 병력은 우방인 타라스에 기지를 두고 있는 반면(타라스는 분명 우리를 받아줄 것입니다), 아테나이군은 원정군 전체를 이끌고 장기간 항해를 해야 하므로 항해 중 전열을 갖추기 어렵고, 도착도 분산될 것입니다. 우리는 그 틈을 타서 유리하게 공격할 수 있고, 그들은 이런 전

---

23 "타라스"(오늘날 이탈리아의 타란토)는 이아피기아곶 동쪽에 위치한 타라스만의 깊숙한 동해안에 자리한 도시로, 기원전 8세기에 라케다이몬인이 건설한 식민시다.

개에 당혹스러워할 것입니다.

5   만약 그들이 빠른 전함만 동원하여 공격해온다면, 우리는 그들이 노
젓기에 지치기를 기다렸다가 공격하거나, 원한다면 타라스로 철수할
수도 있습니다. 그들은 최소한의 군량만 가지고 왔기에, 인적이 드문
해안에서 군량 부족으로 곤란을 겪게 될 것입니다. 그곳에 머물면 봉쇄
될 것이고, 보급선을 뒤에 남겨둔 채 우리를 지나쳐 해안을 따라 항해
하려 해도, 해안 국가들이 그들을 받아준다는 보장이 없어 낙담하게 될
것입니다.

6   내 생각에 그들은 이런 점을 고려해 케르키라에서 출정조차 못한
채, 우리의 병력과 위치를 파악하기 위해 정찰하는 데 시간을 보내다
가, 겨울이 시작되거나 예상치 못한 변수에 놀라 원정을 포기할 것입니
다. 특히 내가 들은 바로, 가장 경험 많은 장군이 마지못해 원정군을 지
휘하고 있다는 점을 감안할 때, 우리가 거세게 저항하면 그는 즉시 이
를 구실로 철군할 것입니다.

7   우리의 병력은 분명히 과장되어 그에게 보고될 것입니다. 사람들은
자신이 들은 바에 따라 판단하기 마련입니다. 공격하려는 자는 먼저 덤
비거나 결사 항전의 의지를 보이는 상대를 더 두려워합니다. 그런 경우
8 공격자가 감수해야 할 위험이 커지기 때문입니다. 지금 우리가 아테나
이군에게 보여주어야 할 모습이 바로 이것입니다. 그들은 우리가 저항
하지 않을 것이라 믿고 공격하려 오고 있습니다. 그들이 우리를 얕잡아
보는 것은 어쩌면 당연합니다. 라케다이몬인이 그들을 멸하는 데 우리
가 도움을 주지 않았기 때문입니다. 그러나 우리가 예상 밖으로 대담하
게 나서면, 그들은 우리의 실제 전력보다 예상치 못한 행동에 더 놀랄
것입니다.

9   그러니 나는 여러분이 내 조언에 따라 용기를 내기를 바랍니다. 그
것이 어렵다면, 적어도 지체 없이 전쟁에 대비해야 합니다. 적을 하찮
게 여겨도 되는지는 실제로 서로 맞부딪쳐 봐야 알 수 있습니다. 그러

므로 현재는 지금이 위기라는 두려움을 가지고 대비하는 것이 가장 안전하고 유익하다는 사실을 명심하십시오. 아테나이군은 지금 오고 있습니다. 다시 한번 말하지만, 아테나이군은 항해 중이고, 곧 도착할 것입니다."

35 헤르모크라테스는 그렇게 말했다. 그러자 시라쿠사이인 사이에 1 격렬한 논쟁이 벌어졌다. 어떤 이들은 아테나이군이 이 먼 곳까지 침공하는 것은 불가능하다며 헤르모크라테스의 말은 사실이 아니라고 반박했다. 어떤 이들은 설령 침공이 사실이라 해도 그들이 무엇을 할 수 있겠냐며, 오히려 우리에게 더 크게 당하고 돌아갈 것이라고 말했다. 그저 웃어넘기는 이들도 있었다. 헤르모크라테스의 말을 믿고 앞일을 두려워하는 이들은 소수에 불과했다. 그러자 당시 대중에게 가장 신임 2 받고 있던 아테나고라스가 앞으로 나와 다음과 같이 말했다.

36 "아테나이인이 이처럼 어리석게 생각해 이곳으로 쳐들어온다 1 면, 그들은 즉시 우리의 예속민이 될 것입니다. 그러므로 우리 중에 이를 바라지 않는 자가 있다면, 그는 겁쟁이거나 애국심이 없는 사람입니다. 나는 아테나이군이 쳐들어온다는 소문을 퍼뜨려 두려움을 조장하는 자들을 보며 놀랍다는 생각이 듭니다. 그들의 대담함이 놀라운 것이 아니라, 그런 얕은 수가 통할 것이라 생각하는 어리석음이 놀랍습니다. 그런 자들은 각자 두려워할 이유가 있어, 전체의 공포 속에 자신의 2 두려움을 숨기려 합니다. 이를 위해 국가 전체를 불안에 몰아넣으려는 것입니다. 지금 돌아다니는 소문이 바로 그런 목적을 가지고 있습니다. 그런 소문은 저절로 생겨나는 것이 아니라 선동을 일삼는 특정인들이 의도적으로 만들어낸 것입니다.

현명하게 판단하려면, 그런 자들이 퍼뜨린 소문을 근거로 추측하지 3 마십시오. 아테나이인처럼 현명하고 노련한 사람들(나는 아테나이인이 그렇다고 생각합니다)이 어떤 행동을 할지를 토대로 가장 가능성 있는 결론을 끌어내야 합니다. 그들이 펠로폰네소스인을 뒤에 두고 헬라스 4

에서의 전쟁도 아직 마무리 짓지 않은 채, 그 전쟁에 맞먹는 새로운 전쟁을 자청하여 해외로 출정할 이유가 없습니다. 오히려 우리처럼 강한 나라들이 그들을 먼저 공격하러 가지 않는 것을 다행으로 여길 것입니다.

I   **37** 설령 소문대로 아테나이군이 침공한다 해도, 나는 시켈리아가 펠로폰네소스보다 전쟁을 더 잘 치를 수 있다고 생각합니다. 시켈리아가 모든 면에서 더 잘 준비되어 있기 때문입니다. 우리 시라쿠사이만 보아도 지금 쳐들어온다는 군대보다 강하고, 아니 그 두 배의 군대가 쳐들어온다 해도 우리가 훨씬 더 강할 것입니다. 내가 알기로 그들은 기병을 데려오지 못할 텐데, 이곳에서는 에게스타인에게서 차출한 소수의 기병을 제외하면 다른 기병을 구할 수도 없습니다. 또한 그들은 함선으로 이동해야 하기 때문에 우리와 동등한 수의 중무장보병을 데려올 수도 없습니다(함선에 많은 짐을 싣지 않아도 이렇게 먼 거리를 항해하는 것 자체가 상당한 도전이기 때문입니다). 우리처럼 큰 국가를 공격하려면 필요한 장비와 보급품이 적지 않을 텐데, 그것을 조달하기도 쉬운 일이 아닙니다.

2   내가 판단하기에는 아테나이인이 접경지대에 시라쿠사이만큼 큰 국가를 전진기지로 두고 우리와 전쟁을 벌인다 해도, 우리가 완패하지는 않을 것 같습니다. 더욱이 시켈리아 전체가 그들에게 맞서 단결하여 그들에게 적지가 되고, 우리의 기병대가 지키고 있는 상황에서 함선에서 내린 그들이 막사를 친 군영에서 멀리 움직이지 못하고 최소한의 생필품만 보급받게 된다면 어떻겠습니까? 간단히 말해, 나는 그들이 이 땅을 정복하지 못할 것이라 확신합니다. 그 정도로 우리의 대비가 그들보다 더 우수하다고 믿습니다.

I   **38** 하지만 내가 말했듯이, 아테나이인도 그 점을 잘 알고 있기에, 분명 자신들의 이익을 위태롭게 할 모험을 할 리 없습니다. 그런데 여기 있는 사람들이 현재 일어나지 않았고 앞으로도 일어나지 않을 일들을

지어내고 있습니다. 그런 일은 이번이 처음이 아니며, 나는 그들이 무 2
엇을 노리는지 항상 알고 있었습니다. 그들의 의도는 이런 종류의 소문
과 더 악의적인 소문을 포함해 어떤 말과 행동으로든 대중을 겁주어,
결국 국가의 권력을 쥐려는 것이지요. 나는 그들의 시도가 언젠가 성공
할까 두렵습니다. 그러나 우리는 너무나 무능해 화를 당하기 전에 미리
방비하지 못하고, 위험을 알아차려도 제대로 대응하지 못합니다. 그래 3
서 우리 국가는 평온한 날이 드물고, 외부의 적과 싸우기보다 내부 분
쟁에 휘말리는 일이 더 많으며, 때로는 참주의 부당한 폭정을 겪기도
합니다.

여러분이 나를 지지해준다면, 나는 그런 일이 다시는 일어나지 않도 4
록 애쓸 것입니다. 그런 음모를 꾸미는 자들은 현행범뿐만 아니라(현행
범 체포는 어려운 일이지만) 미수범까지 엄벌에 처하겠습니다. 적을 상대
할 때에는 적의 행동뿐만 아니라 의도에도 대비해야 합니다. 먼저 행동
하지 않으면 당하기 때문입니다. 또한 나는 과두정파를 견제하고 감시
하며 가르치겠습니다. 그것이 그들의 악행을 막는 가장 좋은 방법이라
고 생각합니다.

내 마음속에 종종 떠오르는 질문이 있습니다. 젊은이들이여, 여러분 5
은 무엇을 원합니까? 지금 당장 국가를 통치하기를 원합니까? 그러나
그것은 법으로 금지되어 있습니다. 그런 법이 제정된 이유는 유능한 인
재를 배제하려는 것이 아니라, 젊은이는 아직 공직을 맡기에 부적합하
기 때문입니다. 여러분은 법 앞에서 모든 사람이 평등하기를 원하지 않
습니까? 그런데 동일한 조건을 가진 자들이 동일한 권리를 누리지 못
한다면, 그런 체제를 어떻게 옳다고 할 수 있겠습니까?

39 누군가는 민주정이 현명하지도 공정하지도 않은 정치체제라며, 1
재산을 가진 이들이 통치하는 것이 가장 좋다고 주장할 수 있습니다.
그러나 나는 분명히 말합니다. 첫째, 민주정은 모든 시민이 함께 통치
하는 반면, 과두정은 소수가 통치합니다. 둘째, 국고를 가장 잘 관리할

수 있는 자는 부유한 이들이고, 가장 잘 조언할 수 있는 자는 현명한 이들이며, 다양한 견해를 듣고 가장 잘 판단할 수 있는 자는 대중입니다. 민주정에서는 이 세 부류가 개별적으로나 집단적으로 동등한 지분을 가집니다.

2 반면, 과두정은 위험은 대중에게 떠넘기면서도 이익은 소수가 독점하고, 결국 모두에게서 빼앗아갑니다. 바로 이것이 여러분 중 유력자들과 젊은이들이 열망하는 바입니다. 그러나 큰 국가는 그런 방식으로 운영될 수 없습니다. 만약 여러분이 나쁜 방향을 추구하고 있다는 사실을 모른다면, 여러분은 내가 아는 헬렌인 중 가장 어리석은 사람들이고, 알면서도 의도적으로 그렇게 행동한다면 가장 부도덕한 사람들입니다.

1 **40** 이제는 똑바로 배우고 마음을 바꾸어 국가 전체의 공동 이익을 위해 모두가 함께 일해야 합니다. 그렇게 하면 여러분 중 선량한 사람들은 공정한 몫 이상으로 보상을 받게 될 것입니다. 그러나 반대 길을 추구한다면, 모든 것을 잃을 수도 있음을 명심하십시오. 더 이상 근거 없는 소문을 퍼뜨리지 마십시오. 우리는 그 저의를 알고 있으며, 그런 행동을 결코 용납하지 않을 것입니다.

2 설령 아테나이군이 쳐들어온다 해도, 우리는 당당히 맞서 그들을 물리칠 것입니다. 우리에게는 그런 일을 감당할 수 있는 장군들이 있습니다. 또한 내 생각대로 그 소문이 사실이 아니라면, 우리 시민들이 그런 소문에 놀라 여러분을 통치자로 선출하여 자발적으로 노예가 되는 일은 없을 것입니다. 만약 여러분이 그런 소문을 퍼뜨린다면, 우리는 그것을 민주정을 무너뜨리려는 시도로 간주하겠습니다. 우리가 지금 누리고 있는 자유를 소문만 듣고 내줄 수는 없습니다. 도리어 그런 일을 예방하는 실질적 조치를 취하여 우리의 자유를 지킬 것입니다."

1 **41** 아테나고라스는 그렇게 말했다. 그러자 장군들 중 한 사람이 일어나 다른 이들이 발언할 기회를 막으며 현재 상황에 대해 다음과 같

이 말했다. "서로를 비방하는 발언은 현명하지 못하고, 그런 비방을 받 ²
아들이는 것도 현명한 일이 아닙니다. 무엇보다 우리는 보고받은 사안
을 더 신중히 검토하고, 개인과 국가가 어떻게 침략자들을 잘 막아낼
수 있을지 강구해야 합니다. 설령 나중에 그럴 필요가 없었다는 것이 ³
밝혀지더라도, 국가적으로 군마와 무구, 그 밖의 전쟁 장비를 미리 준
비해두는 것은 결코 손해보는 일이 아닙니다. 이러한 준비는 우리 장군 ⁴
들이 맡아 관리하고 점검하겠습니다. 또한 다른 국가들에 사절을 파견
하여 상황을 파악하고, 필요한 모든 조치를 취해야 합니다. 우리는 이
미 몇 가지 조치를 시행 중이며, 그 결과가 나오는 대로 여러분에게 보
고하겠습니다." 장군이 그렇게 말한 후, 시라쿠사이인은 회의를 마쳤다.

42 시라쿠사이인이 회의를 하는 동안, 아테나이군과 그들의 동맹군 ¹
은 케르키라에 집결해 있었다. 장군들은 먼저 전군을 최종적으로 점검
한 후, 출항할 때와 진을 칠 때의 편제를 정했다. 함대는 셋으로 나뉘었
고, 제비뽑기를 통해 각 장군에게 배정되었다. 그렇게 나눈 이유는 한
꺼번에 항해하지 않고 세 개의 함대가 순차적으로 항해하기 위함이었
다. 함대 전체가 이동할 경우 식수가 모자라고, 상륙할 때마다 정박지
와 보급품이 부족해 어려움을 겪게 되기 때문이었다. 게다가 각 부대마
다 장군이 한 명씩 배정되면 군율을 유지하고 지휘하기가 더 수월하기
때문이었다. 그런 후 아테나이군은 이탈리아와 시켈리아로 함선 3척을 ²
선발대로 보내, 어떤 국가들이 자신들을 받아줄지 알아보도록 했다. 충
분히 상황을 파악한 후 주력 부대가 도착할 수 있도록, 선발대는 임무
를 마친 뒤 항해 중인 주력 부대와 합류하라는 지시를 받았다.

43 이러한 준비를 마친 후, 아테나이군은 케르키라를 출발하여 시 ¹
켈리아로 항해하기 시작했다. 그들의 병력은 다음과 같았다. 함대는 삼
단노선 134척으로 구성되었으며, 여기에는 로도스섬에서 파견한 오십
노선 2척이 포함되어 있었다. 그중 100척은 아테나이에서 온 것이었는
데, 이 가운데 60척은 전투용 전함이었고, 나머지는 병력 수송선이었

다. 나머지 함선들은 키오스섬과 동맹국들에서 지원한 것이었다. 중무
장보병은 총 5,100명이었다. 이 중 1,500명은 징집 명부에서 선발된 아
테나이 시민들이었고, 700명은 가장 낮은 재산 등급인 일용 노동자 중
에서 선발한 자들로 해군[24]에서 복무했다. 나머지는 동맹군이고, 그중
일부는 아테나이의 예속민이었다. 그 밖에 아르고스에서 온 500명, 만
티네이아에서 온 250명, 그리고 용병 부대도 함께했다. 궁수는 총 480명
이었으며, 이 중 80명은 크레테에서 파견되었다. 추가로 로도스에서 온
투석병 700명, 경무장한 메가라인 망명자 120명이 함께했다. 또한, 기
병 30명을 태운 마필 운반선 1척이 동행했다.

I **44** 이것이 바다를 건너 시켈리아로 향한 첫 번째 아테나이 원정군
의 규모였다. 그들을 위한 군량 및 생필품은 화물선 30척이 운반했는
데, 그 안에는 제빵사, 석공, 목수도 승선해 있었다. 요새와 방벽을 건
설하는 데 필요한 모든 장비도 함께 실었다. 이와 더불어 징발된 소형
선박 100척이 화물선들과 동행했으며, 수많은 상인들이 군사들에게 장
사할 목적으로 자발적으로 소형 선박과 화물선을 이끌고 따라나섰다.
이들 모두는 한꺼번에 케르키라를 떠나 이오니아해를 건너갔다.

2 함대는 이탈리아 해안을 따라 항해하며, 이아피기아곶이나 타라스
등 각자 편리한 곳에 상륙하여 필요한 물자를 조달했다. 그러나 이탈리
아반도 서남단의 레기온에 이를 때까지, 이탈리아의 도시들은 이들이
시장에 접근하거나 성 안으로 들어오는 것을 금지했으며, 식수 공급과
정박만을 허용했다. 타라스와 로크로이는 그마저도 거부했다.

3 레기온에서 다시 집결한 아테나이군은 성내 진입이 허용되지 않자,
성 밖에 있는 아르테미스 여신의 성역에 진을 치고(그곳에서 레기온인이

---

24 "해군"(ἐπιβάτης, '에피바테스')은 전투를 위해 함선에 승선한 병력을 가리키며, 노
를 젓는 선원이나 항해를 담당하는 승무원과는 구별되었다. 주로 중무장보병으로 구
성되었으며, 상륙전이나 백병전을 담당했다.

그들을 위해 시장을 열어주었다), 함선을 뭍으로 끌어 올린 뒤 휴식을 취했다. 아테나이군은 레기온인과 교섭하며 칼키스 출신인 그들에게 같은 칼키스계의 레온티노이인을 도와달라고 요청했다. 그러나 레기온인은 자신들은 중립을 지키며, 이탈리아의 다른 헬렌계 이주민들이 논의하여 결정하는 대로 따르겠다고 답했다. 이에 아테나이군은 시켈리아 원정을 어떻게 추진하는 것이 최선일지 심사숙고하면서, 케르키라에서 먼저 에게스타로 파견한 함선들이 돌아오기를 기다렸다. 이는 에게스타 사절단이 아테나이에서 말한 군자금이 정말 그곳에 있는지 알고 싶었기 때문이다. 4

45 한편 시라쿠사이인은 아테나이 함대가 레기온에 와 있다는 확실한 보고가 첩자들은 물론이고 사방에서 들어오자, 더 이상 의심하지 않고 전면적인 대비에 나섰다. 그들은 시켈리아 각 도시의 형편에 따라 군대를 배치하고, 외교 사절을 파견했으며, 지방 요새에는 수비대를 배치했다. 성 안에서는 군마와 무구의 상태를 점검했다. 한마디로 당장이라도 전쟁을 치를 것처럼 준비했다. 1

46 그 사이 케르키라에서 먼저 파견된 아테나이 함선 3척이 에게스타를 방문하고 돌아와 레기온에 있던 아테나이군에게 보고했다. 에게스타인이 주장했던 군자금은 실제로 고작 30탈란톤에 불과하다는 내용이었다. 이 소식에 장군들은 낙담했다. 당초의 계획이 무산되었을 뿐만 아니라, 레기온인마저 합류를 거부했기 때문이다. 레기온인은 그들이 가장 먼저 설득하려 했던 대상이었고, 레온티노이인과 동족인 데다 아테나이인에게 언제나 호의적이었던 까닭에 협조를 기대한 터였다. 니키아스에게 에게스타에서 날아온 소식은 놀랍지 않았지만, 다른 두 장군에게는 전혀 예상치 못한 일이었다. 2

아테나이의 첫 번째 사절단이 에게스타의 군자금을 확인하려 방문했을 때, 에게스타인은 교묘한 속임수를 썼다. 그들은 사절단을 에릭스의 아프로디테 신전으로 안내하여 술잔, 술 주전자, 향로 등의 봉헌물 3

과 은으로 만든 값비싸 보이는 물건들을 보여주었다. 그러나 대부분이 실제로는 별 가치가 없는 것들이었다. 또한 그들은 삼단노선의 선원들을 위해 개인 집에서 연회를 베풀었는데, 이때 에게스타에 있는 모든 금잔과 은잔을 동원했을 뿐만 아니라, 인근의 포이닉스인과 헬렌인의 도시에서도 빌려와 마치 자신들의 것인 양 사용했다.

4   사실 동일한 금은 집기들을 장소마다 바꿔가며 사용했을 뿐이었다. 그러나 삼단노선에서 내린 아테나이 사절단은 그런 집기들이 곳곳에 놓여 있는 모습을 보며 감탄했고, 아테나이로 돌아가 에게스타에서 막
5 대한 재물을 보았다는 말을 퍼뜨리고 다녔다. 그러나 시간이 지나면서 에게스타에 군자금이 없다는 소문이 퍼지자, 아테나이군은 자신들뿐만 아니라 모두를 기만한 에게스타인에게 비난을 퍼부었다. 장군들은 이러한 상황에서 어떻게 해야 할지 대책을 논의했다.

1   **47** 니키아스는 먼저 이번 원정의 주요 지점인 셀리누스로 전군을 이끌고 가서, 에게스타인이 원정군 전체를 위한 군자금을 제공할 수 있는지 확인하고, 그에 따라 향후 계획을 다시 논의해보자고 제안했다.[25] 만약 에게스타인이 지원하지 못할 경우, 그들이 요청한 함선 60척의 유지비를 요구하며 무력이나 협상을 통해 에게스타와 셀리누스가 평화조약을 맺을 때까지 기다려보자고도 했다. 그 후 해안을 따라 여러 도시 앞을 항해하며 아테나이의 국력을 과시하는 동시에 우방과 동맹국을 적극적으로 돕겠다는 결의를 보여주고, 단기간 내에 레온티노이인을 돕거나 새로운 동맹을 형성할 방법을 찾지 못하면 본국으로 돌아가자는 입장이었다. 니키아스의 요지는, 아테나이가 자원을 낭비하며 스스로를 위험에 빠뜨려서는 안 된다는 것이었다.

1   **48** 알키비아데스는 아무런 성과 없이 대군을 이끌고 돌아가는 것은

---

25 "셀리누스"와 "에게스타"는 지속적으로 분쟁을 벌였으며, 셀리누스가 시라쿠사이를 끌어들여 에게스타를 공격하자 에게스타는 아테나이에 원군을 요청하게 되었다.

수치스러운 일이라며 보다 적극적인 외교 전략을 주장했다. 그는 셀리누스와 시라쿠사이를 제외한 모든 국가에 사절을 파견하고, 시켈로스인과도 접촉하여 어떤 국가에는 시라쿠사이에 반기를 들도록 유도하고, 또 어떤 국가에는 아테나이군에 군량과 병력을 제공하도록 설득해야 한다고 주장했다. 메세네가 시켈리아로 들어가는 관문이자 해협 바로 옆의 전략적 요충지로서 훌륭한 항구를 보유하고 있다는 점을 들어, 먼저 메세네인을 설득해야 한다고 주장하기도 했다. 이러한 외교적 시도를 통해 각국의 입장을 파악한 후, 셀리누스가 에게스타와 평화조약을 맺지 않거나 시라쿠사이가 레온티노이인의 재정착을 허용하지 않을 경우, 시라쿠사이와 셀리누스를 공격해야 한다고 말했다.

49 라마코스는 즉시 시라쿠사이로 항해하여, 아직 대비가 되지 않 1
아 혼란스러운 틈을 타 신속하게 도시를 공격해야 한다고 주장했다. 그 2
는 사람들이 처음에는 군대를 두려워하지만, 시간이 지나도 적이 모습을 드러내지 않으면 다시 용기를 얻고, 결국 실제로 군대를 마주하더라도 얕잡아 보게 된다고 말했다. 따라서 적이 아테나이군의 도착을 예상하고 긴장하고 있을 때, 기습적으로 공격해야 승리할 가능성이 가장 높으며, 시라쿠사이인은 아테나이군의 막대한 병력을 목격하면서 자신들의 처지를 실감하고, 무엇보다도 갑작스러운 전시 상황에 겁을 먹게 될 것이라고 설명했다.

또한, 아테나이군이 공격하지 않을 것이라 믿고 농촌에 머물고 있 3
는 수많은 시라쿠사이인이 있을 테니, 도시 근처의 유리한 위치에 진을 치고, 성 안으로 운반하려던 물자를 약탈한다면 군자금 문제도 해결할 수 있다고 말했다. 그렇게 되면 시켈리아의 다른 국가들도 이제는 4
시라쿠사이와 동맹을 맺으려 하기보다, 전쟁의 향방을 지켜보지 않고 곧바로 아테나이 편에 서게 될 것이라고 주장했다. 라마코스는 함대를 메가라[26]에 있는 정박지로 이동시켜 그곳을 해군기지로 삼자는 제안도 했다. 그곳은 사람이 살지 않고, 해로와 육로 양쪽에서 시라쿠사이에 쉽게 접근할 수 있는 전략적 위치였다.

50 라마코스는 그렇게 말하기는 했지만, 결국 알키비아데스의 의견에 동의했다. 알키비아데스는 자신의 함선을 타고 메세네로 건너가 동맹을 맺자고 설득했으나 실패했다. 메세네인은 아테나이군을 성 안으로 들이지는 않겠지만, 성 밖에 시장을 열어주겠다고 답했다. 알키비아데스는 레기온으로 돌아왔다. 아테나이의 장군들은 즉시 함선 60척에 군사들을 태우고, 필요한 물자를 실은 뒤 낙소스로 항해했다. 나머지 군대는 장군 한 명과 함께 레기온에 남았다.

낙소스인은 아테나이군을 성 안으로 받아들였고, 다음날 아테나이군은 카타네로 항해했다. 그러나 카타네인이 그들을 받아들이지 않자(이곳에는 친시라쿠사이파가 있었다), 아테나이군은 테리아스강[27]으로 이동하여 진을 쳤다. 다음날 아테나이군은 함선을 일렬로 정렬한 후 시라쿠사이로 항해했다. 그들은 먼저 10척의 함선을 파견하여, '큰 항구'로 들어가 시라쿠사이인이 함대를 진수했는지 정찰하도록 했다. 또한 항구에 접근하여 갑판 위에서 외치라는 지시를 받았다. 아테나이인이 동맹과 동족의 관계를 생각해 레온티노이인을 그들의 영토로 재정착시키기 위해 왔으니, 시라쿠사이에 머무르는 레온티노이인은 두려워하지 말고 시라쿠사이를 떠나 친구이자 구원자인 아테나이인에게 합류하라는 내용이었다. 이들은 그런 외침을 남긴 뒤, 전쟁을 개시했을 때 전진기지로 삼을 장소를 물색하기 위해 시라쿠사이의 도시와 항구, 그리고 주변 지역을 조사한 후 카타네로 돌아갔다.

51 카타네인은 민회를 열어, 군대가 성 안으로 들어오는 것은 허용할 수 없지만, 장군들은 들어와 할 말이 있으면 발언하라고 전했다. 현

---

26 여기서 "메가라"는 '메가라 히블라'를 가리킨다.
27 "테리아스강"은 카타네와 시라쿠사이 사이로 흘러 레온티노이 근처에서 이오니아해로 유입되었다.

지 주민들이 민회에서 알키비아데스의 연설에 정신이 팔린 사이, 알키비아데스를 따라온 아테나이 군사들은 몰래 허술한 출입문을 무너뜨리고 성 안으로 들어가 장터에서 물건을 샀다. 카타네에 있던 친시라쿠사이파는 소수에 불과했기에, 아테나이군이 성 안에 들어온 것을 보자 겁을 먹고 도망쳤다. 나머지 카타네인은 아테나이와의 동맹에 찬성표를 던지고, 레기온에 주둔한 나머지 군대도 이곳으로 이동시키라고 말했다. 이에 알키비아데스는 레기온으로 건너가 이번에는 전군을 이끌고 카타네로 출항했으며, 그곳에 도착한 후 진을 쳤다.

52 얼마 지나지 않아 아테나이의 장군들은 카마리나인으로부터 통지를 받았다. 그들이 도착하면 현지 주민들이 아테나이 편에 서겠다는 내용이었다. 시라쿠사이인이 함대에 선원들을 승선시키고 있다는 보고도 받았다. 이에 그들은 전군을 이끌고 해안을 따라 먼저 시라쿠사이로 항해했다. 그러나 그곳에서 함선에 선원을 승선시키는 기미가 전혀 보이지 않자, 아테나이군은 카마리나로 방향을 틀었다. 해안에 배를 정박한 후 성 안으로 전령을 보냈으나, 카마리나인은 그들의 입성을 거부했다. 그들은 자신들이 먼저 요청하지 않는 한 1척의 함선에 탑승한 아테나이군만 받아들이기로 맹약했다고 주장했다. 결국 아테나이군은 아무런 성과 없이 돌아가는 길에 시라쿠사이 영토의 한 지점에 상륙하여 약탈하기 시작했다. 그러나 시라쿠사이 기병대가 나타나 흩어져 있던 아테나이의 경무장보병 몇 명을 죽이자 카타네로 돌아갔다.

53[*] 아테나이군이 카타네에 도착했을 때, 관용선 살라미니아호가 알키비아데스에게 속히 귀국하여 시민들의 고발 사건에 대해 해명하라는 통지서를 가지고 와 있었다. 알키비아데스와 함께 비의 모독과 헤르메스 석주상 훼손 사건과 관련해 불경죄로 고발된 군대 내의 몇몇

---

[*] 제53-58장은 시켈리아 원정과는 무관하게, 하르모디오스와 아리스토게이톤의 히파르코스 암살 사건의 전말을 다룬다.

군사들도 법정 출석 명령을 받았다.

2   원정군이 출정한 이후에도 아테나이 관리들은 비의와 헤르메스 석주상 훼손 사건을 엄중하게 조사했다. 그들은 고발인의 신뢰성을 검증하지 않고, 어떤 고발이든 의심의 근거로 삼으며 불순한 자들의 증언에 기초해 매우 선량한 시민들까지 체포하여 투옥했다. 그들은 고발인이 악한 자이고, 피의자가 명망 있는 자라 해도 조사 없이 넘어가기보다 사

3 건을 철저히 규명하는 것이 더 낫다고 판단했다. 대중은 과거 페이시스트라토스와 그의 아들들[28]의 참주정이 후기로 갈수록 더 가혹해졌다는 사실을 기억하고 있었다. 그리고 참주정의 종식이 그들 자신이나 하르모디오스의 공로가 아니라 라케다이몬인의 개입 덕분이라는 점도 들어 알고 있었다. 이로 인해 대중은 끊임없이 불안해하며 모든 상황을 의심의 시선으로 바라보았다.

1   **54** 아리스토게이톤과 하르모디오스의 대담한 행동은 사실 연애 사건에서 비롯되었다. 나는 이 사건을 자세하게 설명함으로써, 아테나이인도 다른 이들과 마찬가지로 자신들의 참주와 관련된 이 사건을 정확

2 히 전하지 않고 있음을 지적하고자 한다. 페이시스트라토스가 참주로 통치하다가 나이가 들어 사망했을 때, 그의 뒤를 이어 권력을 장악한 이는 대다수 사람들이 생각하는 것과 달리 히파르코스가 아니라 그의 형 히피아스였다. 당시 한창 잘생긴 젊은이였던 하르모디오스는 중산층 시민이었던 아리스토게이톤의 동성 연인이었다.

3   페이시스트라토스의 아들 히파르코스가 하르모디오스를 유혹하려 했으나, 하르모디오스는 그의 구애를 거절하고 아리스토게이톤에게 이 사실을 알렸다. 격렬한 질투에 사로잡힌 아리스토게이톤은 히파르코스가 권력을 이용해 연인을 빼앗을지도 모른다는 두려움에, 자신의 사회

4 적 지위를 활용해 참주정을 타도할 계획을 세웠다. 그 사이 히파르코스

---

28 "페이시스트라토스와 그의 아들들"은 제1권 각주 66을 보라.

는 또다시 하르모디오스를 유혹했으나 실패했다. 그러자 그는 폭력 대신 은밀한 방식으로 하르모디오스에게 모욕을 줄 계획을 세웠다.

사실 히파르코스는 권력을 행사하기는 했으나 대중을 억압하지 않 5 았고, 통치를 하기는 했으나 대중의 미움을 사지는 않았다. 이 참주들은 최대한 미덕과 지혜를 추구했고, 아테나이인으로부터 수입의 20분의 1을 세금으로 거두었지만, 도시를 아름답게 정비하고 전쟁 비용을 충당하며, 여러 신전에 제물을 바치는 데 그 재원을 활용했다.

그 밖의 영역에서도 도시는 기존 법률의 지배를 받았다. 다만 참주 6 가문에서 한 명은 항상 고위 공직에 오르도록 배려했다는 점만이 예외였다. 아테나이에서 1년 임기의 집정관직에 취임한 그들의 가족 중에는 참주 히피아스의 아들이자 할아버지의 이름을 물려받은 페이시스트라토스가 있었는데, 그가 바로 임기 중에 아고라의 12신 제단과 피티온 신전[29]의 아폴론 제단을 봉헌한 인물이다. 후에 아테나이인이 아고라의 제단을 확장하면서 거기에 새겨져 있던 문구는 지워졌으나, 피티온 신전 제단의 비문은 많이 마모되기는 했어도 지금도 읽을 수 있다. 그 내용은 다음과 같다. "히피아스의 아들 페이시스트라토스가 집정관직 취임을 기념하여 아폴론의 피티온 신전이 있는 이 성역에 이 제단을 세운다."

55 큰아들 히피아스가 아버지의 뒤를 이어 참주가 되었다는 나의 1 주장은, 다른 이들의 견해보다 더 정확한 사실에 기초한다. 페이시스트라토스의 적자들 중 히피아스만이 아들을 두었다는 점은 분명하다. 이는 제단에 새겨진 문구와 아테나이인이 참주들의 범죄를 기억하기 위해 아크로폴리스에 세운 비석에서도 확인할 수 있다. 그 비석에는 테살

---

29 "12신 제단"은 아테나이 아고라(광장) 북서쪽에 있던 성역으로, 한 면이 약 9미터인 정사각형 울타리 안에 올림포스 12신을 위한 제단이 세워져 있었다. "피티온 신전"은 아폴론 피티오스(델포이의 아폴론)를 위한 신전으로, 12신 제단 근처에 있었다.

로스나 히파르코스의 아들은 언급되어 있지 않고, 히페로키데스의 아들인 칼리아스의 딸 미르시네가 히피아스에게서 낳은 다섯 아들만이 기록되어 있다. 일반적으로 큰아들이 가장 먼저 결혼했을 것이다.

2 또한 이 비석에는 아버지의 이름 다음에 히피아스의 이름이 기재되어 있다. 이 역시 히피아스가 아버지 다음 서열의 연장자이며, 아버지

3 를 계승하여 참주가 되었다는 점에서 당연한 일이다. 만약 히파르코스가 참주였다가 암살된 후 히피아스가 참주가 되었다면, 그는 그토록 쉽고 신속하게 권력을 장악하지 못했을 것이다. 그러나 히피아스는 이미 오래전부터 참주로서 시민들에게 두려움을 심어주었고, 호위대마저 자신에게 복종하도록 만들었기에 별다른 어려움 없이 이 사태를 수습할 수 있었다. 만약 히피아스가 이전에 권력을 행사한 적 없는 차남이었다면, 자신감 부족으로 이 상황에서 어떻게 대처해야 할지 망설였을 것이

4 다. 그런데 히파르코스는 불행히도 암살당하여 명성을 얻었고, 후대에는 참주였다는 오해까지 받게 되었다.

1 **56** 본론으로 돌아가면, 히파르코스는 하르모디오스에게 구애를 거절당하자 의도적으로 그를 모욕하기로 했다. 하르모디오스에게는 미혼의 누이가 있었는데, 히파르코스는 그녀를 축제 행렬에서 바구니를 운반하는 역할로 초청했다. 그러나 막상 그녀가 도착하자, 히파르코스는 그녀에게 자격이 없다며, 애초에 초청한 적도 없다고 주장하면서 내쫓았다.

2 이 사건으로 하르모디오스는 분노했고, 아리스토게이톤은 더욱 격분했다. 두 사람은 뜻을 함께할 동지들과 거사를 준비한 뒤, 판아테나이아 축제를 기다렸다. 그날은 시민들이 무기를 소지한 채 축제 행렬에 참가할 수 있어 의심을 피하기에 적절한 기회였다. 두 사람이 먼저 행동을 개시하면, 행렬에 참가한 동지들이 즉시 호위대에 맞서 그들을 돕

3 기로 했다. 보안상의 이유로 실제 거사에 가담한 인원은 많지 않았다. 그들은 비록 소수일지라도 과감히 행동한다면, 직접 거사에 참여하지

않은 시민들 또한 자발적으로 합류하여 자유를 위해 무기를 들 것이라 기대했다.

57 축제일이 되자, 히피아스는 호위대를 거느리고 성 밖의 이른바 ₁ 케라메이코스 구역³⁰으로 나와 축제 행렬의 진행 순서에 관해 지시하고 있었다. 하르모디오스와 아리스토게이톤은 단검을 감춘 채 행동을 개시할 준비를 하고 있었다. 그때 두 사람은 거사에 가담한 동지 중 한 ₂ 명이 히피아스와 친근하게 대화를 나누는 모습을 보고 깜짝 놀랐다 (히피아스에게는 누구나 쉽게 다가갈 수 있었다). 동지의 배신으로 자신들의 계획이 이미 탄로나 체포는 시간문제라고 생각했기 때문이다.

두 사람은 체포되기 전에 자신들을 모욕하고 이러한 위험에 몰아넣 ₃ 은 자에게 가능하다면 먼저 복수하기를 원했다. 두 사람은 곧장 성 안으로 돌진하여 이른바 레오코레이온 사당³¹ 근처에서 히파르코스와 마주치자, 다짜고짜 덤벼들어 단검으로 그를 찔러 살해했다. 한 사람은 연인에 대한 질투심 때문에, 다른 한 사람은 모욕당한 것에 대한 분노 때문에 그를 죽인 것이다. 군중이 모여들자 아리스토게이톤은 호위대를 피해 달아났지만 결국 체포되어 고통스러운 최후를 맞았고, 하르모디오스는 그 자리에서 죽었다.

58 케라메이코스 구역에 있다가 이 소식을 접한 히피아스는 사건 ₁ 현장으로 향하지 않고, 무기를 지니고 축제 행렬에 참가한 사람들에게 다가갔다. 그들은 사건 현장에서 다소 떨어져 있어 무슨 일이 일어났는지 알지 못했다. 히피아스는 이 사건에 관해 전혀 모르는 척 태연하게

---

30 "케라메이코스 구역"은 아테나이 북서부 아고라 근처에 위치한 지역으로, 도예공들이 많이 거주해 '도공들의 구역'이라 불렀다. 성벽 안팎으로 나뉘어 도시의 관문 역할을 했으며, 공동묘지이자 도자기 생산의 중심지였다.

31 "레오코레이온"은 '레오스의 딸들'을 뜻한다. 아테나이의 전설적인 왕 레오스의 딸들은 기근이나 역병으로 고통받던 도시를 구하기 위해, 델포이 신탁에 따라 스스로 희생을 택했다고 전해진다.

2 행동하며, 그들에게 지정된 장소에 무기 없이 집결하라고 지시했다. 사람들이 그가 중요한 말을 하려는 것이라 여겨 지시에 따르자, 히피아스는 호위대에게 무기들을 치우라고 명령한 뒤, 즉시 의심스러운 자들과 단검을 숨기고 있던 자들을 가려냈다. 축제 행렬에는 방패와 창만 들고 참가하는 것이 관례였기 때문이다.

1   **59** 하르모디오스와 아리스토게이톤이 참주정에 일격을 가한 이 거사는 상처받은 사랑에서 비롯되었으며, 그들의 무모한 행동은 순간적
2 인 두려움에서 촉발된 것이었다. 그 후 아테나이의 참주정은 더욱 억압적으로 변했고, 히피아스는 공포에 사로잡혀 수많은 시민을 처형했으며, 혁명이 일어날 경우 피신할 곳을 찾고자 해외로 눈을 돌리기 시작했다.

3   이 사건 이후, 히피아스는 람프사코스의 참주인 히포클로스의 아들 아이안티데스에게 자신의 딸 아르케디케를 시집 보냈다. 아테나이인 히피아스가 람프사코스인과 혼인 관계를 맺은 것은 히포클로스 가문이 메디아 왕 다레이오스에게 상당한 영향력을 행사하고 있었기 때문이다. 람프사코스에 위치한 아르케디케의 무덤에는 다음과 같은 문구가 새겨져 있다. "헬라스에서 한때 가장 높은 지위에 있었던 히피아스의 딸 아르케디케가 이곳에 잠들어 있다. 그녀의 아버지, 남편, 오빠들, 아들 모두가 참주였으나, 그녀의 마음은 결코 오만하지 않았다."

4   히피아스는 이 사건 이후 3년간 더 아테나이의 참주로 재위하다가, 4년째 되던 해에 라케다이몬인과 함께 돌아온 알크메오니다이 가문[32]에 의해 축출되었다. 그는 호위를 받으며 시게이온곶[33]으로 이동했다

---

32 "알크메오니다이 가문"은 고대 아테나이에서 가장 유력한 귀족 가문 중 하나로, 클레이스테네스와 페리클레스가 이 가문 출신이다. 이들은 참주 페이시스트라토스의 가문과 대립했으며, 히피아스를 축출하는 데 중요한 역할을 했다.
33 "시게이온곶"은 헬레스폰토스 서쪽 입구, 트로이아 유적지 근처에 위치해 아이가이온해와 흑해를 연결하는 중요한 해상 교통로였다. 인근에는 기원전 7세기경 아테나

가 람프사코스의 아이안티데스를 방문한 다음, 다레이오스왕의 궁전으로 향했다. 그리고 20년 후, 이미 노년에 접어든 그는 그곳에서 메디아군과 함께 마라톤으로 돌아왔다.

60 아테나이인은 이처럼 과거의 사건들을 모두 기억하고 있었기에, [1] 이번 비의 모독 사건으로 고발된 자들을 의심하여 가혹하게 처우했다. 이 모든 상황을 과두정이나 참주정을 수립하려는 음모의 일환으로 보았기 때문이다. 대중의 분노가 고조되자 많은 명망 있는 인사들이 투옥 [2] 되었다. 그러나 사태는 진정될 기미를 보이지 않고 나날이 악화되어 더 많은 이들이 체포되어 수감되었다. 결국 한 수감자가 혐의를 가장 많이 받고 있던 인물에게 다가가 진실 여부와 관계없이 자백하도록 설득했다. 실제로 이 사건을 둘러싸고 추측만 난무했을 뿐, 누가 어떤 행위를 했는지 정확히 진술할 수 있는 사람은 당시에도 이후에도 아무도 없었기 때문이다.

그는 함께 투옥된 다른 수감자, 즉 혐의를 가장 많이 받고 있던 수감 [3] 자를 설득하는 데 성공했다. 그는 설령 그런 행위를 저지르지 않았더라도 자백하면 면책을 받아 목숨을 구할 수 있고, 또한 온 나라를 의심에서 해방시킬 필요가 있다고 주장했다. 혐의를 부인하여 재판에 회부되기보다 자백하여 혐의를 인정함으로써 면책을 받는다면 살아남을 가능성이 더 높다는 논리였다. 결국 그 수감자는 헤르메스 석주상 훼손 [4] 사건이 자신을 포함한 일부 인사들의 소행이라고 자백했다. 아테나이 대중은 음모 가담자들이 밝혀지지 않을까 불안해하다가 진상이 규명되었다며 기뻐했다. 자백한 자는 즉시 석방되었고, 그가 지목하지 않은 자들도 모두 풀려났다. 반면, 지목된 자들은 재판에 회부되어 모두 처형되었으며, 도망친 자들에게는 사형을 선고하고 현상금을 걸었다. 이 [5]

이인이 세운 시게이온 식민시가 있었으며, 전설에 따르면 이곳에 아킬레우스의 무덤이 있었다. 페이시스트라토스는 이 지역을 점령하고 아들을 통치자로 임명했다.

과정에서 희생된 이들이 과연 부당하게 처벌받았는지는 확실치 않지만, 결과적으로 도시 전체의 안정을 회복하는 데 도움이 되었다.

1   **61** 알키비아데스와 관련해서는, 그가 원정군에 합류하기 전부터 그를 공격해온 정적들이 다시금 비난을 이어가자, 아테나이인은 이 문제를 중대하게 받아들였다. 이제 헤르메스 석주상 훼손 사건의 진상이 드러났다고 생각한 이들은, 그가 연루된 비의 모독 사건도 동일한 맥락에서 민주정을 무너뜨리려는 음모의 일환이라고 믿게 되었다.

2   한편 아테나이가 이러한 혼란에 휩싸여 있던 바로 그 시기에, 라케다이몬의 소규모 부대가 보이오티아인과 어떤 일을 처리하기 위해 코린토스 지협까지 진군한 일이 알려졌다. 이에 아테나이인은 라케다이몬군의 출현이 실제로는 보이오티아인과 무관하며 오직 알키비아데스와의 사전 협약에 따른 것이라 여겼고, 자신들이 신속하게 혐의자들을 체포하지 않았다면 국가가 배신당했을 것이라고 생각했다. 실제로 라케다이몬군은 무장한 채 도시 내 테세우스 신전[34]에서 하룻밤을 묵었

3   다. 또한 이 시기에 아르고스에서도 알키비아데스의 친구들이 아르고스의 민주정을 전복하려는 음모를 꾸미고 있다는 혐의를 받고 있었다. 이에 아테나이인은 여러 섬에 억류해온 아르고스인 볼모들을 처형하도록 아르고스인 대중에게 넘겨주었다.

4   이처럼 알키비아데스는 사방에서 의심을 받고 있었다. 아테나이인은 그를 재판에 회부하여 처형하고자 관용선 살라미니아호를 시켈리아로 보내, 그를 포함해 고발자가 지목한 인물들을 소환해 오도록 했

5   다. 그러나 그 배에 탄 관리들은 그에게 귀국하여 법정에서 해명하라는 요청만 전달하고 체포하지는 말라는 지시를 받았다. 이는 시켈리아에

---

34 "테세우스 신전"은 아테나이 아고라 북서쪽에 위치한 신전으로, 아티케와 이온인의 영웅 테세우스를 기리기 위해 세워졌다. 테세우스는 아테나이 왕 아이게우스의 아들로, 크레테섬의 미노타우로스를 물리친 신화로 유명하다.

주둔한 아군에게 혼란을 야기하고 적군의 사기를 높이는 상황을 피하며, 특히 알키비아데스의 영향으로 원정에 참여한 만티네이아인과 아르고스인의 철수를 예방하기 위한 조치였다.

그리하여 알키비아데스와 그와 함께 고발된 이들은 그의 배를 타고 6 마치 아테나이로 귀국하는 듯 살라미니아호와 나란히 항해했다. 그러나 투리오이[35]에 도착한 그는 일행과 함께 배에서 내려 도주했다. 재판정에 서기가 두려웠기 때문이다. 살라미니아호의 관리들은 한동안 수 7 색했으나 그들을 찾지 못하자, 결국 자신들만 아테나이로 떠났다. 이제 망명자가 된 알키비아데스는 얼마 후 배편으로 투리오이에서 펠로폰네소스로 건너갔고, 아테나이인은 궐석 재판을 통해 그와 그의 일행에게 사형을 선고했다.

62 이 사건 후, 시켈리아에 남아 있던 아테나이의 장군들은 군대를 1 둘로 나누어, 제비뽑기를 통해 각자 한 부대씩 지휘권을 맡은 다음 전군을 이끌고 셀리누스와 에게스타로 출항했다. 그들의 목적은 에게스타인의 군자금 조달 능력을 확인하고, 셀리누스의 상황을 파악하며, 양측의 분쟁에 관한 정보를 입수하는 것이었다. 그들은 시켈리아섬을 좌 2 측에 두고 티레니아해와 마주한 시켈리아 북부 해안을 따라 항해하다가, 이 지역에서 유일한 헬렌인의 도시 히메라에 기항하려 했으나, 입항을 거부당하자 항해를 계속했다.

아테나이군은 그렇게 계속 항해하여, 에게스타인과 전쟁 중이던 시 3 카노스인의 해안 도시국가 히카라[36]를 점령하고 주민들을 노예로 삼은 뒤, 마침 도착한 에게스타 기병대에게 도시를 넘겨주었다. 그런 후 아

---

35 "투리오이"는 이탈리아 남부 타라스만 서쪽 해안에 위치한 도시로, 기원전 444년경 페리클레스의 주도로 아테나이인이 건설한 식민시다.
36 "히카라"는 시켈리아섬 북서부 해안에 위치한 도시로, 히메라에서 해안을 따라 북서쪽으로 약 30킬로미터 떨어져 있었다. 히카라에서 시켈리아섬 동해안 중앙의 카타네까지는 육로로 약 80킬로미터 거리였다.

테나이군의 보병은 육로로 시켈리아인의 영토를 지나 카타네로 돌아 갔고, 노예를 태운 함선은 해안을 따라 항해했다.

4   니키아스는 곧바로 해안을 따라 에게스타로 항해하여 다른 업무들
5 을 처리하고 30탈란톤을 수령한 후 주력 부대와 합류했다. 아테나이군은 노예를 팔아 120탈란톤[37]의 수입을 올렸다. 또한 아테나이군은 함선을 타고 시켈리아섬의 동맹국들을 순회하며 군대 파견을 요청했다. 니키아스는 자신의 군대 절반을 이끌고 출정하여, 겔라 영토 내의 히블라를 공격했으나 점령에는 실패했다. 이로써 여름이 끝났다.

1   **63** 겨울이 시작되자마자, 아테나이군은 시라쿠사이를 공격할 준비
2 를 갖추었고, 시라쿠사이인도 아테나이군을 공략할 준비를 했다. 시라쿠사이인은 처음에는 두려움에 떨었지만, 예상과 달리 아테나이군이 즉시 공격해오지 않자 날이 갈수록 용기가 생겼다. 시라쿠사이인은 아테나이군이 시켈리아의 다른 지역으로 항해하여 원거리에서만 모습을 드러낼 뿐만 아니라, 히블라 공격에서도 실패하는 모습을 보며 더욱 자신감을 얻었다. 그리하여 대중이 용기가 생기면 흔히 그러듯이, 오히려 카
3 타네로 진격하자고 장군들에게 촉구했다. 시라쿠사이 기병대는 정찰을 위해 끊임없이 아테나이군 진영에 접근했는데, 그때마다 이 원정은 레온티노이인을 그들의 영토에 재정착시키기 위한 것이 아니라, 실은 자신들이 이국 땅에서 살려고 온 것이 아니냐며 조롱과 모욕을 퍼부었다.

1   **64** 이러한 상황을 이미 파악하고 있던 아테나이 장군들은 시라쿠사이군 전체를 도시에서 최대한 멀리 유인해놓은 다음, 야간에 은밀히 함선을 타고 이동하여 적합한 장소에 군영을 설치하고자 했다. 이미 경계 태세를 갖춘 적군 앞에서 하선하거나 육로로 행군하다가 적에게 발각될 경우, 유리한 위치를 확보하여 군영을 설치하기가 쉽지 않다는 것을 알기 때문이었다. 후자의 방식을 택할 경우, 아테나이군에는 기병이

---

37 "120탈란톤"은 고대 헬라스 소규모 도시국가의 1년 예산과 대체로 비슷한 수준이었다.

없는 반면 시라쿠사이군에는 기병이 많아, 아테나이군의 경무장보병과 비전투인원이 시라쿠사이 기병대에게 큰 피해를 입을 것이 자명했다. 그러나 유인 전략을 활용한다면, 별다른 손실 없이 군영 설치에 이상적인 장소를 확보할 수 있다고 보았다. 아테나이군과 동행한 시라쿠사이인 망명자들이 올림피에이온[38] 인근의 적합한 장소를 알려주었고, 아테나이군은 그들을 따라가 실제로 그 지역을 점령했다.

아테나이 장군들이 군영 설치 지점을 확보하기 위해 시라쿠사이군 전체를 멀리 유인하고자 꾸민 계략은 다음과 같았다. 그들은 심복 중에서 시라쿠사이 장군들이 우호적으로 여기는 인물을 시라쿠사이군에 보냈다. 카타네인인 그는 시라쿠사이 장군들이 카타네에 잔류한 친시라쿠사이파로 알고 있는 자들의 이름을 거론하며, 자신은 그들이 보내서 왔다고 말했다. 그는 시라쿠사이 장군들에게 아테나이군이 밤에는 성 안에서 야영을 하는데, 취침 장소에서 약간 떨어진 곳에 무구를 보관하고 있다고 말했다. 따라서 시라쿠사이군 전체가 특정일 새벽에 공격한다면, 카타네의 친시라쿠사이파가 아테나이군을 성 안에 가두고 그들의 함선에 불을 지를 것이며, 그렇게 되면 시라쿠사이군이 쉽게 아테나이군 진영의 방벽을 공격하여 점령할 수 있을 것이라고 설명했다. 또한 카타네성 안에는 내응할 사람들이 많고, 이미 모든 준비를 마치고 대기 중이라며, 자신은 그들이 보내서 왔다고 덧붙였다.

65 이미 자신감이 넘쳐 있던 시라쿠사이 장군들은 본래도 카타네를 공격할 계획이었기에, 그의 말을 경솔하게 신뢰하고 즉시 날짜를 지정하여 그를 돌려보냈다. 그러는 동안 셀리누스를 비롯한 여러 지역에서 동맹군이 도착하자, 시라쿠사이군 전체에 출정일을 통보했다. 모든 준

---

38 "올림피에이온"은 '올림포스의 제우스'를 위한 신전으로, 기원전 6세기경에 건립되었다. 시라쿠사이 시내에서 남서쪽으로 약 3킬로미터 떨어진 곳에 위치했으며, 길이 60미터, 너비 23미터에 이르는 대형 건축물이었다.

비가 완료되고 약속한 날짜가 임박하자 시라쿠사이군은 카타네로 진군했으며, 밤이 되자 레온티노이인의 영토에 위치한 시마이토스 강변에 진을 쳤다.

2   시라쿠사이군의 진격을 파악한 아테나이군은 모든 병력과 그들에게 합류한 시켈리아인 및 그 밖의 인원을 크고 작은 함선과 선박에 승선

3   시켜 한밤중에 시라쿠사이 방향으로 항해했다. 다음날 새벽, 아테나이 군은 군영 설치 지점을 확보하기 위해 올림피에이온 부근으로 상륙하기 시작했다. 한편 최전방에서 카타네로 말을 달렸던 시라쿠사이 기병 대는 아테나이군이 모두 함선에 승선하여 출발한 사실을 알아차리고, 되돌아가 이를 보병부대에 알렸다. 그러자 시라쿠사이군은 도시를 지키기 위해 급히 회군했다.

1   **66** 시라쿠사이군이 먼 길을 행군하여 도시로 귀환하는 동안, 아테나이군은 그 틈을 이용해 자신들이 원하는 시점에 전투를 개시할 수 있을 뿐만 아니라, 전투 중이든 개시 전이든 시라쿠사이 기병대로 인한 피해를 최소화할 수 있는 최적의 장소에 조용히 군영을 설치했다. 그곳은 한쪽으로는 담장과 집, 나무와 늪지가 있었고, 다른 한쪽으로는 절

2   벽이 있었다. 아테나이군은 근처에서 나무를 베어 해안으로 운반한 후, 정렬된 함선들 맞은편에 방책을 세웠다. 또한 적군이 가장 쉽게 접근할 수 있는 다스콘 강가에는 주변에서 수집한 돌과 통나무로 급히 방벽을 세웠으며, 아나포스강[39]의 다리는 파괴했다.

3   아테나이군이 이러한 준비를 하는 동안, 성에서 나와 방해하는 적은 아무도 없었다. 가장 먼저 나타난 것은 시라쿠사이 기병대였고, 뒤이어 보병부대 전체가 합류하고자 집결했다. 시라쿠사이군은 초기에는 아테

---

39 "다스콘강"은 시라쿠사이 북서쪽 내륙에서 발원해 남동쪽으로 흘러 이오니아해로 유입되었으며, "아나포스강"은 시라쿠사이 남서쪽에서 발원해 인근을 지나 같은 바다로 흘러들었다.

나이군에 근접했으나, 아테나이군이 출전하지 않자 물러나 헬로로스[40]로 향하는 길을 건너 그곳에 진을 치고 야영했다.

67 다음날 아테나이군과 동맹군은 전투 준비를 마쳤다. 그들의 전 ₁ 투 대형은 다음과 같았다. 우익은 아르고스군과 만티네이아군이, 중앙은 아테나이군이, 나머지는 다른 동맹군이 맡았다. 군대의 절반은 전방에 8열 횡대로 정렬했고, 나머지 절반은 막사 옆에 장방형을 이루어 8열 횡대로 정렬했는데, 전방 부대가 고전하면 출격하여 지원하라는 지시를 받았다. 비전투요원은 장방형 안에 배치되었다.

시라쿠사이군은 중무장보병을 16열 횡대로 정렬했다. 여기에는 시 ₂ 라쿠사이군 전체와 그들을 지원하기 위해 도착한 동맹군이 포함되어 있었다. 동맹군은 주로 셀리누스에서 왔으나, 겔라의 기병대도 200명에 달했고, 카마리나에서도 기병 20여 명과 궁수 50여 명이 참여했다. 최소 1,200명에 이르는 기병대는 우익 측면에 배치되었고, 그 옆으로는 투창병이 자리 잡았다.

아테나이군이 먼저 공격하려 하자, 니키아스는 전투 대형을 갖추고 ₃ 대기 중인 부대 앞을 순시하며 다음과 같은 말로 군사들을 격려했다.

68 "군사들이여, 우리는 모두 같은 전투를 위해 모였습니다. 굳이 격 ₁ 려의 말을 길게 늘어놓을 필요가 있겠습니까? 우리의 강력한 군대 자체가 허약한 군대에 미사여구로 용기를 불어넣는 것보다 더 큰 자신감을 줄 것입니다. 아르고스인, 만티네이아인, 아테나이인, 가장 뛰어난 ₂ 섬 주민들이 한자리에 모였습니다. 이처럼 훌륭한 동맹군을 다수 보유한 우리가 어찌 승리를 확신하지 않을 수 있겠습니까? 우리가 상대할 적은 우리와 같은 정예군이 아니라, 자국의 방어를 위해 급히 소집된

---

40 "헬로로스"는 기원전 7세기경 시라쿠사이인이 건설한 식민시로, 시라쿠사이에서 남쪽으로 약 40킬로미터 떨어진 헬로로스강 하구에 위치했다. 이 도시는 시라쿠사이 남쪽 해안을 방어하는 거점 역할을 했다.

의용군에 불과합니다. 게다가 그들은 시켈리아인으로서 우리를 얕잡아 보지만, 결코 우리의 적수가 될 수 없습니다. 그들은 용기만 내세울 뿐 전투 경험이 부족하기 때문입니다.

3   여러분이 명심해야 할 또 하나의 사실이 있습니다. 우리는 조국에서 멀리 떨어져 있으며, 이곳은 우호적인 땅이 아닙니다. 싸워서 승리하지 않는 한 어떤 땅도 우리의 것이 될 수 없습니다. 적의 지휘관들은 이 전투가 조국을 위한 것이라고 말하지만, 나는 정반대의 말을 하고자 합니다. 이곳은 우리의 조국이 아닙니다. 만약 승리하지 못한다면, 적의 기병대에 쫓겨 퇴각하기조차 쉽지 않을 것입니다. 그러니 여러분의 본분을 기억하십시오. 우리가 지금 마주한 곤경이 적군보다 더 두려운 것임을 인식하고, 과감히 싸워야 합니다."

4

1   **69** 니키아스는 이와 같이 군대를 격려한 뒤, 진격을 개시했다. 한편, 시라쿠사이군은 전투가 이렇게 빨리 벌어질 것이라 예상하지 못해 일부 병력은 근처의 도시에 가 있었다. 그러나 서둘러 돌아왔고, 비록 늦게 도착했지만 주력군과 합류하여 전열을 갖추었다. 이번 전투뿐만 아니라 이후 전투에서도 시라쿠사이군은 용맹함과 투지에서 결코 부족함이 없었다. 전술적으로 밀리지 않는 한, 그들의 용기는 아테나이군에 뒤지지 않았다. 그러나 전술에서 밀리는 경우, 아무리 투지가 강해도 끝까지 버티기는 어려웠다. 이번에도 그들은 아테나이군의 선제 공격을 예상하지 못하고 있다가 급히 응전해야 했지만, 즉시 무구를 갖추고 맞서 싸웠다.

2   전투는 양측의 투석병과 궁수 간의 전초전으로 시작되었으며, 경무장보병의 전투가 흔히 그렇듯이 일진일퇴를 거듭했다. 이어서 예언자들이 관례에 따라 신에게 제물을 바쳤고, 나팔수들은 중무장보병들에게 돌격 신호를 보내며 전의를 북돋웠다.

3   시라쿠사이군은 조국과 각자의 안전, 그리고 미래의 자유를 위해 싸웠다. 아테나이군은 다른 나라를 정복하여 자국에 위협이 되지 못하게

하기 위해 싸웠다. 아르고스군을 비롯한 독립국 출신의 동맹군은 아테나이군이 목표를 이루도록 돕는 대가로 조국으로 돌아가기를 바라며 싸웠다. 반면, 속국 출신의 동맹군은 어떻게든 살아남기 위해 싸웠다. 또한 아테나이의 정복 전쟁에 동참하면 결국 조국에도 이익이 돌아올 것이라는 희망을 품고 온 힘을 다해 싸웠다.

70 양측 간에 근접전이 벌어졌고, 오랫동안 팽팽한 접전이 이어졌 ₁ 다. 그러던 중, 천둥과 번개가 치고 폭우가 쏟아지기 시작했다. 전투 경험이 부족한 시라쿠사이군은 크게 두려워한 반면, 노련한 아테나이군은 이 계절의 폭풍우를 예상 가능한 일이라며 대수롭지 않게 여겼다. 오히려 그들은 시라쿠사이군이 끝까지 버티는 모습에 더욱 놀랐다.

전세는 아르고스군이 시라쿠사이군의 좌익을 무너뜨리면서 기울기 ₂ 시작했다. 이어서 아테나이군도 적군을 돌파하면서 나머지 시라쿠사이군의 전열이 무너졌고, 군대 전체가 패주하기 시작했다. 그러나 아테나 ₃ 이군은 적을 멀리 추격하지 않았다. 시라쿠사이 기병대가 여전히 전열을 유지하며, 앞서 나가 추격하는 아테나이군의 중무장보병들을 발견할 때마다 달려들어 밀어냈기 때문이다. 그럼에도 아테나이군은 무리를 지어 안전한 범위 내에서 어느 정도 추격한 뒤 돌아와 승전비를 세웠다.

한편 패퇴한 시라쿠사이군은 헬로로스로 이어지는 길목에서 다시 ₄ 집결하여 전열을 정비한 후, 올림피에이온으로 수비대를 보냈다. 아테나이군이 그곳 신전의 보물을 약탈해갈까 염려했기 때문이다. 나머지 군대는 성 안으로 철수했다.

71 아테나이군은 신전으로 가지 않고, 전사한 아군의 시신을 모아 ₁ 화장용 장작더미 위에 올려둔 뒤 그곳에서 야영했다. 다음날, 시라쿠사이군과 휴전을 맺고 그들의 전사자 시신을 돌려준 뒤, 화장한 아군의 유골을 수습했다. 이번 전투에서 시라쿠사이군과 그 동맹군의 전사자는 약 260명이었고, 아테나이군과 그 동맹군의 전사자는 약 50명이었

다. 이후 아테나이군은 적군에게서 빼앗은 전리품을 챙겨 카타네로 항

2 해했다. 이제 겨울이 되어, 시라쿠사이 인근의 전진기지를 거점으로 전쟁을 지속하기가 현실적으로 불가능하다고 판단했기 때문이다. 시라쿠사이군의 강력한 기병대를 상대하려면, 본국 아테나이에서 기병대가 와야 하고, 시켈리아 내 동맹국에서도 기병을 차출해야 했다. 또한 군자금을 현지에서 조달하는 동시에 본국에서도 지원받아야 했다. 전투에서 승리한 지금, 몇몇 도시를 아군으로 끌어들일 가능성도 더 많아 보였다. 그 밖에도 봄철에 시라쿠사이를 다시 공격하기 위해서는 충분한 군량과 물자를 조달해야 했다.

1 **72** 이러한 계획을 세운 아테나이군은 겨울을 나기 위해 낙소스와 카타네로 회항했다. 한편, 시라쿠사이인은 전사자를 매장한 후 민회를

2 소집했다. 이 자리에서 헤르몬의 아들 헤르모크라테스가 발언하기 위해 앞으로 나섰다. 그는 지혜와 용맹함에서 누구에게도 뒤지지 않고, 풍부한 전쟁 경험으로 명성이 높은 인물이었다. 그는 이번 전투의 패배로 인해 시라쿠사이인이 위축되지 않도록 사기를 북돋우려 했다.

3 그가 발언한 요지는 다음과 같았다. 시라쿠사이군이 패배한 것은 투지가 부족해서가 아니라, 규율이 제대로 잡혀 있지 않았기 때문이다. 그렇다 해도 아마추어나 다름없는 시라쿠사이군이 헬라스에서 전쟁 경험이 가장 많고 노련한 군대를 상대로 싸웠다는 점을 감안하면, 예상

4 보다 참담하게 패한 것은 아니다. 가장 큰 문제는 장군의 수가 많았다는 점이다(그들에게는 장군이 15명이나 있었다). 명령을 내리는 사람이 많아 군사들이 일사불란하게 지시를 따를 수 없었다. 따라서 장군의 수를 경험이 풍부한 소수로 줄이고, 이번 겨울 동안 무구가 없는 군사들에게 무구를 지급하여 중무장보병을 강화하며, 병력을 최대한 늘린 후 강도 높은 훈련을 실시한다면, 반드시 적을 이길 수 있을 것이다. 시라쿠사이군은 이미 용기를 갖추고 있으며, 훈련을 하면 규율이 세워질 것이기 때문이다. 이 두 자질은 함께 발전하는데, 규율은 실제 위험을 마주

하는 가운데 더욱 단련되고, 용기는 자신의 역량에 대한 확신이 바탕이 될 때 더욱 담대해진다.

장군은 소수만 선출하여 전권을 부여해야 하며, 시민들은 그렇게 선 5 발된 장군들에게 판단과 지휘의 재량을 전적으로 맡기겠다고 맹세해야 한다. 그렇게 되면 비밀 유지가 필요한 사항은 더욱 철저히 보안이 지켜질 것이고, 다른 모든 영역에서도 확실한 지휘 계통에 따라 명령이 명확하게 하달될 것이다.

73 시라쿠사이인은 그의 말을 듣고 표결한 끝에 제안을 받아들이기 1 로 결정했다. 이어서 헤르모크라테스, 리시마코스의 아들 헤라클레이데스, 엑세케스토스의 아들 시카노스 세 사람을 새로운 장군으로 선출했다. 또한 시라쿠사이인은 코린토스와 라케다이몬으로 사절을 보내 2 동맹국의 도움을 요청했다. 특히 라케다이몬인에게는 아테나이군에 대한 공세를 더욱 강화해달라고 요청했다. 아테나이인이 이미 시켈리아에 주둔하고 있는 군대를 철수시키거나, 시켈리아로 증원군을 파병할 여력을 줄이게 하려는 전략이었다.

74 카타네에 주둔하고 있던 아테나이군은 메세네[41]가 시라쿠사이인 1 에게 반기를 들고 자신들에게 합류할 것이라 예상하고 즉시 출항했다. 그러나 그들의 계획은 실행되지 못했다. 장군직에서 면직되어 본국으로 소환될 당시 이미 도주할 계획을 세운 알키비아데스가, 떠나기 전에 이 계획을 메세네 내 시라쿠사이파에게 누설했기 때문이다. 그 결과 시라쿠사이파는 아테나이군이 도착하기 전에 이 계획의 주모자들을 처형하고 혼란한 틈을 타서 무장한 채 성 안의 주도권을 장악했다. 이 때문에 아테나이군이 성 안에 들어올 수 없었다.

---

41 "메세네"는 기원전 427년에 시라쿠사이의 지원으로 민주정이 무너지고 과두정이 수립되었으며, 이후 시라쿠사이와 동맹 관계를 유지했다. 반면 낙소스는 시라쿠사이의 팽창 정책에 위협을 느껴 아테나이와 우호적 관계를 맺고 그 지원을 기대하고 있었다.

2   아테나이군은 그곳에 13일 정도 머물다가, 폭풍우가 몰아치는 데다 보급품은 부족한 상황에서 아무런 진척이 없자 철수했다. 낙소스로 돌아간 그들은 진을 치고 군영 주변에 경계선을 만들고 방책을 두른 후, 그곳에서 겨울을 날 준비를 했다. 그리고 아테나이로 삼단노선 1척을 보내, 봄이 되면 도착할 수 있도록 군자금과 기병대를 보내달라고 요청했다.

1   **75** 시라쿠사이인도 겨울 동안 성벽을 쌓아 테메니테스 성역을 성 안으로 편입시키고, 에피폴라이[42] 맞은편 전 지역에도 성벽을 쌓았다. 이는 만약 패배하더라도 좁은 지역에 포위되는 상황을 방지하기 위함이었다. 또한 메가라와 올림피에이온에도 요새를 세웠고, 해안에는 적
2   군이 상륙할 만한 모든 지점에 방어시설을 설치했다. 또한 아테나이군이 낙소스에서 겨울을 난다는 정보를 입수하고, 전군을 이끌고 카타네로 진격하여 그 지역의 일부를 초토화시키고, 아테나이군의 군영과 막사를 불태운 후 돌아왔다.

3   시라쿠사이인은 아테나이인이 과거 라케스가 지휘관이었을 때 맺은 동맹을 근거로 카마리나[43]를 자기편으로 끌어들이고자 그곳에 사절단을 보냈다는 사실을 알게 되자, 자신들도 카마리나로 사절단을 보냈다. 카마리나인이 아테나이군과의 첫 번째 전투에 원군을 보내기는 했으나 큰 열의를 보이지 않았고, 아테나이군이 이 전투에서 승리하자, 이후 더 이상 시라쿠사이를 돕지 않고 이전에 맺은 동맹조약에 따라 아
4   테나이 측으로 기울 것이라 의심했기 때문이다. 결국 시라쿠사이 측에

---

42 "테메니테스 성역"은 시라쿠사이성 밖 서쪽, 에피폴라이 지역의 작은 언덕에 자리 잡은 아폴론 신전이었다. "에피폴라이"(Ἐπιπολαί)는 '도시 위'를 뜻하는 이름으로, 시라쿠사이의 서쪽에 위치한 석회암 고원이다. 해발 약 120-170미터의 고지대에 있어 지중해를 내려다볼 수 있었으며, 전략적 요충지로 활용되었다.

43 "카마리나"는 시라쿠사이의 영향력에서 벗어나기 위해 기원전 427년경 아테나이와 상호 방어적 성격의 동맹을 맺었다.

서는 헤르모크라테스가 이끄는 사절단이 카마리나에 도착했고, 아테나이 측에서는 에우페모스가 이끄는 사절단이 도착했다. 카마리나인이 민회를 소집하자, 헤르모크라테스가 아테나이인을 비방하기 위해 다음과 같이 말했다.

76 "카마리나인들이여, 우리가 사절로 이곳에 온 것은 여러분이 아 1
테나이군의 위세에 놀라거나 두려워하지 말라고 설득하기 위함이 아닙니다. 그들의 말만 듣고 우리 측의 주장은 듣지도 않은 채 판단하지 말기를 바라며 이 자리에 섰습니다. 아테나이군은 여러분도 잘 아는 명 2
분을 내세워 시켈리아에 왔지만, 우리 모두는 그들의 저의를 의심하고 있습니다. 그들이 이곳에 온 이유는 레온티노이인을 재정착시키기 위함이 아니라, 우리를 이 땅에서 몰아내기 위함으로 보입니다. 아테나이인은 헬라스에서는 도시를 파괴하면서 시켈리아에서는 도시를 재건하겠다 하고, 레온티노이의 칼키스인에게는 동족이라며 호의를 베풀면서도, 레온티노이의 모국인 에우보이아의 칼키스인은 예속시켜 노예로 삼았습니다. 이러한 사실이 우리의 의심을 뒷받침합니다.

아테나이인은 그런 방식으로 헬라스의 도시들을 장악해왔고, 지금 3
은 동일한 수법으로 이곳의 도시들을 차지하려 하고 있습니다. 그들은 메디아인을 응징하는 전쟁에서 이온인과 여러 동맹국의 지지로 맹주가 된 후, 어떤 동맹국에는 군대를 파병하지 않는다는 구실로, 또 다른 동맹국에는 내전이 일어났다는 이유로, 그때그때 그럴듯한 명분을 내세워 동맹국들을 예속시켰습니다. 결국 메디아인과의 전쟁에서 아테나이인은 헬라스의 자유를 위해, 헬렌인들은 자신들의 자유를 위해 싸운 것이 아니었습니다. 아테나이인은 메디아 제국을 대신하는 제국이 되기 위해, 헬렌인들은 이전 주인보다 더 교활하고 영리한 새 주인을 섬기기 위해 싸운 꼴이 되고 말았습니다.

77 그러나 우리가 이곳에 온 목적은, 아테나이처럼 비난받아 마땅 1
한 도시의 잘못을 새삼 폭로하기 위함이 아닙니다. 여러분은 이미 그들의 행태를 충분히 알고 있기 때문입니다. 오히려 우리가 더 비난받아야 할지도 모릅니다. 우리는 헬렌인들이 서로를 돕지 않아 노예가 된 사례를 수없이 보아왔습니다. 아테나이인이 동족인 레온티노이인을 재정착시키겠다거나 동맹국인 에게스타를 돕겠다고 말하는 등, 과거와 동일한 술수를 쓰고 있는 것도 우리는 이미 목격했습니다. 그럼에도 우리는 아직 단결하지 못하고 있습니다. 우리는 이온인이나 헬레스폰토스 일대의 주민들, 또는 섬의 주민들처럼 메디아인이든 다른 어떤 세력이든 주인을 바꾸며 살아가는 자들이 아닙니다. 우리는 자유로운 펠로폰네소스에서 시켈리아로 건너와 자유민으로 살아가는 도로스인입니다. 이제야말로 그 사실을 분명히 보여주어야 합니다. 그런데도 우리는 그렇게 하지 못하고 있습니다.

2 그런 식으로 대처하면 우리의 도시들은 아테나이군에게 하나씩 정복당할 것입니다. 그들은 어떤 도시는 회유하여 분열을 조장하고, 어떤 도시는 동맹의 이익을 미끼로 서로 싸우게 하며, 또 어떤 도시는 감언이설로 유혹해 해악을 끼치고 있습니다. 그들이 이렇게 전략을 바꿔가며 우리의 모든 도시를 차례로 집어삼킬 때까지 가만히 있을 것입니까? 멀리 떨어져 있는 시켈리아의 도시들이 먼저 무너지더라도 우리에게는 그런 위험이 닥치지 않을 것이라 생각합니까? 먼저 불행을 겪는 자들만이 홀로 고통을 당하고, 우리는 무사하리라 믿습니까?

1 **78** 여러분 중에 아테나이인의 적은 카마리나가 아니라 시라쿠사이라고 생각하여, 위험을 감수하기를 주저하는 사람이 있다면 명심하십시오. 시라쿠사이를 위해 싸우는 것은 곧 여러분 자신의 나라를 지키는 길입니다. 우리가 먼저 무너지지 않았기 때문에, 여러분은 우리와 같은 동맹군이 있어 홀로 싸우지 않아도 되므로 더욱 안전할 것입니다. 또한, 아테나이군의 목표는 단순히 우리 시라쿠사이인의 적대감을 응징하는 데 있지 않고, 우리를 핑계 삼아 카마리나인과의 우호 관계를 더욱 굳건히 하려는 데 있음을 알아야 합니다.

누군가 시라쿠사이인을 시기하거나 두려워하여(강대국은 늘 시기와 ₂
두려움의 대상이 됩니다) 이참에 시라쿠사이가 피해를 입어 정신 차리기
를 원하면서도 자신의 안전을 위해 우리가 살아남기를 바라는 사람이
있다면, 그는 인간의 능력을 넘어서는 일을 희망하는 것입니다. 운명은
욕망대로 움직이지 않습니다. 만약 그의 판단이 잘못되어 우리가 무너 ₃
진다면, 그는 곧 자신의 불행을 한탄하며, 오히려 우리의 행운을 시기
할 기회가 다시 오기를 간절히 희망할 수도 있습니다. 그러나 현재 당
면한 위험을 감수하지 않는다면, 그러한 희망은 결코 이루어질 수 없습
니다. 이는 말이 아니라 행동의 문제이며, 현재의 위험을 기꺼이 감수
하는 자만이 미래를 기대할 수 있는 법입니다. 이 전쟁에서 그는 마치
우리 시라쿠사이를 위해 싸우는 것처럼 보일 수 있지만, 실상은 자신이
살아남기 위해 싸우는 것입니다.

카마리나인 여러분, 여러분은 우리와 인접한 이웃입니다. 따라서 우 ₄
리가 위험에 처한 다음에는 여러분 차례일 것입니다. 그렇다면 이러한
상황을 예견하고, 지금처럼 미온적인 태도를 보일 것이 아니라, 우리가
찾아오기 전에 먼저 우리를 찾아왔어야 마땅합니다. 만약 아테나이군
이 카마리나를 먼저 공격했다면, 여러분은 우리에게 도움을 요청했을
테지요. 그러니 여러분은 마땅히 우리에게 적에게 굴복하지 말라고 격
려해야 했습니다. 그러나 지금까지 여러분도, 다른 누구도 그러지 않았
습니다.

79 아마도 여러분은 두려운 마음에 아테나이인과의 동맹조약을 내 ₁
세우며, 우리 시라쿠사이와 침략자 사이에서 중립을 유지하려 할지도
모릅니다. 그러나 그 조약은 여러분의 우방을 염두에 두고 맺은 것이
아니라, 적의 공격에 대비하기 위한 것이었습니다. 또한, 아테나이인이
지금처럼 여러분의 이웃 나라를 공격할 때가 아니라, 아테나이인 자신
들이 공격을 받을 때 도움을 받기 위해 맺은 것이었습니다. 그래서 레 ₂
기온의 칼키스인조차 아테나이인이 레온티노이의 칼키스인을 재정착

시키겠다는 계획에 협력하기를 거부하고 있습니다. 아테나이인의 그럴 듯한 명분 뒤에 숨은 저의를 의심하며 신중하게 행동하고 있는 것이지요. 그런데 여러분이 동맹조약을 핑계로 본래의 적을 돕고, 우리의 철천지원수와 힘을 합쳐 우리 도로스 혈통의 친족을 멸하려 한다면, 이야

3 말로 끔찍한 일입니다. 이는 결코 옳은 선택이 아닙니다. 여러분은 아테나이군을 물리쳐야 하며, 그들이 대군이라는 이유로 두려워해서는 안 됩니다. 만약 우리가 그들의 뜻대로 분열된다면 그때는 두려워해야 하지만, 우리가 단결한다면 두려워할 이유가 없습니다. 아테나이군은 우리 시라쿠사이인만으로 이루어진 군대와 싸워 승리했을 때조차 목표를 이루지 못하고 서둘러 철수한 전례가 있습니다.

1　**80** 우리가 단결한다면 낙담할 이유가 없습니다. 오히려 더욱 적극적으로 동맹에 참여해야 합니다. 무엇보다도 펠로폰네소스로부터 전쟁 전반에서 아테나이군보다 훨씬 강력한 원군이 도착할 것입니다. 우리와 아테나이 양측과 동맹을 맺고 있으니 어느 쪽도 돕지 않겠다는 신중한 태도는 공정해 보일 수 있으나, 여러분의 안전을 보장해주지는 않

2 습니다. 그런 태도는 이론상으로 공정해 보이지만, 실제로는 그렇지 않습니다. 만약 여러분이 우리와 함께 싸워주지 않아 피해자는 망하고 침략자가 살아남는다면, 결국 여러분의 이른바 중립 때문에 피해자를 구하지 못하고 침략자의 악행을 막지 못한 것이 아니겠습니까? 그러므로 여러분은 도로스인 혈통의 입장에서, 부당한 대우를 받는 자들의 편에 서서 시켈리아의 공동 이익을 지키고, 여러분의 우방인 아테나이인이 잘못된 길로 빠지지 않도록 돕는 것이 더 훌륭한 태도일 것입니다.

3 요컨대 우리가 세세히 설명하지 않아도 여러분은 이미 상황을 잘 알고 있을 것입니다. 우리는 설명이 아닌 호소를 하러 이곳에 왔습니다. 그러나 여러분을 설득하지 못한다면, 우리는 끊임없이 우리를 적대시해온 이온인[44]의 음모에 희생되고 같은 도로스 혈통인 여러분에게 배신당했다고 증언할 수밖에 없습니다.

만약 아테나이인이 우리를 정복한다면, 그들은 자신들의 승리가 여 4
러분의 결정 덕분이었다는 사실을 무시한 채 모든 공을 자신들에게 돌
릴 것입니다. 그리고 그 승리를 통해 얻는 가장 큰 전리품은 바로 여러
분일 테지요. 반면 우리가 승리한다면, 여러분은 우리를 위험에 빠뜨린
것에 대한 응분의 처벌을 받게 될 것입니다. 그러므로 지금 당장의 위 5
험을 모면하기 위해 스스로 노예의 길을 택할지, 아니면 우리와 함께
싸워 승리함으로써 아테나이인에게 예속되는 수모와 우리의 깊은 원
한을 동시에 피할지 숙고한 뒤, 둘 중 하나를 선택하십시오."

81 헤르모크라테스가 이와 같이 말한 뒤, 이어서 아테나이군의 사 1
절인 에우페모스가 나와 다음과 같이 말했다.

82 "우리는 과거에 맺은 동맹조약을 갱신하기 위해 이곳에 왔습니 1
다. 그러나 시라쿠사이인이 우리를 비난하고 나선 이상, 우리가 제국을
유지할 수밖에 없는 정당한 이유를 밝혀야겠습니다. 시라쿠사이인은 2
이온인이 도로스인의 적이라고 주장하며 우리에 대해 가장 중요한 증
언을 했습니다. 이는 사실입니다. 우리는 이온인으로서, 우리보다 수가
더 많고 가까이 사는 펠로폰네소스의 도로스인에게 예속되지 않기 위
해 늘 대비하며 살아왔습니다.

메디아인과의 전쟁 당시, 우리는 함선을 갖추고 나서야 라케다이몬 3
인의 지배와 지휘권에서 벗어날 수 있었습니다. 사실 그 이전에는 라케
다이몬의 국력이 우리보다 더 강했다는 이유를 제외한다면, 우리가 그
들에게 명령할 권한이 없는 것처럼 그들도 우리에게 명령할 권한이 없
었습니다. 이후 우리는 한때 메디아 왕의 지배를 받았던 여러 국가들의
요청에 따라 동맹을 맺고 맹주가 되었습니다. 펠로폰네소스인에게 예
속되지 않으려면 스스로 강해져야 한다고 생각했기 때문입니다. 또한

---

44 "이온인"은 헬렌의 아들 이온의 후손으로, 주로 아티케와 이오니아 지역에 거주했다.
여기서는 구체적으로 아테나이인을 가리킨다.

시라쿠사이인은 우리가 같은 혈통의 이온인과 섬 주민들을 예속시킨 것이 부당하다고 주장합니다. 그러나 정당한 이유 없이 그들을 예속시킨 것이 아닙니다. 그들은 과거에 메디아인과 손잡고 모국인 우리 아테나이를 공격했습니다. 우리가 도시를 포기하며 저항하던 그 시기에 그들은 기꺼이 메디아인의 노예가 되기를 원했고, 나아가 우리까지 노예로 만들려 했습니다.

83 이러한 이유로 우리는 현재의 제국을 다스릴 자격이 있고, 실제로 그렇게 하고 있습니다. 첫째, 우리는 헬라스를 위해 가장 큰 규모의 함대를 제공하며, 누구도 부인할 수 없는 열정으로 헬라스를 위해 헌신해왔습니다. 반면, 지금 우리에게 예속된 이들은 과거 메디아인과 적극적으로 협력하여 우리를 패망시키려 했습니다. 둘째, 우리는 펠로폰네소스인에 대항할 힘을 갖추어야 하기 때문입니다. 그러나 우리가 이민족의 침략을 혼자 막아냈기 때문에 제국을 지배할 정당한 권리가 있다거나, 우리에게 예속된 자들뿐만 아니라 우리를 포함한 모두의 자유를 위해 위험을 감수했다는 식으로 스스로를 미화하는 말은 늘어놓지 않겠습니다. 누구나 자신의 안전을 도모하는 것은 당연하며 비난받을 일이 아닙니다. 우리는 지금 우리의 안전을 위해 이곳에 왔으며, 이 일은 여러분에게도 이익이 될 것입니다.

시라쿠사이인의 비방과 여러분이 가장 두려워하는 점을 알고 있기에, 우리가 이곳에 온 것이 여러분에게도 유익하다는 사실을 밝히고자 합니다. 사람들은 두려운 나머지 의심이 생길 때는 듣기 좋은 말에 잠시 안도하지만, 행동에 나설 때가 되면 결국 이익을 따르기 마련입니다. 앞서 말했듯이 우리가 헬라스에서 제국을 유지하는 것은 두려움 때문이고, 지금 이곳에 와서 우방들과 함께 이곳의 사태를 안정시키려는 것도 같은 이유에서입니다. 우리는 여러분을 노예로 만들기 위해 온 것이 아니라, 오히려 여러분이 노예가 되는 것을 막기 위해 왔습니다.

84 우리가 여러분과 아무 관계도 없는데 이런 걱정을 한다고 생각

해서는 안 됩니다. 여러분이 안전하고 시라쿠사이인에게 맞설 수 있을 만큼 강력하다면, 설령 시라쿠사이인이 펠로폰네소스로 원군을 보내더라도 우리 아테나이인이 입을 피해는 줄어들 것이라는 점을 이해해야 합니다. 바로 이 점에서 여러분 카마리나인은 이미 우리와 중요한 관계 2 에 있습니다. 그래서 우리는 레온티노이인을 재정착시키는 것이 합리적이라 판단했습니다. 그들을 에우보이아에 있는 그들의 동족처럼 우리의 속국으로 만들려는 것이 아닙니다. 오히려 그들이 강력한 나라로 성장하도록 돕고자 합니다. 그래야 레온티노이인이 우리를 위해 자신들과 이웃한 시라쿠사이인을 견제할 수 있을 테니 말입니다.

헬라스에서 우리 아테나이인은 스스로 적을 상대할 만큼 충분히 강 3 력합니다. 따라서 우리가 헬라스에서는 칼키스인을 노예로 삼으면서, 시켈리아에서는 레온티노이인을 해방하려 한다는 것이 모순이라는 시라쿠사이인의 주장은 잘못되었습니다. 헬라스에서는 칼키스인이 무장하지 않은 채 공물만 바치도록 하는 것이 우리에게 유리한 전략이라면, 이곳 시켈리아에서는 레온티노이인을 비롯한 우리의 우방들을 완전히 독립시키는 것이 우리의 이익에 부합합니다.

85 참주나 국가가 절대 권력을 행사하는 상황에서는 자신에게 이익 1 이 되는 것이 곧 합리적인 것이며, 신뢰가 무너진다면 혈연도 아무 소용이 없습니다. 친구와 적의 구분은 각자의 이해관계에 따라 결정됩니다. 이곳 시켈리아에서 우리의 우방들을 해치지 않고, 그들의 힘을 이용해 적을 무력화시키는 방식이 우리에게 가장 유리한 선택입니다.

여러분은 내 말을 의심할 필요가 없습니다. 헬라스에서 우리 아테나 2 이인은 동맹국들을 우리에게 가장 이익이 되는 방향으로 이끌고 있습니다. 예를 들어, 키오스인과 메팀나인은 함선을 제공하는 대가로 독립을 유지하고 있지요. 대부분의 동맹국은 더 엄격한 요구에 따라 공물을 바쳐야 하지만, 섬에 거주하는 일부 동맹국은 우리가 얼마든지 지배할 수 있음에도 펠로폰네소스 주변의 전략적 요충지에 위치해 있기 때문에 그 유용성을 인정받아 완전한 자유를 누리고 있습니다.

3 이곳 시켈리아에서도 우리는 우리에게 이익이 되는 선택을 할 수밖에 없습니다. 시라쿠사이인에 대한 우려를 해소하는 것이 우리의 목표입니다. 시라쿠사이인은 여러분을 지배하려는 야심을 품고, 우리를 향한 여러분의 의심을 이용해 자신들과 힘을 합쳐 우리를 격퇴하도록 유도하고 있습니다. 그렇게 되어 우리가 철수하고 나면, 여러분이 고립된 상황을 이용해 시켈리아 전체를 지배하려 들 테지요. 여러분이 그들과 힘을 합친다면, 필연적으로 그렇게 될 것입니다. 그토록 강력한 연합군을 우리가 상대하기는 쉽지 않을 테니 말입니다. 또한 우리가 물러나면, 그때는 시라쿠사이인이 너무 강력해져 여러분이 감당할 수 없게 될 것입니다.

1 **86** 누구든지 내 말과 다른 생각을 하더라도, 사실이 이미 그 생각이 잘못되었음을 보여줍니다. 여러분이 처음에 우리를 불러들였을 때 내세운 이유는, 단지 시라쿠사이에 대한 두려움 때문이 아니라 그들의 지배를 방치할 경우 결국 여러분뿐만 아니라 우리 자신도 위험해질 것이었기 때문입니다. 그런데 이제 와서 여러분이 우리를 설득하려고 내세운 논리를 스스로 부정하거나, 우리가 예상보다 더 많은 병력을 이끌고 왔다고 해서 우리를 의심하는 것은 옳지 않습니다. 오히려 시라쿠사이인을 더 불신해야 옳습니다.

3 우리는 여러분의 협조 없이는 이곳에 머물 수 없습니다. 설령 우리가 여러분의 독립을 박탈하는 사악한 짓을 저지른다 해도, 이곳까지 오는 바닷길이 멀고, 대륙 수준으로 무장한 대도시들에 수비대를 배치하기도 어려워, 여러분을 지배하기는 불가능합니다. 반면, 시라쿠사이인은 군영에 주둔하는 것이 아니라 여러분의 바로 이웃에서, 우리가 이끌고 온 군대보다 더 큰 규모의 도시에 살면서 여러분을 상대로 끊임없이 음모를 꾸미고 있습니다(시라쿠사이인이 레온티노이인에게 한 일을 비롯해 다른 여러 사례를 보면 이를 알 수 있습니다). 그런 그들이 지금 여러분을

무지한 자들로 취급하며, 뻔뻔스럽게도 지금까지 시켈리아가 그들에게 예속되지 않도록 막아준 우리에게 대항하여 자기편이 되어달라고 호소하고 있습니다.

우리는 여러분의 진정한 안전을 위해 호소합니다. 그러한 안전은 우 5 리 양국의 상호관계에 이미 내재되어 있으니 이를 배반하지 말아주십시오. 시라쿠사이인은 수적으로 우세하여 동맹군 없이도 언제든지 여러분을 공격할 수 있습니다. 반면, 여러분은 현재 우리가 제공하는 강력한 군대의 도움을 받아 자신을 지킬 기회를 자주 갖지는 못할 것입니다. 만약 우리의 의도를 의심하여 우리가 아무것도 성취하지 못하거나 패배해 시켈리아를 떠나게 된다면, 여러분은 그제야 우리 군대의 일부라도 다시 필요하게 될 것입니다. 하지만 그때는 우리 군대가 와도 아무 소용없을 것입니다.

87 그러므로 카마리나인 여러분, 여러분이든 다른 사람들이든 시라 1 쿠사이인의 중상모략에 휘둘리지 마십시오. 지금까지 우리는 여러분에게 의심받고 있는 부분에 대해 진실을 모두 말했으며, 그 핵심을 다시 한번 되짚으며 여러분을 설득하고자 합니다.

우리가 헬라스를 지배하는 이유는 지배당하지 않기 위해서입니다. 2 그리고 시켈리아에서 동맹국을 해방시키고자 하는 것은, 시라쿠사이인이 우리를 해치는 일에 그들이 이용당하는 것을 막기 위해서입니다. 우리가 이런저런 일에 개입할 수밖에 없는 이유는, 우리가 지켜야 할 것이 많기 때문입니다. 우리는 예나 지금이나 이곳에서 부당한 대우를 받는 이들의 동맹국으로 왔으며, 자청해서 온 것이 아니라 도와달라는 요청을 받고 왔습니다.

그러므로 여러분은 우리에 대해 재판관이나 감독관이 되어 우리가 3 하는 일을 막으려 하지 마십시오. 지금 와서 그렇게 하기는 쉬운 일이 아닙니다. 대신, 우리가 적극적으로 개입하여 진행하는 여러 일 중에서 여러분에게 도움이 되는 부분을 선택하여 이용하십시오. 우리가 하는 일이 모든 사람에게 해를 끼치기는커녕 많은 헬렌인들에게 항상 유익하다는 점을 명심해야 합니다.

4   우리의 이러한 성향은 우리가 없는 곳에서도 영향력을 발휘합니다. 억울한 자들은 우리의 도움을 받을 수 있다는 희망을 갖게 되고, 음모를 꾸미는 자들은 우리의 개입을 염두에 두며 그들의 계획에 위험이 따른다는 점을 고려해야 하기 때문입니다. 그 결과 후자에 속한 자들은 어쩔 수 없이 스스로 절제하게 되고, 전자에 속한 자들은 큰 수고 없

5 이 안전을 얻을 수 있게 됩니다. 우리는 언제든 도울 준비가 되어 있습니다. 지금 이 순간 여러분에게 제공된 안전을 거부하지 마십시오. 여러분도 우리와 함께함으로써, 그동안 경계해온 시라쿠사이인을 이제는 무너뜨리는 데 동참해주십시오."

1   **88** 에우페모스는 그렇게 말했다. 카마리나인은 아테나이인이 시켈리아를 예속시키려 한다는 의심을 거두지 못하면서도 기본적으로 호의적인 태도를 보였다. 반면 시라쿠사이인과는 국경 문제로 언제나 적대적이었다. 그러나 카마리나인은 이웃 나라인 시라쿠사이가 자신들의 도움 없이도 아테나이군을 물리칠 가능성을 두려워했다. 이에 처음에는 소규모 기병대를 보냈으나, 앞으로는 가능한 한 병력을 줄이면서도 시라쿠사이인에게 협력하는 듯한 모습을 보이는 것이 최선이라고 판단했다. 그러나 당장은 아테나이군이 전투에서 승리한 상황이었으므로, 아테나이 측에 불공정한 인상을 주지 않기 위해 양측에 동일한 답

2 변을 하기로 의결했다. 심사숙고 끝에 결정을 내린 카마리나인은, 자신들의 동맹국인 양측이 현재 전쟁 중이므로 맹세를 지키는 유일한 방법은 어느 쪽에도 가담하지 않는 것이라며 양측에 같은 답변을 전달했다. 이에 따라 양측 사절단은 모두 카마리나를 떠났다.

3   시라쿠사이인이 자체적으로 전쟁을 준비하는 동안, 아테나이군은 낙소스에 주둔하며 가능한 한 많은 시켈로스인을 자기편으로 끌어들

4 이려 했다. 평야 지대의 시켈로스인들은 대부분 시라쿠사이에 예속되

어 있어 반기를 드는 경우가 많지 않았다. 반면, 내륙에서 독립적으로 살아온 이들은 소수를 제외하고는 곧바로 아테나이 편에 가담하여 일부는 군량을 공급했고, 일부는 자금을 지원했다.

아테나이군은 협력을 거부한 지역에는 출정하여 일부를 강제로 복 5 속시켰지만, 시라쿠사이인이 수비대나 원군을 보내 방어하는 지역은 쉽사리 공략할 수 없었다. 이후 아테나이군은 군영을 낙소스에서 카타네로 옮기고, 시라쿠사이군에 의해 불타버린 군영을 다시 세운 뒤, 그곳에서 남은 겨울을 지냈다. 아테나이군은 도움을 기대하며 친선을 도 6 모하기 위해 카르케돈[45]에 삼단노선 1척을 파견했고, 자발적으로 참전 의사를 밝힌 티레니아 지방의 몇몇 도시에도 사절을 보냈다. 시켈로스인과 에게스타인에게도 사절을 보내 최대한 많은 기병을 지원해줄 것을 요청하는 한편, 공성전에 필요한 벽돌, 무쇠 등 각종 물자를 준비하는 데 집중했다. 이 모든 준비는 봄이 되자마자 전투를 재개하기 위한 것이었다.

한편 시라쿠사이인이 코린토스와 라케다이몬에 보낸 사절단은 이탈 7 리아의 헬라스 식민시들에도 들렀다. 그들은 이 도시들 역시 자신들과 같은 위협에 직면해 있다며, 아테나이군의 행위를 방관해서는 안 된다고 설득했다. 이후 코린토스에 도착한 사절단은 코린토스인에게 같은 동족이라는 점을 강조하며 도움을 요청했다. 이에 코린토스인은 시라 8 쿠사이인을 전폭적으로 지원하기로 의결했으며, 시라쿠사이 사절단이 라케다이몬으로 향할 때 자신들의 사절도 함께 보냈다. 이는 시라쿠사이 사절단과 함께 라케다이몬인을 설득하여, 헬라스 본토에서 아테나이와의 전쟁을 더욱 적극적으로 수행하고 시켈리아에도 원군을 파견

---

45 "티레니아 지방"은 현재의 토스카나를 중심으로 한 이탈리아 중부 서해안 지역이다. 에트루리아 문명의 중심지였던 이곳은 고대 헬렌인이 '티레니아인'이라 불렀던 에트루리아인의 고향이다. 이 지역 앞바다인 티레니아해는 이탈리아반도 서쪽인 시켈리아, 사르돈, 키르노스(코르시카) 사이의 바다를 가리킨다.

하도록 하기 위함이었다.

9   시라쿠사이와 코린토스의 연합 사절단이 라케다이몬에 도착했을 때, 그들은 알키비아데스와 그의 동료 망명자들을 마주쳤다. 알키비아데스는 투리오이에서 화물선을 타고 곧장 건너와, 먼저 엘리스 지방의 킬레네항으로 갔다가, 나중에 라케다이몬인의 초청을 받아 호위를 받으며 라케다이몬으로 온 터였다. 그는 과거 만티네이아 사건[46] 때문에 라케다이몬인을 두려워하고 있었기 때문이다.

10   라케다이몬인의 민회에서 코린토스인과 시라쿠사이인, 그리고 알키비아데스는 나란히 동일한 요청을 했다. 그러나 감독관을 비롯한 라케다이몬의 당국자들은 시라쿠사이가 아테나이와 평화조약을 맺는 것을 막기 위해 사절단을 파견할 생각은 있었지만, 적극적으로 원군을 파병하고 싶어 하지는 않았다. 그러자 알키비아데스는 라케다이몬인의 결의를 일깨우고 격려하기 위해 앞으로 나와 다음과 같이 말했다.

1   **89** "우선, 나에 대한 중상모략에 대해 해명부터 하는 것이 좋을 듯합니다. 공적 사안에 대해 말할 때, 여러분이 내 말을 의심하거나 왜곡
2   하여 듣지 않도록 하기 위함입니다. 나의 선조들은 어떤 고소 사건으로 인해 아테나이에 있던 라케다이몬 현지 영사직을 사임해야 했습니다. 그러나 나는 다시 그 직책을 맡았고, 특히 필로스 사건을 비롯한 여러 일에서 여러분의 이익을 위해 힘썼습니다. 나는 지속적으로 여러분을 위해 노력했지만, 아테나이인과 평화조약을 맺을 당시 여러분이 나의 정적들을 통해 협상을 진행한 결과, 그들은 영향력이 커지고 나는 불명예를 뒤집어쓰게 되었습니다.

---

46 "만티네이아 사건"은 펠로폰네소스 동맹에 속해 있던 만티네이아가 아테나이와 동맹을 맺고 아르카디아에서 영향력을 확대하려 한 데서 비롯되었다. 라케다이몬은 이를 도전으로 간주했고, 기원전 418년 아르고스가 주도한 반라케다이몬 동맹군과 라케다이몬 동맹군 사이에 전투가 벌어졌다. 이 전투에서 라케다이몬이 승리하면서, 만티네이아는 다시 펠로폰네소스 동맹에 복귀했다. 전투 내용은 제5권 각주 23을 보라.

그 후 나는 아르고스와 만티네이아 편에 서서 여러분과 대립하게 되 3
었고, 그 과정에서 여러분이 피해를 입었다 해도 나로서는 불가피한 일
이었습니다. 그러므로 그 시기에 누군가 내게 분노를 품었다 하더라도,
이제는 사실을 직시하고 생각을 바꿔주기를 바랍니다. 또한 내가 대중
의 편에 섰다고 해서 나를 나쁘게 생각하는 사람이 있다면, 그런 이유
로 나를 비난하는 것이 과연 온당한지 돌아보아야 합니다.

우리 가문은 언제나 참주들과 대립해왔고, 권력에 맞서는 모든 세력 4
은 대중의 편으로 여겨졌습니다. 그래서 우리 가문은 대대로 대중의 지
도자 역할을 해왔습니다. 게다가 우리 가문은 민주정 국가에서 살아왔
기 때문에 대세를 따를 수밖에 없었습니다. 민주정 국가에는 다소 방종 5
의 요소가 있으나, 우리 가문은 정치적으로 항상 절제된 태도를 견지해
왔습니다. 그러나 예나 지금이나 대중을 나쁜 길로 인도하는 자들이 있
으니, 나를 추방한 자들이 바로 그런 자들입니다.

하지만 우리 가문은 국가 전체의 지도자로서, 국가가 가장 위대하고 6
자유로웠던 정부 형태, 즉 선조들로부터 물려받은 정치체제를 유지하
는 데 모두가 협력하는 것이 마땅하다고 생각했습니다. 조금이라도 지
혜로운 사람이라면 민주정이 무엇을 의미하는지 알고 있으며, 나 또한
그러하기에 누구보다 민주정을 비판할 수 있습니다. 민주정이 불합리
한 정치체제라는 것은 누구나 동의하는 바이기 때문에, 이에 대해 새삼
보탤 말은 없습니다. 다만 적인 여러분이 가까이 있는 상황에서 체제를
바꾸는 것은 국가 안전을 위태롭게 할 것이라 판단했습니다.

90 개인에 대한 해명은 이 정도로 마치고, 이제부터는 여러분이 심 1
의하고 있는 공적인 문제에 대해 말하겠습니다. 이 사안에 대해 나는
누구보다 잘 알고 있습니다. 아테나이군이 시켈리아로 출정한 목적은, 2
첫째, 가능하다면 시켈리아인을 정복하는 것, 둘째, 그들에 이어 이탈리
아의 헬렌인 이주민을 제압하는 것, 셋째, 카르케돈 제국과 그 중심지를
정찰하는 것이었습니다.

3   이러한 목적이 모두 또는 대부분 성공한다면, 아테나이군은 펠로폰네소스를 공격할 계획이었습니다. 이를 통해 다수의 헬레네인 이주민 군대를 추가로 확보할 수 있을 뿐만 아니라, 이베리아인과 현지의 이민족들 가운데 가장 훌륭한 전사로 인정받는 부족들을 포함해 다수의 이민족 용병을 충원할 수 있게 될 테니 말입니다. 더욱이 이탈리아에서 생산되는 풍부한 목재로 더 많은 삼단노선을 건조할 수 있고, 그렇게 증강된 함대로 펠로폰네소스반도의 해안을 포위하며, 동시에 보병을 동원하여 여러분의 도시들을 공격할 계획이었습니다. 일부는 공성전으로, 일부는 방벽을 쌓고 포위해 함락시켰을 것입니다. 그렇게 하면 여러분을 쉽게 제압하고, 나아가 헬라스 전체를 제패할 수 있다고 생각

4   했습니다. 군자금과 군량은 헬라스에서 거둬들이는 세수에 의존하지 않더라도, 새로 정복한 영토에서 충분히 조달할 수 있으리라 예상했습니다.

1   **91** 여러분은 지금 아테나이인의 시켈리아 원정 목적을 가장 정확히 알고 있는 사람의 증언을 들었습니다. 현재 시켈리아에 주둔 중인 아테나이 장군들은 기회가 주어진다면 이러한 계획을 실행에 옮기려 할 것입니다. 따라서 여러분이 돕지 않으면 시켈리아는 아테나이의 공세를 견디기 어렵습니다.

2   시켈리아인은 전쟁 경험이 부족해 미숙하기는 해도 단결한다면 충분히 승리를 거둘 수 있습니다. 그러나 이미 모든 병력을 동원하고도 패하고, 해상 봉쇄까지 당하고 있는 시라쿠사이만으로는 지금의 위협

3   을 감당할 수 없습니다. 만약 시라쿠사이가 함락된다면, 시켈리아의 다른 도시들도 차례로 무너지고, 이탈리아마저 곧 그렇게 될 테지요. 그리고 내가 경고한 위험이 머지않아 여러분에게도 닥칠 것입니다.

4   따라서 이 문제를 시켈리아만의 문제라고 여겨서는 안 됩니다. 여러분이 신속하게 조치를 취하지 않는다면, 머지않아 이 위기는 펠로폰네소스 전체로 확산될 것입니다. 그러므로 여러분은 직접 노를 저어 도착

즉시 전투에 임할 수 있는 중무장보병 군대를 시켈리아로 보내십시오. 그리고 스파르테인 사령관을 파견하여 기존의 병력을 체계적으로 정비하고, 병역을 기피하는 자들에게는 의무를 다하도록 압박해야 합니다. 나는 이 일이 군대 파병보다 더 중요하다고 생각합니다. 그렇게 하면 기존의 우방들은 더욱 용기를 얻고, 망설이던 자들도 두려움을 떨치고 여러분의 편에 서게 될 것입니다.

아울러 여러분은 헬라스 본토에서도 보다 공개적으로 전쟁을 수행 5 해야 합니다. 그래야 시라쿠사이인은 여러분이 그들을 더욱 중시하고 있다고 여겨 더욱 굳건히 버틸 것이며, 아테나이인은 시켈리아에 증원군을 보내는 데 제약을 받게 될 것입니다.

또한 아티케 지방의 데켈레이아[47]를 요새화해야 합니다. 이는 아테 6 나이인이 언제나 가장 두려워하는 일로, 이번 전쟁에서 그들에게 전례 없는 위협이 될 수 있습니다. 적을 무너뜨리는 가장 확실한 방법은, 그들이 가장 두려워하는 급소를 정확히 파악하여 직접 공격하는 것입니다. 적이 자신의 약점을 정확히 알고 있을수록 두려움은 더욱 커지기 때문입니다.

데켈레이아를 요새화할 경우, 여러분이 얻게 될 이점과 아테나이인 7 이 잃게 될 것에 관해 요점만 간추려 말하겠습니다. 여러분은 그 지역의 재산 가운데 일부는 직접 약탈하고, 일부는 자연스럽게 수중에 넣게 될 것입니다. 아테나이인은 라우레이온산의 은광에서 나오는 세금 수입과 현재의 영토 및 법정에서 발생하는 수익을 즉시 상실할 것입니

---

47 "데켈레이아"는 아테나이 북쪽 23킬로미터 지점, 보이오티아와의 접경지대에 위치한 도시였다. 라케다이몬이 이곳을 점령·요새화하면 아테나이의 주요 육로가 차단되고, 라우레이온 은광 수송로가 끊어지며, 노예 탈출도 증가한다. 또한 라케다이몬 군의 상시 주둔으로 아테나이는 지속적으로 방어 태세를 유지해야 하므로 군사 자원이 크게 소모된다. 실제로 기원전 413년 라케다이몬의 왕 아기스가 데켈레이아를 점령·주둔하면서 아테나이는 심각한 곤경에 처했다.

다. 무엇보다 동맹국들로부터 받는 공물이 크게 감소할 것입니다. 여러분이 전력을 다해 전쟁을 재개했다고 판단한 동맹국들이 더 이상 아테나이인을 두려워하지 않게 될 테니 말입니다.

92 라케다이몬인들이여, 이러한 조치를 얼마나 신속하고 적극적으로 실행할지는 전적으로 여러분에게 달려 있습니다! 나는 이 방안들이 실현 가능하다고 확신하며, 판단이 잘못되었다고 생각하지 않습니다.

한때 애국자였던 내가 철천지원수들과 합세하여 조국을 적극적으로 공격한다고 해서 부디 나를 가볍게 여기지 말아주십시오. 또한 조국에서 추방된 자의 복수심으로 이러한 말을 한다고 의심하지 말아주십시오. 내가 망명한 이유는 여러분이 내 제안을 받아들일 경우 여러분을 돕기 위함이 아니라, 나를 추방한 자들의 사악함 때문입니다. 아테나이인의 진정한 원수는 여러분처럼 전장에서 그들과 맞서는 자들이 아니라, 아테나이의 친구들마저 어쩔 수 없이 적의 편에 서도록 만드는 아테나이인들 자신입니다.

나의 애국심은 지금 내게 부당한 대우를 하는 아테나이가 아니라, 내가 안전하게 시민으로 살아가게 해주던 아테나이를 향한 것입니다. 내가 지금 공격하고 있는 나라는 더 이상 내 조국이 아닙니다. 아니, 나는 이제 존재하지 않는 내 조국을 되찾고자 합니다. 진정한 애국자는 조국에서 부당하게 쫓겨났으면서도 조국을 공격하기를 망설이는 사람이 아니라, 조국을 사랑하기에 모든 수단과 방법을 동원하여 조국을 되찾고자 하는 사람입니다.

그러므로 라케다이몬인들이여, 위험하거나 어려운 일에 주저하지 말고 나를 이용하십시오. 모두가 알고 있듯이 나는 한때 여러분의 적으로서 심각한 피해를 입힌 사람이기에 여러분의 친구가 되어서도 충분히 도움이 될 수 있습니다. 나는 아테나이의 상황을 잘 알고 있으며, 여러분의 사정도 대강 짐작하고 있기 때문입니다. 여러분은 지금 논의되는 문제가 여러분의 가장 중요한 이해관계와 직결된다는 점을 인식하고,

시켈리아와 아티케에 원정군을 파견하는 일을 주저하지 마십시오. 여러분이 군대의 일부만이라도 시켈리아에 주둔시킨다면, 그곳의 주요 도시들을 구할 수 있고, 아테나이의 현재와 미래의 힘을 꺾을 수 있습니다. 그렇게 되면 여러분은 안전하게 살 수 있으며, 헬라스 전체가 강요가 아니라 감사하는 마음에서 자발적으로 여러분을 따르게 될 것입니다."

93 알키비아데스는 그렇게 말했다. 라케다이몬인은 이전부터 아테나이를 공격할 생각을 품고 있었으나 여전히 주저하며 결단을 내리지 못하고 있었다. 그러나 아테나이의 사정을 누구보다 잘 아는 알키비아데스에게 직접 이야기를 듣고 나자, 그들은 한층 더 큰 용기를 얻었다.

라케다이몬인은 데켈레이아를 요새화하는 문제에 관심을 갖게 되었고, 시켈리아에 원군을 보내기로 결정했다. 그들은 클레안드리다스의 아들 길리포스를 시라쿠사이 원군의 사령관으로 임명하고, 시라쿠사이인 및 코린토스인과 의논하여 지금 상황에서 시켈리아로 원군을 파견할 수 있는 가장 효과적이고 신속한 방법을 찾도록 명령했다. 길리포스는 즉시 코린토스인에게 아시네로 함선 2척을 보내, 그들이 파견할 함선들을 정비하여 때가 되면 출발할 수 있도록 대비해달라고 요청했다. 시라쿠사이와 코린토스 사절단은 그렇게 하기로 합의하고 라케다이몬을 떠났다.

그 사이, 시켈리아에 주둔한 아테나이 장군들이 군자금과 기병대를 요청하기 위해 보낸 삼단노선이 아테나이에 도착했다. 아테나이인은 이 요청을 검토한 뒤 군량과 기병대를 보내기로 의결했다. 그렇게 겨울이 지나고, 투키디데스가 기록한 이 전쟁의 열일곱 번째 해[48]가 끝났다.

94 다음 해 봄이 되자, 아테나이이군은 카타네를 출발하여 해안을 따라 시켈리아의 메가라[49]로 항해했다. 앞서 언급했듯이 메가라인은 참

---

48 "이 전쟁의 열일곱 번째 해"는 기원전 415년이다.
49 여기서 "메가라"는 시켈리아섬 동해안에 있던 '메가라 히블라'를 가리킨다.

주 겔론이 다스리던 시절 시라쿠사이인에 의해 추방당했으며, 그들의
2 영토는 여전히 시라쿠사이가 차지하고 있었다. 아테나이군은 메가라에
상륙하여 그 땅을 약탈하고 시라쿠사이인의 요새를 공격했으나 함락
시키지 못했다. 이후 육로와 해로를 통해 테리아스강으로 이동한 그들
은 내륙으로 진군하여 그 땅을 초토화하고 곡식을 불태웠으며, 시라쿠
사이군 몇 명을 만나 사살한 뒤 승전비를 세우고 함선이 정박해 있는
곳으로 돌아갔다.

3 이후 아테나이군은 카타네로 돌아가 군량을 보급받은 후, 전군을 이
끌고 시켈로스인의 소도시 켄토리파[50]로 향했다. 그리고 그곳 주민들
의 항복을 받아내고 돌아오는 길에 이네사인과 히블라인 지역의 곡식
4 을 불태우며 지나갔다. 아테나이군이 카타네로 돌아왔을 때 아테나이
에서 파병된 기병대가 도착해 있었다. 기병 250명이 장비를 갖추고 와
있었으나 군마는 없었다. 군마는 시켈리아 현지에서 조달할 계획이었
다. 이와 함께 기마 궁수 30명과 은 300탈란톤도 도착했다.

1 **95** 그해 봄, 라케다이몬군은 아르고스를 향해 진격하여 클레오나이
까지 이르렀으나, 그곳에서 지진이 일어나 철수했다. 그 후 아르고스인
은 이웃한 티레아인의 영토로 쳐들어가 라케다이몬인의 재물을 대거
약탈했다. 이때 노획한 재물을 팔아 얻은 금액이 25탈란톤[51]을 넘었다.
2 그해 여름, 얼마 지나지 않아 테스피아이에서 대중이 정부를 전복하려
했으나 테바이의 개입으로 실패했다. 이에 연루된 일부 인사는 체포되
었고 일부는 아테나이로 망명했다.

1 **96** 그해 여름, 시라쿠사이인은 아테나이 기병대가 이미 도착했으며,

---

50 "켄토리파"는 시켈리아섬 중부 아이트나산 서쪽 내륙에 있던 도시다. "히블라"는 고
대 시켈로스인이 숭배한 다산의 여신 이름이며, 아이트나산 남서쪽에 위치한 동명의
도시는 이 여신 숭배의 중심지였다.
51 "25탈란톤"은 15만 드라크메에 해당하며, 이는 숙련 노동자가 약 410년간 일해야 벌
수 있는 막대한 금액이었다.

공격이 임박했다는 사실을 알게 되었다. 그들은 아테나이군이 도시 바로 위로 가파르게 솟아 있는 언덕 에피폴라이를 장악하지 못한다면, 설령 전투에서 승리한다 해도 도시를 봉쇄하기는 어려울 것이라 판단했다. 그래서 적군이 이곳을 몰래 오르지 못하도록 길목을 지키기로 결정했다. 에피폴라이로 오를 수 있는 다른 길은 없었다. 다른 경로들은 가 2 파른 데다 시내까지 비탈져 있어 시내에서 다 보였기 때문이다. 시라쿠사이인은 이 지역이 다른 곳보다 높이 위치한다는 뜻에서 '에피폴라이'라고 명명했다.

시라쿠사이인은 군대 전체를 아나포스 강변의 초지로 이동시켜 무 3 구를 검열받게 했다. 새롭게 장군으로 임명된 헤르모크라테스와 그의 동료들이 사령관직을 수락했기 때문이다. 장군들은 먼저 군사들의 무구를 점검했고, 중무장보병 중에서 600명의 정예병을 선발하여 안드로스 출신의 망명자 디오밀로스의 지휘 아래 배치했다. 이들은 에피폴라이 방어를 맡았으며, 위급 상황이 발생하면 즉시 출동할 수 있도록 준비를 갖추었다.

97 시라쿠사이군이 무기 검열을 받던 그날 새벽, 아테나이군 전체 1 는 카타네를 출발하여 시라쿠사이군의 눈을 피해 레온이라는 곳에 상륙했다. 이곳은 에피폴라이에서 6-7스타디온 정도 떨어진 지점이었다. 보병부대는 그곳에 상륙하고, 함대는 탑소스에 정박했다. 탑소스는 바다 쪽으로 돌출된 좁은 지협 끝의 반도로, 육로와 해로 모두 시라쿠사이에서 멀지 않았다.[52]

아테나이 해군은 지협을 가로질러 말뚝을 박아놓고 탑소스에 머물 2 렀다. 보병부대는 즉시 행군을 시작하여 에피폴라이에 접근했다. 시라

---

52 "레온"은 정확한 위치나 성격이 알려져 있지 않다. "6-7스타디온"은 약 1킬로미터에 해당한다. "탑소스"는 시라쿠사이 북쪽 약 10킬로미터 지점에 위치한 해안 도시로, 길이 약 1.5킬로미터, 너비 700미터 정도의 긴 타원형 반도에 자리 잡고 있었다. 이 반도는 폭 약 100미터의 지협으로 본토와 연결되어 있었다.

쿠사이군이 아테나이군의 움직임을 눈치챘지만, 검열받고 있던 초지에서 출동하기도 전에 아테나이군은 이미 에우리엘로스 요새[53]를 지나 3 언덕에 도착했다. 디오밀로스가 지휘하는 600명을 포함해 시라쿠사이군은 최대한 신속하게 출정했으나, 초지에서 25스타디온이나 행군한 4 후에야 적군과 마주할 수 있었다. 시라쿠사이군은 전투 대형을 제대로 갖추지 못한 채 교전하다가 에피폴라이 전투에서 패배했다. 그들은 성 안으로 퇴각했으며, 이 과정에서 디오밀로스를 포함해 300여 명이 전사했다.

5 　승리한 아테나이군은 승전비를 세우고, 전사자의 시신을 시라쿠사이군에 돌려주었다. 다음날 아테나이군은 성 앞으로 내려갔으나 시라쿠사이군이 싸우러 나오지 않자 철수했다. 이후 그들은 출정 시 장비와 군자금을 보관하기 위한 목적으로, 메가라 방향의 에피폴라이 절벽 끝에 있는 랍달론에 요새[54]를 세웠다.

1 　**98** 얼마 지나지 않아 에게스타에서 파병된 기병 300명과 시켈리아, 낙소스 등지에서 보낸 기병 100여 명이 아테나이군에 합류했다. 아테나이군은 이미 보유한 기병 250명이 있었기에(이 기병들이 탈 군마의 일부는 구매했고, 일부는 에게스타와 카타네에서 보내주었다), 이로써 아테나이군의 총 기병 규모는 650명에 이르렀다.

2 　아테나이군은 랍달론에 수비대를 남겨두고 시케로 이동하여 진을 치고 둥근 요새라 불리는 요새[55]를 신속하게 구축했다. 요새가 예상보다 빠르게 완성되자, 크게 놀란 시라쿠사이군은 출정하여 전투를 벌일

---

53 "에우리엘로스 요새"는 시라쿠사이의 주요 방어 거점 중 하나로, 에피폴라이 고원의 서쪽 고지대, 해발 약 120미터 지점에 위치해 있었다. 이곳에서 동쪽으로 이어진 에피폴라이 방벽의 총 길이는 25스타디온(약 4.6킬로미터)에 달했다.
54 "랍달론 요새"는 에우리엘로스 요새보다 동쪽, 시라쿠사이 도시에 더 가까운 지점에 위치했다.
55 "시케 요새"는 에우리엘로스 요새와 랍달론 요새 사이에 있었으며, 요새의 형태가 둥글어 '둥근 요새'라 불렸다.

지, 아니면 이를 무시할지를 놓고 고민했다. 결국 양측은 대치 상태에   3
들어갔다. 그러나 시라쿠사이 장군들은 병력이 흩어져 있어 전열을 제
대로 갖추지 못하는 것을 보고, 일부 기병만 남겨두고 군대를 성 안으
로 철수시켰다. 이 기병들은 그곳에 남아 아테나이군이 돌을 던지거나
주력 부대에서 멀리 벗어나지 못하게 방해했다. 이에 맞서 아테나이군   4
의 중무장보병 일부가 기병대 전체와 합세하여 시라쿠사이군 기병대
를 공격하여 격퇴했다. 이 전투에서 시라쿠사이군 기병 일부가 전사했
으며, 아테나이군은 기병전 승리를 기념해 또 하나의 승전비를 세웠다.

   99 다음날, 아테나이군은 둥근 요새 북쪽에 방벽을 쌓기 시작했다.   1
동시에 돌과 목재를 모아 트로길로스[56]를 향해 방벽을 이어갔다. 큰 항
구에서 맞은편 바다까지 봉쇄용 방벽을 쌓는 최단경로였기 때문이다.
시라쿠사이군은 장군들, 특히 헤르모크라테스의 조언에 따라 더 이상   2
아테나이군과 전면전을 벌이지 않기로 했다. 대신, 아테나이군이 방벽
을 쌓는 방향에 맞서 대응 방벽을 쌓기로 결정했다. 대응 방벽이 완성
되면 아테나이군의 진격을 막을 수 있고, 공사 도중 공격을 받아도 이
미 설치한 목책이 방어 역할을 할 것이며, 총공세가 시작되면 그들의
공사도 중단될 수밖에 없다고 판단했기 때문이다. 시라쿠사이군은 성   3
밖으로 나와 도시 성벽에서부터 아테나이군의 둥근 요새 아래에 이르
기까지, 아테나이군의 방벽과 직각을 이루는 대응 방벽을 쌓기 시작했
다. 그들은 테메니테스 성역의 올리브나무를 베어 군데군데 목탑을 세
웠다. 당시 아테나이 함대는 여전히 탑소스에 정박해 있어 큰 항구로   4
진입하지 않은 상태였다. 그 덕분에 해안 지대는 여전히 시라쿠사이인
이 지배하고 있었고, 아테나이군은 필요한 물자를 탑소스에서 육로로

---

56 "트로길로스"는 시라쿠사이에서 북쪽으로 약 10킬로미터 떨어진 좁고 움푹 들어간
해안 지대로, 큰 함대를 수용할 수 있는 천연 조건을 갖추고 있어 아테나이군의 전진
기지로 활용되었다.

운반해야 했다.

1   **100** 시라쿠사이군은 지금까지 구축한 목책과 대응 방벽으로 충분하다고 생각했다. 아테나이군은 이 작업을 방해하기 위해 공격에 나서지 않았다. 군대를 둘로 나누면 전투력이 약화될 우려가 있었고, 서둘러 방벽을 완공하고자 했기 때문이다. 이에 시라쿠사이군은 소수의 수비대만 남긴 채 성 안으로 철수했다. 한편 아테나이군은 시라쿠사이군에 물을 공급하는 수로를 파괴했다. 그리고 시라쿠사이 수비대 대부분이 한낮에 막사에서 쉬거나 일부가 성 안으로 돌아가는 것을 확인한 후, 목책을 지키는 경비가 허술해진 틈을 노려 기습을 준비했다. 중무장보병 중 300명의 정예병과 특수 부대를 선발하여 시라쿠사이군의 대응 방벽을 기습했다. 나머지 아테나이군은 둘로 나뉘어, 한 부대는 시라쿠사이의 증원군에 대비해 한 장군의 지휘 하에 도시 방향으로 이동했고, 다른 부대는 다른 장군과 함께 성문 옆의 목책으로 향했다.

2   아테나이군의 중무장보병 300명은 기습 공격으로 시라쿠사이 측의 목책을 점령했다. 이에 시라쿠사이 수비대는 목책을 포기하고, 테메니테스 성역을 에워싼 성벽 안으로 퇴각했다. 아테나이군은 그들을 바싹 추격하여 성벽 내부까지 진입했으나 시라쿠사이군의 반격으로 격퇴당했으며, 그 과정에서 몇몇 아르고스군 군사와 소수의 아테나이군 군사

3   가 전사했다. 이후 아테나이군 전체는 퇴각하면서 시라쿠사이군의 대응 방벽을 허물고 목책을 무너뜨렸으며, 추후에 사용하기 위해 말뚝을 수거했다. 또한 그들은 이 전투의 승리를 기념해 승전비를 세웠다.

1   **101** 다음날, 아테나이군은 둥근 요새를 기점으로 에피폴라이 고지에서 큰 항구를 마주볼 수 있는 늪지대 절벽 가장자리까지 방벽을 쌓았다. 방벽은 절벽 아래로 내려가 평지와 늪지를 가로질러 큰 항구까지

2   이어졌는데, 이 경로가 가장 짧았다. 이에 맞서 시라쿠사이군도 성 밖으로 나와 도시에서부터 늪지 한가운데를 가로지르는 목책을 설치하고 해자도 팠다. 이는 아테나이군이 해안까지 방벽을 쌓아 내려가지 못

하도록 저지하기 위한 조치였다.

아테나이군은 절벽까지 방벽이 완성되자 시라쿠사이군의 목책과 해 3
자를 공격했다. 이 방어 시설이 아테나이군의 방벽 확장을 막고 있었기
때문이다. 아테나이군은 탑소스에 정박해 있던 함대에 큰 항구로 진입
하라는 명령을 내리고, 이른 새벽에 에피폴라이에서 평지로 내려와 진
흙이 가장 단단한 곳에 문짝과 널빤지를 깔아 늪을 건넜다. 아침 무렵
에는 해자와 대부분의 목책을 장악했으며, 남은 목책도 얼마 지나지 않
아 점령했다. 이어진 전투에서 아테나이군이 승리했고, 시라쿠사이군 4
의 우익은 도시 쪽으로, 좌익은 강 쪽으로 퇴각했다. 아테나이군의 정
예병 300명은 강을 건너 도주하려는 시라쿠사이군을 차단하기 위해 서
둘러 다리 쪽으로 달려갔다.

겁에 질린 시라쿠사이군은 대부분의 기병을 동원해 아테나이군의 5
정예병 300명을 집중적으로 공격했다. 이 공격으로 정예병은 패주했
고, 시라쿠사이군은 곧바로 아테나이군의 우익을 향해 돌격했다. 갑작
스러운 공격에 우익의 선두 대열은 혼란에 빠졌다. 이 광경을 본 라마 6
코스는 좌익에서 약간의 궁수와 아르고스군을 이끌고 지원에 나섰다.
그는 해자를 건넜으나 함께한 군사 몇 명과 함께 고립되었고, 결국 군
사 대여섯 명과 함께 전사했다. 시라쿠사이군은 그의 시신을 수습해 강
건너 안전한 곳으로 옮겼으나 아테나이군이 다가오자 급히 퇴각했다.

102 처음에 도시 쪽으로 달아났던 시라쿠사이군은 이 광경을 보고 1
용기를 내어 다시 성에서 나와 아테나이군과 맞서 싸웠다. 동시에 일부
부대를 에피폴라이 위의 둥근 요새로 보냈는데, 지키는 병력이 없으면
그곳을 점령하기 위해서였다. 시라쿠사이군은 실제로 아테나이군이 쌓 2
은 바깥쪽 방벽 10플레트론[57]을 점령하여 파괴했다. 그러나 둥근 요새

---

57 "10플레트론"은 약 308미터에 해당한다. '플레트론'은 고대 헬라스에서 사용된 길이
단위다.

는 니키아스가 지켜냈다. 당시 병으로 인해 요새에 남아 있던 니키아스는 병력 부족으로 직접 요새를 방어할 수 없다고 판단하고, 군영의 시종들에게 성벽 앞에 있던 장비와 목재에 불을 지르도록 명령했다.

3   그의 판단은 적중했다. 시라쿠사이군은 불길 때문에 더 가까이 접근하지 못하고 후퇴했다. 그와 동시에 아래에 있던 아테나이군도 적군을 격퇴한 뒤 둥근 요새를 지원하러 올라왔고, 아테나이 함대는 군령에 따라 탑소스에서 큰 항구로 이동하고 있었다. 이를 본 언덕 위의 시라쿠사이군은 서둘러 퇴각했고, 시라쿠사이군 전체가 성 안으로 들어갔다.

4   현재의 병력만으로는 해안까지 이어지는 아테나이군의 방벽 건설을 막을 수 없다고 판단한 것이다.

1   **103** 그 후 아테나이군은 승전비를 세우고, 시라쿠사이인과 휴전조약을 맺은 뒤, 전사자의 시신을 돌려주었다. 라마코스와 그와 함께 전사한 이들의 시신도 수습해 장례를 치렀다. 이제 해군과 보병이 한곳에 집결한 아테나이군은 에피폴라이의 절벽 가장자리에서 시작해 해안까

2   지 이중 방벽을 쌓아 시라쿠사이를 봉쇄했다. 이 시점에 이탈리아 각지에서 아테나이군에 필요한 물자가 도착했다. 관망하던 다수의 시켈리아인들도 이제는 자진하여 아테나이 동맹군이 되었고, 티레니아에서도 오십노선 3척을 보내왔다. 아테나이군에 희망적인 소식이 이어졌다.

3   시라쿠사이인은 펠로폰네소스로부터도 도움을 받지 못하자, 더 이상 이 전쟁에서 승리할 수 없다고 판단하고, 내부 논의를 거쳐 라마코스 전사 후 남은 유일한 장군 니키아스와 항복 조건을 논의하기 시작

4   했다. 그러나 뚜렷한 결론은 나지 않았고, 불안한 상황 속에서 협상은 장기화되었으며, 도시 전역에서 격렬한 논쟁이 벌어졌다. 궁지에 몰린 그들은 서로를 의심하기 시작했다. 그들은 사태의 원인을 장군들의 무능이나 배신으로 돌리며, 기존의 장군들을 해임하고 헤라클레이데스, 에우클레스, 텔리아스를 새로운 장군으로 선출했다.

1   **104** 한편, 라케다이몬인 길리포스와 코린토스에서 파견한 함선들

은 가능한 한 신속하게 시켈리아를 돕고자 레우카스섬 부근에 와 있었다. 그곳에서 그들은 시라쿠사이가 이미 완전히 포위되었다는 거짓된 비보를 잇달아 접했다. 이에 길리포스는 시켈리아에 더 이상 희망이 없다고 보고, 이탈리아라도 구하기 위해 코린토스의 피텐과 함께 라케다이몬 함선 2척과 코린토스 함선 2척을 이끌고 타라스항을 행선지로 정한 후, 서둘러 이오니아해를 건넜다. 코린토스군은 자신들의 함선 10척에 레우카스 함선 2척, 암브라키아 함선 3척을 더해 선원들을 태우고 길리포스를 뒤따랐다.

길리포스는 타라스에서 먼저 투리오이인에게 사절을 보내 아버지 2 가 가지고 있던 그곳의 시민권을 갱신했지만, 그들의 지지는 얻지 못했다. 그는 다시 바다로 나가 이탈리아 해안을 따라 항해하기 시작했다. 그러나 세차게 불어오는 북풍에 떠밀려 먼 바다로 나가게 되었고, 악천후 속에서 표류하다가 결국 타라스로 되돌아와 심하게 파손된 함선들을 뭍으로 끌어 올려 수리했다. 니키아스는 길리포스가 오고 있다는 소 3 식을 들었지만, 그의 함선 수가 적다는 보고를 받고, 해적 수준의 위협으로 여겨 아무런 경계도 하지 않았다. 그 함대를 과소평가한 투리오이인과 똑같은 실수를 저지른 것이었다.

105 그해 여름 비슷한 시기에 라케다이몬군과 그 동맹군은 아르고 1 스로 쳐들어가 영토의 많은 부분을 약탈했다. 이에 아테나이군은 함선 30척을 이끌고 아르고스를 돕기 위해 출동했다. 이는 라케다이몬인과의 평화조약을 명백히 위반하는 행위였다. 이전에도 아테나이군은 필 2 로스를 거점으로 약탈 행위를 했고, 라코니케 지방이 아닌 펠로폰네소스의 다른 지역에 상륙하여 아르고스와 만티네이아의 동맹군으로 싸운 바 있었다. 아르고스인은 아테나이인에게 소규모의 군대를 파병해 라코니케 지방에 함께 상륙하여 최소한의 피해만 입히고 철수해달라고 여러 번 요청했으나, 그때마다 아테나이인은 이를 거절했다. 그러나 이번에는 피토도로스, 라이스포디아스, 데마라토스의 지휘 아래 에

피다우로스 리메라, 프라시아이를 비롯한 여러 곳에 상륙하여 영토를
3 약탈했다. 이로써 라케다이몬인은 정당한 방어 명분을 갖게 되었다. 그
후 아테나이 함대와 라케다이몬군이 아르고스를 떠나자, 아르고스인은
플레이우스인의 땅으로 쳐들어가 약탈을 벌이고, 일부 주민을 죽인 뒤
본국으로 돌아갔다.

제7권

아테나이의 몰락
(기원전 414-413년)

패배는 어떻게 완성되는가

I 　**1** 길리포스와 피텐은 타라스에서 함선을 수리한 후 해안을 따라 에피제피리오이 로크로이[1]로 항해했다. 그곳에서 그들은 시라쿠사이가 아직 완전히 봉쇄되지 않았으며, 군대가 에피폴라이를 지나 여전히 성 안으로 들어갈 수 있다는 사실을 더 분명히 알게 되었다. 이에 그들은 위험을 무릅쓰고 시켈리아의 동쪽 해안을 오른편에 두고 곧장 시라쿠사이로 갈지, 아니면 북쪽 해안을 따라 히메라로 가서 그곳과 인근 도시들을 설득해 군대를 모은 뒤 육로로 진군할지를 의논했다.

2 　그들은 히메라로 항해하기로 결정했다. 무엇보다도 그들이 로크로이에 있다는 정보를 입수한 니키아스가 해협을 지키도록 파견한 아테나이 함선 4척이 아직 레기온에 도착하지 않았기 때문이다. 이 틈을 타서 그들은 해협을 건너 레기온과 메세네에 잠시 들렀다가 히메라에 도착했다.

3 　그곳에 머무르는 동안 그들은 히메라인을 설득하여 원정에 참여하게 했을 뿐 아니라, 자신들이 데려온 무장하지 않은 선원들(히메라에서 함선을 육지로 끌어 올린 인원이었다)에게 무구를 지급하도록 했다. 또한 셀리누스인에게 사자를 보내 전군을 이끌고 지정된 장소에서 합류해 줄 것을 요청했다.

4 　겔라인과 일부 시켈로스인도 소규모 병력을 보내기로 약속했는데, 그들은 이제 더 적극적으로 참여할 준비가 되어 있었다. 그동안 그 지역에서 강력한 영향력을 행사하던 친아테나이 성향의

1　"에피제피리오이 로크로이"는 헬라스의 로크리스인이 이탈리아에 세운 식민시로, 그 주민들 또한 '로크리스인'이라 불렸다.

아르코니데스왕이 최근 사망하면서 라케다이몬 편에 서고자 하는 의지가 강해졌기 때문이다. 라케다이몬에서 온 길리포스의 적극적이고 열정적인 태도도 그들에게 영향을 미쳤다. 길리포스는 자신이 데려온 선원과 해군 중 무장한 700여 명, 히메라에서 보낸 중무장보병 및 경무장보병 1,000명과 기병 100명, 셀리누스에서 보낸 일부 경무장보병과 기병, 소수의 겔라인, 그리고 1,000여 명의 시켈로스인을 이끌고 시라쿠사이를 향해 진군했다.

2 한편 레우카스에 있던 코린토스 함대는 길리포스가 먼저 이끌고 간 함대를 지원하기 위해 전속력으로 항해했다. 코린토스 장군 중 한 명인 공길로스는 함선 1척을 이끌고 가장 늦게 출발했지만, 길리포스보다 약간 먼저 시라쿠사이에 도착했다. 공길로스는 시라쿠사이인이 전쟁 종결 여부를 논의하기 위해 민회를 열려 하는 것을 알고 이를 저지했다. 그는 더 많은 함선이 오고 있으며, 클레안드리다스의 아들 길리포스가 라케다이몬군의 사령관으로 파견되었다는 사실을 알리며 그들의 사기를 북돋웠다. 그러자 용기를 되찾은 시라쿠사이인은 길리포스가 가까이 왔다는 소식을 듣고 즉시 전군을 동원하여 그를 맞이하러 나갔다.

한편 길리포스는 도중에 이에타이[2]에서 시켈로스인의 요새를 함락시키고 전열을 정비한 뒤 에피폴라이에 도착했다. 그는 아테나이군이 처음 이용했던 에우리엘로스를 따라 올라가 시라쿠사이군과 합류하여 아테나이군의 요새를 향해 진격했다. 길리포스가 도착했을 때 아테나이군은 이미 큰 항구에 이르는 이중 방벽을 7-8스타디온 가량 완성하고, 해안까지 얼마 남지 않은 구간을 쌓아올리고 있었다. 둥근 요새에서 트로길로스로 이어지는 북쪽의 방벽 구간도 돌들이 놓여 있었다. 그

---

2 "이에타이"는 시라쿠사이에서 북쪽으로 약 30킬로미터 떨어진 산악 지대에 위치한 요새화된 도시로, 시켈리아섬의 원주민인 시카노스인이 건설한 것으로 전해진다.

중 일부는 완공되었고, 일부는 절반 정도 완공된 상태였다. 이렇게 시라쿠사이는 완전히 봉쇄될 위기에 처했다.

3 길리포스와 시라쿠사이군이 갑자기 출현하자 아테나이군은 처음에 당황했지만 곧 전열을 정비했다. 길리포스는 접근을 멈추고 아테나이군에 전령을 보내, 자신들의 물품을 가지고 5일 안에 시켈리아를 떠난다면 무사히 보내주겠다고 제안했다. 아테나이군은 제안을 무시하고 아무런 답변도 하지 않은 채 전령을 돌려보냈다. 이후 양측은 전투 준비에 착수했다. 길리포스는 시라쿠사이군이 혼란에 빠져 제대로 전열을 갖추지 못하는 모습을 보고, 군대를 더 넓은 곳으로 이동시켰다. 니키아스는 적을 추격하지 않고 병력을 방벽 옆에 세워두었다. 길리포스는 아테나이군이 공격해오지 않는 것을 확인하고, 테메니테스 성역의 언덕으로 군대를 이동시켜 그곳에 진을 쳤다.

다음날 길리포스는 군대 대부분을 아테나이 방벽 맞은편에 배치하여, 다른 지역에서 아테나이 지원군이 투입될 수 없게 했다. 일부 병력은 아테나이군의 시야에서 벗어난 랍달론 요새로 보내 그곳을 점령하고 생포한 자들을 모두 처형했다. 같은 날 항구에서는 아테나이군의 삼단노선 1척이 시라쿠사이군의 공격을 받았다.

4 그 후 시라쿠사이군과 그 동맹군은 도시에서부터 에피폴라이를 가로질러, 적의 북쪽 방벽과 직각을 이루는 단일 방벽을 쌓기 시작했다. 이는 아테나이군이 도시를 봉쇄하는 방벽을 완공하지 못하게 하려는 목적이었다. 아테나이군은 이미 해안 쪽 방벽을 완공하고, 북쪽 방벽을 쌓기 위해 위로 올라와 있었다. 아테나이군의 북쪽 방벽이 취약하다는 점을 알고 있던 길리포스는 야간 기습을 감행했다. 아테나이군은 북쪽 방벽 외곽에서 숙영하고 있었기에 이를 감지하고 반격에 나섰다. 길리포스는 아테나이군이 맞서 오는 것을 알아차리고 신속히 군대를 철수시켰다. 이후 아테나이군은 북쪽 방벽의 취약 구간을 더 높이 쌓아 올린 후 지켰으며, 나머지 구간은 동맹군에게 할당하여 각자 맡은 구역

을 지키게 했다.

니키아스는 플레미리온[3]에 요새를 건설하는 것이 좋겠다고 판단했 4
다. 그곳은 시라쿠사이 맞은편에 위치한 곳으로, 큰 항구의 입구가 좁
아지는 지점이었다. 니키아스는 그곳을 요새화하면 물자를 들여오기가
더 용이하고, 아테나이군이 더 가까운 거리에서 시라쿠사이의 큰 항구
를 감시할 수 있으며, 시라쿠사이 해군의 동태가 포착될 때마다 지금처
럼 큰 항구의 깊숙한 곳에서 출동할 필요가 없어질 것이라 생각했다.
그는 이미 해전에 더 많은 주의를 기울이기 시작했는데, 길리포스가 도
착한 후로는 지상전에서 승산이 없다고 보았기 때문이다.

니키아스는 부대와 함대를 플레미리온으로 이동시켜 그곳에 3개의 5
요새를 구축했다. 대부분의 장비를 그곳으로 옮겨 보관했고, 큰 배와
빠른 배들도 이미 그곳에 정박해 있었다. 그러나 이때부터 아테나이 선 6
원들은 심각한 어려움을 겪기 시작했다. 물이 부족한데 인근에 수원지
가 없었고, 땔감을 구하러 나간 선원들이 그 지역을 장악한 시라쿠사이
기병대에 의해 살해되기도 했다. 시라쿠사이군은 아테나이군이 플레미
리온에서 약탈 행위를 하지 못하도록 기병대의 3분의 1을 올림피에이
온의 작은 도시에 주둔시켰다. 이 무렵 니키아스는 코린토스군의 나머 7
지 함선들이 다가오고 있다는 보고를 받고, 이를 차단하기 위해 함선
20척을 보내면서 로크리스, 레기온, 시켈리아로 들어오는 길목에 정박
해 있다가 적군의 함선들을 공격하라고 명령했다.

5 한편 길리포스는 아테나이군이 여기저기 배치해둔 돌들을 활용하 1
여 에피폴라이를 가로지르는 방벽을 구축했다. 또한 시라쿠사이군과
그 동맹군에게는 항상 방벽 전면에 전열을 갖추어 서 있게 했다. 그러
자 아테나이군도 전열을 정비하여 그들과 대치했다. 마침내 때가 왔다 2

---

3 "플레미리온"은 시라쿠사이 남쪽 큰 항구 입구에 돌출된 곳으로, 항구를 감시하기에
유리한 전략적 지점이었다.

고 판단한 길리포스는 공격을 개시했다. 두 방벽 사이에서 치열한 근접전이 벌어졌으나, 이 지형에서는 시라쿠사이의 기병대가 전혀 힘을 발휘할 수 없었다. 결국 시라쿠사이군과 그 동맹군은 패퇴하고 말았다.

3 시라쿠사이군은 휴전조약을 맺고 전사자의 시신을 되찾아갔으며, 아테나이군은 승전비를 세웠다. 길리포스는 군사들을 불러 모아 이번 패배는 그들의 잘못이 아니라 자신의 실수 때문이라고 말했다. 자신이 군대를 이끌고 적군의 요새화된 지역 깊숙이 진격한 탓에, 아군의 기병대와 투창병의 지원을 받지 못하게 된 것이 패인이었다고 설명했다. 그리고 곧 다시 공격을 할 것이라 밝히며, 병력 면에서 결코 적에게 뒤지지 않는데도, 펠로폰네소스인이자 도로스인인 자신들이 이온인과 섬 주민, 그 밖의 잡다한 민족을 물리치고 이 땅에서 쫓아낼 각오도 없이 정신적으로 밀려 패배한다면, 그것은 도저히 용납할 수 없는 일이라고 강조했다.

1 **6** 그 후 다시 기회가 찾아오자, 길리포스는 군대를 이끌고 출전했다. 니키아스와 아테나이군은 시라쿠사이군이 먼저 공격하지 않더라도 그들의 대응 방벽 구축을 묵과해서는 안 된다고 판단했다. 시라쿠사이군의 대응 방벽은 아테나이군이 쌓은 방벽 끝에 거의 이르렀고, 만약 이를 저지하지 못한다면 아테나이군이 연전연승하든 전혀 싸우지 않든 결과는 마찬가지일 것이었다. 이에 아테나이군은 시라쿠사이군을 향해 진격했다.

2 길리포스는 중무장보병을 지난번보다 방벽에서 더 멀리 이끌고 나가 싸우게 했고, 동시에 기병대와 투창병을 양쪽 방벽이 미완공 상태로
3 남아 있는 공터에 배치하여 아테나이군의 좌익을 공격하게 했다. 시라쿠사이 기병대가 맞은편의 아테나이군 좌익을 공격하여 패퇴시키자,
4 아테나이군 전체가 패하여 방벽 안으로 후퇴했다. 다음날 밤, 시라쿠사이군은 방벽을 계속 쌓아 아테나이군의 방벽 끝을 넘어서는 지점까지 성벽을 완공했다. 이로써 시라쿠사이군은 아테나이군의 포위망을 돌파

했으며, 그들을 무력화시켰다. 이제 아테나이군이 전투에서 승리한다 해도 시라쿠사이를 봉쇄할 수는 없게 되었다.

7 그 후 코린토스, 암브라키아, 레우카스에서 보낸 나머지 함선 12척 1 도 코린토스인 에라시니데스의 지휘 아래 아테나이군의 감시를 피해 큰 항구 안으로 들어왔다. 그들은 시라쿠사이군과 협력하여 대응 방벽 의 나머지 부분을 완공했다. 한편, 길리포스는 시켈리아의 다른 지역으 2 로 이동했다. 이는 해군과 육군을 모집하는 동시에, 지금까지 협력을 꺼리거나 전쟁에 참여하지 않았던 도시들을 우군으로 끌어들이기 위 함이었다. 또한, 시라쿠사이인과 코린토스인은 더 많은 병력을 확보하 3 기 위해 사절단을 라케다이몬과 코린토스로 파견했다. 이들은 화물선, 상선 등 어떤 수단을 써서라도 병력을 보내달라고 요청할 계획이었다. 이는 아테나이군도 본국에 증원군을 요청했기 때문이었다. 그 사이 전 4 력이 크게 증강한 시라쿠사이인은 해전도 감행할 계획으로 선원을 모 집하여 함선에 태우고 전투 훈련을 실시했다.

8 이 소식을 들은 니키아스는 적의 전력이 날로 강해지는 반면 아테 1 나이군은 점점 곤경에 빠지는 상황을 보고, 아테나이에 여러 차례 사자 를 보냈다. 이전에도 전황을 보고한 바 있지만, 이번에는 특히 더 상세 히 보고했다. 본국 정부가 이러한 위급한 상황에서 원정군을 철수시키 든지, 아니면 상당 규모의 증원군을 파견하든지 신속하게 대처하지 않 으면 모든 것이 파국으로 치닫게 될 것이라 판단했기 때문이다.

그러나 그는 사자들이 말을 제대로 전하지 못하거나 기억이 불완전 2 하거나, 아니면 대중의 환심을 사고자 하는 이유로 사실대로 보고하지 않을 것을 우려하여 서신을 썼다. 이는 아테나이인이 전달 과정에서 왜 곡됨 없이 자신의 견해를 정확히 파악하고 사실에 근거하여 숙의할 수 있도록 하기 위함이었다. 그가 보낸 사자들은 이 서신을 지참하고, 그 3 밖의 지시를 받은 후 길을 떠났다. 니키아스는 이제 위험한 공격을 피 하고 방어에 집중하는 방식으로 군영을 관리했다.

9 그해 여름이 끝나갈 무렵, 아테나이 장군 에우에티온이 페르디카스와 함께 다수의 트라케인 병력을 이끌고 암피폴리스로 원정을 나갔다. 그는 도시를 점령하지는 못했으나, 삼단노선들을 스트리몬강으로 이동시켜 히메라이온을 전진기지로 삼고 강 쪽에서 도시를 봉쇄했다. 이로써 여름이 끝났다.

10 겨울이 되자 니키아스가 보낸 사자들이 아테나이에 도착했다. 그들은 전달하도록 지시받은 내용을 구두로 전하고, 질문에 답변한 후 니키아스의 서신을 전달했다. 그러자 민회의 서기가 앞으로 나와 아테나이인들 앞에서 서신을 낭독했는데, 그 내용은 다음과 같았다.

11 "아테나이인들이여, 내가 이전에 보낸 많은 서신들을 통해 이곳에서 지금까지 일어난 사건들을 알 것입니다. 하지만 지금이야말로 여러분이 우리의 현재 상황을 직시하고, 그에 따른 조치를 취해야 할 때입니다. 여러분은 시라쿠사이인을 공격하도록 우리를 파견했고, 우리는 대부분의 전투에서 그들을 물리쳤으며, 현재 주둔지에서 요새를 구축했습니다. 그러나 이후 라케다이몬인 길리포스가 펠로폰네소스와 시켈리아의 일부 도시들에서 징집한 군대를 이끌고 이곳에 왔습니다. 첫 번째 전투에서는 우리가 승리했지만, 다음날 전투에서는 적군의 수많은 기병과 투창병에게 밀려 방벽 뒤로 후퇴할 수밖에 없었습니다.

현재 우리는 적의 수적 우세로 인해 도시를 봉쇄할 방벽 쌓는 일을 중단한 채 공격도 못하고 있습니다. 방벽을 지키는 데 상당수의 중무장 보병을 배치해야 해서 사실상 모든 병력을 전투에 투입할 수 없기 때문입니다. 그 사이 적군은 단일 방벽을 계속 구축하여 우리 방벽의 끝을 넘어서는 데 성공했습니다. 이제는 대규모 병력으로 적의 대응 방벽을 점령하지 않는 한, 도시 봉쇄는 더 이상 불가능합니다. 이전에는 우리가 적을 포위하고 공격했다면, 지금은 적어도 지상에서는 우리가 포위되어 공격당하는 상황이 되었습니다. 적군의 기병대에 가로막혀 멀리 움직이기도 어렵습니다.

12 게다가 적군은 증원군을 요청하기 위해 펠로폰네소스로 사절단 1
을 파견했고, 길리포스는 시켈리아의 여러 도시들을 순방 중입니다. 그
의 목적은 지금까지 중립을 지켜온 도시들을 설득하여 우군으로 끌어
들이는 한편, 최대한 많은 육군과 해군을 모집하는 것입니다. 내가 알 2
기로 적군은 우리의 요새를 보병으로 공격하는 동시에 바다에서도 해
전을 벌일 계획을 세우고 있습니다.

여러분의 귀에 '바다에서도'라는 표현이 생소하게 들리지 않기를 바 3
랍니다. 적군도 잘 알다시피, 우리 함대는 처음에는 최상의 상태였습니
다. 선체의 목재는 잘 말라 있었고 선원 또한 충분했습니다. 그러나 지
금은 사정이 다릅니다. 오랫동안 바다 위에 떠 있어 함선의 목재는 습
기를 머금었고, 선원도 점점 줄고 있습니다. 적의 함대가 수적으로 우 4
리와 대등하거나 우세한 상황에서, 우리는 언제 닥칠지 모를 공격에 대
비하느라 함선을 뭍으로 끌어올려 말릴 여유조차 없습니다. 반면 적군 5
은 언제든 공격할 태세를 갖추고 있으며, 전투 시점 또한 그들의 손에
달려 있습니다. 더욱이 그들은 우리와 달리 봉쇄당하지 않았기에 얼마
든지 함선을 뭍에 올려 정비할 수 있습니다.

13 우리에게 설령 여유분의 함선이 있다 해도, 지금처럼 모든 병력 1
을 봉쇄 작전에 투입하고 있는 상황에서는 함선을 뭍으로 끌어내 건조
할 틈조차 없습니다. 현재도 시라쿠사이를 지나 보급품을 들여오기가
무척 어려운 상황인데, 감시를 조금이라도 소홀히 한다면 보급품 조달
이 불가능해질 것입니다.

우리의 선원 수가 감소하고 있으며, 지금도 계속 감소하는 이유는 2
땔감이나 노획물, 물을 구하기 위해 멀리 나갔다가 적군의 기병에게 목
숨을 잃는 일이 빈번하기 때문입니다. 적군의 전력이 우리와 대등해지
자 우리의 비전투원이 도망치고 있으며, 마지못해 승선했던 외국인들
도 기회가 닿는 대로 본국으로 탈출하고 있습니다. 처음에는 높은 보수
에 이끌려 참전했던 자들 또한, 예상과 달리 적군이 완강히 저항할 뿐

만 아니라 바다에서도 맞서는 모습을 보자 탈영하거나 이런저런 방법으로 떠나고 있습니다. 시켈리아는 워낙 넓어 빠져나가기도 그리 어렵지 않습니다. 또한 삼단노선 함장들의 묵인 아래, 히카라에서 노예를 사서 대신 승선시키고, 자신은 장사를 하는 자들도 있습니다. 이 모든 일로 해군의 기강이 해이해지고 있습니다.

14 선원으로 활동할 수 있는 전성기는 잠시뿐이어서, 함선을 제대로 출발시키고 일정한 박자로 계속 노를 저을 수 있는 선원이 소수라는 사실은 굳이 언급하지 않더라도 잘 알고 있을 것입니다. 내가 가장 좌절감을 느끼는 것은, 아테나이인은 다루기 어려운 사람들이어서 설령 그들이 선원이 된다 해도 장군인 내가 앞서 말한 폐해를 막을 수 없을 뿐만 아니라, 다른 곳에서 선원을 충원할 수도 없다는 점입니다. 적군은 여러 지역에서 선원을 모집할 수 있지만, 우리는 처음 아테나이에서 데려온 인력밖에 없어 함선 운항이나 결원 보충에도 그들만을 써야 합니다. 현재 이곳에서 동맹국인 낙소스와 카타네는 우리를 지원할 능력이 없기 때문입니다.

만약 적군에게 유리한 조건이 하나라도 더 생긴다면, 이를테면 우리에게 보급품을 판매하는 이탈리아의 일부 지역이 우리의 곤경을 보고도, 아테나이에서 증원군이 오지 않는다는 사실에 낙담하여 적군 편으로 넘어간다면, 우리는 포위되어 공격당하다 항복할 수밖에 없습니다. 그렇게 되면, 시라쿠사이인은 더 싸우지 않고도 전쟁에서 승리하게 될 것입니다.

여러분에게 듣기 좋은 보고를 올릴 수도 있겠지만, 지금은 이곳 상황을 정확히 알고 결정을 내려야 할 때이므로 그런 보고는 도움이 되지 않을 것입니다. 여러분은 반가운 소식을 듣기 좋아하지만, 나중에 기대와 다른 결과가 나오면 보고자를 탓하는 경향이 있음을 알기에, 사실을 있는 그대로 보고하는 것이 더 안전하다고 생각했습니다.

15 우리 원정군의 원래 목적과 관련해 여러분은 군대와 장군들에게

는 아무런 잘못이 없었다고 생각해도 됩니다. 그러나 지금 시켈리아 전체가 단결하여 우리에게 대항하고 펠로폰네소스에서는 증원군이 파견될 것으로 예상되는 상황에서, 이곳 시켈리아에 주둔 중인 우리 병력이 충분하지 않다는 점을 고려해 이제 결정을 내려야 합니다. 우리를 본국으로 소환하든지, 아니면 지난번과 같은 규모의 해군과 보병, 충분한 군자금은 물론이고 나의 후임자도 함께 보내주십시오. 나는 신장병이 생겨 더 이상 이곳에 머물 수 없습니다.

나는 건강했을 때 여러 차례 장군직을 수행하며 여러분을 위해 많은 공을 세웠던 사람입니다. 그러니 나의 이러한 요청을 양해해주기 바랍니다. 어떤 결정을 내리든 봄이 되자마자 즉시 실행해주십시오. 적군은 곧 시켈리아에서 증원군을 받게 될 것입니다. 펠로폰네소스 증원군은 도착하는 데 시간이 더 걸리겠지만, 여러분이 방심한다면 시켈리아의 증원군은 우리가 대비하기도 전에 눈앞에 나타날 것이며, 펠로폰네소스 증원군은 지난번처럼 들키지 않고 우리 곁을 지나가게 될 것입니다." 2

16 이것이 니키아스가 보낸 서신의 내용이었다. 아테나이인은 이 1 서신을 접하고 니키아스를 장군직에서 해임하지 않고, 새로 선출된 다른 장군들이 그와 합류하기 전까지 시켈리아에 주둔 중인 부하들 중 메난드로스와 에우리데모스를 추가로 장군에 임명하여 그를 보좌하게 했다. 이는 병약한 그가 과도한 부담 없이 지휘를 이어가도록 배려한 조치였다. 또한 아테나이인은 징집 명부에 따라 시민 중에서 군사들을 모집하고, 동맹군에서도 병력을 차출하여 해군과 보병을 함께 보내기로 의결했다. 그들은 알키스테네스의 아들 데모스테네스와 투클레스의 2 아들 에우리메돈을 니키아스의 동료 장군으로 선출했고, 즉시 절기상 동지 즈음에 은 100탈란톤을 실은 함선 10척과 함께 에우리메돈을 시켈리아로 보냈다. 이는 현지의 아테나이군에게 증원군이 가고 있으며, 본국에서 여전히 그들을 지원하고 있다는 것을 전하기 위함이었다.

17 데모스테네스는 본국에 남아 봄이 되자마자 증원군이 출정할 1

수 있도록 준비를 서둘렀다. 동맹국들에게 군대를 요청하는 한편, 아테
2 나이에서는 군자금과 함선, 중무장보병을 확보하는 데 집중했다. 또한
아테나이인은 코린토스나 펠로폰네소스 일대에서 시켈리아로 병력이
건너가지 못하도록 함선 20척을 보내 펠로폰네소스 해안을 감시하게
했다.

3 　코린토스에서는 시켈리아에 파견했던 사절단이 돌아와 그곳의 상황
이 개선되었다고 전하자, 첫 번째 함대를 적절한 시기에 보냈다는 확신
을 얻고, 이번에는 중무장보병을 화물선에 태워 시켈리아로 보낼 준비
를 했다. 마찬가지로 라케다이몬인도 펠로폰네소스 여러 지역에서 차
4 출한 중무장보병을 보낼 준비를 마쳤다. 또한 코린토스인은 나우팍토
스에 주둔하고 있는 아테나이 함대를 도발하기 위해 함선 25척에 선원
을 태우고 출항했다. 이는 나우팍토스의 아테나이군이 코린토스군의
삼단노선을 감시하느라 원래 목적인 화물선이 시켈리아로 항해하는
것을 방해하지 못하게 하려는 전략이었다.

1 　**18** 라케다이몬인도 아티케 지방을 침공할 준비를 시작했다. 이는
이미 결정된 사항이었을 뿐만 아니라, 아테나이인이 시켈리아로 증원
군을 파견한다는 소식을 들은 시라쿠사이인과 코린토스인이 이를 저
지하기 위한 공격을 해달라고 요청했기 때문이다. 알키비아데스도 라
케다이몬인에게 데켈레이아를 요새화하고 전쟁을 적극적으로 수행하
라고 끈질기게 조언했다.

2 　그러나 라케다이몬인이 이러한 계획을 힘 있게 추진할 수 있었던 주
된 이유는, 아테나이인이 라케다이몬인과 시켈리아인을 상대로 두 전
선에서 전쟁을 수행하고 있었기 때문이다. 그래서 이번에는 아테나이
를 쉽게 제압할 수 있으리라 여겼고, 아테나이가 먼저 평화조약을 위반
했다고 생각했다. 라케다이몬인은 이전의 전쟁에서는 자신들에게도 잘
못이 있다고 여겼다. 테바이인이 평화조약 기간 중에 플라타이아이로
침공했고, 라케다이몬인도 중재 요청이 있을 때 무력에 의존해서는 안

된다는 평화조약의 명시적 조항에도 불구하고 아테나이인의 중재 요청을 거부했기 때문이다. 이로 인해 자신들이 겪은 불행을 그에 대한 벌이라 해석했고, 필로스와 그 밖의 지역에서 일어난 재앙도 같은 관점에서 심각하게 받아들였다.

그러나 이번에는 상황이 달랐다. 아테나이군이 아르고스에서 함선 3 30척을 이끌고 와서 에피다우로스와 프라시아 일부 및 다른 지역을 약탈했다. 또 필로스를 거점으로 약탈 행위를 일삼았고, 평화조약 해석을 놓고 의견이 엇갈릴 때마다 라케다이몬인은 중재를 요청했으나 아테나이인은 이를 거절했다. 라케다이몬인은 자신들이 이전에 범한 것과 동일한 과오를 지금은 아테나이인이 저지르고 있다고 보고 전쟁에 열의를 갖게 되었다.

그리하여 라케다이몬인은 그해 겨울에 사방의 동맹국들에게 무쇠를 4 제공해달라고 요청했고, 요새 구축에 필요한 장비를 구비했다. 아울러 증원군을 화물선에 태워 시켈리아로 보내기 위해 자체적으로 준비하고, 펠로폰네소스의 여러 도시들도 동참하도록 압박했다. 이로써 겨울이 지나고, 투키디데스가 기록한 이 전쟁의 열여덟 번째 해[4]가 저물었다.

19 다음 해 봄이 되자 즉시 라케다이몬과 그 동맹군은 아르키다모스 1 의 아들이자 라케다이몬 왕인 아기스의 지휘 아래 아티케 지방을 침공했다. 그들은 먼저 평야 지대를 약탈한 후, 국가별로 분담하여 데켈레이아를 요새화하기 시작했다. 데켈레이아는 아테나이에서 120스타디온[5] 2 정도 떨어져 있었고, 보이오티아 지방과의 거리는 비슷하거나 약간 멀었다. 이 요새는 아테나이의 평야와 주요 영토를 위협할 목적으로 구축되었으며, 이곳에서는 아테나이 시가지도 조망할 수 있었다.

펠로폰네소스군과 그 동맹군이 아티케에서 요새를 구축하는 동안, 3

---

4 "이 전쟁의 열여덟 번째 해"는 기원전 414년을 가리킨다.
5 "120스타디온"은 약 22킬로미터다.

본국에서는 거의 같은 시기에 중무장보병 부대를 화물선에 태워 시켈리아로 보냈다. 라케다이몬인은 국가 노예들과 해방된 노예들 중에서 가장 우수한 인력을 선발하여 총 600명의 중무장보병을 보내면서 스파르테인 에크리토스에게 지휘를 맡겼다. 보이오티아인은 300명의 중무장보병을 보내면서 테바이 출신인 크세논과 니콘, 테스피아이 출신인 헤게산드로스에게 지휘를 맡겼다.

4   그들은 가장 먼저 라코니케 지방의 타이나론곶에서 출발하여 먼 바다로 나갔다. 그 후 얼마 지나지 않아 코린토스인이 중무장보병 500명을 보냈다. 그중 일부는 코린토스인이었고, 일부는 아르카디아 출신 용병들이었으며, 코린토스인 알렉사르코스가 지휘관으로 임명되었다. 시키온인도 코린토스인과 같은 시기에 시키온인 사르게우스의 지휘 아래 중무장보병 200명을 보냈다.

5   한편, 겨울 내내 선원을 충원한 코린토스 함선 25척은 이들 중무장보병이 화물선을 타고 무사히 펠로폰네소스를 떠날 때까지 나우팍토스에 주둔한 아테나이군의 함선 20척 맞은편에 포진해 있었다. 이들 함선은 아테나이군이 화물선보다 이 삼단노선에 주의를 기울이게 하려는 의도로 배치되었다.

1   **20** 그런 일들이 진행되고 데켈레이아가 요새화되는 동안, 아테나이인은 초봄에 아폴로도로스의 아들 카리클레스의 지휘 아래 함선 30척을 증원군으로 파견했다. 이들은 펠로폰네소스 해안을 따라 항해하다가 아르고스에 들러 동맹조약에 따라 중무장보병을 요청하여 함선에

2   태우고 가라는 지시를 받았다. 아테나이인은 계획대로 데모스테네스도 시켈리아에 보냈다. 그의 함대는 아테나이 함선 60척, 키오스 함선 5척, 징집 명부에서 선발한 아테나이인 중무장보병 1,200명, 그리고 각 섬에서 최대한 차출한 주민들로 구성되었다. 데모스테네스는 그 밖의 속국들에서도 전쟁에 도움이 될 만한 것이면 무엇이든 징발했다. 그는 특히 카리클레스의 함대와 합류하여 라코니케 지방의 해안을 공격하

라는 지시를 받았다. 이에 그는 아이기나섬으로 항해하여, 자신이 지휘 3
할 나머지 병력이 도착하고 카리클레스가 아르고스에서 중무장보병을
태우고 오기를 기다렸다.

　21 한편 시켈리아에서는 그해 봄 같은 시기에 길리포스가 여러 도 1
시를 설득하여 최대한 많은 군사를 모집한 뒤, 시라쿠사이로 돌아왔다.
그는 시라쿠사이인을 소집하여 가능한 한 많은 함선에 선원을 충원하 2
고 해전에 나서야 한다고 주장했다. 해전이 전쟁 결과에 중대한 영향을
끼칠 것이므로 위험을 감수할 가치가 있음을 역설했다.

　그러자 헤르모크라테스가 강력하게 지지하며, 바다에서 아테나이군 3
과 맞서는 것을 두려워할 필요가 없다고 말했다. 그는 아테나이인의 해
상 경험은 타고난 것도 영구적인 것도 아니며, 원래는 시라쿠사이인보
다 더한 육지 사람들이었으나 메디아인의 침공으로 어쩔 수 없이 바다
로 나서게 된 것이라고 설명했다. 또한 대담한 아테나이인에게 대담함
으로 맞서는 것이 가장 효과적이며, 아테나이인 역시 군사적으로 우위
에 있지 않을 때에도 과감한 공격으로 상대를 두렵게 만들었다고 덧붙
였다. 이제 시라쿠사이인이 이 방식을 그들에게 적용할 차례라고 강조
했다. 시라쿠사이인이 대담하게 아테나이 함대에 예상치 못한 공격을 4
가한다면, 그러한 기습 효과만으로도 아테나이 해군의 숙련도가 시라
쿠사이군의 미숙한 경험에 끼칠 수 있는 피해를 상쇄하고도 남을 것이
라는 주장이었다. 따라서 해전을 주저해서는 안 된다고 역설했다.

　이렇게 길리포스와 헤르모크라테스의 설득에 힘입어 시라쿠사이인 5
은 바다에서도 전투를 벌이기로 결심하고, 함선에 선원을 충원했다.

　22 함대의 출정 준비가 완료되자, 길리포스는 플레미리온의 아테나 1
이 요새들을 육상에서 공격하기 위해 밤중에 모든 보병부대를 이끌고
출발했다. 시라쿠사이군의 삼단노선들도 사전에 약속된 신호에 따라
출항했다. 35척은 큰 항구에서 직접 나아갔고, 45척은 큰 항구 내의 함
선들과 합류하여 플레미리온을 공격하기 위해 조선소가 있던 '작은 항

구'에서 우회하여 나왔다. 이는 아테나이군을 육지와 바다 양면에서 공격하여 혼란에 빠뜨리기 위한 전략이었다.

2 　아테나이군도 함선 60척에 신속하게 선원을 태웠다. 그중 25척은 큰 항구에서 출동한 시라쿠사이군의 함선 35척과 교전하게 했고, 나머지는 조선소에서 우회해 오는 함선들을 상대하도록 보냈다. 이어서 큰 항구 입구에서 해전이 벌어졌는데, 한쪽은 억지로 밀고 들어가려 하고, 다른 쪽은 이를 저지하려는 가운데 오랫동안 팽팽한 대치가 이어졌다.

1 　**23** 플레미리온의 아테나이군이 해안으로 내려가 해전을 지켜보는 동안, 길리포스는 그 틈을 타서 새벽에 요새를 기습했다. 그는 먼저 가장 큰 요새를 점령한 후, 이어서 더 작은 요새 두 곳도 점령했다. 이는 가장 큰 요새가 쉽게 점령당하는 모습을 보고 다른 두 요새의 수비대가 저항하지 않았기 때문이다.

2 　먼저 함락된 요새의 수비대 군사들 중 화물선이나 각종 소형 선박이 정박한 곳으로 도망친 자들은 간신히 본진에 도착할 수 있었다. 큰 항구에서 벌어진 해전에서 우세를 점하고 있던 시라쿠사이군이 빠른 삼단노선 1척을 보내 그들을 추격했기 때문이다. 그러나 다른 두 요새가 함락되었을 무렵에는 시라쿠사이군이 이미 해전에서 밀리고 있어, 그곳의 수비대는 좀 더 쉽게 도망칠 수 있었다.

3 　한편 시라쿠사이군의 함선들은 큰 항구 입구를 돌파해 그 안으로 들어오기는 했지만, 대열을 유지하지 못하고 서로 뒤엉켜 혼란에 빠지면서 결국 아테나이군에게 승리를 내주게 되었다. 이로 인해 아테나이군은 이 함선들뿐만 아니라, 앞서 큰 항구에서 우세하던 다른 시라쿠사이

4 군의 함선들까지 격퇴할 수 있었다. 아테나이군은 시라쿠사이군의 함선 11척을 침몰시키고, 나포한 함선 3척을 제외한 나머지 선원을 모두 사살했다. 아테나이군은 시라쿠사이군의 난파된 함선들을 뭍으로 끌어올리고, 플레미리온 앞의 작은 섬에 승전비를 세운 뒤, 자신들의 군영으로 돌아갔다.

24 비록 해전에서는 승리하지 못했지만, 시라쿠사이군은 플레미리 ₁
온의 세 요새를 점령한 후 세 개의 승전비를 세웠다. 나중에 점령한 두
요새 중 한 곳은 허물고, 나머지 두 요새는 수리하여 수비대를 주둔시
켰다. 이 요새들이 함락될 때 아테나이군도 많은 인명 손실을 입었고, ₂
포로도 발생했다. 창고로 사용하던 요새에 보관해둔 상인들의 물품과
곡식, 삼단노선 함장들의 소유물까지 모두 적의 손에 넘어갔다. 실제로
해안에 끌어 올려둔 삼단노선 3척 외에도, 그곳에 보관되어 있던 삼단
노선 40척 분량의 돛과 장비들이 모두 탈취되었다.

플레미리온의 함락은 아테나이군의 사기가 꺾이는 결정적인 계기가 ₃
되었다. 시라쿠사이군은 아테나이군의 보급품을 도중에 가로채기 위해
항구 입구에 함선을 배치했고, 이제 보급품을 들여오려면 반드시 전투
를 벌여야 하는 상황이 되었다. 아테나이군은 두려움과 낙담에 빠졌다.

25 그 후 시라쿠사이는 시라쿠사이인 아가타르코스의 지휘 아래 함 ₁
선 12척을 파견했다. 그중 사절단을 태운 함선 1척은 펠로폰네소스로
향했다. 이 사절단은 시라쿠사이의 전황이 희망적이라는 소식을 전하
고, 펠로폰네소스인들이 헬라스에서 전쟁을 더욱 적극적으로 수행해줄
것을 촉구할 계획이었다. 나머지 11척은 이탈리아로 항해했는데, 아테
나이군의 보급품을 가득 실은 함선들이 오고 있다는 보고를 받았기 때
문이다. 시라쿠사이 함대는 이 함선들을 습격하여 대부분 파괴한 후 카 ₂
울로니아⁶로 가서 아테나이군을 위해 준비되어 있던 선박용 목재를 불
태웠다. 그 후 로크로이로 가서 정박해 있을 때, 화물선 1척이 펠로폰 ₃
네소스에서 테스피아이의 중무장보병들을 태우고 도착했다. 시라쿠사 ₄
이군은 이 병력을 자신들의 함선에 태우고 해안을 따라 본국으로 항해

---

6 "카울로니아"는 기원전 7세기경 크로톤인이 건설한 식민시로, 로크리스에서는 북쪽
으로 해안을 따라 70-80킬로미터, 크로톤에서는 남쪽으로 약 100킬로미터 떨어진 지
점에 있었다. 크로톤은 기원전 710년경 아카이아인이 세운 도시다.

했다. 아테나이군은 함선 20척을 이끌고 메가라 앞바다에서 그들이 나타나기를 기다렸지만, 적군의 함선 중 1척만 선원과 함께 나포했을 뿐, 나머지 함선들이 시라쿠사이로 도주하는 것을 막지 못했다.

5   또한 작은 항구 안에서도 양측의 함선들 사이에 작은 충돌이 벌어졌다. 시라쿠사이군이 옛 조선소 앞바다에 말뚝을 설치해, 자신들의 함선은 뒤에서 안전하게 닻을 내릴 수 있도록 하고, 아테나이 함선은 다가

6 와 충각으로 들이받지 못하게 했기 때문이다. 이에 아테나이군은 목탑과 방호벽을 갖춘 적재량 1만 탈란톤[7]의 화물선 1척을 조선소 맞은편에 배치하고, 소형 선박들을 동원해 말뚝을 밧줄로 묶고 뽑거나 꺾거나 잠수하여 톱으로 자르기 시작했다. 시라쿠사이군이 조선소에서 화살과 투창을 퍼부었지만, 대형 화물선에 탑승한 아테나이군은 반격하며 대부분의 말뚝을 제거했다.

7   그러나 가장 큰 난점은 숨은 말뚝이었다. 수면 아래 깊이 박힌 말뚝은 눈에 보이지 않아, 그쪽으로 접근하는 배가 좌초되기 쉬웠다. 이러한 말뚝조차 품삯을 받은 잠수부가 물속으로 내려가 톱으로 절단했다.

8 그러자 시라쿠사이군은 다시 말뚝을 박았다. 양측은 가까이서 대치하고 있을 때 예상할 수 있듯이 서로 모든 전술을 동원했다. 그리하여 작은 충돌이 이어지며 갖가지 방법이 시도되었다.

9   시라쿠사이인은 코린토스인, 암브라키아인, 라케다이몬인을 여러 나라에 사절단으로 보내 플레미리온 점령 소식을 전하며, 해전에서의 패배는 적군이 우세해서가 아니라 자신들의 대열이 흐트러졌기 때문이라고 설명했다. 사절단은 전세가 대체로 낙관적이라고 보고하며, 적군에 맞설 해군과 보병의 증원을 요청했다. 또한 아테나이에서 곧 증원군이 도착할 예정이므로, 그전에 시라쿠사이에 주둔한 적군을 궤멸시

---

7 "1만 탈란톤"은 약 260톤에 해당하는 무게로, 이를 실을 수 있는 배는 길이 30-40미터, 너비 7-10미터 규모였으며, 고대에는 대형 선박으로 분류되었다.

키지 못하면 전쟁이 자신들의 패배로 끝날 것이라고 경고했다. 시켈리아의 전황은 그러했다.

26 데모스테네스는 시켈리아로 갈 증원군이 모두 집결하자 아이기나를 출발하여 펠로폰네소스로 항해했고, 그곳에서 카리클레스와 아테나이 함선 30척과 합류했다. 이후 그들은 아르고스군의 중무장보병을 함선에 태우고 라코니케 지방으로 항해했다. 그곳에서 그들은 먼저 에피다우로스 리메라의 일부를 약탈한 다음, 키테라섬 맞은편 아폴론 신전이 있는 라코니케의 한 지역에 상륙했다. 그들은 그곳의 일부를 약탈한 후 반도 형태의 지형에 요새를 구축했다. 이는 탈주해오는 라케다이몬의 국가 노예들에게 피난처를 제공하고, 약탈을 담당한 부대에게는 필로스와 같은 거점을 마련해주기 위함이었다.

데모스테네스는 카리클레스가 그곳을 점령하도록 지원한 후, 지체 없이 해안을 따라 케르키라로 항해했다. 그곳에서 동맹군을 함선에 태우고 가능한 한 신속히 시켈리아로 건너가기 위해서였다. 카리클레스는 요새가 완공될 때까지 남아 있다가 그곳을 지킬 수비대를 남겨두고 함선 30척을 이끌고 본국으로 돌아갔고, 아르고스군도 돌아갔다.

27 그해 여름, 단검으로 무장한 트라케의 디오이인[8]의 경방패병 1,300명이 아테나이에 도착했다. 원래 이 병력은 데모스테네스와 함께 시켈리아로 파견될 계획이었다. 그러나 너무 늦게 도착한 탓에 아테나이인은 그들을 다시 트라케로 돌려보내기로 결정했다. 1인당 1드라크메의 일당을 지급해야 했기에, 데켈레이아에 요새를 구축하고 주둔 중인 펠로폰네소스군의 공격을 방어하기 위해 그들을 유지하려면 비용이 너무 많이 든다고 판단했다.

그해 여름 초에는 펠로폰네소스 전군이 데켈레이아를 요새화했지

---

8 "디오이인"은 트라케 북부에 거주하던 부족으로, 그들의 역사나 문화에 대해서는 알려진 바가 거의 없다.

만, 나중에는 여러 국가에서 파견된 수비대가 교대로 그곳에 주둔하며 아테나이의 영토를 지속적으로 위협했다. 이로 인해 아테나이는 큰 피해를 입었고, 재산과 인명 손실은 아테나이의 국력이 기울게 된 주된 요인 중 하나가 되었다. 이전에는 침공 기간이 길지 않아 아테나이인은 나머지 기간에는 방해받지 않고 농지를 이용할 수 있었다. 그러나 이제는 적이 계속 점령한 채 때로는 병력을 추가로 투입하고, 때로는 기본 수비대만으로 보급품을 확보하기 위해 아테나이의 영토를 휩쓸며 약탈을 일삼았다. 특히 라케다이몬의 왕 아기스가 직접 전투에 참여하며 전력을 기울여 아테나이의 피해가 막대했다.

5   아테나이인은 모든 영토를 빼앗겼고, 2만 명 이상의 노예들이 탈주했는데, 이들 대부분은 숙련된 기술자였다. 양떼와 짐 나르는 가축들도 모두 잃었다. 또한 기병대가 데켈레이아를 공격하거나 지역을 순찰하기 위해 매일 출동한 탓에 험한 지형과 지속적인 과로, 적군에게 입은 부상으로 인해 대부분의 말들이 절뚝거리게 되었다.

1   **28** 에우보이아섬에서 생필품을 들여올 때 이전에는 오로포스에서 출발해 데켈레이아를 경유하는 짧은 육로를 이용했지만, 이제는 수니온곶[9]을 우회하는 해상로를 이용해야 했기에 물류비용이 크게 증가했다. 아테나이는 모든 물자를 외부에서 수입해야 했으므로 이제 도시라기보다는 요새에 가까웠다. 아테나이인은 낮에는 성벽 위에서 교대로 경계 근무를 섰고, 밤에는 기병대를 제외한 시민 전체가 일부는 성벽 위에서, 일부는 무장한 채 다른 곳에서 경계를 섰다. 여름이든 겨울이든 그러한 고된 생활을 감내해야 했다.

3   그러나 아테나이인을 가장 짓누르는 것은 두 전선에서 동시에 전쟁을 치러야 한다는 사실이었다. 그들은 어느 쪽도 포기하지 않고 끝까지

---

9 "수니온곶"은 아티케반도 최남단에 위치한 곳으로, 에우보이아 해협에서 사론만으로 들어오는 입구에 있었다.

버티고 있었으며, 이를 직접 보지 않고는 누구도 그런 일이 가능하리라 믿기 어려웠을 것이다. 한편으로는 펠로폰네소스인이 아테나이 본토에 구축한 요새로 인해 포위당하고 공격받는 상황에서도 시켈리아를 포기하지 않았고, 다른 한편으로는 그곳에서 자신들만큼이나 강력한 도시인 시라쿠사이를 포위 공격하면서 모든 헬렌인의 예상을 뛰어넘는 힘과 대담함을 보여주었다. 전쟁 초기에 헬렌인들은 펠로폰네소스인이 아티케를 침공하면, 아테나이인이 길어야 1년 또는 2년밖에 버티지 못할 것이라 예상했고, 3년을 넘길 것이라 믿은 사람은 없었다. 그러나 첫 침공이 시작된 지 17년째가 되는 해, 이미 전쟁으로 지칠 대로 지친 아테나이인은 오히려 시켈리아에서 펠로폰네소스인과의 전쟁만큼이나 규모가 큰 새로운 전쟁을 시작했다.

여기에 더해 데켈레이아까지 점령당하면서 막대한 피해가 발생했고 4 비용이 계속 증가하면서 아테나이의 재정은 피폐해졌다. 이에 따라 아테나이는 더 많은 수입을 확보하기 위해 속국들로부터 공물을 받는 대신, 해상 무역을 통해 거래되는 모든 물품에 20분의 1 관세를 부과하기로 결정했다. 전쟁이 확대되면서 지출은 훨씬 더 증가한 반면, 국가의 수입은 감소하고 있었기 때문이다.

29 아테나이인은 이러한 재정난을 이유로, 늦게 도착하여 데모스테 1 네스와 동행할 수 없게 된 트라케 용병들을 즉시 돌려보내기로 결정했다. 그들은 디에이트레페스에게 이들을 데려다주도록 명령했고, 도중에 에우리포스 해협[10]을 통과해야 했기에 해안을 따라 항해하면서 적에게 가능한 한 많은 피해를 입히라고 지시했다. 디에이트레페스는 먼 2 저 트라케 병력을 타나그라 영토에 상륙시켜 신속히 약탈하게 한 후, 저녁이 되자 에우보이아섬의 칼키스를 지나 에우리포스 해협을 따라

---

10 "에우리포스 해협"은 헬라스 본토와 에우보이아섬 사이의 좁은 해협으로, 남북으로 약 80킬로미터에 걸쳐 뻗어 있다.

항해했다. 이어서 보이오티아 지방에 상륙하여 그들을 미칼레소스[11]로
안내했다.

3   그리고 밤에는 미칼레소스에서 약 16스타디온 떨어진 헤르메스 신
전에서 은밀히 숙영한 후, 날이 밝자 이 소도시를 공격했다. 주민들은
해안에서 이토록 깊은 내륙까지 적이 침입하리라고는 전혀 예상하지
못했기에 결국 함락되고 말았다. 성벽도 허술해 곳곳이 무너져 있었고,
일부는 낮게 축조되어 있었다. 그마저도 그들은 자신들이 안전하다고
믿은 나머지 성문조차 열어둔 상태였다.

4   트라케 병력은 미칼레소스성 안으로 난입하자마자 민가와 신전을
약탈하고, 노소를 불문하고 주민들을 학살하기 시작했다. 아이든 여자
든 가차 없이 죽였으며, 짐 나르는 가축과 눈에 띄는 모든 생명체를 무
참히 도륙했다. 트라케인은 마음대로 행동할 수 있는 상황에서 그 어떤
5   이민족보다 살육을 일삼는 종족이었다. 도시는 극심한 혼란에 빠졌고,
곳곳에서 살육이 벌어졌다. 그들은 그 지역에서 가장 큰 학교를 습격하
여 교실에 막 들어온 아이들까지 모두 도륙했다. 그날 미칼레소스를 덮
친 재앙은 그 어떤 참사보다 예상치 못하고 끔찍한 것이었다.

1   **30** 테바이인이 이 소식을 듣고 곧 구하러 달려와, 이미 멀리 떠난
트라케인을 따라잡아 약탈물을 되찾았다. 또한 이들을 태우고 온 함선
이 정박해 있던 에우리포스 해협의 해안으로 겁에 질려 도망치는 트라
2   케인들을 추격했다. 트라케인 중 사망자들은 대부분 함선에 승선하려
다 죽었다. 함선에 있던 자들이 육지의 상황을 보고 화살이 날아오지
못할 거리로 함선을 이동시켰는데, 트라케 군사들은 수영을 할 줄 몰랐
기 때문이다. 그러나 대다수의 트라케인은 테바이 기병대가 공격해오

---

11 "미칼레소스"는 타나그라에서 북동쪽으로 약 13킬로미터, 에우리포스 해협에서는
   내륙으로 약 7킬로미터 떨어진 지점에 있었으며, 이 두 도시는 모두 보이오티아 연
   맹에 가입된 도시국가였다.

면 앞으로 달려나가 대응한 후 기회를 보아 밀집대형을 이루며 후퇴하는 특유의 전술을 구사했다. 그 덕분에 후퇴하는 과정에서는 전사자가 많이 발생하지 않았다. 그러나 일부는 약탈을 위해 성 안에 남아 있다가 체포되어 처형당했다. 이 전투에서 트라케인은 1,300명 중 총 250명이 전사했다.

테바이인과 그 밖의 동맹군으로 구성된 구원군도 손실을 피하지 못했 3 다. 테바이의 보이오티아 연맹 지휘관 스키르폰다스를 포함해 약 20명의 기병과 중무장보병이 전사했다. 미칼레소스는 인구의 상당수를 잃었다. 도시의 규모를 고려했을 때, 이 사건은 전체 전쟁을 통틀어 가장 비통한 참사였다.

31 그때 데모스테네스는 라코니케 지방에 요새를 구축한 후 케르키 1 라로 항해하던 중, 엘리스 지방의 페이아항 앞바다에 정박해 있는 화물선 1척을 발견했다. 이 배는 코린토스군의 중무장보병을 시켈리아로 운송하려던 선박이었다. 그는 이 화물선을 파괴했으나, 승선해 있던 사람들은 도주하여 후에 다른 배를 타고 바다를 건넜다. 이후 데모스테네 2 스는 자킨토스섬과 케팔레니아섬을 방문하여 중무장보병을 모집했고, 사절을 보내 나우팍토스의 메세니아인을 불러들였다. 그런 다음 섬 맞은편 본토에 위치한 아카르나니아 지방으로 이동하여 당시 아테나이의 지배를 받고 있던 알리제이아와 아낙토리온[12]으로 향했다.

그곳에 머무는 동안 데모스테네스는 지난 겨울 아테나이군을 위한 3 군자금을 가지고 시켈리아로 파견되었다가 본국으로 돌아가던 에우리메돈을 만났다. 에우리메돈은 여러 소식과 함께 자신이 출항한 이후 플레미리온이 시라쿠사이군에 점령되었다는 소식을 전했다. 이어서 나 4

---

12 "알리제이아"는 케르키라섬과 레우카스섬 사이에 있는 주요 정박지였다. "아낙토리온"은 레우카스섬 맞은편, 암브라키아만 입구에 위치한 전략적 요충지로, 기원전 7세기경 코린토스인이 건설한 식민시였다. 기원전 425년에 아테나이 장군 데모스테네스가 점령한 뒤에는 아카르나니아인이 통치했다.

우팍토스에 주둔한 아테나이군 사령관 코논이 찾아와 코린토스 함선 25척이 나우팍토스 맞은편에 포진한 채 도발하며 해전을 준비하고 있다고 보고하면서, 자신이 지휘하는 함선 18척으로는 상대하기 어렵다고 말했다.

5   이에 데모스테네스와 에우리메돈은 자신들의 함선 중 가장 빠른 10척을 나우팍토스의 아테나이 함대에 합류시키기 위해 코논과 함께 보냈다. 그들은 군대를 집결시킬 준비를 했다. 에우리메돈은 케르키라로 가서 케르키라인에게 함선 15척에 선원을 승선시킬 것을 요청하고 중무장보병을 모집했다. 그는 장군으로 처음 선출될 때부터 데모스테네스와 함께 시켈리아 증원군을 지휘하기로 되어 있었으며, 바로 이때 그 임무를 수행하게 된 것이다. 한편 데모스테네스는 아카르나니아 지방에서 투석병과 투창병을 모집했다.

1   **32** 이 무렵, 플레미리온이 함락된 후 여러 도시로 파견되었던 시라쿠사이 사절단은 각지에서 모집한 군대를 이끌고 돌아가려 했다. 그러나 니키아스가 이를 미리 파악하고, 시켈로스인 중 그들의 이동 경로를 장악하고 있던 도시와 동맹군, 즉 켄토리파와 알리키아이[13] 등의 도시에 사절을 보내 적의 통과를 막아달라고 요청했다. 아크라가스가 자신들의 영토를 통과하도록 허용하지 않기로 한 이상, 적이 다른 경로로 이동할 가능성은 없었기 때문이다.

2   그리하여 시켈리아 병력이 행군하는 동안, 시켈로스인은 아테나이 군의 요청대로 매복해 있다가 기습하여, 시켈리아인 800여 명과 코린토스인 1명을 제외한 사절단 전원을 죽였다. 살아남은 코린토스인은 약 1,500명의 생존자를 시라쿠사이로 인도했다.

1   **33** 이 무렵 카마리나인이 시라쿠사이를 지원하기 위해 보낸 증원군

---

13 "알리키아이"는 시켈리아섬 서부의 에게스타와 셀리누스 사이에 위치한 도시로, 시켈리아의 원주민 엘리모스인이 세운 것으로 전해진다.

이 도착했는데, 중무장보병이 500명, 투창병과 궁수가 각각 300명이었 다. 겔라인도 함선 5척과 투창병 400명, 기병 200명을 보냈다. 이때는 2 시켈리아 전체가 이미 시라쿠사이 편에 서서 아테나이에 대항하고 있 었고, 오직 아크라가스만이 여전히 중립을 지키고 있었다.

시켈로스인의 땅을 지나면서 기습 공격으로 큰 피해를 입은 후, 시 3 라쿠사이군은 아테나이군에 대한 직접적인 공격을 중단했다. 한편, 데 모스테네스와 에우리메돈은 케르키라와 본토에서 진행하던 병력 모집 을 마치고, 전군을 이끌고 이오니아해를 건너 이아피기아곶으로 향했 다. 그들은 그곳을 출발하여 이아피기아 지방의 코이라데스라는 섬들 4 에 도착했고, 현지의 메사피아인으로 구성된 약 150명의 투창병을 승 선시켰다. 그리고 이 병력을 제공한 현지 통치자 아르타스와 기존의 친 선 관계를 갱신하고, 이탈리아의 메타폰티온[14]에 도착했다. 메타폰티온 5 에서는 동맹조약에 따라 투창병 300명과 삼단노선 2척을 원정군에 파 견해줄 것을 설득하여 합류시킨 후, 해안을 따라 투리오이로 항해했다. 그곳에서는 최근에 내란이 일어나 반아테나이파가 추방된 상태였다. 그들은 그곳에서 전군을 모아놓고 혹시 빠진 자가 없는지 점검한 뒤, 6 투리오이인에게 아테나이 원정군을 적극적으로 지원해줄 것을 요청했 다. 아울러 이를 계기로 아테나이와 투리오이가 공수동맹을 맺자고 설 득하며, 일정 기간 머물며 이를 추진했다.

34 이 무렵 시켈리아로 향하는 화물선들을 보호하기 위해 함선 25척 1 에 나누어 타고 나우팍토스의 아테나이군 함대 맞은편에 포진해 있던

---

14 "이아피기아곶"은 헬라스에서 이탈리아로 항해할 때 가장 먼저 만나는 지점으로, 이 탈리아 본토에서 가장 동쪽에 위치해 있다. 이 곳은 서쪽의 타라스만 입구와도 인접 해 있다. "코이라데스"는 타라스만 근처에 있던 두 섬으로, 만의 입구를 방어하는 역할 을 했다. "메사피아인"은 이 곳이 있는 반도에 거주하던 부족으로, 이 지역은 '이아피 기아'(이아픽스의 땅) 또는 '메사피아'(두 바다 사이의 땅)로 불렸다. "메타폰티온"은 타라스만 북쪽 해안 동쪽에 위치한 도시로, 기원전 7세기 후반 펠로폰네소스 출신 아카이아인이 건설했으며, 이후 피타고라스 학파의 중심지 중 하나가 되었다.

펠로폰네소스인은 해전 준비를 서둘렀다. 그들은 아테나이 해군과 함선 수를 맞추기 위해 몇 척의 함선에 선원을 추가로 태우고, 아카이아

2 지방의 리페스 영토인 에리네오스항[15] 앞바다로 정박지를 옮겼다. 그들이 정박한 만은 초승달 모양을 이루고 있어, 코린토스에서 파견된 보병대와 그 지역의 동맹군은 돌출된 양쪽 곶에 포진하고 함대는 그 사이에 위치하여 입구를 봉쇄했다. 해군의 지휘는 코린토스인 폴리안테스가 맡았다.

3 아테나이군은 디필로스가 지휘하는 함선 33척을 타고 나우팍토스
4 에서 출동했다. 처음에 코린토스군은 움직이지 않다가 적절한 때가 되었다고 판단되자, 깃발을 올려 공격 신호를 보내고 아테나이군을 향해
5 돌진했다. 양측은 오랫동안 팽팽하게 맞섰다. 코린토스군은 함선 3척이 파괴되었고, 아테나이군은 침몰된 배는 없었으나 7척이 운항 불능 상태가 되었다. 뱃머리 양쪽의 귀 모양 돌출부를 강화한 코린토스군의 함선이 아테나이군 함선의 뱃머리를 들이받아 노를 거는 횡목들이 부러졌기 때문이다.

6 해전이 끝난 후 양측 모두 승리를 주장했지만, 실제로 아테나이군은 바람에 밀려 떠내려온 난파선을 차지했고, 코린토스군은 더 이상의 공격을 포기했다. 양측은 서로 추격하지 않고 갈라섰으며, 포로도 발생하지 않았다. 코린토스군과 펠로폰네소스군은 연안 근처에서 교전했기에 선원을 쉽게 구조할 수 있었고, 아테나이군도 침몰된 배가 없었기 때문이다.

7 아테나이군이 나우팍토스로 회항하자, 코린토스군은 즉시 승전비를 세웠다. 그들은 더 많은 적의 함선을 운항 불능으로 만들었으니 자신들

---

15 "리페스"는 아카이아 지방의 코린토스만 연안 도시로, 파트라이에서 동쪽으로 약 30-40킬로미터 떨어져 있었다. "나우팍토스"는 그 맞은편, 코린토스만 건너편에 위치한 도시로, 파트라이에서 북동쪽으로 약 20킬로미터 거리였다. "에리네오스항"은 리페스와 파트라이 일대의 주요 해상 관문이었다.

이 승리했다고 주장했고, 적군이 승리를 내세우지 않는 것을 자신들이 패배하지 않았다는 증거로 여겼다. 사실 코린토스군은 크게 패하지 않은 것을 승리로 받아들였고, 아테나이군은 크게 승리하지 않은 것을 패배로 간주했던 것이다. 그러나 펠로폰네소스 함대가 떠나고 보병 부대 ₃ 도 해산하자, 아테나이군은 코린토스군의 정박지였던 에리네오스에서 20스타디온 떨어진 아카이아 땅에 승전비를 세우며 자신들이 승리했다고 주장했다. 해전은 그렇게 끝났다.

35 데모스테네스와 에우리메돈은 투리오이인이 중무장보병 700명 ₁ 과 투창병 300명을 이끌고 원정군에 합류하자, 함대에는 크로톤의 해안을 따라 항해하라고 명령하고 자신들은 먼저 시바리스 강변에서 보병 전체를 사열한 뒤, 그들을 이끌고 투리오이인의 영토를 통과했다. 그들이 힐리아스강에 도착했을 때, 크로톤인이 사자를 보내 군대가 자 ₂ 신들의 영토를 통과하는 것을 허용할 수 없다는 의사를 전했다. 이에 아테나이군은 해안으로 내려가 힐리아스강 하구 근처에서 야영한 후, 그곳에서 함대와 합류했다. 다음날 그들은 함선에 승선하여 레기온의 영토인 페트라¹⁶에 도착할 때까지 로크로이를 제외한 모든 도시에 기항하며 해안을 따라 항해했다.

36 한편 시라쿠사이군은 아테나이의 증원군이 오고 있다는 소식을 ₁ 듣고, 그들이 도착하기 전에 먼저 공격하기로 결정했다. 이를 위해 집결시켜두었던 다른 보병 부대와 함선을 다시 동원했다. 시라쿠사이군 ₂ 은 지난 해전의 경험을 바탕으로 함선을 자신들에게 유리하게 개조했다. 뱃머리를 톱으로 짧게 잘라 더 단단하게 만들었고, 양쪽 귀 모양의 돌출부도 강화했으며, 그 돌출부로부터 함선의 양측면에 안팎으로 약

---

16 "시바리스강"은 투리오이 북서쪽 5-10킬로미터 지점에, "힐리아스강"은 남동쪽 15-20킬로미터 지점에 위치해 있었다. 레기온 영토 내 "페트라"에 대해서는 알려진 바가 없다.

6페키스[17] 길이의 지지대를 덧댔다. 이는 코린토스군이 나우팍토스에서 아테나이군과 해전을 벌이기 전에 함선의 뱃머리를 개조한 방식과 동일했다.

3   시라쿠사이군은 이러한 개조를 통해 아테나이군보다 전술적 우위에 설 수 있다고 보았다. 아테나이 함선은 적 함선의 뱃머리를 정면으로 들이받기보다는 기동력을 살려 측면을 공격하는 전술을 사용했기에, 시라쿠사이 함선과는 다른 구조로 설계되어 뱃머리가 얇았다. 또한, 시라쿠사이군은 좁은 공간에 다수의 배가 북적대는 큰 항구에서의 해전이 자신들에게 유리하다고 판단했다. 정면 충돌 시 견고하고 두꺼운 충각으로 아테나이 함선의 얇고 취약한 뱃머리를 분쇄할 수 있기 때문이

4   었다. 반면, 아테나이군은 좁은 만 안에서 그들이 가장 자신했던 '대열 돌파 후 회전 공격' 전술을 펼칠 수 없을 터였다. 시라쿠사이군은 적군의 대열 돌파를 저지하는 데 총력을 기울일 것이고, 협소한 공간에서는 회전 기동 자체가 봉쇄될 것이었다.

5   그래서 시라쿠사이군은 과거에는 키잡이의 실수로 여겨졌던 '정면
6 충돌'이 오히려 가장 효과적인 전략이라 판단하여 활용하기로 했다. 아테나이군은 밀리면 후퇴할 곳이 육지 외에는 없을 것이며, 그마저도 자신들의 군영이 있는 좁은 해안가뿐이었다. 큰 항구의 나머지 지역은 시라쿠사이군이 장악하고 있어, 아테나이 함선들은 압박을 받으면 모두 좁은 공간으로 몰리며 서로 부딪히고 혼란에 빠질 것이었다(실제로 지금까지 모든 해전에서, 아테나이군은 시라쿠사이군과는 달리 큰 항구 어느 곳으로도 후퇴할 수 없다는 점이 가장 불리했다). 시라쿠사이군은 먼 바다에서 자유로이 들어올 수 있고 언제든지 다시 후퇴할 수 있었지만, 아테나이군은 그럴 수 없었다. 플레미리온이 이미 적지가 되었고, 큰 항구의 입

---

17 "페키스"는 팔꿈치에서 중지까지를 기준으로 한 길이 단위로, "6페키스"는 약 264–276센티미터다.

구도 그리 넓지 않았기 때문이다.

37 시라쿠사이군은 자신들의 지식과 능력에 맞춰 이러한 계획을 세 1
웠다. 지난번 해전으로 더 큰 자신감을 얻은 그들은 아테나이군을 함대
와 보병으로 동시에 공격하고자 했다. 길리포스는 함대보다 약간 앞서 2
성 안에 주둔하고 있던 보병 부대를 이끌고, 시라쿠사이 맞은편에 위치
한 아테나이군의 방벽으로 접근했다. 동시에 올림피에이온에 주둔하고
있던 시라쿠사이군의 중무장보병과 기병, 경무장보병은 다른 방향에서
방벽을 공격했다. 곧이어 시라쿠사이군과 그 동맹군의 함선들이 출정
했다.

아테나이군은 처음에 적군이 육상에서만 공격해오는 것으로 알다 3
가, 갑자기 해상에서 적의 함선들도 접근하자 당황했다. 아테나이군 일
부는 적군의 공격을 막기 위해 방벽 위와 방벽 앞에서 대열을 갖추었
고, 일부는 올림피에이온과 도시 외곽에서 빠르게 다가오는 수많은 기
병과 투창병을 저지하기 위해 달려 나갔다. 또 다른 일부는 함선에 오
르거나, 그들을 지원하기 위해 해안으로 내려갔다. 이날 아테나이군은
함선 75척으로 출동했고, 시라쿠사이군의 함선은 약 80척이었다.

38 양측은 일진일퇴를 거듭하며 서로의 힘을 시험하다가, 시라쿠사 1
이군이 아테나이 함선 1-2척을 침몰시킨 것 외에는 뚜렷한 성과 없이
서로 물러났다. 동시에 아테나이군의 방벽을 공격하던 시라쿠사이군의
보병 부대도 철수했다.

다음날, 시라쿠사이군은 아무런 움직임을 보이지 않았다. 그들의 속 2
셈이 분명치 않았지만, 니키아스는 전날의 해전이 무승부로 끝난 만큼
다시 공격해올 것으로 예상했다. 그는 삼단노선 함장들에게 손상된 함
선을 수리하라고 지시했다. 또한 폐쇄된 큰 항구 안에 정박해 있던 화
물선을 아테나이군이 자신들의 함선 보호용으로 해저에 설치한 목책
앞으로 이동시켜 정박하게 했다. 그는 화물선을 2플레트론[18] 간격으로 3
배치했다. 삼단노선이 전투 중 위기에 처했을 때, 이들 화물선 뒤로 퇴

각해 전열을 정비하고 다시 출동할 수 있도록 하기 위해서였다. 아테나이군은 밤이 될 때까지 온종일 이러한 준비에 매달렸다.

1　**39** 다음날, 시라쿠사이군은 전날보다 더 이른 시간에 동일한 작전
2　계획을 가지고 보병과 함선을 동원하여 아테나이군에게 접근했다. 이날도 양측 함대가 서로 대치하며 일진일퇴를 거듭하다가 하루의 대부분을 보냈다. 그러던 중 시라쿠사이 함대에서 가장 뛰어난 키잡이인 코린토스 출신의 피리코스의 아들 아리스톤이 해군 지휘관들을 설득했다. 그는 성 안의 관리들에게 사자를 보내, 시장을 즉시 해안으로 옮기고 먹을거리를 파는 상인들이 모두 해안으로 나와 장사하게 해줄 것을 요청했다. 그의 의도는 선원들이 배에서 내려 함선 근처에서 점심을 사먹고 휴식하게 한 뒤, 경계를 풀고 있을 아테나이군을 같은 날 기습하는 것이었다.

1　**40** 지휘관들은 그의 계획을 받아들여 성 안의 관리들에게 전령을 보냈고, 곧 해안에 시장이 열렸다. 시라쿠사이군은 갑자기 함선을 돌려
2　도시 쪽으로 돌아가더니, 함선에서 내려 해안가에서 식사를 했다. 아테나이군은 이를 시라쿠사이군이 패배를 인정한 것으로 간주했다. 천천히 함선에서 내린 그들은 그날 더 이상 해전은 없을 것이라 생각하고 식사 준비 등 일상적인 일을 하기 시작했다.

3　그러나 갑자기 시라쿠사이군이 다시 함선에 승선해 기습적으로 공격해왔다. 혼란에 빠진 아테나이군은 대부분 식사도 끝내지 못한 채 허
4　둥지둥 함선에 올라 가까스로 출정했다. 한동안 양측은 서로 거리를 유지하고 지켜보기만 했고 공격하지 않았다. 그러나 곧 아테나이군은 시간을 지체하면 군사들이 지쳐 불리해질 것이라 판단하여 가능한 한 신
5　속히 공격하기로 결정하고, 서로 격려하며 돌진하여 해전을 벌였다. 시라쿠사이군은 계획대로 뱃머리끼리 충돌하며 전투를 벌였다. 개조한

---

18 "2플레트론"은 약 61미터에 해당한다.

충각은 아테나이 함선의 노를 거는 횡목을 다수 파괴했고, 갑판 위의 투창병들도 아테나이군에게 큰 타격을 입혔다. 그러나 가장 치명적인 것은 작은 배를 이용한 기습이었다. 시라쿠사이군은 작은 배를 타고 적의 함선 사이를 누비며, 노 젓는 의자 밑으로 기어들어가거나 옆을 지나며 선원들에게 창을 던져 아테나이군에 막대한 피해를 입혔다.

41 시라쿠사이군은 이런 방식으로 전력을 다해 마침내 승리했고, 1 아테나이군은 화물선 사이를 지나 자신들의 정박지로 달아났다. 시라 2 쿠사이 함선들은 화물선들이 있는 곳까지는 추격했으나, 화물선에서 항구 입구 위에 걸어둔 돌고래 모양의 무쇠덩이[19] 때문에 더 이상 추격할 수 없었다. 시라쿠사이 함선 2척이 승리에 고무되어 화물선에 너 3 무 가까이 접근했다가 파괴되었는데, 그중 1척은 선원들과 함께 나포되었다.

시라쿠사이군은 아테나이 함선 7척을 침몰시키고 여러 척을 운항 4 불능 상태로 만들었으며, 많은 선원을 생포했고 일부는 죽였다. 그런 후 그들은 두 차례의 해전을 기념하는 승전비를 세웠다. 이제 그들은 바다에서 우세할 뿐 아니라 육지에서도 아테나이군을 제압할 수 있다는 자신감을 갖게 되었다.

42 시라쿠사이군이 함선과 보병을 동원해 다시 공격할 준비를 하고 1 있을 때, 데모스테네스와 에우리메돈이 아테나이에서 증원군을 이끌고 도착했다. 그들은 용병들의 함선을 포함해 함선 약 73척, 아테나이 및 동맹국에서 보낸 중무장보병 약 5,000명, 다수의 이민족 군사와 헬렌인 투창병, 투석병, 궁수를 데려왔으며, 각종 군수 장비도 충분히 가져왔다. 이를 본 시라쿠사이군과 동맹군은 처음에 크게 놀라며 두려워했 2

---

19 "돌고래 모양의 무쇠덩이"(δελφινοφόροι, '델피노포로이')는 고대의 항구 방어 장치로, 쇠사슬에 매달아 적선 위로 떨어뜨려 배를 파괴하거나 항구 진입을 막는 데 사용했다.

다. 데켈레이아가 요새화된 상황에서도 아테나이가 여전히 이전과 맞먹는 규모의 원정군을 파견하며 막강한 국력을 과시하는 모습을 보고, 자신들이 언제쯤 이 위기에서 벗어날 수 있을지 가늠할 수 없었기 때문이다. 이로써 고전하던 아테나이의 첫 번째 원정군은 어느 정도 사기를 회복했다.

3   전황을 파악한 데모스테네스는 시간을 지체하거나 니키아스의 전철을 밟아서는 안 된다고 판단했다. 니키아스가 지휘하는 아테나이군은 처음 도착했을 때는 시라쿠사이인에게 두려운 상대였으나, 도착 즉시 시라쿠사이를 공격하지 않고 카타네에서 겨울을 보내는 동안, 그 두려움은 경멸로 바뀌었다. 결국 길리포스가 펠로폰네소스에서 군대를 이끌고 와 먼저 공격을 개시했다. 만약 니키아스가 도착 즉시 공격했다면, 시라쿠사이군은 펠로폰네소스에 원군을 요청할 기회조차 없었을 것이다. 오히려 그들은 자신들의 힘만으로 아테나이군을 상대할 수 있다고 믿다가 우세한 적의 방벽에 완전히 봉쇄된 후에야 열세를 깨닫게 되었을 것이다. 그렇게 되면 설령 펠로폰네소스에서 원군이 도착했더라도 시라쿠사이인을 구하기 어려웠을 것이다. 따라서 데모스테네스는 도착 첫날이야말로 적이 가장 두려워하는 순간이며, 이 공포심을 최대한 빨리 이용해야 한다고 생각했다.

4   그는 시라쿠사이군이 아테나이군의 봉쇄를 막기 위해 구축한 대응 방벽이 한 겹뿐임을 확인했다. 그리고 에피폴라이로 올라가는 길과 그곳에 있는 적의 진지를 장악하면 큰 저항 없이 이 방벽을 점령할 수 있
5   다고 판단했다. 그는 이 계획을 서둘러 실행에 옮겼고, 이를 통해 전쟁을 조기에 끝낼 수 있다고 기대했다. 성공한다면 시라쿠사이를 점령하게 될 것이고, 실패할 경우 원정에 참여한 아테나이 군사들이 이곳에서 무의미하게 목숨을 잃고 조국의 자원을 낭비하는 일이 없도록 군대를 이끌고 본국으로 돌아갈 계획이었다.

6   우선 아테나이군은 외곽으로 나가 아나포스 강변에 있는 시라쿠사

이인의 땅을 약탈했다. 그러나 시라쿠사이군은 올림피에이온에서 기병대와 투창병을 출동시킨 것 외에는 육지에서도 바다에서도 별다른 저항을 하지 않았다. 이로써 아테나이군은 다시 육지와 바다에서의 주도권을 되찾았다.

43 그 후 데모스테네스는 공성 무기를 동원해 대응 방벽을 공격하 1
기로 결정했다. 그러나 방벽을 지키던 적에 의해 공성 무기들이 불타버렸고, 다른 지점에서의 공격도 모두 격퇴당했다. 더 이상 지체할 수 없다고 판단한 그는 니키아스와 동료 장군들을 설득하여 자신의 계획대로 에피폴라이를 공격하기로 했다.

낮에는 적에게 발각되지 않고 에피폴라이로 올라가는 것이 불가능 2
해 보였다. 이에 그는 군사들에게 5일치 식량을 준비하게 하고, 석공과 목수를 소집하여 승리할 경우 방벽을 쌓을 때 필요한 장비와 화살을 준비시킨 후, 한밤중에[20] 전군을 이끌고 에피폴라이로 출발했다. 에우리메돈과 메난드로스가 동행했으나, 니키아스는 방벽 안에 남았다.

아테나이군은 첫 번째 원정군이 초기에 올라갔던 에우리엘로스 근 3
처에 도착하여 적군 초병의 눈을 피해 접근했고, 시라쿠사이군이 구축한 방벽으로 올라가 점령하고 일부 초병들을 살해했다. 그러나 대부분 4
의 초병들은 에피폴라이에 있는 세 곳의 진지로 도망쳤다. 요새화된 이 진지는 각각 시라쿠사이인, 시켈리아인, 그리고 동맹국 병력이 주둔하고 있었다. 그곳으로 도망친 초병들은 아테나이군의 기습 사실을 알렸고, 원래부터 그곳을 수비하던 시라쿠사이군 600명에게도 전했다.

그러자 시라쿠사이군 600명이 즉시 출동하여 반격했으나, 격렬한 5
전투 끝에 데모스테네스의 아테나이군에게 패퇴했다. 아테나이군은 승

---

20 "한밤중에"로 번역한 아포 프로투 휘프누(ἀπὸ πρώτου ὕπνου)는 문자 그대로는 '첫 번째 잠 이후에'라는 뜻으로, 잠든 지 3-4시간이 지나 적군이 깊이 잠든 시점을 가리킨다.

리의 여세를 몰아 공격을 강화했다. 아테나이군의 군사들은 수비대가 저항하지 못하자 즉시 시라쿠사이군의 대응 방벽을 점령한 뒤, 성가퀴를 허물기 시작했다.

6 　그러자 시라쿠사이군과 동맹군 그리고 길리포스의 부대가 이를 저지하기 위해 진영에서 출정했으나, 한밤중의 예상치 못한 공격에 당황
7 해 처음에는 밀려 후퇴했다. 승기를 잡은 아테나이군은 마치 승리를 확신한 듯 대열을 갖추지 않고 계속 진격했다. 공세를 늦추면 적군이 재집결할 것을 우려하여 아직 전투에 투입되지 않은 나머지 적들을 최대한 신속히 돌파하고자 한 것이다. 그러나 가장 먼저 맞선 보이오티아군이 반격에 나서며, 아테나이군을 패퇴시키고 도주하게 만들었다.

1 　**44** 이제 아테나이군은 큰 혼란과 곤경에 빠졌다. 어느 쪽에서 무슨 일이 벌어지는지 파악하기 어려웠기 때문이다. 낮에도 전장에서는 각자 자신의 주변만 볼 수 있을 뿐 전체 상황을 파악하기 어려운데, 하물며 야간 전투에서는 더욱 그러했다. 이 전투는 이 전쟁에서 벌어진 유
2 일한 대규모 야간 전투였다. 달빛은 밝았지만, 그 아래에서는 사람의 형체만 보일 뿐 아군인지 적군인지는 분간하기 어려웠다. 게다가 좁은
3 지형에 양측의 많은 중무장보병이 서로 엉켜 교전하고 있었다. 아테나이군 중 일부는 이미 패퇴했지만, 나머지는 물러서기는커녕 공격을 계속했다. 대부분은 방금 고지에 올라왔거나 아직 오르는 중이어서 어느 방향으로 공격해야 할지 알지 못했다. 선봉 부대가 패퇴하면서 모든 것이 엉망이 되었고, 전장의 함성으로 인해 누가 아군이고 적군인지 구별할 수 없었다.

4 　시라쿠사이군과 동맹군은 자신들이 승기를 잡았음을 깨닫고 함성을 질러 서로를 격려하면서(어둠 속에서 다른 방법으로 신호를 보내기는 불가능했다) 공격해오는 아테나이군에 맞섰다. 아테나이군은 아군을 식별하려 애썼으나, 맞은편에서 다가오는 자가 설령 패주하는 아군일지라도 적으로 간주할 수밖에 없었다. 서로 암호를 물으며 확인하려 했으나,

모두가 동시에 암호를 물은 탓에 혼란이 가중되었고, 결국 적에게 암호가 노출되었다. 그러나 아테나이군이 시라쿠사이군의 암호를 파악하기는 쉽지 않았다. 시라쿠사이군은 전투에서 승기를 잡자 대열을 갖추고 집결한 까닭에 아군을 알아보는 데 별 어려움이 없었다. 시라쿠사이군은 아테나이군의 암호를 알고 있어 피할 수 있었지만, 아테나이군은 시라쿠사이군의 암호를 대지 못해 죽임을 당했다.

그러나 아테나이군에게 가장 큰 피해, 또는 다른 어떤 요인 못지않게 중대한 피해를 입힌 것은 파이안이었다. 양측에서 부르는 파이안이 비슷해 혼란을 일으켰기 때문이다. 아르고스군과 케르키라군, 그 밖에 아테나이 편에서 싸우는 도로스인들이 파이안을 부를 때마다 아테나이군에게 두려움을 안겼고, 적군의 파이안도 마찬가지였다. 일단 혼란에 빠지자 아테나이군은 결국 전장 곳곳에서 친구와 친구, 시민과 시민이 서로 부딪혔다. 그들은 단지 두려움을 느끼는 데서 그치지 않고 맞서 싸우기까지 했으며, 상대를 알아보고서야 겨우 갈라지곤 했다.

에피폴라이에서 내려오는 길은 매우 좁아 많은 군사들이 적군에게 쫓기자 절벽 아래로 뛰어내려 죽었다. 살아서 평지로 내려온 이들은 대부분 군영으로 도주했는데, 이들은 주로 첫 번째 원정군으로 와서 주변 지리를 잘 아는 군사들이었다. 증원군으로 나중에 도착한 군사들 중 일부는 평지에 내려와서도 길을 잃고 헤매다 날이 밝자 시라쿠사이 기병대에게 포위되어 죽임을 당했다.

45 다음날, 시라쿠사이군은 두 곳에 승전비를 세웠다. 한곳은 에피폴라이로 올라가는 길목이었고 다른 한곳은 보이오티아군이 처음으로 반격에 나선 지점이었다. 아테나이군은 휴전조약을 맺고 전사자의 시신을 수습했다. 아테나이군과 동맹군은 전사자도 많았지만 그보다 더 많은 무구가 적의 손에 넘어갔다. 절벽에서 뛰어내릴 수밖에 없었던 군사들 가운데 일부는 죽고 일부는 살아남았지만, 대부분이 몸을 던지기 전에 무구를 벗어버렸기 때문이다.

I   **46** 이 사건 이후 예상치 못한 승리 덕분에 자신감을 되찾은 시라쿠사이군은 내전 중이던 아크라가스를 자신들의 편으로 끌어들이기 위해 시카노스를 함선 15척과 함께 보냈다. 길리포스도 시켈리아의 다른 지역에서 병력을 모집하고자 다시 육로로 출발했다. 에피폴라이 전투이후 아테나이군의 방벽을 무력으로 점령할 수 있다는 희망을 갖게 되었기 때문이다.

I   **47** 그 사이 아테나이의 장군들은 최근의 참패와 군대 전체에 팽배한 무기력에 대해 논의했다. 그들은 작전이 실패했음을 인정했고, 이
2   제 군사들이 군영에 머물기를 싫어한다는 사실을 알았다. 군사들은 질병에 시달리고 있었는데, 첫째는 지금이 연중 가장 질병에 취약한 계절이었고, 둘째는 그들이 주둔 중인 장소가 건강에 해로운 늪지대였기 때
3   문이다. 모든 상황이 그들에게 절망적으로 보였다. 이에 데모스테네스는 더 이상 이곳에 머물러서는 안 되며, 에피폴라이 공격이 실패한 지금, 아직 먼 바다를 건너 철수할 수 있고 증원군이 도착하여 적어도 해군력에서는 우위를 점하고 있는 동안 지체 없이 떠나야 한다고 주장했
4   다. 그는 이제 쉽게 정복할 수 없게 된 시라쿠사이인과의 전쟁보다 아테나이 영토에 요새를 쌓은 적들과 싸우는 것이 국익에 더 부합한다고 역설했다. 또한 막대한 비용을 지출하며 이곳에 계속 머무르는 것은 합리적이지 않다고 덧붙였다.

I   **48** 이것이 데모스테네스의 견해였다. 니키아스도 상황이 불리하다고 인식했으나, 군사력의 약화를 인정하고 싶지 않았고, 다수 군사들의 의견에 따라 아테나이군이 철수하기로 결정했다는 사실이 적에게 알려지는 것을 원치 않았다. 그래야 실제로 철수할 경우 더 은밀하게 실
2   행할 수 있기 때문이었다. 또한 그는 시라쿠사이군의 상황을 동료 장군들보다 더 정확히 파악하고 있었다. 포위 공격을 지속하면 결국 시라쿠사이 측이 더 곤경에 처할 것이라는 희망을 여전히 품고 있었던 것이다. 아테나이군이 현재 보유한 함선으로 해상 지배권을 장악하고 있는

한, 시라쿠사이군의 군자금은 바닥날 것이었다. 또한 시라쿠사이 내부에는 아테나이군에게 도시를 넘기려는 정파가 존재했으며, 이들이 계속해서 사절을 보내 철수하지 말아달라고 간청하고 있었다.

이러한 사정을 알고 있던 니키아스는 철수와 주둔 사이에서 저울질 3
하고 있었지만, 공개석상에서는 철수는 없다고 공언하며 본국의 승인 없는 철수를 아테나이인들이 용납하지 않을 것이라고 주장했다. 본국의 시민들은 현지 상황을 직접 보지 않고 비난하는 자들의 말만 듣고 판단하기에, 철수했다가는 말솜씨 좋은 자들의 모함을 받게 될 것이라고 말했다.

그는 시켈리아에 주둔 중인 많은 군사들이 지금은 위급한 상황이라 4
고 목소리를 높이고 있지만, 일단 아테나이에 돌아가면 장군들이 뇌물을 받고 배신하여 군대를 철수시켰다고 비난할 것이라고 언급했다. 따라서 아테나이인의 성향을 잘 아는 자신으로서는 불명예를 뒤집어쓰고 처형당하느니 차라리 명예롭게 싸우다가 적에게 죽는 편이 낫다고 말했다.

아울러 니키아스는 여전히 시라쿠사이군의 상황이 아테나이군보다 5
더 어려움을 강조했다. 그들은 용병들에게 급료를 지급하고 요새 유지에 큰 비용을 들이고 있으며, 이미 1년 가까이 대규모 함대를 유지하고 있어 재정적 곤란을 겪고 있고 앞으로도 그럴 것이라는 주장이었다. 이미 2,000탈란톤[21]을 지출한 데다 많은 빚을 지고 있어, 만약 급료를 지급하지 못해 현재 병력의 일부라도 잃게 되면 아테나이군과 달리 의무 병역이 아닌 용병 중심인 그들의 군대가 와해될 것이라 보았다. 따라서 아테나이군은 계속 주둔하면서 시간을 끌어야 하고, 적보다 훨씬 더 많은 군자금을 보유한 상황에서 철수해서는 안 된다고 말했다.

49 니키아스가 그토록 강력히 주장한 이유는, 시라쿠사이의 상황을 1

---

21 "2,000탈란톤"은 당시 아테나이 1년 예산인 1,000탈란톤의 두 배에 달하는 액수였다.

정확히 파악하고 있었기 때문이다. 그는 시라쿠사이의 재정난과 내부 친아테나이 정파의 존재를 알고 있었으며, 이들이 계속 사자를 보내 철수하지 말아달라고 부탁한 사실도 알고 있었다. 비록 전체적으로는 시라쿠사이군에게 밀리고 있지만, 해상에서는 이전보다 더 자신감을 가지고 있었다.

2   그러나 데모스테네스는 니키아스의 주장을 전혀 받아들이지 않았다. 만약 아테나이 본국의 의결 없이는 철수가 불가능해 시켈리아에 계속 주둔해야 한다면, 탑소스나 카타네로 이동해야 한다고 주장했다. 그곳에 주둔하면 보병 부대가 주변 지역을 약탈하여 생필품을 조달하는 동시에 적에게 피해를 줄 수 있다고 보았다. 또한 함대는 넓은 해상에서 자유롭게 기동하며 전투를 벌일 수 있어 아테나이 해군의 전술을 충분히 발휘할 수 있다고 했다. 그의 주된 요지는 현재 주둔지에 머물

3   지 말고, 가능한 한 신속히 떠나야 한다는 것이었다. 에우리메돈도 그의 의견에 동의했다.

4   그러나 니키아스가 철수에 반대하자, 다른 장군들은 그가 이렇게까지 완강하게 주장하는 이유가 남들이 알지 못하는 무언가를 더 알고 있기 때문이라고 여겨 결정을 망설였다.

1   **50** 이때 길리포스와 시카노스가 시라쿠사이에 도착했다. 시카노스는 아크라가스를 우군으로 끌어들이는 데 실패했다. 그가 아직 겔라에 있는 동안 아크라가스의 친시라쿠사이파가 추방당했기 때문이다. 반면 길리포스는 시켈리아 전역에서 많은 군사를 이끌고 왔을 뿐만 아니라, 봄에 펠로폰네소스에서 출발해 화물선을 타고 리비에로 표류했다가 셀리누스에 도착한 중무장보병도 데려왔다.

2   이들 병력은 표류 끝에 리비에에 도달했는데, 그곳의 키레네인이 그들에게 삼단노선 2척과 항로 안내인을 제공해주었다. 이들은 해안을 따라 항해하던 중, 리비에인에게 포위 공격받던 에우에스페리데스인[22]을 도와 그들을 격퇴했다. 그런 후 해안을 따라 카르케돈인의 무역 거

점인 네아폴리스로 항해했다. 이곳은 시켈리아와 가장 가까운 지점으로, 이틀 낮과 하룻밤이면 배로 건널 수 있었다. 여기서 그들은 바다를 건너 셀리누스에 도착했다.

길리포스가 데려온 병력이 도착하자마자, 시라쿠사이군은 다시 함 3 선과 보병으로 아테나이군을 공격할 준비를 했다. 아테나이 장군들은 적군에게 새로운 증원군이 도착한 반면, 자신들의 상황은 나날이 악화되는 데다, 특히 군사들 사이에 환자가 속출하자 철수를 늦춘 것을 후회했다. 이제는 니키아스조차 심하게 반대하지 않고 단지 공개 표결만을 반대하자, 장군들은 전군에 신호가 떨어지면 함선에 올라 진영을 떠날 준비를 하라고 은밀히 명령을 내렸다.

모든 준비가 완료되어 출항하려는 순간 월식이 일어났다. 대부분의 4 군사들은 이를 불길한 징조로 여기고 장군들에게 철수 중단을 요구했다. 예언과 신탁을 중시하는 니키아스도 예언자의 해석에 따라 27일이 지나기 전에는 철수 논의를 중단하겠다고 선언했다. 그리하여 아테나이군은 그 뒤에도 계속 현재 주둔지에 머물렀다.

51 이 소식을 들은 시라쿠사이군은 크게 고무되어, 아테나이군을 1 더욱 거세게 밀어붙이기로 결정했다. 시라쿠사이군은 아테나이군의 철수 작전을 함선과 보병 양면에서 자신들보다 우월하지 않음을 인정한 것으로 보았다. 또한 아테나이군이 시켈리아의 다른 지역으로 이동하여 새로운 거점을 마련하면 자신들에게 불리해질 것이라 판단했다. 그래서 지금처럼 자신들에게 유리한 장소에서 신속히 해전이 벌어지도록 유도하고자 했다. 시라쿠사이군은 함선에 선원을 충원하고 충분한 2 수준에 도달할 때까지 여러 날 동안 훈련시켰다. 때가 되어 시라쿠사이군은 첫째 날 아테나이군의 방벽을 공격하기 시작했다. 아테나이군의

---

22 "에우에스페리데스"는 기원전 6세기경 키레네인이 건설한 식민시로, 키레네에서 서쪽으로 약 300킬로미터 떨어져 있었다.

소규모 중무장보병 부대와 기병대가 방벽 문을 통해 출격하자, 시라쿠사이군은 중무장보병 몇 명을 포위하고, 후퇴하는 병력을 추격했다. 방벽 문이 좁아 아테나이군은 군마 70필과 약간의 중무장보병을 잃었다.

1 **52** 시라쿠사이군은 그날은 철수했으나, 다음날 함선 76척을 이끌고 다시 출정했다. 동시에 보병 부대는 방벽을 향해 진격했다. 이에 맞서 2 아테나이군도 함선 86척이 출정하여 해전을 벌였다. 아테나이 함대의 우익을 지휘하던 에우리메돈이 적의 함대를 에워싸려고 전열을 육지 쪽으로 지나치게 확장하자, 시라쿠사이군과 그 동맹군은 그 틈을 타 먼저 아테나이 함대의 중앙을 격파했다. 이후 에우리메돈과 그의 함선들을 항만 안쪽에 고립시켜 그를 죽이고, 함선들도 파괴했다. 이어서 나머지 아테나이군 함선들을 육지 쪽으로 몰아붙였다.

1 **53** 길리포스는 적의 함선이 패배하여 아테나이군의 목책과 군영 밖으로 밀려나는 것을 보자, 육지로 상륙하는 적들을 죽이고, 이제 아군 지역에 노출된 적의 함선을 시라쿠사이군이 더 쉽게 끌고 갈 수 있도 2 록 자신의 군대 일부를 이끌고 방파제로 향했다. 그러나 그곳에서 아테나이군을 위해 경계를 서고 있던 티레니아인 부대가 길리포스의 부대가 대열을 갖추지 않고 다가오는 것을 보고 달려나와 선두 부대를 격퇴했고, 이들을 리시멜레이아[23]라는 늪지로 몰아넣었다.

3 곧이어 더 많은 시라쿠사이군과 동맹군이 도착했으나, 이번에는 아테나이군도 자신들의 함선과 티레니아 군사들은 구하고자 출격했다. 아테나이군은 시라쿠사이군을 격퇴하고 추격하면서 중무장보병 몇 명을 죽였고, 대부분의 함선을 기지로 회수했다. 그러나 18척이 시라쿠사이군과 동맹군에게 나포되었고, 그 배에 타고 있던 선원들은 모두 죽임을 4 당했다. 시라쿠사이군은 아테나이군의 나머지 함선들도 불태우려

---

23 "리시멜레이아"는 시라쿠사이 북서쪽 2-3킬로미터 지점에 있던 습지로, 아나포스강 하구 근처이자 큰 항구와도 가까운 곳에 위치해 있었다.

했다. 그들은 낡은 화물선 1척에 나뭇가지와 소나무 장작을 가득 싣고 불을 붙인 후, 마침 바람이 아테나이군 쪽으로 불자 배를 그 방향으로 띄워 보냈다. 그러자 아테나이군은 신속히 화재 진압 조치를 취했고, 불타는 화물선이 다가오지 못하게 막아 위험에서 벗어났다.

54 그 후 시라쿠사이군은 해전에서의 승리와 아테나이군의 위쪽 방 [1] 벽 인근에서 중무장보병을 포위 섬멸하고 군마를 노획한 전공을 기념 하여 승전비를 세웠다. 아테나이군도 티레니아 군사들이 적의 보병 부 대를 늪지로 몰아넣은 전과와 자신들이 시라쿠사이군 부대와 싸워 승 리한 것을 기념하여 승전비를 세웠다.

55 그동안 데모스테네스가 이끌고 온 함대를 두려워했던 시라쿠사 [1] 이군이 해전에서도 결정적인 승리를 거두자, 아테나이군은 완전히 절 망했다. 자신들이 참패했다는 사실을 믿을 수 없었고, 원정에 나선 것 을 더욱 후회하게 되었다. 그들이 공격하고 있는 도시는 그들처럼 민주 [2] 정 체제였고, 해군과 기병대도 강하며 인구도 많았다. 그래서 정치체제 의 변혁을 약속한다거나, 더 강력한 군사력을 동원하는 등의 방법이 통 하지 않았다. 이전의 전투에서도 대부분 패배한 아테나이군은 어찌 할 바를 몰랐고, 예상과 달리 해전에서도 패하자 사기가 더욱 꺾였다.

56 이 사건 이후 시라쿠사이군은 두려움 없이 항만 주위를 자유롭 [1] 게 돌아다니기 시작했다. 아테나이군이 철수하려 해도 해상로로 몰래 빠져나가지 못하도록 항만 입구를 봉쇄할 계획이었다. 이제 시라쿠사 [2] 이인의 관심사는 자신들의 위기 모면이 아니라 적의 도주를 어떻게 차 단할 것인가에 집중되었다. 그들은 자신들이 훨씬 우세하다고 확신했 으며, 육지와 바다 양쪽에서 아테나이군과 그 동맹군을 제압한다면 다 른 헬렌인들이 이를 찬란한 승리로 인정할 것이라고 생각했다. 또한 아 테나이의 전력이 크게 꺾이면, 앞으로 헬라스 전체가 예속에서 해방되 거나 위협에서 벗어날 수 있다고 믿었다. 그리고 이 모든 공적이 자신 들에게 돌아와 동시대와 후세 사람들에게 큰 칭송을 받게 될 것이라고

기대했다.

3 　이번 전쟁의 또 다른 의의는, 시라쿠사이군이 아테나이군뿐만 아니라 그들의 수많은 동맹군까지 물리쳤다는 점이었다. 동맹군의 지원을 받기는 했지만, 자국의 안전을 위태롭게 하면서도 다른 나라들을 구하고자 해군력을 강화해 승리함으로써, 시라쿠사이는 코린토스 및 라케

4 다이몬과 어깨를 나란히 하는 헬라스의 강국으로 부상하게 되었다. 물론 이번 전쟁에서 아테나이나 라케다이몬을 위해 집결한 병력을 모두 합하면 더 많겠지만, 수많은 도시에서 온 많은 사람들이 이처럼 한 도시 앞에 모인 적은 지금까지 한 번도 없었다.

1 　**57** 시켈리아를 정복하거나 방어하기 위해 시라쿠사이에서 싸운 나라들은 다음과 같다. 이들이 어느 편에 섰는지는 혈연이나 정의보다 이해관계나 형편에 따른 것이었다.

2 　이온계인 아테나이인은 도로스계인 시라쿠사이인을 공격하기 위해 자발적으로 원정에 나섰다. 렘노스인, 임브로스인, 아이기나인(당시 아이기나를 점유한 자들), 에우보이아섬의 헤스티아이아에 정착한 헤스티아이아인이 아테나이군과 동행했는데, 그들은 모두 아테나이에서 이주

3 한 동족으로, 언어와 관습이 같았다. 원정에 참가한 다른 군사들 중 일부는 아테나이의 예속민, 일부는 독립국가의 동맹군, 일부는 용병이었다. 공물을 바치는 예속민으로는 에우보이아의 에레트리아인, 칼키스인, 스티라인, 카리스토스인, 케오스와 안드로스와 테노스의 섬 주민,

4 이오니아 지방의 밀레토스인, 사모스인, 키오스인이 있었다. 마지막에 언급한 세 주민 가운데 키오스인은 공물 대신 함선을 제공하며 독립국 동맹군으로 참여했다. 그들은 대부분 이온계였고, 드리옵스계인 카리스토스인을 제외하면 모두 아테나이 출신이었다. 그들은 예속민으로서 마지못해 참전했지만, 그래도 이온인으로서 도로스인과 맞서 싸웠다.[24]

---

24 "스티라"는 에우보이아섬 남서부에 있던 도시로, 델로스 동맹에 속해 있었다. "카리

아이올로스계도 참전했다. 메팀나인은 공물 대신 함선을 제공한 예 5
속민이었고, 테네도스인과 아이노스인은 공물을 바쳤다. 이 아이올로
스인들은 마지못해 같은 아이올로스인과 맞서 싸워야 했는데, 시라쿠
사이 편에 선 보이오티아인들이 아이올로스계로서 바로 그들의 거주
지를 식민시로 세운 자들이었기 때문이다.

둘 다 도로스계인 로도스인과 키테라인도 동족끼리 싸워야 했다. 키 6
테라인은 이주한 라케다이몬인으로서 아테나이 편에서 길리포스가 이
끄는 라케다이몬인과 맞섰다. 아르고스 출신인 로도스인은 도로스계인
시라쿠사이인뿐만 아니라 자신들의 이주민이면서도 시라쿠사이 편에
선 겔라인과도 싸워야 했다.

펠로폰네소스 주변의 섬 주민 중 케팔레니아인과 자킨토스인은 독 7
립국가로 원정에 참여했지만, 아테나이의 해상 지배권 아래 있었기에
사실상 선택의 여지가 없었다. 케르키라인은 도로스계일 뿐만 아니라
코린토스의 이주민으로, 시라쿠사이인과 동족이었음에도 그들에 맞서
아테나이 편에 섰다. 명분상 어쩔 수 없는 선택이었다고 볼 수 있으나,
사실은 코린토스에 대한 증오심에서 비롯된 일이었다.

나우팍토스와 당시 아테나이군이 점령하고 있던 필로스에서 온 이 8
른바 메세니아인도 전쟁에 참전했다. 메가라에서 추방된 망명자 일부
도 참가했지만, 같은 메가라인인 셀리누스인과 싸워야 하는 불운한 처
지가 되었다.

나머지 군사들은 자발적으로 원정에 나선 경우가 많았다. 도로스계 9
인 아르고스인이 동족과 싸우기 위해 이온계인 아테나이 편에 섰는데,
이는 아테나이와의 동맹 때문이라기보다 라케다이몬에 대한 증오와

스토스"는 에우보이아섬 남단의 도시다. "케오스", "안드로스", "테노스"는 모두 키클
라데스제도에 속한 섬이며, "밀레토스", "사모스", "키오스"는 소아시아 이오니아 지
방의 섬과 도시다. "드리옵스인"은 고대 헬라스 초기 부족으로, 본래 헬라스 중부 오
이타산 인근에 거주했다.

사적 이익을 기대했기 때문이다. 만티네이아인과 일부 아르카디아인도 용병으로 참전했다. 그들은 전장이라면 어디든지 갈 준비가 되어 있었고, 이번에도 일당을 받고 코린토스 편에서 싸우는 같은 아르카디아인을 거리낌 없이 적으로 삼았다. 크레테인과 아이톨리아인도 용병으로 참가했다. 크레테인은 로도스인과 함께 겔라를 건설했음에도, 과거의 동족보다 일당을 선택했다.

10   아카르나니아인도 동맹군으로 참가했는데, 일부는 용병으로 온 반면, 대부분은 데모스테네스에 대한 충성심과 아테나이인에 대한 호의

11 로 참전했다. 그들은 모두 이오니아만의 동쪽에 살았다. 이탈리아의 헬렌인 이주민들 중 투리오이인과 메타폰티온인은 당시 내전에 휘말린 국내 정세 때문에 어쩔 수 없이 아테나이 편에 섰다. 시켈리아에서는 낙소스인과 카타네인이 아테나이 편에 섰다. 이민족 중에서는 아테나이의 개입을 요청한 에게스타인과 대부분의 시켈로스인, 시켈리아 외부에서는 시라쿠사이인을 증오하던 일부 티레니아인과 이아피기아 출신 용병이 아테나이 편에 섰다. 이상이 이번 원정에서 아테나이 편에서 싸운 부족들이다.

1   **58** 시라쿠사이인을 돕기 위해 온 이들은 국경을 맞대고 있는 카마리나인, 그 옆의 겔라인, 그리고 중립을 지키는 아크라가스인을 지나

2 그 너머에 거주하는 셀리누스인이었다. 그들은 모두 리비에와 마주한 남부 시켈리아에 살았다. 북쪽으로 티레니아해를 마주한 히메라인은 그 지역에 거주하는 유일한 헬렌인으로, 시라쿠사이 편에 선 유일한 북부 도시였다.

3   이상이 시라쿠사이인 편에서 싸운 시켈리아의 헬라스 출신 주민들이며, 모두 도로스계의 독립국가를 이루고 있었다. 이민족 중에서는 아테나이 편으로 가지 않은 시켈로스인만이 시라쿠사이인과 함께했다. 시켈리아 외부에서 온 헬렌인들 가운데 라케다이몬인은 스파르테 출신 장군 외에도 해방 노예와 국가 노예로 구성된 군대를 보냈고, 코린

토스인은 유일하게 함선과 보병을 모두 이끌고 왔다. 레우카스인과 암브라키아인은 코린토스인의 동족으로 참전했고, 아르카디아인 용병은 코린토스인이 고용했으며, 시키온인은 징집된 군대였다. 그 밖에 펠로폰네소스 외부에서는 보이오티아인이 시라쿠사이인과 함께했다.

그러나 외부 원군보다 시켈리아 현지 도시들이 모든 면에서 이 전쟁에 더 크게 기여했다. 이들은 대도시답게 중무장보병, 함선, 군마 등 다양한 병력을 아낌없이 제공했다. 특히 시라쿠사이인이 다른 모든 지원군을 합친 것보다 더 많은 병력을 제공했다. 이는 그들의 도시가 크기도 했지만, 무엇보다 가장 큰 위기에 처해 있었기 때문이다. 4

59 양측을 지원하러 온 부대들은 이상과 같다. 당시에 이 부대들은 1 모두 집결해 있었고, 어느 쪽도 더 이상의 원군은 없었다. 이러한 상황 2 에서 시라쿠사이군은 최근 해전에서 승리한 여세를 몰아 엄청난 규모의 아테나이군 진영을 모두 점령하고, 바다나 육지 어느 쪽으로도 도망가지 못하게 할 좋은 기회라고 판단했다. 이에 그들은 삼단노선과 크 3 고 작은 함선들을 옆으로 늘어세우고 닻을 내려, 약 8스타디온에 달하는 큰 항구의 입구를 봉쇄했다. 동시에 아테나이군이 해전을 감행할 경우에 대비해 만반의 준비를 갖추었다. 이제 그들은 결정적 승리를 위해 큰 그림을 그리고 있었다.

60 항구가 봉쇄되자, 아테나이군은 적의 의도를 간파하고 결단을 1 내려야 했다. 장군과 각급 지휘관들이 모여 현재의 어려운 상황을 논의 2 했다. 가장 큰 문제는 식량 부족으로(이미 시라쿠사이를 떠날 계획으로 카타네에 사자를 보내 군량 지원을 중단시킨 터였다), 해상 지배권을 장악하지 못하는 한 군량을 구할 수 없다는 것이었다. 이에 그들은 위쪽 방벽을 포기하고, 함선 옆에 작은 방벽을 쌓아 장비와 환자들을 수용할 공간을 마련했다. 그런 후 그곳을 지킬 수비대만 남기고, 나머지 보병은 항해에 적합하든 그렇지 않든 모든 함선에 태운 후 바다로 나가 결전을 벌이기로 했다. 승리하면 카타네로 이동하고, 패배하면 함선을 불태우고

전열을 정비하여 육로를 통해 헬렌인이나 이민족 가운데 우호적인 나라로 신속하게 철수할 계획이었다.

3   그들은 그렇게 결정하고 계획을 실행에 옮겼다. 군사들은 위쪽 방벽에서 내려와 모두 함선에 탑승했고, 조금이라도 쓸모 있어 보이는 사람

4 은 나이와 상관없이 강제로 승선시켰다. 이렇게 준비된 함선은 총 110여 척이었다. 아카르나니아인과 외인 부대의 궁수와 투창병도 승선시켰

5 고, 그 밖의 모든 것도 필요와 계획에 따라 최대한 준비했다. 준비가 끝나갈 즈음, 니키아스는 군사들이 지난번 해전에서 예상 외로 참패하여 낙담하고, 군량 부족으로 가능한 한 빨리 결판을 내고 싶어 하는 모습을 보이자, 전권을 소집해 먼저 다음과 같은 말로 격려했다.

1   **61** "아테나이군과 동맹군들이여, 이번 전투는 우리 모두의 운명이 걸린 싸움입니다. 우리는 살아남기 위해, 그리고 조국을 위해 싸울 것이고 그 점은 적군도 마찬가지입니다. 이번 해전에서 승리한다면 우리

2 는 다시 조국의 땅을 보게 될 것입니다. 낙담해서는 안 됩니다. 처음 몇 번의 전투에서 패했다고, 앞으로도 계속 질 것처럼 두려워하는 신병처

3 럼 행동해서는 안 됩니다. 여러분은 숱한 전투를 경험한 아테나이의 군사들이며, 언제나 함께 싸워온 동맹군입니다. 전쟁에는 예측할 수 없는 변수가 많지만 승리는 용기 있는 자의 것입니다. 행운은 우리 편입니다. 이러한 희망을 품고, 지금 여러분 앞에 있는 이 대군의 일원으로서 다시 싸울 준비를 하십시오.

1   **62** 항만이 좁아 우리 함선이 밀집하여 서로 충돌할 수 있고, 적군은 함선 갑판에 부대를 태운 채 다닐 것입니다. 지난 해전에서 우리는 바로 이 두 가지 이유로 큰 피해를 입었습니다. 그러나 이번에는 키잡이

2 들과 함께 이에 대처할 모든 준비를 마쳤습니다. 우리는 많은 궁수, 투창병, 보병을 함선에 배치할 것입니다. 만약 먼 바다에서 정식으로 해전을 벌인다면 이렇게 하지 않을 테지요. 함선이 너무 무거워 기동성이 떨어지기 때문입니다. 그러나 좁은 항만에서는 보병처럼 싸울 수밖에

없으며, 오히려 그것이 유리합니다. 또한 우리는 지난번 우리에게 큰 ³
피해를 준 적군의 강화된 뱃머리에 맞서기 위해 함선에 갈고랑쇠를 부
착하는 등 여러 모로 개조를 마쳤습니다. 갑판 위의 우리 군사들이 맡
은 역할을 다해준다면, 일단 적의 함선을 공격했을 때 그들이 후퇴하
지 못하도록 막을 수 있습니다. 우리는 함선 위에서도 보병처럼 싸워야 ⁴
합니다. 특히 우리가 차지한 구역을 제외하면 해안 전체가 적지이므로,
우리에게 유리한 전략은 하나, 즉 우리도 적군도 후퇴할 수 없게 만드
는 것입니다.

63 이 점을 명심하고 전력을 다해 싸우십시오. 절대 해안으로 밀리 ¹
지 말고, 함선끼리 충돌했을 때는 적 함선의 갑판에 있는 중무장보병
을 모두 제거할 때까지 물러서지 마십시오. 선원들은 물론이고 중무장 ²
보병들에게도 당부하는 바입니다. 이는 갑판 위의 군사들이 할 일이고,
우리는 여전히 보병 전력에서 우세하기 때문입니다.

선원들에게 권고하는 동시에 간청합니다. 앞선 패배에 너무 놀라거 ³
나 두려워하지 마십시오. 현재 우리 갑판에는 이전보다 더 많은 군사들
이 올라 있고, 함선 수도 적보다 더 많습니다. 여러분 중 일부는 아테나
이인이 아니지만, 아테나이의 언어와 문화를 받아들여 시민으로 인정
받고 헬라스 전역에서 존경받아왔습니다. 그러한 특권은 너무나 소중
하며 잃기에는 아깝습니다. 여러분은 우리 제국의 모든 혜택을 누려왔
습니다. 아니, 우리 예속민들에게 존경받고 부당한 대우를 받지 않았다
는 점에서 오히려 더 많은 혜택을 누렸습니다. 제국의 동반자로서 자유
를 누려온 여러분이 이제 와서 제국을 배신하는 것은 옳지 않습니다.
그러므로 몇 차례 우리에게 패배했던 코린토스인을 두려워하지 마십
시오. 또한, 우리 함대가 전성기였을 때 감히 대항하지 못했던 시켈리
아인들을 하찮게 여기십시오. 이번에도 그들을 물리쳐, 우리가 여전히
적의 힘과 행운을 모두 뛰어넘을 기량이 있음을 보여줍시다.

64 이번에는 아테나이군 여러분에게 한마디하겠습니다. 고국의 조 ¹

선소에는 더 이상 이러한 함선이 남아 있지 않으며, 중무장보병으로 싸울 젊은이들도 거의 없습니다. 이번 전투에서 우리가 승리하지 못한다면, 여기 있는 적군은 즉시 아테나이로 항해할 것이고, 고국에 남아 있는 동포들은 기존의 적들과 새로 들이닥칠 침략자들의 연합군을 막아내지 못할 것입니다. 그렇게 되면 여러분은 곧 시라쿠사이인의 지배 아래 놓이게 될 것이며(여러분이 어떤 의도로 그들을 먼저 공격했는지는 여러분이 더 잘 알 것입니다), 동포들은 라케다이몬인의 지배를 받게 될 것입니다.

2   따라서 이번 단 한 번의 해전에 여러분과 고국의 운명이 달려 있습니다. 승리가 그 어느 때보다 절실합니다. 지금 곧 함선에 오를 여러분은 아테나이의 보병이자 해군이고, 전부이며, 위대한 이름이라는 점을 개인으로서, 또 전체로서 명심하십시오. 만약 여러분이 지식과 용기에서 다른 이들보다 뛰어나다면, 지금이야말로 그것을 증명할 때입니다. 그렇게 한다면, 여러분은 자신을 살릴 뿐만 아니라 나라 전체를 구하게 될 것입니다."

1   **65** 니키아스는 그렇게 군사들을 격려한 뒤, 즉시 승선 명령을 내렸다. 길리포스와 시라쿠사이군은 아테나이군의 준비 상황을 살펴보면서, 그들이 해전을 결심했고 함선에 갈고랑쇠를 장착하여 사용할 계획

2 이라는 것도 미리 알아차렸다. 이에 시라쿠사이군은 다른 모든 대비책과 더불어 이에 대한 대응책도 마련했다. 특히 함선의 뱃머리와 윗부분을 가죽으로 덮어 갈고랑쇠가 걸리지 않고 미끄러지도록 했다. 모든 준비가 완료되자, 길리포스와 다른 장군들은 다음과 같은 말로 군사들을 격려했다.

1   **66** "시라쿠사이군과 동맹군들이여, 여러분은 이미 위업을 달성했습니다. 그리고 이번 전투에서 다시 한번 위업을 이루게 될 것입니다. 여러분 대부분이 이미 그렇게 생각하고 있을 것입니다. 그렇지 않다면, 이렇게 열정적으로 전투에 참여하지 않았을 것입니다. 하지만 아직 이

를 충분히 인식하지 못한 이들을 위해 지금 그 의미를 설명하고자 합니다.

아테나이인은 과거와 현재에 걸쳐 어떤 헬렌인도 누리지 못했던 거대한 제국을 보유하고 있습니다. 그러나 그들은 그것만으로 만족하지 않고, 이제 시켈리아마저 정복하려고 이곳에 왔습니다. 만약 그 일이 성공한다면, 다음에는 펠로폰네소스를 비롯한 헬라스 전역을 넘볼 것입니다. 여러분은 모든 것을 지배해왔던 아테나이인의 해군력에 맞서 몇 차례 이미 승리했고, 이번 전투에서도 당연히 승리할 것입니다. 대개 사람은 자신이 우월하다고 여기는 분야에서 좌절을 겪으면, 애초에 그렇게 생각하지 않았을 때보다 더 자신감을 잃게 마련입니다. 뜻하지 않게 자존심에 충격을 받으면, 저항할 힘이 아직 남아 있더라도 쉽게 굴복하게 됩니다. 현재 아테나이군은 바로 그런 상황에 있습니다.

67 반면 우리는 해전에 대한 지식과 경험이 별로 없는데도, 용기를 내어 맞서 싸워 승리함으로써 더 강해졌습니다. 그뿐만 아니라 최강자를 이긴 자라는 자신감까지 더해져 이번 전투에서도 승리할 것이라는 희망이 두 배가 되었습니다. 대부분의 경우 가장 큰 희망은 가장 큰 열정과 노력을 불러일으킵니다.

아테나이군은 우리의 해전 방식을 모방하려 하지만, 우리는 그러한 전투 방식에 익숙하기 때문에 쉽게 대비책을 강구할 것입니다. 그들이 평소와 달리 많은 중무장보병을 갑판 위에 태우고 대부분 육지 사람들인 아카르나니아인 투창병과 다른 부대를 태운다면, 갑판 위에 가만히 서 있기조차 어려울 그들이 어떻게 창을 던질 수 있겠습니까? 따라서 그들의 함선 효율은 떨어지고, 자신들의 방식이 아닌 낯선 방식으로 싸우느라 혼란에 빠질 것입니다.

혹시 적의 함선이 더 많다고 두려워하는 이가 있습니까? 함선 수가 더 많다 해도 그들에게는 도움이 되지 않습니다. 대규모 함대가 좁은 공간에 놓이면 신속한 작전 전개가 어렵고, 우리가 준비한 공격 방식에

4 쉽게 타격을 입게 될 것입니다. 아테나이인은 연전연패를 거듭하고 군량도 바닥나 절망에 빠져 있습니다. 그래서 작전보다는 요행을 믿고 막무가내로 우리 함대를 돌파해 먼 바다로 나가려 하고 있습니다. 만약 그것이 실패하면, 모든 것을 걸고 육로로 퇴각하려는 모험을 시도하겠지요. 그들은 어떻게 하더라도 상황이 지금보다 더 나빠지지는 않을 것이라 생각하기 때문입니다.

1 **68** 아테나이군이 이렇게 혼란에 빠져 있고, 자신들의 운명을 가장 적대적인 우리에게 내맡기고 있는 지금, 우리는 분연히 떨쳐 일어나 그들과 맞서야 합니다. 침략자를 응징하여 분풀이하는 것은 지극히 정당하며, 원수들에게 복수하는 것이야말로 사람들이 말하듯 가장 기쁜 일
2 이라는 점을 명심하십시오. 여러분도 잘 알다시피 아테나이군은 우리에게 단순한 원수가 아니라 철천지원수입니다. 그들은 이 나라를 침략하여 우리를 노예로 만들려 했습니다. 만약 그들이 성공했다면, 우리 남자들에게는 가장 쓰라린 고통을, 처자식들에게는 극심한 모욕을, 나라에는 지울 수 없는 치욕을 남겼을 것입니다.

3 그러니 우리 중 누구도 마음이 약해져서는 안 됩니다, 그들이 우리를 위협하지 않고 그냥 떠나주기만 한다면 그나마 다행이라고 생각해서도 안 됩니다. 어차피 그들은 우리를 이기더라도 이 땅을 떠날 수밖에 없습니다. 그러나 이번 전투를 통해 우리가 원하는 대로 그들을 응징하고, 시켈리아 전체에 이전보다 더 확고한 자유를 안겨줄 수 있다면, 이 싸움은 진정 고귀한 전쟁이 될 것입니다. 더구나 이 전투는 실패했을 때 우리가 입을 피해는 가장 적고, 성공했을 때 얻을 이익은 가장 큰 싸움입니다."

1 **69** 시라쿠사이군의 장군들과 길리포스는 그런 말로 군사들을 격려한 후, 아테나이군이 승선하는 것을 보고 자신들도 즉시 군사들을 함선
2 에 태웠다. 한편, 아테나이 함선들은 출정을 앞두고 있었다. 이때 니키아스는 현재의 상황에 충격을 받았고, 얼마나 큰 위험이 가까이 다가왔

는지를 깨달았다. 그는 큰 전투를 앞둔 장군이 흔히 그러하듯, 아직 하지 못한 일과 전하지 못한 말이 있는지를 생각해보았다. 그리고 삼단노선의 함장들을 다시 불러놓고 그들의 아버지 이름과 그들의 이름, 그리고 부족 이름을 하나하나 부르며 호소했다. 이미 빛나는 영광을 얻은 이들에게는 그 영광을 저버리지 말 것을, 위대한 선조를 둔 이들에게는 그들의 위업을 배신하지 말 것을 당부했다. 또한 누구나 마음껏 자유를 누리며 살아갈 수 있는 세상에서 가장 자유로운 국가, 곧 아테나이라는 조국을 상기시켰다. 그는 진부하게 들리지 않게 주의하면서도, 위기의 순간에 누구나 하게 되는 말들을 이어갔다. 사람들은 두려움 앞에 설 때, 가족과 조상의 신들을 언급하며 서로에게 의지하려 하는데, 그런 말들이 도움이 될 것이라 믿기 때문이다.

니키아스는 충분하다고 여기지는 않았으나 필요하다고 생각되는 만 ³
큼 군사들을 격려했다. 그런 후 물러나 보병 부대를 해안으로 이끌고와, 승선한 전우들에게 최대한 용기를 복돋아주기 위해 길게 도열시켰다. 이윽고 아테나이 장군들인 데모스테네스, 메난드로스, 에우티데모 ⁴
스가 함선에 오른 후, 기지를 출발하여 항만 입구를 가로막고 있는 방벽의 틈새를 향해 돌진했다. 그들의 목적은 하나, 곧 스스로 돌파하여 나아갈 길을 열기 위함이었다.

70 시라쿠사이군과 그 동맹군은 지난번과 비슷한 규모의 함대를 이 ₁
끌고 나와 포진했다. 일부는 항만 출구를 지키고, 나머지는 항구 전체를 에워싸며 사방에서 동시에 아테나이군을 공격할 태세를 갖추었다. 또한, 함선을 해안에 댈 수 있는 곳마다 보병 부대를 배치해두었다. 시라쿠사이 함대는 시카노스와 아가타르코스가 지휘했다. 이 두 사람은 각각 함대의 양쪽 날개를 맡았고, 피텐과 코린토스군은 중앙을 담당했다.

아테나이 함대가 방벽에 도착하자, 곧바로 돌파를 시도하며 적의 함 ₂
선들을 밀어붙였다. 그러나 시라쿠사이군과 그 동맹군이 사방에서 공

격해오자 전투는 곧 항만 전체로 확산되었고, 지금까지의 어떤 해전보

3 다 치열한 격전이 벌어졌다. 양측의 선원들은 명령이 떨어질 때마다 적의 함선을 향해 전력으로 돌진했고, 키잡이들도 기량을 겨루며 치열하게 경쟁했다. 함선이 서로 가까워질 때마다 갑판 위의 군사들은 자신들의 전투 기술이 뒤지지 않는다는 것을 증명하려 애썼다. 모든 군사가 저마다 맡은 위치에서 누구보다 뛰어난 전과를 올리기 위해 분투했다.

4 좁은 항만에 수많은 함선이 밀집해 있었다. 이처럼 많은 함선이 한정된 공간에서 맞붙은 적은 일찍이 없었다. 양측의 함선을 합하면 거의 200척에 달했다. 함선이 몰려 있어 적의 함선 사이를 돌파한 후 되돌아설 여유가 없었기에, 충각으로 적 함선의 중앙을 공격하는 경우는 드물었다. 오히려 함선들이 우연히 서로 부딪치거나, 도망치려다 혹은 다른

5 함선에 접근하면서 측면을 공격하는 경우가 더 많았다. 함선들이 가까워지면 갑판 위의 군사들이 투창과 화살, 돌을 쉴 새 없이 던지고 쏘아댔다. 함선들이 마주치면 군사들은 서로 상대 함선에 올라타려고 애쓰며 근접전을 벌였다.

6 공간이 좁아 때로는 한 함선이 충각으로 상대를 들이받는 동시에 또 다른 함선의 충각에 들이받히고, 1척의 배가 2척 또는 그 이상의 적 함선에게 포위되기도 했다. 키잡이들은 단순히 공격하거나 방어하는 데 그치지 않고, 동시에 여러 가지 일을 처리해야 했다. 함선들이 뒤엉켜 충돌하며 울려 퍼지는 굉음은 그 자체로 공포를 불러일으켰고, 그로 인해 노꾼 지휘관[25]의 명령이 제대로 전달되지 않았다.

7 양측의 노꾼 지휘관들은 단순히 고함을 지르며 노 젓는 법을 지시하는 데 그치지 않고, 물러서지 말고 승리를 위해 싸우라는 격려의 말도

---

25 "노꾼 지휘관"으로 번역한 켈레우스테스(κελευστής)는 노 젓는 이들의 박자를 맞추기 위해 구령을 외치거나 노래를 부르던 사람으로, 주로 대형 전함이나 상선에서 배의 속도와 방향을 조절하는 데 중요한 역할을 했다.

보탰다. 아테나이의 노꾼 지휘관들은 조국으로 돌아갈 탈출로를 열기 위해 전력을 다하라고 독려했다. 한편, 시라쿠사이군과 그 동맹군의 노꾼 지휘관들은 적군의 도주를 저지하고 승리함으로써 조국을 영광스럽게 하는 것이 얼마나 아름다운 일인지를 외쳤다.

양측의 장군들도 이유 없이 후퇴하는 함선을 발견하면, 함장의 이름 8 을 부르며 질책했다. 아테나이 장군들은 "아테나이인이 피땀 흘려 지배해온 바다보다 적들이 있는 육지가 더 편하단 말이냐"라며 꾸짖었고, 시라쿠사이 장군들은 "아테나이군이 어떻게든 도망치려 하는 것을 뻔히 알면서도, 그런 적군 앞에서 오히려 너희가 도망치고 있느냐"라고 질책했다.

71 해전이 팽팽하게 벌어지는 동안, 해안에 있던 양측의 보병 부대 1 는 마음이 초조하고 괴로웠다. 시라쿠사이군은 이전보다 더 큰 명예를 갈망했고, 반면 침입자인 아테나이군은 상황이 더욱 악화될까 두려워했다. 아테나이군은 이번 해전에 모든 것을 걸었기에 그 결과에 대한 2 두려움은 이루 말할 수 없이 컸다. 양측의 함선이 뒤엉켜 싸우면서 전열이 일정하지 않아, 해안의 어느 지점에서 바라보느냐에 따라 전황에 대한 평가도 엇갈릴 수밖에 없었다.

해전은 바로 눈앞에서 벌어졌지만, 모두가 같은 장면을 보는 것은 3 아니었다. 아군의 이기는 모습을 목격한 이들은 용기를 얻어 신들의 이름을 부르며 구원을 기도했을 것이고, 패퇴하는 모습을 본 이들은 큰 소리로 울부짖으며 실제로 싸우는 이들보다 더 마음을 졸였을 것이다. 팽팽한 접전을 지켜본 이들은 승부를 가리지 못하는 상황에서 두려움에 휩싸여 가장 큰 고통을 느꼈을 것이다. 금방이라도 구원받거나 파멸할 것 같았기 때문이다. 그래서 해안에서는 아테나이군의 다양한 외침 4 이 끊이지 않았다. 어떤 이는 울부짖고, 어떤 이는 응원했으며, 승리를 예상한 이들은 환호성을 질렀고, 패배를 직감한 이들은 탄식했다. 이처럼 압도적인 위기 앞에서 대군 전체에서 온갖 감정이 뒤섞인 절규가

터져 나왔다.

5   함선에 타고 있던 군사들도 마찬가지였다. 그러나 오랜 전투 끝에 결국 시라쿠사이군과 그 동맹군이 더욱 강한 기세로 아테나이군을 압박하며 승기를 잡았다. 그들은 큰 함성을 지르며 서로를 독려했고, 패

6   퇴하는 아테나이군을 바다에서 육지로 몰아붙이기 시작했다. 그러자 바다에서 생포되지 않은 아테나이군의 군사들은 어떻게든 살아남기 위해 함선을 아무 곳에나 대고 쏟아져 나와 군영이 있는 곳으로 달려 갔다. 육지에 있던 아테나이군의 보병들도 상황은 다르지 않았다. 믿을 수 없는 패배를 눈앞에서 목격한 그들은 경악과 절망 속에서 울부짖고 신음하며 흩어졌다. 일부는 함선 철수를 돕기 위해 해안으로 달려갔고, 일부는 남은 방벽을 지키러 달려갔다. 그러나 대다수는 오직 살 길을

7   찾아 도망쳤다. 아테나이군이 이때 경험한 충격은 그들이 지금껏 겪은 어떤 충격에도 뒤지지 않았다. 과거 필로스에서 라케다이몬군이 겪었 던 상황과도 같았다. 당시 라케다이몬군은 함대를 잃으면서 섬으로 건 너간 군사들까지 잃었는데, 이제 아테나이군도 기적이 일어나지 않는 한 육로로 안전하게 탈출할 희망은 없어 보였다.

1   **72** 양측은 치열한 해전을 치르며 많은 함선을 잃고 다수의 전사자 를 남겼다. 승리를 거둔 시라쿠사이군과 그 동맹군은 전투가 끝난 후, 파괴된 함선과 전사자의 시신을 수습하고 도시로 돌아가 승전비를 세

2   웠다. 반면, 패배한 아테나이군은 충격이 너무 커서 전사자의 시신이나 침몰한 함선들을 돌려달라고 요청할 생각조차 하지 못했다. 그날 밤, 그들은 즉시 철수할 계획을 세웠다.

3   그때 데모스테네스가 니키아스를 찾아가, 아직 아테나이군의 남은 함선이 적군의 함선보다 많다는 점을 강조하며 마지막 시도를 제안했 다. 그는 남은 함선에 군사들을 다시 태워, 새벽에 전력을 다해 출항을 강행하자고 주장했다. 실제로 아테나이군에게는 아직 60여 척의 함선 이 남아 있었고, 반면 시라쿠사이군의 남은 함선은 50척도 채 되지 않

왔다. 니키아스도 이 의견에 동의했다. 그러나 장군들이 승선을 명령 4
하자, 선원들은 배에 오르기를 거부했다. 그들은 이번 패배에 낙담하여
더 이상 싸워도 승산이 없다고 믿었기 때문이다.

73 결국 아테나이군은 육로로 철군하기로 결정했다. 시라쿠사이인 1
헤르모크라테스는 그들의 의도를 알아차리고, 이 대군이 육로로 퇴각
해 시켈리아의 어딘가에 주둔하며 다시 전쟁을 준비할까 두려워했다.
그는 시라쿠사이군의 지휘관들을 찾아가 아테나이군의 밤중 퇴각을
방관해서는 안 된다고 주장했다. 즉시 출정을 명령하여 도로를 봉쇄하
고, 주요 길목을 선점해야 한다는 것이었다.

지휘관들도 헤르모크라테스 못지않게 그의 제안에 동의하며, 그가 2
말한 바를 실행에 옮겨야 한다고 생각했다. 그러나 군사들이 방금 큰
해전을 치른 후 휴식을 취하고 있었고, 더욱이 그날은 (헤라클레스에게
제물을 바치는) 축제일이었다. 이런 상황에서 그들이 명령을 쉽게 따르
지 않을 것이라 예상했다. 실제로 대부분의 군사들은 승리를 기뻐하며
술에 취해 있었기에 무기를 들고 당장 출정하라는 명령은 결코 따르지
않을 것 같았다.

지휘관들은 지금 당장 군을 동원하는 것은 불가능하다는 결론을 내 3
렸고, 헤르모크라테스도 더 이상 설득할 방법이 없었다. 그러나 그는 아
테나이군이 밤사이 저항 없이 가장 험한 지형을 통과해 앞서 나가는 것
을 막아야 했다. 이에 그는 계략을 꾸몄다. 어둠이 깔릴 무렵, 그는 동료
중 몇 명을 기병들과 함께 아테나이의 군영으로 보냈다. 그들은 군영에
서 들을 수 있을 만큼 가까이 다가가, 마치 친아테나이파인 척하며 군
사 몇 명을 불러냈다(실제로 시라쿠사이에는 성 안에서 일어나는 일을 니키
아스에게 전해주는 사람들이 있었다). 그들은 시라쿠사이군이 길목을 지키
고 있으니 밤에는 군대를 움직이지 말고, 조용히 준비했다가 낮에 철수
하라고 니키아스에게 전해달라고 요청했다. 그들은 그렇게 전하고 떠 4
났으며, 그 말을 들은 군사들은 아테나이 장군들에게 그대로 보고했다.

1   **74** 아테나이 장군들은 전달받은 정보를 그대로 믿고, 밤중에 계획했던 철수를 중단했다. 그것이 적의 계략일 수 있다는 생각은 미처 하지 못했다. 그러나 다음날 아침이 되어도 군대를 신속히 출발시키지 못하자, 결국 그날도 기다리기로 결정했다. 군사들에게는 생존에 필수적인 것만 챙기고 나머지는 모두 두고 떠날 수 있도록 준비 시간을 주려 했다.

2   그 사이 시라쿠사이군과 길리포스는 보병 부대를 이끌고 먼저 출정하여, 아테나이군이 지나갈 수 있는 모든 길목을 봉쇄했다. 강과 시내의 건널목도 지키면서 지형적으로 유리한 지점에서 아테나이군의 퇴각을 저지하기 위해 포진해 있었다. 동시에 해안으로 이동한 시라쿠사이군은 아테나이 함선들을 견인해 갔다. 아테나이군이 일부 함선은 계획대로 불태웠지만, 나머지는 파도에 떠밀려 해안으로 밀려왔다. 시라쿠사이군은 견인용 밧줄을 걸어 아무런 방해나 저항 없이 차례로 그 함선들을 자신들의 도시로 끌고 갔다.

1   **75** 마침내 니키아스와 데모스테네스는 철군 준비가 완료되었다고
2   판단하고 군대를 출발시켰다. 해전이 있은 지 3일째 되는 날이었다. 그 광경은 여러모로 참담했다. 모든 함선을 잃고 철수하는 길이었고, 큰 희망을 품고 왔으나 이제는 자신들과 아테나이 모두가 위험에 처해 있었다. 막상 군영을 떠나려 하니 눈앞에 보이는 것도, 마음에 떠오르는 것도 고통뿐이었다.

3   전사자들을 모두 매장하지 못한 상황에서, 익숙한 얼굴이 시신 더미에 섞여 있는 모습을 볼 때마다 군사들은 슬픔과 두려움을 동시에 느꼈다. 무엇보다 가슴 아픈 것은 부상자와 병자들이 산 채로 남겨진 일
4   이었다. 오히려 그들이 죽은 자들보다 더 큰 고통을 안겨주었다. 남겨진 이들이 자기도 데려가달라고 큰 소리로 애원할 때마다 군사들은 어찌할 바를 몰라 당혹스러웠다. 그들은 동료나 친척을 볼 때마다 도와달라고 외쳤고, 같은 막사를 쓰던 전우들이 떠나려 하면 붙잡고 늘어졌

다. 어떤 이는 끝까지 따라가려 했지만, 결국 지쳐 쓰러져 신들에게 호소하며 통곡했다. 온 군대가 눈물로 가득했다. 당혹감과 연민이 뒤섞인 채 이미 너무 큰 고통을 겪어 더는 눈물도 나오지 않았고, 앞으로 닥칠 고통이 두려워 차마 발걸음을 떼지 못했다.

그들은 자괴감과 심한 자책감도 느꼈다. 적에게 포위된 대도시에서 5 탈출하는 난민 행렬처럼 보였기 때문이다. 철수하는 아테나이군은 4만 명이 넘었다. 각자 필요한 물건을 챙겼고, 중무장보병과 기병은 관행과 달리 무기 외에 식량까지 들고 갔다. 어떤 이는 시중 드는 노예를 잃었기 때문이고, 어떤 이는 노예가 있어도 믿을 수 없었기 때문이다. 노예들은 오래전부터 탈영해왔고, 지금도 계속 탈영하고 있었다. 식량은 이미 바닥나 필요한 만큼 가져갈 수도 없었다.

많은 이들이 함께 고통을 겪으면 조금은 위안이 되지만, 이번만큼은 6 달랐다. 처음의 찬란함과 자부심이 비참한 굴욕으로 끝났다는 생각 때문에 위로가 되지 않았다. 헬라스의 어떤 군대도 이러한 반전을 경험한 7 적은 일찍이 없었다. 남을 노예로 삼기 위해 왔던 이들이 이제는 자신들이 노예가 될까 두려워하며 떠나는 처지가 되었다. 파이안을 부르고 무운을 비는 기도를 들으며 출정했지만, 지금은 불길한 말을 들으며 퇴각해야 했다. 배를 타는 대신 걸어서, 선원들 대신 중무장보병을 의지하여 퇴각했다. 하지만 그들에게 임박한 엄청난 위험과 비교하면 이 모든 것도 견딜 만하게 보였다.

76 니키아스는 군대가 낙담하고 분위기가 크게 변한 것을 보고, 대 1 열을 따라 걸으며 군사들을 격려하고 위로했다. 그는 자신의 목소리가 최대한 멀리까지 들리도록 대열 사이를 오가며 더욱 힘주어 외쳤다.

77 "아테나이군과 동맹군들이여, 지금 이 순간에도 우리는 여전히 1 희망을 가져야 합니다. 여러분은 이보다 더 끔찍한 상황에서도 살아남았습니다. 싸움에서 졌다고, 또 지금 부당한 고통을 겪고 있다고 지나치게 자책해서는 안 됩니다. 나는 여러분 중 누구보다 체력이 약하고 2

(여러분도 알다시피 나는 병들어 허약해져 있습니다), 지금 가장 보잘것없는 자와 같은 위험에 빠져 있습니다. 그러나 이제까지 사생활이나 그 밖의 면에서 누구 못지않게 복 받은 사람으로 여겨졌습니다. 신들에게 늘 정성을 다했고, 사람들을 올바르고 공정하게 대했습니다.

3   그래서 나는 여전히 미래를 낙관합니다. 우리는 지금을 지나치게 두려워하고 있지만 이 불운도 곧 끝날 것입니다. 적들은 이미 충분히 행운을 누렸고, 우리가 출정할 때 신들의 시기를 받아 이런 일을 겪었다면 그 벌은 이미 충분히 치른 셈이기 때문입니다.

4   다른 나라 사람들도 예전에 이웃 나라를 침략했고, 인간이라면 저지를 수 있는 실수를 했고, 인간이라면 견뎌낼 수 있는 고통을 겪었습니다. 그러므로 이제 신들이 우리에게 연민을 베풀기를 바라는 것은 당연합니다. 이제는 시기가 아니라 자비를 받을 때입니다. 여러분 자신이 어떤 중무장보병인지를 돌아보십시오. 또한 놀랍게도 여러분의 대열 안에 얼마나 많은 훌륭한 군사들이 함께 행군하고 있는지도 보십시오. 여러분이 어디에 자리를 잡든 즉시 그곳은 하나의 도시가 될 것입니다. 그렇게 자리를 잡은 이상, 시켈리아의 어떤 도시도 쉽게 여러분의 공격을 막거나 여러분을 쫓아낼 수 없을 것입니다.

5   안전하고 질서 있게 행군하여 여러분 스스로를 지키십시오. 그리고 어디서 전투를 치르든 여러분이 승리하는 곳이 곧 조국이요 성벽이 될
6 것임을 각자 명심하십시오. 우리는 생필품이 부족해 밤이나 낮이나 서둘러 행군할 것입니다. 일단 우호적인 시켈로스인의 땅에 도착하면, 그때는 안전하다고 믿어도 좋습니다(그들은 시라쿠사이군이 두려워 변함없이 우리를 지원해주고 있기 때문입니다). 그들에게 미리 사람을 보내 우리를 맞이하고 식량을 가져오라고 말해두었습니다.

7   그러니 군사들이여, 지금은 부디 용기를 내야 할 때입니다. 우리 가까이에는 겁쟁이가 달아나 숨을 곳이 없습니다. 지금 이 위기를 벗어난다면, 아테나이인이 아닌 이들은 꿈에 그리던 고향으로 돌아갈 것이고,

아테나이인은 무너진 아테나이의 위대한 힘을 다시 일으켜 세울 것입니다. 빈 성벽이나 함선이 도시가 아니라, 사람들이 곧 도시이기 때문입니다."

78 니키아스는 그런 말로 군대를 격려하며 대열을 따라 걷다가 줄 1
이 흐트러진 군사들을 발견할 때마다 다시 모으고 정렬시켰다. 데모
스테네스도 비슷한 말로 자신의 부대를 격려했다. 아테나이군은 이중 2
방진[26] 대형으로 행군했다. 니키아스의 부대가 선두에 섰고, 데모스테
네스의 부대가 뒤따랐으며, 중무장보병이 외곽을 형성했고, 짐꾼들과
기타 병력은 내부에 배치되었다.

아테나이군은 아나포스강을 건너는 지점에 도착했을 때, 시라쿠사 3
이군과 그 동맹군이 그곳에 포진해 있음을 발견했다. 아테나이군은 그
들을 물리치고 도하에 성공한 후 행군을 계속했다. 그러나 시라쿠사이
기병대가 양측면을 공격해왔고, 경무장보병들도 끊임없이 투창을 퍼부
었다. 이날 아테나이군은 약 40스타디온을 행군한 후, 한 언덕에서 야 4
영했다. 다음날 아침, 그들은 다시 출발하여 약 20스타디온을 행군한
후 평지에 진을 쳤다. 그곳은 주거 지역이어서 인가에서 먹을 것을 구
하고 물도 길어오기 위함이었다. 이후로는 상당한 거리를 가는 동안 충
분한 물을 구할 수 없었기 때문이다.

아테나이군이 이러한 준비를 하는 동안, 시라쿠사이군은 전진하여 5
앞쪽 언덕에 방벽을 쌓아 통로를 차단했다. 그곳은 양쪽이 협곡으로 둘
러싸인 험준한 지형으로 아크라이온 언덕[27]이라 불렸다. 다음날 아테 6

---

26 "이중 방진"으로 번역한 디플라이시온(διπλαίσιον)은 바깥쪽과 안쪽에서 각각 사
   각형 대형을 이루어 이중 구조로 배열한 전투 대형이다. 외곽은 방어를 맡고, 내부는
   보급품이나 중요 인물을 보호하는 데 쓰였다. 주로 적대적인 환경에서의 이동이나
   후퇴 시에 활용되었다.
27 "아크라이온 언덕"은 시라쿠사이 외곽에 있는 언덕이며, 아크라이온(ἄκραιον)은 '가
   장 높은 곳'이라는 뜻이다.

나이군이 전진하자, 시라쿠사이군과 그 동맹군의 기병대와 투창병들이 양측에서 몰려와 투창을 퍼붓고, 기병대는 측면을 공격하며 행군을 방해했다. 아테나이군은 오랫동안 저항했으나 결국 전날 야영했던 장소로 후퇴할 수밖에 없었다. 그러나 그날은 적의 기병대에 포위되어 군영 밖으로 나가 생필품을 구할 수 없었다.

1   **79** 다음날 아침 일찍 출발한 아테나이군은 다시 한번 시라쿠사이군이 방벽으로 차단한 언덕을 향해 강행군했다. 그곳에 도착했을 때, 좁은 언덕 지형으로 인해 적군의 보병이 여러 겹으로 촘촘히 포진하여 방벽을 수비하고 있었다.

2   아테나이군은 돌격하여 방벽을 공격했다. 그러나 가파른 언덕 위에서 쏘거나 던지는 무기의 집중 공세를 받았고(높은 곳에서 쏘거나 던지는 무기는 더 효과적으로 날아간다), 돌파가 불가능하다고 판단해 후퇴하여

3   휴식을 취했다. 당시는 이미 가을로 접어든 시기였고, 그 계절에 흔히 그렇듯 천둥이 치고 비가 쏟아지자 아테나이군의 사기는 더욱 꺾였다. 이 모든 상황은 그들에게 파멸을 암시하는 전조로 느껴졌다.

4   아테나이군이 휴식하는 동안, 길리포스와 시라쿠사이군은 일부 병력을 보내 아테나이군의 퇴로를 차단하기 위해 그들의 배후에 방벽을 쌓게 했다. 아테나이군도 이에 맞서 군대의 일부를 보내 적의 시도를

5   저지했다. 그 후 아테나이군은 평야 쪽으로 더 물러나 그곳에서 야영했다. 다음날 다시 행군을 시작하자, 이번에는 시라쿠사이군이 그들을 에워싸고 사방에서 공격하여 다수에게 부상을 입혔다. 그들은 아테나이군이 공격하면 물러났다가 철수하면 다시 공격하는 전술을 구사했다. 특히 후미를 공격했는데, 이는 적군을 조금씩 패주시켜 군대 전체를 공

6   포에 빠트리는 전략이었다. 아테나이군은 오랫동안 그러한 방식으로 교전한 끝에, 약 5-6스타디온을 전진한 후 평야에 도달하여 휴식을 취했다. 시라쿠사이군도 공격을 중단하고 자신들의 군영으로 돌아갔다.

1   **80** 밤이 되자 니키아스와 데모스테네스는 심각한 상황에 직면했다.

생필품은 고갈되었고, 적의 연이은 공격으로 다수의 군사들이 부상을 입었다. 이에 두 장군은 최대한 많은 불을 피워둔 채, 원래 계획했던 경로가 아닌 시라쿠사이군의 방어선과는 반대 방향인 해안 쪽으로 철수하기로 결정했다. 이 새로운 경로는 카타네가 아닌 시켈리아 남쪽의 카 2 마리나, 겔라 및 그 일대에 위치한 다른 헬렌인과 이민족의 도시들로 이어지는 길이었다.

그리하여 그들은 많은 불을 피워놓고 밤중에 출발했다. 적이 근처에 3 있을 때 야간 행군을 하는 군대, 특히 대규모 군대가 흔히 그러하듯 아테나이군도 불안과 공포에 휩싸여 있었다. 선두에 선 니키아스의 부대 4 는 대열을 유지하며 훨씬 앞서갔지만, 전군의 절반 이상을 차지하는 데모스테네스의 부대는 대형이 흐트러져 선두 부대와 연락이 끊긴 채 행군했다.

그럼에도 그들 모두는 새벽녘에 해안에 도달하여 헬로로스로 가는 5 길로 접어들었다. 그들은 카키파리스강에 이르러 강줄기를 따라 내륙으로 들어갈 계획이었다. 그곳에서 미리 연락해둔 시켈로스인과 합류할 수 있으리라 기대했다. 그러나 강에 이르렀을 때, 그들은 시라쿠사 6 이 수비대가 방벽과 목책으로 통로를 차단하고 있는 것을 발견했다. 아테나이군은 차단선을 강행돌파하여 강을 건넌 후, 길잡이들의 조언에 따라 에리네오스라는 다른 강[28]을 향해 다시 행군을 시작했다.

81 시라쿠사이군과 그 동맹군은 날이 밝자 아테나이군이 퇴각했다 1 는 사실을 발견하고, 길리포스가 이들을 의도적으로 놓아주었다고 비난하며 급히 추격에 나섰다. 아테나이군의 도주 경로를 쉽게 추적할 수 있었기에 정오 무렵에 그들을 따라잡았다. 그들은 먼저, 데모스테네스 2 의 부대에 접근했다. 이 부대는 전날 밤의 혼란으로 뒤처져 대열이 흐

---

28 "카키파리스강"은 시라쿠사이 남쪽 약 25킬로미터 지점에 위치한 해안 평야를 흐르는 강이다. "에리네오스강"은 그 지류였던 것으로 보인다.

트러진 채 더디게 행군하고 있었다. 시라쿠사이군은 즉시 공격을 개시했고, 이 부대가 주력 부대와 분리된 틈을 타 기병대로 손쉽게 포위하여 한 장소로 몰아넣었다.

3   니키아스의 부대는 약 50스타디온 앞서 나가고 있었다. 니키아스는 군사들을 이끌고 더 빠른 속도로 행군 중이었다. 그는 이러한 상황에서는 불가피한 경우가 아니면 전투를 피하고 꼭 필요한 경우에만 싸우며, 최대한 빠르게 후퇴하는 것이 안전하다고 판단했다.

4   한편, 데모스테네스는 퇴각하는 아테나이군의 후위에 위치해 가장 먼저 적의 공격을 받는 처지였다. 이번에도 추격해오는 시라쿠사이군을 보자, 그는 행군을 멈추고 병력을 전투 대형으로 전개했다. 이로 인한 지체로 데모스테네스와 그의 아테나이 부대는 적에게 포위되어 위기에 처했다. 그들은 사방이 낮은 담장으로 둘러싸인 지역으로 밀려들어갔다. 그곳은 양쪽에 길이 하나씩 나 있고 올리브나무가 무성한 곳이었는데, 그 안에 갇힌 부대는 사방에서 날아오는 무기의 공격을 받았다.

5   시라쿠사이군은 이런 공격법을 비롯해 근접전이 아닌 전투 방식을 사용했다. 절망에 빠진 적과의 근접전이 오히려 적에게 유리하다고 판단했기 때문이다. 또, 승리가 확실한 상황에서 불필요한 희생을 감수하고 싶지 않았다. 그들은 이러한 방식으로도 아테나이군을 제압하고 생포할 수 있다고 확신했다.

1   **82** 하루 종일 사방에서 아테나이군과 그 동맹군을 향해 원거리 무기 공격을 가하다가, 그들이 부상과 피로로 지쳐갈 무렵, 길리포스와 시라쿠사이군 및 그 동맹군은 먼저 시켈리아 출신 군사들에게 누구든 자신들에게 오면 받아주고 자유를 보장하겠다고 제안했다. 그러자 몇
2   몇 섬 도시 출신들이 응했으나, 그 수는 많지 않았다. 이후 데모스테네스 부대 전체를 대상으로 항복조약이 이루어졌다. 그들은 폭행이나 투
3   옥, 기아 등으로 죽임을 당하지 않는다는 조건으로 무기를 넘겼다. 총

6,000명이 항복했다. 그들이 소지하고 있던 은화를 뒤집어놓은 방패 안에 던져 넣었는데, 방패 네 개가 가득 찼다. 포로들은 곧바로 성 안으로 호송되었다. 같은 날, 니키아스와 그의 부대는 에리네오스강에 도착하여 강을 건넌 후 고지대에 진을 쳤다.

83 다음날, 시라쿠사이군은 니키아스의 부대를 따라잡아 데모스테네스의 부대가 항복했다는 소식을 전하며 그에게도 항복을 권유했다. 니키아스는 그 말을 믿을 수 없어 기병 한 명을 보내 사실을 확인하게 해달라고 요청했다. 기병이 다녀와 항복이 사실임을 보고하자, 니키아스는 길리포스와 시라쿠사이군에게 전령을 보내 제안했다. 아테나이군을 놓아주면, 자신이 아테나이 전체를 대신해 시라쿠사이군의 전쟁 비용을 배상하고, 배상금이 지불될 때까지 1탈란톤에 한 명씩 아테나이군 군사를 볼모로 남기겠다는 내용이었다.

그러나 길리포스와 시라쿠사이군은 이 제안을 받아들이지 않고, 니키아스의 부대를 포위한 채 저녁 늦게까지 무기를 쏘아댔다. 니키아스의 군사들도 식량과 생필품 부족으로 어려운 상황에 처해 있었다. 그럼에도 그들은 밤이 되어 조용해지기를 기다렸다가 행군을 계속할 계획이었다. 그들이 출발하기 위해 무기를 집어들자 시라쿠사이군이 이를 감지하고 파이안을 불렀다. 아테나이군은 계획이 발각되었음을 깨닫고 다시 무기를 내려놓았다. 그러나 그들 중 300여 명은 적의 방비를 뚫고 야음을 틈타 탈출에 성공했다.

84 날이 밝자 니키아스는 군대를 이끌고 다시 행군을 시작했고, 시라쿠사이군과 그 동맹군은 전날과 마찬가지로 날아다니는 무기를 사방에서 쏘고 투창을 던지며 계속해서 압박을 가했다. 아테나이군은 아시나로스강[29]을 향해 서둘러 나아갔다. 그들은 이 강을 건너면 적의 기병대와 경무장보병의 압박에서 잠시나마 벗어날 수 있으리라 기대했

---

29 "아시나로스강"은 시라쿠사이 남동쪽 약 40킬로미터 지점에 있었다.

다. 극심한 피로와 갈증 또한 그들을 강 쪽으로 이끌었다.

3   강에 도착하자마자 군사들은 대열을 무시한 채 무질서하게 강물로 뛰어들었다. 저마다 먼저 건너려 했지만, 적의 압박으로 강을 건너기는 이미 어려운 상황이었다. 그들은 무리를 지어 건너가야 했기에 서로 부딪혀 넘어지거나 짓밟히기도 했다. 어떤 이들은 그 자리에서 창이나 다른 무기에 찔려 죽었고, 또 다른 이들은 서로 뒤엉킨 채 물에 휩쓸려갔다.

4   시라쿠사이군은 맞은편 가파른 강둑 위에서 아테나이군을 향해 무기를 퍼부었다. 아테나이군은 대부분 서로 뒤엉킨 채 얕은 물가에서 허
5 겁지겁 물을 마시고 있었다. 이때 펠로폰네소스군이 강둑 아래로 내려와 강에 있던 아테나이군을 가장 많이 도륙했다. 강물은 즉시 피로 물들었다. 그런데도 아테나이군은 피로 물든 흙탕물마저 계속 마셔댔고, 그러한 물을 마시려고 서로 다투기까지 했다.

1   **85** 마침내 수많은 시신이 강에 겹겹이 쌓였다. 아테나이군의 일부는 강에서 도륙당했고, 간신히 강을 건넌 이들은 시라쿠사이 기병대에 의해 학살되었다. 결국 니키아스는 길리포스에게 항복했다. 시라쿠사이군보다 길리포스를 더 신뢰했기 때문이다. 니키아스는 길리포스와 라케다이몬군에게 자신은 원하는 대로 처분해도 좋지만, 군사들만은 죽이지 말아달라고 부탁했다.

2   이에 길리포스가 적군을 생포하라는 명령을 내리자, 시라쿠사이군이 몰래 빼돌린 상당수를 제외한 나머지는 포로로 끌려왔다. 전날 밤
3 수비대의 감시망을 피해 도주한 300명도 추격대에 의해 잡혀 왔다. 포로로 잡혀 공식적으로 집계된 아테나이 군사의 수는 많지 않았다. 그러나 시라쿠사이군이 개별적으로 붙잡아 빼돌린 군사의 수는 훨씬 많았고, 시켈리아 전역이 이들로 가득했다. 이는 데모스테네스의 부대와 달리 항복조약이 체결되지 않았기 때문에 가능한 일이었다.

4   그 외에도 많은 군사들이 전장에서 도륙당했다. 이번 전투에서 일어

난 학살은 시켈리아 전쟁 전체를 통틀어 가장 참혹했고, 그 어떤 전투도 이를 능가하지 못했다. 후퇴 도중 여러 차례의 전투에서도 상당수가 전사했다. 그럼에도 도망친 이들도 적지 않았다. 어떤 이들은 전투 중 탈출했고, 또 어떤 이들은 포로가 되어 노예로 일하다가 훗날 탈출했다. 이들은 모두 카타네로 피신했다.

86 시라쿠사이군과 그 동맹군은 군대를 집결시킨 후 전리품을 챙기 1 고, 붙잡은 포로들을 최대한 많이 데리고 도시로 돌아갔다. 그들은 아 2 테나이군과 동맹군 포로들을 채석장[30]에 수용했다. 그곳이 그들을 가장 안전하게 감금할 수 있는 장소라고 판단했기 때문이다. 시라쿠사이군은 길리포스의 반대에도 불구하고 니키아스와 데모스테네스를 처형했다. 길리포스가 처형을 반대한 이유는, 적장들을 라케다이몬으로 압송하는 것이 자신의 공로에 더 큰 명예를 가져다줄 것이라 생각했기 때문이다.

아테나이의 두 장군 중 데모스테네스는 필로스와 스팍테리아섬 사 3 건으로 인해 라케다이몬인의 철천지원수였고, 니키아스는 동일한 사건을 통해 라케다이몬인의 가장 좋은 친구가 된 터였다. 니키아스는 아테나이인을 설득해 평화조약을 맺게 함으로써 섬에서 포로로 잡힌 라케다이몬인의 석방에 힘썼기 때문이다. 이러한 배경으로 라케다이몬군 4 은 니키아스에게 우호적이었고, 이것이 그가 길리포스에게 항복한 주된 이유였다. 그러나 시라쿠사이인 중 일부는 니키아스와 비밀리에 대화를 나눈 적이 있어, 그가 고문 중에 자신들과 접촉한 사실을 실토할까 두려워했다. 특히 코린토스인은 부유한 니키아스가 돈으로 누군가를 매수해 도주하면 장차 자신들에게 해가 될 것을 우려했다. 결국 그들은 동맹군을 설득하여 그를 처형하게 했다.

---

30 "채석장"은 시라쿠사이 북서쪽 약 2킬로미터 지점에 위치하며, '라토메이아'(돌을 자르는 장소)로 불렸다. 기원전 6-5세기경부터 여기서 건축용 석회암을 채굴했다.

5   이러한 이유 또는 유사한 이유로 니키아스는 처형되었다. 그러나 내가 아는 헬렌인 가운데 니키아스만큼 모든 면에서 덕을 갖추고 추구하며 살아온 인물은 드물다. 그가 이처럼 비참한 최후를 맞이한 것은 지극히 부당한 일이었다.

1   **87** 처음 얼마 동안 채석장에 수용된 포로들은 가혹한 처우를 받았다. 많은 이들이 지붕 없는 좁은 구덩이에 갇혀 낮에는 내리쬐는 햇볕과 숨막히는 열기에 시달렸다. 가을로 접어들며 밤공기가 차가워지자 기온의 급격한 변화로 병에 걸리는 자가 속출했다. 공간이 협소해 포로들은 모든 일을 한곳에서 처리할 수밖에 없었다. 게다가 부상이나 기후 변화로 사망한 이들의 시신이 쌓이면서 악취가 진동해 견디기 힘들었다. 또한 그들은 굶주림과 갈증에 시달렸다. 8개월 동안 1인당 하루에 물 1코틸레와 곡식 2코틸레[31]만 배급되었기 때문이다. 그들은 그런 환경에서 상상할 수 있는 온갖 고통을 겪었다. 70여 일 동안 포로들은 모두 그렇게 함께 생활했다. 그 후에는 아테나이군과 그들 편에서 싸운 시켈리아나 이탈리아의 헬렌인 이주민을 제외한 나머지는 모두 노예로 팔렸다. 포로의 정확한 수는 확실하지 않으나 7,000명이 넘는 것으로 추정된다.

5   이 사건은 이번 전쟁에서, 아니 내가 아는 한 헬라스 역사 전체를 통틀어 가장 중대한 사건이었다. 승리한 이들에게는 가장 빛나는 업적이었으나, 패배한 이들에게는 가장 참혹한 재앙이었다. 아테나이군은 모든 면에서 철저히 궤멸했고 온갖 고초를 겪었다. 그야말로 완전한 파멸이었다. 보병과 함대를 비롯해 잃지 않은 것이 없었다. 이번 원정에 참가했던 수많은 군사 중 고향으로 돌아온 이는 소수에 불과했다. 이상이 시켈리아에서 일어난 일들이다.

---

31   "코틸레"는 '작은 그릇'을 뜻하는 고대 헬라스의 용량 단위로, 액체 기준 약 0.27리터, 고체 기준 약 0.22리터에 해당한다.

제8권

끝나지 않은 소용돌이
(기원전 413-411년)

패전 이후, 흔들리는 민주정

I   **1** 이 소식이 아테나이에 전해졌을 때, 도주해온 군사들이 직접 목격한 바를 상세히 보고했음에도 불구하고 아테나이인들은 한동안 그 사실을 받아들이지 못했다. 그들은 자신들의 군대가 그렇게 전멸했을 리 없다고 믿었다. 그러나 마침내 그 소식이 사실임을 인정하게 되자, 마치 처음부터 이 원정을 반대했던 것처럼 돌변하여 이를 열렬히 지지했던 대중연설가들에게 분노했다. 신탁을 해석한 자들과 예언자들을 비롯해 신의 뜻이라며 시켈리아 정복의 희망을 심어준 모든 이에게도 원망을 퍼부었다.

2   온갖 문제가 사방에서 밀려들었고, 참사에 대한 두려움과 공포가 그들을 에워쌌다. 한편으로는 수많은 중무장보병과 기병, 젊은이들을 잃고 이들을 대체할 인력도 없어 개인과 국가 모두가 비탄에 잠겼다. 다른 한편으로는 조선소에 남은 함선이 별로 없고, 국고는 고갈되었으며, 선원마저 부족한 상황에서 생존에 대한 희망조차 흐려졌다. 그들은 시켈리아에서 승리한 적군이 곧 페이라이에우스항으로 함대를 파견할 것이라 보았다. 헬라스의 적군들도 이제 육지와 해상에서 두 배의 전력으로 공격해올 것이며, 동맹국들마저 등을 돌릴 것이라 예상했다.

3   그러나 아테나이인은 현재 상황에서 포기하지 않았다. 가능한 곳에

---

* 제8권은 아테나이가 시켈리아에서 참패했다는 소식이 전해지면서 소아시아 이오니아 지방에 있던 아테나이의 동맹국들이 본격적으로 반기를 들고, 라케다이몬인이 페르시스 총독의 지원을 받아 이 반란을 도움으로써 아테나이군이 곤경에 빠지는 과정을 다룬다. 아테나이군은 사모스를 거점으로 맞서지만, 반역자 알키비아데스의 사주로 아테나이에 내란이 일어나 민주정이 무너지고 참주정이 수립된다. 그러나 사모스를 중심으로 다시 반정이 일어나 민주정이 회복되는 장면에서 투키디데스의 기록은 갑작스럽게 끝을 맺는다.

서 목재와 자금을 모아 함대를 정비하고, 동맹국들, 특히 에우보이아가 계속 우군으로 남도록 하며, 도시의 지출을 절감하고, 주요 현안을 사전에 협의할 수 있는 원로회를 선출하기로 의결했다. 민주정에서 흔히 그렇듯이, 대중은 위기 의식을 느끼자 어떤 종류의 제약도 받아들일 준비가 되어 있었다. 그리고 자신들이 의결한 사항을 실행에 옮겼다. 그렇게 여름이 끝났다.

2 겨울이 되어 시켈리아에서 아테나이군이 참패한 소식이 알려지자 헬라스 전역이 들썩였다. 지금까지 중립을 지켜온 국가들은 이제 더 이상 전쟁에서 물러나 있어서는 안 되며, 요청이 없더라도 아테나이인에 대해 조치를 취해야 한다고 생각했다. 아테나이군이 시켈리아 원정에 성공했더라면 자신들도 공격 대상이 되었을 테지만, 이제는 전쟁이 얼마 남지 않았으므로 마지막 국면에 참여하는 것이 이롭다고 판단한 것이다. 라케다이몬의 동맹국들 역시 오랜 고통에서 벗어나고자 이전보다 훨씬 더 열의를 보였다.

특히, 아테나이의 속국들은 비록 역량이 부족하더라도 반기를 들 준비가 되어 있었다. 그들은 지나치게 고무된 나머지 오판하여, 아테나이가 다음 해 여름을 넘기지 못할 것이라 보았다. 라케다이몬인의 도시 또한 이 모든 상황을 보며 용기를 얻었다. 특히 시켈리아의 동맹군이 이제 강력한 해군력을 보유하게 되어, 봄이 되면 전군이 자신들에게 합류할 수밖에 없을 것이라 기대했기 때문이다. 그래서 라케다이몬인은 모든 면에서 희망에 차 망설임 없이 전쟁 준비에 박차를 가했다. 그리하여 아테나이군이 시켈리아를 점령했다면 자신들이 처했을 위험에서 영원히 벗어나고, 아테나이를 무너뜨림으로써 헬라스 전역을 확실하게 지배할 수 있을 것이라 믿었다.

3 라케다이몬의 왕 아기스는 즉시 병력 일부를 이끌고 데켈레이아[1]에서 출발하여 동맹국들로부터 함선 건조에 필요한 자금을 모금했다. 그런 후 멜리스만으로 가 오랜 숙적인 오이테인에게서 많은 물자를 약

탈하고 군자금을 징수했다. 이어서 프티오티스 지역의 아카이오스인과 그 지역에 거주하는 테살리아의 다른 예속민들에게 압력을 가해, 테살리아인의 반발에도 불구하고 볼모를 제공하고 군자금을 바치라고 강요했다. 그는 볼모들을 코린토스로 보내 억류했으며, 그들을 펠로폰네소스 동맹에 가입시키려 했다.

2   또한 라케다이몬은 동맹국들에게 함선 100척을 건조할 것을 요구했다. 자신들과 보이오티아인에게는 각각 25척, 포키스인과 로크리스인에게는 15척, 코린토스인에게는 15척, 아르카디아인과 펠레네인과 시키온인에게는 10척, 메가라인과 트로이젠인과 에피다우로스인과 헤르미오네인에게는 10척이 할당되었다. 그리고 봄이 되면 즉시 전쟁을 재개할 수 있도록 다른 모든 준비도 빠짐없이 했다.

1   **4** 그해 겨울, 아테나이인은 계획을 실행에 옮겼다. 그들은 목재를 구해 함선을 건조했고, 곡물 수송선이 사론만으로 안전하게 들어올 수 있도록 수니온곶을 요새화했다. 또한 시켈리아로 항해하면서 라코니케 지방에 쌓았던 요새는 포기했다. 그들은 불필요하다고 판단되는 모든 경비를 줄였으며, 특히 동맹국들이 반기를 들지 않도록 그들의 움직임을 주의 깊게 살폈다.

1   **5** 그해 겨울, 양측이 개전 초기처럼 전쟁 준비로 분주할 때, 에우보이아인이 가장 먼저 아테나이에 반기를 드는 문제를 논의하고자 라케다이몬의 왕 아기스에게 사절단을 보냈다. 아기스는 그들의 제안을 받아들이고, 라케다이몬에서 스테넬라이다스의 아들 알카메네스와 멜란토스를 불러왔다. 그는 이들에게 에우보이아 원정을 맡길 계획이었다. 두 사람이 최근 해방된 국가 노예 300여 명으로 구성된 부대를 이끌고 도착하자, 아기스왕은 그들을 에우보이아로 보낼 준비를 했다.

---

1 "데켈레이아"는 제6권 각주 47을 보라. 라케다이몬의 왕 아기스는 이 도시를 점령하고 요새화해 주둔하고 있었다.

그사이 레스보스 사절단도 도착했는데, 그들 역시 아테나이에 반기 2
를 들고자 했기 때문이다. 보이오티아인이 그들을 지지하자 아기스왕
은 그 요청을 받아들여 에우보이아인의 반란에 개입하는 일은 당분간
미루고 레스보스인의 반란을 돕기로 했다. 그는 에우보이아로 출항 예
정이었던 알카메네스를 레스보스의 총독으로 임명하고 그에게 함선
10척을 주기로 약속했으며, 보이오티아인도 10척을 제공하기로 했다.

이 모든 결정은 본국 라케다이몬의 승인 없이 이루어졌다. 아기스왕 3
이 군대를 이끌고 데켈레이아에 주둔하는 동안에는 자신이 원하는 곳
에 군대를 파견하고, 군사들을 징집하며, 군자금을 모금할 전권을 위임
받았기 때문이다. 이 시기에 동맹국들은 본국 라케다이몬보다 그에게
훨씬 더 복종했다. 그는 군대를 이끌고 어디든 즉시 출동할 수 있어 모
두에게 두려움의 대상이 되었다.

아기스왕이 레스보스인과 반란 문제를 논의하는 동안, 마찬가지로 4
아테나이에 반기를 들고자 했던 키오스인과 에리트라이인은 아기스왕
이 아닌 본국 라케다이몬에 도움을 요청했다. 그들과 함께 아르타크세
르크세스의 아들 다레이오스왕이 서부 해안 지대의 태수로 임명한 티
사페르네스가 보낸 사절단도 도착했다. 티사페르네스도 펠로폰네소스 5
인의 개입을 요청하며 군량 지원을 약속했다. 그는 얼마 전 대왕으로부
터 속주에 배당된 공물을 바치라는 독촉을 받았으나, 아테나이군의 방
해로 헬렌인 도시들에서 공물을 징수할 수 없었다. 그래서 아테나이인
에게 타격을 주면 공물 징수가 수월해질 것이라 생각했다. 아울러 그는
대왕에게 라케다이몬과의 동맹이라는 선물을 바칠 수 있을 것이고, 피
수트네스의 서자이자 카리아 지방 반란의 주도자인 아모르게스를 생포
하거나 죽이라는 대왕의 또 다른 명령도 이행할 수 있으리라 기대했다.[2]

---

2 "다레이오스왕", 즉 다레이오스 2세(재위 기원전 423-404년)는 페르시스 제국의 제6대
   왕으로, 펠로폰네소스 전쟁에 개입해 라케다이몬을 지원하고 아테나이를 약화시키려

I

6 그래서 키오스인과 티사페르네스는 동일한 목표를 위해 함께 행동했다. 이 무렵 메가라인 라오폰의 아들 칼리게이토스와 키지코스인 아테나고라스의 아들 티마고라스가 라케다이몬에 도착했다. 이들은 둘 다 자국에서 추방된 인물로, 파르나케스의 아들 파르나바조스³의 궁전에 머물고 있었다. 파르나바조스는 헬레스폰토스 해협에서 작전을 수행하기 위해 라케다이몬에 함대를 요청하고자 이들을 보냈다. 그 역시 티사페르네스와 마찬가지로 자신의 속주 도시들이 아테나이에 반기를 들게 하여 공물 징수를 원활히 하고, 라케다이몬과의 동맹이라는 선물을 대왕에게 바치고자 했다.

2 파르나바조스와 티사페르네스가 보낸 사절단이 각각 따로 이를 추진했기에 라케다이몬에서는 격론이 벌어졌다. 한쪽은 함대와 군대를 이오니아 지방과 키오스로, 다른 쪽은 헬레스폰토스 해협으로 먼저 보

3 내야 한다고 설득하려 했기 때문이다. 그러나 라케다이몬인은 키오스인과 티사페르네스의 제안을 훨씬 더 선호했고, 알키비아데스도 그들을 지지했다. 알키비아데스는 당시 감독관 중 한 명인 엔디오스와 조상 때부터 의형제 관계⁴였기 때문이다. 실제로 그의 가문에서는 알키비아데스라는 라코니케식 이름이 사용되었는데, 이는 엔디오스의 아버지

했다. "티사페르네스"는 그의 치세 동안 소아시아 서해안의 리디아와 카리아의 태수로 임명되어 헬라스에 대한 대외 정책을 총괄했다. "피수트네스"는 기원전 440년경부터 리디아와 이오니아 지역의 태수로 있었으나, 기원전 420년대 후반 반란을 일으켰다가 티사페르네스에게 진압되어 처형되었다. 그의 서자 "아모르게스"는 카리아의 이아소스를 거점으로 아테나이의 지원을 받아 반란을 이어갔으나, 기원전 412년 티사페르네스와 라케다이몬의 연합군에 패해 처형되었다.

3 "키지코스"는 헬레스폰토스 해협을 지나 프로폰티스해 남쪽 해안에 위치한 도시로, 기원전 756년경 밀레토스인이 건설했다. "파르나바조스"는 다레이오스 2세 치세에 소아시아 중앙부 헬레스폰토스 지역과 프리기아를 관할한 태수로, 티사페르네스와 경쟁 관계에 있었다.

4 "의형제 관계"로 번역한 크세노스(ξένος)는 외국인이 타국에서 환대를 받은 뒤, 맹세와 예물을 주고받으며 가문 간에 맺는 지속적인 우호 관계를 의미한다. 이는 개인이 아닌 가문 간에 형성되는 특수한 관계다.

이름이었다.

그럼에도 라케다이몬인은 페리오이코이[5] 출신의 프리니스를 키오   4
스로 보내, 키오스인이 과연 그들의 주장대로 많은 함선을 보유하고 있
는지, 다른 면에서도 보고된 대로 강력한 도시인지 알아보게 했다. 프
리니스가 돌아와 모든 것이 사실이라고 보고하자, 라케다이몬인은 즉
시 키오스인 및 에리트라이인과 동맹을 맺고, 키오스인의 보고대로 그
곳에 이미 60척 이상의 함선이 준비되어 있다고 보고 함선 40척을 파
견하기로 의결했다.

처음에는 그중 10척을 함대 사령관 멜랑크리다스와 함께 보내려 했   5
다. 그러나 지진이 일어나자 멜랑크리다스 대신 칼키데우스를 보냈고,
함선도 라코니케 지방에서는 10척이 아닌 5척만 준비했다. 이로써 겨
울이 끝났고, 투키디데스가 기록한 이 전쟁의 열아홉 번째 해[6]가 마무
리되었다.

7 다음 해 여름이 시작되자마자 키오스인이 함대를 보내달라고 독   1
촉했다. 모든 협상은 비밀리에 진행되었지만, 키오스인은 아테나이인
이 이 사실을 알아차릴까 두려워했다. 이에 라케다이몬인은 스파르테
인 3명을 코린토스로 보내, 코린토스만에서 아테나이 쪽 바다로 지협
을 가로질러 함선들을 최대한 빨리 운반한 후, 아기스왕이 레스보스인
을 위해 준비한 함선까지 포함한 전 함대를 이끌고 키오스로 항해하라
고 지시했다. 지협에 집결한 동맹국들의 함선은 총 39척이었다.

8 파르나바조스의 대리인인 칼리게이토스와 티마고라스는 키오스   1

---

5 "페리오이코이"는 제1권 각주 131을 보라.
6 "이 전쟁의 열아홉 번째 해"는 기원전 413년이다. 이 해 아테나이의 시켈리아 원정이
   완패로 끝나면서 함대와 보병이 거의 전멸했고, 니키아스와 데모스테네스가 처형되었
   다. 라케다이몬은 데켈레이아를 요새화해 아테나이 경제에 큰 타격을 주었으며, 페르
   시아와 동맹을 맺고 아테나이 동맹국들의 이탈을 유도해 이듬해인 기원전 412년에는
   이오니아 반란이 일어났다.

인을 지원하는 함대에 합류하지 않았다. 그들은 25탈란톤의 돈을 가져
왔지만, 이번 원정을 위해 내놓지 않고, 나중에 따로 함대를 꾸려 항해

2 할 계획이었다. 아기스왕은 라케다이몬군이 먼저 키오스로 가는 것에
이의를 제기하지 않았다. 그러나 동맹국들은 코린토스에 모여 의논한
후, 라코니케 지방에서 준비 중인 함선 5척을 칼키데우스의 지휘 아래
먼저 키오스로 보내고, 다음으로는 아기스왕이 이미 임명한 알카메네
스의 지휘 아래 레스보스로 함대를 보내며, 마지막으로 람피아스의 아
들 클레아르코스를 지휘관으로 세워 헬레스폰토스로 함선을 보내기로
결정했다.

3 　그들은 먼저 함선의 절반만 지협을 가로질러 운반해 즉시 출항시키
기로 했다. 절반의 함선을 출항시키는 것과 나머지 절반의 함선을 지협
으로 운반하는 것을 동시에 진행함으로써 아테나이인의 주의력을 분

4 산시키기 위함이었다. 그들은 공개적으로 항해 준비를 했다. 아테나이
군에게서 이렇다 할 함대가 보이지 않자, 그들을 얕잡아본 것이다. 그
렇게 동맹국들은 결정한 대로 함선 21척을 지협을 가로질러 운반했다.

1 　**9** 그들은 출항 준비를 서둘렀으나, 코린토스인은 당시에 열리고 있
던 이스트미아 제전[7] 기간의 휴전이 끝날 때까지는 함께 항해하기를
원치 않았다. 이에 아기스왕은 코린토스인이 이스트모스 축제 기간의

2 휴전조약을 깨지 않도록 독자적으로 원정을 계획했다. 그러나 코린토
스인이 이 계획에 동의하지 않아 출정이 지연되었다. 그러는 동안 키오
스인의 상황을 더 잘 파악하게 된 아테나이인은 장군 아리스토크라테
스를 파견해 그들을 추궁했다. 키오스인이 반기를 들려 했다는 사실을
부인하자, 아테나이인은 기존 동맹에 대한 신뢰의 표시로 함선 파견을

---

7 "이스트미아 제전"은 고대 헬라스의 4대 제전 중 하나로, 코린토스 근처 이스트모스
　에서 2년마다 열렸다. 바다의 신 포세이돈을 기리는 이 축제에는 올림피아, 네메아,
　피티아 제전과 함께 헬라스 전역의 도시국가들이 참여했다.

요구했다. 이에 키오스인은 함선 7척을 아테나이에 보냈다. 키오스인 3
이 함선을 보낸 이유는, 키오스인 대다수가 라케다이몬과의 협상을 알
지 못했기 때문이다. 또한 이 협상을 주도한 과두정 지지자들은 강력한
지원을 받기 전에는 대중을 적으로 만들고 싶지 않았으며, 펠로폰네소
스인의 출정이 거듭 지연되자 그들이 올 것이라는 기대를 접었기 때문
이다.

10 그러는 동안 이스트미아 제전이 시작되었고, 아테나이인도 초대 1
받아 제전에 참석했다. 이를 통해 아테나이인은 키오스의 상황을 더욱
명확히 파악하게 되었다. 그래서 제전에서 돌아온 후 켄크레이아항에
서 출발하는 함선들이 몰래 빠져나가지 못하도록 즉시 조치를 취했다.

축제가 끝나자 펠로폰네소스군은 알카메네스가 지휘하는 함선 21척 2
을 이끌고 출항했다. 아테나이군도 동일한 수의 함선으로 그들에게 접
근해 처음에는 먼 바다로 유인했다. 그러나 펠로폰네소스군이 멀리까
지 따라오지 않고 돌아가자 아테나이군도 돌아갔다. 이는 그들의 함대
에 포함된 키오스 함선 7척을 신뢰할 수 없다고 여겼기 때문이다.

그러나 아테나이군은 다른 함선들에 선원을 추가로 태워 총 37척의 3
함대를 구성한 후, 해안을 따라 항해하는 적의 함대를 코린토스 영토인
스페이라이온항[8]까지 추격했다. 그곳은 에피다우로스와의 접경지대에
위치한 외딴 항구였다. 펠로폰네소스군은 먼 바다에서 함선 1척을 잃
었지만, 나머지는 그곳에 정박시켰다.

그러자 아테나이군이 바다에서는 함대로, 육지에서는 상륙한 보병 4
으로 공격했다. 항구는 곧 아수라장이 되었고, 아테나이군은 해안에서
펠로폰네소스군의 함선 대부분을 파괴하고, 적군의 지휘관 알카메네스

---

8 "스페이라이온항"은 코린토스의 동쪽 항구인 켄크레이아항에서 남동쪽으로 약 10킬
로미터 떨어진 지점에 자리한 항구로, 코린토스와 에피다우로스의 접경지대에 있었
다. 이곳에서 남쪽으로 더 내려가면 에피다우로스가 나왔다.

를 죽였다. 아테나이군 중에도 일부가 전사했다.

1   **11** 전투가 끝나고 양측이 물러나자, 아테나이군은 적의 함대를 상
대하기에 충분한 수의 함선을 그곳에 정박시키고, 나머지는 근처 작은
2 섬 앞에 정박시켜 진을 친 후 본국에 증원을 요청했다. 다음날 코린토
스인이 펠로폰네소스 함대를 지원하기 위해 도착했고, 곧이어 이웃 지
역에서도 원군이 합류했기 때문이다. 아테나이군은 외딴 지역에서 수
비하기가 어렵다는 것을 알기에 곤혹스러워했다. 처음에는 함선을 스
스로 불태울 생각도 했으나, 결국 해안으로 끌어낸 후 탈출할 기회가
생길 때까지 보병 부대와 함께 지키기로 결정했다. 이 소식을 들은 아
기스왕은 스파르테인 테르몬을 현장으로 보냈다.

3   본국의 라케다이몬인이 처음 접한 소식은 함선들이 지협에서 출발
했다는 것이었다. 함선들이 출발하면 기병 한 명을 보내 알리라고 감독
관들이 알카메네스에게 지시해둔 터였다. 이에 라케다이몬은 즉시 함
선 5척을 칼키데우스의 지휘 아래 보낼 준비를 했고, 알키비아데스도
함께 보내려 했다. 그러나 출항하기 직전, 함대가 스페이라이온항에 갇
혔다는 소식이 들어왔다. 라케다이몬인은 이오니아 지방으로의 첫 출
정이 실패한 것에 낙담해 출항을 보류했고, 이미 나간 일부 함선들도
소환하려 했다.

1   **12** 알키비아데스는 이 소식을 듣고 엔디오스를 비롯한 감독관들을
찾아가 원정을 포기하지 말라고 설득했다. 만약 함대가 즉시 출발하면,
키오스인이 원정군의 상황을 파악하기 전에 키오스에 도착할 수 있다
고 주장했다. 또한 자신이 직접 이오니아 지방에 가서 아테나이군의 허
약함과 라케다이몬군의 적극적인 개입 의지를 알리면, 그곳 도시들은
누구보다 자신의 말을 신뢰하기에 아테나이에 반기를 들도록 설득하
2 기가 어렵지 않을 것이라고 말했다. 그는 엔디오스를 따로 불러내, 이
오니아 지방이 반기를 들고 대왕이 라케다이몬 편이 되는 것이야말로
아주 바람직한 일인데, 그 공이 아기스왕에게 돌아가게 두어서는 안 된

다고 말했다. 그가 이렇게 말한 것은 아기스왕과 사이가 좋지 않았기 때문이다. 결국 그는 엔디오스를 비롯한 감독관들을 설득하여 라케다 3 이몬인 칼키데우스와 함께 함선 5척을 이끌고 서둘러 출항했다.

13 이 무렵, 시켈리아 전쟁 내내 길리포스와 함께 참전했던 펠로폰 1 네소스 함선 16척이 귀환길에 올랐다. 이들은 레우카스 앞바다에서 메 니포스의 아들 히포클레스가 지휘하는 아테나이군 함선 27척의 매복 공격을 받았다. 아테나이군이 시켈리아에서 돌아오는 적 함선들을 기 다리고 있었던 것이다. 펠로폰네소스군은 함선 1척을 잃었으나, 나머 지는 아테나이군을 피해 코린토스로 향했다.

14 칼키데우스와 알키비아데스는 이오니아 지방으로 향하는 사실 1 이 알려지지 않도록 항해 중 만난 모든 사람들을 체포했다. 그들은 먼 저 본토의 코리코스곶[9]에 도착해 체포했던 사람을 풀어주고, 협력하기 로 한 몇몇 키오스인들과 만났다. 이 키오스인들은 그들에게 도착 사실 을 미리 알리지 말고 곧장 도시로 항해할 것을 요청했다. 이에 따라 라 케다이몬 함선은 키오스에 갑자기 출현했다.

키오스인 대부분은 놀라고 당황했지만, 과두정 지지자들은 의회를 2 소집할 준비가 되어 있었다. 의회에서 칼키데우스와 알키비아데스는 더 많은 함선이 오고 있다고 말했으나, 스페이라이온에 봉쇄된 함대 에 대해서는 언급하지 않았다. 그러자 키오스인은 아테나이에 공식적 으로 반기를 들었고, 에리트라이인도 곧 그 뒤를 따랐다. 그 후 그들은 3 함선 3척을 이끌고 클라조메나이로 가서 그곳도 반기를 들게 했다. 클 라조메나이인은 즉시 내륙으로 건너가, 자신들의 도시가 있는 작은 섬 에서 철수해야 할 경우에 대비해 폴리크나[10]를 요새화하기 시작했다. 아테나이에 반기를 들기로 한 모든 도시들은 요새 구축과 전쟁 준비에

---

9 "코리코스곶"은 소아시아 서해안 이오니아 지방, 사모스섬 근처에 위치한 지점으로, 북쪽 해안을 따라 약 70킬로미터 떨어진 곳에 에페소스가 있었다.

몰두했다.

I 　**15** 키오스 소식은 아테나이에 신속히 도착했다. 아테나이인은 이미 큰 위험에 둘러싸여 있다고 여겼고, 가장 큰 동맹국이 이탈했으니 다른 동맹국들도 가만히 있지 않을 것이라 생각했다. 아테나이인은 전쟁 내내 비축해둔 1,000탈란톤에 손대지 않기 위해, 그 돈을 쓰자고 제안하거나 그런 제안에 투표하는 자들에게 벌금을 부과하기로 했었지만, 현재 느끼는 공포로 인해 그 규정을 즉시 폐지했다. 그들은 이제 그 자금을 사용해 많은 함선에 선원들을 태우기로 의결했다. 우선 스페이라이온항을 봉쇄하던 함선 중 8척을 디오티모스의 아들 스트롬비키데스의 지휘 아래 즉시 키오스로 보내기로 했다. 이 함선들은 칼키데우스의 함선을 추격하려고 스페이라이온항을 떠났다가 실패하고 아테나이에 돌아온 터였다. 이어서 이 함선들을 지원하기 위해 또 다른 함선 12척을 트라시클레스의 지휘 아래 보내기로 했고, 이 또한 스페이라이온항을 봉쇄하고 있는 함대에서 빼올 계획이었다.

2 　스페이라이온항 봉쇄에 투입된 키오스군의 함선 7척은 철수시켜, 그 함선에 승선했던 노예들은 해방시키고 자유민들은 가두었다. 아테나이인은 신속히 별도로 함선 10척에 선원을 태운 후, 지금까지 빼온 모든 함선을 대신하여 펠로폰네소스군 함대를 봉쇄하게 했고, 30척의 다른 함선에도 선원을 승선시킬 계획이었다. 아테나이는 이 모든 조처에 대단한 열성을 보였고, 키오스를 되찾기 위한 일에 한 치의 소홀함도 없었다.

I 　**16** 그러는 동안 스트롬비키데스가 함선 8척을 이끌고 사모스에 도착해, 사모스군의 함선 1척을 합류시킨 후 테오스로 가서 그곳 주민들에게 조용히 있을 것을 요구했다. 그러나 칼키데우스도 함선 23척을

---

10 "클라조메나이"는 소아시아 이오니아의 에리트라이반도에 자리한 도시 에리트라이의 동쪽에 위치했다. "폴리크나"는 이들이 요새화한 내륙의 거점이다.

이끌고 키오스에서 테오스로 항해했고, 클라조메나이인과 에리트라이인의 보병 부대도 테오스로 향했다. 스트롬비키데스는 이러한 움직임 2 을 미리 알고 테오스를 떠나 먼 바다로 나갔다가, 수많은 적의 함선이 키오스에서 몰려오는 것을 보고 사모스로 도주했으나 적의 함선들이 그를 추격했다.

처음에 테오스인은 보병 부대를 성 안으로 들이지 않으려 했지만, 3 아테나이군이 도주한 후에는 받아들였다. 보병 부대는 칼키데우스가 추격에서 돌아오기를 기다리며 아무 행동도 취하지 않았다. 그러나 시간이 지나도 돌아오지 않자, 아테나이군이 테오스 도시의 내륙 쪽에 쌓은 방벽을 허물기 시작했다. 티사페르네스의 부관 스타게스가 지휘하는 소수의 이민족 병력도 이 일을 도왔다.

17 사모스 쪽으로 도주한 스트롬비키데스를 추격했던 칼키데우스 1 와 알키비아데스가 키오스로 돌아왔다. 그들은 펠로폰네소스에서 데려온 함선의 선원들을 무장시켜 키오스에 남겨두고, 대신 키오스에서 새로 선원을 차출했다. 다른 함선 20척에도 선원들을 태운 후, 밀레토스인이 아테나이에 반기를 들게 하고자 그곳으로 항해했다. 알키비아데 2 스는 밀레토스의 지도자들과 친밀했기에, 펠로폰네소스에서 더 많은 함선이 도착하기 전에 밀레토스인을 자기 편으로 끌어들이고자 했다. 그가 키오스인과 칼키데우스의 도움으로 가능한 한 많은 이오니아 지방의 도시들이 아테나이에 반기를 들게 만든다면, 그 공이 키오스인과 자신, 칼키데우스, 그리고 그가 약속한 대로 이번 원정을 주도한 엔디오스에게 돌아갈 것이었다.

그들은 비밀리에 항해하여 스트롬비키데스와 트라시클레스보다 조 3 금 앞서 밀레토스[11]에 도착했고, 밀레토스인이 아테나이에 반기를 들게

---

11 "밀레토스"는 사모스에서 남동쪽으로 약 60킬로미터 떨어진 소아시아 이오니아 해안의 주요 도시로, 기원전 412년 라케다이몬과 동맹을 맺고 아테나이 동맹에서 이탈했다.

하는 데 성공했다. 뒤이어 트라시클레스가 함선 12척을 이끌고 아테나이에서 도착해 스트롬비키데스의 함선 7척과 합류했다. 아테나이군은 함선 19척을 이끌고 그들을 바싹 뒤쫓았으나, 밀레토스인이 받아주지 않자 인근 라데섬[12] 앞바다에 정박했다. 한편, 밀레토스인이 아테나이에 반기를 든 직후, 페르시스 대왕과 라케다이몬군 간의 첫 동맹이 티사페르네스와 칼키데우스에 의해 체결되었다. 그 내용은 다음과 같았다.

1   **18** "라케다이몬과 그 동맹국들은 대왕 및 티사페르네스와 다음과 같은 조건으로 동맹조약을 체결한다. 현재 대왕이 소유하고 있거나 과거 대왕의 선조가 소유했던 모든 영토와 도시는 대왕의 소유로 한다. 이들 도시에서 아테나이에 유입되던 자금과 재물은, 대왕과 라케다이몬 및 그 동맹국들이 공동으로 차단하여 아테나이가 더이상 이를 받지

2   못하게 한다. 아테나이에 대한 전쟁은 대왕과 라케다이몬 및 그 동맹국들이 공동으로 수행한다. 이 전쟁의 종결은 양측, 즉 대왕과 라케다이

3   몬 및 그 동맹국들 모두의 동의가 있어야 가능하다. 대왕의 통치에서 이탈한 도시는 라케다이몬 및 그 동맹국들의 적으로 간주되고, 마찬가지로 라케다이몬 및 그 동맹국들에게서 이탈한 도시는 대왕의 적으로 간주된다."

1   **19** 이러한 조건으로 동맹조약이 맺어졌다. 곧이어 키오스인은 추가로 함선 10척에 선원들을 태우고 아나이아로 향했다. 이는 밀레토스의 상황을 알아보고, 동시에 그 지역 도시들이 아테나이에 반기를 들게 하

2   기 위함이었다. 그러나 그들은 칼키데우스로부터 돌아가라는 전갈을 받았고, 아모르게스가 군대를 이끌고 육로로 접근 중이라는 소식도 들었다. 키오스 함대가 제우스 성역 쪽으로 항해하던 중, 트라시클레스의

이곳에서 라케다이몬과 페르시스 간의 동맹조약이 체결되었으며, 이후 밀레토스는 페르시스의 영향 아래 놓이게 되었다.

12 "라데섬"은 밀레토스 앞바다에 위치한 섬으로, 천연 방파제 역할을 했다.

함선에 이어 디오메돈이 아테나이에서 이끌고 온 함선 16척이 그들 앞에 나타났다. 아테나이군의 함선을 본 키오스인들은 1척은 에페소스 쪽으로, 나머지는 테오스 쪽으로 도주했다. 아테나이군은 선원들이 육지로 도망치면서 버리고 간 함선 4척을 나포했지만, 나머지 키오스 함선들은 이미 테오스로 도주한 상태였다. 그 후 아테나이군은 사모스로 항해했다. 키오스인들은 나머지 함선들을 이끌고 다시 바다로 나가 보병 부대와 협력하여 먼저 레베도스, 다음으로는 하이라이[13]에서 아테나이에 반기를 들도록 했다. 그런 후 함대와 보병 부대는 모두 본국으로 돌아갔다.

20 이 무렵, 스페이라이온항으로 쫓겨 들어가 같은 수의 아테나이 함선에 봉쇄당하고 있던 펠로폰네소스 함선 20척이 갑자기 항구 밖으로 나와 해전을 벌였다. 이 전투에서 펠로폰네소스군은 승리를 거두고, 아테나이 함선 4척을 나포한 후 켄크레이아로 항해했다. 이는 그곳에서 다시 키오스와 이오니아 지방으로 항해할 준비를 하기 위함이었다. 그러는 동안 함대 사령관으로 임명된 아스티오코스가 그들을 지휘하기 위해 라케다이몬에서 도착했다. 테오스에서 아테나이군 보병이 철수한 후, 티사페르네스가 직접 군대를 거느리고 와 아테나이군이 쌓은 방벽을 마저 허물고 철수했다. 그가 떠나고 얼마 후 디오메돈이 함선 10척을 이끌고 와 테오스인이 펠로폰네소스인과 같은 조건으로 아테나이군도 받아들인다는 협정을 맺었다. 이후 그는 해안을 따라 항해하여 하이라이를 공격했지만 함락시키지 못하고 돌아갔다.

---

13 "키오스"는 이오니아 지방의 아테나이에 대한 반란을 주도한 도시였다. "아나이아"는 키오스섬에서 남동쪽으로 약 120킬로미터 거리에 있는 사모스섬 맞은편에 자리한 도시로, 인근에 이오니아 동맹 회의 장소인 제우스 파니오니오스(소아시아 이오니아 도시들이 섬긴 제우스) 성역이 있었다. "에페소스"는 그 북쪽 약 20킬로미터 지점이었다. "테오스"는 에페소스에서 북서쪽으로 약 60킬로미터 떨어진 해안 도시이며, "하이라이"는 테오스 인근에, "레베도스"는 테오스에서 남동쪽으로 약 15킬로미터 떨어진 위치에 있었다.

1   21 그 무렵, 사모스에서는 대중이 마침 함선 3척을 이끌고 그곳에
와 있던 아테나이군과 손잡고 지배층에 반기를 들었다. 이들은 지배층
요인 200여 명을 처형하고 400명을 추방했으며, 그들의 토지와 집을
나누어 가졌다. 이어서 아테나이 민회는 의결을 통해 사모스인의 독립
과 자치권을 보장했고, 사모스인은 자신의 도시와 관련된 나머지 일들
을 개혁해나갔다. 이때 시행된 여러 조치 중에는 지주들의 시민권을 박
탈하고, 그들과 대중 간의 혼인을 금하는 조치도 포함되어 있었다.

1   22 그해 여름, 이 일이 있은 후에도 키오스인은 펠로폰네소스인의
지원 없이도 다른 도시들이 아테나이에 반기를 들도록 하는 일에 열성
을 다했다. 보다 많은 도시가 자신들과 함께 위험을 감수하기를 원했기
때문이다. 그들은 레스보스를 공격하기 위해 함선 13척을 파견했다. 이
는 키오스에서 레스보스로 이동한 후 헬레스폰토스로 진격한다는 라
케다이몬의 계획에 따른 것이었다. 동시에 그곳에 주둔하던 펠로폰네
소스군과 해당 지역의 동맹군으로 구성된 보병 부대가 해안을 따라 클
라조메나이와 키메를 향해 진격했다. 이 부대는 스파르테인 에우알라
스가 지휘했고, 함대는 페리오이코이 출신인 데이니아다스가 이끌었
2   다. 함대는 먼저 메팀나로 가서 아테나이 동맹에서 이탈하게 만든 후,
함선 4척을 남겨둔 채 나머지 함선을 이끌고 미틸레네로 이동해 그들
마저 아테나이 동맹에서 이탈하게 했다.

1   23 라케다이몬 함대 사령관 아스티오코스는 계획대로 함선 4척을
이끌고 켄크레이아를 출발해 키오스에 도착했다. 그가 도착한 지 3일
째 되는 날 디오메돈과 레온이 이끄는 아테나이군의 함선 25척이 레스
보스로 항해했는데, 이후 레온은 아테나이에서 함선 10척을 더 이끌고
왔다.

2   같은 날 늦게 아스티오코스는 키오스군의 함선 1척을 추가로 합류
시켜 레스보스로 항해했다. 그는 힘닿는 데까지 돕고자 했다. 그는 피
라에 도착한 다음날 에레소스로 향했으며, 그곳에서 미틸레네가 전투

한 번 없이 아테나이군에게 점령되었다는 소식을 접했다. 아테나이군 3
이 예기치 않게 함대를 몰고 항구로 직진하여 키오스 함선들을 장악한
후, 상륙 부대를 투입하여 저항하는 적군을 물리치고 도시를 점령한 것
이었다.

아스티오코스는 이 소식을 에레소스인, 그리고 에우불로스와 함께 4
메팀나에 있다가 미틸레네가 함락된 후 도주한 함선의 승선자들로부
터 들었다. 이들 중 1척은 아테나이군에 나포되었고, 나머지 3척은 에
레소스에서 아스티오코스를 만났다. 이에 그는 미틸레네로 가는 것을
포기하고, 대신 에레소스가 아테나이에 반기를 들게 만든 후, 자신이
데려온 군사들을 무장시켜 에테오니코스의 지휘 아래 해안을 따라 육
로로 안티사와 메팀나로 이동시켰다. 그리고 그는 함선들과 키오스군
의 함선 3척을 이끌고 해안을 따라 항해했다. 이는 메팀나인이 자신의
군대를 보고 용기를 얻어 계속해서 반기를 들게 하기 위함이었다.

그러나 레스보스의 정세가 계속 불리해지자, 아스티오코스는 보병 5
부대를 다시 함선에 태우고 키오스로 철수했다. 헬레스폰토스로 진군
하려던 동맹군의 보병 부대 역시 각자의 본국으로 돌아갔다. 이후 켄크
레이아에 주둔하던 펠로폰네소스 동맹군의 함선 6척이 키오스에 도착
했다.

한편 아테나이군은 레스보스 사태를 수습한 후, 클라조메나이인이 6
요새화하던 내륙 도시 폴리크나를 함락시키기 위해 출항했다. 그들은
폴리크나를 점령한 후에 다프누스[14]로 도주한 주모자들을 제외한 모든
주민들을 섬에 있는 도시로 돌려보냈다. 그 결과, 클라조메나이는 다시
아테나이에 항복하게 되었다.

24 그해 여름, 아테나이군은 밀레토스 근처 라데섬에 정박한 함선 1

---

14 "다프누스"는 클라조메나이와 같은 스미르나만에 자리한 도시로, 만의 동쪽 연안에
   있었다.

20척을 이끌고 밀레토스의 영토 내의 파노르모스항[15]에 상륙했다. 그들은 소수의 병력을 이끌고 지원하러 온 라케다이몬 지휘관 칼키데우스를 죽였으며, 3일째 되는 날 다시 돌아와 승전비를 세웠다. 그러나 나중에 밀레토스인은 그 땅이 완전히 정복된 것이 아니라고 여겨 그 승전비를 철거했다.

2 　레온과 디오메돈도 레스보스에 정박해 있던 아테나이군 함선들을 이끌고, 키오스 앞바다의 오이누사이 섬들, 에리트라이의 영토 내 요새인 시두사와 프텔레온, 그리고 레스보스를 기지로 삼아 해상에서 키오스를 공격했다. 그들의 함선에는 징집 명부에 따라 모집된 중무장보병이 승선하여 전투에 투입되었다. 3 이 중무장보병들은 카르다밀레와 볼리스코스에 상륙하여, 출동한 키오스인과 전투를 벌였다. 그들은 키오스군을 물리치고 많은 적을 죽인 후 그 지역을 약탈했다. 또한 파나이에서 벌어진 두 번째 전투에서도 승리했으며, 레우코니온[16]의 세 번째 전투에서도 승리를 거두었다. 이후 키오스군이 더 이상 전투에 나서지 않자, 아테나이군은 메디아인과의 전쟁 때부터 한 번도 피해를 입지 않아 잘 보존되어 있던 키오스인의 땅을 약탈했다.

4 　내가 알기로 키오스인은 라케다이몬인을 제외하면 번영 속에서도 절제된 삶을 지켜온 유일한 사람들이었다. 그들은 국가의 힘이 커질수록 그에 맞추어 내부 질서도 함께 강화해갔다. 5 그들이 반기를 든 것은 신중하지 못한 행동으로 보일 수 있지만, 당시 많은 동맹국이 함께 위험을 감수하려 했고 시켈리아에서의 참패 이후 아테나이조차 자신들

---

15 "파노르모스항"은 밀레토스 인근에 위치한 항구로, 밀레토스가 보유한 주요 항구 중 하나였다.

16 "오이누사이 섬들"은 키오스섬 북동쪽 약 2킬로미터 지점에 위치한 군도로, 한 개의 큰 섬(오이누사이)과 여러 개의 작은 섬과 바위섬으로 이루어져 있었다. "시두사"와 "프텔레온", "카르다밀레", "볼리스코스", "파나이", "레우코니온"은 키오스섬의 소도시로 추정되지만, 정확한 위치나 성격은 알려진 바가 없다.

의 상황이 불리하다는 사실을 반박하지 않는 분위기에서 행동에 나섰던 것이다. 따라서 키오스인이 예측할 수 없는 인생사 가운데 오판을 했다면, 이는 그들만의 잘못이 아니다. 당시 아테나이 제국의 몰락은 많은 이들이 예견하던 일이었다.

그러나 해로가 막히고 육지에서 약탈을 당하자, 키오스 내부에서 아 6 테나이와 다시 손을 잡으려는 움직임이 일었다. 관리들은 이를 눈치채고도 조용히 대응하며, 함대 사령관 아스티오코스와 그의 함선 4척을 에리트라이에서 불러들였다. 그들은 볼모를 잡든, 아니면 다른 방식으로든 이 음모를 가장 온건하게 중단시킬 방안을 찾았다. 이상이 당시 키오스인의 상황이었다.

25 그해 여름이 끝나갈 무렵, 아테나이인은 새로운 원정군을 파견 1 했다. 아테나이군 중무장보병 1,000명, 아르고스군 1,500명(경무장을 하고 온 아르고스인 중 500명은 아테나이가 중무장보병으로 무장시켰다), 동맹군 1,000명으로 구성된 군대였다. 이들은 병력 수송선을 포함한 함선 48척에 나뉘어 승선해, 프리니코스와 오노마클레스와 스키로니데스의 지휘 아래 사모스를 거쳐 밀레토스로 이동하여 진을 쳤다.

밀레토스군도 중무장보병 800명을 동원해 대응했다. 그들은 칼키데 2 우스가 이끌고 온 펠로폰네소스군, 티사페르네스의 용병, 그리고 티사페르네스가 직접 지휘하는 기병대와 함께 아테나이군 및 그 동맹군과 전투를 벌였다. 아르고스군은 이온인이 자신들의 공격을 견디지 못할 3 것이라 자만했고, 자신들이 맡은 진영의 날개에서 남들보다 앞으로 더 밀고 나갔다. 그들은 대오를 벗어나 돌진하다가 밀레토스군에게 패해 300명에 가까운 군사를 잃었다.

아테나이군은 먼저 펠로폰네소스군을 물리쳤고, 이민족과 그 밖의 4 잡다한 무리를 밀어냈지만, 밀레토스군과는 직접 싸우지 않았다. 밀레토스군은 아르고스군과 싸워 이긴 후, 자신들의 동맹군 부대가 패주하는 것을 보고 성 안으로 후퇴했다. 승리한 아테나이군은 밀레토스 성

앞까지 진격했다.

5   이 전투는 우연히도 양측 모두에게 이온인이 도로스인을 이긴 싸움
이 되었다. 아테나이군은 펠로폰네소스군을, 밀레토스군은 아르고스군
을 각각 격파했기 때문이다. 아테나이군은 승전비를 세우고, 반도의 좁
은 목에 방벽을 쌓아 밀레토스를 봉쇄할 준비를 했다. 밀레토스가 함락
되면 다른 도시들도 쉽게 항복할 것이라 기대했다.

1   **26** 이미 늦은 오후, 아테나이군은 펠로폰네소스와 시켈리아에서 나
선 적군의 함선 55척이 거의 도착했다는 소식을 들었다. 시라쿠사이의
헤르모크라테스가 아테나이군의 잔존 세력을 완전히 무너뜨리기 위
해 시켈리아 함대의 파견을 강력히 권유했기 때문이다. 이에 시라쿠사
이에서 20척, 셀리누스에서 2척의 함선이 출발했고, 펠로폰네소스에서
준비 중인 함선들도 준비가 끝나 함께 출정했다. 이 두 함대를 아스티
오코스에게 인계하는 일은 라케다이몬인 테리메네스가 맡았다. 두 함
2 대는 먼저 밀레토스 앞바다에 있는 레로스섬으로 항해했다. 그곳에서
아테나이군이 밀레토스에 있다는 소식을 듣고, 밀레토스의 상황을 파
악하기 위해 이아소스만[17]으로 항해했다.

3   두 함대는 이아소스만에 도착해 밀레토스의 영토인 테이키우사[18]에
서 야영을 하고 있었다. 그때 알키비아데스가 말을 타고 와 소식을 전
해주어(그는 직접 전투에 참가해 밀레토스군과 티사페르네스 편에서 싸웠다),
그들은 밀레토스의 상황을 잘 알게 되었다. 알키비아데스는 이오니아
와 주변 지역이 무너지는 것을 막고 싶다면, 가능한 한 신속히 밀레토
스를 돕고, 그곳이 봉쇄되는 상황을 방관하지 말라고 조언했다. 그들은

---

17 "레로스섬"은 밀레토스 서쪽 약 50킬로미터 지점에 위치한 도데카네스제도의 섬이
   다. "이아소스만"은 밀레토스에서 남동쪽으로 해안을 따라 약 80킬로미터 떨어진 카
   리아 지방의 만으로, 이아소스는 그 북서쪽 작은 반도 위에 있었다.
18 "테이키우사"는 이아소스만 남쪽 해안의 작은 도시로, 그 이름이 '벽으로 둘러싸인'
   을 뜻하는 것으로 보아 요새 도시였을 가능성이 높다.

날이 밝는 대로 밀레토스를 돕기 위해 출발하기로 했다.

27 한편 아테나이 장군 프리니코스는 레로스섬에서 적의 함대 상황 ₁
을 명확히 파악한 후, 비록 동료 장군들이 그곳에 머무르며 해전을 벌이
기를 원했지만, 자신은 그렇게 하지 않을 것이며, 그들이나 다른 누구라
도 그렇게 하지 못하게 전력으로 막겠다고 말했다. 그는 적군과 아군의 ₂
함선 수를 정확히 파악한 후 충분히 준비된 상태에서 싸워야 하며, 조
롱당할까 두려워해 무모하게 위험을 무릅쓰지는 않겠다고 덧붙였다.

아울러 그는 아테나이군이 적의 함대 앞에서 전략적 후퇴를 하는 것 ₃
은 수치가 아니지만, 무모하게 싸우다 패배하여 아테나이에 치욕을 안
기고 나라를 위기에 빠뜨리는 것이야말로 수치스러운 일이라고 말했다.
시켈리아에서의 참패 이후 아테나이군은 확실히 준비된 경우에만 공격
해야 하며, 불필요한 위험을 자초하는 것은 옳지 않다고 강조했다. 프리 ₄
니코스는 동료 장군들에게 부상자와 보병, 장비를 함선에 실은 뒤, 배를
가볍게 하기 위해 약탈한 물품은 모두 버리고, 사모스로 철수하자고 제
안했다. 모든 함선이 사모스에 집결한 후 기회가 오면 그곳을 거점으로
공격을 재개하자는 제안이었다. 그는 동료 장군들을 설득했고, 아테나 ₅
이군은 그의 제안대로 실행했다. 그때뿐 아니라 나중에도, 그리고 이후
그가 내린 여러 결정들은 그가 어리석은 사람이 아니라는 것을 보여주
었다. 이렇게 아테나이군은 완전한 승리를 거두지 못한 채 해가 지자 ₆
프리니코스의 제안대로 밀레토스에서 철수했고, 아르고스군은 전투에
서 패한 것이 분해 사모스에 도착하자마자 서둘러 본국으로 향했다.

28 한편 펠로폰네소스군은 새벽에 테이키우사를 출항해 밀레토스 ₁
에 도착했다. 그들은 하루를 머문 뒤, 다음날 아테나이군의 추격을 받
았던 칼키데우스와 키오스 함대와 합류했고, 테이키우사에 두고 온 장
비를 가져오기 위해 다시 그곳으로 항해했다. 그들이 테이키우사에 도 ₂
착했을 때, 티사페르네스가 보병 부대를 이끌고 와, 자신들의 적인 아
모르게스가 점령 중인 이아소스로 가자고 설득했다. 펠로폰네소스군은

이아소스 주민들이 자신들을 아테나이 함선으로 착각해 경계하지 않는 틈을 타, 그곳을 기습 점령했다. 이 작전에서 특히 시라쿠사이인이 큰 공을 세웠다.

3 펠로폰네소스군은 대왕에게 반기를 든 피수트네스의 서자 아모르게스를 생포하여 티사페르네스에게 넘기며, 원한다면 대왕의 지시대로 그를 대왕에게 데려가라고 했다. 이어서 이아소스를 약탈하며, 예로부터 부유했던 그곳에서 막대한 전리품을 얻었다. 그들은 아모르게

4 스와 함께했던 용병들을 해치지 않고 자신들의 군대에 편입시켰는데, 그들 대부분이 펠로폰네소스 출신이었기 때문이다. 또한 합의에 따라, 도시를 자유민이든 노예든 모든 포로와 함께 1인당 1다레이코스 스타

5 테르[19]를 받고 티사페르네스에게 넘기고 밀레토스로 철수했다. 한편, 라케다이몬인은 레온의 아들 페다리토스를 키오스의 통치자로 임명하고, 아모르게스가 고용했던 용병 부대를 이끌고 에리트라이까지 육로로 가는 임무를 그에게 맡겼다. 밀레토스의 통치자로는 필리포스를 임명했다. 이로써 여름이 끝났다.

1 **29** 겨울이 되자 티사페르네스는 이아소스에 수비대를 배치한 후 밀레토스로 가서, 라케다이몬 방문 당시 약속한 대로 모든 함선의 선원들에게 1인당 1아티케 드라크메씩 한 달 치 급료를 지급했다. 다만 이후에는 대왕의 재가를 받기 전까지 1인당 3오볼로스[20]만 지급하고, 재가

2 를 받으면 1드라크메를 지급하겠다고 밝혔다. 테리메네스는 함대 사령관이 아니라 단지 함선을 아스티오코스에게 인계하는 임무만 맡았기에 급료 문제에 강경하게 대응하지 못했다. 그러나 시라쿠사이 장군 헤르모크라테스는 이에 항의했고, 그 결과 함선 5척의 급료를 추가 지급

---

19 "다레이코스 스타테르"는 다레이오스 1세 시기에 주조된 금화로, 용병 한 달 치 급여에 해당하는 고액의 화폐였다.

20 "3오볼로스"는 0.5드라크메에 해당한다. 고대 아테나이에서 숙련 노동자의 하루 임금은 일반적으로 1드라크메였다.

하기로 합의되었다. 덕분에 선원들은 1인당 3오볼로스를 조금 넘는 급료를 받게 되었다. 티사페르네스는 함선 55척에 대해 매달 30탈란톤의 급료를 지급했고, 함선 수가 증가하면 그에 비례해 급료를 추가로 지급했다.

30 그해 겨울, 사모스에 주둔 중이던 아테나이군에게 본국으로부터 1 카르미노스, 스트롬비키데스, 에우크레몬이 이끄는 35척의 증원 함대가 도착했다. 이로써 아테나이군은 키오스에 있던 함선들까지 모두 집결시켜 전 함대를 재편성할 수 있게 되었다. 한편으로는 해상에서 밀레토스를 봉쇄하고, 다른 한편으로는 키오스에 함대와 보병 부대를 보내기 위해서였다.[21] 제비뽑기 결과에 따라 스트롬비키데스, 오노마클레 2 스, 에우크레몬이 밀레토스에 주둔 중이던 중무장보병 1,000명 중 일부를 병력 수송선에 태우고, 함선 30척을 이끌고 키오스로 향했다. 나머지 장군들은 함선 74척을 지휘하며 사모스에 남아 해상 지배권을 유지하고, 밀레토스를 계속해서 공격했다.

31 이 무렵 아스티오코스는 키오스인이 아테나이로 넘어가는 것을 1 막기 위해 볼모를 선별하고 있었다. 그러나 테리메네스와 함께 온 함선들이 도착하면서 키오스와의 동맹 관계가 호전되었음을 알게 되자, 그는 이 작업을 중단하고 펠로폰네소스 함선 10척과 키오스 함선 10척을 이끌고 출항했다. 그는 먼저 프텔레온을 공격했지만 점령하지 못하자, 2 해안을 따라 클라조메나이로 항해하여, 그곳의 친아테나이파에게 다프누스로 이주하고 도시를 자신들에게 넘기라고 요구했다. 이오니아 지방의 페르시스 태수 타모스도 같은 요구를 했다.

그러나 클라조메나이인이 이를 거부하자, 아스티오코스는 성벽이 3

---

21 "사모스"는 아테나이 함대의 전진기지 역할을 한 섬으로, 반란의 중심지였던 "키오스"까지는 북서쪽으로 약 100킬로미터, 라케다이몬군의 거점인 "밀레토스"까지는 남동쪽으로 약 60킬로미터 떨어져 있었다.

없는 그들의 도시를 공격했다. 하지만 점령하지 못하고 출항해야 했다. 이후 그는 강풍에 밀려 포카이아와 키메로 표류했고, 다른 함선들은 클라조메나이 앞바다에 있는 섬들인 마라루사, 펠레, 드리무사[22]로 흩어졌다. 강풍에 발이 묶인 군사들은 8일 동안 그곳에 머물며 클라조메나이인의 저장된 재물을 약탈하고 소비했다. 그런 후 남은 재물을 배에 실은 뒤, 아스티오코스와 합류하기 위해 포카이아와 키메로 향했다.

1　　**32** 아스티오코스가 그곳에 머무는 동안, 레스보스 사절단이 찾아와 다시 아테나이에 반기를 들겠다고 제안했다. 그는 그 제안을 긍정적으로 받아들였지만, 코린토스를 비롯한 동맹군들은 과거의 실패 경험 때문에 미온적인 태도를 보였다. 결국 그는 출항하여, 강풍으로 흩어졌

2 던 그의 함선들을 다시 집결시킨 키오스로 돌아갔다. 한편, 페다리토스는 육로를 따라 군대를 이끌고 밀레토스를 떠나 에리트라이에 도착한 후, 키오스로 건너왔다. 당시 아스티오코스는 칼키데우스가 키오스에 남겨둔 5척의 함선과 그에 승선한 500여 명의 중무장보병을 보유하고 있었다.

3　　레스보스에서 다시 몇몇 인사가 찾아와 아테나이에 반기를 들겠다고 제안하자, 아스티오코스는 이 사실을 페다리토스와 키오스인에게 알리고, 함대를 이끌고 가서 레스보스인의 반란을 지원하자고 요청했다. 그렇게 하면 더 많은 동맹군을 확보할 수 있고, 설령 실패하더라도 아테나이군에 타격을 줄 수 있다고 설득했다. 그러나 페다리토스와 키오스인은 그의 제안을 받아들이지 않았으며, 페다리토스는 키오스 함선을 제공하지 않겠다고 말했다.

1　　**33** 이에 아스티오코스는 코린토스 함선 5척, 메가라 함선 1척, 헤르

---

22 "포카이아"는 클라조메나이가 있던 스미르나만의 입구 동쪽 해안에 있었고, "키메"는 포카이아에서 해안을 따라 북동쪽으로 약 20킬로미터 떨어진 지점에 위치했다. "마라루사", "펠레", "드리무사"는 모두 스미르나만에 있던 섬이다.

미오네 함선 1척과 자신이 라코니케에서 이끌고 온 함선을 이끌고 밀레토스로 향했다. 그는 출발하면서 키오스인에게 앞으로 그들이 아무리 도움이 필요하더라도 다시는 돕지 않겠다고 경고했다.

그는 에리트라이 영토 내 코리코스곶에 도착하여 야영을 했다. 사모 2
스에서 키오스로 항해 중이던 아테나이 해군과 보병 부대도 그곳에 들러 언덕 건너편 항구에 정박했다. 양측 함대는 서로가 그곳에 와 있는 줄 알지 못했다.

그날 밤, 페다리토스의 서신이 아스티오코스에게 전달되었다. 서신 3
에는 몇몇 에리트라이인 포로들이 아테나이인과 거래하여, 에리트라이를 넘겨주는 조건으로 사모스에서 풀려났으며, 그 임무를 수행하기 위해 이미 에리트라이에 도착했다는 내용이 담겨 있었다. 이 소식을 접한 아스티오코스는 즉시 에리트라이로 회항했고, 덕분에 아테나이군에게 붙잡히지 않았다. 페다리토스도 곧 에리트라이로 와서 두 사람은 함께 4
반역 혐의자들을 심문했다. 결국 그들의 진술은 사모스에서 풀려나기 위해 지어낸 이야기였음이 밝혀졌다. 이에 따라 두 사람은 이들을 무죄 방면했고, 페다리토스는 키오스로, 아스티오코스는 원래 계획대로 밀레토스로 돌아갔다.

34 그 사이 아테나이군은 코리코스를 출발하여 해안을 따라 아르기 1
노스곶으로 항해하던 중, 키오스 함선 3척을 발견하고 즉시 추격에 나섰다. 이때 폭풍우가 몰아쳐 키오스 함선들은 간신히 항구로 피했지만, 앞장서서 추격하던 아테나이 함선 3척은 난파당해 키오스로 떠밀려갔다. 그로 인해 함선에 탄 선원과 군사들은 포로가 되거나 목숨을 잃었다. 한편, 나머지 아테나이 함선들은 폭풍우를 피해 미마스산 아래 포이니코스 항구로 피신했다.[23] 이후 그들은 다시 출항하여 레스보스로

---

23 "코리코스"는 원래 이오니아와 킬리키아 경계에 있던 도시로, 아르기노스곶과는 600킬로미터나 떨어져 있다. 따라서 여기서 언급된 코리코스는 사모스와 키오스 사이에

가서 정박한 후 요새 구축을 준비했다.

1   **35** 그해 겨울, 라케다이몬인 히포크라테스는 디아고라스의 아들 도리에우스를 비롯한 두 명의 장군과 함께 투리오이군 함선 10척, 라코니케군 함선 1척, 시라쿠사이군 함선 1척을 이끌고 펠로폰네소스를 출발하여 크니도스로 항해했다. 당시 크니도스는 티사페르네스의 계략으

2 로 이미 아테나이 동맹에서 이탈한 상태였다. 밀레토스에 주둔하던 펠로폰네소스인 지휘부는 그들에게 명령을 내려 함선의 절반은 크니도스 방어에 남기고, 나머지 절반은 트리오피온 인근에 배치하여 아이깁토스에서 오는 상선을 공격하고 나포하도록 했다. 트리오피온은 크니도스반도 끝에 위치한 곳으로, 그곳에는 아폴론 신전이 있었다.

3   이 소식을 접한 아테나이군은 사모스에서 출항하여 트리오피온곶을 지키던 적군의 함선 6척을 나포했다. 그러나 함선에 타고 있던 선원들은 도망쳤다. 그런 후 아테나이군은 크니도스로 향해 성벽이 없는 그

4 도시를 함락 직전까지 몰고 갔다. 다음날에도 다시 공격했지만, 밤사이 크니도스 주민들이 방어를 강화하고, 트리오피온에서 도망친 이들이 합류하면서 이전만큼 큰 피해를 주지는 못했다. 이에 아테나이군은 크니도스의 영토를 약탈한 후 철수하여 사모스로 돌아갔다.

1   **36** 이 무렵 아스티오코스가 함대를 지휘하기 위해 밀레토스에 도착했을 때, 펠로폰네소스군의 진영에는 여전히 물자가 풍부했다. 군사들은 충분한 급료를 받았을 뿐만 아니라 이아소스를 약탈하면서 많은 재물을 챙겼고, 밀레토스인도 전쟁에 필요한 물자를 기꺼이 제공했기 때

2 문이다. 그러나 펠로폰네소스군은 티사페르네스와 칼키데우스가 체결한 첫 번째 협정이 불충분하고 자신들에게 불리하다고 판단했다. 이에

있던 다른 지명을 가리키는 것으로 보인다. "아르기노스곶"은 키오스 동쪽 약 20킬로미터 지점에 있었으며, "미마스산"은 에리트라이반도에, "포이니코스"는 그 남쪽 해안에 위치했다.

테리메네스가 참석한 가운데 새로운 협정을 맺게 되었으며, 그 내용은 다음과 같다.

37 "라케다이몬과 그 동맹국들은 대왕 다레이오스 및 그의 아들들, 1 그리고 티사페르네스와의 상호 우호 관계를 유지하고 평화를 지키기 위해 다음과 같은 조건으로 협정을 맺는다. 라케다이몬과 그 동맹국들 2 은 대왕 다레이오스 및 그의 아버지 또는 선조에게 속한 모든 영토와 도시에 대해 전쟁을 일으키거나 피해를 주지 않으며, 세금을 징수하지 않는다. 또한 대왕 다레이오스와 그의 신하들도 라케다이몬과 그 동맹국들에 대해 전쟁을 일으키거나 피해를 주지 않는다.

라케다이몬과 그 동맹국들이 대왕의 지원을 필요로 하거나, 대왕이 3 라케다이몬과 그 동맹국들의 지원을 필요로 할 경우, 양측은 상호 합의하여 이를 실행한다. 양측은 아테나이와 그 동맹국들에 대한 전쟁을 공 4 동으로 수행하며, 휴전조약 역시 공동으로 체결한다. 대왕의 요청에 따라 대왕의 영토에 주둔하는 모든 군대의 유지비는 대왕이 지급한다. 협 5 정을 맺은 도시 중 하나가 대왕의 영토를 공격할 경우, 다른 도시들은 이를 저지하고 대왕을 방어해야 한다. 반대로 대왕의 영토 내 도시나 대왕의 지배를 받는 도시가 라케다이몬과 그 동맹국들의 영토를 공격할 경우, 대왕은 가능한 한 이를 막고 방어해야 한다."

38 이 협정이 체결된 후, 테리메네스는 함대를 아스티오코스에게 1 넘겨주고 나서 쾌속선을 타고 사라졌다. 한편 아테나이군은 레스보스 2 에서 키오스로 병력을 이동시킨 후 육지와 해상에서 우위를 점했다. 이 어서 그들은 육로 방어에 유리하고 가까운 곳에 항구가 있으며 키오스 에서도 별로 멀지 않은 델피니온[24]을 요새화하기 시작했다. 키오스인은 3 별다른 저항 없이 조용히 지내고 있었다. 연이은 패전으로 타격을 입은

---

24 "델피니온"은 키오스섬에 있던 '아폴론 델피니오스'(돌고래의 신 아폴론)를 위한 성 역이었다.

데다, 내부적으로도 분열과 갈등에 시달리고 있었기 때문이다. 특히 이미 이온의 아들 티데우스와 그의 추종자들은 친아테나이파라는 이유로 페다리토스에 의해 처형되었고, 나머지 시민들도 과두정 지지자들 아래에서 서로를 의심하고 있었다. 그들은 자신은 물론이고 페다리토스가 데려온 용병도 아테나이군의 적수가 되지 못한다고 생각했다. 한편 그들은 밀레토스로 사절을 보내 아스티오코스에게 도움을 요청했다. 아스티오코스가 이를 거절하자, 페다리토스는 아스티오코스를 탄핵하는 서신을 본국의 라케다이몬인에게 보냈다.

5   키오스에서 아테나이군의 상황은 그러했다. 사모스에 있던 그들의 함선은 밀레토스에 주둔한 적의 함대를 공격하기 위해 여러 차례 출정했으나, 적군이 전투에 응하지 않자 다시 사모스로 돌아가 조용히 지냈다.

1   **39** 그해 겨울 동지 무렵, 메가라인 칼리게이토스와 키지코스인 티마고라스의 주선으로 파르나바조스를 돕기 위해 라케다이몬인이 준비한 함선 27척이 펠로폰네소스를 출발하여 이오니아 지방으로 항해했다. 2 선단의 지휘관은 스파르테인 안티스테네스였다. 라케다이몬인은 안티스테네스와 함께 아스티오코스를 보좌할 참모로 11명의 스파르테인을 보냈는데, 그중에는 아르케실라오스의 아들 리카스도 있었다. 그들은 밀레토스에 도착하면 아스티오코스를 도와 최선의 결과를 이루어내고, 필요 시에는 이 함선들 또는 그보다 많거나 적은 함선을 람피아스의 아들 클레아르코스의 지휘 아래 헬레스폰토스로 보내 파르나바조스를 지원하라는 지시를 받았다. 또한 필요하다면 아스티오코스를 해임하고 안티스테네스를 함대 사령관에 임명하라는 지시도 받았다. 이는 라케다이몬인이 페다리토스의 서신들을 보고 아스티오코스를 의심했기 때문이다.

3   이 함선들은 말레아곶을 출발하여 멜로스섬에 도달했으며, 그곳에서 우연히 아테나이 함선 10척을 만나 그중 선원들이 도망치며 버리고 간 3척을 나포하여 불태웠다. 그런 후 도주한 함선들이 사모스에 있는

아테나이군에게 자신들이 오고 있다는 사실을 보고할 것을 우려해 (그들은 실제로 그렇게 했다) 크레테를 경유하는 더 먼 항로를 택해 아시아 땅의 카우노스로 내려갔다. 그들은 카우노스에 도착한 후 이제 자신들이 안전하다고 생각해, 밀레토스에 있는 함대에 사자를 보내 호송을 요청했다. 4

40 이 무렵 키오스인과 페다리토스는 아스티오코스가 꺼리는데도 그에게 계속해서 사자를 보내, 전 함대를 이끌고 와서 포위된 자신들을 구해달라고 요청했다. 이오니아 지방의 동맹국들 중 가장 큰 도시가 해상에서는 봉쇄되고 육지에서는 약탈당해 파괴되는 상황을 방치하지 말아달라는 간청이었다. 키오스는 라케다이몬 다음으로 많은 노예를 거느린 도시였고, 노예들이 잘못할 경우 더욱 엄하게 처벌했다. 그런데 아테나이군이 요새를 쌓고 그 자리를 굳히자, 많은 노예들이 탈주하여 아테나이군 진영으로 갔고, 키오스는 큰 피해를 입었다. 2

이런 상황에서 키오스인은 델피니온의 요새화가 아직 완료되지 않았고, 아테나이군이 진영과 함대를 에워싸는 더 큰 방벽을 쌓기 시작했다는 점에서 아직 희망이 있고, 아테나이군을 저지하는 것이 가능할 때 아스티오코스가 자신들을 도와주어야 한다고 말했다. 아스티오코스는 키오스인에게 도움을 주지 않겠다고 경고한 바 있었지만, 동맹국들의 열의를 보고, 결국 키오스인을 돕기 위해 출정하기로 했다. 3

41 그러는 동안 함선 27척과 라케다이몬 참모들이 카우노스에 도착했다는 소식이 전해지자, 아스티오코스는 해상 지배권을 강화할 함대를 호송하고, 자신을 심문하러 온 참모단을 안전하게 건너오게 하는 것보다 중요한 일은 없다고 판단했다. 이에 즉시 키오스로 가려던 계획을 접고 카우노스로 향했다. 아스티오코스는 해안을 따라 항해하다가 메롭스왕이 다스리는 코스섬[25]에 상륙했다. 성벽이 없는 이 도시는 사람 2

---

25 "코스섬"은 도데카네스제도에 속한 섬으로, 크니도스 북쪽에 위치해 있다. 전설에 따

들이 기억하는 가장 강력한 지진으로 무너져 있었고, 주민들은 산으로 피신한 상태였다. 그는 그 지역을 습격하여 약탈했지만 자유민은 놓아

3 주었다. 그는 코스를 출발하여 밤사이 크니도스에 도착했다. 그러나 크니도스인은 그에게, 사모스 출신의 장군 카르미노스 휘하의 아테나이 함선 20척이 펠로폰네소스에서 올 함선 27척(아스티오코스가 합류하려던 바로 그 함선들)이 다가오기를 기다리고 있으니, 상륙하지 말고 그 아테나이 함선들을 공격하라고 조언했다.

4   한편 사모스에 주둔한 아테나이군은 멜로스섬에서 다가오는 함선이 있다는 보고를 받았다. 이때 카르미노스는 펠로폰네소스 함선들이 이미 카우노스에 도착했다는 소식을 듣고, 시메섬, 칼케섬, 로도스섬,[26] 리키아 지방 앞바다를 순찰하고 있었다.

1   **42** 아스티오코스는 자신의 위치가 발각되기 전에 먼 바다 어딘가에서 아테나이 함선을 따라잡기를 바라며 시메로 출항했다. 비가 쏟아지고 하늘은 구름으로 가득 차, 그의 함선들은 어둠 속에서 방향을 잡지

2 못한 채 이리저리 헤맸다. 날이 밝자 함대는 흩어져 있었고, 좌익은 아테나이군의 눈에 띄었지만, 나머지는 여전히 섬 주위를 헤매고 있었다. 카르미노스와 아테나이군은 시야에 들어온 함선들이 자신들이 기다리던 카우노스에서 온 배라고 착각해 20척보다 적은 함선을 이끌고 다가 갔다.

3   그들은 즉시 공격을 개시하여 적의 함선 3척을 침몰시키고, 다른 몇 척은 운항 불능 상태로 만들며 전투에서 우위를 점했다. 그러나 아스티오코스의 주력 함대가 갑자기 나타나 사방에서 에워싸자, 아테나이 함선들은 도주하기 시작했다. 이 과정에서 그들은 6척의 함선을 잃고, 나

르면 주민들은 초대 왕 "메롭스"의 이름에서 유래한 '메로페스'라 불렸으며, 그의 딸 코스가 섬 이름의 유래로 전해진다. 기원전 412년, 이곳에서 큰 지진이 발생했다.
26 "시메섬"과 "칼케섬"은 도데카네스제도에 속한 섬으로, 시메섬은 로도스 북쪽에, 칼케섬은 로도스 서쪽에 위치해 있었다.

머지는 테우틀루사섬[27]으로 도주한 뒤, 다시 할리카르나소스로 후퇴했다. 그 후 펠로폰네소스 함대는 크니도스에 입항하여 카우노스에서 온 함선 27척과 합류했다. 전 함대는 시메섬으로 건너가 승전비를 세운 후, 다시 크니도스로 돌아갔다.

43 사모스에 있던 아테나이군은 이 소식을 듣고 모든 함선을 이끌 1 고 시메섬으로 향했다. 그러나 크니도스에 있던 적의 함대를 공격하지 않았고, 크니도스의 함대 역시 그들을 공격하지 않았다. 이후 아테나이 군은 카르미노스의 함선들이 시메섬에 남겨둔 장비를 실은 후, 내륙에 있는 로리마[28]에 기항했다가 사모스로 돌아갔다.

이제 펠로폰네소스 함선들은 모두 크니도스에 집결하여 손상된 함 2 선들을 수리했다. 마침 그때 티사페르네스가 도착했고, 11명의 라케다 이몬 참모들은 이전에 맺은 협정의 문제점과 앞으로의 전쟁 운영 방안 을 그와 협의했다.

특히 현재 상황을 비판적으로 보고 있던 리카스는 칼키데우스와 테 3 리메네스가 맺은 협정이 모두 잘못되었다고 지적했다. 그는 대왕이 자 신과 그의 선조들이 이전에 지배했던 넓은 영토를 지금도 지배하려는 것은 심각한 문제라고 보았다. 그렇게 되면 모든 섬들, 테살리아 지방, 로크리스 지방, 보이오티아 지방까지 지배하게 되는데, 이는 라케다이 몬이 헬렌인들에게 자유 대신 메디아의 지배를 안겨주는 셈이라고 주 장했다. 리카스는 더 나은 협정을 체결할 것을 요구하며, 기존의 협정 4 은 받아들일 수 없다고 밝혔다. 만약 그러한 조건이라면 급료를 받지 않겠다고 주장했다. 이에 티사페르네스는 자리를 박차고 나가버렸고,

---

27 "테우틀루사섬"은 도데카네스제도에 속한 섬으로, 코스섬에서 북동쪽으로 약 40킬로 미터 떨어져 있었다. "할리카르나소스"는 코스섬 맞은편 해안에 있던 도시로, 도로스 인의 6개 도시 연맹에 속해 있었다.

28 "내륙에 있는 로리마"는 로도스섬 남서쪽 로리마곶 근처의 로리마와 구별되는 지명 으로, 카리아 지방 해안에 있던 도시로 추정되나 정확한 위치는 알려져 있지 않다.

결국 회담은 아무런 성과 없이 끝났다.

44 그동안 라케다이몬군은 로도스에서 가장 영향력 있는 인물들이 사절을 보내오자 그 섬으로 향하기로 결심했다. 그 섬을 점령하는 것이 충분히 가능해 보였을 뿐 아니라, 그곳의 수많은 선원과 보병을 자신들의 세력으로 포섭할 수 있으리라 기대했기 때문이다. 로도스와 동맹을 맺으면 티사페르네스에게 의존하지 않아도 자력으로 함대 유지 비용을 충당할 수 있으리라 판단했다. 그래서 그들은 그해 겨울, 즉시 크니도스를 출항하여 함선 94척을 이끌고 가장 먼저 로도스 영토인 카메이로스에 상륙했다. 그들이 상륙하자 협상에 대해 전혀 알지 못했던 주민 대부분이 놀라 도망쳤다. 무엇보다 이 도시는 성벽이 없었기 때문이다. 그 후 라케다이몬군은 린도스와 이알리소스[29]의 주민들까지 불러 모아, 아테나이에 반기를 들도록 설득했다. 이렇게 해서 로도스는 펠로폰네소스인 편에 가담하게 되었다.

그 무렵 아테나이군도 라케다이몬군의 의도를 감지하고, 그들보다 먼저 로도스에 도착하기 위해 함대를 이끌고 사모스에서 출항하여 먼 바다에 모습을 드러냈다. 그러나 라케다이몬군보다 조금 늦게 도착했기에 즉시 칼케로 향했다가 사모스로 되돌아갔다. 이후 아테나이군은 칼케, 코스, 사모스를 기지로 삼아 로도스를 공격하며 전쟁을 벌였다. 한편 펠로폰네소스군은 로도스인으로부터 32탈란톤을 모은 후, 함선을 해안에 끌어 올려두고도 80일 동안 움직이지 않았다.

45 이 무렵, 아니 그들이 로도스로 출동하기 전부터 몇 가지 중요한 일이 진행되고 있었다. 칼키데우스의 죽음과 밀레토스 전투 이후, 펠로폰네소스군은 알키비아데스를 의심하기 시작했다. 마침 라케다이몬에서 아스티오코스 앞으로 알키비아데스를 처형하라는 내용의 서신이

---

29 "카메이로스"는 로도스섬 북서부 해안에 있던 도시로, "린도스", "이알리소스"와 함께 로도스섬의 3대 도시였다.

도착했다. 알키비아데스는 아기스왕과 사이가 좋지 않았을 뿐만 아니라 다른 면에서도 신뢰를 얻지 못했다. 결국, 알키비아데스는 두려움에 휩싸여 티사페르네스에게로 피신했고, 그를 움직여 펠로폰네소스군을 최대한 방해했다.

알키비아데스는 티사페르네스의 조언자 역할을 하며, 선원의 일당 ₂ 을 1아티케 드라크메에서 3오볼로스로 줄이고, 그조차도 드문드문 지급하게 했다. 그는 아테나이 선원들이 펠로폰네소스 선원들보다 경험이 많은데도 같은 금액을 받는 이유는 단순히 군자금이 부족해서가 아니라, 오히려 과도한 급료가 방탕을 조장해 몸을 해치고, 밀린 급료가 탈영을 방지하는 수단이 되기 때문이라고 펠로폰네소스군에게 설명하도록 일렀다.

또한 그는 티사페르네스에게, 시라쿠사이군을 제외한 모든 동맹국 ₃ 삼단노선 함장과 장군을 매수하여 그의 제안을 받아들이게 하라고 조언했다. 함장과 장군 중에서 유일하게 시라쿠사이 장군 헤르모크라테스만이 동맹국 전체의 이익을 위해 티사페르네스의 제안을 반대했다.

동맹국이 군자금을 요청해오면 알키비아데스는 티사페르네스의 이 ₄ 름으로 이를 거절하고 그들을 돌려보냈다. 그는 헬라스에서 가장 부유한 키오스인이 외부의 도움으로 위기를 넘겼음에도, 여전히 자유를 위해 타인의 목숨과 재산을 걸도록 요구하는 것은 파렴치한 일이라고 말했다. 또한 다른 동맹국들에는, 아테나이에 반기를 들기 전까지 아테나 ₅ 이에 거액을 바치던 이들이 이제 자신들을 지키는 데는 동일하거나 그 이상의 기부를 하지 않는 것은 부당하다고 지적했다. 이어서 그는 현재 ₆ 티사페르네스가 자비로 전쟁을 수행하고 있어 재원이 부족할 수밖에 없지만, 머지않아 대왕이 군자금을 보내주면 그때는 급료를 충분히 지급하고 동맹국들을 적절히 지원할 것이라고 설명했다.

46 또한 알키비아데스는 티사페르네스에게 전쟁을 너무 서둘러 끝 ₁ 내려 하지 말고, 포이닉스 함대를 투입하거나 헬렌인들에게 더 많은 급

료를 지급하여 어느 한쪽이 육지와 바다에서 우위를 차지하도록 돕지 말라고 조언했다. 대신 양측이 균형을 이루게 하여 대왕이 어느 한쪽을 마음에 들어 하지 않을 경우, 언제든지 다른 쪽을 동원해 공격할 수 있도록 하라고 했다.

2 만약 어느 한쪽이 육지와 바다를 모두 장악하게 된다면 대왕이 직접 나서지 않고는 그 세력을 무너뜨릴 수 없게 되고, 이는 막대한 경비와 큰 위험을 초래할 수 있다고 지적했다. 그러니 적은 비용으로 헬렌인들이 서로 싸우며 소모되도록 두는 것이 더 유리하다고 강조했다.

3 또한 그는 대왕에게 아테나이와 권력을 나누어 갖는 편이 낫다고 조언했다. 아테나이는 육지에서 세력을 확장하려는 야망이 크지 않고, 그들의 전쟁 방식과 태도가 대왕의 이익에 부합하기 때문에, 동맹을 맺으면 바다는 아테나이가 지배하고, 대왕은 자신의 영토 내 헬렌인들을 지배하는 데 유리할 것이라고 말했다. 반면, 라케다이몬인은 해방자를 자처하며 헬렌인들을 같은 헬렌인의 지배에서 해방시킨 뒤, 대왕이 먼저 그들을 내쫓지 않으면 헬렌인들을 이민족의 예속에서도 해방시키려 들 것이라고 경고했다.

4 따라서 알키비아데스는 양측이 계속 싸우며 지치도록 두었다가, 아테나이군의 힘이 충분히 약해지면 그때 펠로폰네소스군을 대왕의 영

5 토에서 몰아내라고 조언했다. 티사페르네스의 행적을 보면, 그의 전략은 이 조언과 일치하는 듯했다. 그는 알키비아데스를 신뢰하며 좋은 조언자로 여겼다. 그래서 펠로폰네소스인에게 급료를 제대로 지급하지 않았고, 해전에 반대했으며, 포이닉스 함대가 곧 도착할 예정이니 그때 싸우는 편이 유리할 것이라는 핑계를 대곤 했다. 이렇게 그는 펠로폰네소스 함대가 가장 강력했을 때 해전을 막음으로써 일을 그르쳤고, 다른 면에서도 이 전쟁에서 펠로폰네소스군을 적극적으로 돕지 않았다.

1 **47** 알키비아데스가 티사페르네스와 대왕의 보호를 받으며 이러한 조언을 한 것은, 두 세력의 최선책을 돕기 위함이기도 했지만, 동시에

자신이 고국으로 돌아갈 방안을 마련하기 위함이기도 했다. 그는 조국인 아테나이가 무너지지 않는다면, 언젠가 자신을 다시 불러들일 수 있다고 믿었다. 또한 티사페르네스와 친한 사이로 보여야 아테나이인을 설득하는 데 유리하다고 판단했다.

그리고 실제로 그렇게 되었다. 사모스에 주둔한 아테나이군은 그가 2 티사페르네스에게 상당한 영향력을 행사한다는 사실을 알고 있었다. 이는 그가 이미 사모스의 아테나이군 내 유력자들에게 서신을 보내, 티사페르네스를 그들의 친구로 만들어주겠다고 약속했기 때문이다. 그는 군 최고위급 인사들에게, 자신을 추방한 부패한 민주정 대신 과두정이 들어선다면 기꺼이 조국으로 돌아가겠다는 뜻을 전해달라고 요청했다. 무엇보다 중요한 것은, 사모스에 있던 삼단노선 함장들과 유력 인사들이 이미 민주정을 무너뜨릴 결심을 하고 있었다는 점이다.

48 이러한 움직임은 먼저 사모스에 주둔한 군영에서 시작되어 점차 1 본국인 아테나이로 퍼져나갔다. 사모스에서 몇몇 사람들이 내륙으로 건너가 알키비아데스와 의논했다. 그는 처음에 그들을 티사페르네스의 친구로 만들어주겠다고 약속했고, 이어 대왕의 친구가 되게 해주겠다고 약속했다. 그는 또 민주정이 폐지되면 대왕이 그들을 더욱 신뢰하게 될 것이라고 덧붙였다. 그동안 막대한 군자금을 부담해온 부유한 아테나이인들은 이제 정권을 장악할 뿐만 아니라, 적에게도 승리할 수 있을 것이라는 희망을 품기 시작했다.

그들은 사모스로 돌아온 후 동조자를 모아 비밀결사[30]를 조직했다. 2 그리고 알키비아데스가 귀환하고 민주정이 폐지된다면, 대왕이 그들의 친구가 되어 군자금을 제공할 것이라고 군사들에게 공개적으로 발언

---

30 "비밀결사"로 번역한 크시노모시아(ξυνωμοσία)는 주로 정부나 정치체제 전복을 꾀하는 음모나 결사를 뜻한다. 이에 비해 스타시스(στάσις)는 특정 정치적 입장을 공유하는 '정파'를 의미한다.

3 했다. 군사들은 이러한 변화에 다소 불만을 느끼면서도, 이제부터는 대왕의 막대한 재정 지원 덕분에 급료를 수월하게 받을 수 있다는 기대감에 조용히 있었다. 과두정 지지자들은 이렇게 군사들에게 입장을 밝힌 후, 다수의 동조자들이 모인 자리에서 알키비아데스의 제안을 검토했다.

4 대부분의 사람들은 그의 제안이 실행 가능하고 신뢰할 만하다고 보았다. 그러나 장군 프리니코스는 그의 제안이 만족스럽지 않았다. 그는 알키비아데스가 과두정이든 민주정이든 정치체제에는 관심이 없으며, 오직 기존 체제를 전복시킨 뒤 추종자들을 앞세워 고국으로 돌아오는 것만이 그의 목표라고 판단했다. 프리니코스는 아테나이군이 이 일로 분열되어서는 안 되므로, 이 점을 특히 염두에 두고 그의 제안을 주의 깊게 검토해야 한다고 말했다. 또한 대왕의 입장에서도 그의 영토 내 주요 도시들을 차지하고 있으며, 해상에서도 아테나이군과 대등한 세력을 유지하고 있는 지금, 자신에게 해를 끼친 적 없는 펠로폰네소스군을 친구로 삼을 수 있는 기회를 잡았는데 지금까지 신뢰하지 않았던 아테나이 편을 들어 화를 자초하기가 쉽지 않을 것이라고 말했다.

5 아테나이인이 민주정을 폐지하고 동맹국들에게 과두정을 약속한다해도, 이미 이탈한 동맹국들이 돌아오지 않을 것이며, 남은 동맹도 더 신뢰할 만한 세력이 되지는 않을 것이라고 보았다. 그는 동맹국들이 과두정이든 민주정이든, 어떤 정치체제 아래서도 자유가 보장되기를 원
6 한다고 설명했다. 그뿐만 아니라 이른바 훌륭하고 좋은 사람이 통치한다고 해서 민주정보다 반드시 나을 것이라는 보장도 없다고 주장했다. 그는 오히려 민주정에서 대중을 선동하여 범죄를 저지르게 하고, 이를 방조함으로써 가장 큰 이득을 보는 이들이 바로 그들일 수 있다고 지적했다. 과두정이 들어서면 사람들을 재판 없이 처형하겠지만, 민주정은 일반 시민들에게 피난처가 되고, 그런 소수 세력을 견제하는 역할도
7 한다고 강조했다. 프리니코스는 여러 도시가 실제 경험을 통해 이러한

사실을 깨달았으며, 이것이 공통된 인식이라고 확신했다. 그래서 그는 알키비아데스의 제안과 당시 진행 중인 일들이 탐탁지 않았다.

49 그러나 비밀결사에 가담한 이들은 처음 계획대로 알키비아데스 1의 제안을 받아들이기로 했다. 그런 후 그의 귀환과 민주정 전복, 그리고 티사페르네스와 아테나이 간의 우호조약 체결 등을 협상하기 위해, 페이산드로스를 포함한 대표단을 아테나이로 보낼 준비를 했다.

50 프리니코스는 이제 곧 알키비아데스의 귀환이 논의되고, 아테나 1이인이 이를 받아들일 것임을 알게 되었다. 그는 자신이 이 일에 반대했기에 알키비아데스가 귀국하면 보복당할 것이 두려워 다음과 같은 조치를 취했다. 그는 당시 여전히 밀레토스 근처에 있던 라케다이몬 함 2대 사령관에게 밀서를 보내, 알키비아데스가 티사페르네스를 아테나이인의 친구로 만들어 라케다이몬인의 일을 방해하고 있다고 전했다. 그는 이 서신에서 그동안 일어난 다른 일들도 명확히 알리면서, 비록 조국에 해가 되더라도 정적에게 타격을 가하려는 자신의 행동을 이해해달라고 요청했다.

그러나 아스티오코스는 알키비아데스를 응징할 생각조차 하지 않았 3다. 이전과 달리 이제는 그를 처벌할 권한이 없었기 때문이다. 대신 그는 마그네시아 지방으로 가서 알키비아데스와 티사페르네스를 만나, 사모스에서 온 밀서 내용을 직접 털어놓았다. 전해지는 바에 따르면, 그는 개인적으로 뇌물을 받고 티사페르네스에게 이 일뿐만 아니라 다른 정보도 넘겼다. 그래서 그는 그동안 급료가 제대로 지급되지 않았는데도 강하게 항의하지 못했던 것이다.

알키비아데스는 즉시 사모스에 있는 유력자들에게 서신을 보내, 프 4리니코스를 반역자로 고발하고 그를 처형할 것을 요구했다. 프리니코 5스는 크게 당황했고, 고발로 인해 큰 위험에 처했다. 궁지에 몰린 그는 다시 아스티오코스에게 서신을 보내, 자신이 보낸 첫 번째 밀서 내용을 누설한 것에 항의하면서 이번에는 사모스에 주둔한 아테나이 해군 전체를 괴멸시킬 기회를 주겠다고 제안했다. 그는 그 방법을 자세히 알려주며(사모스에는 방벽이 없었다), 자신이 정적들에게 죽을 위험에 처했으니 이렇게 하는 편이 더 낫다고 말했다. 아스티오코스는 이 사실도 알키비아데스에게 알려주었다.

51 프리니코스는 아스티오코스가 계속해서 자신을 곤경에 빠뜨리고 있으며, 이와 관련해 알키비아데스에게서 곧 서신이 도착할 것임을 알았다. 이에 그는 사모스가 요새화되어 있지 않아, 아군의 모든 함선이 항구에 정박해 있지 않을 때 적군이 아테나이 함대의 기지를 공격할 계획이라는 확실한 첩보를 입수했다고 군대에 알렸다. 따라서 사모스에 즉시 방벽을 쌓고 전반적인 방비에 만전을 기해야 한다고 주장했다. 그는 장군이었기에 이런 일들을 직접 처리할 권한이 있었다.

아테나이군은 프리니코스의 말에 따라 방벽을 쌓기 시작했고, 상황이 다급하다고 여겨 예상보다 빨리 요새화가 이루어졌다. 얼마 지나지 않아 알키비아데스에게서 서신이 도착했다. 프리니코스가 아테나이군을 적에게 넘기려 하고 있으며, 적이 기지를 공격하려 한다는 내용이었다. 그러나 아테나이군은 알키비아데스의 말을 믿지 않았다. 오히려 그가 적군의 계획을 미리 알고 개인적 원한으로 프리니코스를 모함하는 것이라 생각했다. 결국 알키비아데스의 서신은 프리니코스에게 해를 끼치지 못했고, 오히려 프리니코스의 말이 옳았음을 증명하기만 했다.

52 그 후로도 알키비아데스는 티사페르네스를 설득하여 아테나이군의 친구로 만들려 했다. 티사페르네스는 그 지역에서 펠로폰네소스군이 아테나이군보다 더 많은 함선을 보유하고 있어 그들을 두려워했지만, 무엇보다도 자신이 테리메네스와 맺은 협정을 놓고 크니도스에서 펠로폰네소스인과 불화가 있었던 일을 떠올리며(이 불화는 펠로폰네소스군이 로도스로 기지를 옮기기 전에 일어났다), 가능한 한 알키비아데스의 조언을 따르고자 했다. 알키비아데스가 내세운 '라케다이몬인은 모든 도시를 해방시키려 한다'는 주장은, 크니도스에서 리카스가 티사페

르네스에게 했던 '테리메네스와 맺은 협정에서 대왕이나 그의 선조가 다스렸던 모든 도시를 다시 대왕이 다스린다는 조항은 용납할 수 없다'라는 발언을 떠올려보면, 사실임이 입증되었다. 그래서 알키비아데스는 주요 사안에서 티사페르네스의 이익을 위해 일하며 환심을 사려고 애썼다.

53 한편 사모스의 아테나이군이 보낸 페이산드로스를 포함한 대표 1
단은 아테나이에 도착하여 민회에서 길게 연설했다. 그 요지는 알키비아데스를 돌아오게 하고, 민주정을 바꾸어야 대왕과 동맹을 맺고, 펠로폰네소스인과의 전쟁에서 승리할 수 있다는 것이었다.

그러자 많은 이들이 민주정을 바꾸자는 제안에 반대했고, 알키비아 2
데스의 정적들은 범법자의 귀환은 위험하다고 강하게 항의했다. 특히 제관직 가문인 에우몰포스 가문과 케리크스 가문[31]은 알키비아데스가 추방된 이유가 비의를 모독했기 때문이라며, 신들의 이름을 걸고 그의 귀환을 반대했다. 그럼에도 페이산드로스는 수많은 반대와 비난을 감수하며 다시 한번 연단에 올라, 제안에 반대하는 이들을 일일이 지목하며 말했다. 펠로폰네소스군은 아테나이군과 비슷한 규모의 함대를 바다에 띄우고 있을 뿐만 아니라 더 많은 동맹국을 거느리고 있으며, 대왕과 티사페르네스로부터 자금 지원까지 받고 있다는 것이었다. 반면, 아테나이는 더 이상 군자금을 확보할 수 없는 상황에서, 대왕을 설득하여 아테나이 편으로 만드는 것 외에 살아남을 방도가 있느냐고 물었다.

질문을 받고도 대답이 없자 페이산드로스는 분명히 말했다. "우리가 3
살아남으려면 보다 온건한 형태의 정부를 유지하고, 권력을 소수에게

---

31 "에우몰포스 가문"은 엘레우시스 비의를 주관하며 대제관직을 세습한 아테나이의 유서 깊은 귀족 가문으로, 시조는 트라케 출신의 신화적 인물 에우몰포스다. "케리크스 가문"은 헤르메스의 아들 케리크스를 시조로 하며, 비의에서 '다도코스'(횃불 운반자) 직위를 세습했다.

이양하여 대왕의 신임을 얻는 수밖에 없습니다. 지금 중요한 것은 정치체제가 아니라 생존입니다(정치체제는 마음에 들지 않으면 나중에 언제든지 바꿀 수 있습니다). 그러므로 이 일을 해낼 수 있는 유일한 인물인 알키비아데스를 데려와야 합니다."

1 **54** 대중은 처음에 과두정이라는 개념을 받아들이기 어려워했다. 그러나 페이산드로스가 이 방법 외에는 다른 대안이 없음을 명확히 설명하자 두려움으로 인해, 그리고 나중에 정치체제를 다시 바꿀 수 있다 2 는 희망에 기대어 한발 물러났다. 결국 민회는 페이산드로스를 비롯한 10명의 사절단을 티사페르네스 및 알키비아데스에게 보내 협상하여 최선의 결과를 이끌어내도록 결의했다.

3 아울러 페이산드로스가 프리니코스를 탄핵하자, 대중은 프리니코스와 그의 동료 장군 스키로니데스를 해임하고, 대신 디오메돈과 레온을 새로 임명하여 함대의 지휘권을 맡겼다. 페이산드로스는 프리니코스가 이아소스와 아모르게스를 배신했다고 주장하며 그를 탄핵했다. 이는 그가 알키비아데스와 협상할 적임자가 아니라고 생각했기 때문이다. 4 아테나이에는 이전부터 소송이나 관직 선거 시 상호 지원하는 파벌[32]이 존재했는데, 페이산드로스는 그들을 일일이 찾아다니며 민주정을 무너뜨리는 데 협력해달라고 부탁했다. 페이산드로스를 비롯한 10명의 사절단은 임무를 신속히 처리하는 데 필요한 조치를 취한 후, 티사페르네스를 만나러 출항했다.

1 **55** 그해 겨울, 레온과 디오메돈은 아테나이 함대를 이끌고 로도스를 기습적으로 공격했다. 그들은 펠로폰네소스 함선들이 해안에 끌어올려져 있는 것을 발견하고, 육지로 상륙하여 대항하러 나온 로도스군과 싸워 이긴 후 칼케로 물러갔다. 그들은 코스섬이 아닌 칼케를 기지

---

32 대표적인 "파벌"인 헤타이레이아이('동료들의 모임')는 주로 귀족과 부유한 시민으로 구성되었으며, 기원전 5세기 말에서 4세기 초에 특히 활발히 활동했다.

로 삼았는데, 이는 펠로폰네소스 함대가 어느 방향으로 움직이더라도 칼케에서 더 효과적으로 방어할 수 있었기 때문이다.

이 무렵 라케다이몬인 크세노판티다스가 키오스에 있던 페다리토스 2 의 전갈을 가지고 로도스로 와서, 아테나이군이 쌓던 방벽이 완성되었으니 함대 전체가 와서 구해주지 않는다면 키오스는 곧 함락될 것이라고 알렸다. 그러자 로도스에 주둔하던 펠로폰네소스군은 키오스인을 도와주기로 결정했다. 그러나 그 사이 페다리토스가 자신의 용병 부대 3 와 키오스군 전체를 동원해, 아테나이 함선 주변에 구축된 방벽의 일부를 점령하고, 해안에 올려진 함선 몇 척도 점거했다. 하지만 반격에 나선 아테나이군이 먼저 키오스군을 격퇴하고, 다음으로 페다리토스 부대도 물리쳤다. 페다리토스는 전사했고, 많은 키오스 군사들이 무구를 잃었다.

56 그 후 키오스는 육지와 바다 양쪽으로 더욱 엄중하게 봉쇄되었 1 고, 주민들은 극심한 기근에 시달렸다. 그러는 동안 페이산드로스를 비롯한 아테나이 사절단은 티사페르네스가 머무르는 곳에 도착하여 협상에 들어갔다. 그러나 알키비아데스는 티사페르네스가 여전히 펠로폰 2 네소스군을 더 두려워하고, 자신이 제안한 대로 양쪽 모두를 지치게 하려는 의도를 가지고 있어, 그에게서 원하는 대답을 얻기는 어렵다고 판단했다. 이에 그는 티사페르네스로 하여금 아테나이인에게 과도한 조건을 제시하게 하여 합의가 이루어지지 않도록 했다.

내 생각에는 티사페르네스도 이 협상이 결렬되기를 원했던 것 같다. 3 그는 펠로폰네소스군을 두려워했기 때문이다. 알키비아데스는 티사페르네스가 어떤 조건으로도 협정을 맺을 것 같지 않자, 아테나이인에게 자신이 티사페르네스에게 영향력을 행사할 수 없는 것이 아니라, 티사페르네스는 협상 의지가 있으나 아테나이 측이 만족할 만한 조건을 제시하지 않아 협상이 결렬된 것처럼 보이게 하려 했다.

티사페르네스가 그 자리에 있는데도 알키비아데스는 그의 대변인처 4

럼 행동하며 협상 결렬의 책임을 피하려 했다. 아테나이인이 대부분의
조건을 수용했음에도 그는 터무니없는 요구를 이어갔다. 그는 먼저 이
오니아 지방 전체를 대왕에게 넘기고, 그 앞바다의 섬들과 다른 지역
까지 요구했다. 아테나이인은 이에 이의를 제기하지 않았다. 그러자 세
번째 회담에서는 자신의 영향력이 미미하다는 것이 드러날까 두려워,
대왕이 원하는 만큼 함선을 이끌고 어디든 그의 영토로 항해하는 것을
허용하라고 요구했다.

5   이 말을 들은 아테나이인은 협상이 더 이상 의미 없다고 판단했고,
알키비아데스에게 속았다고 생각해 분노하며 사모스로 돌아갔다.

1   **57** 그해 겨울 이런 일이 있은 직후, 티사페르네스는 해안을 따라 카
우노스로 향했다. 펠로폰네소스군을 밀레토스로 다시 불러들여 또 한
번 협정을 맺고 급료를 지급함으로써 그들이 전쟁에서 소진되는 것을
막기 위해서였다. 펠로폰네소스군이 함선 유지비 부족으로 해전에서
패하거나 선원들이 이탈하게 되면, 아테나이군이 그의 도움 없이도 원
하는 결과를 얻게 될까 우려했던 것이다. 무엇보다 펠로폰네소스군이
식량 부족으로 내륙을 약탈할 가능성을 가장 두려워했다.

2   티사페르네스는 헬라스의 두 세력이 균형을 유지하기를 원했기에,
이 모든 상황을 계산하고 예견한 후 펠로폰네소스군을 카우노스로 불
러들여 급료를 지급하고 세 번째 협정을 맺었다. 그 내용은 다음과 같
았다.

1   **58** "다레이오스 대왕 재위 제13년, 알렉시피다스가 라케다이몬의 감
독관으로 재직 중일 때, 마이안드로스 평원[33]에서 라케다이몬과 그 동
맹국을 한쪽 당사자로 하고, 티사페르네스, 히에라메네스, 파르나케스
의 아들들을 다른 쪽 당사자로 하여, 대왕의 이익 및 라케다이몬과 그

---

33 "마이안드로스 평원"은 소아시아 서부, 리디아와 카리아의 경계에 위치한 마이안드
로스강 유역의 평야다.

동맹국들의 이익과 관련된 협정을 다음과 같이 체결한다.

아시아에 있는 대왕의 모든 영토는 대왕의 것이며, 대왕은 그 영토 2
와 관련해 자신의 뜻대로 결정한다. 라케다이몬과 그 동맹국은 대왕의 3
영토를 침해해서는 안 되고, 대왕 또한 라케다이몬과 그 동맹국들의 영
토를 침해해서는 안 된다. 라케다이몬이나 그 동맹국 주민 중 누구든 4
대왕의 영토를 침해하려 할 경우, 라케다이몬과 그 동맹국이 이를 막아
야 한다. 대왕의 영토에 거주하는 이들 중 누구든 라케다이몬이나 그
동맹국의 영토를 침해하려 할 경우, 대왕이 이를 막아야 한다.

함대 유지비는 대왕의 함대가 도착하기 전까지 티사페르네스가 기 5
존의 합의에 따라 지급한다. 대왕의 함대가 도착한 후에는 라케다이몬 6
과 그 동맹국이 원할 경우 스스로 유지비를 부담할 수 있다. 그러나 계
속해서 티사페르네스에게 유지비를 받기를 원할 때는, 티사페르네스가
그 비용을 지급하고, 전쟁이 끝난 뒤 그가 지급한 전액을 돌려주어야
한다. 대왕의 함대가 도착하면, 라케다이몬과 그 동맹국의 함대와 대왕 7
의 함대는 티사페르네스 진영과 라케다이몬군과 그 동맹국 진영의 결
정에 따라 공동으로 전쟁을 수행한다. 아테나이군과 평화조약을 맺고
자 할 경우, 양측의 동의 아래 맺는다."

59 이상과 같은 조건으로 티사페르네스와 펠로폰네소스군 사이에 1
협정이 체결되었다. 그 후 티사페르네스는 협정에 명시된 대로 포이닉
스 함대를 데려오고, 그 밖의 약속들도 이행할 준비를 시작했다. 그는
적어도 협정을 이행하는 것처럼 보이고 싶어 했다.

60 그해 겨울이 거의 끝날 무렵, 보이오티아군은 아테나이 수비대 1
가 지키고 있던 오로포스를 성 안의 내응자들의 도움을 받아 함락시켰
다. 보이오티아군에 협력한 자들은 에레트리아인과 오로포스인이었는
데, 그들의 목적은 에우보이아인이 아테나이에 반기를 들게 하는 것이
었다. 오로포스는 에레트리아 바로 맞은편에 있어, 아테나이군이 오로
포스를 점령하고 있는 한 에레트리아와 에우보이아섬 전체에 큰 위협

이 될 수밖에 없었다.

2   오로포스를 장악한 에레트리아인은 로도스로 건너가 펠로폰네소스 군에게 에우보이아에 개입해주기를 요청했다. 그러나 펠로폰네소스군 은 고통받는 키오스인을 구하는 일에 관심이 더 많았기에, 함대 전체를

3 이끌고 로도스를 출항했다. 함대가 트리오피온곶[34] 근처에 이르렀을 때, 칼케를 출항하여 먼 바다로 나온 아테나이 함대가 보였다. 양측 함 대는 서로 공격하지 않았고, 아테나이 함대는 사모스로, 펠로폰네소스 함대는 밀레토스로 각각 돌아갔다. 펠로폰네소스군이 밀레토스로 돌 아간 것은 아테나이군과 해전을 치르지 않고는 키오스인을 구할 수 없 음을 알았기 때문이다. 이로써 겨울이 지나고, 투키디데스가 기록한 이 전쟁의 스무 번째 해[35]가 마무리되었다.

1   **61** 다음 해 봄, 여름이 다가오자 스파르테인 데르킬리다스가 소규 모 부대와 함께 해안을 따라 육로로 헬레스폰토스에 파견되었다. 밀레 토스의 식민시인 아비도스[36]가 아테나이에 반기를 들게 하기 위해서였 다. 한편, 키오스인은 아스티오코스가 아무런 지원 방안을 마련하지 못 하자 봉쇄를 견디다 못해 해전을 벌일 수밖에 없었다.

2   아스티오코스가 아직 로도스에 있는 동안, 키오스인은 페다리토스가 죽은 뒤 그의 후임으로 밀레토스에서 파견된 스파르테인 레온을 총독 으로 받아들였다. 그는 안티스테네스와 함께 왔으며, 밀레토스에서 경 비를 맡고 있던 함선 12척을 이끌고 왔다. 그중 5척은 투리오이인, 4척 은 시라쿠사이인, 1척은 아나이아인, 1척은 밀레토스인, 그리고 1척은

3 레온 자신의 것이었다. 그러자 키오스인은 전 보병 부대를 출동시켜 요

---

34 "트리오피온"은 크니도스 근처에 위치한 아폴론 성역으로, 로도스 북서쪽 약 40킬로 미터 지점의 칼케섬에서 약 100킬로미터 떨어진 곳에 있었다.

35 "이 전쟁의 스무 번째 해"는 기원전 412년이다.

36 "아비도스"는 헬레스폰토스 해협 중간 지점의 남쪽 해안에 위치한 도시로, 기원전 7세 기경 밀레토스인이 건설했다.

새화 지역에 진을 치는 동시에, 함선 36척을 출항시켜 아테나이 함선 32척과 싸우게 했다. 격렬한 해전을 치른 후, 키오스군과 그 동맹군은 전투에서 열세에 몰리지는 않았으나 날이 저물자 도시로 후퇴했다.

62 그 직후 데르킬리다스가 육로를 통해 밀레토스에서 헬레스폰토 1 스에 도착하자, 아비도스는 동맹에서 이탈하여 데르킬리다스와 파르나바조스에게 넘어갔고, 이틀 뒤에는 람프사코스도 그 뒤를 따랐다. 키오 2 스에 있던 스트롬비키데스는 이 소식을 듣고 아테나이 함선 24척을 이끌고 급히 키오스에서 출항했다. 그중에는 중무장보병을 태운 병력 수송선도 몇 척 포함되어 있었다. 그는 람프사코스군을 격퇴하고, 성벽이 없는 그 도시를 직접 공격해 함락시켰다. 그런 다음 재물과 노예를 약탈하고, 자유민들을 다시 정착시킨 후 아비도스로 갔다. 그러나 그곳 3 주민들이 항복하지 않고 맞서자 끝내 함락시키지 못했다. 그러자 그는 아비도스 맞은편 케르소네소스의 도시 세스토스로 항해하여, 예전에 메디아인이 점령했던 그곳을 헬레스폰토스의 방어 기지로 삼고 수비대를 배치했다.

63 그 사이 키오스군은 해상 지배권을 확장했고, 밀레토스에 있던 1 아스티오코스와 펠로폰네소스군은 키오스에서 벌어진 해전 소식과 스트롬비키데스가 함대를 이끌고 떠났다는 소식을 듣고 용기를 얻었다. 아스티오코스는 함선 2척을 이끌고 해안을 따라 키오스로 가서 현지 2 함선들을 모아 돌아온 후, 함대 전체를 이끌고 사모스로 출정했다. 아테나이군은 서로를 불신하여 그를 공격하러 나서지 않았고, 그는 무사히 밀레토스로 돌아갔다.

아테나이군이 서로를 의심하기 시작한 것은 이 무렵, 또는 그보다 3 조금 앞서 아테나이의 민주정이 무너지기 시작한 데서 비롯되었다. 전권대사로 파견된 페이산드로스와 그의 동료들은, 티사페르네스와의 협상이 결렬된 후 사모스로 돌아와 군대를 확실히 장악할 조치를 취했다. 그들은 사모스인이 과두정에 반대하는 혁명을 일으켰음에도, 사모스의 유력자들을 설득해 과두정 수립을 시도하게 했다.

4 　아울러 사모스의 과두정 지지 아테나이인들은 논의 끝에 알키비아데스가 합류할 의사가 없고, 성향상 과두정에 적합하지 않다는 이유로 그를 이번 일에서 배제하기로 결정했다. 그들은 이미 위험에 처한 상황에서 어떻게든 이 계획을 성공시키기 위해 전력을 다하기로 했다. 또한 적과의 전쟁을 계속하면서, 앞으로의 부담이 타인이 아닌 자신들의 몫이 된 만큼 군자금과 제반 경비를 기꺼이 자비로 충당하기로 결정했다.

1 　**64** 그들은 이렇게 결의한 후 즉시 페이산드로스를 포함한 대표단의 절반을 아테나이로 보내 본국에서 이 계획을 추진하게 하고, 속국 중 과두정 수립이 가능한 도시에는 과두정을 세우라고 지시했다. 나머지 2 절반은 다른 속국으로 파견했다. 또한 키오스 인근에 있던 디에이트레페스를 트라케 지방의 통치자로 임명하여 보냈다. 그는 타소스에 도착 3 해 민주정을 무너뜨렸다. 그러나 그가 떠나고 나서 두 달 후, 타소스인은 도시를 요새화했다.[37] 라케다이몬이 해방시켜줄 것이라 날마다 기대하고 있었기에, 그들은 아테나이인이 지지하는 귀족 통치의 필요성을 느끼지 못했던 것이다.

4 　아테나이에서 추방되어 펠로폰네소스인과 연합한 타소스의 일부 망명자들은 본국의 협력자들과 함께 함선을 확보하고, 타소스가 아테나이에 반기를 들게 하려고 최선을 다했다. 결국 그들의 바람대로 도시는 5 안전해졌고, 반대하던 민주정도 무너졌다. 이처럼 타소스의 경우, 과두정 지지 아테나이인들이 민주정을 무너뜨리고 과두정을 세웠으나, 그들의 기대와는 정반대의 결과가 나타났다. 내 생각에 다른 많은 속국에

37 　"타소스"는 기원전 465년 아테나이에 대한 반란이 실패한 후 강한 통제를 받아왔기에 아테나이로부터 벗어나려는 열망이 컸다. 이는 기원전 411년 과두정이 도입되자마자 아테나이의 영향력을 거부하고 라케다이몬과 결탁하는 결과로 이어졌다.

서도 상황은 비슷했을 것이다. 도시들이 온건한 정부와 행동의 자유를 얻자, 아테나이가 제공하는 형식적인 법과 질서보다 명백한 자유를 선택했기 때문이다.

65 페이산드로스 일행은 항해 도중 지시받은 대로 여러 도시에서 ₁ 민주정을 무너뜨렸고, 일부 도시에서는 지원군으로 중무장보병을 차출해 함선에 태우고 아테나이로 향했다. 과두정 지지자들이 아테나이에 ₂ 도착했을 때는 이미 동료들이 해야 할 일을 거의 끝내놓은 상태였다. 일부 젊은이는 민주정파의 지도자였던 안드로클레스를 암살했다. 그는 알키비아데스 추방에 가장 큰 역할을 했던 인물이다. 그들이 안드로클레스를 암살한 이유는 두 가지였다. 첫째는 그가 대중선동가였기 때문이고, 둘째는 알키비아데스가 귀국해 티사페르네스를 아테나이인의 친구로 만들어줄 것이라 기대했기 때문이다. 그들은 과두정에 부적합한 다른 몇 명도 같은 방식으로 몰래 제거했다. 또한 그들은 군인으로 복 ₃ 무하는 자들 외에는 누구도 국고에서 급료를 받아서는 안 되며, 국정 참여자 수는 5,000명을 초과해서는 안 되고, 국정 참여자는 재산이나 신체로 국가에 가장 유용하게 봉사할 수 있는 시민이어야 한다는 취지의 강령을 발표했다.

66 그러나 이러한 강령은 대중을 위한 선전 문구에 불과했다. 국정 ₁ 은 어차피 변혁을 꾀하는 자들이 장악하게 되어 있었기 때문이다. 민회와 추첨[38]으로 선발된 의회가 여전히 소집되기는 했으나, 모든 안건은 변혁파의 승인을 받아야 최종적으로 결정되었다. 발언자는 모두 그들 중에서 나왔으며 발언 내용은 사전 검열을 받았다. 다른 사람들은 변혁 ₂ 파의 수가 많은 것을 보고 겁이 나 아무도 감히 반대 의견을 말하지 못

---

38 퀴아모스(κύαμος), 즉 '콩'을 사용하는 "추첨"은 고대 헬라스에서 공직자를 선출하는 데 쓰였으며, 아테나이 민주정에서는 시민에게 평등한 참여 기회를 보장하는 상징적인 제도로 여겨졌다.

했다. 반대 의견을 표명한 사람들은 즉시 적절한 방법으로 살해되었다. 그러나 이에 대한 수사는 이루어지지 않았고, 혐의가 드러나더라도 정당한 처벌은 내려지지 않았다. 대중은 두려움에 침묵했고, 침묵함으로써 피해를 면하는 것이 이득이라 여겼다.

3   실제로 변혁 세력의 규모는 생각보다 크지 않았지만, 대중은 그들의 세력이 대단하다고 여겨 자신감을 잃었다. 도시가 워낙 큰 데다 서로를
4 잘 알지 못했기 때문이다. 부당한 대우를 받아도 누구에게 하소연하거나 복수를 계획할 수 없었다. 대화 상대가 전혀 모르는 사람이거나, 아
5 는 사람이라도 신뢰할 수 없었기 때문이다. 민주정 지지자들조차 서로를 의심하며 만났다. 만나는 모든 이가 현 사태에 연루되어 있다고 생각했기 때문이다. 실제로 변혁을 꾀하는 이들 중에는 과두정을 지지하리라고는 예상치 못했던 이들도 있었다. 바로 그들이 대중 사이에 가장 큰 불신을 조장하고, 민주정 지지자들이 서로를 불신하게 만들어 과두정 세력의 기반을 공고히 하는 데 크게 기여했다.

1   **67** 이때 페이산드로스 일행이 아테나이에 도착해 즉시 남은 일들을 처리하기 시작했다. 그들은 먼저 민회를 소집한 후, 독립적인 10인 초안 작성 위원회를 선출하여 국가의 최선 운영 방안을 논의하고 정해진
2 날짜에 민회에 제출하자고 제안했다. 지정된 날짜가 되자, 콜로노스(도시에서 약 10스타디온 떨어진 곳으로, 포세이돈 신전이 있던 곳)[39]에서 민회가 열렸다. 10인 위원회가 내놓은 제안은 단 하나였다. 아테나이인 누구나 자신의 의견을 자유롭게 말할 수 있으며, 그 발언을 불법이라 고발하거나 다른 방식으로 방해하는 자에게는 거액의 벌금을 부과한다는 내용
3 이었다. 그리고 그들은 현 정치체제의 모든 관직을 폐지하고, 관리에게 급료를 지급하지 않기로 했다. 대신 5인의 의장단을 새로 선출하고, 이

---

39 "콜로노스"는 고대 아테나이 북서부에 있던 구역으로, 도심에서 약 2킬로미터 떨어진 작은 언덕 지대였다. "10스타디온"은 약 1.8킬로미터에 해당한다.

들이 100명을 선출하면, 이 100명이 각각 3명씩을 선출하여 총 400명의 평의회를 구성하게 했다. 이 평의회는 전권을 가지고 국가를 최선의 방식으로 다스리며, 필요하다고 판단될 경우 5,000인 회의를 소집할 수 있도록 했다.

68 이러한 제안을 한 사람은 페이산드로스였다. 그는 민주정 타도 1 에 가장 큰 열의를 보였다. 그러나 전체 계획을 구상하고, 실행 방안을 가장 치밀하게 고민한 사람은 안티폰[40]이었다. 그는 아테나이인 중 누구에게도 뒤지지 않는 유능한 인물로, 사고력과 언변이 매우 뛰어났다. 그러나 민회나 다른 공적 무대에 나서기를 좋아하지 않았는데, 영리하다는 평판 때문에 대중이 그를 경계했기 때문이다. 그는 법정이나 민회에서 발언해야 하는 이들에게 최고의 조언자였다. 나중에 민주정이 부 2 활하고 400인 평의회가 무너진 뒤[41] 그 참여자들이 새 민회에 고발되었을 때, 안티폰도 과두정 수립을 도운 혐의로 재판을 받았다. 이때 그가 펼친 변론은 사형에 해당하는 중죄로 기소된 이들의 변론 중 가장 뛰어났다.

프리니코스 역시 열렬한 과두정 지지자였다. 그는 사모스에서 아스 3 티오코스와 거래한 사실을 알고 있는 알키비아데스를 두려워했지만, 과두정이 수립되면 알키비아데스가 귀국할 가능성은 없다고 확신했기에 행동에 나섰다. 그는 일단 한 정파에 몸담으면 어떤 위험 속에서도 가장 신뢰할 수 있는 인물로 여겨졌다.

---

40 "안티폰"(기원전 약 480~411년)은 수사학과 논리학을 가르치며 법정 연설문을 대필한 소피스트로, 기원전 411년 과두정 강경파로 활동하다 처형되었다. 그의 최후 법정 연설은 지금까지 전해진다.

41 "400인 평의회"는 기원전 411년 여름, 아테나이에서 수립된 과두정의 핵심 기구였다. 그러나 테라메네스의 온건파와 프리니코스, 안티폰의 강경파 사이의 갈등과 에우보이아에서의 패배로 정세가 악화되었고, 가을에는 페이라이에우스에서 봉기가 일어났다. 결국 기원전 410년 과두정은 붕괴되고 민주정이 복원되었으며, 지도자들은 처형되거나 망명했다.

4　민주정을 무너뜨린 이들 중 일등공신은 하그논의 아들 테라메네스였다. 그는 연설에 능하고 상황 판단이 뛰어났다. 많은 유능한 인물들이 참여한 이 일이 중대한 변화였음에도 성공한 것은 그리 놀라운 일이 아니었다. 참주들이 축출된 지 100년이 되던 해,[42] 아테나이 대중에게서 자유를 빼앗기란 쉬운 일이 아니었다. 게다가 아테나이 대중은 남에게 예속되지 않았을 뿐만 아니라, 그 세월의 절반 이상을 남을 지배하는 데 익숙해져 있었다.

1　**69** 민회는 이 제안을 만장일치로 가결한 후 해산했다. 이후 400인은 다음과 같은 방식으로 의사당을 장악했다. 당시 아테나이 시민들은 데켈레이아에 주둔한 적군 때문에 항상 무장을 하고 있었고, 매일 성벽을 2　지키거나 초소에서 보초를 서야 했다. 그래서 정해진 날짜가 되자 그들은 자신들의 정파에 가담하지 않은 이들은 평소처럼 귀가하게 하고, 정파 구성원들에게는 무기 바로 옆은 아니더라도 가까운 곳에 조용히 대기하다가, 400인의 의사당 입장을 막는 자가 있으면 무장하고 개입하라는 지시를 내렸다.

3　작전에 참여한 이들 중에는 일부 안드로스인, 테노스인, 300명의 카리스토스인, 그리고 아이기나에 정착한 아테나이 이주민들도 포함되어 4　있었다. 그들은 모두 무구를 갖추고, 동일한 지시를 받았다. 병력이 모두 배치되자, 400인은 필요시 무력 행사를 하던 120명 젊은이들의 호위를 받으며 각자 단검을 숨긴 채 등장했다. 그들은 의사당에 난입하여, 추첨으로 선출된 의회 의원들에게 급료를 받고 떠나라고 명령했다. 그들은 남은 임기 동안의 급료를 직접 가져와, 의원들이 의사당을 떠날

---

42 아테나이의 참주정은 기원전 560년경 페이시스트라토스가 집권하면서 시작되어, 그의 아들 히피아스 때까지 이어졌다. 기원전 510년 라케다이몬 왕 클레오메네스가 알크메온 가문의 요청을 받아 히피아스를 축출하고 과두정을 세웠으나 오래가지 못했고, 기원전 508년 클레이스테네스의 개혁으로 민주정의 기틀이 마련되었다. 이 체제는 기원전 411년 과두정이 수립될 때까지 약 100년간 유지되었다.

때 각자에게 나누어 주었다.

70 의회 의원들은 아무런 저항 없이 물러났고, 다른 시민들도 침묵 1
을 지켰다. 400인은 의사당에 입장하여 자기들 중에서 의장단을 추첨
으로 선출하고, 공직 취임식 관례에 따라 기도와 제물을 신들에게 바쳤
다. 이들은 훗날 민주정의 구조를 크게 변경했지만, 알키비아데스가 추
방자 명단에 포함되어 있어 추방자들을 불러들이지는 않았다. 대신 다
른 모든 면에서 도시를 무력으로 지배했다. 그들은 제거하는 것이 좋겠 2
다고 판단되는 이들 중 일부는 살해하고 일부는 투옥하거나 추방했다.
또한 데켈레이아에 주둔 중인 라케다이몬의 왕 아기스에게 사절단을
보내 평화조약 체결 의사를 전하며, 변덕스러운 대중보다는 자신들과
협상하는 편이 더 합리적이라고 주장했다.

71 그러나 아기스왕은 아테나이 대중이 오랫동안 누려온 자유를 쉽 1
게 포기하지 않을 것이며, 적이 다가오면 가만히 있지 않을 것이라 생
각했다. 그는 현 상황에서 아테나이인이 더 이상 동요하지 않을 것임을
전혀 믿지 않기에, 400인 평의회 사절단에게 우호적 답변을 하지 않았
다. 오히려 펠로폰네소스에서 대규모 증원군을 불러들인 후 데켈레이
아 수비대와 증원군을 이끌고 아테나이 성벽으로 진격했다. 그는 내부
의 혼란과 외부의 압박 속에서 아테나이 방어가 무너지고, 자신이 원하
는 방식으로 도시를 점령할 수 있기를 기대했다.

그러나 아기스왕이 접근해도 성 안에 있는 아테나이인은 전혀 동요 2
하지 않았고, 기병대와 일부 중무장보병, 경무장보병, 궁수를 출격시켰
다. 이들은 지나치게 가까이 접근한 아기스왕의 군사들을 날아다니는
무기로 공격해 몇 명을 사살한 후, 그들의 무구와 시신을 확보했다. 이
에 아기스왕은 군대를 철수시켰다. 아기스왕은 자신의 군대와 함께 데 3
켈레이아에 머물렀고, 증원군은 며칠 더 주둔시킨 후 본국으로 돌려보
냈다. 그 후 400인 평의회는 계속해서 아기스왕에게 사절단을 파견했
고, 이번에는 아기스왕도 사절단을 받아들이며 더 적극적인 태도를 보

였다. 결국 400인 평의회는 아기스왕의 조언에 따라 평화조약 협상을 위해 라케다이몬에 사절단을 보냈다.

1 **72** 400인 평의회는 10인 대표단을 사모스에 파견하여 군대를 설득하고자 했다. 그들은 과두정 수립이 국가나 시민들을 해치기 위한 것이 아니라 국가 전체를 구하기 위한 것이며, 400인뿐 아니라 5,000인도 국정에 참여하고 있다고 설명했다. 그러나 실제로는 전쟁 및 대외 문제의 중대 사안을 논의하기 위해 5,000인이 한자리에 모인 적은 한 번도 없

2 었다. 평의회는 대표단에게 다른 사안들도 적절히 말하라고 지시한 후, 정부가 들어서자마자 그들을 사모스로 보냈다. 이는 사모스에 주둔한 아테나이 해군이 과두정에 협조하지 않아 그곳에서 시작된 내분이 본국으로 옮겨붙을 것을 두려워했기 때문이다. 그리고 그 우려는 현실이 되었다.

1 **73** 사모스에서는 이미 과두정에 반대하는 움직임이 시작되어, 400인 평의회가 아테나이에서 조직되던 시기에 다음과 같은 일이 일어났다.

2 앞서 언급했듯이 지배층에 반란을 일으켜 민주정을 수립했던 일부 사모스인이 다시 입장을 바꾸었다. 그들은 티사페르네스와 협상 후 돌아온 페이산드로스와 사모스에 주둔하는 그의 추종자들에게 설득되어 300여 명의 비밀결사를 조직하고, 나머지 사람들을 민주정 지지자로 간주하여 공격할 준비를 했다.

3 그들은 히페르볼로스라는 아테나이인도 살해했는데, 그는 권력이나 명망 때문이 아니라 국가에 해악과 수치를 끼치는 인물로서 도편추방된 자였다. 그들은 아테나이군의 신임을 얻기 위해 장군 카르미노스와 자신들을 지지하는 다른 아테나이 군사들과 함께 그를 살해했다. 이 외에도 아테나이군과 연계하여 다른 유사한 일도 저질렀으며, 이제는 다수파인 민주정 지지자들을 공격하려 했다.

4 그러나 사모스의 민주정 지지자들은 이들의 의도를 알아차리고, 아테나이 장군 레온과 디오메돈(이들은 대중의 존경을 받고 있어 과두정을 원

하지 않았다), 삼단노선의 함장 트라시불로스, 중무장보병 트라실로스, 그리고 과두정을 지지하는 비밀결사에 가장 적대적이었던 자들에게 이 사실을 알렸다. 그들은 사모스가 아테나이 제국의 마지막 보루이니 사모스인의 몰락과 동맹 이탈을 방관하지 말아달라고 호소했다.

이에 응한 이들은 모든 군사를 일일이 찾아가 음모를 저지하자고 독 5 려했으며, 특히 파랄로스호의 선원들에게 지지를 구했다. 그들은 모두 자유민으로 태어난 아테나이 시민으로, 과두정의 위협이 눈앞에 드러 나지 않을 때조차 그에 반대해온 이들이었다. 레온과 디오메돈은 어디 로 출항하든 사모스의 민주정 지지자들을 보호하기 위해 함선 몇 척을 남겨두었다. 그래서 300명이 공격을 감행했을 때, 사모스의 민주정 지 6 지자와 파랄로스호 선원들이 적극적으로 저항했고, 결국 다수파인 민 주정 지지자들이 승리했다. 그들은 300명의 주동자 중 30명을 처형하 고 3명을 추방했으며, 나머지는 모두 사면받아 이후 민주정 하에서 시 민으로서 정치적 권리를 행사했다.

74 사모스인과 사모스에 주둔한 아테나이군은 최근의 이 사태를 본 1 국에 보고하기 위해 서둘러 파랄로스호를 아테나이로 보냈다. 그들은 400인 평의회가 이미 국정을 장악한 사실을 알지 못했다. 이 배에는 민 주정을 열렬히 지지하는 아르케스트라토스의 아들 카이레아스라는 아 테나이인이 타고 있었다. 그들이 아테나이에 도착하자마자, 400인 평 2 의회는 파랄로스호 선원 두세 명을 체포하고 함선을 압류한 후, 나머지 선원들을 에우보이아섬의 순찰 임무를 맡은 다른 함선으로 보냈다.

카이레아스는 상황을 파악하자 즉시 몰래 빠져나와 사모스로 돌아 3 갔다. 그는 그곳의 군사들에게 아테나이에서 벌어지고 있는 일을 과장 해 전했다. 자유민들이 노예처럼 매질당하고, 정부를 비판하는 발언은 금지되었으며, 군사들의 가족이 성폭행과 학대를 당하고 있다고 말했 다. 또한 사모스에 주둔하는 군사들의 친척 중 그들에게 동조하지 않는 이의 가족을 400인 평의회가 체포해 감금할 계획이며, 군사들이 끝내 복종하지 않으면 처형될 것이라고 말했다. 여기에 다른 많은 거짓말도 덧붙였다.

1   **75** 이 말을 들은 군사들은 처음에는 과두정 지지자 가운데 주동자와 동조자들에게 달려들어 공격했다. 그러나 중재자들이 그들을 저지하며, 적군이 가까이 있는 상황에서 그런 행동은 모든 일을 망칠 위험

2 이 있다고 설득했다. 그 후 사모스를 민주정으로 복귀시키려 했던 리코스의 아들 트라시불로스와 트라실로스(이들이 주도한 인물들이었다)는 모든 군사, 특히 과두정을 지지하는 이들에게 민주정을 지지하고 민주정 지지자들과 화합하며, 펠로폰네소스인과의 전쟁을 적극적으로 수행하고, 400인 평의회를 타협 불가능한 적으로 간주하겠다는 가장 엄숙한

3 맹세를 하게 했다. 사모스인 중 성년이 된 이들도 모두 동일한 맹세를 했다. 아테나이군은 모든 상황과 위험을 사모스인과 끝까지 함께할 각오가 되어 있었다. 그들은 자신들과 사모스인들에게 안전한 피난처가 없으며, 400인 평의회나 밀레토스에 주둔한 적군에게 패배하면 자신들은 끝장이라고 확신했다.

1   **76** 이렇게 아테나이를 민주정으로 되돌리려는 군대와, 군대에 과두
2 정을 강요하려는 400인 평의회 사이에 대립 구도가 형성되었다. 군사들은 즉시 회의를 열어 기존의 장군들과 신뢰할 수 없는 삼단노선 함장들을 해임하고, 그 자리에 새 함장과 장군들을 선출했다. 그중에는 트라시불로스와 트라실로스도 포함되어 있었다.

3   여러 군사들이 일어나 본국이 자신들에게 등을 돌렸다고 낙담할 필요는 없다고 말했다. 소수파가 다수파에서 이탈한 것이며, 다수파인 자신들이 더 많은 자원을 보유하고 있고, 모든 면에 뛰어나다는 이유에

4 서였다. 그들은 모든 해군을 장악하고 있기에, 페이라이에우스항에 주둔할 때와 마찬가지로 사모스에서도 다른 동맹국들에게 공물을 요구할 수 있다고 말했다. 또한 과거에 아테나이와의 전쟁에서 해상 지배권을 빼앗을 뻔했던 강력한 사모스가 이번에는 자신들과 함께하고 있으

니, 적이 공격해와도 이곳을 기지 삼아 물리칠 수 있다고 했다. 사모스에 함대를 보유하고 있는 자신들이 본국보다 생필품 조달에 더 유리할 것이라는 주장이었다. 지난날 본국의 아테나이인이 페이라이에우스항으로 들어오는 해상 교통로를 확보할 수 있었던 것은 사모스에 전진기지가 있었기 때문인데, 만약 본국이 민주정 복원을 거부한다면, 본국이 사모스 함대를 봉쇄하기보다 사모스 함대가 바다에서 본국을 봉쇄하기가 더 용이할 것이라고 강조했다.

게다가 본국은 최근 적과의 전쟁에서 거의 도움이 되지 못했으며, 더 이상 군자금도 보내주지 못해 군사들이 비용을 스스로 부담해야 했다. 도시가 군대를 통제하려면 재정 지원이나 훌륭한 조언이라도 제공해야 하는데, 그러지 못하는 상황에서 본국을 잃는다고 반드시 손실은 아니라는 것이었다. 따라서 본국 아테나이인은 조상들의 법을 파괴한 자들로 비난받아 마땅하고, 사모스에 주둔한 아테나이군은 그 법을 지키며 본국에 복원시키려 최선을 다하고 있으므로, 국익에 진정 도움이 되는 계획은 아테나이가 아니라 사모스에서 나올 것이라고 주장했다.

알키비아데스에 대해서는, 그에게 면죄부를 주고 귀국을 허락한다면 그는 기꺼이 페르시스 대왕과의 동맹을 성사시킬 것이라고 말했다. 무엇보다 이 모든 계획이 실패하더라도, 많은 함선을 보유하고 있기에 언제든 피난처를 찾아 도시와 영토를 확보할 수 있다는 점을 강조했다.

77 이렇게 군사들은 함께 모여 논의하고 서로를 격려했으며, 전쟁을 계속하기 위한 준비에도 한마음으로 열의를 보였다. 400인 평의회가 사모스에 파견한 10인 대표단은 델로스에 도착해 이 소식을 듣고 그곳에 머물렀다.

78 이 무렵 밀레토스에 주둔한 펠로폰네소스 해군은 아스티오코스와 티사페르네스가 일을 망치고 있다며 불만을 쏟아냈다. 그들은 아스티오코스가 이전에 자신들의 전력이 강하고 아테나이 함선이 적었을 때조차 해전을 원하지 않았는데, 지금처럼 아테나이군에 내분이 일어

나고 함선들이 분산된 상황에서도 싸우려 하지 않는다고 지적했다. 또한 티사페르네스에 대해서는, 포이닉스 함대가 올 것이라고 말만 할 뿐 실제로는 아무 조처도 하지 않아, 자신들이 그 함대를 기다리다 위기에 처했다고 항의했다. 그는 포이닉스 함대를 데려오지 못했을 뿐 아니라 급료도 제때 충분히 지급하지 않아 해군을 곤궁에 빠뜨리고 있다는 비난이었다. 따라서 더 이상 지체하지 말고 즉시 해전을 벌여야 한다고 주장했다. 특히 시라쿠사이군이 이를 강력히 촉구했다.

1   **79** 이에 동맹군과 아스티오코스는 군사들의 불만을 알고 회의를 열어 해전을 벌이기로 결정했다. 무엇보다 사모스에서 내분이 일어났다는 소식을 들었기 때문이다. 그들은 함선 112척 전체를 출항시켜 미칼레곶으로 향했고, 밀레토스군에게도 육로로 이동해 합류하라고 명령했다.

2   이때 아테나이군은 사모스에서 함선 82척을 이끌고 와 미칼레곶의 글라우케항에 정박해 있었다(사모스는 내륙 쪽 미칼레곶과 가까운 위치에 있다). 아테나이군은 펠로폰네소스 함대가 다가오는 것을 보고 사모스로 철수했다. 한 번의 전투에 모든 것을 걸기에는 자신들이 수적으로 열세라고 판단했기 때문이다. 게다가 아테나이군은 적군이 해전을 벌

3   이려 한다는 정보를 밀레토스로부터 미리 입수하고, 스트롬비키데스가 키오스에서 아비도스로 보낸 함선들을 이끌고 헬레스폰토스로부터 돌

4   아오기를 기다리고 있었다. 이미 그에게 사자를 보낸 터였다. 이에 따라 아테나이군은 사모스로 철수했고, 펠로폰네소스군은 미칼레에 상륙하여 밀레토스와 인근 지역에서 온 보병 부대와 함께 진을 쳤다.

5   다음날 펠로폰네소스군은 사모스 쪽으로 항해하려 했으나, 스트롬비키데스가 헬레스폰토스로부터 함선을 이끌고 도착했다는 소식을 듣

6   고 즉시 밀레토스로 회항했다. 증원군이 도착하자 이번에는 아테나이군이 함선 108척을 이끌고 밀레토스로 출격했으나, 펠로폰네소스 측에서 아무도 싸우러 나오지 않자 사모스로 회항했다.

80 그 후 그해 여름, 펠로폰네소스군은 아테나이 함대 전체와 맞서 1
기에는 역부족이라 판단해 나가서 싸우기를 거부했다. 특히 티사페르
네스가 급료를 제대로 지급하지 않아 다수의 함선을 유지하기 어려워,
당시 아테나이군과 대치한 상황에서 람피아스의 아들 클레아르코스를
함선 40척과 함께 파르나바조스에게 보냈다. 이는 클레아르코스가 펠
로폰네소스를 떠날 때 받은 원래 명령이었다. 파르나바조스가 그들을 2
초청하며 함대 유지비를 지급하겠다고 약속했고, 비잔티온인도 그들에
게 전령을 보내 아테나이 동맹에서 이탈하겠다는 의사를 밝혔기 때문
이다.

펠로폰네소스 함대는 아테나이군에게 발각되지 않기 위해 먼 바다 3
로 항해하다가 폭풍을 만났다. 클레아르코스와 대부분의 함선은 델로
스로 표류했다가 나중에 밀레토스로 돌아갔다. 클레아르코스는 이후
육로로 헬레스폰토스에 도착해 그곳에서 지휘를 맡았다. 한편, 그의 함
선 중 메가라인 헬릭소스가 이끌던 10척은 무사히 헬레스폰토스에 도
착해 비잔티온의 아테나이 동맹 이탈을 지원했다. 이 소식을 들은 사모 4
스의 아테나이군은 헬레스폰토스를 지키기 위해 함선을 파견했고, 양
측은 비잔티온 앞바다에서 각각 8척의 함선으로 잠시 해전을 벌였다.

81 트라시불로스는 사모스에 민주정을 재수립한 이후로 줄곧 알키 1
비아데스를 돌아오게 해야 한다고 고집했고, 동료 지도자들도 이에 동
의했다. 마침내 그는 민회를 열어 군사들을 설득했고, 이들은 알키비아
데스의 귀환과 면책을 의결했다. 트라시불로스는 배를 타고 티사페르
네스를 찾아가 알키비아데스를 데리고 사모스로 돌아왔다. 그가 보기
에는 알키비아데스를 통해 티사페르네스를 펠로폰네소스 편에서 아테
나이 편으로 돌리는 것만이 아테나이가 살 유일한 길이라 여겨졌기 때
문이다.

민회가 열리자, 알키비아데스는 먼저 자신이 추방당해 겪은 불행을 2
비난하며 한탄한 뒤, 당시 정세에 대해 많은 이야기를 하며 청중에게

미래에 대한 큰 희망을 심어주었다. 그는 또한 티사페르네스에 대한 자신의 영향력을 크게 과장했다. 이는 본국의 과두정 지지자들이 그를 두려워하여 스스로 정파를 해체하게 하고, 사모스에 있는 이들과 아테나이군이 그를 더욱 존경하며 용기를 갖도록 하려는 것이었다. 동시에 티사페르네스의 적들이 최대한 비난을 받아 그들의 희망이 꺾이게 하기 위함이었다.

3   알키비아데스는 아테나이인이 티사페르네스의 신뢰를 얻기만 한다면, 티사페르네스가 돈이 남아 있는 한 자신의 침구까지 팔아서라도 아테나이 함대의 유지비가 부족해지는 일이 없게 할 것이고, 현재 아스펜도스항[43]에 주둔한 포이닉스 함대를 펠로폰네소스군이 아닌 아테나이군에게 넘길 것을 확약했다고 호언장담했다. 또한, 자신이 무사히 귀국해 아테나이인을 위해 보증을 서야만 티사페르네스가 그들을 신뢰하게 될 것이라고 덧붙였다.

1   **82** 사모스의 아테나이군은 알키비아데스의 이런 말과 여러 주장을 듣고, 즉시 그를 장군으로 선출하여 기존의 장군들과 함께 모든 일을 처리하도록 했다. 그들은 자신들의 안전은 물론 400인을 처벌할 기회까지 찾아온 지금의 희망을 무엇과도 바꾸려 하지 않았다. 기대에 부풀어 적군이 코앞에 있다는 사실도 무시한 채 당장 페이라이에우스항

2   으로 출발할 기세였다. 그러나 알키비아데스는 많은 군사들이 가까이 있는 적을 남겨두고 본국의 페이라이에우스항으로 서둘러 항해하려는 것을 극구 말렸다. 그는 이제 장군으로 선출되었으니, 먼저 티사페르네스를 찾아가 앞으로 어떻게 전쟁을 수행할지 논의해야 한다고 말했다.

3   민회가 끝나자, 그는 즉시 떠났다. 이는 자신과 티사페르네스가 모

---

43 "아스펜도스항"은 소아시아 남부 팜필리아 지방의 항구 도시로, 에우리메돈강 유역에 위치했으며 해안에서 약 16킬로미터 들어간 내륙에 있었다. 팜필리아는 동쪽으로 킬리키아, 서쪽으로 리키아와 접하고 남쪽으로 지중해에 면한 지역으로, 기원전 12세기경부터 헬라스 이주민들이 정착하기 시작했다.

든 것을 공유하는 모습을 보이려는 의도였다. 또, 이제 자신이 장군으로 선출된 이상 그를 이롭게도 해롭게도 할 수 있음을 보여주고 싶었기 때문이다. 알키비아데스는 아테나이군을 티사페르네스를 압박하는 수단으로, 티사페르네스를 아테나이군을 압박하는 수단으로 이용했다.

83 밀레토스에 주둔 중이던 펠로폰네소스군은 알키비아데스가 사 1 모스로 갔다는 소식을 듣자, 이전에도 믿지 않았던 티사페르네스를 한층 더 불신하게 되었다. 그들은 알키비아데스가 티사페르네스에게 의 2 탁했을 때부터 그를 못마땅하게 여기기 시작했다. 아테나이군이 밀레토스를 공격하려 할 당시에도 티사페르네스가 펠로폰네소스군의 출전을 원치 않았고, 이후에도 급료를 제대로 지급하지 않아 증오가 갈수록 깊어진 것이다. 군사들은 평소처럼 모여 불평을 쏟아냈고 이번에는 일 3 부 지휘관도 가세했다. 그들은 급료를 제대로 받은 적이 없고, 늘 부족하거나 불규칙하게 지급되었다고 주장했다. 또한 누군가가 함대를 이끌고 해전을 벌이거나 함대 유지비를 확보할 수 있는 지역으로 이동하지 않으면 군사들이 함선을 버리게 될 것이라며, 이 모든 상황은 아스티오코스가 자신의 이익을 위해 티사페르네스의 분노를 유발했기 때문이라고 말했다.

84 펠로폰네소스군이 이렇게 불평하는 동안, 아스티오코스를 둘러 1 싼 소요가 발생했다. 시라쿠사이와 투리오이 출신의 선원들은 대부분 2 자유민이어서 더욱 대담하게 아스티오코스에게 몰려가 급료 지급을 요구했다. 이에 아스티오코스는 오만하게 대답하며 위협했고, 도리에우스가 자신의 군사들을 변호하자 그를 치려고 지팡이까지 들어 올렸다. 그 광경을 본 그들은 선원답게 아스티오코스에게 돌진하여 공격하 3 려 했다. 그러나 아스티오코스는 이를 미리 알아채고 제단으로 피신했다. 그는 무사했고, 선원들은 흩어졌다.

한편 밀레토스인은 티사페르네스가 밀레토스에 구축한 요새를 기 4 습 공격하여 점령하고, 그곳에 배치된 수비대를 쫓아냈다. 이 일은 다

5 른 동맹군, 특히 시라쿠사이군의 동의 아래 이루어졌다. 그러나 리카스는 이를 못마땅하게 여기며, 밀레토스인과 대왕의 영토에 거주하는 이들 모두가 전쟁이 성공적으로 끝날 때까지 티사페르네스에게 복종하고 그를 섬기는 것이 마땅하다고 주장했다. 이 말과 이와 비슷한 발언들로 인해 밀레토스인은 그에게 분노했고, 훗날 그가 병으로 죽자 라케다이몬군이 그의 유해를 군대가 원하는 장소에 매장하려 했으나, 밀레토스인이 이를 허락하지 않았다.

1 **85** 펠로폰네소스 군사들이 아스티오코스와 티사페르네스에게 불만을 품고 갈등을 겪고 있던 때, 라케다이몬에서 함대 사령관으로 임명된 민다로스가 아스티오코스의 후임으로 도착하여 지휘권을 인계

2 받았다. 아스티오코스는 그 길로 떠났다. 티사페르네스는 자신의 측근 중 두 언어에 능통한 카리아인 가울리테스를 사절로 삼아 아스티오코스와 함께 보냈다. 이는 요새를 점령한 밀레토스인의 행동에 항의하는 한편, 자신에 대한 고발에 맞서 변호하기 위해서였다. 그는 밀레토스인이 자신을 고발하기 위해 라케다이몬으로 향하고 있으며, 그들과 동행하는 헤르모크라테스가 자신이 알키비아데스와 공모해 펠로폰네소스군의 작전을 망치려 양다리를 걸치고 있음을 폭로하려 한다는 사실을 알고 있었기 때문이다.

3 헤르모크라테스는 함대 급료 문제로 티사페르네스를 적대시했다. 후에 헤르모크라테스가 시라쿠사이에서 추방되고 포타미스, 미스콘, 데마르코스 이 세 사람이 밀레토스의 시라쿠사이 함대 지휘관으로 부임하자, 티사페르네스는 그를 더욱 맹렬히 비난했다. 그는 이미 망명자신세가 된 헤르모크라테스가 자신에게 돈을 요구했다가 거절당해 적

4 대감을 품게 되었다고 주장했다. 이렇게 아스티오코스, 밀레토스의 대표들, 헤르모크라테스는 라케다이몬으로 떠났다. 같은 시기에 알키비아데스는 티사페르네스를 떠나 사모스로 돌아갔다.

1 **86** 앞서 언급했듯이, 400인 평의회는 사모스의 아테나이군을 달래

고 그간의 상황을 설명하기 위해 대표단을 보냈다. 이들은 델로스에 머물다가 알키비아데스가 돌아온 후에야 사모스에 도착했다. 민회가 열리자 대표단이 발언하려 했다. 처음에 군사들은 대표단의 말을 들으려 하지 않고, 민주정을 무너뜨린 자들을 처형하라고 소리쳤다. 그러나 나중에는 가까스로 진정되어 그들의 말을 듣게 되었다.

대표단은 정치체제 변경이 아테나이를 망하게 하려는 것이 아니라 구하기 위한 것이며, 적에게 나라를 넘기려 했다면, 얼마 전 새 정부가 수립된 직후 적군이 침입했을 때 이미 그렇게 했을 것이라고 주장했다. 또한 지금은 5,000인이 번갈아 국정에 참여하고 있으며, 카이레아스의 모함과 달리 군사들의 가족은 아무런 피해 없이 일상을 살아가고 있다고 전했다.

대표단은 계속해서 설명했지만, 군사들은 더 이상 들으려 하지 않았다. 오히려 분노가 다시 치밀어 각기 다른 제안을 내놓았는데, 대부분은 페이라이에우스를 공격하자는 것이었다. 이때 알키비아데스가 처음으로 조국에 큰 공을 세운 것으로 보인다. 사모스의 아테나이군이 본국을 공격하고자 출항하려 할 때(실제로 출항했다면 적군은 틀림없이 즉시 이오니아와 헬레스폰토스를 점령했을 것이다), 알키비아데스가 그들을 제지했기 때문이다. 그 순간 누구도 군사들을 만류할 수 없었으나, 알키비아데스가 나서서 그들의 공격 계획을 중단시켰다. 그는 개인 감정으로 대표단에게 분노를 쏟아내는 이들을 꾸짖으며 그러한 행동을 막아냈다.

그는 대표단을 돌려보낸 후 직접 군사들에게 답변하길, 5,000인의 통치에는 반대하지 않지만, 400인 평의회는 폐지하고 이전처럼 500인 의회를 세워야 한다고 했다. 그러나 경비를 절감하여 군사들에게 더 많은 급료를 지급하기 위해 400인 평의회가 설립되었다면, 그것은 전적으로 환영한다고 덧붙였다. 그는 또한 군사들을 격려하며 굳건히 버티고 적군에게 아무것도 양보하지 말라고 말했다. 국가가 안전하다면 두 정파 간의 화해도 가능하지만, 사모스나 아테나이 어느 한쪽의 정파가

8 무너지면 더 이상 화해는 불가능하다고 경고했다. 이때 아르고스에서
   도 사절단이 와서 사모스의 아테나이 민주정 지지자들을 돕겠다고 약
   속했다. 알키비아데스는 그들에게 감사를 표하고, 필요할 때 도움을 요
   청하겠다고 말한 뒤 돌려보냈다.

9   아르고스 사절단은 파랄로스호 선원들과 함께 왔다. 이들은 앞서
   400인 평의회가 에우보이아섬의 순찰 함선에 배속시킨 선원들이었다.
   그들은 이후 400인 평의회로부터 몇 명의 사절(라이스포디아스, 아리스토
   폰, 멜레시아스)을 라케다이몬으로 태워다주라는 지시를 받았다. 그러나
   그들은 아르고스 앞바다에 이르렀을 때, 이 사절들이 민주정 전복에 깊
   이 관여했다는 이유로 체포하여 아르고스인에게 넘겼다. 파랄로스호
   선원들은 아테나이로 돌아가지 않고, 아르고스 사절단을 자신들의 삼
   단노선에 태우고 아르고스를 출발하여 사모스에 도착했다.

1   87 그해 여름, 티사페르네스는 포이닉스 함대를 데려오기 위해 아
   스펜도스로 떠날 준비를 하며 리카스에게 동행을 요청했다. 여러 이유
   가 있었지만, 특히 알키비아데스의 귀환 이후 티사페르네스가 이미 아
   테나이인과 협력하고 있다고 확신한 펠로폰네소스군이 그에게 분노하
   고 있었기 때문이다. 티사페르네스는 적어도 겉으로는 그렇지 않다는
   인상을 주려 했다. 그는 부관 타모스에게 자신의 군대를 맡기고, 부재
2 중에 펠로폰네소스군에 함대 유지비를 지급하도록 했다. 티사페르네스
   가 어떤 생각으로 아스펜도스에 갔는지, 왜 그곳에서 함대를 데려오지
   않았는지에 대해서는 의견이 분분하여 진상을 파악하기 어렵다.

3   포이닉스 함대가 아스펜도스에 도착한 것은 분명하며, 그 규모는
   147척이었다. 그러나 왜 티사페르네스가 그 함대를 데려오지 않았는지
   에 대해서는 추측만 무성하다. 어떤 이는 그가 시간을 끌어 펠로폰네소
   스군의 작전을 방해하려 했다고 본다. 실제로 타모스에게 함대 유지비
   지급이 위임된 후에도 상황은 더 악화되었다. 또 어떤 이는, 그가 애초
   에 포이닉스인을 쓸 계획이 없었고, 병역을 면제받게 해주는 대가로 돈

을 받고자 그들을 아스펜도스까지 불러들였다고 추측한다. 또 다른 견해는, 그가 라케다이몬인의 비난을 피하고 자신의 결백을 증명하기 위해 포이닉스 선원들이 모두 승선한 함선을 데려오는 모양새를 취하고자 했다는 것이다.

그러나 나는 티사페르네스가 포이닉스 함대를 데려오지 않은 이유 4 는, 시간을 끌어 헬렌인의 해군이 아무 작전도 수행하지 못하게 하기 위해서였다고 확신한다. 그는 아스펜도스를 오가며 시간을 지연시킴으로써 어느 한쪽에도 힘을 실어주지 않고, 양측의 균형을 유지하고자 했던 것이다. 그가 원했다면, 이 전쟁의 향방을 결정지을 수 있었음이 분명하다. 포이닉스 함대를 데려왔다면, 당시 약간 우세했던 라케다이몬 해군이 전쟁에서 승기를 잡았을 가능성이 크다.

티사페르네스가 포이닉스 함대를 데려오지 않으면서 내세운 평계는 5 오히려 그의 의도를 잘 보여준다. 그는 대왕이 지시한 것만큼 많은 함선이 집결하지 않았다는 점을 이유로 들었다. 하지만 그것이 사실이라면, 그는 대왕의 자금을 절약하면서도 동일한 효과를 얻은 셈이니 이는 평계가 될 수 없었다. 의도가 무엇이었든 티사페르네스는 아스펜도스 6 에 도착해 포이닉스인을 만났다. 그리고 그의 요청대로 펠로폰네소스 군은 필리포스라는 라케다이몬인을 삼단노선 2척과 함께 보내 그와 동행하게 했다.

88 알키비아데스는 티사페르네스가 아스펜도스로 간다는 소식을 1 듣고, 함선 13척을 이끌고 직접 그곳으로 출항했다. 그는 포이닉스 함대를 아테나이군에게 데려오거나, 적어도 펠로폰네소스군에게 넘어가는 것을 막아 사모스의 아테나이군을 안전하게 보호하고 큰 이익을 안겨주겠다고 장담했다. 알키비아데스는 티사페르네스가 아스펜도스에서 함대를 데려오지 않을 것임을 이미 알고 있었다. 그래서 그가 자신과 아테나이군의 친구인 것처럼 보이게 만들어, 그와 펠로폰네소스군 사이를 최대한 이간질하고, 결국에는 그가 아테나이 편에 설 수밖에 없

도록 할 생각이었을 것이다. 이에 알키비아데스는 출항하여 파셀리스
와 카우노스를 향해 항해를 시작했다.

1   **89** 400인 평의회가 사모스에 파견한 대표단은 이제 아테나이로 돌
아와 알키비아데스의 발언을 보고했다. 알키비아데스는 모든 아테나이
인에게 굳건히 버티며 적에게 항복하지 말 것을 당부했으며, 본국과 사
모스의 아테나이군이 화해할 것이라는 큰 희망을 가지고 있다고 했다.
또한 자신이 양측을 화해시키고 펠로폰네소스인을 물리쳐 승리로 이
끌 것이라고 말했다. 한편, 과두정에 참여한 많은 이들이 이미 불만을
품고 있었고, 불이익만 없다면 기꺼이 손을 떼고자 했다. 이러한 상황
에서 대표단의 보고는 과두정에 대한 그들의 불만을 더욱 증폭시켰다.

2   이제 그들은 정파를 결성하여 현 상황을 비판하기 시작했다. 이러한
움직임은 하그논의 아들 테라메네스, 스켈리아스의 아들 아리스토크라
테스 같은 장군들과 과두정 내 일부 지도자들이 주도했다. 그들은 처음
에는 변혁을 주도했으나, 당시 사모스의 군대와 알키비아데스를 극도
로 두려워했고, 실제로도 그 두려움을 표했다. 또한 라케다이몬으로 파
견된 동료들이 다수의 동의 없이 국가에 해를 끼치는 결정을 내리지는
않을까 우려했다. 그래서 그들은 권력이 극소수에게 집중된 극단적인
과두정 체제를 끝내고, 5,000인 의회를 명목상의 기구가 아닌 명실상
부한 국가 최고 기관으로 정립하여 보다 평등한 정치체제를 확립해야
한다고 생각했다.

3   그러나 이는 표면적인 정치적 명분에 불과했다. 그들은 평등을 진정
으로 바란 것이 아니라 개인적 야망으로 제1인자가 되기를 원했고, 실
제로 그렇게 되기 위해 경쟁했다. 민주정에서 과두정으로 전환된 체제
가 무너지는 가장 흔한 이유가 바로 이것이다. 반면, 민주정에서는 선
거에서 낙선하더라도 동등한 경쟁자에게 진 것이 아니기에 굴욕감 없

4   이 결과를 더 쉽게 받아들인다. 그들을 가장 크게 고무시킨 것은 사모
스에서 알키비아데스가 강력한 영향력을 발휘하고 있다는 것과 과두

정이 오래가지 못할 것이라는 믿음이었다. 그래서 그들은 각자 대중의 가장 유력한 지도자가 되기 위해 경쟁했다.

90 400인 평의회 중 이러한 움직임에 가장 강하게 반대한 이들은 ₁ 과거 사모스에서 장군으로 있을 때 알키비아데스와 심한 갈등을 겪었 던 프리니코스, 민주정을 가장 강력히 반대해온 아리스타르코스, 페이 산드로스, 안티폰 및 기타 유력자들이었다. 그들은 과두정 정부를 최대 한 신속히 수립한 후, 사모스에 주둔한 군대가 자신들에게 등을 돌리 고 민주정을 지지하자 즉시 라케다이몬에 사절단을 보내 평화조약 체 결을 추진했고, 에에티오네이아[44]에 성벽을 쌓기 시작했다. 그들은 자 신들이 보낸 대표단이 사모스에서 돌아온 후, 일반 대중뿐만 아니라 원 래 자신들을 지지했던 동료들까지 마음을 돌리는 것을 보고, 이 두 가 지 일에 더욱 힘썼다.

그들은 본국과 사모스의 상황이 변하는 것을 보고 놀라, 안티폰과 ₂ 프리니코스, 그 밖의 10명을 급히 라케다이몬으로 보내 라케다이몬인 과 평화조약을 맺을 방도를 모색하게 했다. 동시에 에에티오네이아 성 ₃ 벽 축조에도 더욱 열의를 기울였다. 그런데 테라메네스와 그의 동료들 에 따르면, 그들이 성벽을 쌓은 목적은 사모스 함대의 페이라이에우스 항에 들어오는 것을 막기 위함이 아니라, 오히려 적군이 해군과 보병을 이끌고 자유롭게 진입할 수 있도록 하기 위함이었다고 한다.

에에티오네이아는 페이라이에우스항 입구에 위치해 있어, 그 옆으 ₄ 로 곧바로 항구로 통하는 길이 있었다. 이곳에 성벽을 쌓으면 내륙 쪽에 있는 기존의 성벽과 이어져 요새화되므로, 소수의 병력만으로도 항만 출

---

44 "에에티오네이아"는 페이라이에우스 북서쪽 끝에 위치한 전략적 방어 지점으로, 칸 타로스 항구의 북쪽 입구를 통제했다. 이곳에 성벽을 쌓은 것은, 항구를 차단하거나 적과 내통할 경우 탈출로로 활용하려는 의도로 해석된다. 페이라이에우스에는 중앙 의 칸타로스 항구를 중심으로, 양옆에 전함이 정박하던 제아 항구와 미니키아 항구 가 있었다.

입을 통제할 수 있었다. 내륙을 향한 옛 성벽과 현재 바다 쪽으로 건설 중인 새 성벽은, 좁은 항만 입구를 지키는 두 성탑 중 하나에서 만났다.

5 또한 그들은 페이라이에우스에서 가장 큰 회랑 형태의 창고[45]를 지었다. 이 창고는 새로 세운 요새와 아주 가까웠고 바로 연결되어 있었다. 그들은 창고를 직접 관리하며, 현지 생산품이든 외국 수입품이든 모든 곡물을 이 창고에 보관하고, 판매할 때도 여기에서 꺼내도록 했다.

1 **91** 테라메네스는 과두정 지도자들의 이러한 조치와 다른 여러 행위를 공개적으로 비난했다. 특히 라케다이몬으로 갔던 사절단이 아무런 성과 없이 돌아오자, 그는 이 성벽이 아테나이에 파멸을 가져올 것이라고 공공연히 주장했다.

2 마침 이 무렵, 에우보이아인의 요청으로 타라스와 로크로이에서 온 이탈리아 함선과 시켈리아에서 온 함선을 포함해 총 42척으로 구성된 펠로폰네소스 함대가 이미 라코니케 지방의 라스항 앞바다에 정박하고, 에우보이아로 출항할 준비를 하고 있었다. 이 함대는 스파르테인인 아게산드로스의 아들 아게산드리다스가 지휘하고 있었다. 테라메네스는 이 함대가 에우보이아로 가는 것이 아니라 에에티오네이아 요새화를 지원하러 올 것이라 주장하며, 즉시 방어 조치를 취하지 않으면 나라가 멸망할 것이라고 경고했다.

3 테라메네스의 이러한 주장은 근거가 있었다. 그가 비난한 대상들은 실제로 그런 계획을 세우고 있었기 때문이다. 그들은 우선 과두정을 유지하면서 동맹국들을 계속 지배하기를 원했다. 그것이 어렵다면, 아테나이 함대와 성벽을 보유한 채 독립을 유지하고자 했다. 그것마저도 안 된다면, 그들은 복원된 민주정 치하에서 가장 먼저 처형될 것이 두려

---

45 "회랑 형태의 창고"로 번역한 스토아(στοά)는 본래 한쪽이 개방된 지붕 있는 구조물로, 기둥이 지붕을 지탱하는 회랑을 의미한다. 대부분 경사진 지붕을 갖췄으며, 날씨에 관계없이 사람들이 모여 교류하거나 상업 활동을 할 수 있는 공간이었다. 여기서는 곡물을 보관하고 매매하는 장소로 사용되었다.

워, 자신들의 안전만 보장된다면 적군을 불러들여 성벽과 함대를 내어주고 어떤 조건이든 받아들여 평화조약을 맺으려 했다.

92 그래서 그들은 성벽 건설에 박차를 가하며 요새화를 완성했고, ₁ 거기에 문과 출입구, 적군을 끌어들일 다른 통로까지 설치하려 했다. 처음에 이 일은 극소수만 알고 있었다. 그러던 중 프리니코스가 라케다 ₂ 이몬 사절 임무에서 돌아온 후, 사람들이 붐비는 장터에서 한 국경 수비대원에게 계획적인 공격을 받아 의사당 근처에서 즉사했다. 살인자는 도주했으나, 공범인 아르고스인이 체포되어 400인 평의회의 고문을 받았다. 그러나 그는 이 일을 지시한 사람의 이름은 말하지 않고, 국경 수비대장의 집과 다른 장소에서 많은 사람들이 모인다는 사실만 알고 있다고 털어놓았다. 400인 평의회가 더 이상의 조치를 취하지 않자, 테라메네스와 아리스토크라테스 및 400인 중에서 그들과 뜻을 같이하는 이들은 더욱 대담하게 행동하기 시작했다.

이 무렵 라스항에 있던 펠로폰네소스 함대가 해안을 따라 항해하여 ₃ 에피다우로스와 아이기나섬에 정박했다. 테라메네스는 그들이 정말 에우보이아로 향하는 것이라면 아이기나에 들렀다가 에피다우로스에 정박하는 것은 이치에 맞지 않으며, 자신이 지속적으로 주장해온 대로 과두정 지도자들의 요청으로 온 것이 틀림없으니 더 이상 가만히 있을 수 없다고 비판했다.

의혹을 부풀리는 여러 선동적 발언이 더해지자, 대중은 실제로 행동 ₄ 에 나섰다. 페이라이에우스항에서 에에티오네이아 성벽을 쌓고 있던 중무장보병들(그들 중 한 명인 아리스토크라테스는 자기 부족에서 차출된 부대를 지휘하고 있었다)은 과두정 체제의 장군이자 과두정 지도자들과 특별히 가까운 알렉시클레스를 체포하여 한 집에 감금했다. 이 사건에는 ₅ 여러 인물이 가담했으나, 그중에는 무니키아에 배치된 국경 수비대장 헤르몬도 포함되어 있었다. 그러나 무엇보다 중요한 것은 중무장보병들 스스로가 이를 원했다는 점이었다.

6   마침 의사당에 있던 400인 평의회는 이 사건에 대한 보고를 받고, 원치 않는 사람들을 제외하고는 즉시 무기를 들고 달려가려 했으며, 테라메네스와 그의 동료들을 위협했다. 테라메네스는 변명하며 자신도 함께 가서 알렉시클레스를 구출하겠다고 나섰고, 뜻을 같이하는 장군 한 명을 데리고 페이라이에우스로 향했다. 아리스타르코스도 젊은 기

7   병 몇 명을 대동했다. 이처럼 큰 소동이 일어나자 아테나이 전체가 크게 동요했다. 아테나이에 있던 사람들은 페이라이에우스가 이미 점령되고 붙잡힌 이들이 처형되었다고 생각했으며, 페이라이에우스에 있던 사람들은 아테나이 병력이 공격해오는 줄 알았기 때문이다.

8   아테나이에서는 격분한 시민들이 무기를 들고 나서려 했으나, 노인들이 도성 내에서 이들을 막으려고 애썼다. 마침 아테나이에 와 있던 파르살로스 출신의 아테나이 영사 투키디데스도 적극적으로 이들을 저지하며, 적이 가까이 있는 상황에서 각자 자리를 지키지 않으면 조국을 잃게 될 것이라고 소리쳤다. 그 말에 사람들은 차츰 진정되었고 스스로 자제했다.

9   한편 페이라이에우스에 도착한 테라메네스(그도 장군이었다)는 소란을 일으킨 중무장보병들에게 화를 내며 꾸짖는 척했다. 반면, 아리스타

10 르코스를 비롯한 민주정 반대자들은 진심으로 분노했다. 그러나 이 사건에 가담했던 중무장보병의 대부분은 후회하지 않았다. 그들은 테라메네스에게 성벽이 정당한 목적을 위해 지어지는 것인지, 그것을 허무는 것이 낫지 않은지 물었다. 테라메네스는 그들이 성벽을 허무는 것이 더 낫다고 생각한다면 자신도 동의한다고 답했다. 이에 중무장보병들과 페이라이에우스의 주민 다수가 나서서 성벽을 허물기 시작했다.

11 그들은 이제 400인 평의회 대신 5,000인 회의가 다스리기를 원하는 사람은 누구든지 합류하라고 호소했다. 그들이 본래의 의도를 감추고 '대중이 다스리기를 원하는 사람'이라는 명확한 표현 대신 '5,000인 회의가 다스리기를 원하는 사람'이라는 표현을 사용한 이유는, 그들 중에

5,000인이 실제로 존재할 수 있었고, 상대가 누군지 모른 채 함부로 말했다가 해를 입을까 두려웠기 때문이다. 실제로 400인 평의회는 이런 심리를 이용해 5,000인의 실체를 명확히 밝히지 않았다. 그들은 그렇게 많은 사람이 국정에 참여하는 것은 사실상 민주정이나 다름없지만, 이 문제를 모호하게 두면 대중이 서로를 두려워하게 될 것이라 계산했던 것이다.

93 다음날, 400인 평의회는 다시 의사당에 모였지만 여전히 불안과 혼란은 가시지 않았다. 한편 페이라이에우스의 중무장보병들은 자신들이 붙잡아 감금했던 알렉시클레스를 풀어주고 성벽을 허문 뒤, 무니키아의 디오니소스 극장으로 가서 무구를 내려놓고 회의를 열었다. 그들은 즉시 아테나이로 진군하기로 결의하고, 아나케스 신전[46]에 무구를 내려놓았다.

이에 400인 중에서 선출된 대표들이 그들을 찾아와 개별적으로 대화하며 설득에 나섰다. 대표들은 이들 중 보다 합리적이라고 판단되는 사람들을 상대로 진정을 요청했고, 다른 이들을 달래는 일도 도와달라고 부탁했다. 그들은 5,000인의 명단을 공개할 것이며, 400인 평의회는 5,000인 회의의 결정에 따라 5,000인 중에서 번갈아 선발하겠다고 약속했다. 그러니 그동안 어떤 방식으로든 국가를 위험에 빠트리거나 적에게 넘어가지 않게 해달라고 호소했다.

이러한 대화가 오가면서 중무장보병 전체는 한결 진정되어 국가 전체의 안위를 염려하게 되었다. 결국 그들은 정해진 날짜에 디오니소스 신전[47]에서 화합을 위한 회의를 열기로 합의했다.

---

46 "무니키아"는 페이라이에우스항에 있던 언덕의 이름이다. "디오니소스 극장"은 디오니소스 신을 기리는 축제와 연극 공연을 위해 기원전 5세기경 아크로폴리스 남쪽 기슭에 세워졌다. "아나케스 신전"은 아크로폴리스 북쪽 기슭에 위치했으며, 제우스의 쌍둥이 아들 카스토르와 폴리데우케스를 기렸다.

47 "디오니소스 신전"은 아테나이의 아크로폴리스 남동쪽 기슭에 있었고, 기원전 6세기

1 **94** 사람들이 디오니소스 신전에 거의 다 모여 회의가 시작되었을 때, 아게산드리다스와 함선 42척이 메가라를 출발하여 살라미스를 향해 항해 중이라는 소식이 전해졌다. 중무장보병들은 이 모든 일이 테라메네스와 그의 동료들이 오래전부터 경고해온 사실이라 여겼고, 그들 2 이 에에티오네이아 성벽을 허문 것은 적절한 조치였다고 생각했다. 아게산드리다스는 어쩌면 어떤 사전 협약에 따라 에피다우로스 인근을 계속 항해하고 있었을 수도 있다. 그러나 아테나이군이 내분에 휘말린 상황에서 필요시 개입하기 위해 자발적으로 그곳에 머물렀을 가능성 3 도 있다. 어쨌든 아테나이인은 이 소식을 듣자마자 모든 병력을 동원하여 페이라이에우스로 달려갔다. 그들은 적과의 전투가 곧 항만 근처에서 벌어질 것이라 예상했다. 일부는 이미 준비된 함선에 탔고, 일부는 해안에 올려둔 함선들을 바다로 내렸으며, 또 다른 일부는 성벽과 항만 입구를 지키기 위해 달려갔다.

1 **95** 그러나 펠로폰네소스 함대는 페이라이에우스 앞바다를 그대로 지나쳐 수니온곶을 돌아 토리코스와 프라시아이 사이에 정박했다가 2 나중에 오로포스로 이동했다.[48] 아테나이군은 국가가 내분에 휘말린 데다, 아티케가 에우보이아로부터 차단된 상황에서,[49] 모든 것이 에우보이아에 달려 있었다. 그래서 에우보이아 방어라는 중대한 임무에 신속히 대응할 수밖에 없었고, 급히 함선을 파견하느라 충분히 훈련되지 않

경에 건립되었다.

48 "토리코스"는 아티케반도 남동부의 데모스(행정구역)로 은광으로 유명했으며, 수니온곶에서 해안을 따라 북서쪽으로 10킬로미터 떨어진 지점에 있었다. "프라시아이"는 아티케 동부 해안의 항구 도시로, 토리코스에서 해안을 따라 30킬로미터 더 가면 위치했고, "오로포스"는 프라시아이에서 해안을 따라 북쪽으로 약 70킬로미터 거리에 있었다.

49 아티케에서 에우보이아로 가는 주요 육로는 데켈레이아를 거쳐 오로포스에 이른 뒤 해협을 건너는 것이었다. 그러나 라케다이몬군이 데켈레이아를 점령해 이 경로가 차단되었다.

은 선원들까지 동원해야 했다. 그들은 티모카레스를 지휘관으로 임명하고, 함선 몇 척을 에레트리아로 보냈다.

이 함선들이 도착해 이미 에우보이아에 있던 아테나이 함선들과 합 3 류하자 총 36척이 되었다. 마침 아게산드리다스가 오로포스에서 식사를 마치고 함대를 출항시켰기에 아테나이는 즉시 해전에 나서야 했다. 오로포스는 에레트리아에서 해협을 사이에 두고 60스타디온[50] 거리에 있었다.

아게산드리다스가 항해해오자, 아테나이군은 군사들이 함선 근처 4 에 있을 것이라 생각하고 즉시 승선 명령을 내렸다. 그러나 군사들은 시장에서 식량을 구하지 못해 도시 외곽의 민가까지 가서 식량을 구입하고 있었다. 이는 에레트리아인이 의도적으로 시장에서 아무것도 팔지 않게 하여, 아테나이군이 준비되지 않은 상태에서 전투에 나서도록 계획한 것이었다. 오로포스에 있던 에레트리아인은 에레트리아에 정박한 아게산드리다스의 함대에 언제 출항해야 하는지를 신호로 알려주었다.

이로 인해 아테나이 함선들은 제대로 준비도 못 한 채 출항했고, 에 5 레트리아항 앞바다에서 전투가 벌어졌다. 처음에는 잠시 버텼으나 결국 해안으로 쫓겨 달아났다. 에레트리아를 우방이라 믿고 도시로 피신 6 한 자들은 오히려 에레트리아인에 의해 학살당하며 가장 처참한 최후를 맞이했다. 그러나 에레트리아에 있는 아테나이 요새로 피신한 자들과 함선을 타고 칼키스로 도망친 자들은 목숨을 건졌다. 펠로폰네소스 7 군은 아테나이 함선 22척을 나포하고, 선원들과 군사들을 죽이거나 포로로 잡은 뒤 승전비를 세웠다. 이어서 여전히 아테나이군이 장악하고 있던 오레오스[51]를 제외한 에우보이아 전역과 그 주변 지역을 장악했다.

---

50 여기서 "해협"은 에우보이아 해협을 가리키고, "60스타디온"은 약 11킬로미터다.
51 "오레오스"는 에우보이아섬 북부에 있던 도시로, 원래 이름은 '헤스티아이아'였다.

1   **96** 에우보이아에서 일어난 소식이 전해지자 아테나이인은 이전 어떤 사건보다 더 큰 충격을 받았다. 당시로서는 큰 타격이었던 시켈리아

2   원정의 대패조차 이번만큼 그들을 두렵게 하지 못했다. 사모스에 주둔한 군대는 반란을 일으켰고, 현재 보유 중인 함선뿐 아니라 돌아올 함선도 없으며, 나라는 분열되어 언제 내전이 벌어질지 모르는 상황이었다. 그런 와중에 함대를 잃고, 아티케보다 더 큰 수익을 가져다주던 가장 중요한 땅인 에우보이아마저 잃는 참사가 일어났는데, 어떻게 그들이 절망하지 않을 수 있었겠는가?

3   그러나 그들을 가장 크게 직접적으로 동요시킨 것은 따로 있었으니, 적군이 승리한 후 함선 한 척 없는 페이라이에우스를 곧장 공격할 것이라는 두려움이었다. 아테나이인은 적이 이미 코앞까지 다가왔다고 믿었다.

4   만약 펠로폰네소스군이 좀 더 대담했다면 그렇게 하기는 어렵지 않았을 것이다. 그들이 아테나이 봉쇄를 더욱 강화하거나 페이라이에우스 앞바다에 머물며 아테나이를 포위했다면, 이오니아 지방의 아테나이 함대는 과두정에 대한 반발에도 불구하고 본국의 동포와 나라 전체를 구하기 위해 출동했을 것이다. 그랬다면 그 사이에 헬레스폰토스와 이오니아 지방, 에우보이아섬에 이르기까지의 모든 섬들, 즉 아테나이 제국 전체가 그들의 손에 넘어갔을 것이다.

5   그러나 전에도 여러 번 그랬듯이, 이번에도 라케다이몬은 아테나이가 상대하기 가장 수월한 적임이 드러났다. 두 세력은 성격이 매우 달랐는데, 아테나이인은 민첩하고 진취적인 반면 라케다이몬인은 느리고 소극적이었다. 이 차이는 특히 해군 운용에서 두드러졌다. 시라쿠사이인이 아테나이인과 성격이 매우 비슷했기에 아테나이군을 상대로 잘

기원전 446년 아테나이에 반기를 들었다가 진압당한 뒤, 주민들이 추방되고 아테나이인이 이주하면서 도시 이름이 '오레오스'로 바뀌었다.

싸웠다는 사실이 이를 증명한다.

97 이 소식을 들은 아테나이인은 어렵사리 선원을 모아 함선 20척에 1
태웠고, 즉시 민회를 소집했다. 이 민회는 정변 이전에 항상 민회 장소
로 사용되던 프닉스[52]에서 다시 열린 최초의 민회였다. 이 자리에서 아
테나이인은 400인 평의회를 해산하고 5,000인 회의에 국정의 전권을
위임했다. 5,000인은 중무장을 위한 무구를 자비로 구입할 수 있는 사
람들로 구성되었고, 어떤 공직에도 급료를 지급하지 않기로 했다. 또한
이를 어기는 자에게는 저주를 내리기로 의결했다.

그 후에도 민회가 자주 열렸고, 그 자리에서 법을 제정할 위원들이 2
선출되고, 새로운 정치체제 수립을 위한 여러 결정이 내려졌다. 그 결
과, 아테나이인은 적어도 내가 살던 시대에는 처음으로 소수파와 다수
파의 이해가 균형을 이룬 보다 나은 정부를 갖게 되었으며, 이는 연이
은 위기 이후 나라를 회복시키는 계기가 되었다. 또한 아테나이인은 알 3
키비아데스를 비롯한 망명자들의 귀환을 의결하고, 이를 실행하기 위
해 사자를 알키비아데스와 사모스에 있는 군대로 보냈다.

98 이러한 변화 속에서 페이산드로스와 알렉시클레스를 비롯한 과 1
두정 지도자들은 즉시 사람들의 눈을 피해 데켈레이아로 떠났다. 그러
나 그들 중 유일하게 아리스타르코스(그는 장군이기도 했다)는 가장 야만
적인 궁수 몇 명을 데리고 서둘러 오이노에로 향했다.

그곳은 보이오티아와 접경 지역에 있는 아테나이군의 요새였는데, 2
당시 코린토스군이 보이오티아군을 불러들여 함께 포위 공격하고 있
었다. 이는 데켈레이아에서 철수해 본국으로 돌아가던 코린토스군 부
대가 오이노에의 아테나이 수비대의 공격을 받아 전사한 것에 대한 보

---

52 "프닉스"는 아테나이 아크로폴리스 서남쪽에 있던 민회 장소로, 기원전 507년경부
터 기원전 4세기까지 아테나이 민주주의의 중심지였다. 반원형 언덕에 조성되어 약
6,000명을 수용할 수 있었고, 돌로 된 연단이 설치되어 있었다.

3 복이었다. 아리스타르코스는 코린토스군과 협의한 뒤, 오이노에의 수
비대를 속이기로 했다. 그는 본국에서 이미 라케다이몬과 평화조약을
체결했으며, 그 조건 중 하나로 오이노에를 보이오티아에 넘겨주기로
했다고 말했다. 수비대는 상대가 장군인 데다 그동안 포위를 당하고 있
어 바깥소식을 알지 못했기에, 그의 말만 믿고 휴전조약을 맺은 뒤 요
새를 넘겨주었다. 이로써 오이노에는 함락되어 보이오티아인에게 넘어
갔고, 아테나이에서는 과두정과 내란이 종결되었다

1　　**99** 그해 여름, 앞서 언급한 사건들과 같은 시기에 밀레토스의 펠로
폰네소스군은 티사페르네스가 아스펜도스로 떠나며 함대 유지비 지
급을 위임했던 자들로부터 전혀 급료를 받지 못하고 있었고, 포이닉
스 함대도, 티사페르네스도 여전히 도착하지 않았다. 티사페르네스와
동행했던 필리포스와 당시 파셀리스에 머물던 또 다른 스파르테인 히
포크라테스는 둘 다 함대 사령관 민다로스에게 서신을 보내, 포이닉스
함대는 도착하지 않을 것이며 모든 것이 티사페르네스의 속임수라고
알렸다. 한편 파르나바조스는 계속해서 펠로폰네소스 함대의 지원을
요청했다. 그도 티사페르네스처럼, 아직 아테나이 지배 아래 있는 자신
의 관할 도시들이 아테나이 동맹에서 이탈하면 큰 이득을 얻을 수 있
다고 생각했기 때문이다.

결국 민다로스는 치밀한 계획을 세워, 사모스의 아테나이군을 속인
후 갑자기 출항 명령을 내려 함선 73척을 이끌고 밀레토스를 떠나 헬
레스폰토스로 향했다(그중 16척은 그해 여름 미리 헬레스폰토스에 도착해 케
르소네소스반도의 일부를 약탈했다). 그가 이끄는 함대는 도중에 폭풍을
만나 고전하다가 이카로스섬으로 내려가 정박했다. 그곳에서 5-6일간
머문 뒤 항해가 가능해지자 키오스로 향해 도착했다.

1　　**100** 트라실로스는 민다로스가 밀레토스를 떠났다는 소식을 듣고,
함선 55척을 이끌고 즉시 사모스에서 출항하여 그보다 먼저 헬레스폰
2　토스에 도착하기 위해 서둘렀다. 그러나 민다로스가 키오스에 있다는

보고를 받고, 그가 그곳에 오랫동안 머물 것이라 판단하여 레스보스섬 맞은편 내륙에 정찰병을 배치하고, 펠로폰네소스군의 동향이 포착되면 즉시 보고하도록 했다. 그리고 해안을 따라 메팀나로 항해하여 곡물과 기타 생필품을 준비하라고 명령했다. 이는 민다로스가 키오스에 장기 체류할 경우 레스보스를 전진기지로 삼아 키오스를 공격하기 위한 준비였다.

아울러 그는 아테나이 동맹을 이탈한 레스보스의 에레소스를 공격 3 하여 함락시키려 했다. 이는 망명 중인 메팀나의 유력자들이 키메에서 데려온 중무장보병 50여 명과 내륙의 용병들을 포함해 총 300여 명의 병력을 조직한 뒤, 레스보스인과 테바이인의 친족 관계를 고려해 테바이 출신의 아낙사르코스를 지휘관으로 삼아 메팀나를 공격했으나, 미틸레네에 주둔하던 아테나이군의 개입으로 퇴각해야 했기 때문이다. 이후 그들은 도시 외곽 전투에서도 패배하자, 산을 넘어 에레소스로 이동했고, 그곳에서 현지인들을 선동하여 아테나이 동맹에서 이탈하게 했다.

이에 트라실로스는 에레소스를 공격하기 위해 함대를 이끌고 출정 4 했다. 이 소식을 접한 트라시불로스도 함선 5척을 이끌고 사모스에서 출항했으나, 반란을 저지하기에는 늦어 에레소스 앞바다에 정박해 상황을 지켜볼 수밖에 없었다. 그 후 헬레스폰토스에서 귀국 중이던 아테 5 나이 함선 2척과 메팀나 함선 5척이 합류하면서 함대 규모는 총 67척으로 늘어났다. 그들은 다양한 전술과 장비를 동원하여 에레소스를 점령하기 위한 군사 준비를 갖추었다.

101 그러는 동안 민다로스와 펠로폰네소스 함대는 키오스에서 이 1 틀간 식량을 보급받고, 키오스인들에게서 1인당 40분의 1[53]이라는 키

---

53 "40분의 1"이라는 뜻의 헬라스어 형용사 테사라코스토스($\tau\epsilon\sigma\sigma\alpha\rho\alpha\kappa\sigma\sigma\tau\acute{o}\varsigma$)는 키오스에서 사용된 은화를 가리킨다. 이 은화는 페르시스 제국의 금화인 다레이코스의 40분

오스 은화를 3냥씩 급료로 받은 후, 3일째 되는 날 서둘러 키오스를 출발했다. 그들은 에레소스에 주둔 중인 아테나이 함대와 마주치지 않기 위해 레스보스를 왼편에 두고, 먼 바다로 나가지 않은 채 소아시아 연

2 안을 따라 항해했다. 그들은 포카이아 영토의 카르테리아항에 들러 아침을 먹은 후, 키메 해안을 따라 계속 항해하여 미틸레네 맞은편 내륙

3 연안의 아르기누사이 섬들에서 저녁을 먹었다. 그들은 아직 밤이 깊을 때 다시 해안을 따라 항해하여 메팀나 맞은편 내륙의 하르마투스곶에 도착했다. 그곳에서 서둘러 아침을 먹고 렉톤곶, 라리사, 하막시토스와 그 지역의 다른 소도시들을 지나 자정 직전 헬레스폰토스 해협의 로이테이온곶에 도착했다. 그들의 함선 중 일부는 시게이온곶과 그 주변 지역으로 향했다.

1 **102** 함선 18척과 함께 세스토스[54]에 머물러 있던 아테나이군은 아군의 봉화와 적군이 점령 중인 맞은편 해안에 갑자기 나타난 수많은 불빛을 보고 펠로폰네소스 함대가 입항하고 있음을 알아차렸다. 그날 밤 아테나이 함대는 케르소네소스반도 해안에 바싹 붙어 엘라이우스 쪽으로 최대한 빠르게 항해했다. 이는 적의 함대를 먼 바다로 끌어내기 위함이었다.

2 아비도스에 있던 펠로폰네소스 함선 16척은 아테나이 함선들이 해협에서 빠져나가지 못하게 감시하라는 지시를 받았지만, 아테나이군은 은밀히 움직여 그들에게 발각되지 않고 먼 바다로 나갔다. 그러나 새벽 무렵 민다로스가 이끄는 함대가 아테나이 함선들을 발견하고 즉시 추격을 시작했다. 아테나이 함선들은 대부분은 임브로스섬과 렘노스섬으로 도주했지만, 후미에 있던 4척은 엘라이우스 근처에서 적에게 붙잡

의 1 가치였기에 이러한 명칭이 붙었다. 1다레이코스는 숙련 노동자의 한 달 임금에 해당하는 고액 화폐였다.

54 "세스토스", "엘라이우스", "아비도스"는 모두 헬레스폰토스 해협 연안에 위치한 도시들이다.

했다. 그중 1척은 프로테실라오스[55] 신전 근처에서 좌초되어 선원들과 3
함께 나포되었고, 다른 2척은 선원들이 도망친 채 나포되었으며, 선원들이 임브로스 해안에 버리고 간 1척은 펠로폰네소스군에 의해 불태워졌다.

103 그 후 아비도스에서 출발한 함선들이 합류하여 총 86척을 확보 1
한 펠로폰네소스군은 그날 엘라이우스를 포위했지만, 도시가 항복하지 않자 아비도스로 돌아갔다. 한편 정찰병들로부터 아무런 연락도 받지 2
못한 아테나이군은 적 함대가 자신들에게 발각되지 않고 지나갔을 것이라고는 생각하지 못했기에, 여전히 느긋하게 에레소스의 성벽을 공격하고 있었다. 그러나 펠로폰네소스 함대의 소식을 듣고 즉시 에레소스를 떠나 헬레스폰토스로 지원에 나섰다. 도중에 그들은 앞서 언급한 3
해전에서 아테나이 함선들을 추격해 대담하게 먼 바다로 나갔던 펠로폰네소스 함선 2척과 마주쳐 이를 나포했다. 다음날 아테나이군은 엘라이오스에 도착하여 정박했다. 그들은 임브로스로 피신해 있던 아군 함선과 합류한 후 5일 동안 해전을 준비했다.

104 그 후 벌어진 해전은 다음과 같이 전개되었다. 아테나이 함대 1
는 해안에 바싹 붙어 일렬종대로 세스토스곶으로 항해했고, 펠로폰네소스 함대는 그들이 오는 것을 보고 아비도스에서 출항했다. 해전이 임 2
박하자 아테나이군은 함선 76척을 이끌고 케르소네소스반도를 따라 이다코스에서 아리아노스까지 포진했고, 펠로폰네소스군은 함선 86척을 아비도스에서 다르다노스[56]까지 배치했다. 펠로폰네소스군의 우익 3
은 시라쿠사이군이 맡았고, 민다로스 자신은 가장 빠른 함선들을 이끌고 좌익을 담당했다. 아테나이군 측에서는 트라실로스가 좌익을, 트

---

55 "프로테실라오스"는 트로이아 전쟁에서 헬렌인 중 가장 먼저 전사한 테살리아의 장군이다.
56 "이다코스", "아리아노스", "다르다노스"는 헬레스폰토스 해협 양쪽 해안에 있던 지역 또는 도시로 추정되나, 구체적인 위치나 정보는 알려져 있지 않다.

라시불로스가 우익을 맡았으며, 다른 장군들은 그 사이에 분산 배치되었다.

4   펠로폰네소스군은 먼저 공격을 개시하여 아테나이 함대의 우익을 자신들의 좌익으로 포위하여 해협에서 빠져나가지 못하게 하고, 아테나이 함대의 중앙을 가까운 해안으로 밀어붙이려 했다. 아테나이군은 적의 의도를 알아차리고 포위를 피하기 위해 우익을 바깥쪽으로 넓게

5 펼쳤다. 그러나 이때쯤 아테나이군의 좌익은 이미 키노스세마곶을 지나쳤다. 양쪽 날개가 확장되면서 아테나이 함대의 중앙은 지나치게 늘어져 함선들이 흩어지고 전열이 약해졌다. 무엇보다 아테나이 함선은 수가 적었고, 키노스세마 주위의 해안은 가파르게 굽어 있어 서로의 상황을 파악하기도 어려웠다.

1   **105** 그래서 펠로폰네소스군은 아테나이 함대의 중앙으로 돌진하여 함선들을 해안으로 몰아붙인 후, 자신들도 배에서 내려 승리의 여세를

2 몰아 추격에 나섰다. 트라시불로스와 함께한 우익과 트라실로스와 함께한 좌익은 둘 다 중앙을 지원할 수 없었다. 트라시불로스는 수많은 적의 함선과 맞서 싸우느라 고전하고 있었고, 좌익은 키노스세마곶에 가려 시야가 차단된 데다, 많은 수의 시라쿠사이군과 다른 연합군 함선들이 그들을 막고 있었기 때문이다. 그러나 이때 펠로폰네소스군이 자신들의 승리를 확신하며, 아테나이 함선들을 닥치는 대로 추격하면서 대오가 흐트러지기 시작했다.

3 이를 알아차린 트라시불로스와 아테나이 함대의 우익은 전열을 늘리던 것을 멈추고 즉시 방향을 바꾸어, 자신들을 향해 오는 적의 함선들을 정면으로 공격했다. 적의 함선들을 격퇴한 아테나이 함선들은 승리에 도취된 펠로폰네소스 함대 중앙의 흩어진 함선들을 맹렬히 공격했고, 펠로폰네소스군은 대부분 공포에 사로잡혀 싸움도 해보지 못하고 도주했다. 이번에는 시라쿠사이군도 트라시불로스가 이끄는 우익에 의해 밀려났고, 다른 함선들도 이를 보고 더욱 도망치기 시작했다.

106 펠로폰네소스 함선들은 처음에는 메이디오스강[57] 쪽으로 달아
났다가 나중에 아비도스로 도주했다. 아테나이군은 소수의 함선만을
나포했는데(헬레스폰토스 해협이 좁아 적군이 금세 가까운 해안으로 도주할
수 있었기 때문이다), 이번 해전의 승리는 매우 결정적이었다. 지금까지
아테나이군은 거듭된 작은 패배와 시켈리아에서의 참패로 인해 펠로폰
네소스 함대를 잠시 두려워했지만, 이제는 열세라는 인식과 패배주의
에서 벗어날 수 있었다.

이번 전투에서 아테나이군은 키오스 함선 8척, 코린토스 함선 5척,
암브라키아 함선 2척, 보이오티아 함선 2척, 레우카스, 라케다이몬, 시
라쿠사이, 펠레네 함선 각각 1척씩을 나포했다. 그러나 그들도 함선
15척을 잃었다. 아테나이군은 키노스세마곶에 승전비를 세우고, 부서
진 함선의 잔해를 거둬들인 후, 휴전조약을 맺고 적군의 시신을 돌려준
다음, 삼단노선 1척을 아테나이로 보내 승전 소식을 알렸다. 이 삼단노
선이 아테나이에 도착하여 뜻밖의 낭보를 전하자, 최근 에우보이아 사
태와 내란으로 위축되어 있던 아테나이인은 큰 힘을 얻었다. 그리고 열
심히 대처한다면, 상황이 여전히 자신들에게 유리하다고 생각했다.

107 해전이 끝난 지 4일째 되는 날, 세스토스에 있던 아테나이군은
서둘러 함선들을 수리한 후 아테나이 동맹을 이탈한 키지코스를 공격
하기 위해 출항했다. 도중에 그들은 비잔티온에서 온 함선 8척이 하르
파기온과 프리아포스[58] 앞바다에 정박해 있는 것을 발견하고, 그곳 해
안의 적들을 격퇴한 후 함선들을 나포했다. 이어서 키지코스에 도착하
여, 그 도시에 성벽이 없음을 확인하고 다시 점령했으며, 주민들로부터
밀린 공물을 징수했다. 그러는 동안 펠로폰네소스군은 아비도스에서

---

57 "메디이오스강"은 소아시아 트로아스 지역의 이데산에서 발원하여 헬레스폰토스로
   흘러들었다.
58 "하르파기온"과 "프리아포스"는 트로아스 지역의 해안 도시로, 헬레스폰토스 남안에
   가까운 지점에 있었다.

엘라이우스로 항해하여 나포된 자신들의 함선 중 운항이 가능한 것들을 되찾았고, 나머지 함선은 엘라이우스인이 불태워버렸다. 또한 그들은 히포크라테스와 에피클레스를 에우보이아로 보내, 그곳에 남아 있던 함선들을 가져오게 했다.

ı **108** 이 무렵 알키비아데스는 카우노스와 파셀리스에서 함선 13척을 이끌고 사모스로 돌아왔다. 그는 자신이 포이닉스 함대가 펠로폰네소스군에 합류하지 못하도록 막았고, 티사페르네스가 아테나이인과 이 2 전보다 더 가까운 관계를 맺게 만들었다고 전했다. 그 후 함선 9척을 추가 편성해 출항한 그는 할리카르나소스인들에게 거액의 돈을 거둬들이고 코스섬을 요새화하여 총독을 임명한 뒤, 가을이 시작될 무렵 다시 3 사모스로 복귀했다. 한편 티사페르네스는 펠로폰네소스 함대가 밀레토스를 떠나 헬레스폰토스로 갔다는 소식을 듣고, 아스펜도스를 떠나 이오니아 지방으로 향했다.

4 펠로폰네소스군이 헬레스폰토스에 있는 동안 아이올로스계 도시인 안탄드로스에서는 중무장보병 부대를 아비도스에서 이데산을 넘어 육로로 자신들의 도시에 데려왔다. 이는 그들이 티사페르네스의 부하인 페르시스인 아르사케스에게 부당한 대우를 받았기 때문이다. 아르사케스는 아테나이군이 델로스섬을 정화하기 위해 주민들을 내보냈을 때, 아트라미테이온에 정착한 델로스인에게 잔혹한 짓을 저지른 인물이었다. 그는 공격할 적이 있다고 거짓말하면서 명망 높은 델로스인들에게 자신의 원정에 참여해달라고 요청했다. 그는 그들을 친구이자 동맹으로 환대하는 척하며 도시 밖으로 데리고 나가, 식사할 때를 기다렸다가 5 미리 매복시켜둔 부하들을 시켜 창으로 찔러 죽였다. 이러한 전력이 있었기에 안탄드로스인은 아르사케스가 언제든 자신들에게도 그런 짓을 저지를까 두려워했다. 게다가 아르사케스는 감당할 수 없는 요구를 해왔다. 결국 그들은 중무장보병 부대를 끌어들여 그의 수비대를 아크로폴리스에서 내쫓았다.

109 티사페르네스는 이를 펠로폰네소스군의 소행으로 여겼다. 밀 [I]
레토스와 크니도스에서 그의 수비대가 쫓겨난 후 또 이런 일이 벌어졌
기 때문이다. 그는 펠로폰네소스군과의 관계가 걷잡을 수 없이 악화되
었다고 느꼈고, 앞으로 그들에게 어떤 피해를 또 입을지 몰라 두려워했
다. 더군다나 더 짧은 시간 안에, 더 적은 비용으로 펠로폰네소스군의
협력을 이끌어낸 파르나바조스가 자신보다 더 성공적으로 아테나이군
의 위협을 물리칠 것이 염려되었다. 결국 그는 헬레스폰토스로 가서 펠
로폰네소스군을 만나 안탄드로스 사건에 대해 항의하고, 포이닉스 함
대 문제를 비롯하여 자신에게 제기된 여러 비난에 최대한 그럴 듯하게
해명하기로 결심했다. 먼저 그는 에페소스로 가서 아르테미스 여신에
게 제물을 바쳤다.

인간은 왜 같은 선택을 반복하는가: 투키디데스가 해부한 공동체의 작동 원리

박문재

서양 고전 가운데 가장 대표적인 서사시로는 호메로스의 『일리아스』와 『오디세이아』를, 가장 대표적인 역사서로는 헤로도토스의 『역사』와 투키디데스의 『펠로폰네소스 전쟁사』를 꼽을 수 있다.

그렇다면 우리는 왜 『펠로폰네소스 전쟁사』를 읽어야 하는가? 이에 대해 투키디데스는 자신의 저술 목적을 다음과 같이 밝힌다. "내가 기록한 역사에는 전설이나 설화가 없어 듣기에 흥미롭지 않을지도 모른다. 그러나 인간의 본성상 과거에 일어난 일들이 미래에도 되풀이될 것임을 알기에, 과거의 사건을 명확히 알고자 하는 이에게는 나의 역사 기술이 충분히 유익할 것이다. 나는 이 책을 순간의 찬사를 얻고자 쓴 것이 아니라, 길이 간직할 유산으로 남기고자 집필했다"(1.22.4).

우리가 역사서를 읽는 이유가 바로 여기에 있다. 인간의 역사는 '인간의 본성상' 되풀이되기에, 과거에서 가르침과 통찰을 얻어 현재를 더욱 지혜롭게 살아가기 위해서다. 투키디데스가 '길이 간직할 유산'을 언급할 때 염두에 둔 것은 단편적 사건이 아니라 반복되는 인간 행위의 구조였다. 그는 '무엇이 일어났는가'를 넘어 '왜 그럴 수밖에 없었는가'를 묻는다. 인간 본성은 불완전하고 약점투성이이기에 모순이 내재되어 있다. 이로 인해 인간은 내부적으로 분열되기 쉬우며, 독일 철학자 헤겔이 말했듯 결국 서로 대립하는 두 방향으로 나뉘어 투쟁하게 된다. 그리고 그 갈등 과정에서 역사적인 사건들이 일어난다. 인간 공동체는 아테나이 사절단의 연설처럼 두려움과 명예, 이익을 위해 움직이며(1.75.3.), 투키디데스는 이 과정에서 탄생한 균열이 전쟁으로 번져가는 과정을 냉정하게 추적한다.

펠로폰네소스 전쟁은 이러한 인간의 본성을 여실히 드러낸다. 이 전쟁은 민주정을 대표하는 아테나이(아테네)와 과두정을 대표하는 라케다이몬(스파르테) 간의 충돌이었다. 아테나이는 페르시스(페르시아) 전쟁 이후 제국주의 정책을 펼치며 동맹국과 헬라스(그리스) 도시국가들을 억압했고, 아테나이의 팽창을 두려워한 라케다이몬은 이를 견제하고자 전쟁에 나섰다. 당시 헬라스 세계는 아테나이와 라케다이몬이라는 두 강대국을 중심으로 양분되어 있었고, 두 국가는 자신들의 정치 체제를 동맹국에게 강요했다. 민주정을 채택하지 않으면 아테나이의 동맹국이 될 수 없었고, 과두정을 따르지 않으면 라케다이몬의 지지를 받을 수 없었다. 민주정과 과두정이라는 두 이념의 갈등은 펠로폰네소스 전쟁을 계기로 헬라스 전역으로 확산되었으며, 많은 도시국가에서 내전의 양상을 띠며 격화되었다고 투키디데스는 지적한다.

이러한 정세 속에서 투키디데스는 『펠로폰네소스 전쟁사』에 각기 다른 상황과 입장에서 이루어진 명연설을 포함시켰다. 이 연설들은 오늘날의 시각으로 보아도 대단히 설득력 있고 생동감이 넘치며, 고대 헬라스에서 발달한 대중연설의 정수를 보여준다. 나아가 전쟁이라는 극한의 현실 속에서 인간이 어떤 논리로 결단하고, 어떤 언어로 자신을 정당화하는지를 생생하게 드러낸다. 헤로도토스가 페르시스 전쟁을 다룬 『역사』에서 신화와 전설, 여행담과 풍문까지 폭넓게 수용한 것과 달리, 투키디데스는 그러한 요소를 철저히 배제하고 객관적인 사실에 근거한 역사 기술을 추구했다. 다만 예외적으로 포함시킨 것이 연설문이다. 그는 연설문이 단순한 상상이나 수사적 장식이 아니라, 발언 당시의 정세와 이해관계를 면밀히 조사하고 합리적으로 재구성한 것임을 분명히 밝힌다.

무엇보다 중요한 사실은 투키디데스가 역사의 무게중심을 신의 섭리에서 인간의 선택으로 옮겨놓았다는 점이다. 신화와 전설에 기대어 역사를 서술하던 시대를 뒤로하고, 그는 전쟁의 참전자이자 목격자로서 역사를 움직이는 동력을 오로지 인간의 행위에서 찾았다.

투키디데스는 페르시스 전쟁과 펠로폰네소스 전쟁 시기에 활동한 인물 중 특히 세 명의 업적과 리더십을 높이 평가했다. 아테나이 민주정의 전성기를 이끈 페리클레스(기원전 약 495-429년), 아테나이 해군을 헬라스 최강으로 키워 살라미스 해전에서 페르시스 함대를 격파하고 전쟁의 향방을 바꾼 테미스토클레스(기원전 약 524-459년), 그리고 라케다이몬의 브라시다스(기원전 ?-422년) 장군이다. 브라시다스는 트라케와 칼키케 일대의 아테나이 동맹국을 회유하여 반기를 들게 하고, 라케다이몬 진영으로 끌어들이는 탁월한 외교력을 발휘했다. 이들을 통해 우리는 지도자가 갖추어야 할 이상적인 덕목과 지혜로운 삶의 태도를 배울 수 있다. 반면 시켈리아 원정을 이끈 니키아스 장군의 사례는 무능한 지도자가 어떻게 군대를 전멸시키고 국가를 위기로 몰아넣을 수 있는지를 보여준다. 알키비아데스 또한 자신의 야망을 위해 조국 아테나이를 배신하고, 라케다이몬과 페르시스를 오가며 아테나이의 민주정을 무너뜨렸는데, 전형적 대중선동가인 그를 통해서도 우리는 많은 교훈을 얻는다.

『펠로폰네소스 전쟁사』는 이외에도 수많은 역사적 교훈을 담고 있어, 혼란한 시대를 살아가는 오늘날 우리에게도 깊은 통찰을 제공한다. 다만 이 책을 온전히 이해하려면 몇 가지 전제 지식이 필요하다. 첫째, 고대 헬라스의 지리와 도시국가들에 대한 이해다. 당시 도시국가의 수는 학자에 따라 700개에서 2,000개 이상으로 추정되며, 이 가운데 상당수가 작품에 등장한다. 따라서 지리적 배경에 대한 전반적인 이해가 필수다. 둘째, 페르시스 전쟁 전후부터 펠로폰네소스 전쟁 발발까지의 정치적, 외교적 정세를 알아야 한다. 투키디데스는 트로이아 전쟁 이후 헬라스 세계에 강대국은 존재하지 않았다고 평가했다. 이러한 상황에서 그들이 어떻게 페르시스 전쟁에서 승리했고, 이후 어떠한 갈등이 전개되었는지 파악하는 것이 중요하다.

따라서 본 해설에서는 먼저 저자 투키디데스의 생애를 간략히 소개하고, 고대 헬라스 세계의 지리와 주요 도시국가들을 설명한다. 이어서 페르시스 전쟁과 그 전후의 정세, 그리고 이 시기의 아테나이와 라케다이몬의 정치체제를 살펴본다. 마지막으로 『펠로폰네소스 전쟁사』의 주요 내용을 개관함으로써 독자들이 이 불멸의 고전에 한층 깊이 다가갈 수 있도록 돕고자 한다.

I. 투키디데스는 누구인가?

투키디데스(Θουκυδίδης)는 고대 아테나이 출신의 역사학자이자 장군으로, 오늘날 '서양 역사학의 아버지' 중 한 사람으로 평가된다. 기원전 5세기, 격동의 펠로폰네소스 전쟁 시기에 활동하며, 전쟁의 경과를 사실 중심으로 치밀하게 기록한 『펠로폰네소스 전쟁사』는 이후 서양 역사 서술의 기준을 세운 고전으로 남았다.

그는 기원전 460년경, 아테나이에서 약 6킬로미터 떨어진 해안 마을 할리무스에서 태어났다. 아버지 올로로스는 트라케 지방의 해안 지역에 금광과 광대한 토지를 소유한 유력 가문 출신이었고, 어머니는 헤게시필레였다. 유복한 환경에서 성장한 투키디데스는 어려서부터 높은 수준의 교육을 받았다. 10-12세 무렵 아버지를 따라 아테나이의 아고라(광장)를 방문했을 때, 당시 저명한 역사가 헤로도토스(기원전 약 484-425년)의 강의를 듣고 기쁨의 눈물을 흘리며 역사서 집필을 평생의 과업으로 삼기로 결심했다고 전해진다. 청년기에는 소피스트들과 교류하며 수사학, 철학, 역사를 배웠고, 당대 최고 지도자 페리클레스의 연설을 접하며 정치와 역사에 대한 안목을 키워나갔다.

기원전 431년, 펠로폰네소스 전쟁이 발발하자 투키디데스는 전쟁 초기부터 이를 기록하기로 결심했다. 그는 단순한 연대기적 서술을 넘어 이 전쟁의 원인과 과정, 인간 본성의 작용을 통찰력 있게 분석하고자 했다. 기원전 430년 아테나이에 역병이 창궐했을 때 직접 감염되었다가 회복한 경험을 바탕으로 병의 증상과 사회적 영향을 상세하게 서술하기도 했다.

기원전 424년에는 트라케 해안 지역의 방어 임무를 맡아 장군으로 임명되어 타소스섬에 파견되었다. 그러나 같은 해 겨울, 라케다이몬의 장군 브라시다스가 타소스섬에서 반나절 거리의 전략적 요충지 암피폴리스를 공격했다. 투키디데스는 구원 요청을 받고 출동했으나, 그가 도착하기 전 브라시다스가 암피폴리스 주민들에게 온건한 항복 조건을 제시하여 도시를 점령했다. 이 사건은 아테나이 당국에 큰 충격을 주었고, 투키디데스는 이에 대한 책임으로 20년간 아테나이에서 추방당했다.

추방 기간 동안 그는 아테나이의 적국인 펠로폰네소스 동맹국들을 자유롭게 여행하며 정보를 수집하고, 전쟁을 다양한 관점에서 관찰하고 연구할 수 있었다. 그는 기원전 423-403년 동안 헬라스 전역을 다니며 『펠로폰네소스 전쟁사』 집필에 몰두했다. 추방이 해제된 뒤에도 집필을 이어갔지만, 기원전 400년경 사망하며 그의 저작은 기원전 411년까지의 사건만을 다룬 채 미완성으로 남았다. 사망 장소는 명확치 않으나 그의 가족이 소유하던 트라케 지방에서 생을 마감했을 것으로 추정된다.

II. 고대 헬라스 세계의 지리

1. 헬라스 본토의 남부와 중부

고대 헬라스는 오늘날의 발칸반도 남부에 해당하는 지역으로, 본토와 펠로폰네소스반도, 그리고 수많은 섬으로 구성되어 있다. 섬을 제외한 육지는 헬라스 본토와 펠로폰네소스반도로 나뉘며, 이 두 지역은 코린토스 지협으로 연결된다. 펠로폰네소스반도는 본토의 남서쪽에 위치한 크고 견고한 형태의 반도로, 이 전쟁의 핵심 세력이었던 라케다이몬(스파르테)이 이곳에 자리하고 있다. 지협에 위치한 코린토스는 라케다이몬 동맹의 주요 동맹국으로, 펠로폰네소스와 본토를 잇는 전략적 요충지였다.

펠로폰네소스반도와 헬라스 본토 사이에는 여러 개의 만(灣)이 형성되어 있다. 코린토스 지협 동쪽에는 사론만, 서쪽에는 코린토스만이 있으며, 본토 중부와 반도 북쪽 사이에는 파트라이만이 자리한다. 이 만들은 헬라스 본토 서쪽의 이오니아해와 연결되며, 특히 사론만은 헬라스 남부의 중요한 해양 거점으로, 이곳에는 아테나이의 외항이자 함대의 본거지인 페이라이에우스가 자리하고 있다. 이 항구는 아테나이 중심부에서 약 8킬로미터 떨어진 곳에 있으며, 전쟁 기간 동안 아테나이의 군사력 유지와 해상 통제를 가능하게 한 핵심 거점이었다. 한편, 사론만과 코린토스만 사이의 좁은 지역에는 도시국가 메가라가 위치해 있었다. 메가라는 라케다이몬 동맹에 속하면서도 지정학적으로 아테나이와 맞닿아 있어 잦은 갈등의 대상이 되었다.

사론만의 동쪽 내륙에는 아티케 지방이 있으며, 아테나이가 이곳에 위치한다. 아티케의 서쪽으로는 메가리스 지방이, 북쪽으로는 보이오티아 지방이 있다. 보이오티아는 테바이를 중심으로 구성된 보이오티아 연맹의 중심지이며, 아테나이의 강력한 적대 세력이었다. 다만 보이오티아 내의 플라타이아이처럼 아테나이와 동맹을 맺은 도시도 존재했다. 보이오티아와 아티케의 동쪽 해협 너머에는 헬라스 최대의 섬 에우보이아가 길게 뻗어 있다. 에우보이아는 해상 항로의 중심지로서 전략적 가치가 매우 높았다.

헬라스 본토 중부로 올라가면 동로크리스(오푸스 로크리스)와 서로크리스(오졸리아 로크리스) 지방이 있다. 이들 사이의 내륙에는 도리스 지방이 있으며, 라케다이몬인은 이곳을 조상들이 출발한 지역으로 여겼다. 도리스 북쪽 해안에는 멜리스 지방이 이어진다.

코린토스만을 둘러싼 북쪽 내륙에는 보이오티아와 포키스(델포이가 위치함), 그리고 서로크리스 지방이 자리한다. 파트라이만 북쪽에는 아이톨리아 지방이 있으며, 그 위로는 테살리아 지방이, 서쪽으로는 이오니아해에 접한 아카르나니아 지방이 펼쳐진다. 아카르나니아 해안의 나우팍토스는 아테나이 해군의 주요 기지로 기능했다.

아카르나니아 북쪽에는 암필로키아 지방이 이어진다. 이 지역은 암브라키아만을 중심으로 중요한 전략 거점으로 부각되었으며, 만의 입구에는 악티온곶과 아낙토리온, 안쪽에는 암브라키아와 암필로키아의 아르고스가 있다. 만 너머 이오니아해에는 레우카스섬이 자리하며, 이곳은 암브라키아와 함께 코린토스의 식민지로 아테나이와는 적대 관계였다.

암필로키아 북쪽으로는 에피로스 지방이 있으며, 그 앞바다에는 펠로폰네소스 전쟁에서 중요한 전환점 중 하나였던 케르키라섬이 있다. 이곳에서 벌어진 내전은 헬라스 전역으로 내분과 갈등이 확산되는 계기가 되었다.

헬라스 본토 및 펠로폰네소스반도의 서쪽에는 이오니아해가 펼쳐져 있다. 이 바다에는 레우카스, 케팔레니아, 자킨토스 같은 주요 섬들이 흩어져 있으며, 이들 섬은 이오니아제도라 불린다.

2. 펠로폰네소스반도

펠로폰네소스반도는 헬라스 본토 남서쪽에 돌출한 큰 반도로, 라케다이몬을 비롯한 여러 도시국가들이 자리한 전쟁의 핵심 지역이다. 이 반도 남쪽 해안에는 세 개의 주요 만이 형성되어 있다. 사론만의 서남쪽에 아르골리스만이 자리하고, 그 옆으로 라코니케만과 메세니아만이 차례로 펼쳐진다. 아르골리스만 북쪽과 서쪽에는 아르골리스 지방이 있으며, 그 중심 도시 아르고스는 라케다이몬과 오랜 숙적으로 알려져 있다. 라코니케만을 둘러싼 라코니케 지방에는 라케다이몬, 곧 스파르테가 있었고, 메세니아만 서쪽 해안에는 필로스가 있었다. 기원전 425년 이곳에서 아테나이군이 라케다이몬군을 무찌르고 스팍테리아섬에서 다수의 라케다이몬의 시민을 포로로 잡는 사건이 벌어졌다.

반도의 중앙부는 산악 지대인 아르카디아로, 주요 도시 만티네이아는 때로 라케다이몬과 대립했으나 결국 제압당해 동맹 관계를 맺게 되었다.

반도의 북부 해안에는 아카이아 지방이 자리하며, 파트라이만에 접한 항구 도시 파트라이가 주요 거점 역할을 했다. 아카이아의 서쪽으로는 엘리스 지방이 이어지며, 이곳에는 고대 올림피아 제전으로 유명한 올림피아가 있었다.

3. 헬라스 본토의 북부

헬라스 본토 중부에 위치한 테살리아 지방에서 북동쪽 해안을 따라 올라가면 마케도니아의 관문인 피에리아 지방과 국경도시 디온이 나타난다. 그곳에서 해안을 따라 북쪽으로 조금 더 가면 마케도니아 왕국의 중심지였던 펠라가 속한 보티아이아 지방에 이른다.

보티아이아의 서쪽 경계에는 악시오스강이 흐르고, 그 동쪽으로는 믹도니아 지방이 이어진다. 믹도니아의 동단에는 스트리몬강이 흐르며, 이는 마케도니아와 트라케 사이의 자연 경계 역할을 한다.

믹도니아 남쪽 해안에는 세 개의 뾰족한 곶이 바다로 뻗은 칼키디케반도가 있다. 서쪽부터 팔레네, 시토니아, 악테로 나뉘며, 팔레네 입구에는 아테나이의 동맹에서 이탈해 진압당한 포테이다이아가 위치하고, 그 북쪽에는 칼키디케 동맹의 중심 도시 올린토스가 있다. 올린토스는 아테나이에 대항하는 세력으로 성장했다.

스트리몬강 동쪽의 트라케 지방에는 하구에 자리한 에이온과 북쪽의 암피폴리스가 있다. 이 두 도시는 모두 아테나이가 건설한 식민시로, 트라케 내륙의 광물과 곡물을 수송하는 해상 거점이었다. 에이온에서 남동쪽으로 약 70킬로미터 떨어진 바다에는 타소스섬이 있다. 이곳은 풍부한 금광과 넓은 토지가 있는 부유한 지역이었으며, 투키디데스의 가문도 이 일대에 많은 재산을 보유하고 있었다. 그는 이 지역에 기반한 영향력으로 아테나이의 장군으로 임명되었고, 타소스섬에서 함대를 이끌며 트라케 지역을 방어하는 임무를 수행했다.

4. 소아시아의 아이올리스 지방과 이오니아 지방, 도데카네스제도와 키클라데스제도, 크레테섬

트라케 남쪽에는 소아시아(오늘날의 튀르키예 서부 해안)가 펼쳐지며, 이 지역은 두 개의 해협과 두 개의 내해로 분리되어 있다. 이 지역을 둘러싼 아이가이온해(에게해)는 헬레스폰토스 해협을 지나 프로폰티스해(마르마라해)로 이어지고, 다시 보스포로스 해협을 거쳐 흑해에 닿는다.

헬레스폰토스 해협 북쪽 기슭에는 트라케의 케르소네소스반도(오늘날의 갈리폴리반도), 남쪽 기슭에는 고대 트로이아가 자리했던 트로아스 지방이 있다. 보스포로스 해협의 서쪽 끝에는 훗날 동로마 제국의 수도가 된 비잔티온(이후의 콘스탄티노폴리스, 오늘날 이스탄불)이 위치해 있다.

페르시스 전쟁 이후에도 헬라스와 페르시스 제국 간의 대립은 계속되었고, 그 주 무대는 헬라스의 식민시들이 몰려 있는 소아시아 서해안과 앞바다의 섬들이었다. 이 지역은 북부의 아이올리스 지방(아이올로스인의 식민시들)과 남부의 이오니아 지방(이온인의 식민시들)으로 나뉜다. 레스보스섬과 키오스섬은 아테나이의 지배에 반발하며 반란을 주도했으며, 키오스 남쪽에는 아테나이 함대의 주요 기지였던 사모스섬이 있다. 사모스에서 더 남쪽으로 내려가면 도로스인의 12개 도시가 형성된 도데카네스제도가 펼쳐지며 이 가운데 가장 큰 섬은 로도스섬이다.

아이가이온해 남부에는 크레테섬이 위치하며, 이곳은 초기 크레테 문명의 중심지로 발전했다. 투키디데스에 따르면, 크레테는 헬라스에서 최초로 함대를 창설한 지역으로서 해양 활동의 기원을 보여준다. 크레테 북쪽 해상에는 아티케 지방과 에우보이아섬, 그리고 그 아래로 키클라데스제도가 펼쳐져 있다. 이 가운데 델로스섬은 아테나이 동맹의 중심 거점이었다.

한편, 소아시아 내륙은 페르시스 제국의 태수들이 통치했다. 이들은 아테나이가 시켈리아 원정에서 참패한 틈을 타, 아이올리스와 이오니아 지방의 도시국가들이 아테나이에 반기를 들자 라케다이몬과 손잡고 적극적으로 개입했다. 주요 인물로는 티사페르네스(재임 기원전 413-395년경), 파르나바조스(재임 기원전 413-387년경)가 있다.

5. 남부 이탈리아와 시켈리아섬

헬렌인은 기원전 750년경부터 이오니아해 서안의 남부 이탈리아와 시켈리아섬(오늘날 시칠리아)에 식민시를 건설하기 시작했다. 헬라스 본토와 가까운 이오니아해 최북단의 케르키라섬에서 서쪽으로 항해하면 이탈리아 남동부의 아이피기아곶과 타라스만이 나타난다. 타라스만 깊숙한 곳에는 아테나이의 정치가 페리클레스가 주도해 세운 식민시 투리오이가 있다.

아이피기아곶에서 이오니아 해안을 따라 내려가면 로크리스인의 식민시 로크로이에 이른다. 이곳에서 남서쪽으로 향하면 메세네 해협이 나타나며, 해협을 사이에 두고 이탈리아 본토에는 레기온, 시켈리아섬에는 메세네가 서로 마주하고 있다.

시켈리아섬 동부의 시라쿠사이는 이 지역의 강국으로, 북쪽의 레온티노이를 정복하면서 아테나이의 개입을 초래했다. 섬 서부 내륙의 에게스타는 인근 도시 셀리누스와의 분쟁으로 시라쿠사이의 위협을 받게 되었고, 결국 아테나이에 원군을 요청했다. 이 사건이 시켈리아 원정의 직접적인 도화선이 되었다.

III. 페르시스 전쟁과 전후의 정세

1. 페르시스 전쟁 이전의 정세

페르시스 제국의 건설자 키루스 2세(기원전 약 600-530년)는 일련의 정복을 통해 제국의 기반을 다졌다. 기원전 550년에는 외조부 아스티아게스가 통치하던 메디아 제국을 무너뜨렸고, 기원전 547년에는 리디아 왕국을 정복하여 크로이소스왕을 굴복시켰으며, 기원전 539년에는 바빌론을 함락시켜 바빌로니아까지 손에 넣었다.

리디아 정복 이후, 키루스는 장군 하르파고스를 보내 밀레토스와 에페소스 등 소아시아 서해안의 주요 헬라스 식민시를 장악했다. 이어 기원전 545-540년에는 카리아, 리키아, 킬리키아 등 소아시아 남부 지역도 정복했다. 이때 도데카네스제도를 비롯한 헬라스 식민시들이 페르시스 제국의 지배 아래에 들어갔다.

뒤를 이은 제2대 왕 다레이오스 1세(재위 기원전 522-486년)는 아이가이온해의 헬라스 섬들에 대한 지배를 강화했다. 기원전 520년경에는 사모스섬, 기원전 490년경에는 키클라데스제도를 포함한 주요 섬들을 장악했으며, 마케도니아와 트라케로 원정을 보내 제국의 세력을 확장했다.

기원전 499-494년에 이오니아 지방의 헬라스 식민시들이 대규모로

페르시스에 반기를 들자, 아테나이와 에레트리아가 함선을 보내 이를 지원했다. 이 사건이 페르시스 전쟁의 직접적인 계기가 되었다.

2. 페르시스 전쟁과 그 이후

페르시스 제국과 헬라스 세계의 충돌은 두 차례의 전쟁으로 전개되었다.

제1차 페르시스 전쟁(기원전 492-490년)은 다레이오스 1세가 주도했다. 페르시스군은 트라케와 마케도니아를 장악하고 칼키디케반도를 거쳐 헬라스를 침공하려 했으나, 아토스곶 근처에서 폭풍을 만나 함대가 궤멸되었다. 이후 에우보이아섬의 에레트리아를 정복했으나, 마라톤 전투에서 아테나이군에 패배하며 철수했다.

제2차 페르시스 전쟁(기원전 480-479년)에서는 크세르크세스 1세가 침공을 이끌었다. 그는 막강한 함대와 육군으로 헬라스를 공격했다. 기원전 480년 8월 테르모필라이 전투에서는 승리를 거두었으나, 같은 해 9월 살라미스 해전에서 패배하고, 기원전 479년 8월 플라타이아이 전투에서는 라케다이몬 장군 파우사니아스가 이끄는 헬라스 연합군에 또 다시 대패하고 철수했다.

이 전쟁에서 헬라스 연합군의 중심은 라케다이몬이었다. 그들은 뛰어난 보병 전력을 바탕으로 오랜 기간 헬라스의 주도권을 유지해왔으며, 그들의 용맹과 철저한 군사적 규율은 예부터 널리 알려져 있었다. 전쟁이 끝난 뒤에도 라케다이몬은 기원전 478년 비잔티온을 공략하며 헬라스의 도시국가들을 주도했지만, 총사령관 파우사니아스의 독단적인 처신으로 인해 동맹국들의 불만이 고조되었다.

이로 인해 헬라스의 도시국가들은 해군력이 강한 아테나이를 중심으로 기원전 477년 델로스 동맹을 결성하게 된다. 이 동맹에는 아이올리스 지방, 이오니아 지방, 아이가이온해의 섬들이 대부분 참여했다.

3. 전후의 정세 변화와 아테나이의 성장

델로스 동맹을 주도한 아테나이는 기원전 475년 에이온을 탈환하고, 기원전 466년에는 에우리메돈 강변 전투에서 페르시스의 함대와 보병을 동시에 격파했다. 또한 기원전 460년경에는 이나로스왕이 주도한 아이깁토스(이집트) 반란을 지원하여 네일로스강(나일강) 삼각주의 팜프레미스에서 페르시스군을 물리치고 대부분의 지역을 해방시키기도 했다. 비록 이 반란은 이후 진압되었으나, 아테나이는 지중해 동부까지 영향력을 넓히는 데 성공했다.

이 과정에서 아테나이는 점차 군사·정치적으로 라케다이몬과 경쟁하는 위치로 성장했다. 아테나이의 제국주의적 확장 정책은 라케다이몬 중심의 펠로폰네소스 동맹과 충돌하게 되었고, 갈등의 무대는 주로 포키스, 보이오티아, 에우보이아섬 등지였다.

포키스가 이웃 도리스 지방의 도시국가들을 침공하자, 라케다이몬은 모국인 도로스인을 지원하기 위해 군대를 파병했고, 아테나이는 포키스 편에서 서서 참전했다. 기원전 457년 타나그라 전투에서는 아테나이가 패배했으나, 62일 후 오이노피타 전투에서는 보이오티아 연합군을 꺾고 지역을 장악했다. 이후 아테나이는 아이기나섬을 굴복시키고 강제로 델로스 동맹에 편입시켰다. 기원전 449-448년 제2차 신성전쟁에서는 델포이 아폴론 신탁소의 통제권을 두고 라케다이몬과 충돌했으며, 라케다이몬이 포키스를 지원한 아테나이를 상대로 승리를 거두었다. 기원전 448년 보이오티아에서 아테나이에 대한 반란이 일어나 진압되었지만, 또 다시 라케다이몬이 개입하려 하자 아테나이는 기원전 445년 라케다이몬과 30년 평화조약을 체결했다. 이로써 페르시스 전쟁 이후로 벌어진 양국 간의 갈등은 일단락되었다.

또한, 기원전 448년경에는 아테나이 주도의 헬라스 동맹과 페르시스 제국의 아르타크세르크세스 1세 간에 칼리아스 평화조약이 체결되어,

페르시스와의 전쟁도 공식적으로 끝났다.

IV. 당시 라케다이몬과 아테나이의 정치체제 및 상황

고대 헬라스 도시국가의 형성과 발전은 부족 정체성과 밀접하게 연결되어 있다. 헬렌인은 자신들의 시조인 헬렌을 중심으로 기원을 찾는다. 신화에 따르면, 제우스의 대홍수에서 유일하게 살아남은 데우칼리온과 피라 사이에서 태어난 아들 헬렌이 테살리아 지방에서 나라를 세우고 왕이 되었다. 헬렌의 아들들은 헬라스 주요 부족의 시조가 되었는데, 아이올로스는 아이올로스인의 시조, 도로스는 도로스인의 시조가 되었고, 헬렌의 아들 크수토스의 두 아들인 이온과 아카이오스는 각각 이온인과 아카이오스인의 시조가 되었다.

이 중 도로스인은 라케다이몬을 중심으로, 이온인은 아테나이를 중심으로 세력을 형성했다. 아이올로스인은 테살리아, 보이오티아, 레스보스섬, 소아시아 서해안 북부 지역에 정착하여 농업과 목축을 생업으로 삼았고, 이들에게서 서정시가 발전했다. 아카이오스인은 초기에 펠로폰네소스반도 북동부의 아카이아에 정착했다가 점차 헬라스 전역으로 퍼져나갔다. 이들은 미케네 문명을 이끌었고, 트로이아 전쟁 시기에 가장 유력한 부족이었다.

1. 라케다이몬

라케다이몬은 도로스인이 세운 대표적인 도시국가다. 도로스인은 펠로폰네소스반도, 크레테섬, 로도스섬, 소아시아 서해안 남부 등지에 걸쳐 분포했으며, 군사적 성향과 엄격한 사회 질서, 간결한 건축 양식으로 잘 알려져 있다. 이러한 전통을 토대로 라케다이몬의 기틀을 제도

적으로 마련한 인물은 기원전 9세기에서 7세기 사이에 활동한 전설적
입법자 리쿠르고스다. 리쿠르고스 이전에도 라케다이몬은 아기아드와
에우리폰티드 두 왕조에서 각 한 명씩의 왕이 통치하는 이중 왕정 체
제를 갖추고 있었다. 두 왕은 주로 종교적, 군사적 역할을 맡았으나 권
한은 제한적이었고, 실질적인 권력은 소수 귀족 가문이 독점했다. 초기
에도 민회는 존재했으나 역할은 제한적이었고, 귀족과 시민 간의 경제
적 격차와 토지 소유의 불균형으로 갈등이 심화되었다. 또한, 메세니
아와의 두 차례 전쟁(제1차: 기원전 743-724년, 제2차: 기원전 685-668년)을
겪으며, 군사 조직을 체계적으로 강화할 필요성이 제기되었다.

리쿠르고스는 크레테, 이오니아, 아이깁토스 등지에서 정치체제를
관찰한 후 라케다이몬의 구조를 재편했다고 전해진다. 정치적으로는
기존의 이중 왕정을 유지하되, 60세 이상의 시민 28명으로 구성된 원
로원('게루시아')을 설치하여 주요 정책 결정과 소송을 담당하게 했다.
또, 30세 이상의 시민이 참여하는 민회('아펠라')를 구성하여 주요 정책
에 대한 찬반 투표권을 부여했고, 매년 선출되는 5명의 감독관('에포로
스')을 두어 왕과 원로원을 견제하며 행정을 담당하도록 했다.

사회적으로는 소수의 귀족이 독점하다시피 한 토지를 재분배하여
모든 시민에게 동일한 크기의 농지('클레로스')로 나누어 주고, 메세니
아 전쟁의 포로들을 국가 노예('헤일로스')로 삼아 농경을 맡기면서 시
민들이 군사 활동에 전념할 수 있게 했다. 시민들은 7세부터 30세까지
'아고게'라 불리는 엄격한 군사 교육을 받았으며, 이는 신체 단련과 군
사 훈련뿐 아니라 충성심과 규율을 강조했다. 또한, 리쿠르고스는 무겁
고 가치가 낮은 쇠 화폐를 도입해 사치와 부의 축적을 억제했다. 그의
개혁은 '메갈레 레트라'(대법령)로 불리는 문서에 기록되었으며, 라케다
이몬 사회의 근간이 되었다.

이러한 개혁 덕분에 라케다이몬은 헬라스 세계 최강의 지상군을 보
유하게 되었다. 시민은 전업 군인으로만 존재했고, 그 아래 계층에는

'페리오이코이'(주변 거주민), 그 아래에는 '헤일로스'(국가 노예)가 있었다. 페리오이코이는 라코니케와 메세니아 지방의 100여 개 마을에 흩어져 살며 상업과 수공업에 종사하고 세금을 내는 자유민이었으나 투표권이 없었다. 군 복무는 의무였다. 헤일로스는 메세니아와 라코니케 출신의 전쟁 포로로, 시민들의 식량을 생산하며 전시에 군사로 동원되었다. 그 수는 시민의 7-10배에 달해 반란의 위험이 항상 존재했으며, 이를 방지하기 위해 젊은 시민들이 '크립테이아'(암행 순찰) 제도를 통해 그들을 감시했다.

이러한 사회구조와 군사체제를 바탕으로 라케다이몬은 펠로폰네소스 동맹을 조직하며 헬라스 전역에서 영향력을 행사했다. 기원전 560년경 테게아를 굴복시킨 것을 기점으로 아르카디아 지역의 도시들이 동맹에 가입했고, 페르시스 전쟁을 치르던 무렵에는 아르고스를 제외한 코린토스, 시키온 등 주요 도시국가가 동맹에 참여했다. 동맹의 맹주는 라케다이몬이었으며, 전쟁 시에는 라케다이몬 왕이 총사령관을 맡았다. 주요 결정은 동맹 회의에서 다수결로 이루어졌으며, 각국은 병력을 제공하고 내정에는 간섭하지 않는 것이 원칙이었다.

이 동맹 내에서 코린토스는 경제적으로 큰 영향력을 행사했고, 본토 중부에서는 테바이가 중심이 되었다. 도로스인의 도시국가 메가라는 아티케 인근의 전략적 요충지였으며, 시키온, 에피다우로스, 트로이젠 등 아르골리스 지방의 도시도 동맹에서 중요한 위치를 차지했다.

2. 아테나이

아테나이는 이온인의 대표적인 도시국가다. 이온인은 아티케 지방, 에우보이아섬, 키클라데스제도, 그리고 소아시아 서해안의 이오니아 지방에 걸쳐 거주했다. 이들은 상업과 해양 활동에 능하고 철학, 과학, 예술 분야에 크게 기여했다.

아테나이는 왕정에서 시작해 기원전 7세기 말까지 귀족 정치가 지속되다가 점진적인 개혁을 거쳐 민주정으로 발전했다. 그 출발점은 기원전 594년, 7현인 중 한 명인 솔론(기원전 약 638-558년)의 개혁이었다. 당시 아테나이는 빈부 격차와 고리대 문제로 많은 시민이 채무 노예나 '헥테모로스'(수확의 6분의 1을 지대로 바치던 농노)로 전락해 있었다. 이러한 상황에서 반란의 조짐이 보이자 귀족과 평민 모두의 지지를 받은 솔론이 집정관('아르콘')으로 추대되었다. 귀족은 그가 귀족 출신이라는 점을, 평민은 그의 정의감을 믿고 지지했다. 솔론은 채무 노예를 해방하고, 채무 불이행을 사유로 사람을 노예 삼지 못하도록 했으며, 부모의 자녀 유기와 매매 행위도 금지했다. 또한 재산 규모에 따라 시민을 네 등급으로 나누고, 정치·군사적 권리와 의무를 차등 부여했다. 가장 중요한 개혁은 모든 성인 남성 시민에게 민회('에클레시아')에서 국가와 관련한 주요 사안에 대해 표결할 권리를 부여한 것이었다. 다만 주요 발언권은 중산층 이상에게만 허용되었고, 주요 정책과 재판을 담당하는 '아레이오스파고스'는 여전히 귀족의 통제 아래에 있었다.

아테나이 사회는 여전히 세 파벌로 나뉘어 정쟁이 끊이지 않았다. 해안파('파랄리오이')는 상공업에 종사하는 계층으로 중도 개혁을 지지했으며, 평야파('페디에이스')는 대토지를 소유한 귀족들로 구성되었고, 산악파('디아크리오이')는 소농과 빈민으로 이루어진 급진 개혁파였다. 이러한 분열 속에서 페이시스트라토스(재위 기원전 546-527년)가 참주로 집권했다. 그는 정당한 절차 없이 권력을 잡았으나, 솔론의 개혁을 대체로 유지하고 여러 유익한 정책을 펴 대중의 지지를 얻었다. 그러나 그의 사후 아들 히피아스의 독재가 강화되자, 기원전 510년 명문가 알크마이온 가문의 요청을 받은 라케다이몬이 개입하면서 참주정은 무너졌다. 뒤이어 귀국한 민주정 지도자 클레이스테네스(기원전 약 570-508년)는 기원전 508년(또는 507년)부터 개혁을 단행했다. 그는 기존의 4개 부족을 10개 부족으로 재편하고, 아테나이와 아티케 전역을 139개의 '데모스'(부락 또는 행정구역)로 나누어 각 부족에 배분해 주민들을 정착시켰다. 데모스는 직접 민주주의의 근간이 되어 지역 자치권을 가지며 500인 평의회와 민회에 참여하는 기본 단위가 되었고, 징집과 세금 징수, 시민권 등록과 관리, 종교 의식과 축제 주관 등 다양한 역할을 담당했다. 모든 성인 남성이 참여하는 민회는 최고 의사결정 기구로서 법률 제정, 전쟁 선포, 조약 체결 등을 결정했다. 특히 참주의 출현을 막기 위해 매년 투표로 한 명을 선정해 10년간 추방하는 도편추방제를 실시했다. 또한 시민들 간의 정치적 평등을 추구하고, 법 앞의 평등을 의미하는 '이소노미아' 원칙을 확립했다. 이를 통해 귀족 세력과 혈연, 지연 기반의 기존 권력 구조가 해체되며 명실상부한 민주정이 수립되었다.

이후 기원전 493년경 집정관으로 선출된 테미스토클레스(기원전 약 524-459년)는 제1차 페르시스 전쟁이 일어나기 직전, 은광 수입으로 삼단노선을 건조하고, 페이라이에우스항을 요새화하는 등 해군력을 강화했다. 제2차 페르시스 전쟁 때는 살라미스 해전에서 결정적 승리를 이끌었다. 이후로 아테나이는 해군력에 기반한 제국으로 성장해갔다. 아이러니하게도 그는 기원전 471년경 도편추방된 후, 반역 혐의를 받고 페르시스 제국으로 망명해 생을 마쳤다.

페리클레스(기원전 495-429년)는 클레이스테네스의 민주정과 테미스토클레스의 해군력을 계승해 아테나이를 황금기로 이끌었다. 그는 델로스 동맹의 기금을 아테나이로 이전하고, 성벽을 완공했으며, 민회의 권한을 늘리고 추첨제·윤번제를 도입해 시민들의 정치 참여를 확대함으로써 법치주의와 평등 원칙을 더욱 공고히 했다. 그의 통치기에 아테나이는 '헬라스의 학교'라 불리며 철학, 예술, 문학의 꽃을 피웠다. 그러나 그가 펠로폰네소스 전쟁이 발발하고 얼마 지나지 않아 전염병으로 사망하며, 이후 아테나이는 정치 혼란과 쇠퇴의 길로 접어들었다.

V. 『펠로폰네소스 전쟁사』에 대해

모든 텍스트에는 명시적으로 표현되지 않은 수많은 전제가 깔려 있다. 투키디데스의 『펠로폰네소스 전쟁사』도 예외가 아니다. 그는 특정 도시국가나 사건을 언급할 때, 그에 전제된 역사적 배경과 맥락을 일일이 설명하지 않는다.

예를 들어 투키디데스가 펠로폰네소스반도의 아르고스를 언급하면, 당시 독자들은 아르고스의 풍부한 역사적 배경을 자연스럽게 떠올렸을 것이다. 그러나 오늘날의 독자에게 아르고스는 생소한 이름일 수 있다. 투키디데스는 아르고스의 여제관 크리시스를 이야기하며 아르고스의 유구한 역사를 암시하지만, 그 의미를 완전히 이해하려면 아르고스가 미케네 문명의 중심지였고, 트로이아 전쟁 당시 아가멤논왕이 다스린 국가였다는 사실을 알아야 한다. 또한 트로이아 전쟁의 원인이 된 헬레네와 그녀의 남편 메넬라오스가 라케다이몬에 있었다는 사실은 고대 헬렌인들에게 너무나 익숙한 이야기였다. 그들은 시인들의 서사시를 통해 이미 역사와 신화를 알고 있었으므로, 아르고스나 라케다이몬이라는 지명만 들어도 그 배경을 자연스럽게 연상했을 것이다.

헬라스 도시국가들의 신화와 역사적 배경을 지면에 모두 담기란 쉽지 않지만, 본서는 주석과 해설을 통해 부족한 부분을 최대한 보완하고자 했다. 투키디데스의 글에 내재된 전제와 맥락을 충분히 이해할수록 우리는 『펠로폰네소스 전쟁사』를 더욱 깊이 읽을 수 있고, 그로부터 더 많은 통찰을 얻을 수 있을 것이다.

1. 『펠로폰네소스 전쟁사』 개요

『펠로폰네소스 전쟁사』는 총 8권으로 구성되어 있다. 제1권은 전쟁의 배경과 발발 과정을 다룬다. 서문에 이어 헬라스의 초기 역사(1-19장)

를 시작으로, 전쟁의 직접적 원인이 된 두 사건(24-65장), 라케다이몬에서 열린 펠로폰네소스 동맹국 회의(66-88장), 페르시스 전쟁 이후 펠로폰네소스 전쟁 발발까지 아테나이의 제국주의적 확장 정책과 그로 인한 갈등(89-117장)을 기술한다. 그런 다음 라케다이몬에서 열린 두 번째 동맹국 회의에서의 전쟁 개시 결정(118-125장)과 페리클레스의 해군 중심 전략 천명(140-145장)을 서술한다.

제2권(기원전 431-428년)은 실전 개시를 다룬다. 라케다이몬과 동맹국들이 아테나이가 위치한 아티케 지방을 침공하지만, 페리클레스는 앞서 천명한 대로 지상전을 피하고 해군으로 대응하며 라케다이몬을 곤경에 몰아넣는다(10-32장). 아테나이는 전사자들을 위한 첫 번째 국장을 치르고, 페리클레스가 추도 연설을 한다(34-46장). 그 후 아테나이에서 역병이 창궐하고, 페리클레스는 민심을 수습하는 과정을 거친다(47-65장). 아테나이는 칼키디케반도에서 반기를 든 포테이다이아를 함락시키며, 이는 전쟁의 직접적 원인 가운데 하나로 작용한다(70장). 또한 트라케 왕 시탈케스의 마케도니아 원정 이야기도 다룬다(95-101장).

제3권(기원전 428-425년)은 동맹국들의 이탈과 내전을 다룬다. 소아시아의 레스보스섬에 있는 미틸레네가 반기를 들었다가 결국 항복하는 과정이 자세히 기술된다(2-50장). 보이오티아 지방의 유일한 아테나이 동맹국인 플라타이아이의 비극적 최후(20-24, 52-68장), 전쟁의 또 다른 직접적 원인인 케르키라의 내전과 확산(70-85장), 아테나이 장군 데모스테네스의 서부 헬라스 원정(94-114장)도 다룬다.

제4권(기원전 425-423년)에서는 펠로폰네소스반도 서쪽 최남단의 필로스에 아테나이군이 요새를 구축하며 라케다이몬군과 전투를 벌인다. 이 전투에서 라케다이몬의 유력 인사들의 가족과 친지가 포로로 잡힌다(2-41장). 이후 아테나이군은 보이오티아를 침공하지만 델리온 전투에서 참패를 당한다(76, 89-100장). 라케다이몬 장군 브라시다스는 아테나이 동맹국들이 반기를 들게 하고 그들을 자기편으로 끌어들이기 위해 마케도니아와 트라케로 가서, 암피폴리스를 점령한 후 계속 승승장구한다(78-123장). 아테나이와 라케다이몬 사이에 1년 기한의 휴전조약이 체결되고, 한숨을 돌리게 된 아테나이는 칼키디케반도에서 반기를 든 멘데와 스키오네를 다시 함락시킨다(129-131장).

제5권(기원전 422-415년)에서는 전쟁을 강경하게 주장해온 두 인물, 아테나이의 클레온과 라케다이몬의 브라시다스가 마케도니아와 트라케 원정 중 전사하면서 양국이 니키아스 평화조약을 맺게 된다(1-24장). 이에 불만을 품은 라케다이몬의 동맹국들이 아르고스를 중심으로 새로운 동맹을 결성하고 아테나이까지 끌어들여 라케다이몬에 맞섰으나, 만티네이아 전투에서 패하며 동맹은 와해된다(27-81장). 한편 키클라데스제도에서 유일하게 아테나이에 맞섰던 멜로스섬은 끝까지 항복을 거부하다 비참한 최후를 맞는다(84-116장).

제6권(기원전 415-414년)과 제7권(기원전 414-413년)은 아테나이의 운명을 바꾼 시켈리아 원정을 상세히 다룬다. 이 원정은 라케다이몬과의 전쟁과 맞먹는 규모로서, 페리클레스가 생전에 경고했던 무리한 도전이었다. 그럼에도 아테나이 시민들은 대중선동가들의 부추김에 넘어가 원정을 결정했고, 지휘관 니키아스의 무능한 지휘로 인해 함대와 원정군은 전멸하고 만다. 투키디데스는 그 과정을 상세히 기술하면서, 알키비아데스의 배신과 니키아스의 우유부단함이 아테나이의 시켈리아 원정 실패에 결정적 기여를 했다고 평가한다.

제8권(기원전 413-411년)에서는 시켈리아 원정 패전 이후 아테나이인의 절망과 소아시아 아이올리스 및 이오니아 지방 동맹국들의 반란 소식을 전한다. 키오스섬과 레스보스섬의 미틸레네가 반란을 일으키자, 라케다이몬이 이들을 지원하고 페르시스의 태수 티사페르네스가 라케다이몬 함대의 비용을 제공한다. 이에 위기감을 느낀 아테나이는 비상금을 투입하여 함선을 건조하고 반란을 진압하기 위해 소아시아로 함대를 보낸다. 그러나 티사페르네스는 망명자 알키비아데스의 조언에 따라 라케다이몬을 전폭적으로 지원하지 않고, 양측 모두를 약화시키는 전략을 택한다.

사모스에 주둔한 아테나이군은 라케다이몬과 페르시스의 연합에 대한 두려움을 가지고 있었고, 자신의 귀환을 추진하던 알키비아데스는 그들의 불안을 이용해 아테나이가 민주정을 무너뜨리고 과두정을 채택하면 페르시스 왕과 손잡게 해주겠다고 유혹한다. 이 제안을 받아들인 사모스인과 이 섬에 주둔한 아테나이군은 민주정을 무너뜨리고 과두정을 수립하지만, 이는 오래가지 못하고 민주정파에 의해 붕괴된다. 페르시스의 지원 없이는 승산이 없다고 판단한 아테나이는 알키비아데스를 복귀시키고, 페르시스의 태수 티사페르네스는 포이닉스 함대를 약속하며 소아시아 남부 팜필리아 지방의 아스펜도스로 갔다가 빈손으로 돌아온다. 기원전 411년, 라케다이몬과 페르시스의 관계가 틀어지는 이 장면에서 『펠로폰네소스 전쟁사』는 갑자기 끝난다.

2. 이후의 전개

펠로폰네소스 전쟁은 기원전 404년까지 이어졌으므로, 투키디데스가 집필을 완결하지 못한 채 사망했을 가능성이 크다. 따라서 전쟁의 전체 맥락을 이해하기 위해, 그의 서술이 끊긴 이후의 전개를 살펴볼 필요가 있다.

다음 해인 기원전 410년, 알키비아데스가 이끄는 아테나이 함대는 소아시아 해안의 키지코스에서 라케다이몬 함대를 격파하고 헬레스폰토스 해역의 주도권을 되찾았다. 키지코스는 헬레스폰토스 해협 중간 지점의 소아시아 연안에 위치한 도시다. 이어서 기원전 409-408년에는 흑해 연안의 도시 비잔티온과 칼케돈을 차례로 다시 정복하는 데 성공한다.

기원전 407년, 알키비아데스는 영웅으로 아테나이에 귀환하여 전권을 부여받은 장군으로 임명되지만, 부관의 패전으로 실각한다. 기원전 406년에는 레스보스섬 남동쪽의 아르기누사이 섬들 근처에서 벌어진 해전에서 아테나이가 대승을 거둔다. 그러나 기원전 405년, 헬레스폰토스 해협 북쪽 트라케 연안의 아이고스포타모이에서 리산드로스가 이끄는 라케다이몬 함대가 아테나이 함대를 기습해 궤멸시키면서 아테나이의 해군력은 사실상 붕괴된다.

이후 라케다이몬군은 아테나이를 포위했고, 기원전 404년 극심한 기근 끝에 아테나이는 결국 항복을 선택한다. 평화조약의 조건은 가혹했다. 아테나이는 자신들의 상징이자 힘의 원천이었던 긴 성벽을 허물어야 했고, 함대는 12척만 남기고 모두 해체해야 했으며, 오랫동안 유지해온 델로스 동맹도 해산해야 했다. 그리고 라케다이몬의 대리 정권인 '30인 참주정'이 수립되었다.

라케다이몬은 전쟁에서 승리한 후 헬라스의 패권을 잡았으나, 강압적 지배로 여러 도시국가의 반발을 샀다. 결국 기원전 395년 아테나이, 코린토스, 테바이 등이 연합한 코린토스 전쟁을 겪으며 점차 힘을 잃었다. 아테나이는 한때 민주정을 복원했지만 예전의 위세를 되찾지 못했다. 뒤이어 헬라스의 새로운 맹주로 떠오른 테바이의 패권도 오래 지속되지 않았다. 북쪽에서 세력을 확장하던 마케도니아의 필리포스 2세가 헬라스 세계를 장악하고 주도권을 가져갔기 때문이다. 이어 등장한 알렉산드로스 대왕이 동방 원정을 통해 광대한 제국을 건설하면서, 도시국가 중심의 고대 헬라스 세계는 종말을 맞고 헬레니즘 시대가 열렸다.

VI. 텍스트

이 책은 그리스어 원전 번역 대본으로 투키디데스 『펠로폰네소스 전쟁사』의 표준 학술 텍스트로 널리 인정받는 Henry Stuart Jones and

Johannes Enoch Powell, *Thucydidis Historiae*, I-II, Oxford Classical Texts (Oxford: Oxford University Press, 1942)를 사용했다. 영어 번역본과 주석은 Steven Lattimore의 *The Peloponnesian War* (Indianapolis: Hackett Publishing Company, Inc., 1998), Rex Warner의 *History of the Peloponnesian War*, Penguin Classics (London: Penguin Books, 1972), Martin Hammond의 *The Peloponnesian War*, Oxford World Classics (Oxford: Oxford University Press, 2009)를 참고했다.

연표*

* 연표의 연도는 모두 기원전이다.

이오니아 반란과 페르시스 전쟁

499-494년   이오니아 지방에서 페르시스에 반기를 들기 시작

498년   아테나이·에레트리아: 이오니아 식민시 지원

494년   페르시스의 밀레토스 함락

492년   제1차 페르시스 전쟁 시작, 페르시스의 트라케와 마케도니아 재정복

490년   페르시스의 에레트리아 함락

마라톤 전투: 아테나이의 페르시스군 격파

484년경   역사가 헤로도토스 출생

483년   아테나이의 해군 증강(테미스토클레스의 제안)

481년   헬라스 연합군 결성

480년   제2차 페르시스 전쟁 시작

테르모필라이 전투: 라케다이몬 왕과 정예군 300명의 항전

살라미스 해전: 헬라스 연합군의 페르시스 함대 격파

479년   플라타이아이 전투·미칼레 해전: 헬라스 연합군의 승리

아테나이 제국의 성립과 발전

478년   아테나이 중심의 델로스 동맹 결성

471년   테미스토클레스의 도편추방

465-463년   타소스 반란 진압

461년   페리클레스 시대 시작

460년경   투키디데스 출생

457년   타나그라 전투: 아테나이와 라케다이몬 간의 갈등 본격화

454년   아테나이로 델로스 동맹의 금고 이전

450년경   투키디데스가 헤로도토스의 강의를 듣고 역사가가 되기로 결심

449-448년   제2차 신성전쟁: 아테나이와 라케다이몬의 정치적 주도권 경쟁

447-432년   아테나이의 파르테논 신전 건설

446년   아테나이와 라케다이몬의 '30년 평화조약' 체결

펠로폰네소스 전쟁 발발과 초기

432년   포테이다이아의 반란, 메가라 포고령

431년	펠로폰네소스 전쟁 시작
430년	아테나이에 역병 발생, 투키디데스 감염
429년	아테나이 지도자 페리클레스가 역병으로 사망
428-427년	아테나이의 미틸레네 반란 진압
425년	필로스·스팍테리아 전투: 아테나이의 승리
425년경	헤로도토스 사망
424년	투키디데스의 장군 임명과 타소스섬 주둔
	델리온 전투: 라케다이몬의 암피폴리스 점령
423년	투키디데스 추방(수비 실패)
422년	암피폴리스 전투: 브라시다스와 클레온 모두 전사
421년	'니키아스 평화조약' 체결

시켈리아 원정과 전쟁 재개

416년	아테나이의 멜로스 정복
415-413년	아테나이의 시켈리아 원정 실패
412년	아테나이·페르시스 협상 시작
411년	아테나이의 과두정 수립(400인 평의회)
407년	아테나이의 알키비아데스 귀환 및 재추방
406년	아르기누사이 해전: 아테나이의 승리
405년	아이고스포타모이 해전: 라케다이몬의 대승리
404년	아테나이의 항복으로 전쟁 종결, 30인 참주정 수립
403년경	투키디데스 추방 해제
403년	아테나이의 민주정 복원

도량형 환산표*

길이 단위

스타디온(στάδιον): 약 185미터 — 가장 일반적인 헬라스의 길이 단위

플레트론(πλέθρον): 약 30.8미터

오르귀아(όργυιά): 약 1.8미터 — 성인 남성이 양팔을 벌린 길이

페키스(πῆχυς): 약 44-46센티미터 — 팔꿈치에서 중지까지의 길이

푸스(πούς, 복수형: 포데스πόδες): 약 29.6센티미터 — 성인 남성의 발 길이

면적 단위

플레트론(면적 단위): 약 950제곱미터 — 정사각형 플레트론의 면적

무게 단위

탈란톤(τάλαντον): 약 26킬로그램 — 주로 금이나 은의 무게를 잴 때 사용

므나(μνᾶ): 약 436그램

드라크메(δραχμή): 약 4.3그램

오볼로스(ὀβολός): 약 0.72그램

화폐 단위

드라크메(δραχμή): 가장 기본적인 아테나이 화폐 단위. 일반 시민의 하루 급여에
해당한다.

오볼로스(ὀβολός): 드라크메의 6분의 1에 해당하는 소액 화폐 단위

므나(μνᾶ): 100드라크메에 해당하는 화폐 단위

* 『펠로폰네소스 전쟁사』에서 사용된 고대 헬라스 단위로, 아티케 지방을 중심으로 정리
했다.

탈란톤(τάλαντον): 대규모 거래나 국가 간 지불에 사용된 고액 화폐 단위. 60므나 또는 6,000드라크메에 해당한다.

스타테르(στατήρ): 여러 도시국가에서 사용된 화폐 단위. 아테나이에서는 일반적으로 2드라크메에 해당한다.

부피 단위

아티케 코이닉스(χοῖνιξ): 약 1.1리터 — 곡물의 용량 단위

코틸레(κοτύλη): 액체 기준 약 0.27리터, 고체 기준 약 0.22리터

연설 찾아보기

제1권

제2권

이 시민들의 사기를 북돋우고 제국의 위대함을 강조

4. **플라타이아이인의 호소** (2권 71장): 라케다이몬 왕 아르키다모스에게 파우사니아스의 맹약을 상기시키며 중립 보장과 도시 보전을 요청

5. **아르키다모스의 최후 통첩** (2권 72장): 플라타이아이에 중립 또는 라케다이몬 동맹 가담을 요구하는 마지막 경고

6. **플라타이아이인의 답변** (2권 73장): 아테나이와의 동맹을 버릴 수 없음을 설명하고 아테나이의 허락 없이 결정할 수 없다고 항변

7. **아르키다모스의 결심 선언** (2권 74장): 신들에게 정의로운 전쟁임을 호소하며 플라타이아이 공격을 결정

8. **펠로폰네소스 장군들의 리온 해전 격려 연설** (2권 87장): 이전 해전의 패배 후 리온 해전을 앞두고 용기와 전략적 우위를 강조

9. **아테나이 장군 포르미온의 리온 해전 격려 연설** (2권 89장): 수적 열세에도 불구하고 아테나이 함대의 경험과 기술적 우위를 강조하며 승리를 확신

제3권

1. **미틸레네인의 해명 연설** (3권 9-14장): 라케다이몬 동맹국 회의에서 아테나이의 압제로부터 해방을 요청하고 반란의 정당성 호소

2. **엘리스인 테우티아플로스의 기습 공격 제안** (3권 30장): 라케다이몬 함대를 이끄는 알키다스에게 미틸레네 야간 기습 공격을 제안

3. **아테나이인 클레온의 강경 연설** (3권 37-40장): 아테나이 민회에서 반란을 일으킨 미틸레네에 대한 가혹한 처벌을 주장

4. **아테나이인 디오도토스의 온건 연설** (3권 42-48장): 미틸레네 주민 대량 학살 결정의 재고와 정치적 실용주의를 호소

5. **플라타이아이인의 최후 변론** (3권 53-59장): 라케다이몬 재판관들 앞에서 헬라스 자유를 위한 역사적 공헌을 상기시키며 최후 구명 호소

6. **테바이인의 반론** (3권 61-67장): 플라타이아이인의 주장을 반박하고 친아테나이 성향으로 헬라스를 배신했다고 비난

제4권

1. **아테나이 장군 데모스테네스의 격려 연설** (4권 10장): 필로스에서 위험한 상륙

작전을 앞두고 아테나이 군사들에게 지형적 이점과 용기를 강조

2. **라케다이몬 사절단의 평화 제안** (4권 17-20장): 스팍테리아섬에 고립된 라케다이몬 군사들을 구하기 위해 아테나이에 화해와 동맹을 제안

3. **시라쿠사이 지도자 헤르모크라테스의 시켈리아 단결 연설** (4권 59-64장): 시켈리아 도시국가들에게 아테나이의 위협에 맞서 단결할 것을 호소

4. **라케다이몬 장군 브라시다스의 아칸토스 연설** (4권 85-87장): 아테나이로부터 독립을 원하는 아칸토스 주민들에게 라케다이몬의 지원과 자유를 약속

5. **보이오티아 연맹군 지휘관 파곤다스의 출전 격려 연설** (4권 92장): 보이오티아군에게 아테나이의 침략에 맞서 영토 수호와 자유를 위해 싸울 것을 호소

6. **아테나이 장군 히포크라테스의 전투 직전 연설** (4권 95장): 델리온 전투 전 아테나이 군사들에게 승리의 중요성과 전략적 이점을 설명

7. **브라시다스의 사기 고양 연설** (4권 126장): 링코스 지역에서 마케도니아 및 일리리아 군대를 앞두고 펠로폰네소스 군사들의 용기를 북돋움

제5권

1. **브라시다스의 암피폴리스 연설** (5권 9장): 암피폴리스 주민들에게 아테나이의 압제로부터의 해방과 자치를 약속하며 라케다이몬 편으로 끌어들임

2. **멜로스 대화** (5권 85-113장): 아테나이 사절단과 멜로스 대표단 간의 대화로, 강대국의 논리와 약소국의 정의 논쟁이 담김

제6권

1. **아테나이 장군 니키아스의 시켈리아 원정 반대 연설** (6권 9-14장): 아테나이 민회에서 시켈리아 원정의 위험성과 자원 낭비를 경고하며 신중함을 촉구

2. **아테나이 장군 알키비아데스의 원정 지지 연설** (6권 16-18장): 니키아스에 반박하며 시켈리아 원정의 이점과 아테나이 제국의 확장 필요성을 주장

3. **니키아스의 증원 요청 연설** (6권 20-23장): 원정이 결정된 상황에서 막대한 자원을 요구하며 간접적으로 원정의 위험성을 재강조

4. **헤르모크라테스의 경고 연설** (6권 33-34장): 시라쿠사이 민회에서 아테나이의 침략 임박을 경고하고 방어 준비를 촉구

5. **시라쿠사이 지도자 아테나고라스의 낙관론 연설** (6권 36-40장): 헤르모크라테스

의 경고를 과장으로 일축하고 내부 음모론을 제기

6. **시라쿠사이 장군의 단결 촉구 연설** (6권 41장): 시민들 간의 분열을 경계하고 즉각적인 방어 준비를 요청

7. **니키아스의 군대 격려 연설** (6권 68장): 시라쿠사이와의 첫 전투를 앞두고 다국적 아테나이 군대에게 이국 땅에서의 승리 필요성을 강조

8. **헤르모크라테스의 카마리나 연설** (6권 76-80장): 카마리나 민회에서 아테나이의 침략 의도를 경고하고 시켈리아의 단결을 호소

9. **아테나이 사절단 대표 에우페모스의 제국 변호 연설** (6권 82-87장): 카마리나 민회에서 아테나이 제국의 정당성과 시켈리아 개입의 목적을 변호

10. **알키비아데스의 망명 연설** (6권 89-92장): 라케다이몬에서 아테나이의 시켈리아 원정 및 제국 확장 계획을 폭로하고 전략적 조언을 제공

제7권

1. **니키아스의 위기 보고 서신** (7권 11-15장): 아테나이 민회에 시켈리아 원정군의 위태로운 상황을 보고하고 철수 또는 대규모 증원을 요청

2. **니키아스의 해전 격려 연설** (7권 61-64장): 시라쿠사이 항구에서의 결정적 해전을 앞두고 아테나이 군사들의 사기를 북돋움

3. **라케다이몬 장군 길리포스와 다른 장군들의 격려 연설** (7권 66-68장): 아테나이 함대를 상대로 한 마지막 해전을 앞두고 시라쿠사이군과 동맹군을 격려

4. **니키아스의 퇴각 연설** (7권 77장): 패배 후 육로로 퇴각하는 아테나이군에게 절망 속에서도 희망과 용기를 북돋움

제8권

*직접 인용된 연설이 거의 없으며, 대부분 간접화법으로 서술되었다.

1. **알키비아데스의 라케다이몬을 위한 조언** (8권 46장, 간접화법): 라케다이몬에 망명한 알키비아데스가 티사페르네스를 통해 페르시스의 지원을 받는 방법 제안

2. **아테나이 페이산드로스의 정변 주장** (8권 53장, 간접화법): 아테나이에서 민주정 전복과 과두정 수립을 주장

고대 헬라스 세계

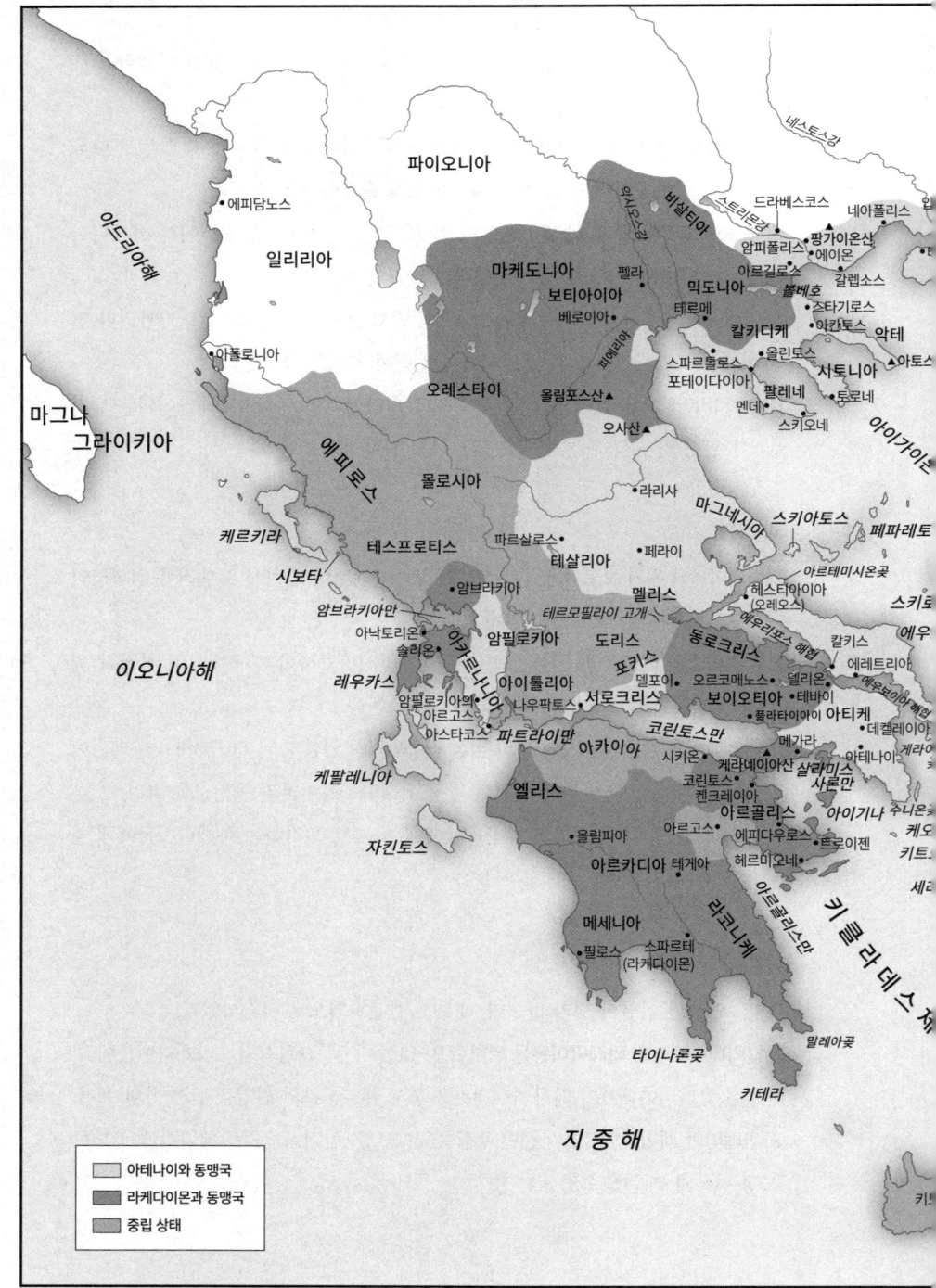

아드리아해

마그나
그라이키아

이오니아해

파이오니아

에피담노스

일리리아

비살티아

마케도니아
보티아이아
베로이아

펠라

믹도니아
테르메

스트리몬강
드라베스코스 네아폴리스
암피폴리스 팡가이온산
에이온
아르길로스
불베호
스타기로스
악칸토스 악테
칼키디케
아토스
스파르톨로스 올린토스
포테이다이아 시토니아
팔레네
멘데
스키오네 토로네

아폴로니아

오레스타이

올림포스산

오사산

에피로스

몰로시아

라리사

마그네시아

케르키라

테스프로티스

파르살로스

테살리아

페라이

스키아토스
페파레토스

시보타

암브라키아

테르모필라이 고개

아르테미시온곶

스키로
에우

레우카스

암브라키아만
아낙토리온
솔리온

아이톨리아

아카르나니아

암필로키아의
아르고스
아스타코스

도리스

멜리스

헤스티아이아
(오레오스)

동로크리스

에우리포스 해협

칼키스

포키스
서로크리스

나우팍토스

파트라이만

아카이아

델포이

오르코메노스

보이오티아

플라타이아이

델리온

아티케

에레트리아

에우보이아 섬

데켈레이아

테바이
메가라

케팔레니아

엘리스

자킨토스

올림피아

아르카디아

메세니아

필로스

코린토스만
시키온
게라네이아산
코린토스
켄크레이아
아르고스
에피다우로스
테게아

살라미스
사론만

아르골리스

트로이젠
헤르미오네

게라이
아테나이
라우레이온

아이기나

수니온곶
케오
키트

키클라데스 제

스파르테
(라케다이몬)

라코니케

아르골리스만

말레아곶

키테라

타이나론곶

지 중 해

키

	아테나이와 동맹국
	라케다이몬과 동맹국
	중립 상태

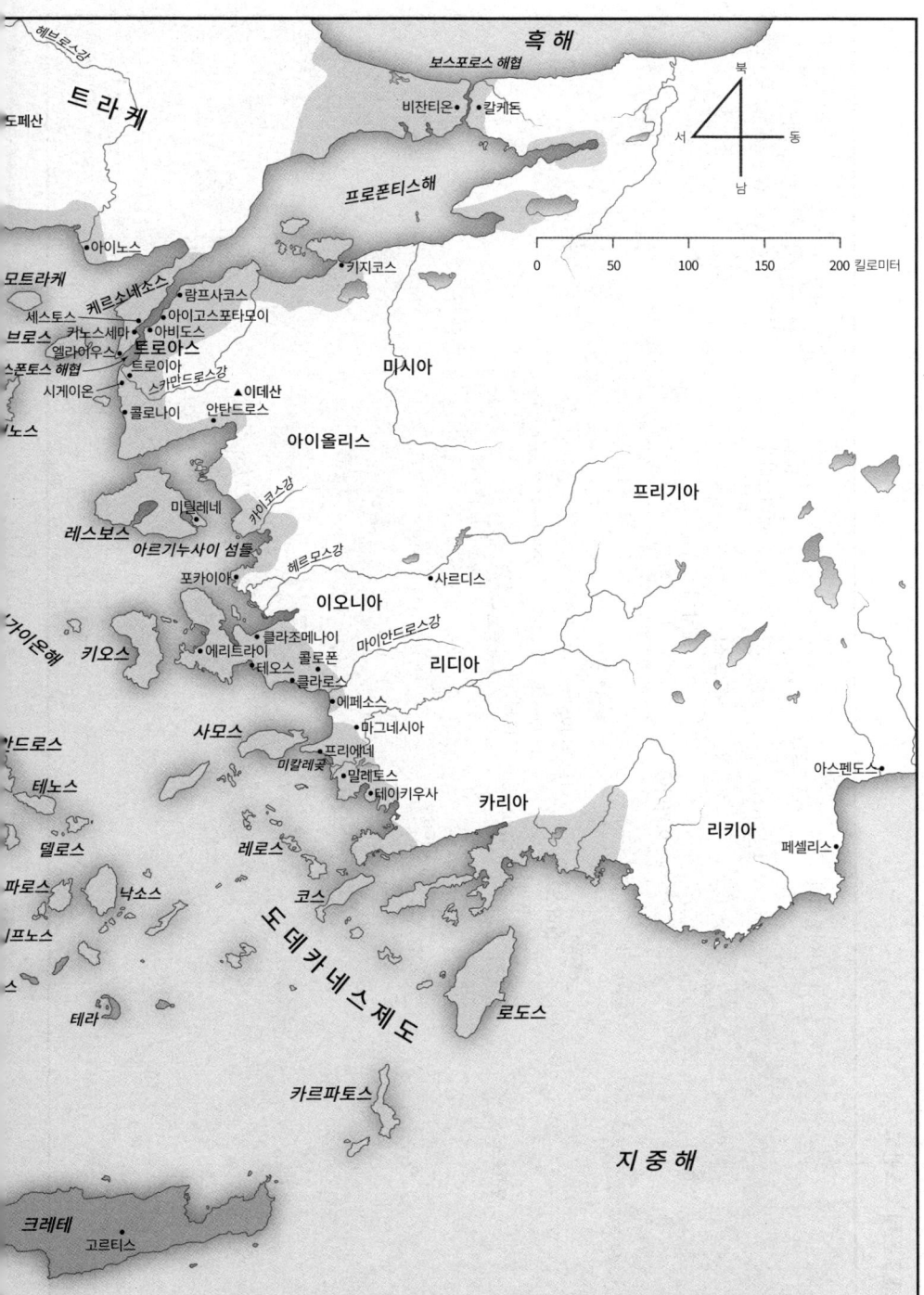

흑해

트 라 케

도페산

보스포로스 해협

비잔티온• •칼케돈

북

서 → 동

남

프로폰티스해

•아이노스

0   50   100   150   200 킬로미터

모트라케

세스토스• 케르소네소스•

브로스• 커노스세마•

엘라이우스• •람프사코스

•아이고스포타모이

트로아스 •아비도스

스폰토스 해협

•트로이아

시게이온• •스카만드로스강

•이데산

•노스

콜로나이• •안탄드로스

키지코스•

마시아

아이올리스

프리기아

미틸레네•

레스보스

아르기누사이 섬들

카이코스강

헤르모스강

•사르디스

가이온해

포카이아•

이오니아

키오스

•클라조메나이

•에리트라이 콜로폰•

테오스• •클라로스

•에페소스

안드로스•

•마그네시아

테노스•

사모스

•프리에네

미칼레곶• •밀레토스

•테이키우사

리디아

마이안드로스강

•아스펜도스

델로스•

카리아

리키아

파로스•

•낙소스

레로스•

페셀리스•

프노스

스

코스

도 데 카 네 스 제 도

테라

로도스

카르파토스•

지 중 해

크레테

고르티스•

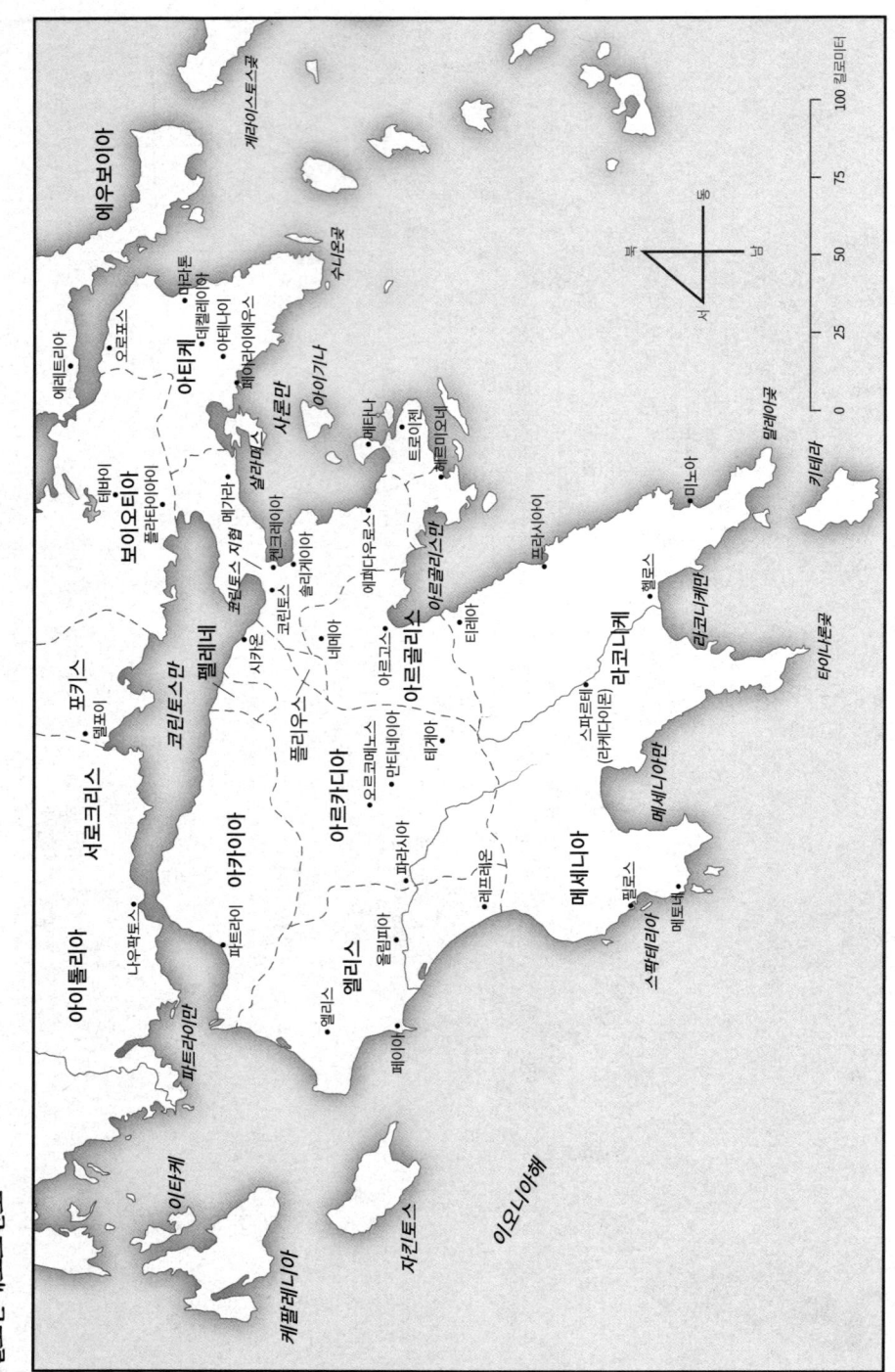

펠로폰네소스반도

에레트리아

에우보이아

게라이스토스곶

오로포스
아티케
데겔레이아
마라톤
아테나이
페이라이에우스

수니온곶

티스베
플라타이아이

보이오티아

플레우론
포키스
델포이

메가라
코린토스 지협
살라미스
아이기나
사론만

에리트라이

페타
트로이젠
에피다우로스

스크크리스
크리소스만
펠레네

시키온
코린토스
코린토스만
네메아
오르코메노스

아이톨리아
파트라이코만

나우팍토스

파트라이
아카이아
플리우스

아르고스
미케나이
아르골리스
아르골리스만

에페다우로스

티레아

프라시아이

아르카디아
오르코메노스
만티네이아
테게아

에페다우로스

엘리스
엘리스
올림피아

파라시아
리프라이온
라코니케
스파르테
(라케다이몬)

엘레이아
페아이
메세니아

필로스
메토네

미노아

키타라

타이나론곶

라코니케만

헬로스

메세니아만

이오니아해

스팍테리아

이타케
자킨토스

케팔레니아

북

서 나침반 동

남

0   25   50   75   100 킬로미터

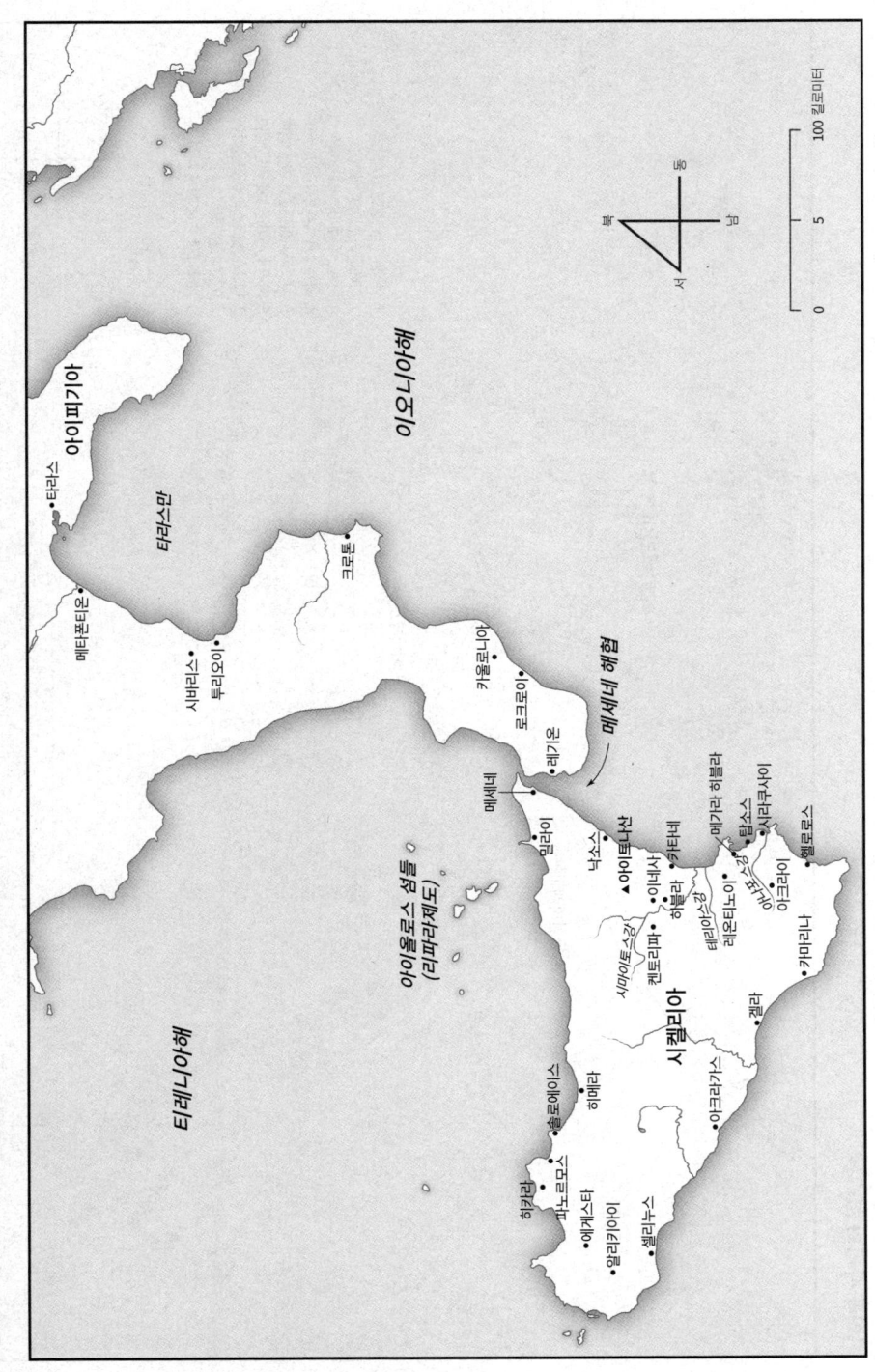

이오니아해

아이기이아해

타라스만

티레니아해

메타폰티온

타라스

시리오네

투리오이

크로톤

카울로니아

로크로이

레기온

아이올로스 섬들
(리파라제도)

메세니 해협

메세네

밀라이

낙소스

▲아이트나산

카타네

이나사

히블라 하블라

메가라 히블라

타우로메니온

레온티노이

시라쿠사이

탑소스

아크라이

카마리나

갤라

아크라가스

솔로에이스

하메라

셀리누스

세게스타

에게스타

알라카이아이

파노르모스

히카라

시켈리아

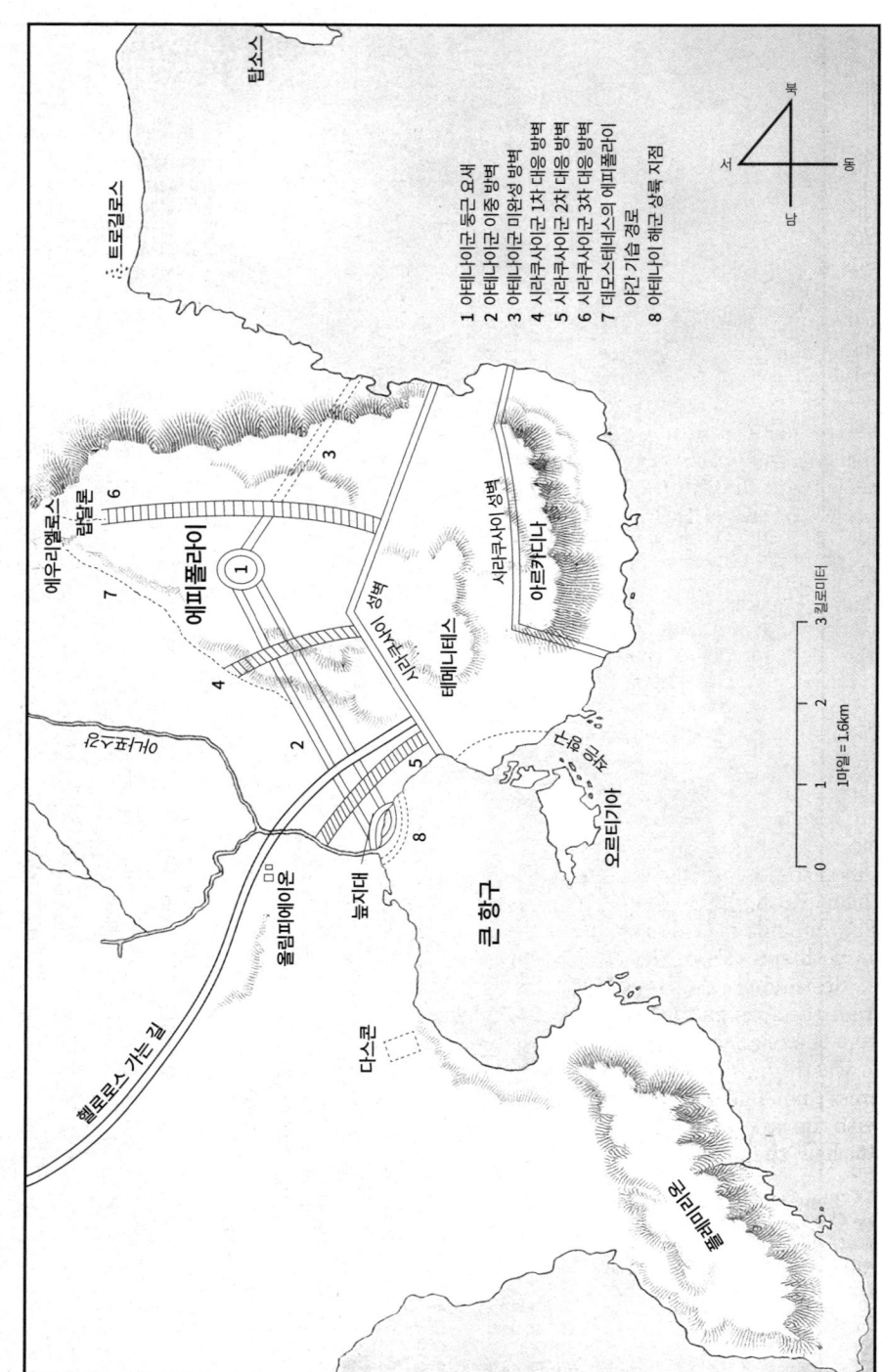

시라쿠사이와 그 일대

1 아테나이군 둥근 요새
2 아테나이군 이중 방벽
3 아테나이군 미완성 방벽
4 시라쿠사이군 1차 대응 방벽
5 시라쿠사이군 2차 대응 방벽
6 시라쿠사이군 3차 대응 방벽
7 데모스테네스의 에피폴라이
  야간 기습 경로
8 아테나이 해군 상륙 지점

탑소스

트로길로스

에우리엘로스

에피폴라이

라브달론

시케 트라이아

아나포스강

테메니테스

아르카디나

올림피에이온

늪지대

다스콘

다스콘

크 항구

오르티기아

작은 항구

플레미리온

헬로로스 가는 길

북
서   동
남

3킬로미터
0   1   2   3
10마일 = 1.6km

주요 도시국가 및 지역

아테나이(Athens): 델로스 동맹(아테나이 동맹)의 주도 세력, 해군력을 바탕으로 펠로폰네소스 전쟁 초기에서 중반까지 라케다이몬과 대립함

라케다이몬(Lacedaemon)/스파르테(Sparta): 펠로폰네소스 동맹의 주도 세력, 강력한 육군을 내세워 전쟁에서 주도적 역할을 함

델포이(Delphi): 델포이 신탁소가 있었던 곳, 전쟁 중 예언으로 정치적 영향력을 행사함

메가라(Megara): 아테나이와 코린토스 사이에 위치한 도시국가

테바이(Thebes): 보이오티아 지방의 주요 도시국가, 라케다이몬의 동맹이었다가 전쟁 후반기에 견제하는 역할을 함

비잔티온(Byzantion): 헬레스폰토스 입구의 요충지

시라쿠사이(Syracuse): 시켈리아섬의 강력한 도시국가, 아테나이가 시켈리아 원정을 감행했지만 패배해 전쟁의 흐름이 바뀜

아르고스(Argos): 펠로폰네소스반도의 주요 도시국가, 중립에서 아테나이 동맹으로 바뀜

칼케돈(Chalcedon): 보스포로스 남쪽의 항구 도시, 비잔티온과 함께 헬레스폰토스 통제권을 다투는 전략적 거점

코린토스(Corinth): 라케다이몬의 주요 동맹국으로 해군력이 강했던 도시국가, 아테나이와의 갈등이 전쟁 발발의 직접 원인 중 하나였음

테게아(Tegea): 아르카디아 지방의 주요 도시국가, 라케다이몬과 밀접한 동맹 관계

플라타이아이(Plataea): 아테나이의 동맹 도시로, 라케다이몬 연합군에 의해 초기에 함락됨

주요 섬 지역

델로스(Delos): 델로스 동맹의 금고와 해군 기지가 있었던 곳

레스보스(Lesbos, 중심도시: 미틸레네 Mytilene): 아테나이에 반기를 들었으나 진압됨

멜로스(Melos): 중립을 원했으나 아테나이가 점령하고 주민을 학살함

사모스(Samos): 아테나이 함대의 주요 기지로 쓰임

에우보이아(Euboea): 아테나이 근처의 전략적 요충지, 보급로 유지에 핵심 역할

케르키라(Corcyra): 내란과 외교 분쟁에 전쟁 발발의 원인이 되었던 지역

키오스(Chios): 아테나이 동맹에서 이탈한 주요 도시국가

키테라(Cythera): 라케다이몬 해안 근처의 주요 전략적 섬, 아테나이에 일시 점령됨

주요 해협 및 지협

리온 해협(Rion Strait, 나우팍토스 인근): 아테나이와 라케다이몬 해군의 충돌 지점

보스포로스 해협(Bosporus): 흑해와 프로폰티스해를 연결하는 해협

에우보이아 해협(Euboean Strait): 아테나이의 주요 보급로

코린토스 지협(Isthmus of Corinth): 펠로폰네소스반도로 진입하는 육상 관문

헬레스폰토스 해협(Hellespont, 다르다넬스 해협): 흑해와 아이가이온해를 연결하
는 국제 전략 요충지

주요 전투지 및 전략 거점

나우팍토스(Naupactus): 아테나이의 주요 해군 기지로 사용됨

데켈레이아(Decelea): 라케다이몬이 아테나이 영토 내에 장기 주둔한 요새

델리온(Delium): 아테나이와 테바이 간의 주요 전투가 벌어진 곳

만티네이아(Mantinea): 아르고스 인근 지역, 라케다이몬군과 아르고스 동맹군 간
의 최대 지상전이 벌어진 곳

스팍테리아(Sphacteria): 필로스 근처 섬, 라케다이몬군이 포위된 곳

아르기누사이(Arginusae): 주요 해전이 벌어진 레스보스 근처 섬들

아이고스포타모이(Aegospotami): 펠로폰네소스 전쟁 종결에 결정적 역할을 한
마지막 대규모 해전이 벌어진 장소

암피폴리스(Amphipolis): 마케도니아 지역의 전략적 도시, 라케다이몬 장군 브라
시다스가 점령

키노스세마(Cynossema): 헬레스폰토스에서 아테나이가 중요한 해전 승리를 거
둔 곳

페이라이에우스(Piraeus): 아테나이의 주요 항구, 아테나이의 방벽으로 본토와 연
결되어 안전한 보급로 역할을 함

필로스(Pylos): 아테나이가 라케다이몬 영토에 요새를 세운 곳

주요 원정지

시라쿠사이(Syracuse): 시켈리아 원정의 핵심 전장

시켈리아(Sicilia): 아테나이의 패권 도전이 좌절된 대규모 해외 원정의 무대

이탈리아(Italy) 남부: 헬라스 식민시들이 위치한 지역

키레네(Cyrene): 북아프리카의 식민시, 아테나이 해군의 활동 지역 중 하나

칼키디케반도(Chalcidice): 트라케 지역의 해안 반도, 암피폴리스와 연결된 전략적
지역

페르시스 제국 관련 지역

밀레토스(Miletus): 소아시아 해안의 중요 이오니아 도시, 아테나이 동맹에서 이
탈함

사르디스(Sardis): 페르시스 총독이 머물던 행정 중심지

아스펜도스(Aspendus): 티사페르네스가 포이닉스 함대를 소집한 도시

에페소스(Ephesus): 아테네와 페르시스 간 교류가 있었던 이오니아 도시

이오니아(Ionia): 소아시아 해안의 헬라스 도시들이 위치한 지역

키지코스(Cyzicus): 아테나이와 라케다이몬의 해전 장소

카리아(Caria): 티사페르네스가 다스리던 소아시아 지방

옮긴이 **박문재**

서울대학교 법과대학 법학과와 장로회신학대학교 신학대학원 및 동 대학원을 졸업했고, 독일 보쿰 대학교에서 수학했다. 고전어 연구 기관인 비블리카 아카데미아에서 고대 그리스어와 라틴어 원전들을 공부했다. 대학 시절에는 역사와 철학을 두루 공부했으며, 전문 번역가로서 30년 이상 인문학과 신학 도서를 번역해왔다.

역서로는 『프로테스탄트 윤리와 자본주의 정신』(막스 베버), 『자유론』(존 스튜어트 밀), 『실낙원』(존 밀턴) 등이 있고, 라틴어 원전을 번역한 책으로는 『고백록』(아우구스티누스), 『철학의 위안』(보에티우스), 『유토피아』(토머스 모어) 등이 있다. 그리스어 원전에서 옮긴 아우렐리우스의 『명상록』과 『소크라테스의 변명·크리톤·파이돈·향연』, 『아리스토텔레스 수사학』, 『아리스토텔레스 시학』, 『플라톤 국가』, 『이솝우화 전집』 등은 매끄러운 번역으로 독자들의 호평을 받고 있다.

현대지성 클래식 72

펠로폰네소스 전쟁사

1판 1쇄 발행 2026년 1월 14일

지은이 투키디데스
옮긴이 박문재
발행인 박명곤 **CEO** 박지성 **CFO** 김영은
기획편집1팀 채대광, 백환희, 이상지, 김진호
기획편집2팀 박일귀, 이은빈, 강민형, 박고은
기획편집3팀 이승미, 김윤아, 이지은
디자인팀 구경표, 유채민, 윤신혜, 권지혜
마케팅팀 임우열, 김은지, 전상미, 이호, 최고은

펴낸곳 (주)현대지성
출판등록 제406-2014-000124호
전화 070-7791-2136 **팩스** 0303-3444-2136
주소 서울시 강서구 마곡중앙6로 40, 장흥빌딩 10층
홈페이지 www.hdjisung.com **이메일** support@hdjisung.com
제작처 영신사

ⓒ 현대지성 2026

"Curious and Creative people make Inspiring Contents"
현대지성은 여러분의 의견 하나하나를 소중히 받고 있습니다.
원고 투고, 오탈자 제보, 제휴 제안은 support@hdjisung.com으로 보내 주세요.

현대지성 홈페이지

이 책을 만든 사람들
편집 백환희 **교정교열** 김애정 **표지 디자인** 권지혜 **내지 디자인** 박애영

현대지성 클래식 살펴보기